【城市区位】沿海和长江两大经济开发带交会处

【城市性质】现代化滨江港口工业城市

【土地面积】986.73 平方千米（其中陆地面积 791.52 平方千米）

【户籍人口】92.43 万人

【所辖区镇（街道）】保税区　经开区（杨舍镇）　冶金园（锦丰镇）　高新区（塘桥镇）　乐余镇　凤凰镇　南丰镇　大新镇　常阴沙现代农业示范园区　双山香山旅游度假区　金港街道　后塍街道　德积街道

【张家港市树】香　樟

【张家港市花】菊　花

【张家港精神】团结拼搏　负重奋进　自加压力　敢于争先

【2023年部分荣誉】国际化营销环境建设标杆县（市）
全国县域商业“领跑县”
学前教育普及普惠县
绿色高产高效行动项目县

2023年张家港市 村晚 展示

1月18日，由文化和旅游部公共服务司主办，文化和旅游部全国公共文化发展中心、中央广播电视总台视听新媒体中心联合主办，张家港市委宣传部、市文体广电和旅游局、乐余镇人民政府承办的“启航新征程，幸福中国年”2023年张家港市“村晚”展示活动暨“沙洲之春”乡镇群众文艺大展演汇报演出在乐余镇永利村录制。文化和旅游部在全国遴选74个乡村作为2023年全国“村晚”示范展示点，“沙洲之春”便是其中一个点位。汇报演出在国家公共文化云、江苏公共文化云、苏州群文视频号线上直播，总浏览量6万人次。活动现场，张家港市乡镇群众文艺团队汇聚在全国文明村乐余镇永利村，把美丽村庄变成艺术舞台。

4月，文化和旅游部办公厅公布2023年“四季村晚”主会场和示范展示点名单，锦丰镇建设村入选全国秋季“村晚”示范展示点。9月27日晚，2023年全国秋季“村晚”展示活动（张家港市锦丰镇建设村会场）暨冶金园（锦丰镇）“沙上风情”地方特色文艺展演举行。此次秋季“村晚”将沙上文化、非遗传承、特色产业等因素充分融入到建设村“田间舞台”上。

永利村和建设村的“村晚”展示活动，集中展现乡村文化的繁荣发展，讲述农民对土地、对家乡的热爱，共同描绘一幅“宜居宜业和美乡村”的美好画卷。

1月18日，2023年张家港市“村晚”展示活动暨“沙洲之春”乡镇群众文艺大展演汇报演出在乐余镇永利村录制

9月27日，2023年全国秋季“村晚”展示活动（张家港市锦丰镇建设村会场）暨冶金园（锦丰镇）“沙上风情”地方特色文艺展演举行

ZHANGJIAGANG ALMANAC 2024

中国年鉴全文数据库收录年鉴

張家港年鑑

尉天池题

中共张家港市委党史地方志办公室　编

方志出版社
Publishing House of Local Records

图书在版编目(CIP)数据

张家港年鉴. 2024 / 中共张家港市委党史地方志办公室编. -- 北京 : 方志出版社, 2024. 11. -- ISBN 978-7-5144-6326-2

Ⅰ. Z525.33

中国国家版本馆CIP数据核字第20244SQ803号

责任编辑：丛珺

责任校对：张玉霞

责任印制：梅中英

出 版 者：方志出版社

地　　址：北京市朝阳区潘家园东里 9 号（国家方志馆 4 层）

邮　　编：100021

网　　址：http://www.zgfzcb.cn

发　　行：方志出版社图书营销中心（010-67110500）

印　　刷：南京凯德印刷有限公司

开　　本：889 毫米 × 1194 毫米　1/16

印　　张：34.25

字　　数：1231 千字

版　　次：2024 年 11 月第 1 版

印　　次：2024 年 11 月第 1 次印刷

定　　价：210.00 元

《张家港年鉴（2024）》编审人员

主　　审　孙建忠　巫　刚

主　　编　毛建锋

副 主 编　汪丽菁　陆文琰

编　　辑　汪丽菁　陆文琰　陈飞健　沈立平　黄宏庆
陆正芳　朱永平　陈佩蕾　宋佳辰　陆雨亭
闫　昊　金善开

图片编辑　宋佳辰　秦红英

编　　务　陆婷婷　沈　佳　许建东

装帧设计　张家港市无界广告设计中心

序

知往鉴今　砥砺前行
奋力打造高质量发展的强劲增长极

以史为鉴，察往知来。在中华人民共和国成立75周年之际，承载着历史厚重和时代气息的《张家港年鉴（2024）》如期付梓。这部年鉴，以宏大的篇幅、翔实的内容、精美的编排，全方位展现过去一年全市经济社会发展取得的重大成就，让我们在回望过去中汲取智慧力量，在展望未来中提振发展信心，具有存史资政育人的重要价值。

翻阅这一页页沉甸甸的纸张，可以清晰感受到张家港市敢为先锋、勇立潮头的奋斗历程。2023年是全面贯彻党的二十大精神的开局之年，是张家港"现代化建设先锋年"，面对多重压力挑战，全市上下深入贯彻上级决策部署，凝心聚力、奋力拼抢，拼出了实属不易的成绩。综合实力连续30年位居全国百强县（市）前三，实现地区生产总值3365.8亿元，一般公共预算收入237.1亿元，城乡居民人均可支配收入7.2万元。8项工作获省政府办公厅督查激励通报表扬、位列苏州县市（区）第一，连续3年入选全国年度地方全面深化改革典型案例，首批获评全国县域商业"领跑县"，获得国际化营商环境建设标杆县（市）等一系列重大荣誉，现代化建设迈出更加坚实的步伐。

历史的画卷在砥砺前行中铺展，时代的华章在接续奋斗里书写。2024年是张家港“高质量发展突破年”，全市上下将始终坚持以习近平新时代中国特色社会主义思想为指导，全面贯彻党的二十届三中全会精神，以及习近平总书记对江苏、苏州工作重要讲话精神，严格落实中央、省委、苏州市委部署，与时俱进大力弘扬张家港精神，在进一步全面深化改革中找准奋斗坐标、增进发展优势、强化党建引领，立足长三角一体化和长江经济带两大国家战略交汇点的区位优势，秉持江河奔腾的气概、江海交汇的胸怀，勇当改革先锋、创新先锋、转型先锋、文明先锋，奋力打造高质量发展的强劲增长极。

历史是最好的教科书。我们要用好这部丰富翔实的“地方百科全书”，发挥以史鉴今、资政育人的作用，把进一步全面深化改革不断推向深入，为加快推进“强富美高”新江苏现代化建设张家港实践，打造“物质文明和精神文明相协调”的中国式现代化县域先行区而不懈奋斗！

中共张家港市委书记 韩卫

2024年10月

谋创新强产业

2023年，张家港市坚持创新在现代化建设全局中的核心地位，产业结构调整和动能转换步伐持续加快。编制发布《张家港市调高调轻调优产业结构三年行动计划（2023—2025年）》，加快推动制造业高端化、智能化、绿色化发展。新开工科创孵化载体超62万平方米。新增国家级专精特新“小巨人”企业14家。全年实现地区生产总值3365.8亿元，完成一般公共预算收入237.1亿元。

8月14日，张家港市高质量发展“两院院士”“国家级学会”合作大会举行（市科协　提供）

9月9日，2023年中国科技独角兽企业（张家港）大会暨留学人员产才发展交流会召开（市科技局　提供）

10月18日，高新区（塘桥镇）数字经济产业创新集群发展推进会召开（高新区　提供）

8月3日，长华化学科技股份有限公司在深圳证券交易所创业板挂牌上市（保税区　提供）

8月18日，苏州锴威特半导体股份有限公司在上海证券交易所科创板挂牌上市（经开区　提供）

3月6日，全市首个新型科创产业用地（MO）项目落户乐余镇（陈佳琪　摄）

3月29日，励迪医疗器械产业创新港开园（冶金园　提供）

沙钢集团机修总厂金工车间（沙钢集团　提供）

抓改革促开放

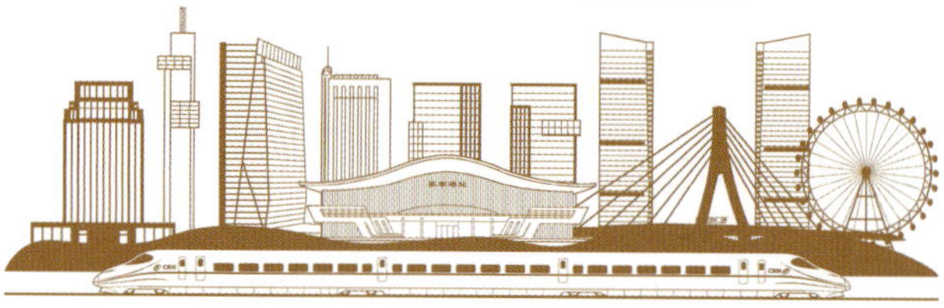

2023 年，张家港市深化招商体制改革，2 个国家级开发区率先完成招商架构重组。利用外资质量持续提升，新增项目近 600 项、新增投资约 160 亿元。完成科技招商项目 1800 项，有效高新企业达到 1078 家。推进“审管执信”闭环管理，超 220 个政务服务事项在省内外 182 个城市“跨城通办”。全年完成口岸货物吞吐量 2.5 亿吨，其中外贸货物吞吐量 7043 万吨，集装箱吞吐量突破 100 万标箱。实现进出口总额 403.56 亿美元。

8月5日，张家港市优化营商环境暨高质量发展先锋企业家活动举行（陈佳琪　摄）

7月28日，全市首张“个转企”营业执照发出（何　捷　摄）

3月26日，谱写“强富美高”新江苏现代化建设新篇章——2023年苏州张家港（北京）科技招商推介会在北京举行（缪宇欢　摄）

5月23日，“‘芯’聚鹏城，‘光’耀港城”张家港经开区半导体和光学技术专题推介会在深圳举办（经开区　提供）

3月1日，韩国科技信息通讯部在华机构考察团参观凤凰科创园（钱佳翼　摄）

8月4日，安迈张家港生产基地开业典礼举行（经开区　提供）

港新重装码头（陈　超　摄）

可隆科技特（张家港）特种纺织品有限公司车间　（钱佳翼　摄）

外联动内协同

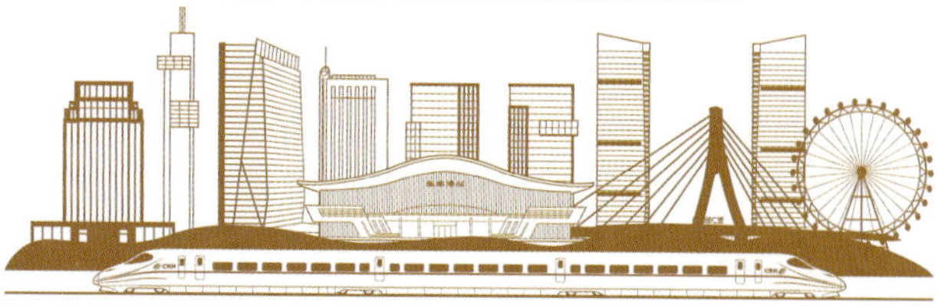

2023年，张家港市全面融入和服务长江经济带发展、长三角一体化发展战略，在创新和产业协同、交通互联互通等方面强化合作，推动跨区域、多领域发展联动，加强和上海临港等重点区域的对接。促进优质资源共建共享，成立“长三角科技服务人才培养基地（张家港）”。配合推进通苏嘉甬高铁、张靖皋长江大桥等重大交通基础设施建设，加快形成“三铁交会”“三条过江通道”的枢纽格局。

3月3日，“江海联动，相约张家港”——2023年张家港（上海）招商推介会举行（陈佳琪　摄）

3月10日，2023年长三角科技局长（处长）沙龙暨走进张家港对接交流会举行（市科技局　提供）

4月17日，华谊腾讯健康总部医智诺互联网健康平台项目签约仪式举行（高新区　提供）

8月6日，石榴花开——张家港市民族家庭社会实践活动暨永卓第八届“红石榴”夏令营、张家港·德钦·望谟各族青少年文化交流联谊活动在南丰镇举办（南丰镇　提供）

夜色东三环（孙振吴　摄）

张靖皋长江大桥张家港段（市交通运输局　提供）

晨雾中驰行的高铁列车（李卓旭　摄）

增福祉惠民生

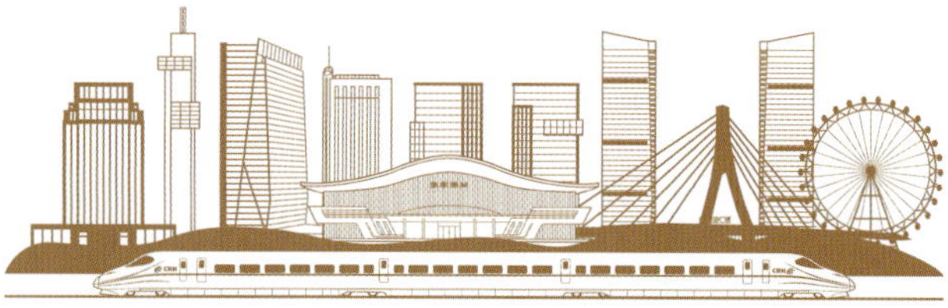

2023年，张家港市文化产业高质量发展，连续20年举办长江文化节。聚焦民生关切，20个民生实事高效推进。利用桥下空间打造主干道街角公园、运动营地，累计建成“席地而坐”城市客厅示范区28处，新增“口袋公园”4个。发布江海第一湾乡村振兴片区发展规划，推进乡村振兴“4+N”示范片区建设。新增省特色田园乡村3个，一般类村庄全部建成特色宜居乡村。

10月20日，2023年长江文化节开幕。图为开幕式上演出节目群舞《牧鞭舞》（市文体广旅局　提供）

1月22日，永联村2023年新春团拜会举行（南丰镇　提供）

塘桥镇为民服务中心（高新区　提供）

乐余镇永利开心农场（乐余镇　提供）

古朴恬庄（凤凰镇　提供）

冶金园（锦丰镇）沙洲社区文明楼道（任广真　摄）

城南文体中心（市融媒体中心　提供）

口袋公园——星星花园（市住建局　提供）

年度要闻

1月14日，美国安普瑞斯硅负极高能量密度锂离子电池项目签约仪式举行（市融媒体中心　提供）

1月28日，张家港市推进“敢为、敢闯、敢干、敢首创”暨“现代化建设先锋年”动员大会召开（市融媒体中心　提供）

4月2日，天兵科技自主研制的天龙二号中型液体运载火箭首飞成功（市委宣传部　提供）

5月10日，“塘桥镇杯”第四届全国和美乡村广场舞大赛（江苏站）开赛（高新区　提供）

9月28日，沪宁沿江高铁开通运营，张家港融入“沪宁1小时高铁圈”，这也是张家港“三铁交会”蓝图下通车的第二条高铁（市交通运输局　提供）

9月13日，东沙化工园关停转型案例在全省生态环境保护大会上被点名为“五个美丽故事”之一。图为东沙物流园（南丰镇　提供）

9月18日，2022年江苏“百强股份经济合作社”名单出炉，张家港共有29家上榜。图为永联村指挥中心（南丰镇　提供）

12月1日，中国志愿服务研究中心江苏（苏州）分中心在张家港揭牌成立。同日，由张家港市与中国社科院战略研究院联合编印出版的《张家港市新时代文明实践志愿服务发展报告（2023）》正式发布，这是全国首部县级市文明实践志愿服务“蓝皮书”

（市新时代文明实践中心　提供）

12月13日，“中国改革2023年度地方全面深化改革典型案例”名单正式公布，张家港市的“‘三个突出’打造土地节约集约利用‘张家港样板’”成功入选，成为全省唯一连续3年入选中国改革年度案例的县（市、区）（市融媒体中心　提供）

编辑说明

一、《张家港年鉴（2024）》坚持以马克思列宁主义、毛泽东思想、邓小平理论、“三个代表”重要思想、科学发展观、习近平新时代中国特色社会主义思想为指导，坚持辩证唯物主义和历史唯物主义的立场、观点和方法，实事求是记载2023年张家港市经济建设、政治建设、文化建设、社会建设、生态文明建设等各方面的基本面貌和发展情况，为各界人士了解、研究张家港提供基本信息资料，为编修地方综合志书积累资料。

二、《张家港年鉴》是由中共张家港市委领导、张家港市人民政府主办、中共张家港市委党史地方志办公室负责逐年编纂的张家港市地方综合年鉴。《张家港年鉴（2024）》为第二十九卷，主体记述时限为2023年1月至12月，人物和宣传画页照片内容时限适当外延。

三、《张家港年鉴》采用条目式记事体，分类编纂。基本结构为类目、分目、条目3个层次。《张家港年鉴（2024)》设类目37个。正文将2023年重点和亮点“张家港市综合实力连续列全国县市前三”“‘张闻明’品牌形成与发展20年回顾”“学习贯彻习近平新时代中国特色社会主义思想主题教育”设置为专记，并根据新形势新特点，在纲目和内容上作适当调整。其中，法治·军事类目增设国防动员分目；农业类目增设种业分目；数字张家港类目内容调整为综述、数字通信、数字产业、数字政府、数字社会分目。凡各篇下设综述分目的直述其事，不再设概况条目。

四、《张家港年鉴（2024）》宣传画页篇首以“谋创新强产业、抓改革促开放、外联动内协同、增福祉惠民生”为主题，记录张家港2023年年度要闻，展现全市推进“强富美高”新江苏现代化建设张家港实践的工作举措。篇尾围绕庆祝中华人民共和国成立75周年，设置名优企业形象展示，选取全市8家重点企业讲述发展历程，展现张家港传统名优企业的良好形象。

五、《张家港年鉴（2024）》数字用法、标点符号用法分别采用国家标准《出版物上数字用法》（GB/T 15835—2011）、《标点符号用法》（GB/T 15834—2011），计量单位采用国家技术监督局1993年12月发布的《量和单位》系列国家标准。

六、《张家港年鉴（2024）》采用的稿件由全市各区镇、各部门提供，并经相关单位领导审核。文中所列数据，原则上依据《张家港统计年鉴（2023）》，统计年鉴中没有的以主管部门统计为准。有些数据因统计口径不同而有所差异，请读者在引用时加以注意。少数分项数据之和不等于总量数据的，是由于数值修约误差所致，未作机械调整。

七、根据行文实际需要，《张家港年鉴（2024）》部分机构使用简称，机构全称与简称对照表列于目录前。文中“年初”“年内”“年末”特指2023年年初、2023年年内、2023年年末，“上年”指2022年。

八、《张家港年鉴（2024）》卷首有总目和详细的中文目录、英文要目，卷末有按汉语拼音顺序排列的主题分析索引，各篇有该篇分目提示，文中信息可由目录、索引、书眉等获得。

审图号：图苏E审（2024）030号

苏州吴文化地名研究所　江苏图博地理信息科技有限公司 编制

审图号：图苏E审（2024）030号

苏州吴文化地名研究所　江苏图博地理信息科技有限公司 编制

2023年张家港市部分机构简称、全称对照表

简　称	全　　称	简　称	全　　称
市委	中国共产党张家港市委员会	市委编办	中国共产党张家港市委员会机构编制委员会办公室
市人大	张家港市人民代表大会	市资规局	张家港市自然资源和规划局
市政府	张家港市人民政府	市住建局	张家港市住房和城乡建设局
市政协	中国人民政治协商会议张家港市委员会	市城管局	张家港市城市管理局
市纪委监委	中国共产党张家港市纪律检查委员会、张家港市监察委员会	市市场监管局	张家港市市场监督管理局
市委巡察办	中国共产党张家港市委员会巡察工作办公室	市人社局	张家港市人力资源和社会保障局
民革市基层委员会	中国国民党革命委员会张家港市基层委员会	市医保局	张家港市医疗保障局
民盟市委会	中国民主同盟张家港市委员会	市人武部	张家港市人民武装部
民建市基层委员会	中国民主建国会张家港市基层委员会	市税务局	国家税务总局张家港市税务局
民进市基层委员会	中国民主促进会张家港市基层委员会	张家港住房公积金中心	苏州市住房公积金管理中心张家港分中心
农工党市委会	中国农工民主党张家港市委员会	市工商联	张家港市工商业联合会（总商会）
致公党市基层委员会	中国致公党张家港市基层委员会	团市委	中国共产主义青年团张家港市委员会
经开区（杨舍镇）	张家港经济技术开发区（杨舍镇）	市妇联	张家港市妇女联合会
冶金园（锦丰镇）	江苏扬子江国际冶金工业园（锦丰镇）	市侨联	张家港市归国华侨联合会
高新区（塘桥镇）	张家港高新技术产业开发区（塘桥镇）	市文联	张家港市文学艺术界联合会
市文明办	张家港市精神文明建设指导委员会办公室	市社科联	张家港市哲学社会科学界联合会
市委网信办	中国共产党张家港市委员会网络安全和信息化委员办公室	市科协	张家港市科学技术协会
市委统战部	中国共产党张家港市委员会统一战线工作部	市残联	张家港市残疾人联合会
市委史志办	中国共产党张家港市委员会党史地方志办公室	市关工委	张家港市关心下一代工作委员会
市发改委	张家港市发展和改革委员会	张家港边检站	张家港出入境边防检查站
市工信局	张家港市工业和信息化局	张家港引航站	长江引航中心张家港引航站
市科技局	张家港市科学技术局	市人民银行	中国人民银行张家港市支行
市文体广旅局	张家港市文体广电和旅游局	市外汇管理局	国家外汇管理局张家港市支局
市卫健委	张家港市卫生健康委员会	沙钢集团	江苏沙钢集团有限公司
市台办	张家港市人民政府台湾事务办公室（中国共产党张家港市委员会台湾工作办公室）	永卓控股	永卓控股有限公司
市侨办	张家港市人民政府侨务办公室	国泰集团	江苏国泰国际集团有限公司
市外事办	张家港市人民政府外事办公室	华昌集团	江苏华昌（集团）有限公司

总　目

专　记 ……………………………（1）
大事记 ……………………………（7）
概　览 ……………………………（13）
中共张家港市委员会 ……………（25）
张家港市人民代表大会 …………（45）
张家港市人民政府 ………………（59）
政协张家港市委员会 ……………（71）
市纪委监委 ………………………（81）
民主党派·工商联 ………………（89）
群众团体 …………………………（97）
法治·军事 ……………………（111）
文明张家港 ……………………（123）
乡村振兴 ………………………（133）
张家港港 ………………………（141）
生态环境 ………………………（155）
城镇建设 ………………………（165）
交通·水务 ……………………（177）
数字张家港 ……………………（189）
开放型经济 ……………………（199）
民营经济 ………………………（207）
农　业 …………………………（219）
工业·建筑业 …………………（227）
服务业 …………………………（245）
金　融 …………………………（257）
综合经济管理 …………………（269）
科学技术 ………………………（287）
教　育 …………………………（299）
文化·体育 ……………………（309）
卫生健康 ………………………（327）
人力资源管理 …………………（337）
居民生活 ………………………（343）
社会保障 ………………………（351）
社会治理 ………………………（359）
区镇（街道）……………………（369）
人物·先进集体 ………………（415）
媒体聚焦 ………………………（443）
附　录 …………………………（457）
索　引 …………………………（505）

目　录

专　记

张家港市综合实力连续列全国县市前三……（3）
“张闻明”品牌形成与发展20年回顾……（3）
学习贯彻习近平新时代中国特色社会主义思想主题教育……（5）

大事记

1月……（9）
2月……（9）
3月……（9）
4月……（9）
5月……（10）
6月……（10）
7月……（10）
8月……（10）
9月……（11）
10月……（11）
11月……（12）
12月……（12）

概　览

自然环境……（15）
地理位置……（15）
地质地貌……（15）
沿江岸线……（15）
气候……（15）
建置区划……（16）
建置沿革……（16）
行政区划……（16）
消亡自然村……（16）
地名勘界……（16）
资源物产……（16）
土地资源……（16）
矿产资源……（16）
水资源……（17）
野生动植物资源……（17）
地方特产……（17）
人文风情……（20）
人口……（20）
方言……（20）
历代名人……（20）
名胜古迹……（21）
革命传统纪念地……（21）
张家港精神……（22）
经济发展……（22）
古代经济……（22）
近代经济……（22）
现代经济……（22）
年度现代化建设实践……（23）
项目驱动产业优化……（23）
改革深化……（23）
城乡协同发展……（23）
绿色发展……（23）
民生福祉增进……（24）

中共张家港市委员会

综述……（27）
“四敢”大讨论大走访大落实主题活动……（27）
市委全会……（28）
市委十二届五次全体会议……（28）
市委十二届六次全会暨市委经济工作会议……（28）
重要决策……（29）
概况……（29）
探索高水平率先基本实现农业农村现代化行动方案出台……（29）
深化新时代社会组织廉洁合规建设决策……（29）

重大产业项目全生命周期管理实施意见出台……（29）
打造更高水平全国文明城市实施意见出台……（29）
“工业超万亿”实施方案出台……（30）
重要活动……（30）
干部学习培训活动……（30）
党政领导考察活动……（30）
项目签约、奠基、竣工、开业等活动……（30）
文化、教育、科技活动……（31）
调查研究……（31）
概况……（31）
专题调研……（31）
统筹深化改革……（32）
组织工作……（32）
概况……（32）
领导班子和干部队伍建设……（32）
基层党组织和党员队伍建设……（32）
习近平新时代中国特色社会主义思想主题教育……（33）
引进人才举措创新……（33）
专业研习社举办……（33）
特色产业人才集聚区设立……（33）
产业链党建“红链先锋”工程实施……（33）
宣传工作……（34）
概况……（34）
理论武装……（34）
主题宣传……（34）
新闻出版（版权）及电影管理……（34）
网络新媒体管理……（35）
统战工作……（35）
概况……（35）
民主党派和无党派人士工作……（35）
民族事务……（36）
宗教事务……（36）
港澳台统战工作……（36）
侨务……（37）
党外知识分子工作……（37）
新的社会阶层人士统战工作……（37）
两岸美丽乡村交流中心建成投用……（37）
旺西社区“红石榴”之家建成……（37）
机构编制管理……（37）
概况……（37）
机构编制资源管理……（38）
行政体制机制改革……（38）
高质量发展绩效管理……（38）
老干部工作……（38）
概况……（38）
离退休干部党建……（39）
离退休干部精准服务……（39）
离退休干部“银发生辉·银龄行动”……（40）
离退休干部文体活动……（40）
关心下一代工作……（40）
概况……（40）
“老少心向党，奋斗新征程”主题教育……（41）
校外教育辅导站建设……（41）
青少年法治教育……（41）
党校……（42）
概况……（42）
党校红色智库平台建设……（42）
宪法和人民代表大会制度教育基地挂牌……（42）
首个外市“中青班”承办……（42）
史志……（43）
概况……（43）
党史征编……（43）
志书编纂……（43）
年鉴工作……（43）
省史志馆联盟县级试点启动……（43）
“史志文化进万家”活动……（43）
档案……（44）
概况……（44）
档案保管利用……（44）
档案征集编研……（44）
档案监督指导……（44）
档案信息化建设……（44）

张家港市人民代表大会

综述……（47）
人大代表及组织机构……（47）
人事任免……（47）
人大自身建设……（47）
代表建议与检察建议衔接转化工作机制启动……（47）
表1　2023年张家港市人大常委会任免“一府一委两院”及人大机关人员情况表……（48）
重要会议……（49）
市十五届人民代表大会第二次会议……（49）
市十五届人大常委会会议……（49）
市十五届人大常委会主任会议……（49）

法律监督……（50）
概况……（50）
环境保护工作监督……（51）
财政运行监督……（51）
行政事业性国有资产管理情况监督……（51）
住宅区物业管理工作监督……（51）
社区卫生服务体系建设工作监督……（52）
代表议案、建议办理工作监督……（52）
“两官”履职评议……（52）
政府工作评议……（53）
执法检查……（53）
概况……（53）
社区矫正法执法检查……（53）
“八五”普法规划督察……（53）
科学技术进步法、科学技术进步条例执法检查……（54）
农村集体资产管理条例执法检查……（54）
《苏州市住宅区物业管理条例》执法检查……（54）
视察调研……（54）
概况……（54）
供销社系统深化综合改革情况调研……（54）
基础教育高质量发展情况调研……（55）
防汛排涝工作视察……（55）
劣V类水体治理工作视察……（55）
“两院”工作视察……（55）
中医药传承创新发展视察……（56）
节点型交通枢纽城市建设情况视察……（56）
民生实事项目视察……（56）
代表工作……（56）
概况……（56）
“主任接待日”活动……（57）
苏州市人大代表“统一接待日”活动……（57）
重点建议督办……（57）
表2 2023年张家港市优秀代表建议一览表……（57）
民生实事项目满意度测评……（58）
表3 2023年民生实事票决项目完成情况满意度测评结果一览表……（58）

张家港市人民政府

综述……（61）
民生实事项目……（62）
重要会议……（62）
概况……（62）
推进“敢为、敢闯、敢干、敢首创”暨“现代化建设先锋年”动员大会……（62）
市政府常务会议……（62）
政府施政……（63）
概况……（63）
推动经济运行率先整体好转的若干政策措施出台……（63）
促进直播电商经济高质量发展的实施意见印发……（63）
促进托育服务高质量发展实施意见印发……（64）
推进农房翻建的若干激励措施制定……（64）
民族团结进步事业三年行动计划出台……（64）
表4 2023年张家港市民生实事项目完成情况表……（64）
政务服务……（66）
概况……（66）
“一网通办”平台体系建设……（66）
工程建设项目审批制度改革……（66）
企业登记管理……（67）
利企便民服务举措深化……（67）
全市首个政务管理“云沟通”二维码上线……（67）
外事工作……（68）
概况……（68）
中日（苏州）地方发展合作示范区张家港创新合作发展大会……（68）
信访工作……（68）
概况……（68）
市党政领导接访下访……（68）
市社会矛盾纠纷调处化解中心挂牌成立……（68）
对口帮扶……（69）
概况……（69）
对口地区间交流……（69）
张家港宿豫工业园区建设……（69）
援藏援疆……（69）
文化润疆工作……（69）
机关事务管理……（70）
概况……（70）
公共机构节能工作……（70）
公务用车管理……（70）
市级公物仓建成运行……（70）

政协张家港市委员会

综述……（73）
政协委员及组织机构……（73）

政协自身建设……………………………………………（73）
团结协作……………………………………………………（73）
《江河张家港》出版 ……………………………………（74）
政协会议……………………………………………………（74）
市政协十三届二次会议…………………………………（74）
市政协十三届委员会常委会会议………………………（74）
市政协十三届委员会主席会议…………………………（74）
表5 2023年张家港市政协人事任免情况表 ……………………………………………（75）
协商议政……………………………………………………（76）
概况……………………………………………………………（76）
基层社区治理现代化工作协商…………………………（76）
安全生产工作协商…………………………………………（76）
文化产业发展与繁荣工作协商…………………………（76）
三大材料领域深度创新工作协商………………………（77）
社会治理法治化工作协商………………………………（77）
黄泗浦生态公园周边区域综合开发利用工作协商……………………………………………（77）
民主监督……………………………………………………（78）
概况……………………………………………………………（78）
提案办理……………………………………………………（78）
表6 张家港市政协十三届二次会议期间优秀提案一览表 ……………………………（79）
社情民意信息收集…………………………………………（79）
卫生健康工作评议…………………………………………（79）
委员之家……………………………………………………（80）
概况……………………………………………………………（80）
“委员工作室”建设 ……………………………………（80）
“有事好商量”品牌推进 ………………………………（80）

市纪委监委

政治监督……………………………………………………（83）
概况……………………………………………………………（83）
护航营商环境“十大行动” ……………………………（83）
领导干部党风廉政建设责任制…………………………（84）
反腐倡廉……………………………………………………（84）
概况……………………………………………………………（84）
帮教治本六步工作法………………………………………（84）
廉政思想教育………………………………………………（84）
苏州市“廉居共筑”主题活动在凤凰镇举办 ………（85）
特色廉洁文化空间打造……………………………………（85）
正风肃纪……………………………………………………（85）
概况……………………………………………………………（85）
形式主义、官僚主义纠治 ………………………………（85）
享乐主义、奢靡之风整治 ………………………………（85）
专项监督……………………………………………………（85）
概况……………………………………………………………（85）
安全生产第三方服务专项监督…………………………（86）
村级工程专项监督…………………………………………（86）
基层保洁一体化和垃圾分类领域专项监督…………（86）
建设工程质量检测领域专项监督………………………（86）
计量检测行业专项监督……………………………………（86）
巡视巡察……………………………………………………（86）
概况……………………………………………………………（86）
第四、第五轮巡察 ………………………………………（87）
村（社区）巡察 …………………………………………（87）
巡察整改和成果运用机制完善…………………………（87）
监督治理效能………………………………………………（87）
概况……………………………………………………………（87）
廉洁乡村2.0建设 …………………………………………（87）
廉洁张家港建设……………………………………………（88）
“链上监督”数字化治理 ………………………………（88）

民主党派·工商联

中国国民党革命委员会张家港市基层委员会…………（91）
概况……………………………………………………………（91）
参政议政……………………………………………………（91）
社会服务……………………………………………………（91）
中国民主同盟张家港市委员会……………………………（91）
概况……………………………………………………………（91）
参政议政……………………………………………………（91）
社会服务……………………………………………………（92）
“袁·盟”项目合作共建 ………………………………（92）
中国民主建国会张家港市基层委员会…………………（92）
概况……………………………………………………………（92）
参政议政……………………………………………………（92）
社会服务……………………………………………………（92）
社情民意信息工作获评市级先进………………………（92）
中国民主促进会张家港市基层委员会…………………（93）
概况……………………………………………………………（93）
参政议政……………………………………………………（93）
社会服务……………………………………………………（93）
民进市基层委员会获民进全国宣传工作先进……………………………………………………（93）
中国农工民主党张家港市委员会…………………………（93）
概况……………………………………………………………（93）
参政议政……………………………………………………（94）
社会服务……………………………………………………（94）

中国致公党张家港市基层委员会……………………（94）
概况…………………………………………………（94）
参政议政……………………………………………（94）
社会服务……………………………………………（94）
九三学社张家港市基层委员会………………………（95）
概况…………………………………………………（95）
参政议政……………………………………………（95）
社会服务……………………………………………（95）
张家港市工商业联合会（总商会）……………………（95）
概况…………………………………………………（95）
会员服务……………………………………………（95）
企业家精神培育……………………………………（96）
政企互通全面推进…………………………………（96）
新一代企业家培养…………………………………（96）
“万企兴万村”行动…………………………………（96）

群众团体

市总工会……………………………………………（99）
概况…………………………………………………（99）
职工宣教……………………………………………（99）
劳动竞赛……………………………………………（99）
劳模管理……………………………………………（99）
职工维权……………………………………………（99）
职工帮扶……………………………………………（99）
民主管理……………………………………………（99）
产改立功竞赛………………………………………（100）
市工会第十三次代表大会召开……………………（100）
市首个劳模工匠主题公园建成……………………（100）
团市委………………………………………………（100）
概况…………………………………………………（100）
青年思想引领………………………………………（100）
青年联系服务………………………………………（101）
青年创新创业驱动…………………………………（101）
青年干部培养………………………………………（101）
青年志愿者行动……………………………………（101）
青少年权益维护……………………………………（101）
少先队工作…………………………………………（102）
“希望之光”助学工程………………………………（102）
“躬耕计划”志愿服务………………………………（102）
团市委第十七次代表大会…………………………（102）
青年发展型县域试点建设…………………………（102）
市妇联………………………………………………（103）
概况…………………………………………………（103）
女性思想引领………………………………………（103）
女性创业创新巾帼行动……………………………（103）
妇儿权益维护………………………………………（104）
妇儿民生服务………………………………………（104）
市妇女第十二次代表大会…………………………（104）
市科协………………………………………………（104）
概况…………………………………………………（104）
全域科普……………………………………………（105）
学术交流……………………………………………（105）
市院士（专家）服务中心成立………………………（105）
民生科普体验馆改造完成…………………………（105）
市侨联………………………………………………（105）
概况…………………………………………………（105）
“出港越洋、侨见世界”主题活动……………………（106）
市文联………………………………………………（106）
概况…………………………………………………（106）
文艺活动……………………………………………（106）
文艺创作……………………………………………（107）
第十二届江苏文学评论奖颁奖仪式在市
举行…………………………………………………（107）
市残联………………………………………………（107）
概况…………………………………………………（107）
残疾人康复与救助…………………………………（108）
残疾人就业服务……………………………………（108）
残疾人之家建设……………………………………（108）
残疾人文体活动……………………………………（108）
社会助残服务………………………………………（108）
无障碍环境建设……………………………………（108）
市红十字会…………………………………………（109）
概况…………………………………………………（109）
救护服务……………………………………………（109）
“三献”工作…………………………………………（109）
红十字博爱周………………………………………（109）
世界急救日活动……………………………………（109）
市社科联……………………………………………（109）
概况…………………………………………………（109）
社科普及……………………………………………（110）
社科研究……………………………………………（110）

法治·军事

法治综述……………………………………………（113）
司法规范化建设……………………………………（114）
基层综合治理………………………………………（114）
常态化扫黑除恶斗争………………………………（114）
公安…………………………………………………（115）

概况……（115）
电信网络诈骗违法犯罪打击治理……（116）
全国首例制售非法添加酚汀类化学衍生物减肥食品案告破……（116）
道路交通安全重点隐患路段“5510”整治工程推进……（116）
铁路张家港站派出所保障辖区运输安全……（116）
检察……（116）
概况……（116）
“一站式”轻罪治理工作……（117）
“数治”检察建设……（117）
市检察院与人大、政协协同联动……（117）
法院……（117）
概况……（117）
“司法助企一站式服务中心”设立……（118）
“法正商安”五庭协同案例发布……（118）
“一校一法官”项目启动……（118）
司法行政……（118）
概况……（118）
全国贯彻法律援助法经验交流座谈会在市召开……（119）
锦丰镇调委会获评全国模范人民调解委员会……（119）
人民武装……（119）
概况……（119）
人武宣传教育……（120）
武警……（120）
概况……（120）
军地合作共建……（120）
国防动员……（120）
概况……（120）
人防宣传……（121）
人防工程建设……（121）
退役军人事务……（121）
概况……（121）
双拥工作……（121）
优抚工作……（122）
退役军人移交安置……（122）
烈士陵园管理……（122）
军休工作……（122）
“戎耀沙洲”退役军人志愿服务品牌……（122）

文明张家港

文明创建……（125）
概况……（125）
文明攻坚“十大行动”发布……（125）
全省文明创建和文明实践工作现场推进会在市举行……（125）
中央文明办到市专题调研……（125）
“长江杯”公益广告作品征集大赛在市举行……（125）
10个楼道、5家菜场获评苏州市文明楼道、文明菜场……（126）
文明培育……（126）
概况……（126）
第八届市道德模范评选表彰……（126）
第七届张家港市新时代好少年推荐评选……（127）
“成风化俗，以德润城”市农村移风易俗主题宣传月活动……（127）
市农村移风易俗主题文艺巡演……（127）
“张闻明”之歌——市群众合唱大赛举行……（128）
经开区（杨舍镇）永安社区“竹林童话”青少年悦读品牌建设……（128）
文明实践与志愿服务……（128）
概况……（128）
“求是读书汇”理论学习项目启动……（129）
全国首部县级市文明实践志愿服务“蓝皮书”发布……（129）
“友爱港城”智慧云平台升级改版……（129）
“追梦学堂”理论宣讲项目获评苏州市优秀项目……（129）
“光影新播课·文明实践行”活动……（129）
“艺‘述’新时代，奋进新征程”文艺思政课开课……（129）
市纪念学雷锋60周年主题活动……（129）
“文明张家港，悦享美好夜”新时代文明实践“夜模式”活动……（130）
“寻访张闻明，奋进新征程”文明实践行动……（130）
“全民健心，打造社会心理服务典范城市”入选全国优秀案例……（130）
“温暖秋冬，志愿同行”系列文明实践项目……（131）
第十一届科普剧会演活动……（131）
“知我家乡，爱我港城”文明实践专题活动……（131）
精神文明研究与交流……（131）
概况……（131）
精神文明建设张家港研究与交流中心教学楼启用……（131）

《新时代社会主义精神文明建设概论》编写 …… (131)
中国志愿服务研究中心江苏(苏州)分中心揭牌…… (132)
群众杂志社江苏群众工作张家港实践基地揭牌…… (132)
吉林省文明城市创建培训班举办…… (132)
新疆巩留县宣传骨干观摩学习…… (132)
贵州省毕节市七星关区培训班举办…… (132)

乡村振兴

富民强村…… (135)
概况…… (135)
乡村振兴示范片区建设…… (135)
29家经济合作社上榜全省百强 …… (135)
党建引领振兴善治落实提升行动启动…… (135)
农村资产管理…… (136)
概况…… (136)
土地承包管理…… (136)
阳光惠民…… (136)
农村集体经济组织审计…… (136)
农村集体资产提质增效行动…… (136)
乡村产业…… (136)
概况…… (136)
农民合作社、家庭农场 …… (137)
省农业农村领域重大项目推进…… (137)
"苏韵乡情" 乡村休闲旅游农业专场推介 …… (137)
市农村创业创新大赛举行…… (138)
市现代农业创新服务中心启用…… (138)
和美乡村建设…… (138)
概况…… (138)
农村人居环境整治提升典型案例入选国家城乡环境卫生清理整治典型案例…… (139)
"三治曹口" 人居环境整治模式 …… (139)
省高素质农民培育实训基地…… (139)
概况…… (139)
全国乡村振兴返乡人才能力提升研修班举行…… (139)
陕西省县(市、区)党政领导干部专题研讨班开班…… (139)
全省 "兵支书" 能力提升示范培训班开班 …… (139)
苏州村政学院…… (140)
概况…… (140)
苏州市驻村第一书记示范培训班开班…… (140)
乡村振兴省级示范培训班开班…… (140)

张家港港

港口航运…… (143)
概况…… (143)
码头泊位…… (143)
长江航道管理…… (143)
表7　2023年张家港口岸码头泊位一览表…… (143)
港务集团打造全国第六家 "五星级" 绿色港口…… (146)
港务集团智慧中心启用…… (146)
永嘉码头拓展危险货物业务…… (147)
海力码头改扩建…… (147)
永卓物流 "5G全连接智慧码头" 入选国家级5G工厂 …… (147)
港新重装码头服务大型装备出口…… (148)
长江国际智慧物流平台升级…… (148)
保税港务集装箱吞吐量近25万标箱 …… (148)
张家港海关…… (149)
概况…… (149)
口岸监管…… (149)
"国门利剑" 行动打击走私 …… (149)
海关优化营商环境30条推出 …… (149)
金港海关…… (150)
概况…… (150)
海关企业管理和稽查…… (150)
金港海关服务地方经济发展…… (150)
海　事…… (150)
概况…… (150)
水上交通安全监管…… (150)
水上搜救…… (151)
船载危险货物安全监管…… (151)
海事服务临港产业发展…… (151)
边防检查…… (152)
概况…… (152)
口岸安全管控…… (152)
"枫桥式边检警务室" 打造 …… (152)
长航公安…… (152)
概况…… (152)
"平安长江" 行动 …… (152)
非法捕捞水产品案破获…… (152)
长江引航…… (153)
概况…… (153)
引航 "绿色通道" 开辟 …… (153)
"长江引航本质安全基础年" 建设 …… (153)

港口配套服务……………………………………（153）
概况……………………………………（153）
电子口岸推进数智口岸建设……………………（153）
中外运新添带张家港名字货轮……………………（153）
张家港外代助力新能源产品出口…………………（154）
中理理货推进港口理货智慧升级…………………（154）
中联理货“理货+检验”双轮驱动 ………………（154）

生态环境

综述……………………………………（157）
锦丰镇入选省生态文明建设示范乡镇创建名单……………………………………（157）
环境质量……………………………………（158）
概况……………………………………（158）
空气质量……………………………………（158）
水环境质量……………………………………（158）
声环境质量……………………………………（158）
生物多样性……………………………………（158）
首个生物多样性观测站建成……………………（158）
自然资源保护……………………………………（159）
概况……………………………………（159）
耕地资源保护……………………………………（159）
集约用地保护……………………………………（159）
土地储备交易……………………………………（159）
不动产登记改革……………………………………（159）
产业园用地状况调查……………………………（160）
张家港市首批获评全国自然资源节约集约示范县（市） ……………………………（160）
污染防治……………………………………（160）
概况……………………………………（160）
水污染防治……………………………………（160）
大气污染防治……………………………………（161）
土壤污染防治……………………………………（161）
工业固废污染防治……………………………（161）
三套机制打好“防污攻坚战” …………………（161）
防污三项创新举措出台……………………………（161）
环境监管……………………………………（162）
概况……………………………………（162）
环境监测能力建设……………………………（162）
核与辐射安全管理……………………………（162）
环保宣传……………………………………（162）
“周周有夜查、月月有重点”专项执法行动……………………………………（162）
生态环境保护全民行动……………………………（162）
长江生态保护……………………………………（163）
概况……………………………………（163）
西水道圩区建设管理……………………………（163）
“长江大保护”党建活动 ………………………（163）
长江国家文化公园张家港段建设………………（163）
长江禁渔……………………………………（163）
船舶污染防治……………………………………（164）
湿地保护……………………………………（164）
绿化美化……………………………………（164）
概况……………………………………（164）
绿化工程建设……………………………………（164）
绿化养护……………………………………（164）
林长制工作……………………………………（164）

城镇建设

城市规划……………………………………（167）
概况……………………………………（167）
规划管理……………………………………（167）
规划服务……………………………………（167）
城市测量……………………………………（167）
“一山一策”保护利用规划编制 ………………（167）
城市建设……………………………………（168）
概况……………………………………（168）
表8　2023年张家港城区部分重点工程建设情况表 ……………………………（168）
城市更新……………………………………（169）
后塍街道西墩新村21幢公寓房恢复性重建 ……（169）
新区建设……………………………………（169）
集镇建设……………………………………（169）
概况……………………………………（169）
锦丰镇建设……………………………………（170）
塘桥镇建设……………………………………（170）
乐余镇建设……………………………………（170）
凤凰镇建设……………………………………（171）
南丰镇建设……………………………………（171）
大新镇建设……………………………………（172）
常阴沙现代农业示范园区建设…………………（172）
金港街道建设……………………………………（172）
后塍街道建设……………………………………（172）
德积街道建设……………………………………（172）
公用事业……………………………………（173）
概况……………………………………（173）
供电……………………………………（173）
供水……………………………………（173）

供气……………………………………………………（173）
污水处理………………………………………………（173）
路灯管理………………………………………………（173）
市政养护和管理………………………………………（174）
绿化行业管理…………………………………………（174）
2个电力工程投运 ……………………………………（175）
城市管理……………………………………………（175）
概况……………………………………………………（175）
市容管理………………………………………………（175）
城管执法………………………………………………（175）
智慧城管………………………………………………（175）
垃圾分类………………………………………………（176）
全市首个镇域垃圾分类宣教馆开馆…………………（176）
“洁美港城”同创共建 ………………………………（176）

交通·水务

交通建设……………………………………………（179）
概况……………………………………………………（179）
铁路建设………………………………………………（179）
公路建设………………………………………………（179）
港航建设………………………………………………（179）
场站枢纽建设…………………………………………（180）
沪宁沿江高铁建成通车………………………………（180）
346国道张家港绕城段改扩建工程主线
贯通…………………………………………………（180）
永联停车区“渔水驿站”入选省级品牌 …………（180）
交通运输……………………………………………（180）
概况……………………………………………………（180）
铁路客运………………………………………………（180）
表9　2023年张家港站可达站点一览表………（180）
公路、水路客运 ………………………………………（181）
公路、水路货运 ………………………………………（181）
汽修及驾驶员培训……………………………………（182）
江阴、张家港第三条毗邻公交开通 ………………（182）
物流…………………………………………………（182）
概况……………………………………………………（182）
表10　2023年张家港市快递企业一览表 ……（182）
邮政服务………………………………………………（183）
金港物流中心…………………………………………（183）
保税物流园区…………………………………………（183）
玖隆钢铁物流园………………………………………（183）
东沙物流园……………………………………………（184）
“金融+快递”打造“小哥银行” …………………（184）
北尔旗物流公司开业…………………………………（184）
邮政管理………………………………………………（184）
交通管理……………………………………………（184）
概况……………………………………………………（184）
交通工程质量安全管理………………………………（184）
运政管理………………………………………………（184）
路政管理………………………………………………（185）
内河航政管理…………………………………………（185）
港口管理………………………………………………（185）
内河水上交通安全管理………………………………（185）
“区域协作”执法模式构建 …………………………（185）
水务建设……………………………………………（185）
概况……………………………………………………（185）
防洪防涝工程…………………………………………（185）
水环境治理……………………………………………（185）
生态河道建设…………………………………………（185）
走马塘江边泵站工程泵站主体建设完成……………（186）
十一圩港河道整治工程完成…………………………（186）
水务管理……………………………………………（186）
概况……………………………………………………（186）
水利工程管理…………………………………………（186）
长江水文勘测…………………………………………（186）
河道管理………………………………………………（187）
供排水管理……………………………………………（187）
水土保持………………………………………………（187）
水行政执法……………………………………………（187）
河湖长制………………………………………………（187）
防汛抗旱………………………………………………（187）
排水设施建设与运维管护一体化改革………………（188）
张家港湾水利风景区获评省水利风景区……………（188）
再生水利用配置试点通过中期评估…………………（188）

数字张家港

综　述………………………………………………（191）
信息基础设施建设……………………………………（191）
网络和数据安全………………………………………（191）
营商环境数字化服务…………………………………（191）
“红链直播间”启动 …………………………………（191）
电信助力数字化产业转型……………………………（191）
数字通信……………………………………………（191）
概况……………………………………………………（191）
电信通信业务…………………………………………（192）
移动通信业务…………………………………………（192）
联通通信业务…………………………………………（192）
有线网络通信业务……………………………………（192）

电信“爱心翼站”运营 …… (192)
移动助力永钢线六精品库5G专网建设 …… (192)
联通助力智慧金村建设 …… (193)
智慧广电项目建设 …… (193)
数字产业 …… (193)
数字农业 …… (193)
概况 …… (193)
善港农业获评省级数字农业农村基地 …… (193)
市现代农业科技示范园入选省农业农村重大项目建设典型 …… (193)
数字工业 …… (193)
概况 …… (193)
市集成电路产业促进中心 …… (194)
智慧沙钢建设 …… (194)
港城云联公司获中国IDC产业创新发展奖 …… (194)
新点政务办智能制造平台入选省试点示范项目 …… (194)
恒创数科入围苏州推动数字产业化发展“头雁”企业名单 …… (194)
电子商务 …… (195)
概况 …… (195)
市电子商务产业园 …… (195)
前海(苏州)跨境电商产业园开园 …… (195)
联宏星选入选苏州市直播基地(园区) …… (195)
首届“港城好物”电商直播节举办 …… (196)
数字政府 …… (196)
概况 …… (196)
涉企服务一体化平台建设 …… (196)
张家港党政通平台 …… (196)
“今日张家港”App …… (196)
“审管执信”建设 …… (196)
全市首单政务服务平台异地接件完成 …… (197)
数字社会 …… (197)
概况 …… (197)
智慧养老服务 …… (197)
医疗信息化建设 …… (197)
“云上+实体”慈善超市全域启用 …… (197)
数字城市建设 …… (197)
《中国建设报》报道张家港数字家庭建设试点经验 …… (198)
数字乡村建设 …… (198)
中国科学院数字乡村研究院揭牌 …… (198)
永联村数字积分赋能乡村治理案例入选国家级优秀案例 …… (198)
“智慧李巷”工分制 …… (198)

开放型经济

招商引资 …… (201)
概况 …… (201)
表11 2023年张家港市主要新设(含增资)外资及中国香港地区项目一览表 …… (201)
开发区外资和港澳台资招引 …… (201)
镇外资和港澳台资招引 …… (202)
对韩招商 …… (202)
美国陶氏公司有机硅下游产品扩建项目奠基 …… (202)
进出口贸易 …… (203)
概况 …… (203)
表12 2023年张家港市十大进出口企业一览表 …… (203)
表13 2023年张家港市进出口主要商品一览表 …… (203)
表14 2023年张家港市进出口主要国家(地区)一览表 …… (203)
货物贸易进出口 …… (204)
对外及对港澳台经济技术合作 …… (204)
概况 …… (204)
表15 2023年张家港市对外及对中国香港投资企业(项目)情况表 …… (204)
埃塞俄比亚东方工业园 …… (205)
国泰缅甸服装产业园 …… (205)
江苏国泰国际集团 …… (205)
概况 …… (205)
国泰集团获评2022年度苏州市市长质量奖 …… (206)
国泰集团入选中上协2023年公司治理最佳实践案例 …… (206)
国泰集团与上海交通大学合作签约 …… (206)
国泰华盛公司完成进出口总额10亿美元 …… (206)
万泰国际公司一期项目开业 …… (206)

民营经济

综述 …… (209)
表16 2023年张家港市企业入围中国民营企业500强情况表 …… (209)
表17 2023年张家港市企业入围中国民营企业制造业500强情况表 …… (209)

表18 2023年张家港市国家级专精特新“小巨人”企业一览表 ……（209）
民营企业培育……（211）
12家企业上榜江苏省民营企业200强 ……（211）
长力机械公司获评国家级专精特新“小巨人”企业……（211）
私营企业与个体工商户……（211）
概况……（211）
市个私协会“惠企先锋”服务行动 ……（212）
澳洋集团两大板块齐头并进……（212）
海狮产品获“紫金奖·工业设计奖” ……（213）
资本市场……（214）
概况……（214）
表19 2023年张家港市企业在国内上市情况表 ……（214）
表20 2023年张家港市“新三板”挂牌企业情况表 ……（216）
企业上市培育……（217）
保丽洁在北交所上市……（218）
长华化学在深交所创业板上市……（218）
锴威特在上交所科创板上市……（218）
协昌科技在深交所创业板上市……（218）

农 业

综述……（221）
农业行政执法……（221）
张家港市获评全国蔬菜绿色高产高效行动项目县（市）……（222）
十大农业科普研学基地评选……（222）
种植业……（222）
概况……（222）
“智慧稻作技术”现场观摩会举行 ……（223）
锦丰镇入选江苏省铁皮石斛产业特色小镇……（223）
国家大宗蔬菜产业技术果菜类现场观摩会举行……（223）
种业……（223）
概况……（223）
水稻试验育种……（223）
稻麦良种补贴……（223）
鹿苑糯玉米获江苏省特色优质功能农产品推介……（224）
农业外来入侵植物普查……（224）
“聚新农人，育中国芯”第二届葡萄育种及知识产权保护研讨会举行……（224）
养殖业……（224）
概况……（224）
美丽牧园创建……（224）
农产品质量建设……（224）
概况……（224）
农作物病虫害绿色防控……（225）
农业投入品监管……（225）
农业标准化生产……（225）
“国家农产品质量安全县”亮牌行动 ……（225）
农业机械化……（225）
概况……（225）
机械化示范基地创建……（226）
“沙洲匠星”市农机维修工职业技能竞赛 ……（226）
市植保无人机技能竞赛……（226）
苏州市农机质量月活动现场会在南丰镇举行……（226）

工业·建筑业

综述……（229）
表21 2023年张家港市十大工业集团一览表 ……（229）
表22 2023年张家港市75家重点工业企业一览表 ……（229）
产业投入……（230）
转型升级……（230）
智能制造……（231）
首届市智能化改造数字化转型立功竞赛……（231）
飞翔医药产业园获苏州市级认定……（231）
冶金工业……（231）
概况……（231）
表23 2023年张家港市规模以上冶金工业企业主要产品产量情况表 ……（232）
表24 2023年张家港市冶金工业企业投入1亿元以上竣工项目情况表……（232）
永卓控股特种合金棒材工厂获评国家级智能制造示范工厂……（232）
联合铜业公司智能化改造……（232）
纺织工业……（232）
概况……（232）
表25 2023年张家港市规模以上纺织工业企业主要产品产量情况表 ……（233）
可隆科技特公司车间获评省智能制造示范车间……（233）
3个纺织品牌获“苏州制造”品牌认证 ……（233）
德积高端纺织产业园首期项目投产……（233）

机电工业……………………………………………（233）
概况……………………………………………………（233）
表26　2023年张家港市规模以上机电工业企业主要产品产量情况表 ……（234）
表27　2023年张家港市机电工业企业投入1亿元以上竣工项目情况表…………（234）
广大鑫盛精密零部件智造项目投产………………（234）
华程制管公司航空特材打印项目开工……………（234）
国内首台民用液氢罐车下线………………………（234）
海陆重工公司入选“江苏精品”认证获证企业……………………………………………（235）
华亿科教设备公司开创医学教学行业多个“首例”……………………………………………（235）
化学工业……………………………………………（235）
概况……………………………………………………（235）
表28　2023年张家港市规模以上化学工业企业主要产品产量情况表 …………（236）
表29　2023年张家港市化学工业企业投入1亿元以上竣工项目情况表…………（236）
华昌集团加强氢能等技术创新……………………（236）
海虹老人涂料公司开业……………………………（237）
杜邦张家港一体化生产基地开业…………………（237）
东华能源公司分布式综合能源利用项目开工……………………………………………（237）
食品工业……………………………………………（237）
概况……………………………………………………（237）
表30　2023年张家港市规模以上食品工业企业主要产品产量情况表 …………（237）
表31　2023年张家港市食品工业企业投入1亿元以上竣工项目情况表…………（237）
东海粮油公司成立30周年庆 ……………………（238）
江海粮油集团二期项目投产………………………（238）
其他工业……………………………………………（238）
概况……………………………………………………（238）
表32　2023年张家港市其他工业企业投入1亿元以上竣工项目情况表…………（238）
电力工业………………………………………………（238）
表33　2023年张家港市（热）电力企业基本情况表 …………………………………（239）
新型墙材生产…………………………………………（240）
爱丽家居公司两项目投产…………………………（240）
东方雨虹建材基地一期投产………………………（240）
新兴产业……………………………………………（240）
概况……………………………………………………（240）
表34　2023年张家港市新兴产业分行业投资完成情况表 …………………………（240）
天兵科技公司获评“中国独角兽企业” …………（241）
协鑫集团储能智造基地投产………………………（241）
建筑业………………………………………………（241）
概况……………………………………………………（241）
建筑市场管理…………………………………………（241）
工程建设管理…………………………………………（242）
建筑装饰装修…………………………………………（242）
张家港市入选省建设工程消防设计审查验收试点城市……………………………………………（242）
德丰建设集团入选苏州建筑业企业30强 ………（243）
江苏沙钢集团………………………………………（243）
概况……………………………………………………（243）
沙钢集团本部研发新品60种 ……………………（243）
全球最大的薄带铸轧生产基地建成………………（244）
铸轧薄带高品质硅钢项目开工……………………（244）
沙钢集团环保技改升级……………………………（244）
沙钢企业文化…………………………………………（244）

服务业

综述…………………………………………………（247）
服务业分行业情况……………………………………（247）
星级饭店和民宿………………………………………（247）
表35　2023年张家港市星级饭店一览表 ……………………………………（248）
表36　2023年张家港市旅游民宿一览表 ……………………………………（248）
7家企业位列中国服务业企业500强 ……………（248）
商贸·市场…………………………………………（248）
概况……………………………………………………（248）
表37　2023年张家港市列入全省50强商品交易市场成交额情况表 …………（249）
张家港市首批获评全国县域商业领跑县…………（249）
餐饮行业品牌意识增强……………………………（249）
7家品牌店入选苏州品牌首店 ……………………（249）
山姆会员商店云仓运营……………………………（249）
农贸市场改造…………………………………………（250）
供销…………………………………………………（250）
概况……………………………………………………（250）
供销综合改革…………………………………………（250）
为农服务………………………………………………（250）
青草巷农副产品供应…………………………………（250）
专营专卖……………………………………………（250）
烟草经营………………………………………………（250）
盐业经营………………………………………………（251）

石油经营…………………………………………（251）
房地产…………………………………………（251）
概况…………………………………………（251）
表38　2023年张家港市主要竣工楼盘情况表 ……………………（251）
房政管理…………………………………………（253）
物业管理…………………………………………（253）
维修资金增值收益滚存使用……………………（253）
购置新建商品房家庭实行契税补贴……………（253）
既有建筑改造（装饰装修）违法违规行为有奖举报…………………………………（253）
旅游…………………………………………（254）
概况…………………………………………（254）
表39　2023年张家港市国家级旅游景区情况表 ……………………（254）
旅行社…………………………………………（254）
表40　2023年张家港市星级旅行社一览表 ……………………（254）
凤凰山景区…………………………………………（254）
双山香山旅游度假区……………………………（255）
永联小镇景区……………………………………（255）
暨阳湖生态旅游区………………………………（255）
东渡苑景区…………………………………………（255）
沙洲优黄文化园…………………………………（256）
公园管理…………………………………………（256）
第二十五届菊展举行……………………………（256）
乡村旅游发展培育………………………………（256）

金　融

金融监管…………………………………………（259）
概况…………………………………………（259）
市地方金融监管局………………………………（259）
苏州监管分局张家港监管组……………………（259）
2项目入选省数字人民币试点优秀实践案例 ……（260）
沪苏数字产融发展会议举行……………………（260）
银行…………………………………………（260）
概况…………………………………………（260）
表41　2023年年末张家港市银行机构网点一览表 ……………………（260）
表42　2023年年末张家港市银行机构存款情况表 ……………………（261）
表43　2023年年末张家港市银行机构贷款情况表 ……………………（263）
政策性银行…………………………………………（264）
国有商业银行……………………………………（264）
股份制商业银行…………………………………（265）
城市商业银行……………………………………（265）
农村商业银行……………………………………（266）
村镇银行…………………………………………（266）
外资银行…………………………………………（266）
财务公司…………………………………………（267）
保险…………………………………………（267）
概况…………………………………………（267）
财产险公司…………………………………………（267）
人身险公司…………………………………………（267）
证券·期货…………………………………………（267）
概况…………………………………………（267）
东吴证券…………………………………………（267）
华泰证券…………………………………………（268）
南京证券…………………………………………（268）
东华期货…………………………………………（268）
其他金融机构……………………………………（268）
小额贷款公司……………………………………（268）
融资租赁公司……………………………………（268）
担保公司…………………………………………（268）
典当公司…………………………………………（268）
拍卖公司…………………………………………（268）
保理公司…………………………………………（268）

综合经济管理

宏观经济管理……………………………………（271）
概况…………………………………………（271）
价格管理…………………………………………（272）
粮食和物资储备…………………………………（272）
财　政…………………………………………（272）
概况…………………………………………（272）
政府采购管理……………………………………（272）
公共资源交易……………………………………（272）
财政管理…………………………………………（273）
表44　2023年张家港市一般公共预算收入一览表 ……………………（273）
表45　2023年张家港市一般公共预算支出一览表 ……………………（273）
会计管理…………………………………………（274）
财政惠民…………………………………………（274）
财政助推公共文化服务…………………………（274）
税　务…………………………………………（275）
概况…………………………………………（275）

表46 2023年张家港市入库税收一览表 …… (275)
税务服务…… (275)
税收征管…… (275)
依法治税…… (275)
国有资产经营管理…… (275)
概况…… (275)
表47 2023年张家港市一级国资公司主要经济指标一览表 …… (276)
城投集团完成城建投资约27亿元 …… (276)
金城公司实现利税4.05亿元 …… (276)
水务集团更名为水务环保集团…… (277)
酒店集团8家酒店营收3.35亿元…… (277)
张创投集团成立…… (277)
农业发展集团成立…… (278)
市场监督管理…… (279)
概况…… (279)
药品、医疗器械安全监管 …… (279)
食品安全监管…… (280)
市场执法与维权…… (281)
价格监督检查…… (281)
特种设备安全监管…… (281)
反垄断调查和反不正当竞争…… (282)
市场监管“一网通办” …… (282)
质量管理与检验检测…… (282)
概况…… (282)
标准化工作…… (283)
计量工作…… (283)
检验检测…… (283)
产品质量监管…… (283)
知识产权保护…… (284)
概况…… (284)
表48 2023年张家港市专利授权及拥有情况表 …… (284)
商标专利质押融资项目和金额数均位列苏州县级第一…… (284)
灿勤科技公司获首届江苏专利奖银奖…… (284)
全国县级市首支知识产权证券化产品发行…… (284)
审　计…… (285)
概况…… (285)
内审体系建设…… (285)
两项审计文件出台…… (285)
统　计…… (286)
概况…… (286)
统计基层基础建设…… (286)
第五次全国经济普查…… (286)

科学技术

科技创新…… (289)
概况…… (289)
科技招商…… (289)
高新技术企业…… (289)
张家港(北京)科技招商推介活动 …… (289)
“企业创新积分制”全国首创推广 …… (290)
张家港市连续三届承办中国创新挑战赛…… (290)
中国科技“独角兽”企业(张家港)大会…… (290)
科技载体…… (290)
概况…… (290)
表49 2023年张家港市新增科技载体平台一览表 …… (291)
新型研发机构…… (292)
张家港长三角生物安全研究中心获评苏州市新型研发机构…… (292)
表50 2023年张家港市新型研发机构一览表 …… (293)
科创孵化载体…… (293)
表51 2023年张家港市省级以上科创孵化载体一览表 …… (293)
励迪医疗器械产业创新港开园…… (294)
科技项目…… (295)
概况…… (295)
菲镭泰克公司国家重点研发计划项目启动…… (295)
两项目列入省重点研发计划项目…… (295)
两项目列入省科技成果转化专项资金项目…… (295)
表52 2023年张家港市新增省级科技计划项目一览表 …… (296)
科技成果…… (296)
概况…… (296)
沙钢集团参与项目获国家科技进步奖…… (297)
沙钢钢铁研究院主持项目获省科技奖一等奖 …… (297)
表53 2023年张家港市获省级科学技术奖励情况表 …… (297)
气象科技…… (298)
概况…… (298)
气象科普…… (298)
气象保障服务…… (298)
防雷安全监管…… (298)

教　育

综述……………………………………………………（301）
全省首期教育家型校长创新培育计划培养对象办学思想研讨会在市召开………………………（302）
张家港市通过国家级县域义务教育优质均衡发展现场评估认定……………………………………（302）
18所学校参与苏州教育合作交流计划 …………（302）
基础教育…………………………………………（302）
概况…………………………………………………（302）
学前教育……………………………………………（302）
小学教育……………………………………………（303）
中学教育……………………………………………（303）
特殊教育……………………………………………（303）
5所学校建成启用 …………………………………（303）
义务教育学校集团（联盟）化办学 ……………（303）
张家港市获评全国校家社协同育人实验区………………………………………………（304）
梁丰高中首批通过省高品质示范高中建设立项学校综合评价……………………………（304）
职业教育…………………………………………（304）
概况…………………………………………………（304）
江苏城市职业学院张家港办学点…………………（304）
职业教育活动周……………………………………（305）
“行行出状元”职业技能大赛 …………………（305）
职业教育人才培养…………………………………（305）
开放大学技能双创新突破…………………………（305）
高等教育…………………………………………（305）
概况…………………………………………………（305）
沙洲职业工学院……………………………………（306）
江科大张家港校区、江科大苏州理工学院 ………（306）
社会教育…………………………………………（306）
概况…………………………………………………（306）
社区居民教育………………………………………（307）
成人高考和自学考试………………………………（307）
青少年校外教育……………………………………（307）
老年教育……………………………………………（307）
保税区承办中国社区学习中心活动………………（307）
经开区乡村振兴项目入选联合国教科文组织实验点……………………………………………（307）
教师队伍…………………………………………（308）
概况…………………………………………………（308）
名师建设……………………………………………（308）
援疆援宿支教………………………………………（308）
“三优教师”评选 ………………………………（308）

文化·体育

文化综述…………………………………………（311）
群众文化……………………………………………（311）
公共文化服务………………………………………（311）
物质文化遗产保护利用……………………………（311）
非物质文化遗产保护利用…………………………（312）
表54　2023年张家港市苏州市级以上非物质文化遗产代表性项目一览表 ………（312）
表55　2023年张家港市（县）级非遗代表性传承人一览表 ………………………（313）
文化志愿服务………………………………………（316）
书香张家港…………………………………………（316）
“村晚”展示活动举办 …………………………（316）
第二十一届苏州市民间艺术节在保税区开幕 ……………………………………………（316）
文化场馆…………………………………………（316）
概况…………………………………………………（316）
文化馆………………………………………………（316）
博物馆………………………………………………（317）
图书馆………………………………………………（317）
锡剧艺术中心………………………………………（317）
评弹艺术传承中心…………………………………（318）
美术馆………………………………………………（318）
新华书店……………………………………………（318）
首个文化馆服务宣传周活动………………………（318）
媒体………………………………………………（319）
概况…………………………………………………（319）
广播…………………………………………………（319）
电视…………………………………………………（319）
《张家港日报》……………………………………（319）
电影…………………………………………………（320）
网络新媒体…………………………………………（320）
表56　2023年张家港市融媒体中心（传媒集团）主要获奖作品一览表 ……………（320）
全民健身…………………………………………（321）
概况…………………………………………………（321）
群众体育……………………………………………（321）
2023年全国和美乡村广场舞大赛（江苏站）在市举办…………………………………………（322）
2023年“中国农民丰收节”江苏省农民趣味运动会举办………………………………………（322）
第十四届全国舞龙舞狮锦标赛在市举行…………（322）
“永联杯”全国拔河城市联赛总决赛在市举行…………………………………………………（322）

市第八届体育运动会……………………………（322）
张家港市长江马拉松联赛——亲子马拉松赛……………………………（322）
“张家港行”2023年张家港东渡半程马拉松赛……………………………（322）
体育竞赛……………………………（322）
概况……………………………（322）
青少年体育比赛……………………………（323）
盛李豪勇夺全国射击赛三金……………………………（323）
张家港籍运动员在亚运会取得佳绩……………………………（323）
第二十四届“贝贝杯”青少年足球赛在市举行……………………………（323）
2023年全国排球冠军赛女排总决赛在市举行……………………………（323）
国际男子职业网球挑战赛张家港站赛事……………………………（324）
文体产业……………………………（324）
概况……………………………（324）
文化产业……………………………（324）
体育产业……………………………（324）
体彩销售……………………………（325）
文旅集团……………………………（325）
文化市场管理……………………………（325）
张家港湾文旅产业融合提升项目入选省重点文旅产业项目……………………………（325）
长江文化节……………………………（325）
概况……………………………（325）
“长江文明与海上丝绸之路”展……………………………（326）
“守望长江”民俗文化市集……………………………（326）
海上丝绸之路与“未来非遗”当代艺术展……………………………（326）
长江流域小剧场艺术季、“群星奖”优秀节目展演……………………………（326）
孙晓云长江主题书法手稿特展……………………………（326）

卫生健康

综述……………………………（329）
“医先锋 · 卫健康”品牌建设……………………………（330）
医疗长三角一体化工程推进……………………………（330）
区域医共体建设……………………………（330）
市第六人民医院住院综合楼开工……………………………（331）
医疗卫生……………………………（331）
概况……………………………（331）
中医药服务……………………………（332）
家庭医生签约服务……………………………（332）
中医药“九个一”惠民活动……………………………（332）
疾病防控……………………………（332）
概况……………………………（332）
常见肿瘤综合筛查……………………………（333）
精神卫生综合管理……………………………（333）
扩大免疫规划实施……………………………（334）
妇幼健康……………………………（334）
概况……………………………（334）
出生缺陷综合防治……………………………（334）
基层儿童早期发展项目启动……………………………（335）
卫生监督……………………………（335）
概况……………………………（335）
医疗美容市场专项整顿……………………………（335）
爱国卫生……………………………（335）
概况……………………………（335）
全国健康细胞建设主题推进活动在市举行……………………………（336）

人力资源管理

人事人才……………………………（339）
概况……………………………（339）
人事管理……………………………（339）
职称评定……………………………（339）
科技人才……………………………（339）
博士后与留学回国人才……………………………（339）
人才服务……………………………（339）
苏州国际精英创业周张家港专场……………………………（340）
国际创客大赛（张家港市海外直通赛）……………………………（340）
全国首个企业技能发展科学评价体系发布……………………………（340）
表57　2023年张家港市新增姑苏创新创业领军人才计划一览表……………………………（340）
劳动就业……………………………（341）
概况……………………………（341）
毕业生就业服务……………………………（341）
就业基地建设……………………………（341）
人才落户服务……………………………（341）
“燃情创业，汇聚港城”大学生创业大赛……………………………（341）
劳动维权……………………………（341）
概况……………………………（341）
和谐劳动关系构建……………………………（341）
劳动人事争议化解……………………………（342）
农民工工资支付保障……………………………（342）
农民工工资保证金管理系统上线……………………………（342）
全国首家仲裁庭审直播平台开通……………………………（342）

居民生活

居民收入与消费……………………………… （345）
概况……………………………………………… （345）
居民可支配收入………………………………… （345）
居民生活消费支出……………………………… （345）
居民耐用消费品拥有量………………………… （345）
人口与家庭服务……………………………… （345）
概况……………………………………………… （345）
婚姻登记服务…………………………………… （345）
生育服务………………………………………… （345）
托育服务………………………………………… （346）
家庭发展………………………………………… （346）
未成年人保护…………………………………… （346）
殡葬管理………………………………………… （346）
市家庭文化节开幕……………………………… （347）
市农村移风易俗主题宣传月活动启动………… （347）
养老服务……………………………………… （347）
概况……………………………………………… （347）
养老服务体系建设……………………………… （348）
养老服务保障…………………………………… （348）
老年健康服务体系建设………………………… （348）
孝老敬老活动…………………………………… （349）
新市民服务…………………………………… （349）
概况……………………………………………… （349）
表58　2023年张家港市流动人口分布情况表 ………………………………… （350）
第十届新市民法律法规知识竞赛……………… （350）
流动人口数据深度应用平台建立……………… （350）

社会保障

社会保险……………………………………… （353）
概况……………………………………………… （353）
表59　2023年张家港市社会保险情况表 ………………………………… （353）
养老保险………………………………………… （353）
工伤保险………………………………………… （353）
失业保险………………………………………… （353）
医疗保障………………………………………… （353）
医保基金监管…………………………………… （354）
医保三项改革…………………………………… （354）
医保公共服务优化……………………………… （354）
“工伤预防评价体系”发布 ……………………… （355）
社会救助……………………………………… （355）
概况……………………………………………… （355）
困难救助………………………………………… （355）
慈善事业………………………………………… （356）
“港好助你”社会救助综合服务项目 ………… （356）
社会福利……………………………………… （356）
概况……………………………………………… （356）
福利发放………………………………………… （356）
福彩建设………………………………………… （357）
全市首家福彩综合体验中心开设……………… （357）
住房保障……………………………………… （357）
概况……………………………………………… （357）
保障性住房管理………………………………… （357）
住房公积金管理………………………………… （358）
住房公积金重点政策调整施行………………… （358）

社会治理

社会治理现代化建设………………………… （361）
概况……………………………………………… （361）
网格员队伍建设………………………………… （361）
网格学院实训基地……………………………… （361）
“数字张家港驾驶舱”首次实战应用 ………… （361）
“长江大保护”指挥平台上线 ………………… （361）
“12345”便民服务热线………………………… （362）
平安张家港建设………………………………… （362）
消防安全专项治理机制建设…………………… （362）
应急管理……………………………………… （363）
概况……………………………………………… （363）
安全监察………………………………………… （363）
安全宣传教育…………………………………… （363）
应急救援和防灾减灾…………………………… （363）
安全生产专项整治……………………………… （363）
市首届城市安全定向挑战赛举行……………… （364）
消防…………………………………………… （364）
概况……………………………………………… （364）
消防安全保障…………………………………… （364）
消防安全整治…………………………………… （364）
消防主题宣传…………………………………… （365）
社会调解服务………………………………… （365）
概况……………………………………………… （365）
工伤纠纷事项调解……………………………… （365）
老钱工作室……………………………………… （365）
社区治理……………………………………… （366）
概况……………………………………………… （366）

党建引领基层治理大新实践……………………（366）
农鹿社区“能人服务站”五色花志愿服务 ………（366）
社工队伍建设……………………………………（367）
“全员全科”社工服务模式推广 ………………（367）
社会组织管理……………………………………（367）
表60 2023年张家港市新核准登记社会团体一览表 ……………………………（368）
表61 2023年张家港市新核准登记民办非企业单位一览表 ……………………………（368）
663个“民生微实事”项目实施 ………………（368）

区镇（街道）

保税区……………………………………………（371）
概况………………………………………………（371）
天齐锂业氢氧化锂生产基地项目签约……………（371）
三金锂电一期工程竣工…………………………（372）
瓦克化学有机硅乳液和硅油产品扩建项目开工………………………………………………（372）
大塚化学张家港基地产能扩建项目竣工…………（372）
泛半导体产业园全面投用…………………………（372）
经开区（杨舍镇） ………………………………（372）
概况………………………………………………（372）
表62 2023年张家港经济技术开发区（杨舍镇）办事处和街道办事处基本情况表 ……（374）
表63 2023年张家港经济技术开发区（杨舍镇）村（社区）基本情况表…………………（375）
表64 2023年张家港经济技术开发区（杨舍镇）投资1亿元以上项目情况表 ………（377）
盛虹控股集团储能电池超级工厂和新能源电池研究院项目签约……………………………（378）
经开区成立30周年主题活动 ……………………（378）
市首个建筑央企子公司总部揭牌…………………（378）
经开区16家股份经济合作社入选江苏百强 ……（378）
冶金园（锦丰镇） ………………………………（379）
概况………………………………………………（379）
表65 2023年江苏扬子江国际冶金工业园（锦丰镇）办事处基本情况表 ………（382）
表66 2023年江苏扬子江国际冶金工业园（锦丰镇）村（社区）基本情况表 ………………………………（382）
表67 2023年江苏扬子江国际冶金工业园（锦丰镇）投资1亿元以上开工项目情况表 ………………………………（383）
冶金园发展大会暨建园20周年活动举行 ………（384）
锐华科技项目投资超100亿元 ……………………（384）
冶金园（锦丰镇）与南丰镇区域协作签约 ………（384）
南岸创新社区人才会客厅获评苏州人才会客厅……………………………………………（384）
高新区（塘桥镇） ………………………………（384）
概况………………………………………………（384）
表68 2023年张家港高新技术产业开发区（塘桥镇）村（社区）基本情况表……（387）
表69 2023年张家港高新产业技术开发区（塘桥镇）投资1亿元以上开工项目情况表 ………………………………（388）
第七届全国毛纺织行业科技大会…………………（388）
金村村入选中国传统村落…………………………（389）
高新区（塘桥镇）第十六届围棋文化节 …………（389）
东渡创新创业联盟成立……………………………（389）
乐余镇……………………………………………（389）
概况………………………………………………（389）
表70 2023年乐余镇办事处基本情况表 ……（392）
表71 2023年乐余镇村（社区）基本情况表 ………………………………（392）
表72 2023年乐余镇投资1亿元以上开工项目情况表 ……………………………（393）
永利开心农场入选省级“苏童成长”社会践习基地示范点……………………………………（393）
27个项目集中开竣工和签约 ……………………（393）
“楹联文化园”开园 ………………………………（393）
“报春花”群众文化阵地启动 ……………………（393）
凤凰镇……………………………………………（394）
概况………………………………………………（394）
表73 2023年凤凰镇村（社区）基本情况表 ………………………………（396）
表74 2023年凤凰镇投资1亿元以上开工项目情况表 ………………………………（396）
凤凰发展大会举行…………………………………（397）
第六届苏州·张家港全球创新创业大赛凤凰专场举行…………………………………………（397）
肖家巷双创中心入选最美乡村文化空间…………（397）
南丰镇……………………………………………（397）
概况………………………………………………（397）
表75 2023年南丰镇办事处基本情况表 ………………………………（399）
表76 2023年南丰镇村（社区）基本情况表 ………………………………（399）
表77 2023年南丰镇投资1亿元以上新开工项目情况表 …………………………（400）
永钢集团多个高质量发展项目运行………………（400）

社会治理一体化综合指挥平台入选全国政法智能化建设创新案例……（401）
东沙化工区关停转型案例被点名为全省“五个美丽故事”之一……（401）
大新镇……（401）
概况……（401）
表78　2023年大新镇村（社区）基本情况表……（402）
表79　2023年大新镇投资1亿元以上开工项目情况表……（403）
首届张家港“稻花乡俚”稻米文化节庆祝活动……（403）
小品《瓜》和群舞《江河之畔》获苏州市群众文化“繁星奖”……（403）
新强联风电高端装备项目奠基……（403）
常阴沙现代农业示范园区……（403）
概况……（403）
表80　2023年常阴沙现代农业示范园区社区（居委会）基本情况表……（405）
市第六届现代农业招才引智推介交流会举行……（405）
“赛康杯”田园风情四分马精英赛开赛……（406）
常阴沙“吴优数旅”金秋乡村欢乐游……（406）
双山香山旅游度假区……（406）
概况……（406）
表81　2023年双山香山旅游度假区村（社区）基本情况表……（407）
双山高尔夫俱乐部获评“中国十佳高尔夫度假村”……（407）
央视《新闻联播》聚焦双山岛丰收景象……（407）
双山蓝湾文旅街区项目签约……（407）
金港街道……（407）
概况……（407）
表82　2023年金港街道村（社区）基本情况表……（409）
金港街道承办2023年“长三角”全民健身大联动传统体育项目展示暨“金港杯”石锁邀请赛……（410）
香山小学开工建设……（410）
市诗词品鉴大会暨金港街道“金文明六百工程”启动……（410）
后塍街道……（410）
概况……（410）
表83　2023年后塍街道村（社区）基本情况表……（411）
“沙洲喜市”非遗文化游园会……（412）
首届后塍街道社区文化节……（412）
后塍街道社会治理综合服务中心启用……（412）
德积街道……（412）
概况……（412）
表84　2023年德积街道村（社区）基本情况表……（414）
“中国式现代化县域实践大调研”直播打卡德积……（414）
德积街道首届全民运动会……（414）
江畔研习社……（414）

人物·先进集体

新闻人物……（417）
吴晓玲……（417）
孙建华……（417）
黄　强……（417）
陈希云……（418）
吴惠芳……（418）
沈　彬……（419）
王进法……（419）
王　浩……（419）
施剑锋……（420）
王　进……（420）
逝世人物……（420）
顾秉钧……（420）
先进个人……（421）
表85　2023年张家港市获国家条线表彰的先进个人一览表……（421）
表86　2023年张家港市获省级和省条线表彰的先进个人一览表……（422）
表87　2023年张家港市获苏州市级表彰的先进个人一览表……（429）
先进集体……（430）
表88　2023年张家港市获国家条线表彰的先进集体一览表……（430）
表89　2023年张家港市获省条线表彰的先进集体一览表……（432）
表90　2023年张家港市获苏州市级表彰的先进集体一览表……（442）

媒体聚焦

牢牢把握“首要任务”　勇当新征程上探路先锋……（445）

聚沙成塔——张家港城市气质素描……………………(446)
“张家港精神”引领港城迈向新征程 ……………………(450)
永联的村与企……………………………………………(451)
打卡长江文化,何以张家港? …………………………(452)
只此青绿张家港…………………………………………(453)
提升执法质效,优化营商环境 …………………………(455)

附　录

2023年经济和社会发展统计 ……………………………(459)
表91　2023年张家港市行政区划、面积、人口一览表 ……………………………(459)
表92　2023年张家港市地区生产总值一览表 ……………………………(459)
表93　2023年张家港市平均每日数据表 ……(459)
表94　2023年张家港市农、林、牧、渔业总产值和增加值一览表 ……………(460)
表95　2023年张家港市农作物播种面积和产量一览表 ……………………………(461)
表96　2023年张家港市工业总产值一览表 ……(461)
表97　2023年张家港市规模以上工业企业主要产品产量一览表 ………………(461)
表98　2023年张家港市规模以上工业企业分行业能源消耗情况表 ……………(462)
表99　2023年张家港市外向型经济主要指标一览表 ……………………………(462)
表100　2023年张家港市社会消费品零售总额分布情况表 ……………………(463)
表101　2023年张家港市全社会固定资产投资完成情况表 ……………………(463)
表102　2023年张家港市交通、邮电基本情况表 ………………………………(463)
表103　2023年张家港市预算内财政收入、支出情况表 …………………………(464)
表104　2023年张家港市金融机构人民币信贷收支情况表 ……………………(464)
表105　2023年张家港市保险业务情况表 ………………………………(465)
表106　2023年张家港市科技基本情况表 ………………………………(465)
表107　2023年张家港市公务员人事情况表 ………………………………(466)
表108　2023年张家港市电影事业、艺术表演团体基本情况表 ……………………(466)
表109　2023年张家港市群众文化、广播电视、体育事业基本情况表 ………………(466)
表110　2023年张家港市卫生机构基本情况表 ………………………………(467)
表111　2023年张家港市前十位疾病死因以及比重一览表 ……………………………(467)
表112　2023年张家港市城镇非私营单位从业人员平均工资情况表 ………………(468)
表113　2023年张家港市居民人均可支配收入情况表 ………………………………(468)
社会调查…………………………………………………(469)
乡村振兴背景下张家港农村居民收支SWOT分析…………………………………………(469)
表114　2023年苏州市农村居民收入情况表 ………………………………(469)
2023年上半年张家港居民收支平稳向好持续增收需破解经营效益受限等难题…………(471)
表115　2023年上半年苏州市居民人均可支配收入一览表 ……………………(471)
报告和文件选录……………………………………………(473)
政府工作报告——2024年1月8日在市十五届人大三次会议上……………………………………………(473)
关于深化质量强市建设的实施方案………………(480)
张家港市乡村建设行动实施方案…………………(485)
2023年中共张家港市委部分文件目录 …………(489)
2023年张家港市人民政府部分文件目录 ………(490)
组织机构及其负责人名录………………………………(491)
市级领导机构……………………………………(491)
市纪委监委………………………………………(491)
保税局、经开区、冶金园、高新区工作机构…………………………………………(492)
各区镇(街道)领导机构 …………………………(494)
法院、检察院 ……………………………………(496)
市委工作机构……………………………………(496)
市人大、市政协工作机构 ………………………(497)
市政府工作部门…………………………………(498)
民主党派、社会团体 ……………………………(500)
直属事业单位……………………………………(501)
市属企业…………………………………………(502)
条线管理部门、涉外单位 ………………………(503)

索　引

条目索引……………………………………………(507)
表格索引……………………………………………(518)
随文图片索引………………………………………(520)

Contents

Special Records

Zhangjiagang Occupies the first 3 ranks in Comprehensive Competition among town cities ········· (3)
20 Years' Story of the Brand Zhangwenming ··············· (3)
Publicity on Study and Implement of Xi Jinping Thoughts with Chinese Characteristics of Socialism ··············· (5)

Chronicle of Important Events

January ··············· (9)
February ··············· (9)
March ··············· (9)
April ··············· (9)
May ··············· (10)
June ··············· (10)
July ··············· (10)
August ··············· (10)
September ··············· (11)
October ··············· (11)
November ··············· (12)
December ··············· (12)

General Survey

Natural Environment ··············· (15)
Establishment and Administrative Divisions ··············· (16)
Resources and Products ··············· (16)
Humanities ··············· (20)
Economic Development ··············· (22)
Annual Modernization Construction ··············· (23)

Zhangjiagang Municipal Committee of the CPC

Overview ··············· (27)
Municipal Committee Plenary Meetings ··············· (28)
Important Decisions ··············· (29)
Major Activities ··············· (30)
Investigation and Research ··············· (31)
Organization Work ··············· (32)
Publicity Work ··············· (34)
United Front Work ··············· (35)
Organization Staffing Administration ··············· (37)
Retired Cadres' Work ··············· (38)
Work for Caring the Next Generation ··············· (40)
Party School ··············· (42)
Party History and Local Chronicles ··············· (43)
Archives ··············· (44)

Zhangjiagang Municipal People's Congress

Overview ··············· (47)
Major Conferences ··············· (49)
Supervision by Law ··············· (50)
Examination of Law Enforcement ··············· (53)
Survey and Inspection ··············· (54)
Deputies' Work ··············· (56)

Zhangjiagang Municipal People's Government

Overview ··············· (61)
Major Conferences ··············· (62)
Government Policies ··············· (63)
Administration Service ··············· (66)
Foreign Affairs ··············· (68)
Work of Handling Complaints by Letters and Visits ··············· (68)
Counterpart Supports ··············· (69)
Routine Management in the Government Offices ······ (70)

Zhangjiagang Municipal Committee of the CPPCC

Overview ··············· (73)
Conference of the CPPCC ··············· (74)
Political Consultation ··············· (76)
Democratic Supervision ··············· (78)
Committee Members' Work ··············· (80)

Municipal Commission for Discipline Inspection and Municipal Supervisory Commission

Political Supervision ··············· (83)

Anti-Corruption ······ (84)
Rectification and Discipline ······ (85)
Special Supervision ······ (85)
Tour Inspection ······ (86)
Supervision and Governance Effectiveness ······ (87)

Other Parties & Association of Industry and Commerce

Zhangjiagang Municipal Revolutionary Committee of the Chinese Kuomintang ······ (91)
Zhangjiagang Municipal Committee of China Democratic League ······ (91)
Zhangjiagang Municipal Committee of China National Democratic Construction Association ······ (92)
Zhangjiagang Municipal Committee of China Association for Promoting Democracy ······ (93)
Zhangjiagang Municipal Committee of Chinese Peasants and Workers Democratic Party ······ (93)
Zhangjiagang Municipal Committee of China Zhi Gong Party ······ (94)
Zhangjiagang Municipal Committee of Jiusan Society ······ (95)
Zhangjiagang Municipal Federation of Industry and Commerce ······ (95)

Mass Organization

Zhangjiagang Municipal Federation of Trade Unions ······ (99)
Zhangjiagang Municipal Committee of the Communist Youth League of China ······ (100)
Zhangjiagang Municipal Women's Federation ······ (103)
Zhangjiagang Municipal Association for Science and Technology ······ (104)
Zhangjiagang Municipal Federation of Returned Overseas Chinese ······ (105)
Zhangjiagang Municipal Association of Literary and Art Circles ······ (106)
Zhangjiagang Municipal Disabled Persons' Federation ······ (107)
Zhangjiagang Municipal Red Cross Society ······ (109)
Zhangjiagang Municipal Social Science Association ······ (109)

Rule of Law & Military Affairs

Overview ······ (113)
Public Security ······ (115)
Procuratorate Work ······ (116)
Court ······ (117)
Administration of Justice ······ (118)
People's Armed Force ······ (119)
Armed Police ······ (120)
National Defense Mobilization ······ (120)
Veterans Affairs ······ (121)

The Spiritual Civilization of Zhangjiagang

Civilization Creation ······ (125)
Civilization Cultivation ······ (126)
Civilization Practice and Volunteer Service ······ (127)
Research and Communication of Civilization ······ (131)

Rural Revitalization

Implementation of Rural Revitalization ······ (135)
Rural Asset Management ······ (136)
Rural Industry ······ (136)
Construction of Beautiful Countryside ······ (138)
Provincial High-quality Base for Farmer Training and Practice ······ (139)
Suzhou Village Administration College ······ (140)

Zhangjiagang Harbor

Harbor Shipping ······ (143)
Zhangjiagang Customs ······ (149)
Jingang Customs ······ (150)
Maritime Affairs ······ (150)
Frontier Defense Inspection ······ (152)
Public Security of the Yangtze River Shipping ······ (152)
Yangtze River Pilotage ······ (153)
Port Supporting Service ······ (153)

Ecological Environment

Overview ······ (157)
Environment Quality ······ (158)
Conservation of Natural Resources ······ (159)
Pollution Prevention and Control ······ (160)
Environmental Supervision ······ (162)
Ecological Environment Protection of the Yangtze River ······ (163)
Afforestation ······ (164)

Urban-Rural Development

City Planning ······ (167)
Urban Construction ······ (168)
Town Construction ······ (169)
Public Utilities ······ (173)
City Administration ······ (175)

Traffic & Water Conservancy

Construction for Traffic ······ (179)
Transportation ······ (180)
Logistics ······ (182)
Traffic Administration ······ (184)
Water Projects Construction ······ (185)
Water Management ······ (186)

Digital Zhangjiagang

Overview ······ (191)
Digital Telecommunications ······ (191)
Digital Industry ······ (193)
Digital Government ······ (196)
Digital Society ······ (197)

Open Economy

Investment Attraction ······ (201)
Import and Export Trades ······ (202)
Economic and Technical Cooperation with Foreign Countries and the Hong Kong, Macao and Taiwan Regions of China ······ (204)
Jiangsu Guotai International Group ······ (205)

Private Economy

Overview ······ (209)
Private Enterprises and Individual Business ······ (211)
Capital Market ······ (214)

Agriculture

Overview ······ (221)
Planting Industry ······ (222)
Seed Industry ······ (223)
Breeding Industry ······ (224)
Quality Construction of Agricultural Products ······ (224)
Mechanization in Agriculture ······ (225)

Industry & Construction Business

Overview ······ (229)
Metallurgical Industry ······ (231)
Textile Industry ······ (232)
Machinery and Electronic Industry ······ (233)
Chemical Industry ······ (235)
Food Industry ······ (237)
Other Industries ······ (238)
New Industries ······ (240)
Construction Business ······ (241)
Jiangsu Shagang Group ······ (243)

Service Industry

Overview ······ (247)
Commerce & Markets ······ (248)
Supply and Marketing ······ (250)
Franchise and Monopoly ······ (250)
Real Estate ······ (251)
Tourism ······ (254)

Finance

Financial Supervision ······ (259)
Banks ······ (260)
Insurance ······ (267)
Securities & Futures ······ (267)
Other Financial Institutions ······ (268)

Comprehensive Economic Administration

Macroeconomic Management ······ (271)
Fiscal ······ (272)
Taxation ······ (275)
State-owned Assets Administration ······ (275)
Market Inspection and Management ······ (279)
Quality Control and Inspection ······ (282)
Intellectual Property Protection ······ (284)
Audit ······ (285)
Statistics ······ (286)

Science and Technology

Innovation of Science and Technology ······ (289)
Carriers of Science and Technology ······ (290)
Science and Technology Projects ······ (295)
Science and Technology Achievements ······ (296)

Meteorological Technology ······ (298)

Education

Overview ······ (301)
Elementary Education ······ (302)
Vocational Education ······ (304)
Higher Education ······ (305)
Social Education ······ (306)
Teacher Staff ······ (308)

Culture & Sports

Overview ······ (311)
Cultural Venues ······ (316)
Media ······ (319)
Public Fitness Activities ······ (321)
Sports Contests ······ (322)
Cultural and Sports Industry ······ (324)
Yangtze River Cultural Festival ······ (325)

Health

Overview ······ (329)
Medical Treatment ······ (331)
Disease Prevention and Control ······ (332)
Maternal and Child Health ······ (334)
Health Supervision ······ (335)
Patriotic Hygiene Campaign ······ (335)

Human Resource Management

Personnel ······ (339)
Employment ······ (341)
Protection of Laborers' Rights ······ (341)

Resident Affairs

Resident Income and Consumption ······ (345)
Population and Family Service ······ (345)
Elderly Caring Services ······ (347)
New Citizen Service ······ (349)

Social Security

Social Insurance ······ (353)
Social Assistance ······ (355)
Social Welfare ······ (356)
Housing Security ······ (357)

Social Governance

Modernization of Social Governance ······ (361)
Emergency Management ······ (363)
Fire Protection ······ (364)
Social Mediation Service ······ (365)
Community Governance ······ (366)

Zones and Towns (Streets)

Free Trade Zones ······ (371)
Economic and Technological Development Zone (Yangshe Town) ······ (372)
Metallurgical Industrial Park (Jinfeng Town) ······ (379)
High-tech Zone (Tangqiao Town) ······ (384)
Leyu Town ······ (389)
Fenghuang Town ······ (394)
Nanfeng Town ······ (397)
Daxin Town ······ (401)
Changyinsha Modern Agriculture Demonstration Zone ······ (403)
Shuangshan Xiangshan Tourism Resort ······ (406)
Jingang Street ······ (407)
Houcheng Street ······ (410)
Deji Street ······ (412)

People & Advanced Collectives

News Personages ······ (417)
The Deceased ······ (420)
Awarded People ······ (421)
Advanced Collectives ······ (430)

Media Focus

Appendices

Statistics on Economic and Social Development in 2023 ······ (459)
Social Surveys ······ (469)
Reports and Selected Documents ······ (473)
Organizations and People in Charge ······ (491)

Indexes

Entries ······ (507)
Forms ······ (518)
Pictures ······ (520)

专记

Special Records

“张闻明”爱心献血巴士　（市委宣传部　提供）

张家港市综合实力连续列全国县市前三

“张闻明”品牌形成与发展20年回顾

学习贯彻习近平新时代中国特色社会主义思想主题教育

張家港年鑑(2024)

张家港市综合实力连续列全国县市前三

5月12日，在国民经济和社会发展统计公报发布的“2022年GDP十强县”榜单中，张家港市位列第三；在“2023年全国县域高质量发展百强”榜单中，张家港市也位列第三名。

7月25日，由隶属工业和信息化部中国电子信息产业发展研究院的赛迪顾问股份有限公司主办的2023年县域经济创新发展论坛在北京举行。论坛发布“2023年赛迪百强县”榜单，张家港市位列全国第三。赛迪顾问发布的《2023中国县域经济百强研究》报告从经济实力、增长潜力、富裕程度、绿色水平4个一级指标，以及8个二级指标、27个三级指标对全国县域经济进行综合评价。

11月18日，2023年中国中小城市高质量发展指数研究成果发布。在“2023年度全国综合实力百强县市”榜单中，张家港市位列全国第三。近年，张家港市作为全国首批创新型县（市），在全国率先发布创新驱动发展（张家港）指数，企业创新积分制获科技部肯定推广；大力发展实体经济，工业经济发展位居全国县域前三，通过招引优质产业项目，重点在建链强链补链延链上发力。同时开展文明提质“十大行动”，加快推进老旧小区改造、农贸市场标准化建设等民生实事项目，完善交通、养老、文体等公共服务设施，持续改善生态环境，全面推进乡村振兴。

（史 志）

“张闻明”品牌形成与发展20年回顾

2003年，湖北省五峰土家族自治县三坪希望小学的一封“寻找张闻明”的信，让“张闻明”走进大众视野，并逐步孕育形成群众性精神文明建设实践品牌，在张家港这座文明城市延续二十年之久。

2003年，时任中国移动张家港分公司团支部书记的曹丽萍在《挑战》这本书中，了解到湖北五峰三坪希望小学老师宋芳蓉深山助学的故事并深受感动。于是，她在公司里发起一场募捐，50个年轻人共捐款600元。4月，曹丽萍将这笔助学款汇往三坪希望小学时，用了“张闻明”的化名，寓意“张家港文明”。是年5月，“非典”暴发，“张闻明”给孩子们寄去口罩、维生素C等防护物资。7月，湖北五峰一带流行病毒性脑膜炎，“张闻明”寄去毛巾、牙刷、驱蚊香皂等物资。8月，宋芳蓉受孩子们嘱托，执笔给张家港市委书记写了一封“寻亲”信。张家港全城开启寻找“张闻明”。找到“张闻明”以后，《张家港日报》开设《张闻明与张家港文明》栏目，引起社会各界强烈共鸣，“张闻明”队伍迅速壮大，为三坪希望小学捐钱捐物。报道后的第三天，市暨阳实验小学全校师生为三坪希望小学筹集助学款3680元，并与该校结成“手拉手”学校，组织优秀教师为师生授课。2004年，骏马集团捐资52.5万元建设“三坪张家港骏马希望小学”，建成后的学校有教学楼、师生宿舍楼、综合用房各1幢，校园总面积6000平方米。2005年，市舞蹈学校免费培养五峰舞蹈特长生，经5年悉心教导，帮助他们实现舞蹈梦。2007年，市委党校培训30名五峰青年干部，为他们打开工作思路，随后持续为近百名青年干部开展培训，服务五峰发展。2015年，张家港日报社、张家港移动公司联合出资10万元在五峰土家族自治县高级中学成立“张闻明”奖学金。

20年中，张家港市民自发开展一对一帮扶活动，每学期开学前，五峰的孩子们都会收到“张闻明”寄来的数百册图书、学习生活用品、助学金。张家港市民朱钱明作为“张闻明”一员，坚持每年出资帮助贫困学生并为五峰学校捐赠物资，更在2021年一次性捐出100万元用于改建仁和坪中学。18年间，他帮助贫困学生100余人，累计捐款超200万元。“张闻明”以其爱心助学不留名影响了一批乐于奉献的人，产生了令人欣喜的群体效应。

张家港市发挥“张闻明”示范效应，多渠道培育各领域先进典型，深层次激发基层群众积极性，为建设更高水平文明城市蓄积磅礴力量。2011年，“寻访身边好人‘张闻明’”道德风尚行动启动，在《张家港日报》和张家港市电台、电视台开设“身边好人张闻明”“港城雷锋”等栏目，13年中，累计寻访“张闻明”超1万人，宣传报道近4000人，先后涌现出全国道德模范（含提名）4人、“中国好人”30人、江苏省道德模范7人、“江苏好人”42人，获评全国学雷锋志愿服务“四个100”先进典型8项。

张家港市将“张闻明”深度嵌入志愿服务，制度化推进招募注册、活动发布、公示计时、培训管理，在全国县级市率先出台《张家港志愿者礼遇办法（试行）》，优化升级防疫志愿者专属“礼遇6条”、发放纪念证书、寄送表扬信、免费坐公交等举措，充分调动人民群众参与的自觉性、积极性和创造性。至2023年年末，全市成立志愿服务团队1300余支，注册志愿者30余万人，超过常住人口20%的张家港市民群众成为“张闻明”的代言人。

“张闻明”的载体也日渐丰富，有机融入精神文明建设。2015年，“张闻明”志愿者艺术团揭牌。2022年年初，文明实践流动车“张闻明一号”首发，两年中出车160余次，行驶9500千米，参与“足印港城”、安全卫士、关爱建筑工友等活动，将文明理念传递到全市。2023年，“张闻明之歌”群众合唱大赛用歌声展现港城人民健康、文明的新时代风采。2022—2023年，张家港连续两年实施“人人都是张闻明”市民文明实践修身行动，立足个人文明、家庭文明、社会文明3个维度，开展“小小张闻明”“文明交通、绿色出行”“文明养宠‘益’起来”等25个专项行动，在青少年、养犬人、网民、游客等群体中培树一批文明倡导者、践行者。建设集宣传教育、展示交流、互动体验等功能于一体的“张闻明”志愿服务展示交流中心，注册“张闻明”商标，打造“张闻明”公益广告示范街、志愿服务主题公园、“张闻明”文明实践影厅、“张闻明”号爱心献血巴士、“好人街”“好人广场”“好人公园”“好人墙”等载体，具象化展示“张闻明”。通过团队、项目、阵地建设，“张闻明”不断感染群众、引领群众。血库告急，100余名市民撸起袖子接力献热血；突发车祸，5位热心市民化身“千斤顶”，奋力抬起1.2吨小车，救出被压女孩；炎炎夏日，为快递小哥、环卫工人、交警等户外工作者提供免费冰饮的“爱心冰柜”，不仅越取越多，还常常“自动续满”；外卖小哥路遇市民遭到行窃，立即挺身而出，加入追击，一脚飞踹制伏小偷；有人落水，3位大爷联手救回10岁孩童……身边榜样激发广大市民延续善行义举，文明风尚涌动港城。

20年中，“张闻明”从一个人，到一座城，从长江南岸走向更广阔天地。通过结对共建、援助帮扶等方式，张家港在精神文明建设领域的经验，源源不断向各地输出，在“张闻明”的带动下，“巩文明”“榆文明”等茁壮成长，携手共育文明之花。

2017年3月，张家港市和贵州沿河土家族自治县扶贫协作结对，实施“长江水·乌江情”党建引领促脱贫、文明共建助脱贫两大行动，发挥全国首批、县级首个全国文明城市示范作用，把东西部扶贫协作和基层组织建设、文明实践有机结合，推动结对帮扶单位与受援单位全面实施跨区域党建联建、文明共建。两地联合举办“长江水·乌江情”张家港市—沿河土家族自治县文化交流周活动，赠送沿河融媒体中心价值约300万元的转播车，并与该中心、教育局签订框架合作协议。2018年，张家港市出资在沿河土家族自治县民族文化广场建设全国首家24小时土家书房。2020年4月，为沿河量身定制的2个新时代文明实践驿站、1个新时代文明实践志愿服务指导中心在沿河官舟、思州安置点配套建设完工。两家驿站都采用智能管理24小时开放，共有藏书5000余册。依托“新时代文明实践服务队”“亲子阅读启蒙教育队”“脱贫攻坚政策宣讲队”、沿河中等职业学校等7支志愿服务队，常态化开展志愿服务活动，打造“善行沿河·和美土家”志愿服务品牌。智志双扶，提升沿河地区群众的精神文明素质，激发群众走出贫困的积极性、主动性。

在对口援助战略牵引下，张家港与新疆伊犁哈萨克自治州巩留县也开展了多层次、宽领域、全方位的交流。张家港依托自身在精神文明建设领域的先进经验，努力在巩留“铺设”一条物质文明与精神文明协调发展的现代化道路，在以文化人、交往交流交融中激发出推动地方发展的强大精神力量。帮助巩留打造全疆县级领先水平的“三馆三中心”，即规划展示馆、博物馆、图书馆、政务服务中心、新时代文明实践中心、党群服务中心。“复制”张家港24小时自助图书馆模式，在巩留各乡镇、村（社区）、企事业单位建成102座石榴籽书屋，并构建起以县图书馆为总馆，各乡镇、村（社区）石榴籽书屋为分馆的总分馆体系，实现图书统一采编、统一检索、统一流转、一卡通用、通借通还。2023年，巩留县石榴籽书屋入围全国公共文化服务高质量发展典型案例名单。市锡剧艺术中心与巩留县歌舞团共同创作的音乐剧《蝶恋天山》2023年入选文化和旅游部、国家民委实施的“春雨工程”。据统计，10年中，张巩两地组织创作民族优秀文化作品28件，开展各民族交流互鉴活动60余场、40万人参与，实施文艺人才、基层文化人才培养项目18项，做到了文化润疆有声有色，民族团结亲上加亲。

2023年10月，“张闻明”的种子又播种到连云港。由市新时代文明实践工作指导中心等16个单位共同发起众筹捐建的“张闻明乡村学校少年宫”在连云港市赣榆区石桥镇官庄小学启用。2022年9月，官庄小学校长杨广东坚守村小、守护200余名乡村儿童成长的故事引发社会广泛关注。“乡村学校少年宫”项目发起后，张家港市许多单位、企业、社会组织及爱心人士积极响应，无数“张闻明”踊跃

“张闻明乡村学校少年宫”挂牌　　（市委宣传部　提供）

参与，为官庄小学捐赠6000余本书籍、300余件爱心包裹。张家港市躬行志愿者服务队携手苏州三修网络科技，为官庄小学设立"躬行奖学金"，用于奖励家庭贫困、品学兼优的学生。张家港市实验小学和官庄小学就双方课程共建、师资交流、学生活动等方面达成合作。"张闻明"携手"榆文明"，在跨区域交流上做出更多有益探索，引领更多的人与文明同行、凝聚起社会主义现代化建设的精神力量。

（张 宣）

学习贯彻习近平新时代中国特色社会主义思想主题教育

9月12日，苏州市学习贯彻习近平新时代中国特色社会主义思想主题教育动员会议召开，张家港市组织收听收看并第一时间召开续会，认真落实党中央关于开展第二批主题教育部署要求和省委、苏州市委工作安排，部署推进全市主题教育各项工作。

张家港市参加主题教育的单位有86个，基层党组织4460个、党员7.2万人；县处级以上领导干部55人，其中省管干部2人。第二批主题教育中，张家港市委牢牢把握"学思想、强党性、重实践、建新功"总要求，把"牢记嘱托、感恩奋进、走在前列"贯穿主题教育始终，在省委第二巡回督导组和苏州市委主题教育办指导下，将主题教育首要政治任务和高质量发展第一要务紧密结合，一体推进理论学习、调查研究、推动发展、检视整改等重点措施，坚决做到主题教育方向明、任务清、措施实。相关工作多次获中央电视台《新闻联播》等重点栏目报道，被《人民日报》头版刊发，被中央主题教育111期《简报》、省主题教育33期《简报》录用，先后14次被苏州主题教育《简报》录用。

以"学"为先，在思想洗礼中凝心铸魂、提振精神。坚持把"学思想"作为主题教育首要任务贯穿始终，引导党员干部在深学细照笃行中提高理论素养、坚定理想信念。筑牢思想根基。常委班子率先垂范，制订理论学习"一班子一方案、一人一计划"，精心开展"党的建设""树立和践行正确政绩观"等六大研讨专题。常委带头讲专题党课，认真落实中心组学习、读书班、大讨论等规定动作，发挥以上率下示范作用。就近就便用实全市500余个"海棠花红"先锋阵地、开放先锋书架和专题读书角，依托"张家港先锋"微信公众号和智慧党建网学习专栏，每月发布学习资源包，确保学习"不打烊"。用好中组部红色美丽村庄、沙洲县抗日民主政府纪念馆等一批红色资源，串联实境研学线路，引领党员干部学思践悟。广泛开展"书记讲坛""暨阳海棠红"等各类党课活动4900余场，推动党的创新理论深化、内化、转化。压实政治责任。着眼高标准、高质量开展主题教育，市委坚持靠前谋划，明确"一条主线、两大目标、三项重点工作"的"123"年度目标任务，其中贯穿全年工作的"一条主线"就是"深入学习宣传贯彻党的二十大精神"，重中之重就是开展好主题教育。围绕主题主线，牢固树立"书记抓、抓书记"鲜明导向，紧盯书记抓主题教育责任清单，动态编发28份工作提示和每周提醒事项，区分机关、村社区、学校医院等不同领域开展推演调研40余次，将主题教育开展成效纳入领导干部实绩展示，推动基层党组织书记当好主题教育"明白人"，不断强化抓党建"最大政绩"理念和"第一责任人"意识。激昂精神力量。立足张家港实际，把开展主题教育同与时俱进大力弘扬张家港精神深度融合，制作《精神的力量》系列4集党员教育片，深化激励干部担当作为"二十条""海棠解忧四十条"，全面提振"敢为、敢闯、敢干、敢首创"的精气神。注重发挥好吴惠芳等明星书记"领头羊"作用，依托省支部书记学院农村分院等资源，搭建"书记讲给书记听"等平台，深入开展"学习身边榜样"活动2260余场，让优秀书记示范广大书记学、让广大书记带领全体党员干。吴惠芳入选中组部重大宣传典型，先进事迹获央视《榜样8》节目关注，新增省"百名示范"村党组织书记1人，累计5人。全市学习身边榜样相关工作获《新华日报》、"江苏先锋""苏州先锋"等平台广泛关注。

以"干"为本，在创新发展中争当表率、争做示范。坚持把主题教育作为推进中国式现代化张家港新实践的聚力工程，不断把学思践悟的成效转化为高质量发展的澎湃动能。在转型升级中匡正干的导向。把牢固树立和践行正确政绩观作为党员干部的"必修课"，结合主题教育对全市发展思路和工作举措再审视、再对照、再细化。制定实施"调高调轻调优产业结构三年行动计划""工业超万亿的实施方案"，力争到2026年形成5个千亿级、若干个百亿级产业创新集群，全市工业总产值突破1万亿元。主题教育启动后，张家港市先后获评全国县域商业"领跑县"、2023年国际化营商环境建设标杆县（市）。数字化改造赋能制造业高质量发展相关做法获中央电视台《新闻联播》关注。在全省生态环境保护大会上，东沙化工园关停转型案例，被省委主要领导点名为"五个美丽故事"之一。沙钢集团、扬子江化工园入选全省首家"无废集团"、首批"无废园区"建设试点。协同推进沿江生态保护修复与绿色转型的相关做法，获《央视新闻》采访报道。在招商突破中增强干的动力。牢牢把握主题教育"重实践"的鲜明导向，全力以赴推动高质量发展。将"抢抓科技招商'一号工程'"作为市四套班子解剖式调研正面典型案例，持续实施"项目管家1+N"计划，市领导带头现场办公452次。举办金秋重大项目现场推进会，总投资482.3亿元的131个项目集中开工、竣工和投产。围绕"4+4"重点产业链布局，首批成立8个重大项目服务行动支部，研究制定《张家港市重大产业项目全生命周期管理实施意见》，助力光束汽车取得工信部道路机动车辆生产企业准入许可，新强联、采埃孚等项目有序推进，信义光能等项目竣工投产。沙钢集团建成全球最大的薄带铸轧生产基地。张家港市受邀参加全国“两业融合”工作现场交流会并作经验交流，永钢集团获评国家级智能制造示范工厂揭榜单位。在共治共享中形成干的合力。立足全市“现代化建设先锋年”，实施“党建引领中国式现代化县域先行区建设”先锋行动，引导各级党组织和广大党员立足岗位做贡献。发布全国首部县级市文明实践志愿服务“蓝皮书”。连续20年举办长江文化节，“长江文化节扛起弘扬长江文化大旗”入选首批“长三角人文经济典型案例”。高质量开展中组部红色美丽村庄试点建设，深入推进全国党建引领乡村治理试点工作，基层治理“双引双融”路径经验被省委组织部《组工研究》推广。“永联的村与企”获中央电视台《新闻调查》40分钟报道，长江村第三批获评全国乡村治理示范村，永兴村获评2023年度中国乡村振兴服务优秀单位。梁丰高级中学入选首批立项建设的江苏省高品质示范高中。张靖皋长江大桥主塔承台完成建设，346国道张家港绕城段主线贯通，沪宁沿江高铁开通运营，张家港站成为全国通达城市最多、始发辐射范围最广的县（市）级车站之一。

以“改”为要，在查改贯通中淬炼作风、造福于民。坚持以人民立场想问题、作决策、办事情，着力破解基层难点痛点，让群众真切感受到主题教育带来的新变化新成效。领导带头化解社会最难问题。紧盯创新驱动发展、产业转型升级、探索现代文明、保障改善民生等重点任务，县处级以上领导干部领题调研55项，推动成果转化57项。扎实开展“千村万企、千家万户”大走访和“集中服务月”活动，开展下基层走访调研2612次，收集梳理各类问题609个，至年末办结问题523个，占比85.9%。开展“暨阳面对面”政企交流活动5场，市领导收集并解决企业发展诉求56个，高效回应企业发展掣肘难题。将调研发现的“安置房办证难问题”列入市委主要领导整改整治问题清单和四套班子解剖式调研反面典型案例，“一把手”挂帅推动，已建安置房不动产登记办证全部完成，相关做法获《人民日报》关注。聚焦关键解决基层最盼问题。深刻检视剖析在高质量发展、民生保障、全面从严治党等方面存在的短板不足，县处级以上领导干部制定问题清单57个，完成销号57个，包案化解信访积案（含基层突出矛盾纠纷问题）77件。结合张家港实际，党政主要负责人分别牵头推进农村道路基础设施、社区卫生服务中心基本医疗服务等专项整治。同时，持续深化第一批主题教育期间省级层面确定的专项整治任务，比如，结合基层治理不良现象专项整治，首批排摸复杂区域治理难题52个，总结提炼基层有益探索，形成党建引领基层治理“海棠36计”；围绕解决加重村级组织负担的突出问题，出台《党建引领乡村振兴重点帮促村（经济相对一般村）高质量发展二十条措施》，落地面向优秀村（社区）书记选聘事业人员等举措，切实为基层减负增效。供需对接回应群众最急问题。从群众实际需要出发，系统搭建“海棠解忧直通车”平台，推动党员干部深入基层一线，面对面听呼声、实打实解难题。组建“医保先锋”“心灵之约”等行动支部40余个，成立志愿服务队158支，常态化开展下基层送政策、纠纷化解等服务，惠及企业300余家、群众4万余人次。依托“海棠云先锋”智慧小程序，搭建“群众点单、村社派单、党员接单”服务平台，发动在职党员聚焦群众“微心愿”，领办“党员一件事”6000余件。基层党组织结合实际排摸问题1152个，制定整改举措1627条，至年末有效回应农产品销售渠道不畅、农村快递配送优化等急难问题891个，一批实效举措和整改建议研究纳入民生实事项目。“民呼我为一实事”，健全县域商业流通体系的相关做法获中央电视台《朝闻天下》关注。

以“实”为基，在有效覆盖中夯实基础、增强效能。将开展主题教育作为增强基层党组织政治功能和组织功能的重要抓手，不断激发基层一线组织活力，推动新思想在基层落地生根。分类施策确保“不留白”。区分县处级以上领导和村（社区）、机关、流动党员、离退休干部党员等不同层级领域，分类编发学习指导计划，分领域开展轮训培训353场。选设47个各领域重点联系点，充分挖掘基层好经验好做法，增强以点带面的示范效应。紧抓“三新”领域党员和流动党员学习教育，搭建“党建桥 · 心港湾”等50余个行业党建服务阵地，开通“暖新之声”电台栏目，在市民服务中心、公安户籍窗口等设置“流动党员报到站”20个，相关做法获中央和省主题教育《简报》录用。注重加强对团员和青年主题教育的领导指导，听取专题汇报4次，指导全市4840个团支部开展“思想旗帜”“坚强核心”“强国复兴”“挺膺担当”4个专题学习和1次专题组织生活会，创设“‘青’说港城新时代”特色专栏，相关做法获团省委团员和青年主题教育《简报》刊发2次，获新华网专题报道。因地制宜确保“不脱节”。注重结合实际搭平台，确保上级统一部署在基层落细落地。推广开放式主题党日“8+N”模式，鼓励基层党组织采取“交流研学”“联建共学”等八大模块及其他务实管用的方式，开展主题党日活动近1万场，促进互学互鉴、共同提升。推行党支部“堡垒指数”、党员“先锋指数”积分管理，将组织生活、党费交纳、志愿服务、履职尽责等情况量化为分值，实时累积、公开晾晒，推动各领域基层党组织将主题教育融入日常，引导基层党员积极发挥作用、建立新功。严督实导确保“不走样”。实施“三会两访一清单”工作策略，发挥主题教育办4个联络组承上启下关键作用，开好业务辅导会、分领域座谈会、推演调研座谈会“三会”，对86个市级参学单位开展全覆盖电话访谈、实地走访“两访”，对参学单位在责任落实、组织生活、学用转化等方面的日常表现进行正负面记录，建立“一清单”，切实加强主题教育过程指导。把严防形式主义和“低级红”“高级黑”放在重要位置，建立市本级组织部、宣传部和研究室“三方共审”机制，实施参加单位“一把手”和市主题教育办“双审核”流程，坚持每次会议重点强调、每份材料层层把关，确保主题教育的政治性和严肃性。

（主题教育办）

【编辑　朱永平】

大事记

Chronicle of Important Events

10月12日，沙洲优黄文化园入选国家工业旅游示范基地名单

（江苏张家港酿酒有限公司　提供）

1月

2月

3月

4月

5月

6月

7月

8月

9月

10月

11月

12月

張家港年鑑(2024)

1月

2日至4日　政协张家港市第十三届委员会第二次会议举行。
3日　城区快速路东三环（张杨公路至苏虞张公路）建成通车仪式举行。
3日至5日　张家港市第十五届人民代表大会第二次会议举行。
14日　美国安普瑞斯硅负极高能量密度锂离子电池项目签约仪式举行，项目落户高新区（塘桥镇），投资7亿美元。
18日　作为2023年全国“村晚”示范展示点，“启航新征程，幸福中国年”2023年张家港市“村晚”展示活动暨“沙洲之春”乡镇群众文艺大展演汇报演出在乐余镇永利村录制。
19日　张家港市入选首批全国自然资源节约集约示范县（市）名单。
28日　全市推进“敢为、敢闯、敢干、敢首创”暨“现代化建设先锋年”动员大会召开。
29日　张家港2023年重大项目开门红现场推进会举行，100个项目分别开工、竣工，总投资597.2亿元。
是日　《人民日报》刊登张家港市文明委理论文章《让精神文明之光闪耀现代化建设新征程》。

2月

1日　在2022年度全省推进乡村振兴战略实绩考核中，张家港市居综合排名第一等次。
6日　江苏保丽洁环境科技股份有限公司在北京证券交易所上市。
7日　张家港创新投资集团有限公司揭牌仪式举行。
10日　沪武高速公路太仓至常州段扩建工程开工建设，其中张家港段全长18.8千米。
11日　全国县级市首支知识产权证券化产品在张家港市发行。
16日　全国首个企业技能发展科学评价体系——“技能张家港”企业发展指数指标体系发布。
是日　第七届中国创新挑战赛（张家港）现场赛举行。
22日　全市作风建设大会召开。
23日　全市领导干部学习贯彻中共二十大精神集中轮训开课。
是日　江苏省史志馆联盟·县级试点张家港市启动仪式举行。
是日　国家乡村振兴局网站公布第一批全国“一县一品”特色文化艺术典型案例名单，张家港市的“长江文化品牌建设和长江文化节”（文旅融合类）案例入选。

3月

3日　“江海联动，相约张家港”2023年张家港（上海）招商推介会在上海举行。
4日　张家港市纪念学雷锋60周年主题活动暨“张闻明”志愿服务展示交流中心和网络文明素养实践教育基地启用仪式举行。
9日　“潮涌港城，乘‘市’而上”——张家港市加快企业上市·上市企业做优做强推进会召开。
17日　张家港市在全国率先制定出台社会组织廉洁合规建设工作“三张清单”。
19日　住房和城乡建设部公布第六批中国传统村落名单，高新区（塘桥镇）金村村入选。
是日　江苏永钢集团有限公司“钢铁产业绿色低碳全链赋能乡村振兴”项目获中国工业大奖。
22日　全国党建引领乡村治理试点暨张家港市“党建引领中国式现代化县域先行区建设”先锋行动启动仪式举行。
24日　张家港市全国两会精神专题报告会举行。
26日　2023年苏州张家港（北京）科技招商推介会在北京举行，总投资超217亿元的81个合作项目集中签约。
29日　励迪医疗器械产业创新港在冶金园（锦丰镇）开园，总投资28亿元的12个项目集中签约。
31日　2023年江苏省政府投资基金园区行首场活动——“专精特新”专场在张家港市举行。
是日　“双向奔赴、未来可期”2023年张家港市重大项目政企见面会举行。

4月

2日　16时48分，在酒泉卫星发射中心现场，以张家港城市命名的天龙二号液体运载火箭成功发射，将一枚遥感卫星送入500千米高度的太阳同步轨道。
3日　中央广播电视总台《2022城市营商环境创新报告》在北京发布，张家港市入选2022年城市营商环境创新县（市）名单。
4日　中日（苏州）地方发展合作示范区张家港创新合作发展大会召开。
7日　张家港市数字乡村成果发布暨数字乡村研究院揭牌仪式举行。
是日　中国江苏人才创新创业大赛张家港基地揭牌暨苏州沿江产业创新带人才区域协同体发布仪式举行。
12日至13日　全省文明创建和文明实践工作现场推进会在张家港市举行。
15日　张家港市第八届体育运动会暨市“双先”（2018—2021年度全市体育工作先进单位、先进个人）表彰活动举行。
18日至22日　市委副书记、市长蔡剑峰率招商小分队赴欧洲招商。
21日　张家港市被农业农村部确定为绿色高产高效行动项目县（市）。
27日　苏州市2022年度高质量发展总结表彰会议召开，张家港市为县级市（区）第一等次。

27日至28日　江苏省生态环境厅“无废园区”建设现场推进会在张家港市召开。

30日　2023年全国排球冠军赛女排总决赛（张家港华昌赛区）在市体育馆闭幕。

5月

8日　张家港市被江苏省医疗保障局评为“15分钟医保服务圈”省级示范县（市、区）。

10日　“塘桥镇杯”2023年全国和美乡村广场舞大赛（江苏站）在高新区（塘桥镇）金村村举办。

15日　中铁城建集团华东建设有限公司在经开区成立，是张家港市首家落户的建筑类中央企业子公司总部。

16日　张家港港务集团有限公司（并入省港集团参评）、张家港海力码头有限公司、张家港永嘉集装箱码头有限公司被认定为江苏“港口企业20强”。

23日　“对接粤港澳，汇聚新动能”2023年张家港（深圳）创新发展投资说明会在深圳举行，总投资超340亿元的54个合作项目集中签约。

23日至24日　全省钢铁行业超低排放改造暨电炉短流程炼钢现场会在张家港市举行。

29日　锐华新能源汽车智能座舱、医疗智能床及精密结构件项目签约，项目落户冶金园（锦丰镇）。

31日　张家港市疾病预防控制局成立。

31日至6月4日　市委副书记、政法委书记邵军民率团赴荷兰推动农业项目技术人才合作。

6月

2日　《张家港市农村住房条件改善五年实施方案（2022—2026年）》出台。

8日　张家港市双拥工作领导小组赴海军张家港舰开展“城舰共建”活动。

9日　“点燃党建引领主引擎，共绘网格治理新画卷”暨“红网先锋”党建品牌发布仪式举行。

10日　“技动港城，能创未来”2023年张家港市应用技术人才培养校政企联盟合作大会举行。

14日　江苏省设施蔬菜绿色高产高效行动示范创建工作启动会暨连作障碍综合治理技术研讨对接会在张家港市召开。

17日　张家港市生物医药产业创新发展大会召开，总投资22亿元的9个项目集中签约。

19日至20日　第十届江苏生态文明建设研讨会在张家港召开。

20日　在苏州举行的2023年中国独角兽暨潜在独角兽企业报告发布会上，江苏天兵航天科技有限公司获评“中国独角兽企业”。

21日　张家港港务集团有限公司港埠分公司黄强获评敬业奉献类“中国好人”。

26日　“二十芳华再奋发，锦绣丰茂向未来”冶金工业园发展大会暨建园20周年活动举行。

28日　“聚菁向未来，创领新时代”昆澄张新时代民营企业家培养计划启动仪式在张家港市举行。

是日　“锦绣鱼米乡，江海第一湾”——张家港江海第一湾乡村振兴片区协同发展规划发布活动举行。

29日　在第七届全国残疾人职业技能大赛上，张家港徐宇超获评“全国技术能手”。

30日　全国“爱卫新征程，健康中国行”健康细胞建设主题推进活动在高新区（塘桥镇）启动。

是日　张家港市庆祝中国共产党成立102周年座谈会召开。

7月

6日　北尔旗物流（张家港）有限公司在江苏扬子江国际化学工业园开业。

8日至12日　2023年中国足球协会第二十四届“贝贝杯”青少年（12岁男子组）足球赛在市凤凰中心小学（贝贝足球学校）举行。

10日至11日　南丰镇社会治理一体化综合指挥平台案例入选2023年度全国政法智能化建设“智慧治理”创新案例。

11日　2023年（第十五届）苏州国际精英创业周张家港分会场暨“投创共融”发展大会举行。

15日　老年健康促进行动暨长三角全民健康专场·张家港站活动举行。

19日　全省再生水利用配置试点建设推进会在张家港市召开。

25日　2023年县域经济创新发展论坛在北京举行，张家港市列“2023赛迪百强县”榜全国第三。

27日　在国务院政策例行吹风会上，科技部副部长吴朝晖介绍，“企业创新积分制”（张家港首创）已取得初步成效。

29日　张家港高新区规模以上工业企业创新能力评价结果发布暨“东渡创新创业联盟”成立大会举行。

8月

1日　中共张家港市委十二届五次全体会议举行，审议通过《中共张家港市委关于深入学习贯彻习近平总书记对江苏工作重要讲话精神，在推进中国式现代化中走在前做示范，推进“强富美高”新江苏现代化建设张家港实践的决定》。

2日　张家港市司法助企一站式服务中心启用。

是日　2023年《财富》世界500强排行榜发布，江苏沙钢集团有限公司列第348位。

3日　长华化学科技股份有限公司在深圳证券交易所创业板挂牌上市。

5日 “奋楫争先立潮头，踔厉奋发启新程”张家港市优化营商环境暨高质量发展先锋企业家活动举行。

11日至14日 2023年“塘桥杯”中日职业围棋对抗赛暨张家港高新区（塘桥镇）第十六届围棋文化节举行。

14日 张家港市高质量发展“两院院士”“国家级学会”合作大会举行。

18日 苏州锴威特半导体股份有限公司在上海证券交易所科创板挂牌上市。

20日至26日 第16届国际地球科学奥林匹克竞赛于线上举办，梁丰高级中学张舜宁获个人赛世界第19名、银牌第1名。

21日 江苏协昌电子科技股份有限公司在深圳证券交易所创业板挂牌上市。

21日至22日 文化和旅游部全国公共文化发展中心“沉浸城市故事会”专题培训班在张家港市举办。

22日 “2023镇域经济500强暨西部50强”发布，杨舍镇列第4位，锦丰镇列第8位，南丰镇列第77位，塘桥镇列第122位，凤凰镇列第145位，乐余镇列第359位，大新镇列第438位。

25日 江苏省与青海省精神文明建设对口交流工作交接会在南丰镇永联村举行。

29日 “常阴沙大米”入选2023年第二批全国名特优新农产品名录。

30日 江苏省委书记信长星调研张家港市的企业、港口等。

9月

2日 张家港市在中国新型智慧城市（SMILE指数）百强县（区、市）中排名第7。

6日 张家港市—长江生态环保集团水务基础设施建设与运维管理合作框架协议签约仪式举行。

9日 2023年中国科技独角兽企业（张家港）大会暨留学人员产才发展交流会召开。

12日 苏州市学习贯彻习近平新时代中国特色社会主义思想主题教育动员会议召开，张家港市组织收听收看并召开续会，部署推进张家港市主题教育工作。

是日 在山东济南举办的“2023中国民营企业500强”峰会暨全国优强民营企业助力山东绿色低碳高质量发展大会上，全国工商联发布“2023年中国民营企业500强”等榜单，张家港市9家企业入围“2023中国民营企业500强”，7家企业入围“2023中国制造业民营企业500强”，1家企业入围“2023中国服务业民营企业100强”。

是日 全省社会教育工作现场会在张家港市召开。

13日 第七届全国“12345”政务服务便民热线大会在河南信阳召开，张家港市“12345”热线获“服务优化典范”称号。

是日 江苏生态环境保护大会讲到5个“美丽故事”，包括张家港东沙化工园区实现整体关停并转型为江南智能制造产业园的故事。

14日至15日 中央精神文明建设办公室专职副主任胡凯红一行到张家港市调研文明城市创建工作。江苏省人民政府副省长、省文明委副主任徐缨等参加调研。

16日 《中国未成年人互联网运用报告（2023）》新书首发式暨《我国县域网络文明建设指数报告（2023）》发布会在精神文明建设张家港研究与交流中心举行。

18日 2022年江苏“百强股份经济合作社”名单公布，张家港市有29家入选，入选数为全省县级市第一。

19日 广大鑫盛精密零部件智造项目投产暨风电装备关键部件科研生产基地项目开工仪式在凤凰镇举行，总投资22亿元。

20日 中国企业联合会、中国企业家协会发布“中国企业500强”名单，江苏沙钢集团有限公司列第93位，江苏永钢集团有限公司列第180位，江苏国泰国际集团股份有限公司列第323位。

22日 张家港保税区2023年“金秋好丰景，奋进正当时”重大项目开竣工系列活动启动仪式暨海虹老人涂料（张家港）有限公司开业典礼举行，15个项目集中开竣工，总投资120.51亿元。

23日 “庆丰收，促和美”苏州市2023年中国农民丰收节主会场活动暨首届张家港“稻花乡俚”稻米文化节庆祝活动在大新镇举行。

23日至24日 第34届中国国际毛纺大会在张家港市召开。

25日 2023年世界阔叶木大会在张家港市举行。

是日 在第19届亚运会射击男子10米气步枪个人决赛中，张家港籍运动员盛李豪以253.3环的成绩获金牌，并打破世界纪录、亚洲纪录、赛会纪录。他还获得男子10米气步枪团体铜牌、混合团体金牌。

25日至26日 江苏省“苏童成长”协同关爱机制建设试点推进会暨儿童福利领域两类机构负责人培训班在张家港市召开。

26日 瓦克化学有机硅乳液和硅油产品扩建项目开工，投资11亿元。

27日 杜邦张家港一体化生产基地开业典礼在张家港保税区举行。

28日 9时24分，沪宁沿江高铁首发列车G7799从常州武进站出发开往上海虹桥站，9时53分抵达张家港站，标志着该条铁路开通运营。

是日 张家港市党的建设学会成立暨第一次会员大会召开。

10月

3日 在第19届亚运会女子4×100米接力决赛中，由张家港籍运动员袁琦琦等组成的中国队以43秒39的成绩获得金牌。

8日 锦丰镇人民调解委员会获评“全国模范人民调解委员会”。

10日　中国公路学会2023年学术年会在张家港市开幕。

12日　沙洲优黄文化园入选2023年国家工业旅游示范基地名单。

13日　中共江苏省委群众杂志社江苏群众工作张家港实践基地签约揭牌仪式举行。

19日　前海（苏州）跨境电商产业园开园仪式举行。

20日　“曲唱新时代”2023年长江文化节开幕式暨长江流域曲唱类非遗项目展示在市保利大剧院举行。长江文化节至11月闭幕。

是日　江苏省委常委、省委宣传部部长张爱军到张家港市调研。

是日　在北京举办的2023年全国千强镇发布暨镇域高质量发展论坛公布全国千强镇名单，张家港市7个镇入围。

22日　南京农业大学智慧稻作技术现场观摩会在常阴沙现代农业示范园区举行。

23日　百胜中国苏南供应链运营中心项目在张家港保税区奠基开工。

30日　省委常委、苏州市委书记刘小涛赴张家港市调研苏州市推动长江经济带高质量发展工作。

是日　沪苏数字产融发展会议暨保税科技集团清算通数字人民币清结算业务启动仪式举行。

31日　《新华每日电讯》刊发报道《聚沙成塔——张家港城市气质素描》一文。

是月　张家港市防暴恐安全教育实训基地在南丰镇永联村投用。

11月

1日　中国第40次南极科学考察队保障轮“天惠”轮从张家港港2号泊位出发。

2日　市体育运动学校入选国家体育总局“国家高水平体育后备人才基地（2021—2024年）”名单。

3日　江海粮油集团二期项目投产仪式在张家港保税区举行，项目总投资12亿元。

8日　第十三届中国商品市场峰会发布“中国商品市场综合百强”榜单，张家港保税区纺织原料市场、江苏化工品交易中心分列第26位和第40位。

9日　张家港2023年金秋重大项目现场推进会举行，总投资482.3亿元的131个项目开工、竣工和投产，其中投资30亿元的新强联（江苏）重工科技有限责任公司风电高端装备项目培土奠基。

13日　“长江大保护·共饮一江水”主题摄影展在金港文化中心开幕。

13日至14日　全国全民健身公共服务体系建设推进会在张家港市举行。

16日　中央组织部红色美丽村庄试点一期落成暨张家港市党建引领振兴善治落实提升行动发布仪式在双山香山旅游度假区举行。

17日　金港街道长江村第三批入选全国乡村治理示范村镇名单。

18日　2023年中国中小城市高质量发展指数研究成果发布，张家港市列全国综合实力百强县市榜单第3。

25日　张家港市入选首批全国县域商业“领跑县”名单。

27日　双山蓝湾文旅街区项目签约仪式举行。

28日　“三十而立再出发，奋楫扬帆启新程”张家港经开区成立30周年主题活动举行。

是日　中国毛纺织行业协会第六届四次理事会议暨第七届全国毛纺织行业科技大会在张家港市召开。

29日　在南通举行的“抓机遇，争作为，走在前”新时期县域经济高质量发展论坛上，张家港市委书记韩卫作题为《打造“物质文明和精神文明相协调”的中国式现代化县域先行区》的专题分享。

是月　一名观鸟爱好者在长江张家港段沿岸拍摄到国家一级保护动物遗鸥，是遗鸥在苏州市的首次记录。

12月

1日　中国志愿服务研究中心江苏（苏州）分中心在张家港市成立，《张家港市新时代文明实践志愿服务发展报告（2023）》发布。

3日　“张家港行”2023年张家港东渡半程马拉松开赛。

7日　在全市丧葬礼俗改革工作推进会上，《张家港市白事通》发行，这是全国首部丧葬指导手册。

12日　港城云联（苏州）数据系统有限公司获2023年度中国IDC（互联网数据中心）产业创新发展奖。

13日　“中国改革2023年度地方全面深化改革典型案例”名单公布，张家港市的“‘三个突出’打造土地节约集约利用‘张家港样板’”入选。

是日　张家港市幸运金属工艺品非遗工坊首批入选省级非遗工坊名单。

14日　第四届“双12苏州购物节嗨购张家港”暨“寻味沙洲·悦飨冬韵”美食节在杨舍老街启动。

17日　中央广播电视总台新闻频道新闻直播间《中国式现代化万千气象》聚焦张家港长江大保护情况。

20日　第一届长三角（张家港）生物安全发展大会举行。

是日　张家港市“云上+实体”慈善超市全域启用仪式暨“暨时救”上线发布会举行。

21日　《榜样8》专题节目在中央广播电视总台综合频道晚8点档首播，南丰镇永联村党委书记吴惠芳先进事迹受到关注。

28日　中国共产党张家港市第十二届委员会第六次全体会议暨市委经济工作会议召开。会议提出，2024年要紧扣“高质量发展突破年”主题，努力实现“135”年度目标任务。

【编辑　沈立平】

概览

General Survey

凤凰镇　（钱佳翼　摄）

自然环境　　人文风情

建置区划　　经济发展

资源物产　　年度现代化建设实践

張家港年鑑（2024）

扫码欣赏

沙洲寻春之旅

自然环境

【地理位置】 张家港市位于长江下游南岸，江苏省东南部。东、东南连常熟市，西、西南接江阴市，北、东北、西北临长江，是位于沿海和长江两大经济开发带交会处的国际化、现代化港口城市。地理坐标北纬31°43′12″至32°02′，东经120°21′57″至120°52′。东南距上海市98千米；南近太湖，分别距无锡市58千米、苏州市90千米；西距常州市55千米、南京市200千米；北隔江距南通市62千米，是长江三角洲的重要组成部分。全市总面积986.73平方千米，占全省面积的0.92%、苏州市面积的11.62%。其中，陆地面积791.52平方千米，占全市总面积的80.22%；长江水域面积195.21平方千米，占19.78%。陆地东西最大直线距离44.58千米，南北最大直线距离33.71千米。北宽南窄，呈倒三角形。

【地质地貌】 *地层* 张家港境内主要是第四系沉积物覆盖。第四系覆盖层的厚度为90米至240米，是全新统现代沉积。西南零星出露基岩属泥盆系茅山群的紫红色沙砾岩。第四系覆盖层的可耕层为2米至3米，耕层下面是沙质黏土、黏土层，隔水性能较好，厚度为50米至70米；在地面以下70米至150米，有含水性较好、透水性较强的细沙层、黏质沙层、中沙层、砾石层，但中间夹有含砾黏土层、黏土层等不透水层。在地面140米至240米以下是砂岩、灰岩、砾岩层。在第四系覆盖层下有白垩系的杂色砾岩、粉砂岩及灰岩，厚度约210米；三叠系青龙群的灰岩和钙质泥岩，厚600米；二叠系龙潭组的海陆交互相岩层、砂岩、灰岩、泥岩等，厚450余米；石炭系的砂岩、灰岩和泥岩等，厚450余米。

地震地质 江苏省主要的地震带是西北部的郯庐断裂地震带和沿长江的扬州—铜陵地震带。张家港市主要受扬州—铜陵地震带所控制，在大地构造上属扬子准地台下扬子古拗陷的东部，苏锡中台拱的北东部，北邻苏北中新拗陷，南部和东部与钱塘褶皱带相连，西部是常州中拗陷。张家港境内基本构造格架为“二隆二拗”构造形式。“二隆”是段山—张家港褶断束、顾山—铜官山褶断束；“二拗”是祝塘—锦丰拗陷、谢桥拗陷。境内有北北西向、北西向和北东向（华夏）构造发育，形成网络系统。根据可考文字和有关地震研究，张家港市历史上未见强震记载。从地震强度背景值而论，境内所在位置介于强震和弱震的过渡区域。

工程地质 根据市建筑设计院历年工程地质勘探资料，境内的地耐力一般为每平方米10吨左右。其中，南部黏土一般为每平方米20吨左右，亚黏土一般为每平方米18吨左右，轻亚黏土一般为每平方米10吨左右；北部粉黏土一般为每平方米8吨左右。

地貌 张家港市地跨长江三角洲平原的两个地貌副区，即长江南岸古代沙嘴区和靖江常阴古沙洲区。北面临江，双山沙（福姜沙）孑立江中，长江沿岸滩地绵长。古长江岸线把境内陆地分为南、北两个部分。南部属老长江三角洲的古代沙嘴区，成陆8000年以上，地势高亢，高程（吴淞零点，下同）为5米至8米，散落着大小10座山丘。其中，塔山、范山与常熟市的福山交界，长山、香山、阜山、稷山跨张家港、江阴两市。北部属新长江三角洲，由数十个沙洲积涨连接而成，成陆最早的800余年，地势低平，高程为3米至5米。根据地面黄海高程，全境地貌可分为丘陵、高平田、平田、低平田和圩田。其中，南部地区主要为高平田、平田和低平田，北部地区均为圩田，丘陵主要散落在塘桥镇的妙桥地区、金港街道的南沙地区和凤凰镇的少量地区。

【沿江岸线】 张家港市沿江岸线西起长山（与江阴交界），东至东沙（与常熟接界），全长80.4千米。依托优越的沿江岸线，建有国际贸易商港张家港港，并由西向东排布着江苏省张家港保税区、江苏扬子江国际冶金工业园等各具特色的专业园区。其中，张家港港规划建设港口岸线40.1千米，已开发利用27.9千米，剩余12.2千米。西北部有江中小岛双山岛，离南岸1千米，是张家港港天然的避风屏障。双山岛与南岸之间的航道为福南水道。双山岛距北岸3千米，之间为福中水道和福北水道。双山环岛洲堤长16.8千米，面积20平方千米，高程4米至5米。

【气候】 境内受季风环流影响较为明显，其中冬季受极地大陆气团主宰，盛行偏北风，寒冷干燥；夏季多受热带海洋气团控制，盛行低纬太平洋的偏南风，温高湿润；春、秋为冬夏季风的更换季节，冷暖气团互相争雄，锋面交错，气旋活动频繁，从而形成四季分明的气候特征。

光照 全年日照时数2235.6小时，比上年多3.3小时，比常年（1991—2020年平均，下同）平均日照1807.2小时偏多428.4小时；年日照百分率（相对日照）为51%。日照时数最多的月份是8月，为229.3小时，占月可照时数的56%；月日照时数最少的月份是2月，为119.8小时，占月可照时数的39%。

气温 全年平均气温17.6摄氏度，与上年持平，比常年16.5摄氏度高1.1摄氏度，气温偏高，据1966年境域内气象站建站后统计，与2022年并列第二。2023年12月气温较常年偏低，其余月份气温均比常年偏高。7月是全年最热的月份，月平均气温为29.2摄氏度。年极端最高气温37.7摄氏度，出现在7月12日。全年35摄氏度及以上的高温日数16天，分别在5月到8月出现，比常年15天多1天，比上年少26天，其中7月11日至14日出现连续高温。1月是全年最冷的月份，月平均气温为5.3摄氏度。年极端最低气温零下7.6摄氏度，出现在1月25日。全年日最低气温低于0摄氏度的低温日数27天，比上年多7天。

降水 全年降水量1295.3毫米，比上年多149.6毫米，与常年1192毫米相比多103.3毫米，年降水量略偏多。全年降水分布不均，10月份降水量最少，月降水量16.4毫米；6月份降水量最多，月降水量364.9毫米。与常年同期相比，9月降水量205.1毫米异常偏多，6月降水量364.9毫米明显偏多；10月降水量16.4毫米，较常

年明显偏少。4月至9月汛期降水量1041.4毫米，与常年同期842.2毫米相比偏多199.2毫米。全年有3个暴雨日，其中6月18日和19日连续大暴雨天气，降水量分别为140.5毫米和105.4毫米，7月21日降水量为52.6毫米。梅雨期自6月17日至7月10日，入梅、出梅接近常年，梅长24天，总梅雨量463.8毫米，比常年276.2毫米偏多。梅雨期呈现过程强度偏强、区域分布不均的特征，降雨间隙有短暂高温天气。

霜、雪、风、霾、雾及台风等灾害性天气 2023年度初霜日为2022年11月16日，终霜日为3月4日，霜期109天，全年无霜期254天，与常年232天相比偏多22天。全年降雪日数5天，比上年少3天。年平均风速每秒1.9米，与上年相同，张家港国家基本气象站监测到8级以上大风1次。受东北冷涡影响，4月15日本市出现强对流天气，有6个区镇（街道）最大风力8级及以上，最大风力11级（每秒29.5米）出现在乐余四干河闸站；6月10日强对流天气造成全市9个区镇（街道）最大风力8级及以上，最大风力10级（每秒25米）出现在乐余四干河闸站，其中常阴沙、大新、锦丰、南丰、杨舍等部分地区出现3毫米小冰雹，小面积未成熟的葡萄和梨、蔬菜大棚受损。全年有35个霾天气，与上年相比增加6天，全年出现2次连续多日霾天气过程，分别为1月5日到9日、12月4日到7日。全年出现大雾12天，比上年多1天。其中，12月28日出现最小能见度42米的特强浓雾，为全年最低。年内受第5号台风"杜苏芮"（强台风级）外围影响，7月27日常阴沙现代农业示范园区常东社区出现8级（每秒17.8米）大风。12月20日至26日，受冷空气持续影响，气温明显下降，最低气温均在零摄氏度以下，其中22日最低气温达零下6.3摄氏度，有严重冰冻。（张育萍）

建置区划

【建置沿革】 张家港市历史悠久。8000年前，南部地区就有人类活动。商末，属勾吴之地。春秋时期，属吴国延陵郡。秦代，属会稽郡。西汉高祖五年（公元前202年），建毗陵县暨阳乡，为境内有据可查的最早的乡级行政建制。晋代，置暨阳县，为境内第一个县级行政建制。南朝梁代，在暨阳之墟建梁丰县。唐代以后，分属常熟、江阴两县。清代至民国，常通港以北属南通县（今南通市）。抗日战争时期，中国共产党曾一度在北部沿江地区建立沙洲县，在南部及常熟、江阴两县的边界地区设立虞西县。中华人民共和国成立后，东部属常熟县（今常熟市），西部属江阴县（今江阴市）。1962年，常熟划出14个公社和常阴沙农场，江阴划出9个公社，建立沙洲县，隶属苏州地区。1986年9月，经国务院批准，撤销沙洲县，以天然良港——张家港港命名设立张家港市，隶属于苏州市。2023年，张家港市下设7个镇、3个街道以及张家港保税区、常阴沙现代农业示范园区和双山香山旅游度假区。

【行政区划】 1月，杨舍镇成立沙洲湖社区、金田社区、徐丰社区，撤销东莱社区、徐丰村；3月，金港街道设立金康社区，南丰镇设立泗兴社区；7月，塘桥镇设立和鑫社区、裕庄社区、金庭社区；10月，乐余镇永乐村与庙港村合并为永乐村，同时撤销庙港村；11月，乐余镇设立乐丰社区。至年末，全市有村142个，比上年减少2个；有社区129个，比上年增加8个。

【消亡自然村】 2023年，因项目开发全市消亡自然村2个，其中高新区（塘桥镇）何桥村因项目建设动迁、后塍街道封庄村吴家住基因工业园项目动迁。至年末，全市共有自然村1866个，其中经开区（杨舍镇）361个、高新区（塘桥镇）323个、冶金园（锦丰镇）253个、乐余镇124个、凤凰镇405个、南丰镇107个、大新镇80个、金港街道57个、德积街道30个、后塍街道105个、常阴沙现代农业示范园区21个。

【地名勘界】 2023年，全市完成道路命名57条（含更名1条、调整8条、注销2条），新命名住宅区、楼宇23个。市地名办会同住建部门做好住宅区、楼宇复函、备案、公告等工作，持续开展城乡"有地无名"清理排查整治工作，新命名道路27条。年内，完成常张线行政区域界线联检工作，形成《关于常熟市与张家港市行政区域界线联合检查情况的报告》（常政呈〔2023〕92号），联检成果由常熟、张家港两市民政局确认后共同上报苏州市民政局备案。开展金港、后塍、德积街道行政区域界线勘定工作。落实界线界桩管护责任，制定《张家港市2023年度行政区域界线界桩巡查工作方案》，做好界线界桩集中巡查和日常管护工作，完成常张线32058182006号界桩移位工作。开展地名文化遗产评定，26个地名入选张家港市第二批地名文化遗产保护名录，12个地名（古桥梁）被录入苏州市第二批地名文化遗产保护名录，12月完成古桥梁碑牌设置。开展红色地名评选，15个地名入选张家港市首批红色地名名录，永兴村、沙洲县抗日民主政府纪念馆、谢恺烈士故居、张家港市烈士陵园入选"苏州市第二批红色地名名录"。（黄　娟）

资源物产

【土地资源】 根据市自然资源和规划局开展的国家2022年变更调查数据成果，按照第三次全国国土调查工作分类标准，全市实有耕地27255.04公顷、园地3931.34公顷、林地2839.71公顷、草地624.99公顷、湿地1891.76公顷、城镇村及工矿用地34066.31公顷、交通运输用地4392.13公顷、水域及水利设施用地23487.57公顷、其他土地183.88公顷。

【矿产资源】 张家港境内已发现的矿产品种主要有砂石、砖瓦黏土、高岭土、矿泉水、煤炭、石油、天然气等。境内还有一种含量较为丰富的矿产资源叫地热，即地下热水，也称为温泉，是一种存在于地球内部的热能资源。普查结果表明，凤凰、金港、乐余地区有较为丰富的地热资源。2003年建成凤凰地热井温泉，水温45摄氏度，日产地热水624立方米。2021年乐余地热井温泉出水，出水温度42摄氏度。双山岛、香山、南丰等地也发现有地热资源，水温35摄氏度至53摄氏度。2022年8月，凤凰镇莺山桃花源地热井取得江苏省自然资源厅批复的采矿许可证。为保护资源环境，市政府发布禁采砂、石、土规定，全市境内的所有采矿场和砖瓦窑厂均已关闭。

（钱 利）

【水资源】 张家港境内水资源丰富。地表水中河港蓄水量丰水年为4.74亿立方米，中等干旱年为8624万立方米。据2023年统计，全年沿江泵闸站引水35.13亿立方米、排水42.52亿立方米，其中泵引时长2551小时、泵引量1.4亿立方米。全年实际用水量为地表水20.45亿立方米（火电企业用水量为全口径计算），浅层地下水35.83万立方米、其他水源2506.12万立方米。全市有市级及以上骨干河道27条，总长365.3千米；镇级河道251条，总长674.05千米，其中跨界河道22条；村级河道7016条，总长3022.25千米。（李星明）

【野生动植物资源】 张家港境内有野生动物资源13纲、292种。其中，鱼纲类有刀鱼、河豚、鲫鱼等96种，爬行纲类有龟、鳖、蛇等21种，鸟纲类有野鸡、野鸭、鹰、雀等105种，哺乳纲类有野兔、刺猬、鼠等8种，另有野生无脊椎动物63种。野生植物资源比较丰富，有百余科近500个品种，常见的有24个科、87个品种，分布在田间、山丘、河边、滩地，可用于农、牧、渔业生产，手工编织及疾病治疗。另有常见绿化植物314种。2016年1月，在双山岛发现10只被誉为鸟中“大熊猫”的震旦鸦雀。2021年1月，在常阴沙沿江湿地发现“极危”鸟类青头潜鸭；3月和4月，沿江又先后发现国家一级保护动物中华秋沙鸭和勺嘴鹬。2022年11月，在香山地区发现列入《世界自然保护联盟濒危物种红色名录》的野生马来豪猪在活动。2023年11月，在长江张家港段沿岸首次发现国家一级保护动物遗鸥。

【地方特产】 中华绒螯蟹 养殖历史较久，但规模较小。进入21世纪后，在境内沿长江一带发展较快。锦丰镇、乐余镇、常阴沙现代农业示范园区等地均建有养殖基地。该蟹营养丰富，每100克蟹肉含蛋白质14克、脂肪5.9克、碳水化合物7克，维生素A为5960国际单位，热量139千卡，为一般水产品之冠。其所含脂肪为不饱和脂肪，蟹黄中富含卵磷脂。优质的蟹外观表现为青背、白肚、金爪、黄毛，在肉质与口味方面表现为肥、鲜、腥、甜。中华绒螯蟹曾获首届中国“华东杯”河蟹评比大赛“最佳种质奖”和“优胜奖”。

鹿苑鸡 因产于鹿苑而得名，相传已有200年的饲养历史。鹿苑鸡的毛、皮、嘴、脚均为黄色，颈羽、尾羽和翅羽间有稀疏黑毛。公鸡脚杆高壮，傲然挺立，大的体重可达到4千克以上，有“九斤王”之称。母鸡脚杆粗矮，浑重壮实，重2千克以上，年产蛋140个至200个，平均蛋重54克。该鸡肉质细嫩、肥美、香鲜、味浓。2014年，鹿苑鸡被确定为国家级畜禽遗传资源保护品种。

鹿苑皇室叫花鸡 相传清光绪年间，鹿苑有一位徐氏庄园主根据古人传说，自创泥烤鸡之道（即叫花鸡制作方法），将泥烤之法再现于世，在坊间引起轰动。徐氏庄园主与清代同治、光绪皇帝的老师翁同龢为同窗挚友。在朝为官的翁同龢，多次将叫花鸡带至京城，敬奉皇帝享用。徐氏后人徐永清承续“鹿苑皇室”叫花鸡品牌，展拓八宝、八仙、八珍系列叫花鸡。鹿苑皇室叫花鸡以鹿苑鸡为主要原料，从初加工、腌制，再用荷叶和生态黄泥包裹，然后置于炭火上烘烤，一只成品叫花鸡需耗时28小时。鹿苑皇室叫花鸡先后获评江苏名特优产品，获联合国教科文组织首届国际食文化博览会银奖，“苏州有礼”“江南好礼”旅游文创商品大赛铜奖，“苏韵乡情，百优乡产”优秀奖，被央视财经频道《回家吃饭》栏目专题报道。制作技艺掌门人徐永清获传承中国食文化特殊贡献奖，获评中国食文化研究会食疗专业委员会副会长、扬州大学旅游烹饪学院兼职教授、联合国教科文组织国际烹饪大师。

弄里芹菜 凤凰镇金谷村朱家弄种植的水芹，品质优良，历史悠久。在上海、苏州等地享有盛名，称“弄里芹菜”。相传宋代名将韩世忠和夫人梁红玉带兵驻守庆安，被金兵围困，军中缺粮，梁红玉率部遍寻野菜，至弄里一带见有大片野芹，味清香，采食充饥。以后，人们把野芹移植家种，称为“玉芹”，并精心培育，世代栽种。芹菜品种有大青种、小青种、红种、麻栗等，具有嫩茎（俗称白头）长、叶柄青、质地脆、香味浓、存放时间较久等特点。无论是清炒，或与豆制品素炒，或与肉类混炒，都味道鲜美，各具风味；在开水里稍烫后，浇上酱油、麻油等佐料，拌作冷菜，则香脆、鲜嫩、爽口，能去腻、舒胃，是苏

鹿苑皇室叫花鸡 （徐永涛 提供）

州、无锡、上海一带家庭日常和便宴常用的菜肴。

牛市街草头　草头学名黄花苜蓿，俗称金花菜、秧草。叶片与三叶草相似，小叶倒心形，先端稍圆或凹入，叶面浓绿色，叶柄短，主根长，多分枝。民国时期，凤凰莺山一带的草头籽名扬沪杭。中华人民共和国成立后，尤其是农业合作化时期，各地均将草头作为绿肥播种在秧田内，并采摘嫩头作为蔬菜食用。改革开放后，农业生产不再积绿肥，草头成为日常蔬菜。锦丰镇以牛市街为中心的常家、南港等村种植的牛市街草头是当地有名的特色农产品之一。牛市街草头叶片鲜嫩，营养丰富，可作新鲜蔬菜炒食、烧汤，味道鲜美，也可作为包子、饺子、汤圆等馅料。有草头干、草头腌菜、草头汁、速冻草头等系列加工产品。草头耐寒、抗旱、抗病虫害能力强，整个生长过程不使用农药，是绿色生态食品。

血糯　又名"呕血糯"，或称"红莲糯"，是一种名贵的糯稻。谷粒皮壳呈浅紫色，其米殷红如鸭血，蛋白质含量高，有强身补血功效，清代列为"御米"，民间视为营养和滋补食品，是制作八宝饭的主要原料。境内塘桥镇金村、凤凰镇一带均有种植。清《常昭合志·物产志》载："血糯，亦名红莲糯，宜粥。"学者金鹤翀所撰《金村小志》载："糯米之佳者曰'落霜青'，曰'红莲糯'。江阴人亦来购取，云：唯产金村者为佳。"

凤凰稻　凤凰山附近长期培育成的优良粳稻，谷粒基部有双翼（护颖），似凤凰展翅，故名凤凰稻。清代《常昭合志》中列为著名物产。凤凰稻碾成的米，色洁白如珍珠，煮饭烧粥，性黏腻，香软适口，为粳米中的上品，载誉江南。

常阴沙大米　产于常阴沙现代农业示范园区。主栽品种"南粳5055"，产地环境良好，间接引用长江水灌溉，米质优良，谷粒外观饱满，米粒晶莹透亮，整精米率高，蒸煮米饭色泽鲜明，口感较佳。2009年开始试种，株型紧凑，长势较旺，分蘖力较强，叶色较深，群体整齐度较好，穗型中等，偏直立，着粒较密，抗倒性强，产量高，属阴糯类型，为优质食味品种。2010年开始大面积推广试种，在苏州地区上市销售，广受好评，在第三届江苏省优质粳稻新品种食味品尝会上获评第一名。2011年被评为苏州地产大米金奖，在第六届全国粳稻米大会上被评为全国优质食味粳米。2011年和2012年在第十届和第十一届中国优质稻米博览交易会上分别获得"金奖大米"和"优质稻品"称号。2013年在首届江苏好品种评选活动——粳稻优质米品尝评比中荣获金奖，获得国家"大米地产地理标志商标"。2017年常阴沙现代农业示范园区参加第二届江苏优质稻米博览会获"味稻小镇"称号。2023年，常阴沙大米获评全国名特优新农产品。

常通港紫米　紫米因碾出的米粒细长、呈紫色而得名。境内在锦丰镇常通港北侧的耕余村已有几十年的种植历史。常通港紫米颗粒均匀，颜色紫黑，食味香甜，甜而不腻，每千克含铁16.72毫克，比一般粳米高248.3%，每千克含钙138.55毫克，比一般粳米高116.5%，营养价值和保健价值高，是中老年人、孕妇、婴儿滋补的佳品。近年，周边地区百姓用紫米、粳米等制作成饭团、奶茶、紫米糕和八宝饭等在线下线上出售，提升了农产品附加值。

凤凰水蜜桃　自古凤凰适宜种植桃树，20世纪50年代前农户房前屋后均有种植。在1952年引进无锡水蜜桃品种的基础上，经长期选育，凤凰水蜜桃形成白凤、江花、湖景黄皮、小青等优良主栽品种，皮色有淡黄、乳白、微红色，具有果大、肉嫩、鲜甜、多汁、果皮易剥等特点，受到苏州、南京、上海等地居民喜爱。莺山和凤凰山山麓是主要产地。2005年，凤凰水蜜桃获农业部签发的绿色食品证书；2010年，"凤凰水蜜桃"成为张家港市地理标志证明商标；2019年12月，凤凰水蜜桃成为张家港市首个"国家地理标志农产品"。

神园葡萄　种植起源于1987年，由杨舍镇农民徐卫东种植发展而成，时种植面积0.13公顷，有品种3种。1993年，葡萄园引进美国、日本等国家10余个葡萄新品种。1998年，成立市神园葡萄科技有限公司，种植面积扩大到3.3公顷，有葡萄品种80余种，被江苏省农林厅确认为省葡萄育种中心。1999年4月，葡萄注册"神园"商标。是年，神园葡萄以色艳、果大、皮薄、汁多、味甜获省优质水果评比金奖，并代表江苏省参加1999年昆明世博会和国庆50周年农业成果展，得到专家好评。2000—2002年，神园葡萄连续三年获省优质水果称号。2002年10月和2003年12月，公司基地先后通过"江苏省无公害葡萄生产基地""无公害产地"和农业部无公害认证。2003年，获第三届江苏省园艺博览会二等奖。神园葡萄科技有限

凤凰水蜜桃　　（凤凰镇　提供）

公司是江苏省最大的优质葡萄品种示范及育苗基地。

张家港绿茶　张家港绿茶产于境内长山、香山、凤凰山一带坡地。1966年，长山坡地开始种植茶树，1972年4月发展到3.3公顷，并建办茶场，当年被列入苏州地区“五大典型茶园”，翌年春建茶厂自己焙炒，1980年茶园扩大到13.3公顷。因地临长江，江雾弥漫，空气清新，气候润湿，土质富含多种人体必需的微量元素，无污染，所产茶叶具有条索紧结、色泽嫩绿、苗秀锋显、质味醇厚、香气袭人的天然品质。每年春秋两季采摘，尤其以谷雨前采摘的最为有名。1986年，长山坡地张家港绿茶在江苏省品茶会上获得第一名。1997年，被评为全国名优茶二等奖。2001年，茶叶年产量达到23.68吨。2003年，被农业部产品质量安全中心认证为无公害产品。2004年，张家港绿茶被认定为苏州市名牌产品。2005年，经农业部食品质量监督检测中心检测，被认定为绿色食品。是年，茶园种植面积8公顷，年产茶4000余千克。2008年，通过食品质量安全认证。2021年6月，张家港绿茶获得“中茶杯”第十一届国际鼎承茶王赛绿茶组金奖。

菊花酒　菊花酒是凤凰山地区农村民俗节日与待客的主要饮料。以当地生产的糯米、“老来青”粳米和野菊花为原料，酒色碧绿如琼浆，清香扑鼻、味道醇厚，是一种颇有地域特色的酒品，有一定的营养保健价值。酿酒的米按80%的糯米和20%的“老来青”粳米配比，淘洗净，在水中浸泡一夜，阴干后放入蒸桶上灶蒸煮。待米蒸熟后，将粢饭倒在匾子里，用冷水淋拌，使米粒松开，然后放酒药，拌和后装入用开水烫过的酒缸，外面用稻柴包围保暖，使其温度保持在20℃左右，发酵十天半个月后，用清水勾兑，500克糯米做成的原酒兑5千克水，而后覆盖。覆盖几天后，进行第二次发酵，并使其降低温度，两三天后即可开始榨酒。先把用篾丝做的长酒笼插入缸中，把酒舀出来，装入酒甏里密封，过十天半个月即可开缸饮用。剩下的酒糟，放入篾丝做成的榨

菊花酒　（凤凰镇　提供）

酒篰中榨干。至此，全部酿造工艺完成。此酒夏市村坊基酒坊有售。2021年，坊基菊花酒坊被评为江苏省“名特优”食品小作坊。2023年11月，其酿造技艺入选省级非物质文化遗产代表性项目名录扩展项目名录。

高庄豆腐干　凤凰高庄豆腐干始于清咸丰年间，已有100余年的历史。原料选用精心筛选的地产小黄豆，制法独特，一般要经过磨豆、滤浆、点卤等12道工序，制作精细，风味独特。清末民初，高庄豆腐干已畅销常熟、江阴、无锡等地。高庄豆腐干有厚型、薄型两种，呈绛色，质地细实，五香佐料渗透入味，闲吃或做下酒菜，均属佳品。高庄豆腐干制作技术被列入苏州市级非物质文化遗产名录，位于恬庄古街的豆腐坊为苏州市非遗游体验点位。

周家桥羊肉　杨舍镇晨新村特产，在周边县市小有名气。烹制手艺独特，除去羊肉膻味的同时，保留羊肉本身鲜美的味道。红烧羊肉色泽红润、香气浓郁；白切羊肉味道鲜美、清淡爽口。20世纪90年代初，五六个个体户把周家桥羊肉做出了名气。1996年，晨新村干部带领羊肉店店主赴苏州藏书镇学习“藏书羊肉”的烹制工艺。是年，晨新村在国家工商行政管理总局注册“周家桥羊肉”商标，免费提供给当地的羊肉经营户共同使用。进入21世纪，周家桥羊肉四季飘香，打破了以前只有冬季才经营羊肉的常规，出现淡季不淡、旺季更旺的势头。

拖炉饼　杨舍、塘桥、凤凰等地的著名传统风味小吃，已有200余年历史。其制作工艺独特，烘烤时需用两口炉，下面为底炉（平底），上面为顶炉（尖顶，呈锥状），烘烤时两口炉同时加热吻合，并以顶炉的热量将饼吊熟，大有顶炉拖底炉之势，故称拖炉饼。拖炉饼采用上等面粉、白糖、净板油（加工过的生猪油）、荠菜、芝麻、桂花等为原辅料，口味油而不腻、甜而不黏、清香可口，集酥、甜、松、脆、香于一体，外形饱满，色泽金黄，酥层清晰。

沙上沙酥　由苏州沙上人家食品有限公司制作生产。从第一代创业者沙学志落户沙洲，经100余年四代人传承探索，将优良的传统苏式手工制饼技艺与地域文化、气候环境、生活习惯等浸染融合而成。“沙上沙酥”保留了老苏式糕点制作工艺，起酥层次分明，触感柔软油润，入口酥香绵细，老少皆宜。酥皮用黄油制成，更香，外观更好看。因为黄油属动物油脂，会加大面皮的延展性，待焙烤静置后，油脂渐渐浸透出来，酥饼泛着浅黄的油润色，形状圆整，光泽明亮。“沙上沙酥”的馅料以绿豆为基底，有坚果、抹茶、蔓越莓三种口味。绿豆去皮、熬沙、洗滤，经过繁杂的工序

制成绿豆沙，绿豆沙入口即化、香甜适口。绿豆沙中加入坚果、莓干等，是顺应潮流的创新之举，可令口感层次更加丰富。“沙上沙酥”为纯手工制作，手工酥皮在180摄氏度高温烘烤后薄而不裂、酥而不散，起酥彻底，香味浓郁，是几代人通过实践探寻出的制饼精髓。缺点是制作费时、产量小。

梁丰乳制品　系江苏梁丰食品集团公司系列产品中的主导产品。“梁丰”商标为江苏省著名商标。梁丰牌乳制品先后获首届中国食品博览会银奖、首届北京国际博览会铜奖、江苏省第六届轻工业优秀新产品金奖、首届全国部分市场食品卫生质量监评“年年香”金杯奖，并先后获苏州市优良产品、轻工部优质产品、江苏省名牌产品、中国名牌产品、绿色食品、国际名牌食品、全国大商场推荐市场名优商品等称号。其中“金莎”“太阳花”果仁夹心巧克力曾作为国家领导人出访时的国宾礼品走出国门。

沙洲优黄　又称后塍黄酒，始酿于清光绪年间，已有100余年的历史。原料选用优质大米。其制作需经过过筛、浸渍、摊冷、落缸、发酵、压榨、澄清、勾兑、煎酒等十几道工序，工艺精细。所酿黄酒具有色泽金黄、酒体协调、清亮透明、醇厚爽口等特点，不仅营养丰富，而且在文化、工艺、保健和药用等方面有重要价值。产品历经江苏张家港酿酒有限公司数十年开发，已形成沙洲优黄、江南印象、吉星高照、太湖之星等系列150余种黄酒产品，酒龄有2年、3年、5年、6年、7年、10年、15年、20年等不同规格。沙洲优黄被誉为中国半甜型黄酒的典范，深受上海、苏州等地消费者欢迎，还远销海外。“沙洲”“沙洲优黄”商标被认定为中国驰名商标。2011年，后塍黄酒酿造技艺被列入江苏省非物质文化遗产名录。

（张　鉴）

人文风情

【人口】2023年年末，张家港市常住人口144.02万人，比上年降0.5%。户籍登记314691户，总人口924261人，分别比上年减少1104户、3001人。总人口中，男性449465人，女性474796人，性别比为94.66。0至17周岁122019人，占总人口的13.2%；18周岁至59周岁516921人，占总人口的55.93%；60周岁及以上285321人，占总人口的30.87%。全市出生人口3495人，出生率3.78‰；死亡人口9557人，死亡率10.32‰，人口自然增长率-6.54‰。全年迁入人口4676人，迁出人口1452人，机械增长3224人。

【方言】张家港方言主要有虞西话、澄东（澄要）话、老沙话、常阴沙话（崇明话）、江北话五大类。其中，虞西话、澄东（澄要）话、老沙话和常阴沙话分布地域最广、使用人口最多，是境内有代表性的方言；江北话主要有南通话、如皋话和靖江话。其方言具体分区及其人口分布情况：讲虞西话的约有20万人，占户籍人口的21.64%，分布在凤凰镇的全部，塘桥镇塘桥地区全部，鹿苑地区的绝大部分，妙桥地区的大部分，杨舍镇乘航地区全部，杨舍、塘市、东莱地区的绝大部分，南丰镇的小部分地域；讲澄东（澄要）话的约有21万人，占户籍人口的22.72%，分布在金港街道南沙、港区和后塍街道的绝大部分，杨舍镇泗港地区的大部分，杨舍、塘市地区的小部分地域；讲老沙话的约有24万人，占户籍人口的25.97%，分布在德积街道的绝大部分，金港街道、后塍街道的小部分，双山岛的绝大部分，锦丰镇合兴地区的绝大部分，锦丰地区的小部分，大新镇（含晨阳并入部分）的绝大部分，南丰镇的小部分，塘桥镇妙桥、鹿苑地区的小部分，杨舍镇泗港、东莱地区的小部分，晨阳地区的绝大部分，乐余镇和常阴沙现代农业示范园区的小部分地域；讲常阴沙话（崇明话）的约有17万人，占户籍人口的18.39%，分布在锦丰镇锦丰地区的大部分，三兴地区的绝大部分，南丰镇的部分（含东沙地区的绝大部分），乐余镇和常阴沙现代农业示范园区的绝大部分，金港街道、后塍街道、德积街道的小部分，杨舍镇东莱、泗港地区的小部分，塘桥镇妙桥地区的小部分，大新镇的小部分地域；讲江北话的有3万余人，分布在沿江一带，占户籍人口的3.25%。

【历代名人】据史料记载，自唐宋至清末，张家港境内共出状元、榜眼、探花等进士数百名。唐代状元陆器是苏州范围内最早的状元，章卿赵氏自宋代至清末共出37名进士，鹿苑钱氏在

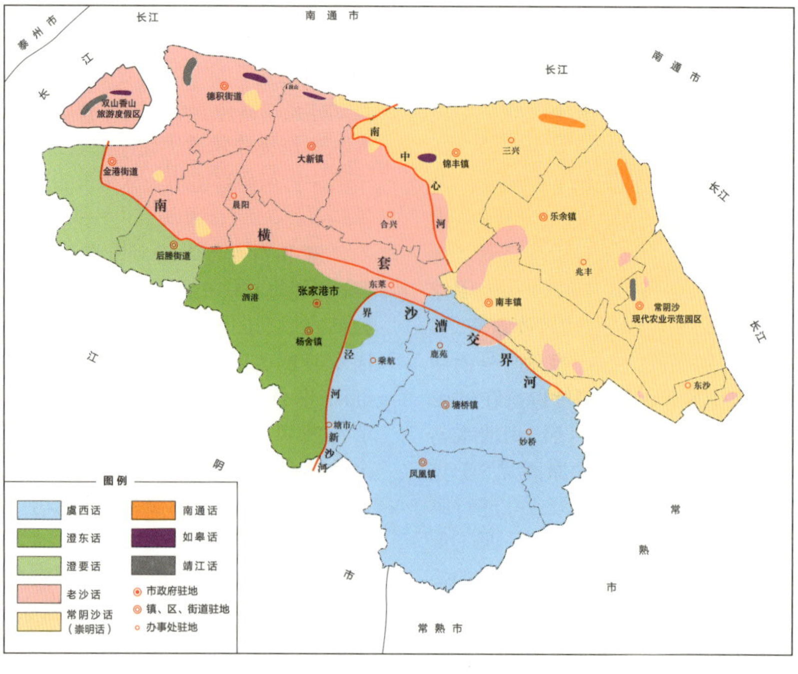

方言区位图

鹿苑钱氏名人馆 ［高新区（塘桥镇） 提供］

明代有“一门九进士”之誉，港口蒋氏在清康熙、乾隆年间出了蒋廷锡、蒋溥父子大学士。境内官至大学士、尚书、御史、总督、巡抚者代不乏人。张家港人民有着光荣的爱国传统。宋代有抗金名将丘崇；明代有抗倭英烈钱泮、徐謦、许蓉、朱贵等，有斗阉直臣缪昌期、黄昭。在文化艺术方面，著述宏富的经学家有北宋职方郎中陆绾、清代国子监纂修庞大堃；享誉文坛的诗人学者有号称东南文宗的钱谦益、近代诗人杨云史、南社诗人庞树柏、新文学家刘半农；史学家有主纂《江阴县志》的北宋进士郭庭坚、纂修《元史》的元末明初学士陈基、主纂《常熟县志》的清代举人钱陆灿、进士庞鸿文；书画篆刻、工艺美术名人有清代篆隶书法家杨沂孙、近代金石篆刻家赵古泥、现代工艺美术家庞薰琹；乐坛耆宿有近代民族音乐家刘天华、刘北茂，古琴学家吴景略；医药名家有明代缪希雍、清代缪柳村，近代名医周憩堂、金兰升、章成器等。在社会主义现代化建设中，张家港涌现出一大批科学家、文学家等，张光斗、钱人元、吴中伟、童秉纲、曹楚南、章申、薛永祺、吴培亨、朱敏、吴剑旗、樊春海11位院士为其中的杰出代表，樊春海是中国最年轻的院士之一。

【名胜古迹】 张家港境内有多处珍贵的历史文化遗产，51处文物保护单位见证着这座城市从新石器时代到近现代以来丰富厚重的人文历史文化。全市现有全国重点文物保护单位3处，分别是东山村遗址、黄泗浦遗址和杨氏宅第；省级重点文物保护单位3处，分别是徐家湾新石器时代遗址、香山石室土墩群和弘济桥。东山村遗址位于市金港街道东山村内，以马家浜和崧泽时期文化遗迹为主，是长江下游重要的史前文化遗址，是发现的等级最高、保存最完整的崧泽文化遗址，入选2009年度“全国十大考古新发现”。塘桥镇境内的黄泗浦是唐代高僧鉴真第六次东渡日本并获得成功的起航地，20世纪90年代后陆续修建东渡纪念馆、碑亭和东渡禅院。黄泗浦遗址位于张家港市杨舍镇庆安村与塘桥镇滩里村交界处，主要发现了六朝至唐宋的诸多遗迹，出土可移动文物种类丰富，揭示了一处南朝至宋朝时期的港口型聚落遗址，是中国古代海上丝绸之路长江口区域的重要历史见证，且与鉴真东渡这一重要历史文化事件有着密切联系。黄泗浦遗址入选“2018年度全国十大考古新发现”。双山香山旅游度假区香山景区内古迹众多，有梅花堂、桃花涧、圣过潭、藏军洞、香山寺等，其中梅花堂由宋代大文豪苏东坡题写匾额，明代地理学家徐霞客曾在堂内小住并写下6首诗、2篇序文。张家港南部地区的集镇大多是明清以前建成的古镇。其中，杨舍镇是古暨阳、梁丰县的县治，明代多次发生抗倭斗争，当时建造的杨舍堡城是5座城池中规模最大的防御倭寇攻城的堡城；凤凰镇恬庄古镇保留有榜眼府、杨氏孝坊、杨氏南宅以及石板街道等古迹，街两旁建筑大多保留清代、民国时期的原有风貌。塘桥镇有王家花园、园茂里等明清建筑。凤凰境内的永庆寺、塘桥境内的永昌寺均属“南朝四百八十寺”之列，其中永庆寺所在的河阳山（凤凰山）周围有秀峰、醴泉、读书台、红豆树等名胜古迹。北部的乐余镇有保存较为完整的民国时期一条街——乐余民国商贸街。至2023年年末，全市有国家AAAA级旅游景区4个，分别是凤凰山景区、永联小镇景区、香山景区、暨阳湖生态旅游区；国家AAA级旅游景区2个，分别是东渡苑景区、沙洲优黄文化园；省工业旅游区3个，分别是“钢铁是怎么炼成的”工业旅游区、大唐纺织工业旅游区和“酒的故事”沙洲优黄文化园；省级旅游度假区1个——双山香山旅游度假区。省级以上乡村旅游重点村3个，分别是永联村（国家级）、永兴村（省级）、双塘村（省级）。沙洲优黄文化园入选2023年国家工业旅游示范基地，为苏州市唯一入选的工业旅游区。

【革命传统纪念地】 张家港是一块英雄辈出、风雷激荡的红色热土。在战火纷飞的革命年代，张家港人民在中国共产党领导下，发动沙洲农民暴动起义，开展抗日救国运动，积极配合渡江作战，建立人民民主政权。境内重要的纪念设施有双山渡江战役展示馆、沙洲县抗日民主政府纪念馆、香山烈士陵园、巫山渡江战役登陆纪念碑、学勤广场、毋忘国耻纪念碑亭、南丰之战纪念广场、大新抗战历史纪念园等，其中双山渡江战役展示馆获评江苏省党史教育基地。重要革命机构旧址有1926年中国共产党金村支部旧址、江南人民抗日救国军沙洲县办事处旧址、沙洲县抗日民主政府成立地旧址、蔡悲鸿办公旧址、重建后的沙洲县抗日民主政府活动地旧址、江南保安司令部警卫一团成立地、新四军六师十八旅后方医院第一疗养所旧址、新四军六师十八旅修械所旧址、地下情报站、交通站旧址等。重要历史事件纪念地有农民暴动纪念地(后塍农民暴动纪念地、占文桥农民暴动纪念地、杨舍农民暴动纪念地、店岸福利垦殖公司暴动纪念地)、拦门沙江心遭遇战纪念地、常家埭地洞旧址、恬庄"千人坑"纪念地、谭震林抗战动员讲话纪念地暨年旺街小学党支部旧址、血战南横套纪念地、收缴伪军武装纪念地等。重要人物故居及纪念地有孙逊群烈士纪念地、谢恺烈士故居、茅学勤烈士纪念地、范醒之故居、田平故居、许亚故居、孙洁人故居等。

【张家港精神】 1992年,在改革开放的进程中,张家港人培育、塑造"团结拼搏、负重奋进、自加压力、敢于争先"的张家港精神,实现张家港的大变化、大发展。张家港精神是一种艰苦奋斗的创业精神,是一种科学务实的创新精神,是一种敢争一流的创优精神。1995年5月13日,时任中共中央总书记江泽民赴张家港考察,并为"张家港精神"题词;是年10月,全国精神文明建设经验交流会在张家港召开,从此张家港精神在全国迅速产生极为广泛的影响,并被时任中央宣传部副部长刘云山称赞为:"张家港精神已经成为我们中华民族精神和时代精神的重要组成部分。"通过深入持久的教育和熏陶,张家港精神成为全市人民的自觉行动和共同追求,成为实现率先发展的强大动力,同时成为江苏"三创三先"(创业、创新、创优,争先、领先、率先)精神的一个生动典型和苏州科学发展"三大法宝"之一。在张家港精神激励下,全市文明城市创建结出丰硕成果,首批荣膺全国文明城市,首批成为江苏省全面小康达标县(市)。2020年11月,实现全国文明城市"六连冠",成为唯一获"六连冠"的县级市,受到中央文明办通报表扬。2021年,张家港市获国家卫生城市"十连冠",并被世界卫生组织亚太区健康城市联盟授予健康城市创新发展奖。至2023年年末,张家港市先后获国家级荣誉250余项。

(张　鉴)

经济发展

【古代经济】 早在8000年前,境域内已经种植水稻和饲养家畜,历代以农业为主。汉高祖十二年(公元前195年),吴王刘濞主持开凿的人工河道盐铁塘,给盐、铁等生活用品的交换带来便利。三国时期,全境属于东吴,孙权实行屯田积谷政策,在沿江地区设置的屯田基地有20余个,其中在境内就有两个。一个是毗陵屯田区,属于军屯性质;另一个是南沙屯田区,也是孙吴政权重要屯田区。由于南沙乡靠江近海,境内河道纵横,土地肥沃,宜农宜渔,加上大力发展农耕经济,因此在确保军队供给的同时,地方经济也得到迅速发展,并由此孕育了一批繁华的集镇,境内的滨江古镇庆安镇就是在那个时候逐步发展兴盛起来的。两晋时期,石头港(今张家港)一度成为大江南北通商大港。唐代,种桑养蚕较为普遍。元初,开始种植棉花。明清时期,境内生产的大米、土布、棉花、蚕茧等农副品在上海、无锡市场上有一定影响。后塍、南沙、塘桥的土布远销京、津、沪、闽、浙等地。

【近代经济】 境内长期是自给或半自给性的农业经济,工业无几,商品生产极不发达,商业发展缓慢。鸦片战争以后,在一百多年的半殖民地、半封建社会里,更是"十年九荒",广大农民过着"糠菜半年粮"的生活。民国时期,境内第一家织布企业晋裕布厂在杨舍镇创办,有布机50台。焦履瀛在杨舍镇开办振丰染织厂,有手拉织机20台。南沙、后塍一带的雷沟大布销往南洋。1940年冬到1941年6月,沙洲各港口是东路抗日游击根据地的主要交通运输港。港口税收是东路的主要财源,每天税收量有7000元至1万元(法币)。1941年2月沙洲县抗日民主政府成立后,要求各乡"农抗会"普遍筹建信用运销合作社,组织全县数万民工,兴修水利,发展生产。全县以北老套为轴心,东抵一干河,南及南横套,西至长山港,北到金鸡港的港套河道全部疏浚,人称三十六条半,全长100余千米。全县港套畅通,大片农田喜获丰收。1949年,全境农村人均农副业产值114元,人均生产粮食194.5千克,平均每公顷耕地的年产值仅841.35元。有28家小型工厂,主要行业是织布、粮油加工和酿造,产值429.05万元,人均工农产值125.2元。有私营商户3180家,从业人员5100余人,经营商品200余种,社会商品零售额1682万元。公路、电力和科学技术力量几乎一片空白。

【现代经济】 1949年,中华人民共和国成立后,境内组织围垦圩田。1950年4月,闸上供销社、乐余供销社率先筹建和成立,至1951年境内供销社普遍建成。是年6月至8月,后塍和锦丰轧花剥绒厂筹建,这是境内最早的地方国营企业。1962年沙洲建县,由于地理位置偏僻,经济基础较为薄弱,沙洲县人称"苏南的苏北"。全县工农业总产值1.36亿元,财政收入902.9万元,农民人均分配62.02元。沙洲县委紧紧围绕调整和恢复国民经济的中心任务,艰苦创业、治穷致富,在基本解决人民群众温饱的同时,大力发展工业,尤其是社队工业,全县工农业生产得到快速发展。至1978年,全县地区生产总值3.24亿元,比1949年增7.82倍。工农业总产值为6.4亿元,财政收入4959.9万元。社队工业企业达到1493家,产值2.59亿元,首次超过农副业产值和县属工业产值。中共十一届三中全会召开后,全县发扬"四千四万"精神,催生了乡镇企业"异军突起"的发展奇迹。至1985年,全县预算内财政收入1.67亿元,社会生产总值跃升到39.74亿元,比1978年增长4.5倍,年递增27.6%。1986年撤县设市后,张家港市确立"以港兴市、以市促港"的发展战略,工业经济量质并举,对外开放迈出大步。至1991年,全市工农业总产值达到121.46亿元,国民生产总值达到32亿元,综合经济实力在全国百强县(市)中列第七位。1992年,张家港在发展中塑造了闻名全国的"张家港精神",提出并实现了"三超一争”的奋斗目标，设立全国首家内河港型保税区。1995年，张家港成为全省、全国两个文明建设典型。2000年，全市实现地区生产总值270亿元。2005年，实现地区生产总值705亿元，率先达到省定全面小康社会的指标，创成全国文明城市。中共十八大以后，张家港围绕“强富美高”目标定位，不断推进高质量发展进程，2018年被中宣部确定为“庆祝改革开放40周年‘百城百县百企’重大典型”。2023年，全市紧扣“现代化建设先锋年”主题，聚焦“123”年度目标任务，经济发展平稳有序，高质量发展迈出坚实步伐。全年实现地区生产总值3365.8亿元，比上年增3.7%。按常住人口计算，全市人均地区生产总值23.31万元，比上年增3.7%。其中，第一产业增加值31.09亿元，比上年增5.6%；第二产业增加值1681.35亿元，比上年增3.6%；第三产业增加值1653.36亿元，比上年增3.6%，三次产业比重为0.9∶50∶49.1。完成同口径公共预算收入237.07亿元，比上年增8.2%。规模以上工业总产值5666.01亿元，比上年降4.9%。全市完成全社会固定资产投资547.22亿元，比上年增0.4%，其中工业投资239.44亿元，比上年增11.8%。进出口总额403.56亿美元、实际利用外资4.52亿美元。社会消费品零售总额836.31亿元，比上年增6%。全体居民人均可支配收入增长4.7%。张家港市综合实力连续多年位居全国百强县（市）“第一方阵”。　（张　鉴）

年度现代化建设实践

【项目驱动产业优化】 2023年，张家港市制定出台《张家港市调高调轻调优产业结构三年行动计划（2023—2025年）》，打造更具竞争力的现代化产业体系。全市获评国家智能制造示范工厂揭榜单位、工信部工业互联网试点示范项目各1项。第三产业占地区生产总值比重达到49.1%，张家港市首批获评全国县域商业“领跑县”、被评为省“两业融合”发展标杆引领典型区域。首创“县域创新格次赋分机制”，全国首发“产业专家创新资源平台”，发行全国县级市首单知识产权类资产证券化产品。新开工科创孵化载体超62万平方米，新获评省工程技术研究中心7家。有效高新技术企业达到1078家，新增国家级专精特新“小巨人”企业14家，天兵科技公司获评“中国独角兽企业”，实现全市独角兽企业零的突破。坚持“项目为王”，实现“招大引强”，全年完成科技招商项目1800项。引进超100亿元项目2项，新签约1亿元以上项目106项，总投资超900亿元。全市225个三级重大项目（续建项目128项、新开工项目97项）完成总投资401.3亿元。沙钢硅钢、新强联、采埃孚等10亿元以上重大产业项目开工建设，信义光能、凡润电子等10亿元以上重大产业项目投产。产业基金充分发挥作用，研究出台QFLP基金方案，协同设立Pre-IPO基金、创未来基金、天使投资基金，为项目招引保驾护航。加快推进现代农业建设，建设高标准农田1386.67公顷，新增绿色优质农产品生产基地2366.67公顷，全市绿色优质农产品比重达到80.13%；新增786.67公顷“菜篮子”工程绿色蔬菜保供基地。

【改革深化】 2023年，张家港市深化国资国企改革，成立张创投集团、产业发展集团、农业发展集团、城镇发展集团。国防动员体制改革落地实施。持续优化营商环境，深化“证照分离”改革，创新“企业开办一窗融合登记平台”；推进“审管执信”闭环管理，超220个政务服务事项在省内外182个城市“跨城通办”；加大政策支持力度，出台推动经济运行率先整体好转55条政策措施；发布重大项目“政企双通道”激励措施，实施重大项目“项目管家1+N”服务机制，广大鑫盛二期等项目实现“五证两书齐发”。深度融入长三角一体化发展，举办“江海联动，相约张家港”2023年张家港（上海）招商推介会，签约项目69项、总投资364亿元。加强省内合作交流，成立“中国江苏人才创新创业大赛张家港基地”，打造“苏州沿江产业创新带人才区域协同体”。探索对外贸易新路径，签发RCEP优惠证6500份，数量位列全省县级市第一，完成进出口总额403.56亿美元。组建成立苏州港张家港港区管委会及管理办公室，成功运行张家港港——上海港联盟航线。通过跨境并购、境外建厂等方式，提升全球布局能力，境外投资项目32项，中方协议投资额4.86亿美元。

【城乡协同发展】 2023年，张家港市编制城市更新规划，启动城市更新项目67项，完成老旧小区改造5个，标准化改造农贸市场5家，新增停车位3000余个，生活垃圾资源化利用率超80%。首批入选省城市公园绿地开发共享试点城市。构建综合立体交通体系，沪宁沿江高铁开通运营，通苏嘉甬铁路建设稳步推进。张家港站始发列车增至8列，可直达全国22个省（自治区、直辖市）、126个地级市、270个站点。张靖皋长江大桥加快建设。城区快速路网体系加速构建，346国道张家港绕城段主线贯通，东二环全速推进，南二环开工建设，西二环完成前期工作。太字圩港闸站改建工程、十一圩港河道整治工程完工。发布江海第一湾乡村振兴片区发展规划，推进乡村振兴“4+N”示范片区建设。全面建设数字化乡村，建成数字乡村全景平台、农业农村数字地图。人居环境不断改善，完成农房改善3222户，新增3个省级特色田园乡村，一般类村庄全部建成特色宜居乡村。肖家巷双创中心入选全国最美乡村文化空间（创新案例类）。开展全行业领域重大安全生产事故隐患动态清零行动，梳理优化市级专项应急预案，修编完成市、镇、村、企四级应急预案1113项。市、镇、村三级社会矛盾纠纷调处化解中心（站）基本建成。

【绿色发展】 2023年，张家港市聚焦资源利用，一体推进降碳、减污、扩绿、增长工作。$PM_{2.5}$年均浓度每立方米31.9微克，空气优良天数比例达到82.5%，沙钢集团、永钢集团、浦项不锈钢公司全部完成超低排放改造。水环境得到优化，13个国省考断面、

“人与自然和谐相处”稻田画

(常阴沙现代农业示范园区　提供)

19条通江支流水质优Ⅲ比例均达到100%,完成71条劣Ⅴ类河道水治理,新增城镇污水处理提质增效达标区17个。建成县乡生态河道60千米、幸福河湖70条,一干河获评省幸福河道建设示范工程。重点建设用地安全利用率100%,土壤环境质量总体保持稳定。推进省级首批生态产品价值实现机制试点工作,《张家港市建立健全生态产品价值实现机制试点工作方案》获批发文。优化沿江绿色廊道,新增受保护湿地面积2600公顷,长江张家港段生态岸线占比突破55%;香山樱海、双山岛湿地等6个景观入选“长江百景”。关停退出热电企业1家。新增国家级绿色工厂1家、绿色供应链管理企业1家。沙钢集团、永钢集团获评钢铁行业国家级水效领跑者。建成用好用能权、排污权、用水指标“集中池”,收储交易节能量6.8万吨标煤,服务保障11个重大项目建设。“江苏省张家港市推动‘环境权益’变‘真金白银’”入选国家发展改革委推广案例。全年获批新增建设用地241.73公顷,盘活存量空间273.33公顷,完成产业用地更新166.67公顷。首批获评全国自然资源节约集约示范县(市)。

【民生福祉增进】 2023年,张家港市城镇新增就业2.3万人,特困家庭毕业生就业率100%;减免企业失业保险费6.7亿元,发放稳岗返还资金1.1亿元。阶段性降低职工基本医保缴费费率,为企业减负3.4亿元。启用全国首个“24365”零工驿站。组建市、村联合发展公司,29家股份经济合作社上榜全省首届“百强股份经济合作社”、数量全省第一,村均集体经营性收入1708万元。20个民生实事项目高效推进,完成投资17.39亿元。提高社会保障水平,新增参保人员5万人,新增住房公积金缴存职工4.61万人。全面落实职工医保门诊共济保障政策,职工和居民医保住院政策范围内报销比例分别达到89.5%、77.8%。发布全国首个工伤预防评价体系,实施差别化费率调整。改造3家镇级综合养老服务中心,新建10家老年人助餐点,推动14家标准型助餐点向社会开放。新增普惠托育机构11家,公办幼儿园提供托位1715个。云盘小学沙洲湖校区等5所新建学校投入使用,新增学位4320个。高标准通过全国义务教育优质均衡发展县(市、区)、全国学前教育普及普惠县(市、区)国家评估认定实地核查,梁丰高级中学通过首批立项建设的省高品质示范高中现场验收。急诊医学中心建成投用,儿童医学中心完成升级改造,新增省中医重点专科(建设单位)5个。市第一人民医院、市中医医院入选公立医院高质量发展省级试点。健康张家港建设获评全国优秀案例。张家港上榜首批全省“15分钟医保服务圈”省级示范县(市、区)。承办全省文明创建和文明实践工作现场推进会,发布全国县级市首部《文明实践志愿服务蓝皮书》。2个项目入选全国学雷锋志愿服务“四个100”先进典型、累计8个,新增“中国好人”1人、累计30人。张家港籍运动健儿在杭州第19届亚运会上斩获3金1银1铜,参赛人数、项目数、奖牌数均创历史新高。承办全国全民健身公共服务体系建设推进会,举办东渡半程马拉松、市第八届体育运动会等赛事。连续20年举办长江文化节,“长江文化节”首批入选“长三角人文经济典型案例”。长江文化品牌建设和长江文化节首批入选全国“一县一品”特色文化艺术典型案例“文旅融合类”名单。　（张　鉴）

【编辑　陈佩蕾】

中共张家港市委员会

Zhangjiagang Municipal Committee of the CPC

8月10日，“才聚香江，梦逐港城”融合发展交流活动举办

（市委统战部　提供）

综　　述
市委全会
重要决策
重要活动
调查研究
组织工作
宣传工作
统战工作
机构编制管理
老干部工作
关心下一代工作
党　　校
史　　志
档　　案

張家港年鑑(2024)

扫码欣赏

江苏省情影像志
《吴歌之乡，
甜蜜凤凰》

综　　述

2023年，面对错综复杂的宏观环境、超出预期的压力挑战，张家港市委常委会坚持以习近平新时代中国特色社会主义思想为指导，深入学习贯彻习近平对江苏、苏州工作重要讲话重要指示精神，全面落实中央、省委、苏州市委部署要求，团结带领全市广大党员干部群众，凝心聚力、奋力拼抢，推动全市改革发展稳定和党的建设各项工作取得难能可贵的成绩。8项工作获省政府办公厅督查激励通报表扬、位列苏州各县市（区）第一。主题教育走深走实。聚焦"学思想、强党性、重实践、建新功"，通过市委常委会"第一议题"及时学、党委（党组）理论学习中心组专题学、基层党组织"三会一课"广泛学等方式，带动全市基层党组织和广大党员牢记嘱托、感恩奋进、走在前列。深入践行"四下基层"制度，扎实开展"千村万企、千家万户"大走访和"集中服务月"活动，以暖心助企惠企、回应群众关切的实际行动，推动主题教育取得实效。创新发展成效显著。招引科技招商项目1800项，新增国家级专精特新"小巨人"企业14家。天兵科技公司获评"中国独角兽企业"，7家企业入选"江苏潜在独角兽企业"。张家港市获2023年"中国创新百强县（市）"第二，成功创建"科创江苏"试点县（市、区）。产业转型步伐加快。引进锐华科技等旗舰型项目。沙钢硅钢、永钢"高精转型"等项目开工建设，大族激光、采埃孚等项目有序推进，信义光能等项目竣工投产。3家企业入围"中国企业500强"，9家企业入围"中国民营企业500强"，7家企业入围"中国服务业企业500强"。乡村振兴扎实推进。"永联的村与企"获中央电视台《新闻调查》报道肯定，长江村获评第三批全国乡村治理示范村，永兴村获评2023年度中国乡村振兴服务优秀单位。上榜江苏首届"百强股份经济合作社"29家、全省第一，村均集体经营性收入达到1708万元。区域协同愈发紧密。赴上海临港、苏州工业园区等地考察调研，广泛链接优质资源。张靖皋长江大桥主塔承台完成建设，城区快速路全面推进，沪宁沿江高铁开通运营，张家港站成为全国县（市）级车站中通达城市最多、始发辐射范围最广的站点之一。生态环境明显改善。沙钢集团、扬子江化工园入选全省首家"无废集团"、首批"无废园区"建设试点。东沙化工园关停转型案例在全省生态环境保护大会上，被省委主要领导点名为"五个美丽故事"之一。张家港市入选全国首批自然资源节约集约示范县（市），节约集约综合评价连续9年位居全省前列。文明善治底色更亮。配合中央文明办完成《新时代社会主义精神文明建设概论》编写。发布全国首部县级市文明实践志愿服务"蓝皮书"。连续20年举办长江文化节，"长江文化品牌建设和长江文化节"入选首批全国"一县一品"特色文化艺术典型案例。沙洲优黄文化园获评苏州唯一国家工业旅游示范基地。张家港市获评省级安全发展城市创建工作先进地区。民生福祉持续增进。首批获评"15分钟医保服务圈"省级示范县（市、区），健康张家港建设入选全国健康县区建设优秀案例。高标准通过全国义务教育优质均衡发展县（市、区）国家评估认定实地核查，获评全国学前教育普及普惠县（市、区），梁丰高中入选首批立项建设的江苏省高品质示范高中。张家港市入选全国未成年人保护示范县（市、区、旗）拟命名名单。改革开放持续深化。连续3年入选全国年度地方全面深化改革典型案例的县（市、区）。深化国企改革，组建成立张创投集团、产发集团、农发集团、城发集团，3家企业获全国二手车出口资质，列苏州第一。张家港市首批获评全国县域商业"领跑县"，被评为2023年国际化营商环境建设标杆县（市）。干事氛围更加浓厚。完成中组部红色美丽村庄试点建设，深入推进全国党建引领乡村治理试点工作，产业链党建经验做法获中组部《组工信息》刊发，基层治理"双引双融"路径经验被省委组织部《组工研究》推广。打造政治监督项目库，探索派驻监督新路径，完成市、镇两级国有（集体）资产智慧监管平台建设，推动廉洁乡村进入2.0模式，分层分类分领域推进廉洁教育，打造"廉洁张家港"建设新样板。

【"四敢"大讨论大走访大落实主题活动】 经十二届市委第63次常委会会议审议通过，1月28日，市委印发《关于在全市干部群众中开展"干部敢为、地方敢闯、企业敢干、群众敢首创"大讨论大走访大落实主题活动的实施意见》，提出通过开展大讨论、大走访、大落实主题活动，全面激发"干部敢为、地方敢闯、企业敢干、群众敢首创"的奋进动力，在新时代新征程上推动张家港现代化建设不断取得新突破。总体目标是，至2025年，张家港在经济发展、改革开放、城乡建设、文化建设、生态环境、人民生活等方面跃上新台阶，始终位居全省高质量发展第一方阵，成为"物质文明和精神文明相协调"的中国式现代化县域先行区。明确3个方面17项具体举措，分别是：开展大讨论活动，包括深入学习重要论述，深入开展讨论交流，深入推动集中座谈；开展大走访活动，包括走进机关听心声、提精神，走进板块察实情、鼓干劲，走进企业解难题、促发展，走进群众办实事、解民忧；开展大落实活动，包括涵养"敢为人先"的过人胆识、全力支持和鼓励干部敢为，彰显"团结奋斗"的精神标识、全力支持和鼓励地方敢闯，厚植"活力迸发"的发展沃土、全力支持和鼓励企业敢干，坚持"人民至上"的价值理念、全力支持和鼓励群众敢首创，在"完善科技创新体系"上先行示范，在"建设现代化产业体系"上先行示范，在"促进区域协调发展"上先行示范，在"推进文化自信自强"上先行示范，在"人与自然和谐共生"上先行示范，在"提高人民生活品质"上先行示范。保障措施包括强化组织领导、压紧压实责任，突出问题导向、靶向发力攻坚，做好正面引导、营造浓厚氛围，加强督察考核、激励担当作为4个方面。

市委全会

【市委十二届五次全体会议】 8月1日在馨苑度假村会议中心召开。会议听取和讨论市委书记韩卫代表市委常委会所作的《牢记嘱托、感恩奋进、走在前列，在新征程让张家港精神焕发新的时代华彩》的工作报告，审议通过《中共张家港市委关于深入学习贯彻习近平总书记对江苏工作重要讲话精神在推进中国式现代化中走在前做示范推进"强富美高"新江苏现代化建设张家港实践的决定》《中国共产党张家港市第十二届委员会第五次全体会议决议》。会议对深入学习贯彻习近平总书记对江苏工作重要讲话精神作出全面部署，要求下半年紧紧围绕"四个新"重大任务，以"走在前、做示范"的先锋姿态拼搏奋进，干出不负习近平总书记期待、响应上级部署要求、让百万港城人民满意的先锋业绩。集聚优质资源，提升科技招商"精准度"，打造人才引育"强磁场"，塑造载体平台"新优势"，做优科技创新"生态圈"，在创新驱动发展上干出先锋业绩。聚焦实体经济，牢牢稳住经济运行，全力拼抢重大项目，加快提升产业质效，全面深化改革开放，持续强化区域联动，在产业转型升级上干出先锋业绩。突出成风化人，塑造精神文明更强优势，推动文化事业和文化产业繁荣发展，保持生态环境美丽宜居，在探索现代文明上干出先锋业绩。提升治理效能，让公共服务更加优质均等，让社会治理更加精细高效，让城乡发展更加协调融合，在保障改善民生上干出先锋业绩。会议号召在"现代化建设先锋年"走在前、做示范、当先锋，加快推进"强富美高"新江苏现代化建设张家港实践，打造"物质文明和精神文明相协调"的中国式现代化县域先行区，以过硬实绩让张家港精神焕发新的时代华彩。

【市委十二届六次全会暨市委经济工作会议】 12月28日在馨苑度假村会议中心召开。会议听取和讨论市委书记韩卫代表市委常委会所作的《坚持高质量发展，实现突破性跃升，加快推进"强富美高"新江苏现代化建设张家港实践》的工作报告，审议通过《中国共产党张家港市第十二届委员会第六次全体会议决议》，书面审议《中共张家港市委常委会2023年度落实全面从严治党主体责任情况的报告》。会议巩固拓展主题教育成效，充分肯定2023年市委常委会的工作和全市经济社会发展所取得的成绩。要求2024年紧扣"高质量发展突破年"工作主题，努力实现"135"年度目标任务：要聚焦"一张蓝图"，加快推进"强富美高"新江苏现代化建设张家港实践，打造"物质文明和精神文明相协调"的中国式现代化县域先行区。要抓牢"三项任务"，统筹推进"传统产业焕新、新兴产业壮大、未来产业培育"；严格落实"四下基层"要求，解决一批企业诉求和民生短板；巩固拓展主题教育成效，持续打造具有新时代张家港精神特质的干部队伍。要实现"五大突破"，综合实力突破，确保连续31年位居全国百强县（市）前三名；文明创建突破，确保以高分夺取全国文明城市七连冠；产业能级突破，力争完成7500亿元，为2026年实现"工业超万亿"目标打下坚实基础；未来增量突破，实现"3年招引5000个科技招商项目"的既定目标；发展质效突破，统筹做好民生、环保和安全稳定等工作，确保继续位列苏州综合考核第一等次。要聚焦"科技自立自强"，加强科技创新和产业创新对接，科技招商要突出提质增效，人才引育要注重产才融合，载体平台要塑造专业优势，创新生态要强化多元融合，在推动产业科技创新上争先率先。要聚焦"强链补链延链"，抓好"扩产投产、引进推进"，集中力量招大引强、培优育强，强化监测调度，做大优质增量，提升优势存量，深化改革开放，扩大有效需求，营造一流环境，在提升产业能级上争先率先。要聚焦"重塑城乡关系"，提升城市生活品质，推进乡村全面振兴，深化区域协同联动，在协同融合发展上争先率先。要聚焦"新的文化使命"，展现文明创建的"更高水平"，激发文化发展的"澎湃动力"，在探索现代文明上争先率先。要聚焦"促进共同富裕"，兜牢富民增收底线，推动公共服务优质均衡发展，精细精准推进社会治理，防范化解风险隐患，在保障改善民生上争先率先。要聚焦"人与自然和谐共生"，深入推进长江保护修复，全面加强生态环境治理，加快推动绿色低碳转型，在生态文明建设上争先率先。会议号召，要与时俱进大力弘扬张家港精神，以"拼"的精神、"闯"的担当、"干"的劲头，在"高质量发展突破年"，朝着"135"年度目标任务全力拼抢、奋力冲刺，以各项工作的率先突破，加快推进"强富美高"新江苏现代化建设张家港实践，

8月1日，市委十二届五次全体会议召开　（市融媒体　提供）

打造“物质文明和精神文明相协调”的中国式现代化县域先行区。

重要决策

【概况】 2023年，市委召开常委会会议38次、全市领导干部会议5次。市委、市政府联合发文5份，市委发文19份。重要决策涉及工业超1万亿元、重大产业项目全生命周期管理、深化质量强市建设、全面推进乡村振兴探索高水平率先基本实现农业农村现代化、扎实开展城乡精神文明创建打造更高水平全国文明城市、深化新时代社会组织廉洁合规建设等方面。

【探索高水平率先基本实现农业农村现代化行动方案出台】 经十二届市委第69次常委会会议和市政府第20次常务会议审议通过，3月27日，市委、市政府联合印发《张家港市全面推进乡村振兴探索高水平率先基本实现农业农村现代化行动方案（2023—2025年）》，提出紧紧围绕实施乡村振兴战略总要求和实现农业农村现代化总目标，扎实推动乡村产业、人才、文化、生态、组织振兴，加快建设农业强市，打造新时代鱼米之乡，走出具有张家港特色的乡村振兴之路，明确到2025年，张家港探索高水平率先基本实现农业农村现代化取得标志性成果，率先形成一批可复制可推广的特色经验模式，张家港乡村振兴水平更高、底子更扎实、发展更全面、品质更精美、内涵更丰富、示范引领性更强，让锦绣江南鱼米乡的“港城样板”成为现实。重点任务涵盖6个方面：实施稳产保供提升行动，实施乡村产业增效行动，实施和美乡村提质行动，实施乡村文明善治行动，实施数智乡村赋能行动，实施乡村增收致富行动。要素支撑包括确保支农投入稳定增长，提升金融服务乡村效能，落实乡村振兴用地保障，加强乡村振兴人才引育。组织保障包括强化组织领导，强化改革集成，强化片区推进，强化监测考核。

【深化新时代社会组织廉洁合规建设决策】 经十二届市委第86次常委会会议和市政府第26次常务会议审议通过，8月26日，市委办、市政府办联合印发《关于进一步深化新时代社会组织廉洁合规建设的实施意见》，提出全面打造政治过硬、安全可靠、诚信自律、作用彰显、治理现代的社会组织运行体系，形成一条具有张家港特色、行之有效、可持续的社会组织高质量发展之路，明确到2025年，廉洁合规社会组织全面推进，社会组织党建工作体制更加顺畅，社会组织综合监管体系更加完善，社会组织法人治理结构更加成熟，社会组织作用功能发挥更加显著，亲清政社关系持续构建，廉洁合规社会组织典型引领作用更加突出，社会组织违纪违法问题得到有效遏制。主要任务涵盖4个方面15条具体举措，分别是完善制度保障，包括坚持党建政治引领，明确部门监管职责，加强数字管理赋能，完善联席会议制度；加强重点监管，包括健全法人治理，盯紧“关键少数”，严格财务管理；深化专项治理，包括常态化规范行业协会商会涉企收费，加强社会服务机构非营利性监管，推进社会团体分支机构专项整治，打击非法社会组织和清理“僵尸型”社会组织；倡导全面从严，包括开展思想道德与党纪国法教育，加强行业诚信自律建设，推进廉洁合规阵地建设，持续深入正风肃纪反腐。保障措施包括统一思想认识，加强宣传引导，严格督察考核。

【重大产业项目全生命周期管理实施意见出台】 经十二届市委第89次常委会会议和市政府第28次常务会议审议通过，9月18日，市委办、市政府办联合印发《张家港市重大产业项目全生命周期管理实施意见》，提出围绕项目签约洽谈、落地审批、开工建设、竣工投产、达产达效等各阶段，建立健全重大产业项目全生命周期管理体系，在项目全生命周期内实施环环相扣的全过程动态评估和管理。重点任务涵盖构建“一条链”全过程管理，促进“双维度”优化提升，实现“一屏掌控”数字化支撑3个方面。保障措施包括加强组织领导，完善配套政策，强化监督管理。

【打造更高水平全国文明城市实施意见出台】 经十二届市委第89次常委会会议审议通过，9月21日，市委印发《张家港市扎实开展城乡精神文明创建打造更高水平全国文明城市的实施意见》，提出持续彰显“两个文明”协调发展特色，高标准蝉联全国文明城市“七连冠”“八连冠”，奋力打造具有显著创建带动力、价值引领力、区域辐射力和国际影响力的更高水平全国文明城市。明确思想道德基础更牢，社会文明程度更高，文明实践活力更劲，长江文化氛围更浓，城乡功能品质更优，社会治理能力更强，群众幸福生活更美，城市品牌形象更靓8个具体目标；实施8个方面30项重点任务，分别是高举思想旗帜、以党的创新理论铸牢城市魂脉，包括着力加强科学理论武装，全面深化理想信念教育，培育践行社会主义核心价值观，巩固壮大主流思想舆论；培塑文明素养、以时代新风鲜亮文明底色，包括加强爱国主义教育，加强公民道德建设，强化未成年人思想道德建设，深入开展群众性精神文明创建活动，大力推动移风易俗，培育网络文明新风尚；深化文明实践、以全民参与激发共建活力，包括推动文明实践工作提质增效，推动志愿服务力量持续壮大，打造“张闻明”文明实践品牌；弘扬长江文化、以传承活化丰富人文内涵，包括加强优秀传统文化的保护传承和创新发展，完善现代公共文化服务体系，大力推进书香城市建设，加大文艺作品创作力度，推动文化产业高质量发展；推动城市更新、以品质提升完善城市功能，包括优化城乡空间布局，完善城乡功能配套，擦亮港城生态底色；完善社会治理、以共治共享提升治理效能，包括构建“五治”融合治理格局，夯实社会信用体系建设，筑牢城市安全发展屏障；立足民生之本、以惠民利民彰显城市温度，包括多渠道推进共同富裕，多层次优化公共服务，多维度筑牢民生保障；发挥示范效应、以文明高峰彰显典范魅力，包括提升城市形象传播力，提高城市品牌影响力，提高文明创建带动力。保障措施包括加强组织领导，强化制度保障，广泛宣传发动，严格考核激励4个方面。

【“工业超万亿”实施方案出台】 经十二届市委第94次常委会会议和市政府第30次常务会议审议通过，12月2日，市委办、市政府办联合印发《关于张家港市工业超万亿的实施方案》，提出依托“4+4”产业链（冶金新材料、智能高端装备、先进高分子材料、高端纺织4条特色优势产业链，新能源、数字经济、生物医药及高端医疗器械、特色半导体4条新兴产业链），不断推动工业领域高端化、智能化、绿色化转型升级，到2026年实现超1万亿元。重点工作涵盖5个方面：聚焦招商引资、铸牢发展引擎，加快项目推进、实现增量倍增，创新驱动发展、夯实要素支撑，加快转型速度、推进产业升级，加大企业培育力度、厚植发展沃土。措施保障包括加强组织保障，强化政策支持，坚持帮困解难，立足齐抓共管。

重 要 活 动

【干部学习培训活动】 2023年，全市举办各类干部教育培训班507次，完成中央、省、苏州等上级调训任务39次，累计培训干部39829人次，其中处级以上873人次、科级10883人次、其他科员28073人次。紧扣“三个全面”（全面学习、全面把握、全面落实）和“五个牢牢把握”（牢牢把握过去5年工作和新时代10年伟大变革的重大意义，牢牢把握习近平新时代中国特色社会主义思想的世界观和方法论，牢牢把握以中国式现代化推进中华民族伟大复兴的使命任务，牢牢把握以伟大自我革命引领伟大社会革命的重要要求，牢牢把握团结奋斗的时代要求）重要要求，组织“全市领导干部学习贯彻党的二十大精神”集中轮训，开设在线学习专栏，开展应知应会知识测试，突出抓好副科级以上领导干部学思践悟，引导广大干部统一思想、统一意志、统一行动。连续13年举办中央党校领导干部研修班，遴选54名市管正科职干部、较成熟的副科职干部和有关领域年轻干部、女干部、党外干部参训，市委主要领导讲授“开班第一课”，持续加强对“关键少数”的政治激励和政治引领。高标准承办省公务员录用面试考官资格苏州市培训班。聚焦现代化建设重点任务，举办“科技创新赋能产业转型升级”“新时代数字化思维和数据赋能”等10期菜单式讲座，助力广大干部优化知识结构、拓宽眼界思路、提高综合素质。持续实施职场启航“系扣”计划，为300余名新入职年轻干部配备“政治导师”“成长伙伴”，通过组织领学、部门带学、导师督学、伙伴促学，帮助年轻干部扣好人生“第一粒扣子”。

【党政领导考察活动】 2月8日，市委书记韩卫，市委副书记、市长蔡剑峰率领党政代表团赴上海市临港新片区考察，学习借鉴在布局高端产业、建设创新平台、集聚优质资源要素、推动数字转型等方面的经验做法。2月17日，市委书记韩卫，市委副书记、市长蔡剑峰率领市党政代表团赴苏州工业园区考察，学习借鉴该区在中新合作、科技创新、社会治理等方面的新思想、新路径、新方法。3月8日，市委书记韩卫，市委副书记、市长蔡剑峰率领党政代表团赴南通如皋市考察，学习如皋在科技创新、转型升级、助推产业发展等方面的好经验好做法。4月11日至12日，市委书记韩卫带领党政代表团赴新疆巩留县交流考察，深化两地对口支援工作。5月23日，市委书记韩卫带队赴广东省深圳市拜访对接知名企业总部、科研院所等，推动落地项目快建设、签约项目早落地、意向项目早促成。8月18日，市委书记韩卫带队在上海拜访对接知名企业总部，深入交流、考察洽谈、对接合作。11月14日至15日，市委书记韩卫带队赴四川省成都市开展招商考察活动，加快推进重点在谈项目落地。11月24日至25日，市委书记韩卫带队赴山东省青岛市开展招商考察活动，对接行业领先企业和优质项目。

【项目签约、奠基、竣工、开业等活动】 年内，全市项目招引活动主要有：3月3日，“江海联动，相约张家港”2023年张家港（上海）招商推介会在上海举行，总投资364亿元的69个项目集中签约；3月26日，谱写“强富美高”新江苏现代化建设新篇章——2023苏州张家港（北京）科技招商推介会在北京举行，总投资超217亿元的81个“京港”合作项目集中签约。项目签约活动主要有：1月14日，安普瑞斯硅负极高能量密度锂离子电池项目签约；1月31日，盛虹控股集团储能电池超级工厂和新能源电池研究院项目签约；2月21日，天齐锂业氢氧化锂生产基地项目签约；3月6日，乐余镇新型科创产业用地（MO）项目落地暨一季度科技招商项目集中签约仪式举行，17个项目集中签约；5月29日，

张家港医疗器械高新产业园　　［冶金园（锦丰镇）提供］

锐华新能源汽车智能座舱、医疗智能床及精密结构件项目签约；8月5日，张家港高新区2023年外资项目集中签约活动举行，总投资2.9亿美元的8个外资项目集中签约，项目涵盖先进制造业、现代服务业等领域。项目奠基开工开业主要有：1月29日，张家港市2023年重大项目开门红现场推进会举行，以永钢集团“低碳发展、高精转型”项目为代表，总投资597.2亿元的100个项目开竣工；3月29日，劢迪医疗器械产业创新港开园；6月21日，美国陶氏公司有机硅下游产品扩建项目奠基；7月6日，北尔旗物流（张家港）有限公司正式开业；7月18日，盛虹控股集团储能电池超级工厂和新能源电池研究院项目开工；8月4日，安迈工程设备张家港生产基地开业；9月19日，广大鑫盛精密零部件智造项目投产暨风电装备关键部件科研生产基地项目开工；9月22日，张家港保税区举行2023年“金秋好丰景，奋进正当时”重大项目开竣工系列活动启动仪式暨海虹老人涂料（张家港）有限公司开业典礼，以海虹老人特性涂料项目为代表，总投资120.51亿元的15个项目开竣工；9月26日，瓦克化学有机硅乳液和硅油产品扩建项目开工；10月19日，前海（苏州）跨境电商产业园开园；11月9日，张家港2023年金秋重大项目现场推进会举行，以新强联风电高端装备项目为代表，总投资482.3亿元的131个项目开工、竣工和投产。

【文化、教育、科技活动】 2023年，全市举办文体旅融合、科技教育等领域活动30余次。主要文体旅融合活动有：2023年长江文化节，2023年张家港东渡半程马拉松，市第八届体育运动会，第二十四届“贝贝杯”青少年足球赛，“多彩夜沙洲，体育嘉年华”主题系列活动，“奔跑吧我的城”2023年张家港市迎新云上万人健步行活动，“春遇好‘风’光，花香溢港城”张家港文旅消费季暨凤凰桃花节，2023年“塘桥杯”中日职业围棋对抗赛，承办全国排球冠军赛女排总决赛、江苏省青少年举重（男子）锦标赛、第十四届全国舞龙舞狮锦标赛、中网巡回赛CTA200、全国啦啦操俱乐部联赛、全国及江苏省青少年壁球锦标赛等各类赛事活动。主要科技教育活动有：谱写“强富美高”新江苏现代化建设新篇章——2023年苏州张家港（北京）科技招商推介活动，2023年长三角科技局长（处长）沙龙暨走进张家港对接交流会，科技创新CEO特训营（半导体专题营），“牵手秦创原·逐梦张家港”第八届中国创新挑战赛（张家港）西安对接会暨“科创未来营”科技招商西安城市赛，庆祝第38个教师节主题活动，2023年中国科技独角兽（张家港）峰会暨中国留学人员产才发展论坛，2023年江苏省J-TOP创新挑战季新能源产业专场活动，第八届中国创新挑战赛（张家港）粤港澳大湾区科技对接活动，科技招商研习社等。 （陆亚飞）

调查研究

【概况】 2023年，市委办发挥“参谋助手”作用，高质量完成推进“敢为、敢闯、敢干、敢首创”暨“现代化建设先锋年”动员大会、市委十二届五次全体会议等市委主要领导讲话稿，“北京西路瞭望”微信公众号及《江苏通讯》《群众》杂志等媒体署名文章，以及专项或综合汇报材料、致辞、请示等各类文稿材料530余篇、150余万字。编撰完成《张家港政务》月刊12期。紧扣“现代化建设先锋年”工作主题，聚焦高质量发展薄弱环节，围绕特色半导体、氢能等产业的发展路径研究，以及“东沙化工园区转型经验启示”等选题，撰写完成《张家港市特色半导体产业创新集群高质量发展路径研究》《张家港市氢能产业发展的四大优势、四重挑战、四条举措》《关于加快江阴、张家港一体化发展的思考与建议》《东沙化工园区成功转型的探索和启示》等针对性强、有深度的调研报告。

【专题调研】 年内，市委办组建专题调研组，围绕推动特色半导体产业创新集群发展，加快迈向更具竞争力的半导体产业高地，走访调研相关板块、部门、企业、平台，详细了解全市半导体产业发展现状，以及存在的瓶颈制约，研究发展对策，形成《抓“芯”机遇，谋求“芯”发展，打造更具竞争力的半导体产业高地——张家港市特色半导体产业创新集群高质量发展路径研究》，指出张家港积极发展特色半导体产业，初步形成以“磁传感、化合物半导体、功率半导体、LED”等为主导的特色半导体产业创新集群，产业整体呈现起步发展相对“早”、板块布局定位“准”、创新生态总体“好”、行业发展潜力“足”四大特点。但对标先进地区做法，对照企业发展需求，先发优势还不够明显，具体表现在：扶持政策“获得感”不强、规模企业“带动性”欠缺、专业人才“吸引力”不足、产业配套“支撑度”不够、产能转移“风险度”较高等5个方面。提出聚焦政策、人才、载体、融资等难点痛点持续发力，具体包括：优化顶层设计，结合全市特色半导体产业发展实际，增强政策供给“精准度”，扩大政策扶持“覆盖面”，提高政策兑现“执行率”，塑造更强比较优势。强化项目招引，按照“龙头项目带动、配套企业跟进、产业集群发展”思路，聚焦半导体产业链关键环节，加强龙头企业招引，集聚优质配套项目，做强产业创新集群，加快强链补链延链。拓宽人才渠道，制定更加精准的人才引培计划，突出领军型人才招引，聚焦技能型人才培育，完善人才配套服务，链接更多优质资源。建强专业载体，加速推进半导体产业载体建设，优化整体布局，创新建设模式，打牢产业发展根基。完善要素保障，集聚各类资源要素，强化金融支撑，放大联动效应，优化专业服务，营造浓厚发展氛围。围绕推动氢能产业高质量发展，市委办联合市发改委组建专题调研组，深入全市氢能产业重点企业开展实地调研，详细了解全市氢能产业发展情况，听取企业家建议，形成《张家港市氢能产业发展的四大优势、四重挑战、四条举措》，梳理概括全市氢能产业发展的四大优势，具体为：产业链条较为完善，资源禀赋相对优越，产学研用深度融合，未来前景持续看好。总结提炼出面临的四重挑战，分别为：研发投入高、企业盈利难，市场规模小、降本难度大，灰氢不长久、绿氢不划算，系统性不强、聚合力不足。从四个方面提出推动氢能产业发展的对策与建议，即找准赛道、发挥比较优势，龙头引领、抢占行业先机，优化政策、探索试点先行，丰富场景、打造商业闭环。

【统筹深化改革】 2023年，市委改革办聚焦高质量发展首要任务，扎实推进各领域改革任务落地落实，以满分成绩通过苏州年度改革考核。制定出台《中共张家港市委全面深化改革委员会2023年工作要点》，包括9个大类30个方面130项改革举措。常态化召开市委深改委会议5次，稳步推进31项承接上级的改革试点任务、45项张家港市自主创新的“微改革”项目，听取保税区招商体制机制改革试点工作情况汇报，审议通过“农业发展集团组建方案”等重点改革方案。完善市领导联系重点改革任务机制，项目化、清单式推进17项市领导挂钩联系重点改革任务。常态化督察推动改革工作落实，对生态产品价值实现机制试点等重点领域改革开展专项督察。紧扣上级要求，推动开发区管理体制改革、“推进‘强富美高’新江苏现代化建设张家港实践研究”课题调研等工作持续深化。深入挖掘推广改革典型经验做法，积极打造张家港改革的特色品牌。组织报送“锦绣江南鱼米乡”等实践案例15篇。“新时代行政执法改革样本”改革案例在《苏州改革》上刊载。“土地节约集约利用”改革案例同时入选“中国改革2023年度地方全面深化改革典型案例”和“2023年度苏州改革典型案例”。改革成效充分彰显。全国首创“县域创新格次赋分机制”、首发产业专家创新资源平台。获评省“两业融合”发展标杆引领典型区域，受邀参加全国“两业融合”工作现场交流会并作经验交流。市第一人民医院、市中医医院入选省公立医院高质量发展试点医院，健康张家港建设入选全国健康县区建设优秀案例。推进国家再生水配置利用试点工作，高标准通过水利部中期评估。在全国率先开展社会组织廉洁合规建设，工作经验被民政部在全国推广。 （陆亚飞）

组织工作

【概况】 2023年年末，全市有基层党组织4061个，其中党委161个、党总支303个、党支部3597个，党工委38个，党组47个。全市有中共党员72509人。其中，女党员2324人，占比32.1%。35周岁以下党员14532人，占比20%；60周岁及以上党员22966人，占比31.7%；大学本科及以上学历党员29250人，占比40.3%。全市共有副科级及以上干部1629人，其中女干部323人，全部为大专及以上学历。全年新获评国家级人才计划20人，新获评上级人才计划88人，省双创计划创业类获评数列苏州县市第一。锴威特等半导体人才企业成功上市。全年人才企业销售达到107.9亿元、纳税4.09亿元，销售超1亿元企业22家，超1000万元企业139家。年内，市委组织部宣传信息工作在全省取得新突破，省级以上累计录用组工信息27篇、发表组工网评30篇，组工信息、组工网宣分列全省县市（区）第四、第三，是全省唯一信息、网宣均列前五的县（市、区），获评全省组织部门信息报送先进单位、全省组织部门网宣工作先进单位。

【领导班子和干部队伍建设】 2023年，市委组织部选优配强“一把手”、经济干部和专业干部，经济部门提任人数占机关19.4%，板块专业力量有效充实。推动126名干部跨单位交流，是上年同期的3.8倍。推动苏州首个国企干部调任公务员、2名党政正职晋升三调，提拔39名“75前”的“老黄牛式”干部，为58名退出领导岗位干部晋升职级，推动13名不适宜担任现职干部“下”。建立市领导点题、学员答辩机制，62名研习社学员得到提拔重用，其中19人提任正科职。8个“三项机制”典型案例被省、苏州录用，列苏州各板块第1。组工干部每周至少1天到单位调研，并结合中心工作开展5个专项调研，探索开展干部信息大数据分析，推行干部推荐“三必查、三必谈”。在苏州率先开展及时奖励工作，69%的市级担当作为好干部得到提拔重用或职级晋升。创设实绩展示、光荣榜制度，8项督察激励中已择优提拔5名发挥作用明显干部。“先锋大礼包”回访满意率超95%。

【基层党组织和党员队伍建设】 2023年，市委组织部全面推进基层党建“五聚力五突破”提升行动。3月22日，举办全国党建引领乡村治理试点暨张家港市“党建引领中国式现代化县域先行区建设”先锋行动启动仪式。市委党建工作领导小组印发《张家港市“党建引领中国式现代化县域先行区建设”先锋行动实施方案》，实施市级十大重点党建项目，发布“海棠解忧四十条”礼包，搭建“海棠解忧”系列直通车，创设关爱凝聚新业态新就业群体“爱骑月”，成立规划用地服务、金融支持服务、项目审批服务等8个重大项目服务行动支部，助推盛虹储能等50个重大项目建设提速，相关做法被中组部《组工信息》刊用。11月16日，举办中组部红色美丽村庄试点一期落成暨张家港市党建引领振兴善治落实提升行动发布仪式。完成中组部红色美丽村庄试点建设，打造农旅融合、古村文脉、区域共富等5个党建助力乡村振兴示范片区建设“连片示范带”，选派驻村第一书记、金融特派委员、美村规划师等168名共同富裕“先锋合伙人”下沉乡村一线。深入实施全国党建引领乡村治理试点建设，市委党建工作领导小组印发《张家港市建设全国党建引领乡村治理试点实施方案》，市委办公室印发《关于健全党员干部下沉一线常态化机制的实施方案》《关于推进先锋阵地融合赋能夯实基层治理实体支撑的实施方案》，100%组建自然村、小区党组织和村、居民小组（楼栋）党小组，精细划分海棠网格4650个，总结提炼基层精细化治理方法案例“海棠36计”，相关做法被省委组织部《组工研究》专题刊发，入选全省乡村治理典型案例。面向优秀村、社区党组织书记首批选聘事业人员10人，推动5名村、社区党组织书记跨区镇交流任职，建立100人村、社区党组织书记先进典型“种子库”和500人后备人才库，开办“头雁菁英锤炼营”和第四届村级中青班，新增省“百名示范”村党组织书记1人及“千名领先”村、社区党组织书记14人。党员教育作品《村里的青春风暴》获评全国“党旗在乡村振兴一线高高飘扬”主题活动一等奖。《同“新”同行》《一船乡愁》《节日里的海棠红》等多部作品在第十六届江苏省党员电教片评比中获奖，其中一等奖1个、二等奖3个、三等奖1个、最佳摄影奖1个。

【习近平新时代中国特色社会主义思想主题教育】 2023年，张家港市聚焦“学思想、强党性、重实践、建新功”，坚持领导干部领学带学促学，通过市委常委会“第一议题”及时学、党委（党组）理论学习中心组专题学、基层党组织“三会一课”广泛学等方式，带动全市各基层党组织、7.2万名党员干部牢记嘱托、感恩奋进、走在前列。坚持把解决问题、推动发展作为主题教育的出发点和落脚点，深入践行“四下基层”制度，扎实开展“千村万企、千家万户”大走访，对279个村（社区）、3500余家“四上”企业全覆盖联系走访。围绕“抢抓科技招商‘一号工程’”“安置房办证难问题”等典型案例进行解剖式调研，召开调研成果交流会暨市委务虚会，县处级以上领导干部领题调研55项，实地调研走访2600余次，整改销号问题清单57个，包案化解信访积案及基层突出矛盾纠纷问题77件。积极开展农村道路基础设施、社区卫生服务中心基本医疗服务等专项整治，一批实效举措和整改建议研究纳入民生实事项目。健全完善“双报到、双服务”机制，各级基层党组织排摸问题1152个，立项实施党建共建项目244项，制定整改举措1627条，办好民生小事6000余件，以暖心助企惠企、回应群众关切的实际行动，推动主题教育走深走实、见行见效。相关经验做法作为苏州唯一县（市、区）获中央主题教育简报录用，多次被省委、苏州市委主题教育简报、中央电视台《新闻联播》《人民日报》等媒体刊发报道。永联村党委书记吴惠芳入选中央组织部、中央学习贯彻习近平新时代中国特色社会主义思想主题教育领导小组办公室和中央广播电视总台联合录制的《榜样8》专题节目。

【引进人才举措创新】 年内，市委组织部深入实施人才强市战略，制定区镇专项、产业发展、专业园区等特色类项目扶持办法，快速锁定一批优质人才项目。深化全球引才揭榜挂帅机制，充分发挥企业引才主体作用，全年获评国家级人才计划20人，近两年获评总数列苏州各县市（区）第一；获评江苏省“双创计划”17人，其中创业类列苏州各县市（区）第一，总量突破200人。重大人才团队项目天兵科技获评全市首家“中国独角兽企业”，5家人才企业获评“江苏潜在独角兽”，总规模4.26亿元的5只产业细分领域子基金正式设立。助力“吸引和集聚人才平台”建设，落地省内首家中国江苏人才创新创业大赛基地，在东渡人才港试点建设首个增材制造特色产业人才集聚区。举办“校园苏州日”系列活动，先后赴牛津大学、香港科技大学、东北大学、南京信息工程大学等海内外知名高校开展引才专场活动，首发启动“苏苏有礼·港城等你”活动，累计发放5000张人才体验券，持续深化校地战略合作关系。人才安居保障体系不断优化完善，发布“苏易居·寓港城”人才公寓发展三年行动计划，年内新增高品质人才公寓2035套。

【专业研习社举办】 年内，市委组织部聚焦科技招商、经济管理、财政金融、城建规划、乡村振兴、基层治理6个紧缺专业，举办“专业研习社”。打通专业干部“向上看”的通道，建立学员答辩机制，常态化搭建学员与市领导面对面交流的平台。选聘分管市领导担任社长、牵头部门主要领导担任副社长，更大力度撬动资源、聚合力量，推动专业研习与中心大局同频共振。优化专业干部“向下看”的路径，按照“研习小组就是攻坚专班”的思路，每家研习社遴选14名副科职和中层正职干部作为学员，并遴选7名年轻干部跟班学习，聚焦全市高质量发展难题，确定27个攻坚项目、100项研习目标清单和891项研习内容清单，推动专业干部在学中干、在干中学。打开专业干部“向外看”的窗口，首批遴选20余名专业素质好、培养潜力大的年轻干部，“上派”到国家部委、省厅市局，“外派”到上海临港、苏州工业园区进行实践锻炼。

【特色产业人才集聚区设立】 2023年，市委组织部（人才办）聚焦全市重点产业领域，探索打造一批具有较强集聚效应、辐射带动性和品牌影响力的专业园区，加速集聚特色产业高层次人才。试点要求方面，专业园区要有清晰的产业发展定位、有公共技术服务平台、有人才项目集聚发展的空间余量、有高效运转服务保障体系的“四有”标准；支持政策方面，以“成熟一个，申请一个，批复一个”为原则，“一区一案”给予专项扶持，探索设立园区专项资金池，试点建设的专业园区每年可自主认定10个以上市领军专业园区类项目；项目审批方面，经人才办主任会议审核通过后直接立项，每个项目给予30万元启动资金，并配套除人才购房补贴以外的人才礼遇政策。年内，在高新区（塘桥镇）试点打造增材制造（3D打印）专业园区，开展载体推进、项目集聚、运营管理等方面重点工作，推动科技成果加快转化为现实生产力。

【产业链党建“红链先锋”工程实施】 2023年，市委组织部立足“4+4”重点产业链布局，实施产业链党建“红链先锋”工程，构建“党建引领、产业归口、融合互促、发展共赢”的工作体系。组建产业链联合党委23个，吸纳链上企业1407家、产学研机构32家，覆盖党组织384家、党员6838人。选优配强班子队伍，由产业牵头职能部门、属地板块或链主企业党组织负责人担任党委书记，骨干企业和相关单位党组织负责人担任轮值副书记、委员，轮流召集联席会议，打破信息壁垒，推进融合发展。下沉一线排摸需求，组织涉企职能部门业务骨干和属地区镇（街道）党务干部开展常态化蹲点调研，梳理企业需求清单、机构资源清单、部门服务清单，建立“企业点单、党委派单、部门配餐”机制，有效嫁接专业力量，一体协同解决创新发展难题。集成各类服务资源，开设“红链直播间”，为链上企业提供法律风险防范、特种设备安全指南等20门政策解读、疑难解答的特色辅导课程。产业链党建经验做法被中组部、省委组织部《组工信息》刊用，入选省委组织部产业链党建特色案例。

（王嘉琪）

宣 传 工 作

【概况】 2023年，全市宣传思想文化战线突出学习宣传贯彻党的二十大精神工作主线，聚焦举旗帜、聚民心、育新人、兴文化、展形象的使命任务，结合第二批主题教育，统筹推进理论舆论、文化文明、内宣外宣等各项工作，组织学习习近平新时代中国特色社会主义思想，学习习近平总书记最新重要讲话指示精神，服务市委理论学习中心组开展集体学习13次、举办专题辅导报告4次，对全市53家乡科级以上党委（党组）理论学习中心组开展巡学旁听工作，连续3年实现乡科级以上党委（党组）理论学习中心组100%全覆盖。

【理论武装】 年内，市委宣传部组织学好用好《习近平著作选读》第一卷、第二卷和《习近平新时代中国特色社会主义思想学习纲要（2023年版）》《中国式现代化面对面》等权威著作和辅导读本。创新开展基层党员冬训工作，获评全省基层党员冬训示范市，市委宣传部获评苏州市“众说学习：我是冬训主讲人”项目优秀组织单位，1人获评2021—2022年度全省政研会系统优秀个人。把推动党史学习教育常态化长效化与党的创新理论宣传普及结合，理论宣讲志愿服务队获评2022年度全省基层理论宣讲先进集体，高水平承办苏州市“贯彻二十大，奋进新征程”主题宣讲活动启动仪式。组织开展“百姓名嘴”风采展示活动，1人获第八届苏州市“百姓名嘴”风采展示活动一等奖第一名。发布“理响张家港掌上学堂”微信小程序，围绕六大宣讲主题开发106项点单课程，组织“理‘响’张家港”基层理论宣讲活动，开展宣讲活动700余场，实施年度理论宣教示范项目15项。加大基层理论宣传力度，2篇工作信息被省委宣传部《江苏宣传工作动态》、苏州市委宣传部《宣传工作情况》录用，6篇理论文章在《群众》杂志、《新华日报》（思想周刊）刊载。加强“学习强国”学习平台张家港融媒号建设，2023年度，“学习强国”学习平台全国平台录用信息159条，在苏州各县市（区）中排名第一，5人获评苏州市“学习强国”学习平台优秀供稿员，《江苏张家港：美美永兴与长江和鸣》在2023年航拍“我的美丽家乡”短视频征集活动中被评为优秀作品（江苏仅2个），张家港融媒号被评为优秀组织单位，是江苏唯一获评县级融媒号。

【主题宣传】 年内，市委宣传部围绕学习贯彻习近平新时代中国特色社会主义思想、党的二十大精神，习近平在江苏、苏州考察时的重要讲话精神等主题，推出“牢记嘱托、感恩奋进、走在前列”等重点专题专栏，累计发稿660余篇。聚焦市委、市政府中心工作，组织开展《“敢”字当头，勇当先锋，打造中国式现代化县域先行区》主题宣传，推出“高质量发展‘企’航新征程”融媒新闻行动，从重大项目建设、数字化改造、专精特新企业发展等维度，讲好张家港“牢记嘱托、感恩奋进、走在前列”的一线故事。融媒体全平台开设专题专栏100余个，发布报道超8万篇。持续推进媒体融合向纵深发展，深入推进县级融媒体中心建设，“今日张家港”App共接入全市35个政府部门1296个政务事项，13个大类120余项服务应用，总下载量突破100万次。市融媒体中心获2022年度江苏省县级融媒体中心高质量发展综合评估优秀等次第二名；“今日张家港”App“市民诉求中心”获评2022年度江苏省县级融媒体中心建设优秀案例；市融媒体中心参与制作的《潮起东方，寻找百强“共富”密码》获评第33届中国新闻奖二等奖。聚焦加快推进“强富美高”新江苏现代化建设张家港实践，央媒、省媒刊播张家港重点报道400余篇。《新华每日电讯》整版刊发深度报道《聚沙成塔——张家港城市气质素描》，解读张家港物质文明与精神文明双螺旋发展城市基因；中央电视台《新闻调查》推出深度调查报道《永联的村与企》，探究永联村村庄与企业几十年间如何共生共长。持续开展深化“强国复兴有我”群众性主题宣传教育活动，策划推出理论学习、形势政策教育、红色主题宣教、学习体验、公民道德实践、先进典型学习宣传、青少年教育实践、网上主题宣教、群众性文化活动等九大主题系列活动，全年举办活动1.8万场，重点组织“踔厉奋发强国防，勇毅前行向复兴”全民国防教育月活动180余场，深化打造2023年“文艺思政课”宣教品牌项目，参与人数1.5万人次。

【新闻出版（版权）及电影管理】 年内，市委宣传部规范开展政务审批服务，依法依规完成新闻出版及电影领域共40件政务审批办件工作。加强出版行业管理，深入开展“扫黄打非”行动，查办各类案件33起，收缴各类非法出版物共计3765册。推动农家书屋建设提质增效，杨舍镇善港村农家书屋获评“全国最美农家书屋”，金港街道柏林村农家书屋获评省“五星级农家书屋”。开展“文明张家港·纳凉电影夜”优秀影片展映展播，全年放映公益影片4082场，观影人次18.2万人次，全市影院全年票房累计8675万元。圆满完成张家港市版权协会换届选举工作。做好版权登记，全年累计完成作品登记、审核19450件。开展版权示范创建，评选出张家港市优秀版权作品19件、优秀版权工作推广人30人，苏州市磐石卡通有限公司获评江苏省版权示范单位，国泰新点获得苏州市重大版权推广运用项目专项资金资助。

【网络新媒体管理】 年内，市委宣传部开设"'敢'字当头，勇当先锋，谱写'强富美高'新江苏现代化建设新篇章"等专题专栏100余个，发布报道超8万篇，策划"高质量发展'企'航新征程""我是张闻明"等大型融媒新闻行动，多方位、立体式、全场景展现新时代张家港高质量发展的奋进之姿。用好张家港英文网、"Zhangjiagang，China"海外账号等，全年推送帖文430条，浏览量超500万次，提升张家港城市知名度、美誉度和世界影响力。发挥网络文化滋养人心、凝聚力量的作用，以"奋进新征程，e起向未来"为主题，开展第12届张家港市网络文化季，推出37项网络文化主题活动，"嗨！张家港！"网络人士City Walk等网络主体活动影响扩大，网络浏览量超3500万次，在网络空间唱响爱党、爱国、爱家乡的时代主旋律，高质量发展的正能量舆论场不断壮大。强化网上舆论引导能力，深化"港城思享汇"网评品牌建设，围绕基层治理、长江经济带高质量发展、大思政课等经济社会发展热点，编发"张家港先锋令""长风破浪张家港"等网评文章300余篇，被上级录用51篇。深化网络文明建设，完善联动工作机制，发布"理'响'张家港"理论宣讲系列活动、"E青春"网络文明素养提升工程等第二批网络文明重点项目12项，重点培育"乐文明""和美新主播""杨舍V+工作室"等特色品牌项目，网络文明建设工作质效持续提升。

（张钰梅）

12月16日，第五期"同心读书荟"——"像萤火，也像月光"专题活动举办

（市委统战部 提供）

统战工作

【概况】 2023年，全市统一战线开展"同心悦读·书香统战"活动，发布"沙洲映月"读书品牌，被《中国统一战线》杂志等媒体广为报道。打造"沙洲归鸿"统战人才工作品牌，在德国、澳大利亚等地创设5个海外引才联络站，全年引进51名海外高层次人才。举办"才聚香江，梦逐港城"等人才活动20余场，辐射统战人才3000余人次。高标准建成全省县级市首家两岸美丽乡村交流中心。建成投用的张家港助力望谟乡村振兴统战服务综合体获欧美同学会副会长张柏青充分肯定。"发挥统战优势，推动文化润疆"经验被中央统战部刊发。苏州首家跨单位、跨部门、跨行业的民族团结进步示范创建联盟成立。市民宗局获评全省民族宗教系统先进集体，离退休人员党支部"携手画同心"志愿服务项目获评苏州市最佳老干部志愿服务项目。

【民主党派和无党派人士工作】 2023年年末，全市有民革张家港市基层委员会、民盟张家港市委会、民建张家港市基层委员会、民进张家港市基层委员会、农工党张家港市委会、致公党张家港市基层委员会、九三学社张家港市基层委员会7个民主党派组织和无党派人士联谊会，共有成员1269人。其中，民革119人、民盟313人、民建160人、民进48人、农工党297人、致公党38人、九三学社131人，无党派人士联谊会163人。具有高级职称的会员29人，具有硕士学位的会员15人；有苏州市人大代表2人、苏州市政协委员1人，张家港市人大代表3人、张家港市政协委员23人。全市有副科职以上党外领导干部50人。全年深入推进政党协商、情况通报、对口联系、特约监督等工作，调整《市委领导与党外代表人士联系交友名单》，推动特约人员工作制度落实。把党外代表人士教育培训工作纳入全市干部人才教育总体规划，在江苏省社会主义学院举办党外中青年干部骨干培训班，联合组织部门制定《关于推进党外干部队伍建设"三联工程"的实施方案》，细化落实党外干部选拔培养制度和举措。组织民主党派开展学习贯彻中共二十大精神分享和知识竞赛、"学思践悟话同心"沙龙活动；会同各民主党派、工商联、无党派人士联谊会举办纪念中共中央发布"五一口号"75周年征文及朗读会、座谈会等系列活动；支持各民主党派、无党派人士和党外知识分子开展"凝心铸魂强根基、团结奋进新征程"主题教育；组织各民主党派、无党派人士联谊会领导班子赴浙江、山东等地开展国情考察。召开市委双月座谈会4次，征求党外人士意见建议80余条。围绕全市中心工作，与各党派协商研讨确定年度调研课题，组织各民主党派、无党派人士联谊会分别赴北京、山东、上海、浙江等地开展专题调研，形成8篇高质量的调研报告。召开"同心献智·聚力发展"全市各民主党派、无党派人士联谊会重点课题调研协商座谈会，市委书记韩卫出席会议并作点评。无党派人士撰写《关于推进我市养老产业高质量发展的建议》《关于助力中小微外贸企业争订单拓市场的建议》调研报告2篇；收集《关于立足苏州高地，打造农业强市的建议》《关于支持中小企业发展的建议》等20余件代表建议和委员提案；收集《群众急盼解决机动车“炸街”噪声污染问题》《爱宠应有方，养犬管理“四个亟待”须重视》等社情民意60余条；挂牌成立张家港市首个苏州市级的“徐卫东委员工作室”以及张家港市级“余爱华委员工作室”“吴晓娟委员工作室”。

【民族事务】 2023年年末，全市有户籍少数民族人口4477人，比上年增297人，有少数民族成分41个，比上年增3个；有流动少数民族人口16823人，比上年减2715人，有少数民族成分45个，比上年少1个。塘市小学“红石榴家园”获评全省“红石榴家园”精品单位，乐余镇新时代文明实践所、南丰镇永丰村、经开区（杨舍镇）旺西社区创成“苏州市民族团结进步示范基地”。3月，市民族团结进步协会召开第一次会员大会。4月，张家港市民族团结进步协会与崇川区民促会签订结对共建友好协议。5月，协办江苏省第二届“红石榴杯”少数民族传统体育运动会珍珠球、陀螺比赛，举办张家港市第七届“尝尝我的拉面”才艺比赛。6月，成立红石榴公益联盟。6月至7月，开展“张家港市铸牢中华民族共同体意识宣传月、民族宗教政策法规学习宣传月”活动。8月，举办石榴花开——张家港市民族家庭社会实践活动暨永卓第八届“红石榴”夏令营、张家港·德钦·望谟各族青少年文化交流联谊活动。11月，成立张家港市民族团结进步示范创建联盟，举行民族团结进步创建互学互鉴活动，成立市民族团结进步协会杨舍分会。12月，联合中央民族大学赴新疆开展铸牢中华民族共同体意识调研，并举行“情暖库尔干，携手传爱心”活动。全年为2名少数民族群众进行更改民族成分审核。

【宗教事务】 2023年年末，全市有宗教活动场所26处，其中佛教15处、道教1处、天主教3处、基督教7处，有宗教教职人员127人（备案66人），教职人数比上年减3人。1月，全市召开春节期间宗教领域疫情防控和安全工作协调会议。2月，对全市26处宗教活动场所的安全工作采取“四不两直”督察。3月，召开全市宗教场所建筑安全专项治理工作会议，落实宗教领域既有建筑安全隐患排查整治。5月，督促指导香山寺、永昌寺开展既有建筑隐患整治。6月，召开2023年度市委民族宗教工作领导小组成员单位（扩大）会议，开展宗教领域安全生产月活动，举办宗教领域消防安全工作专题培训等系列活动，组织全市宗教界人士赴湖南、河南等地的红色教育基地开展“爱党爱国爱社会主义”主题教育。7月至8月，邀请第三方，联合相关区镇（街道）及有关部门对宗教活动场所开展安全检查。8月，指导香山寺、永庆寺、鹿苑天主教堂等8处使用瓶装液化气的宗教活动场所完成“瓶改管”“瓶改电”，组织全市宗教界人士开展宗教活动场所互联网宗教信息服务专题培训，组织全市民族宗教界人士开展学习贯彻党的二十大精神专题讲座。10月，宗教界举行庆祝中华人民共和国成立74周年升国旗仪式。11月，组织市委民宗工作领导小组成员单位分管领导，各宗教活动场所负责人及管理组织骨干等约150人开展《宗教活动场所管理办法》专题培训。年内，联合相关区镇（街道）及有关部门开展春节、劳动节、中秋节、国庆节、圣诞节等节前安全检查。全年累计检查宗教活动场所262家次，发现安全隐患374处，整改率100%，形成闭环。

【港澳台统战工作】 6月，香港张家港联谊会第三届理事会完成换届，举办“校园苏州日”张家港专场活动之走进香港科技大学、香港浸会大学，与香港江苏青年总会签署《合作框架协议》，发布融合发展六大行动。10月，市委统战部举办“家在苏州·约惠港城”在苏香港同胞张家港行活动，揭牌“张家港香港同胞联谊会会员之家”和“李俊达委员工作室”，向苏州各板块香港同胞赠送“家在苏州、约惠港城”优请礼包350余份，启动“大爱新疆，‘港’好有你”项目，认领公益项目6个，价值近20万元。组织在内地工作的香港同胞开展“双港情、爱国行”党史国情学习交流考察活动。春节和中秋节两次走访慰问联谊会会员代表、亲属及在张家港市工作的香港同胞，走访慰问港资企业。年内，全市新批台资企业16家，总投资783万美元。至2023年年末，全市累计建办台资企业917家，注册台资33.14亿美元，全市台资企业实现销售66.9亿元，入库税收3.22亿元。年内，非公职报批21批51人次，协调解决台胞台商子女入学、加分11人，协调解决台企台胞办理赴台报批、厂房搬迁、安全生产等各类困难和问题50余起。持续深化“两岸同行、筑梦未来”品牌，开展台胞台属“五走进”活动，组织第三届“港湾杯”两岸篮球邀请赛等活动。开展两岸交流活动，先后接待台湾社区发展协会联合总会交流团、台湾乡镇市民代表会联合总会交流团、台湾中小学生跆拳道交流团、在苏州台湾实习大学生交流团等台湾团组200余人。2月，动员全市台企参加张家港市2023年春季大型人才交流会、市第三职业高级中学（三职中）2023年春季校园双选会。3月，联合市公安局出入境管理大队开展护航台企发展走访调研，组织全市重点台资企业赴三职中开展校企座谈交流，组织保税区台资企业开展“科技赋能·引领未来”——科技创新政策宣讲活动，联合市企业合规监管委员会成员单位对重点台资企业合规建设走访调研。4月，调研台商二代扎根大陆发展情况。5月，组织台商赴淮安、泗阳交流学习。8月，组织全市台资企业负责人进行《江苏省安全生产条例》政策解读，组织台胞台属联谊会理事、监事赴南通海门区交流学习。9月，联合张家港生态环境局开展生态环保政策专题宣讲活动，开展张家港—常熟两地台湾青年交流互访活动。10月，联合总工会开展“送文化进企业”活动——走进南港橡胶。11月，开展“千村万企、千家万户”台资企业走访活动，联合团市委共同举办“两岸同行、融合发展”——张家港、台湾两地青年企业家交流活动。12月，开展全市台胞台属圣诞联谊活动。春节和中秋节期间先后走访慰问台胞台属和两岸婚姻家庭34户，走访慰问台商36家。

【侨务】 2023年年末，全市有归国华侨8人，海外华侨华人、侨眷、归国留学生1万余人，侨资企业100余家，华侨华人、归国留学生担任高管企业近200家，侨界有市人大代表2人，侨联界别市政协委员12人。搭建中德（张家港）中小企业与职业教育合作桥梁，2次邀请德国科技工商协会创始主席、德国CHINA WINDOW国际信息技术合作公司董事长高鹏、德国中小企业隐形冠军联盟副主席汉斯到张家港市考察交流，与相关院校、载体、部门和企业洽谈合作事宜。接待日本中华总商会理事长严浩、柬埔寨江苏总商会秘书长包自勤、美国华人工商协进会会长毛邦杰、澳大利亚江苏工商联合总会会长陈银星等多位侨领，为双招双引牵线搭桥。常态化走访50余家侨资企业，针对企业急难愁盼问题，协调相关部门商讨解决方案。4月，与政协港澳台侨民族宗教委共同组织侨企开展“听成功故事、品大唐风韵”活动，激励侨企发扬“四敢”精神。9月，联合市卫健委引导动员全市15家中医服务机构开展“中医惠侨服务点”建设，举办2023年“月是故乡明”——张家港市侨界人士中秋联谊会。10月，邀请北美华文文艺界协会著名作家及资深媒体人访问团到张家港市考察采风，10余篇宣传市精神文明和独特风貌的文章在《世界日报》《国际日报》《华府新闻日报》等海外期刊刊登。10月31日，巴西《南美侨报》刊登专版，宣传张家港市乐余镇文化建设成就，将影响力扩大到南美洲。11月，苏州华侨文化交流基地——张家港市吴派古琴文化艺术馆登上《华人时刊》。中秋节、春节走访慰问困难和重点侨界人士50余户。深入基层开展侨法宣传6场，为2位“三侨”考生办理身份认定，推荐2批5人次参加上级国情培训班。

【党外知识分子工作】 2023年年末，市欧美同学会有119名会员。4月，市委统战部组织欧美同学会会员走进沙洲湖科创园，参观优秀企业，交流创业感悟；组织10余名归国留学人员赴闽调研，了解海归在闽创业就业情况。7月，启动留学人员“青聚沙洲·先锋有YOUNG”品牌项目，实施启航、MEET、归鸿计划，举办留学人员先遣营、同心启航站等特色活动6场，辐射留学人员400余人次。12月，举办庆祝欧美同学会成立110周年暨张家港市留学人员REUNION团聚活动。组织欧美同学会会员参加苏州市欧美同学会首届归航班、推选市欧美同学会青年会员加入苏州市“留学报国·苏州故事”宣讲团。

【新的社会阶层人士统战工作】 2023年年末，新的社会阶层人士联谊会（简称新联会）有会员130人。6月，市委统战部组织全市新的社会阶层人士“凝新聚力·赋能新程”主题教育培训班。拓展新联会基层组织，实现新联会基层组织全覆盖，形成1个市级组织、12个区镇组织同向发力的工作格局，启动“从‘新’再出发，争当‘敢’路人”项目，重点抓好“港城‘新’美在身边”寻美创意活动，活动开展3个月，收到各类作品100余件，7人、2个单位分获优秀个人、优秀组织称号。11月，举办市新联会第二届会员大会，开启市、镇两级“双联动”。

（崔文一）

【两岸美丽乡村交流中心建成投用】 两岸美丽乡村交流中心位于德积街道永兴村忆乡林内。6月13日，中心户外氛围创意设计景观布置项目启动建设，7月8日竣工投用。中心面积6666.67平方米，工程造价19.96万元。建成后，交流中心开展活动6次。7月20日，中心接待台湾社区发展协会联合总会、台湾乡镇市民代表会联合总会总会长刘冠雄一行32人。刘冠雄在忆乡林里和市台办主任张耀清共同种下一棵同心树。9月24日，德积街道统战工作站、新联会联合市台办、民进市基层委员会在中心举行“明月同心共此时”统战人士中秋联谊，有50余名统战人士出席活动。市台青会秘书长、张家港保税区康开塑料模具有限公司总经理吴志成用一首诗朗诵《中秋》表达乡愁情愫。有台胞以一首闽南语歌曲《世界第一等》表达对祖国的祝愿。

（陈 洋）

【旺西社区“红石榴”之家建成】 1月，“幸福城南，亲如一家”红石榴联盟成立，旺西社区联合城南社区、南苑社区，统筹周边学校、派出所及“两新”组织单位，为辖区各族居民提供就业、入学、养老、医疗卫生、法律援助等服务。8月，旺西社区“红石榴”之家建成，阵地位于旺西社区新时代文明实践站二楼，建筑面积800平方米，集党群服务、事务受理、文明实践、便民服务于一体，设“同心·便民服务站”“同心·乡约书友会”“同心·乡贤会客厅”“同心·乡音喜乐会”四个功能区，有“红石榴地图”（展示辖区内少数民族分布状况）、“方言知多少”互动体验区、图书室、舞蹈房、休闲活动室。年内，“红石榴”之家开展民族知识竞赛、专题讲座、节日联欢会等活动60场，各民族居民参与3000人次。红石榴联盟给2户少数民族家庭送去关心关爱，为2户困难家庭点亮“微心愿”。12月，旺西社区“红石榴”之家获评苏州市民族团结进步创建示范基地。

（高丽萍）

机构编制管理

【概况】 2023年年末，全市有各级行政机构71个，其中市委工作机关9家、政府工作机关28家、人大机关1家、政协机关1家、人民法院1家、人民检察院1家、民主党派2家、群众团体12家、派出机构6家、乡镇7家、街道3家；全市行政编制总量为3708名，其中党政群系统行政编制2200名，政法系统（公检法司）专项编制1508名。全市有事业单位422家，其中市本级352家、开发区下属14家、乡镇(街道)下属56家;全市事业编制总量19458名,其中教育系统事业编制9857名、卫生系统事业编制4655名,其他单位事业编制4946名;另有上级教育统筹编制301名。年内,市委编委、市委编办分别印发机构编制相关文件25份、36份。调整科级以上机构28个、更名2个,均按照机构编制管理权限审批、备案。市委编办加强机构编制条线信息工作,全年向上级机构编制部门和市委办报送信息85篇,其中省级及以上宣传平台33篇;重视机构编制政策研究,全年编印《机构编制政策研究动态参考》4期,课题“苏南地区乡镇机关人员总额量化模型实证研究——以张家港市为研究对象”获2023年度省级机构编制重点课题研究成果二等奖,课题“中国式现代化县域治理的苏州实践——以张家港市为例”获2023年度苏州市级机构编制重点课题研究成果三等奖。

【机构编制资源管理】 2023年,市委编办首创“乡镇机关人员总额量化模型”。设立张家港港区管理办公室,整合港口管理服务的分散力量,形成综合一体化管理主体。推动机构编制资源支撑党政人才培育高质量发展,重新核准市人才创新创业发展中心股级职数90名。按照“严控总量、保障重点、周转使用、动态调整”的思路,健全事业编制“周转池”,服务青年党政干部培养,加强高层次人才引进,拓展村(社区)书记发展空间,破解总量控制与刚性需求矛盾。推进中小学校党组织领导的校长负责制试点工作,为全市78所中小学校党组织配备专职领导职数,明确全市6所四星级高中机构规格,推动基础教育体制创新发展;重新核准沙洲职业工学院人员总量503名,新增内设机构13个、领导职数26名,助推高等教育事业高质量发展;探索医疗体制改革,加强疾病预防控制工作,明确市第一人民医院、市中医医院等6所公立医院机构规格。对466个事业单位法人完成年度报告公示工作,公示率100%。全年受理党政群机关变更登记22件次,事业单位法人设立登记4件次、变更登记164件次、注销登记12件次。举办2023年市事业单位法定代表人能力素质提升班,提升事业单位法定代表人依法管理水平和公共服务能力。完成年度事业单位法人“双随机、一公开”工作,指导主管加强内部监管,引导事业单位做好自省自查。

【行政体制机制改革】 2023年,市委编办梳理14个方面的县域治理热点、难点、堵点问题,商请12所高校的专家教授,与基层社会治理一线市、镇、村干部,形成具有苏南特色的张家港县域治理现代化改革试点方案初稿。承接苏州市基层管理体制改革质效评估试点工作,将区镇(街道)分为3类进行评价,创新设立“三高六化”评估指标体系(“三高”为高质量发展、高品质生活、高效能治理,“六化”为管理架构扁平化、纵贯横联协同化、经济发展项目化、开发运作市场化、“双引双融”融合化、履职行权模块化),改革质效评估的经验做法得以在苏州全市推广。聚力两个经济发达镇“弱势短板”,组织14个市级部门研究制定20项支持政策,整合两镇下属事业单位设立“综合服务中心”,激发基层干部统筹调配活力。统筹谋划机构编制资源,着力强化开发区经济发展、投资服务、营商环境等主阵地、主战场、主引擎功能,理顺开发区与行政区职责关系。明确保税区、街道有关行业领域安全监管职责,赋予街道与职责相匹配的“人财物”权限。完成市社会矛盾纠纷调处化解中心机构组建和市社会治理现代化指挥中心、市便民服务中心机构整合工作,理顺社会矛盾纠纷调处、指挥调度力量等体制机制。进一步规范市级行政权力运行,对23个市级部门454项行政权力事项进行动态调整,切实加强事中事后监管,促进行政权力公开、公正、规范运行。

【高质量发展绩效管理】 2023年,市委编办围绕2023年度苏州高质量考核51项共性指标,高起点定位综合考核目标,并与全市主要发展指标一同落地转化、责任分解至各板块;组织全市78家机关(单位)纳入绩效考核,梳理形成1266项职能工作指标。围绕“巩固提升全国百强县(市)‘前三甲’位次”的目标定位,整合“GDP及相关支撑指标”赋权考核,量身定制“保税区、经开区确保招引1—2个超100亿元项目,冶金园、高新区至少招引1个超50亿元项目”考核内容,有效带动一批旗舰型大项目签约。综合把握各量化指标特点,采用“综合指数法”或“完成度法”等多维度考核;突出高质量发展导向,对主要发展指标采用加乘系数考核;优化“苏州高质量考核同步加分”条款,完善对上级考核加分项的支撑保障。围绕科学制定目标、加强平时监测通报、强化会议调度服务3个方面建立平时调度机制。通过考核,市检察院等2个党群部门、市卫生健康委员会等16个政府部门、张家港生态环境局等13个垂管单位获评第一等次;市融媒体中心等13个党群部门、市农业农村局等16个政府部门、中国银行保险监督管理委员会苏州监管分局张家港监管组等6个垂管单位获评第二等次;市检验检测中心获评第三等次。

(蒋琳菲)

老干部工作

【概况】 2023年年末,全市有离休干部38人,比上年减13人。全市有离退休干部党组织112个,其中党委1个、党总支2个、党支部109个,离退休干部党员6200余人。年内,市委老干部局启动张家港市离退休干部区域党建共建行动,开展离退休干部党支部星级评定,印发干部荣誉退休工作制度,建立“暨阳银辉”志愿服务工作站、30个老书记(老党员)工作室和14个银发人才工作站。市老干部活动中心被评为江苏省示范性老干部活动中心(室)、张家港市“现代化建设先锋年”先进集体。市冶金工业园(锦丰镇)、市教育局被评为苏州市老干部工作先进集体。市“暨阳银辉”老干部宣讲团被评为苏州市最美老干部志愿服务团队,市“携手画同心”志愿服务项目被评为苏州市最佳老干部志愿服务项目。市委老干部局被《中国老年报》、中国社会工作联合会授予“新时代、新征程、新伟业——学习宣传贯彻党的二十大精神知识竞猜”活动集体组织奖。市鹿苑老干部活动站党支部第二批获评全省“六好”离退休干部示范党支部，市锦丰镇滨江社区老干部支部、经开区（杨舍镇）乘航机关老干部支部、市自然资源和规划局老干部支部3个支部首批获评苏州市“六好”离退休干部示范党支部。格桑曲宗、陶国良、周振中3人首批被评为苏州市“四强”型党组织书记。谢步时被评为苏州市“最美老干部志愿者”，陆玉生报送的《关于张家港市青少年问题的调查报告》入选《苏州市2023年银龄人才智库调研成果汇编》。

【离退休干部党建】 2023年，市委老干部局强化“六有一提升”离退休干部党支部达标创优动态管理，推行“固定活动日”制度，累计组织离退休干部党员主题党日活动160余场。组织老党员线上学习收看全国、全省离退休干部网上专题报告会9场。在全市建成老书记（老党员）工作室30个。3月，组织市老干部艺术团党支部开展“学习二十大，银发看港城”主题党日活动；开展市级机关离退休干部党委党员冬训暨“阅享会”活动，组织“学思践悟二十大，银发先锋在行动”主题党日活动，进行“学习贯彻党的二十大精神趣味有奖知识竞答”，开展“深化强国复兴有我——走基地、看变化、聚力量”沉浸式主题实践活动，组织离退休干部赴常熟市方塔园廉史馆、蒋巷村等处参观学习。4月，召开市级机关离退休干部党委成员单位议事协调联席会议；举行学习贯彻党的二十大精神离退休干部专场宣讲报告会，全市离退休干部党支部书记、市委老干部局全体党员约100人参加；举办全市离退休干部党支部书记培训班，启动市“银发先锋”网络文明素养提升行动，全市离退休干部党支部书记约90人参加；开展2020—2022年度全市离退休干部党支部星级评定暨“六有一提升”达标创优复评，评出“五星级”党支部12个、“四星级”党支部28个、“三星级”党支部47个。5月，启用全市首个市级老党员工作室——“暨阳银辉”老党员工作室，每周定期对外开放，由老党员志愿服务团队和专业志愿者进驻轮流值班，开展各类便民惠民志愿服务。6月，召开全市“暨阳银辉”老干部宣讲团换届暨党支部成立会议。联合高新区（塘桥镇）青龙村开展“廉润初心、清风伴行”党风廉政宣传教育活动。7月，成立市“银发e先锋”志愿服务队，开展网络文明宣讲，传播网络文明。9月起，开展学习贯彻习近平新时代中国特色社会主义思想主题教育；开展“我学我讲二十大”银发书记微党课视频征集展播活动，评出微党课特别奖1个、精品奖4个、策划奖3个、人气奖3个、优胜奖9个、优秀组织奖3个。10月，召开全市离退休干部党建工作议事协调会议，审议通过《张家港市离退休干部区域党建共建行动实施方案》。11月，举行“学思践悟新思想，银发生辉建新功”全市离退休干部主题党日活动；发布全市离退休干部区域党建共建行动，在全市13个区镇（街道）中组建成立4个“银发先锋”离退休干部区域党建共同体；建立完善“荣退+”机制，举办全市市管干部荣誉退休欢迎仪式；举办全省离退休干部党组织书记示范培训班（张家港分课堂），47名离退休干部党支部书记参加；规范离退休干部党员组织关系管理，建立流动党员信息库，成立全市第一个离退休干部流动党员支部——经开区（杨舍镇）花园浜社区“乐龄红雁”流动党支部。12月，组织各区镇（街道）开展“乐龄红雁暖流行动”，集中推出结对走访慰问、建立“一人一档”、送达一封家书、发放暖心礼包等关爱措施，覆盖全市异地流入老党员70余人。

11月1日，市委老干部局举办2023年度张家港市退休市管干部欢迎仪式

（市委老干部局 提供）

【离退休干部精准服务】 2023年，市委老干部局持续实施精准服务提质行动，完善离休干部“一人一策”档案，开展家庭医生、居家养老、适老化改造服务满意度情况调研，收集和帮助解决离休干部困难和需求20余条。健全困难帮扶机制，修订完善离退休干部、遗属生活困难补助规定，发放离休干部及市级老领导困难遗属补助30人。为全市离休干部和市级老领导订阅《银潮》《老年周报》，免费赠阅《张家港日报》和《秋韵》（内刊），发放学习材料，认真落实文件阅读、听报告、参加重要会议和重大活动制度，抓好“两项待遇”落实。做好经常性上门走访慰问、困难遗属帮扶及易地安置离休干部慰问，全年走访慰问310余人次。深化“空巢暖心伴”敬老公益项目，服务空巢独居离休干部96人次。1月，市委书记韩卫通过电话向秦振华等部

分离退休老领导进行慰问；做好新冠感染和重症高峰期离退休干部送药、就医等服务保障。1月至2月，协同市委组织部、市人社局完成离休干部生活补贴补发审批，督促主管单位及时落实离休干部特需费、生活补贴、到龄及时调整高龄护工费等相关待遇。2月至3月，联合市民政局为全市居家离休干部提供“时间银行”互助式养老服务。3月，开展“节日送温暖”走访慰问，为全市离休女干部送上“互助式”养老服务；做好市级老领导两会、情况通报会资料发放。5月，组织市级老领导赴浙江安吉保健疗养。6月，组织离休干部和市级老领导健康体检。7月，举办离退休干部健康体检专家咨询活动。8月，召开2023年上半年度县处级以上离退休干部情况通报会，市委副书记、市长蔡剑峰通报经济社会发展情况及下一步工作打算；开展离休干部“致敬·聚力”暖心行动。9月，结合中秋慰问收集离退休干部微心愿，深化离休干部个性化精准化服务。12月，组织市级老领导参加政府工作报告征求意见座谈会。3月、6月、9月、12月分别组织市级老领导赴南丰镇、大新镇、经开区（杨舍镇）和高新区（塘桥镇）参观考察。

【离退休干部“银发生辉·银龄行动”】2023年，市委老干部局开展“银发生辉·银龄行动”志愿服务，开展“学习二十大助力现代化，银发再出发”12项主题系列活动。组织“暨阳银辉”老干部宣讲团开展“学习二十大、奋进新征程”银发宣讲进基层活动，全年宣讲167场，受众11655人次。3月，举办首届“暨阳银辉”老干部志愿服务培训班，开展“城市守望·银龄同行”志愿服务专项行动；开展“大手牵小手，老少心向党”送文化主题活动，丰富儿童校园生活，增强爱党爱国热情。5月，部署年度离退休干部“银发生辉·银龄行动”计划；开展“科普助发展，银发当先锋”银龄科普行动，12名“暨阳银辉”科普人才走进村、社区，累计开展宣讲21场，受众1000余人。6月，开展“银龄护航助成长——走进鹿苑小学”“浓浓端午情，粽香暖人心”等志愿活动。7月至8月，组织200余名老干部志愿者深入全市189个暑托班开展各类志愿服务；开展“两美一佳”推荐上报，获评3个苏州市“最美系列”奖项。9月，开展“空巢暖心伴——致敬·聚力”志愿活动，组织低龄老干部慰问离休干部；建好用好“暨阳银辉人才库”，新挖掘银发人才27人；开展助力“全国科普”活动，推出11个科普课题，联合市科协开展银龄科普专项行动。11月，启动全市首批14家银发人才工作站；开展“话传统、谈复兴、聚力量”专题调研，形成调研文章12篇；组织老干部老专家代表团赴新疆巩留开展对口支援活动；建立“暨阳银辉”志愿服务工作站，新增医疗健康、心理咨询及家庭教育、公益摄影、网络安全等4个专业志愿服务团队；推出“理想暨阳”“银龄护航助成长”“银龄智助”“空巢暖心伴”“衣暖情深”等首批5个特色志愿服务项目。

【离退休干部文体活动】2023年，市委老干部局组织老干部开展各类文体活动40余次，活动人数近6000人次。开办老年大学老干部班6期，招收学员102名。举办首届“暨阳银辉”乐龄文体艺术节，市、镇两级联动开展文体活动项目26项，参与离退休干部2000余人次。2月，组织老干部摄影学会离退休干部走进香山梅园，启动“学习二十大，光影颂党恩”摄影采风活动。3月，在大新镇新时代文明实践所举办“唱响二十大，‘艺’起再出发”市首届“暨阳银辉”乐龄文体艺术节开幕式暨老干部文艺巡演；邀请吴中区老干部象棋队到市进行友谊交流比赛；组织老干部书画协会志愿者赴初心广场开展“银发生辉”老干部志愿服务活动，现场创作并赠送书画扇面、卷轴作品50余幅，赠送题字书签100余张；举办“学习二十大，乐龄展风采”老干部乒乓球邀请赛，老干部乒乓球队、老年活动中心乒乓球队、退教协会乒乓球队、花园浜社区乒乓球队等5支队伍50余名离退休干部受邀参赛。4月，承办“学习二十大、奋进新征程”2023年苏州市老干部台球友谊赛；组织市老干部书画协会一行10人赴江阴市开展书画交流学习；组织老干部摄影精彩作品观摩会。5月，与政协联谊会联合组织离退休干部开展象棋友谊交流活动。6月，组织老干部乒乓球队员赴苏州市第二工人文化宫参加“银发展风采，健康伴我行”苏州市老干部乒乓球友谊赛，张家港市老干部代表队获团体赛亚军；组织为期3天的智能手机摄影培训班，40余名离退休干部参加；组织离退休干部参加苏州市老干部书画交流；举办摄影专题讲座。9月，与市人力资源和社会保障局联合组织市级机关离退休干部开展益智棋牌比赛，70余名离退休干部参加；组织市老干部摄影学会赴常熟开展摄影采风及参观活动；举办“礼赞二十大，晚霞展风华”全市老干部诗歌朗诵会；组织参加苏州市“银发助力中国式现代化苏州新实践”离退休干部书画展。10月，举办2023年全市老干部门球邀请赛，全市12支门球代表队100余名运动员参加；邀请苏州市老干部乒乓球队与张家港市老干部乒乓球队进行友谊交流比赛，20余名老干部参赛；举办全市老干部欢庆“老年节”趣味游园会；邀请苏州市老干部乒乓队交流活动；组织参加苏州市老干部健身舞展演活动。11月，组织市老干部艺术团一行20余人赴市优居壹佰养老公寓进行慰问演出；组织市老干部艺术团参加“张闻明”之歌——张家港市群众合唱大赛总决赛。12月，组织市老干部摄影学会一行20余人赴德积街道永兴村和朝南村开展采风活动；组织老干部书画协会参加全市春联展。

（施翠萍）

关心下一代工作

【概况】2023年，全市有关心下一代工作委员会（简称关工委）组织778个，其中区镇（街道）11个、社区（村）247个、教育系统94个、民企系统409个、市级机关和系统17个。从事关工工作的“五老”（老干部、老战士、老专家、老教师、老模范）及志愿者4743人。3月2日，市委办下发《关于建立市关工委成员单位联席会议制度的通知》文件，明确召集人和成员单位，并于4月19日首次召开市关工委成员单位联席会议，明确成员单位工作职责，形成党建带动、部门联动、关工委主动的工作格局。4月9日，市委办、市府办印发《关于加强新时代关心下一代工作委员会工作的实施意见》的通知，明确新时代关工委工作的总体要求、重点任务和组织实施办法。年内，由苏州市和张家港市两级财政提供资金，全市对主题教育宣讲员、校外教育辅导员、网吧义务监督员和结对帮教帮扶员等优秀“五老”志愿者以“以奖代补”形式给予工作补贴，全市200名“五老”志愿者每人获500元补贴；由张家港市财政局提供资金，对假期到校外教育辅导站志愿服务、经考核优秀的162名在职教师给予“以奖代补”津贴共55900元。市农业农村局系统各有关单位继续推进“三扶两创一促进”工作，组织138名离退休农业技术专业人员指导农民创新创业，全年开展各类新型职业农民培训8期，受众300余人次。“五老”指导培育320名农业科技示范户、120名基层农技推广人。做大做强“张小农”党建服务品牌，市关工委、农业农村局、教育局联合授牌张家港市第一批“十大农业科普研学基地”，开展“张小农”进社区、进田间课堂9次，组织700余名青少年参加田间劳动实践。市市场监督管理局和保税区市场监督管理局落实“党建带关建”工作机制，加强外卖配送行业党的建设和关心下一代工作，制定《张家港市“文明骑手”评选标准细则》并开展劳动和技能竞赛，组织开展“关爱工作进企业”现场会，开设青工讲坛、工匠论坛，弘扬新时代工匠精神，继续培育永钢集团等9家关心下一代工作示范企业。“张家港关工委”微信公众号每周发布工作信息，市关工委网站全年发稿1600篇，被苏州关工委网站录用576篇，被江苏少年网录用99篇，在《薪火》杂志发表《紧扣立德树人 抓实主题教育》等4篇文章，被中国火炬公众号《今日关工事》录用图片新闻76条。月刊《关工简讯》全年刊发稿件518篇，市关工委获评2023年《中国火炬》宣传工作标兵单位。

【“老少心向党，奋斗新征程”主题教育】3月10日，市关工委与市文明办、市教育局、团市委、市妇联联合下发《关于在全市开展“老少心向党，奋斗新征程”主题教育活动暨“五心”教育实践活动的通知》，全市各级关工委通过组织“五老”宣讲党的二十大精神、开展红色基地走访活动，开展“心怀梦想、心想成才、心有文明、心愿劳动、心系苏州”教育实践活动、老少同台演讲比赛、“我是强国小主人”主题征稿等多形式活动，推进主题教育深入开展。全年举办主题教育培训班64期，参加培训1993人，组织“五老”宣讲员447人，编写宣讲材料396篇，开展宣讲469场，受众11.5万人次。市关工委连续5年编写《主题教育宣讲稿选编》作为基层关工委和“五老”宣讲参考材料。全年有548名“五老”和中小学生参加省市老少同台演讲比赛活动，开展演讲、征文、寻访等活动477场，参与活动青少年12.2万人次。有186件作品在省“我是强国小主人”主题征稿中获奖，杨舍镇选送的《我们的芳华》在苏州老少同台展演中获一等奖，市关工委获“苏州市主题教育活动暨‘五心’教育实践活动”征稿组织奖。

【校外教育辅导站建设】2023年年末，全市有校外教育辅导站339家、电子阅览室176个，有电脑1063台。3月13日，市关工委联合市农业农村局、市教育局通过自主申报、专家评审，遴选出11个农业科普研学基地作为市校外教育辅导总站的第二批实践基地进行挂牌。11月，在对原80家示范辅导站进行现场调研的基础上，市关工委、市文明办、市教育局联合下发《全市校外教育辅导站优质化建设情况通报》，对在优质化建设中取得显著成绩的33家校外教育辅导站进行通报表扬。全市有校外教育辅导员4316人，其中“五老”1520人、在职教师1382人、其他志愿者1414人。各辅导站利用双休日和寒暑假，通过校站结合、与新时代文明实践所（站）、党群活动中心等阵地共用、活动共办、资源共享的办法，促进校外教育辅导站活动的常态高效发展。全市校外教育辅导站全年开展各类主题教育、才艺拓展、文体娱乐等活动5838次，参加学生超过12万人次。在省市关工委开展的校外教育辅导站优秀活动视频评比中，凤凰镇湖滨社区校外教育辅导站拍摄的《非遗“童”传承，文化“心”弘扬》获2023年全省校外教育辅导站优秀活动视频二等奖。省关工委奖励凤凰镇湖滨社区校外教育辅导站和大新镇大新社区校外教育辅导站各1万元，苏州市关工委奖励杨舍镇校外教育辅导中心站4万元。

【青少年法治教育】2023年，市关工委与文明办、政法、教育等部门配合，深入推进全国第五届“关爱明天·普法先行”青少年普法教育。暑假期间，市关工委联合市文明办、市法宣办、市教育局组织开展以《中华人民共和国民法典》为主要内容的知识竞赛活动。全市1.3万名中小学生和家长上网学习相关知识并参与答题，市关工委择优收集854份答卷进行评分，杨舍镇关工委等14个单位获优秀组织奖，赵梓墨等154名学生获优胜奖。市政法系统通过举办模拟法庭思政课大赛、“法爱护航”法治教育进校园、“法治港湾·守护未来”等普法活动，增强青少年法治意识，共创法治校园。全市有127名“五老”兼任法治副校长，建有法治教育报告团56个，有“五老”法治宣讲员360人，全年宣讲620余场，参与青少年22.6万人次。全市各基层关工委加强对“五失”（失足、失业、失亲、失管、失学）重点青少年帮教工作，建有“五老”关爱工作站251家，建立重点青少年帮教小组122个，参加帮教的“五老”430人，99名帮教对象中，70名有明显转化，转化率77.7%。各级关工委把困境家庭和孤贫残困境儿童作为关爱重点，全年筹集助学助困资金515万余元，扶贫助学1180人。各基层关工委组织180余名“五老”义务监督员，对全市120余家网吧等文化娱乐场所常年进行义务监督，防止未成年人进入网吧。至年末，12名“五老”被评为张家港市优秀文化市场义务监督员。

（陆玉生）

党　校

【概况】 2023年，市委党校着力打造红色、活力、智慧、人文、竞先、书香“六个党校”，全年举办张家港市领导干部学习贯彻党的二十大精神集中轮训班、主题教育领导干部读书班、全国村党组织书记和村委会主任视频培训班、2023年全国新录用公务员初任培训班、第四届市委选调生培训班等各类培训班79期，培训学员3.7万人次。依托苏州市新时代基层理论宣讲名师（张家港）工作站、“红色理论大篷车”宣讲团等阵地载体，面向全市基层党组织和党员、群众开展理论宣讲，累计306场，受众2.2万人次。利用“微党校”微信公众号，围绕习近平新时代中国特色社会主义思想、党的二十大精神、习近平考察江苏重要讲话重要指示精神等主题，结合党员冬训、主题教育要求，制作并发布“红色系列”之“红色随声听——港城市情问答”音频微党课12期、《学习进行时：红色领航》视频微党课12期。其中“红色随声听——港城市情问答”项目获评2023年度张家港社科普及创新引导扶持项目。发挥党校智库作用，聘请25名特聘专家、特约研究员组建“党校红色智库平台”，出版《前沿观察》（理论季刊）4期，上报《咨政专报》8期，其中1期获江苏省委常委、苏州市委书记曹路宝批示，4期获市委书记韩卫，市委副书记、市长蔡剑峰批示。全年立结项江苏省社科联、江苏省委党校等各级各类课题29个，在《苏州日报》刊发理论文章18篇，在江苏省委党校工作通讯等发表论文8篇。1名教师获得苏州市“众说学习：我是冬训主讲人”优秀视频评选一等奖，1名教师被评为“第四批苏州市基层理论宣讲名师”。年内，以第一等次通过苏州市县级市（区）党委党校办学质量评估，办学治校成效被苏州市委党校常务副校长杨军批示肯定。

【党校红色智库平台建设】 6月16日，市委党校召开智库平台建设座谈会，邀请市委办、市政府办、市科技局、市农业农村局、市商务局、市社科联、市法学会等部门相关领导为党校智库平台建设出谋划策。10月12日，市委党校举行“党校红色智库平台”启动仪式暨特聘专家、特约研究员聘任活动，市委副书记、政法委书记、党校校长邵军民，苏州市委党校副校长方伟出席。会上，邵军民围绕党校新型智库的科学化、创新化、品牌化建设提出具体要求。方伟以“如何发挥党校智库作用，提升决策咨询能力”为题做辅导讲座。市委党校常务副校长吴彦刚宣读《关于聘请“党校红色智库平台”特聘专家、特约研究员的决定》，并为特聘专家、特约研究员代表颁发聘书。“党校红色智库平台”建立后，坚持围绕中心、服务大局，从“完善顶层设计，优化制度建设”“强化创新争先，赋能咨政能力”“拓展工作外延，提升科研张力”等方面入手全力推进党校智库高质量发展。

【宪法和人民代表大会制度教育基地挂牌】 11月14日，市委党校与市人大联合举办市人大常委会“人民代表大会制度专题讲座”暨市委党校2023年“崇学信行·红色讲坛”公益讲座（第三期）活动。会上，市人大常委会主任、党组书记王亚方与市委党校常务副校长吴彦刚共同为“宪法和人民代表大会制度教育基地”揭牌，王亚方以“深入学习贯彻习近平总书记关于坚持和完善人民代表大会制度的重要思想，全力打造践行全过程人民民主县域典范”为题做辅导报告，推动习近平总书记关于坚持和完善人民代表大会制度的重要思想等内容进入市委党校主体班次教学计划和培训班课堂。

【首个外市“中青班”承办】 11月9日至28日，市委党校历史上首个外市“中青班”——启东市“东疆菁鹰”集训班举行。该班学员由启东市市级机关各部门、各镇（园区、街道）年轻科级领导干部、后备干部组成，共计38人。培训班围绕马克思主义基本理论、党性教育、张家港市情、干部能力提升四大专题设计教学方案，安排“习近平新时代中国特色社会主义思想”“新时期要不断提高领导干部的政治判断力、政治领悟力、政治执行力”“张家港精神的新时代价值”等互动教学课和永联村、沙洲优黄文化产业园、沙家浜党性教育基地、苏州工业园区等现场教学课，并设置无领导小组讨论、学员论坛、辩论赛、演讲比赛等多种教学形式。

（丁志宏）

10月12日，“党校红色智库平台”启动仪式举行　　（市委党校　提供）

史 志

【概况】 2023年，市委史志办加强红色资源保护利用，指导全国红色美丽村庄建设试点老圩村党史布展工作，推荐双山岛渡江胜利公园获评全省“老区精神教育基地”，牵头完成《关于推动老圩村深化红色美丽村庄建设的调研报告》；推荐谢恺烈士故居、红色新沙洲党史教育展览馆创建成第二批苏州市党史教育基地，全市累计有省党史教育基地1家、苏州市党史教育基地7家；完成《苏州红色文化资源手册》条目编写以及“张家港红色资源的保护与利用研究”社科课题研究；与市民政局等联合评选公布首批红色地名，全市累计有省红色地名1个、苏州市红色地名7个、张家港市红色地名15个。编纂《张家港纪事（2023）》作为会议材料在全市两会发放。与市科协联合编纂发行《张家港院士》，配合市政协文化文史委编纂以水历史文化为主题的《江河张家港》，完成中央文明办《新时代社会主义精神文明建设概论》及《苏州全书》相关内容、《中华人民共和国年鉴》《江苏年鉴》《江苏新方志提要》《苏州年鉴》《苏州党史纪事》等张家港部分内容编纂。市委史志办获评全省地方志系统政务信息报送优秀单位、全省方志文化宣传优秀组织单位。

【党史征编】 年内，市委史志办推进党史正本编纂，开展《中国共产党张家港历史（第三卷）（1978—2012）》精编，编纂经验在全省新时代党史工作暨党史“三卷本”培训班上作交流。深化口述史研究，《岁月留声——张家港市乡镇企业口述资料集》于4月发行，是出版的第四卷口述历史研究成果，年末获2023年省档案文化精品奖史料汇编类三等奖。同时，加强党史类资料审读把关，先后为市新四军研究会编纂的《张家港英烈传》、大新镇口述史《中山村弹簧精神》等审稿；协助张家港籍革命人物、原福建省委书记许亚后人到市走访座谈，征集《从苏沪到八闽——许亚奋斗足迹》资料并配合开展相关篇目审稿。

【志书编纂】 年内，围绕《张家港市深化镇村志编纂文化工程实施方案》，市委史志办突出镇村亮点，加强服务指导，推动续修的《凤凰镇志》开展复审后修改，《冶金工业园（锦丰镇）志》完成初审，特色岛志《双山岛志》完成纲目制定和撰稿培训，《牛桥村志》《魏庄村志》出版，《新塍村志》《高桥村志》修改完善进入出版社审稿，《韩山村志》通过终审。至年末，全市累计编纂出版镇级志书28部、村（社区）志57部，在编区镇志4部、村（社区）志10部，其中《南丰镇志（2000—2017）》在全省镇村志质量评定中获奖。推进部门志、专业志、特色志编纂，累计出版22部，其中《张家港妇联志》在三八国际妇女节出版，《张家港市机关事务管理志》《张家港市供销合作社志》启动编纂，《沙钢志》完成编纂。

【年鉴工作】 12月，《张家港年鉴（2023）》由方志出版社出版发行。全书突出年度特点、时代特色，卷首彩页突出“创新转型、协同联动、文明善治和共同富裕”主题以及新时代十年现代化建设成就；卷末展示“张闻明”志愿服务展示交流中心，反映精神文明建设成果。专记设置《张家港市综合实力连续列全国县市前三》《张家港市首批获评国家创新型县（市）》《中国式现代化的县域探索》《三年抗疫纪实》，根据新形势新特点，纲目和内容作较大调整。年内，市委史志办协调推动大新镇开展年鉴编纂工作，保税区（金港、后塍、德积街道）、经开区（杨舍镇）做好启动编纂的各项准备，其余5个建制镇年鉴及村级《永联年鉴》完成年内连续出版。年末，《张家港年鉴（2022）》获评全省一等年鉴，张家港成为全省唯一连续九届获省级年鉴评比最高奖项的单位；《冶金工业园（锦丰镇）年鉴（2022）》《凤凰年鉴（2022）》《永联年鉴（2022）》获评苏州市优秀镇村年鉴。

【省史志馆联盟县级试点启动】 2023年，市委史志办联合全市区镇（街道）、部门、企业、学校、村（社区），组建由56个成员单位组成的“盟以养正”市史志馆联盟，构建起四级史志教育场馆。2月23日，江苏省史志馆联盟·县级试点张家港市启动仪式暨苏州方志文化大讲堂走进张家港活动在国贸酒店举行。市史志馆、香山历史文化展示馆、永联展示馆等8个单位代表史志馆联盟成员单位获授牌，张家港保税区、经开区（杨舍镇）等8家新时代文明实践所代表全市9个新时代文明实践所和159个实践站获赠书，现场发布史志馆联盟倡议书，市青少年史志教育馆作为联盟成员代表作交流发言。5月16日，张家港市在全省史志馆联盟试点工作现场观摩会上作交流发言。全年先后在沙洲大厦、鹿苑文化中心、乐余文化中心开展史志馆建设巡展，组织史志馆联盟“馆长说”系列短视频征集活动，有22家场馆参与。《江苏方志动态》第11期刊发张家港专刊，张家港市委、市政府主要领导分别在专报上作出批示，并获全市宣传思想文化工作创新奖。“张家港市史志馆联盟：多级联动传文脉，涵养正气促发展”项目获评2023年度全省市县地方志特色创新项目（一等）。

【“史志文化进万家”活动】 2023年，市委史志办开展“史志文化进万家”社科普及活动，先后向追梦学堂、沙洲湖源书房、凤凰镇人大农文体旅融合工作站等基层单位赠送史志书籍5000余册，在市委办建立地情资料馆。组织“学党史、知地情、爱家乡”志愿者，赴村（社区）、学校、新时代文明实践站（所）开展宣讲60余次。弘扬伟大建党精神，组织理论宣教示范项目“赓续红色血脉”党史图片展。3月至5月，在张家港博物馆打造冬训实境课堂——“延安精神，永放光芒”主题展览，3000余名党员干部群众参观展览；4月至7月，“红旗渠精神永在”流动图片展在博物馆大厅展出，8月至11月在全市11处巡展，服务观众3.5万人次。配合省地方志办、省广播电视总台拍摄发布江苏省情

3月9日，张家港中等专业学校学生参观“延安精神，永放光芒”图片展

（市委史志办　提供）

影像志《乡土江苏》凤凰篇——《吴歌之乡，甜蜜凤凰》，协助凤凰镇纳入首批江苏省情系列影像志展播名录。11月28日在省广播电视总台举行的《江苏省情影像志》开播仪式上，凤凰镇被授予纪念奖牌。利用“张家港史志”微信公众号，市委史志办全年推送各类文章159篇，开设网络文化季“新时代十年”“毋忘国耻”“传承中华优秀传统法律文化丨港城法治典故”等系列连载，获评全市落实网络安全工作责任制先进单位，“新时代十年”系列连载获评全市深化网络文明建设项目，《乐余二股脷》等推文阅读量突破1.4万人次。推进数字化建设，完成61部志鉴书籍数字化制作。

（史　志）

档　案

【概况】 2023年年末，全市有综合档案馆1个，馆藏档案698068卷、884398件，资料18284万册。全市有城建档案馆1个，馆藏档案145328卷；镇（村）级档案馆7个，馆藏档案461772卷、2096376件。全市有档案研究馆员2人、副研究馆员15人、馆员91人。市档案馆聚焦档案宣教，开展以“奋进新征程，兰台谱新篇”为主题的第16个“国际档案日”系列宣传活动。围绕“档案传家、文明新风”主题，打造家庭家风档案研学路线，完成“一镇一品”家庭家风研学档案点位26个。成立“红色故事”宣讲团，开展“最美红色家庭档案”评比会、展示分享会。推出“档案传家·文明新风”“红色印记·薪火相传”等档案里的思政课，“档案服务农村基层社会治理课程”获评苏州市档案业务精品课程二等奖。4篇论文在国家级、省级刊物上发表。

【档案保管利用】 2023年，市档案馆接待查档9027人次，提供档案利用15171卷件次。全年依托全国档案查询利用服务平台提供34例异地查档，依托江苏省政务外网民生档案便民服务平台提供10例异地查档，接收地情资料75册，新增报纸89盒、杂志295册。至年末，馆藏资料共18331册，其中地情资料3157册、报纸7550册、杂志4971册、图书2653册。

【档案征集编研】 2023年，市档案馆征集钱昌照、陈泾、长江文化节、家谱等档案资料397件、40卷。图片中心收集和整理市、镇机关形成的各类图片4060张，提供利用1235张。编印《见证：张家港1962—2022》，与市退役军人事务局联办“致敬！最可爱的人”红色档案主题展。举办“走近档案，传承记忆”暑期实践活动。开发“追寻记忆，续写华章”主题档案文创产品5类。通过市级社科普及示范基地复评。“沙洲蝶变·甲子回眸——庆祝张家港建县（市）60周年”城市记忆图片展获2023年度全省档案文化精品奖类三等奖。

【档案监督指导】 2023年，市档案馆加强江苏省档案检查评价办法的宣传贯彻。指导永卓控股、圣汇装备等企业建立企业档案制度和档案管理标准体系。对市79家机关、企事业单位和13家区镇（街道）开展档案工作年度评价。开展2次“双随机、一公开”档案专项执法检查。分批开展机关档案“三合一”制度审查工作，完成50余家单位文件材料归档范围和档案保管期限表编制、审查。推动重点建设项目档案管理规范化，对晨丰公路（港华路——干河西）快速化改造工程档案进行专项验收。完成“一办九组”成员单位疫情防控档案归档，形成纸质文书档案2147件、照片档案7册302张、音视频档案11件、实物档案1件。

【档案信息化建设】 2023年，市档案馆开展“张家港移动端手机App查档及电子出证系统项目”相关工作，至年末，点击量达到3.6万人次，电子出证1520人次。市级新增信息化业务系统数据电子归档要求列入《张家港市级信息化项目管理办法》。与市大数据局合作，部署RPA软件机器人对馆藏档案数据开展相关数据治理工作。推进民生档案共享平台增点扩面工作。年内对共享数据库进行扩容，新增3个档案类型、共享档案数据约100万条，查询点位增至185个，全年平台点位提供查档服务6339人次，2022卷件次。圆满完成“多领域原生电子文件归档应用研究”及“新时代乡村档案治理体系和治理效能提升的探索研究”2项国家档案局科技项目验收工作。

（倪乾航）

【编辑　黄宏庆】

张家港市人民代表大会

Zhangjiagang Municipal People's Congress

1月3日，市十五届人大二次会议开幕　（市人大办　提供）

综　述

重要会议

法律监督

执法检查

视察调研

代表工作

综 述

2023年，张家港市人大常委会推进“四个机关”建设，不断推动新时代人大工作创新发展。全年召开常委会会议8次、主任会议11次，听取和审议“一府一委两院”等工作报告30余项，做出《关于批准张家港市2022年度财政决算的决议》《关于批准张家港市2023年地方政府新增债券预算安排的决议》《关于批准张家港市2023年财政预算调整的决议》等决议、决定和审议、评议意见22项，组织调研、视察、执法检查等活动80余次，依法任免国家机关工作人员83人次。依法做好信访案件的转办、交办、督办工作，全年处理人民信访46件次。

【人大代表及组织机构】 2023年年初，市十五届人大有代表374人。年内，有4人因工作变动等原因，不再担任该届人大代表。根据《中华人民共和国全国人民代表大会和地方各级人民代表大会选举法》和《中华人民共和国地方各级人民代表大会和地方各级人民政府组织法》有关规定，补选市人大代表5人。至年末，市十五届人大有代表375人，其中杨舍镇88人、塘桥镇37人、锦丰镇43人、乐余镇30人、凤凰镇26人、南丰镇22人、大新镇14人、常阴沙现代农业示范园区10人、金港街道38人、后塍街道22人、德积街道18人、市级机关27人。张家港市有市、镇两级人民代表大会8个，其中镇人民代表大会7个。各级人大代表1177人，其中在张家港的全国人大代表2人、省人大代表5人、苏州市人大代表70人、张家港市人大代表375人、镇人大代表725人。张家港市第十五届人民代表大会常务委员会有组成人员39人，其中主任1人、副主任4人、委员34人。设有法制委员会、财政经济委员会、监察和司法委员会、社会建设委员会4个专门委员会；内设办公室（研究室）、人事代表联络工作委员会、监察和司法工作委员会、财政经济工作委员会、城建环保工作委员会、教科文卫（外事民宗侨台）工作委员会、农业农村工作委员会7个工作机构。

【人事任免】 2023年，张家港市人大常委会坚持党管干部和人大依法任免相统一的原则，进一步规范人事任免程序，促使被任命干部强化人大意识、法治意识和责任意识，增强人大人事任免的规范性和严肃性。依法任免国家机关工作人员83人次，其中包括市人大常委会工作人员20人次、市十五届人大常委会代表资格审查委员会组成人员5人次、市政府工作人员7人次、市监察委员会工作人员5人次、市人民法院工作人员37人次、市人民检察院工作人员9人次。任命卞玉芳等276人为市人民法院人民陪审员。接受辞去张家港市第十五届人民代表大会代表职务3人。接受辞去张家港市人民法院院长职务1人。

【人大自身建设】 2023年，市人大常委会起草《市人大常委会党组及机关关于深入开展学习贯彻习近平新时代中国特色社会主义思想主题教育的实施方案》，推动主题教育走深走实。成立市人大常委会机关党组，完善市人大机关党总支及各党支部组织设置、阵地建设、制度建设。把贯彻落实省委14号文件作为建设党和人民满意的“四个机关”重要抓手，研究制定整改工作方案，围绕提升监督质效、优化代表工作、加强自身建设等方面提出整改举措，不断完善人大组织制度和工作机制。通过与苏州市人大常委会机关妇联、吴中区人大常委会机关开展结对共建活动，不断增强机关工作活力。在保税区试点建立人大代表联席会议工作制度，把联席会议的资源优势转化为促进开发区创新发展的持续动力。

【代表建议与检察建议衔接转化工作机制启动】 为落实全过程人民民主融入检察履职各环节，7月25日下午，市人大常委会与市检察院举行“人民检察院人大代表联络站”揭牌暨代表建议与检察建议衔接转化工作机制启动仪式。活动现场为“人民检察院人大代表联络站”揭牌，为11名人大代表“检察建议督导员”颁发聘书。代表建议与检察建议衔接转化工作机制是指市人民检察院从代表建议中发掘案件线索，转化为检察建议进行案件化办理。市人大常委会从检察建议中梳理出能够运用人大监督，通过代表建议形式合力推动系统治理、更好维护人民群众根本利益的对策建议，实现代表建议与检察建议相互衔接转化，切实解决老百姓关心关注的热点难点问题，推动人大监督与检察监督达成“双赢多赢共赢”目标。至年末，依托“双建议”衔接转化工作机制，实现代表建议与检察建议衔接转化3份，其中机动车“炸街”噪声污染整治情况作为典型案例受到江苏省委政法委关注肯定。

7月25日，人大代表建议与检察建议衔接转化工作机制启动仪式举行

（市人大办 提供）

表 1　　2023年张家港市人大常委会任免"一府一委两院"及人大机关人员情况表

时间	会议	任免情况
2月14日	市十五届人大常委会第十一次会议	任命沈坚为市人民法院经济技术开发区人民法庭庭长，任命黄海燕为市人民法院塘桥人民法庭庭长，任命陈振振为市人民法院金港人民法庭庭长，任命刘志东为市人民法院凤凰人民法庭庭长；免去沈坚市人民法院刑事审判庭庭长职务，免去黄海燕市人民法院清算与破产审判庭（执行裁判庭）庭长职务，免去陈振振市人民法院凤凰人民法庭庭长职务，免去刘志东市人民法院金港人民法庭庭长职务，免去吴丹市人民法院经济技术开发区人民法庭庭长职务
3月20日	市十五届人大常委会第十二次会议	任命李军为市人民法院审判委员会委员、清算与破产审判庭（执行裁判庭）庭长，任命林爽为市人民法院审判委员会委员、刑事审判庭庭长，任命叶玉为市人民法院审判委员会委员、行政审判庭庭长，任命宋会谱为市人民法院锦丰人民法庭副庭长，任命陈静超为市人民法院少年及家事审判庭副庭长，任命陶萍为市人民法院立案庭（诉讼服务中心）副庭长，任命曾宪佳为市人民法院民事审判第一庭副庭长，任命缪春霞为市人民法院知识产权审判庭（道路交通事故审判庭）副庭长，任命刘运义为市人民法院清算与破产审判庭（执行裁判庭）副庭长，任命杨勇、郑莉、徐晶、盛敏为市人民检察院检察委员会委员；免去林爽市人民法院刑事审判庭副庭长职务，免去叶玉市人民法院行政审判庭副庭长职务，免去宋会谱市人民法院民事审判第一庭副庭长职务，免去陈静超市人民法院民事审判第二庭（金融审判庭）副庭长职务，免去石松林市人民法院知识产权审判庭（道路交通事故审判庭）庭长职务，免去樊逸峰市人民法院凤凰人民法庭副庭长职务，免去邓根保市人民检察院检察委员会委员、检察员职务
5月23日	市十五届人大常委会第十三次会议	接受朱劼纯辞去张家港市人民法院院长职务的请求，任命刘东兴为市人民政府副市长，任命沈浩为市农业农村局局长，任命何开元为市人大常委会办公室副主任，任命潘健为张家港经济技术开发区监察工委主任，任命孙一鸣为市人民法院副院长、代理院长、审判委员会委员、审判员，任命杨志刚、孙惠芳、陈观龙、夏立新、戴艳为市十五届人大常委会代表资格审查委员会组成人员；免去沈晓波市农业农村局局长职务，免去周凯燕市人大常委会办公室副主任职务，免去吴卫中张家港经济技术开发区监察工委主任职务
7月28日	市十五届人大常委会第十四次会议	任命陆洲为市人大常委会人事代表联络工作委员会副主任，任命孙晓萍为市人大常委会城建环保工作委员会副主任；免去陆洲市人大常委会财政经济工作委员会副主任职务，免去李锦华市人大常委会人事代表联络工作委员会副主任职务，免去朱劼纯市人民法院审判委员会委员、审判员职务
8月30日	市十五届人大常委会第十五次会议	免去徐培科市监察委员会委员职务
11月28日	市十五届人大常委会第十七次会议	任命李建刚为市人大常委会研究室主任，任命邵浒为市应急管理局局长，任命陈强为张家港经济技术开发区监察工委副主任，任命施沈东为市人民法院民事审判第一庭副庭长，任命陈新为市人民法院民事审判第二庭（金融审判庭）副庭长，任命黄汇慧为市人民检察院检察员，任命卞玉芳等276人为市人民法院人民陪审员；免去陈国庆市应急管理局局长职务，免去周国忠张家港经济技术开发区监察工委副主任职务，免去施沈东市人民法院民事审判第二庭（金融审判庭）副庭长职务，免去陈新市人民法院民事审判第一庭副庭长职务，免去陶萍市人民法院立案庭（诉讼服务中心）副庭长职务，免去季建华市人民法院清算与破产审判庭（执行裁判庭）副庭长职务，免去袁斌市人民法院知识产权审判庭（道路交通事故审判庭）副庭长职务，免去周骐市人民检察院检察员职务
12月29日	市十五届人大常委会第十八次会议	接受黄亚平辞去市人大监察和司法委员会主任委员职务的请求，接受钱云华辞去市人大社会建设委员会主任委员职务的请求，接受马春青、丁峰、范颖飞辞去张家港市第十五届人民代表大会常务委员会代表职务的请求，任命曹跃飞、张艳丽为市人大社会建设委员会副主任委员，任命张惠锋为市人大常委会金港街道工委副主任（兼），任命徐红为市人大常委会后塍街道工委副主任（兼），任命黄晓旻为市人大常委会德积街道工委副主任（兼），任命何一雷为市医疗保障局局长，任命詹慧、钱莉为市人民法院审判员，任命王志为市人民检察院检察员；免去秦真智市医疗保障局局长职务，免去陆建忠市人民法院副院长职务

（王乙舒）

重要会议

【市十五届人民代表大会第二次会议】 1月3日至5日召开。应到代表374人，3日下午第一次全体会议实到330人，4日下午第二次全体会议实到325人，5日下午第三次全体会议实到321人。会议听取和审议市人大常委会工作报告、市人民政府工作报告、市人民法院工作报告、市人民检察院工作报告，审议张家港市2022年国民经济和社会发展计划执行情况与2023年国民经济和社会发展计划草案的报告，批准2023年国民经济和社会发展计划，审议张家港市2022年财政预算执行情况和2023年财政预算草案的报告，审查和批准2022年财政预算执行情况的报告和2023年财政预算，票决2023年张家港市人民政府民生实事项目。会议以无记名投票方式，补选杨志刚为市十五届人大常委会副主任，孙惠芳、陈观龙、夏立新、翟梓均、戴艳为市十五届人大常委会委员。补选周晓东为市人民检察院检察长。新当选人员进行宪法宣誓。会议以举手表决方式通过《关于政府工作报告的决议》《关于张家港市2022年国民经济和社会发展计划执行情况与2023年国民经济和社会发展计划的决议》《关于张家港市2022年财政预算执行情况和2023年财政预算的决议》《关于张家港市人大常委会工作报告的决议》《关于张家港市人民法院工作报告的决议》《关于张家港市人民检察院工作报告的决议》《关于“加快农房翻建进程，打造港城特色和美乡村”议案的决议》。此次会议收到代表议案1件，代表建议、批评和意见128件，其中城市建设管理方面32件、交通水利方面12件、民生保障方面20件、科教文卫方面19件、“三农”方面12件、财政金融方面4件、工业经济方面9件、生态环保方面4件、三产服务业方面2件、政法公安方面6件、其他方面8件。

【市十五届人大常委会会议】 年内，市十五届人大常委会召开常委会会议8次。

第十一次会议　2月14日召开。审议有关人事任免事项。审议市人大常委会2023年度工作要点和工作安排。听取和审议市人民政府关于《张家港市国土空间总体规划（2021—2035年）》编制情况的报告。

第十二次会议　3月30日召开。审议有关人事任免事项。审议《张家港市人大常委会2023年工作评议实施方案（草案）》。听取和审议市人民政府关于全市环境状况和环境保护目标完成情况的报告。

第十三次会议　5月26日召开。审议有关人事任免事项。审议市十五届人大常委会代表资格审查委员会组成人员名单（草案）。听取市信访局、市住建局、市教育局、市审计局、市自然资源和规划局工作情况报告，进行工作评议。

第十四次会议　7月28日召开。审议有关人事任免事项。听取和审议市人民政府关于2022年度财政决算的报告，听取市人民政府关于2023年上半年财政预算执行情况的报告，听取和审议市人民政府关于2023年地方政府新增债券预算安排的报告。听取和审议市人民政府关于2022年度财政预算执行及其他财政收支的审计工作报告。听取和审议市人民政府关于2023年上半年国民经济和社会发展计划执行情况的报告。听取和审议市人民政府关于贯彻实施《中华人民共和国社区矫正法》情况的报告。听取和审议市人民政府关于“八五”普法规划落实情况的报告。听取和审议市人民政府关于贯彻实施《中华人民共和国科学技术进步法》《江苏省科学技术进步条例》情况的报告。

第十五次会议　8月30日召开。审议有关人事任免事项。听取和审议市人民政府关于贯彻实施《江苏省农村集体资产管理条例》情况的报告。听取市信访局、市住建局、市教育局、市审计局、市自然资源和规划局整改情况报告，进行工作评议二次审议。听取和审议被评议法官检察官履职报告，进行履职评议。

第十六次会议　9月27日召开。听取和审议市人民政府关于贯彻实施《苏州市住宅区物业管理条例》情况的报告。听取和审议市人民政府关于全市2022年度行政事业性国有资产管理情况的报告。听取和审议市人民法院关于加强“五庭协同”案例研究工作情况的报告。听取和审议市人民检察院关于公益诉讼工作情况的报告。

第十七次会议　11月28日召开。审议有关人事任免事项。审议2023年度优秀代表建议和先进承办单位名单（草案）。审议《张家港市人民代表大会常务委员会关于加强经济工作监督的决定（草案）》。审议《张家港市人大常委会关于提高市人大常委会会议质量的实施办法（草案）》。听取和审议市人民政府关于市十五届人大二次会议代表议案、建议办结情况的报告。审议关于召开市十五届人大三次会议的决定（草案）。

第十八次会议　12月29日召开。审议有关人事任免事项。听取和审议市人民政府关于2023年国民经济和社会发展计划执行情况与2024年国民经济和社会发展计划草案的报告。听取和审议市人民政府关于国民经济和社会发展第十四个五年规划纲要中期评估情况的报告。听取和审议市人民政府关于2023年财政预算执行情况和预算调整及2024年财政预算草案的报告。听取和审议市人民政府关于2023年民生实事项目和“民生微实事”实施情况及2024年民生实事候选项目情况的报告，并对2023年民生实事项目实施情况进行满意度测评。听取市十五届人大三次会议筹备工作情况汇报。审议市十五届人大三次会议有关事项。审议市人大常委会工作报告（草案）、《张家港市人民代表大会议事规则（草案）》。审议市人民政府工作报告（草案）、市人民政府关于市十五届人大二次会议代表议案办结情况报告。审议市人民法院工作报告（草案）、市人民检察院工作报告（草案）。

【市十五届人大常委会主任会议】 年内，市十五届人大常委会召开主任会议11次。

第十次主任会议 1月14日召开。讨论市人大常委会2023年度工作要点和工作安排。听取市十五届人大二次会议代表建议、批评、意见情况的报告。研究和部署市十五届人大常委会第十一次会议准备工作。

第十一次主任会议 2月9日召开。听取市人民政府关于市十五届人大二次会议代表议案建议办理打算的报告。听取市人民政府关于国土空间总体规划编制情况的报告。

第十二次主任会议 3月18日召开。讨论《张家港市人大常委会2023年工作评议实施方案》。讨论《张家港市人大常委会2023年法官检察官履职评议实施方案》。

第十三次主任会议 4月20日召开。听取市人民政府关于全市基础教育高质量发展情况的报告。听取市人民政府关于供销社深化综合改革情况的报告。讨论《关于在全市各级人大代表中开展"牢记嘱托、感恩奋进"学习实践活动的实施意见》。研究和部署市十五届人大常委会第十三次会议准备工作。

第十四次主任会议 5月11日召开。研究工作评议调查报告，讨论工作评议意见。

第十五次主任会议 6月25日召开。听取市人民政府关于2022年度财政决算的报告。听取市人民政府关于2022年度财政预算执行、决算草案以及其他财政收支的审计工作报告。讨论《关于建立代表建议与检察建议衔接转化工作机制的实施意见》。研究和部署市十五届人大常委会第十四次会议准备工作。

第十六次主任会议 8月10日召开。讨论《市人大常委会任命的有关人员向市人大常委会报告履职情况办法（试行）》。研究和讨论工作评议整改调查报告。研究和部署市十五届人大常委会第十五次会议准备工作。

第十七次主任会议 9月11日召开。听取"两官"（员额法官、员额检察官）履职评议情况报告。研究和部署市十五届人大常委会第十六次会议准备工作。

第十八次主任会议 10月23日召开。听取市人大常委会相关工委室（代表专业小组）关于重点建议督办情况的报告。讨论《张家港市人大常委会关于提高市人大常委会会议质量的实施办法》。研究和部署市十五届人大常委会第十七次会议准备工作。部署人代会筹备工作。

第十九次主任会议 11月17日召开。讨论"情系港城——市民最满意的人大代表（2022—2023）"名单。讨论2023年度优秀代表建议和先进承办单位名单。讨论2023年度优秀代表小组、优秀代表名单。讨论《张家港市人民代表大会常务委员会关于加强经济工作监督的决定（草案）》。

第二十次主任会议 12月15日召开。听取市人民政府关于2023年民生实事项目和"民生微实事"实施情况及2024年民生实事候选项目情况的报告。听取市人民政府关于2023年国民经济和社会发展计划执行情况与2024年国民经济和社会发展计划草案的报告。听取市人民政府关于2023年财政预算执行情况和2024年财政预算草案的报告。讨论市人大常委会工作报告。讨论《张家港市人民代表大会议事规则（草案）》。讨论市十五届人大三次会议有关事项。研究和部署市十五届人大常委会第十八、十九次会议准备工作。市人大常委会各工委室交流2023年工作总结和2024年工作计划。

（王乙舒）

法律监督

【概况】 市十五届人大二次会议后，市人大常委会紧扣高质量发展新要求和人民群众新期待，围绕市委"现代化建设先锋年"工作主题，对服务张家港创新发展、民生实事项目实施、代表议案建议办理等开展工作监督，综合运用执法检查、工作评议、视察调研、专题询问等方式方法，统筹推进科学立法、严格执法、公正司法、依法行政等工作，持续增强人大监督刚性，准确把握"四个机关"职能新定位，不断完善人大组织制度和工作机制，提高人大机关工作质效。加强宣传阵地建设，年内编印《张家港人大信息》14期，人大官网刊载信息400余条，人大微信发布信息470余篇，在人民日报客户端、人民网、新华社客户端、全国人大官网、《新华日报》等省级以上媒体累计刊发稿件150余篇。其中，《张家港：人大"发声"政府"发力"，一件议案美了农房更暖民心》等3篇新闻通讯被全国人大官网录用。《建好用好基层立法联系点，让民主立法深入人心，让基层治理焕发新活力》《"点单式"改造让老旧小区焕新颜》《"张代表"硬核助企"轻装快跑"》获苏州人大新闻奖二等奖，《以高质量代表工作擦亮全过程人民民主底色》《公厕"蝶变"

11月14日，市人大常委会举办人民代表大会制度专题讲座暨"人大代表讲坛"活动

（市人大办 提供）

背后的人大力量》获苏州人大新闻奖三等奖。

【环境保护工作监督】 3月，市十五届人大常委会第十二次会议听取和审议市政府关于2022年度全市环境状况和环境保护目标完成情况的报告。针对全市绿色转型步伐仍需加快、环境基础设施建设有待完善、突出环境问题整改仍需加压、环境监管及环境治理现代化水平不高等问题和不足，要求市政府及相关职能部门要始终坚持和践行“绿水青山就是金山银山”的发展理念，加快推动经济绿色转型，加强生态保护与治理修复，完善环境基础设施建设，全力打造人与自然和谐共生的“美丽中国”县域新样板；注重统筹谋划，严格落实“三区三线”要求，守好项目建设生态环境准入门槛，有序推动碳达峰实施方案落实；突出资源节约集约，坚持最严格的节约用地制度；推进工业用地提质增效，持续培育壮大以新能源、特色半导体为代表的新兴产业集群；注重系统治理，持续改善生态环境质量，加快完善城镇污水处理基础设施建设，全面完成劣Ⅴ类水体整治任务；加强大气污染综合治理，统筹推动$PM_{2.5}$和臭氧“双控双减”；提高固体废物污染防治工作水平；不断提升执法监管效能，强化排污许可证“一证式”管理；加强卫星遥感等科技化手段应用，完善“非现场”监管执法程序规范；完善环境应急管理工作机制，全面防范化解生态环境风险。

【财政运行监督】 6月，市十五届人大常委会第十五次主任会议听取市政府关于2022年度财政决算情况的报告和2022年度财政预算执行、决算草案及其他财政收支审计情况的报告。7月，市十五届人大常委会第十四次会议听取和审议市政府关于2022年度财政决算情况的报告，听取市政府关于2023年上半年财政预算执行情况的报告，听取和审议市政府关于2023年地方政府新增债券预算安排的报告，听取和审议市政府关于2022年度财政预算执行、决算草案及其他财政收支的审计工作报告。市人大常委会强调，市政府及相关职能部门要围绕中心大局，充分发挥财政职能作用，加大力度培植壮大财源，拓宽财政增收路径；发挥财政资金政策导向作用，支持重点项目建设、产业转型升级及实体经济发展，加快培育新的财源增长点；创新财政服务保障方式，把更多财政资源用于改善基本民生和支持市场主体；筑牢财政资金安全防线，妥善处置和化解地方政府隐性债务存量。要加强预算管理，持续优化财政资源配置，抓好预算源头管控，健全全面规范、公开透明的预算制度；加强预算执行管理，严格落实预算执行主体责任，做好资产动态化管理；加强预算绩效管理，抓好预算评价管控，推进绩效评价结果应用，将绩效评价结果与预算安排相结合。要聚焦提质增效，着力提升审计监督水平，加强对市委、市政府重大政策措施落实情况跟踪审计；加强新形势下信息处理能力建设、数据分析团队和数据分析人才队伍建设；加强对审计发现问题的综合分析，健全审计查出问题整改长效机制。

【行政事业性国有资产管理情况监督】 9月，市十五届人大常委会第十六次会议听取和审议市政府关于张家港市2022年度行政事业性国有资产管理情况的报告。针对全市资产管理意识有待提升、资产使用效益还需提高、资产监管约束有待加强等问题，要求市政府及相关职能部门聚力深化认识，夯实管理工作基础，进一步完善行政事业性国有资产管理规章制度，建立健全资产管理内部控制机制；深化数字赋能，加强资产管理信息系统建设，探索整合国有资产数据库和管理信息共享平台。要聚力统筹协调，提升资产使用效益，强化预算有机衔接，加强预算管理对资产管理的约束；加大资产盘活力度，科学制定盘活工作方案，全面开展低效闲置资产清查，梳理出重点盘活对象；引导资产规范确权，深入开展资产清查盘点工作，合法合规办理权证；加快推进市级行政事业单位资产集中统一管理，建立资产共享共用机制，充分发挥公物仓管理作用，推进资产集约高效使用。要聚力强化监管，规范资产使用处置，明确“产权单位—主管部门—财政部门”三级监管机制，加强对资产配置、使用等各环节的规范管理；充分发挥巡察、审计在加强国有资产监督中的重要作用；推进重点绩效评价，持续完善国有资产绩效管理制度，探索建立行政事业性国有资产绩效评价指标体系，加强绩效评价结果的反馈应用。

【住宅区物业管理工作监督】 8月，市人大常委会对住宅区物业管理工作情况开展专题询问，针对部分物业企业“不作为”、不少业委会自治效果不

8月11日，市人大常委会召开“住宅区物业管理”专题询问会

（市人大办 提供）

尽如人意等问题，要求市政府及其相关职能部门要进一步压实责任，合力攻坚物业管理工作薄弱环节，市政府要系统谋划、加强统筹、分解目标、落实责任，逐步优化物业服务行业发展环境，健全完善物业管理机制，推进物业管理全覆盖，相关职能部门要牢固树立全局观念和大局意识，加强联合执法，依法及时处理物业管理区域内的违法违规行为，各区镇（街道）要建立健全物业管理组织机构，加快构建"四方协同"的管理机制，融合居委会、业委会、物业企业以及社区其他社会力量，共解物业纠纷难题。要进一步细化举措，切实提升物业管理工作整体水平，加强企业信用信息应用，探索建立物业企业和项目经理备案制度；探索借助第三方力量，邀请人大代表、政协委员、媒体记者等参与开展物业服务"全过程"项目检查，压紧压实物业企业安全生产主体责任；落实物业项目规范化考核检查，构建质价相符的物业服务收费制度，加强张家港智慧物业管理服务平台与数字家庭系统基础平台、智慧养老等社会化专业服务平台的对接，积极推进物业服务与社区治理有机融合。

【社区卫生服务体系建设工作监督】 11月，市人大常委会对全市社区卫生服务体系建设工作情况开展专题询问，针对全市社区卫生服务资源总量不足、分布不均、服务水平参差不齐等问题，要求市政府及其相关职能部门要进一步统一思想、提高站位，深刻认识做好社区卫生服务的重要性，进一步提高基层卫生服务水平，切实提升人民群众对社区卫生服务的满意度。要进一步拓展思维、创新举措，切实提升基层社区卫生服务吸引力，积极引导医疗卫生工作资源下沉，卫健系统要通过内部挖潜、统筹医共体资源等方式，提升门诊服务质量和首诊水平，促进分级诊疗和基层首诊；健全家庭医生签约服务制度；加强与长三角地区知名医院的联动协作；深化"一老一小"健康管理服务，探索实行门诊延时服务，持续增强社区卫生服务的精准性和实效性。要进一步完善机制、凝聚合力，全力推进全市医药卫生体制改革，完善综合监管体系，健全社区卫生服务标准，引导规范社区卫生服务机构建立内审制度；强化队伍建设，不断提高基层医卫人才专业技能和素质，探索建立公立医院医务人员与社区卫生服务机构工作人员的双向交流或挂职制度；对社区卫生服务人才引进、机构建设、软硬件提档升级等方面存在的问题，及时研究会商，共同维护全社会尊医重卫的良好氛围。

【代表议案、建议办理工作监督】 11月，市十五届人大常委会第十七次会议听取和审议市政府关于市十五届人大二次会议代表议案、建议办结情况的报告。针对议案办理中存在的新政策宣传还不够到位、农房集中规建示范点建设还需加快进度、农房建设与农业新产业新业态融合度不高等不足，会议要求市政府和各承办单位要坚持规划先行，在村庄规划框架下细化农房翻建方案，集中力量保障农房翻建项目顺利实施，加快推进集中翻建示范点建设，优先对房龄长、危房多、配套设施差、百姓翻建意愿强的村组团翻建，优化农房翻建整体风貌，打造多个村民集中居住精品示范区；激发建房意愿，压紧压实农房翻建工作责任，加大对新出台农房翻建政策的宣传力度，统筹发挥农房建设、美丽乡村等专项资金；提高农房价值，通过农房翻建赋能乡村产业发展，努力搭建农房与市场对接平台，引导农民将农房投入休闲农业、乡村旅游等新产业新业态；完善"人、地、房"信息数据库，为宅基地退出、互换、流转和农房翻建等奠定基础。针对代表建议办理过程中个别单位办理质量不高，重解释、轻落实现象仍不同程度存在等问题，会议要求市政府和各承办单位要深化思想认识，进一步提高建议办理工作动力，坚持深入基层加强调研，把建议办理工作作为了解民意、服务社会、接受监督、改进工作的重要途径，促进建议真落实；创新办理机制，进一步激发建议办理工作活力，充分发挥市领导领办督办代表建议制度的优势，切实加强全过程协调和督察，各承办单位要积极探索创新，让代表全过程参与建议办理工作；坚持协作联动，进一步增强建议办理工作合力，市政府要加强组织领导、督促指导和统筹协调，进一步明确主办单位和协办单位的工作职责，合理细化量化各项任务，各主办单位要切实扛起牵头责任，规范办理程序，各协办单位要积极与主办单位对接，确保"办理一件、满意一件"，形成良好社会效应。

【"两官"履职评议】 年内，市人大常委会首次对市人民法院部分员额法官、市人民检察院部分员额检察官的

7月21日，市人大常委会专题督察市十五届人大二次会议代表议案、建议办理情况

（市人大办　提供）

履职情况开展履职评议。5月，根据《张家港市人大常委会2023年法官检察官履职评议实施方案》，市人大常委会组织召开“两官”履职评议动员大会，并通过随机抽取方式确定法院叶玉、任清敏、陈美芳、肖建峰、咸玉宝、缪春霞6名员额法官和检察院王付申、黄高、程瑛3名员额检察官作为2023年度评议对象。同时，市人大常委会成立“两官”履职评议领导小组和评议工作办公室，通过旁听庭审、案卷评查、民主测评、走访调研、征集意见等方式对被评议对象履职情况进行全面了解。在“两院”（市人民法院、人民检察院）进行民主测评、放置意见箱，广泛征集意见建议，与“两院”班子成员、被评议对象部门负责人、同事等进行个别谈话。随机抽查被评议对象办理案件卷宗45份，实地旁听庭审9次，发函征求市纪委监委、市委政法委和市信访局等部门对被评议对象的意见，认真审阅被评议对象撰写的履职报告，深入了解掌握9名被评议“两官”履职情况。8月，市十五届人大常委会举行第十五次会议，听取被评议员额法官、员额检察官履职情况报告，进行无记名满意度测评。根据评议方案，全面汇总民主测评、案卷评查、满意度测评分值。根据得分排序，陈梅芳、叶玉2名员额法官和黄高员额检察官获评“优秀”，其余员额法官、员额检察官获评“称职”。

【政府工作评议】 年内，市人大常委会组织对市信访局、市住建局、市教育局、市审计局、市自然资源和规划局5个部门进行工作评议，成立工作评议领导小组和5个调研组，通过深入走访相关部门和服务对象、实地察看、民主测评等方式，广泛听取市人大代表、基层群众、服务对象的意见。围绕被评议部门依法行政和履职尽责情况，推出整改问题清单：市信访局在工作中存在信访工作责任还未完全压紧压实，源头化解成效不够明显，对近年来信访重点领域中存在的问题高点站位思考对策不多，业务培训与基层需求尚有差距，对一线人员心理健康、压力疏导重视不够，引导基层群众树立正确信访观念不到位等问题和不足；市住建局存在城市更新还需进一步提速、老旧小区改造需进一步优化、城市基础设施与群众现代化生活需求有一定差距、农房翻建规模和农房品质有待提升、物业管理与基层社会治理融合还不够、行业监管机制还需健全、安全生产基础还要进一步夯实等问题和不足；市教育局存在高质量教育体系构建还需加快、优质教育资源供给存在不足、教育管理还需综合发力、教师是教育事业第一资源的地位还需进一步彰显等问题和不足；市审计局存在审计工作的广度和深度还有待拓宽、审计监督方式方法探索创新不够丰富、审计工作队伍建设力度有待加强、内部审计指导服务有待提升等问题和不足；市自然资源和规划局存在国土空间总体规划融合不够深入、土地使用效率有待提升、基础设施用地瓶颈有待破解、业务宣传指导需要加强、审批手续仍需简化等问题和不足。调研组形成调查报告12篇，提出意见建议49条，先后召开两次常委会会议进行满意度测评，推动被评议部门改进作风，提高行政效能，推进政府依法行政。5月，在市十五届人大常委会第十三次会议上，市信访局、市住建局、市教育局、市审计局、市自然资源和规划局的工作评议满意度测评结果分别为91.43%、97.14%、94.29%、94.29%、94.29%。会后，5个工作评议调研组分别召开通报会，通报评议调查情况和评议意见。各被评议部门按照评议意见，制定整改措施88条，全力抓好整改落实。8月，在市十五届人大常委会第十五次会议上，组织工作评议二次审议和测评，二次测评满意度结果为市信访局88.57%、市住建局94.29%、市教育局91.43%、市审计局94.29%、市自然资源和规划局88.57%。

（王乙舒）

执法检查

【概况】 年内，市人大常委会与省、苏州市人大常委会上下联动开展《中华人民共和国湿地保护法》《江苏省湿地保护条例》《江苏省河道管理条例》等执法检查，同时组织对《中华人民共和国社区矫正法》《中华人民共和国科学技术进步法》《江苏省科学技术进步条例》《江苏省农村集体资产管理条例》《苏州市住宅区物业管理条例》等法律法规贯彻实施情况进行检查，对《关于在全市公民中开展法治宣传教育的第八个五年规划（2021—2025年）》贯彻落实情况进行督察，指出问题19个，提出意见23条。

【社区矫正法执法检查】 4月，市人大常委会就全市贯彻实施《中华人民共和国社区矫正法》情况进行执法检查。针对贯彻实施中监管教育仍不精细、个性化不强，社区矫正队伍力量仍然薄弱，队伍稳定性差、人员流失严重，社区矫正机构执法主体不明确等问题，要求市政府及相关职能部门广泛凝聚社区矫正工作合力，发挥好社区矫正委员会职能作用、司法行政机关主管作用、职能部门协同配合效能，合作打造公检法司等部门之间的信息共享平台；不断提升社区矫正工作质效，提高监督管理实效堵塞监管漏洞，强化精准监督管理，提升教育就业等帮扶质量，建立完善多元化社会力量参与社区矫正工作机制；全面加强社区矫正队伍建设，建立社区矫正专职机构，配齐配强社区矫正工作人员，制定合理的绩效评价标准和制度，加强工作队伍专业培训；进一步做好法律法规宣传解读，营造全社会重视、关心、支持、参与社区矫正工作的良好氛围。

【“八五”普法规划督察】 5月，市人大常委会对全市“八五”普法规划落实情况进行督察。针对个别单位对普法工作重要性认识不够充分、部分普法工作人员能力水平有待加强、部分单位法治文化阵地建设有所弱化、普法形式还需创新、普法讲师团等队伍作用未能完全发挥等问题，要求市政府及相关职能部门要提高思想认识，把牢普法工作的政治方向、根本立场，为全市经济社会高质量发展营造良好法治环境；把学习宣传习近平法治思想作为“八五”普法首要任务，进一步落实普法责任制，不断提升行政执法人员法治素养；提高工作针对性与实效性，围绕长江大保护、美丽乡村建设等进行普法宣传，运用新媒体进行个性化、差异化普法；加大工作保障力度，把普法工作纳入区镇和部门的总体工作规划，探索建立普法工作经费动态增长机制、普法人才梯队建设机制，指导培育普法社会组织，积极打造全市社会力量普法品牌。

【科学技术进步法、科学技术进步条例执法检查】 7月，市人大常委会就全市贯彻实施《中华人民共和国科学技术进步法》《江苏省科学技术进步条例》情况进行执法检查。针对一些企业学法用法并转化为科创成果的意识还不够强、科技投入和专业人才引进培育力度还不够大、创新载体平台服务能力还有待提升、科技型企业的梯次培育仍需加强等问题，要求市政府及相关职能部门加大普法宣传，进一步完善关于推进科技创新的各项优惠政策；强化资源保障，进一步完善科技投入政策体系，积极争取上级高科技项目和扶持资金，高度重视科技人才引进、培养和使用；健全创新体系，进一步强化企业科技创新主体地位，不断提高科技成果转化和产业化水平，打造好“科招企业—科技型中小企业—高新技术企业—独角兽企业—瞪羚企业—创新领军型企业”企业梯队，持续优化创新载体建设，引育一批专业化品牌科技服务机构，促进各类创新主体紧密合作、创新要素有序流动、创新生态持续优化。

【农村集体资产管理条例执法检查】 5月，市人大常委会对全市贯彻实施《江苏省农村集体资产管理条例》情况进行执法检查。针对全市村年可支配收入两极分化、村级经济发展后劲不足、惠民红利差距较大等问题，要求市政府及相关职能部门要进一步夯实发展根基，编制完善村发展规划，科学划定空间布局，制定完善人才引进和培养政策，选优配强农村干部队伍，加快推进农村人才建设；进一步加大扶持力度，通过结对带动、强化帮扶等方式逐步缩小镇村发展差距，全力破解各项要素制约，指导村镇用足用好各项土地指标，不断优化整合好涉农奖补资金，撬动更多社会资本投入村集体；进一步加强“抱团发展”，有效整合各村特色产业、闲置资产等资源，推动村集体投资主体、方式和融资结构更加多元；进一步聚焦特色产业，推进农村一、二、三产业融合发展，打造更多农文旅特色精品，推进农业社会化服务落地生根，积极拓展乡村便民服务、农业生产性服务，聚焦产业需求推进载体建设，因地制宜规划产业载体，不断提高载体使用效率；进一步强化监督管理，完善集体经济组织成员（代表）大会等内部治理结构，完善村集体“三资”智慧等监管平台，持续规范村集体资产交易和村级小微权力运行。

【《苏州市住宅区物业管理条例》执法检查】 6月，市人大常委会对全市贯彻实施《苏州市住宅区物业管理条例》情况进行执法检查。针对监管体制机制尚需完善、物业矛盾纠纷居高不下、物业服务质量有待提升等问题，要求市政府及相关职能部门要进一步加大宣传引导和培训指导力度，切实营造条例实施浓厚氛围；进一步压实各方责任，加强联合执法，齐抓共管加快破解物业管理难点痛点问题，严格按照属地管理、分级负责的原则，建立健全物业管理组织机构，配齐配强专职人员，将物业管理纳入社区治理工作中；进一步加强监督管理，健全以信用管理为核心的市场准入退出机制，完善物业管理配套制度，强化物业招投标监管；进一步创新工作思路，积极探索“以新带老”“老旧成片”区域的物业服务工作，鼓励运用互联网基础设施技术，引导物业企业提升环境硬件和改善服务软件，加快推进物业服务数字化转型，提供“物业服务+生活服务”为内容的定制化产品和个性化服务；进一步强化党建引领，持续完善“四方协同”治理体系，建立健全多方联席会议制度，引导和支持党员进入业委会，形成行业管理更加有序、物业服务更加完善、人居环境更加和谐的党建引领基层治理新格局。（王乙舒）

视察调研

【概况】 年内，市人大常委会先后就供销社系统深化综合改革情况、村级集体经济发展情况、劣Ⅴ类水体治理工作、行政事业性国有资产管理情况、中医药传承创新发展情况、节点型交通枢纽城市建设情况等组织调研、视察90余次，撰写《关于建立完善县级人大常委会任命人员任后监督工作体系的思考——以苏州部分区市为例》《关于全市行政事业性国有资产管理情况的调研报告》等调研报告40余篇。其中，《关于发展壮大新型农村集体经济推进农业现代化走在前的实践与思考》获省人大常委会魏国强副主任签批肯定，并要求省人大农业农村委研阅；《关于供销社系统综合改革情况的调研报告》《锚定村强民富——竞速农村集体经济现代化转型新赛道》《关于基础教育高质量发展情况的调研报告》等多篇调研报告获张家港市委、市政府主要领导批示肯定；《让精神文明之光闪耀现代化建设新征程——关于与时俱进大力弘扬“张家港精神”，全力打造践行全过程人民民主县域典范的思考》获苏州人大优秀调研成果一等奖，《关于发展壮大新型农村集体经济，推进农业现代化走在前的实践与思考——以张家港市为例》获苏州人大优秀调研成果二等奖，《破解小区物业管理之“痛”——关于张家港市住宅区物业管理情况的调研与思考》《关于借鉴浙江“千万工程”先进经验，推动基层农文旅融合发展的几点思考——以张家港市锦丰镇为例》《关于加强和改进新时代地方人大经济监督工作的探索与思考》调研报告获苏州人大优秀调研成果三等奖。

【供销社系统深化综合改革情况调研】 3月7日，市人大常委会组织对全市供销社系统深化综合改革情况开展调研。调研组实地察看了南丰供销社为农综合服务中心、市乐源农业社会化服务合作联社，并召开会议听取全市供销社系统深化综合改革情况汇报。针对全市供销系统综合改革存在为农服务质效有待提升、经营绩效不够理想、专业性人才缺乏等问题，市人大常委会强调，市政府及相关职能部门要充分认识深化供销社综合改革的重要性和必要性，在“惠民服务、农产品流通、组织建设”等重点领域和环节上创新思路；大力夯实组织基础，多措并举改造提升薄弱基层社，领办农民专业合作社，拓展供销社经营服务领域；汇聚发展合力，加强与市农业农村、金融等部门合作，加快线上线下营销融合，广泛吸收社会各类为农服务组织，全面提升供销社联农带农服务效能；加快改革创新，健全市、镇、村三级流通服务网络，规划供销经营服务网点数字化、智能化改造，深化“社有企业”改革，打造一批有市场核心竞争力的供销品牌；压实工作责任，健全完善制度保障，市供销总社要进一步盘清社属资产，理顺各级供销合作社理事会与其所属企业的关系，并加强工作督促指导，完善考核监督机制；加快干部队伍建设，健全完善人才培训培养、考核激励、交流引进机制，努力在增强为农服务实力上实现新突破。

【基础教育高质量发展情况调研】 4月4日至10日，市人大常委会组织对基础教育高质量发展情况开展调研。调研组实地察看了梁丰初级中学西校区、乐余中心小学等地，并召开会议听取全市基础教育高质量发展情况汇报。针对张家港市优质教育资源供给不够均衡、师资队伍结构仍需优化、教育数字化水平有待提升等问题，市人大常委会强调，市政府及相关职能部门要加强统筹规划，精准研判当前教育面临的新形势新任务，坚持补齐短板，加强要素保障，促进基础教育均衡发展；将基础教育工作纳入相关规划，大力推进教育领域的基本公共服务均等化，持续推进教育领域的民生实事项目建设，着力解决涉及公益性岗位招聘程序与现实需求不匹配等问题；充分衔接国土空间总体规划，推动城乡基础教育资源均衡配置，缩小城乡差距；全面提升育人水平，深化新课程改革、教育教学改革、教育评价改革，扎实推进“双减”工作；围绕“五育并举”和“拔尖创新后备人才培养”等重点，不断激发基础教育活力，实现基础教育城乡一体协同发展、优质学校集群发展、区域教育品牌发展新样态，推动学前教育优质普惠、义务教育优质均衡、高中教育优质特色、特殊教育优质融合；着力加强教师队伍质量建设，不断加强师德师风、业务能力建设，重视教师专业发展，发挥学科中心组、名师工作室等平台影响力，培养更多教学名师，加快构建高质量教育体系。

【防汛排涝工作视察】 5月22日，市人大常委会对全市防汛排涝工作进展情况开展视察。视察组实地察看了高新区（塘桥镇）应急救援基地、十一圩河道整治华妙河段、十一圩枢纽改建工程等，并听取相关情况汇报。针对城区部分排水管网改造提标还不到位、部分地区积水隐患还没有完全消除等问题，要求市政府及相关职能部门要进一步强化分析研判，完善全市应急管理体系，提升防范和应对水旱灾害的能力。要进一步做好重点防御防汛工作，抓好江堤防守，加强长江河道崩岸险情的监测预警；抓好城镇排涝，维护好城镇排水管网设施，对主次干道、低洼地带、居民小区做好应急排涝准备；抓好基础设施防护；抓好重点企业监管落实防御措施；抓好工地安全防范。市政府及相关职能部门要做好统筹协调工作，市、镇防指要切实发挥牵头抓总作用，各防指成员单位要发挥专业优势，各尽其责，共同筑牢防范重大风险的底线。

【劣V类水体治理工作视察】 8月22日，市人大常委会对劣Ⅴ类水体治理工作开展视察。视察组实地察看了凤凰镇黄泥塘劣Ⅴ水体治理点、塘桥镇红卫河劣Ⅴ水体治理点等地，并听取相关情况汇报。针对农村生活污水管道历史遗留问题短期内难以根治、雨污分流系统和绿色韧性的污水处理系统需要继续完善等问题，市人大常委会强调，市政府及相关职能部门要紧盯目标加快推进劣Ⅴ类水体治理，水务部门要发挥好牵头作用，各区镇要明确主体责任，以“河长制”为抓手，争取劣Ⅴ类水体治理和水环境提升取得更大成效；进一步排摸劣Ⅴ类水体变化情况，建立常态化的巡查机制、水质监测机制，尽快实现动态“清零”；加强控源截污，同步实施劣Ⅴ类水体附近的管网建设、排水户规范整治、农田区域河道水体化肥、农药减量控制工作，规范畜禽养殖；注重生态修复，巩固提升“两违三乱（两违：河湖违法圈圩、违法建设，三乱：乱占、乱排、乱建）”专项整治成效，推进河湖清淤疏浚和水系连通，增强水体活力；落实长效管护，建立劣Ⅴ类水体常态化“回头看”机制，各板块要切实担负起整治的主体责任，进一步细化职责分工、严格任务时限要求，推进项目具体落实，各相关部门也要按照条块联动、同频共振的要求履职尽责，指导区镇加快治理并及时销号。

【“两院”工作视察】 9月19日，市人大常委会视察“两院”半年度工作情况。视察组实地察看了市刑事法律风险防控中心、刑事速裁庭，听取市人民法院、人民检察院相关工作情况报告。市人大常委会要求“两院”要进一步强化“服务发展”意识，在深入推进优化营商环境等方面，充分发挥审判和检察职能，努力为推动全市经济社会发展和民主法治建设做出更大贡献；进一步强化“司法为民”意识，坚持把执法办案作为第一要务，积极回应人民群众对司法公正的新要求新期盼，提供更加优质的司法服务，着力推动代表建议与检察建议衔接转化工作机制实质化运行，切实解决老百姓关心关注的热点难点问题，坚持创新发展新时代“枫桥经验”，充分发挥多元化矛盾纠纷解决机制作用；进一步强化“队伍建设”意识，持续深化司法体制综合配套改革，主动适应司法体制改革的新形势新任务，不断提高公正司法的能力水平，加强法律业务知识学习培训，促进培养优秀复合型司法人才；进一步强化“人大监督”意识，主动接受人大及其常委会监督、人大代表监督，加强对代表建议的办理，主动邀请人大代表旁听庭审、接受新闻媒体监督，不断畅通社会监督渠道，提升“两院”工作实效。

【中医药传承创新发展视察】 9月18日，市人大常委会视察全市中医药传承创新发展情况。视察组实地察看了冶金园（锦丰镇）社区卫生服务中心、经开区（杨舍镇）大丰社区卫生服务站、市中医医院，并听取相关工作情况报告。针对全市中医药发展现状，市人大常委会强调，要进一步提高站位，切实增强中医药传承创新发展使命感，将中医药事业发展纳入经济社会发展规划和全面深化改革重点任务；进一步突出重点，积极培育中医药传承创新发展新优势，一方面大力推动新时期中医药传承发展，加大中医药人才引进与培养力度，深入挖掘本土中医人才，规范行医标准、弘扬师徒传承，强化人才梯次队伍建设，另一方面在推动中医药事业创新发展上下功夫，加大对重点专科、中西医协同优势病种的支持，培育一批具有一定规模且技术成熟、信誉良好的中医类门诊部或备案诊所，鼓励有条件的医疗机构探索发展“中医药+康复”“中医药+养生”“中医药+养老”产业；进一步凝聚合力，深入推动中医药传承创新高质量发展，一方面各相关部门要按照职责分工，深入研究全市中医药招商引资、产业发展等优惠政策供给，健全督导、考评、激励和问责等机制，合力推进中医药研究高质量发展，另一方面要加强宣传引导，综合运用传统和新媒体资源，加强和规范中医药防病治病知识传播普及，全面激发中医药传承创新发展新动力。

【节点型交通枢纽城市建设情况视察】 10月13日，市人大常委会视察全市节点型交通枢纽城市建设情况。视察组实地察看张家港站综合客运枢纽、申张线凤凰段航道整治（周家码头桥）、张靖皋长江大桥等，并听取相关情况汇报。针对当前经济下行压力大、财政资金保障困难、项目实施难度增大等现状，市人大常委会强调，市政府及相关职能部门要进一步认清形势，牢牢抓住节点型交通枢纽城市这个牛鼻子，统筹“公铁水”协同发展，加快形成以交通枢纽高水平建设推动张家港经济高质量发展的新格局。要进一步理清思路，全力以赴加快建设进度，以“节点型交通枢纽城市”和“建设江海联动、跨江融合发展的区域性交通枢纽”为目标，加强交通规划、城市建设规划和产业发展规划的深度衔接，全力推进全市铁路、高速公路、过江通道等重点重大项目建设，深化市域快速路网建设，加强与周边县市的交通对接，努力打造一体化交通；持续推进公共交通优先发展战略，留足网约车等新交通方式的发展空间，强化枢纽的集疏运功能。要进一步压实责任，切实凝聚节点型交通枢纽城市建设强大合力，做好审批服务和条线对上争取工作；切实做好交通重点工程要素保障，做好土地占补平衡和征地动迁工作，深入研究交通工程建设资金筹措渠道，尽快落实资金保障。

【民生实事项目视察】 11月30日，市人大常委会就2023年民生实事项目（含“民生微实事”）实施情况开展视察。视察组实地察看市第一人民医院病房改造、大新镇长新社区养老服务能力提升、新市河路道路交通安全提升、前溪花园老旧小区改造等民生实事项目，并听取相关报告。为高质量做好明年民生实事项目谋划筹备工作，市人大常委会强调，市政府及相关职能部门要进一步强化担当意识，扎实抓好民生实事工程的建设与管理，着力解决好人民群众最关心、最直接、最现实的问题；市政府要紧盯时间节点，抢抓建设进度，确保快推进、早见效，市发改委要密切跟踪项目进展，强化沟通协调，统筹解决项目推进中遇到的问题和困难，各承办单位按照责任分工和时序要求，推动项目建设提速增效；谋划好2024年民生实事候选项目，加强基础性、普惠性、兜底性民生实事项目建设；总结历年来项目推进过程中可复制、可推广的优秀经验做法，并科学运用到明年的民生实事项目建设过程中；加强宣传引导，充分利用各类媒体平台，适时公示民生实事项目建设进度，最大限度让群众参与到民生实事项目建设的各个环节，聚力打造更高水平的全过程人民民主“港城样板”。

（王乙舒）

代表工作

【概况】 年内，市人大常委会围绕《2023年度张家港市人大代表在人代

11月30日，市人大常委会视察民生实事项目实施情况

（市人大办　提供）

会闭会期间开展活动的意见》，持续推进人大代表之家“一中心多站点”工作体系建设，11个代表履职中心、168个代表联络站（点）、4个政法系统联络站实现常态化运行，累计接待联系选民超5500人次，收集并答复意见建议1600余条。3月28日，市人大常委会召开全市人大代表工作推进会，与会人员考察学习相城区人大代表联络站建设工作。6月28日，市人大常委会召开镇（区、街道、机关）人大工作座谈会，交流各镇（区、街道、机关）人大半年度工作情况汇报，并交流下半年工作部署和打算。出台《关于推进全过程人民民主基层示范基地建设的意见（试行）》，精心打造“农业代表专业小组联络站”等一批各具特色的全过程人民民主实践“示范点”，创新“民呼我应”直播间、代表夜话云直播等线上履职平台，推动民生诉求“零时差”解决，提升代表“指尖履职”新成效，塘桥镇人大代表履职中心、德积街道人大（议政）代表履职中心、凤凰镇人大农文体旅工作站获评苏州市级全过程人民民主基层实践基地，塘桥镇人大代表履职中心获评示范基地。制定《关于在全市各级人大代表中开展“牢记嘱托、感恩奋进”学习实践活动的实施意见》，组织全市各级人大（议政）代表开展“大学习”“大调研”“大走访”“大提升”“大党建”等五大行动，累计开展各类履职培训23期，宣讲活动50余场次，“代表圆桌会”等特色代表活动300余次，形成基层治理现代化、农文旅融合发展等方面的调研报告20余篇，通过搭平台、优服务，全力支持和保障代表依法履职。

【“主任接待日”活动】 年内，市人大常委会组织开展“主任接待日暨常委会组成人员联系代表和选民”活动，进一步打通代表了解民情、反映民意的“绿色通道”，拓展人大代表联系基层群众的范围和深度。全年开展活动11场，市人大常委会36人参加，听取并收集46名市人大代表、45名镇人大代表和40名选民的建议和意见127条，其中提交市级层面处理68条、镇级层面处理59条。代表和选民的建议和意见，主要围绕加大中小企业政策扶持力度、老旧小区安装固定充电桩、规范经营地摊经济等方面，年内均答复办理完成，并通过小组活动、代表联系选民活动等方式召开座谈会，将市、镇两级建议答复办理的情况向代表和选民进行反馈，进一步提高闭会期间意见建议办理成效。

【苏州市人大代表“统一接待日”活动】 11月20日，根据苏州市人大常委会的统一部署，张家港市人大常委会开展苏州市人大代表“统一接待日”活动，进一步密切苏州市人大代表同人民群众联系，更好地察民情、聚民智、惠民生，为张家港代表团全体代表出席苏州市十七届人大三次会议提出代表议案、建议，审议各项报告做好准备。全市共设置10个会场，接待群众140余人，收集到群众关于政务服务、城建交通、人才政策、教育医疗等方面提出意见和建议240余条。

【重点建议督办】 年内，市人大常委会深化“常委会分管领导牵头、各工委（室）和代表专业小组负责、主任会议督办”机制，坚持突出重点督办、对口联系督办和分类跟踪督办相结合，督促承办单位以实实在在的“办成率”，提升代表和群众的“满意率”。确定《关于积极推动我市构建用户侧虚拟电厂新业态助力高质量发展的建议》《关于进一步加强失能、半失能老人养护的建议》《关于加强晚间放学时段相关高级中学周边道路交通管理的建议》《关于研究出台推动全市上下游供应链协同发展的建议》《关于进一步将新时期我市中小学生劳动教育落到实处的建议》《关于加强全民健康教育的建议》《关于切实落实“双减”政策的建议》7件聚焦民生关切、经济发展的重点督办建议。首次由市民对代表建议及其办理情况进行网上公开评选，根据得票情况并经人大常委会主任会议讨论，确定10件“情系港城——市民最满意的人大代表建议（2022—2023）”。11月28日，市人大常委会会议审议通过10件优秀代表建议和市政府办公室、市教育局、市工信局、市公安局、市民政局、市住建局、市城管局、市交通运输局、市卫健委、市市场监督管理局10个先进承办单位，激发广大代表和各承办单位的履职积极性。

表2 2023年张家港市优秀代表建议一览表

建议号	建议人	建议事项	承办单位
004	陆惠芳	关于加强“三线”整治工作的建议	市住建局
019	张小珍	关于美丽乡村和保留村接通天然气的建议	市住建局
062	奚　洋	关于优质口袋公园方案推广的建议	市住建局
066	郑　珂	关于进一步将新时期我市中小学生劳动教育落到实处的建议	市教育局
070	鲁怀敏	关于切实落实“双减”政策的建议	市教育局
081	孙惠芳	关于加强全民健康教育的建议	市卫健委
088	施一新	关于研究出台推动全市上下游供应链协同发展的建议	市工信局
090	徐建龙	关于抢抓平台数字经济发展新机遇，加快扶持延伸我市特色平台产业链优势的建议	市发改委

续表2

建议号	建议人	建议事项	承办单位
094	孙东亮	关于支持中小企业发展的建议	市工信局
104	罗　斌	关于多措并举助力村级经济发展的建议	市农业农村局

【民生实事项目满意度测评】 年内，市人大常委会制定《张家港市人大常委会关于2023年市政府民生实事项目联系监督工作实施方案》，成立6个民生实事项目联系监督小组，每个小组由市人大常委会领导带队、各工委牵头，分别联系3个至4个民生实事项目，组织开展民生实事项目情况督察视察。12月29日，市十五届人大常委会第十八次会议举行，市人大常委会组成人员以无记名投票方式对2023年度19项民生实事票决项目完成情况进行满意度测评。此次会议应到市人大常委会组成人员39人，实到33人，发出测评表33张、收回33张，有效33张。测评结果显示，有16个项目满意率达到90%以上，其中346国道张家港绕城段改扩建工程、优化校园建设、健身步道提升工程、劳动人事争议智能仲裁院建设项目满意率达到100%。

表3　**2023年民生实事票决项目完成情况满意度测评结果一览表**

序号	项目名称	测评结果						
		满意票（张）	满意率（%）	基本满意（张）	基本满意率（%）	不满意票（张）	不满意率（%）	弃权票（张）
1	老旧小区改造	29	87.9%	4	12.1%	—	—	—
2	集贸市场周边环境整治	30	90.9%	2	6.1%	1	3.0%	—
3	老旧小区燃气入户改造	32	97.0%	1	3.0%	—	—	—
4	市区老住宅小区公用设施安全监测及维修	30	90.9%	3	9.1%	—	—	—
5	城市微更新	29	87.9%	4	12.1%	—	—	—
6	市区照明亮化提升	31	93.9%	2	6.1%	—	—	—
7	重点区域通信线路整治	28	84.8%	5	15.2%	—	—	—
8	道路交通安全提升	31	93.9%	2	6.1%	—	—	—
9	346国道张家港绕城段改扩建工程	33	100.0%	—	—	—	—	—
10	增加停车位供给	31	93.9%	2	6.1%	—	—	—
11	优化校园建设	33	100.0%	—	—	—	—	—
12	健身步道提升工程	33	100.0%	—	—	—	—	—
13	苏州市“城市阅读一卡通”基石工程	32	97.0%	1	3.0%	—	—	—
14	职业技能提升行动	30	90.9%	3	9.1%	—	—	—
15	劳动人事争议智能仲裁院建设	33	100.0%	—	—	—	—	—
16	金沙方舱医院建设	30	90.9%	3	9.1%	—	—	—
17	社区卫生服务机构标准化建设	31	93.9%	2	6.1%	—	—	—
18	社区养老服务能力提升	31	93.9%	2	6.1%	—	—	—
19	青少年儿童心理健康关爱行动	31	93.9%	2	6.1%	—	—	—

（王乙舒）

【编辑　宋佳辰】

张家港市人民政府

Zhangjiagang Municipal People's Government

市行政审批局组建项目审批服务行动支部，助力全市重大产业项目推进

（市行政审批局　提供）

综　　述

重要会议

政府施政

政务服务

外事工作

信访工作

对口帮扶

机关事务管理

張家港年鑑(2024)

综　述

2023年，市政府紧扣“现代化建设先锋年”工作主题，与时俱进大力弘扬张家港精神，科学应对各种困难和挑战，全力推动经济运行率先整体好转，较好完成“123”年度目标任务。张家港市连续五年获评苏州高质量考核第一等次，8项工作获省政府办公厅督察激励通报表扬，获通报表扬数位列苏州第一。同时，全市经济社会发展中还存在五方面问题和挑战：外部环境不稳定不确定因素较多，部分中小微企业生产经营还面临不少困难，经济运行依然承压；传统产业层次不高、新兴产业规模偏小的问题依然存在，做大总量、做优质效仍需加力；城市反哺产业、集聚人才、吸引投资等功能还不够健全，城市能级和品质有待提升；公共服务供给的精准性、协调性不高，基层治理存在薄弱环节，安全生产、生态环境等领域风险隐患不容忽视；政府系统干部应对复杂局面的能力还有不足，政府行政效能还需进一步提升。

经济稳中向好　市政府细化落实各级各类稳经济、促发展一揽子政策，出台推动经济运行率先整体好转55条政策措施，新增“缓、减、退”税超30亿元，发放稳岗返还资金1.1亿元。举办“五五购物节”等促消费活动，张家港市首批获评全国县域商业“领跑县”。新增上市企业4家，累计34家。第五次全国经济普查有序推进，“四上”企业新增入库610家、列苏州第一。引进盛虹储能、锐华科技2个超100亿元级项目，安普瑞斯50亿元级项目，新签约超1亿元项目106项、总投资超900亿元。山姆会员商店张家港云仓上线运营。鼓励外企增资扩能、利润再投资，全年实际利用外资4.52亿美元。支持存量企业加码布局、深耕发展，新增项目近600项、新增投资约160亿元。深化招商体制改革，2个国家级开发区率先完成招商架构重组。运用地方政府专项债等政策性开发性金融工具，保障重点基础设施建设项目资金需求。

创新开放发展　市政府坚持创新在现代化建设全局中的核心地位，产业结构调整和动能转换步伐持续加快。在全国首发产业专家创新资源平台，完成科技招商项目1800项，有效高新技术企业达到1078家。新开工科创孵化载体62万平方米。新增国家级专精特新“小巨人”企业14家。天兵科技获评“中国独角兽企业”。7个项目获省科学技术奖，新增省关键核心技术（装备）攻关项目3项。发行全国县级市首单知识产权类资产证券化产品。新增国家级人才计划20人，再创历史新高。编制发布《张家港市调高调轻调优产业结构三年行动计划（2023—2025年）》，加快推动制造业高端化、智能化、绿色化发展。技改投资占工业投资比重达到68.5%，提高11个百分点。张家港市获评省“两业融合”发展标杆引领典型区域、2023年国际化营商环境建设标杆县（市）。更深层次融入长三角一体化，与上海临港新片区、虹桥商务区等对接合作不断深化。推进“审管执信”闭环管理，超220个政务服务事项在省内外182个城市“跨城通办”。

城乡面貌提升　市政府坚持以高标准规划引领高水平建设，综合立体交通体系加快构建，新型城镇化与乡村振兴协同发展。完成城市体检，编制城市更新规划，启动城市更新项目67项，试点推进解危更新。沪宁沿江高铁开通运营，通苏嘉甬铁路建设稳步推进。张家港站始发列车增至8列。张靖皋长江大桥加快建设。城区快速路网体系加速构建，346国道张家港绕城段主线贯通，东二环全速推进，南二环开工建设，西二环完成前期工作。太字圩港闸站改建工程、十一圩港河道整治工程完工。全市完成老旧小区改造5个，探索推进物业管理全覆盖。新增“口袋公园”4个。累计建成“席地而坐”城市客厅示范区28处。张家港市首批入选省城市公园绿地开放共享试点城市。启动全市排水设施建设与运维管护一体化改革，城市生活污水集中收集处理率较上年提升8个百分点。新增停车位3000余个。标准化改造农贸市场5家。生活垃圾资源化利用率超80%。农房改善3222户，其中农房翻建541户。发布江海第一湾乡村振兴片区发展规划，推进乡村振兴“4+N”示范片区建设。肖家巷双创中心入选全国最美乡村文化空间（创新案例类）。新增省特色田园乡村3个，一般类村庄全部建成特色宜居乡村。建设高标准农田1400公顷。

生态环境优化　市政府一体推进“降碳、减污、扩绿、增长”，沙钢集团、永钢集团、浦项（张家港）不锈钢股份有限公司全部完成超低排放改造。$PM_{2.5}$年均浓度每立方米31.9微克，空气优良天数比例达到82.5%。治理劣Ⅴ类水体71个，国省考断面、通江骨干河道水质优Ⅲ比例达到100%，地表水环境质量位列全省县（市、区）第一。重点建设用地安全利用率100%，土壤环境质量总体保持稳定。新增受保护湿地面积2600公顷，长江张家港段生态岸线占比突破55%。坚定不移推进长江十年禁渔，水生生物资源恢复趋势向好。关停退出热电企业1家。新增国家级绿色工厂1家、绿色供应链管理企业1家。单位地区生产总值能耗水平持续下降。国家典型地区再生水利用配置试点通过中期评估，2家企业获评钢铁行业国家级水效领跑者。盘活存量空间273.33公顷，完成产业用地更新166.67公顷。首批获评全国自然资源节约集约示范县（市）。

民生事业进步　市政府聚焦民生关切，公共服务供给水平稳步提升。城镇新增就业2.3万人，张家港市籍应届高校毕业生就业率超98%。改造3家镇级综合养老服务中心，新建10家老年人助餐点。市未成年人关爱保护中心入选民政部“护童成长”项目。云盘小学沙洲湖校区等5所新建学校投入使用。张家港市高标准通过全国义务教育优质均衡发展县（市、区）、全国学前教育普及普惠县（市、区）国家评估认定实地核查，梁丰高中通过首批立项建设的省高品质示范高中现场验收。市第一人民医院急诊医学中心建成投用，北部医疗中心开工建设。张家港市首批上榜全省“15分钟医保服务圈”省级示

范县（市、区）。先后举办市第八届体育运动会、东渡半程马拉松等赛事。开展全行业领域重大安全生产事故隐患动态清零行动，修编完成市、镇、村、企四级应急预案1113项。

（陆家成）

【民生实事项目】 2023年，张家港市政府确定实施民生实事项目20项。老旧小区改造、集贸市场周边环境整治、老旧小区燃气入户改造、城市微更新、市区照明亮化提升、重点区域通信线路整治、道路交通安全提升、346国道张家港绕城段改扩建工程、增加停车位供给、苏州市“城市阅读一卡通”基石工程、职业技能提升行动、劳动人事争议智能仲裁院建设、金沙方舱医院建设、青少年儿童心理健康关爱行动、实施“民生微实事”等15个当年度项目全部完成；5个跨年度项目中，健身步道提升工程提前完成，市区老住宅小区公用设施安全监测及维修、优化校园建设、社区卫生服务机构标准化建设、社区养老服务能力提升4个项目结转至2024年。

（张　芮）

重要会议

【概况】 2023年，市政府召开常务会议15次，先后审议农房翻建、信息化项目、安全生产、农业农村现代化、重大项目、对口帮扶、产业创新集群、城市更新、财政预算、优化营商环境、经济运行、促进直播电商经济、全民健身公共服务、国有企业发展、丧葬礼俗改革、民生实事项目规划、养老保险、养老服务、生态环境基础建设等年度重点工作事宜。召开全市性会议40次，其中市委、市政府联合召开14次。会议主题涉及现代化建设、财政工作、作风建设、文明建设、经济建设、重大项目推进、安全生产等方面。1月11日，市政府召开全体（扩大）会议，全年召开专题学习会议15次，专题学习习近平《全面从严治党探索出依靠党的自我革命跳出历史周期率的成功路径》等重要讲话和文章、第十四届全国人民代表大会第一次会议精神、《中华人民共和国长江保护法》《促进个体工商户发展条例》等，收听收看上级电视电话会议42次。

【推进“敢为、敢闯、敢干、敢首创”暨“现代化建设先锋年”动员大会】 1月28日，全市推进“敢为、敢闯、敢干、敢首创”暨“现代化建设先锋年”动员大会在沙洲宾馆会议中心召开。会议强调，要以先锋业绩奋力“开好局”，锚定“123”年度目标，一体推进科技招商、产业招商、人才招引，为高质量发展集聚更多优质增量；坚持优存量、扩增量并举，打造更具竞争力影响力的产业创新集群；放大“苏锡通”几何中心区位优势，更大力度推进交通互联、产业互促、资源聚合、服务共享，高水平打造中国式现代化县域先行区。会议表彰了先进企业、人才引育先进企业、“创新转型加速年”先进个人、2022年度精神文明建设考核先进单位，发布《在全市干部群众中开展“干部敢为、地方敢闯、企业敢干、群众敢首创”大讨论大走访大落实主题活动的实施意见》、境外招商小分队出征令、市产业专家创新资源平台、全力支持和鼓励干部敢为“先锋大礼包”等。

【市政府常务会议】 1月29日，市十五届政府第18次常务会议召开，听取市十五届人大二次会议代表议案关于《加快农房翻建进程，打造港城特色和美乡村》办理工作方案的汇报，审议《关于进一步加强全市物业管理工作的意见》《张家港市市政设施管理办法（修订）》《张家港市级信息化项目管理办法》《张家港市征地补偿和被征地农民社会保障办法》。

2月14日，市十五届政府第19次常务会议召开，学习《中华人民共和国长江保护法》。

3月7日，市十五届政府第20次常务会议召开，传达全省重点行业领域安全生产风险专项整治巩固提升年行动部署会精神、通报全市安全生产情况、部署近阶段安全防范工作，审议《全面推进乡村振兴，探索高水平率先基本实现农业农村现代化行动方案（2023—2025年）》《张家港市重大项目“政企双通道”一揽子激励措施（试行）》《张家港市普惠金融风险补偿基金管理办法》。

3月30日，市十五届政府第21次常务会议召开，审议《2023年度张家港市重大行政决策目录》《关于贯彻落实〈苏州市户籍准入登记管理办法〉的实施意见》《张家港市农村住房条件改善五年实施方案（2022—2026年）》《张家港市乡村建设行动实施方案》《张家港市2023年度对口帮扶支援合作和南北挂钩工作计划》，听取关于张家港市入河（湖）排污口规范化整治工作评估相关问题整改情况的汇报。

4月11日，市十五届政府第22次常务会议召开，专题培训《深入学习贯彻习近平总书记关于总体国家安全观重要论述，积极推进应急管理体系和能力现代化》《如何抓实抓好安全生产工作》，部署阶段安全生产重点工作，学习《促进个体工商户发展条例》。

5月4日，市十五届政府第23次常务会议召开，会议传达学习全国、省既有建筑（自建房）视频会议精神，听取全市既有建筑（自建房）排查整治情况，部署下阶段工作；传达全省安全生产电视电话会议和苏州市安委会、消委会全体成员（扩大）会议精神，部署下阶段工作，审议《关于开展重点行业领域安全生产风险专项整治巩固提升年行动的通知》。

5月26日，市十五届政府第24次常务会议召开，会议传达上级安全生产相关会议、文件精神，部署全市重大事故隐患专项排查整治、电动自行车消防安全专项治理、城镇燃气行业领域安全专项整治提升等工作，审议《张家港市安全生产委员会工作规则（修订）》《张家港市人民政府关于废止部分规范性文件的决定》《张家港市人民政府关于公布继续施行和拟修改规范性文件目录的通告》《张家港市产业创新集群高质量发展专项资金管理办法》《张家港市城市更新基金试行指导意见》。

6月16日，市十五届政府第25次常务会议召开，听取全市第五次全国经济普查工作推进情况的汇报，

2022年度张家港市财政预算执行、决算草案以及其他财政收支审计情况的汇报，全市垃圾分类工作情况的通报，审议《2023年张家港市优化营商环境重点工作任务清单》《张家港市国有企业高质量发展三年行动方案（2023—2025年）》《关于进一步加强全市专项规划统筹管理的意见》《2023年张家港市生活垃圾分类工作行动方案》《张家港市关于深化质量强市建设的实施方案》《张家港市排水设施建设与运维管护一体化改革工作方案》《张家港市民族团结进步事业三年行动计划（2023—2025）》。

7月12日，市十五届政府第26次常务会议召开，听取全市上半年经济运行情况和下阶段重点工作建议的汇报，传达学习贯彻习近平总书记关于安全生产重要指示批示和上级会议精神，听取相关安全生产专委会工作情况汇报，部署下阶段重点工作，学习《中华人民共和国对外贸易法》，审议《关于进一步深化新时代社会组织廉洁合规建设的实施意见》。

8月10日，市十五届政府第27次常务会议召开，审议《张家港市调高调轻调优产业结构三年行动计划（2023—2025年）》《关于进一步加强全市农村住房建设管理工作的实施意见（试行）》《关于推进我市农房翻建的若干激励措施（试行）》《关于进一步加强人民调解员队伍建设的实施意见》《关于调整城乡居民基本养老保险和被征地农民社会保障有关待遇标准的请示》《关于我市开展城乡居民基本养老保险集体补助工作的请示》。

9月4日，市十五届政府第28次常务会议召开，学习《中华人民共和国反垄断法》，听取校园安全专业委员会、养老护理和救助安全生产专业委员会、旅游安全生产专业委员会工作汇报，审议《2023年度张家港市市长质量奖获奖组织和个人名单》《张家港市特大暴雨城市防洪避险预案》《张家港市重大产业项目全生命周期管理实施意见》《张家港市人民政府关于公布市容环境管理主要街道（道路）和重点地区的通告》。

10月25日，市十五届政府第29次常务会议召开，听取民爆物品与船舶修造安全生产专业委员会、农业农村安全生产专业委员会、工矿商贸安全生产专业委员会、危险化学品安全专业委员会、特种设备安全生产专业委员会工作汇报，学习《中华人民共和国森林法》《中华人民共和国湿地保护法》，传达贯彻省林业局《关于挂牌督办破坏森林资源典型案例的通知》，部署下阶段重点工作，审议《张家港市关于促进直播电商经济高质量发展的实施意见（2023—2025）》《张家港市构建更高水平的全民健身公共服务体系实施方案》。

11月15日，市十五届政府第30次常务会议召开，传达省安全防范工作视频调度会议精神，听取相关安全生产专委会工作情况汇报，部署下阶段重点工作，审议《关于构建市级机关部门与所属行业市属国有企业高效协同关系的指导意见》《关于进一步推进丧葬礼俗改革的实施意见》《关于进一步优化完善殡仪服务中心建设的意见》。

12月5日，市十五届政府第31次常务会议召开，学习《中华人民共和国行政复议法》（2023修订），听取全市农村公路工作开展情况汇报，部署下阶段重点工作，传达全省安全生产工作视频会议精神，听取大型群众性活动、商场、农贸市场、长江水上交通安全生产专业委员会工作情况汇报，审议2024年三级重大项目规划方案、2024年民生实事项目规划、《关于调整城乡居民基本养老保险和被征地农民社会保障有关待遇标准的请示》。

12月20日，市十五届政府第32次常务会议召开，审议《政府工作报告（审议稿）》《关于2023年国民经济和社会发展计划执行情况和2024年计划报告的汇报》《关于主要发展指标2023年完成预计及2024年目标规划情况的汇报》《关于推进基本养老服务体系建设的实施方案》《张家港市生态环境基础设施建设三年行动计划（2023—2025年）》《张家港市产业用地使用权转让、出租、抵押二级市场管理办法（试行）》。

（陆家成）

政府施政

【概况】 2023年，《张家港市2023年政务公开工作要点》出台，进一步提升全市政务公开标准化、规范化水平。全年在市政府门户网站发布专题专栏7个，主动公开政府信息20015条，发布图文视频等解读材料76件，开展网上调查102次、在线访谈16次，集中公开行政规范性文件148件。同时，打造城市级服务平台“张家港微门户”作为政务公开和政务服务的有效延伸，做到“群众所需”即是“服务所向”。“张家港微门户”累计收件4808236件，累计办结4600393件，办结率95%，群众满意度94%。持续提升依申请公开件办理质效，优化接收、登记、办理、核查、答复等工作流程。全年收到政府信息公开申请774件（含2022年结转15件），依法办结730件，44件转下一年度办理。

（贯　翰）

【推动经济运行率先整体好转的若干政策措施出台】 3月2日，市政府印发《关于推动经济运行率先整体好转的若干政策措施的通知》，提出提振发展信心，激发市场主体活力，全力推动经济运行率先整体好转，实现质的有效提升和量的合理增长。文件从加强财税支持、强化金融政策支持、加大援企稳岗力度、减轻企业收费负担、改善整体流通环境、着力恢复和提振消费、积极扩大有效投资、力促外资外贸稳中提质、促进房地产平稳健康发展、支持防疫药品器械生产研发、着力提升医疗保障能力、优化提升政府服务12个方面提出55条政策措施。要求全面贯彻国家、省、苏州出台的相关支持政策，按照从高不重复原则支持市场主体；各部门加强宣传解读，推动各项政策措施落实落细，直达基层、直接惠及市场主体；市级层面建立联席会议机制，健全政策实施评估机制，推动解决存在问题。

【促进直播电商经济高质量发展的实施意见印发】 11月7日，市政府办公室印发《张家港市关于促进直播电商经济高质量发展的实施意见（2023—2025）》，赋能传统商贸业数字化转型，补齐新型消费短板，以新业态新模式为引领，促进新兴消费发展。围绕打造“直播电商强市”目标，要求推动直播电商产业聚集，加强直播电商基地建设，健全直播电商生态体系；加强直播电商人才培养，做好直播电商人才的“引育留用”工作，完善直播人才培育体系；建设一批网络直播营销合规指导站，打造“直播带货+信用监管”新模式，推动直播电商跨部门协同监管，构建科学高效监管体系；鼓励建设“共享直播间”，深化“直播+”模式应用，打造产业赋能融合体系。计划至2025年年末，建设3个直播电商产业集聚区，打造10个功能完善、模式创新的直播电商基地，培育和引进100家直播电商示范企业，孵化1000名直播电商人才。

【促进托育服务高质量发展实施意见印发】 12月11日，市政府办公室印发《张家港市关于促进托育服务高质量发展的实施意见》，文件从优化土地、规划及备案政策，拓宽普惠性托育服务多元供给渠道，加大托育服务行业发展扶持力度，建立健全托育服务监督管理机制4个方面提出24条建议，要求扩大普惠托育服务有效供给，满足3周岁以下婴幼儿家庭多样化、多层次的托育服务需求。计划至2025年年末，初步建成以普惠为导向的托育服务体系，每1000名常住人口拥有3周岁以下婴幼儿托位数4.5个，托幼一体园在全市公民办幼儿园总量中占比达到90%以上。鼓励支持各区镇、街道开展普惠性托育机构建设，建成一批社区普惠托育机构，为居民就近就便提供普惠、优质的托育服务。

【推进农房翻建的若干激励措施制定】 9月6日，市政府办公室印发《关于推进全市农房翻建的若干激励措施（试行）》，进一步推进全市农房翻建工作，促进农村住房条件改善，提升村庄基础设施和公共服务配套水平，展现新时代“锦绣江南鱼米乡”美好模样。文件根据国土空间总体规划、镇村布局规划等相关规划，明确可原地翻建及异地新建的村庄范围，为村民建房提供规划依据。农房建设中涉及新增建设用地的，可通过争取上级下达的单列农房新增建设用地计划指标予以解决，降低土地取得成本，由市资源规划局做好建设指标对上争取，各区镇（街道）做好空间指标、农转用及耕地占补平衡费等保障。提高建房标准，对于2000年及以前建的农房或评估（鉴定）为C、D级的危房，优先予以解危。联合苏州公积金张家港分中心和建设银行、农业银行等金融机构，推出“自翻建房贷款”“宅e贷”“农房e贷”等一批面向农民的农村信用类贷款产品，缓解农户建房资金压力。该激励措施至2026年12月31日止。

【民族团结进步事业三年行动计划出台】 6月28日，市政府办公室印发《张家港市民族团结进步事业三年行动计划（2023—2025）》，进一步铸牢全市各族群众中华民族共同体意识。文件要求挖掘和运用爱国主义红色资源、民族团结进步资源，在全市打造5家至8家铸牢中华民族共同体意识宣传教育阵地；运用青少年喜闻乐见的形式，打造5家至10家铸牢中华民族共同体意识进校园试点学校；立足“大统战”格局，深入挖掘推广“长江文化”“沙上文化”“香山文化”“东渡文化”“河阳文化”品牌资源；发挥人才、教育、医疗、文化、公益等资源优势，深化“石榴籽帮扶工程”项目，助力新疆阿克苏地区乌什县库尔干村美丽乡村建设；出台社会组织、企业等重点领域创建工作标准化清单，搭建联创共建平台，推动“民族团结进步示范单位创建”工作联动、活动联办、品牌联创；鼓励少数民族群众参与社区治理和公益活动；开展少数民族流动人口国家通用语言文字及文化政策培训，成立至少3支“红石榴”志愿服务队；鼓励国有企业、民营企业把民族团结有机融入业务，全市成立至少4家民族团结进步协会分会。计划至2025年年末，全市民族团结进步创建工作更加深入，创建主体向社会各领域纵深拓展；各族群众交往交流交融更加紧密，互嵌式社会结构和社区环境逐步形成；民族事务治理能力水平显著提升，少数民族流动人口服务管理能力稳步提高，民族事务治理有效纳入共建共治共享的社会治理格局；全市各族群众进一步增强“五个认同”（对伟大祖国、中华民族、中华文化、中国共产党、中国特色社会主义的认同），牢固树立休戚与共、荣辱与共、生死与共、命运与共的共同体理念。

（陆家成）

表4　2023年张家港市民生实事项目完成情况表

序号	项目名称	建设内容	完成情况
1	老旧小区改造	对前溪花园、振丰新村、向阳新村、南门新村、万红二村5个老旧小区的部分区域实施综合改造，改造内容主要包含雨污分流、房屋外立面刷新、室外停车位、道路、绿化、管线整治等	完成
2	集贸市场周边环境整治	对东菜场、暨阳菜场等集贸市场周边老旧小区进行设施改造、环境整治	完成
3	老旧小区燃气入户改造	改造老旧小区天然气5000户	完成

续表4

序号	项目名称	建设内容	完成情况
4	城市微更新	对梁丰小游园进行提升，改造面积1.5万平方米，包括建设环形步道、照明、游憩、健身、互动科普装置、篮球场等设施	完成
5	市区照明亮化提升	为方便市民夜间出行，扮靓城市形象，将市区人民路（东二环—西二环）865套高压钠灯更换为LED灯具	完成
6	重点区域通信线路整治	对城区梁丰小学、云盘小学、第二中学等15所中小学校，市中医医院、第一人民医院2所医院，第一集贸市场、花园浜农贸市场、暨阳农贸市场、金厦菜场等9个集贸市场周边及延伸区域共计18个开放式老旧小区的架空通信线路进行整治，涉及675栋建筑、19162户	完成
7	道路交通安全提升	城区道路改造提升：对新市河路、西门路、沙洲西路、杨舍东街周边等道路车行道及人行道进行大中修改造，面积约4万平方米。农村公路交通安全设施精细化提升：对市域一级主干道进行交通安全隐患整治，主要包括增设中分带护栏、完善标志标线、改善视距不良情况、增加临河路段防护、事故多发路口增加设施等，有效提升全市农村公路安全水平。道路交通生命防护工程：对乐丰公路、西塘公路、妙丰公路等事故多发点进行安全设施提升	完成
8	346国道张家港绕城段改扩建工程	起于东渡大道与张杨公路交叉处，向北新建东三环至晨丰路，再折向西利用晨丰路改扩建至港华路，再折向南利用港华路，止于港华路与张杨公路交叉处，全长23千米，按双向六车道一级公路标准建设，设计速度每小时80千米；新建鹿苑、南丰、华昌路、港华路4处互通	完成
9	增加停车位供给	新增改造机动车停车位2500个	完成
10	苏州市“城市阅读一卡通”基石工程	为落实《长江三角洲区域一体化发展规划纲要》提出的“城市阅读一卡通”要求，推动苏州大市范围内公共图书馆优质资源整合共享、纵向流动、跨区延伸，全面实施全苏州市公共图书馆之间协同采访、纸质资源、电子资源、数字资源、场地资源等共建共享	完成
11	职业技能提升行动	建立残疾人居家就业服务中心，通过搭建残疾人居家客服就业供需平台和资源对接平台，做好残疾人居家就业的招募、培训、上岗等工作；培训500人，争取帮助200人居家就业	完成
12	劳动人事争议智能仲裁院建设	各仲裁庭达到智能仲裁院建设标准，具备语音录入、视频庭审、庭审直播等功能，实现线上办案全覆盖，普遍开展网上调解仲裁服务，为进一步提升调解仲裁工作质效，打造劳动关系领域现代化治理的县域模板	完成
13	金沙方舱医院建设	改造金沙医院住院楼，建设具有600张床位的金沙方舱医院	完成
14	青少年儿童心理健康关爱行动	建设区域心理健康教育支持系统、家庭教育支持系统和未成年人保护综合服务平台，包括软件测评系统、课程资源系统、网络工作平台等；支持学校通过购买服务的方式，引导社会心理专业服务机构、社会组织为师生、家长提供专业服务；开展市家庭教育宣传月和心理健康教育主题月活动；整合未成年人保护数据资源，对未成年人个案服务进行实时监测和长效跟踪，综合监管未成年人保护领域重点任务等落实情况	完成
15	实施“民生微实事”（社区党组织为民服务）	在全市城市社区开展社区治理营造、消除安全隐患、整治社区环境、文化体育特色和关爱居民公益等“民生微实事”项目，发挥居民议事会作用，解决社区居民身边的小事、急事、难事	完成工程类项目308项、服务类项目355项；社区覆盖率100%

续表4

序号	项目名称	建设内容	完成情况
16	市区老住宅小区公用设施安全监测及维修	市区老旧住宅安全监测及保险：每季度一次对开放式老旧住宅外墙面进行隐患排查、深化查勘及监测分析，及时发现安全隐患并处置。市区开放式老住宅小区公用设施维修：对市区开放式老住宅小区街巷设施和破损严重且存在安全隐患的房屋檐口、立面等进行修缮以及对市区开放式老住宅小区其他公用部位和共用设施进行维修	排查市区二环内老旧住宅1650幢，对存在外墙面脱落风险的房屋进行维修整治；市区老旧住宅安全保险赔付6次，共计6850元
17	优化校园建设	万红小学综合楼新建工程：选址于校内操场北侧，建筑面积2850平方米，含图书馆、阅览室、专用教室等。实验小学南校区综合楼重建工程：选址于实验小学南校区校内，拆除学校东南角宿舍楼，新建一幢五层综合楼，建筑面积约3720平方米，含专用教室、普通教室等	万红小学综合楼新建项目完成主体验收；实验小学南校区综合楼重建工程完成主体结构施工
18	健身步道提升工程	在一干河（北二环仓基大桥至城北路段）东西两侧临河内部道路铺设塑胶健身步道，全程7.1千米。其中，东侧3.5千米，面积13055平方米；西侧3.6千米，面积12863平方米。同时增添健身指导、绿色人文、红色旋律等氛围	完成
19	社区卫生服务机构标准化建设	新建（改造）1家社区卫生服务中心，以及5家社区卫生服务站	社区卫生服务中心：凤凰镇新建部分完成主体结构施工；社区卫生服务站：6家竣工并投入使用；1家开展立项工作
20	社区养老服务能力提升	为构建张家港市居家和社区养老服务的枢纽和平台，建设3家综合养老服务中心，为老年人直接提供专业养老服务；建设6家老年人助餐点；完成8家至10家新建住宅区配套养老用房设计、装修，并投入使用	2家综合养老服务中心完工并进行试运营；新建9家老年人助餐点；完成11家新建住宅区配套养老用房装修并投入使用

（张　芮）

政务服务

【概况】 2023年，市行政审批局推进政务服务"一网通办""一件事""跨域通办"等各项改革，聚力建强涉企服务一体化平台，不断加强各级政务服务大厅建设管理。至年末，全市有38个政务服务部门，941个行政权力事项（1467个业务项）在省政务服务网张家港旗舰店对外公布展示。市行政审批局获评2022年苏州市政务服务系统改革创新标兵单位、2023年苏州市政务服务系统为民服务工作成绩突出集体。"放管服"改革和数字政府建设项目获评省政府办公厅2022年度督查激励事项。

【"一网通办"平台体系建设】 年内，市行政审批局推进政务服务管理平台（三期）运维运营平台建设，推动政务服务线上线下深度融合，进一步提升政务服务水平，拓展政务服务数据应用。全市35个部门1283个政务服务事项全部实现"一网通办"。至年末，平台办理政务服务事项26.5万余件，实现政务服务事项办理全流程业务协同和统一管理，有力提升政务服务事项办理体验。完成"一网通办"6类行政权力事项证照归集、办件归集、办件覆盖清单的调整工作，其中证照归集清单由原来的141项修改为132项，办件归集清单由原来的458项调整至347项，有效减轻部门二次录入工作，将部分二次录入且年办件量大于2000件的事项，以及非依申请行政权力事项，从原来的办件归集清单调整为事项覆盖清单，共计69项。推进政务服务数字地图优化工作，提升政务服务大厅数据对接准确性和时效性，完成政务服务数字地图相关数据汇聚、接口对接。全年完成大厅地址、联系电话、名称等各类要素共3500余项信息调整。加强"一网通办"平台运行管理，严格执行信息化功能开发需求评审制度，制发《张家港市"一网通办"平台运行管理暂行办法》《张家港市行政审批局信息化功能开发管理办法》，做到信息化功能开发统一扎口、有求必审，确保"一网通办"平台规范、有序、安全、高效运行。完成张家港市"互联网+监管"系统建设，打造1个应用、2个门户、3个子系统和8个数据库。建成服务门户以及工作门户，为归集共享各类监管业务行为、公示监管动态信息等提供能力支撑，依托工作门户实现监管行为数据逐级上报，至年末，张家港覆盖率为78.48%。

【工程建设项目审批制度改革】 年内，市行政审批局加强对推进工程建设项目审批制度改革工作的监管力度，梳理出涉及8个区镇、17个部门的相关问题32个，要求区镇、部门每季度末反馈整改问题落实情况，对整改推进情况进行总结，并形成季度情况通报发送至各工改成员单位。协调推进水、电等报装单位进驻投资建设项目一站式服务中心，完成与市住建局、资规局、发改委3个部门业务系统初步对接，新增2个策划生成项目，完成“多测合一”综合服务信息系统建设方案评审，推动各区镇实现环境影响评价工作全覆盖。锚定重大项目年度开工目标，协助投资主体科学制定项目报建计划52份，实现服务领着项目跑，盛虹储能电池项目签约当天即完成全链报建计划梳理。针对报建计划对应的时间节点与事项分类，实施“一企一策”，主动对接推进情况及完成进度，梳理调整重大项目信息，全年调出项目12项，调入项目15项。动态调整重大项目报建计划，完成25批次46个项目，共计386次跟踪服务，不断提升服务精准性。牵头组建重大项目服务团队，为全市35家企业重大项目进行集中辅导，协调处理问题60余个，涉及开设道口、林地占用、地块合并、用地性质变更、降低道路等级、厂房分批验收、消防设计专项审查等相关内容，为95个工业建设类项目提供绿色通道服务789次，切实降低项目推进受阻风险。依托投资项目一站式服务中心，强化工程建设项目全流程网上办理，全年系统运行项目数1698个、事项数4208个。进一步优化投资建设项目预审服务，促进项目建设快速落地。全年累计收到预审服务申请项目212项，为30个重大项目提供预审服务，助力全市建设项目审批再提速。

【企业登记管理】 年内，市行政审批局不断提升登记注册业务咨询指导水平，全年为企业提供全程电子化和一窗融合帮办代办服务35次，回复企业开办相关现场咨询4996次、电话咨询17871次、线上咨询3181次；指导443人次完成自助区线上申报。常态化做好企业开办类业务知识积累，知识库累计更新1018条。进一步优化市场主体办件体验，完善线上线下融合企业登记服务工作机制，强化耗时追踪，确保企业开办耗时指标100%达标。全年办理企业设立登记6729户、变更8379户、注销2720户，业务各环节平均用时缩短至1小时左右。统筹指导各区镇点位做好个体工商户登记注册服务，全年办理个体设立登记14110户、变更6528户、注销11869户。推行个体工商户“1+N”（“1”指营业执照，“N”指不同的经营许可证）注销套餐，各区镇累计为133户个体工商户办理套餐服务，有效提升个体工商户退出效率；开展个体工商户“个转企”改革试点，帮助4家个体户经营者完成“个转企”变更登记；持续开展个体工商户歇业备案，靠前做好业务指导，为5户个体工商户办理歇业备案，并探索歇业后的配套政策衔接。全市登记各类新设市场主体25370户。其中，新登记内资企业8308户，注册资本617.01亿元；新登记个体工商户16980户，注册资金23.65亿元；新登记农民专业合作社6户，注册资金930万元；外资企业76户，投资总额23.92亿美元，注册资本9.22亿美元，其中外方认缴6.95亿美元（不含保税区）。36家外资办理增资，增加投资2.13亿美元（不含保税区），新增注册资本3.51亿美元，其中外方认缴1.34亿美元（不含保税区）。44家外商投资企业办理注销登记手续。至年末，全市登记有内资企业77900家，注册资本7962.5亿元；个体工商户144674户，资金数额180.5亿元；农民专业合作社398家，资金总额9.56亿元。外资企业1320家，投资总额337.78亿美元，注册资本178.83亿美元。全市市场主体总数224292户，全年发放电子营业执照8384户。

【利企便民服务举措深化】 年内，市行政审批局持续深化“一件事一次办”改革。制发《关于加快推进全市“一件事一次办”改革工作的实施方案》，推进省定“一件事”落地运行，完成全市“一件事”调用电子证照功能上线，持续提升“一件事”线上办件量，至年末，线上办件量超8000件。探索创新特色“一件事”，市级层面，“港城上市通”服务30家企业，完成办件585件，“人才服务一件事”办件1770件，“执破一体一件事”办件70件；区镇层面，南丰镇“1+N”证照注销一件事累计办件77件，经开区（杨舍镇）“大众创业一件事”累计办件184件。在苏州大市范围内率先发布《张家港市首批“全城通办”事项清单》，清单涉及13个部门120项业务，持续强化“全城通办”事项标准化建设，确保“全城通办”事项顺畅实施。至年末，包括企业开办、不动产登记在内的“全城通办”各事项办件超62万件。继续推进“跨省通办”“省内通办”改革，在市镇两级实体政务服务大厅设置“跨省通办”“省内通办”专窗，持续扩大“跨省通办”“省内通办”合作联盟，张家港市“跨省通办”“省内通办”合作城市已增至182个。持续推进免费刻章和免费邮寄工作，制定《张家港市政务服务中心政务专递免费邮寄服务规范》，全年累计补贴刻章费用超126万元，邮寄费用67万元。扎实开展新办企业电子营业执照宣传推广工作，指导企业下载电子营业执照和电子印章，推动“电照”在企业档案查询等领域应用，204项政务服务事项通过电子营业执照功能实现办理。

（孙文仪）

【全市首个政务管理“云沟通”二维码上线】 12月12日，冶金园（锦丰镇）2023年度政务大厅优管理推进会暨政务管理“云沟通”二维码上线仪式在园（镇）便民服务中心举行。为增加办事群众参与政务服务监督便利性和可及性，解决办事群众对于政策咨询、投诉意见反馈渠道较少，因场地和工作时间等原因导致回复时效性欠佳等问题，冶金园（锦丰镇）便民服务中心在全市范围内首推政务管理“云沟通”二维码。从“精微服务+政务效能”角度出发，通过“互联网+监督”的形式，将收集群众建议落地在窗口最前端。重点开放“吐槽投诉、好评点赞、政策咨询、建言献策、办不成事反映通道”五大模块，实现投诉处理高效化、优秀服务示范化、政策解答专业化、金点子收集创新化，完善问题从发现到整改再到提升全过程闭环处置机制。二维码上线后，针对办事群众的反馈与留言，“锦快办”专员第一时间处理并通过短信及时回复，做到好评点赞100%推广、有效差评100%整改、建议意见100%回复，真正实现扫码沟通、必有回响。

（茅　华）

外事工作

【概况】 2023年，张家港市因公出国（境）37批124人次；申办APEC商务旅行卡86张，累计申办580张；初审外国人来华邀请核实单222批378人次；受理并处置涉外事（案）件6起；接待外宾10批69人次，其中接待挪威、日本、瑞士等外国驻上海总领事馆总领事4批17人次，接待友好交流城市韩国浦项市代表团1批8人次。3月18日，举办“外籍人士看港城”活动，邀请韩国、日本、斯洛伐克、南非等国家的50余名外籍友人走进张家港湾、沙洲优黄文化园。年内，承办中日（苏州）地方发展合作示范区张家港创新合作发展大会。张家港市推荐的默克投资（中国）有限公司总裁安高博获评2022—2023年度“苏州市荣誉市民”。

【中日（苏州）地方发展合作示范区张家港创新合作发展大会】 4月4日，中日（苏州）地方发展合作示范区张家港创新合作发展大会召开。苏州市委常委、副市长顾海东，日本驻上海总领事馆大使衔总领事赤松秀一、副总领事森祐一郎，张家港市委副书记、市长蔡剑峰，以及100余名政商界代表参加大会。江苏省人民政府外事办公室副主任金尚军作线上致辞。中日（苏州）地方发展合作示范区于2020年成立，双方依托中日（苏州）地方发展合作示范区工作会商机制，在智能制造、节能环保、新能源、数字贸易等领域，全方位深化合作，推动中日地方合作迈向更深层次、更高水平。大会现场，中日（张家港）新材料产业创新联盟成立，中日（张家港）汽车产业联盟倡议发布，中日合作曲艺剧《东渡》正式启幕。日本山梨学院高等学校与张家港市舞蹈学校进行现场签约，沙洲职业工学院向两家日资企业进行实习实训基地授牌。　（唐一宁）

4月4日，中日（苏州）地方发展合作示范区张家港创新合作发展大会召开

（市外事办　提供）

信访工作

【概况】 2023年，市信访局受理信访事项6352件，其中信件（含网络投诉、市长信箱）5051件次，接待群众到访1301批3081人次。5月至6月，结合《信访工作条例》贯彻落实年活动，集中开展《信访工作条例》学习宣传5次，累计发放宣传手册1500余份，覆盖人数5000余人。6月27日，张家港市社会矛盾纠纷调处化解中心挂牌成立。9月5日至9日，组织开展全市“推进信访工作法治化”专题研讨班，全市有关部门、各区镇（街道）、派出所相关负责人150余人参加研讨学习。2023年，在全省信访工作考核中，张家港市获评全省信访工作先进县。

【市党政领导接访下访】 年内，市级党政领导坚持开展接访下访、会商会办活动，面对面倾听群众诉求，会商会办推动信访事项解决。2023年累计接访下访192人次，所有信访事项均及时反馈和有效处置。信访事项办理质效持续提升，及时受理率、按期答复率均为100%，群众满意率98%以上。

【市社会矛盾纠纷调处化解中心挂牌成立】 6月27日，张家港市社会矛盾纠纷调处化解中心挂牌成立。中心分为受理区、办理区、指挥区三大区域，整合综治中心、社会调解服务中心、非诉讼服务中心、公共法律服务中心、法律援助中心、“12309”检察服务中心等11个平台功能，汇聚信访、司法、公安、法院、检察、住建、人社等多家部门资源，吸纳行业性、专业性调解组织和团队，采取常驻、轮驻、邀驻相结合的方式，对各类矛盾纠纷“一站式接收、一揽子调处、一链条解决”，最大限度满足人民群众到访、定分止争“最多跑一地”“只进一扇门”的服务需求。至年末，中心设有常驻单位12个、轮驻单位15个，并明确全市其他部委办局均为邀驻单位，根据工作需要派员到岗到位；进驻人民调解委员会以及医患纠纷、婚姻家庭纠纷、劳动争议、物业纠纷、职工纠纷等专业调解组织6个，派驻调解员8人。市矛调中心全年受理事项2189件。其中，接待群众到访760批1683人次，处置人民调解31批66人次，接待法律咨询728批890人次，处置法律援助670批811人次。全年接待群众集访53批731人次。

（胡士家）

对口帮扶

【概况】 2023年，张家港市继续对口帮扶宿迁市宿豫区，对口支援新疆维吾尔自治区巩留县、重庆市云阳县、西藏自治区林周县。根据省委组织部、财政厅、乡村振兴局工作要求“五方挂钩”帮扶江苏省泰州市兴化市。完成东西部协作贵州省沿河土家族自治县收官任务，补助支持该县就读沙洲职业工学院249名学生至2023年上半年完成学业。除省财政在张家港市统筹的资金（项目）外，全年对上述地区实施对口帮扶项目36项，提供援助资金4549万元。其中，市财政出资3121万元，各区镇财政、机关企事业单位和个人对口援助1428万元。援助宿豫区2895万元、巩留县1033万元、兴化市500万元、云阳县75万元、林周县46万元。

【对口地区间交流】 年内，张家港市与受援地开展形式多样的交流活动。张家港市领导出访3批。4月11日至12日，市委书记韩卫带领党政代表团赴新疆巩留县交流考察，深化区域合作，推动张家港援疆工作高质量发展。8月4日至7日，市委常委、市政府副市长常征率队赴新疆伊宁市，参加苏州市对口支援伊犁州工作座谈会，并陪同苏州市委常委、副市长顾海东一行专程前往巩留县实地考察。8月15日至19日，市政府副市长刘东兴率队赴巩留县调研考察对口援疆项目，推动两地中医药产业合作提质升级。对口地区领导到访6批。2月16日至17日，宿迁市宿豫区委书记、宿迁高新区党工委书记殷其国率党政代表团到张家港商谈南北合作，并举办宿豫（张家港）投资环境说明会。2月23日，重庆市云阳县委常委、常务副县长甘露率队到张家港考察氢能产业链发展。3月29日，新疆巩留县委书记熊瑞率党政代表团到访，调研推进“东西互助”、合作共赢。8月17日，新疆巩留县委常委吴拉尔斯·哈列汉带队赴张家港市凤凰镇参观考察，深化交流协作。9月26日，新疆巩留县副县长阿布力孜率队到乐余镇推进支援合作工作。11月4日至5日，新疆巩留县委副书记、县长卓力得拜率团到张家港举办2023年“苏韵伊情，张巩连心”巩留城市推荐暨特色产品展销活动，两地政府、市场、社会进一步加强交流、深化协同。

【张家港宿豫工业园区建设】 年内，张家港宿豫工业园区紧扣高质量发展，持续提升食品饮料、智能制造等主导产业集聚集群。年内，实现一般公共预算收入1.69亿元，比上年增59.26%；工业入库税收2.46亿元，比上年增49.22%；工业增值税8853万元，比上年增88.16%；规模以上工业产值24.21亿元，比上年增15.21%；货物进出口额9000万美元，比上年增87.3%。全年完成签约项目12项，总投资127.4亿元，分别为海尔智造、苏科新材料、华晖宠物食品、长风高科、祺波智能科技、泰信机械、舜博电气、普和电子、欧韵永、玖月莱服装、凯利特生物科技、易简智能科技；新开工项目5项，总投资24亿元，分别为鼎捷科技、苏科新材料、快乐食品、盈德服饰、玖月莱服装。盘活闲置低效用地6.44 公顷，完成7.8万平方米标准化厂房建设，其中续建项目10.2万平方米鼎捷标准性厂房年内竣工。培育阿尔法科技升级为规模工业企业并获评江苏省高新区瞪羚企业，辰宇电气获评省级专精特新中小企业，并与华虹电子同步通过省级“四星上云”认定。同时，百威啤酒、美城公司2家企业通过省级“三星上云”认定，百威啤酒新增省级智能制造示范车间1个，澳中公司、辰宇电气2家企业通过市级以上服务型制造示范企业认定。年内，完成产业链核心技术攻关项目1项，超1000万元技改项目1项，新增省重点推广应用的新技术新产品项目1项。完成国家科技型中小企业评价入库9家，完成申报国家高新技术企业4家，园区实现研发投入2386.8万元。

【援藏援疆】 年内，张家港市与西藏自治区林周县、新疆维吾尔自治区巩留县继续在业务、人才、项目、技术等方面开展全方位协作。援藏方面，塘桥镇继续支援西藏林周县边交林乡建设资金40万元，支援当杰、卡优、色康3个建制村6万元。援疆方面，根据省财政统筹安排援疆资金8499万元，实施景区气象设施、基层派出所服务窗口、巩留县幼儿园、融媒体中心提升改造等项目21项，产业招商签约项目7项，总投资26.3亿元，其中昊昇木驿、建通润华管业项目年内建成投产。助力江苏援伊（张家港）产业园引进入驻企业2家，新增营业收入超3000万元。整合打造“张巩讲坛”干部教育培训品牌，累计投入329.5万元、培训干部9000余人次。“教育组团”共享精品课程35个、“医疗组团”打造专科联盟12个，累计青蓝帮带干部52人。柔性引才28人，乡镇、部门对口交往交流引才44人。建立两地部委办局、群团组织、商协会、医院等“一对一”援助机制和定期互访制度。张家港市第一人民医院、市中医医院分别与巩留县人民医院签订“院包科”帮扶协议、组建成立医疗联合体。投入870余万元引进DSA（血管造影机）设备，建设介入导管手术室。两地结对单位开展交流对接61次，累计捐赠帮扶资金和物资300余万元。先后设立“石榴籽关爱基金”“石榴籽奖学金”“石榴籽红韵关爱项目”等援疆关爱品牌，累计发放“小援疆”资金733万元，其中280万元直接投向民生领域。开展2023年“苏韵伊情，张巩连心”城市推荐暨特色产品展销活动，惠农增收60余万元。打造“石榴籽”木制品工艺坊，带动200户以上农牧民致富增收。举办“石榴籽一家亲”张巩青少年交流研学活动、首届“石榴籽杯”青少年讲解员大赛、百名少年儿童看巩留夏令营活动等，《出疆入港，20名新疆青少年开启张家港研学之旅》《请把肖芳主任留下来》等篇目得到央视新闻网、人民日报客户端的点赞和报道，阅读量超10万次。

【文化润疆工作】 年内，张家港深入推进文化润疆工作相关经验做法由中央新疆工作协调小组办公室《工作简报》予以专版专题刊发推介。近年，张家港指导“氛围育人”“文化润心”“典型带路”“融情共建”四大工程建设，打造文明实践新高地，建设文化阵地182个，助推实现县、乡、村三级公共文化服务网络全覆盖。建设先进文化示范区，助力巩留县创建“全国民族团结进步示范县”。援建全国首家以民族团结为主题的“石榴籽书屋”，累计建成102家。援疆主题微电影《云杉谣》登上中央电视台电影频道，精品音乐剧《蝶恋天山》入选2023年文化和旅游部、国家民委实施的“春雨工程”。举办巩留县首届同心直播带货大赛，推动巩留直播带货新产业、新业态、新模式发展。采取“张家港—巩留教育大联盟”组团式帮扶计划，开展“手拉手”等联谊活动300余场。开发“巩留全域通”旅游小程序，创新打造新型社交电商平台品牌——北纬43度。共建“血栓防控医联体”“医学影像会诊平台”“胸痛中心”等，提高巩留县人民群众卫生健康水平。（郑步青）

机关事务管理

【概况】 2023年，市级机关事务管理中心履行管理、保障、服务职能，为市级机关创造良好办公条件和工作环境，为市级重大活动做好后勤保障。全年安全保障中央电视台曲艺春晚、长江艺术节、长江摄影展等重大活动用车1853车次；完成会议接待1694次，提供会议音响服务713次，视频会议139场，为5个集中办公区提供设备设施维修3313次，收发信、邮件2万余件，包裹9.3万件。7个机关食堂平均每天为2100余人提供餐饮服务，同时强化服务理念，启动“机关食堂快餐提升工程”，落实在传统节日赠送特色美食等系列暖心举措。机关幼儿园全力推动新园区建设，开展延时托管服务，会同中心办公室在集中办公区（港城大厦）开设暑托班。出台《张家港市公物仓管理制度实施细则》，加强闲置资产统筹统配，推动机关运行成本进一步下降。加强公务用车购车前置审核，确保无超标超编车；加快新能源公务车推广，更新公务新能源车31辆，占比62%。持续推进办公用房权属统一登记，累计完成11家，权属统一率近60%。牵头全市党政机关加强节电管理，建立响应机制，全力做好迎峰度夏等重点工作；持续推进节能技改和新能源应用，节能示范单位创建数量和光伏电站装机总量居苏州首位。畅通机关服务专线，组织“服务专员”上门问需问计，收集问题建议150余条，办结率超95%；新增港城大厦车位24个、市政府大院车位59个，开放机关单位共享车位2300余个，方便群众错峰停车。

【公共机构节能工作】 2023年，市级机关事务管理中心持续推进节能技改和新能源应用，年内完成检察院和公安局3个派出所照明系统改造，更换LED灯具约8000盏；推动市城管局、市残联等3家公共机构安装屋顶分布式光伏发电站500千瓦，累计安装6.9兆瓦，覆盖21个单位；采用合同能源管理方式，试点推进港城大厦节能灶具改造，节能率40%；持续推进公共机构能耗监测平台建设，新增12家，能耗检测覆盖144个单位。注重节能示范创建和宣传，强化节能管理，开展节能监督检查，下发“点对点”通报87份，市级机关事务管理中心通过能源管理体系认证；持续开展世界地球日、世界环境日、全国节能宣传周、全国低碳日等主题宣传活动，开展“碳说教育，点亮绿色未来”系列宣教活动10期。至年末，完成张家港高新区、市教育局2个单位“江苏省公共机构节能低碳示范单位”创建，累计创成20个；完成久安大厦、后塍派出所、港区派出所3个单位“江苏省节水型机关”创建，累计创成91个；完成市绩效办、市文明办、市红十字会3个党政机关“节约型机关”创建，党政机关“节约型机关”创建率100%。全市累计创成全国“节约型公共机构示范单位”5个，全国“公共机构水效领跑者”1个，“江苏省公共机构能效领跑者”3个。

【公务用车管理】 年内，市级机关事务管理中心围绕公务用车管理、监督和保障三项职能，对党政机关及事业单位公务用车配备、使用、处置实行全生命周期管理，进一步巩固公务用车制度改革成果。牢牢把握公务用车编制和标准这两个管理核心，审核把关各单位更新车辆报批材料，全年审核报批党政机关公务用车27辆，事业单位保留业务用车23辆。贯彻落实网络安全法，提升信息系统安全防护能力，对公车平台进行安全等级评估，对应二级等级保护要求进行相应的系统安全维护。规范定点维修管理，出台《张家港市公务用车维修保养定点企业服务质量监管细则（暂行）》，并邀请维修管理处、维修行业协会共同对定点维修企业开展联合检查。强化公车使用监管，推进廉政建设。通过统一公务用车标识的外部监督方式和线上车辆运行轨迹监控的内部监督方式相结合，切实加强对党政机关公务用车运行情况的监管。跟踪好更新车辆的车载北斗安装和标识喷涂工作，做好平台的日常数据更新维护及运行监管，对市城管局、市交通运输局等单位的25台老旧终端及时进行更新升级。强化公车处置管理，防止国有资产流失，对年内更新淘汰的旧车，组织集中移交和评估，拍卖车辆总计30台，评估价44.81万元，成交价95万元，溢价率112%。

【市级公物仓建成运行】 2023年7月，市级机关事务管理中心修订印发《张家港市公物仓管理制度实施细则》，推动首期1600平方米实体仓投入使用。依托江苏省党政机关公物仓管理平台，对各单位纳入公物仓管理的低效闲置资产进行统一管理、统一调配、统一处置。将公物仓工作纳入2023年度市级机关（单位）、区镇（街道）节能绩效考核扣分项目监测，下发《关于落实公物仓制度有关工作提示函》《关于将闲置资产纳入公物仓虚拟仓的提示函》，切实落实闲置资产入仓、调剂使用。年内，接收机关单位移交资产2915件，调配资产541件，节约资金150余万元。

（何　玲）

【编辑　宋佳辰】

政协张家港市委员会

Zhangjiagang Municipal Committee of the CPPCC

1月2日，市政协十三届二次会议开幕　（市政协办　提供）

综　述

政协会议

协商议政

民主监督

委员之家

张家港年鉴（2024）

综　述

2023年，市政协十三届常委会牢牢把握专门协商机构职能定位，紧扣“现代化建设先锋年”工作主题和“123”年度目标任务，与时俱进大力弘扬张家港精神，坚持发扬民主和增进团结相互贯通、建言资政和凝聚共识双向发力，努力建设书香政协、有为政协、智慧政协、活力政协。全年召开常委会会议5次，主席会议13次，形成各类调研报告20篇。紧扣民生强化监督，在苏州政协系统首家探索“平时提案”工作，204件立案提案全部办结；探路政协民主监督与检察公益诉讼法律监督融合监督工作；社情民意信息转报省政协117条、全国政协29条，均创新高。聚焦质效提升品牌，委员工作室工作得到省、苏州政协肯定，相关经验做法在《中国政协》杂志刊发。

【政协委员及组织机构】 2023年年初，市政协十三届委员会有委员368人。年内，有16人由于工作变动等原因，不再担任该届政协委员。根据《中国人民政治协商会议章程》规定，经市政协十三届九次、十次、十一次、十二次常委（扩大）会议审议通过，调整增补政协委员13人。至年末，市政协十三届委员会有常委会组成人员61人、委员365人。其中，界别分布为中共15人、民盟11人、农工党12人、工商联17人、无党派人士8人、总工会8人、共青团（青联）6人、妇联8人、科协8人、文艺新闻界11人、科技界21人、经济界54人、农业和农村界12人、教育界18人、体育界6人、医卫界28人、侨联界11人、民族宗教界9人、社会福利和社会保障界37人、社会科学界8人、特邀人士57人。张家港市有各级政协组织机构12个，其中市政协1个、镇（区、街道）政协工委11个；各级政协委员385人，其中江苏省政协委员1人、苏州市政协委员16人、张家港市政协委员368人。中国人民政治协商会议江苏省张家港市委员会设常务委员会，有主席1人、副主席5人、秘书长1人，常务委员65人。内设办公室、研究室、提案委员会、经济科技和农业农村委员会、社会事业委员会、城乡建设委员会、港澳台侨（民族宗教）委员会和文化文史委员会。

【政协自身建设】 2023年，市政协制定党组理论学习中心组学习实施办法、党组党建工作责任制、加强和促进凝聚共识工作的实施意见等9项工作制度。建立政协机关党组，构建起“政协党组+机关党组+机关党支部和履职党支部”的党建工作责任链条。围绕《中国人民政治协商会议章程（修正案）》《习近平著作选读》等内容，组织党组理论学习中心组、主席会议、常委会会议等层面的集中学习活动26次。贯彻中央、省委和苏州市委关于加强和改进市县政协工作的部署要求，协助市委出台《关于加强和改进新时代政协工作的实施意见》，提出5个方面21条具体措施，为推进基层政协工作高质量发展提供有力制度支撑。开展主题读书活动，4月21日，举办“学习二十大、奋进新征程”委员读书心得暨“三联日记”征文大赛颁奖仪式，该征文大赛自2022年下半年启动，收到委员“读书心得”“三联日记”70余篇，经组织评审，分别产生委员“读书心得”征稿活动一等奖4个、二等奖6个、三等奖10个，“三联日记”征稿活动一等奖2个、二等奖3个、三等奖5个；4月25日，与民进市基层委员会、张家港海关机关党委联合举办“学习先辈精神，永葆初心本色”顾秉钧藏书室专题读书会，通过学习顾秉钧藏书学习精神和革命工作精神，增强党性修养；11月16日，政协塘桥镇工委、乐余镇工委成立联盟读书会，推进“书香政协•悦读四季”联盟读书项目，通过丰富多彩的委员读书活动，引导委员在读书中凝聚思想共识。

【团结协作】 2023年，市政协突出人民政协作为最广泛爱国统一战线组织性质，落实国家新型政党制度，支持市各民主党派、工商联和无党派人士在政协发挥作用，做到提案重点督办、发言优先安排、意见及时反映。健全联系走访民主党派、工商联机制，全年开展走访活动8次。认真听取意见建议，在交心交融中增进共识。4月21日，在东渡寺举办“听成功故事、品大唐风韵”活动，联合市外事办、市发改委等部门举办“大家来侨——有事好商量·暨时议”，帮助侨界人士解决实际困难、增添发展信心；5月31日，组织港澳台同胞、侨联和少数民族宗教界委员参加“共颂清和”先锋之年沙龙活动，活动以“行歌陌上‘同’怀山河”“山川海海侨‘心’不改”“青山依然春‘和’景明”3个篇章，通过委员读诗、委员诵诗等方式，进行交

4月21日，市政协举办“学习二十大、奋进新征程”委员读书心得暨“三联日记”征文大赛颁奖仪式

（市政协办　提供）

流互动，开阔履职视野；6月8日，市委统战部、经开区（杨舍镇）联合举办“2023年张家港市铸牢中华民族共同体意识宣传月、民族宗教政策法规学习宣传月启动仪式暨张家港市第十届民族文艺会演”活动，现场为经开区（杨舍镇）铸牢中华民族共同体意识品牌“暨阳·石榴花开”揭牌，为“全省民族团结进步示范单位”、江苏省“红石榴家园”“苏州市民族团结进步创建示范基地”“张家港市铸牢中华民族共同体意识宣传教育基地”授牌，营造“民族团结、宗教和顺”的良好社会氛围；10月21日，举办“家在苏州，约惠张家港”在苏香港同胞张家港行活动，为张家港香港同胞联谊会会员之家、李俊达委员工作室揭牌，打造在苏香港同胞的暖心港湾。

【《江河张家港》出版】 年内，由市政协、市水务局联合策划采编的文史书籍《江河张家港》由古吴轩出版社出版发行。该书以张家港市水历史文化为主题，通过历史站位、人文视角，回望张家港江河，探访沙洲水脉，道出张家港人逐水而居的涵养与情怀、智慧和梦想，展现张家港的文化底蕴和文明基因。全书分为“大海湾与古长江”“古运河与盐铁塘”“浦港塘套——水江南”“大围垦与七条干河”“治坍、疏浚与筑坝”“水栈、石桥与码头”6个章节，共计53篇文章，总字数30余万字。全书征集选用182张图片，其中不少老地图与老照片具有珍贵的史料价值。

（谭　晔）

政 协 会 议

【市政协十三届二次会议】 1月2日至4日在市馨苑度假村会议中心举行。部分委员在中联粤海酒店分会场参加会议。应出席委员368人，实到336人。会议审议通过市政协副主席陈世海代表常务委员会所作的工作报告和副主席顾放代表常务委员会所作的提案工作情况报告。副主席王文伟主持开幕式。市委书记韩卫代表市委提出四点意见：要在“旗帜鲜明讲政治”上提升新境界、在“服务大局促发展”上彰显新作为、在“履职为民强担当”上取得新突破、在“敢为先锋立潮头”上展现新形象。与会委员列席市十五届人大二次会议，听取并讨论市政府工作报告和其他报告。会议收到提案263件，立案204件。会议选举产生市政协十三届委员会主席和常务委员。赵建明当选为市政协十三届委员会主席，丁天、庞涛、徐高峰3人增补为市政协十三届委员会常务委员。会议通过《中国人民政治协商会议江苏省张家港市第十三届委员会第二次会议决议》。

【市政协十三届委员会常委会会议】 2023年，市政协十三届委员会举行常委会会议5次。

第八次会议　2月16日召开。听取全市党风廉政建设情况通报，传达学习江苏省政协十三届一次会议精神，审议《政协张家港市第十三届委员会常务委员会2023年度工作要点（草案）》。

第九次会议　5月25日召开。审议市政协有关人事任免事项，听取全市建设更高水平全国文明城市创建工作情况通报，协商“当前安全生产形势和重点对策建议”工作。

第十次会议　8月2日召开。审议市政协有关人事任免事项，听取市政府关于全市上半年经济社会发展及提案办理工作情况通报，协商“三大材料领域深度创新”工作，传达学习市委十二届五次全会精神。

第十一次会议　11月1日召开。视察生态环境保护工作，审议市政协有关人事任免事项，听取全市生态环境保护工作情况通报，协商“发挥公益诉讼检察职能、助力社会治理法治化”工作，审议《政协张家港市委员会协商工作规则（草案）》。

第十二次会议　12月29日召开。审议市政协有关人事任免事项，听取市政府关于全市经济社会发展及提案办理工作情况通报，审议市政协常委会工作报告（草案）、提案工作报告（草案），审议市政协十三届三次会议有关事项，审议《关于召开市政协十三届三次会议的决定（草案）》，听取市政协常委代表年度履职报告，传达学习市委十二届六次全会精神。

【市政协十三届委员会主席会议】 2023年，市政协十三届委员会举行主席会议13次。

第十三次会议　1月10日召开。传达学习苏州市政协十五届二次会议精神，审议《政协张家港市第十三届委员会常务委员会2023年度工作要点（草案）》，审议关于调整部分界别委员之家主任的建议方案，听取市政协办公室及各专委会月度工作交流。

第十四次会议　2月2日召开。传达学习苏州市推进“敢为、敢闯、敢干、敢首创”动员会暨作风建设大会精神和张家港市推进“敢为、敢闯、敢干、敢首创”暨“现代化建设先锋年”动员大会精神，听取提案委关于市政协十三届二次全会提案审查情况的汇报，审议市政协十三届八次常委（扩大）会议议程（草案），听取市政协办公室及各专委会月度工作交流。

第十五次会议　3月7日召开。观看《2022年长江经济带生态环境警示片》，听取提案委员会关于市政协十三届二次会议重点提案分工督办的情况汇报，听取2023年创新工作《关于建立政协民主监督与公益诉讼检察监督协同联动工作机制的实施方案》的情况汇报，听取《2023年社情民意信息及宣传信息工作考核建议方案》的说明，听取市政协办公室及各专委会月度工作交流。

第十六次会议　4月4日召开。学习《中国人民政治协商会议章程（修正案）》，审议民主评议市卫生健康工作实施方案，审议《关于建立政协民主监督与检察公益诉讼法律监督协同联动工作机制的实施意见》，审议《关于政协镇（区、街道）工作委员会开展特聘委员选聘工作的建议方案》，研究讨论年度文史书籍主题与框架，研究讨论张家港市政协文史馆（数字馆）建设方案，听取市政协办公室及各专委会月度工作交流。

第十七次会议　5月6日召开。协商“融合共治推进基层社区治理现代化”工作，协商讨论《当前安全生产形势和重点对策建议》调研报告，审议市政协十三届九次常委会(扩大)会议议程(草案),听取市政协办公室及各专委会月度工作交流,组织开展集体学习活动。

第十八次会议　6月1日召开。听取市政协民主评议各工作组情况汇报,审议市政协《关于对市卫生健康工作的民主评议意见》,审议《关于组织市政协常委赴大别山干部学院培训的建议方案》,审议关于调整个别界别委员之家副主任的建议方案,听取市政协办公室及各专委会月度工作交流,组织开展集体学习活动。

第十九次会议　6月30日召开。协商"文化产业发展与繁荣"工作,协商讨论"张家港市三大领域深度创新"调研报告,审议市政协十三届十次常委会(扩大)会议议程(草案),审议《政协张家港市委员会关于加强委员联系界别群众的实施意见》,听取市政协办公室及各专委会月度工作交流。

第二十次会议　8月2日召开。督办重点提案《关于进一步提升我市新型研发机构产业支撑能力的建议》,传达学习市委十二届五次全会精神,听取市政协办公室及各专委会月度工作交流。

第二十一次会议　9月4日召开。协商讨论《政协张家港市委员会协商工作规则》,听取市政协办公室及各专委会月度工作交流,组织开展交流发言和集体学习活动。

第二十二次会议　10月8日召开。协商讨论《发挥检察公益诉讼职能,助推社会治理法治化的建议》,审议《市政协十三届三次会议筹备工作方案》,审议市政协十三届十一次常委会(扩大)会议议程(草案),听取市政协办公室及各专委会月度工作交流,组织开展集体学习活动。

第二十三次会议　11月2日召开。协商"黄泗浦生态公园周边区域综合开发利用"工作,审议《关于开展2023年度优秀政协委员评选活动的方案》,审议2022—2023年度苏州市政协优秀委员工作室推荐名单、2023年度苏州及张家港市政协协商议事优秀典型案例推荐名单,听取市政协办公室及各专委会关于社情民意信息上报和录用情况汇报,听取市政协办公室及各专委会月度工作交流,组织开展集体学习活动。

第二十四次会议　12月5日召开。传达学习苏州各市区政协主席座谈会精神;审议市政协常委会工作报告(讨论稿)和提案工作报告(讨论稿);审议市政协十三届三次会议议程(草案)及日程(草案);审议《关于确定市政协十三届二次会议以来优秀提案,"提案双向评价满意度奖"先进提案人、先进承办单位,提案承办先进工作者,反映社情民意信息工作先进单位和先进个人的建议方案》;审议《关于确定市政协2023年度优秀政协委员以及宣传信息工作先进集体的建议方案》;审议《张家港市政协委员参与重大行政决策协商暂行办法(草案)》;审议市政协十三届十二次常委会(扩大)会议议程(草案),听取市政协办公室及各专委会2023年工作情况及2024年工作设想的汇报。

第二十五次会议　12月21日召开。审议市政协常委会2024年度协商计划,听取各筹备工作组关于市政协十三届三次会议筹备工作情况的汇报,审议市政协十三届三次会议大会发言口头发言入选篇目,审议市政协十三届三次会议历次会议主持人、报告人名单,审议市政协十三届十三次、十四次常委会会议议程(草案),组织开展交流发言和集体学习活动。

表5　2023年张家港市政协人事任免情况表

时间	会议	任免情况
5月25日	市政协十三届九次常委会会议	任命王昕昊兼任市政协南丰镇工作委员会主任;免去王世芳兼任的市政协港澳台侨(民族宗教)委员会副主任职务,免去陈立兼任的市政协南丰镇工作委员会主任职务
8月2日	市政协十三届十次常委会会议	任命周小军为市政协办公室主任兼委员服务联络工作办公室主任;免去陈飞市政协办公室主任、委员服务联络工作办公室主任职务,免去解志荣兼任的市政协经济科技和农业农村委员会副主任职务,免去陈卫菊兼任的市政协锦丰镇工作委员会主任职务
11月1日	市政协十三届十一次常委会会议	任命陈永泽为市政协副秘书长、研究室主任,曹丽华为市政协文化文史委员会主任,丁峰兼任市政协经济科技和农业农村委员会副主任;免去陈永泽市政协文化文史委员会主任职务,免去张溢兼任的市政协塘桥镇工作委员会主任职务
12月29日	市政协十三届十二次常委会会议	任命袁俊为市政协经济科技和农业农村委员会副主任,顾毅兼任市政协提案委员会副主任,葛霞兼任市政协塘桥镇工作委员会副主任,韩冰青兼任市政协乐余镇工作委员会副主任,倪军兼任市政协后塍街道工作委员会副主任;免去邱仲生兼任的市政协提案委员会副主任职务,免去谢丹丹兼任的市政协塘桥镇工作委员会副主任职务,免去葛霞兼任的市政协乐余镇工作委员会副主任职务,免去高蕾兼任的市政协南丰镇工作委员会副主任职务

(谭　晔)

协商议政

【概况】 年内，市政协组织召开各类协商议政会议8次。其中，市政协常委会会议分别就安全生产形势和重点对策、三大材料领域深度创新、检察公益诉讼助推社会治理法治化、经济社会发展及提案办理等议题；市政协主席会议分别就融合共治推进基层社区治理、文化产业发展与繁荣、黄泗浦生态公园周边区域综合开发利用，重点提案督办等议题，与市政府及有关部门进行协商，形成《关于融合共治推进基层社区治理现代化的建议》《当前安全生产形势情况分析及重点对策》《关于进一步推进我市文化产业发展与繁荣的建议》《三大材料领域深度创新的外地考察调研报告》《关于发挥公益诉讼检察职能，助力社会治理法治化的建议》《关于黄泗浦生态公园周边区域综合开发利用的调研报告》专题调研报告6篇，提出各类意见、建议70余条，专委会分别就城市基于土地的政府经营分析与大数据管理情况、消除劣V类水体工作情况、台资企业发展情况、扬尘管控实施情况、文联各协会的建设与发展情况、新型绿色建材生产运用情况、高校侨务工作联盟情况、长江文化公园建设进展情况等课题开展对口通报协商活动8次。

【基层社区治理现代化工作协商】 5月，市政协召开主席会议，就推进基层社区治理现代化工作进行协商，形成《关于融合共治推进基层社区治理现代化的建议》。调研报告针对社区治理面临的城乡社区形态变化带来管理难题、基层自治组织行政化色彩依然较浓、群众参与社区治理的积极性不高、社区社会组织的培育建设有待加强、基层社区法治建设自有资源尚未成型、网格工作基层减负效果不明显等困难，提出要全面完善党建引领的融合共治格局，加强社区（村）党组织的领导，发挥多元主体协同协作作用，发挥好社区居（村）委会的自治主体作用，激发居民自治的内生动力，规范和推广居民公约并强化成果转化；加快完善村居民自治的常态化机制，在人力、财力、物力上尽量向基层倾斜，整合各类信息资源，畅通信息渠道，实现网络化管理的快捷化、动态化和精细化；大力发展基层协商民主，加强对基层社区协商的业务指导，分类探索各类型村居协商办法，丰富完善协商的形式和内涵，拓宽协商主体范围，建立议事协商成员库，推动社会组织运用专业能力帮扶农村社区协商议事；提升社区社会组织有效服务能力，加强职业化、专业化、本土化的社会工作人才队伍建设，加大向专业社工机构购买社区社会服务力度，推进社区服务社会化，加强社会组织规范管理、调整内部结构、拓宽资金来源渠道；培育村（社区）治理内生法治力量，配备法律顾问，用好公共法律服务站点，推动法律援助、律师、公证、调解等法律服务人员深入基层参与社会治理，加大“法治书记”的培育运用，充实壮大农村普法社会力量；切实为基层网格化社会治理减负，对《张家港市网格化社会治理入格事务清单》进行再梳理、再完善，厘清网格员和村（社区）的权责关系，提供相应经费、人力等保障资源，对专职网格员进行必要的业务培训和工作指导，保障服务居民群众的质量。

【安全生产工作协商】 5月，市政协召开常委会会议，就当前安全生产形势情况分析和重点对策进行协商讨论。会议围绕全市安全生产认识不到位、“安全理念”不牢，监管不到位、“最后一米”不实，主体不到位、“本质安全”不强，共治不到位、“条块联动”不够等问题，提出要紧扣“党政同责”，促进“责任压实”到位，在市级层面加大安全生产考核在板块、部门高质量考核中的比重，强化安全生产督导工作结果运用，在区镇层面建立定期调研安全生产工作机制，由区镇、街道党政领导分别挂钩辖区重点企业，帮助企业解决安全生产突出问题；紧扣“问题导向”，促进“整改落实”到位，定期调度、通报专项整治开展情况，总结固化专项整治中好的经验做法，紧盯化工、冶金、建筑施工等重点领域，研究针对性强的安全防范措施，压降各类安全事故；紧扣“数字应用”，促进“技术支撑”到位，充分运用信息化技术，实施分级分类精准监管，建立健全部门联合执法机制，降低检查频次，加强市级层面数据集成与汇聚，一体化建设市级应急管理综合应用平台；紧扣“物资储备”，促进“应急保障”到位，加快完成全域覆盖的避难场所布局，发挥村（社区）作用，组建以物业保安、网格员、志愿者等为主力的应急队伍，升级打造“基层应急救援站”，提升突发事件应急“叫应”能力；紧扣“齐抓共管”，促进“协调配合”到位，盯紧企业主要负责人和安全管理人员“两支队伍”，统筹抓好生产安全和消防安全，持续深入开展安全专题宣讲培训，提升企业安全管理水平，加快推进化工实训基地以及市级安全学校总校和市级应急（安全）文化主题公园建设，为全民安全素养提升提供载体支撑。

【文化产业发展与繁荣工作协商】 6月，市政协召开主席会议，协商推进全市文化产业发展与繁荣工作。会议围绕产业发展机制有待进一步完善、载体平台建设相对滞后、龙头企业带动效应偏弱、项目建设亟待增量提质、发展要素保障有待进一步加强等问题进行讨论，提出要加强顶层设计，构建文化产业发展新格局，强化规划引领，进一步修订完善全市文化产业和文旅融合发展总体规划，做强招商队伍，锻造一支懂专业、善招商的工作队伍，推动全市文化产业招商精准定位；突出特色优势，推进文化事业产业协调发展，持续擦亮文明品牌，打造一批极具辨识度的“文明新地标”，提升文化能级，全面整合沙上文化、河阳文化等具有地方特色的江南文化资源，打造独具张家港特色的城市文化标识，强化项目带动，引进文化产业中的制造类项目，鼓励全市传统制造业与服务业融合、向数智化转型，调优文旅产业结构，重视社会力量合力推进，建立重大项目联系机制和重点文化企业、产业项目库，搭建文化企业孵化平台，支持和培育一批具有影响力的本土文创企业；强化要素支撑，激发文化产业发展新动能，注重金融创新服务，提供相应的投资、入股、担保等金融服务，注重人才引进培育，采取政府引导、市场主导、产学研相结合的人才引培模式，加大产业人才引进和培养力度；立足长江文化资源，集聚张家港的文化产业发展优势，紧抓长江国家文化公园建设的机遇，以张家港长江文化公园的加压推进来谋划和形成发展全市文化产业的龙头优势，重视节庆产业市场的研究和开发，加大社会力量参与度；紧扣乡村振兴战略，积极打造城乡联动的文化产业发展新格局，培育乡村文化新产业新业态，深入实施“数商兴农”和“互联网+”农产品出村进城工程，注重资源整合，推进乡村文旅产业发展，充分挖掘各板块特色优势，集中优势资源打造文旅融合全域旅游线路。

【三大材料领域深度创新工作协商】8月，市政协召开常委会会议，围绕三大材料领域深度创新工作进行协商，形成《三大材料领域深度创新的外地考察调研报告》，调研报告针对新趋势下全市材料企业面临的产学研对接黏合度不够，适合产业化的技术少、孵化效率低，中小企业一线创新问题解决不及时，上下游产供销协同协作不够顺畅，项目建设周期长、环保负担重等问题，提出创新要素集聚要更加主动高效对接创新策源地，常态化对接苏州实验室等国家级大院、大所及大实验室，建立更加快捷高效的工作机制，缩短新材料实验室到产品转化的距离，把全流程实验室建在龙头企业的生产一线，实现“试验—产品—试验”的高效闭环与持续创新；创新平台建设要更多考虑企业“缺项”与技术共享，全面调研、梳理全市材料类企业需求，以国家实验室、高校、大企业等的高端仪器设备为基础，采用现代信息技术搭建“结构类、化工类、半导体类”等仪器共享平台，实现智能化共享；优化研发生态要大力培育与发展“研发链接者”，建立一支有经验的专业技术经理人队伍，既能为企业诊断问题，又能听懂企业的技术语言，更能为企业的每一步研发链接合适的团队，帮助企业在全市乃至全国范围内找到公共研发平台和研发人员，进一步优化新材料技术研发生态；要素支撑要更多注重集成性与长期性，推动材料产业链协同发展，搭建新材料行业联盟及交流平台，加强上游设计、制造单位及下游应用单位对新材料的了解，消除“信息孤岛”，加大专项政策支持，规范涉企执法行为，更多开展联合执法检查或非接触式手段落实监管，最大限度减少对企业的干扰，加强区域性环评、土评等，避免政策的合成谬误与相互抵消，提升新材料产业的科技创新活力。

【社会治理法治化工作协商】11月，市政协召开常委会会议，协商发挥公益诉讼检察职能，助力社会治理法治化工作。会议围绕推进公益诉讼检察监督工作以及通过检察监督遇到的普遍性常规性问题反复多发、行政监管“灯下黑”现象、立法层面滞后影响疑难复杂问题解决、行政部门与社会公众对公益诉讼认知度不高等问题与困难，提出要大力加强宣传引导，在“面”上形成公益诉讼良好氛围，加强检察机关公益诉讼的宣传力量，创新对社会面的宣传方式、拓展对各群体的宣传渠道，组织力量、集中时段开展公益诉讼制度的社会面宣传，把公益诉讼列入普法宣传的一项重要内容，多措并举提升公益诉讼检察监督的社会认知度、公众配合度；深入推进府院联动，在“横向”上夯实公益诉讼共同价值，提高联动频率，增强联动的双向性，积极主动通报工作，对政府部署专项行动的检察监督跟进情况及时报告，对于需要多部门联动解决的疑难问题主动提供检察意见参考；办好影响力案件，在“纵向”上推动疑难问题的法治化解决，面对出现的新类型案件、群众反响强烈的多发性案件，公益诉讼检察监督要及时介入，通过疑难复杂案件、新型案件的办理，积累经验，积极向上反映，推动法律法规进一步完善；完善落实协同机制，在“链接”上凝聚多方监督合力，加强与各项监督之间的联结互动，包括人大监督、纪检监察、巡察监督，继续强化与“12345”便民服务中心的对接，加强与司法行政部门行政执法监督的双向联动，完善落实公益诉讼检察监督与政协民主监督协同联动机制，充分发挥公益诉讼检察监督的协同作用，助推不同区域、不同部门协同治理，共同推动社会治理法治化进程。

【黄泗浦生态公园周边区域综合开发利用工作协商】11月，市政协召开主席会议，就黄泗浦生态公园周边区域综合开发利用工作进行协商。会议针对严格用地制度下的开发建设受限，医疗、教育等基础配套设施建设

4月27日，政协民主监督与检察公益诉讼法律监督协同联动机制启动仪式举行
（市政协办 提供）

不足,多建设主体的开发运营模式需统一等问题,提出要借鉴成都麓湖、长沙梅溪湖模式,按照合作城市运营商模式,调动和发挥大企业的开发实力与操作能力,达到加快速度、提高品质、实现区域价值的效果;拓宽开发地域发展空间,加快形成协同联动、产业互补的发展格局,围绕区域内三横三纵路网体系,重构优化产业空间发展载体,引导产业聚集发展,加快形成协同联动、产业兴旺的产业格局;建立联动协调建管体系,形成高效顺畅工作机制,成立市级领导小组,协调解决项目规划、开发时序等问题,实现开发建设"五个统一",即统一规划布局、统一征收政策、统一土地出让、统一开发建设、统一招商运营,同时,相关部门为开发企业和资本提供有力的政策保障,开发企业探索更加科学合理的投资收益方案;深挖文化底蕴生态资源,塑造长江门户人文生态客厅,形成"两核两园"的发展格局,打造"文体商娱核",在黄泗浦生态公园西湖农鹿路沿线布局文体商娱功能,打造"科创载体核",依托在建东渡国际人才创业社区为平台,提前谋划科创产业的招引工作;深化东渡文化遗址公园建设,一体推进遗址公园建设、文化展演策划等工作,深化黄泗浦生态公园建设,打造丰富多样的商业业态,形成功能互补、优势倍增的休闲功能区;推行合作城市运营模式,推动区域品质提档升级,邀请国内头部企业参与片区开发,发挥其产业资源整合优势和片区运营管理经验,统筹推进区域投资、建设、运营等工作,实行土地开发一、二级联动,引入市场化主体参与城市更新项目,引入更多有实力企业共同参与开发建设。 (谭 晔)

民主监督

【概况】 年内,市政协就基层史志馆建设与运行工作、产业用地储备举措创新工作、防汛排涝工作、欧美同学会工作、文化产业工作、农业生产全程全面机械化工作、高铁"南沿江"建设工作、多元化提升养老服务质效工作、侨青会工作、"海棠管家"小区物业管理工作、宗教工作、民生实事项目建设工作等课题组织专题视察活动12次,提出各类合理化意见建议70余条,助推相关部门职能工作。参与"省委省政府推进经济运行率先整体好转一揽子政策措施落实情况"和"推动基本公共服务均等化建设情况"省市县三级联动民主监督,并形成专题监督报告。

【提案办理】 市政协十三届二次会议期间,共收到提案263件,其中集体提案70件、个人提案193件。经审查,立案204件,其中经济科技类65件、城乡建设类43件、社会事业和民生保障类92件、其他类4件。市政协加强提案选题归并和分类推进,针对城市管理、民生保障等数量较多的大类提案,专门赴提案承办单位召开提案办理协商座谈会,协调推进重点提案高效落实。深化领办督办机制,遴选5个方面17件重点提案,由市委、市政府领导和市政协主席会议成员分别领办督办。探索提案培育工作,创新推进平时提案工作,加强对选题、调研、撰写等重点环节的引导把关,促进提案结构不断优化、质量不断提升。选取《关于推动传统产业转型升级,促进我市产业结构调高调轻调优的建议》《关于着力推进我市科技招商工作再上新台阶的建议》《关于张家港市集成电路产业发展建议》《关于进一步推动我市数字经济发展的建议》《关于进一步推进我市老年教育高质量发展的建议》《抢抓直播电商"风口"推动我市"数字经济"发展》《关于加快我市农房翻建的建议》《关于在市镇重点区域安装触摸式红绿灯的建议》《关于优化农村水环境助力乡村振兴高质量发展的建议》《关于推进普惠性托育机构进社区、发展本土托育行业的建议》10件提案作为市委、市政府领导牵头领办督办提案。选取《关于进一步提升我市新型研发机构产业支撑能力的建议》《关于在大交通背景下推进高新区城市布局优化更新的建议》《关于打造"老有颐养"县域典范、促进养老服务高质量发展的建议》《打造四条精品旅游线,推动全域旅游新发展》《关于推动发展港铁联运的建议》《协同促进家庭教育,护航未成年人健康成长》《推动村级经济多元发展,增强乡村振兴内生动力》7件提案作为市政协主席会议、主席、副主席督办重点提案。同时结合政协专委会工作实际,将《关于培育发展锂动力电池循环产业的若干建议》《加强韧性社区建设,提升社会治理效能》《关于建设学习型城市的相关建议》《关于进一步完善我市城市更新各项举措的建议》《关于进一步加强我市港口高质量发展的建议》《关于推动儿科医疗服务高质量发展的建议》《关于推进后塍有机更新助力古镇文旅融合的建议》7件提案列入专委会联合督办范畴。

11月24日,市政协组织2023年民生实事项目实施情况视察

(市政协办 提供)

表6 张家港市政协十三届二次会议期间优秀提案名单

提案单位(人)	案由	主办/协办单位
政协锦丰镇工委	关于推动传统产业转型升级,促进我市产业结构调高调轻调优的建议	市工信局
九三学社市基层委员会	后疫情时代下的青少年心理健康	市教育局/市卫健委、市民政局、市妇联
农工党市委	关于加速工业园区有机更新,提升产业集聚发展的建议	市工信局/市发改委、市资规局
民盟市委	协同促进家庭教育,护航未成年人健康成长	市教育局/市民政局、市妇联
民进市基层委员会	关于优化农村水环境助力乡村振兴高质量发展的建议	市水务局/市文体广旅局、市资规局
民建市基层委员会	关于着力推进我市科技招商工作再上新台阶的建议	市科技局
政协塘桥镇工委	关于在大交通背景下推进高新区城市布局优化更新的建议	高新区(塘桥镇)
民盟界	推动村级经济多元发展,增强乡村振兴内生动力	市农业农村局
社会福利和社会保障界	关于打造“老有颐养”县域典范、促进养老服务高质量发展的建议	市民政局/市卫健委、经开区(杨舍镇)
政协凤凰镇工委	关于深入推进“放管服”改革,合力推动基层管理体制改革走深走实的建议	市委编办/市司法局、市行政审批局、市城管局
民革市基层委员会	关于推动儿科医疗服务高质量发展的建议	市卫健委
科技界	关于进一步提升我市新型研发机构产业支撑能力的建议	市科技局
政协杨舍镇工委	关于进一步推进我市乡村振兴工作的建议	市农业农村局
余　涛	关于推动发展港铁联运的建议	市交通运输局
陈　强	关于进一步完善我市城市更新各项举措的建议	市住建局

【社情民意信息收集】 年内,市政协重视发挥社情民意信息功能作用,组建社情民意信息写作团队,全年向苏州市政协报送社情民意信息247条,其中转报省政协117条、转报全国政协29条。其中,高倩委员撰写的《关于清理计划生育内容法规、规则、规范性文件引发的问题亟待重视》,市政协经科农委撰写的《关于优化调整生态保护红线的建议》等信息被全国政协录用;石俊松委员撰写的《基层建议加快出台相关司法解释,完善侵害个人信息权益的民事责任追究》,市政协社情民意信息科撰写的《心肺复苏纳入中考体育考试值得一试》,李丽娟委员撰写的《脑卒中患者康复治疗模式对医疗资源和医保基金浪费的问题亟待关注》,市政协德积街道工委撰写的《中药茶饮“蹿红”,监管面临“三难”》等信息被省政协采用。全年向市委、市政府报送《社情民意信息专报》4期,《关于筹建张家港市医药产业园及医药产业促进中心的建议》《关于充分利用汽车站停车场资源的建议》得到市委书记韩卫重点批示,《关于规范种田大户销售自产“大米”的建议》《关于智能水表适老化改造助力居家养老的建议》《时令农副产品收储运售环节问题亟待关注》等信息被市委、市政府采纳研究。

6月19日,市政协召开民主评议卫生健康工作情况通报会

(市政协办　提供)

【卫生健康工作评议】 4月至6月，市政协对全市卫生健康工作开展民主评议，成立6个评议工作小组，走访调研全市11家基层医疗卫生机构，组织召开市卫健委机关和各区镇（街道）不同层面座谈会10次，发放问卷调查346份，广泛征询各方意见建议。聚焦基层群众在医疗卫生领域的急难愁盼问题，从探索社区卫生管理体制改革、提升区域医疗能力水平、深化区域医共体发展新模式、提升公共卫生应急能力、强化卫生人才支持政策5个方面提出意见建议，形成对卫生健康工作的民主评议意见，推动卫健部门找准问题、改进工作。市卫健委迅速研究落实，从夯实基层卫生健康服务“底网”，推动人才引育提质增效，推动医防深度融合，推动公立医院高质量发展4个方面，制定13项改进措施，提升卫生健康工作质量和服务水平。

（谭　晔）

7月25日，市政协举办“大家来侨——有事好商量·暨时议”暨赵海荣委员工作室揭牌仪式　（市政协办　提供）

委员之家

【概况】 年内，市政协持续通过优服务、搭平台、活机制等举措，引导委员向基层下沉、在一线履职，更好联系和服务各界群众。举办履职能力提升培训班，组织市政协常委、镇（区、街道）工委和界别委员之家主任及部分苏州市政协委员，分2期赴大别山干部学院集中参训。面向全体委员，举办5期“政协大讲堂”，邀请专家学者就“上海大都市圈空间协同规划”“借贷租赁股权纠纷”“供给侧结构性改革”“经济发展形势”“俄乌战争与国际局势”等作专题辅导，500余人次听取讲座。举办“委员知情明政直通车”5期、政情通报会4期，邀请有关部门就高水平文明城市建设、检察工作、新型研发机构建设、高铁“南沿江”建设等党政重点和群众关注热点问题，通报工作情况，帮助委员知政情、晓民意，提升议政建言精准度。推进“委员联村联企联社区”工作，做好政策宣讲、社情民意信息收集等工作，全年收集意见建议200余条。制定《关于加强委员联系界别群众的实施意见》，对委员联系界别群众的下沉机制、活动形式、目标要求等作出制度化安排。适应修订后的政协章程要求，修改完善《协商工作规则》。注重发挥党员委员示范引领作用，印发《党员常委履职建言点评实施办法》。会同市委统战部制定《开展特聘委员选聘工作的指导意见》，指导政协各镇（区、街道）工委在严格标准的基础上，选聘102人担任政协工委特聘委员。

【“委员工作室”建设】 年内，新建“钱惠彪委员工作室”“乔杨委员工作室”等8家“委员工作室”，全市“委员工作室”有16家。“高倩委员工作室”线下通过工作室开放日、委员接待日，及时做好群众来访接待和记录；线上依托张家港市医保局微信服务号，搭建互动微平台，实时受理群众的咨询、建言和求助，平台开通以来，收集网上反映社情民意171条，全部完成反馈。“孙海滨委员工作室”充分发挥侨联、少数民族宗教界界别优势，以‘琴韵书香’为主题，多次举办古琴文化沙龙、读书分享会等活动，邀请侨联等界别的委员们和张家港侨胞会聚一堂，以琴会友、以书交心。省政协党组副书记、副主席杨岳专门调研张家港市委员工作阵地建设，并给予充分肯定。苏州市政协在张家港市召开“委员工作室”工作推进会，推广工作经验做法。“高倩委员工作室”“吴晓娟委员工作室”“赵建民委员工作室”获评苏州市政协优秀“委员工作室”。

【“有事好商量”品牌推进】 年内，市政协常态化开展“有事好商量·暨时议”活动，市政协领导班子成员结合各自分工，加强对界别、镇村议事活动的指导。9月，集中开展“服务为民和民生专题协商议事月”活动，组织“有事好商量·暨时议”协商议事活动97次，参与人次1105人次，其中各级政协委员265人次，助推解决民生突出问题150余个。《张家港塘桥镇献策托育服务提优》等3篇报道被省级以上媒体采用。破解农房翻建难题、规范学生春秋游研学市场等5件案例，获评苏州市政协协商议事优秀典型案例；加快互联网医院医保在线支付、推进适老化改造等11件案例，获评张家港市政协协商议事优秀案例。

（谭　晔）

【编辑　宋佳辰】

市纪委监委

Municipal Commission for Discipline Inspection and Municipal Supervisory Commission

2月7日，十二届市纪委三次全会召开　（市纪委监委　提供）

政治监督　　专项监督

反腐倡廉　　巡视巡察

正风肃纪　　监督治理效能

政治监督

2023年，市纪委监委坚持政治机关、监督专责机关职责定位，督促各级党组织落实全面从严治党主体责任、"一把手"落实第一责任人责任、领导班子落实"一岗双责"。立足县域视角，率先对市级机关开展政治生态分析研判，形成"定期分析研判、及时督促整改、有效净化修复"的良性循环。开展粮食安全、耕地保护、发展长江经济带和保护长江、防治统计造假等专项治理行动。创新建立"三四五"（年度责任清单、部门任务清单、问题整改清单三张清单，抓细日常监督、抓准专项监督、抓实巡政监督、抓好"链上监督"四条路径，协调联动机制、定期研判机制、日常报备机制、专题会商机制、信息建档机制五项机制）派驻政治监督模式，解决综合监督单位多、监督"撒胡椒面"等派驻政治监督问题。

【护航营商环境"十大行动"】 年内，市纪委监委聚焦项目招商、科技创新、行政审批等33项重点任务，建立政治监督项目库，聚焦高质量发展首要任务、严惩腐败和作风问题、激发创新创造活力、防范化解重大风险、保障民营企业发展等5个方面，制定18项具体举措，启动护航营商环境"十大行动"，即头雁领航护航行动、智慧监管助企行动、廉洁单元扩面行动、亲清政商前哨行动、政企廉通暖心行动、调研监督保障行动、作风建设"亮剑"行动、以案明纪促廉行动、以案促改正风行动、激浊扬清赋能行动。在头雁领航护航行动中，聚焦重大项目建设、惠企政策落实、涉企行政执法等领域，紧盯"关键少数"，深化落实同下级"一把手"谈心谈话，督促做到严于律己、严负其责、严管所辖。年内同下级党委（党组）"一把手"谈心谈话72次。在智慧监管助企行动中，依托涉企服务一体化平台、"港城上市通"服务工作平台等涉企信息化系统，深入排查权力运行风险点，全年推动14个系统平台嵌入监督预警模块，实现线上全程、实时、动态监督。在廉洁单元扩面行动中，推进廉洁开发区、廉洁国企、廉洁窗口、廉洁商会、廉洁合规社会组织等廉洁单元项目化、品牌化建设，织密营商环境"互廉网"，促进市场主体健康发展。自2022年廉洁张家港建设工作启动起，累计建成"一域一特色"廉洁单元14类。在亲清政商前哨行动中，在产业创新集群企业以及企业集聚度高的行业协会设置政商关系监测点，配备涉企廉勤监督员，建立纪检干部与监测点联系机制、监测点反馈问题直查快办机制，打造营商环境联系点36个，其中市级营商环境联系点10个，形成涵盖16个行业2422家企业的大廉洁生态圈。在政企廉通暖心行动中，聚焦"5+N"（依托一个营商环境监督平台、用好一条"12345"营商环境专线、聘请一批营商环境特约监督员、打造一批营商环境监督阵地、搭建一系列"亲清政商汇"，线上线下收集企业反映问题，督促职能部门用好营商环境"监督岗""暨阳面对面""民营企业服务月"《12345进行时》等N个载体），畅通问题反映渠道。全年推动解决企业反映问题721个。在调研监督保障行动中，通过"人大+纪委"联动监督、纪委书记走企问廉、营商环境评议等多种形式，全面跟进工作推进中的难点、堵点，着力解决服务企业不担当、不作为、乱作为等问题。联督联促中推动重点工作7项、跟进民生实事19件、解决企业诉求44条。在作风建设亮剑行动中，加强营商环境领域监督执纪，即收即办、严查快办相关问题线索，提级办理、挂牌督办重点问题，更加突出对形式主义、官僚主义问题的整治，建立重点人员深入查、履职问题拓展查的风腐同查工作机制，全年查处享乐主义、形式主义、官僚主义问题52起，处理74人。在以案明纪促廉行动中，把廉洁文化建设作为优化营商环境的重要举措，推动各单位各部门在案发单位或者行业系统开展警示教育，用"身边事"教育"身边人"，充分发挥"查处一案、警示一片、治理一域"综合效应。在以案促改正风行动中，深入剖析不同行业、领域、岗位违纪违法现象的规律和特点，查找问题背后的深层次原因，及时推动相关单位和部门开展有针对性的专项整治，推动健全制度规定，强化源头治理。在激浊扬清赋能行动中，把从严管理监督和鼓励担当作为有机结合起来，对工作推进缓慢、成效不明显的，及时制发提醒函，坚持"三个区分开来"，深化运用"四种形态"，大力实施风险报备十项措施、容错纠错制度，为干事创业者撑腰鼓劲，实施风险报备69起，对32人、6个党组织予以澄清正名。

11月15日，张家港市开展新提拔领导干部集体廉政谈话

（市纪委监委 提供）

5月19日，2023年张家港市520（我爱廉）"港城清韵"主题宣教月启动仪式举办
（市纪委监委　提供）

【领导干部党风廉政建设责任制】 年内，市纪委监委推动出台年度全面从严治党党委主体责任清单，研究制定纪委监督责任清单、纪委书记个人清单，加强对各级党组织、党组织班子领导特别是"一把手"落实主体责任情况的监督。用好"两个责任"监督监测平台，常态化督导"两个责任"落实，运用苏州市纪委监委创新开发的智能化、数字化地方政治生态监测预警与分析研判的"衡镜"系统作为政治生态监测的重要手段，从严压实主体责任。聚焦主体责任逐级落实，开展同下级党委（党组）"一把手"谈心谈话72次，对党组织下发履责提示函2份。抓好领导干部重大事项报告工作，全市有56名领导干部报告婚丧嫁娶等重大事项。严格禁止领导干部违规收受礼金礼券行为，市廉政办共计收到领导干部上交礼金礼券226.11万元。　（尹　喆）

反腐倡廉

【概况】 2023年，全市纪检监察组织接收信访举报178件，其中到信101件、到访5件、电话34件、网络38件。全年立案468件，比上年增长2.6%，其中自办案件374件，查处乡科级及以上干部55人，采取留置措施20人，移送司法机关案件25件。科学运用"四种形态"处理1048人次，第一、二、三、四种形态分别占61.2%、30.3%、4.2%、4.3%。查处行贿人员11人，另有33人主动投案、交代问题。

【帮教治本六步工作法】 年内，市纪委监委深化运用"帮教治本六步工作法"，查析研判案件背后的源头风险，定期组织召开"以案促改"专题研究推进会议，规范"两个建议"的制发运用，累计制发纪检监察建议21份，《关于推进拆迁安置领域问题整治的监察建议》获评苏州市精品建议典型案例。推动动迁、职业技术培训、综合行政执法等领域完善制度机制80余项，构建从案件查办到案后治理工作闭环。加强纪法贯通、法法衔接方面的研究运用，有关典型案件办理成果被中央纪委《论纪说法》期刊录用。不断完善处分决定执行的制度闭环，出台村（社区）干部受处分处理薪酬调整工作办法，获省纪委肯定。持续抓好受处分党员干部后续教育监督管理，推动召开专题组织生活会79场，帮教受处分党员干部159人，对81名干部跟踪回访，提升教育警醒综合效果。

【廉政思想教育】 年内，市纪委监委系统部署开展经常性纪律教育，摄制警示教育片《失守》、作风建设片《锲而不舍，正风肃纪》等视频，全年观看超过3万人次。开展全市纪法教育线上答题活动，参与2.2万人次。对130余名新提拔领导干部及其家属进行集体廉政谈话，组织旁听职务犯罪案件庭审5场、"清风讲师团"授课36次，受教育党员干部达到5万余人次。《父亲的后座》《古渡帆影》等优秀作品在中央纪委国家监委网站播映，调研文章《汲古润今，塑魂正身打造廉洁港城》获"廉洁文化建设在江苏"优秀成果遴选活动"十佳成果"。连续22年举办张家港市520（我爱廉）"港城清韵"主题宣教月，各领域开展廉洁文化活动214场，比上年增15.7%。深耕本土家风文化资源，承办苏州市"廉居共筑"主题活动，组织苏州新任市管干部及家属参观家风教育基地、"非遗里的家风"主题展览，现场交流思想、分享体会，共筑清正廉洁家风。举办"江南廉韵"特色非遗作品展、征集廉洁公益广告，组织全市年轻干部在苏州市青廉脱口秀比赛中摘得

鉴园
［高新区（塘桥镇）　提供］

14个奖项，居各县市（区）第一。张家港家风教育基地、鉴园完成改造提升，廉创空间、廉洁乡村沉浸式教育馆、家风口袋公园等一批特色阵地对外开放，廉洁文化阵地辐射力增强。党员干部群众走进6条廉洁文化线路、30个廉洁文化阵地，全年参观见学超20万人次，营造以清为美、以廉为荣的浓厚社会氛围。

【苏州市“廉居共筑”主题活动在凤凰镇举办】 5月31日，由苏州市纪委监委机关、苏州市委组织部、苏州市妇联联合主办，张家港市纪委监委、凤凰镇党委联合承办的“清风传家‘廉’守团圆”苏州市“廉居共筑”家风建设主题活动在凤凰镇举行。活动有53人参加，邀请10余名苏州新任市管干部及其家属现场交流，由苏州市相关文化专家作主题分享，组织集体参观张家港家风教育基地和“江南廉韵”特色非遗作品展，观看家风主题节目《风之谣》《履霜操》《一封家书抵万金》，感悟优良家风。

【特色廉洁文化空间打造】 2023年，市纪委监委指导各相关单位结合实际打造特色廉洁文化空间。5月12日，冶金园（锦丰镇）五棵松“廉创空间”正式启用，明确“共融共创、成果共享、村级经济抱团发展”的工作理念，设有政务协同、便民服务、惠企监督、合作洽谈等实用功能区，通过智能互动、趣味问答等形式，引领党员干部从“会场”走向“现场”，沉浸式感受廉洁文化的“滋养”。冶金园纪工委推出“一信一卡一承诺”，走访企业40余家，向企业赠送《廉洁相伴，诚信经营——致企业家的一封信》《勤廉监督服务卡》，组织企业代表签署《廉洁合规经营承诺书》，进一步强化“廉洁合规”建设理念。至年末，“廉创空间”接待2000人次参观学习。5月19日，张家港监察文化主题公园及廉洁乡村沉浸式教育馆揭牌启用。高新区（塘桥镇）室外监察文化主题公园占地1.33万平方米，以10个文化节点展示中国古代监察文化变迁和中国共产党自建党开始纪检监察工作的发展历程和实践成果。室内廉洁乡村沉浸式教育馆面积约400平方米，以“不敢腐、不能腐、不想腐”为主线，聚焦基层“小微权力”腐败治理，突出典型案例警示教育，引导党员干部自律自省、担当作为。年内，与中国（平遥）监察文化博物馆、市委党校等开展合作共建。至年末，累计有100余批次5000余人次参观见学。（尹　喆）

5月31日，张家港市纪委监委承办“清风传家，‘廉’守团圆”苏州市“廉居共筑”家风建设主题沙龙活动（市纪委监委　提供）

正风肃纪

【概况】 2023年，市纪委监委坚持党性党风党纪一起抓，在“常”和“长”、“严”和“实”、“深”和“细”上下功夫，不断把作风建设引向深入。落实“三个区分开来”要求，贯彻激励干事担当“1+5”制度体系。容错纠错22人、党组织1个，开展澄清正名35起。围绕市委改革创新、经济社会发展等方面的重大举措、重点任务，推广运用三项机制，提请市委、市政府印发《关于深化运用风险报备机制，推进“敢为、敢闯、敢干、敢首创”的十项措施》。全年实施风险报备69起，风险报备相关经验做法被《新华日报》刊发。

【形式主义、官僚主义纠治】 年内，市纪委监委围绕上级关于推动发展、改善民生、大兴调查研究等决策部署及全市中心工作和重点工作落地落实情况加强监督检查94次，严肃纠治贯彻落实打折扣搞变通、不作为乱作为、加重基层负担的不正之风等突出问题11个。协助市委开展整治形式主义为基层减负工作专项督察调研，督促机关单位带头落实深化政治监督、深化精文简会、深化督察改革、深化数字治理、深化机制创新、深化村务管理、深化激励约束、深化绩效评估等八大措施，切实为基层干部松绑减负。全年查处形式主义、官僚主义问题13起，处理23人，市、镇两级点名道姓通报曝光18人。

【享乐主义、奢靡之风整治】 年内，市纪委监委聚焦元旦、春节、五一、端午、中秋、国庆等重要时间节点，常态化开展“清风行动”，督促各级党组织和党员干部严格执行中央八项规定精神，累计出动监督检查组94个，督察点位238个。全年累计查处享乐奢靡问题39起，处理51人，其中公款吃喝1起2人、违规接受管理和服务对象宴请2起3人、违规收送礼品礼金31起37人、违规配备和使用公车1起5人、违规公款旅游4起4人。（尹　喆）

专项监督

【概况】 2023年，市纪委监委紧盯重点领域、重点行业乱象，精准选取“小切口”开展专项监督，年内开展安全生产第三方服务、村级工程、基层保洁一体化和垃圾分类领域等专项整治

6项。着眼群众关切的车驾管服务业务，深入纠治违规过检、熟人加塞、黄牛中介等问题8起，推动车辆业务受理、车辆查验、远程监管等环节更加规范，切实提升道路安全通行系数、群众办事便捷指数。

【安全生产第三方服务专项监督】 年内，市纪委监委深入企业、社区、工地等一线，对安全生产第三方服务进行全面摸底调查，了解工作流程、服务质量、安全状况等情况，评估潜在风险，摸清问题底数。充分利用“一人一委一网”（“一人”是在全市各村、社区党组织设纪委书记或纪检委员，“一委”是在各村设立村务监督委员会，“一网”是构建一张镇村组多级廉勤监督网）三级廉勤监督组织体系，挖掘案件背后存在的监管不严、利益输送等问题，在把握行业腐败特点规律、做实基础工作上，锁定第三方公司利益输送模式。全年立案51人，制发“两个建议”4份，出台完善制度2份，推动相关单位、部门严格安全生产第三方合同管理，加强日常动态监管，为企业安全生产提供有力的支持，相关做法获苏州推广并在张家港市全面部署推进。

【村级工程专项监督】 2023年，市纪委监委通过对2020年起“三优三保”土地复垦情况进行统计汇总，将亩均复垦价格明显高于市场价的复垦项目作为重点监督内容，建立监督模型，开展重点核查，全年立案22人。发挥廉勤监督队伍和村务监督委员会监督“前哨”作用，对村级小微工程招投标流程、现场监管、工程质量验收等环节开展监督，进一步织牢织密村级小微工程监督网。并于年初启动村级工程全周期监管创新课题，按照统一规则、搭建平台、优化服务、规范市场的目标任务，提出构建“1”套制度体系（一项全市统一的村级工程管理办法），“3”大衔接运行机制的一站式解决方案（规范并推行村级预算决算管理制度，推行一个统一的村级工程发包交易平台，统一的村级工程资金支付管理系统），制定《村级工程项目预决算管理办法》并试行，拟订《限额以下工程项目发包管理办法》和村级工程项目履约管理相关配套制度，实现村级工程精细化监管，深化“三资”领域监督治理成效。

【基层保洁一体化和垃圾分类领域专项监督】 年内，市纪委监委聚焦镇村物业管理服务和保洁劳务采购及垃圾分类相关的垃圾房建设、垃圾桶采购相关问题，对中共十八大召开后相关招标采购情况进行统计汇总，查办招采过程、履约管理过程中违纪违法案件。全年立案33人，推动完善制度举措8项，实现基层物业管理服务提档升级、劳务采购规范有序、项目建设廉洁高效。

全市强化基层廉勤监督，推动“一人一委一网”。图为5月6日，凤凰镇双塘村开展“阳光坐班”廉勤监督活动
（市纪委监委　提供）

【建设工程质量检测领域专项监督】 年内，市纪委监委推动质量检测业务全流程线上流转，公开透明，便于监督。监督检查室与派驻纪检监察组“室组”联动查处建筑工程质量检测领域以权谋私、权钱交易等问题，以打造“廉洁住建”品牌单元为抓手，查处建设工程质量检测领域不正之风和腐败问题，聚焦重点岗位、关键环节，严肃查办吃拿卡要、失职渎职、窗口腐败等违纪违法行为。运用“室组地”联动机制，采取自主、指派、交叉、联合等方式，精准发现和纠治工程质量检测领域问题，实现在“团队作战”集中突破，查处建筑工程质量检测领域以权谋私、权钱交易等问题23人，移送司法机关2人，推动检测业务全流程线上流转，堵住源头漏洞，督促行业主管部门深化标本兼治，推动行业营商环境优化提升，在工程建设领域营造风清气正的工作氛围。

【计量检测行业专项监督】 年内，市纪委紧盯关联产业民生的计量检测小微领域，以优化全市营商环境为出发点，以全面排查计量检测领域乱收费、吃拿卡要、失职渎职等加重企业负担的腐败问题为发力点，研判计量检测重点领域和关键环节突出问题，深入收费管理、物资采购、业务开展等环节乱象，全年立案7人，其中严重违纪违法2人。推动相关单位围绕设备耗材采购、检验合同签订、检测费收取、检测报告出具等关键环节完善制度，编制流程，固化程序，量化标准，促进业务环节分离，保障全市计量检测行业健康持续发展。

（尹　喆）

巡视巡察

【概况】 2023年，市委巡察机构修订《十二届张家港市委巡察工作规划》，进一步明确十二届市委巡察的指导思想、总体目标、主要任务和基础建设等事项，把加强对“一把手”的监督作为深化政治巡察的重要内容。市委巡察机构组织实施对18个机关单位、3个国有企业、23个村（社区）党

6月，市委第四巡察组发放田野巡察折页，宣传巡察工作

（市纪委监委 提供）

组织的2轮常规巡察，推动立行立改56项，发放巡察建议书2份，移交问题线索34条。发挥巡察综合监督平台作用，强化巡审协作，年内有3个单位实现巡审同步进驻，采用“先巡后审、先审后巡、巡审同步”等方式实现巡审监督信息共享共用。加强巡纪联动，推动巡察监督与纪律监督、监察监督、派驻监督统筹衔接，落实问题线索会商机制。将国安工作纳入巡察监督内容，在常规巡察中同步开展国家安全保密工作检查。督促相关部门对巡察整改不力的被巡察单位党组织负责人提醒谈话2人。

【第四、第五轮巡察】 3月21日，十二届市委第四轮巡察启动，对市人民法院等12个机关、企事业单位党组织及南丰镇下辖13个村（社区）党组织开展巡察，同步进行选人用人、落实意识形态责任制、统战、保密工作检查。发现问题487个，移交问题线索20件。8月9日和12日先后召开领导小组会议和书记专题会议，对12个被巡察单位党组织“一把手”和南丰镇党委相关负责人、13个村社区党组织书记进行集体约谈。9月20日，召开十二届市委第五轮巡察动员部署会，启动对市人民检察院等9个机关、企事业单位党组织及乐余镇下辖10个村（社区）党组织的巡察工作。12月20日，十二届市委第五轮巡察完成撤点。

【村（社区）巡察】 年内，市委巡察机构融合实践经验，打造“巡村夜话”“巡察早市”等特色工作品牌，推广运用“一码一卡”（巡察二维码、“巡察组来了”联系卡），直面群众开展巡察工作。深化与派出监察员办公室全流程协作机制，巡察组加强与派出监察员办公室贯通协作，从人员力量、信息线索等方面实现物理整合，相关经验在苏州市工作交流研讨会上交流汇报。8月，市委巡察机构推动冶金园（锦丰镇）协仁村和大新镇中山村召开巡察反馈问题整改落实情况评议质询会，组织有关代表通过听取整改进展情况、现场质询等环节，详细了解两村巡察整改情况，推动整改责任落实。至年末，巡察反馈问题全部整改完成。

【巡察整改和成果运用机制完善】 9月，市委印发《关于加强协作配合，提升巡察整改和成果运用质效的实施办法》，推动市委巡察机构持续强化巡察整改和成果运用，形成整改工作闭环。建立书记专题会点人、点事、点问题跟踪督办机制。年内，市委巡察机构对市委书记专题会中点到的具体人、具体事等重点问题进行跟踪督办，并建立工作台账。对十二届市委第三轮、第四轮巡察书记专题会点人、点事的44项72个具体问题建立跟踪督办台账，确保整改到位。持续完善优化向市委专题报告重点问题的工作机制，向市委报送巡察专题报告7篇。 （李志洋 张 静）

监督治理效能

【概况】 年内，市纪委监委坚持以党内监督为主导，推动各类监督贯通协调，与市人大联合打造“四联监督”工作品牌，在联督联促中推动重点工作7项、跟进民生实事19件、解决企业诉求44条；初步建立与市政协协同监督工作体系，探索会议同商、视察同行、提案同审、专项同抓“四同监督”工作模式，两项工作分别被写入市人大常委会工作报告和政协常委会工作要点。市纪委监委下发《关于进一步深化基层监督体系持续推进监督下沉落地的工作方案》《进一步加强基层廉勤监督的工作指引》《点题式监督工作指引》，从完善组织体系、明确监督权责、优化监督路径、加强队伍建设等方面健全和完善基层监督网络和监督体系，推动“一人一委一网”落地落实。依托廉勤监督队伍，用好小微权力“监督一点通”、基层廉勤监督和营商环境监督平台，搭建一批特色廉勤监督工作站。各区镇打造示范建设项目品牌，加强日常监督。市纪委监委通过召开廉洁乡村建设现场会、定期组织验收，开展集中展示和宣传推介，提升基层监督治理效能。

【廉洁乡村2.0建设】 2023年，市纪委监委深化廉洁乡村2.0建设，打造“一镇一品牌”，收集各板块示范建设项目13项，并落实日常监督。其中，南丰镇“为民益企‘1235’”基层监督工作品牌在苏州信息化会议上作为点位予以展示。为民益企“1235”即以为民益企为宗旨，通过打造一个阵地、依托两个平台、抓实三支队伍，用好“520”工作机制，提升为民服务效能，打造最优营商环境。一个阵地即以为民服务中心、集成指挥中心为主阵地，搭建政企民沟通渠道，主阵地下设廉勤监督岗（办不成事反映窗口）、亲清驿站、“廉勤e监督”3个子阵地，更好实现助企便民；依托两

3月31日，张家港市召开廉洁乡村建设2.0版工作推进会，并为一批示范品牌授牌　（市纪委监委　提供）

个平台即依托基层小微权力“监督一点通”、苏州市营商环境监督平台，畅通诉求反映渠道，健全诉求办理机制，实现线上监督与线下监督贯通融合；抓实三支队伍，即以“两代表一委员”、廉勤监督员、帮代办服务队为抓手，推行“监督+服务”模式，营造政企民同心、廉洁共建良好氛围。“520”机制，即5项机制（沟通联系机制、日常督察机制、作风监督机制、工作评议机制、严查快办机制）、2张清单（“小微权力”清单、政商交往清单）、“零容忍”“零距离”，推动作风效能优化。凤凰镇创立“1+2+N”廉勤监督工作法，建成一个“群众点单”监督项目库，以“群众点单”形式为监督工作“出卷”，将人居环境整治、垃圾分类、疫情防控等群众反映强烈的事项，列入“群众点单”监督项目库，广泛收集群众关心关注的热点难点问题，将村民福利发放、惠企政策落实、扶贫帮困纳入重点监督项目。实施“派单”“自助”两种监督方式，由镇纪委牵头开展“派单”监督，统筹协调各村（社区）分片区开展交叉监督，督促职能部门进行整改，指导各村（社区）结合自身实际，从“群众点单”监督项目库中选题，开展“自助”监督。打造“农业—农村—农民”N维监督矩阵，坚持“阵地共建、资源共享、服务共赢”，充分整合镇村资源，聚焦数字技术赋能水蜜桃产业全链条实时监管，建成“廉勤桃管家”，聚焦凤凰农家乐、民宿、文旅等特色田园乡村产业运行，建成“廉勤农家坊”，聚焦面向农民群体的双向沟通平台，建成“廉勤红广播”。

【廉洁张家港建设】 自2022年廉洁张家港建设工作启动起，建成廉洁社会组织、廉洁民政、廉洁窗口、廉洁住建、廉洁交通、廉洁校园、廉洁医院、廉洁商会、廉洁国企、廉洁商务、廉洁开发区、廉洁文化、住建领域中介机构廉洁合规、市场领域反商业贿赂等“一域一特色”廉洁单元，实现全域覆盖。其中，市纪委监委在全国率先开展社会组织廉洁合规探索，推动建立管理服务联席会议制度，撤销、注销“僵尸型”社会组织54家，取缔非法社会组织17家，减免、规范涉企收费345.36万元，相关做法被民政部刊发专题简报予以推广。在苏州市率先启动“廉洁开发区”建设，累计走访服务企业160余家。跟进式监督重大项目，排摸和解决重大项目方面问题60余个；源头防控建设领域风险，推动区镇出台完善工程发包管理规定等制度体系。

【“链上监督”数字化治理】 年内，市纪委监委持续深化“链上监督”，在不动产登记业务监管平台、“港城上市通”服务工作平台等重点行业部门系统中嵌入实时预警模块，大数据制权工作有序覆盖至公共资源交易、涉企监管服务、行政审批等17个领域，产生预警信息4900余条，公共资源交易“云智慧”监督实验舱获评苏州市大数据创新实用实验室。打造大数据查询研判中心，承接苏州市智慧纪委监委现场推进会，展示全市智慧纪委监委建设应用质效，获省纪委监委领导肯定。同步承办并参加苏州市纪检监察系统第二届监督建模竞赛，推荐申报的“清理纠治违规领取农村二次分配监督模型”“职业技能培训补贴监督模型”2个模型均获评“精品模型”，领跑苏州各板块。根据基层实践，紧贴办案需求，持续丰富完善“一站式数据筛查模方”功能模块，获苏州市纪检监察领导认可。　（尹　喆）

市纪委监委深化“链上监督”，赋能基层治理　（市纪委监委　提供）

【编辑　闫　昊】

民主党派·工商联

Other Parties & Association of Industry and Commerce

12月7日，张家港市"暨阳面对面"之"助企直通"政企恳谈会召开

（市工商联　提供）

中国国民党革命委员会张家港市基层委员会
中国民主同盟张家港市委员会
中国民主建国会张家港市基层委员会
中国民主促进会张家港市基层委员会
中国农工民主党张家港市委员会
中国致公党张家港市基层委员会
九三学社张家港市基层委员会
张家港市工商业联合会（总商会）

張家港年鑑(2024)

扫码欣赏

继往开来担使命，
勇毅前行谱新篇
——市工商联2023年
工作巡礼

中国国民党革命委员会张家港市基层委员会

【概况】 2023年年末，中国国民党革命委员会张家港市基层委员会（简称民革市基层委员会）下属支部6个，有民革党员119人，其中在职党员117人、女党员37人，分别占总数的99%、31%。党员中，本科及以上学历114人，其中硕士和博士研究生24人、分别占总数的96%、21%。有苏州市人大代表2人、苏州市政协委员1人，张家港市人大代表3人、张家港市政协委员26人，江阴市政协委员1人。全年召开主委办公会议6次，基层委员会中心组成员会议3次，各支部组织活动32次。围绕“凝心铸魂强根基、团结奋进新征程”主题教育，开展系列活动5次。有20余条信息被《苏州民革》《江苏民革》杂志，民革江苏省委网站和民革中央《团结报》等录用。

【参政议政】 在市政协十三届二次会议上，民革市基层委员会提交集体提案8件、个人提案及联名提案11件。年内，收集社情民意20余条，有19件分别转化为大会发言、集体提案、个人提案和调研报告。其中，《优化人口扩大政策、护航经济高质量发展》《多措并举大力发展农村集体经济的建议》被选为张家港市政协十三届二次会议书面发言材料；社情民意《加快优化基层慢性病管理工作机构的建议》被苏州市政协录用，《脑卒中患者康复治疗模式对医疗资源和医保基金浪费的问题亟待关注》被民革江苏省委录用，《关于基层医疗机构增加超声诊断专业执业医师范围的建议》被民革中央录用。

【社会服务】 年内，民革市基层委员会围绕金融防诈、疾病预防、家电维修、科普讲座等项目，组织党员在金港街道金都社区举办志愿服务15次，受益居民约160人次。设立未成年人保护公益项目“同心圆护未点”，组织医卫界别党员赴市农联实验小学、东渡实验学校举办“博爱牵手”讲座，有200余位师生听课。与市残疾人联合会联合开展“扶残助残、桃树认养”活动，帮助残疾桃农销售水蜜桃355箱1.5万元。同时组织民革党员“以购代捐”向贵州省纳雍县扶贫项目采购农产品5000元。 （蔡克荣）

中国民主同盟张家港市委员会

【概况】 2023年年末，中国民主同盟张家港市委员会（简称民盟市委会）下属支部11个，有盟员313人，平均年龄52岁，其中行政单位59人、教育界124人、科学技术界54人、文化艺术界16人、新的社会阶层人士50人、公有制经济界10人。盟员中，有高级职称172人、中级职称71人，分别占55%和23%；有苏州市人大代表2人、苏州市政协委员1人，张家港市人大代表9人、张家港市政协委员32人。全年召开主委办公会议、扩大会议、专题学习会议和支部座谈会24次，在《人民代表报》《人民政协报》《群言》《新华日报》《江苏民盟》以及《人民政协报》、江苏民盟微信公众号等平台刊发文章简讯300余篇次。年内，按照“凝心铸魂强根基、团结奋进新征程”主题教育总要求，开展“助力两个文明发展，争做港城建设先锋”系列活动。向盟员发放《党的二十大报告学习辅导百问》学习材料40余册，赠阅《中国共产党简史》等图书50余套（册）。组织盟员观看影片《望道》《我本是高山》、评弹《傲梅吐芳》90余人次。组织盟员40余人次赴嘉兴南湖革命纪念馆、淮安周恩来纪念馆、嘉兴沈钧儒纪念馆等地现场教学。组织盟员150余人次参加苏州市统一战线成员主题分享会、张家港市统战系统纪念中共中央发布“五一口号”75周年朗读会，以及中共党史、统战史、民盟盟史知识竞赛等活动。围绕纪念中共中央发布“五一口号”75周年开展主题读书、征文等活动，撰写心得文章13篇，其中《来自春天的讯息》《共画同心圆，共筑复兴路》《内化于心，外化于行》3篇文章分别获苏州市统战系统“同心向党——纪念中共中央发布‘五一口号’75周年”主题征文二、三等奖。民盟市委会获民盟中央《群言》杂志“发行工作突出成绩奖”，被评为民盟江苏省委会“县（市、区）组织优秀集体”，连续5年获宣传工作先进集体一等奖，取得“新媒体建设先进集体一等奖”等21项集体荣誉，盟员个人获盟内奖项84项，120余人次在张家港市级以上获奖或发表、展出作品及举行公开课，20余人次获省级以上奖项。

【参政议政】 2023年，民盟市委会举办“盟员说”微沙龙4期、参政议政主题培训班1期。与民盟苏州市委会共同承办第十届江苏生态文明建设研讨会，省市民盟、统战条线领导及专家近70人就《江苏省生态环境保护条例（草案）》建言、研讨。围绕推进公募REITs（房地产投资信托基金）布局、助力规范研学市场、补足城市更新短板、提升农村公共服务、“一湾两村”融合建设等课题，开展调研12次，形成调研报告10余篇。提交民盟中央论坛论文4篇、省民盟论坛论文14篇，其中3篇获奖。赴北京通州、河北廊坊调研考察，完成与市委统战部合作课题《关于加快实施“七大工程”，深度融入长三角一体化的建议》。在市两会期间，提交代表建议5件、集体提案（含界别提案）9件、个人提案20件。其中，代表建议《关于及时发布局部路况及高速通行信息的建议》、集体提案《抢抓直播电商“风口”，推动我市“数字经济”发展》获副市长领办，集体提案《协同促进家庭教育，护航未成年人健康成长》《推动村级经济多元发展，增强乡村振兴内生动力》《打造四条精品旅游线，推动全域旅游新发展》获市政协副主席重点督办，个人提案《关于进一步完善我市城市更新各项举措的建议》获市政协专门委员会联合督办，3件提案获评市政协优秀提案。全年收集报送信息101篇。其中，《关于我国青少年宗教信仰呈现四个新特点的对策建议》被全国政协采用，《关于排除高校开发“科研助理岗位”工作三大障碍因素的建议》《关于对个人所得税专项扣除中住房贷款利息扣除标准优化的建议》被省政协采用，《关于优化破产矿产企业劳动者尘肺病诊断和救助的建议》被省委统战部采用，有关群众心理研判的信息获评省政协年度优秀社情民意信息。

【社会服务】 2023年，民盟市委会开展“爱心济民、送医利民、法律助民、教育惠民、文化润民”社会服务16次，服务群众5000余人次。其中，捐资助学、扶贫帮困4次，捐款捐物12.4万元；开展送春联、“双拥”画扇面活动3次，送出春联300余副；开展法律讲堂、援助咨询2次，惠及群众300余人次；组织高招咨询会、讲座进校园、助力“毕业季”活动4次，服务学生及家长2500余人次。联同张创投集团党委为德积小学品学兼优的贫困新市民子女“点亮”50份“微心愿”。

【“袁·盟”项目合作共建】 3月，民盟市委会与后塍街道袁家桥村党委签订《“袁·盟”项目合作共建协议书》，内容包含“袁”梦田埂、电商助农、苏式乡村、梦想启“袁”、健康乐“袁”5个板块。民盟市委会向袁家桥村捐建“文化润民”书架、“健康阅读区”，赠送图书1500余套（册）。开展病困家庭走访，捐赠慰问物资5000元。组织“法律面对面”课堂1次，开展健康义诊、健康讲座7次。参与“村里公交路优化”专题协商议事活动。策划并参与红色朗诵会、插秧友谊赛、亲子拓展、秋收割稻等活动。“袁·盟共建、爱心为民”协商案例获评苏州市政协年度“服务为民优秀典型案例”。

（朱敏娟）

中国民主建国会张家港市基层委员会

【概况】 2023年年末，中国民主建国会张家港市基层委员会（简称民建市基层委员会）下属6个支部和青年工作委员会、妇女工作委员会，有会员160人，比上年增7人。会员中，本科及以上学历占89%，经济界人士占77.5%。有苏州市人大代表和政协委员各1人，张家港市人大代表1人、政协委员24人。全年召开班子会议和全委扩大会6次，选派近50人次骨干会员参加民建省委会、民建苏州市委会和张家港市政协、市委统战部培训班。按照“凝心铸魂强根基、团结奋进新征程”主题教育要求，组织会员赴南通张謇故居、东台新四军苏中军区海防团纪念馆及粟裕将军纪念馆等地开展学习教育活动。召开专题学习、分享交流和专题调研活动超20次，280余人次参加。在张家港民建微信公众号刊登活动信息24条，被苏州民建和张家港统战微信公众号录用活动信息32条。坚持会员企业走访联系制度，5月，专题开展助力会员企业高质量健康发展走访调研活动，赴江苏宏基铝业科技股份有限公司等会员企业进行走访调研，全年先后6次召开会员企业家代表座谈会。在高倩委员工作室、赵建民委员工作室、钱惠彪委员工作室叠加建设履职型民建会员之家，全年接待各地政协、统战条线参观、交流近500人次，开展协商议事活动10余次。在苏州市政协委员工作室建设总结大会上，高倩、赵建民委员工作室获评优秀委员工作室。年内，民建市基层委员会被民建苏州市委会评为年度先进基层组织，并获评参政议政先进集体一等奖，五支部同时被评为年度先进基层组织。高倩委员工作室（会员之家）获评民建苏州市委会优秀会员之家。孟伟言获评全省民建思想政治建设工作先进个人。钱惠彪被民建中央办公厅任命为民建中央企业委员会先进制造业分委会委员。

【参政议政】 在苏州市两会期间，民建市基层委员会提交苏州市人大代表建议1件、苏州市政协个人提案1件。在张家港市人大十五届二次会议上，提交人大代表建议2件；在张家港市政协十三届二次会议上，提交集体提案5件和个人提案14件。其中，集体提案《关于进一步推动我市数字经济发展的建议》《关于着力推进我市科技招商工作再上新台阶的建议》和个人提案《关于在市镇重点区域安装触摸式红绿灯的建议》以及市人大优秀建议《关于抢抓平台数字经济发展新机遇，加快扶持延伸我市特色平台产业链优势的建议》被市委、市政府领导牵头领办督办。《关于进一步加强我市港口高质量发展的建议》被市政协提案委、城乡委列为联合督办提案。《关于着力推进我市科技招商工作再上新台阶的建议》入选市政协10件有影响力提案。3人获评市政协2022—2023年度优秀政协委员。提交的《关于加快公共服务平台建设，进一步提升本土企业核心竞争力的建议》调研报告获市领导肯定。

【社会服务】 2023年，民建市基层委员会持续打造“张家港民建·春雨计划”公益品牌，组织广大会员开展帮困扶贫、捐资助学等公益慈善活动。年内，联合乐余镇人民政府向当地10户贫困家庭每户捐赠3000元的慰问金。连续10余年组织会员关爱长期帮扶对象，2次组织会员赴老人家中，送上慰问金并定期安排医生上门检查身体。依托民建“社会妈妈”志愿服务团，长期结对关爱5名困难家庭学子，每年2次给予物资慰问，在“六一”前夕组织会员子女与结对学生一起参观科技馆，开展包馄饨等活动。参与上级民建组织的“思源”工程项目，向河北省承德市丰宁满族自治县胡麻营镇捐款1万元，为爱德基金会生育关怀项目捐款近1万元。在“家在苏州·约惠港城”的情暖新疆——爱心认领新疆农副产品环节中认领新疆巩留农产品3.5万元。在“爱满港城”活动中向市慈善总会捐赠近29万元。

【社情民意信息工作获评市级先进】 2023年，民建市基层委员会建立社情民意信息约稿支部承办机制、定期交流分享机制、骨干队伍培养机制，举办“民建青年说”暨参政议政主题沙龙活动。年内，提交社情民意信息25篇，其中被全国政协采用2篇、民建中央采用8篇、民建江苏省委员会采用16篇、省政协采用10篇、省委统战部采用1篇。民建市基层委员会获评市政协反映社情民意信息工作先进集体。1人获省政协反映社情民意信息先进个人、民建苏州市委会参政议政先进个人（一等奖）以及张家港市政协反映社情民意信息工作先进个人等称号，2人获民建苏州市委会参政议政先进个人优秀奖。

（马 福）

中国民主促进会张家港市基层委员会

【概况】 2023年，中国民主促进会张家港市基层委员会（简称民进市基层委员会）新发展会员10人。至年末，有会员48人。其中，在职会员47人，女会员22人。会员中，有张家港市人大代表2人，张家港市政协常委1人、政协委员8人。年内，民进市基层委员会围绕民进中央关于“作风建设主题年”要求，召开支委工作会议4次。围绕“凝心铸魂强根基、团结奋进新征程”主题教育，组织活动3次。在会员企业周八文艺书店建立“会员之家”和“民进城市书房”。民进市基层委员会成为文化市场行政执法民主监督联系点，5名会员成为文化市场行政执法特邀监督员。全年在张家港统战、江苏民进微信公众号，中国民主促进会网站等媒体发表宣传报道60余篇。民进市基层委员会获2023年度张家港市统战宣传先进单位二等奖，获评民进全国宣传思想工作先进集体；文化支部获评苏州民进优秀支部。1人获评民进江苏省委会宣传思想工作先进个人和苏州民进宣传思想工作先进个人，1人获评苏州民进优秀会员，1人获评张家港市优秀政协委员，1人获评张家港市“提案双向评价”先进提案人。

【参政议政】 张家港市两会期间，民进市基层委员会提交人大代表建议2件，政协集体提案2件、个人提案10件。其中，集体提案《关于在城市更新过程中贯注地域文化元素和文化品牌塑造的建议》被选为市政协大会书面交流发言材料。全年组织上报25篇社情民意信息。其中，《关于警惕直播带货影响基层就业破坏产业升级的建议》《关于明确部门职责依法治理预付卡管理的建议》被苏州市政协采用，《关于江帆小学校门周边建设“口袋公园”的建议》等社情民意信息转为市政协平时提案交办处理。民进市基层委员会参加张家港市委双月座谈会4次，发言2次，题目分别为《关于加快推进中小企业智能化改造和服务化转型的建议》《关于跨境电商如何防范法律风险的建议》。《关于进一步推进苏州中小企业智能化改造和数字化转型的建议》获苏州民进参政议政课题成果三等奖；《关于推进智能立体停车场建设的建议》在“同心·共进”苏州民进议政论坛上作为口头交流发言材料；集体提案《关于优化农村水环境，助力乡村振兴高质量发展的建议》获评张家港市政协优秀提案。

【社会服务】 1月，民进市基层委员会联合对口联系单位市文体广旅局、市政协文艺新闻体育界委员之家、市书法家协会，共同开展“春联迎万家·奔赴新征程”迎新年送春联活动。3月，在学雷锋日组织会员开展无偿献血活动，献血4800毫升。4月，联合市市场监督管理局锦丰分局、市水源地管理中心、市长江生态保护发展有限公司、张家港东充产业投资发展有限公司等单位开展“护江清源、‘鱼’你同行”长江大保护公益活动，向水源地保护区自然河道内放流生态修复鱼苗，改善水域生态环境。7月，举办“‘大语文’学习，我们来了”公益讲座，吸引近200名中小学生及家长参加；联合民盟市委会和市文明办、教育局、民政局等单位共同发起官庄小学“张闻明”乡村复兴少年宫建设项目，该项目被纳入“张闻明”志愿服务品牌输出项目；10月，联合市城管行政执法大队等单位开展骑行宣讲活动，倡导“绿色出行，低碳生活”理念。

【民进市基层委员会获民进全国宣传工作先进】 近年，民进市基层委员会将思想政治、组织建设、参政议政等工作同步开展。组织会员赴叶圣陶纪念馆、重庆民主党派陈列馆等地参观学习。把学习中共二十大、民进十三大精神等作为学习教育的重要内容。在新会员发展工作中建立主委与发展对象面谈工作机制。加强与江苏民进微信公众号、《团结报》《民主》等媒体沟通联系，加大对张家港民进重大活动、履职亮点、优秀会员的宣传报道力度，每年在媒体刊发张家港民进宣传稿件50余篇。至年末，民进市基层委员会获评民进全国宣传思想工作先进集体。 （蒋 恒）

中国农工民主党张家港市委员会

【概况】 2023年年末，中国农工民主党张家港市委员会（简称农工党市委会）下属支部11个，有农工党党员297人，其中在职党员199人、退休党员98人，平均年龄54岁。包括医药卫生、人口资源和生态环境主界别162人，文教界60人，科技界6人，经济界28人，其他界别41人。具有高级职称137人，中级职称118人。有苏州市人大代表2人、苏州市政协委员2人，张家港市人大代表6人、张家港市政协委员27人。年内，农工党市委会学习宣传贯彻中共二十大精神，开展“凝心铸魂强根基、团结奋进新征程”主题教育，召开学习会、报告会、宣讲会等活动40余次。举办主题征文、主题悦读、专题讨论、座谈交流、现场观摩、实地调研等主题教育活动20余次。有序做好农工党新党员发展工作，发展新党员11人，平均年龄38周岁，均为大学本科及以上学历。发挥“新党员成长营”孵化培养作用，继续开展新党员入党仪式、师徒结对培养。开展农工党党史、农工党章程、宣传工作、提案建议、社情民意撰写等专题培训10余次，组织120余名农工党党员参加学习培训，组织人员参加上级征文活动，10篇征文分获农工党上级组织和苏州市委统战部组织的主题征文一、二、三等奖，获奖数量位于农工党苏州市委会各区域组织前列。张家港农工微信公众号全年编发信息55篇，总浏览量近5万人次。在农工党苏州市委会“凝心铸魂强根基、团结奋进新征程”主题教育评优活动中，农工党党员何斌撰写的《时光不负建言人》、杜茂进撰写的《坚持新型政党制度不动摇，推动多党合作事业新发展》获评年度“十大宣传成果”，农工党张家港市委会的《“议政”传帮带》被评为年度“十大创新项目”。

【参政议政】 苏州市和张家港市两会期间，农工党市委会提交集体提案10件，农工党内政协委员、人大代表分别提交个人提案35件、建议2件。其中，《关于高度关注和统筹解决全市工业废污水处理排放出路难的建议》获评苏州市政协十五届一次会议优秀提案；《加快区域再生水循环利用，推动节水治水与减污降碳双提升》被选为苏州市政协十五届二次会议书面发言材料。《关于加速园区有机更新，提升产业集聚发展的建议》获评张家港市政协十三届二次会议优秀提案，《优化商业网点布局，提升业态服务能力》《落实“双减”政策，加强非学科类培训监管》分别被选为张家港市政协十三届二次会议口头和书面发言材料。1名委员获评张家港市“提案双向评价”先进提案人，4名委员获评张家港市优秀政协委员。调研报告《高端（大型）医疗器械产业发展存在的问题、机遇及发展建议》获2023年度农工论坛全省联合调研征文优秀奖；《推进长期护理保险建设，提升护理队伍专业性水平》获农工党苏州市区域组织调研论坛征文一等奖；《加强磷污染综合治理，深入打好长江保护修复攻坚战》获农工党苏州市委会2023年调研课题评审二等奖。农工党市委会全年上报社情民意100余篇，其中苏州市级采用36篇、省级以上采用15篇。

【社会服务】 2023年，农工党市委会持续打造“健康服务行”品牌，将政策宣讲、医药知识讲座、法律咨询、心理疏导等内容融入“健康服务行”活动中。年内，农工党市委会及各支部走进高新区（塘桥镇）花园社区、金港街道南沙社区等地开展“健康服务行”活动10余次，参与农工党党员

9月10日，农工党市委会教育支部举办庆祝第39个教师节暨观摩“太行丰碑”——红旗渠精神影像展主题活动 （农工党市委会 提供）

150余人次，服务群众3000余人次。继续打造“爱心公益行”特色品牌，开展各类“同心助学”“暖心慰问”“齐心助农”“爱心接力‘类家庭陪伴计划’”等活动10余次，帮扶弱势群体。全年向农工党苏州市委会爱心公益基金捐入爱心款2.6万元。

（陈莎莎）

中国致公党张家港市基层委员会

【概况】 6月19日，中国致公党张家港市基层委员会（简称致公党市基层委员会）成立，选举产生第一届基层委员会，主任委员蓬元，副主任委员王雪松、黄美华，秘书长温虹。下设2个支部。至年末，致公党市基层委员会有党员38人，其中侨海界别占75%，平均年龄40岁。有各级人大代表、政协委员13人。全年围绕“凝心铸魂强根基、团结奋进新征程”主题教育，开展系列活动5次。3月，与中共市机关幼儿园支部、中共市妇幼保健所支部、中共市人民检察院第八支部结对共建，并在8月共同开展“致爱·致远”书友社第五期读书分享会。年内，与致公党苏州市直属一支部、吴江二支部、园区七支部、相城五支部开展共建交流。“致爱·致美”微信公众号全年发布信息48条。

【参政议政】 张家港市两会期间，致公党市基层委员会中人大代表提交联名议案1件，政协委员提交提案5件，其中集体提案1件。并向苏州市政协提交个人提案2件。致公党党员王雪松获评市政协反映社情民意信息工作先进个人，黄美华获评市政协“提案双向评价”先进提案人，肖晓阳获评2022—2023年度优秀政协委员。年内，致公党市基层委员会完成省级课题“农机智能化绿色化转型升级，加快推进农业现代化进程”、苏州课题“深化企业合规建设，助推经济高质量发展”和张家港市级课题“关于优化我市校车运营，畅通学生通学平安路的建议”调研报告。9篇社情民意信息被苏州市级以上单位录用。

【社会服务】 年内，致公党市基层委员会持续打造“致爱·致美”社会服务品牌。致公党党员赵敏代表党派每月在共建单位市机关幼儿园“万花筒”文明志愿服务驿站，免费为沿途环卫工人和快递员提供牛奶、面包等早餐，全年服务120人次。暑期，“致爱·致美”慰问组在高新区（塘桥镇）和后塍街道走访慰问12位长期捐资助学对象。“八一”建军节前夕，联合市退役军人事务局开展“爱心献功臣”慰问活动，看望杨舍镇和乐余镇退伍老兵。8月，党员徐磊代表党派在“焕爱空间·释放新颜”活动中向市慈善总会定向捐赠5万元用于适老化改造，至11月中旬，完成重点帮促村13户老年人家庭适老化改造。11月，在张家港市“国家基层儿童早期发展项目”启动仪式上，致公党党员马凯代表党派向各区镇捐赠10个儿童早期发展随访工具包。 （温 虹）

九三学社张家港市基层委员会

【概况】 2023年年末，九三学社张家港市基层委员会（简称九三学社市基层委员会）下属支社6个，有社员131人。社员中，具有高级职称74人、中级职称28人。有苏州市人大代表1人、苏州市政协委员1人，张家港市人大代表5人、张家港市政协委员20人。年内，社员参与九三学社苏州市委基层组织负责人专题培训班、“五四”青年社员座谈分享会、九三学社中央举办的青年骨干线上系列培训会和政治辅导网络课堂、双岗建功参政议政培训班等培训活动。围绕“凝心铸魂强根基、团结奋进新征程”主题教育，开展系列活动6次。6月17日，组织社员赴上海中共一大会址纪念馆实践学习。9月3日，组织全体社员赴南通市崇川区滨江公园，开展“追寻总书记足迹、感悟实业报国情怀”主题日活动；开展“清明祭英烈”祭扫活动、青年社员主题沙龙等活动。社员裴丽芳被九三学社江苏省委评为2023年度组织建设先进个人，陈卓获江苏省冶金行业协会、江苏省金属学会科学技术奖、青年人才奖。由社员鲁怀敏作为带头人的锂离子电源研发团队被省教育厅评为江苏省优秀科技创新团队；李晖在国际学术期刊《能源化学（英文）》和《国际陶瓷》发表论文4篇；陈卫芳获评2022年江苏省社会教育先进个人，获苏州市社区教育教师能力大赛一等奖，其论文《乡镇老年大学智能技术普及教育策略探析》获2023年苏州市社区教育优秀论文一等奖。社员王素春与他人联名撰写的《腰椎退行性疾病脊柱功能重建的中西医结合诊疗技术创新及临床应用》获中国中医药研究促进会科学进步奖二等奖，陈和平获江苏省注册会计师协会光荣执业30年纪念章。

【参政议政】 苏州市和张家港市两会期间，九三学社市基层委员会向苏州市政协十五届二次会议提交提案3件，向张家港市十五届人大二次会议提交联名议案和代表建议3件，向张家港市政协十三届二次会议提交集体提案8件、个人提案19件。1人获评优秀政协委员，1人获评“提案双向评价”先进提案人。申报的课题“加强和改进高层民用建筑消防安全管理”中标九三学社苏州市委课题，“区域联动、资源共享、优势互补、提升区域经济更上新台阶”中标张家港市委统战部课题。

【社会服务】 2023年，九三学社市基层委员会持续开展“爱的助力——捐资助学”活动，为南丰镇10名学子送上关爱。6月，联合南丰镇开展“暖心润心·心理健康关爱进南丰”社会心理服务工作，联合举办“暖暖相伴，守‘未’成长”南丰镇青少年儿童健康关爱行动启动仪式，社员王洁作为“心约”心理服务团队负责人，带领团队在南丰镇新时代文明实践所、学校、村（社区）为老师、学生、家长等开设20余场专题讲座和心理辅导。11月，九三学社市基层委员会组织10余名医卫专家在景溪社区开展纪念第三十五届“国际科学与和平周”义诊活动。 （黄　河）

张家港市工商业联合会（总商会）

【概况】 2023年年末，张家港市工商业联合会（简称市工商联）下辖各类商会44家，其中区镇商会9家、街道商会1家、行业商会22家、异地商会7家、新一代商会1家、村级商会4家。有工商联会员单位4041个，其中企业会员3741个、团体会员37个、个人会员263个。年内，指导成立保税区商会、电动自行车摩托车行业商会、暖通商会、高新区（塘桥镇）何桥商会，完成经开区（杨舍镇）商会、南丰镇商会、安徽商会、河南商会、保税区石化业商会、羊毛商会的换届工作。召开“弘扬‘四敢’担当、勇当发展先锋”全市商会会长述职会暨商会工作推进会，打造全市商会组织比学赶超的良好氛围。连续三年举办“知行合一增才干，勇于担当促发展”商会干部能力提升培训班。开展对外交流交往，全年接待各地工商联到访20余批，组织商会企业家代表团5次200余人赴浙江省杭州市高新（滨江）区、江苏省无锡江阴市和苏州昆山市、广东省深圳市等地，走进当地标杆企业和优秀工业园区开展深度对话交流。全年44家商会开展培训宣讲、党建交流、参观考察、标杆企业游学、抱团参展、慈善公益等活动200余次，参加企业超1000家。冶金园（锦丰镇）商会联合市市场监管局对区镇企业进行知识产权风险管控体系建设培训，高新区（塘桥镇）商会打造“政企早茶会”工作品牌，南丰镇商会常态化组织经济形势座谈会，分离机商会开展自动化焊接机器人项目对接，塑饮机商会组团赴菲律宾争取订单。年内，市工商联被全国工商联评为全国“五好”县级工商联、2023年信息工作先进单位，获全省工商联实践创新成果突出贡献奖，被《中华工商时报》评为2022年度江苏省构筑民营经济舆论阵地先进单位。“创新企业合规建设，优化法治化营商环境”项目被中共江苏省委全面依法治省委员会办公室、江苏省司法厅评为2021—2023年度江苏省法治建设创新项目。经开区（杨舍镇）商会获评江苏省“四好”商会，电子商务商会获评全国及江苏省“四好”商会。

【会员服务】 2023年，市工商联常态化开展民营企业大走访。年内走访民营企业200余家，帮助企业协调解决困难诉求100余项。开展主题调研10余次，获评全国工商联民营企业调查联络点先进单位。调研上规模民营企业42家，鼓励支持民营企业向高端化、智能化、绿色化发展。9家企业入围“中国民营企业500强”，入围企业数连续多年位居苏州市首位。上报直报信息8期，反映意见诉求142条，56条工作信息获上级采用。其中，3月，针对中美贸易摩擦，民营企业在复工复产中存在的突出问题，市工商联调研全市4家行业商会40余家会员企业，形成的对策建议获全国工商联录用，帮助企业解决问题。年初市两会期间，提交《关于进一步深化合规改革，护航民营经济高质量发展的建议》《关于推进张家港市民营企业数字化转型升级的建议》等集体提案3篇。

【企业家精神培育】 年内，市工商联重点开展"民企心向党、奋进新征程"系列主题活动，深入学习习近平在全国工商联成立70周年大会上的贺信精神。召开"春风有信、未来可期"学习传达习近平系列讲话座谈会，组织"提振信心鼓干劲，奋楫争先再出发"主题党日活动、"星火燎原辟新路，敢干敢闯启新程"民营企业家井冈山理想信念教育培训、"红色舞动忆经典、斗志昂扬谱新篇"文艺思政课，引导全市民营企业家继承和弘扬新时代企业家精神、张家港精神。永卓控股、国富氢能公司获评江苏省优秀企业。沈彬获评江苏省优秀民营企业家。全面启动"廉洁商会"建设，印发《张家港市工商联廉洁商会建设方案》，发布《廉洁商会建设手册》，制定《张家港市商(协)会廉洁公约》和《张家港市商(协)会廉洁制度》模板，并在市安徽商会试点开展"廉洁商会"建设。严肃规范总商会党委各支部换届工作。实施"政治事业双传承"先锋计划，年内有4名企业家预备党员转正，3名企业家成为预备党员，7名入党积极分子转为发展对象，形成企业家真心爱党、积极入党的红色梯队。大新镇商会"三全三联三促"产业链党建工作法成为基层商会功能型党委工作新品牌。

【政企互通全面推进】 年内，市工商联实施新一轮"暨阳面对面"市领导与民营企业家系列交流活动。组织重大项目、汽车产业链、冶金产业链、青年企业家、拟上市企业、助企直通车6场主题面对面活动，帮助54家企业协调解决97项生产发展困难。推进"1+N"工作合作机制(1指市工商联，N指各涉企职能部门)，强化与涉企职能部门交流对接，扩大服务覆盖范围，及时为民营企业提供融资、法律、科技、人才等领域服务支持。组织开展"合规企业用工，护航企业发展"春季企业家沙龙，编印发放《企业合规——和谐劳动关系百问丛书》，

6月28日，昆澄张新时代民营企业家培养计划启动仪式举行

(市工商联　提供)

聘用服务团为会员企业免费提供专业政策咨询，全力保障企业合规劳动用工。创设政策速"联"宣传品牌，解读各类涉企政策超100条，打破政企信息不对称困局。持续打造涉案合规为基础，事前合规为拓展，涉外合规、行政合规、行业合规为补充的全链条合规建设。组织召开企业合规建设两周年总结大会暨合规管理体系国际专题培训会议，邀请中国标准化研究院对全市合规建设企业开展合规管理国标培训，进一步深化企业合规体系建设。发布2023版企业合规激励措施清单，在苏州各县市中首次向社会公布事前合规正面激励清单。完成14家企业事前合规验收工作。企业合规项目获省工商联2023年度实践创新成果突出贡献奖。永钢集团合规管理案例获评首届企业法治建设"合规管理创新典型案例"。

【新一代企业家培养】 年内，市工商联打破区域局限，牵头昆山、江阴工商联，制定"聚菁向未来、创领新时代"昆澄张新时代民营企业家培养计划，打造三地民营经济代表人士特别是年轻一代企业家的共融朋友圈，推动构建"开放共赢、协作共进、产业共融、创新共建、惠企共享"的昆澄张三地一体化格局。开展"6·28"启动仪式、首期北京大学光华管理学院培训、第二期太湖企业家书院培训活动，首期培训班有60名企业家代表参加，获苏州、无锡市委及统战部认可。新一代企业家商会通过轮值委制度，实现企业家副会长个人资源与商会资源的深度融通互动，组织深圳及香港参访研学、泰山拓展和曲阜儒家经典研学活动。不定期组织开展"WE TALK私董会"。强化团队融合，开设篮球、骑行、高尔夫、文化艺术等社团活动。年初，《立足"两个健康"培育"五有"新苏商，张家港市扎实推进新生代民营企业家培养工程》的工作经验在苏州市统战部部长会议上作书面交流。

【"万企兴万村"行动】 2023年，市工商联引导商会和企业家以项目化的工作方式，投身"万企兴万村"行动。至年末，6个商会与6个经济薄弱村开展"万企兴万村"结对帮扶。其中，高新区(塘桥镇)商会出资8万元用于蒋家村17户老年人家庭适老化改造项目；港口商会和企业与程墩村、清水村结对，购买农副产品12万余元；永卓石榴籽扶贫项目、长江润发郁金香广场和爱心捐赠项目、常阴沙现代农业示范园区商会林里小坐项目作为张家港市"万企兴万村"典型项目上报。年内，市工商联组织动员各所属商会开展"爱满港城"慈善网络募捐活动，累计募捐5万余元。引导商会组织参与新一轮对口支援合作行动，总商会、冶金园(锦丰镇)商会、大新镇商会、高新区(塘桥镇)商会为新疆巩留石榴籽关爱基金捐赠100万元。组织商会企业家代表参加张家港市"爱满港城"慈善书画拍卖活动，筹集善款8.7万元。　(庞　鹂)

【编辑　闫　昊】

群众团体

Mass Organization

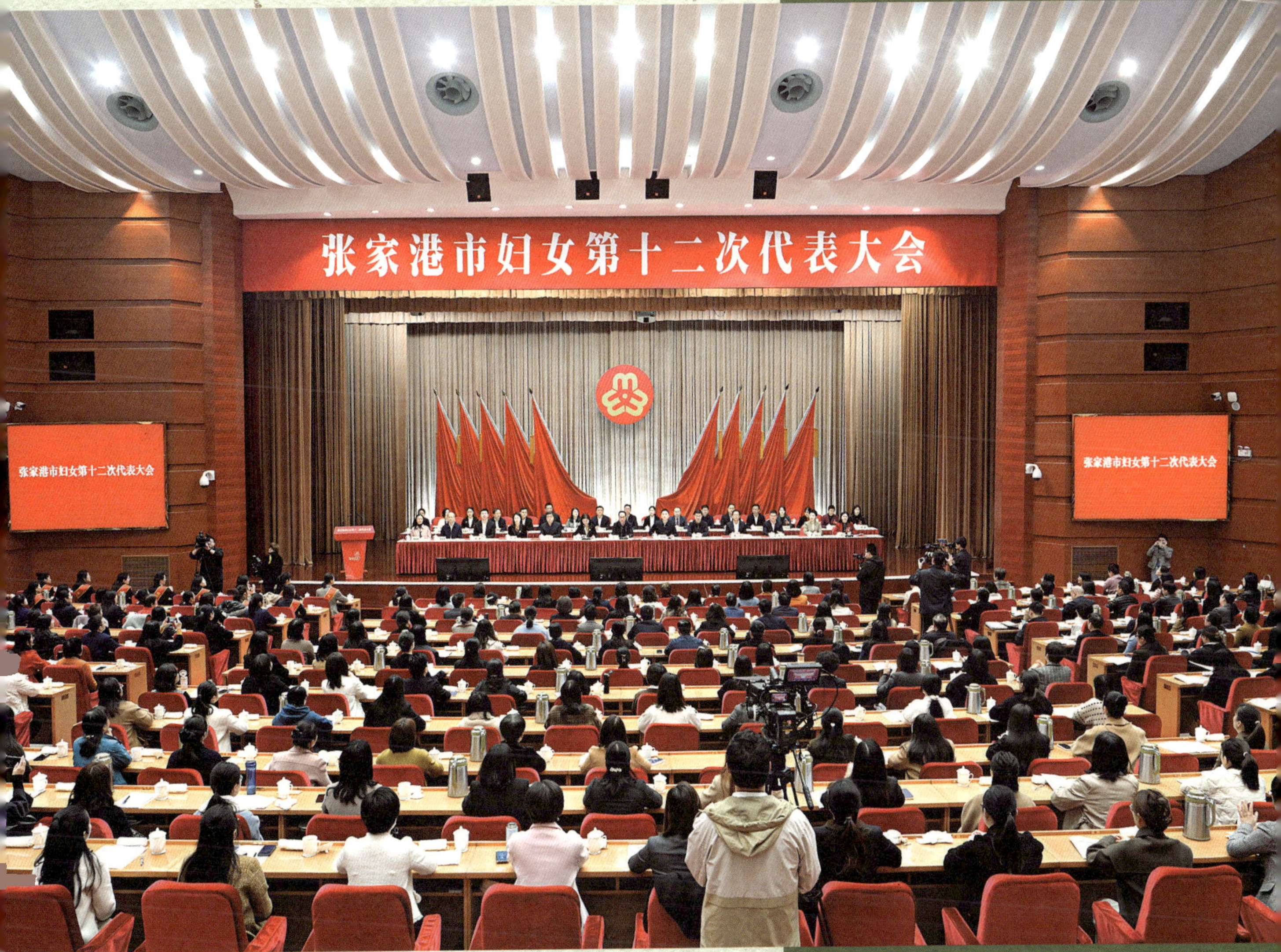

3月4日，市妇联第十二次代表大会召开　（市妇联　提供）

市总工会
团市委
市妇联
市科协
市侨联
市文联
市残联
市红十字会
市社科联

張家港年鑑(2024)

扫码欣赏

市妇联
"陪你走过这五年"

市总工会

【概况】 2023年年末,市总工会下辖13个区镇街道工会、8个系统工会、35个直属工会。全市单独建会3055家,其中区域性、行业性工会381家,涵盖单位16339个,会员约51万人。年内,市总工会规范推进全市工会组织基础工作,持续开展规模以上、百人以上企业及“两新”组织、新业态劳动者等建会入会行动,拓展网上入会渠道,强化工会会员实名制数据库管理。全市新建基层工会103家,新增基层工会涵盖单位37家,新增会员17008人。

【职工宣教】 年内,市总工会围绕学习贯彻中共二十大精神、庆祝中国共产党成立102周年等主题,开展各类职工学习宣传教育活动。联合市委网信办开展“网聚职工正能量·争当港城好网民”活动,评选2023年张家港市“职工好网民”10人。开展“劳模精神‘四进’,思政教师进企业”活动,举办集中宣讲100余场。启动“追逐光芒·致敬不凡”市职工读书月活动,开展“好书荐读·心愿书单”等读书活动,推报全国、省职工书屋示范点11家。举办“文艺轻骑兵”进企业活动,组织职工文体协会、职工艺术团编排节目,走进南港轮胎等企业开展慰问演出。常态化开设“职工才艺小课堂”,设置课程95门次,培训学员近2万人次。依托“一微一网一平台”,加强工会重点工作、重要活动内容宣传,全年发布推文404条,其中原创277条,阅读量125万次。

【劳动竞赛】 年内,市总工会围绕深化新时代产业工人队伍建设改革,专题召开联席会议,推进沙洲工匠学院建设,结合改革实施主体和年度目标任务,落实产业工人发展党员“尖兵计划”“团室联姻”服务产业集群建设、“金牌蓝领”星火计划等年度重点实施项目30项。发布“沙洲匠星”职工职业技能竞赛品牌,按照“一镇一品”“一企一策”的思路,推出“高新匠领”等13个区镇子品牌。组织工会多元竞赛,与住建、金融、供电等单位联合开展城市建设、民生保障、社会治理和健康安全四大类15项专题竞赛。联合市科技局、市工信局、市人社局、市市场监管局、市科协开展首届张家港市职工“五小”(小发明、小建议、小革新、小设计、小改进)微创新竞赛,收到参赛项目104项,评出一等奖1个、二等奖6个、三等奖9个、优秀组织奖5个。

【劳模管理】 年内,市总工会按照各级评选要求,做好先进典型选树工作,评选命名张家港市五一劳动奖状18个、五一劳动奖章60个、工人先锋号30个;推荐产生全国五一劳动奖章1个,江苏省五一劳动奖状1个、五一劳动奖章2个、工人先锋号5个,苏州市五一劳动奖状8个、五一劳动奖章26个、五一劳动荣誉奖章1个、工人先锋号17个。举办庆祝五一国际劳动节活动暨首届“爱骑月”启动仪式。推出“跟着劳模做志愿”系列活动,成立首批5支劳模志愿队,依托劳模创新工作室挂牌6家中小学生实践基地,聘请5位劳模担任课外辅导员,邀请原济南军区某部队一等功获得者武连庆进行“红色传承”主题宣讲。

【职工维权】 年内,市总工会召开全市工会维护劳动领域政治安全工作会议,签订目标任务责任书。打造职工法律援助律师团、“阳光法律”志愿者、工会劳动法律监督人员3支队伍。加强阵地建设,与市人社局共建劳动法律服务“和畅工作室”,创新设立“小仇调解工作室”。提供优质法律服务,加大阳光预警和风险隐患排查力度,组织法律体检20次,开展公益讲座10场,前置化解劳动争议案件44件。开展第三届“安全文化行”宣传教育主题活动,挂牌“工会劳动保护实训基地”6家,聘任“工会劳动保护宣讲员”8人。开展安全教育体验游学、“你点我讲”专题讲座、线上“安康微课堂”等活动,提升职工安全意识与技能。市总工会获评全国“安康杯”职工安全文化宣传活动优秀组织单位,江苏华昌化工股份有限公司尿素车间化工一班被全国总工会、应急管理部、国家卫健委联合授予“全国安康杯竞赛优胜班组”。

【职工帮扶】 年内,市总工会服务实体经济发展,继续落实小微企业工会经费全额返还政策,向20785家次小微企业返还经费6798.61万元,帮助37家小微企业申请工会创业贷1989.8万元,贴息52.36万元。完善帮扶机制,结合“工会常伴·贴心送暖”主题,开展送温暖活动暨“稳岗留工”温暖服务季活动。元旦、春节期间,全市工会共慰问困难职工、坚守一线的职工和快递小哥、网约车司机等新就业形态劳动者群体等6000余人次,发放各类慰问金、“暖心礼包”物资324万余元。职工“互助互济”保障项目新增84个企事业单位,全年有84名职工成功申领互助保障金124万元。实施以“关爱”为主题,“护航”“暖心”“幸福”为内容的品牌服务,开展职工家庭扶贫帮困、职业发展促进、身心健康保护、幸福指数提升工作以及“‘港’好有你”婚恋交友服务等特色项目;开展“我们的节日”“区镇月月礼”等普惠活动10余场,参与会员超3万人次。“张家港工会通”微信平台被评为全国“互联网+工会普惠服务”创新型平台,永钢集团入选提升职工生活品质全国总工会试点单位。

【民主管理】 年内,市总工会强化企事业单位民主管理制度体系化和规范化建设,组织开展民主管理自检工作,对发现的问题及时督促整改落实。做好苏州市优秀职代会提案征集工作,建立健全职代会、厂务公开、职工董监事等各项制度。集中开展集体协商,全市集体协商建制率、集体合同签订率动态保持在95%以上。深化劳动关系“和谐同行”能力提升三年行动计划,新评江苏省优秀劳动关系和谐企业2家、优秀劳动关系和谐乡镇(街道)1家,苏州市劳动关系和谐企业11家、苏州市劳动关系和谐乡镇(街道)2家,张家港市和谐劳动关系示范企业10家。年内，3个单位获评全省厂务公开民主管理先进单位，1个单位获评全省推动厂务公开民主管理工作先进单位。

【产改立功竞赛】 6月，市总工会组织张家港产业工人队伍建设改革“优服务、创品牌、争示范”立功竞赛。比赛分三个赛区不同主题开赛。其中，强化政策保障“优服务”主题赛区的参赛主体为产改联席会议成员单位，重点结合职能工作实际，围绕“政策体系更完善、政策指导更及时、政策落地更高效”展开比拼，市委组织部、市人社局、市科技局等9个单位获“优质服务奖”；深化组织推进“创品牌”主题赛区的参赛主体为各区镇（街道），重点突出区域内产业和企业特点，围绕“区域特色更鲜明、工作机制更健全、产改成效更突出”展开比拼，经开区（杨舍镇）、高新区（塘桥镇）、保税区等9个单位获“创新品牌奖”；优化改革路径“争示范”主题赛区的参赛主体为全市产改试点企业，重点围绕企业高质量发展的中心任务，紧扣“试点方向更精准、职工队伍更有力、劳资关系更和谐”展开比拼，江苏永钢集团、陶氏化学（张家港）、长江润发集团、张家港北兴化工等18家企业获“试点示范奖”。经综合评定，市委组织部“‘爱骑月’系列活动”、市人社局“‘技能张家港’企业发展指数指标体系”、中粮东海粮油工业（张家港）有限公司“聚焦职工小家建设，提升职工生活品质”等16个项目获“产改创新实践奖”。

【市总工会第十三次代表大会召开】 12月15日，市总工会第十三次代表大会召开。全市各行各业的290名正式代表和150名特邀代表参加会议。市人大常委会党组成员，市总工会党组书记、主席夏立新代表市总工会第十二届委员会向大会作题为《牢记使命担当，凝聚奋进力量，团结动员全市职工为推进“强富美高”新江苏现代化建设张家港实践而不懈奋斗》的工作报告。会议选举产生市总工会第十届委员会委员51人，选举产生经费审查委员会委员11人，协商产生第八届女职工委员会委员51人。是日，召开第十三届委员会第一次全体会议，选举产生市总工会十三届委员会主席、副主席和常委，夏立新当选主席，金涌、谭德宝、黄慧、范颖飞当选副主席，唐诗意当选挂职副主席，朱志斌、马筱宇、李锦华、泮延镇当选兼职副主席。

【市首个劳模工匠主题公园建成】 1月23日，劳模工匠主题公园开园。公园位于市暨阳西路博物馆东侧，由市总工会联合市住建局结合城市微更新项目改造而成，总面积1.3万平方米。公园从“文化传承、空间重塑、场景打造”着手，以“流水长青、精神传承”为主题特色，规划建设劳模工匠文化园标识墙、劳模历史文化廊架、“三个精神”景墙、主题情景雕塑、手模小品雕塑、劳模历史记忆蓝飘带、AI互动屏等劳模工匠文化元素景观，并融入互动科技装置，增加趣味参与性，强化正向引领激励，弘扬劳模精神、劳动精神和工匠精神。

（吴 吉）

6月8日，全市产业工人队伍建设改革联席会议颁奖仪式举行

（市总工会 提供）

团市委

【概况】 2023年年末，中国共产主义青年团张家港市委员会（简称团市委）下辖团（工）委235个，团总支304个，团支部4837个，团员48252人。全市有各级少先队组织166个，少先队员112987人，少先队辅导员2723人。年内，出台《关于落实党建带团建、队建，构建党团队一体化育人链条的实施细则》，发展团员2466人，新建社会领域团组织457个，建设社团330余个。召开团市委十六届七次全体（扩大）会议、十七届一次全体会议，少年先锋队市工作委员会八届三次全体会议，市青年工作联席会议第五次全体（扩大）会议暨全国青年发展型县域建设试点中期汇报会，市青年联合会五届二次界别主任会议。团市委获评2022年度全省共青团工作先进单位、苏州共青团工作先进单位标兵，并获2022年度全省共青团工作争先进位奖。牵头的“‘一支劲旅+五大平台’赋能新生代企业家”项目获2022年度全省共青团工作“10100”创新创优工程一等奖，“四位一体打造港城青年志愿‘枢纽功能’新模式”项目获三等奖；市青年志愿者协会获评2022年度全国学雷锋志愿服务“4个100”最佳志愿服务组织。

【青年思想引领】 3月，团市委联合市文明办举办“感沐二十大，青春著华章”张家港市主题征文活动。联合市委组织部、市委宣传部、市委统战部等单位开展“带‘敢’青年”评选，选树“带‘敢’青年”个人12人和“带‘敢’青年”集体5家。4月，联合市青联举办全国两会精神专题报告会（共青团、青联专场）暨“青联思享汇”活动，十四届全国人大代表、永联村党委书记吴惠芳作全国两会精神专题报告。举办“燃青春、更敢为”张家港市纪念五四运动104周年主题团日活动暨“带‘敢’青年”事迹分享会。6月，召开“两红两优”学习宣讲会暨县域共青团基层组织改革推进会。7月，组织“青春心向党，奋进新征程”团十九大精神学习宣讲会。8月，联合市委宣传部、市委党校举办“青春向党学思想、感恩奋进建新功”主题宣讲进青年走进张家港活动。9月，联合市委宣传部开展“港城青年大学习——‘青’说港城新时代”原创短视频录制活动。联合市委宣传部、市委党校举办“百行青年说”讲师团培训班。11月，联合市委网信办公布第二届张家港市“青年好网民”名单。年内，“青年大学习”覆盖青年超130万人次。“百行青年说”讲师团面向全市基层团组织进行宣讲活动126场，覆盖青少年3900人。全市127家青年学习社开展活动400余场，覆盖青年7000余人。“青春张家港”微信公众号日常关注人数超30万人次，发布推文360篇，阅读量超85万次。11个集体（个人）获省级“两红两优”先进称号，12个集体（个人）获苏州市级“两红两优”先进称号。1家集体获评一星级全国青年文明号，6家集体获评苏州市青年文明号。1人获江苏省青年岗位能手称号，13人获苏州市青年岗位能手称号，1家集体申报江苏省青年安全生产示范岗，3家集体被认定为苏州市青年安全生产示范岗。

【青年联系服务】 3月，团市委联合江苏省电力有限公司张家港市供电分公司打造的苏州网约车司机青春加油站张家港店启用。4月，联合市委人才办等部门试点打造“545U”张家港市青年人才驿站。8月，成立张家港市外卖配送行业团工委。9月，共青团中央专项彩票公益金支持青年社会组织服务社区青少年“伙伴计划”示范项目正式启动，金港街道金都社区入选。10月，举办“益青春·筑梦想”社区青春行动项目交流活动。11月，举办“青商聚力，携爱同行——足印港城”活动。12月，举办“青商聚力·携爱同行——点亮梦想”活动。组织高桥村、常北社区参与江苏省“青绘乡村”青年文化创意设计大赛。年内，新增“上云”青年之家3家，全市26个“上云”青年之家开展活动590余场，服务团员青年1.2万人次。结合联青服务站、联青大走访活动开展调研、座谈、宣讲100余场。实施“1010”创新创优项目60项，评选优秀项目和人气项目各10项。新增4家青年驿站，累计接待学生入住244人次。联合举办“以时空为媒、共赴青春之约”“甜蜜520、与‘青’相伴”等主题的交友联谊活动15场。

【青年创新创业驱动】 1月、2月、8月，团市委联合市青年商会开展“对话青商”活动，先后走进市产业资本投资公司、市科技局、市司法局。4月，联合市委组织部（人才办）、市科技局、市人社局承办“智汇港城·众创未来”——第六届苏州·张家港全球创新创业大赛青年专项赛（第二批），24个项目参与决赛路演，7个优质项目获奖。大赛落户项目11项，总投资额超5600万元。联合市青年商会举办“青商聚力、共创未来”——张家港、江阴、常熟、昆山四地青年企业家交流活动。6月，举办“暨阳面对面”系列交流活动之“青春‘企’航 共赢未来”青年企业家专场活动。11月，承办苏州团市委“文创新趋势，青年新作为”文化创意产业工作者主题研讨活动。联合市台办举办“两岸同行、融合发展”张家港、台湾两地青年企业家交流活动。年内，团市委服务“新农菁英”人才，发放“新农菁英贷”48笔7115万元。

【青年干部培养】 年内，全市开展团市委机关干部“赋能学堂”培训8期，召开挂职团干部座谈会2场，并选拔6名优秀青年到团市委挂职。1月，团市委开展“躬耕计划”大学生新春团建活动。2月，举办2023年度全市优秀青年团员培训班。5月，开展张家港市大学生志愿服务乡村振兴计划“躬耕大课堂”。6月，召开张家港市志愿服务乡村振兴“躬耕计划”大学生志愿者就业辅导会。7月，举办2022年张家港市大学生志愿服务乡村振兴“躬耕计划”项目终期分享会。联合市委组织部、市人社局举办2023年知名高校大学生到市实习活动，22名学子参与实习，其间开展“青动能”系列主题活动7场。举办市级青年文明号争创集体负责人培训班。11月，举办市少先队辅导员培训班，120余名校内外辅导员参加。12月，联合市委组织部印发《关于全面加强张家港市共青团干部队伍管理的实施办法（试行）》。

【青年志愿者行动】 年内，团市委实施青年手绘乡村行动主题活动340次，新增墙绘40幅，志愿服务时长1.5万小时。开展“温暖补给站”“清凉益夏”“文明巡查团”等志愿活动109场，服务7280人次。新成立“心小悦”健康关爱、“法小宣”学法护法志愿服务队，持续开展“分小益”“河小志”品牌行动子项目活动42场，服务1260人次。市青年志愿者协会全年开展春节志愿服务关爱行动、“墨香迎新春，送福送春联”“强国复兴有我，我和国旗合个影”“青享惠”青年志愿者专属礼遇、“温暖补给站”——送姜茶等系列活动。3月，团市委开展2023年“圆梦‘童’心，‘益’路‘童’行”公益市集活动，征集和发放68个微心愿。开展“放飞心灵”游港城——“3·5”学雷锋日主题集中服务日活动。承办“学习雷锋楷模，弘扬志愿精神”纪念学雷锋60周年主题活动，服务1200余人次。举办“弘扬志愿精神，助力建设更高水平文明城市”青年志愿服务专题培训，参与培训150余人次。11月，联合市交通运输局、市供电公司开展“团团送安康、关爱在一线”关爱网约车司机活动。

【青少年权益维护】 年内，团市委开展“法治公开课”活动124场，服务青少年5200余人次。联合市委政法委、市社会治理现代化指挥中心开展“立体关护·成长护航”工程，组织发动各级团组织实施青少年关爱项目28项。2月，团市委开展“青春自护·平安春节”主题活动44场，服务青少年1100余人次。3月，开展重点、困境青少年集中走访摸排，309名青少年被列入重点关注名单。6月，联合葵芝家青少年服务社举办“轻松心态，静待花开——‘12355’中考心理减压讲座”，征集解答学生家长各类问题200余条。7月，开展“快乐暑假”青少年暑期社会实践活动。联合市文明办、市民政局举办市青少年暑托班开班暨“三色花开，苏童成长”未成年人社会实践基地授牌仪式，新增“三色花开，苏童成长”“职工亲子工作室”等服务阵地47个，开设青少年暑托班办班点位189个，服务青少年6.3万人次，其中服务新市民子女2.6万人次。8月，开展2023年全国青少年模拟政协提案征集活动，提交提案超100件。12月，联合市人民法院、市教育局举办中小学校法治教育工作推进会暨“一校一法官”项目启动仪式。

【少先队工作】 2月，团市委联合市教育局、市少工委印发《张家港市初中学校“双积双评”积分入团工作实施意见（试行）》。5月，联合市文明办、市教育局、市少工委举办“高举旗帜跟党走、青春逐梦新时代”市少先队员离队入团仪式观摩活动和“寻访伟大成就，争做‘四个自信’好队员”主题队日活动暨市少先队新队员入队仪式。12月，举办匡慧娟、孙毅兰、曹映虹江苏名优辅工作室联合研讨活动。年内，组织开展“学习二十大、争做好队员”系列主题实践活动1000余场，录制“党团队员同宣讲”视频1期，“红领巾寻访伟大成就”优秀案例被“江苏少先队”微信公众号刊登13次，覆盖少先队员、辅导员12万人次。区镇（街道）均建立少工委，辖区内有中小学的村（社区）100%建立少工委。组织参加省级、苏州市级以上“好少年”“十佳（优秀）少先队个人、集体”评选，7个少先队集体获评全国红领巾中队，合兴小学黄德仁中队被命名为江苏省英雄中队，11个少先队个人和集体获评省优秀，22个少先队个人和集体获评苏州市优秀。1名学生获评2023年度江苏省“最美中学生”标兵，13名学生分别获评江苏省“最美中学生”“最美中职生”，39名学生获评苏州市“最美中学生”“最美中职生”。

【“希望之光”助学工程】 2023年，团市委持续开展“希望之光”“圆梦行动”等助学项目，帮扶困难青少年258人，捐赠40.85万元。新增“梦想改造+”关爱计划服务对象，建设16间个性化定制小屋，开展“梦想改造+”关爱计划回头看等集中主题关爱活动30余次。实施“蒲公英计划”，为20名困难学生免费购置“苏惠保”人身意外险，提供公益体检、“惠寒”线上课业辅导等服务，并开展“放飞心灵游港城”等特色研学活动7场，惠及外来务工人员子女150余人。2月，联合市法院、市青年商会开展“希望之光”春季慰问活动，走访慰问5名困难学生。开展“暖冬行动”系列活动，走访慰问85名困境青少年。5月，联合江苏国泰国际集团股份有限公司举办“希望之光”国泰奖学金发放仪式，为110名学生发放34.1万元奖学金。7月，开展“夏日送清凉，关爱沁童心”暑期慰问活动。联合市邮政公司、市青年商会代表一行赴新疆巩留县开展对口支援工作，捐赠资金6万元、爱心包裹3000个，累计36万余元。

【“躬耕计划”志愿服务】 2023年，团市委继续实施“张家港市大学生志愿服务乡村振兴‘躬耕计划’”。出台《关于2023年张家港市大学生志愿服务乡村振兴“躬耕计划”的实施意见》，续签2022年志愿者6人、新招录志愿者21人。8月，承办2023年苏州市大学生志愿服务乡村振兴计划出征仪式。全年开展公文写作、方言学习、急救消防知识等培训活动5场，绿色植树、巡河护河、赛会赛事服务等志愿服务活动12场，组织27名大学生志愿者在乡村辅助开展社会治理、党建宣传、青年工作等条线志愿服务工作。

【团市委第十七次代表大会】 11月2日至3日，团市委第十七次代表大会召开，全市各人民团体、直属团组织分管领导、各界团员青年代表近500人参会。张家港团市委书记翟梓均作题为《牢记嘱托跟党走，感恩奋进勇担当，为加快推进“强富美高”新江苏现代化建设张家港实践贡献青春力量》的工作报告，会议选举产生30名委员组成的共青团张家港市第十七届委员会，选举产生常委15人，翟梓均当选为书记，季君理、丁天、陈思雨为副书记，刘瑶、李一青为兼职副书记，丁韦嘉为挂职副书记。

【青年发展型县域试点建设】 年内，团市委围绕青年发展型县域试点建

11月3日，共青团张家港市第十七次代表大会召开　（团市委　提供）

设，联合复旦大学课题组实施“青年发展型城市试点工作评估研究项目”，组织开展青年发展专题调研3场，设计并收集专项调查问卷超1200份，报送凤凰镇“凤凰大道”、青年参与社会治理等经验案例4篇。推动青年发展型县域建设相关工作接连写入市委全会报告、市政府工作报告、国民经济和社会发展计划草案报告，“青年发展型城市建设”入选市政协常委会2024年协商课题。新增印发托育服务、直播电商、分级处遇等青年发展政策8项，推进青年职业农民培训、文体旅惠青、人才公寓、乡村振兴“躬耕计划”等青年实事项目，提供温暖补给站、青年优享计划、“梁丰小游园”等“小而美”的暖心服务。探索设立《青年发展型街区建设标准》。发布《我敢不一YOUNG》青年发展型城市主题宣传片，展示“港城发展正青春，青年发展更有为”的城市面貌。3月，团市委在杭州参加团中央举办的青年发展型县域试点专题研讨班，作青年发展型县域试点经验交流。5月，团中央青年发展型县域建设试点中期评估组一行到市调研“凤凰大道”青年发展型街区建设情况。江苏省全国青年发展型县域建设试点中期评估组到市开展试点中期评估调研。张家港市通过团中央、团省委组织的全国试点中期评估。6月，发布《张家港市“十四五”青年发展规划》中期评估报告。全市建立“预期成果”“政策举措”“实事项目”三张青年发展清单，重点实施教育均衡发展、身心健康呵护、城市氛围活跃等精品工程试点，打造“四大引领示范区”，不断提升城市对青年的吸引力以及青年对城市的满意度。（唐　玮）

市　妇　联

【概况】 2023年年末，全市有区镇、街道妇联13个，系统妇联34个，市级机关工委妇联1个，村（社区）妇联组织250个。年内，新建新兴领域妇联组织14个，建成区域联合妇联、行业妇联、非公企业妇联等新兴领域妇联组织96个。市妇联召开十一届九次和十二届一次、二次、三次执委（扩大）会议。2月，市妇联与张家港农商银行举办党建结对共建签约活动。5月，举办“牢记嘱托，感恩奋进”张家港市基层妇联“领头雁”训练营；承办“吴地芬芳”苏州巾帼公益联盟“专委会—基层妇联”互访活动；开展“妇联邀您回娘家、巾帼榜样面对面”活动。7月，开展“妇联邀您回娘家 、巾帼书记话初心”活动。9月，组织“互学互鉴互访”市基层妇联执委轮训。10月，承办苏州市新领域妇联组织建设推进会暨张家港市产业集群妇联组织建设现场会。全年命名“暨阳玫瑰·最美妇女微家”20个，市妇联获评江苏省妇联系统先进集体，下属事业单位市妇女儿童活动中心获评苏州市三八红旗集体。

【女性思想引领】 年内，市妇联持续打造“张家港她说”妇女宣传思想品牌，创新开展妇女思想政治引领工作。3月，举办“学习宣传贯彻中共二十大精神·巾帼志愿者在行动”市文明实践巾帼志愿阳光行动推进会。4月，在省妇联系统融媒体素养提升培训班上，市妇联作题为《创新“融合加法”、深耕“暨阳玫瑰”、推动女性融媒体工作向阳而生、向新前行》的交流发言。4月至11月，组织参加第五届江苏女性融媒体创意大赛，获一等奖1个、二等奖2个、优秀奖2个，获评优秀工作案例1个、优秀妇女工作通讯员1人，市妇联获优秀组织奖。5月至9月，组织参加苏州女性融媒体创意大赛，获一等奖1个、二等奖3个、三等奖1个，市妇联获评优秀组织奖。6月，省妇联“感恩奋进巾帼行”喜迎省妇女十四大新闻记者环省行活动走进张家港。市妇联举办“感悟思想伟力，凝聚奋进力量——庆祝中国共产党成立102周年”主题讲座。10月，承办第五届江苏女性融媒体创意大赛晋级选手成长营。年内，市妇联开展“巾帼心向党、奋进新征程”学习教育1700余场。“暨阳玫瑰”微信公众号发布信息285条，关注人数超21万人，市妇联入选全国妇女宣传舆论阵地建设先进榜，获评苏州市网络安全宣传周活动优秀组织单位。《她说百年妇运史，巾帼一起向未来》获评省“巾帼心向党，奋进新征程”巾帼大宣讲“十佳示范文稿”，《最美丽的风景》获评省“巾帼心向党，奋进新征程”巾帼大宣讲“十佳精品视频”。市妇联开展文明实践巾帼志愿阳光行动，实施项目278项，获评省巾帼志愿服务“十佳微电影”“十大优秀项目”、省阳光站各1个，苏州市巾帼志愿服务“十大感动人物”、巾帼志愿服务优秀组织、优秀项目、优秀社区各1个及苏州市阳光站2个，命名张家港市级巾帼志愿服务优秀个人及组织、项目和社区各10个。培育苏州市三八红旗手（标兵）9人、集体4个，张家港市三八红旗手20人、集体20个及市“巾帼好网民”25人。打造省三八红旗手示范工作室2个，张家港市三八红旗手工作室5个。

【女性创业创新巾帼行动】 2023年，市妇联启动实施“暨阳玫瑰科创+”科技创新巾帼行动三年攻坚计划（2023—2025年）。1月，举办“巾帼出彩、奋斗向‘新’”张家港市女企业家协会、市女科技工作者联盟、市初创女性联盟2022年度联合年会。3月，举办市首个银企战略合作女性专场发布会暨“金”帼先锋联盟成立大会。指导经开区（杨舍镇）下发《关于印发〈经开区（杨舍镇）支持女性科技人才发展十项举措〉的通知》。4月，举办市女企业家高级研修班。6月，召开“大美乡村，巾帼出彩”市乡村振兴巾帼行动推进会，成立“花开正‘农’”工作队伍，发布典型案例34个。开展第二届“阳台变形计”活动。6月至8月，开展“木兰启航”2023年度女大学生创业就业实践行动。7月，举办“暨阳玫瑰科创+”市科技创新巾帼行动三年攻坚计划发布会暨首届女性创业创新大赛启动仪式。7月至10月，举办“她创未来，巾帼出彩”首届张家港市女性创业创新大赛，12个项目入围决赛。8月，组织女企业家赴新疆巩留县开展“石榴籽·一家亲”张家港、巩留妇联爱心共建计划。举办“筑梦有声，花开有你”优秀女企业家创业创新沙工专场宣讲会。9月，组织市女企业家协会代表团赴宿迁市宿豫区开展“南北挂钩”共建合作暨招商推介活动。11月，举办市巾帼建功推进会暨首届女性创业创新大赛颁奖典礼。年内，举办“筑梦有声、花开有你”市女企业家协会走进会员单位主题活动6场、优秀女企业家创业创新宣讲会2场、“木兰荟”巾帼创业创新素质提升讲座8场、“乡村振兴，巾帼行动”专项就业创业培训班3期、“巾帼筑梦，花开正‘农’”巾帼新农人一日研学活动4场，打造S·H·E科技创新园区、人才公寓等6家。张家港市选送项目获评江苏巾帼科技创新大赛最具商业价值奖，1人获评苏州市“最美巾帼科技人物”，张家港市获苏州市女性创业创新大赛二等奖、三等奖、优秀奖各2个，张家港市妇联获优秀组织奖。全市获评省级女大学生创业就业实践基地2个，省级巾帼现代农业科技示范基地、示范家庭农场（种粮大户）、新业态助农创新基地、美丽家园省级示范点各1个，苏州市美丽庭院285户、精品户15户、特色村1个，命名张家港市农村人居环境整治“美丽庭院”标兵户100户、“最美阳台”20户。获评全国巾帼文明岗1个，苏州市巾帼文明岗5个、巾帼建功标兵1人，命名张家港市巾帼文明岗30个、巾帼建功标兵20人。

【妇儿权益维护】 年内，市妇联实施基层网格“安家”工程。3月，举办“我助妇儿康·妇儿权益维护与安全守护课堂”公益项目启动仪式。5月，召开“我助妇儿康，一户一策微关爱”项目优化会。6月至10月，举办“暨阳格格”赋能计划活动10场。8月，举办“暨阳玫瑰、法安万家”巾帼反诈主题宣传（观影）活动3场，开展反诈宣传2场。9月，举办市“强国复兴有我·法治进高校”公益普法项目暨大学生婚恋导航法治成长计划启动仪式。11月，下发《关于开展岗村结对“一户一策”精准微关爱三年行动计划的通知》。12月，召开市维护妇女儿童合法权益联席会议暨基层网格“安家”工程成果汇报会。年内，开展“我助妇儿康·妇儿权益维护与安全守护课堂”37场，举办维权集市、巾帼反诈主题宣传等活动15场。联合打造第三批标杆家事调解社区工作室21个、首批反家暴联调工作室8个，设立反家暴社会庇护驿站1家，发布反家暴联调典型案例4个。开展“我助妇儿康·一户一策”精准微关爱活动，为16个集体经济一般村的困境家庭提供心理疏导、助困助洁、家教指导等服务288次，惠及家庭成员958人次。“特殊未成年人的危机管理——性侵案件中女童面临的风险调查”课题入选市法学会法学研究课题，并结项。张家港市获评省“十佳妇女议事能手”1人，苏州市妇女议事能手1人、优秀案例1个，苏州市“枫桥经验”示范品牌1个，命名张家港市“最美暨阳格格”15人。

【妇儿民生服务】 2023年，市妇联高标准组织实施“十四五”妇儿发展规划，开展“我为妇女儿童办实事”实践活动。3月至9月，举办“因为爱你”婚恋交友主题联谊会10场。4月，举办“我运动、我健康、我美丽”张家港市2023年女子趣味运动会和举办“益家有我”情暖半边天女性关爱项目启动仪式。5月至6月，举办第九期“我爱我家”女性健康营养公益课堂。8月，举办市儿童友好社区建设推进会暨“社会妈妈”伴童成长行动启动仪式，摸排并为符合条件的2023年度新入学困难女大学生发放助学金。9月至11月，举办第十期“我爱我家”女性健康营养公益课堂。10月，召开全市妇女儿童工作会议。10月和12月，举办市妇女儿童工作能力提升暨儿童友好城市建设培训考察。11月，举办“童享友好世界，点亮儿童未来”世界儿童日主题活动，在全市各大商圈举行亮灯仪式，发布城市宣传片《欢迎来到，你的小世界》，成立儿童友好商圈联盟，发布“商圈8条”。全年开展“守护童心”儿童防性侵教育授课416场，“小雅姐姐”巾帼志愿服务队获评“女童保护”10周年荣誉纪念优秀团队、2022年度优秀团队。实施张家港市儿童友好小小观察团项目、“爱的N次方”“社会妈妈”暖心陪伴计划。“樟小园”城市微更新项目获评2023年度苏州市儿童友好“十大实事项目”。张家港市获评苏州市儿童友好社区4个，6个案例入选深圳首届儿童友好博览会，命名张家港市儿童友好社区17个。张家港市妇联选送的项目获评省妇女儿童和家庭公益社工服务示范性项目2项、2022年度苏州市妇联工作创新项目3项，苏州市妇女儿童家庭公益项目创意大赛蒲公英奖2个、优秀奖4个。张家港市港鹰实业有限公司总经理倪芬琴、经开区（杨舍镇）妇联主席张丽钰获评省“99公益爱心传递大使”。市妇联获评苏州市“99公益网络募捐”优秀组织奖。

【市妇女第十二次代表大会】 3月3日至4日，市妇女第十二次代表大会召开。全市258名妇女代表、100名列席代表出席大会。市妇联主席孙惠芳作题为《巾帼心向党、奋进新征程、引领全市广大妇女为全力打造中国式现代化县域先行区团结奋斗》的工作报告，会议选举产生47名委员组成的市妇联第十二届执行委员会，选举产生常委15人，孙惠芳当选为主席，曹丽华、刘晓霞、刘笑菱为副主席，钱洁雅、郁敏芳、蔡贤为兼职副主席，郭敏为挂职副主席。（周菊花）

市科协

【概况】 2023年年末，张家港市科学技术协会（简称市科协）下辖区镇（街道）科协12个、企业科协127个、高校科协3个，市级学会19个，科普志愿者团队51个，有科技、科普志愿者13875人，科普信息员16344人，科普讲师团成员110人。全市有科普场馆102家，科普教育基地29个，其中国家级1个、江苏省级11个、苏州市级17个。有科学教育特色学校17所，其中江苏省级5所、苏州市级12所。年内，市科协印发《张家港市科协下属社会组织行为规范》，组织所属市级学会开展廉洁合规建设自查自纠活动，签订《社会组织廉政合规建设承诺书》，学会年检完成率100%，农学会、电工学会、畜牧兽医学会完成换届，注销市环科学会，新建综合交通运输学会、建筑环境与能源运用学会两家市级学会。张家港市被江苏省科协评为“全省科普示范市”，企业创新创业项目获7个省级奖项，杨舍、金港海智基地被评为全省优秀海智基地。市科协获评省科技志愿服务工作和省科普中国信息传播工作“双优秀”单位。

【全域科普】 年内，市科协开展“科普大篷车巡展”“科普细胞工程”“菜单式科普讲座”“科普游学”等各类科普主题活动超500场，覆盖25万人次。5月13日，举办张家港市2023年全国科技活动周暨第35届科普宣传周开幕式和全国科普日张家港主场活动。开展“强国复兴有我——以‘敢’为先，弘扬科学家精神”主题宣传活动，与市委史志办、市政协文化文史委联合编印《张家港院士》，举办院士科普报告会、听“赛”先生说——弘扬科学家精神访谈，制作《与光同行——张家港院士》视频，成立弘扬科学家精神志愿宣讲团，建立完善弘扬科学家精神的长效机制。联合38家全民科学素质领导小组成员单位出台《2023年全民科学素质百项行动计划》。启动面向青少年、产业工人、农民、老年人、领导干部和公务员五大人群的“科技筑梦·创未来”科学素质提升行动、“乡村振兴科技服务项目”“智慧银铃科学提素行动”等活动。定制7条产业科普游线路，重点制定工业游线路，首批覆盖全市10余家企业科普场馆。联合市文明办、市教育局等单位，举办张家港市第十届科普剧比赛、青少年科技运动会、家庭创客大赛、“我和星空有个约会”天文观测等系列科普活动。

【学术交流】 年内，市科协下属各学会面向全市企业等基层一线开展500余场科技服务，完成查新超240例。市科技工作者之家全年组织萃智培训、新春“三下乡”、读书交流、摄影培训等活动20余场。市科协召开全市企业科协组建培训会、企业科协建设工作会议，完成第一批51家重点企业科协建设，建立市级层面构建的企业科协组织网络“企业科协联盟”。11月，组织部分区镇、企业代表前往北京走访中国汽车工程学会、中国金属学会、中国纺织工程学会。12月，组织部分区镇、机关代表赴北京走访考察中国人工智能学会、中国能源研究会、中国机械工程学会。沙钢集团获评江苏省示范企业科协，2家企业获评苏州市示范企业科协。沙钢集团王飞获得2023年度苏州市科协青年科技人才托举工程资助培养，江苏多维科技有限公司薛松生获评“首届苏州市杰出工程师”，圣达因公司刘东进获评“江苏省科协企业创新达人”，沙钢集团获得中国科协创新方法大赛江苏赛区三等奖、“江苏省行业领域十大科技进展”奖。全市企业在苏州市“讲理想比贡献”双杯赛中获得11个奖项。

【市院士(专家)服务中心成立】 4月7日，市科协成立张家港市院士(专家)服务中心。确立制定院士专家联络服务、开展科技交流服务、开展重大科技决策咨询服务、弘扬宣传科学家精神等四大职能。围绕全市“4+4”重点产业链，组建100余名院士专家信息库，建立市四套班子领导与35名院士“一对一”结对机制。8月，举办张家港市高质量发展“两院院士”“国家级学会”发展大会，聘任12名参会院士专家为“张家港友好院士”。建立10个国家级学会联络库，制定“一个区镇结对一个国家级学会”的产业挂钩结对制度，与各区镇进行产业匹配结对。促成市政府分别与中国生物工程学会、中国生物医药工程学会战略合作关系建立。承办中国机械工程学会“设备智能运维发展前沿”主题高端论坛、中国生物工程学会理事会、中国能源研究会氢能专委会学术年会等活动。

【民生科普体验馆改造完成】 张家港民生科普体验馆位于汤联社区新时代文明实践站三楼，原为张家港市民生安全科普馆，于2013年建成。2023年，全市投资约100万元在保留原有地震模拟小屋、倾斜小屋的基础上进行迭代升级。全馆采用高仿真模型、微缩模型、VR演示等多种现代化展示手段，让体验者了解应对灾害事故的自我救护技能、了解低碳生活方式、学习人防知识。至年末，体验馆开展健康科普、科普宣传、膳食科普、科创体验等民生科普志愿服务25次，接待张家港市武装部、辖区党员、居民群众、共建单位、辖区学校学生等10批810人次。 (宋梦莹)

市侨联

【概况】 2023年年末，张家港市归国华侨联合会(简称市侨联)下辖“侨胞之家”18个、市新侨服务中心1个、协会3个，有侨联委员36人、海外顾问11人。全年接待参观考察的海内外侨胞20批140人次。年内，市侨联持续打造“五桥联五洲”工作品牌，获评“全国侨联系统先进组织”。《侨联四海同心筑梦》《五侨联五洲服务张家港》2篇文章分别在江苏《挚友》杂志、《中国统一战线》杂志发表。市委主要领导对市侨联工作专门作出批示。3月5日，市侨联指导张家港市侨商会在会长单位举办与澳大利亚江苏工商联合总会合作签约仪式暨一届四次理事会。3月23日，市侨联六届五次全委(扩大)会议召开，增补委员2人，选举周晓敏为张家港市侨联副主席、徐华为张家港市侨联秘书长。4月4日，市侨联组织开展侨商侨企集中座谈暨首期“侨商沙龙”——金融投资专场讲座。4月19日，赴宜兴市学习调研基层侨联组织及侨青会建设等工作。5月19日，在黄泗浦生态园鹿鸣会客厅举办“大音无疆”古琴音乐文化分享沙龙。6月12日至16日，组织侨商会会员代表10人赴广东开展“港城侨商访侨乡、踵事增华行致远”主题学习考察。7月1日，在梁丰双语实验学校举办“侨心向党，侨爱有我”夜市沙龙，侨界人士及子女、归国留学人士300余人次参加。7月3日，举办“同心meet港城”留学人员先遣营开营活动，来自帝国理工学院、伦敦大学学院、康奈尔大学等知名大学的32名留学人员参加活动。7月7日，接待南京市侨联党组书记杨雯懿一行到市开展专题调研，围绕《推动长江文化国际传播，铸牢海外华人华侨中华民族共同体意识》进行交流。7月22日，组织侨界子女开展“牵手远望，启航侨海”张家港侨界子女夏令营活动。9月16日，召开传达学习第十一次全国归侨侨眷代表大会会议精神暨侨界人士庆中秋迎国庆座谈会。10月10日，举行市侨商会羽毛球活动中心揭牌仪式。10月19日至20日，在双山岛承办“创业中华、侨汇港城”——“苏侨同心、商融共赢”益企行动，苏州地区侨商代表80余人次参加。11月1日，指导市侨商会开展“美丽女人心，健康伴我行”女会员美丽健康沙龙。11月3日，接待美国华人工商协进会会长毛邦杰一行到市参访交流。11月8日，举办2023年度侨联干部、侨联委员培训班，邀请市政协委员、江科大苏理工聘任国学讲师沈昊旻进行培训班专题授课，并前往南通博物苑和五山滨江生态修复保护现场开展现场教育。11月16日，江苏省侨联副主席陈峰到市调研人才服务地方经济社会发展情况。11月28日，中非民间商会执行秘书长王江、服务部主任陈淑朋到市考察新入会会员企业。12月8日，指导市侨商会举办2023年会员大会暨2024年迎新联谊会。12月22日，作为全省县(区)侨联唯一代表，应邀参加江苏省侨界专家委员会主任(扩大)会议暨侨之声——赋能江苏侨智发展建言会并作发言。

【“出港越洋、侨见世界”主题活动】 年内，市侨联为服务出国留学人员顺利完成学业，先后举办3期“出港越洋、侨见世界”主题活动。5月20日，在常青藤实验学校举办第一期出国留学前辅导进校园活动，常青藤实验学校的学生及家长近400人次参加。6月21日，在梁丰高级中学举办第二期活动。梁丰高级中学国际学院、梁丰双语实验学校国际部的学生及家长近300人次参加。两次活动邀请往届留学生分享留学生活经验，并邀请市公安局出入境管理大队相关负责人普及在外留学安全注意事项。8月5日，联合市海外留学生家长联谊会、公安局反诈中心举办第三期反诈主题沙龙活动，分享留学生要注意的安全事项和防诈技巧。海外留学生及家长50余人次参加活动。 (徐 华)

市 文 联

【概况】 2023年年末，张家港市文学艺术界联合会(简称市文联)下设作家协会、书法家协会、美术家协会、摄影家协会、民间文艺家协会、戏剧家协会、曲艺家协会、音乐家协会、舞蹈家协会、电影电视艺术家协会、文艺评论家协会(新成立)11个专业协会、19个二级文艺家分会，1个艺术指导委员会，1个事业单位(市书画院)，金港(新成立)、塘桥、锦丰、南丰、凤凰、乐余和永联7个镇村文联，完成7个协会的换届工作。有国家级会员116人，比上年增8人；省级会员295人，比上年增21人；苏州市级会员369人，比上年增19人；张家港市级会员1351人，比上年增53人。年内，市文联及各协会结合“强国复兴有我”群众性主题宣传教育活动，持续开展“我们的中国梦——文化进万家”活动、“深入生活、扎根人民”主题实践活动。市戏剧家协会、曲艺家协会承办村村演、周周演、江南小书场演出等文化惠民活动超过100场。全年开展“书法进校园”“民艺润民”“锡剧进校园”28次，结合“我们的节日”开展写送春联、诗词品鉴、中秋朗诵、雅集笔会和传统民俗活动。加强中国文联基层联系点建设，与日喀则市开展文艺交流协作，被央视网、江苏文艺网、西藏新闻联播、腾讯网等多家媒体报道，市文联1项成果获评2023年度苏州市文联工作创新项目，市书画院获评2023年文旅部美术考级先进单位。1人当选中国曲艺家协会第九届理事，1人入选全国戏曲表演领军人才培养计划。

【文艺活动】 2023年元旦、春节期间，市文联开展“我们的中国梦——文化进万家”书法志愿服务公益活动，包括“福至运来，情满旅途”——2023江苏省千名书法家送万福进万家活动、“笔墨送祝福，高新迎春天”送春联活动、“瑞兔贺岁，有凤来仪”迎新春送春联活动、“福至运来，情满书城”迎新送福公益活动，共送出福字2000余个、春联1500余副。2月9日至11日，中国文联党组成员、副主席、书记处书记董耀鹏一行到市调研张家港文艺工作，并召开中国曲艺名城、曲艺之乡调研复核座谈会。3月，组织“扛起新使命，谱写新篇章”——张家港市书画院画师作品展活动之计明礼油画作品展，展出作品66幅。在凤凰苏华美术馆举行“扛起新使命、奋进新征程”中共二十大报告金句书法作品展。在市文联三楼兰庭艺术空间举行“问道沙洲·翰墨薪传”张家港市书法家协会名师带徒启动仪式，有13名学徒与4位导师结对。4月，在永联村举办文艺“两新”助力乡村文化振兴研讨会。中国文艺评论家协会副主席兼秘书长、中国文联文艺评论中心主任徐粤春到市开展基层文艺评论工作专题调研座谈。5月16日，在凤凰镇举行杨沂孙书画协会(书法研究会)揭牌仪式暨凤凰乡贤及特邀名家书画展。6月9日，在西藏日喀则市举行“山水永相依，石榴花正红”张家港·日喀则两地文艺交流协作启动仪式，捐赠价值50万元的爱心书包5000个和价值3万元的精品图书。6月14日，乐余镇“楹联文化园”开园。6月17日，市文联举行“爱满港城”市书画慈善拍卖会，邀请20名张家港书画家，创作作品60幅，拍走53幅，筹得善款19.44万元。7月2日，邀请南京大学资深教授、博士生导师莫砺锋在城南文体中心百姓讲堂开展“我与古典诗词”主题讲座。7月13日，邀请中国工艺美术大师吴元新在张家港收徒，并举办师徒作品展。8月19日，在沙洲湖源书房举行“华昌杯”市第四届硬笔书法网络大赛颁奖典礼暨“今日张家港杯”市第五届硬笔书法网络大赛启动仪式。大赛历时3个月余，通过“今日张家港”App等平台进行作品征集和展示，收到作品1680件，最终评选出金奖3件、银奖6件、铜奖21件。8月22日，在苏华美术馆巡展2023年度国家艺术基金传播交流推广资助项目“太行丰碑”——红旗渠精神影像展，展出摄影作品120幅。9月16日，在金港文化中心举行

"沙洲之春"张家港美术大展开幕仪式，展览聚焦文明城市建设和乡村振兴战略主题。9月21日，"季静娟评弹艺术工作室"揭牌，工作室落户长春园。9月22日，在市少年宫金色展厅举行"源·同"——陈宇和安昌礼双个展开幕。10月20日至22日，承办第二十一届苏州市民间艺术节，凤凰镇选送的少儿宝卷讲唱《三十六只鸟》在决赛中获"2023年江苏省文艺大奖·民间文艺奖·优秀民间艺术表演奖"。11月13日，"长江大保护·共饮一江水"主题摄影展开幕，展出150余名知名摄影家的代表性作品。11月17日，张家港市首部原创儿童音乐剧《蜗牛与黄鹂鸟》首演。11月21日，"文明张家港，书画新时代"张家港市优秀书画作品展暨颁奖仪式举行，征集全市书画爱好者作品2000余件。11月23日，"大美长江"法治主题书法美术摄影作品展开幕，活动收到法治主题作品1280余件，评选出各类优秀作品280件、优秀组织奖10个。11月28日，"强富美高新江苏"主题书法作品展（苏州巡展）张家港站开展，展出精品60件。

【文艺创作】 市文联原创锡剧《云水谣》获江苏省"五个一工程"奖。《雪宦绣谱》获江苏艺术基金大型舞台创作作品资助项目，入选文旅部历史题材创作工程剧目、全国戏曲表演领军人才培养计划优秀展演剧目。原创小剧场戏剧《瞿独伊》、小品《打折》入选国家艺术基金2023年度资助项目，中国画《吆喝声声出山村》入选"国家艺术基金"美术创作项目，苏州评弹《张桂梅看病》入选江苏艺术基金舞台艺术资助项目，4个项目入选2023年苏州艺术基金扶持项目。在江苏省文艺大奖·第十届曲艺奖中，陈世海的《以新时代曲艺评论助推曲艺高质量发展》获理论奖，苏州弹词《张桂梅看病》的表演者陈美东获表演奖一等奖，苏州弹词《孝潜于忠》的表演者祁晔获新人奖二等奖。3幅书法作品入展中国书法家协会主办展览，9幅美术作品入选中国美术家协会主办展览，8幅摄影作品入展省摄影家协会和中国摄影家协会主办

11月11日，第十二届江苏文学评论奖、第十一届扬子江诗学奖颁奖仪式在市举行 （市文联 提供）

展览。钱欣葆在海内外发表寓言、童话、科学童话等28篇，寓言《三个梨》入选中国香港现代教育研究社出版的《现代小学语文》三年级上册课文，《灰马的埋怨》入选《2022年中国儿童文学精选》并由希望出版社出版，寓言集《魔法神奇果》获评第七届"金骆驼奖"金奖作品。徐玲出版长篇小说《长大后我想成为你》《许你一个未来》《怀抱》，其中《长大后我想成为你》获第八届中华优秀出版物奖。孙丽萍长篇童话《我的风朋友》获评第七届"金骆驼奖"金奖。周成新出版报告文学《东渡码头再扬帆》，并入选江苏省作协"定点深入生活项目"。瞿华兵长篇报告文学《亲情连线》入选年度苏州市重点作家作品创作扶持项目。至年末，市作协会员在县市以上报刊发表文学作品200余篇，其中在地市级以上报刊发表作品77篇（首、本），获各类奖项17项，出版书籍10部。

【第十二届江苏文学评论奖颁奖仪式在市举行】 11月11日，张家港市举行第十二届江苏文学评论奖、第十一届扬子江诗学奖颁奖仪式。活动现场，中国作家协会《诗刊》杂志社主编李少君作题为《人诗互证与诗歌境界》的专题讲座。江苏文学评论奖是由江苏省委宣传部指导支持，江苏省作家协会、张家港市人民政府共同主办的省级文学评论奖，由张家港市委宣传部、张家港市文联承办。王晖的《非虚构：文学纪实与荧屏像志》获一等奖，王冬梅的《性别伦理与民族记忆重构——以新世纪江苏长篇小说的南京大屠杀书写为中心》等3篇作品获二等奖，王学森的《1980年代初爱情与物质的想象：重读〈受戒〉》等5篇作品获三等奖，李徽昭的《文学访谈是发展中的文学新类型》获短评奖。第十一届扬子江诗学奖由江苏省作家协会和张家港市人民政府联合主办，《扬子江》诗刊、市委宣传部、市文联承办。该奖设立于2013年，每年评选一次。蓝野的《杂花生树》（组诗）、蒋立波的《告别的艺术》（组诗）、姚辉的《春山记》（组诗）、张晓雪的《将自己退回原色》、胡亮的《相异的南方：四川五君少作细读》获第十一届扬子江诗学奖。

（翟 诚）

市 残 联

【概况】 年内，张家港市残疾人联合会（简称市残联）下属残疾人协会1个，包含肢残人协会、盲人协会、聋人协会、智力残疾人及亲友协会、精神残疾人及亲友协会5个专门协会。有区镇（街道）残联11个、村（社区）残疾人协会256个。至年末，全市有持证残疾人21708人，占户籍人口的2.34%。其中，肢体残疾11111人，占持证残疾人的51.18%；

视力残疾1972人，占9.1%；听力残疾2365人，占10.89%；言语残疾142人，占0.65%；智力残疾2768人，占12.75%；精神残疾2449人，占11.28%；多重残疾901人，占4.15%。全国助残日期间，市委书记韩卫带队走访慰问部分残疾人服务机构、残疾人集中就业企业、残疾人家庭。承办全省残联维权工作会议并作交流发言，举办第33次“全国助残日”主题活动，发布“幸福零距离”关爱项目，表彰2022年度全市优秀社会助残组织、扶残助残爱心企业、助残先进工作者、区镇残疾人工作优胜单位以及“最美残疾人”；举办助残公益集市活动，现场设置爱心编织、盲人按摩、惠民政策普及等爱心摊位。加大残疾人事业宣传，市残疾人联合会微信公众号全年发布微信330条，“张家港残联”抖音号编发小视频78个，《张家港新闻》播发残疾人工作相关新闻38条，制作《一样的阳光》6期，6条残疾人工作相关内容在“学习强国”学习平台、苏州电视台报道。

【残疾人康复与救助】 年内，市残联加强康复机构规范化管理，通过政府采购和直接认定的形式，确定5个康复类别、11家儿童康复机构。重点推动脑卒中防治工作，出台《关于加强脑卒中防治工作减少残疾发生的工作方案》。落实残疾人康复等政策保障，对368名残疾儿童康复救助267万元，对72名成人肢体患者康复补贴21万元，为1406名残疾人（儿童）适配辅具3374件，补贴230余万元。为211户残疾人家庭配发总价值9.8万元的康复健身器材385件。稳步推进残疾人居家托养工作，完成省民生实事项目任务，新增托养151人，在托人数560人。开展“智慧助残”项目，通过远程AI智能陪护系统为200名单身独居残疾人和一户多残、以老养残的残疾人提供关怀和帮助160余次，推送各类服务信息450余条，信息确认率近90%。对评残委员会成员及评残专家进行调整，全年新办残疾人证1195张，换发残疾人证743张，为92名外省市残疾人提供跨省通办服务。扩大保险保障范围，为10067名残疾人购买“残疾人团体人身意外伤害保险”100.67万元，为15060名残疾人购买“残疾人免费乘车险”9.79万元，为698名15周岁以下未持证的残疾儿童购买“残疾人扶贫综合险”6.98万元，36人获得赔付61.3万元。全年为618名残疾人发放社会保险补贴354.08万元，为1280名听力、言语及视力残疾人发放信息流量补贴42.3万元，为282名残疾学生及贫困残疾人家庭子女发放助学金19.13万元。

【残疾人就业服务】 年内，市残联开展“走访拓岗促就业”活动，通过走访企业、政策宣传等方式，开发残疾人用工岗位。举办残疾人线上线下招聘会8场，提供250余个残疾人就业岗位。全年新增残疾人实名制就业460人，净增残疾人就业251人。开展残疾人居家就业服务，通过“培就一体”模式，新增残疾人客服就业11人，残疾人居家就业服务中心残疾员工稳定在40人。完善残疾人按比例就业年审，年审275家单位残疾人用工信息1847条。组织6名选手参加江苏省第七届残疾人职业技能比赛，获2金1银；推荐1名选手参加第七届全国残疾人职业技能大赛获西式烹调项目第二名，并获“全国技术能手”称号。组团参加2023年苏州市残疾人职业技能比赛获团体总分第一名。举办张家港市首届残疾人职业技能比赛，80名选手参加咖啡师、插花、盲人保健按摩、CAD制图4个比赛项目。11月，残疾人就业公益项目——“聆听咖啡”项目张家港首家门店开业。残疾人用工单位江苏东渡纺织集团有限公司获评省“美丽工坊”示范点。

【残疾人之家建设】 年内，市残联将城西悦杨残疾人之家建设列入苏州市政府高质量新建（改建）残疾人之家民生实事工程，辐射城西街道9个社区近400名残疾人。全市新建残疾人之家5家，累计建成残疾人之家26家。有日间照料人员356人，辅助性就业人员269人。辅助性就业人均月收入620元。杨舍镇江帆社区残疾人之家、塘桥镇妙桥残疾人之家、南丰镇残疾人之家完成苏州市星级达标创建。

【残疾人文体活动】 年内，市残联组织开展“残健共融，运动让生活更美好”残疾人运动周活动，举办张家港市第八届运动会（残疾人组）田径、游泳、羽毛球、乒乓球、门球、棋牌等比赛，300余名残疾人运动员参赛，决出金牌108枚、银牌98枚、铜牌88枚。承办“全国第十三届残疾人健身周江苏省苏锡常残疾人门球邀请赛”、苏州市第一届视障人士“悦跑蓝天下”等活动。开展社区型残疾人文体活动兴趣团队（小组）展评、征文和“残健融合扬斗志，我们一起向前行”大型联欢活动。“做你的翅膀”聋人舞蹈参加省残疾人文化周活动。组织156人次参加上级残联组织的特殊儿童文艺大赛、精神健康运动会、门球、聋人篮球、乒乓球、旱地冰壶、飞镖等比赛。

【社会助残服务】 年内，市残联开展助残服务项目征集活动，推进“残疾人游港城”“书香助残、让爱无‘碍’”等13个市级助残服务项目实施。“99公益日”助残活动期间，市残联完成圆梦“微心愿”项目和市慈善总会“文艺助残服务”项目网络募捐，募集善款31.4万元。实施圆梦“微心愿”项目，帮助54名贫困残疾人家庭的学生和残疾学生实现“微心愿”。联合市红十字会对23名特殊困难儿童实施爱心捐赠6.9万元。开展公益宣传活动，在全国孤独症日开展“有善爱、不孤独”孤独症日主题活动。发挥党建引领作用，组织市政府残工委成员单位结对残疾人服务机构开展走访慰问和拓展助残活动20余次。

【无障碍环境建设】 年内，市残联会同市住建局做好全国无障碍建设示范城市（县）创建申报工作，通过住建部、中国残联的初审验收。组织开展95次督导体验，提出整改意见35条，实施整改32处。常态化开展困难残疾人“幸福亮居”工程，为11户困难残疾人家庭实施改造，改造费用39万余元。扩大残疾人家庭无障碍改造的覆盖面，对105户残疾人家庭实施改造，补贴34万余元。

（赵丹萍）

市红十字会

【概况】 年内，全市有红十字会基层组织139个，其中学校红十字会75个、红十字会团体会员单位64个（其中红十字冠名医疗机构3个）；有红十字志愿者1940人，红十字会员85250人。市红十字会召开六届五次理事会议及六届八次、九次监事会议，召开集体学习和警示教育25次。全年接收捐赠款物490.67万元，捐款使用401.07万元。新增凤凰高级中学、江苏科技大学苏州理工学院、南丰镇永合社区、凤凰镇桃源社区4个基层红十字会，建成启用凤凰镇桃源社区、后塍街道袁家桥村博爱家园。花园浜社区博爱家园、永新社区博爱家园获评“江苏省优秀博爱家园”。全年在苏州市级以上红十字会网站、公众号录用发布稿件220篇，在《中国红十字报》上发布新闻信息16篇。

【救护服务】 年内，市红十字会持续开展“红十字博爱送万家”、关爱特殊困难儿童、“情系环卫工、夏日送清凉”等人道救助项目，实施困难群体救助3931人次。组织开展“博爱在港城、人道万人捐”活动，筹集捐款121.14万元。设立暖“新”关爱基金20万元。实施“全民应急救护能力提升”民生实事项目，完成普及性培训14045人次、初级救护员培训3135人次。联合市委组织部制定《新业态新就业群体关爱基金救助实施办法》，联合多部门启动“人人都是张闻明——救在身边·益起守护”项目，着重对新业态新就业群体、企业职工、公安干警、学校师生、建筑工人、社区居民开展应急救护培训。开展预防溺水·“救”在身边——“博爱泳安”公益行动，向全市5家涉水旅游A级景区捐赠18套涉水急救用具并开展救护培训。助力“张家港行”2023年张家港东渡半程马拉松，为1170名志愿者开展赛前应急救护知识培训。启动“张巩一家亲·石榴籽红韵关爱项目”，对巩留县困难家庭患者实施医疗救助，全年对外援助款物累计52.2万元。组织红十字救援队在香山风景区开展应急演练，参与重要活动应急保障4次。加强对猎鹰、蓝天等社会救援队伍的业务指导，开展“‘救’在身边”志愿者上岗行动。“‘救’在身边——全民应急救护能力提升行动”获评2022—2023年度张家港市“人人都是张闻明”市民文明实践修身行动一类项目。持续开展“红十字博爱送健康”“大爱相‘髓’，你我‘益’起来”“艺益生辉，为生命接力”等志愿服务品牌，开展志愿服务活动221场、覆盖群众1.1万人次，组织开展或参与志愿服务集市8场。举办“博爱伴成长，童心护未来”红十字青少年夏令营活动，1名红十字青少年会员获中国红十字会“会员之星”称号。

【“三献”工作】 年内，全市无偿献血1.57万人次，献血量458.26万毫升。新增造血干细胞志愿者血样入库312人份，成功捐献造血干细胞1例。市红十字会组织召开造血干细胞捐献者代表座谈会，对成功捐献造血干细胞志愿者进行走访慰问。做好造血干细胞捐献“志愿者保留”项目，确认入库志愿者捐献意愿。新增遗体捐献志愿者登记216人，成功捐献2例；新增器官捐献登记289人，成功捐献肝脏、肾脏各1例；新增眼角膜捐献志愿者登记257人，成功捐献1例。春节、重阳节期间对成功捐献遗体（器官、角膜）志愿者家属、70周岁及以上登记遗体器官捐献志愿者代表送去人道关怀。组织捐献者家属参加清明集体缅怀纪念活动，完善思亲天堂“先行馆”数据，鼓励推广祭奠新方式。

【红十字博爱周】 为纪念第76个“世界红十字日”，5月8日至15日“红十字博爱周”期间，市红十字会开展“红十字博爱周”启动仪式暨“人人都是张闻明、关爱两新在行动”主题宣传活动，表彰2021—2022年度江苏省红十字会基层组织工作先进集体、先进个人和市红十字会基层组织工作先进个人。其中，2名志愿者获“省优秀红十字志愿者”称号，35名志愿者晋升星级，江苏沙钢公益基金会获“江苏红十字博爱奖”。联合市教育局开展“‘救’在身边、唤‘心’希望”AED线上筹款活动，为城区5所高中投放AED，发放急救箱、急救包261个，获江苏省红十字会“5·8”人道公益日活动优秀组织奖和筹款优秀项目。启动“博爱在港城，人道万人捐”活动，推出张家港市红十字会政务形象“张小暖”。

【世界急救日活动】 9月8日晚，市红十字会举办第24个世界急救日主题宣传活动暨健康“益”起来党员志愿服务集市，发布全市急救地图，启用“张闻明”号爱心献血巴士，为红十字救护培训“五进”代表发放急救箱包，为红十字星级志愿者代表颁发荣誉证书。现场播放《“救在身边”十年回眸》《“救”在分秒间》短视频，并通过心肺复苏操作表演、手语舞蹈等形式向市民普及急救技能。开展健康“益”起来党员志愿服务集市，发动志愿者为市民提供专家义诊、卫生健康政策咨询、红十字“三救三献”知识宣传等服务，吸引市民500余人次参与。

（孙　雯）

市社科联

【概况】 2023年年末，张家港市哲学社会科学界联合会（简称市社科联）下属社科类学会（协会、研究会）25个，有理事39人，其中常务理事15人。年内，制定《张家港市哲学社会科学界联合会学会规范化建设考核评估办法（试行）》，公布2022、2023年度学会规范化建设考核评估情况。探索建立不合格学会（协会、研究会）退出机制，市政协理论研究会、市教育学会、市法学会、市图书馆学会完成换届工作。市社科联组织社科专家开展学习贯彻中共二十大、二十届二中全会精神宣讲。在《张家港日报》“张家港在线”新闻网、“今日张家港”App开设“学思想、强党性、重实践、建新功”“学思践悟创新理论、担当新的文化使命”理论专栏，在《新华日报》《群众》等各级主流媒体和学术刊物发表各类理论文章200余篇。召开市社科普及工作联席会议第二次会议，调整相关成员单位及工作职责，成员单位数量由14个增加至30个。《张家港市哲学社会科学界联合会资助学会活动管理办法（试行）》出台，加大优质科普项目扶持力度，25个项目入选省、苏州和张家港市社科普及惠民扶持项目名单。出台《张家港市社科之家建设管理实施办法（试行）》，开展首批“社科之家”建设申报工作，后塍街道袁家桥村“健康乐袁”、市图书馆“沧江人文讲堂”建成启用并首批授牌。市社科联创新推出“张家港社科”专题网页和“云上社科”应用平台，打造网上“社科之家”。重点扶持江苏科技大学苏州理工学院建设“东渡智库”，指导市委党校建设“党校红色智库平台”，在全市初步建立高校智库、党校智库、媒体智库、科研院所智库上下联动、优势互补、协调发展的地方特色新型智库体系。参加省社科联九届三次理事会、苏州市社科联第九次代表大会，张家港市社科联主席陈刚当选苏州市社科联第九届理事会常务理事。

【社科普及】 年内，市社科联修订《张家港市社会科学普及基地建设与管理办法》，新评江苏省社科普及基地3个，新认定为张家港市社科普及示范基地13个，通过复评继续保留市社科普及示范基地称号26个，“双山岛渡江胜利公园”等13个苏州市级社科普及示范基地被列入苏州VR数字展馆展示，社科普及基地总数从28个增加到39个。市社科联组织参加全国、省、苏州市社科普及基地讲解员大赛，经开区（杨舍镇）社科志愿讲解员黄佳怡获第二届全国各省区市社科普及基地讲解员大赛苏州赛区和江苏赛区决赛一等奖第一名，并代表江苏参加全国决赛。市委党校秦锁英、经开区（杨舍镇）黄佳怡2名讲解员被聘为苏州市社科普及讲师团讲师。全市举办第十八届社科普及宣传周活动，开展“知我家乡，爱我港城”市情知识竞赛等相关活动105次，超10万人次参与。“云端相见，体验不变——‘数字基地’社科普及共建项目”获评省社科联2022年度创新工作案例，“张家港市‘社科云平台’”入选苏州市社科普及惠民扶持项目一类扶持，3个项目入选三类扶持，11个项目被评为入选项目。依托城市客户端“今日张家港”App，推出“港城思享汇”等在内的100余个社科类专题专栏，累计发布稿件1.3万条。配合做好江苏省“人文社科之光”首届社科普及短视频大赛和苏州市社科联“苏州社科，听我说”短视频大赛宣传发动和组织参赛工作，3名代表分获“苏州社科，听我说”短视频大赛二、三等奖。

【社科研究】 年内，市社科联发布课题研究指南选题40个，征集2023年度张家港市社科应用研究课题143个。其中，“张家港青少年网络素养状况调查研究”获2022年度江苏省社科应用研究精品工程市县专项课题立项，“中国式现代化背景下基层政协参与社会治理共同体建设路径研究”等7项课题被列入2022年度苏州市社会科学基金项目（应用对策类），“张家港国资国企改革研究”等77个课题被列为张家港市级立项课题。9篇研究成果转化为决策参考，《锚定村强民富——竞速农村集体经济现代化转型新赛道》获省人大常委会领导批示肯定，《“云上”思政大课堂：助力苏州江南文化传承发展》研究成果获苏州市委常委、宣传部部长批示，《四轮驱动、弯道超车——加速驶向千亿级汽车产业之城》《激发消费新活力，锻造经济增长极——关于张家港消费市场发展的调研报告》等6篇决策咨询报告获张家港市委、市政府主要领导批示。联合中国社会科学院新闻与传播研究所举办《中国未成年人互联网运用报告（2023）》新书发布暨《县域网络文明建设指数报告（2023）》发布会，召开“提升青少年网络素养、筑牢网络文明建设基石”理论研讨会，相关活动在社会科学文献出版社在线平台、中国经营报在线平台同步直播。与群众杂志社签约揭牌“中共江苏省委群众杂志社江苏群众工作张家港实践基地”，联合开展“张闻明现象”20周年调研和成果分享活动，《放大“张闻明”品牌效应、绘就文明城市新画卷》等多篇调研文章在全国主流媒体刊发。市沙上文化研究会编撰出版《张家港沙上围垦史料丛编：第一辑》，成为“沙上文化系列丛书”出版的第19部图书。市新四军暨沙洲革命根据地研究会编纂出版《张家港英烈》，收集整理全市470位英烈事迹，共24万字。市土地学会围绕市域国土空间治理现代化、乡村全面振兴等重点领域，累计上报论文52篇。其中，1篇论文在《江苏土地》刊登，2篇在《中国不动产》刊登，“苏州市‘三优三保’土地政策效益评价研究——以张家港为例”被列为2023年度苏州市社科应用研究课题并结项。市法学会向会员征集年度立项课题30个，向苏州市法学会报送“坚持和发展新时代‘枫桥经验’，推进中国式现代化苏州新实践”年度主题研讨会论文13篇，其中8篇论文分获一、三等奖和优秀奖，市法学会获优秀组织奖。市教育学会累计完成江苏省及苏州市教育学会教科规划课题38项，累计50项课题立项为江苏省及苏州市陶行知研究学会课题。张家港市审计学会向各级学（协）会上报论文10篇，2篇论文发表于《江苏审计》刊物，2名青年会员参加江苏省审计学会理论研讨座谈会并交流发言。市市场监督管理学会推出9个“揭榜挂帅”项目，形成大兴调查研究课题15项，7篇文章在《苏州市场监管》刊发，3篇文章在《市场监督管理半月刊》发表。市农业经济学会《多措并举推进乡村振兴帮促村高质量发展》《张家港市积极探索宅基地数字化管理新路径》《锚定村强民富、竞速农村集体经济现代化转型新赛道》等研究成果在上级简报刊发，1篇决策咨询报告获市委主要领导批示。市心理学会参与编写《社会心理服务体系建设丛书》之《实践应用篇》，得到中国科学院心理研究所肯定。

（张佳音）

【编辑 闫 昊】

法治·军事

Rule of Law & Military Affairs

市社会矛盾纠纷调处化解中心　（市委政法委　提供）

法治综述

公　安

检　察

法　院

司法行政

人民武装

武　警

国防动员

退役军人事务

張家港年鑑(2024)

法治综述

2023年，全市政法系统开展领导干部政治忠诚剖析，分层分级举办政治轮训班，交流轮岗重点岗位13人，开展“跟班先进找差距”和“政法先锋”遴选活动，组建政法系统人才库264人。制定《全市政法机关践行“四敢”要求十项措施》，建立健全机关工作人员实绩展示、考核评优、选树宣传等制度规范，将张家港海关缉私分局、张家港出入境边防检查站、长江航运公安局苏州分局、上海铁路公安处张家港站派出所4家垂管政法单位纳入市委政法委员会成员单位，在苏州率先建立区镇（街道）政法委员统筹基层政法资源工作机制。挂牌督办20个重大群体性涉稳事项，指导实施征地动迁、学区划分、交通建设等205个社会稳定风险评估，重大决策类稳评项目《关于进一步加强全市农村住房建设管理工作的实施意见》获评苏州市“十大优秀创新案例”。组织开展提升群众安全感“大调研、大讨论”活动和“百日提质”专项行动，取缔15处非法宗教活动点，挂牌整治治安重点地区及问题18个。开展涉法涉诉信访领域“百日会战”“双月攻坚”等专项整治行动，推进信访工作法治化，推动化解信访积案56件。常态化开展扫黑除恶斗争，建立“平安指数”四色预警通报机制，违法犯罪警情16年连降，群众安全感测评指数为99.33%。政法工作在苏州政法系统党建考核中列第一，全市政法系统有112个集体、214名干警获苏州市级以上表彰，张家港市政法委系统关工委获组织奖。相关国家安全主题做法获中央政法委肯定及推广，张家港市委政法委连续四年获评《长安》杂志宣传通联工作先进单位。

全面依法治市 2023年，张家港市聚焦中央依法治国办市县法治督察反馈问题整改、道路交通安全和运输执法领域突出问题专项整治、“双提双评”专项行动、行政诉讼败诉和行政复议纠错案件责任追究情况专项督察等重点工作，健全完善党领导法治建设制度机制，纵深推进市县法治建设各项工作任务。5月，市委主要领导主持召开市委全面依法治市委员会会议，对年度法治建设主要工作进行部署。6月初，《2023年张家港市法治政府建设工作要点》出台，明确“加强党对法治政府建设的领导”“不断增强政府依法履职效能”等8个方面31项重点工作任务，确定年度法治政府建设的“任务书”和“路线图”。市委依法治市办制定实施年度法治张家港监测评价细则和法治督察工作计划，通过“全面督察+专项督察”相结合，采取书面督察、实地督察等方式，扎实推动“双提双评”专项行动、道路交通安全和运输执法领域突出问题专项整治、行政诉讼败诉和行政复议纠错案件责任追究情况专项督察等年度重点工作落地落实。加强法治督察专员人才库建设，按照立法参与、行政执法、公正司法、守法普法、综合法治5个类别，确定161名法治督察专员并实行动态管理。3月和10月，举办2期学习贯彻习近平法治思想专题培训班，组织全市行政机关领导干部164人，针对党的二十大关于法治建设决策部署和习近平视察江苏重要讲话精神、基层行政诉讼败诉易发领域、新修订的行政复议法适用等进行专题学习。11月，市政府常务副市长率领全市行政机关法治工作分管负责人、法制科长、司法所长、执法业务骨干等156人参加旁听庭审，通过“沉浸式”法治体验，强化领导干部运用法治思维和法治方式开展工作、解决问题、推动发展的能力，为经济社会高质量发展提供坚强法治保障。

规范性文件合法性审核 3月，市委依法治市办将制定“张家港市国土空间总体规划（2021—2035）”“修订新市民积分服务政策”等事项纳入2023年市政府重大行政决策目录进行规范管理。5月，公布《2023年市政府规范性文件制定工作计划》，将《张家港市住宅室内装饰装修管理办法》等6个文件纳入制订计划。年内审核完成《张家港市普惠金融风险补偿基金管理办法》等8份市政府规范性文件，完成108件市政府规范性文件的清理工作，继续施行71件、拟修改16件、废止21件，所有现行有效的市政府规范性文件均通过省规章行政规范性文件备案审查工作平台主动公开。加强行政规范性文件源头管理，调整行政规范性文件制定主体清单，清单之外的主体不得制发行政规范性文件。建立“2+1”合法性审查模式，以政府法制人员和公职律师为主体，充分发挥市政府法律顾问实务经验丰富和专业知识扎实的优势，严把合法性审核关。严格执行后评估制度，组织开展《张家港市污水处理费征收使用管理办法》等5个市政府实施满2周年行政规范性文件和重大行政决策的后评估工作，通过跟踪评估行政决策的实施成效和存在不足，提升后续行政管理工作水平。

11月，全市行政机关法治工作相关人员旁听庭审 （市司法局 供稿）

行政执法监督　市委依法治市办编制现场执法工作指引，制定行政处罚、行政许可案卷制作业务指引和执法案卷管理规定，全面落实行政执法公示制度、执法全过程记录制度、重大执法决定法制审核制度，推进严格规范公正文明执法。推动各行政执法机关规范适用行政裁量权基准，确保过罚相当，防止“同案不同罚”“合法不合理”。探索规范涉企行政检查工作机制，避免多头执法、重复检查。落实行政执法人员资格管理和持证上岗制度，持续开展行政执法人员法治素养提升行动，以“线上+线下”“理论+实务”等方式，组织行政执法人员公共法律知识培训、行政执法能力提升培训、“尊法铸魂，学法赋能”公共法律知识竞赛等活动，有效提升行政执法能力和水平。南丰镇率先打造全省首个“一站式”综合行政执法办案管理中心；凤凰镇积极探索综合行政执法观察员制度，举行首届综合行政执法观察员聘任仪式，通过观察员的“零距离”视角进一步提升行政执法水平；锦丰镇创新扩容“锦快办”政务品牌，设置“锦管提办不成事”反映窗口，实现差评有效整改、回复。深入推进证明事项告知承诺制，加强事中事后监管。严格执行苏州市涉企“免罚轻罚”清单和不予实施行政强制措施清单，办理免罚轻罚案件2711件，涉及金额5181万余元。

行政复议应诉　市司法局完善复议案件办理流程，健全案件审理会议机制，切实发挥行政复议委员会“法律智囊团”作用，进一步强化行政复议层级监督和矛盾化解功能。加强败诉风险案件排查化解工作，加强与管辖法院、属地法院信息沟通，全面掌握新增案件情况。会同管辖法院、属地法院以及属地检察机关，设立“行政争议协同化解工作站”，实现行政审判、行政检察和行政复议有效衔接。完善常态化学习交流机制，定期开展集中学习培训，打造高素质专业化复议人员队伍。年内，共受理行政复议案件174件，办理市政府作为被告的行政诉讼案件46件，行政机关负责人出庭应诉率保持100%。

【司法规范化建设】　2023年，市委政法委发挥市委全面依法治市委员会司法协调小组作用，加强政法领域改革重点工作专项督察，全方位评查案件636件，探索筹建贯通政法机关的涉案财物管理中心。深化打击拒执犯罪专项行动，组织公、检、法3个办案单位召开总体工作推进会1次、具体案件协调会7次，建立定期会商及常态化督导督办制度，推动多起疑难案件有效执行，张家港市成为苏州唯一完成年度20件满分目标的板块。张家港市委政法委获评苏州市打击拒执犯罪先进集体。加强张家港市法学会自身建设，组织召开市法学会第四次会员代表大会，选举产生市法学会新一届理事会及领导班子。组织法学会会员、法学法律工作者参加省、市级征文活动，报送招标课题4个、征文28篇，其中8篇在苏州市法学会主题研讨征文中获奖，张家港市法学会获评优秀组织奖。

【基层综合治理】　2023年，全市政法系统坚持和发展新时代“枫桥经验”，建成市、镇、村三级矛盾调解平台，实现枫桥式村（社区）建设达标率超80%，矛盾纠纷调解率、解决率在全省测评中位居苏州最高。加强严重精神障碍患者服务管理，未发生有严重影响的肇事肇祸案事件，“以奖代补”政策覆盖率苏州第一，相关经验做法在苏州市委平安办召开的推进会上交流推广。全市构建以大成警务工作站为中枢，3个市区治安复杂地区、3个重点区镇警务工作站为支点的“1+3+3”动态巡防体系，不断完善环市、环城、环重点防控圈，可防性侵财案件下降12.5%。纵深推进“数智公安”计划，完成500类90亿条数据精细化治理，自建警务搜平台、“星哨”赋能等系统覆盖全警应用，18个数据模型有效赋能未成年人犯罪打防、反恐防暴等警务实战。健全城乡社区治理体系，推进“精网微格”工程，开展“警网银”联动、“一格三员”反诈大走访，实施重点帮促村居攻坚提升、法治薄弱村（社区）排查整治等专项行动，统筹开展“无诈机关（单位）”“无诈校园”“无诈企业”等系列创建活动，张家港市市场监管局、苏州苏南捷迈得医疗器械有限公司分别获评全省首批“无诈单位”和“无诈企业”。深入推进社会治理现代化试点工作，细化分解262项共性指标及区域特色指引，塘桥镇妙桥社区、杨舍镇联谊社区基层治理点位通过省级验收，“援法议事”“非诉无声”等一批善治经验成功推广，助力苏州获评全国市域社会治理现代化试点合格城市。

【常态化扫黑除恶斗争】　2023年，全市紧扣“365工程”（压实党政领导、板块属地、行业主管3项责任，深化宣传引导、依法办案、“打伞破网”、行业治理、基层治理、“无黑”建设6项重点，完善常设组织机构、常通举报平台、常态协调调度、常谋实情掌握、常抓考评激励5项机制），推动依法严惩、打伞破网、打财断血、行业领域整治等各项工作，开展《中华人民共和国反有组织犯罪法》集中宣传活动。市检察院“爱立方、青春向阳”预防未成年人违法犯罪和权益保障项目、市自然资源领域“无黑城市”建设、群防共治非法金融基层细胞组织体系、南丰镇集成指挥中心4个项目获评2023年苏州市“无黑城市”建设优秀实践项目，优秀项目占比为苏州市最多，群众满意度达到91.57%。4月，印发《2023年张家港市扫黑除恶斗争工作要点》，明确“加大常态化扫黑除恶推进力度、提升案件线索侦办工作质效、巩固提升行业领域整治成效、持续推进无黑城市建设”4个方面14项具体任务。年内，张家港市收到群众各类举报线索30件，苏州市扫黑办线索2件，全国扫黑办“12337”智能化举报平台线索2件，核查成案20件，发放举报奖励4人次1.5万元；挂牌督办一批重点案件线索，累计破获涉黑涉恶“九类”（聚众斗殴、强迫交易、寻衅滋事、敲诈勒索、非法拘禁、组织卖淫、强迫卖淫、开设赌场、故意损坏财物）罪名案件245起，抓获嫌疑人289人。组织召开全市扫黑除恶斗争领导小组会议，通过省常态化扫黑除恶斗争第五督导组下沉督导，张家港市相关成效得到省督导组肯定。

（汤　娅　查　孜）

公 安

【概况】 2023年，市公安局采用“一项目、一专班”工作模式精准服务企业，办事满意率超99.5%。圆满完成杭州亚运会、张家港市东渡半程马拉松比赛等重大安保任务，用法治思维和法治方式维护稳定相关经验，得到副省长李耀光批示肯定、全省推广。刑事案件破案率、追赃挽损率保持60%以上，入室盗窃破案率位列苏州第一，群众安全感超过99%、全省领先。升级完善信息化治安防控网络，推进“1+3+3”动态巡防体系建设，路面可防性侵财案件比上年降15.8%。消防、交通本质安全水平进一步提升，较大亡人事故保持“零发生”，重大交通事故数18年连降。执法质量考评创全省唯一“25年连优”，法制大队获评全国“公安楷模”“江苏最美基层警队”，法治公安建设再上新台阶。

打击和预防犯罪 年内，市公安局严厉打击各类违法犯罪，全年抓获刑事作案成员4263人，“八类”案件（放火、爆炸、劫持、杀人、伤害、强奸、绑架、抢劫）破案率97.6%，7起现行命案全破。集中打击防范传统侵财违法犯罪，打掉3人以上团伙55个，抓获187人，全市传统侵财案件比上年下降24.34%。破获黄赌案件1436起，采取刑事强制措施299人，治安处罚3781人，跨境开设赌场案专案组获公安部集体一等功。开展命案积案攻坚，两年内性侵积案全破，成功抓获1名潜逃外地23年命案逃犯。推进未成年人犯罪治理工作，搭建“港城护苗”未成年人保护大数据应用场景，产生未成年人预警信息372条（113人次），抓获未成年犯罪嫌疑人34名、流窜盗窃团伙5个，及时救助易受腐蚀未成年人7人。

交通管理 年内，市公安局开展酒驾醉驾整治、电动自行车长效常态治理、大中型客车全员全程规范使用安全带专项治理、“飙车炸街”违法犯罪专项打击等行动，查处各类交通违法行为64.2万起，查获酒驾醉驾2058起，电动自行车各类违法33.2万起，电动三四轮车违法载人、非法上路行驶2745起，“飙车炸街”非法改装车1189起。开展道路交通生命防护工程，实行重点道路隐患治理分级挂牌督办制度，全年整改完成部级挂牌隐患督办1处，省级挂牌督办1处，苏州挂牌督办3处，张家港挂牌督办3处，整改率100%，累计排查整改设施隐患607处，整改标志、标线设置不规范469处，亡人事故数和亡人数比上年分别下降20.39%、19.42%。常态开展信号配时优化工作，城区全面推广应用自适应、“绿波”等信号控制方式，交通信号控制系统覆盖市域100余平方千米，建立156个路口精细化台账管理，在市区范围内113个路口安装微波设备426套。全年发生交通事故6625起，其中一般以上交通事故373起，死亡62人、伤361人。市公安局办理汽车注册登记38738辆，核发车辆检验合格标志197930辆。

治安管理 年内，市公安局加强新业态监管、无人机管控，全量摸底新业态经营场所情况，新增排查登记无人机418架，“张东马”等重要安保节点严格落实管制措施。组织开展文明养犬专项整治，举办宣传活动25场，办理犬证4768张，查处违法养犬行为3136起，社会面犬只伤人、扰民、不束犬链遛犬等现象明显减少，涉犬警情比上年下降8.3%。检查旅馆、棋牌室、洗浴足浴等重点场所1万余家次，网约房和无证旅馆专项整治期间，新增排查房源100余套，查处黑旅馆3家。紧盯剧毒、易制爆、烟花爆竹等危险物品生产、运输、存储、流向监管环节，持续开展底数排查、隐患整改、查处打击、清查收缴，累计检查1439家次，发现整改隐患136处。查破各类治安案件11410起，查获违法人员21896人，办理各类涉危案件14起，收缴非法枪支53支、弹药2736发、管制器具120件、非法烟花爆竹1620箱。

“110”接处警工作 年内，市公安局指挥中心受理报警63.18万起。其中，违法犯罪警情2.65万起、火灾警情1985起、交通警情12.89万起、纠纷警情4.76万起、群众求助警情13.44万起、其他警情27.95万起。通过快速指挥调度，直接抓获违法犯罪嫌疑人207人。

公安“放管服”改革 年内，市公安局全面服务保障“企业敢干”，出台《全市公安机关践行“四敢”精神、争做四个先锋、全力护航经济社会发展的实施方案》，分层分级实行1个项目（1个企业）设立1个专班，共同解决企业实际问题。全面深化“跨省通办”“长三角区域通办”改革，推进两级公安网办中心建设，开展公安政务服务“减跑动”“减材料”攻坚行动，实现“驾驶证期满换证”等事项“一件事”全程网办。设立“涉企综合服务窗口”，进一步整合涉企政务服务事项，拓展涉企“综窗”服务事项范围。在全市13个派出所、9个区镇为民服务中心公安窗口下放出入境、车驾管

市公安局负责张家港市东渡半程马拉松比赛安保任务（市公安局 提供）

等业务，全部建成基层公安“综合服务窗口”，提供“一站式”公安综合服务，办理业务45万余件，群众满意率达到99.7%。

【电信网络诈骗违法犯罪打击治理】 年内，市公安局开展反诈“减量控大”“百日行动”两个专项行动，全市电诈案件发案数、损失数分别比上年下降15.8%、36.4%，破案数、打处数分别比上年上升11.9%、153%，实现“两降两升”工作目标。创新推行预警劝阻“十个一”工作机制，组建专业劝阻队伍，刚性落实“红黑榜”通报制度，预警线索数比上年下降75.1%，“百日行动”期间预后被骗率降至0.15%、为苏州最低。抓获境外回流人员90人、比上年上升48.5%，参与公安部组织的中缅联合打击跨国电信诈骗犯罪“7·17”专项行动，成功收网缅北涉诈人员36人、批捕33人。巩固完善“警银信”联动机制，前移管控关口，“两卡”线索数连续3年在苏州市保持最低位。深入推进“亮盾工程”宣防活动及“四无”建设，“一格三员”反诈大走访机制在全市铺开，全民反诈意识和能力进一步提升。

【全国首例制售非法添加酚汀类化学衍生物减肥食品案告破】 年内，市公安局在上级统一指挥下，抽调150余名警力，与江西、湖南、广东、福建、安徽五省开展同步收网行动，破获一起全国首例制售非法添加酚汀类化学衍生物减肥食品案，全链条摧毁“研发、生产、推广、销售”为一体的犯罪网络，抓获犯罪嫌疑人80人，采取强制措施30人，涉案金额8000余万元。该案被公安部列为打击“两超一非”危害食品药品安全犯罪十大典型案例之一。

【道路交通安全重点隐患路段“5510”整治工程推进】 年内，市公安局牢固树立“隐患可防、可控、可治”的整治理念，严格落实“一路一案、一患一策”，扎实开展亡人事故溯源治理、道路安全隐患整治、交通违法从严查处、交通安全协同共治、科技赋能精准治理、交通安全宣传教育六大集中攻坚行动，聚力常态长效治理，持续优化道路交通环境，多措并举提升交通安全风险防控水平，维护全市道路交通安全形势持续稳定，完成全部亡人事故溯源调查任务，落实11条重点隐患路段整改资金850万元，排查隐患958处，整改完成475处，建设右转必停路口管控设施1154个，完成率达到86.1%。 （张潆博）

【铁路张家港站派出所保障辖区运输安全】 2023年，上海铁路公安处张家港站派出所始终保持严打态势，密切关注“强讨、猥亵、霸座”等旅客深恶痛绝的警情以及与旅客群众切身利益息息相关的盗抢骗、黄赌毒以及涉黑、涉恶、电信诈骗等违法犯罪活动。办理刑事案件19起，其中非法经营案16起、伪造买卖武装部队证件案1起、盗窃案2起；办理各类治安案件82起，行政拘留32人。抓获网上在逃人员27人，查获吸毒阳性旅客2人。根据辖区实际情况，科学合理布置警力，加大路地公安联勤联动力度，调动铁路职工、沿线群众的积极性，建立联合巡防制度，在车站、线路等重点场所，不定时、不定期开展巡逻，发现可疑人、可疑物及时查控处置，将隐患风险消灭在萌芽状态。结合15次治安大清查，清理闲杂人员100余人。同时不断加强法治宣传，以旅客群众喜闻乐见的宣传形式，联合开展反诈宣传4次，发放反诈宣传品800余份、反诈宣传手册1000余份；联合开展禁毒宣传2次，发放禁毒宣传品800余份，累计受教育旅客群众1万余人次。按照“白天防危行、夜间防破坏”的理念，落实线路民警、巡防保安人员的岗位责任制，协同地方护路力量采用线上、线下相结合的形式，24小时不间断巡查沿线治安环境，及时掌握沿线动态，做到人防、物防、技防、巡防“四位一体”的防控格局，努力提升沿线安全系数。同时充分发挥沿线镇、村群众的力量，不断提高风险隐患的发现率、查处率，加大对沿线违法犯罪的打击力度，不断巩固“携手护路、利剑除患”专项行动成果。发现外部涉铁风险隐患907起。其中，在沿线倾倒垃圾23起，在沿线堆放各类轻飘物、硬飘物605起，沿线烧荒69起，在铁路保护区内或者铁路护栏内违法种植4起，铁路保护区内违法施工11起，在铁路沿线垂钓103起，劝阻沿线违法放飞无人机24起，沿线放飞风筝19起，其他安全隐患49起。 （杨　帆）

检　察

【概况】 2023年，张家港市人民检察院（简称市检察院）履行法律监督职能，高质效办好每一个案件，检察工作得到江苏省委、苏州市委领导批示6次，经验做法在省级以上专题会议作交流8项，所办案件入选全国检察系统典型案例1个、江苏省检察系统典型案例8个，1人获国家级司法检验大赛一等奖，1人获评省级业务竞赛“十佳”，2人入选全省专门人才库；调研文章在国家级期刊发表7篇、省级以上论坛录用20余篇，1篇在最高检专题调研会作交流。

刑事检察　市检察院全年批准逮捕327件443人，提起公诉1596件2109人，监督侦查机关立案15人，监督撤案21人，针对取证不规范、文书送达不及时等办案瑕疵提出纠正意见44份。建立报捕案件社会危险性量化评估机制，逐案开展“亲历性审查”，提高逮捕案件质量的同时有效压降审前羁押率，连续五年无不当逮捕案件。建立递进式谈话和法医兼职巡察员制度，保障在押人员合法权益，对6名违反社区矫正管理规定人员监督撤销缓刑、依法收监，教育警示全市在矫人员。办理公职人员职务犯罪18件，与纪委监委、公安局探索构建贪污贿赂领域反洗钱工作机制，在3起“贪洗合一”案件中追回赃款280余万元，受最高检邀请参与编写该类型案件公诉意见书制作指引。

民事检察　市检察院全年受理各类民事诉讼监督案件58件，经审查提请上级院抗诉2件，提出再审检察建议6件，决定开展监督18件，不支持监督申请11件，促成民事和解9件。全面打击破产领域虚假诉讼行为，进一步深化“公检法”联动协作，发现并剔除虚假债权上百万元，移送虚假诉讼犯罪线索2件2人，严防不法分子通过“假官司”侵害他人合法权益、扰乱司法秩序。深入贯彻新时代“枫桥经验”，成立“检守民心”巡回检察室并入驻12个区镇（街道）矛盾调解中心，共同打造群众身边的矛盾纠纷多元化解平台，促进诉源治理与社会和谐。

行政检察　市检察院全年受理行政非诉执行监督59件、审判程序活动违法监督3件，经审查发出检察建议6件，化解争议纠纷28件，促使21名多次信访人员息诉罢访。建立“行刑反向衔接”机制，向相关行政主管部门移送不起诉后建议行政处罚案件90件，持续跟踪落实，确保“罚当其错”，有力宣示“不起诉”不等于“不处罚”。注重大数据赋能行政检察监督，通过模型构建发现基层行政处罚法律适用错误、金额不匹配等问题线索，提出纠正意见19件，发出类案提示函1份，督促区镇行政执法依法依规。

公益诉讼检察　市检察院全年办理水质污染、噪声扰民、老字号商标等领域案件104件，向行政机关发出检察建议11件；办理刑事附带民事公益诉讼案8件。开展“六长出题”答题工作，向市人大、市政协专题报告公益诉讼情况，整体工作得到多方肯定。被省检察院确立为公益诉讼基层联系点，“府检联动”做法得到最高检、省检察院领导表扬。疏港高速桥下空间监管案例，作为示范案例在全省推广。调动社会各界力量，90名公益保护志愿者参与公益诉讼立案前论证、办案中听证、结案前评估，多领域、全流程发挥专业特长。

涉及未成年人案件检察　市检察院办理侵害未成年人犯罪案件70件、未成年人犯罪案件32件，支持未成年人提起撤销监护权、追索抚养费等民事诉讼2件。1门课程获评江苏省检察院“法治进校园”精品网课，团队成员葛丹琼获评全省检察机关优秀法治巡讲员；1个案例获评最高检未成年人涉疫情典型案例，1件事例获评最高检未成年人隐私保护典型事例，2个案例分别获评江苏省检察院依法正确行使不起诉权新闻发布会典型案例、优秀亲职教育案例。

【“一站式”轻罪治理工作】 2023年，市检察院适应轻刑化趋势，推动成立由市委政法委主要领导为组长的工作推进领导小组，牵头完善20余项配套措施，全面升级优化政法协同轻罪治理机制。以三成的刑检员额检察官办理大部分轻罪案件，其余力量分别编入5个专业化办案团队，简案快办、繁案精办模式愈加成熟，获评苏州市基层检察院建设典型事例。推动建立“一站式”轻罪治理中心及1个分中心、2个工作站和3个实践基地，与政法兄弟机关、行政机关共同做好非刑罚处罚、受损法益修复以及犯罪预防等“三篇文章”，获江苏省、苏州市现场会推广。

【“数治”检察建设】 2023年，市检察院打造集成式、智能化数字检察应用中心，开发涉公积金虚假诉讼、违规使用公租房等监督模型，1个模型获评江苏智慧法治创新年度提名案例，2个模型分别获评全省检察机关竞赛一等奖、三等奖。数字办案经验在最高检专题调研会作交流；撰写涉恐犯罪数据分析报告，得到苏州市政府主要领导批示，1篇论文获最高人民检察院“数字检察的理论与实践”主题研讨征文二等奖；2份技术办案文书获评全国、全省优秀文书，2件技术辅助办案案件获评苏州市典型案例。

【市检察院与人大、政协协同联动】 2023年，市检察院建设完成“人大代表驻检察机关监督联络室”“政协委员驻检察机关议事联络室”“余爱华委员工作室”并揭牌运行。先后出台代表建议与检察建议衔接转化工作机制、政协民主监督与检察公益诉讼法律监督协同联动机制，联合聘请11名市人大代表为“检察建议督导员”、38名市政协委员为“益心为公”云平台志愿者。结合办案撰写的桥下空间治理立法建议，转化为江苏省人大代表建议，得到省检察院副检察长陶国中批示肯定。组织检察开放日活动15期，邀请代表委员、特约检察员、人民监督员等500余名“亲检”人士走进检察院，持续拓展检察朋友圈。

（翟晓东）

法　　院

【概况】2023年，张家港市人民法院（简称市法院）抓实抓好“公正与效率”，做优主责主业。共受理案件33405件，审执结30461件，员额法官人均结案350件。相关工作获市领导和上级法院领导批示肯定10次。

刑事审判　市法院全年受理刑事案件1661件，审结1659件2259人。其中，审结危害公共安全罪803件804人，破坏社会主义市场经济秩序罪40件78人，侵犯公民人身权利、民主权利罪74件98人，侵犯财产罪396件514人，妨害社会管理秩序罪328件746人，贪污渎职犯罪18件19人。

民商事审判　市法院全年受理民商事案件21540件，审结19784件。其中，人格权纠纷199件，婚姻家庭、继承纠纷1756件，物权纠纷243件，合同、无因管理、不当得利纠纷13093件，知识产权与竞争纠纷480件，劳动争议、人事争议1404件，与公司、证券、保险、票据等有关的纠纷750件，侵权责任纠纷1307件，非诉讼程序案件505件，特殊诉讼程序纠纷31件，赔偿纠纷3件，其他13件。

执行工作　市法院全年受理执行案件17292件，执结17174件，执行标的金额148.65亿元，执行标的到位金额86.10亿元。其中，执结刑事案件504件、民事案件15287件、行政非诉审查与执行案件141件，仲裁454件，保全案件7210件，执行异议案件268件，执行监督案件24件。

审判监督和行政审判　市法院全年受理再审案件18件，审结16件，受理申诉、申请再审案件23件，审结40件。审结行政诉讼案件3件（均为旧存，因行政诉讼案件2022年9月全部集中管辖至常熟市人民法院，故2023年无新收行政诉讼案件），其中判决1件、准予撤诉2件。受理行政非诉案件83件，审结83件。完成常熟市人民法院等管辖法院推送的诉前化解司法协作案件153件。

【"司法助企一站式服务中心"设立】 8月2日,市法院举行"司法助企一站式服务中心"启动仪式。"司法助企一站式服务中心"实现市政府、市法院联动部门专线入驻,有效整合司法资源和行政资源,是优化法治化营商环境的又一创新举措。同时,在市行政审批局等府院联动部门的大力支持下同步上线"司法助企一体化平台",通过开辟"申请查询""查询结果""助企服务""资产推送""投资人库""债务重组指引"等功能模块,线上+线下集约办理,助力企业依法经营,防范企业经营风险,盘活、盘优各类资产,共同营造市场化、法治化、国际化一流营商环境,以法治助力民营企业稳预期、强信心、促发展。

【"法正商安"五庭协同案例发布】 8月18日,市法院举办"法正商安"五庭协同案例发布活动。"五庭协同"案例研究中心其目的在于整体推进苏州知识产权法庭、苏州破产法庭、苏州国际商事法庭、苏州劳动法庭、苏州互联网法庭5个专业化法庭与基层法院之间的工作联动、资源融合,以达到激创新、活市场、稳就业、促开放的服务目标。市法院以"五庭协同"案例发布活动为契机,加强与苏州市中级人民法院专业化法庭协同联动,强化业务交流、资源互通、品牌共建,积极争取专业化法庭的对口指导,在疑难复杂案件、新类型案件、具有指导意义案件的处理上寻求更专业更优质的智力支撑。市法院进一步树牢精品意识,精准提炼裁判规则,精心制作裁判文书,深入挖掘案例背后的法治内涵与价值导向,以更高质量的司法保障体系,提升司法助力营商环境建设的前瞻性、针对性、实效性。

【"一校一法官"项目启动】 12月26日,市中小学校法治教育工作推进会暨"一校一法官"项目启动仪式在张家港中等专业学校举行。市法院探索"能动司法+诉源治理"工作体系,不断创新法治教育形式,联合教育局、团市委着力打造"模拟法庭思政课堂"项目品牌,推进预防青少年违法犯罪工作,引导未成年人学法守法。在苏州市首创实施"一校一法官"项目,是加强青少年法治教育,提高学生法律素养和自我保护能力,全面提升法治教育的针对性和有效性的创新性法治教育形式,有助于构建未成年人校园立体化保护,以法治助力青少年健康成长,筑牢未成年人权益保护的司法防线。

(许梓祺)

司法行政

【概况】 2023年,市司法局以全面推进依法治市为引领,推动司法行政工作取得新进展。9月8日至12日,中华全国律师协会在张家港市举办全国县域律师示范培训班,31个省(区、市)和新疆生产建设兵团89个县的90余名县域律师代表参加培训。张家港市委副书记、政法委书记邵军民出席开班式并致辞。10月,市级公共法律服务中心成立。以法律援助、人民调解、法律咨询为基本职能,引入律师、公证、司法鉴定、法治宣传、行政复议、行政争议受理调处等公共法律咨询指引服务,进一步整合优化职能进驻"一站式"矛盾调解中心,强化法律服务供给。年末,全市有执业律师454人,公职(公司)律师115人,基层法律服务工作者69人,公证员9人。市司法局获江苏省高质量发展先进司法局称号。

社区矫正和安置帮教 市司法局召开全市社区矫正委员会第一次全体会议,进一步压紧压实成员单位职责。常态化落实"三个一"衔接接收机制、三级名单管理,确保人员在管在控。有序推进"蝶变向新"女性社区矫正对象赋能、"立体关护·成长护航"工程、循证矫正项目,在塘桥镇新建佳成阳光帮扶基地,加强对两类特殊人群(社区矫正对象、安置帮教对象)的教育引导。落实21名重点刑满释放人员"必接必送",开展帮困扶贫、"护苗"等系列活动,累计帮扶贫困特殊人员及未成年子女35人,资助4.18万元。做好在监服刑人员关爱,发起监狱远程视频会见238起。

法治宣传 2023年,全市政法系统深入学习宣传贯彻习近平法治思想,举办党的二十大精神政治轮训暨"百名法学家百场报告会"法治宣讲活动。市司法局制定领导干部应知应会法律法规清单制度,开展法治副校长宪法主题微课评比、青少年法治征文演讲,组织法治集市进商圈、进村居、进公园广场,多形式推动精准普法有质有效。深化民法典宣传"十百千万工程",推出"法润江苏,法护长江"集中宣传教育、"大美长江"《中华人民共和国长江保护法》主题宣传活动,创新大学生婚恋导航法治成长计划,创优第十三届法治文化月,多品牌推动法治宣传走深走实。市司法局举办首期普法骨干培训班,组织行政执法人员法治素养提升实践活动,开展行政执法人员知识竞答、技能比武,落实6期"法律明白人素养提升工程"培训,多举措推动普法队伍配强培优。用好张家港市法治宣传教育中心,打造3条法治实训线路,多层次丰富法治文化建设。组织130个民主法治示范村(社区)全面复核,开展全市"八五"普法中期检查评估,覆盖12个板块41个单位,顺利通过苏州市"八五"普法中期评估验收。

人民调解 市司法局制定践行"枫桥经验"深化"非诉服务"十项重点工作任务清单,打造企业人民调解委员会示范点、标准化商会人民调解委员会、标准化家事调解社区工作室。举办第二批"百名调解人才"培养活动,开展人民调解员等级评定、年度备案,组建"1+N"人民调解工作专家库,开展常见矛盾纠纷标准化调解体系项目研究。建成全省首家社区互联网司法"融诉驿站",提供在线开庭、在线调解、在线诉讼等司法服务。强化司法所分类建设定级管理,推动司法所与公共法律服务中心、非诉讼服务中心一体化运行。

公共法律服务 市司法局依托"一站式"矛盾调处中心,新建市级公共法律服务中心,进一步整合优化职能。实施现代公共法律服务体系改革创新项目,制定公共法律服务中心业务流程、服务指南。持续推进律师行业"3+1"规范化体系建设,推动律师行业高质量发展。优化升级

"律管家"党建品牌，在南丰镇公共法律服务中心、东沙区域产业园和苏高新（张家港）节能环保创新园、市青商会、市易制毒化学品行业协会设立"律管家"法律服务驿站，对企业和群众提供"点对点"法律服务。在市公共法律服务中心和3个区镇开辟4个区域性远程公证服务办证点，提供"零接触"公证服务。年内，10家基层法律服务所担任454个单位的各类法律顾问，代理各类案件1530件，参与仲裁案件375件，办理非诉讼法律事务367件；25家律师事务所担任1691个单位的各类法律顾问，代理各类案件9998件，办理非诉讼法律事务390件；市公证处办理各类公证10201件；市中医医院司法鉴定中心和新锐环境监测司法鉴定中心办理各类鉴定2925件。

法律援助　年内，全市新增总工会职工法律援助工作站等7个站点，法援网络进一步织密。联合市检察院出台《关于刑事案件审查起诉阶段律师辩护全覆盖的工作办法（试行）》，进一步维护和保障人权。承办全国贯彻法律援助法经验交流座谈会，相关工作获上级肯定。全年市法律援助中心接待现场咨询3963件，接听12348电话咨询15341件，办理法律援助案件2056件，受理案件2241件，其中民事案件1767件、刑事案件474件，占常住人口的1.55‰。

【全国贯彻法律援助法经验交流座谈会在市召开】9月26日至27日，司法部公共法律服务管理局在张家港市召开贯彻法律援助法经验交流座谈会，各省（市、区）司法厅（局）法律援助工作管理部门和法律援助机构负责同志参会。司法部公共法律服务管理局局长杨向斌出席会议并讲话，部公法局一级巡视员孙春英，法律援助处主要负责人和部法律援助中心相关负责同志参加会议，江苏省司法厅党委委员、副厅长石为斌参加座谈和调研。调研组一行走访市法律援助中心及其驻工会、看守所、杨舍镇百家桥村的法律援助工作站，听取市法律援助网络构建、服务平台规范化、设施设备智慧化、服务队伍专业化建设等方面情况。杨向斌充分肯定张家港法律援助工作成效，勉励其继续发挥法律援助在服务经济社会发展、深化法治惠民实践、维护社会安全稳定方面的独特作用，强化资源整合、多方联动，着力打造"大法援"工作模式。

（查　孜）

市法律援助工作人员接受快递小哥法律咨询　　（市委政法委　提供）

【锦丰镇调委会获评全国模范人民调解委员会】1月，司法部印发《关于表彰全国模范人民调解委员会模范人民调解员的决定》，锦丰镇人民调解委员会（简称锦丰镇调委会）获评全国模范人民调解委员会。锦丰镇人民调解委员会成立于2007年7月，配备专职人民调解员11人、兼职调解员3人，分设受理岗、调处岗、内勤岗等。近年，锦丰镇坚持依法行政，践行新时代"枫桥经验"，不断拓展调解领域、创新调解方式，营造浓厚法治氛围。实施"人民调解进网格"，依托集成指挥中心功能，将排查化解工作列入基层网格员基本职责，强化与网格员线上对接机制，及时联动处置重大矛盾纠纷。建立突发性重大矛盾纠纷应急响应机制，依托"法润沙洲议事会"议事平台开展联合会办。专职人民调解员全过程参与"睦邻能手"培养计划、"百名调解人才"培养计划，分批参与人民调解实训基地培训，开展矛盾调处研习和人民调解员等级评定工作。打造诉讼（非诉讼）服务中心，建立"非诉无声"品牌，创设"非诉在线"云端调解平台。设立"动迁矛盾纠纷调解室"，全力化解动迁安置矛盾纠纷。完善"公调""诉调"对接机制，在公安派出所、法庭设立派驻调解工作室5个。牵头设立涉企矛盾纠纷一站式服务平台，覆盖辖区3个片区主要工业园。　（茅　华）

人民武装

【概况】2023年，市人武部以"争第一"为目标，坚持抓根本铸军魂、抓备战谋打赢、抓党建强组织、抓基层打基础、抓稳定保安全，各项任务有效落实。8月，苏州军分区组织民兵"四会"教练员比武，经开区（杨舍镇）民兵骨干丁磊在参加民兵"四会"教学法比武中表现突出，获个人第一名；南丰镇人武部干事尚继兵在教案汇报比赛中获第二名；张家港市比武综合成绩排名全区第一。年末，市人武部被苏州军分区表彰为"全面建设先进人武部"。

战备训练　4月至10月，市人武部根据年度军事训练计划，狠抓民兵军事训练"四落实"，全年分批次组织民兵分队骨干在市民兵军事训练基地进行封闭式集中训练。集训主要安排应急处突、抗洪抢险、消防灭火、防化救援、工程抢修5个训练科目，采取理论授课、分组训练、综合演练的方式组织进行，旨在提高民兵力量应对多种安全威胁、完成多样化军事任务的能力。围绕构建结构科学、布局合理、训管严格、使用规范、保障配套的后备力量体系，紧贴使命任务，扎实开展潜力数据调查，瞄准任务编强基干民兵队伍，抓实后备力量援战能力。年内，吸收借鉴军委国防动员部在江西省军区举办的基层治理规范化建设集训成果，巩固深化“四个秩序”抓建成果，努力提高人武部“三个过硬”建设水平。推进人武部机关楼营区训练场地扩建、民兵训练基地综合学习室教学设备升级和靶场改造工作，常态化开展基层武装规范化建设，全市所有基层武装部、村（社区）民兵营（连）规范化全部达标，武装工作阵地得到持续巩固。

双拥共建　4月5日，市人武部组织20名民兵参与清明节凤凰山祭扫秩序维护任务。5月2日，组织450名民兵应急分队以“洁美港城”和“长江大保护”为主题，在长江边的张家港湾开展地毯式清理、打捞河面漂浮物、绿化美化植被等环境整治活动，被新华网报道。8月15日至9月23日，围绕加强国防后备力量目标，会同市教育局、市卫健委，由现役干部和民兵训练骨干组成学生军训工作领导小组，从基层武装部抽调200余优秀民兵干部和退伍军人作为军训教官，分期分批对全市16所普通高中、职高、大专院校10891名学生进行为期5天的军训，参训学生占应训学生的99%以上。军训通过模拟化、信息化、实战化训练使学生掌握基本军事知识技能，提高思想政治觉悟，增强国防观念和国家安全意识，相关活动被《新华日报》报道。12月3日，组织300名民兵完成张家港市东渡半程马拉松安保任务；全年出动应急分队骨干近1000人次协助公安、武警参与安保执勤任务，维持活动秩序，保障节日安全。主动配合市双拥办争创全国双拥模范城“八连冠”工作，投入20万元与井冈山市古城镇开展乡村振兴援建帮扶，投入3万元与乐余镇庙港村开展挂钩帮扶，投入1.8万元资助合兴小学贫困生。落实“军地互办实事双清单”，联合教育局解决现役军人子女入学入托事宜，受到部队官兵一致好评。

兵役工作　2023年，按照苏州市征兵办公室下达的兵役登记工作要求，市人武部做好兵役登记宣传工作，组织好区镇（街道）、村（社区）和各所高中及大中专院校兵役登记工作。市人武部主官到江苏科技大学、沙洲职业工学院宣讲征兵政策、发放征兵宣传资料并在现场解惑释疑，指导区镇（街道）走村入户开展征兵宣传。承担分区“积分定兵，组织定向”先行试点工作，高质量完成全年兵员征集任务，全过程落实廉洁征兵各项规定，未发生不廉洁征兵问题。10月10日至20日，市人武部机关现役干部带领区镇（街道）、高校及企业有关人员，分3批赴河南洛阳、四川成都、甘肃张掖进行新兵回访，进一步打牢新兵安心服役思想政治基础，相关经验做法在《中国国防报》头版头条刊登。

【人武宣传教育】 年内，市人武部坚持用习近平强军思想武装头脑，以主题教育为抓手，每次召开党委会必先学习习近平重要论述，每周集中政治教育必学习习近平最新重要讲话精神，每次党团活动必读规定的学习书目，开展心得体会交流、作风建设大讨论，推动理论学习入脑入心。11月，市人武部组织全体干部、文职人员、职工和区镇（街道）专武干部，赴徐州、淮安、泰州和苏州市内的红色教育基地开展实地教学实践活动，理解把握新时代思想政治教育体系的政治方向、根本任务、实践落点、方法途径和关键支撑。全年在各级媒体累计上稿50余篇（省级以上29篇）。其中，中央电视台新闻2篇，《中国民兵》杂志3篇，《中国双拥》杂志3篇，征兵宣传《精准动员，各显其能》《廉洁征兵监督员下沉一线》等5篇文章被《中国国防报》头版刊登，并被东部战区公众号等媒体转载，宣传报道工作居苏州军分区前列。　（陈　航）

武　警

【概况】 武警张家港中队主要担负张家港市看守所外围武装警戒任务。2023年，中队党支部认真分析建队形势，严格工作标准，狠抓经常性基础性工作落实，实现任务与建设双促进，保证部队的安全稳定和执勤目标的绝对安全。为深入贯彻武警部队新时代执勤安保规范化网上集训精神，中队坚持任务牵引，及时完善各类战备预案，充实战备物资，落实战备制度，做好春节、两会、国庆等重大节日和敏感时段的战备工作，同时结合当前国际国内形势进行形势任务、职责使命和敌情社情教育，铸牢官兵“险情就在身边，战斗随时打响”的忧患意识，针对天气实际加强战备演练，组织开展抗洪抢险演练，进一步检验方案、明确分工、熟悉任务、磨合协同，增强中队遂行多样化任务的能力。年内，中队配合目标单位完成专项任务30余次。中队被支队上级表彰为“四铁”先进单位并荣立集体三等功1次，2人立三等功。

【军地合作共建】 2023年，武警张家港中队协调组织开展双拥共建活动，与张家港市有关党政机关和医院、中小学等企事业单位结对共建，先后组织开展“图书进军营”“八一联欢”“国庆大合唱”“国防知识宣讲”“专题党团课”等系列活动，做到每月有互动，每季有活动，阶段有走访，年度有总结。同时开展慰问贫困家庭、看望残疾儿童、无偿献血等活动，军民关系更加融洽。为改造武警张家港中队营区建设，市政府拨款700余万元，用于中队建设训练馆、书香军营、晾晒场、阳光房及科技强勤设施，提高中队执勤目标的安全系数，有力保障中队官兵日常战备训练和生活。

（沈家文）

国防动员

【概况】 2023年，市国动办围绕国防动员体制改革，推进年度重点任务落地落实。组织召开全市国防动员委员会第一次全体会议，依令参加东部战区组织的国防动员演练，参加“苏锡常”防护区机动指挥所联训暨跨区支援演练2次，组织三级指挥信息系统联训3次；开展2023年开训动员暨新年第一训活动，在市民兵训练基地开展“讲规矩、有本领、强担当、重落实”机关工作人员军训活动，在青少年训练基地组织“4·22”沙洲解放日军事主题活动，与常熟国动办联合组织机动指挥平台跨域支援训练等活动，完成人防专业队整组、资料收集上报等工作；完成医疗救护专业队、消防灭火专业队、治安专业队、抢险抢修专业队带装备集结点验暨重要经济目标实地演训活动。完成全市一、二级重要经济目标防护方案编写；完成10台新增警报的布点和年度警报巡检工作；完成重要目标防护单位指挥所建设。张家港市国防动员办公室被江苏省国防动员办公室评为国防动员工作县（市、区）先进，被苏州市国防动员办公室评为综合评价第一等次，并获评苏州市信息宣传先进单位、人防训练先进单位、防空警报建设管理先进单位和人防工程建设管理先进单位。

【人防宣传】 2023年，全市完成“9·18”人防警报试鸣活动，组织人防警报试鸣、人口疏散演习、重要经济目标抢险抢修演练、机动警报车鸣放、人防知识广场宣传等活动，在港区初级中学开展疏散演习暨国防动员宣教馆开馆仪式，并给上级单位实时上传演练情况，全市动用各类装备及设备近百台（套），有5000余名市民参与演练活动。开展“3·1”国际民防日、“5·12”防灾减灾日、“12·4”国家宪法日等广场宣传活动，组织人防志愿者参加社区开展的人防应急宣传、人防法规知识宣传和应急知识技能现场演示活动8次，参与群众约5100人次，发放宣传手册1万余份。

【人防工程建设】 全市超额完成年度人防工程建设目标任务，完成市人防专项规划的专家评审和市规委办技术论证工作；完成公共人防工程建设1项，启动人防工程新建任务1项。

（薛司宇）

退役军人事务

【概况】 2023年，市退役军人事务局紧扣争创全国双拥模范城“八连冠”目标任务，推动各项工作争先创优。市退役军人服务中心不断完善功能，建成全省首家退役军人档案中心，结合集老兵调解、法律援助、心理咨询功能于一体的退役军人之家有效开展退役军人服务保障工作；区镇（街道）初步完成“标杆型”退役军人服务站建设；全市有服务对象在100人以上的村（社区）退役军人服务站162个，除8个因搬迁升级改造外，其余154个均创成“示范型”退役军人服务站，达标率95.1%。南丰镇退役军人服务站和经开区（杨舍镇）仓基社区等11个村（社区）退役军人服务站获评2023年度“五星级”退役军人服务站。9月，张家港出入境边防检查站、张家港市消防大队、江苏联宏纺织有限公司3个单位获评苏州市优秀“戎耀之家”。市退役军人事务局被退役军人事务部评为2023年度宣传工作先进单位，“戎耀沙洲”退役军人志愿服务大队入选国家级“退役军人关爱青少年志愿服务队”，市退役军人服务中心获评全省优秀退役军人服务中心（站）、省“2023年度退役军人信访稳定相关工作先进单位（无矛盾上行服务中心）”。

【双拥工作】 1月，张家港市退役军人事务局陪同苏州市退役军人事务局走访慰问老复员军人、“最美退役军人”、困难退役军人代表。4月，组织前往浙江、广东、福建等地开展“走边防、看亲人”活动。6月，联合有关企业开展“港城百企拥军行”活动，在全省首家发布“戎耀沙洲惠军平台”，为军人军属提供全方位优待。开展“城市与战舰”结对共建活动，与海军“张家港舰”签订共建协议，服务一线部队战备训练。7月，召开全市军地互办实事“双清单”工作推进会。8月，联合市委宣传部、市教育局举办“华昌杯”——“我给亲人解放军一封信”活动，组织城南小学学生与张家港籍驻守边海防官兵通信，加强青少年爱国主义和国防双拥宣传教育。赴贵州省福泉市、遵义市、安顺市、贵阳市学习调研双拥创建工作。9月，联合市委宣传部、市教育局举办“传承红色基因，担当时代使命”主题教育。联合市委宣传部、市文明办举办“踔厉奋发强国防，勇毅前行向复兴”张家港市全民国防教育日主题活动。10月，开展“关爱边海防官兵”拥军优属活动，走访慰问部分张家港籍边海防官兵家庭。11月，市双拥办主办、金厦房产赞助、保利大剧院协办舞剧《永不消逝的电波》演出活动；举行全市现役军人父母关爱行动启动暨“崇军爱军”十大举措发布仪式。

11月24日，张家港市现役军人父母关爱行动启动暨“崇军爱军”十大举措发布

（市退役军人事务局　提供）

年内，江苏华昌（集团）有限公司、张家港市易华润新材料有限公司向“张家港市退役军人帮扶关爱专项基金”定向捐赠20万元，起到良好的尊军崇军社会效应和示范带头作用。为全市享受国家定期抚恤补助优抚对象购买“苏惠保”（“医惠保”）商业保险，持续提升服务对象医疗保障水平。春节、建军节期间，市委、市政府走访慰问7个驻军单位，赠送慰问物资价值117万元。持续落实军地互办实事“双清单”制度，推进武警张家港中队阳光房、晾衣场建设等事宜，改善官兵训练、学习、生活环境。为全市14个立功受奖军人（其中二等功1人、三等功13人）家庭送喜报。市退役军人事务局协调市人武部、教育局解决现役军人、军转干部及因公牺牲军人子女入学、转学问题。赴云南省怒江州泸水市开展双拥对口扶贫项目验收回访工作。“港城·戎保1号”保险项目完成续保。全市持续开展“感恩功臣、关爱行动”系列活动，录制纪念抗美援朝战争胜利70周年微党课视频《无问》，走访看望参加过抗日战争、解放战争、抗美援朝战争的老兵以及其他在乡复员军人，联合市第一人民医院王树生志愿团队上门义诊，并建立健康档案。开展退役军人红色档案抢救性记录保护行动，完成1部口述历史微视频拍摄。市人武部、武警张家港中队等驻地部队勇于承担抢险救灾等急难险重任务，妥善处置突发事件，参与志愿服务；某部队张家港站与常阴沙现代农业示范园区常东社区困难群众结对，定期走访慰问；军警民联防联治，开展植树造林、无偿献血、爱心捐赠等活动。

【优抚工作】 年内，市退役军人事务局贯彻落实国家、省优待政策，持续开展退役军人和其他优抚对象优待证的申领工作，新增审批各类优抚对象，包括残疾退役军人、病故军人遗属、部分农村籍退役士兵、企业退休“两参”退役人员、优抚对象遗属等。严格落实持优待证的退役军人和其他优抚对象享受全市公园、公共交通免费措施。完成全市享受国家抚恤补助的优抚对象年度确认工作。为享受国家抚恤补助的优抚对象发放抚恤补助经费，发放生活用水电燃气费、临时物价补贴、节日慰问金，为部分优抚对象遗属发放生活补助费，为企退“两参”退役人员发放专项慰问金。为义务兵家庭发放优待奖励金，为荣立军功的张家港籍现役军人家庭发放奖励金。组织重点优抚对象赴江苏省荣军院开展短期疗养。精心组织“致敬英雄，关爱烈属——圆梦微心愿”活动，走访看望烈士遗属家庭，赠送慰问物资，切实为烈士遗属解难题、办实事。

【退役军人移交安置】 年内，市退役军人事务局完成转业军官和由政府安排工作退役士兵的接收安置工作，帮助解决子女入学、随军家属就业、随迁入户、社保接续等实际困难。做好自主就业退役士兵的接收工作，开展退役士兵返乡接站活动，开展补贴性教育培训工作，做好适应性培训，帮助自主就业退役士兵提升职业特长和学历技能。做好退役军人就业创业指导和服务，组织7场退役军人专场招聘会。依据苏州市退役军人事务局要求开展市域一体就业促进培训。

【烈士陵园管理】 3月，市退役军人事务局实施英烈红色档案抢救性记录保护行动，完成400余份烈士档案数字化建设，联合市档案馆等部门开展“致敬最可爱的人——红色档案展陈季”活动。4月，开展“清明祭英烈”活动。5月，开展“红色印记、信仰力量”苏州英烈红色档案专题巡展。9月，组织开展“9·30”烈士纪念日公祭活动。加强烈士纪念设施保护管理工作，推进市烈士陵园环境美化和功能提升，完成张家港市烈士陵园忠骨存放室装修工程、陵园树木加固工程及无障碍通道、停车位设置等。举办1场烈士墓集中迁移入园安放仪式。市烈士陵园全年接待机关、部队和学校等单位、团体及烈士亲属340批次、4000余人次。年内，张家港市烈士陵园被纳入“苏州市第二批红色地名名录”“张家港市首批红色地名”。

【军休工作】 年内，市退役军人事务局组织军休所全体党员，包括军休干部（军士）18人、退休工作人员党员5人、在职党员3人，开展集中学习12次、研讨交流3次，发放各类学习书籍104本。投入4万余元开展“形式多样庆元宵，党员冬训添色彩”“红色沙洲、初心之旅”“祭奠英雄、缅怀先烈”“军休一家亲，欢乐过端午”“清凉一夏、娱阅无限”“铭记革命历史，厚植爱国情怀”“携手走进红色教育基地”等主题党日活动。组织军休干部（军士）棋牌竞技、书画创作、理疗健身等活动4次，参与100余人次；全年重大节日走访慰问4次，慰问92人次，发放慰问品及慰问金15万余元；开展2次采摘、2次钓鱼活动。持续推出军休干部（军士）居家养老“三道门”（“幸福来敲门”“健康送上门”“守护进家门”）项目。其中，为年满60周岁及以上军休干部改造厕所、加装扶手、添加防滑垫等居家设施；为23名军休干部（军士）开展个性化体检，组织开展健康咨询1次；为19名军休干部（军士）开展家政保洁240次。

【“戎耀沙洲”退役军人志愿服务品牌】 2023年，市退役军人事务局完善“1+20+N”（1是市级大队，20是区镇、街道及企业的分队，N是村里的小队）志愿服务架构模式，致力打造“红色驿站”，设计“红色线路”，打磨“红色课程”，常态化开展“红旗飘扬”退役军人国旗护卫队、“红色故事”退役军人讲师团、“乐创绿园，与军同行”“戎风益家”“网格‘新’兵”“兵稻人家”和“华昌老兵在行动”等退役军人志愿服务活动，年度开展红色志愿服务活动586次，参与活动6000余人次，服务群众80万余人次，2023年度人均服务时长16.2小时。“戎耀沙洲”退役军人志愿服务直属分队入选国家级“退役军人关爱青少年志愿服务队”，“红色故事”退役军人讲师团入选2023年度张家港市理论宣教示范项目，“红旗飘扬”退役军人国旗护卫队入选2023年度张家港市“最佳志愿服务项目”。（钱秋仪）

【编辑　黄宏庆】

文明张家港

The Spiritual Civilization Of Zhangjiagang

4月，精神文明建设张家港研究与交流中心新建教学楼及配套酒店——鹿鸣酒店启用 （市文明办 提供）

文明创建

文明培育

文明实践与志愿服务

精神文明研究与交流

張家港年鑑(2024)

文明创建

【概况】 2023年，张家港市委、市政府把党中央关于精神文明建设的重大部署落实到文明城市创建的全过程、各环节，推动文明城市创建工作提质增效，持续擦亮“文明张家港”金字招牌。市文明办统筹推进文明村镇、文明单位、文明校园、文明家庭等群众性精神文明创建活动。1月，全市发布文明攻坚“十大行动”，推动实施老旧小区改造、开放式小区管理、文明楼道建设、隔离桩整治、停车位改造等民生项目。7月，成立建设更高水平全国文明城市工作指挥部，召开建设更高水平全国文明城市工作会议。9月21日，张家港市委、市政府印发《张家港市扎实开展城乡精神文明创建，打造更高水平全国文明城市的实施意见》，提出以高标准蝉联全国文明城市“七连冠”“八连冠”为总目标，细分“思想道德基础更牢、社会文明程度更高、文明实践活力更劲、长江文化氛围更浓、城乡功能品质更优、社会治理能力更强、群众幸福生活更美、城市品牌形象更靓”8个分目标，列出8项重点任务，奋力打造具有显著创建带动力、价值引领力、区域辐射力和国际影响力的更高水平全国文明城市。11月1日，全市召开建设更高水平全国文明城市工作推进会。年内，承办全省文明创建和文明实践工作现场推进会，配合中央文明办开展专题调研，举办“长江杯”2023年公益广告作品征集大赛。市文明办推荐的《“光盘”成为新时尚》《精神文明教育漫画》2件作品分别获2022年全国公益广告大赛三等奖和优秀奖，推荐的《言传身教，文明旅游》《福气苏州》《非遗新韵》3件作品分别获2023年苏州“金桂奖”公益广告作品大赛银奖、铜奖和优秀奖。张家港市被授予文明城市推荐奖，在全国文明城市2022年度国测考核中获优秀等次。

【文明攻坚“十大行动”发布】 1月28日，全市召开推进“敢为、敢闯、敢干、敢首创”暨“现代化建设先锋年”动员大会，现场发布文明攻坚“十大行动”。重点围绕市容市貌整治、市政设施管养、交通秩序整治、市场管理、社区小区环境提升、公益广告提升、窗口行业服务提升、文明行为促进、无障碍环境提升、乡村环境整治10个方面出台具体实施方案。其中，在市容市貌整治方面，方案提出，要高标准打造“席地而坐”城市客厅23个，培育精细化管理样板路30条，评选城市管理精细化管理样板街区（网格）10个，重点整治30个集贸市场周边的背街小巷，打造停车管理示范路段等；在文明行为促进方面，方案提出，要动员各机关、企事业单位、社会团体积极参与城市环境治理，落实“一家单位包干一条道路（网格）”责任制，常态化开展“洁美港城”同创共建志愿服务，组建“市民巡访团”，推进市民巡察专项行动，开展环境卫生整治、破损设施巡察、公共文明引导，有针对性地排查解决短板弱项。年内，通过加强文明委成员单位的统筹联动，建立日常议事、专题会办、对口指导等工作制度，全市完成老旧小区改造5个，标准化改造农贸市场5家，新增“口袋公园”4个，建成“席地而坐”城市示范客厅28个，累计建成文明楼道21701个、文明示范楼道1197个。

【全省文明创建和文明实践工作现场推进会在市举行】 4月12日至13日，江苏省文明创建和文明实践工作现场推进会在张家港市举行。省文明办副主任公永刚，张家港市委常委、宣传部部长陈卫兵，江苏省20个全国文明城市提名城市和睢宁县、丰县、建湖县、响水县文明办主要负责人参加会议。会议要求，各参会城市要学好先进、明确目标，牢固树立创建为民理念，围绕中心任务常态长效抓好文明城市创建。要直面网上材料申报、实地考察、问卷调查等方面存在的问题，补齐短板弱项，切实提升创建水平。会上，陈卫兵作张家港市文明城市创建经验分享。会议期间，与会人员实地参观市新时代文明实践中心、经开区（杨舍镇）花园浜北村、冶金园（锦丰镇）沙洲社区及凤凰镇双塘村肖家巷等地，并围绕文明培育、文明实践、文明创建的重点难点和工作举措等进行研讨交流。

【中央文明办到市专题调研】 9月14日至15日，中央精神文明建设办公室专职副主任胡凯红一行6人实地调研张家港市文明城市创建工作。副省长、省文明委副主任徐缨，省委宣传部常务副部长、省新闻出版局（省版权局）局长、省电影局局长梁勇，苏州市委常委、宣传部部长金洁，以及张家港市委书记韩卫，市委副书记、市长蔡剑峰等参加活动。调研组一行先后到市新时代文明实践中心、精神文明建设张家港研究与交流中心、湖畔书房、万红新区集贸市场、经开区（杨舍镇）新时代文明实践所、市未成年人关爱保护中心、南丰镇便民服务中心和永联村等地开展现场考察。胡凯红对张家港市文明创建工作给予肯定，并要求起草《大力培育弘扬张家港精神，探索推进物质文明和精神文明相协调的中国式现代化新路径》调研报告。报告包括张家港市城市发展的变迁、经济社会高质量发展取得的显著成效、持之以恒抓精神文明建设的经验做法、张家港经验对于做好新时代精神文明建设深入推进“两个文明”高质量协调发展的启示四部分内容。

【“长江杯”公益广告作品征集大赛在市举行】 7月，由中国广告协会、长江文化促进会、苏州市文明办、中共张家港市委宣传部共同主办，张家港市文明办、市新时代文明实践工作指导中心、市市场监管局、市融媒体中心（传媒集团）承办的“长江杯”2023年公益广告作品征集大赛启动。此次公益广告作品征集大赛突出“创意助力公益，引领文明新风”理念，吸引各级相关单位、院校和优秀创作者踊跃参与。至9月，征集到作品2000余件。作品涵盖中国梦、中华文明、长江文化、“一带一路”、先进典型、未成年人思想道德建设、爱我国防、文明新风、志愿服务、全民阅读十大主题，涌现出一批打动人心、温润心灵、激

9月24日,"长江杯"公益广告作品征集大赛终审动员会暨"创意助力公益,引领文明新风"公益广告创作主题研讨活动举办　　（市文明办　提供）

发共鸣的优秀公益广告作品。经专家评审、组委会审定、媒体公示等程序,推选出获奖作品50件。其中,评出平面类金奖1件、银奖2件、铜奖5件、优秀奖22件;视频类金奖1件、银奖2件、铜奖5件、优秀奖12件。张家港市有16件作品获奖。

【10个楼道、5家菜场获评苏州市文明楼道、文明菜场】 年内,张家港市将文明楼道、文明菜场建设作为文明创建的重要内容常抓不懈。9月8日,全市文明楼道、文明菜场常态长效工作推进会召开,市住建局、市市场监管局、市城管局分别就进一步抓好小区楼道和集贸市场设施改造、卫生保洁、秩序管理和文明实践等工作进行部署。10月23日,苏州市文明办、苏州市住建局联合印发《关于公布首批市级文明示范楼道名单的通知》,张家港市锦丰镇书院五村22幢1单元、锦丰镇湖滨世家小区77幢1单元、大新镇新润花苑12幢3单元、杨舍镇朗诗国泰城5幢1单元、杨舍镇碧桂名邸1幢2单元、南丰镇新丰小区3幢2单元、塘桥镇馨塘新村25幢1单元、塘桥镇胡同新村9幢3单元、凤凰镇凤凰春晓花园28幢1单元、乐余镇小学新村4幢2单元10个楼道获评苏州市级文明示范楼道。11月24日,苏州市创建全国文明城市指挥部办公室、苏州市食品安全委员会办公室联合印发《关于公布2023年苏州市文明菜场名单的通知》,张家港市第二集贸市场、万红新区集贸市场、南丰集贸市场、第一集贸市场、美邻集市5家集贸市场获评2023年苏州市文明菜场。

（徐丽阳）

文明培育

【概况】 张家港市文明办着眼立精神支柱、树价值标杆、育时代新人,不断深化社会主义核心价值观建设,壮大先进典型群体,健全先进典型培养选树宣传机制,连续20年开展"寻访身边好人张闻明"道德风尚行动,连续举办8届道德模范授奖仪式,年内新增"中国好人"1人、全国学雷锋志愿服务"四个100"先进典型2个、江苏最美人物1人、"江苏好人"1人、苏州时代新人7人。举办沙洲故事——张家港市道德模范、"身边好人"先进事迹巡讲巡演活动和"他们的样子"张家港市道德模范主题故事创作巡讲活动,常态化开展免费体检、红色旅游、赠阅报刊、节日慰问等一系列关爱行动。以"扣好人生第一粒扣子"为主题,推进未成年人思想道德建设,策划开展"国旗下的公开课""开学第一课"等思政教育活动,引导广大青少年从小"听党话、感党恩、跟党走"。组织开展"三色花开,苏童成长"未成年人社会实践站第四批集中授牌活动、"阳光润心,快乐成长"张家港市第四届未成年人心理健康宣传月活动、"文明有礼,C位等你"第四季网络互动活动、"七彩的夏日"未成年人暑假系列活动、"缤纷的冬日"未成年人寒假系列活动项目,推动青少年全面发展。举办第七届张家港市新时代好少年先进事迹发布会。举办"厉行节约,制止餐饮浪费"主题活动,推动文明餐桌、文明交通、文明旅游行动落地见效。出台《张家港市村(社区)红白理事工作指南》《张家港市村(社区)道德评议会工作指南》,举办"成风化俗,以德润城"张家港市农村移风易俗主题宣传月活动,启动张家港市农村移风易俗主题文艺巡演,"爱载暨阳"婚俗改革项目入选中国文明网移风易俗典型案例。

【第八届市道德模范评选表彰】 3月,市文明委启动第八届张家港市道德模范推荐评选活动。经过宣传发动、组织推荐、集中评审、媒体公示等程序,最终评出第八届张家港市道德模范10人,助人为乐类有戴雪峰(保税区社区教育中心副主任)、朱钱明(鑫凯通讯器材有限公司主要负责人)、刘浩(国网张家港市供电公司所属港源电力实业有限公司变电项目班项目勘察专员);见义勇为类有朱宇飞(交通控股有限公司副总经理,市蓝天救援队理事长兼队长);诚实守信类有朱亚东(乐余通达货运配载部个体货车司机);敬业奉献类有周毅海(永钢集团有限公司轧钢厂棒材四分厂主轧钢工)、彭学东[威胜生物医药(苏州)股份有限公司技术副总]、蒋益飞(苏州吉正电子商务有限公司总经理);孝老爱亲类有顾海林(德积街道朝南村村民)、李翠琴(大新镇大新社区居民)。评选第八届张家港市道德模范提名奖12人,助人为乐类有钱琼(塘桥镇妇联副主席、益凡公益服务社负责人、未成年人保护站负责人)、陆亚芳(云盘实验幼儿园教师)、肖国秋(凤凰镇友爱凤凰志愿者协会秘书长),见义勇为类有孙连举(凤凰镇支山村村

12月21日，市道德模范与身边好人先进事迹分享会举办

（市文明办 提供）

民）；敬业奉献类有曹扬（塘桥镇农机维修中心维修员）、黄学贤（德积街道永兴村党总支书记、村委会主任）、季国锋（市公安局党委委员、法制大队大队长）、陶笑（市农业试验站副站长）、董红军（市中医医院耳鼻喉科主任）、钱晓春（蔚蓝园艺家庭农场总经理）、何世才（江苏新芳科技集团下属普格机械有限公司焊工）、葛晓敏（机关幼儿园教师）。12月21日，市文明委在城南文体中心群星剧场举行第八届张家港市道德模范授奖仪式。颁奖典礼上，通过播放短片、现场讲述、宣读致敬辞等方式，生动展现道德模范先进事迹。

【第七届张家港市新时代好少年推荐评选】 2月，市文明委全面启动第七届张家港市新时代好少年推荐评选活动，持续推进“学习和争做新时代好少年”活动规范化、制度化、常态化，为未成年人健康成长营造良好社会环境。经宣传发动、学校推荐、社会推荐、组织评审、社会公示等程序，最终评选出110名新时代好少年。其中，戴芊果（市实验小学北校区）、徐语彤（市第二中学城中校区）、黄若清（市暨阳实验小学城中校区）、姜朝阳（市乐余高级中学）、陈科羽（市沙洲中学北校区）、陈嘉豪（市梁丰小学东校区）、汪正炫（市第三中学）、孙怡博（市乐余中心小学）、陈枷亦（市万红小学）、王道越（梁丰高级中学）10人获评新时代好少年标兵。8月2日，市文明委在市少年宫举办第七届市新时代好少年先进事迹发布仪式，300人参加。颁奖典礼上，通过播放短片、现场交流、节目展演等方式，生动展现新时代好少年的先进事迹。

【“成风化俗，以德润城”市农村移风易俗主题宣传月活动】 9月7日，市文明办主办的“成风化俗，以德润城”市农村移风易俗主题宣传月活动在大新镇新时代文明实践所启动。活动分为两个阶段，第一阶段是现场观摩，实地考察冶金园（锦丰镇）福利村（美丽庭院）、大新镇新凯村（“埭上老家”新时代文明实践点）和大新社区（新茂花园文明示范楼道）；第二阶段是主题活动，为培育文明乡风、淳朴民风，推动城乡精神文明建设融合发展，现场发布《张家港市村（社区）道德评议会工作指南（试行）》《张家港市村（社区）红白理事会工作指南（试行）》及市农村移风易俗主题宣传月活动项目等内容。是月，全市广泛开展“我宣讲”“话文明”“进万家”“唱新风”4个大类、30项重点活动，宣讲移风易俗政策和举措，促进形成文明乡风、良好家风、淳朴民风，推动形成向上向善、良性积极的时代新风。

【市农村移风易俗主题文艺巡演】 12月12日起，市文明办联合市文体广电和旅游局开展“文明植沃土，新风润港城”2023年市农村移风易俗主题文艺巡演。巡演节目包括舞蹈《江海潮》、歌曲《有了你》、双人故事《六十万嫁妆》、音乐快板《移风易俗树新风》、二胡演奏《赛马新曲》、舞蹈《每天都是二月二》、民乐合奏《敦煌新语》、小组唱《绿水青山》、小品《面子与里子》、歌舞《文明花开，心绣未来》等文艺作品。巡演历时4个月，计划覆盖保税区、经开区（杨舍镇）、冶金园（锦丰镇）、高新区（塘桥镇）、乐余镇、凤凰镇、南丰镇、大新镇、常阴沙现代农业示范园区、金港街道、后塍街道、德积街道，演出12场。依托各区镇（街道）新时代文明实践所

12月25日，市农村移风易俗主题文艺巡演在经开区（杨舍镇）新时代文明实践所剧场演出

（市文明办 提供）

（站）、剧场、报告厅、户外广场舞台等场地，通过现场问卷调查、有奖问答等互动方式，宣传移风易俗相关政策，教育引导群众弘扬传统美德，唤起城乡居民树新风的自觉。

【“张闻明”之歌——市群众合唱大赛举行】 5月，由市委宣传部、市文明办、市新时代文明实践工作指导中心等11个单位联合主办的“张闻明”之歌——市群众合唱大赛在城南文体中心启动。此次活动分为竞赛、展演和巡演3个层次，突出思想性、艺术性和群众性相统一，以合唱的艺术表现形式，通过新时代歌曲、红色歌曲、经典歌曲、长江文化主题歌曲以及村歌、厂歌的演绎，反映人民群众对美好生活的新期待。比赛自5月启动至11月底结束，有参赛队伍57支，线上线下观看30万人次。竞演活动围绕“时代赞”“党旗红”“经典传”“长江颂”4个主题展开。经过4场比赛，评选出获奖曲目20个。其中，江苏沙钢集团有限公司合唱队《你是铁我是钢》、市爱乐爱心艺术团《灯火里的中国》、市退役军人事务局“戎耀沙洲”合唱团《当那一天来临》、市职工艺术团《江山》获一等奖；市消防救援大队合唱团《祖国不会忘记》、高新区（塘桥镇）阳光合唱团《天耀中华》、常阴沙长之韵合唱团《复兴的力量》、后塍街道时光合唱团《海之头江之尾》、凤凰镇职工合唱队《美丽凤凰》、经开区（杨舍镇）城北街道横河社区“乐享”合唱团《万疆》获二等奖；南丰镇永联村合唱团《永联之路》、乐余镇老年大学合唱团《江山》、市老干部艺术团《同一首歌》、金港街道长江村郁金香合唱队《我们是堂堂长江人》、德积街道芯声合唱团《芯手相连》、经开区（杨舍镇）爱乐合唱团女子团《葡萄园夜曲》、保税区合唱团《奋进曲——保税区之歌》、大新镇教师合唱团《向往》、永卓控股合唱队《永钢工作有力量》、杨舍镇乘航办事处老年大学合唱团《过雪山草地》获三等奖。11月，获奖曲目进行成果展演。

11月16日，“张闻明”之歌——市群众合唱大赛成果展演活动举行

（市文明办　提供）

【经开区（杨舍镇）永安社区“竹林童话”青少年悦读品牌建设】 5月，经开区（杨舍镇）永安社区链接专业社会组织、辖区学校师资力量，依托“党建引领心悦读，助力少年强国梦”民生微实事项目，打造“竹林童话”青少年悦读品牌。该项目以辖区青少年儿童群体为目标人群，利用辖区内公园、学校等阵地资源，围绕“生态美学”“体验美学”“生活美学”，从环境、行为、能力三方面入手，聚焦“心悦读”，营造沉浸式的阅读体验空间。全年开展“长卷画绘制”“绘制风筝，放风梦想”“贝壳拾忆，聆听海的声音”“夏风徐来，乐不思‘暑’——大暑节气DIY油纸伞”“美味不停歇，浓浓港城味——立秋好食节”“创意玻璃杯”“不负秋光，‘植’得期待”7次大自然系列主题活动，为参与活动的124名青少年打造属于他们的“小天地”；组织113名青少年参加“小木屋”红色阅读小组，开展“党建引领、共沐书香”“我有仙草一株”“粽香阅读DIY”“二十四节气深阅读”“‘八一’致敬最可爱的人”主题活动5次；开展“阅读越成长”系列主题阅读活动，讲解绘本故事。通过“悦”心课堂，开展“‘暑’不尽的丰收季——绿色童心探自然研学”“用心守护，助力成长——青少年心理健康讲座”“演绎红色经典、润育红色少年”3次活动，参与青少年52人。

（刘　晴　高丽萍）

文明实践与志愿服务

【概况】 2023年，市新时代文明实践工作指导中心印发《张家港市2023年新时代文明实践中心建设重点工作安排》，高质量承办全省文明创建和文明实践工作现场推进会，全面升级“友爱港城”新时代文明实践智慧云平台，与连云港赣榆区官庄小学共建张闻明乡村学校少年宫，打造新时代文明实践城市管理分中心，拓展诚信驿站、零工驿站、刑事法律风险防控中心、机关幼儿园万花筒驿站等新时代文明实践点，开展“文明实践·悦享美好夜”“文明实践集中服务日”“温暖秋冬”“我们的节日”等文明实践活动。全国首个县级市文明实践志愿服务领域“蓝皮书”发布，“张闻明”志愿服务展示交流中心和网络文明素养实践教育基地启用，全市累计注册志愿者超31万人，志愿团队1360支，全年服务总时长1239万小时。7月18日，市志愿者协会（市新时代文明实践工作促进会）召开第五届会员代表大会暨五届一次理事会。会议决定市志愿者协会更名为市新时代文明实践工作促进会，审议通过《张家港市新时代文明实践工作促进会章程》，选举产生市新时代文明实践工作促进会新一届领导机构。年内，市新时代文明实践工作指导中心获评“全国维护青少年权益岗创建单位”，“全民健心”案例获评全国社会心理服务体系建设优秀案例，市青年志愿者协会、银龄互助志愿服务项目分别获评2022年度全国学雷锋志愿服务“四个100”先进典型最佳志愿服务组织、最佳志愿服务项目。

【“求是读书汇”理论学习项目启动】为推进基层理论宣讲与群众需求同频共振，5月，全市启动“求是读书汇”理论学习项目，依托新时代文明实践中心（分中心、所、站、点）及“文明实践·益空间”打造“求是”理论学习阵地，搭建学习传播党的创新理论的大众平台。年内，通过深入推进理论学习融于各类群体的学习工作和生产生活，涌现沙工旗舰型思想理论阵地、凤凰镇“最美理论游线”、南丰镇东港村“码头广场”等创新实践，在基层开展理论学习活动840场，参与人数3.5万人。至年末，有39个单位参与项目建设，改造提升学习空间69个，成立学习型小组79支，选拔推荐78名业务骨干组建市级“求是读书汇”领学辅导员队伍，系统打磨精品学习资源21项。“求是读书汇”理论学习项目入选2023年度苏州市社科普及惠民扶持项目，获评2023年度苏州市精神文明建设“十佳新事”。

【全国首部县级市文明实践志愿服务“蓝皮书”发布】12月1日，《张家港市新时代文明实践志愿服务发展报告（2023）》发布活动在精神文明建设张家港研究与交流中心举行。该报告是全国县级市文明实践志愿服务领域首本“蓝皮书”，由社会科学文献社出版、张家港市与中国社科院战略研究院联合编印，对全市近年志愿服务事业的发展实践进行全面梳理和深入分析。“蓝皮书”分为总报告、分行业报告、文明实践所（站）报告、社会志愿服务报告、附录5个部分，将研究视角聚焦志愿服务文化弘扬、阵地拓展、项目培育、团队孵化、机制建设等多个层面，为如何进一步推动志愿服务精准化、常态化、便利化、品牌化和可持续发展，如何更好发挥志愿服务在提高社会现代文明程度和助力社会治理体系建设等方面作用，提供专业解读与思路参考。

【“友爱港城”智慧云平台升级改版】7月，“友爱港城”新时代文明实践智慧云平台全面升级改版上线，充分发挥对全市文明实践和志愿服务工作统筹整合、协调管理、数据分析的优势作用，打通对接苏州文明实践工作系统、“今日张家港”App等平台，协同开发上线文明实践积分应用系统，优化平台手机端活动报名、问卷调查、场馆预约等功能，逐步构建起全市文明实践和志愿服务信息管理“一张网”。至年末，平台覆盖全市1个市级文明实践中心、10个分中心、11个区镇（街道）实践所、274个村（社区）实践站，联动88个市级机关、单位，统筹管理1360支志愿服务团队、超31万名注册志愿者，对接开展文明实践活动4.2万场，参与群众超121万人次，为群众体验指尖上的文明实践提供有效端口。

【“追梦学堂”理论宣讲项目获评苏州市优秀项目】“追梦学堂”作为市新时代文明实践中心的理论宣讲平台，是推动党的创新理论“飞入寻常百姓家”的有效载体。年内，市新时代文明实践中心持续整合各行业各单位自身优势，向全市发布“追梦学堂”理论宣讲课程清单，通过“友爱港城”新时代文明实践智慧云平台实现精准化“供需对接”。号召150名志愿宣讲员组建“张闻明”理论宣讲团，举办全市新时代文明实践理论宣讲骨干能力提升培训，切实提高基层理论宣讲员的政策理论水平和理论宣讲技巧。同时以赛代训，组织开展全市基层理论宣讲员线下评比展示活动，挖掘选树一批懂理论、会宣讲、善宣传的优秀理论宣讲员，线上线下同步展播。至年末，“追梦学堂”常态化开展活动233场，惠及党员群众6414人次。该项目获评2023年度苏州市新时代文明实践工作优秀项目。

【“光影新播课·文明实践行”活动】根据中央、省、苏州市《关于深入学习宣传贯彻党的二十大精神，深化“强国复兴有我”群众性主题宣传教育活动的通知》相关文件精神，8月至12月，全市依托新时代文明实践中心（所、站）广泛开展“光影新播课·文明实践行”活动。精选6部新时代主旋律电影，供基层群众点单后进行现场放映；选取理论宣讲能力出众的团员青年代表录制理论宣讲微视频，在影片放映前以短视频形式向基层群众深入解读影片的背景故事、彰显的时代精神，更深层次地宣传党的领导和中国特色社会主义制度的优越性，进一步阐明中国当前的形势任务和未来发展前景，营造强国建设、民族复兴的浓厚社会氛围。至年末，“光影新播课·文明实践行”项目深入基层开展活动30余场，惠及基层群众3000余人。

【“艺‘述’新时代，奋进新征程”文艺思政课开课】7月，“‘艺’述新时代，奋进新征程”文艺思政课在张家港保利大剧院启动。项目聚焦党员群众深入学习习近平新时代中国特色社会主义思想和党的二十大精神，精选引进经典芭蕾舞剧《红色娘子军》、上海歌舞团舞剧《永不消逝的电波》、革命历史题材话剧《万水朝东》等，以舞台为讲台，用艺术手法讲党史、咏经典。至年末，累计演出剧目18场，观众1.6万人次。2021年至2023年，全市累计引进44台优秀文艺演出，惠及党员干部群众3.61万人次。

【市纪念学雷锋60周年主题活动】3月4日，为号召市民学习雷锋楷模，由市新时代文明实践中心、市新时代文明实践志愿服务总队、市委宣传部主办，市文明办、市委网信办、市新时代文明实践工作指导中心、团市委承办的“学习雷锋楷模，弘扬志愿精神”市纪念学雷锋60周年主题活动暨“张闻明”志愿服务展示交流中心和网络文明素养实践教育基地启用仪式在市星海剧场举行。“张闻明”志愿服务展示交流中心和网络文明素养实践教育基地是集宣传教育、互动体验、培训交流等功能于一体的沉浸式文明实践空间，全面展示市精神文明建设成果，提升“张闻明”品牌的辨识度和影响力。活动现场，2023年“人人都是张闻明”市民文明实践修身行动重点项目启动实施，推进文明交通、文明上网、文明旅游、文明餐桌、文明楼道、美丽庭院、生态文明、心理科普等15个项目。同时，组建“张闻明”宣讲团——雷锋精神宣讲队。现场发布《专业领域志愿服务指导手册》，内容涵盖理论政策宣讲、科学普及、卫生健康、社会治理等17个方面。现场还组织开展“文明实践，志愿同行——‘3·5’”公益集市和“张闻明”直播活动。

“文明张家港，悦享美好夜”新时代文明实践“夜模式”系列活动之一，“科技馆奇妙夜”活动举办 （市新时代文明实践工作指导中心 提供）

【“文明张家港，悦享美好夜”新时代文明实践“夜模式”活动】 7月，全市以新时代文明实践中心（所、站）夜间时段延时服务为切入口，创新文明实践方式、丰富“夜模式”内容、强化市民需求导向，组织开展“文明张家港，悦享美好夜”新时代文明实践“夜模式”系列活动，以“悦读夜”“悦映夜”“悦赏夜”“悦游夜”“悦汇夜”“悦护夜”6个系列、95项文明实践活动，共享文明幸福美好夜。“悦读夜”依托全市各理论宣讲队伍，以“理论+文艺”“理论+视频”等形式开展“线上+线下”党的创新理论微宣讲。如大新镇开展“金银杏最美家长读书会”夜读活动、冶金园（锦丰镇）永新社区开展党的二十大理论微宣讲活动等。“悦映夜”选取贴近生活、贴近群众、叫好叫座、积极向上的优秀影片进行展映展播。“悦赏夜”用好全市各级各类公共文化空间及服务阵地，围绕优秀传统文化传承保护，开展优秀剧目观演、非遗体验课等活动，如经开区（杨舍镇）田垛里村组织村民观看“戏曲大舞台”巡演，凤凰镇组织“非遗传承人公开课进社区”活动。“悦游夜”指科技馆、博物馆、美术馆等文化场馆夜间延时开放，开展各类主题夜游活动，为市民夜间参观游览提供讲解、引导服务。如举办的“科技馆奇妙夜”活动，解锁文明实践夜间打卡新模式。“悦汇夜”突出环保、健康、应急救护等行业文明实践作用，策划行业专题讲座、优质集市、特色点位延时开放等服务。如市卫健委开展“健康‘益’起来”志愿服务集市、市应急管理局组织志愿者在夜市上向市民群众科普应急救援装备器材使用方法。“悦护夜”是结合文明交通、防溺水、食品安全等主题开展夜巡整治等夜间志愿服务，提升城市夜间环境及社会治安。如高新区（塘桥镇）组织志愿者在辖区公园开展文明交通、消防安全、反诈常识宣传等志愿服务活动。至年末，累计开展各类夜间文明实践活动超1500场，线上线下参与超20万人次。

【“寻访张闻明，奋进新征程”文明实践行动】 10月，市文明办、市新时代文明实践工作指导中心牵头组织开展“寻访张闻明，奋进新征程”文明实践行动，联合《群众》杂志、《苏州日报》、张家港市融媒体中心等组成联合调研组，聚焦“张闻明现象”的小切口，围绕“提高社会现代文明程度”大命题，与“张闻明”亲历者、工作者、记录者约220人开展面对面或线上访谈交流，实地走访“张闻明”展示馆等11家阵地载体，深入挖掘“张闻明”的新时代价值内涵，形成《提高社会现代文明程度的张家港探索——“张闻明现象”生成与发展二十年的观察与思考》《放大“张闻明”品牌效应，绘就文明城市新画卷》《20岁“张闻明”的新画像》《20年“张闻明”的蝶变之路》4篇理论文章。通过深入宣传、示范引领，进一步在群众中激起崇德向善、凝心聚力的强大正能量。

3月4日，市纪念学雷锋60周年主题活动暨“张闻明”志愿服务展示交流中心和网络文明素养实践教育基地启用仪式举行

（市新时代文明实践工作指导中心 提供）

【“全民健心，打造社会心理服务典范城市”入选全国优秀案例】 5月29日，国家心理健康和精神卫生防治中心公布全国社会心理服务体系建设优秀案例名单，张家港市“全民健心，打造社会心理服务典范城市——江苏张家港市社会心理服务体系建设案例”入选全国优秀案例。近年，张家港市在“心治”与“政治、法治、德治、自治、智治”协同推进的基础上，创新实施“全民健心工程”，成立全国首家县级市社会心理协会，发布全国首个县域居民社会心态调查报告。自2020

年起，市新时代文明实践工作指导中心同市卫健委、市民政局、市教育局等单位及各区镇（街道），在全市常态化开展心理热线接听、心理疏导咨询、心理技能培训等活动的基础上，依托心理科普馆、心理服务云平台，突出重点人群心理支持，吸纳心理专业领域的“张闻明”，组建心理科普、心理疏导、心理危机干预、“心树林”等志愿服务队下沉一线，线上线下、分众分类开展“社会心理服务六进行动”“益心科普公益行”“悦心大讲堂”等活动。开展“健心护航，美好成长”未成年人心理健康月活动，实施心理科普“双百”公益行等10余个重点项目，每月举办公益“悦心大讲堂”、心理健康教育“六进”活动，通过心理援助热线和全民健心云平台“解忧信箱”开展网上心理咨询，受益市民10万余人，促进社会心态稳定、人际关系和谐。

【“温暖秋冬，志愿同行”系列文明实践项目】 10月，市新时代文明实践工作指导中心联合同城伙伴志愿服务团开展“温暖秋冬，志愿同行”系列文明实践项目，进一步解决新市民、社区居民、建筑工友等群体急难愁盼和帮扶需求。项目以“张闻明1号”流动服务车为抓手，定期走进村（社区）、建筑工地等开展送书上门、反诈宣讲、知识科普、安全讲座、水电维修、爱心义诊、理发服务等多样文明实践活动，为社区居民和建筑工友送去温暖与关怀。至年末，“张闻明1号”流动服务车开展活动49次，参与志愿者1176人，服务群众1万余人次。

【第十一届科普剧会演活动】 10月10日至19日，由市文明办、市教育局、市新时代文明实践工作指导中心、市科协共同举办的张家港市第十一届科普剧会演上演。此次科普剧会演依托“市新时代文明实践中心”总平台作用，联动1个学校和3个新时代文明实践站，通过片区预赛，选拔22部优秀剧目参加江苏省第八届科普剧会演活动。比赛于4月启动，历时6个月，全市47所学校、1000名师生、48部剧目参与。其中，市机关幼儿园、妙桥幼儿园、北庄幼儿园、白鹿小学、乘航小学报送的5部剧目获一等奖，另有9部剧目获二等奖，6部剧目获三等奖，2部剧目获优秀奖，张家港科技馆获优秀组织奖。

【“知我家乡，爱我港城”文明实践专题活动】 5月，市社科联、市新时代文明实践工作指导中心在全市开展“知我家乡，爱我港城”文明实践专题活动。通过拟制精品市情知识课件，依托“张闻明宣讲团”成员深入新时代文明实践所（站）开展市情宣讲活动，配套打造市情知识专题展，举办阅读分享、市情知识竞赛等活动。向8家分中心、23家文明实践点发放《港城百问——张家港市情概览》2000册。联合市教育局、市委史志办开展“开学第一课”暨《港城百问——张家港市情概览》赠书仪式，给学生送上市情知识大礼包；联合同城伙伴志愿服务团在“虹筑之家”新时代文明实践点开展“知我文明港城，爱我第二故乡”系列活动，向建筑工人讲述张家港市地域文化故事并赠送书籍；策划开展2期“知我家乡，爱我港城”市情知识科普专题展，录制“知地情，谋发展，做贡献，港城百问知多少”短视频；联合市社科联、南丰镇开展第十八届社科普及宣传周开幕式暨“知我家乡，爱我港城”市情知识竞赛活动；配合“张闻明宣讲团”前往横河社区、三兴社区等5个社区开展市情知识宣讲文明实践活动，400名群众受益。（陈玉珠）

精神文明研究与交流

【概况】 精神文明建设张家港研究与交流中心是国内专门从事精神文明建设理论研究与教学工作的机构，于2020年8月18日揭牌成立。2023年，受中央文明办委托，中心牵头组织《大力培育弘扬张家港精神，探索推进物质文明和精神文明相协调的中国式现代化新路径——江苏省张家港市精神文明建设调研报告》的起草工作；参与全国首部县级市文明实践志愿服务“蓝皮书”《张家港市新时代文明实践志愿服务发展报告（2023）》的修订；参与调研报告《提高社会现代文明程度的张家港探索——“张闻明现象”生成与发展二十年的观察与思考》的撰写。挂牌中国志愿服务研究中心江苏（苏州）分中心、中共江苏省委群众杂志社江苏群众工作张家港实践基地。围绕文明培育、文明实践、文明创建三大主题，持续优化课程设计、开发教学点位、丰富教学手段，加强与江苏省委党校、中国社会科学院、中国浦东干部学院等院校的对接，整合优质教学资源，组织开展高质量培训。全年承接承办北京、上海、吉林、山东、福建等12个省（区、市）以及张家港市各部门各级各类培训班68个，培训学员5673人。

【精神文明建设张家港研究与交流中心教学楼启用】 4月，精神文明建设张家港研究与交流中心新建教学楼及配套酒店——鹿鸣酒店启用。总建筑面积3.3万平方米，教学楼拥有各类教室14个，其中有容纳250人多功能报告厅1个，100人教室2个，60人教室4个，20至40人讨论室7个，配套酒店16层、290个房间，设有宴会厅、自助餐厅和大小包间，可同时满足600余人的培训需求。至年末，接待中央文明办、求是杂志社、文化和旅游部全国公共文化发展中心、群众杂志社、上海市文明办等考察调研团队40余批次。

【《新时代社会主义精神文明建设概论》编写】 3月21日，中央文明办一局在张家港市召开《新时代社会主义精神文明建设概论》编写座谈会。会议明确，该概论编写工作由中央文明办总牵头，10个省（市）文明办分工负责，委托精神文明建设张家港研究与交流中心组织实施，并明确第五章“深化群众性精神文明创建活动”由江苏省文明办和精神文明建设张家港研究与交流中心共同负责。精神文明建设张家港研究与交流中心秉持“以写促学、以学促用”的理念，组织骨干力量和10个省（市）文明办同步开展编写工作，如期完成全书初稿（共计22万余字）起草任务，样稿得到中央文明办的肯定与好评。

【中国志愿服务研究中心江苏（苏州）分中心揭牌】 12月1日，中国志愿服务研究中心江苏（苏州）分中心在精神文明建设张家港研究与交流中心揭牌成立。揭牌仪式上，中国社会科学院社会发展战略研究院院长、中国志愿服务研究中心主任张翼，社会科学文献出版社副总编辑童根兴，张家港市委常委、宣传部部长陈卫兵分别致辞。中国志愿服务研究中心在中央文明办大力支持下，于2019年10月在中国社会科学院应势成立，是国内第一家，也是唯一专注于新时代文明实践志愿服务研究的国家级志愿服务领域科研机构。接下来，分中心将整合对接多方资源，推动志愿服务产学研高度融合，重点开展志愿服务理论创新、项目策划、实践指导、学术交流等工作，在推广志愿服务事业的地方经验和推动志愿服务高质量发展等方面发挥作用。

【群众杂志社江苏群众工作张家港实践基地揭牌】 10月13日，中共江苏省委群众杂志社江苏群众工作张家港实践基地签约揭牌仪式在精神文明建设张家港研究与交流中心举行。群众杂志社总编辑周斌、张家港市委书记韩卫参加活动并共同为基地揭牌。群众杂志社副总编辑曹巧兰，张家港市委副书记、副市长李炳龙等参加活动。群众杂志社和张家港市委签署战略合作框架协议，双方将联合举办专题研讨、开展年度课题研究，为张家港高质量发展提供智力支持。《群众》杂志有着光荣的历史传统和丰富的办刊经验，从20世纪80年代起，先后刊发和张家港有关的文章500余篇，全面介绍了张家港改革开放的奋斗历程，伴随着张家港一路的发展与成长，有力推广了张家港“两个文明协调发展”的典型经验。合作协议的签署、实践基地的揭牌，将为张家港提供更多高质量决策参考，也将为《群众》杂志提供鲜活的县域实践案例。

【吉林省文明城市创建培训班举办】 4月24日至28日，吉林省文明城市创建暨乡村学校少年宫项目骨干人员培训班在精神文明建设张家港研究与交流中心举办，吉林省委宣传部副部长张志伟带队，参与培训的95名学员为吉林省各市（州）党委宣传部分管精神文明建设工作的副部长，文明创建和未成年人思想道德建设科（处）室主要负责人，以及各县（市、区）党委宣传部部长或副部长。培训班通过专题授课、实地观摩、研讨交流等多种形式，系统分享张家港在文明城市创建、新时代文明实践工作、未成年人思想道德建设、乡村学校少年宫建设等方面的经验做法，主题鲜明、内容丰富、课程紧凑，得到学员充分认可。

【新疆巩留县宣传骨干观摩学习】 10月16日至20日，新疆巩留县宣传骨干赴张家港观摩学习精神文明建设能力提升培训班在精神文明建设张家港研究与交流中心举办，巩留县部分乡镇、县直机关的19名干部参加培训。文化润疆是新时代党的治疆方略的重要组成部分，也是张家港在对口援疆过程中始终重视和不断推进的工作。8月，张家港市与巩留县签订文明城市创建结对共建项目合作书，以两地精神文明建设条线结对共建、互学互鉴、经验推广、项目扶持为主要方式，探索张家港市、巩留县精神文明建设融合发展新路径，推动两地社会现代文明程度同步提升。此次培训是合作内容之一，通过“互动教学+现场教学+专题教学”相结合的方式，围绕文明城市创建、新时代文明实践中心建设、公共文化服务等工作，深入讲解张家港相关探索实践和取得的宝贵经验等。培训结束后，学员们反响热烈，表示将借鉴吸收张家港的先进经验，在改进中增强动能，在创新中破解难题，探索出具有巩留特色的精神文明建设新途径新方法，在“张闻明”示范带动下，让“巩文明”结出硕果。

【贵州省毕节市七星关区培训班举办】 11月21日至25日、11月27日至12月2日，由求是杂志社牵线，张家港市委宣传部支持，精神文明建设张家港研究与交流中心组织承办的贵州省毕节市七星关区基层干部和乡村振兴带头人专题培训班第一期和第二期举办。七星关区相关部门、乡镇（街道）领导，驻村第一书记、村（社区）书记，乡村振兴服务中心负责人等69名干部参加培训。求是杂志社委派事业服务中心主任宋志江出席第一期培训班开班仪式并发表讲话。两期培训班坚持理论学习和实践指导相结合，集中教学与研讨交流相结合，通过专题教学、实地考察、座谈交流、爱国主义电影教学、分组讨论等形式，围绕乡村振兴、基层社会治理、乡村文旅融合发展等主题，为他们量身定制课程，让学员们了解乡村振兴的机制路径，直观感受乡村振兴的生动实践。

（倪　冰）

12月1日，中国志愿服务研究中心江苏（苏州）分中心揭牌成立

（精神文明建设张家港研究与交流中心　提供）

【编辑　陆雨亭】

乡村振兴

Rural Revitalization

福前村 ［经开区（杨舍镇） 提供］

富民强村　　和美乡村建设

农村资产管理　　省高素质农民培育实训基地

乡村产业　　苏州村政学院

張家港年鑑(2024)

扫码欣赏

锦丰镇乡村振兴
片区化发展

富民强村

【概况】 2023年，市委、市政府先后召开农村工作会议暨乡村建设行动推进会、乡村建设工作推进会，部署召开市委农村工作领导小组会议暨学习借鉴浙江“千万工程”经验、争创省农村人居环境整治提升示范县工作推进会等，出台全面推进乡村振兴探索高水平率先基本实现农业农村现代化三年行动方案。为德积街道展示中心、乐余净谷田园新天地、肖家巷理想村配套、永联村农贸市场等农业农村项目安排新增建设用地指标，支持乡村产业发展。加快基层人才培育，推进新时代行政村、社区党组织书记队伍建设五年行动计划，选优配强村党组织书记。全市村干部大专及以上学历占94.4%，村党组织书记大专及以上学历占95.7%。新增绿色优质农产品生产基地2500公顷，全市绿色优质农产品比重达到80%。锦丰镇、南丰镇永联村、杨舍镇善港村、金港街道长江村、乐余镇永利村、凤凰镇双塘村入选省乡村振兴示范乡镇（村）创建名单。善港生态农业科技有限公司入选国家级生态农场，锦丰镇获评江苏省铁皮石斛产业特色小镇。全市建成江苏省农业生产全程机械化智能化示范基地（园区）5个，粮食生产全程机械化水平达到99.64%。数字乡村服务总平台上线，20个村庄实现“上云”。“长江文化走廊·张家港湾文旅产业融合提升”项目入选2023年江苏省重点文化和旅游产业项目名录。落实村级组织运转保障经费补助，对113个村集体拨付市级补助资金1675.3万元。开展第二轮榜单激励奖励，奖补10个经济一般村200万元。确定新一轮5个苏州乡村振兴重点帮促村，出台《党建引领乡村振兴，重点帮促村（经济相对一般村）高质量发展二十条措施》。年内，全市村均经营性收入1708万元，比上年增8%，位列苏州市第一名。全市农村集体分红和福利支出6.4亿元。

【乡村振兴示范片区建设】 年内，市政府围绕“片区化推进乡村振兴，组团式开展乡村建设”的要求，成立乡村振兴片区工作领导小组，制定《张家港市乡村振兴4+N示范片区概念方案》，建立4个跨镇域片区和N个跨村域示范片区。6月28日，《张家港江海第一湾乡村振兴片区协同发展规划》发布。至年末，全市有江海第一湾片区、长江农科农创片区、长江古镇古村片区、长江圩田片区跨镇域乡村振兴示范片区4个，跨村域示范片区14个。纳入片区规划的建制村136个、自然村2175个，实现片区规划全覆盖，规划区域总面积653平方千米，涉及农户11万余户。片区内有重点项目269项，计划总投资395.7亿元。年内完成投资107.6亿元。

【29家经济合作社上榜全省百强】 9月，由南京农业大学金善宝农业现代化发展研究院、江苏省农村产权流转交易研究会等发起，在全省完成农村集体产权制度改革的股份经济合作社中从集体资产总体实力、集体经济运营能力、集体经济服务能力、集体经济发展潜力4个维度，以2022年经营性收入等指标为基础，综合评定出全省百强经济合作社。经开区（杨舍镇）农联村、城西村、田垛里村、城南村、七里庙村、李巷村、善港村、城东村、庆安村、福前村、蒋桥村、章卿村、东莱村、民丰村、百家桥村、斜桥村股份经济合作社，冶金园（锦丰镇）建设村、联兴村股份经济合作社，高新区（塘桥镇）花园村、何桥村、韩山村、滩里村股份经济合作社，凤凰镇双龙村股份经济合作社，乐余镇永利村股份经济合作社，金港街道长山村、巫山村、长江村、柏林村股份经济合作社，后塍街道晨阳村股份经济合作社等29家经济合作社上榜。上榜总数为全省县级市第一。其中，农联村股份经济合作社、城西村股份经济合作社经营性收入分别为11261.19万元、8703.73万元，位于全省前两名。

（钱益萍）

【党建引领振兴善治落实提升行动启动】 11月16日，中组部红色美丽村庄试点一期落成暨张家港市党建引领振兴善治落实提升行动发布仪式在双山香山旅游度假区举行。苏州市委常委、组织部部长祁松，张家港市委书记韩卫共同发布张家港市党建引领振兴善治落实提升行动。行动将通过实施村（社区）党组织“六强六好”定级管理、推进村级带头人“海棠薪火双百”培育工程、健全“海棠解忧”减负增效长效机制、汇集振兴善治乡土人才、推动新型农村集体经济提质增量、深化乡村振兴重点帮促村（经济相对一般村）帮促工作、赋能乡村振

农联家园 ［经开区（杨舍镇） 提供］

兴示范片区建设、提质复杂区域精细化治理、完善“小区域·大党建”格局、落实党员干部下沉一线机制等10项重点任务,增强村(社区)党组织政治功能和组织功能。其中,村级带头人“海棠薪火”双百培育工程,将建立100人左右的先进典型“种子库”和500人左右的优秀后备人才库,依托“头雁菁英锤炼营”、村级中青班等载体,选育培树一批村级带头人。

(王嘉琪)

农村资产管理

【概况】 2023年年末,全市有村级集体经济组织174个,农村集体资产(村组)总额359.05亿元,其中村级集体资产总额342.72亿元,负债196.53亿元,净资产146.19亿元。村集体应收款累计清缴率99%,资产上线交易应进必进率100%。开展智慧监管平台三期功能研发,探索村级财务报表合并功能,实现村与村级集体企业自主报表合并,科学分析村级经济发展趋势。探索村级工程预决算功能,控制村级支出规模。全面推广江苏省农村产权交易平台,加强对基层产权交易工作的监督指导,全年在省、苏州市平台交易10.93亿元。建立村级集体企业季度经营数据分析机制,督促区镇加强村企经营风险管控。开展农村集体经济组织资金外借清理规范专项行动,全面清理村集体外借资金,进一步规范村级财务管理。开展年度资产清查,实地清查全市村集体资产状况,处置资产300万元,负债1.18亿元。突出数字人民币应用场景,在智慧监管平台研发村级数字人民币工资代发功能,优化对账服务,强化技术保障。开展数字人民币应用试点示范村(社区)建设,永联村、中山村入选苏州市数字人民币试点村创建名单。

【土地承包管理】 年内,全市持续深化农村承包地“三权”分置改革,规范土地承包经营权流转,强化农村土地承包管理。完成农村土地承包确权登记颁证成果资料移交不动产登记,与市资规局、市档案馆建立农村土地承包经营权档案信息数据的共用共享机制。加强农村承包土地政策宣传、完善农村土地承包经营纠纷仲裁,化解农村土地矛盾,维护农民合法权益。开展农村土地流转价格调查,督促指导土地通过农村产权交易平台进行流转,全年在苏州市农村产权交易平台上成交土地承包经营权流转1346起,流转土地面积9348.2公顷,成交金额15966万元。

【阳光惠民】 年内,“阳光惠民”系统内共监管资金3509.52万元,其中惠民资金1755.52万元、涉农资金1754万元。按照每季度至少进村入户走访一次的要求,开展阳光惠民帮扶走访工作,全市1823名正股职及以上干部与1823户困难家庭实现结对帮扶,全面完成走访任务,保障人口2430人。

【农村集体经济组织审计】 年内,市农业农村局按照三年轮审一遍的原则,组织开展农村集体经济组织审计。4月,印发《张家港市农村集体经济组织“三年一审”实施方案》,要求各区镇(街道)每年初制订审计工作计划,严格遵守审计程序,围绕重点关注内容有序开展审计工作。至年末,各区镇(街道)审计农村集体经济组织144个,其中由“第三方”审计机构开展审计68个,区镇(街道)自行开展审计76个。通过审计,重点整改各村财务账务、资产租赁、工程采购、村集体企业管理等方面问题,进一步提升全市农村集体“三资”管理规范化水平。

【农村集体资产提质增效行动】 6月,市农业农村局组织开展全市农村集体资产监管提质增效行动,紧盯“资产资源管理、经济合同管理、债权债务管控、工程项目管理、集体经济审计”5个关键环节,坚持问题导向,明确责任分工,切实整治农村集体资产管理不规范行为,推动村级经济健康发展。提质增效行动分自查自纠、实地抽查、建章立制3个阶段开展,共整改村级集体经济组织成员重复1635人、未规范挂牌20个、不规范合同86份、财务公开不规范7个、审计后限期内整改不到位问题4个以及个别村固定资产管理不严格等相关问题。

(钱益萍　薛怡瑶)

乡村产业

【概况】 2023年,江苏梁丰食品集团有限公司、江苏张家港酿酒有限公司通过国家级农业龙头企业复评,中粮东海粮油工业(张家港)有限公司、张家港市青草巷农副产品批发市场有限公司、张家港市粮食产业发展有限公司、江苏鸿逸泰生态农业科技有限公司、江苏善港生态农业科技有限公司、江苏东渡纺织集团有限公司、益江(张家港)粮油工业有限公司、苏州永联天天鲜配送股份有限公司、威胜生物医药(苏州)股份有限公司等9家企业通过农业产业化省级龙头企业复评,张家港市华茂市场管理有限公司、瑞康牧业(张家港)有限公司、江苏金辉食品有限公司、苏州丰倍生物科技股份有限公司等4家企业获苏州市级农业产业化龙头企业认定,苏州华承食品有限公司、港城肉类食品(苏州)有限公司、江苏常阴沙现代农业发展有限公司等3家企业获张家港市级农业龙头企业认定,张家港市新供鲜生鲜配送有限公司等32家企业通过张家港市级农业龙头企业复评。至年末,全市有各级农业产业化龙头企业78家,其中国家级2家、省级9家、苏州市级26家、张家港市级41家。市家佳康食品有限公司挂牌江苏省股权交易中心“农业板”,累计挂牌17家,总量位居苏州市前列。江苏梁丰食品集团有限公司获江苏省出口农产品示范基地认定。江苏张家港酿酒有限公司获江苏省农业全产业链链主企业认定,市神园葡萄科技有限公司、江苏鸿逸泰生态农业科技有限公司获江苏省农业全产业链骨干企业认定,杨舍镇善港农民专业合作社、常阴沙现代农业示范园区联农农产品专业合作社、塘桥镇金村农机服务专业合作社获江苏省“头雁”示范社认定，市肖坤家庭农场、市华田家庭农场获江苏省“头雁”家庭农场认定。常阴沙现代农业示范园区联农农产品专业合作社、杨舍镇善港农民专业合作社获国家农民合作社示范社认定。杨舍镇善港农民专业合作社“发展生态高效农业，联农带农富民增收”被评为全省农民合作社典型案例。凤凰镇和合人家家庭农场获省级示范家庭农场认定。市丰源家庭农场有限公司、市丰泰家庭农场获评苏州市“十佳”家庭农场。杨舍镇周春龙家庭农场，锦丰镇谷满田家庭农场、青青家庭农场、彭国飞家庭农场，塘桥镇大愚木舍家庭农场，乐余镇徐智强家庭农场，南丰镇伟建家庭农场，大新镇盛记家庭农场、福善家庭农场、起水鲜家庭农场，常阴沙现代农业示范园区瞿源家庭农场、陈成家庭农场，金港街道长山香名扬家庭农场，后塍街道有利家庭农场、罗子家庭农场，德积街道惠平家庭农场、孙群肆家庭农场、魏军东家庭农场获苏州市示范家庭农场认定。7月，张家港市第六届现代农业招才引智推介交流会举办。8月，在第六届苏州市农村创业创新项目创意大赛中，沙洲优黄文化产业发展有限公司的“酒的故事——沙洲优黄文化园”获成长组二等奖，江苏金辉食品有限公司的“江苏金辉双蛋白绿色预制菜产业园”获成长组三等奖，苏州三亩良铺农业科技有限公司的“酵素农场的田园综合体”获初创组三等奖，苏州华承食品有限公司的“喜承肥肠——肥肠非常好”获成长组优胜奖。11月，张家港优质农产品展销会暨金秋百日招商推介会在市体育场举行，金辉食品冷链物流新建项目、莺山羊绒主题民宿+桃花谣生态庄园项目、昊盛健康生物产业集团铁皮石斛深加工项目、渔光互补发电项目、永联天天鲜配送中心项目、乐余智慧设施农业产业升级项目6个农业项目签约，总投资2.56亿元。中国农业银行市分行、张家港农商银行、邮储银行市支行、江苏银行市支行与市凤创开发建设有限公司、市金沙洲壹号庄园农渔生态有限公司等8家企业开展合作签约，授信11.88亿元。

【农民合作社、家庭农场】 年内，市现代农业示范园区联农农产品专业合作社、杨舍镇善港农民专业合作社获评国家级农民合作社示范社。全市通过省级示范合作社复核监测10个，获评省级合作社典型案例1个；新增省级示范家庭农场1个，累计24个；新增苏州市级示范家庭农场18个，累计51个，创建苏州市“十佳”家庭农场2个。全市累计培育张家港市级示范家庭农场426个、示范农民合作社96个。年末，全市有进行工商登记的各类农民合作社391个，其中土地股份合作社113个、其他农民专业合作社278个。

【省农业农村领域重大项目推进】 2023年，全市有农业农村领域省级入库项目13项，总投资21.6亿元，其中年内新建项目9项、跨年度续建项目4项，年度计划完成投资11.09亿元，实际完成投资11.13亿元，当年建成投产项目10项，建成投产率76.92%。江海粮油产业园包装油工程、泰柯棕化脂肪酸和甘油扩建工程、保税区百胜苏南供应链运营中心新建工程、新晨产业园（乡村振兴示范园）新建工程4个项目被列为省级示范项目。江海粮油产业园包装油项目由江苏省江海粮油集团有限公司投资建设，总建筑面积23387平方米，主要建设小包装车间1栋、配套建设立体库、发货雨棚以及厂区管廊等设施，新建包装油生产线2条。泰柯棕化脂肪酸和甘油扩建项目由泰柯棕化（张家港）有限公司投资建设，主要新建脂肪酸生产装置构筑物面积2708.3平方米、锅炉房建筑面积201.13平方米，并将成品仓库改建为成品包装车间，新增年产脂肪酸15万吨、甘油1.5万吨。保税区百胜苏南供应链运营中心项目由传胜供应链管理（张家港）有限公司投资建设，建设2栋双层低温冷库和2栋常温仓库，总建筑面积8.1万平方米，作为百胜供应链全国旗舰基地，包含百胜冷链物流投资结算、冷链物流供应链服务和食品类进口贸易结算等功能。新晨产业园（乡村振兴示范园）新建工程项目由杨舍镇晨新村股份经济合作社投资建设，为村联公司“抱团发展”项目，占地面积4.19万平方米，建筑面积8.63万平方米，包括四层厂房1栋、三层厂房4栋、十二层综合楼1栋。项目建成后，可创造就业岗位1000余个，每年为村集体增收约1500万元。

【“苏韵乡情”乡村休闲旅游农业专场推介】 3月31日，2023年“苏韵乡情”乡村休闲旅游农业（苏州）专场推介暨张家港市农文旅消费季启动仪式在张家港市常阴沙现代农业示范园区举

2023年“苏韵乡情”乡村休闲旅游农业系列推介活动

（市融媒体中心 提供）

行。省农业农村厅、苏州市、张家港市有关领导出席活动。活动现场推介江苏省春季休闲农业精品路线13条，启动“苏韵乡情·百优乡产”推介活动。“张家港市春游江南赏花踏青之旅”入选江苏省春季休闲农业精品路线。市农业农村局发布张家港市休闲农业宣传片，举行张家港市“五彩乡村，魅力沙洲”农文旅精品推介。20余个单位现场展销各类名特优农产品和优秀“非遗作品”。4月，张家港市发布2023年张家港市农业旅游护照。5月，在苏州市首届“苏韵乡情·百优乡产”评比中，沙洲优黄系列黄酒获金奖，福吉佳糕点系列产品获银奖，凤凰水蜜桃、鹿苑皇室叫花鸡获优秀奖。沙洲优黄系列黄酒获评“苏韵乡情·百优乡产”称号。6月20日，“我在港城有块田”张家港市爱上开心农场项目在百家桥村启动，以市场化方式开展“张小农”农业研学活动。年内，“赏秋实，忆初心”农文旅融合精品线路入选2023年度苏州乡村旅游十大精品线路。至年末，全市休闲农业综合收入8.9亿元。

【市农村创业创新大赛举行】 7月18日，2023年张家港市“邮储银行杯”农村创业创新大赛在中国邮储银行张家港市支行举行。12个农村创业创新项目参与现场路演。参赛项目涉及乡村旅游、农产品精深加工、生态农业等新产业新业态，参赛选手有乡村能人、农村青年、大学毕业生以及科技人员。经评委现场打分，李刚的“酵素农场的田园综合体”获一等奖，王少卿的“缓释生物信息素材料的研发与产业化”、胡斌的“江苏金辉双蛋白绿色预制菜产业园”获二等奖，黄腾蛟的“喜承肥肠——肥肠非常好”、郭俊清的“药食同源植物脱毒育苗及产业化推广项目”、徐丽春的“常北稻麦乐园”、肖湘的“酒的故事·沙洲优黄文化园”4个项目获三等奖，施家裕的“无他农乐园建设项目”、徐永清的“张家港的一只叫花鸡”、张燕的“爱上开心农场”、谢高峰的“智慧农业+一、二、三产业融合发展，点燃蔬之园产业升级新引擎”、陆海洋的“村企合作下的共享农业模式探索”5个项目获优胜奖。

（张　聪　陈远志　张书铮
许　阳　孙　艺）

【市现代农业创新服务中心启用】 7月28日，张家港市第六届现代农业招才引智推介交流会暨张家港市现代农业创新服务中心启用仪式在常阴沙现代农业示范园区举行。市现代农业创新服务中心位于常阴沙现代农业示范园区常南社区，总投资4000余万元，建筑面积8000平方米，建有常阴沙智慧农业公共服务平台、农展馆、专家工作站、农民大讲堂、路演室、省级五星级农产品质量监管站等，集智慧农业公共服务、专家人才科研实验、人才项目产业孵化、新型职业农民培训四大功能于一体，瞄准种子种苗、生物农业两大主攻方向，不断引进全职人才和创新团队，努力实现“引来一个、带动一批、辐射一片”效应。至年末，中心孵化回文生物、宝育农业等9家人才企业，吸引苏州回文生物种业科技有限公司、三合引擎（张家港）科技产业发展有限公司、苏州苏克生物科技有限公司、江苏硒海农业科技有限公司等7家科技人才企业入驻。

（徐丽春）

市现代农业创新服务中心　（常阴沙现代农业示范园区　提供）

和美乡村建设

【概况】 4月，市委办公室、市政府办公室印发《张家港市乡村建设行动实施方案》，成立乡村建设行动联席会议制度。年内，接续推进农村人居环境整治提升五年行动，146个建制村、1901个自然村全域开展环境整治，实施村庄垃圾清理专项行动、乡村环境整治攻坚行动，加强“一部、四沿、五旁”薄弱区域治理，发现并解决环境问题2.25万个，落实“晴雨榜”奖补资金200万元。开展“四季战役”“净美家园”村庄清洁行动，建设“五园一景”（美丽庭院、美丽菜园、美丽果园、美丽牧园、美丽田园，美丽村景）。开展县乡生态河道建设，建成生态河道31条总长63.1千米。杨舍镇百家桥村、乐余镇永利村、常阴沙现代农业示范园区常北社区的3个村庄创建为江苏省特色田园乡村。凤凰镇贝贝足球主题公园、冶金园（锦丰镇）泓南广场公园、金港街道东山村月湖里公园获评苏州市美丽乡村健身公园，杨舍镇晨南村油车埭农民体育基地、冶金园（锦丰镇）沙洲新城冬泳基地、高新区（塘桥镇）广场舞农民体育基地获评苏州市级农民体育基地。锦丰镇获评苏州市农村人居环境长效管护先行镇，锦丰镇西界港村、凤凰镇双龙村、常阴沙常东社区、金港街道长山村获评苏州市农村人居环境长效管护先行村。乐余镇获评苏州市宜居宜业和美镇，杨舍镇庆安村、锦丰镇十一圩港村、塘桥镇妙桥社区、乐余镇乐西村、凤凰镇恬庄村、南丰镇民乐村、大新镇新凯村、后塍街道高桥村、德积街道朝南村获评苏州市宜居宜业和美村。累计获评苏州市宜居宜业和美镇7个、村63个。全市新增苏州市特色康居乡村30个、特色康居示范区1个，其他一般类村庄创建特色宜居乡村275个，实现特色宜居乡村建设全覆盖。累计建成特色康居乡村654个、特色康居示范区23个，惠及农户4.57万户。

【农村人居环境整治提升典型案例入选国家城乡环境卫生清理整治典型案例】 12月，在2023年度爱国卫生运动大会上，国家发展改革委会同全国爱卫办，发布了60个城乡环境卫生清理整治典型案例，张家港市“人居有颜值、产业增实力、乡风更文明，奋力描绘宜居宜业和美乡村新面貌”入选。近年，张家港市全面落实乡村振兴总要求，学习浙江“千万工程”经验，促进“美丽生态、美丽经济、美好生活有机融合”“农、文、旅、产有机融合”，片区化推进乡村振兴，组团式开展乡村建设，建制村、自然村全域开展环境整治。2023年，全市新增苏州市宜居宜业和美镇1个、和美村9个，苏州市农村人居环境长效管护先行镇1个、先行村4个，评选推介张家港市农村人居环境整治典型案例13个（镇级3个、村级10个）。凤凰镇《“望闻问切”四步走，绘就和美新图景》，冶金园（锦丰镇）西界港村《“三三三”工作法引领乡村善治》，南丰镇永联村《数字赋能，让人居环境成为永联新名片》获苏州市农村人居环境整治提升典型案例。冶金园（锦丰镇）《以“文明内涵”为主线，织好和美乡村“四张网”》，后塍街道《四链串珠成片》，金港街道《谱写齐抓共管“协奏曲”精绘和美乡村“实景图”》，常阴沙常东社区《巧用“积分制”唤醒共治热情，开启农村人居环境整治新篇章》获苏州市农村人居环境整治提升典型案例提名。

（谢 秋）

【“三治曹口”人居环境整治模式】 2023年，杨舍镇南苑社区将城中村曹口人居环境整治工作列入年度重点工作，成立“善治美至”行动支部，推行以“宜居善治、党群共治、文旅智治”为核心的“三治曹口”治理模式。“一治曹口”：针对曹口东、西两侧的“漕泾河”和“弯背塘”水质变黑变臭、6处污水井跑冒滴漏、“漕泾河”和“弯背塘”相连涵洞坍塌等问题，社区对接市水务局进行河道清淤、污水纳管、生态修复，提升水质。对83户私房进行雨污分流改造，维修道路1万余平方米，改造停车位2000平方米。“二治曹口”：将曹口83户私房按片区位置划分成3个“宅基自管组”，设置“宅前屋后”包干责任区，由党员志愿者、村民小组长、热心村民担任自管组组长，对曹口私房前的空地进行改造，挨家挨户动员拆除违建临建，清理杂草和生活垃圾，规划建设美丽菜园。“三治曹口”：通过民生微实事项目，加装篱笆800米，新增垃圾分类亭2处、休闲座椅11张，引入“围炉煮茶”、网红咖啡馆等商户，帮助户主解决出租需求。曹口城中村治理作为优秀案例被市委组织部编入《双引双融海棠36计》，获市政协“有事好商量”案例推广一等奖、2023年度“暨阳海棠”基层党建好项目称号。

（高丽萍）

省高素质农民培育实训基地

【概况】 永联培训中心为2023年省级高素质农民培育实训基地，成立于2012年，是由永联村党委直接领导的专业化基层党政干部培训服务机构。中心是中国浦东干部学院培训基地、中央团校培训中心教学基地、中国社区发展协会社区治理与服务创新基地、江苏省干部党性教育基地、江苏省委党校培训基地、江苏省社会科学院乡村振兴研究基地、文旅部现场教学基地。中心秉持“深耕基层，助力现代化”的价值观，构建党组织建设、县域经济、乡村振兴、社区治理、文明创建等特色专题，服务基层干部成长，助力基层建设发展。中心与长三角1000余个优质现场教学点形成长期合作伙伴关系，特聘500余名名校讲师、名村书记及政府专家为客座讲师，构建了课堂教学与现场教学相结合，理论教学和实务教学相融合，情境教学和结构研讨相辅助，线上培训和线下培训相衔接的教学模式体系。2023年，培训中心开设培训班241期，培训学员9303人。

【全国乡村振兴返乡人才能力提升研修班举行】 5月8日至15日，由中央农业广播电视学校举办的2023年乡村振兴返乡人才能力提升研修班（第一期）在永联培训中心举行。这是永联培训中心首次作为中央农业广播电视学校江苏基地承办培训班。全国30个省（区、市）的55名入乡企业家参与培训。培训班围绕习近平新时代中国特色社会主义思想、乡村振兴、产业转型、农产品优化、可持续发展等主题，结合理论和实践，通过现场教学、座谈交流等形式，提高入乡企业家创业创新的能力，推进返乡人才的带领作用。

【陕西省县（市、区）党政领导干部专题研讨班开班】 5月21日至26日，为深入学习贯彻中共二十大精神和习近平在陕西考察时的重要讲话精神，努力实现科技创新、加强生态保护、促进乡村振兴，赋能区域经济产业提质增效，陕西省委党校（陕西行政学院）2023年春季县（市、区）党政领导干部“学习贯彻党的二十大精神，推动高质量发展”专题研讨班在永联培训中心开班。陕西省42名县（市、区）党政干部通过学习观摩、听取介绍、现场体验、交流研讨等方式参加培训。学员们考察调研苏州、南通的文化旅游、乡村振兴、工业园区、科技产业等，并参观张家港综合展示馆、沙洲优黄文化园、永联村、南通博物苑、沙家浜革命历史纪念馆、科大讯飞（苏州）人工智能展厅等实践教学点位。

【全省“兵支书”能力提升示范培训班开班】 12月5日至8日，为引导广大

"兵支书"提高组织带领群众发展集体经济、建设美丽乡村、实现共同富裕的能力，同时示范带动全省各地抓好"兵支书"的教育培训和实践锻炼，切实为巩固基层政权、完善基层治理、推进乡村振兴提供强有力的人才保证，省退役军人事务厅主办的全省"兵支书"学习二十大、建功新时代能力提升培训示范班在永联培训中心开班。培训班邀请中央党校、省委党校、苏州市委党校、永联村党委等单位的骨干和专家，围绕深入学习贯彻中共二十大精神、贯彻落实乡村振兴决策部署、加强基层治理等方面进行专题授课。在南丰镇永联村、东港村、锦丰镇建设村、常阴沙现代农业示范园区开展现场教学，并围绕"如何发挥兵支书先锋模范作用，带领群众在乡村振兴、产业发展中担当有为"组织分组讨论。全省部分优秀"兵支书"代表及省、市退役军人事务部门有关工作人员，以及西藏、新疆、青海的优秀"兵支书"代表40人参加培训。

（永联培训中心）

10月17日，江苏省派驻村第一书记培训班开班（王　斌　摄）

苏州村政学院

【概况】 苏州村政学院前身为善港农村干部学院，位于经开区（杨舍镇）善港村，成立于2018年5月，是全国贫困村创业致富带头人培训基地、江苏省党支部书记学院农村分院，2022年首批获批江苏省乡村振兴培训基地，成为苏州市新型职业农民教育培训中心。经苏州市民政局批准，2022年11月更名。学院建筑面积近1万平方米，拥有教学楼、学员公寓及会议、食宿、休闲等综合配套设施，可同时容纳500名以上学员学习培训。中心以"农字头"为底色，以助力创业致富、助推乡村振兴、助燃基层党建为己任，打造创业致富带头人和基层党建带头人的"双带培训"品牌，突出"农民是教员，田园是课堂，合作为纽带，共富为目标"的办学特色，融"扶志、扶智、扶市、扶管"四位一体，设置"理念革新、模式推广、党建引领、项目扶持、专技讲堂"5个模块、80余个专题，针对不同培训对象，量身定制培训"套餐"。中心由全国劳动模范、全国脱贫攻坚奖创新奖、全国农业劳动模范、全国岗位学雷锋标兵等称号获得者，善港村党委书记、村委会主任葛剑锋任院长，聘请全国脱贫攻坚楷模、时代楷模、著名"三农"专家赵亚夫任名誉院长。建立以赵亚夫团队、赵亚夫农业农村研究院专家为主体，全国各类科研院校专家为补充的专家库；组建以全国脱贫攻坚奖获得者为主体，以国内外优秀创业致富带头人为补充，"既能说给学员听，又能做给学员看，还能领着学员干"的创业导师库，入库各类专家和创业导师600余人。整合长三角地区丰富的教育资源、改革开放与现代化建设实践资源，开发形成800余个"一点多题"和"一题多点"、点面结合、模块组合的现场教学点。2023年，举办培训279期，参训15679人。其中，创业致富带头人培训班18期，1177人；基层党建带头人培训班135期，8692人；研学97期，4275人；合作班29期，1535人。

【苏州市驻村第一书记示范培训班开班】 9月24日至28日，为切实加强驻村第一书记履职能力建设，苏州市委组织部在苏州村政学院举办苏州市驻村第一书记示范培训班。培训重点围绕习近平总书记关于"三农"工作的重要论述、统筹推进乡村发展、乡村建设、乡村治理等主题，结合理论和实践，通过专题讲座、现场观摩、经验分享、研讨交流等形式，切实提高驻村第一书记贯彻执行党的农村政策、推进乡村全面振兴、带领群众增收致富、维护农村社会稳定的能力和水平。苏州各区市41名驻村第一书记参加培训。

【乡村振兴省级示范培训班开班】 10月17日至20日，为贯彻落实全国驻村帮扶工作推进会精神，省乡村振兴局在苏州村政学院举办江苏省乡村振兴重点帮促村工作队员（派驻村第一书记）省级示范培训班。省乡村振兴局副局长王颖娟出席开班仪式并作动员讲话。培训班围绕深入学习习近平新时代中国特色社会主义思想、中共二十大精神、学习贯彻习近平总书记关于"三农"工作的重要论述、学习运用浙江"千万工程"经验等主题，邀请中宣部"时代楷模"智库首席专家、江苏省"百名示范"村书记等各领域专家学者授课，通过专题授课、经验交流、先进事迹宣讲、案例教学等形式，强化挂钩帮促领域作风教育，提升帮促村工作队员工作能力和帮促水平。省、市乡村振兴帮促工作队180余人参加培训。

（王　斌）

【编辑　陆正芳】

张家港港

Zhangjiagang Harbor

11月1日，中国第40次南极科学考察队保障轮“天惠”轮从张家港港2号泊位出发　（港务集团　提供）

港口航运

张家港海关

金港海关

海　　事

边防检查

长航公安

长江引航

港口配套服务

張家港年鑑(2024)

扫码欣赏

“关”与信仰

——张家港海关授予关衔仪式

港口航运

【概况】 张家港港建于1968年，1982年对外开放，拥有富庶的经济腹地和区港一体的自然条件，是长江内河流域第一批对外开放的国家一类口岸之一。张家港港东距上海吴淞口146.5千米，西离南京港219.4千米，南与杭嘉湖地区相连，北通苏北各港，是苏州港3个港区之一，以服务长江中上游地区物资转运和张家港市临港产业开发为主，重点发展煤炭、铁矿石、粮食等大宗散货和集装箱、液体化工品、件杂货运输。张家港港规划建设港口岸线40.1千米，已开发利用27.9千米，剩余12.2千米，主要由长山、张家港、化学工业园、段山港、冶金工业园、东沙6个作业区组成。张家港口岸开辟集装箱班轮航线41条，其中外贸近洋航线7条、外贸内支线18条、内贸航线16条。2023年，张家港口岸完成货物吞吐量2.52亿吨，比上年增3.3%。其中，金属矿石8034.71万吨、煤炭及制品6263.88万吨、钢铁2460.87万吨、矿建材料1633.64万吨、化工原料及制品1575.66万吨、粮食1404.92万吨、木材461.32万吨、化肥及农药184.07万吨、石油天然气及制品182.41万吨、水泥132.25万吨、机械设备318.46万吨、其他1879.4万吨。外贸运量7043.5万吨，比上年增9.58%。其中，外贸进口5609.12万吨，比上年增8.61%；外贸出口1434.37万吨，比上年增13.55%。集装箱吞吐量100.8万标箱，比上年增19.24%。张家港保税港区进出口汽车330辆，其中进口315辆、出口15辆。

【码头泊位】 2023年，长江下游福南水道12.5米深进港航道进行常态化维护。在《苏州港总体规划（修订）》通过交通运输部、江苏省联合审查基础上，张家港市交通运输局配合苏州市交通运输局取得生态环境部关于《苏州港总体规划（修订）环境影响报告书》的审查意见。东沙作业区进港航道、锚地工程完成竣工预验收。港务集团18号泊位于2月竣工，配备1个3万吨级长江泊位、2个2000吨级内港池泊位及相应配套设施，海力2号码头及浦沙码头改扩建工程开工建设。张家港港有大新专用航道、东沙专用航道，以及张家港海轮锚地、8号锚地、危险品锚地3个锚地。有码头企业26家，建有泊位151个，其中1万吨级以上泊位79个。拥有对外开放泊位86个，其中1万吨级以上对外开放泊位74个。

【长江航道管理】 长江张家港航道处主要负责长江干线如皋泓北沙至江阴黄田港段主航道、副航道和专用航道管理维护工作。维护辖区航道里程100.1千米，共设助航标志265座，有航道维护船艇5艘，处站码头2座，维护河段航道为全国文明样板航道。2023年，在福姜沙水道开展基于大数据等新技术条件下的长江下游重点航段航标配布优化技术研究与示范项目，利用人工智能、AIS虚拟航标等技术，构建航道、船舶时空大数据平台。全年完成航道巡航483航次，巡航里程10253千米，恢复失常航标43座次，优化调整航标18座次，完成航道测绘39测次，测量面积738.65换算平方千米，航道整治建筑物巡查228次，航道维护正常率100%。全年完成疏浚施工量25.85万立方米，全力保障长江深水航道安全畅通。

（陆　军）

表7　　2023年张家港口岸码头泊位一览表

作业区	码头单位	码头泊位名称	泊位个数	主要用途	前沿水深（米）	码头长度（米）	靠泊能力（吨级）	投产年月	开放时间
长山作业区	久盛船业	舾装码头	2	船修	−8.00	300.00	1个30000 1个50000	2008年12月	2009年9月
	圣汇装备	舾装泊位	2	船舶装备	−7.00	300.00	2个3000	2009年12月	—
	锦隆重件	锦隆重件	4	重件 件杂货 件杂货	−8.00	540.00	1个8000 2个5000 1个2000	2011年8月	3号5000吨级 2016年3月 开放
	上海港机	港机厂码头	1	港机发运	−9.00至 −7.50	84.00	10000	1997年12月	1998年5月
张家港作业区	港务集团	1号泊位	1	散杂货	−11.00	185.00	50000	2012年	1983年5月
		2号泊位	1	散杂货	−11.00	185.00	50000	2012年	1983年5月
		4、5号泊位	2	海轮泊位（可散货）	−11.85	581.00	100000	2016年	1983年5月
		6号泊位	1	件杂货	−10.50	180.00	10000	1985年12月	—
		7号泊位	1	件杂货	−10.50	180.00	10000	1985年12月	—
		8号泊位	1	海轮泊位（可散货）	−11.62	203.00	70000	2014年	1994年12月
		9号泊位	1	海轮泊位（可散货）	−11.62	185.00	70000		1994年12月
		10号泊位	1	液体化工	−11.62	196.00	25000	1993年8月	1994年12月
		13号泊位	1	件杂货	−11.68	180.00	30000	2009年	1988年12月
		14号泊位	1	件杂货	−11.62	195.00	40000		1992年12月
		18号泊位	3	集装箱	—	301.00	1个30000 2个2000	2023年	—

续表7

作业区	码头单位	码头泊位名称	泊位个数	主要用途	前沿水深（米）	码头长度（米）	靠泊能力（吨级）	投产年月	开放时间
张家港作业区	永嘉码头	15号泊位	1	集装箱	−11.62	255.00	25000	1992年10月	1992年12月
		16号泊位	1	集装箱	−11.62	250.00	25000	1997年10月	2015年12月
		17号泊位	1	集装箱	−11.90	217.00	30000	2006年10月	2019年2月
	江海粮油	1号泊位	1	粮油	−9.80	180.00	50000	2016年	1987年12月
		2号泊位	1	粮油	−10.00	220.00	70000		1991年11月
		3号泊位	1	粮油	−10.00	210.00	70000		1996年9月
		4号泊位	1	件杂货	−13.10	200.00	70000		2007年1月
	保税港务	保税港务	2	集装箱 多用途	−13.00	470.40	50000	2014年	2007年7月
化工园作业区	长江国际	1号泊位	1	化学品	−13.00	170.00	30000（借用3号泊位）	2016年	1993年7月
		2号泊位	1	化学品	−13.00	280.00	50000（借用3号泊位）		2002年9月
		3号泊位	1	化学品	−13.00	40.40	3000		2006年8月
		内河泊位	2	化学品	−3.40	104.00	5000	—	—
	东海粮油	1号泊位	1	海轮泊位（可散货）	−11.00	284.00	70000	2016年	1995年7月
		2号泊位	1	杂货	−11.00	96.00	10000		
		改扩建码头	1	散货	−11.00	290.00	50000（70000）	2004年2月	2004年9月
		3号泊位	1	杂货	−7.50	120.00	10000	2016年	—
	陶氏化学	陶氏化学	1	液体化学品	−14.00	244.25	25000（40000）	2002年7月	2002年6月
	孚宝仓储	孚宝码头	2	液体化工	−12.50	461.00	2个50000	2013年	2008年1月
		内港池	2	液体化工	−4.00	195.40	1000	2015年	—
	东华能源	东华能源	1	液化石油气	−14.00至−11.00	280.00	54000	2013年	1999年11月
		东华能源	1	液体化工	−14.00至−11.00	217.50	20000	2012年	2011年11月
	双狮物流	液化泊位	1	液体化工	−14.90	312.00	50000	2005年2月	2005年6月
		散货泊位	1	散货	−15.20	275.00	50000	2005年2月	2005年6月
		内港池	5	液体化工	−4.05	403.60	500	2005年2月	—
段山港作业区	港新重装基地	长江泊位	5	重件 件杂货	−9.84	898.00	3个8000 2个5000	2017年	3个8000吨级2016年1月开放
		内港池泊位	5	件杂货	−4.20	455.00	5个2000	2017年	—
	华达码头	华达码头	5	散杂货 杂货	−10.50	908.00	3个20000（其中2个可70000） 2个10000	2016年 2007年11月	2008年7月
	中油泰富	1号码头	1	油品	−12.50	195.00	50000	2014年	2007年12月
		2号码头	1	油品	−12.50	72.00	50000		1995年2月
		内档待泊泊位	3	—	−5.00	196.00	300	2011年	—
	永恒码头	永恒码头	2	散货	−11.50	369.45	50000 50000	2014年	2003年12月

续表7

作业区	码头单位	码头泊位名称	泊位个数	主要用途	前沿水深（米）	码头长度（米）	靠泊能力（吨级）	投产年月	开放时间
段山港作业区	过产业重机	过产业码头	1	件杂货	—	115.00	3000	2003年12月	2004年5月
		2号码头	1	原材料	-7.90	46.00	5000	2005年11月	2006年2月
		过产业扩建码头	1	重建泊位	-7.50	202.00	10000（30000）	2014年12月（未竣工验收）	2020年10月
	海螺水泥	海螺水泥	1	散货	-6.30	137.00	5000	2002年7月	—
		海螺水泥	1	散货	-14.50	274.00	20000	2005年10月	2005年10月
	浦项码头	浦项码头	3	废钢、成品钢	-14.50	546.00	1个35000（50000）2个10000	2006年9月	2006年12月
冶金工业园作业区	沙钢集团海力码头	浦沙码头	1	件杂货	-11.50	144.50	5000	1998年7月	1998年7月
		海力0号码头	1	散货	-12.50	289.00	50000	2007年	2009年12月
		海力1号码头	1	件杂货	-14.20	234.00	30000	2003年4月	2003年12月
		海力2号码头	3	钢铁码头 件杂货	-11.20	237.00	5000	1998年1月	2010年10月
							30000	1998年1月	1998年11月
						275.00	50000	2015年	2013年9月
		海力3号码头	1	钢铁辅料	-12.00	238.00	30000	2003年	—
		海力4号码头	2	件杂货	-12.00	450.00	2个70000	2016年	2000年8月 2001年11月
		海力5号码头	2	原料、散货	-12.00	388.00	50000 5000 （可100000）	2017年	2005年6月
		海力6号码头	2	散货	-11.00	453.50	50000 5000 （可120000）	—	2006年2月
		海力7号码头	2	散货	-11.00	313.50	2个70000	2016年	2004年8月
		海力8号码头	2	煤炭 辅料	-12.00	398.00	5000 50000 （2个70000）	2017年	2010年2月
		海力9号码头	2	散货	-13.00	640.00	40000 （2个70000）		2007年
		宏源1号浮码头	2	重油	-5.50	80.00	3000	1997年3月	—
		宏源2号浮码头	2	钢铁	-5.50	96.00	3000	2000年4月	—
		宏源3号浮码头	2	钢铁	-5.50	97.00	1000	2001年1月	—
		润忠三线码头	5	件杂货	-3.45	258.00	1000	2001年2月	—
		九龙港池码头	14	散货	-2.70	1600.00	1000	2001年	—
		奔辉码头	2	通用	-16.00	481.00	2个50000（100000）	2018年	2000年1月
	沙洲电力	重件码头	1	件杂货	—	97.00	3000	—	—
		煤炭码头	1	散货	-15.00	275.00	50000	2016年	2016年11月
		二期码头	1	煤炭	-15.00	325.00	100000	2018年	2021年10月

续表7

作业区	码头单位	码头泊位名称	泊位个数	主要用途	前沿水深(米)	码头长度(米)	靠泊能力(吨级)	投产年月	开放时间
冶金工业园作业区	中东石化	石化码头	1	化工品	−11.00	96.00	5000 (20000)	2003年2月	2003年8月
	越洋码头	越洋A码头	1	化学品	−18.00	90.00	30000	2014年	1999年4月
		越洋B码头	1	化学品	−14.00	90.00	10000		1999年4月
		越洋C码头	1	化学品	−9.00	23.00	300		—
东沙作业区	宏顺仓储码头	散货泊位	6	散货	−6.00	450.00	300	2014年	—
	永卓物流码头	通用泊位	2	散货	−13.00	356.00	50000	2015年	2006年8月
	宏泰港务码头	通用码头	2	散货	−13.60	464.00	70000	2015年	2009年9月
	盛泰港务码头	通用码头	3	杂货 散货 通用	−13.00	808.00	40000 50000 50000 (可100000)	2015年	2014年6月

说明:对外开放时间为对外籍船舶开放时间,投产年月比对外开放时间晚的是重新改建的码头泊位。

【港务集团打造全国第六家“五星级”绿色港口】 张家港港务集团有限公司(简称港务集团)前身为张家港港务局,始建于1968年,是苏州市境内历史最久、开放最早、规模最大、功能最全的社会公共码头企业,2023年有员工近1700人。港务集团经营范围包括货物装卸、仓储、中转、驳运;理货;船舶拖带服务;港口机械制造维修、电器设备维修、安装;船舶代理、货运代理,货运经营(危险货物除外);港湾疏浚、船舶供应,房地产开发、物业管理;国内贸易、港口工程开发建设、工程监理服务、混凝土连锁块制造,疏港车辆停放,港口服务以及港口信息业、租赁业务;货物或技术进出口(国家禁止或涉及行政审批的货物和技术进出口除外)。拥有长江岸线3360米,江心浮筒12个,1万吨级以上长江泊位15个,最大可停靠20万吨级船舶,内河港池岸线1967米,建有9个内河泊位。起重、装卸等大型港口作业专用设备300余台,库场面积185万平方米。全年完成货物吞吐量8202万吨,其中外贸吞吐量2325万吨,实现营业总收入11亿元。主要货种完成情况:木材230万立方米、煤炭3950万吨、金属矿石2930万吨、特型货类210万立方米。港务集团围绕“用能体系低碳化、作业机械清洁化、环境治理精准化、现场业态景观化、运输结构合理化”绿色五化路径,更新改造门机能量回馈、电网无功补偿、绿色照明覆盖集控等技术,年节电量达到300万千瓦小时;应用推广光伏发电,建设4.2兆瓦分布式光伏,年发电量达到460万千瓦小时;实施流程化改造替代柴油自卸卡车和挖掘机作业,年可替代柴油1439吨,节约能源1564吨标煤;推广港作机械清洁化,与苏州华昌能源科技有限公司等研发运行全国第一辆氢能源非道路牵引车,推进加氢站建设及氢燃料设备在港口的试点应用;港务集团港盛分公司成为全国内河首家通过“五星级”绿色港口现场评审的专业化干散货码头、也是全国第六家“五星级”绿色港口。系统构建“1234N”安全管理模式,全面上线智慧监控平台,创新木材落驳工艺、推广应用流动机械主动安防系统,连续3年保持“零事故、零伤害”,连续5年无重伤及以上事故。2023年,港务集团获中国港口科技进步奖一等奖1个、二等奖1个、三等奖2个,并申请实用新型专利、软件著作权、知识产权、外观设计专利58项。

【港务集团智慧中心启用】 2023年,张家港港务集团率先提出并践行“运营数字化、现场无人化、服务个性化、监管智能化、数据可视化”理念,建成全国内河港口最大的智慧中心,提前达成“十四五”期间智慧港口目标,基本建成具有自主知识产权的智能化港口综合系统。智慧中心由智慧运营、智能操作两大中心组成。智慧运营中心集成智慧管理、智慧物流、智慧生态、智慧监控子平台,实现场地、船舶、货物、机械、人员、监控、照明、粉尘监测8个要素的同平台管理和大气、能源、雨污水、船舶污染物、岸电、危废、绿化·景观7个科目的一体化管控。数据实时更新显示,生产作业现场资源分布一目了然,实现港口生产全要素的可视化、全定位、能追溯、可监管。11月15日,张家港港智慧中心启用暨散杂货生产业务系统2.0升级版上线仪式举行。至年末,智慧物流平台服务客户6800余户,车辆6.2万次,减少客户线下窗口办单1.7万次,港口木材疏港效率比上年提高17%,吞吐量综合能源单耗每万吨1.52吨标煤,比“十三五”期末下降32%。智能操作中心实现集成门机、斗轮机、装船机作业自动化,皮带机巡检智能化、计量系统集控化、清

张家港港务集团一景 （港务集团 提供）

舱机械和理货远程化，散货作业全流程无人化。“传统干散货码头绿色智慧一体化管理和全流程智能控制技术研究与应用”项目累计获发明专利3项，实用新型专利12项，软件著作权12项；发表学术论文8篇，其中SCI论文1篇、EI论文2篇。该项目获第29届智能交通世界大会创新大赛一等奖、中国港口科技进步一等奖、国务院国资委首届国企数字场景创新专业赛二等奖，苏州市“讲理想、比贡献”创新创业“双杯赛”优秀项目、苏州市综合交通运输学会科学技术奖特等奖，入选江苏省数字化绿色化协同转型发展典型案例、江苏省交通运输厅交通运输优秀科技创新成果，同时被列为智慧江苏重点工程并通过交通运输部交通强国试点项目验收。智能操作应用推广后，作业效率提升16%，节能12%，减少人员25%，累计实现收入1.07亿元，实现利润5790万元，节约成本4910万元。（倪彬彬）

【永嘉码头拓展危险货物业务】 张家港永嘉集装箱码头有限公司（简称永嘉码头）成立于1992年5月，由上海国际港务（集团）股份有限公司与张家港港务集团有限公司合资经营。永嘉码头承接集装箱装卸、堆存、货物拆装、冷藏箱和危险货物集装箱的运营管理以及船舶供水、船舶污染物接收和岸电接入等相关业务，公司公共驳船网络覆盖苏南地区90%以上区域，开辟日本航线、韩国航线、长江内支线、沿海内贸线等航线。2023年，有职工224人，有3个万吨级泊位，岸线长722米，拥有5万吨级集装箱船舶靠泊能力，陆域面积48万平方米，集装箱堆场面积35万平方米，堆箱容量4万标箱，泊位设计年吞吐能力100万标箱。码头拥有2.57万平方米的专业化危险货物集装箱堆场以及冷藏箱堆场、冷危箱堆场和CFS仓库等专业设施；有3.1万平方米的口岸集装箱集中查验中心，配置组合移动式集装箱货物检查系统，具备快捷便利的查验通关能力。有桥吊6台、场吊18台、空箱堆高机7台、集装箱正面吊3台，码头牵引车28台和各类叉车19台。公司拓展危险货物集装箱业务，开通印度尼西亚至张家港危险品货主航线。由中外运、远洋、集海等8家支线船公司结成航运联盟，实现张家港到上海港内支线的联盟化运营。3月开通张家港港至上海港公共服务航线，每周21个班期。全年公司完成集装箱吞吐量76.06万标箱，比上年增16.89%；实现营业收入1.98亿元，比上年增11.21%。（龚华斐）

【海力码头改扩建】 张家港海力码头有限公司（简称海力码头）为沙钢集团成员企业，成立于1997年8月，位于长江下游浏海沙水道南岸，拥有7.8千米长的码头岸线，主要功能是解决沙钢集团各成员分厂生产所需的铁矿、煤、焦炭和辅料的上卸及其冷热轧卷钢、超薄带、宽厚板、螺纹钢、线材等产成品的装船。2023年，公司在册员工1400余人，有1万吨级以上码头12座，1000吨级至3000吨级岸壁式码头7座，1000吨级港池码头4座，其中对外开放码头12座、泊位20个。设施配备有40吨至60吨门座式起重机13台，每小时300吨至1800吨的桥式卸船机30台，45吨桥式装船机5台，每小时3000吨链斗卸船机2台，每小时1000吨螺旋卸船机1台，同时配备25吨至45吨卡尔玛及海斯特进口大型叉车12台，130吨移动吊2台，装载机31台，8吨至10吨叉车46台，码头实际吞吐能力8000万吨。海力码头卸废钢最高单船班产6000吨，卸17万吨大轮日作业量突破6万吨大关，8.5万吨矿粉仅用32小时就完成卸货任务，卸煤炭日产达到24050吨，装线材单机最高班产1800吨，出口线材单船最高日产9000吨，卷钢单机最高班产4365吨、出口卷钢单船最高日产13470吨，成品钢材装船最高日产5.6万吨，散货、件杂货单船作业水平国内领先。3月，为提高岸线集约利用水平，沙钢集团对原码头岸线、水工结构、装卸工艺及港池、航道等全面论证，于11月28日启动实施浦沙码头改扩建工程。浦沙码头始建于1997年，原靠泊等级为5000吨，通过此次技术改造，将原浦沙码头和海力2号码头整合，建设两座7万吨级散杂货码头，年设计通过能力500万吨。海力码头全年实现货物吞吐总量7199万吨，其中外贸吞吐量1306万吨，实现营业收入3.29亿元，比上年增31.08%。（江传磊）

【永卓物流“5G全连接智慧码头”入选国家级5G工厂】 2023年，永卓控股有限公司整合内外物流资源，组建成立江苏永卓物流科技有限公司（简称永卓物流，曾用名江苏宏泰物流有限公司,成立于2005年),下设江苏永卓钢联物流有限公司、江苏宏泰港务有限公司(简称宏泰港务)和苏州信融供应链有限公司等子公司。其中,宏泰港务拥有永卓物流码头(原宏泰物流码头)、宏泰港务码头、盛泰港务码头 、宏顺仓储码头、永丰内河码头5座码头。拥有长江岸线 1628米、7个万吨级开放泊位,均通过对外开放省级验收。其中,永卓物流码头拥有2个5万吨级散货泊位,占用长江岸线 356米,设计年吞吐能力440万吨,拥有卸船、输送、起重等大型专用装卸设备48台,堆场面积30万平方米。宏泰港务码头拥有2个7万吨级通用泊位,占用长江岸线464米,设计年吞吐量为300万吨,拥有装卸、输送、起重等大型专用装卸设备60台,库场面积10万平方米。盛泰港务码头拥有5万吨级散货和散杂泊位各1个,4万吨级件杂泊位1个,码头结构兼顾10万吨级散货船,设计年吞吐量884万吨,占用长江岸线808米,有装卸、输送、起重等大型专用装卸设备52台,库场面积8.5万平方米。宏顺仓储码头长度为385米,拥有6个300吨级散杂货通用泊位(水工结构兼顾500吨级),有装卸、输送、起重等大型专用装卸设备8台,堆场面积 5.8万平方米。永丰内河码头占地面积 6万平方米,采用挖入式港池形式,利用与走马塘相通的东滨河拓挖形成,码头长度477米,建有6个300吨级散货装卸泊位,设计年通过能力350万吨。全年5座码头完成货物吞吐量3363万吨,其中外贸货物吞吐量630万吨,实现营业收入3.47亿元。宏泰港务通过江苏省三星级"绿色港口"复审认定,"一种螺杆式千斤顶"被授予国家发明专利。永卓物流"5G全连接智慧码头"项目入围苏州市"5G全连接工厂",并入选国家级5G工厂。该项目运用5G网络技术,通过推进桥门机综合管理系统、远程操作卸船机、成品库无人行车等创新项目,大幅提高工作效率和安全性,并建设盛泰港务斗轮机全自动无人值守系统,实现斗轮机的全自动无人操作。

(吴阳舒)

【港新重装码头服务大型装备出口】 张家港港新重装码头港务有限公司(简称港新重装码头)于2010年6月成立,是保税区管委会下属国有公司。2023年公司总投资18亿元,有职工290人。码头岸线1353米,前沿设计水深12米,拥有1个8000吨级重件吊装泊位、2个8000吨级重件滚装泊位、2个5000吨级件杂泊位、5个2000吨级的深水泊位。码头总面积75万平方米,其中陆域面积68万平方米,主要包括6万平方米重装组装区(上设250吨组装辅助门机)、6万平方米重件堆存区、40万平方米件杂堆场、6万平方米仓储物流区、2万平方米停车场、8万平方米道路等。港新重装码头主要从事大型装备及货物装卸等业务,配有起重能力最大的800吨固定式起重机2台,最大作业能力1600吨,场地最大作业能力250吨;2座宽度为36米的滚装引桥,具有滚装装卸万吨级超大超重件设备能力。港新重装码头重点服务于国家"智能制造",已成为共建"一带一路"项目出海基地平台、大型装备企业出海平台、大型装备组装平台。11月26日,港新重装码头保障一座重达2208吨的浮式生产储油轮(FPSO)上部模块发运,这些模块经上海长兴岛组装后运往巴西,助力当地能源建设。张家港企业承接的5座模块,历时15个月完成制造与发运,总重近9500吨,体积超9万立方米,货值10.9亿元。港新重装码头全年靠泊各类船舶1965船次,其中外轮276船次,吞吐总量659万吨。服务货值约390亿元,其中共建"一带一路"项目货值约290亿元。实现开票销售收入2.75亿元。

(蔡英杰)

【长江国际智慧物流平台升级】 张家港保税区长江国际港务有限公司(简称长江国际)系保税科技(集团)股份有限公司控股子公司,下辖保税区长江国际扬州石化仓储有限公司和保税区华泰化工仓储有限公司2个子公司。公司码头始建于1993年,建有3万吨级、5万吨级两个散装液体化工产品专用码头。2023年,长江国际对智慧物流服务平台进行全面升级,于12月上线试运行,保障技术能适应未来5年至10年变化。平台线上注册客户超3万家,客户线上操作占比100%。长江国际作为省首批"数电票"试点企业,推进平台"数电票"功能上线,年内开出"数电票"超4万张。全年码头累计接卸船舶超440艘次,接卸货物总量超350万吨,码头吞吐量超390万吨,进入储罐的货物总量达到338万吨。公司全年实现营业收入4.7亿元,利润总额2.7亿元,获评中国化工物流行业百强仓储服务企业、江苏省专精特新中小企业、江苏省重点物流企业30强、中国物流与采购联合会全国数字化仓库企业试点等。

(黄莉婷)

【保税港务集装箱吞吐量近25万标箱】 张家港保税港区港务有限公司(简称保税港务)于2001年9月成立,由保税科技(集团)股份有限公司持股、保税区金港资产经营有限公司控股。2023年,公司注册资本4.7亿元,在册职工238人。码头拥有长江岸线532米,靠泊装卸平台470.4米,2个万吨级泊位,最大靠泊能力5万吨级,陆域总面积55万平方米,其中堆场面积20万平方米、仓库面积5万平方米。配备各类机械设备70余台,散杂货年吞吐量超500万吨、集装箱年吞吐量近25万标箱。公司配备有标准化的进口汽车检测线、H986集装箱检查系统、进口肉类查验储存一体化仓库等先进设施以及6700平方米的危险品集装箱专用堆场,开展危险品等级为2、3、4、5、6、8、9类的进出口危险品集装箱业务。全年完成散杂货自然吨434.4万吨,散杂货吞吐量522.8万吨,分别比上年增33.7%、32%;完成集装箱吞吐量24.7万标箱,比上年增27.1%;实现营业收入1.9亿元,比上年增31.8%;实现利润4243.3万元,比上年增35.5%。仓单服务平台1.0版本获国家软件著作版权,保税港务获江苏省质量信用A级企业、国家AAAA级物流企业等称号,入选苏州市5G工厂。自2012年11月批准成为江苏省唯一的汽车整车进口口岸起,累计完成进出口汽车10万余台。

(张　华)

张家港海关

【概况】 张家港海关为口岸型海关，2023年全年征收税款209.64亿元。其中，关税35.31亿元，比上年降2.16%；代征进口环节税180.25亿元，比上年降5.57%。涉税商品1326种，其中矿产品、农产品、化工品3类为主要税源货物，实征税款占比73.03%，税源企业主要集中在钢铁、粮油、化工等生产型和贸易型企业。监管进出口货运量6923.56万吨，比上年增2.94%；进出口总值367.89亿美元，比上年降8.65%；监管进出口集装箱45.3万标箱，比上年增8.47%；监管国际航行船舶6463艘次，比上年增9.54%，验放进出境人员68956人次。全年截获植物有害生物4.93万种次，其中检疫性有害生物4794种次。首次从乌克兰大麦、保加利亚玉米中检出小麦线条花叶病毒，分别为南京关区和全国首例。口岸主要监管货物包括整车、化工品、油脂、羊毛、棉花、肉类、木材、大豆、粮食、矿产品等。强化"开源、挖潜、补漏"税收征管，年内审价补税1.54亿元。全年报送全国统计监测预警信息52篇，江苏省统计监测预警信息81篇。

【口岸监管】 2023年，张家港海关把牢国门安全防线，"多病同防"查获乙类乙管后南京关区首例外轮病媒生物超标，检出甲流等传染病阳性病例43例；打击大宗资源型商品短重贸易欺诈，检出短重627批9.61万吨；开展知识产权海关保护2023年"龙腾行动"，查验发现侵权汽车零配件2778件；针对口岸危化品进口量大、品种全、岸线长的特点，明确企业主体责任，与码头经营单位联合开展危化品泄漏应急演练；聚焦民生保供，推行取样后"附条件提离+后续跟踪监管"工作模式，确保危险品尽快提离口岸；巩固"打击进出口危险品伪瞒报"专项行动成效，累计查验发现涉危不报、多危少报、高危低报等情事10起。承办南京关区进境木材监管实训班，助力提升关区进境木材监管水平，进境木材监管实训教学点获评"全国海关业务实训示范点"；依托全国首批获评的"海关总署科普基地"，邀请中国科协、政府单位和学校社区走进海关，开展国门生物安全、食品安全等主题"送课上门"志愿服务活动30余场，形成全员参与的国门安全工作格局。

【"国门利剑"行动打击走私】 2023年，张家港海关缉私分局立案侦办刑事案件14起，其中海关总署缉私局一级挂牌督办案件1起、二级挂牌督办案件2起，案值5.2亿元，涉嫌偷逃税额9447.5万元，抓获犯罪嫌疑人20人，逮捕6人，移送起诉10人；立案查办行政案件172起，其中一般案件30起、简易程序和快速办理案件142起，案值5559.74万元、涉税269.5万元；罚没缴库365万元，补缴税款492.65万元。张家港海关缉私分局开展"国门利剑2023"联合专项行动，打击海南离岛免税"套代购"走私，立案侦办刑事案件1起，立案调查行政案件5起，案值116.7万元，案件涉税24万元；打击"洋垃圾"走私，全年查证走私进口废旧发动机6299台598.56吨，捣毁藏私销赃窝点1个，拦截查扣尚未流入市场的废旧发动机222台，查验发现洋垃圾208吨，均已办理退运手续；打击涉海走私，联合烟台海警局立案侦办1起海上偷运走私煤炭案，该案查证走私煤炭1.14万吨，逃税约400万元；打击重点涉税商品走私，先后立案侦办低报价格走私碳纤维案6起，查证走私碳纤维约1920吨，被海关总署缉私局列为二级挂牌督办案件；打击濒危物种及其制品走私，立案调查违规进口濒危木材案5起，查获各类濒危木种144.62立方米，立案调查珍贵动物制品案1起，查获石珊瑚17件、唐冠螺1只。

【海关优化营商环境30条推出】 年内，张家港海关党委带队对关区外贸前20强企业开展现场调研，出台张家港海关优化营商环境30条举措，工作成效获市委、市政府主要负责人批示肯定。综合应用"提前申报""两步申报""先放后检"等惠企举措，进、出口整体通关时间分别比上年压缩67.7%和96%。稳步推进"船边直提""抵港直装"试点，从进口钢坯扩大到豆粕、化肥、锂辉石等货物，保障683万吨货物快速通关；全省首批探索进口转关"离港确认"业务，减少每批次货物物流中转时间12小时。在严守数据安全红线的基础上，为地方提供数据支持36次。推进进

12月18日，张家港海关关员在港务集团码头对进境散装原木实施现场监管

（张　铮　摄）

口大宗散货"联合鉴定、一体监管"工作模式，与减载口岸海关监管信息横向整合，年节约物流成本超2500万元；用好"继续对煤炭实施零进口暂定税率"政策，助力企业享惠3548万元。聚焦关区化学品、汽车零部件等重点享惠商品开展区域全面经济伙伴关系协定（RCEP）政策解读，助力企业享惠1418万元，比上年增130%。支持高新技术、"新三样"（电动载人汽车、锂离子蓄电池和太阳能电池）等产业形成新的外贸增长点，光束汽车有限公司试用汽车零部件获免CCC认证通关。

（刘　玉）

金港海关

【概况】 金港海关为属地型海关，2023年全年审核进出口报关单14075份，比上年增13.13%。征收入库税款5.85亿元，比上年增6.5%。审批减免税货值6788万美元，累计减免税款4097万元。辖区内开展加工贸易经营企业178家，保税货值12亿美元，其中转内销货值1.4亿美元，加工贸易转内销补税1.5亿元。签发原产地证书27505份、货值27.3亿美元，分别比上年增8.3%和降9.4%，其中优惠原产地证21613份、货值17.8亿美元，分别比上年增8%和降13.3%。监管进出辖区货物385146吨、货值14.41亿美元，分别比上年增20.74%和降2.87%；监管进出口集装箱24290标箱，比上年增17.8%。保税仓库入库货运量45.5万吨，出库货运量45.03万吨，分别比上年增26.9%和24.7%。完成入境检验检疫954批、货值2.91亿美元，检出不合格货物246批；完成出境检验检疫12308批、货值13.65亿美元，检出不合格货物2批。完成危险货物包装使用鉴定和性能鉴定6992批，比上年增12.2%。联合开展"护松2023"打击松材线虫病疫木违法犯罪行为专项行动，检查企业16家。抓好安全生产工作，发放安全生产告知书133份，对辖区内仓储企业发送安全生产提醒176家次，开展危险品企业巡查20家次，联合约谈危险品仓储企业3家次，开展反恐督导检查28家次。

【海关企业管理和稽查】 2023年，金港海关辖区新增企业备案1013家，办理信息变更2200家次，企业注销287家，新增跨境电商企业备案28家。对辖区企业开展信用政策宣讲2次，覆盖企业150余家，重点培育企业6家，新增AEO（海关高级认证）企业3家，全年开具信用证明47份。研发"同品名异归类运费低报"等多个"云擎"风险甄别大数据模型，发现风险点30余起，移交稽核查线索8起。全年开展稽查作业53家，主动披露作业16家，追征税款2585万元。办结核查作业87个，核查有效率75.9%，核查入库税款327万元。移交刑事案件4起，一般行政案件立案6起，办结"简快案件"（适用于简易程序、快速办理的案件）26起。

【金港海关服务地方经济发展】 年内，金港海关持续推进张家港保税区、保税港区升级为综合保税区工作，推进保税港区"口岸直提"业务，全年开展业务70票，快速放行货物21.64万吨，货值1.28亿美元。搭建保税监管场所两仓联网实货管理信息化系统，初步实现企业与海关数据互联互通，有5家企业投入试运行。发挥口岸及保税两大功能优势，实施"水运大型装备入区同步出区便捷监管模式"，2020年至2023年，累计开展101批，涉及大型货物24721吨，为企业节省物流成本2020万元。2023年推出棉花"整报分送"模式，企业每吨棉花可节省综合费用75元，基本实现24小时内通关。全年监管进口棉花477批9.93万吨，货值2.1亿美元，分别比上年增98.2%、104.8%、73.5%。年内，开展"关长送政策上门"活动，为企业解决问题12项。"循链培育"AEO企业14家，全年为AEO企业优先办理通关手续1762票，优先开展实验室检测340批、口岸检查190余次。办理新型显示器件项目减免税业务1项，为企业减免税款1333万元；办理鼓励类项目备案8项，减免税款2560万元。为企业签发出口RCEP证书5300份，金额2.28亿美元，预计可享受目的国关税优惠750万元。建立"可享惠未享惠"企业数据库，解决解答企业应享惠未享惠问题12个，全市企业进口RCEP享惠货值8亿元，享受关税优惠超1000万元。

（缪宏伟）

海　事

【概况】 2023年，张家港海事局依法履行"三保一维护"（保障水上交通安全畅通、保护水域生态绿色清洁、保障航运高质量发展和船员权益、维护国家主权和人民利益）职责，保障31.96万艘次船舶、2.52亿吨货物安全进出港，分别比上年增18.9%、3.3%，其中国际航行船舶进出口岸6078艘次，比上年增5.5%。实施海事政务服务"一网通办""容缺受理""并联办理"，海事自助服务、在线服务24小时全覆盖。办理各类许可审批1.95万件次，涉及口岸开放、航道、码头、岸线、桥梁工程项目建设类重大许可37项。加强长江张家港段水上交通安全监管，成立市长江水上交通安全生产专业委员会。服务临港产业发展，支持保障船舶"大进大出"，通过实施驻点办公、现场会办、绿色通道、快速响应等惠企举措，为钢铁、化工、粮油、特种装备、新能源等重点产业发展提供专属海事服务。牵头成立张家港市船员行业党委、沙钢船员行业党建行动支部，开展"港口共同体""畅通福姜沙""建桥先锋"党建联盟活动25次。组织"同舟"志愿服务824人次、1396小时。在江苏海事局年度目标考评中获第一等次，获评先进单位，首批入选江苏海事局高质量党建示范单位名单。

【水上交通安全监管】 2023年，张家港海事局全面深化水上交通安全监管，标准化、规范化运行全要素水上"大交管"，开展船舶"全过程不违规不违法"张家港实践区建设。建立海事智慧立体巡航体系，在沿江建成8个无人机智能机库，常态化运行12个"智能卡口"，深化船舶安全等级标识应用，规范9类100项执法场景。组建执法案件处理中心，实体化运行风险管控中心、数据管理中心，建立运行风险管控机制，滚动式排查治理风险隐患151项。深入开展水上突出违法行为专项治理，集中攻坚港作船、船舶超载运输、超航区航行、渡运安全、渣土运输等10项重点领域专项整治，“熔断”惩戒18艘违法违规港作船，查处船舶超载违法行为180起、超航区违法行为32起，拆解“三无船”（无船名船号、无船舶证书、无船籍港）1艘，内河船舶配员不足、涉海运输、无线电使用不合规等水上突出违法行为保持动态清零。加强渡船安全管理，保障3条渡线发行渡船10.2万艘次，136万辆车次、294.7万人次安全渡江。加强寒潮大风、能见度不良等恶劣天气预警预控，全年发布预警信息52次，实施交通管制40次600余小时，应对“杜苏芮”“卡努”等台风过境。保障张靖皋长江大桥施工通航“两安全、两不误”，实施安全监管维护8700余小时。完成春运、全国两会、国庆节等重点时段水上安保工作，完成杭州亚运会、中国国际进口博览会等重点时段入浙、入沪船舶专项安全监管任务，水上交通安全形势保持稳定。

【水上搜救】2023年，市水上搜救办公室加强水上搜救能力建设，动态完善“一案三制”（制订修订应急预案，建立健全应急的体制、机制和法制），优化水上突发事件应急处置体系。均衡配置水上动态执法和应急处置力量，增设福姜沙一类快反处置中心，沿江共设立4个快反处置中心和7个快反处置单元，实现每10千米“一个站点、一艘海巡艇、多艘应急拖轮”的布局。长江张家港段交付投用2艘6707千瓦全回旋拖轮，有应急拖轮30艘、搜救应急维护艇14艘、清污船10艘。建立完善水上搜救专家库，有搜救指挥、通航组织、警戒保卫、医疗救护、防污应急、环境监测、现场救助等领域专家28人。组织沪苏通长江公铁大桥船舶防碰撞演习、张靖皋长江大桥消防演习、渡船载运车辆锂电池灭火演习、水上突发事件无脚本演练等应急演练14次，指导港航企业、码头单位、渡运单位开展应急演习40余次。开展搜救行动105次，成功救助遇险船舶127艘次、遇险人员1241人，人员救助成功率99.76%。

【船载危险货物安全监管】2023年，张家港海事局建立运行危化品码头码头长制，制定码头长管理指南和船载危险货物安全风险图，加强危化品船舶全流程管控。开展水上流动供油专项整治，建立供油船数据库，实施“夜间不供油”管理，在江苏海事系统专项整治评比中获第一名。指导辖区19艘危化品船舶、11座危化品码头全部安装AI智能监控系统。深化危化品货主（码头）高质量选船机制，开展选船评估3861艘次，不予通过7艘次。开展长江载运危险货物船舶专项整治行动，实施事故案例警示教育和现场安全检查，从严管控散装液体危险货物船舶航行、停泊、作业风险，保障散装液体危险货物船舶进出港6840艘次、吞吐量1470.5万吨，未发生船载危险货物污染水域事故。

【海事服务临港产业发展】2023年，张家港海事局贯彻落实市委、市政府“产业在沿江转型”部署，主动对接沙钢集团、永钢集团、东海粮油、保税科技、港新重装、港务集团等重点骨干企业，“挂牌式”服务企业接靠大船，保通保畅。优化“船—港—货”全链条保障机制，核准5万吨级以上船舶3076艘次、15万吨级船舶602艘次进出港口，分别比上年增6.9%、7.1%。建立重大件货物“133”（围绕1个现场检查指南，抓实“事前预控、事中严管、事后问效”3个关键环节，管好“货物、船舶、码头”3项重点要素）全流程监管模式，在港新重装码头成立重大件货物监管基地，保障大件装备出口279航次。维护长江国际码头乙二醇接卸275万吨，保障全国最大的乙二醇交割中心交割运转安全高效。建立“一项目一专班”海事服务机制，专属服务张家港海进江液化天然气项目、深张江海联运枢纽港项目以及9家企业13个码头泊位的改扩建，协助港务集团、港新重装2个泊位临时对外开放，保障沙洲电力一期码头靠泊能力提升至5万吨级。研发张家港港航一体化信息系统，免费推广应用至辖区26家营运码头，服务企业办理船舶抵押融资5880万元。支持张家港“山岛之恋”文旅综合体建设，服务张家港湾、双山岛、通洲沙江心岛湿地生态建设，为特种机械、建筑材料等水路运输提供保障。

（陈有为）

在港新重装码头设立的重大货物监管基地　　（张家港海事局　提供）

边防检查

【概况】 2023年，张家港出入境边防检查站（简称张家港边检站）查验出入境（港）船舶近6000艘次、人员近12万人次，办理边检行政许可3万余份，办理船员换班手续7000余人次，办理涉边行政案件26起。签发区域有效通用行政许可1500余份，为210余艘次特定船舶一次性办结入出境边检手续，开展长期证到期提醒5000余人次，推行边检行政执法领域“轻罚免罚”，办理免罚案件4起、轻罚案件17起，完成150家涉外服务企业“一企一档”建设，完善边检信誉管理服务体系建设。组织120余家涉外企业开展网窗客户端应用培训、边检报检业务培训。妥善处置外轮失火、船员劳务纠纷、船员醉酒等事件，为受伤、患病船员开通“紧急通道”5次。年内，张家港边检站获评全国移民管理机构思想政治教育成绩突出集体、全省水上无线电秩序联合整治专项行动成绩突出集体。执勤三队获评“全国公安机关成绩突出青年集体”。1名民警获评全国移民管理机构思想政治教育成绩突出个人，7名民警记个人三等功。

【口岸安全管控】 2023年，张家港边检站立足“边检+警务室+网格”勤务模式，做好博鳌亚洲论坛、亚运会和亚残运会以及各节假日等安保工作，推进“獴猎”“犁平”“夏季治安整治”、电诈“百日行动”等专项工作，从严打击治理出入境违法犯罪。协助长江航运公安局苏州分局查处非法采砂、职务侵占、售卖国家机关证件等多起案件，协助相关口岸单位劝返多名赴美“走线”偷渡人员。深度核查数千名入境后非法居留嫌疑外国人，查处船员临时入境超出许可范围活动非法居留案件2起，抓获并移交1名网上在逃人员。全年报送“獴猎”“三非”周报各45期，报送市委国安委综合研判报告12篇，报送安防工作报告、月报12期。

【“枫桥式边检警务室”打造】 长江国际边检警务工作室作为全省边检勤务模式改革试点单位，致力打造“枫桥式边检警务室”，探索适合港口边检警务工作室的系统模式。该警务室定期协同码头企业，开展警情实战演练、防爆器械培训等活动，并每月召开企业安保负责人例会，对企业诉求及时给予反馈。针对涉外船舶管理存在的薄弱环节，对警务区周边码头闸口、河汉、锚地等船舶聚集地开展全面摸排。通过“警车+无人机”“船艇+无人机”模式，警务室民警全面掌握辖区附近的船舶动态，并依托信息化系统，对可疑船轨迹进行逐一研判，完成对辖区船舶的“画像”。全年查处违法违规案件6起，向海关、海事等口岸联检单位通报案件线索30余条。

（王　希）

长航公安

【概况】 长江航运公安局苏州分局行使长江苏州、无锡江阴段南线（上至江阴石庄、下至太仓浏河）全长约175千米水域公安管理事权。2023年，严厉打击辖区非法采矿、非法捕捞水产品等各类违法犯罪行为，侦破刑事案件40起，打击处理233人。严控长江水上通道，紧盯“人、船、货、码头、场所”，围绕法定节假日、重大活动以及重要节点，组织落实水上通道查控、危险物品管控、要害部位巡逻防控等措施，全年查处治安案件82起，行政拘留87人。消防检查单位134个次、船舶2197艘次，及时督促消除火灾隐患327处，依托水上消防救援联勤联动机制开展消防应急演练30次，处置火灾1起。刑侦支队在“夏季行动”中被公安部记集体一等功，1人被公安部评为渔业执法工作典型个人；法制科被长江航运公安局记集体三等功，3人被长江航运公安局记个人三等功。围绕长江大保护和服务保障长江经济带高质量发展等开展宣传，被中央级媒体报道11次、省部级媒体报道92次、地市级媒体报道354次。

【“平安长江”行动】 2023年，长江航运公安局苏州分局围绕建设“平安长江”的总目标，强化与地方各部门的工作协同，开展风险隐患、矛盾纠纷大排查大化解，开展长江水域突出违法犯罪打击整治“平安长江”行动，突出打击涉渔、涉砂、涉水运物流犯罪以及依法整治长江水运秩序的“三打击一整治”四项重点工作，全年侦破刑事案件40起，抓获犯罪嫌疑人250人，移送起诉223人，打掉犯罪团伙11个。其中，侦破非法采矿案2起、掩饰隐瞒犯罪所得案5起，抓获41人，移送起诉33人，打掉涉砂犯罪团伙2个，涉案船舶5艘，查实涉案江砂4万吨，涉案价值255万元。推进“长江禁渔”行动，侦破非法捕捞刑事案件23起，抓获犯罪嫌疑人39人，查扣涉案渔船2艘、禁用渔具21套、渔获物298千克。深化警务协作机制，加大对侵害群众及企业正当经济利益的“盗抢骗”、妨害企业正常经营秩序、职务侵占等违法犯罪的打击力度，破获盗窃、职务侵占、买卖及伪造国家机关证件案件，累计抓获违法犯罪嫌疑人163人，帮助群众企业减少、挽回经济损失100余万元。

【非法捕捞水产品案破获】 7月9日，长江航运公安局苏州分局水上特勤大队与市农业综合行政执法大队根据前期摸排情况，联合出击，在长江干流大新段捣毁一非法捕捞团伙，当场抓获非法捕捞人员3人，同时查获鲢鱼、鲈鱼等长江野生鱼146.6千克，并扣押橡皮艇1艘、皮卡车1辆、三层刺网3具。2023年是长江十年禁渔“三年强基础”收官之年，张家港市紧扣长江岸线实际，紧盯涉渔违法行为特点，健全各部门情报信息共享、重点案件联动、综合治理联席三项机制，定期组织召开长江禁渔工作例会，分析研判重点人员、重要线索、关键环节的情报信息，靶向施策，精准发力，上游下游一起打，源头末端一起查，形成对长江流域重点水域涉渔违法案件全链条打击执法机制。

（李泽宇）

长江引航

【概况】2023年，长江引航中心张家港引航站稳中求进，锚定建设“国际一流引航机构”战略目标，全年共引领中外籍船舶8326艘次，比上年增10.78%；总吨位19807万吨，比上年增12.14%；净吨位11117万吨，比上年增11.98%；载重吨34079万吨，比上年增11.07%。其中，引领国际航行船舶7466艘次，引航总吨位19157万吨，净吨位10758万吨，载重吨33072万吨。引领受限船舶1737艘次，危化品船舶2934艘次，开普型船舶733艘次。包括夜航船舶2989艘次，占引航总数35.8%。全年引领船舶运输货物7085.1万吨。

【引航“绿色通道”开辟】年内，张家港引航站开辟引航“绿色通道”，推动实现“快进快出”，对粮油、液化天然气等重点民生物资船舶优先引领。克服台风、大雾以及恶劣天气对引航生产组织的影响，提高引航综合快速反应和应急处置能力，确保应急疏港工作，全年实现零压港。服务企业重点项目“个性化”需求，将进江靠泊东海粮油码头的船舶吃水常态化提升至12米，单条船直接为企业节省费用约5万元；为港务集团引领船长300米开普型船“远旺海”，刷新长江福南水道进江靠泊船长和载货量纪录；11月1日，引领装载中国第40次南极考察重要物资的“天惠”轮从港务集团2号泊位出江，获中央电视台《新闻联播》报道。对接特色产业集群，为载运“一带一路”项目的船舶提供个性化引航服务。发挥“先进典型培树，引航技术创新”工作室效能，对接特殊靠泊需求，选派引航骨干专家完成“泛舟6”轮等船舶的“丁”字形靠泊。

【“长江引航本质安全基础年”建设】年内，张家港引航站围绕“长江引航本质安全基础年”，开展“遵章守纪，规范操作”意识教育，严格管控国庆中秋等重点时段引航安全，加强应急值守；强化桥区、渡区、港区等重点航段的安全规范操作；强化重点船舶各项安全措施的落实；动态掌握重点人员技术提升、经验积累和心理调适等情况，严把青年引航员技术培养关和晋档晋级关。针对“汛期反枯”、出现历史低水位的水情特点，加强与航道部门沟通联系，安排重载船舶选择合适时机通过浅区。结合永钢专用航道的水深变化情况，适时调整进出该航道船舶最大吃水。强化持证管理人员引航一线督察，对发现的安全风险隐患现场整改。开展“水位交替期引航安全工作”“安全生产月”等专项活动及专题技术交流24次，班组长轮流分享经验8场。6篇引航技术论文获奖，其中《基于熵权模型的引航风险评价研究》在亚洲航海学术年会上交流。全年未发生引航安全事故。

（陈玉海）

港口配套服务

【概况】2023年年末，张家港口岸有各类口岸、港口服务企业110家，包括船舶代理、货运代理企业47家，理货企业3家，船舶港口服务企业60家。代理企业主要有中国张家港外轮代理有限公司、张家港保税区瑞创国际物流有限公司、张家港船务代理有限公司、张家港海德国际船务代理有限公司、张家港航姆国际船舶代理公司等。理货企业分别为张家港中理外轮理货有限公司、张家港中联理货有限公司和张家港检验认证有限公司。船舶物料和生活品供应企业主要有张家港保税区长航船舶燃料供应有限公司、张家港市昌隆船舶服务有限公司、张家港保税区益嘉船务有限公司等。船舶油料供应企业主要有江苏省中油泰富船舶燃料有限公司、江苏中石化长江燃料有限公司张家港保税区分公司、中石化浙江舟山石油有限公司张家港分公司等。围油栏供应企业主要有江苏海宇航务工程有限公司张家港分公司等。提供船舶污染物接收服务的企业主要有张家港沿江港务服务有限公司、张家港市通江船舶服务有限公司等。经营港口拖轮业务的企业主要有张家港港务集团有限公司船务分公司、张家港保税区港鑫船务有限公司等。

（陆 军）

【电子口岸推进数智口岸建设】张家港电子口岸有限公司承担张家港电子口岸的建设、维护和运营任务，构筑跨部门、跨行业、跨地区的口岸公共信息平台，提供口岸通关、物流贸易的信息化服务，张家港电子口岸成为第一批全国地方电子口岸、第一个全国三级电子口岸。公司是长江港口服务平台联盟理事长单位、国家物流公共服务区块链供应商、江苏省智慧物流降本增效主体培育试点单位、江苏省重点物流企业、江苏省大数据企业、江苏省工业互联网服务资源池、苏州市服务业创新型示范企业。近年，其智慧港口建设应用系统先后推广应用至常熟、江阴、珠海、武汉、泸州等口岸。2023年，在全省口岸率先上线进口集装箱电子放货平台，全面实现物流单证无纸化；建立电子数据交换（B-EDI）平台，实现口岸政企之间的数据互联和共享；支持张家港港务集团实现一站式数据交互，初步建立口岸件杂货的数据交换和共享标准；开发区外保税仓库联网监管系统和企业服务系统，实现仓库数字化监管和智能化查验；开发高质量选船、重大件货物智慧监管等创新应用，实现张家港口岸船港货一体化监管和服务；开发电子仓单货转管理系统，支持张家港地区物流企业实现物流贸易一体化服务，支持张家港外服仓库新增货转费1500万元。网络货运平台营业收入1.77亿元，纳税1829万元。

（张春雨）

【中外运新添带张家港名字货轮】中国外运长江有限公司张家港分公司（简称张家港中外运）是中国外运长江有限公司在张家港的分支机构。在张家港口岸有46年的历史，总部设在金港街道，有员工260人，有先进的海运、仓储、物流信息、GPS车辆调度系统、i-SCP智慧供应链平台；有

9月19日，"中外运张家港" 轮交船仪式在靖江举行

（张家港中外运　提供）

卡尔玛大型设备、多台集装箱拖车和各种吨位的叉车、吊车；拥有3.5万平方米仓库和4.5万平方米集装箱堆场。公司保税区仓库被评为"五星级保税仓储"，面积为2000平方米。海运货代方面，公司依托驳船洋山线，自营日本、韩国航线和内贸航线，全年完成代理集装箱137343标箱；船代方面，完成自揽船736艘次，自揽船净吨667.76万吨，自揽船货吨408.85万吨；空运业务方面，完成空运快件10806票，空运散货1240.98吨。9月19日，招商轮船订造的集装箱船"中外运张家港"轮（SNL ZHANGJIAGANG）在靖江举行交接船暨命名仪式。该船总长188.9米，型宽32.2米，型深17.1米，载箱量2433标箱，是集经济性、智能性、安全性于一体的新一代绿色节能环保型集装箱船舶，投运后服务于中国至印度航线。这是继"爱瑟琳张家港"轮（服务中国至韩国、菲律宾等航线）后远洋航线上第二条标有张家港名字的国际货轮。

（丁　虹）

【张家港外代助力新能源产品出口】

中国张家港外轮代理有限公司（简称张家港外代）隶属中国远洋海运集团，始建于1980年5月20日，是张家港口岸最早从事船舶代理的企业。公司先后获评江苏省文明口岸先进单位、苏州市重点服务贸易企业、AAAA级物流企业、海关AEO高级认证企业，是张家港口岸综合物流及供应链服务的重要企业。11月，操作1万余吨原产于印度尼西亚、货值约2亿元的进境金精矿通关业务，这是张家港口岸首次进口金精矿。2022年起签约振石控股集团印度尼西亚华宝工业园项目，保障该企业90航次、近100万立方米货物出口印度尼西亚。张家港外代锚定新能源产业锂电池电解液行业细分，针对电解液企业全程物流诉求，通过设计物流方案、定制恒温罐箱，整合船公司、清洗、集卡、码头、堆场等资源，为电解液头部企业解决运量少、成本高、品控难的核心痛点，打造出电解液全程物流产品。在与电解液头部企业的合作中，实现欧洲和东南亚两条线路全闭环运营，累计安全运输电解液1250吨。2023年，公司全年实现营业收入3.9亿元，代理船舶1016艘次，完成船舶代理量1150万吨，代理出口8.5万标箱。

（王华龙）

【中理理货推进港口理货智慧升级】

张家港中理外轮理货有限公司（简称中理理货）前身为1980年7月成立的中国外轮理货公司上海分公司第七理货队，1983年5月成立，有员工170余人，内设5个部门和1个分公司，在张家港口岸设有7个办事处，投资设立1个检验检测公司，设有1个专业检测实验室。公司通过ISO 9001:2015质量管理体系认证，业务管理信息系统与张家港电子口岸、南京海关物流信息化管理系统联网。推进港口理货智慧升级，"件杂货智能理货系统" 在张家港港实现全货种全覆盖，同时在口岸各码头推广应用。年内，理货远程化项目获得实用新型专利4项、计算机软件著作权14项。公司检验检测业务取得中国合格评定国家认可委员会（CNAS）、中国计量认证（CMA）资质认证，开拓木材检尺、煤炭检测、港口综合、社会业务四大版块。公司获评江苏省守合同重信用企业、江苏省和谐劳动关系企业、苏州市"AA劳动保障信誉单位"，5月入库江苏省科技型中小企业。公司全年受理船舶3475艘次，完成理货量2299万吨。

（胡杨杨）

【中联理货"理货+检验" 双轮驱动】

张家港中联理货有限公司（简称中联理货）由中联理货有限公司控股、张家港港务集团有限公司和市金城港口服务有限公司出资组建成立。公司通过GB/T 19001：2016质量管理体系认证，实验室取得CMA和CNAS认证，业务信息系统与南京海关物流信息化系统联网。2023年，贯彻落实中联理货有限公司"十四五" 规划，"理货+检验" 双轮驱动，打造"最具公信力的第三方公证人"。理货业务实现永嘉码头集装箱智能理货全覆盖，推进浦项码头、港新重装码头等码头件杂货视频智能理货项目。检验业务新拓石油焦盘点、第四方监督检验、化工罐箱清洁检验、集装箱监装、大宗设备及海事检验等，全年检测油品、煤炭、矿产品等样品6861个，并出具品质检测报告。公司年受理船舶理货5892艘次、件杂货理货198.75万吨；受理集装箱理箱67.62万标箱。

（施科成）

【编辑　沈立平】

生态环境

Ecological Environment

黄泗浦生态公园　（杨海平　摄）

综　述

环境质量

自然资源保护

污染防治

环境监管

长江生态保护

绿化美化

張家港年鑑(2024)

扫码欣赏

市通洲沙江心岛生态修复项目

市一干河东岸通江森林步道专题宣传

综　述

2023年，张家港市以深入打好污染防治攻坚战为抓手，秉持“绿水青山就是金山银山”发展理念，优化区域生态环境质量，强化污染治理、加快生态基础建设，改善生态宜居环境，提升生态文明水平。

生态空间管控　年内，全市对生态保护红线区域优化调整。至年末，有生态保护红线区域621.45公顷，包括暨阳湖省级湿地公园106.19公顷、长江张家港三水厂饮用水水源保护区172.23公顷、双山岛省级湿地公园343.03公顷；有生态空间管控区域7处，包括凤凰山风景区、双山香山旅游度假区（香山片区）、双山香山旅游度假区（双山岛片区）、长江（张家港市）重要湿地空间、一干河清水通道维护区、一干河新港桥饮用水源保护区、张家港暨阳湖公园，总面积146.2平方千米。落实“长江大保护”战略，依据《张家港市沿江生态保护规划》《通洲沙江心岛生态湿地总体规划》，分别划定沿江区域国家级生态保护红线514.87公顷（三水厂1717.8公顷、双山岛343.07公顷）、省级生态空间管控区1.26万公顷（长江水面1.24万公顷、一干河清水通道149.33公顷、 干河饮用水源保护区135.67公顷）。全年重点对一干河饮用水源地区域和长江（张家港市）重要湿地区域开展专项督察，确保不发生破坏生态保护红线、侵占生态管控区域现象。

生态基础建设　张家港市全面落实“河长制”，年内疏浚镇村河道259条，拆坝建桥30座。新修圩口闸站33座，建成省级县乡生态河道60千米，覆盖率全省领先；建成幸福河湖70条，一干河获评江苏省幸福河道建设示范工程，6条河湖获评苏州市级幸福河湖，农场小流域获评2022年度省级清洁小流域，农村河道长效管护获省级评估第一等次。实施水环境区域补偿机制，落实张家港闸、六渡桥、顾家桥3个断面补偿资金80万元。提升农业面源污染防治水平，基本实现规模养殖场“美丽生态牧场”、规模以下养殖场“美丽牧园”和高标准池塘动态全覆盖，建设高标准农田改造提升项目10项，建设面积1386.67公顷。控减直播稻326.67公顷，全市机器插秧比例94.95%。化肥、农药实现减量增效，使用量分别比2020年降低2.03%、2.68%，农作物秸秆、畜禽粪污综合利用率和农膜回收利用率均达到98%以上。深化绿色港口建设，在确保码头泊位（化工泊位除外）岸电设施全覆盖的基础上，新增标准化改造岸电设施26套，累计308套，其中沿江181套、内河127套，到港船舶污染物接收率99%。城乡生活垃圾无害化处理率100%，528个居民小区、1159个公共场所和各建制村、自然村的10万余户农户生活垃圾分类设施投放实现全覆盖，并实现生活垃圾“零填埋”。全年累计处理餐厨垃圾5.6万吨、建筑（装修）垃圾91.49万吨、园林绿化及大件垃圾40.83万吨，农贸市场有机垃圾1.15万吨、有害垃圾68.31吨、可回收物13.46万吨、家庭厨余垃圾10.45万吨，焚烧和填埋其他垃圾44.33万吨。国土空间生态保护和修复规划形成初步成果，通洲沙江心岛湿地修复项目被列为苏州市首届“十佳湿地生态修复案例”，生态产品价值实现机制试点实施方案获省厅批复。针对凤凰山、鸷山等5座山体，编制“一山一策”实施方案，建成山地森林步道3条。大力实施造林绿化，年内分别完成造林面积56.81公顷、森林抚育面积300.27公顷，新增省级绿美村庄1个，全市林木覆盖率20.36%，位居苏州县市（区）第二，林长制工作获省政府督察激励。加强生物多样性保护，全面落实长江禁渔，加强湿地保护，建成湿地保护小区7个，基本实现沿江区域湿地保护全覆盖。全年开展湿地巡察12次，累计下拨湿地村生态补偿资金330万元。

生态细胞创建　全市城乡联动开展生态文明宣传教育，持续开展生态细胞创建活动。创成国家级“绿色工厂”1家、省级“绿色工厂”9家，累计有国家级“绿色工厂”1家、省级“绿色工厂”20家。持续开展节水型社会建设，全年新增9家省级节水型载体，全市工业用水重复利用率94.7%，再生水利用率28.7%，国家级节水型城市建设通过住建部复查，国家再生水配置利用试点城市建设通过水利部中期评估。倡导绿色出行，全年淘汰国Ⅲ及以下排放标准营运中型及重型柴油货车659辆，新能源公交占比65.7%。在全市范围推广环卫新能源车，全年新投用环卫车辆26辆，其中新能源环卫车辆9辆，占比35%。持续推进农村人居环境整治提升五年行动，全域开展环境整治，张家港市获苏州市农村人居环境整治提升考核第一等次，获评省生态宜居美丽示范镇1个、宜居宜业和美村庄11个，苏州市宜居宜业和美镇1个、和美村9个，苏州市农村人居环境长效管护先行镇1个、先行村4个。“人居有颜值，产业增实力，乡风更文明，奋力描绘宜居宜业和美乡村新风貌”案例入选国家城乡环境卫生清理整治典型案例。

（胡宇航）

【锦丰镇入选省生态文明建设示范乡镇创建名单】 1月，第五批江苏省生态文明建设示范乡镇（街道）、村（社区）名单出炉，锦丰镇上榜。近年，锦丰镇依托长三角一体化大平台，聚焦重点产业领域，突出创新赋能，加快形成若干高端制造业集群，建成以钢铁冶炼为核心，医疗器械、新型建材、新能源为重点，多产业协同发展的“1+3+N”新格局。加强与上海、南京、苏州、杭州等地高新区、科创园的深度合作，培育一批智能制造车间（工厂）。把绿色理念融入发展战略，推动生态文明建设迈上新台阶。推进“三优三保”、拆旧建新，促进资源的节约集约利用，新增一批大型村级工业载体。促进产城融合发展，打通连接市区的快速路网“微循环”，加快改造提升老镇区，布局一批2.5—3.0产业。开展农村生活污水改造、生活垃圾分类、河道整治、村容村貌整治，整体提升人居环境质量。工业企业污染物达标排放达到100%，生活垃圾无害化处理率100%，开展生活垃圾分类收集的居民户数比例为100%。每年空气优良天数比持续攀升,地表水达到或好于Ⅲ类水体比例稳定达到100%。

(茅 华)

环境质量

【概况】 2023年,张家港市践行“生态优先,绿色发展”理念,扎实推动水、气、土三方面环境质量提升。全年细颗粒物($PM_{2.5}$)浓度均值为32微克每立方米。空气质量优良天数301天,优良率82.5%,绝对值位列苏州大市第二,改善幅度位列苏州大市第四。

【空气质量】 2023年,全市城区细颗粒物浓度均值为每立方米32微克,连续4年达到国家二级标准。空气质量优天数为115天,良天数为186天,优良天数301天,优良率82.5%。城区环境空气全年超标天数64天。其中,首要污染物为细颗粒物的,有15天,占23.4%,与上年持平;首要污染物为臭氧(O_3)的,有43天,占67.2%,比上年减5天;首要污染物为可吸入颗粒物(PM_{10})的,有5天,平均浓度占7.8%,比上年增4天;首要污染物为二氧化氮(NO_2)的,有1天,比上年增1天。细颗粒物年均浓度比上年升10.3%;可吸入颗粒物年均浓度为每立方米54微克,比上年升14.9%;二氧化氮年均浓度为每立方米32微克,比上年升10.3%;二氧化硫(SO_2)年均浓度为每立方米10微克,比上年升11.1%;臭氧特定百分位数浓度为每立方米166微克,比上年降2.9 %;一氧化碳(CO)特定百分位数浓度为每立方米1.2毫克,与上年持平;降水pH年均值为5.5,酸雨发生率为18.3%;降尘均值为每月每平方千米2吨,与上年持平。

【水环境质量】 2023年,全市地表水环境质量继续实现“三个百分百”,即13个省考断面优Ⅲ比例100%、19条通江支流优Ⅲ比例100%、饮用水源地水质达标率100%。城市水质综合指数(CWQI)为3.9,地表水环境质量位列全省县市区第一,创历史最佳。长江干流排污口数量为5个,与上年持平;长江支流排污口数量为28个,与上年持平。

【声环境质量】 2023年,张家港市区域昼间声环境质量较好,平均等效声级为54.5分贝(A),二级;区域夜间声环境质量一般,平均等效声级为46.5分贝,处于区域环境噪声三级水平;全市在主要交通干线设道路交通声环境监测点位34个,监测道路总长23.97千米,道路交通噪声昼间平均等效声级为65.1分贝,比上年降0.1分贝。夜间平均等效声级为53.8分贝,道路交通昼间、夜间噪声强度均为一级,道路交通昼间和夜间声环境质量均为好。Ⅰ类声功能区昼间和夜间达标率均为87.5%,2类、3类、4a类声功能区昼间和夜间达标率均为100%。声环境质量总体保持稳定。

【生物多样性】 2023年,张家港环境监测站组织开展生物多样性监测活动,包括陆生维管植物、哺乳动物、鸟类、两栖动物、爬行动物、底栖动物、浮游动物、浮游植物和鱼类9个类群,累计调查300余人次,样线调查300余条,样线长度900余千米,拍摄各类照片2万余张。至年末,张家港市生物多样性本底调查通过省级验收,记录全市有各类生物1562种(含栽培种、种下等级),其中陆生维管植物802种、陆生脊椎动物174种、陆生昆虫232种、水生生物354种。观测发现鸟类341种,其中国家一级保护鸟类12种、国家二级保护鸟类60种。围绕5月22日“国际生物多样性日”,全市在常阴沙现代农业示范园区、南丰镇、凤凰镇等地开展“万物共生,美在多样”“探索人与自然和谐之道”“暨阳七彩鸟,百姓好邻居”等青少年生物多样性主题科普宣传、研学活动,参与人数500余人。

【首个生物多样性观测站建成】 12月,张家港市首个生物多样性观测站建成。观测站位于双山岛大伯墩湿地公园,以观鸟驿站原有建筑为基础,布设鸟类在线观测点1处,主要由高精度云台和数字化精准控制摄像机构成。通过对比“尾、足、喙”等细节特征,判断鸟类品种,并在终端系统内记录下时间和数据。此外,在双山岛和张家港湾分别设置1条鸟类人工观测样线,样线长度均为1.8千米。沿样线用高倍望远镜及观鸟镜观察出现的鸟类,并使用专业摄像机及无人机拍摄鸟类照片和视频。通过智能在线监控监测和人工实景拍摄,实现鸟类活动实时视频展示、鸟类识别和抓拍,重点监测鸟类的数量、出现时间段及行为类型等情况。生物多样性观测站的建成填补张家港固定观测站点的空白,有助于准确掌握全市生物多样性“家底”,摸清珍稀濒危物种、外来入侵物种、指示物种等种群数量及分布情况。年末,观测站观测到国家一级保护野生动物东方白鹳。

(胡宇航)

震旦鸦雀 (王永祥 摄)

自然资源保护

【概况】 2023年，市自然资源和规划局依需求动态开展土地指标有偿交易活动，市场化配置土地指标140.96公顷，形成土地和资金要素城乡间双向良性流动，促进土地资源高效节约利用。全年对上报批56个批次，总面积319.32公顷，广大鑫盛二期、国信沙电、海进江LNG项目等重点项目落地。全市落实供地211宗，面积536.07公顷。其中，国有建设用地出让73宗326.93公顷，出让金额932630.38万元，划拨109宗192.86公顷；集体建设用地出让6宗5.38公顷，出让金额3639.56万元，拨用23宗10.9公顷。国有建设用地出让供地中，工业（仓储）用地32宗229.11公顷，出让金额134573.4万元；房地产项目用地20宗35.62公顷，出让金额489443.2万元；安置房用地19宗50.05公顷，出让金额277130.78万元；公共管理与公共服务用地2宗12.15公顷，出让金额31483万元。国有建设用地划拨供地中，公共管理与公共服务用地45宗30.37公顷，交通运输用地60宗159.52公顷，水工建筑用地4宗2.97公顷。集体建设用地出让供地中，工业用地5宗4.88公顷，出让金额2440.56万元（均为集体经营性建设用地入市）；商业服务业用地1宗0.5公顷，出让金额1199万元。集体土地拨用中，公共管理与公共服务用地9宗4公顷，交通运输用地11宗5.79公顷，特殊用地（殡葬用地）1宗0.55公顷，工业用地2宗0.56公顷。开展2022年度城乡建设用地增减挂钩项目验收，通过苏州市自然资源和规划局正式验收100.12公顷。实施2023年度城乡建设用地增减挂钩项目9项，项目规模17.56公顷。“三个突出”（突出全域规划、突出全力挖潜、突出全程监管）打造土地节约集约利用做法入选中国改革2023年度地方全面深化改革典型案例（国家发展改革领域最高荣誉），张家港市获评省自然资源节约集约利用资金奖励地区。

【耕地资源保护】 2023年，全市严守25620公顷耕地保护目标和22926.7公顷永久基本农田保护红线，推进数量、质量和生态“三位一体”保护。年内，市自然资源与规划局统筹推进土地卫星遥感影像图片（简称卫片）执法监督、双“清零”、自然资源例行督察等行动涉及的违法违规用地整改工作，对国土资源部卫片（17个批次、811宗、1171.3公顷）、江苏省卫片（33个批次、166宗、149.98公顷）进行核查和系统填报，“清零”行动销号率为94.85%，“动态清零”行动面积销号率98.21%，近三年耕地保护督察整改销号率均为100%。按照行政处罚权下放要求，对通过巡察、信访、季度卫片、专项行动等途径新发现的17宗违法线索，依法依规移送属地人民政府，合力推进违法状态的消除。全市经批准的7个使用计划指标的批次占用耕地73.33公顷（其中水田66.67公顷），按照“占一补一、占优补优、占水田补水田”的原则，全部严格落实耕地占补平衡。严格落实省级耕地质量提升指导意见，土地整治项目拆旧复垦后，提请市农业农村局对涉及项目开展耕地质量评定工作，确保耕地质量达标后方可申请市级验收，从成果上确保耕地质量。

【集约用地保护】 年内，市自然资源与规划局落实产业用地全周期监管，参与前期新增用地工业项目准入评审60项，化工项目建设联合会商、化工重点监测点年度评估、高端纺织项目认定，挂牌出让会审75宗；供地时全面采用出让合同+投资发展监管协议的“双合同”监管模式；强化用地供后监管，收储、收回国有土地30宗66.6公顷。完成低效用地再开发2023年度实施计划编制，通过工矿废弃地复垦、城乡建设用地增减挂钩、收回重新供应、提高容积率、增资技改项目、已有存量建设用地转让等多种方式，合计盘活存量建设用地263.07公顷，其中产业用地原地更新168.20公顷。

【土地储备交易】 2023年，市土地储备中心严格按照土地储备管理“五统一”机制（统一计划编制、统一验收入库、统一配套要求、统一出让标准、统一市级收储），强化对全市经营性用地储备出让的统筹管理。全年储备经营性用地17宗，总面积40.42公顷，按收储区域划分，市区储备9宗，面积32.11公顷；镇区储备8宗，面积8.31公顷。全年储备产业用地35宗，总面积228.41公顷。全年出让经营性用地19宗，总面积46.18公顷，成交总价51.83亿元，规划总建筑面积87.27万平方米。其中，市区出让9宗，面积37.47公顷，成交价47.09亿元，规划总建筑面积72.76万平方米；镇区出让10宗，面积8.71公顷，成交价4.74亿元，规划总建筑面积14.51万平方米。全年出让安置房用地3宗，总面积6公顷，成交总价4.01亿元；另通过公开出让的产业用地30宗，总面积202.62公顷，成交总价10.66亿元。年内通过举办“魅力沙洲，创新港城”2023年经营性用地推介会、参加2023年第十届中国（南通）城市土地展、第六届房地产高质量发展大会暨品牌房企面对面精准对接大会，吸引更多品质房企投资拿地。参加在深圳举办的“对接粤港澳，汇聚新动能”2023年张家港（深圳）创新发展投资说明会，首次以产业用地为主体开展招商推介活动。以高新区作为产业用地招商试点，开展5宗重点地块推介，推动土地市场稳健发展。

【不动产登记改革】 2023年，全市办理不动产登记15.75万件，比上年增41%。其中，办理线上抵押4.1万件，完成全流程线上双预告2391份、预转本3662份、企业独立宗不动产登记577件。接待社会各界人士查档25.13万人次，出具有效不动产登记信息查询证明6.52万份，开具首套房、无房证明12.59万份。至年末，一般登记业务半日办结率90%，一个工作日办结率95%以上。即时办结实体企业的抵押登记、注销登记，减免不动产登记费1238笔38.2万元。全市拓展预告登记新场景，完成全市首笔工业不动产转移预告登记。在办理苏州市首笔“带押过户”业务的基础上，全面推广不动产“带押过户”服务常态化开展，采用一次申请、合并审核、同步办结方式。11家金融机构办理业务400余笔，数量位居苏州前列。实现跨银行、公积金、赠予、继承、婚内加减名、工业不动产转移“带押过户”。全市完成分幢（层）抵押432笔，为入驻的220家企业融资159.08亿元，为符合条件的工业企业常态化开展不动产分幢（层）登记，获得自然资源部领导的认可。常态化开展交房（地）即发证服务，发挥“对企专窗”和“党员先锋岗”作用，提供“管家式”帮代办服务。年内，全市“交地即发证”服务52家企业，占拿地企业比例100%。“交房即发证”惠及18个小区，新交付小区比例100%。6月，自然资源部总工程师田文彪到市调研，高度评价张家港市确权登记工作。7月，市自然资源和规划局局长孙建华被省自然资源和规划厅授予“江苏省确权登记工作贡献十大荣誉人物”称号。11月，“张家港登记助企四零工作法”被《中国自然资源报》报道全国推广。

【产业园用地状况调查】 2023年，市自然资源与规划局全面摸排全市9个二类产业园和7个三类产业园的社会经济发展、土地利用和存量用地空间盘活利用情况，为产业园整治提升和土地集约利用提供数据支撑和决策依据。制定《关于加强工业用地出让价格管理的指导意见》，提出自2023年7月1日起，普通工业用地最低指导价为保税区、经开区（杨舍镇）每公顷750万元，高新区（塘桥镇）、冶金园（锦丰镇）每公顷675万元，其他区镇每公顷600万元。开展园地、林地、草地定级和基准地价制定工作。果园分为二级，基准地价一级每公顷50.1万元、二级每公顷46.8万元；茶园一级，基准地价每公顷52.5万元；其他园地分为二级，基准地价一级每公顷48.6万元、二级每公顷43.5万元；乔木林分为二级，基准地价乔木林（含林木）一级每公顷42万元、二级每公顷36.75万元；乔木林（不含林木）一级每公顷35.25万元、二级每公顷30.75万元；草地城镇开发边界内每公顷19.65万元、城镇开发边界外每公顷15.75万元。

【张家港市首批获评全国自然资源节约集约示范县（市）】 2月9日，自然资源部公布首批全国自然资源节约集约示范县（市）名单，张家港市成为苏州市唯一入选县（市）。这是继2020年张家港市土地节约集约利用工作获国务院督察激励后，获得的又一项“国字号”荣誉。首批认定的自然资源节约集约示范县（市），示范期为2023年至2025年。示范周期内，张家港市将在省级生态修复治理资金分配、用地指标安排、相关试点选取等方面获得上级相关部门的优先支持。近年，张家港市坚持最严格耕地保护制度和节约集约用地制度，完成全市国土空间规划公示稿成果（2021—2035年），划定10653.33公顷产业用地保障线，形成“产业基地—产业社区—工业区块”梯次发展格局，先后3次发布《张家港市产业用地热力图》，给出产业地块194宗1533.33公顷，保障产业项目落地。按照“先农田、再生态、后城镇”的原则，形成“三区三线”划定成果，加强耕地保护。出台科创产业用地（M0）政策，推进土地复合利用。实施“三优三保”，复垦面积超2000公顷，完成产业用地原地更新533.33公顷。完善农村集体经营性建设用地入市机制，31宗52.4公顷农村集体经营性建设用地入市成交。加强地上地下空间利用，建设高标准厂房搭建产业载体，单位GDP建设用地使用面积下降至每亿元12.68公顷；构建“事前定标准、事中管达标、事后促更新”的闭合链条，探索“土地出让+投资监管”双合同管理制度，实现项目全周期监管。2023年12月13日，中国改革2023年度地方全面深化改革典型案例名单公布，张家港市“三个突出”打造土地节约集约利用“张家港样板”案例入选，张家港成为全省唯一连续3年入选中国改革年度案例的县（市、区）。（钱　利）

污染防治

【概况】 2023年，张家港生态环境部门紧盯污染防治攻坚战重点领域和重点问题，落实治污攻坚工作例会、市领导带队督办制度，专题召开全市生态环境保护大会、攻坚战指挥部工作会议。每季度召开攻坚战季度推进会议，全面部署推进目标。市级层面全年召开治污攻坚专题会议16次，开展市领导现场带队督察11次。项目化梳理年度治理任务，制定《2023年度张家港市深入打好污染防治攻坚战工作要点》，排定7个大类110项重点攻坚项目，落实资金超21亿元，推进全市绿色低碳转型。坚持“绿色GDP”考核机制，不断增加“绿色发展”绩效考核比重。围绕年度重点目标任务及突出环境问题进行摸排梳理，排定13项重点生态环境项目由市政府挂牌督办。抓好第二轮中央、省生态环境保护督察反馈交办等突出环境问题整改，张家港涉及的14项整改任务全部完成。全力保障环境质量持续改善。开展环境质量“对标进位”“提质增优”专项行动，累计完成15家涉挥发性有机物（VOCs）企业清洁原料替代、168项VOCs综合治理项目；完成745辆柴油叉车替代及631辆柴油货车淘汰；完成71条劣Ⅴ类水体整治、建成70条幸福河湖，全市污水提质增效达标区建设实现全覆盖。继续深化土壤污染风险管控，完成88家土壤重点监管单位隐患排查“回头看”工作，全市重点重金属污染物排放量比2020年下降20.9%，土壤环境质量保持稳定。

【水污染防治】 2023年，张家港生态环境部门加强水质溯源排查、压实水质达标责任，统筹推进水环境治理。落实水质分析预警研判月度例会制度，每月由水污染防治联席会议办公室负责召集，部署重点污染防治和管控措施，保障断面水质稳定。开发完成“水环境预警管控和调度指挥系统”，实现13个国省考断面、5个苏州市考断面AI智能识别，加强水质保障技术支撑。试点编制全省首家县级工业污水中长期规划，并通过专家评审，助力工业废水处理能力薄弱区域的基础设施建设。加快实施工业废水和生活污水分质处理，编制《张家港市城镇污水处理厂纳管工业废水分类分质处理评估报告》《张家港市城镇污水处理厂纳管工业废水分类分质处理实施方案》，并通过专家评审。加快重点断面溯源整改，将2022年出现单月水质超标的3个省考断面（顾家桥、太字圩港闸、七干河沿江路桥）纳入市政府挂牌督办重点生态环境项目，实施“一断面一方案”溯源整治，年内全市13个国省考断面水质月度监测均达到Ⅲ类以上，实现历史性突破。推进工业污染面源治理，深入开展水污染物专项执法行动，完成涉磷污染物企业整治273家、涉氟污染物企业整治75家，保障水环境安全。落实排污口长效管理，建立水源地、国省考断面、苏州市考断面核心区域入河排口清单，开展新一轮深化整治工作，整治长江排污口198个、太湖排污口274个。

【大气污染防治】 2023年，张家港生态环境部门强化臭氧等多污染物协同控制，成立大气环境质量基干队伍，推进“工业源、移动源、面源”协同减排。紧盯全市电力、钢铁、水泥、玻璃等17家排放大户，督促落实深度自愿减排。年度387项大气治理工程项目全部按期完成，推进工业污染源头减量，重点完成沙电4个机组、华兴电力4个机组全流程脱硝改造项目，实施168个有机废气综合治理、140个储罐深度治理项目。全面完成3家钢铁企业全流程超低排放改造并公示，成为全省首批钢铁行业全部完成超低排放改造的县市。紧盯扬子江化学工业园VOCs浓度压降，督促36家重点企业实施“一企一策”深度治理。持续推进国Ⅲ及以下排放标准柴油货车淘汰及非道路移动机械上牌等工作。全年完成745辆柴油叉车替代及631辆国Ⅲ及以下柴油货车淘汰，完成9788辆非道路移动机械上牌；加强机动车排放检验机构监督检查，严厉打击弄虚作假行为，开展柴油车路检14次523辆，入户抽检柴油车11次133台，入户抽检非道路移动机械13次154台。发挥市大气办、攻坚办、扬尘办攻坚合力，会同市住建、城管等部门强化建筑工地、道路、堆场等扬尘管控。深化省控空气站点周边微环境管控工作，完成城北小学省控大气站点搬迁至和平广场工作，新增雾炮洒水一体车4台，加密洒水、雾炮等抑尘工程措施频次，加大道路积尘走航以及重点区域秸秆、垃圾、物料焚烧巡查力度，发现问题及时整治。

【土壤污染防治】 2023年，张家港生态环境部门严厉打击污染地块违法违规再开发利用，保持全市土壤环境质量稳定，重点建设用地安全利用率保持100%。强化土壤污染源头防控，动态更新土壤污染重点监管单位名录，年内完成88家土壤污染重点监管单位隐患排查“回头看”。加强高风险遗留地块土壤污染风险管控，全市37个高风险遗留地块和14个高风险在产关闭地块均于2023年内提前完成土壤调查及专家评审工作。持续推进实施重点园区和土壤污染重点监管单位周边土壤、地下水监督性监测工作，2023年完成56家企业监督监测。强化重点建设用地安全利用，全年会同资源规划部门联合评审地块42个，避免污染地块“未治先用”。

【工业固废污染防治】 2023年，张家港市全力打造“无废城市”张家港样板。推进“无废集团”“无废园区”建设，沙钢集团获批全省首家“无废集团”建设试点，扬子江化工园首批入选全省“无废园区”建设试点。根据《张家港市“无废城市”建设工作方案》，4月27日至28日，全省“无废园区”建设现场推进会在张家港市召开。推动固体废物源头减量、资源化利用和无害化处理，全市生活垃圾实现全量焚烧处置，建成绿晟新能源每年21万吨一般工业固废综合利用项目，合力能源每年3万吨一般固体废物收集、分拣及每年1.4万吨工业废物处置项目。

【三套机制打好“防污攻坚战”】 年内，张家港生态环境部门围绕防污攻坚战，完善督察曝光、正面宣传及噪声、异味治理三套机制。完善督察曝光机制。全年通过媒体曝光督办30期，涉及问题51件，完成整改销号48件。聚焦提高整治成效，常态化开展“回头看”及举一反三检查，全年抽查前期问题线索405条，推动整治反弹或成效不明显问题15个。完善正面宣传机制。全年完成1部治污攻坚微电影制作；5篇信息被“江苏治污攻坚”微信平台录用，47篇信息被“苏州治污攻坚”微信平台录用；做好“张家港治污攻坚”微信平台的运行维护，做到每周更新3期以上，全年累计更新252期。完善噪声、异味治理机制。制定《张家港市2023年度治理噪声异味污染进一步提升人民群众获得感专项行动方案》，建立工作专班，落实责任分工。深化专项执法监督力度，结合生态环境“周周有夜查”执法行动，常态化开展夜间噪声、异味专项暗访行动，全年出动7800余人次，排查点位4603余处，推动整改问题210个。

【防污三项创新举措出台】 年内，张家港市生态环境部门防污“三项创新”工作逐一突破。创新“污染物”管控集中改革。探索排污权集中池改革，设置全市统一的排污权“集中池”。深入推进排水设施建设与运维一体化改革，把各区镇、部门的排水设施建设和运维管理职责，统一委托市水务环保集团一体承担，一体推进“治”“管”“建”，夯实治水管水基础。创新“打卡式”扬尘管控模式。建立市攻坚办、扬尘办、大气办“三办联动”工作机制，依托微信平台群聊和“群报数”小程序“打卡”功能，对全市在建的250余处施工工地开启“在线管控、精准督查”的扬尘管控非现场监督新模式。至年末，发现问题92个，均落实整改。创新“散乱污”整治协调联动机制。建立“散乱污”协同整治推进微信群，各相关单位每月定期交流反馈“散乱污”线索，每半年定期组织部门联合检查。2023年，全市累计摸排整治“散乱污”企业（作坊）135家，其中关停取缔80家、整治提升55家。持续巩固和深化“散乱污”治理成效，实现2023年以前完成整治的8763家“散乱污”企业（作坊）“回头看”复核全覆盖。

环境监管

【概况】2023年，张家港生态环境系统运用“三线一单”分区管控，落实“两高”项目审批管理，将碳排放影响评价纳入环境影响评价体系。年内，审批环评报告书（表）208个、备案登记表580个，初审排污许可685家次，核发排污许可证537家次、排污登记1034家次。持续推进简政服务，落实精简审批，提升服务效率，为重大项目提供全流程审批服务，靠前服务印染行业规划，完成大新、凤凰印染保留点及塘桥印染集聚区规划环评。设置全市统一的排污权“集中池”，促进主要污染物排放总量指标优化配置，更好服务重点行业和重大项目绿色发展，全年完成41个项目总量收储审核，为14个重点项目安排出库排污总量。

【环境监测能力建设】年内，张家港生态环境系统不断强化环境监测能力建设，完成永联大桥、曹河闸、闸上大桥3个市考断面水站的搬迁工作，实现全市8个市考断面水质自动站全覆盖；利用无人机航拍、走航车监测、人员实地走访等方式加强监测站点周边摸排巡查，杜绝人为干扰监测事件的发生。抓好对第三方检测机构的监管，继续强化“智慧生态平台”和“三联动—执法平台”的应用，严格开展数据审核工作，全年监控设备质控合格率95%以上，实样比对合格率90%以上，超标报警处置率100%。

【核与辐射安全管理】2023年，全市有辐射工作单位247个，其中涉源单位45个。张家港生态环境部门全年开展核与辐射安全检查161家次，发现问题63个，全部完成整改。联合市公安局和卫健委等单位每季度开展联合执法检查，对全市涉源单位全面开展隐患排查，检查涉放射源企业45家，涉及放射源652枚，覆盖率100%，发现安全隐患49个，均完成整改。全面推进废旧、闲置放射源级放射性废物送贮工作，组织涉源单位开展废旧、闲置放射源排查，排查出废旧、闲置放射源28枚，督促相关单位规范做好送贮前安保工作。

【环保宣传】年内，张家港生态环境部门制定并印发年度宣教工作要点，全力推进生态环境领域宣传，张家港生态环境局微信公众号发布微信1141条，被苏州生态环境微信公众号录用47条、江苏生态环境微信公众号录用13条。在“六五”环境日、全国生态日、国家宪法日等时间节点，集中组织开展专题宣传活动。组建绿色播报官队伍，推出短视频19个；依托“生态环境80、90宣讲团”开展宣讲活动39场。推进环保设施向公众开放工作，组织11场公众开放日活动。举办新闻发布会4期，参加《12345进行时》节目，主动回应群众关心的热点、难点。

4月，张家港生态环境局工作人员在钢管厂进行检查

（张家港生态环境局　提供）

【“周周有夜查、月月有重点”专项执法行动】2023年，张家港生态环境系统持续开展“周周有夜查、月月有重点”专项执法行动，强化大案要事保障能力建设，针对重点行业、重点区域、重点时段，组织开展专项执法检查，全力推动企业提升环境管理水平。实施行政处罚235件，罚款1559万元，办理环保法配套办法案件11件，移送涉嫌环境犯罪6件。拓展在线监控、云电力监控、异味走航应用场景，通过非现场监管手段发现问题50余处，立案查处12件。全面实施“差别化监管”，减少正面清单中企业的现场检查频次，对正面清单中的企业初次环境违法且危害后果轻微并及时改正的，依法不予行政处罚。全年实行免罚案件6件，从轻处罚案件76件。

【生态环境保护全民行动】2023年，张家港生态环境部门开展《江苏生态文明20条》宣讲活动283场，开展生态环境志愿服务活动377场，参与志愿服务人数5339人次，志愿服务时长11672.5小时，受众人数31900人次。3月16日，召开社会组织会议，加强对张家港市环保志愿者协会的监督管理与指导，推进环保志愿服务工作良性发展。6月3日，“建设人与自然和谐共生的现代化”2023年张家港市“六五”环境日主题活动暨环境宣传月启动仪式在高新区（塘桥镇）黄泗浦生态公园举行。8月，张家港青少年环境教育基地、市环保志愿者协会第一批获评苏州市生态环境行业新时代文明实践点。9月7日，市台办、张家港生态环境局联合开展“政企同行，共创绿色环境”环保政策专题宣讲活动。12月，张家港市文明实践志愿服务项目大赛开赛，“童心筑梦‘绿’见未来”生态环境教育公益项目获大赛二等奖并入选2023年度市“最佳志愿服务项目”。

（胡宇航）

长江生态保护

【概况】年内，张家港市致力打造长江大保护生态文明的县域典范。聘请专业化绿化养护队伍对圩区耕地、204公顷沿江绿化、江堤路面等进行巡查和管护。9月，完成长江生态信息化管理平台建设，加强对长江西水道段生态环境、岸线利用、安全生产、防台度汛等方面的管控力度。加强对耕地、湿地、绿化、水利设施、长江岸线等全方位资源管理。守牢“耕地红线”，实施多项耕地保护和质量提升工程。保持自然湿地生态良好，修复江心互联堤，新沙洲江心岛生态修复项目获评“苏州市十佳湿地生态修复案例”。清理“加拿大一枝黄花”106.67公顷，维护生态环境安全。清理非法垦种6000余平方米，保护长江岸线资源。开展防汛备汛工作，投入120万元实施防汛岁修工程，在五干河外坡险工段抛石300立方米，修复圩堤沥青路面2133平方米、内坡格宾石笼及护坡130米，并采用压密注浆工艺和沥青灌缝的方法对1500米江堤裂缝进行修补。通过检修防汛排涝设施、落实防汛抢险队伍及物资、开展防汛演练等多种举措，切实筑牢张家港东部沿江防汛“安全堤”。市长江生态保护发展公司试点推动长江河道疏浚砂综合利用工作，多次赴镇江、泰州等地学习，开展疏浚砂石资源、上岸模式及码头、砂石市场等调研，同时聘请专业机构编写疏浚砂综合利用技术方案，对接水利、交通、海事、环保、长江上海航道处、南京航道工程局等各个部门。9月，长江航道局与苏州市政府签订共同协调推进长江航道疏浚土综合利用工作备忘录。

【西水道圩区建设管理】年内，市长江生态保护发展公司投资1200万元对五圩区306.67公顷耕地实施高标准农田建设，通过外进土方8万立方米、平整土地、修补渠道14千米、新建翻建排水涵洞和节制闸12座、整修改造机耕路20千米。提升农田旱涝保收能力。投资200万元实施冬春农田水利岁修工程，通过外进土方12万立方米、平整田块100公顷、修复渠道1.5千米、维修排水涵洞9座、新增涵闸2座、增加移动泵2处等，保障农田水利设施的正常运行。完成六圩区水环境整治工作，通过在主渠道内安装曝气设备、栽植浮岛水生植物、修筑溢流坝、清理河底和岸坡等一系列举措，有效改善圩区水环境质量。实施西水道绿化造林工程，在长沙河闸外、一圩区、二圩区及铁黄沙种植榉树、女贞、枫杨等树木，新增绿化17.33公顷。推进农业绿色示范方建设，西水道三圩区农田成功创建水稻百亩片绿色示范方，主推水稻机插秧、全程机械化管理、无人机飞防等技术，全面提高西水道农田的种植水平和种植质量，五圩区西侧100公顷区域顺利通过有机种植认证。完成西水道一、二圩区及天生港区域251公顷土地权属登记发证，进一步发挥土地效益。

【“长江大保护”党建活动】年内，市长江生态公司联合市委宣传部、市文明办等单位开展“长江大保护”主题党建活动12次。8月，与市农业农村局、市供销合作总社、市农发行联合发布“绿色长江”党建共建项目。按照“形成‘1+N’阵地新集群”的党建发展思路，在市域沿江东部打造党建阵地。在四干河办公楼新建“长江学堂”综合阵地，展示“长江大保护”工作实践和成果。在五圩区中心路新建“遇见长江”市生态、湿地宣传教育长廊，配套青少年实践基地课程，为全市青少年学生提供实境教育课堂。全年有1.8万名初高中学生依托此阵地开展教学活动。

【长江国家文化公园张家港段建设】2023年，张家港市着眼融入江苏省、苏州市规划整体，组织制定《长江国家文化公园张家港段建设规划（初稿）》，统筹分步推进九大重点项目建设，“长江文化对外交流项目”列入国家级、省级重点项目评审，长江文化对外交流项目（含长江文化节）、东山村遗址等重点项目纳入省、苏州市建设保护规划，张家港湾核心展示园及黄泗浦核心展示园纳入长江国家文化公园江苏段核心展示园名录。着力推进黄泗浦考古遗址公园启动区项目实施，投入资金1900余万元，完成河道连片疏浚整治，其中整治河道2237米、疏浚土方11200立方米、绿化河坡24600平方米。完成遗址入口外金桥路路面改造、周边沿线绿化改造及散乱污腾退工作。更新临时性保护大棚，完成大棚单体设计，对遗址现场进行展陈布置，制作遗址保护宣传片，提升遗址周边整体风貌及现场展示水平。策划实施“江海奇幻游”长江文明与海上丝绸之路开放式博物馆特展、“折叠黄泗浦”考古遗址元宇宙沉浸式体验、大唐国际港沉浸式体验3个项目，投入资金675万元，累计接待游客超8万人次。开展东山村遗址发掘和保护工作，启动新一轮考古发掘。东山村遗址博物馆项目纳入国家发展改革委文化传承发展“专精特新”工程储备项目库。以“融合·弘扬·共享”为主题，立足长江全域，联动长江流域13省（区、市）和江苏省内沿江8市，以线下、线上相结合的方式举办2023年长江文化节，策划文物长江、非遗长江、艺韵长江、行走长江、开放长江5个板块22项系列活动，唱响新时代“长江之歌”。

【长江禁渔】年内，市农业农村局制定《2023年度张家港市长江禁捕镇级工作考评表》，开展护渔员规范化管理，推进护渔站点标准化建设，提升护渔阵地建设水平。全面建成沿江一线“二中心九专班十三点”日常巡控责任体系。形成执法联动中心2个、镇级长江禁捕专班9个、村级长江禁捕巡护点13个，织密市、镇、村三级长江禁捕网格体系。在长江大保护指挥平台建成投用的基础上，增设视频探头填补盲区，基本实现长江沿线视频监控全覆盖。新配备100吨级渔政执法船（中国渔政32606船）1艘及建设配套趸船、码头，与原有50吨级渔政船（中国渔政32118船）相呼应，增强渔政执法能力。发挥“渔警紧密联动，行刑高效衔接”长江禁捕监管新模式的作用，加强同各区镇（街道）及公安、海事、市监、水务等职能部门的联动响应、协作配合。并与相邻地区对接，落实长江禁捕执法协作共管协议，加强长江跨界水域无缝对接联动机制，深化长江禁捕区域性合作共管良好格局。全年组织开展长江禁捕专项整治行动18次、部门联合执法行动42次、区域联合执法2次，累计出动执法人员4985人次、执法车辆1441次、船艇147艘次，查处长江非法垂钓案件152起、非法捕捞案件14起。违法捕捞案件查处率、涉刑案件移送率均为100%。

【船舶污染防治】 2023年，张家港海事局全面落实《中华人民共和国长江保护法》《江苏省长江船舶污染防治条例》，严厉打击非法排污、非法洗舱等违法行为，查处涉污涉危违法行为290起，27艘次违法船舶纳入黄黑名单惩戒。高标准运行“一零两全四免费”机制，监管船舶生活垃圾394.92吨、生活污水2.38万立方米上岸处置，比上年增66.27%、1.13%，张家港船舶污染防治工作被新华社全球直播。编制挥发性有机物监管等5个涉气监管指南，开展燃油快检760艘次，无人机遥测尾气299艘次。开展船舶岸电系统专项提升行动，推动码头企业配备智能岸电设备96套，实施海船岸电使用“一船一策”，到港船舶使用岸电6.48万艘次、用电量580.26万千瓦小时，比上年增65.69%、146.14%，岸电使用率位居全省前列。

【湿地保护】 年内，市林业部门开展电子巡查、野外实地巡查，以及不定期湿地图斑监测，全面保护湿地资源。新建张家港市老圩、新圩、双中3个湿地保护小区。至年末，全市累计有湿地保护小区7个，总面积15864.72公顷，基本实现长江湿地保护全覆盖，自然湿地保护率63.1%。多措并举探索湿地宣教，依托暨阳湖省级湿地公园、“芦苇小课堂”和公众号等线上线下阵地，在“湿地日”“爱鸟周”等时间节点，开展湿地宣教活动20余场，参与人数3000余人次。组织线上“湿地日”有奖问答活动，访问量达到22702次，参与15567人次，知识传播数67062个。持续开展湿地监测工作，全面落实生态补偿，全年下拨湿地村生态补偿资金330万元。立案查处林业案件7起。其中，野生动植物案件5起，处罚款2.12万元，没收野生动物32只和非法猎捕工具13件；擅自改变林地用途案2起，处罚款17.15万元。

（钱 利 詹舒惠 陈有为 张钰梅 席利锋）

绿化美化

【概况】 2023年，全市投资建设重点绿化项目16项，总建设资金9500万元，涉及新增、改造绿化面积约57万平方米。至年末，城市建成区绿地率为38.3%，绿化覆盖率为43.11%，人均公园绿地面积为15.23平方米。全市投入造林资金约1000万元，完成造林56.81公顷，其中长江沿岸造林13.47公顷，实施森林抚育面积300公顷。春节、国庆节期间，在张家港公园、梁丰生态园等节点摆花设景，营造节日氛围。全市林木覆盖率20.36%，位居苏州四县市之首。

【绿化工程建设】 年内，市财政投资3200万元，新建、改造绿化工程5个，新增、改造绿化面积18.36万平方米。市林业局坚决执行制止耕地“非农化”、防止耕地“非粮化”要求，不违规占用耕地和永久基本农田开展绿化造林。围绕长江沿岸造林绿化行动，深挖造林潜力，切实抓好未利用地、边角地、废弃地、建设储备地、污染风险地，以及沿路、沿水、沿城、沿村、沿厂、沿田等十边隙地绿化，稳步增加森林资源总量。科学打造森林步道，建成省级森林步道1条，苏州山地森林步道3条，德积街道永兴村朱家埭、沙泥圩新建成为省级绿美村庄。

【绿化养护】 2023年，市住建局城区公共绿地养护面积621万平方米，四季草花养护面积2.1万平方米，养护行道树3.6万棵、景观造型树369棵，雕塑及景观小品81组，管理考核绿化养护企业13家、草花养护企业5家、雕塑养护企业1家。结合文明城市创建，累计完成10.6万余平方米绿地、945棵球类、157棵乔灌木补植、修复，绿地内增设汀步、园路260余平方米，安装护栏520余米，修复篮球塑胶场地1座。市林业局农村市属绿化管护面积为2512万平方米，全年拨付绿化土地租金4831.27万元，绿化养护资金3385.35万元。全年开展冬季片林清杂、交通安全隐患整治工作，清理出园林绿化垃圾1514吨。7月至9月，配合市交警大队、市交通局对G204、S604、G346等国省道进行绿化遮挡视线问题点位的排查并开展相应的修剪工作，主要是绿化遮挡指示牌、路口及中间隔离带通视三角绿化遮挡的问题，排查修剪点位76个。坚持农村绿化管护月度考核制度，全年开展12次农村市属绿化养护考核，办结“12345”便民服务转办绿化求助事项43起。

【林长制工作】 2023年，全市有市级林长4人、镇级林长111人、村级林长249人。年内，组织市、镇两级林长巡林59次，召开林长会议31次，报送苏州信息30条。林长办发挥“参谋助手”作用，多次召开林长制工作推进会，发布林长制年度工作计划，督察调研林长制运行、营造林小班、公益林和湿地保护、林地批后监管等情况。1月18日，市委常委、常务副市长、市副总林长常征主持召开市林长制工作推进会，听取年度工作汇报。3月10日，第一总林长、市委书记韩卫率队开展巡林活动，了解全市林长制落实、林业发展规划、沿江绿廊建设、农村造林绿化工作等情况；8月9日，韩卫在通洲沙江心岛调研督察岛内的生态修复情况；9月20日，韩卫在香山开展巡林活动。10月25日，市委副书记、市长、市总林长蔡剑峰主持召开市政府第29次常务会议，会上学习《中华人民共和国森林法》《中华人民共和国湿地保护法》，传达贯彻省林业局《关于挂牌督办破坏森林资源典型案例的通知》，研究部署林业工作。年末，张家港市获评省政府办公厅2023年督查激励县级市（区）。

（钱 利 常晓旭）

【编辑 闫 昊】

城镇建设

Urban - Rural Development

高职园区中专学校新建工程　（市住建局　提供）

城市规划

城市建设

集镇建设

公用事业

城市管理

張家港年鑑(2024)

城市规划

【概况】 2023年,市自然资源和规划局履行规划职能,完成规划编制35项。编制完成《2023年度张家港市预支空间规模指标落地上图方案》,同时加快编制市国土空间规划总体规划,推动区镇开展镇级国土空间总体规划编制。指导区镇完成《张家港市凤凰镇鸷山区域控制性详细规划修编》《张家港市凤凰镇韩国工业园(FHHG-01-01基本控制单元)控制性详细规划调整》《飞翔医药产业园控制性详细规划》《张家港城北科教生态城(YSCB-01-01、03基本控制单元)控制性详细规划调整》等28项控制性规划编制(调整)工作。按照"应编尽编"原则,组织各区镇(街道)编制"多规合一"实用性村庄规划,编制完成《张家港市塘桥镇滩里村村庄规划(2020—2035)》《张家港市塘桥镇欧桥村、金村村村庄规划(2021—2035年)》《凤凰镇双塘村实用性村庄规划》《张家港市后塍街道袁家桥村村庄规划》等5项村庄规划。至年末,全市规划发展村庄所在行政村的村庄规划均启动编制,编制覆盖率100%。年内,高新区(塘桥镇)新编城乡融合发展规划、巨桥工业园更新研究及控制性规划修编(调整)等8项规划。凤凰镇完成《凤凰镇人防工程专项规划暨安置小区人防工程统筹实施规划(修编)》《高新技术产业园城市设计》《飞翔医药产业园城市设计》等,《张家港市凤凰镇支山村实用性村庄规划》获苏州市优秀国土空间规划奖。南丰镇启动《镇村布局规划修编》《四干河沿线景观设计》,编制《西部新镇区成片开发方案》,《东沙物流园控规调整》《西部新镇区控规调整》《南丰镇乡村道路网规划修编》获市政府批复,《永联农贸市场成片开发方案》获苏州批复。大新镇编制国土空间总体规划,发布"锦绣鱼米乡·和美新田园"大新镇乡村振兴示范片区规划。常阴沙现代农业示范园区完成常兴社区村庄规划修编,完成常西社区村庄规划中稿编制以及常东社区、常南社区、常北社区、常红社区、常沙社区村庄规划初稿编制。

【规划管理】 市自然资源和规划局贯彻落实《中华人民共和国城乡规划法》和《江苏省城乡规划条例》,严格执行规划委员会制度、规划公示制度、技术论证会制度等。加强规划实施的过程监督,做好规划批中、批后管理。完成规划验线71个、规划核实83个,发现和处理违法违章建设案件2起,实施行政处罚8158元。配合市综合执法局出具规划认定函123份,配合市行政审批局发放工商行政许可经营场所认定10份。开展信访突出问题攻坚化解巩固提升年行动和信访源头治理三年攻坚行动,化解信访存量、控制信访增量。全年受理各类信访事项768件,接待到访群众88批162人次。加强信息公开工作,及时按照法律法规对各类规划进行公示、公开。在市人民政府网站发布相关信息1326条,在市自然资源和规划网站发布信息293条(不含链接至征地信息公开平台和市政府网站的栏目)、不动产公告2790条,在"张家港自然资源和规划"微信公众号发布信息476篇。全年发布意见征集5次、政策解读2篇,举行新闻发布会1次。6月,走进《12345进行时》直播间,听取群众意见建议,解答市民反映的热点、难点问题,回应群众关切。10月,走进"港城会客厅"栏目直播间,以访谈交流的形式向市民详细介绍市国土空间总体规划的进展情况。年内办理政府信息依申请公开159件。主办市人大代表建议3件、政协委员提案2件,协办建议15件、提案14件。

【规划服务】 年内,市自然资源和规划局做好市北部医疗中心、实验幼儿园北园区新建工程、万达北商业地块、市二中改扩建工程等项目规划服务。为大新镇风电高端装备项目、智海新能源、东方雨虹二期、海进江LNG项目解决容积率偏高、消防车道布置、单层厂房设置等问题,满足要求的重大项目实现"三证齐发"。做好"110千伏福斜乙、福龙线2—6号迁改工程""2023年大新、乐余、南丰、常阴沙、杨舍城区瓶改管工程""南二环地下管线迁改工程""东二环地下管线迁改工程""江苏国信沙洲2×100万千瓦机组扩建项目500千伏送出工程"等重要项目的规划服务。做好"张家港市苏虞张(南二环—新泾路)改造工程""张家港市西二环—杨新公路快速化改造工程项目""张靖皋长江大桥地方道路配套工程项目"等项目的规划选址工作。创新举措,压缩申报规划材料,贯彻"放管服"改革要求,优化营商环境,取消原纸质施工图,改为提供CAD格式电子文件。对小型低风险项目免予方案审查,直接办理建设工程规划许可证。进一步加强存量建筑盘活利用工作,集约节约用地,引导企业办理建筑临时改变使用功能。加强对"高品质住宅"的规划管理政策条款的研究,促进房地产行业健康平稳发展。

【城市测量】 年内,市自然资源和规划局共对张家港东二环(南段)快速化改造工程项目、涉及220千伏福七线供电线路迁改工程项目等279处的地形图进行修测和新测,保证地形图的现势性,为规划管理和规划设计提供翔实的科学数据。对市安吉旧机动车交易市场有限公司、市数字文化产业园、高新区小学、市教师发展中心新建工程等37个建设项目进行竣工验收阶段的联合测绘,为规划核实和绿化验收以及后期的领取不动产证提供翔实的数据支持。完成凤凰镇新凤社区青少年活动中心、光束汽车有限公司调返中心和展车车间项目工程等20个项目的规划放样测量,作为建设单位基础放样和细部放样依据。完成全市145个管线项目的规划监督测量,保证地下管线信息系统中数据的现势性。

【"一山一策"保护利用规划编制】 年内,根据苏州市山体保护与利用专项规划,张家港市开展"一山一策"片区规划方案编制,对境内香山、凤凰山、长山、巫山和鹜山等5座山体，明确片区发展定位，根据现状情况深入研究，明确每座山体保护和利用方向，制定保护利用策略，并提出详细设计方案。市自然资源和规划局同时结合保护利用方案和各相关部门项目实施情况，梳理制定年度实施项目清单，负责森林防火、林业有害生物防治、重点区域的地质灾害防治等指导监督工作。（钱 利）

城市建设

【概况】 年内，市建筑工务处承担集中建设项目20项，总建筑面积41.74万平方米，投资概算25.58亿元。某休闲街区公共人防工程、武警张家港中队训练馆、市总工会综合楼改建工程、云盘小学沙洲湖校区和教师发展中心、高职园区中专学校新建工程、梁丰幼儿园南园区新建工程、特殊教育学校改造提升工程、矛盾调处中心改造工程、保障性租赁房装修、步行街消防站等10个项目竣工。万红小学综合楼新建工程、实验小学南校区综合楼重建工程、实验幼儿园北园区新建工程、北二环路消防站建设工程等实事工程、重点工程按计划有序推进。

表8　　2023年张家港城区部分重点工程建设情况表

项目名称	工程概况	进展情况
某休闲街区公共人防工程	用地面积9693平方米，建成后供附近居民及学校临时停车，工程概算6670万元	2022年6月开工，2023年5月竣工
武警张家港中队训练馆	面积800平方米，预计经费556万元	2022年10月开工，2023年8月竣工
市总工会综合楼改建工程	改造原总工会三幢楼，建筑面积6000平方米，含普通教室、专用教室、教师办公室等，工程概算2345万元	2022年12月开工，2023年11月竣工
云盘小学沙洲湖校区、教师发展中心	占地3.8公顷（含教师发展中心用地1公顷），办学规模为6轨36班，建筑面积2.7万平方米（含教师发展中心用房7000平方米），工程概算1.35亿元（不含内部设施设备及征地费用）	云盘小学沙洲湖校区、教师发展中心B：2021年3月开工，2022年12月竣工；教师发展中心A：2022年7月开工，2023年5月竣工
高职园区中专学校新建工程	占地22.67公顷，建筑面积21万平方米，工程概算17.3亿元（含征地动迁费及设备设施费）	2021年4月开工，2023年9月竣工
梁丰幼儿园南园区新建工程	选址于暨阳湖大道北侧，赵庄路东侧，占地6667平方米，规模为5轨15班，建筑面积6850平方米，工程概算3950万元（不含内部设施费）	2022年6月开工，2023年10月竣工
特殊教育学校改造提升工程	拆除一幢教学楼，新建一幢综合楼，建筑面积5600平方米，工程概算4400万元（不含内部设施费用）	2022年10月开工，2023年12月竣工
矛盾调处中心改造工程	项目位于原综治中心一楼，包括室内装修、水电、消防、智能化等施工，改造面积1300平方米，工程概算444万元	2023年2月开工，2023年6月竣工
保障性租赁房装修	对708套房源进行装饰装修，装修面积89115.18平方米，装修改造完成后用于保障性租赁住房使用	2023年5月开工，2023年9月竣工
万红小学综合楼新建工程	占地800平方米，建筑面积2850平方米，含图书馆、阅览室、专用教室和教师办公室，工程概算1773万元	2023年6月开工，计划2024年3月竣工
实验小学南校区综合楼重建工程	拆除学校东南角原宿舍楼，新建一幢五层综合楼，建筑面积3720平方米，包括专用教室、教师行政办公室，工程概算2200万元	2023年8月开工，计划2024年6月竣工
实验幼儿园北园区新建工程	选址于城北路北侧，公园路东侧，占地1公顷，规模6轨18班加3个小小班，建筑面积1.4万平方米，工程概算4200万元（不含内部设施费）	2023年7月开工，计划2024年8月竣工
北二环路消防站建设工程	选址于北二环和国泰北路东侧，占地6667平方米，建筑面积3413平方米（不含训练塔等构筑物），工程概算2176万元（不含征地动迁及设备设施经费），由市财政承担20%，高新区承担80%	2023年8月开工，计划2024年5月竣工
步行街消防站	选址于南环路北侧、福利弄西侧，占地约3100平方米，建筑面积1000平方米，工程概算1213万元（含征地成本及空调、厨房设备）	2023年9月开工，2023年11月竣工

【城市更新】 9月15日，市城市更新暨农房翻建工作推进会召开。10月18日至20日，市住建局组织举办市城市更新行动专题培训班。建立全市城市更新项目库，年内入库项目85项，启动实施67项，完成33项。成立工作专班，开展花园浜48幢、49幢恢复性重建居民重建意愿征询和答疑工作，开展东墩头东侧片区居民更新意愿调查。金港街道投入老旧小区改造资金650万元，实施海港社区、安定社区等老旧小区改造和市政设施更新，完成外立面翻新1.2万平方米，完成中德、中南、中港、宝灵、金桥、南沙等社区楼道刷新。张家港河滩上段、巫山村、中南社区口袋公园建成投用。塘桥镇优化38个公共自行车站点、875个投放桩位、700余辆公共自行车及1200余辆哈啰共享助力车220余个借还车点位，实现城镇通借通还。同时，打造与常熟海虞毗邻区公共自行车一体化建设，实现跨市通借通还。大新镇探索制定《大新镇农民建房操作办法》《大新镇农房集中规划点建设管理操作办法》，推进农房组团翻建。全市城镇更新项目完成率超50%。

【后塍街道西墩新村21幢公寓房恢复性重建】 西墩新村21幢公寓房，是20世纪70年代建设的二层砌体结构公寓房，占地面积228.6平方米，总建筑面积443.71平方米，有8户居民居住，户均面积55.46平方米。该房屋经危房检测后被鉴定为D级危房。通过两年时间筹备、协调、规划，确定以居民自筹资金进行恢复性原地翻建的方式解危。项目采用"产权人自主更新+政府扶持+国资公司辅助"的资金模式，总体投资186万元，其中居民投入146万元。项目10月启动，先后解决恢复性重建中立项主体不明、消防间距不够等9个问题，在保持产权人房屋原址原高的基础上，从原有套房形式变更为一户一宅，户均面积扩至65.6平方米，燃气、污水管网等配套设施完善。该项目也是苏州首个居民自筹资金危房恢复性重建试点项目。

【新区建设】 2023年，市区东城区域进一步优化区域资源配置，建筑面积8.2万平方米的市第一中学东校区、市实验小学乘航校区完成竣工验收，占地12.17公顷的新乘北苑四期安置房项目主体施工基本完成。城西区域公建配套持续提档升级，九年一贯制学校市第六中学易地改扩建项目基本完工。市北部医疗中心（市中医医院易地新建）项目提前启动施工图、招标清单编制、试桩等准备工作。依托苏州康养集团品牌、专业优势，加快推进人民路康养项目，年内健康颐养公寓开工建设。市政路网外扩内畅，实施泗闸路改造、沈巷路东段新建、泗港路北段改造新建等道路工程7条，总里程4.08千米，长华路、长泾路改造等5条道路工程完成竣工通车。市城投集团旗下的商业楼盘稳步推进，阳光春晓、阳光诚域、阳光锦上3个项目竣工，金恒合作项目6月30日开工，至年末完成桩基施工。

（童　惠　姚亚运）

建设中的西墩新村恢复性重建项目　　（后塍街道　提供）

集镇建设

【概况】 年内，锦丰镇总投资2.48亿元的市第六人民医院新建住院综合楼工程开工，五棵松科创园厂房及办公楼项目、永盛幼儿园、锦丰中心小学东校区食堂、港邻花苑安置房竣工交付，悦隆花苑安置房、锦丰学校一期工程有序推进，竣工交付安置房1080套。塘桥镇建设总建筑面积156万平方米的安置房，总投资额81.25亿元；妙桥中学综合馆、高新区创新创业服务中心建成投用。乐余镇完成临江福苑3444户、5164套安置房分房工作，其中二至四区的4161套安置房交付使用；投入202万元完成崇实初中标准化考场建设、乐余中心幼儿园专用教室改造、兆丰学校多媒体升级改造工程，建成江豚湾生态乐园、乐利开心农场、时光飞驰文化馆、俞氏研学农庄等农文旅项目。凤凰镇徐市印象花园二期（944套）、安庆花苑4幢安置房（120套）及凤凰中学体艺楼、凤凰农贸市场改造、恬庄农贸市场新建、镇社区卫生服务中心南楼改造等民生项目如期交付。南丰镇完成丰云智谷二期、6个经济一般村厂房和民丰商务楼建设，新增厂房面积3.5万平方米、办公用房5000平方米、商业用房6000平方米。大新镇推进289.93公顷高标准农田改造提升工程，建设完成131.93公顷。常阴沙现代农业示范园区投资1.1亿元、总建筑面积4.3万平方米的禾丰佳苑五期（5号至11号楼）安置房项目竣工并交付使用。金港街道中央广场二期主体封顶，香山农副产品批发市场项目按计划推进。后塍街道新建标准化充电桩74个，配备智能充电头652个。德积街道实施总投资4721万元的城建项目和实事工程，乡村融合发展中心项目主体工程完工，全市唯一一家两岸美丽乡村交流中心建成投用。

【锦丰镇建设】 锦丰镇有集镇6个，建成区面积26.53平方千米，其中中心镇区建成区面积15平方千米、沙洲新城建成区面积7.65平方千米。年内，环境整治预动迁项目投入资金1.71亿元，其中企业动迁补偿资金1.25亿元。完成企业动迁协议签订5家，拆除厂房2家2.83万平方米；完成农户动迁协议签订31户，面积7900平方米。安置动迁户1600余户近1740套，主要安置在永盛花苑、港邻新村、合兴花苑、悦来五村、悦来六村等小区。永盛花苑东区二期（1号、5号、6号及16号楼）、永盛花苑西区二期（8号、12号及16号楼）、沙洲小学新建工程（6号综合楼）3个项目获苏州市“姑苏杯”优质工程奖。新增绿化面积17.35万平方米，完成农村造林绿化任务5.27公顷，一干河东岸通江森林步道获评“省级森林步道”。兴南路拓宽、锦乐路翻建、信义西侧道路等工程建成投用，总造价约1500万元，建设道路2.2千米。完成光明村特色田园、光明村农污接管率提升工程、2022年及2023年锦丰高标准农田建设工程等项目4项，总投资约4500万元。管理养护农村公路59条150.48千米，其中县道3条16.92千米、乡道22条74.46千米、村道34条59.1千米。投入1000万元开展4条乡村道大中修，投入150万元做好小修保养工作。农村公路总体技术状况良好，乡村公路技术状况指数（MQI）91.1，较好保持路容路貌和整体服务水平。粮库路获评苏州市美丽农村路。投入16.88万元，聘请专业第三方对46座农村公路桥梁进行全覆盖检查，排查一类桥6座、二类桥39座、三类桥1座。投资6500万元推进62号和67号污水治理达标区建设，涉及小区17个，通过市级验收。加快推进特色康居示范区建设，金沙洲特色康居示范区与临江福地特色康居示范区通过验收，全镇新增特色康居乡村点位6个，共建成康居乡村点位108个。开展农村人居环境长效管护工作，以村容村貌提升、基础设施完善、康居乡村建设为主攻方向，全域推进宜居宜业和美乡村建设，锦丰镇创成苏州市农村人居环境长效管护先行镇，西界港村获评苏州市农村人居环境长效管护先行村，十一圩港村获评苏州市宜居宜业和美村。投入167万元，疏浚镇村河道45条，涉及15个行政村，疏浚长度27.2千米，完成土方10.5万立方米，岸坡整修4.6千米。投入191万元，完成拆坝建桥10座，涉及7个行政村。投入263万元，实施二干河支流锦西河、常通港等2条镇级河道整治，完成河道长度4.6千米，改善加固岸坡2.8千米并配套绿化。投入313万元，完成幸福河湖整治河道长度11.8千米，新改建护岸3.1千米，岸线绿化1.4万平方米，创成长安路西河、悦来横套、油车港等幸福河18条。

（茅　华）

【塘桥镇建设】 塘桥镇有集镇7个，建成区面积15.68平方千米。年内，聚焦住房需求，保障13个在建安置房工程进度。新开工建设和鑫花园六期、丰庭花园二期2个安置房项目，共30.8万平方米1742套。青葵雅苑、新巷花园、裕庄新村、和鑫花园三期（北区）、和鑫花园五期（北区）地块安置房竣工交付，共3315套，总建筑面积55.42万平方米，投资额26.8亿元。持续推进黄桥新村、丰庭花园一期、和鑫花园五期（南区）、巨桥花园一期等8个安置房的建设。完成所有已建安置小区的安置房补办证工作，7个小区的8142套安置房具备办证条件。游客中心及展示中心、黄金湾产业园、妙桥中学综合馆、滩里福善堂二期、高新区创新创业服务中心5个公建项目建成投运，新建九年一贯制学校、鹿苑医院综合楼工程获得苏州市“姑苏杯”优质工程奖。围绕“三区域一中心”，韶华路、青龙路、书径路等8条市政道路竣工通车，总长约5千米，智能产业园区周边路网启动建设，黄泗浦遗址周边道路建成通车，黄泗浦东区路网全面开通。投资1500万元建设完成金村村、何桥村7个村庄300余户农村生活污水的治理工作，新建污水管网20千米，治理自然村覆盖率97%，治理农户覆盖率96%。治理劣V类河道15条，疏浚河道49条，拆坝建桥（涵）10座，建设生态美丽河道13条，完成黄泗浦遗址周边2千米河道整治提升。改造提升公厕19座，推进垃圾分类中转站，完成1个特色康居乡村、24个特色宜居乡村建设目标任务。

（卢嘉辉）

【乐余镇建设】 乐余镇有乐余、兆丰2个集镇，建成区面积8.7平方千米，其中中心镇区建成区面积5.8平方千米。7月至8月，完成临江福苑3444户、5164套安置房分房工作，其中二

塘桥镇和鑫花园动迁安置房项目　　［高新区（塘桥镇）提供］

晨曦中的凤凰新城 （杨海平 摄）

至四区的4161套安置房交付使用。完成扶海花苑一期等3个小区1104套安置房不动产登记颁证、常丰花苑176套土地证补办工作。投资2000万元修补兆丰污水泵站进厂沿线20余处通河渗漏点位，新建1290米雨污水管网，修复3个污水井，维修更换1个市政污水泵站。集镇区清淤疏通管道23674米，农村区域管网疏通33.5千米。更新乐余广场、镇政府机关大院、乐园路、乐富路、乐余广场、商贸街、乐坤路绿化面积360平方米，全镇绿化净造林面积3.62万平方米。改建、新建排涝站2座，改建涵闸1座，新建节制闸1座，新建桥涵3座，对双桥村、红联村进行水系连片整治。全年疏浚镇村河道71条，整治劣V类河道10条，建成省级生态河道3条、幸福河湖10条。年内改善农房565户，翻建农房61户，改造农村道路38千米，永乐路、永兴路建成通车，振兴路通过苏州市美丽农村路评估验收。基本完成200公顷高标准农田示范区主体工程，建成13.34公顷智慧农业示范应用场景。新建全市首个地埋式垃圾中转站。新增公共停车位164个，实现非机动车停车框改造全覆盖。完成商贸花苑、广场花苑、广场新村、星辰花苑燃气管道项目的相关审批手续，完成130家餐饮企业“瓶改管”“瓶改电”工作。实现苏州市智慧校园发展水平四星级学校全覆盖。年内，乐余镇创成苏州市美丽宜居镇，获评省生态文明建设示范镇。

（陈　忠　孙雁群　袁　钢）

【凤凰镇建设】 凤凰镇有集镇6个，建成区总面积16.6平方千米，其中中心镇区面积7.37平方千米。新开工新凤社区青少年活动中心、社区卫生服务中心北楼和镇政府内部员工食堂改建、西张幼儿园南楼改造等项目。通过苏州污水处理提质增效达标区建设“回头看”，核查新城区东区及恬庄古街共1.9平方千米的达标区建成情况。完成电魏路改造，启动中山南路及北房巷路西段、袁市路道路工程方案设计工作。对全镇27座城镇桥梁和61座农路桥梁定期检测。建成6个特色康居乡村点位、10个特色宜居乡村点位。山甸巷特色田园乡村建设通过苏州验收。完成凤凰镇水蜜桃产业园环境整治市政工程。凤凰镇首批创成江苏省生态宜居美丽示范乡镇，获评苏州市生态环境保护工作先进集体。杏市村、魏庄村创成江苏省生态宜居美丽示范村。全镇完成新造林3.73公顷。桃园路、西码线（魏庄路）获评苏州市美丽农村路。全面排查整治劣V类水体，9条劣V类河道全部消劣。疏浚镇村河道117条，建设省级农村生态河道7条，评定县级以上幸福河湖14条。全年“退二优二”整合低效用地19.3公顷，规划建设高端智能装备产业园（东区）、精密机械及零部件制造产业园等大型工业载体项目3项。 （谢凤姣）

【南丰镇建设】 南丰镇有集镇7个，建成区面积7.8平方千米，其中中心镇区建成区面积4.32平方千米。年内，总投资7.5亿元的年丰新村安置房三期工程高层区域完成房建施工，小高层区域完成主体结构施工，建筑面积20.1万平方米，房屋19幢、1367套。总投资10亿元的泗兴佳苑安置房五期工程完成房屋主体结构施工，建筑面积23.66万平方米，房屋17幢、1467套。静安园二期、瑞丰社区卫生服务站、民乐社区卫生服务站、新丰社区“比邻书屋”、丰帆创新中心投入使用。丰云智谷产业园一期B地块2.6万平方米项目竣工验收。丰云智谷二期、6个经济一般村厂房和民丰商务楼完成建设，新增厂房面积3.5万平方米、办公用房5000平方米、商业用房6000平方米。兴丰路南延项目竣工并投入使用，全镇在农村道路安装护栏4.54千米、警示桩1385个、标志标牌279处、道路交叉口预警系统3套。完成民丰小区四期、南山公寓等区域雨污分流改造，完成南丰南路雨水立管改造、主干道雨污水井防坠网安装、管网非开挖修复、砖砌井井室防漏喷涂等建设。完成新德、建农两个村直径400毫米主管铺设9500米，接户完成600户，建成农污泵站6座。完成6户农村危房的解危销号。完成永丰村滨水步道、瑞丰社区二期步行道等建设，新增东港村彩虹道2千米、振兴社区健身路径1套，扩建永合社区健身步道5千米。疏浚河道20条，将民乐村、东港村等10条河道建成幸福河道。对镇级河道泗兴支港（民乐村段）实施综合整治。启动南丰镇河道大环境整治行动，清理河道400余条。

（徐永方）

【大新镇建设】 大新镇有集镇2个，建成区面积13.87平方千米。围绕“中改、西进、南拓、北延”战略，推动张靖皋长江大桥工程新项目涉及地块动迁工作，搬迁完成率100%。拆除违建5.3万平方米。新南社区四期、新润花苑三期等总建筑面积43万平方米的4个安置房项目按期建设，定向房票安置政策实施，共推出270张房票优化安置。深化乡村建设行动，年度总投资1.05亿元的77个项目列入乡村建设行动项目库。实施镇村工业集中区改造提升工程。推动实施工业区环保管家2.0版，深化“散乱污”企业（作坊）专项整治，整治完成807家，复核覆盖率100%。推进无违河道创建，建成生态美丽河湖9条，劣V类水体整治全面完成。年内，大新镇获评苏州市智慧农村1家、美丽牧园2家、示范家庭农场3家。建设特色康居乡村4个，桥头村获评江苏省生态文明建设示范村，新凯村建成苏州市农村人居环境整治提升示范村。

（钱芳瑜）

【常阴沙现代农业示范园区建设】 常阴沙现代农业示范园区有集镇1个，建成区面积2.58平方千米。常阴沙幼儿园服务用房400平方米改建完成。园区完成常阴沙客运中心室外景观绿化提升以及400平方米展厅区域室内装饰。实施高标准农田改造提升66.67公顷。持续发展循环农业，全年推广沼液还田400公顷以上，收贮水稻秸秆2043.88吨，生产园林绿化土6000吨。以野趣常阴沙为主题，继续打造常北社区两幅稻田画。疏浚河道35条，完成土方11.3万立方米。提标改造排涝站7座、圩口闸25座，整治河道8条，新建护岸3.9千米，整坡4.6万平方米，建成生态美丽河道8条。更新绿化面积1.79公顷。

（徐丽春）

【金港街道建设】 金港街道有集镇3个，建成区面积29平方千米。年内，完成张大圩岸2、3组集中归并点位自建房14户，补种绿化5000平方米。中兴片13个老旧小区引入市场化物业服务。完成沿街门店排水许可备案登记138家，完成长江村40号河公厕管道整治，完成镇山路金港消防站改造和金香花苑商业街管道修补3处点位整改。“瓶改管”签约2家，“瓶改电”完成15家、签约119家。全面完成辖区遗留地块土壤污染调查，重点建设用地安全利用率100%。投入路桥养护资金280万元，长阳路、东山南路完成改造提升，长欣路获评苏州市美丽农村路。常态化开展重点路段、背街小巷、集贸市场等专项治理，建成智能停车场1个，施划非机动车停车区域34个，拆除违建18万平方米、违规广告6600平方米。张家港河顾家桥断面水站完成迁址，国家、省级考核断面及市绩效考核断面水质优Ⅲ比例保持100%。深化河长制、林长制、路长制工作，协同完成排水达标区建设年度任务，年内完成排口整治65个，治理劣V类水体13条，规范企事业单位、“小散乱”门店排水许可管理1040家。三线梳理总投入220万元，以街道办事处、南沙新时代文明实践所、中兴菜场为圆心三线整理1.2万米，完成安利一村、海港三村、富园弄等14个老旧小区三线整治。长江村获评省乡村振兴示范村。巫山村获评苏州市智慧农村。香名扬家庭农场获评苏州市示范家庭农场。冯家埭、六圩里获评苏州市特色康居乡村。东山村月里湖公园获评苏州市“十佳”美丽乡村健身公园。

（金　良　丁桂兴）

【后塍街道建设】 后塍街道有集镇1个，建成区面积4平方千米。年内，拆除大型封窗广告41块、面积2177.5平方米，完成辖区主要路段两侧3万余平方米的外立面修复，对主次干道沿线961个空调外机加装围挡，增设停车隔离栏420米，增设机动车停车泊位460个，机动车停车区域162处。治理各类违章搭建24.6万平方米，拆除企业消防通道违建1.5万平方米。新建标准化充电桩74个，智能充电头数量652个。晨阳村获评市消防安全专项治理机制示范村（社区），高桥村、新塍村、袁家桥村获评市消防安全专项治理机制心防村（社区）。完成嘉鹏路道路改造、袁塍路西段（长江明珠路—张家港河）道路维修、文星路道路黑色化改造及双朱路—巷头桥沥青路面改造工程。文昌小区篮球场、塍德社区垃圾中转站、文星新村游乐场、金成小区三期新建停车位、塍丰小区地下室地面维修及塍德小区道路拓宽工程等民生工程建成投用。达标区内198家“小散乱”门店污水管网改造完成。推进餐饮场所“瓶改管”“瓶改电”工作，177户完成改造并验收使用。肖封港、朱家宕村18号河、袁家桥村82号河完成劣V销号，学田河、晨西河创成生态河道。后塍街道“四链串珠成片，构画醉美香村”入围苏州市农村人居环境整治提升镇级案例，新塍村“‘小数字’撬动‘大环境’村庄蝶变‘焕新颜’”、晨阳村“齐心共绘绿美乡村新画卷”入围张家港市农村人居环境整治提升村级案例。

（邱晓华）

【德积街道建设】 德积街道有集镇1个，建成区面积5.7平方千米。年内，实施总投资4721万元的城建项目和实事工程，市民广场及德积幼儿园外立面改造、老菜场雨污分流改造、学前路拓宽等民生工程建成投用，总投资100万元的环宇南路街景（含口袋公园）提升工程竣工。德积市民广场提升改造工程始于2022年10月，2023年5月16日完成投用，总投资600万元，新建面积285平方米的小剧场，增设德美小屋、健身步道、百姓舞台等场所。开通全长24.5千米，串联德积、金港、后塍3个街道的公交专线，12月28日试运营。北京路道路两侧绿化整治提升工程完成验收，德申路、友邦路完成黑色化改造。江湾花苑建设完成总工程量70%，完成农房翻建11户。德丰小区三期安置房主体建设基本完成，完成内外墙体抹灰、地下室顶板防水工程和回填土。市政雨污水管道完成90%，第一层6%灰土完成80%。高端纺织产业园一期项目竣工，配套工程完成收尾。德积村敦行基金项目完成二期注资，朝南村张靖皋大桥展示馆建成投用。张家港湾特色精品示范区高分通过苏州市评审验收。

德积街道江景民宿　（德积街道　提供）

示范区内的农耕文化馆土建工程、室外配套工程完成施工。永兴村夷雅安耘酒店、42套江景民宿、江楠院子特色餐饮等项目建成投运。年内治理违法建设50余处，累计拆除8.8万平方米。4条村组河道被命名为张家港市级幸福河湖，严子港获评省级县乡生态河道。（陈　洋）

公用事业

【概况】 2023年，全市继续推进以供电、供水、供气、污水处理等设施建设为重点的公用事业基础设施建设。张家港电网完成全市首个电网侧独立储能35千伏乐余储能电站，为南沿江铁路张家港牵引站供电的220千伏线路建成投运。新建供水管道189.67千米，新增天然气管道108千米。金港片区水质净化厂新建项目开工建设。市政服务中心维修路灯3800余盏、景观灯2.27万套。市公用事业管理处翻修各类路面1.5万平方米，新增及翻铺人行道2.4万平方米。全市完成海绵城市建设项目22项，总面积133.6万平方米。

【供电】 2023年，全市全社会用电量320.79亿千瓦小时，比上年降0.31%；日最高网供电量9101.2万千瓦小时（7月14日），比上年日最高网供电量增127.3万千瓦小时。最高用电负荷463.9万千瓦（7月14日12时28分），比上年最高用电负荷增6.1万千瓦。年平均负荷率89.82%，线损率0.95%。城市、农村电压合格率分别为99.998%、99.999%，城市、农村供电可靠率分别为99.9884%、99.9872%。全市平均电价为每1000千瓦小时780元，比上年增68.4元，回收各类电费194.22亿元。全年完成业扩报装户数5.19万户，完成容量186.48万千伏安。至年末，全市拥有500千伏变电站3座，主变6台，容量550万千伏安；220千伏变电站15座，主变36台，容量756万千伏安；110千伏变电站43座，主变88台，容量481万千伏安；35千伏变电站4座，主变8台，容量14.4万千伏安。35千伏及以上线路227条，共计1689.62千米。其中，220千伏线路62条，长度653.41千米，其中架空长度619.32千米、电缆长度5.45千米；110千伏线路108条，长度754.57千米，其中架空长度623.34千米、电缆长度123.44千米；35千伏线路57条，长度281.65千米，其中架空长度221.64千米、电缆长度60.01千米。10千伏变压器10709台，容量576.84万千伏安，线路992条，总长度6572.41千米，其中电缆长度3384.44千米；20千伏线路19条，回路长度78.52千米，电缆长度44.93千米。380伏线路9350.06千米，其中电缆长度6068.5千米；220伏线路10.7千米，其中电缆长度1.75千米。

【供水】 全市有2座地面水厂，日供水能力80万立方米；应急备用水源厂1座，日取水能力30万立方米。年内，新建供水管道189.67千米，改造老旧供水管道28.42千米，全市内径75毫米以上供水管道总长4633.65千米。全市年总供水量1.67亿立方米，总售水量1.51亿立方米，最高日供水量52.6万立方米，自来水深度处理率100%，水质综合合格率100%，管网漏损率9.25%。年末，全市有自来水用户693055户。

【供气】 全市有管道燃气公司1家、民用液化石油气储罐场4家、工业液化石油气储罐场1家、汽车液化石油气加气站1家、LNG汽车加气站4家、瓶装液化石油气供应站点22家。全年新增天然气管道108千米，新增投资7080万元，累计天然气管网长度2342千米；新增工商用户332户，累计签约用户2989户；新增居民配套用户2.8万户，累计配套用户38.03万户。全年天然气供应总量6.25亿立方米，比上年增3909万立方米。全市天然气日均用气量170万立方米，日高峰用气量230万立方米。

【污水处理】 年内，金港片区水质净化厂新建项目开工建设，一期污水日处理能力2万立方米。至年末，全市有城镇生活污水处理厂9座，污水日处理能力35.5万立方米。其中，市区4座，污水日处理能力17.5万立方米，分别为第一污水处理厂、第二污水处理厂、第三污水处理厂和城南污水处理厂；镇区5座，污水日处理能力18万立方米，分别为金港片区污水处理厂、锦丰片区污水处理厂、塘桥片区污水处理厂、乐余片区污水处理厂和常阴沙污水处理厂。全年处理城乡生活污水10067万立方米，平均进水化学需氧量每升264毫克，尾水排放合格率100%，处置污泥8.46万吨，污泥无害化处置率100%。

【路灯管理】 2023年，市市政服务中

心提前完成民生实事项目“市区照明亮化提升”,按照快速环路施工进度同步拆除并增设照明设施,有序推进老旧小区改造、新市河路路灯迁移等工程,建成全市首条智慧路灯“多杆合一”道路白鹿路,完成城区照明市政设施资产清点盘查,稳步推进城区照明设施建设、维养和监管工作,营造路灯明亮、灯容整洁、夜景美丽的城市夜景。处理数字化案卷、“110”接处警、市民电话报修等700余起,维修路灯3800余盏、景观灯2.27万套,辖区道路照明设施亮灯率平均为99%,事故及时处理率100%。年内完成苏州市道桥及照明信息系统全阶段信息填报,高质量通过苏州市城市管理考核组考核。

【市政养护和管理】 市公用事业管理处全年翻修各类路面1.5万平方米,新增及翻铺人行道2.4万平方米,维修游园广场道板及木地板5600平方米,完善无障碍设施619处,整改路牌设施87处,消除道路积水点65处,一干河西路获评省级优质养护片。开展桥梁日常养护工作,对养护范围内159座城市桥梁进行定期检测,维修桥梁病害问题510处。接处各平台市民求助1376件。全年养护工程资金投入1500万元。修订出台《张家港市市政设施管理办法》,推进全流程在线审批,及时受理市政设施建设类(城市道路、城市桥梁)审批163份,发放许可证151份。发现并处置市政违章行为10起,落实临街开放式场地管护责任主体5家。配合开展城市地下管网安全生产专项整治工作,协调管线单位完成隐患点位整改1285个,启动第五轮城市地下管网窨井盖提升整治工作,各管线单位查改地下管网窨井盖问题313件。常态化做好施工企业及监理企业市场行为考评工作,开展市场行为交底25次,现场考评79次,发出整改通知书4份。全域化推进海绵城市建设,全市完成海绵城市建设项目22项,总面积133.6万平方米,青少年社会实践基地2号楼南侧广场海绵化改造工程、百桥路(泗杨路—梁丰路)海绵化改造工程、梁丰路(东环路—园林路段)海绵化改造工程、赵庄小学新建工程4个项目获评江苏省海绵城市优秀工程案例。牵头重点区域通信线路整治工作,协调管线单位采用梳理规整的方式,对19个开放式老旧小区、677幢建筑架空管线进行整治,惠及居民19711户。完成城区部分道路大中修工程,对新市河路、西门路、沙洲西路、华昌路、东莱场周边道路5条道路的车行道、人行道进行改造,翻新道路4万平方米,新增机动车停车位80余处。

【绿化行业管理】 2023年,市绿化部门开展绿化优质项目评奖评优工作,发挥优质项目示范引领作用。“张家港湾”生态提升工程(江滩湿地修复提升)项目A区景观绿化工程获评2022年度江苏省优质工程奖“扬子杯”,白鹿小游园景观绿化提升改造工程等5个项目获评2023年度苏州市“园林杯”示范工程,东横河(国泰路—百桥路)景观廊道工程等3个项目获评2023年度苏州市“园林杯”优秀工程,“2021—2023年度市区公共绿地养护服务[金港大道(南二环—新泾路)段]”等4个项目获评2023年度苏州市“园林杯”优秀养护项目,劳模工匠文化园景观绿化提升改造工程等6个项目获评2023年度张家港市园林绿化优质工程,“2023—2024年度绿化养护服务项目”等3个项目获评2023年度张家港市园林绿化优质养护项目。年内,完成新建居住区及商业项目的配套绿化工程设计方案审查10个、项目配套绿化竣工验收备案19个,新增绿地面积22.35万平方米。办理涉绿行政许可事项94件,其中涉及树木搬迁34件、临时占用34件、永久占用26件。张家港市首批入选江苏省城市公园绿地开放共享试点城市,首批开放共享公园绿地点位15处。印发《张家港市城市公园绿地开放共享工作实施方案(试行)》《张家港市公园绿地开放共享区域管理指引(试行)》,制作开放共享公园绿地点位一张图,建立“1+1+N”模式(一个共享点位,一个志愿团队,拓展N种活动类型,打造N个特色阵地,提供N项社会服务),落实15支志愿者团队参与开放共享点位的共建管理。各开放共享绿地点位先后组织开展科普研学、全民阅读、草地音乐会等活动100余次,6000余人次参与。投资38万元,完成建成区城市绿地外来入侵物种普查。共设置15条踏查路线、386个踏查点,发现外来物种35种,其中外来入侵植物29种、外来入侵昆虫5种、外来入侵其他动物1种。依托市风景园林学会平台,开展《苏州市城市绿化条例》宣传贯彻、城市绿化病虫害防治、树木修剪及安全、花境知识、外来入侵物种防控等技能培训,提升绿化行业队伍技

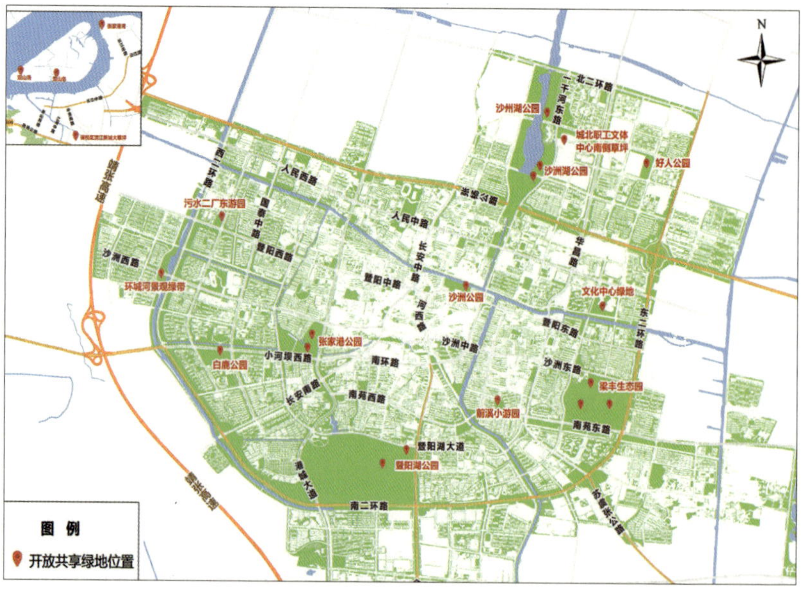

全市首批拟开放共享城市绿地分布图 (市住建局 提供)

能水平。组织张家港市花卉园艺职业技能竞赛，推荐选手参加苏州市绿化工（树木修剪）职业技能竞赛、花卉工（插花）职业技能竞赛等活动，张家港市住房和城乡建设局获2023年苏州市园林绿化行业绿化工职业技能竞赛优秀组织奖，虞俊芳、曹阳分获苏州市园林绿化行业花卉工（插花）职业技能竞赛三等奖和先进个人奖。配合苏州市园林局完成张家港市绿化企业信用信息相关资料审核，并开展全市在建园林绿化项目的日常考核，完成属地主管部门的日常检查分系统录入。开展市区古树名木日常养护巡查，了解树木设施维护、人为干扰、生长情况与有害生物情况，保障古树名木良好生长。

城管开放日活动　　（市城管局　提供）

【2个电力工程投运】 5月25日，全市首个电网侧独立储能35千伏乐余储能电站投运。项目总投资1.3亿元，充分利用原35千伏乐余变电站场地建设而成。总容量20160千瓦、最大放电能力3.52万千瓦小时，包含16个预制舱式磷酸铁锂储能电池组。项目的投运提升城市电网灵活调节能力和新能源消纳能力。5月30日，为南沿江铁路张家港牵引站供电的220千伏线路投运，该项目主要新建2回220千伏线路，线路总长4.9千米，分别由220千伏兆丰变及220千伏鹿民变供电，不同变电站出线为牵引站供电，确保高铁运行可靠性。

（童　惠　何嘉佳
徐　超　李星明）

城市管理

【概况】 年内，市城管局将群众反映强烈的市容环境问题和短板，作为城市管理工作的出发点和落脚点，品牌化、项目化、清单化推进城乡环境综合治理，持续改善城市环境品质。6月29日，“港城夜泊”停车共享服务品牌启动仪式在购物公园举行，为挖掘既有停车资源潜力，市城管局创新停车设施共建共管共享模式，打造“港城夜泊”停车共享服务品牌，推出商业综合体夜间停车共享服务，提升停车资源利用率，为市民提供更加规范、便捷、优质的停车服务。提前完成2023年“增加停车位供给”市政府民生实事项目，全市新增停车位3004个，完成率120%。

【市容管理】 年内，市城管局锚定打造干净、整洁、有序、安全和群众满意的城市环境，在机制优化、工作落实、品牌打造等方面创新作为，提升城市精细化、科学化、长效化管理水平。创新实施区城融联工作机制，指导协助区镇（街道）提升城市管理和文明创建工作质效，召开联席会议22次，协调解决议题320余项。常态化开展“集中体检”和城乡环境督察检查，定期编发简报通报，排查并督促整改主次干道、街巷新村、居民小区等区域的环境突出问题5.6万起，整改率99.7%。牵头推进市容市貌整治攻坚行动、重点区域市容环境综合整治行动，深化实施沿街商户“三色评价”分级分类管理，加大对主次干道、背街小巷、集贸市场周边等区域整治和管理力度，打造具有示范引领的“精细化管理道路”“城商协作道路”和“美丽街区”。

【城管执法】 年内，市城管局查处占道经营、流动摊贩1.13万起，查处渣土车抛撒泄漏、偷倒乱倒建筑垃圾等违规案件1390起，机动车违停贴单14.5万起、非机动车违停查处4.83万起。持续开展小广告联动治理，违规小广告移交电信运营商停机5批1862个、查处640起。城管条线查处一般程序6298起、简易程序8.79万起，处罚金额452万元。拆除各类户外广告设施（店招标牌）1400余处，拆除面积2.1万平方米，其中高立柱广告设施9处，楼顶广告（包括楼顶镂空字广告）设施41处，建筑物墙面广告设施241处，独立式户外招牌设施25处，店招标牌497处。城市管理实训中心和城市管理服务站永联站被列为第二批城市管理行业新时代文明实践点。覆盖全市的14座城市管理服务站运行良好，全年处置各类问题1.5万件次，接待服务市民2.2万人次，开展活动250余次。

【智慧城管】 市智慧城管应用平台2020年12月10日启用，将全市综合行政执法、市容管理、垃圾分类、智能停车、户外广告等监管考核职能项目化、流程化、具象化，提高城市管理和综合执法的指挥协调和指导监管能力。视频监控系统是平台特色亮点，采用人工智能技术，针对城市违法违规行为第一时间进行自动识别和告警，并派遣责任单位处置。自动抓拍如店外经营、占道经营、门前三

环卫工人冲洗百桥垃圾中转站　　　　（市城管局　提供）

包（脏乱）、乱堆物堆料、机动车乱停放、非机动车乱停放等城市管理违法违规事件，提高城市管理效能，弥补传统执法管理过程中存在的巡查人力不足、执法取证困难、执法人员选择性执法、信息不对称等问题，为探索快速处置、非现场执法等新型执法模式提供有力支撑。2023年，创新启用城管专用无人机和城管机器人，建立"高空无人机+低空视频监控+地面机器人"的立体式监管体系。试点打造杨舍老街AI管理示范区，上线运行张家港市城管便民服务地图，进一步拓展智慧化应用场景。至年末，累计受理视频监控案件11.3万起，结案率超99%。

【垃圾分类】 2023年，全市践行生活垃圾分类治理，持续刷新生活垃圾分类工作成效。分类投放基础不断完善，至年末，全市528个小区实现"三定一督"（定时、定点、定人、督导）四分类，建设分类亭房1891座，配套洗手池、灭蝇器等服务设施5000余套。129个社区、2082个村组设置农村垃圾分类收集亭，10万余户农村家庭配套厨余垃圾和其他垃圾二分类桶。1159家公共机构（公共场所）分类投放设施基本全覆盖。南丰镇、大新镇、乐余镇农村生活垃圾分类试点镇项目通过省级验收，13个小区获评苏州五星级小区，30个小区获评苏州四星级小区，14个村庄获评苏州农村生活垃圾分类示范村。分类收运体系得到完善，配备1700余辆分类收运车辆。终端处置能力不断提升，稳定运行年处理140万吨的建筑垃圾处置终端和日处理其他垃圾2250吨的市级焚烧终端。全年累计处理餐厨垃圾5.76万吨、建筑（装修）垃圾91.49万吨、园林绿化及大件垃圾40.83万吨、农贸市场有机垃圾1.15万吨、有害垃圾68.31吨、可回收物13.46万吨、家庭厨余垃圾10.45万吨，焚烧其他垃圾46.09万吨，生活垃圾回收利用率40.89%。锦丰镇实施生活垃圾分类低分（80分以下）小区"拔钉消点"行动，完成低分小区销号2个，厨余垃圾收集处理量占比稳定保持在30%以上，有害垃圾收集处理占比不低于0.1‰；生活垃圾回收利用率稳定保持在40%以上，生活垃圾资源化利用率稳定保持在80%以上。塘桥镇23个"三定一督"小区通过增设投放时段、延长投放时间、设置误时投放点等方式优化投放管理，4个小区开展无人督导试点工作；强化宣传引导，累计开展50余场垃圾分类宣讲活动，惠及人数5万余人。金港街道垃圾分类归集点称重信息化系统实现全覆盖，在金都社区试点开展无人督导"5G+AI"智能化垃圾分类小区，建成垃圾分类五星小区1个。

【全市首个镇域垃圾分类宣教馆开馆】 6月1日，乐余镇垃圾分类宣教馆落成开馆。宣教馆位于乐余镇兆丰办事处东环路31号，是利用原兆丰垃圾中转站压机房建成的全市首个镇域垃圾分类教育基地。该馆占地面积149.5平方米，形成"一廊一区一坊一驿站一平台"（垃圾分类宣教廊、垃圾分类游戏互动区、变废为宝手工坊、环卫工人心驿站、智慧监测平台）的空间布局，通过图文展板、新媒体播放、趣味互动游戏、再生资源手工艺品展示等形式，进行垃圾分类科普知识的教育，引导群众将垃圾分类意识转化为自觉行动。宣教馆每个工作日开放。至年末，开展宣教活动20次，为中小学生举办垃圾分类公益活动6场，接待360人次。

【"洁美港城"同创共建】 3月15日，"洁美港城"同创共建暨"城市守望"随手拍、"烟头不落地，港城更美丽"行动启动仪式在市新时代文明实践中心文汇广场举行。为推动城市管理共治共建系列活动深入开展，市城管局会同市文明办、杨舍地区城管委，对"洁美港城"同创共建行动进行升级，将共建道路延伸至社区网格，落实"一家单位负责若干网格（区域）"责任制度，融入"城市守望"随手拍、定期主题活动、联合商讨交流等新元素，同时组织开展星级商户评选活动，发动机关企事业单位、沿街商户、市民群众积极参与环境治理、主动捡拾垃圾、劝阻不文明行为、随手拍一拍城市管理问题等行动，进一步凝聚社会力量，推动全市环境持续向美向好发展。塘桥镇搭建"美丽乡村随手拍"监督管理平台，整改问题9700余个，并常态化开展乡村环境整治，清理积存垃圾500余吨，拆房垃圾超10万吨。

（何嘉佳　陈　忠　孙雁群　袁　钢　茅　华　卢嘉辉　金　良）

【编辑　朱永平】

交通·水务

Traffic & Water Conservancy

“三铁”交会　（市交通运输局　提供）

交通建设　　交通管理

交通运输　　水务建设

物　　流　　水务管理

張家港年鑑(2024)

扫码欣赏

“水润港城”

交通建设

【概况】 2023年，市交通运输部门关注群众需求，持续优化出行条件，不断完善农村基础设施，公共交通服务水平进一步提升。年内，《苏州港张家港港区东沙作业区规划（修订）》取得交通运输部、省政府联合批复，《苏州港张家港港区东沙作业区规划（修订）环境影响报告书》通过生态环境部联合审查，沪宁沿江高铁正式通车，张家港海进江LNG接收站项目获省发改委批复，申张线凤凰段航道整治工程完成征地和动迁工作，长江福南水道12.5米深水航道完成维护性疏浚施工。全市全年完成交通工程建设总量63.33亿元，其中道路建设57.06亿元、铁路建设4.06亿元、港航建设2.21亿元。

【铁路建设】 年内，全市开展沪宁沿江高铁沿线环境综合整治，消除隐患528处，安装沿线隔声窗63166平方米，相关工作经验在全省铁路推进会上交流。张家港站南沿江场增设动车存车线方案获国铁集团和省政府批复，开创全国县（市）级中间站利用综合维修工区设置存车线的先河，成为沿线县级市唯一建成存车线的站点，并与正线同步投入使用。根据铁路沿线区域特点和城乡功能需求，科学利用铁路桥下空间，打造“田园风光融合”“街角公园互补”“站区功能提升”三大板块，“张家港综合利用沪宁沿江高铁桥下空间，形成铁路全线路地共建品牌示范”入选省交通厅《江苏交通运输现代化示范区建设第二批示范案例》。张家港北站站场改造和通场道路建设完成，货运开行方案通过专家评审。通苏嘉甬铁路港丰公路以北段桥梁工程建成，以南至盐铁塘段（变更架梁工程）简支箱梁预制完成52%、架设完成35%，11联连续梁完成98%。站区段纳入沪宁沿江高铁同步实施。南段（站区以南至常熟交界）完成可行性研究，并获初步设计批复和先行用地批复，完成征地动迁95%。至年末，全市铁路通车里程68.8千米，在建铁路里程31.7千米。

【公路建设】 年内，346国道张家港绕城段改扩建工程主线实现贯通，杨锦公路—东二环快速化改造工程加快推进桥梁建设，西二环—杨新公路取得施工图设计批复，张靖皋长江大桥地方接线工程获初步设计批复。全年完成公路养护资金1.85亿元，其中国省干道公路整治7400万元、市域一级主干道大中修投资2614万元、乡村道养护工程投入4607万元。投入小修保养资金5007万元，修补路面220984平方米。投资3500万元，完成乡村道大中修改造7715米。改造加固桥梁102座，完成346国道张家港段事故多发路段联合处置和10条县道中分带护栏完善及精细化提升。年末，境内国省干线公路MQI为98，优良路率100%；县道MQI为93.7，优良路率96.8%；乡村道MQI为90.89，优良路率90.71%。农村道路实现五个100%（县道三级及以上等级公路100%，农村公路三类及以上桥梁100%，农村公路安全隐患治理率100%，农村公路政府财政稳定投入100%，路长制镇、村实施率100%）。至年末，境内公路总里程1600297米，其中国省干线公路173845米、县级公路265361米、镇级公路639876米，公路密度2060米每平方千米。按技术等级分，高速公路72365米、一级公路246549米、二级公路728332米、三级公路138263米、四级公路414788米。

【港航建设】 年内，张家港海进江LNG接收站项目（苏州LNG储备中心）获省发改委项目批复，规划建设3万总吨LNG泊位（最大可靠泊4万立方米LNG船舶）2个，码头设计年通过能力332万吨。苏州港张家港港区东沙作业区专项规划获交通运输部批复，年内完成江苏海事水上交通安全评价和省交通运输厅安全条件专家审查，并取得省厅港口岸线使用许可。苏州港张家港港区东沙作业区进港航道工程设计水深10.5米，航道里程13.87千米，通航宽度245米，总投资3300万元，年内完成航道基建期疏浚和锚地系船浮筒的设置。11月28日，苏州港张家港港区冶金工业园作业区浦沙及海力2号码头改造工程开工建设。项目总投资3.42亿元，计划拆除原浦沙码头5000吨级泊位1个、海力2号码头5000吨级泊位2个和系缆墩3座、钢联桥3座，建设7万吨级通用泊位2个，利用长江深水岸线511米，设计年通过能力为500万吨，年内完成钢管桩桩基30%，总投资5135万元。申张线凤凰段航道整治工程完成建设用地、环境影响报告和林地征占用批复，完成房屋拆除、管线迁改和地面附着物清理。上塘桥重建工程和袁家桥东侧引桥尾留工程完成，周家

弘吴大道 （周东贤 摄）

码头桥改建工程完成征地动迁等前期工作。

【场站枢纽建设】 年内，全市重点推进城区周边公交换乘枢纽建设，配套张家港站启用。全市新建农村公交候车亭42座。至年末，全市有铁路客运站1个，一级汽车客运站1个（张家港汽车站），公交场站50个，其中公交停车场7个、公交枢纽站2个、公交中转站1个、公交首末站40个，公交候车亭1465个，公交站牌1078个。国省干线公路有桥梁128座（含互通立交桥梁），农村公路有桥梁582座。

【沪宁沿江高铁建成通车】 沪宁沿江高铁作为长三角地区城际轨道交通网的骨干线路，与京沪高铁、沪宁城际铁路共同构成长三角地区向西辐射的高铁大动脉。铁路西起南京南站，经南京市、镇江市、常州市、无锡市、苏州市，至太仓站，通过沪苏通铁路接入上海铁路枢纽。铁路全长279千米，设计速度每小时350千米，总投资503亿元。全线设南京南、句容、金坛、武进、江阴、张家港、常熟、太仓8个车站。在张家港市境内全长38.5千米，途经金港街道、后塍街道、经开区（杨舍镇）、南丰镇、高新区（塘桥镇）和凤凰镇6个区镇（街道）21个建制村。2018年10月开工建设，2023年9月28日建成通车。沪宁沿江高铁加强了张家港市与上海、南京等城市的人员和资源流动，推动张家港市深度融入长三角一小时高铁圈。

【346国道张家港绕城段改扩建工程主线贯通】 工程起于东三环与张杨公路交叉处，向北利用东三环规划线位至晨丰公路相交，再利用晨丰公路老路向西至港华路，与港华路相交后利用港华路向南，止于张杨公路交叉处。主线按一级公路双向六车道标准建设，设计速度每小时80千米，标准横断面宽度33米。其中，杨锦公路至杨新公路段采用高架+地面的形式，高架为双向四车道一级公路，设计速度每小时80千米；地面为双向六车道，设计速度每小时60千米。路线全长22.49千米，2022年5月20日开工建设。2023年12月21日，随着三干河南桥最后一片预制梁架设完成，346国道张家港绕城段改扩建工程主线实现全线贯通。道路的建成，将有效缓解区域交通压力，提高干线公路通行能力与服务水平。

【永联停车区"渔水驿站"入选省级品牌】 S604妙丰公路是一段出入永联村的便捷通道，承担大量客运和货运任务。永联停车区位于S604妙丰公路与永钢大道的交叉口，占地6187平方米，配备室外茶歇亭、紫藤花架漫步走廊、非机动车停放区、新能源电动车充电桩和热水供应区、公共卫生间等多功能服务区。4月至11月，为改善群众出行体验，市公路事业发展中心与永联村联合开展S604线永联停车区"渔水驿站"创建，改造植草砖停车位，增加室外休息区、紫藤花架和人行汀步道，增设标志标牌，并在品牌标志上融入永联小镇建筑、道路、鱼、水等元素。12月，省交通运输厅公路事业发展中心公布普通国省道公路服务设施省级公路驿站品牌名单，S604线永联停车区"渔水驿站"入选。 （房舟彤）

交通运输

【概况】 2023年，全市营业性交通运输完成公路、水路客运量466.6万人次，客运周转量38111.36万人千米；完成公路、铁路、水路货运量5307.8万吨，货运周转量736461.2万吨千米。张家港船闸全年开放闸次19303次，放行船舶92407艘，船队836拖，船舶通过量9329.47万吨，比上年下降2.07%。

【铁路客运】 全市有铁路枢纽站1个（张家港站），日停靠83.5对列车，其中上行79列、下行88列，直达全国4个直辖市、19个省、1个自治区的270个站点。全年发送旅客577.5万人次，中秋、国庆"双节"黄金周发送旅客24.2万人次，日最高发送旅客3.2万人次。

表9 2023年张家港站可达站点一览表

省、自治区、直辖市	站点
北京市	北京南
上海市	上海虹桥、松江南、安亭西、上海西、上海、金山北
天津市	天津南、天津西
重庆市	丰都、重庆北、潼南、合川、石柱县、涪陵北、荣昌北、永川东、沙坪坝、奉节、万州北
浙江省	嘉兴南、海宁西、桐乡、嘉善南站、余姚北、宁波、宁海、台州西、天台山、台州、温岭、临海、三门县、杭州东、富阳、桐庐、桐庐东、千岛湖、建德、杭州西、临平南、诸暨、绍兴北、上虞南、嵊州新昌、绍兴东、义乌、金华、丽水、青田、温州南、瑞安、雁荡山、乐清东、乐清、平阳、苍南、衢州站、湖州
江西省	玉山南、上饶、鹰潭北、南昌西、萍乡北、庐山、德安、永修、新余北
湖南省	长沙南、岳阳东、汨罗东、邵阳北、溆浦南、怀化南、衡阳东、郴州西
广东省	韶关、广州南、潮汕、饶平、普宁、陆丰、汕尾、惠阳、深圳北、深圳坪山、中山、珠海

续表9

省、自治区、直辖市	站点
福建省	福鼎、霞浦、罗源、福州南、连江、泉州、晋江、厦门北、漳州、云霄、漳浦、诏安、南平市、三明北、永安南、龙岩、莆田
安徽省	宣城、绩溪北、歙县北、黄山北、合肥南、合肥、六安、金寨、淮南南、阜阳西、全椒、滁州、马鞍山东、芜湖、繁昌西、芜湖南、铜陵、安庆、潜山、宿松东、桐城南、桐城东、太湖南、池州、砀山南、萧县北、宿州东、蚌埠南
江苏省	南通西、南通、如皋、如皋南、启东、海安、泰州、姜堰、扬州、江都、高邮北、南京、南京南、江宁西、常熟、太仓、太仓南、江阴、武进、金坛、淮安东、涟水、宿迁、泗阳、徐州东、睢宁、东台、大丰、盐城、阜宁东、阜宁南、滨海港、射阳、响水县、建湖、连云港、灌南、灌云、赣榆、句容
湖北省	汉口、武汉、天门南、仙桃西、潜江、咸宁北、赤壁北、荆州、宜昌东、枝江北、巴东、恩施、建始、利川、野三关、高坪、红安西、麻城北、黄梅东、武穴北、蕲春南、浠水南、黄冈东、黄冈西、襄阳东
四川省	成都东、遂宁、广元、绵阳、内江北、广汉北
贵州省	贵阳北、安顺西、盘州
云南省	曲靖北、昆明南
河南省	永城北、商丘、明权北、郑州东、郑州、郑州西、武陟、焦作、洛阳龙门、三门峡南、开封北、兰考南、南阳东
山西省	晋城东、高平东、长治东、长治南、襄垣东、武乡、太谷东、晋中、太原南
山东省	日照西、青岛西、城阳、青岛北、董家口、青岛、胶州北、即墨、莱阳、烟台南、烟台、威海、荣成、泰安、济南西、济南东、曲阜东、德州东、潍坊北、淄博北、
陕西省	西安北、鄠邑、佛坪、汉中、华山北、礼泉南
河北省	唐山、山海关、沧州西、兴城西
辽宁省	锦州南、沈阳北、铁岭西
吉林省	长春西
甘肃省	宁县、庆阳、环县
宁夏回族自治区	吴忠、银川

【公路、水路客运】 年内，全市新增、更新客运车辆149辆。9月，开通运营江阴、张家港第三条毗邻公交12路。总结公交6路工作法，推出“首站站立式航空迎宾服务”、车厢“5S”［整理（Seiri）、整顿（Seiton）、清扫（Seiso）、清洁（Seiketsu）、素养（Shitsuke）］管理和母婴哺乳专座等特色服务。建设首条“退役军人示范线路”“港城公交退役军人之家”。推动适老化公交出行服务，投放低地板及低入口公交车，建设“敬老爱老示范线路”2条，为全市13万名70周岁及以上老年市民乘坐公交车投保意外伤害险。应季开通旅游定制公交5条。11条公交线路获评苏州市级以上示范线路。至年末，共有客运车辆1790辆，其中公交车816辆（含学生公交专线车93辆）、出租车542辆、长途班车81辆、旅游客车（省、市际）170辆；有客运船舶7艘。全市有客运企业（含旅游包车企业）16家，其中公交企业1家、长途客运企业8家、出租客运企业5家、水路客运企业2家。全市开通长途客运省际班线31条、市际班线32条、县际班线6条，全年发送旅客312.7万人次，旅客周转量37532.5万人千米。开通公交线路66条（均为无人售票线路），日发班次4112班，日接送旅客6.63万人次。氢能源公交车70辆，保有量为全省县级市第一。全市有汽渡口3个。其中，通沙汽渡有大型汽车渡轮9艘，日渡运机动车辆2000余辆，人员3000余人次；张皋汽渡有渡轮3艘，日渡运机动车辆806辆，人员970人次；双山渡运有渡轮4艘，日渡运机动车辆200余辆，人员1500余人次。8月，张家港市入选省第二批城乡公交一体化达标县（市、区）。

【公路、水路货运】 年内，全市新增、更新货运车辆1715辆，其中危化品运输车辆201辆。全年公路货运5218.9万吨，货运周转量710156.4万吨千米；水路货运88.9万吨，货运周转量26304.8万吨千米。至年末，有各类货运车辆15337辆，其中集装箱车1315辆、危险品运输车辆1372辆；有船舶5艘、载重吨位19353吨，其中液货运输船舶4艘、载重吨位3938吨。有道路货物运输业户5086户，其中个体运输业户3086户。981家专业运输企业中，有集装箱运输企业196家、道路危险品运输企业34家，道路运输服务（含代理、装卸、仓储）业户27家，水路货物运输企业2家。有内河港口码头企业61家。

【汽修及驾驶员培训】 3月10日起，全市所有驾校均实行驾培资金托管，驾校与张家港农村商业银行、江苏银行共同搭建"驾驶培训费第三方托管平台"，培训费由第三方进行托管。年内，注销驾校1所，新增、更新小型自动挡汽车（C2）教练车20辆。至年末，全市有驾校7所，其中一级驾校2所、二级驾校4所、三级驾校1所，教练车566辆，教练员611人。全年学员报名21934人，结业20540人，考核培训各类道路运输从业人员1335人。年末，全市有机动车维修企业842家。其中，一类维修企业52家（含品牌4S店29家、危险品车辆维修企业5家），二类维修企业118家（含品牌4S店13家），三类维修业户672家。全年维修车辆超150万辆次，实现产值约50亿元。

【江阴、张家港第三条毗邻公交开通】 为方便江阴、张家港两市群众出行，9月26日，江阴、张家港毗邻公交12路运营启动仪式在张家港市高峰公交首末站举行。12路共投入新能源纯电动公交车12辆，起讫点为江阴市永安站、张家港市高峰公交首末站，全长33千米，沿途设立23个站点，实行无人售票，全程票价为每人1元，双向对开，日发58班，班次间隔10至15分钟，营运时间为6：00—18：15。这是江阴、张家港两市开通的第三条毗邻公交。已经运营的有张家港港城公交枢纽始发的35路、366路，可到达江阴新桥客运站、顾山客运站。

（房舟彤）

物　流

【概况】 2023年，全市新增AAAA级物流企业2家，分别为张家港海力码头有限公司、张家港保税港区港务有限公司；新增AAA级物流企业1家，为张家港中远海运金港化工物流有限公司。因物流业务调整、经营模式改变等原因，江苏高兴达物流有限公司、张家港众益物流有限公司、市新百信超市连锁经营有限公司、大正信（张家港）物流有限公司、张家港保税区沿江仓储有限公司、江苏众捷物流股份有限公司、苏州金麦穗食品有限公司、张家港保税区越港运输有限公司8家企业放弃复核，不再保留A级资质。至年末，全市有AAA级以上物流企业37家，其中AAAAA级2家、AAAA级23家、AAA级12家。全市有邮政企业1家，为中国邮政集团有限公司江苏省张家港市分公司，邮政普遍服务营业场所34处，直接通邮建制村144个；有持快递业务许可企业7家、品牌分支机构8家、快递品牌22个，备案末端网点296个，有快递从业人员2800余人，快递车辆1000余辆。全年邮政行业业务收入15.87亿元，比上年增27.99%；快递业务收入12.45亿元，比上年增32.25%。快递服务企业完成快递业务进件15095.49万件，比上年增20.4%；完成出件9288.53万件，比上年减19.01%。出件中，同城快递业务1579万件、异地7660万件、国际及港澳台49万件。全市实名收寄终端寄递企业普及率100%，邮件快件处理场所安检机配备率100%。年内，市交通运输局（邮政管理局）依托原有客货运场站和社区电商服务网点完善末端物流网络，全力构建农村物流三级网络体系，累计建成市级农村物流中心3个、乡镇农村物流服务站12个、村级农村物流服务点267个，农村物流服务站和行政村（社区）农村物流服务覆盖率均为100%。8月，张家港市被省交通运输厅第三批授予农村物流达标县。

表10　　2023年张家港市快递企业一览表

类别	企业名称	经营品牌	网点（个）	通信地址
分支机构	中国邮政速递物流股份有限公司江苏省张家港市分公司	EMS	9	杨舍镇人民中路73号
省邮政局发证企业	市明俊中通速递服务有限公司	中通	41	杨舍镇东电大道1号
省邮政局发证企业	张家港江通速递有限公司	圆通	33	塘桥镇杨塘路18号（东三环与杨塘公路交叉口）
省邮政局发证企业	市申通快递有限公司	申通	27	塘桥镇杨塘路18号（东三环与杨塘公路交叉口）
省邮政局发证企业	市好韵达快件有限公司	韵达	51	杨舍镇国泰北路14号长兴机械厂内
省邮政局发证企业	张家港寒西物流有限公司	极兔	13	锦丰镇钢贸楼1号楼北侧101-106及二楼201、202号
省邮政局发证企业	市天森快运有限公司	极兔	16	凤凰镇长江路1号
省邮政局发证企业	市港城驿站供应链有限公司	港城驿站	120	杨舍镇农联金街3号M10商铺
分支机构	厦门雅顺达国际物流有限公司张家港分公司	其他	—	杨舍镇香蜜湖公馆116幢M7

续表10

类别	企业名称	经营品牌	网点(个)	通信地址
分支机构	南京跨越速运有限公司张家港分公司	跨越	—	凤凰镇长江路7号9幢
分支机构	上海放飞国际物流有限公司张家港分公司	其他	—	杨舍镇攀华国际广场15幢M101
分支机构	中外运—敦豪国际航空快件有限公司张家港分公司	DHL Express	—	杨舍镇新泾西路5号
分支机构	中国外运长江有限公司张家港分公司	其他	—	杨舍镇人民中路109号国泰大厦901室
分支机构	江苏京迅递供应链管理有限公司张家港分公司	京东	9	杨舍镇悦丰新村北区58幢M2-3
分支机构	联邦快递(中国)有限公司张家港分公司	联邦	—	杨舍镇金塘中路320号
分支机构	南京晟邦物流有限公司苏州二分公司	晟邦	—	杨舍镇镇中路125号
网点型	苏州顺丰速运有限公司	顺丰	24	杨舍镇华昌路16号
网点型	江苏德邦物流有限公司	德邦	12	后塍街道长山路2号
网点型	南京驿加易信息科技有限公司苏州分公司	驿收发	23	杨舍镇华昌路16号
网点型	欧西爱司物流(上海)有限公司无锡分公司	OCS	1	杨舍镇华塘路1号
网点型	上海翼速国际物流有限公司公司苏州分公司张家港港城大道网点	其他	1	杨舍镇港城大道168号
网点型	江苏驿耀网络科技有限公司	菜鸟驿站	150	—

【邮政服务】 2023年,中国邮政集团有限公司江苏省张家港市分公司(简称市邮政分公司)下设营业网点34处、营投部10个,城区普邮投递部1个,实现邮政业务收入3.7亿元。年内,市邮政分公司持续推进普遍服务提升工程,开展客户体验、普服重点检查等活动,提升邮政服务质量。加强三级物流体系建设,建成凤凰、大新、后塍、锦丰4个乡镇寄递物流共配中心,助力农产品上行、工业品下行。开展交邮合作,利用公交首末站场站资源及公交线路助力快递下乡,建成交邮联运线路3条。落实服务乡村振兴战略,与凤凰镇合作,助力水蜜桃寄递销售1.5吨、销售总额超100万元。6月1日,市邮政分公司与市委宣传部、市文明办、市教育局等在暨阳实验小学城中校区联合举办第九届张家港市"强国复兴·童心逐梦"青少年个性化邮票(附票)设计大赛。全市61所学校组织720件作品参赛。大赛评出特等奖1件、一等奖10件、二等奖15件、三等奖20件、优秀奖224件。6月15日,市邮政分公司与市文明办、市教育局、团市委联合开展"红领巾寻访伟大成就"第十一届张家港市青少年画信文化活动。全市67所学校组织5000余件作品参赛,活动评出一等奖30件、二等奖60件、三等奖90件,优秀组织奖10个。 (顾 仪)

【金港物流中心】 金港物流中心位于西塘公路与港城大道交界处,占地面积6.7公顷,设有大型停车区3万平方米,装卸作业区1.5万平方米,主要经营普通货运、货物配送、搬运装卸、仓储服务、货物中转、货物联运、停车场服务,是公路运输、公铁联运、信息服务、仓储、装卸、冷链、货物代理的综合性物流园区,货运网络覆盖全国。年末,中心入驻物流企业78家。全年实现营业收入21.5亿元,利润1.65亿元。 (房舟彤)

【保税物流园区】 保税物流园区位于张家港保税区,分东西两个功能区,总规划面积153公顷。东区位于长江北路西侧、北海路北侧,为专业液体化工品、固体化工品和危险品的仓储、分拨中心;西区位于长江中路北侧、十字港西侧,为涵盖集装箱、粮油、液体化工、纺织品及散货的综合性物流中心。2023年,园区有综合码头1座、液体化工码头2座、万吨级泊位7个,储罐总容量近200万立方米,堆场25万平方米,仓库30万平方米,入驻各类物流企业24家。10月,百胜(中国)苏南供应链运营中心奠基开工。全年园区靠泊船舶5716艘次,码头货物吞吐量1392万吨,陆运吞吐量1641万吨。 (蔡英杰)

【玖隆钢铁物流园】 玖隆钢铁物流园位于锦丰镇北部,港丰公路北、兴业路西,由中船集团与沙钢集团合资建办,注册资本11.28亿元,占地213.33公顷,总投资300亿元。园区先后首批获评国家级示范物流园区、省级生产性服务业集聚示范区，成为江苏省转型升级示范市场、省级示范物流园区、江苏省重点物流基地。2023年，园区新增注册企业136家，新增注册资本6亿元，累计入驻企业2856家，累计注册资本312亿元。园区全年实现营业收入2000亿元，比上年降9%；完成税收8亿元，比上年降10%。AAAAA级物流企业玖隆钢铁物流有限公司全年实现营业收入102亿元，上缴税收1.5亿元。（茅　华）

【东沙物流园】 年内，《东沙物流园控制性详细规划调整》获市政府批复。LNG园区道路建设项目前期准备工作中完成地勘、测绘、设计招标工作。9月，接收站工程开工建设。东沙物流园园区三个长江码头全年靠泊船舶1519艘次，完成货物吞吐量1843万吨。其中，永丰码头靠泊船舶1298艘次，完成货物吞吐量1502万吨。

（朱家根）

【"金融+快递"打造"小哥银行"】 6月8日，市快递行业党委与张家港农商银行营业部党总支签署党建结对共建协议，打造快递小哥的专属银行。在对全市主要快递品牌开展"问需求、解难题、谈发展"调研活动的基础上，针对部分企业存在资金流转、贷款等金融需求，张家港快递服务行业党委与农商行营业部党总支探索为快递员等新业态群体提供订单式服务，为快递员、快递企业提供专属定制产品、优惠融资政策、特色金融产品、金融知识普惠、暖心阵地服务等，为邮政快递行业发展助力。年内，张家港农村商业银行授予张家港市明俊中通速递服务有限公司150万元授信额度，用于镇村快递末端建设。

（房舟彤）

【北尔旗物流公司开业】 7月6日，北尔旗物流（张家港）有限公司在江苏扬子江国际化学工业园开业。公司位于德积街道北园路，由跨国物流服务企业瑞士北尔旗集团投资建设，专业从事化学工业中液体和散装产品的物流服务。公司占地面积6.24公顷，建筑面积17143.6平方米，固定资产3342.7万美元，仓库年周转能力23.8万吨、堆场年周转能力36.3万吨、年灌装能力8万吨。这是北尔旗集团在中国布局的第一个一体化物流基地。至年末，公司实现营业收入超300万元、税收近20万元。

（蔡英杰）

【邮政管理】 年内，张家港邮政管理局推进信息化监管模式，深化警邮安全监管机制，加强服务监管，提高行业治理能力。实施快递末端整合，开展标准化网点建设，4个网点获评苏州市标准化门店。推广"苏递安"信息系统，将快递企业、网点、从业人员信息纳入系统，依托"互联网+"信息化监管手段，实现精准化监管。431个快递点纳入"苏递安"平台。对寄递企业开展日常监管201次，督促企业整改寄递及安全隐患行为121处，报苏州市邮政管理局立案查处10起。完成信报箱验收项目27项，为14913户家庭设置信报箱。（房舟彤）

交通管理

【概况】 年内，市交通运输部门办理各类交通行政许可2844件，比上年增7.1%。办理"不见面"业务15959件，窗口办理各类业务39234件，按时办结率100%。其中，办理道路运输经营户的经营许可证、营运车辆的道路运输证审验21924件，比上年增1.7%。继续加强交通运输行政执法网上公开透明运行，全年办理各类交通运输行政处罚案件3797件（其中通过简易程序办结2630件、一般程序办结1167件），并通过统一信用数据库和信用数据交换平台公示。

【交通工程质量安全管理】 市交通工程质量监督站在质量管理中继续实行定人、定点、定线的"三定"管理，监督覆盖率100%。年内，对12个重点工程开展质量安全监管，召开6个新开工重点工程项目质量监督交底会议，经现场评审核发工地试验室备案3个。对区镇9个项目进行指导和监督，开展专项行动和检查50余次，中间核验验收100余次，下发各类通报20份、质量监督问题反馈单4份，问题整改率100%。完成交工核验项目4项，竣工鉴定项目1项，合格率100%。网格化小组检查项目137项次，标段276段次，发现隐患问题761处，整改率100%。新泾路（塘桥西环路至沪通铁路）快速化改造工程获交通运输部2022—2023年度公路交通优质工程奖（李春奖），东三环（张杨公路—苏虞张公路）新建工程获评省级"平安百年品质工程"示范工程，东二环北段获评市级"平安百年品质工程"。港华路拓宽工程（含张杨公路互通、塍东路、老张杨公路）2个工地试验室考核成绩分别居苏州市第一名、第二名，3支队伍分别获苏州市2023年公路水运工程安全生产知识竞赛三等奖、公路水运工程试验检测技能竞赛三等奖、交通工程试验检测技能竞赛三等奖。全年召开铁路沿线安全隐患整治协调会7次，会同上海工务段、沿线区镇开展铁路沿线外部环境摸排工作16次，进行现场确认6次，消除隐患528处。

【运政管理】 年内，市交通运输综合行政执法大队推进市场主体结构和运力调整，治理列入淘汰范围的营运黄标车659辆，引进LNG清洁能源货运车辆22辆。深化运输市场诚信体系建设，创新信息化举措，开发"汽修行业管理系统"，搭建掌上执法记录平台。开展汽修行业危险废物处置专项整治行动8次。优化营运车辆技术管理，推进机动车检测机构改革，新建"三检合一"机动车检测站3家，检测评定营运车辆1.76万辆次。组织开展"两客一危"（从事旅游的包车、三类以上班线客车和运输危险化学品、烟花爆竹、民用爆炸物品的道路专用车辆）运输企业车辆技术管理专项检查行动12次，实现维修作业远程、动态、电子化的全覆盖监管。年末，全市有信用维修企业842家，其中全国诚信维修企业12家、AAA级企业106家。AAA级企业占一、二类维修企业总数的63%。

【路政管理】 市公路管理部门全年办理国省道路行政许可20件、县乡道路行政许可49件。坚持国道每天巡察1次，省道、县道、乡道每周巡察专项检查1次，清理非标、摊点276处。开展流动联合超载治理110次，检查车辆3344辆。路警联合执法查处普货违法超限超载车439辆，卸驳载货物4538.36吨。非现场执法查处违法超限超载车233辆，查处违法大件运输车154辆，查处"百吨王"和超限率100%以上车辆47辆，对高频超限运输企业实施"一超四罚"81件，开展苏通、苏锡地区跨区域联合治超13次，普通国省道可监测超限率0.01%。深化"美丽农村路"建设，红丰线、长安路、杨塘路、粮库路、振兴路、桃园路、西码线、泗兴路、环新线、长红路、长欣路、永兴路、泗后线13条农村公路被评为苏州市"美丽农村路"，合计46.37千米。

【内河航政管理】 市港航事业发展中心全年办理航道类许可18件，巡航里程8400千米，现场维护航标56座次，遥控遥测3650座次，收取航道赔（补）偿费7.48万元，干线航道清障扫床163千米，干线航道通航保证率100%。张家港船闸管理处全年开展专项隐患排查12次，落实整改项目90项。开展诚信管理工作，全年采集过闸船舶信用信息记录103193条，其中有98567艘次船舶因遵守船闸管理规定、见义勇为等行为得到加分，4626艘次船舶因退费、过号、延时、不服从指挥、抢档、标志标识不清等被扣分。

【港口管理】 年内，市交通运输局组织第三方及相关专家对长江危险品码头仓储企业和普货码头开展安全检查，推进港口码头扬尘污染防治，新建散货码头抑尘防尘设备覆盖率100%，粉尘在线监测系统建成。11月，张家港港务集团港盛分公司通过全国"五星级"绿色港口现场评审。全年办理港口经营许可过期1份、港口危险货物作业附证变更和延续6份，审批港口危险货物作业1047次；非长江内河办理内河港口经营许可证延续18份，过期新办1份。落实安全监管责任，全年内河码头未发生有责安全事故。至年末，全市沿江企业建成岸电设施178套，内河港口企业建成岸电设施120套。张家港长江国际化工码头获评省三星级绿色港口。张家港港务集团有限公司、张家港海力码头有限公司、张家港永嘉集装箱码头有限公司被认定为"江苏港口企业20强"。

【内河水上交通安全管理】 年内，市地方海事管理部门开展污染防治，促进辖区水域环境保护。继续实行"365全天候"工作制。全年上航1482艇次6598人次，巡航里程32258千米，检查船2943艘次，查处各类水上交通违法行为1585起。全市发布航行通告8次，实施"110"处警及船舶报警104次，出警256人次，救助船舶185艘，挽回各类经济损失361万余元，内河水上搜救成功率提升至100%。

【区域协作执法模式构建】 年内，按照省交通运输综合行政执法局、苏州市交通运输综合行政执法支队关于"深化'一体化+智慧执法+信用监管'交通综合执法新模式，不断提升交通运输综合执法监管合力和执法效能"的要求，市交通运输综合行政执法大队分别与省交通运输综合行政执法局沿江支队二大队、三大队和盐锡支队五大队签订"高地联动联勤"协议，围绕建立执法信息交流、执法联查联办、执法资源共享等机制，构建监管信息互联、资源互通、执法互助、优势互补的区域协同执法工作格局。全年联合组织开展"天网行动""护航2023""收网・苏"等行动8次，合力开展高速交通沿线环境整治，查获涉及28辆车的违法超限运输车队。

（房舟彤）

水 务 建 设

【概况】 2023年，市水务部门有序推进水务工程建设，加快补齐水务基础设施短板，提升防汛保障能力，改善水生态环境和水务民生福祉。全年完成水利水务投资14.15亿元，其中水利工程3.8亿元、排水工程6.65亿元、供水工程3.7亿元，争取上级各类奖补资金超2亿元。

【防洪防涝工程】 年内，太字圩港闸站、十一圩枢纽改建工程、走马塘江边泵站建设等重点水利工程进展顺利。7月，太字圩港闸站完成主体建设，十一圩枢纽改建工程通过苏州市水务局组织的通水验收。11月，走马塘江边泵站工程完成泵站主体建设。12月，十一圩港河道整治工程全面完成。全年完成防洪排涝建设投资3.66亿元，超额完成年度省级下达重点水利项目建设投资目标任务。至年末，全市共有长江堤防104.57千米，其中主江堤88.55千米（含双山岛洲堤16.77千米）、闸外港堤16.02千米；有沿江节制闸22座，出江（港）涵洞22座，内河水闸44座；有防洪圩区74个，排涝站357座，排涝流量每秒860立方米，装机总功率4.19万千瓦，有圩口涵闸409座。

【水环境治理】 年内，市水务部门投资4962万元实施农村16个项目区水系连片整治，疏浚镇村河道281条、总长174.62千米，拆坝建桥34处，新修、改建圩口闸16座。建设幸福河湖124条，6条被评为苏州市幸福河湖。全年完成劣Ⅴ类水体治理78条，累计销号136条。

【生态河道建设】 年内，按照"功能达标、水流通畅、水清岸洁、生态良好、管护到位"的标准，全市开展生态河道建设，建成生态河道31条、63.03千米，生态河道覆盖率64.54%。31条河道分别为常沙河、水涝圩河、蔡港河、木排港、南大寨河、罗长浜、潮泾河、丰千泾、严子港、肖封港、苗港、常通港、太平港—油车港、十二圩港、南横塘、十字港中心塘、广泾梢、妙金塘、小城浦、河泾塘、山东塘、新横河、龙房巷河、助剂厂浜、曲塘泾、西塘河、深家浜、老六干河、联合河、兆丰支港、永兴支河。其中，锦丰镇太平

鸷山宕

（凤凰镇　提供）

港—油车港、塘桥镇南横塘、塘桥镇河泾塘、凤凰镇新横河、凤凰镇曲塘泾、乐余镇兆丰支港6个河道综合整治工程列入2023年度江苏省民生实事工程。

【走马塘江边泵站工程泵站主体建设完成】 走马塘南起苏南运河，北至七干河入江，全长66.51千米，是太湖流域武澄锡虞区域东排长江的骨干河道。其江边枢纽距江边约1.6千米，由节制闸、船闸和鱼道组成，具有挡潮、排涝、引水、通航等功能。过去由于江边枢纽缺少排水泵站，区域外排能力不足，当遭遇长江高潮位时，涝水无法排出。为提高区域防洪排涝标准，增强洪涝水北排入江能力，市水务部门将泵站与原枢纽船闸和节制闸工程相结合，实施走马塘江边泵站工程。泵站位于走马塘入江口约1.6千米处，总投资20990万元。泵站防洪标准为100年一遇洪（潮）水位设计，300年一遇洪（潮）水位校核，排涝标准按20年一遇设计，站上交通桥设计汽车荷载等级为公路Ⅱ级。工程抗震设防烈度为7度。工程设计合理使用年限为50年。泵站设计排水流量每秒80立方米，总装机容量4000千瓦。工程主要建设项目包括新建每秒80立方米的排涝泵站1座、隔流墩242米、交通桥1座、堤防480米，并在内河侧、长江侧开挖引河各240米。工程于2022年8月5日开工建设。至2023年年末，完成泵站主体和水下工程部分建设。工程获评苏州市2023年度水利工程建设文明工地。

【十一圩港河道整治工程完成】 为提高区域防洪能力，促进区域经济发展，张家港市组织实施十一圩港河道整治工程。工程获得省水利厅批复同意实施，并被列入2022年国家中小河流治理项目。2022年10月，开工建设，主要开展河道整治和支口门闸新建，总投资1.3亿元。2023年8月23日，华妙河闸完成通水验收。10月12日，盐铁塘闸完成通水验收。12月，河道整治工程完成。至2023年年末，累计完成河道疏浚22.15千米，新建、加固护岸10.44千米，固化淤泥24.29万立方米。

（李星明　裴天华）

水务管理

【概况】 年内，市水务部门统筹城乡水利发展，完成《张家港市农村水利规划（2022—2030）》《张家港市圩区治理规划（2022—2035）》《张家港市农田灌溉发展规划（2021—2035）》的编制报批，完成《张家港市级河湖保护规划》编制，划定22条市级重要河湖岸线功能分区，推动水务高质量发展。全年办理行政许可98件，办理生产建设项目水土保持承诺制审批99件，审验取水许可证124份，征收水资源费11762.75万元、水利工程水费1029.55万元。2023年，全市新增省级节水型机关3家、节水型学校2家、节水型企业11家、节水型高速服务区1个，新增苏州市节水型学校3家、节水型企业3家。累计创建各类节水载体255个。其中，部级节水型学校2家，省级节水型学校32家、节水型企业66家、节水型单位55家、节水型社区15个，节水型高速服务区1个，苏州市级节水型企业3家、节水型学校79家、节水型工业园区1个、节水型农业园区1个。11月，张家港市通过国家节水型城市复查验收。

【水利工程管理】 年内，市水务部门投入703万元，实施堤防及泵闸站金属结构机电设备维修养护项目、水工建筑物维修、江堤绿化养护、双山洲堤白蚁普查治理、涉水建设项目监测检查、泵闸站电气设备预防性试验、防雷检测、水下检测、安全鉴定、鱼道监测等项目。对水利工程的视频监控、水位监测、显示大屏、泵闸站控制系统、水利工程管理平台、防汛通道控制系统等进行维护，更新黄泗浦橡胶坝、张家港湾等处的监控设施，完成一支河东、一支河西泵站自动化控制系统更新改造。常态化开展江堤巡查，全年当场制止违法违章行为20起，开展行政指导16次，清理违章建筑950平方米，铲除违章种植3000平方米。沿江闸站共引水35.13亿立方米，排水42.52亿立方米。其中，汛期引水18.15亿立方米，排水24.86亿立方米。

【长江水文勘测】 年内，市水务部门完成老海坝节点（段山港至越洋码头段）水下地形监测（1∶2000）3次，累计26.1平方千米；完成双山小北五圩（双山沙左侧段）测量（1∶2000）2次，累计6.6平方千米；完成福姜沙右汊凹岸段水下地形监测（1∶2000）2次，累计5.6平方千米；完成张家港湾（拦门沙）重点段区域水下地形监测（1∶1000）3次，累计3.75平方千米；完成通州沙西水道四干河至五干河段水下地形监测（1∶2000）2次，累计4.5平方千米。

【河道管理】 年内，市水务部门常态化规范化推进“清四乱”工作，印发《关于开展全市河湖保护专项整治行动的通知》，完成水利部下发的711个河湖遥感图斑核查清单的项目现场核查、台账资料及系统上报工作。完成2022年度、2023年度省级遥感图斑中长江张家港段遥感监测图斑及水域面积变化图斑外业核查与审核160个，完成长江张家港段动态遥感监测图斑核查19批次94个。整治乱堆放4494处，清理岸坡垃圾12706处、地笼网簖2675口、水生植物及漂浮物17200吨，发现和制止涉河违章行为30余起，送达水事巡查警示书7份，通过无人机巡河、陆上巡查、水质检测等方式对河道管护状况进行监管，并通过网上平台交办问题，编发巡查通报12期督促整改落实。农村河道管护工作在省级绩效考评中获第一等次。全年完成张家港市涉河建设项目技术审查意见书起草30件，苏州市管河道涉河建设项目初审意见31件，主动对接快速环线、苏通第二过江通道等重点工程，保障项目建设需求及河道防洪安全。

【供排水管理】 年内，市水务部门加强供水行业监管，持续开展供水企业出厂水、管网水、管网末梢水、二次供水水质监管，全年在张家港市人民政府网站公开饮水安全状况4次。组织行业专家开展公共供水安全检查评估1次，促进供水企业提升自来水厂建设运行、供水服务、水质检测与应急保障管理水平。加强排水行业监管，全方位开展污水处理厂站运行管理、出水水质、污泥处置、管网运维等行业监管考核，每半年组织省、苏州行业专家对全市9座污水处理厂、55座市政污水提升泵站、50处市政管网以及161个自然村、161座农污泵站运维情况进行考核。第二污水厂、城南污水厂获评江苏省住建厅2022年度城镇污水厂考核优秀等次，第二污水厂获评苏州市2022年度“标杆污水厂”。城镇和农村排水管网运维专业化覆盖面100%，其中农村污水运维经费为2760.45万元，比上年增长16.5%。开展行业培训与技能竞赛，联合市总工会开展“沙洲匠星”张家港市首届城镇污水处理行业职业技能竞赛，组织给排水有限公司、污水厂实验室化验专题培训，办理各类排水许可417件。开展排水GIS系统二期信息化建设，实现排水系统的排水运营、养护监管、行业管理等的全过程综合管控信息化和智能化。

【水土保持】 年内，市水务部门批复生产建设项目水土保持方案172个，对在建项目监督检查全覆盖。对水利部、省水利厅97个图斑项目进行核查。开展“双随机、一公开”执法检查5次。完成25度以上禁垦区域调查划定。指导保税区、经开区、高新区完成水土保持区域评估。农场小流域通过省级生态清洁小流域验收。

【水行政执法】 年内，市水务部门全年组织日常水事巡查229次，出动执法人员585人次，巡查河道长度5220千米，巡查水域面积2720平方千米。开展针对长江非法采砂的水上巡航65次，其中专项行动21次，出动执法人员244人次。依法处置涉砂船舶5艘，其中公安部门委托拍卖处置刑事案件涉砂船舶4艘，合计拍卖金额175.64万元，全部上缴国库。采用云监管模式，运用GPS定位、电子围栏等科技手段智慧监管疏浚采砂项目，全年完成15个疏浚工程监管。下放行政处罚权工作有序开展。开展水土保持、水利工程安全、疏浚项目、砂石资源监管等专项行政指导约谈7次。全年办理行政许可98件，其中河道管理范围内建设项目工程建设方案审批30件，生产建设项目水土保持方案审批39件，城镇污水排入排水管网许可23件，水工程规划同意书审查1件，因工程建设需要拆除、改动、迁移供水、排水与污水处理设施审核5件，按时办结率100%。

【河湖长制】 7月5日，市政府召开全市总河长会议，全面落实上级有关决策部署，以河长制工作为抓手，推动新时代河湖治理工作走深走实。印发基层河长履职评价方案，进一步压实河长责任。全年市镇村三级河湖长累计巡河1.2万次，推动完成苏州“一事一办”清单任务28项，张家港“一事一办”清单任务101项，保障张家港市地表水环境质量位列全省第一。深化联合河长、河长+检察长、党建+河长制、河长办+污防办等联动机制，开展线上线下宣传，全年发布河长制工作信息140余条。大新等镇建立“河长制+区域一体化”管理模式，十一圩港沿线聘任企业家河长，聚集沙钢集团等重点企业的责任力量。全市爱河护河志愿者队伍共开展志愿者活动200余次。张家港湾水利风景区获评江苏省水利风景区。凤凰湖获评江苏省幸福河湖。鸷山宕、永联村1号河、大新湖获评苏州市级示范幸福河湖，新民丰港、朱家宕64号河—85号河、交通村大寨河获评苏州市级幸福河湖。2名基层河长获评苏州市最美基层河长、2名民间河长获评苏州市最美民间河长。《水清家“圆”》《水镜天光》2个视频获第五届“守护幸福河湖”短视频征集大赛“水美中国”专题赛优秀奖。至年末，全市累计建成国家级水利风景区1个、省级水利风景区2个，苏州市幸福河湖6个。

【防汛抗旱】 4月26日，全市防汛工作会议召开，市政府与各区镇、街道、8个重点成员单位签订防汛工作目标责任状，全市重点水利工程“三个责任人”（行政、技术、管理）全部落实到位。汛期（5至9月）累计降水量1002.4毫米，比常年多31.2%，比上年多39.5%，降雨日65天，比常年多6天，比上年多27天。梅雨期持续24天（6月17日至7月10日），比常年平均偏长2天。梅雨期先后经历4次较强降雨，总体呈现过程强

张家港湾水利风景区

(市水务局　提供)

度偏强、区域分布不均的特征，降雨间隙有短暂高温。6月18至19日连续两天受梅雨带影响出现大暴雨天气过程。6月17日8时至7月10日17时，全市平均梅雨量428.5毫米，其中张家港国家气象站梅雨量463.1毫米，比常年平均偏多68%。区域自动站最大累积雨量501.8毫米（杨舍镇李巷村），最大1小时降雨量43.3毫米（德积街道，7月2日19至20时）。汛期主要受到6号台风"卡努"影响，未出现受灾情况。针对多次强降雨，市防办精心组织，有序调度各方力量，实现"不亡人、不伤人、少损失"的目标。市防汛防旱指挥部调度中心共组织成员部门参加上级视频调度会10次，召开部署会议3次，启动防汛应急响应1次。依据调度方案，执行上级防汛指令20次，下达调度指令87次，十一圩港、张家港河、走马塘的排水总量12.23亿立方米，其他沿江口门自排水量17.35亿立方米，启动沿江泵站强排168.4万立方米。全市组织巡堤查险3200人次，组织回港避风船只302艘，回港避风和危房转移人员1202人，停工工地666个，拆除或加固广告牌408个。

【排水设施建设与运维管护一体化改革】　为解决排水设施建设领域长期存在的建设主体多元、规划计划难协调、建设标准难统一，排水设施运行领域运维管护主体分散、专业化水平不高、厂—站—网运行调度难协同等问题，张家港市持续推进排水设施一体化改革。2021年5月，市政府办公室印发《张家港市城区排水设施一体化运维工作实施方案》，将城区市政道路、住宅小区、公园绿地、机关单位等排水设施全部纳入一体化运维管护范围，解决了城区排水设施多年无人维护疏通的问题。2023年7月，为持续提升全市污水收集处理绩效，在总结城区排水设施一体化改革经验基础上，按照"先城区、后全域，先试点、后推广"的工作思路，市委办公室、市政府办公室联合印发《张家港市排水设施建设与运维管护一体化改革工作方案》，成立全市一体化改革工作领导小组，明确各成员单位工作职责，明晰一体化建设与一体化运维管护的改革任务、时间安排和工作要求，为构建全市域排水设施一个主体建设改造、一个主体运维管护、一体化运行调度的新机制，加快提升城乡生活污水收集处理绩效奠定制度保障。

【张家港湾水利风景区获评省水利风景区】　12月，张家港湾水利风景区获评省水利风景区。张家港湾水利风景区为自然河湖型景区，位于张家港市域西北，西眺双山岛，北临扬子江，南依保税区，上起老沙码头，下至段山港，拥有长江岸线约12千米。区内400余公顷芦苇滩连绵成片，老沙码头、江堤带、龙门篓、赑屃亭等工程景观和人文景观交相辉映。2019年起，通过实施百年一遇江堤提升、水产养殖清理、生产岸线腾退、生态环境修复、交通道路优化五大整治工程，建成滨江亲水景观带140万平方米。

【再生水利用配置试点通过中期评估】　年内，张家港市持续高标准推进再生水利用试点建设工作。市水务局制定《关于规范再生水配置设施建设管理及再生水使用的指导意见》，出台《张家港市用水指标交易实施细则》，形成再生水与地表水、地下水指标购买价格上的梯级差价，形成价格竞争优势。编制《张家港市非常规水资源利用规划（2022—2035）》，完成"重点工业企业再生水利用可行性评价研究""再生水河湖生态补水和农业灌溉安全评价研究"课题，为再生水推广利用提供科学依据。完成第二、第三、城南、乐余污水厂再生水市政杂用取水点建设并投入运行，完成清源、胜科、晨丰工业污水厂再生水利用工程建设。7月19日，江苏省再生水利用配置试点工作现场推进会在张家港市召开。7月29日，张家港市再生水利用配置试点中期评估通过省级审查。8月8日至9日，张家港市通过水利部组织的国家再生水利用配置试点中期评估，获良好等次。2023年，全市再生水利用量3625万吨，再生水利用率28.7%，比上年提高3.1个百分点。

(李星明　裴天华)

【编辑　陆正芳】

数字张家港

Digital Zhangjiagang

10月19日，前海（苏州）跨境电商产业园开园仪式举行

［高新区（塘桥镇）提供］

综　述

数字通信

数字产业

数字政府

数字社会

張家港年鑑(2024)

综　述

2023年，张家港市以《苏州市数字化改革总体方案》《张家港市数字政府“十四五”规划》《关于全面推进数字张家港建设的实施方案》为指引，科学统筹数字产业布局，以保税区、经开区、高新区数字经济产业园区为载体，力促园区产业向特色化、高端化、关联化方向发展。12月，出台《关于张家港市数字经济核心产业提质增效的实施方案》，提出到2026年，全市数字经济核心产业增加值占地区生产总值比重力争达到8%，规模以上企业营业收入超800亿元，保持年均增长率约15%，其中数字产品制造业营业收入600亿元、数字产品服务业营业收入130亿元、数字技术应用业营业收入60亿元、数字要素驱动业营业收入10亿元。保税区立足大宗商品供应链+港口物流，开展楼宇招商，重点招引产业互联网、现代供应链、网络货运、平台经济等项目，打造全市数字贸易集聚地和先行区。经开区依托软件动漫产业园、电子商务产业园、沙洲湖科创园等数字经济功能载体，加快推动数字经济产业链和产业社区融合发展。高新区布局基础设施和数字应用场景，导入腾讯、抖音、快手等头部直播平台，扶持联宏星选、创和文化直播基地业务开展，直播经济规模不断壮大。

【信息基础设施建设】 2023年，全市投入信息化基础设施建设资金1.69亿元，新增光缆4700皮长千米，累计20.31万皮长千米。新建各类基站870个，累计8747个。其中5G基站超过3700个，实现5G网络市域范围覆盖。登云智造建成张家港市首个工业互联网标识解析二级节点，面向金属加工、围栏栅栏、知识产权、智慧安防等领域提供标识应用解决方案，接入企业1464家，实现标识注册量2.9亿个，解析量18亿个。

【网络和数据安全】 年内，张家港市聚焦数字安全和公共数据开发等领域，申报政务数据在普惠金融领域应用创新研究实验室及市政务数字安全体系创新联合实验室。按照《张家港市级政务信息化项目管理办法》《张家港市政务大数据网络和数据安全总体规划》要求，全市严密把控新建政务信息化项目的安全工作，落实管理责任。以“网络安全为基础、数据安全为核心”为原则，通过技术服务与规范管理并举，建设统一安全资源，构建安全防护体系，常态化开展入侵防御特征库更新、网络行为监控、虚拟化安全、数据库日常备份和漏洞巡检工作，提升信息化项目整体安全水平。年内，全市开展“网安2023”“数智城安”等网络安全攻防演练行动，举办网络安全宣传周活动，筑牢网络安全防线。（苏　嘉）

【营商环境数字化服务】 2023年，张家港市强化金融要素保障，苏州综合金融服务平台年度新增授信120亿元、新增放款超110亿元。落实证照分离改革，创新企业开办一窗融合登记平台。推进“审管执信”闭环管理，超220个政务服务事项在省内外182个城市“跨城通办”；发布重大项目“政企双通道”一揽子激励措施，制定重大产业项目全生命周期管理体系，实施重大项目“项目管家1+N”机制，广大鑫盛二期等项目实现“五证两书齐发”。“港城上市通”服务系统升级，年内累计服务企业35家次，办结服务需求879项，推动4家企业登陆资本市场。年内，张家港获评国际化营商环境建设标杆县（市）。

（田楚齐　姚沛全）

【“红链直播间”启动】 11月13日，张家港市“红链直播间”暨电商直播培训启动。“红链直播间”是市委组织部联合市商务局党委开设的一个政企服务新平台，重点服务全市8条产业链，集成N个涉企服务资源力量，由市科技局、工信局、公安局、司法局、人社局、水务局、商务局、卫健委、市场监管局、医保局、张家港农商行等单位的业务骨干组成直播间政策服务主播，形成“1+8+N”直播模式，为相关产业链企业提供“一站式政策宣讲、便捷式业务辅导、互动式把脉问诊”三大服务。直播间利用专业领域专家力量资源，因链制宜为企业提供个性化业务辅导，并提供课程录播回看；红链主播与线下企业连麦交流、远程问诊、在线答疑，后台统计梳理直播中企业的关切点，形成问题清单，助推相关涉企条线精准掌握产业链共性和企业个性问题，有针对性地优化服务，提升助企强链工作效能。活动现场，首批红链主播正式受聘。至年末，开展直播20场，内容涵盖直播电商政策和技能、涉企类电信网络诈骗防范宣传、企业用工风险防范等，在线观看人次3000余次。

（王嘉琪）

【电信助力数字化产业转型】 年内，电信张家港分公司服务数字经济建设，聚焦智慧城市、智慧交通、数字乡村、工业互联网等重点领域，加快推进数字信息技术和应用的融合。参与完成346国道、高新区（塘桥镇）部分路段智能交通设备建设。完成全市安全态势感知平台二期、凤凰水蜜桃数智平台建设。完成南丰镇、高新区（塘桥镇）、保税区、乐余镇充电桩改造工程。协助经开区（杨舍镇）538个垃圾房AI监控改造，完成大新镇新南社区电梯监控AI改造项目。围绕5G定制网+工业PON（无源光网络）组网方案，打造工业应用场景，协助沙钢集团、联峰钢铁、富淼科技等企业申报5G全连接工厂，完成广大特材、新丰耐火材料等工业PON组网项目，帮助42家企业完成网络建设及改造。其中沙钢集团基于双千兆网络的工业安全建设项目获“光华杯”千兆光网应用创新大赛全国二等奖。

（顾　玥）

数字通信

【概况】 张家港市有电信、移动、联通、有线网络四大通信运营商。年内，全市四大通信运营商完成业务总量25.33亿元，主要经营范围包括移动通信业务、固话业务、宽带业务、互联网专线、数据通信等综合业务。至年末，全市有固定电话用户15.2万户，移动电话用户201.95万户，宽带用户80.43万户，有线电视和天翼高清用户48.8万户。

【电信通信业务】 2023年，中国电信股份有限公司张家港分公司（简称电信张家港分公司）下设办公室、销售部、政企客户部、全渠道运营中心、维护安装部及15个分局，有员工347人。年内，加快以云网融合为核心的智能化综合性数字信息基础设施建设，投入资金7500万元，新增2888个千兆PON端口，累计有千兆PON端口超2万个，光宽提供能力达到59万户。全市千兆光纤网络覆盖率100%，实现行政村全覆盖。新增5G站点233套，累计达到1772套，5G全市覆盖率98%，流量承载超50%。新建云计算资源池，可提供8核16G云电脑2500台，完成私有云IDC（互联网数据中心）机房新建工作，交付5千瓦机架35架。执行实名制要求，遵守号卡新入网视频认证规定，全年稽核实名制订单17.1万单。接到骚扰举报95件，涉诈举报12件，公安涉案处理8件。发送防诈、网络安全、节日公益短信4000余万条，发放防诈宣传单页8000余份，拦截骚扰电话并提醒用户9000余次，开展防诈宣传讲课10余场。公司全年营业收入9.37亿元。至年末，有固定电话用户15.1万户，移动电话用户76.5万户，宽带用户35.1万户，天翼高清用户26.5万户。

【移动通信业务】 2023年，中国移动通信集团江苏有限公司张家港分公司（简称张家港移动公司）下设综合部、市场经营部、集团客户部和技术业务支撑中心4个部门及保税区、城北、城东、城南、城西、大新、凤凰、锦丰、乐余、南丰、高新区11个分局，有员工238人。移动公司投入5062万元用于信息化基础建设，累计建设光缆15万皮长千米。建设第五代移动通信网络，新建4G站点32个，累计建成2234个；新建5G站点261个，累计建成1962个；新建通信管道27沟千米，新敷设光缆1000皮长千米。完成驻地网小区覆盖4.2万户，三线业务接入7200条，商务宽带7553条，提升全业务网络容量。面向企业打造OTN全光传送网，全年建设OTN节点22个；千兆光纤网络实现全覆盖，部署千兆PON端口3200个，千兆PON端口占比达到79.38%；推进IPv6网络规模部署和应用，全年有70个单位部署IPv6网络。4月，与光束汽车公司签署5G行业应用合作战略协议，采用下沉MEC方式建设光束汽车5G专网，无线覆盖光束汽车整车存储场地，结合5G平板实现信息检索功能，助力打造5G智慧工厂。11月，启动市排水地理信息系统二期项目建设。12月，中标市卫健委“智慧医疗（健康大数据、医疗赋能和管理赋能）”项目，中标金额578.19万元。公司全年营业收入11.35亿元。至年末，有移动电话用户103.05万户、固定电话用户1000户、4G网络用户43.38万户、5G网络用户51.33万户，家庭宽带用户31.13万户。公司获评2023年度创建和谐劳动关系先进单位、市先进文明单位，城北分局大学城组获“苏州市五一巾帼标兵岗”称号，城东分局获“张家港市五一巾帼标兵岗”称号。

【联通通信业务】 中国联合网络通信有限公司张家港市分公司（简称张家港联通公司）下设综合支撑部、技术支撑中心、公众5个营服中心和政企6个网格，有员工73人。2023年，投入网络建设2000余万元，持续推进4G、5G无线网络和驻地网建设。全年新开通4G站点130个，累计1250个；建设开通5G站点246个，累计1563个；新建光缆1550皮长千米，累计10468皮长千米。新增15万户的家庭宽带用户覆盖，完成家庭宽带网络千兆化升级。公司全年营业收入2.15亿元。至年末，有移动电话用户22.4万户、互联网用户3.2万户。获评张家港市先进文明单位。

【有线网络通信业务】 2023年，江苏有线网络发展有限责任公司张家港分公司（简称江苏有线张家港分公司）下辖综合管理部、党群工作部（纪委办公室）、公众客户部、政企客户部、安播运维部、技术工程部6个部门及杨舍、城区、塘桥、凤凰、锦丰、乐余、大新、南丰、常阴沙9个广电站和1个保税区广电中心，有员工364人。公司立足“党媒政网民屏”属性，主营业务包括数字电视、广电宽带、广电5G电话卡等大众化业务，应急广播、智慧社区、社区电子屏等宣传载体建设，数据专线、视频监控、视频会议等信息化建设业务。加快推进广电网络光纤化建设，全年光纤接入网新增覆盖住户5万余户，累计覆盖住户超过35万户。全年实现经营收入2.1亿元。至年末，有线数字电视注册用户29万余户，其中高清互动用户22.3万户、宽带用户11万户，广电5G移动电话用户开始入网。

【电信“爱心翼站”运营】 年内，电信张家港分公司持续推进“爱心翼站”建设运营，关怀服务社会特殊群体，持续提升公益关爱水平。67个“爱心翼站”提供休息补给、便民服务、手机充电、无线网络、餐食加热等服务，为快递小哥、外卖小哥和环卫工人等户外工作者解决燃眉之急。在向居民提供服务的同时，助力核酸小屋“微改造”。结合5G和全屋智能技术，将万红社区核酸小屋改造成“爱心翼站”。“爱心翼站”志愿者常态化开展VR体验、反诈知识科普、网络检测等社区便民服务。电信张家港分公司与美团联动，在夏季为骑手提供防暑降温补给，在冬季为骑手送上防寒物资。与城北街道办事处开展党建共建，结对帮扶悦来村（社区），响应“点亮快递小哥微心愿”活动。全年开展各类温暖服务7次，受益群众100余人。

【移动助力永钢线六精品库5G专网建设】 8月，江苏永钢集团规划精品线材库建设，该项目需同步进行5G专网建设和应用加载。张家港移动公司协同华为专家，为其提供高可靠性专网建设方案。通过全面评估线材库高温、高密、高架空的环境特点，落地华为“风筝”方案，无线侧采用2.6G和4.9G的混频组网，提升5G专网信号的深度覆盖和高稳定性，为永钢集团线六精品库30台堆垛机、6台无人天车的监控视频和控制信号提供双上行无线链路，确保设备安全可靠运行。该项目成功实施，为永钢集团其他产线及应用场景接入打下网络基础。

【联通助力智慧金村建设】 2023年，张家港联通公司持续推进"智慧金村数字化项目"建设。通过数字化提升方案和"N"个5G应用场景，利用物联网、大数据等技术，实现对高新区（塘桥镇）金村村的人、房、地、物、事件、资产等相关数据可视化、一体化管理，建设一批包括乡村微治理、村基础信息台账、智慧积分、智慧党建、村务互动、专项公开等在内的智能化应用模块。完成金村村农业农村地理信息系统，实现23类信息数据管理，打造"智慧金村"微信小程序，通过数字赋能提高服务的精准度和覆盖度，升级信息化乡村治理。智慧金村数字化项目获第二届"光华杯"千兆光网应用创新大赛乡村振兴专题赛三等奖，被评为江苏省智慧文旅示范项目、中国联通数字乡村示范点。

【智慧广电项目建设】 年内，江苏有线张家港分公司推进智慧广电乡村工程建设。开发建设云上老年教育课堂、慈善爱心超市云上平台，建设"互联网+明厨亮灶"项目，接入全市180余家学校、150余家综合体及中小餐饮店。在金港街道柏林村试点建设数字乡村项目，助力基层治理能力提升和数字化乡村产业发展。建设垃圾分类AI智慧监管系统，在多个区镇落地，综合识别率95%以上。探索建设智慧水务、智慧井盖检测项目，部分落地运行。实施"智慧工地"项目，将全市主要建筑工地视频监控、扬尘监测接入住建、公安和环保管理平台，该项目被省广电局、省工业和信息化厅评选为"江苏省智慧广电示范项目"。张家港获评江苏省智慧广电乡村工程建设成效突出地区，成为首批全省获此荣誉的县（市）之一。

（顾　玥　祁静娜
陈　莹　李怡玮）

数字产业

数字农业

【概况】 2023年，张家港市不断巩固智慧农业国家改革试点和数字乡村试点成果，把智慧农业作为农业现代化的制高点，加快现代信息化技术与农业生产融合，为现代农业建设提供有力支撑。年内，推动农业物联网应用主体与省平台对接，累计接入29家服务应用主体，集成物联网设备140组，全年新增物联网数据120余万条，有效率90%以上。优化升级张家港市常阴沙"米掌柜"、凤凰"桃管家"等产业链管理系统，实现大米和水蜜桃全产业链品牌管理，探索与涉农电子商务企业等农特产品网络销售渠道的有效对接，全年农业电子商务销售额达到21.07亿元。新增苏州市智慧农业示范生产场景4家，农业信息化覆盖率达到75.72%。江苏善港生态农业科技有限公司获评省级数字农业农村基地，张家港百雀临农业科技发展有限公司获评省级数字农场。

（党美乐）

【善港农业获评省级数字农业农村基地】 年末，江苏善港生态农业科技有限公司入选2023年度省级数字农业农村基地名单。近年，该公司围绕数字技术与农业农村现代化深度融合，投资300万元，研发善港智慧农业云平台，升级硬件设施。数字农业应用面积46公顷，配备农业物联网基础设施与生产智能装备208套。聘请农业专家赵亚夫担任首席农业顾问，与南京农业大学、江苏省农科院等建立产学研合作关系，与日本等国家和地区农业专家开展合作交流，在全国率先开展水肥一体化技术、牧草固氮技术、菜饼制作有机肥、稻壳炭液体防病虫等技术应用。2023年，建有稻麦、无花果、葡萄、蔬菜等九大基地、面积380.67公顷，有暖冬式大棚160个，引进美国黑番茄、美国金瓜、日本越光米、日本网纹瓜等优质品种200种，获国家级绿色食品、有机产品认证50个。全年申报项目38项，投资建设双山岛生态渔场、戴庄蓝莓基地，生态发酵床养猪场投产出栏。年内，该公司还获评国家级生态农场。（凌雨希）

【市现代农业科技示范园入选省农业农村重大项目建设典型】 3月9日，100个2020—2022年江苏省农业农村重大项目建设典型示范名单公布，市现代农业科技示范园上榜。示范园位于常阴沙现代农业示范园区永泰路西侧，由市人民政府和江苏绿港现代农业发展有限公司共同投资开发建设，总投资4.1亿元，占地53.6公顷，总建设面积32.3万平方米。主要建设种植型智能化玻璃温室12.9万平方米、展示型智能化玻璃温室1.1万平方米、种植连栋温室11万平方米、育苗连栋温室1万平方米，并配套建设深加工中心和办公生活区。项目于2021年3月开工，2022年9月投入试运营。2023年，示范园应用水肥一体化智能灌溉系统、二氧化碳调控、温湿度控制等自动化设备设施，提升农业生产智能化水平，打造蔬菜、果品智慧农业生产场景。与常规栽培模式相比，年节约生产成本20%以上、每公顷效益增加4.5万元至15万元。在全市10个重点蔬菜种植镇开展技术、信息、人才、品牌合作，通过新农人培训、现场教学实训等形式，培训农民2000余人。至年末，示范园生产绿色果蔬6700吨，育苗1800万株，产值6258万元。（徐丽春）

数字工业

【概况】 2023年，全市聚焦产业基础和资源优势，加快实体经济数字化转型，推动数字经济产业链做大做强。至年末，有规模以上数字经济核心产业企业156家，比上年增20家，实现营业收入424亿元。其中，营业收入超1亿元企业66家，比上年增3家，实现营业收入388.3亿元。有数字经济产业链规模以上相关企业13家，实现营业收入29.3亿元，纳税4.5亿元。年内，京东长三角智能产业基地、港城云联智能智造大数据产业园、新点软件中央研究院等重点项目加速推进，全市获评省工业软件优秀产品和应用解决方案各1个、省重点领域首版次软件产品3个。

（吴金阔　于文龙）

【市集成电路产业促进中心】 张家港市集成电路产业促进中心由市人民政府、中国科学院上海微系统与信息技术研究所、上海集成电路产业促进中心三方共建，成立于2018年11月，位于沙洲湖科创园A4栋，面积超过4000平方米，总投资1.3亿元。拥有2000平方米的测试服务实验室，其中超过400平方米千级净化封装平台，为集成电路企业和创新团队提供产品设计、实验测试、分析验证、企业孵化、产业信息等综合性服务。2023年，中心围绕集成电路"研发阶段"为半导体企业提供一站式技术服务，并兼顾"工程和量产阶段"的设计仿真、工程和量产流片，以及基本失效分析和可靠性验证能力，完成服务1398次，其中张家港市1014次、外市384次。新申请并获取授权集成电路布图2个和实用新型6个，申请新发明专利1个，举办封装测试技术交流会和测试验证技术交流会2场。

（凌雨希）

【智慧沙钢建设】 年内，沙钢集团把智能化改造和数字化转型作为推动企业再发展、再升级的核心举措，不断推进智慧沙钢建设。1月1日，"全覆盖、全业务、全聚合、全流程"的业财一体化平台项目上线，实现钢铁板块与非钢板块财务共享、业务流程全面贯通，实现"产供销、业财税、管控服"一体化经营模式。是月，电炉炼钢三车间一键炼钢项目投运，通过开发精炼二级模型系统（温度能量控制模型、造渣模型、成分控制模型、底吹模型、工序协同等），对LF精炼过程进行实时监控预报，并根据模型预报数据实现自动执行回转台旋转、电极加热、炉盖升降、氩气搅拌、合金加料等操作过程，减少合金加料次数，缩短精炼冶炼时间，提高精炼钢水质量，终点温度命中率由85%提升至92%，总吨钢耗电量由49.3千瓦小时降低到39.6千瓦小时，降低幅度19.68%，效益达到每年573万元。2月，国内首套中厚板试样粗加工自动化项目投用，实现100毫米以下中厚度板材拉伸、弯曲、冲击、落锤、分析等试样一键加工。3月30日，沙钢集团利用"电费网银"平台数字人民币交费功能，一次性缴纳数字人民币电费2.91亿元，实现全国首笔上亿元数字人民币电费结算场景落地。5月，集团生产过程智能检测中心投入运行，该中心配备公司首套钢、铁、渣全流程智能化卡快速分析系统，与炉前生产同步，实现钢铁冶炼生产各环节的铁水、钢水、炉渣等样品检测集中化，样品制备、检测、分析智能化以及全流程数据信息化。6月，沙钢集团船运废钢智能定级系统上线启用。该系统基于深度学习技术、自动识别技术以及废钢远程监控技术，综合利用多个模块及算法，实现对废钢的实时自动评级，促进废钢检验工作的安全、精准、高效运行。12月14日，行业首个超长超宽重载成品钢自动驾驶运输场景在沙钢集团进行现场演示，进一步提升集团宽厚板装载、运输和卸载等环节的自动化、智能化。年内，集团下属张家港荣盛特钢有限公司车间获评江苏省智能制造示范车间，张家港中美超薄带科技有限公司获评国家5G工厂。　（黄　超）

【港城云联公司获中国IDC产业创新发展奖】 12月11日至14日，第十八届中国IDC产业年度大典在北京国家会议中心举行。会上，港城云联（苏州）数据系统有限公司获"2023年度中国IDC产业创新发展奖"。2022年，由港城云联（苏州）数据系统有限公司投资约90亿元建设的高等级数据中心——港城智能智造大数据产业园在乐余镇开工建设。该产业园占地面积14.21公顷，可为企业提供数据中心服务、网络产品服务、混合云服务等五大板块业务，向行业客户提供全生命周期的数据中心解决方案，是乐余镇历史上单个投资总额最高的项目。产业园分多期建设，包括11栋数据中心、1栋专用变电站和1栋运维中心。整个产业园投入运营后，可为新媒体、电商、搜索引擎、智能计算、大数据、金融等网络平台提供数据分析、存储等功能，成为企业的数据处理中心。至2023年年末，一期项目2栋数据中心和1栋220千伏变电站基本竣工，完成建筑面积5.3万平方米，累计完成投资4.51亿元。　（陈　忠）

【新点政务办智能制造平台入选省试点示范项目】 11月，省工信厅公示2023年江苏省大数据产业发展试点示范项目名单，国泰新点软件股份有限公司（简称新点软件）的"新点政务智能办平台"入选。该平台设有智能远程导办系统、审批系统、客服系统和政务知识库，打造"不见面审批"模式，缩短办件受理及审批工作时长，提升群众咨询交互体验，可支撑常见咨询场景。至年末，该平台覆盖上海、重庆，以及南通、南京、成都、洛阳、银川、深圳等18个地市、区（县），服务25个政务服务中心。新点软件成立于1998年，主要在智慧招采、智慧政务、数字建筑等领域提供数字化服务，是政企数字化整体解决方案提供商、国家鼓励的重点软件企业。有员工7000余人，在苏州、合肥、沈阳、郑州、长沙、重庆设有6个区域总部（资源中心），在北京、济南等地成立23个区域分公司，并设立建筑企业、数字建设、交易云服务3个业务板块10个条线分公司。新点软件先后参与国家部委和省级标准制定、课题研究60余项，连续3年入选"软件和信息技术服务竞争力百强企业"，连续4年蝉联"中国领军数字政府解决方案提供商"。2023年，新点软件实现营业收入20.3亿元。　（吴金阔）

【恒创数科入围苏州推动数字产业化发展"头雁"企业名单】 恒创数字科技（江苏）有限公司（简称恒创数科）是永卓控股有限公司旗下的全资子公司，成立于2013年，注册资金2000万元。主营业务为软件开发、计算机信息系统集成、计算机应用服务、物联网技术的应用及研发。公司先后获评江苏省高新技术企业、省民营科技企业、省科技型中小企业，获

CMMI-DEVL5、ITSS3、ISO 9001质量管理体系认证和ISO 27001信息安全管理体系认证等资质，搭建有省企业研究生工作站、省工程技术研究中心、省软件企业技术中心、苏州市企业技术中心、苏州市企业工程技术中心等创新研发平台。2023年，恒创数科有员工180余人，其中软件研发人员占88.16%以上，本科及以上学历占82.9%，中高级以上专业技术职称占28%以上。年内，恒创数科推进制造管理系统项目，承接永钢集团2号高炉、炼钢三厂扩建项目（新一钢）、优钢二轧厂（线六项目）等信息化项目建设。完成永卓控股国家级、省市级科技项目申报19项。至年末，恒创数科累计拥有有效授权专利39件，其中发明专利20件，软件著作权100余件。获评省级专精特新小企业，入围苏州推动数字产业化发展"头雁"企业名单。（吴阳舒）

电子商务

【概况】2023年，张家港市出台《张家港市关于促进直播电商经济高质量发展的实施意见（2023—2025）》，加快布局培育以直播电商、跨境电商为代表的新经济、新业态，联宏星选、亚视星选、箭牌京东等一批直播基地型项目先后投入运营。"张家港市直播电商集聚示范区"揭牌，联宏星选直播基地入选"苏州市级直播电商基地（园区）"，直播电商协会成立，首届"港城好物"电商直播节举办，先后邀请淘宝、抖音等头部平台专业团队开展直播电商培训。电子商务企业实现快速发展，张家港保税科技集团电子商务有限公司的"苏交网"实现交割量11048万吨，交割金额4982亿元；玖隆电子商务平台实现钢材在线交易量377万吨，比上年增39%，交易额152.88亿元，比上年增31%，平台累计会员单位26489个。网络零售持续发展，零售总额81.1亿元，比上年增5.1%。根据苏州跨境电商综合服务平台统计，全年张家港市完成跨境电商B2B出口45.21亿元，在海关备案的跨境电商企业105家。江苏红人货架有限公司通过9810报关完成全市首单跨境电商海外仓业务。

【市电子商务产业园】市电子商务产业园于2014年8月获批成立，累计入驻电子商务企业450余家。2023年，入驻率稳定在85%左右，入驻企业涵盖电子商务服务、跨境电子商务、B2C及B2B电子商务、直播电子商务垂直细分电子商务平台等业态。园区年实现开票销售收入超10亿元，入库税金超3000万元。举办"海纳讲堂"系列沙龙12场，举办"第六届苏州·张家港全国创新创业大赛经开区选拔赛（上海场）"，与相关部门共同举办多期投融资对接会及互航学院出海活动，累计为80余家创业企业提供120余次创业辅导、资源对接以及政策申报服务。拓展直播电商业务，举办针对直播电商的"海纳V计划"7期，聘请杭州直播领域的专业老师帮助企业解决直播从"0"到"1"的问题。与沙洲职业工学院合作开展"澳洋电商班电商直播大赛"，通过比赛筛选出优秀的主播"苗子"，衔接学校与企业开展直播专场招聘会，帮助企业解决直播人员培养问题。承办苏州市"吴地工匠"职业技能系列竞赛"行行出状元"张家港市第十一届职业技能大赛电子商务赛项，32位选手通过比赛并获电子商务三级证书。张家港市电子商务产业园入选苏州数字经济特色产业园储备培育名单。

【前海（苏州）跨境电商产业园开园】10月19日，前海（苏州）跨境电商产业园开园仪式举行，中国国际投资促进会特邀常务副会长姚文萍，深圳前海数字贸易科技服务有限公司董事长李良，张家港市委书记韩卫等参加开园仪式。产业园由深圳前海数字贸易科技服务有限公司建设运营。前海数贸前身为前海管理局下属跨境电商事业部，通过整合导入粤港澳大湾区跨境专业人才、供应链企业、电商企业等生态资源，在高新区（塘桥镇）建设有1500平方米载体空间及公共服务区域的前海（苏州）跨境电商产业园，开展包括跨境电商产业服务生态建设、跨境电商产业引培、专业人才团队建设等业务。此前，在7月12日第31届华东进出口商品交易会现场，张家港高新区"共筑产业生态，共谋跨境出海"跨境电商产业招商推介会举行，会上高新区专门就跨境电商产业作招商推介。

【联宏星选入选苏州市直播基地（园区）】12月，联宏星选直播基地入选2023年苏州市直播基地（园区），为张家港首家。联宏星选直播基地位于高新区（塘桥镇）妙桥永进路375号，是由联宏星选文化科技（江苏）有限公司利用江苏联宏纺织有限公司原厂区为集聚区打造的直播基地，于2022年年末正式运营。公司致力于将基地打造为华东最大的直播基地和MCN机构，配套建筑1万平方米，拥有大数据平台共享与数字集成功能，主要合作方向有网络科技、数字信息、直播平台、跨境电商、供应链服务、供应链金融、文化传媒等。至2023年年末，有40余间功能完备的直播间，入驻企业15家，全年营业收入6197.3万元。

联宏星选直播基地 ［高新区（塘桥镇） 提供］

【首届"港城好物"电商直播节举办】 2023年，市商务局联合市融媒体中心（传媒集团），围绕好物优选种草、主播赋能带货、"甄选"助力团购、线下挖潜引流、培训分享促学五大主题，开展首届"港城好物"电商直播节活动。直播活动由张家港融媒优秀主持人团队领衔，依托抖音等主流直播平台，在11月11日、12月12日全天直播，并于每周固定时间开展常态化、多频次直播。据"双十二"当日统计，直播间总人数达到91.6万人次。

（张祺欢　沈邱怡　卢嘉辉）

数字政府

【概况】 2023年，张家港市以《苏州市数字化改革总体方案》《关于全面推进数字张家港建设的实施方案》《张家港市数字政府"十四五"规划》为指引，锚定"全国县域数字政府排头兵"目标，推动全域数字政府建设。强化信息化项目建设管理，修订发布《张家港市级信息化项目管理办法》，建立由市大数据管理局会同相关单位进行技术联评、市财政局进行资金评审，市审计局进行审计督察，市纪委监委全程监督的良好格局，全年完成26个单位总计38个项目的评审工作。完善公共数据资源体系，以全市首席数据官制度为抓手，持续推进公共数据资源整合、归集、共享、开放、应用，全年支撑29个部门290项数据需求，推动各类政务数据共享应用，形成跨部门、跨区域、跨层级的数据资源共享共用格局。推进数字基础设施运营防护，常态化开展政务云、电子政务外网、数字平台运维运营和巡检工作，全年新增对接部门业务系统30余套，为35个部委办局实际应用提供技术支撑，数字张家港驾驶舱投用，城市数字化治理"一网统管"，35家部门1283项依申请政务服务事项实现网办全覆盖，"一网通办"平台效能持续提升，涉企服务、生态保护、产业用地管理多领域应用建成投用，市公共资源交易中心、大数据有限公司等单位挂牌苏州市大数据创新应用实验室。

（汪皖平）

【涉企服务一体化平台建设】 年内，张家港市持续推进涉企服务一体化平台（一期）建设。该平台是在"一网通办"平台基础上，重点打造"产业创新集群高质量扶持政策积分管理""产业项目全生命周期管理服务""募投项目'一点通'"3个应用。2月，"产业项目全生命周期管理服务"应用上线在线办理准入评审功能，至年末，有31个项目完成办理，5个项目在办，涉及资金约260亿元。3月，"产业创新集群高质量扶持政策积分管理"应用上线，支撑完成年度产业创新集群高质量发展扶持政策申报、审核、赋分、确认、汇总工作，全年办件2873件，服务企业1621家，合计赋分4477.51分，80%以上的申报企业实现"免申即享"，累计扶持资金超4亿元。5月，"产业募投项目'一点通'"应用完成功能并发测试，通过"线上+线下"联动服务，掌握和前置解决上市企业需求，保障募投项目土地要素，推动募投项目快速落地。至年末，该应用投入试运营。

（孙文仪）

【张家港党政通平台】 党政通平台建于2020年10月，该平台基于统一数字身份认证平台，以提供协同办公业务能力为基础，整合全市各部委办局业务系统，是面向党政内部业务协同的总门户。2023年，打造IT运营服务台，实现4个大类、70余个运营服务流程标准化；基于流程搭建能力实现部门业务轻量化，向14个单位提供26条流程，实施服务累计支撑业务流程审批5000余次；基于BI开发工具，为多类政务决策业务场景开发65张数字看板，实现各部门业务在党政通电脑端一屏总览、移动端随时圈阅督办等功能。年内，40余套新建业务系统实现统一认证对接、业务应用上架，党政通平台实现市、区镇（街道）、村机构，100余个政府组织，近3万名政府工作人员全覆盖。至年末，党政通注册人数1851人，点击量1195万次，公务邮件收586万份、发97万份，公文交换收46964份、发5298份。平台入选2023年数字政府服务能力评估暨第二十二届政府网站绩效评估数字政府类优秀创新案例，张家港市智慧城市数字平台（党政通）及城市大脑建设项目案例入选《2023中国新型智慧城市典型案例集》。

（苏　嘉）

【"今日张家港"App】 2023年，"今日张家港"App围绕"主流舆论阵地、综合服务平台、社区信息枢纽"的功能定位，探索"新闻+政务服务+商务"的运营模式，实现全市媒体服务、政务服务、公共服务、党建服务、增值服务的集中一端办理。年内，开发并接入新生入学登记、"5+2"馆校研学、实时公交等39项特色应用服务模块，服务群众超650万人次。策划组织100余场活动，参与数量近300万人次。全市政务新媒体账号"张家港号"进驻"今日张家港"App。"今日张家港"App客户端全年发布新闻信息5.7万条、图集883个、短视频2100个、专题129个，进行网络直播144场。接入1500余项服务事项，用户下载量超100万次。"市民诉求中心"全年处理各类诉求工单7.9万件，满意度超99%，获评2022年度江苏省县级融媒体中心建设优秀案例。

（沈邱怡）

【"审管执信"建设】 年内，张家港市制定《张家港市推进"审管执信"闭环管理实施方案》《张家港市"审管执信"工作联席会议工作制度》，组织市各相关部门梳理编制"审管执"事项关联清单，完成"审管执信"应用构建并进行"审管执"事项线上关联，实现审批、监管、执法、信用四方业务数据的有效联动；强化审批部门与监管部门的协调配合，推动事前审批和事中事后监管紧密结合，实现对许可事项全过程管理。至年末，形成"审管执"事项关联链3414条，建立线上关联关系3180条，涉及21个政务服务部门。探索风险预警模型建设，通过对投诉举报数据、监管行为数据等进行挖掘分析，获取营业执照注销、许可证超期、"12345"平台收到的无证经营等信息，设计"餐饮业无证经营"风险预警模型，生成2776条中高风险线索，实现对餐饮企业经营风险的提前预警，为全市精准监管提供支撑；有效运用市政务大数据平台、市资规局业务系统的承诺开工时间、信用信息等数据，开发“产业用地项目未批先建”“产业用地项目批而未建”2个场景的风险预警模型，为规范产业用地项目建设、提升用地效率提供技术保障。（孙文仪）

【全市首单政务服务平台异地接件完成】 2月15日，张家港市政务服务平台开通异地接件功能，不到24小时，大新镇便民服务中心完成全市首单办理，即苏州市铁通新材料科技有限公司完成企业变更登记手续。“全城通办”业务依托张家港市政务服务平台进行异地收件，并推送至对应目标单位进行审批再将办理结果反馈至接件地，实现异地业务的通办和数据的闭环流转。首批政务服务事项“全城通办”事项清单涉及13个部门120项高频政务服务事项，涵盖企业开办、社保医保、公积金、不动产、道路运输等领域。其中，大新镇便民服务中心根据清单制定切实可行的实施方案，优化政务服务场所布局，大厅服务的设施配套功能和事项承接能力，至年末，完成办件406件。（茅雅香）

数字社会

【概况】 2023年，张家港市聚焦民生领域，稳步推进数字社会建设。深化智慧社区建设，全市有无人值守便利店、社区团购等智慧升级类业态超2000个，辐射社区居民近7万人。中德社区、庆丰社区、永新社区、合兴社区、镇中社区入选苏州市第二批“一刻钟便民生活圈”。年内，全市推进智慧农村示范村创建工作，获评苏州市智慧农村示范村13个。

【智慧养老服务】 2023年，市民政局常态化运营智慧养老服务平台。该平台于2022年7月投用，包括居家养老服务管理系统、社区养老服务管理系统、机构养老服务管理系统、养老服务大数据分析展示系统、养老服务运营与监管系统、信息资源共享交换服务平台、图像识别分析算法与应用服务平台8个子系统。平台通过将数据资源多跨协同、共建共享，实现自动监测各类养老服务设施服务流量、居家上门服务实时工单、重点空巢等特殊困难老人24小时安全监护等功能。同时，该平台具有数据分析和汇总功能，为各类养老服务补贴发放提供依据。年内，为280户特殊困难家庭配备智慧电表，在550户老年人家庭安装烟雾报警器等智能防护设备，全天候守护空巢独居老年人安全。至年末，全市有居家养老援助智能服务在册对象4.88万人、老年人助餐点40家，平台累计有居家养老上门服务工单数据1657万条、社区养老服务数据290万条、助餐服务数据54万条。

（黄　娟）

【医疗信息化建设】 2023年，张家港市完成国家家庭医生临床服务能力提升试点建设，实现基层“智医助理”人工智能全覆盖，二级及以下公立医疗机构门诊病历系统全部接入智医助理系统，累计提供AI辅助1751.49万次，智能审核病历266.2万份。常态化运行云诊室，累计开展远程高清视频联合门诊210场，接诊患者357人次、调整治疗方案231人次、向上转诊59人次。实现智能合理用药系统社区全覆盖，累计智能审方246.12万张，合理用药提示124.93万次。加强公立医院电子病历应用能力建设，市第一人民医院启动电子病历应用水平六级、智慧服务三级建设。市第三人民医院通过电子病历应用水平四级评价。全市推进医共体内部信息互联互通，建设公立医院财务监管系统，推动市第一人民医院和大新镇人民医院建立医共体一体化信息化系统。升级区域全民健康信息平台，智慧急救系统上线试运行，完成13家定点急救站点数据对接。畅通省政务服务网、江苏医保云、张家港市医保局微信服务号等线上业务办理渠道，推广医保电子凭证使用，实现33项事项在线办理。至年末，医保电子凭证结算522.21万人次，涉及医疗总费用9.92亿元。拓宽线上支付渠道，9家医疗机构上线移动支付功能，894家医药机构开通数字人民币钱包，17家定点医院开展“先诊疗后付费”，方便群众就医。（袁　骥　陈歆玺）

【“云上+实体”慈善超市全域启用】 12月20日，张家港市“云上+实体”慈善超市全域启用仪式暨“暨时救”上线发布会举行。活动现场，市慈善总会与36家爱心企业联盟代表签约，为8家爱心社会组织和单位颁发“公益合伙人”铭牌。依托市社会救助管理平台，张家港开发“暨时救”政策计算器，搭建集政策查询、智能匹配、一键申请等功能“一站式”社会救助线上服务枢纽，更加精准服务困难群体。至年末，全市实现“云上+实体”慈善超市区镇（街道）全覆盖，慈善超市完成购买1.6万笔，受益群众1495人次，帮助困难群众1070人完成“微心愿”。（黄　娟）

【数字城市建设】 2023年，张家港市推动数字技术在工程建设、住房管理、城乡建设等重点领域的深化应用。完成“智慧住建”二期项目建设，升级完善全市建设工程质量监管、智慧工地、集中建设工程全过程管理、存量房交易、燃气监管等业务系统功能。提高智慧工地建设和装配式数字化水平，在智慧工地启用实名制二期系统、混凝土质量检测二维码应用，增加领导驾驶舱决策辅助，探索运用AI预警分析能力。市德丰建筑科技有限公司引进三一混凝土预制件智能生产线和预制构件智能生产运营管理系统，借助二维码与BIM（建筑信息模型）技术，实现预制构件全过程智能化生产。深化BIM技术普及应用，启用BIM施工图智能审查系统，全年新增BIM技术应用项目66项，其中5个项目获评2023年苏州市建筑信息模型（BIM）技术应用示范项目。推进“新城建”试点工作，印发《张家港市开展新型城市基础设施建设试点工作方案》，按照“一平台六推进”的建设方向，选取36个项目搭建“新城建”项目库。其中，张家港市智慧住建平台、德丰产业园、智慧停车、应急管理综合应用平台等20个试点项目建成并试运行。完成智慧照明改造、智慧社区建设、燃气物联网表应用、智慧道闸建设、新能源产业汽车零部件生产等优秀社会资本亮点项目。锦绣花苑智慧社区项目、基于物联网技术智慧照明改造项目分别获评苏州新城建优秀案例、苏州新城建优秀解决方案。推进智慧住区数字化建设，开展全国首批数字家庭试点工作，制定《张家港数字家庭建设试点实施方案》，加大住宅和社区信息基础设施建设力度，构建完备数字家庭标准体系，具体建设“2+3+1+N”，即部署两个分级支撑平台，接入三大便民惠民服务，深化一项养老特色服务，打造多个高品质生活社区。完成数字家庭既有社区试点小菜巷40套人才公寓硬装改造和数字家庭信息箱安装；完成数字家庭基础平台本地化部署，与“今日张家港”App、智能家居产品相关应用对接开发工作。推进城市生命线工程，编制《张家港市城市生命线安全工程建设工作领导小组组建方案(征求意见稿)》《张家港市城市生命线安全工程建设工作方案(征求意见稿)》，完成市政道路桥梁普查、房屋建筑普查、地下空洞检测、道路塌陷隐患排查、地下市政基础设施普查等，获得地下管线、道路桥梁、房屋建筑的地理信息、设施信息、物联感知监测数据以及相关基础数据，为城市生命线安全工程综合监管和各风险场景专项应用提供数据资源和数据服务。

【《中国建设报》报道张家港数字家庭建设试点经验】 12月6日，《中国建设报》发表《江苏张家港：让“数据智慧”浸润生活》的专题报道，介绍张家港数字家庭建设试点经验。作为全国首批数字家庭建设试点之一，张家港市积极建设数字家庭基础平台，通过部署“数字家庭安全服务平台”，全方位保障家庭数据隐私安全。通过“今日张家港”App入口，用户可获取数字家庭、密码服务平台、“智慧住建”、人才安居、智慧养老、智慧物业等多项服务，达到“一网多联、操作简单、信息安全、服务并举”效果，实现硬件设备、系统平台、便民服务多跨协同效应。至年末，该App线上注册用户60万户，实现智能家居设备产品跨企业跨品牌互联互通，带动当地家居智能产品企业参与数字家庭产业，促进多项服务产业的线上发展。

(童　惠)

【数字乡村建设】 2023年，张家港市不断巩固数字乡村试点成果，瞄准“率先实现农业农村现代化”目标定位，抓好数字乡村建设。举办数字乡村成果发布暨数字乡村研究院揭牌仪式活动，印发《张家港市智慧农村建设指南》《张家港市数字乡村发展白皮书》《张家港市数字乡村案例汇编》，形成一批可推广、可借鉴、可复制的经验成果。开设数字乡村专题培训班，通过专家授课、现场观摩等形式，提升全市农业农村工作者对农村数字化认识。市数字乡村服务总平台、数字乡村全景平台、农业农村数字地图共享平台“三大基础平台”上线，完成业务板块、常阴沙智慧园区和智慧金村两个案例接入，实现25个“村庄上云”，建设115个农业农村数字地图业务图层。章卿村、百家桥村、巫山村、黎明村、东林村、新德村、中山村、夏市村、新港村、常丰村等13个村(社区)获评苏州市智慧农村示范村。

【中国科学院数字乡村研究院揭牌】 4月7日，张家港市数字乡村成果发布暨数字乡村研究院揭牌仪式举行。中国科学院原副院长、第十届全国人大常委会委员杨柏龄等参加揭牌仪式。仪式上，对《张家港市智慧农村建设指南》《张家港市数字乡村发展白皮书》作专题讲解，市乡村振兴产业金融平台发布，并与合作银行签约，首批授信、贷款发放。活动现场，市数字乡村服务总平台、数字乡村全景平台、农业农村数字地图共享平台发布，首批入驻数字乡村服务总平台的区镇签约。总平台以“今日张家港”和“张家港党政通”两大服务门户资源为基础，构建一体化运营运维服务体系。依托“今日张家港”App，开设“数字乡村服务专区”，为全市100余个村(社区)提供“我家福利”、便民服务、村务公开、财务公开、工程公示、“三农”政策、村庄发布等服务。

(党美乐)

【永联村数字积分赋能乡村治理案例入选国家级优秀案例】 年末，全国信息技术标准化委员会数字乡村标准研究组发布2023年度数字乡村优秀案例，南丰镇永联村“数字积分制赋能永联乡村治理”入选。近年，永联村在推进乡村治理中创新运用“积分制”，注重数字赋能引领，打造多个数字化应用场景，将乡村治理具体事项细化分类、赋值量化、打分考核，助力乡村治理。通过给每户居民发放绿色积分卡、二维码垃圾袋，居民刷卡、扫描垃圾袋二维码进行垃圾分类投放。同时，打造全国首个村域数字乡村信用体系平台，创建“永联分”特色品牌，系统化运用“大数据+信用体系+数字货币”等新技术，打造“积分+金融”属性应用场景，如1分钱喝咖啡、免费看电影、享受低息贷款等，村民争做好人好事、比拼提升信用评分等级，享受良好信用带来的红利，形成知信、用信、守信的良性循环，为乡村振兴注入新活力。　(吴阳舒)

【“智慧李巷”工分制】 1月，经开区(杨舍镇)李巷村通过“智慧李巷”数字平台，全域推广富有乡愁记忆的“工分制”管理模式。“工分制”管理即“赚工分、亮工分、花工分”。“赚工分”指村民主动对考核内容自查自纠自改，每月由网格员、廉勤监督员、村民小组长现场拍照取证后考核打分；“亮工分”指在该村里21个宅基地显著位置的宣传栏和每家门口公示各家庭每月赚“工分”情况；“花工分”指每季度按照“工分”多少兑换生活用品。每户“工分制”总分为500分，其中人居环境200分、垃圾分类100分、消防安全100分、村规民约50分、廉勤监督50分。该村探索建立“1+1+1+N”考核监督评判机制，即1名网格员、1名廉勤监督员、1名人大代表，多名村民小组长或人大代表联络员联合考核评分，完善“工分制”监督机制和奖励制度。至年末，为1507户“工分制”评议满分的农户发放福利奖品价值22.61万元，激发村民自治内生动力。

(高丽萍)

【编辑　陈佩蕾】

开放型经济

Open Economy

5月23日，张家港（深圳）创新发展投资说明会举行 （市商务局 提供）

招商引资

进出口贸易

对外及对港澳台经济技术合作

江苏国泰国际集团

招商引资

【概况】 2023年，市商务局聚焦“大招商、招大商”要求，统筹推进招商引资活动，创新完善招商模式，增强招商实效、抓牢落地转化。4月，召开中日（苏州）地方发展合作示范区张家港创新合作发展大会，为中日企业对接合作提供高效平台。5月，举办张家港（深圳）创新发展投资说明会，深入对接粤港澳大湾区高端要素资源。10月，组织长江文化节金秋经贸周系列招商活动，组织相关区镇、部门开展系列招商活动，宣传张家港市投资环境。年内，全市开展各类招商活动150场，累计新签约超1亿元项目106项，总投资超900亿元。在境外招商方面，招商部门组织28批境外招商小分队赴澳大利亚、日本、德国、瑞士、新加坡等国家密集走访企业、洽谈合作、推介投资环境，举办张家港（新加坡）投资说明会、张家港（瑞士）外商投资推介会等系列招商活动。全市新设外资及港澳台资投资项目76项，新增注册外资及港澳台资（含增资）11.7亿美元，实际利用外资及港澳台资4.5亿美元。全年增资项目35项，新增注册外资及港澳台资3.5亿美元，占全市总额的30.1%；新设服务业外资及港澳台资项目68项，新增注册外资及港澳台资4亿美元，实际利用外资及港澳台资2亿美元；新设投资总额超1000万美元项目13项，新增注册外资及港澳台资11.1亿美元，占全市总额的94.5%。迪爱生化工公司获评省级跨国公司功能性机构。至年末，全市有外商投资企业1106家，其中世界500强投资企业67家。

10月，市金秋经贸周开幕　　（市商务局　提供）

表11　2023年张家港市主要新设（含增资）外资及中国香港地区投资项目一览表

项目（企业）名称	投资方	所属行业	投资总额（万美元）	注册资本（万美元）	注册外资及港资（万美元）	外资或港资比例	信息报告时间
阿科玛（苏州）高分子材料有限公司（增资）	法国	化工	3698.00	3698.00	3328.20	90%	2月
兰科化工（张家港）有限公司（增资）	美国	化工	8400.00	2800.00	2800.00	100%	12月
天齐锂业新能源材料（苏州）有限公司	中国香港	化工	25806.00	11072.00	5500.00	49%	11月
锐华智能科技（张家港）有限公司	中国香港	智能家居	150000.00	50000.00	50000.00	100%	6月
信义供应链管理（江苏）有限公司（增资）	中国香港	服务业	2200.00	2200.00	2200.00	100%	6月
张家港奥莱德实业发展有限公司	中国香港	服务业	6000.00	2000.00	2000.00	100%	8月
昌正实业（张家港）有限公司	中国香港	服务业	15000.00	5000.00	5000.00	100%	9月
张家港市原理敢为投资有限公司	中国香港	服务业	35000.00	5000.00	5000.00	100%	12月

【开发区外资和港澳台资招引】 年内，张家港“三区一园”（保税区、经开区、高新区、冶金园）共完成注册外资及港澳台资10.3亿美元，实际利用外资及港澳台资3.6亿美元。张家港保税区全年新设外资及港澳台资项目17项，新增注册外资及港澳台资2.7亿美元，实际利用外资及港澳台资1.1亿美元，分别占全市的22.7%和24.3%。其中，新设投资总额超1000万美元项目2项，新增注册外资及港澳台资2.1亿美元。全年增资项目15项，新增注册外资及港澳台资1.6亿美元。新设天齐锂业新能源材料等项目，陶氏有机硅、兰科化工等企业增

资扩股。张家港经济技术开发区全年新设外资及港澳台资项目30项，新增注册外资及港澳台资1.6亿美元，实际利用外资及港澳台资1亿美元，分别占全市的13.5%和22.8%。其中，新设投资总额超1000万美元项目7项，新增注册外资及港澳台资1.7亿美元。全年增资项目12项，新增注册外资3000万美元。新设原理敢为投资、奥莱德实业等项目，采埃孚汽车科技、马尼托瓦克起重设备等企业增资扩股。江苏扬子江国际冶金工业园全年新设外资及港澳台资项目9项，新增注册外资及港澳台资5.1亿美元，实际利用外资及港澳台资8977万美元，分别占全市的43.6%和19.9%。其中，新设投资总额超1000万美元项目1项，新增注册外资及港澳台资5.1亿美元。新设锐华智能科技等项目。高新技术产业开发区全年新设外资及港澳台资项目10项，新增注册外资及港澳台资9288万美元，实际利用外资及港澳台资5947万美元，分别占全市的7.9%和13.2%。新设昌正实业等项目。

【镇外资和港澳台资招引】 年内，乐余镇、凤凰镇、南丰镇、大新镇共完成注册外资及港澳台资1.4亿美元，实际利用外资及港澳台资9000万美元。其中，乐余镇新设外资及港澳台资项目3项，新增注册外资及港澳台资119万美元，实际利用外资及港澳台资732万美元；凤凰镇新设外资项目4项，新增注册外资及港澳台资3411万美元，实际利用外资及港澳台资3483万美元；南丰镇新设外资及港澳台资项目3项，新增注册外资及港澳台资10803万美元，实际利用外资及港澳台资4165万美元；大新镇实际利用外资及港澳台资605万美元。

（张祺欢）

【对韩招商】 3月3日，由市政府主办，凤凰镇、市商务局承办的“江海联动，相约张家港”张家港对韩科技招商说明会在上海虹桥绿地铂瑞酒店举行。韩国驻沪领事馆副总领事韩相国、大韩贸易投资振兴公社上海贸易馆馆长丁永洙、大韩贸易投资振兴公社南京贸易馆馆长金廷泰、在华韩国创新中心（KIC中国）负责人金钟文、韩国风险投资中国代表处所长李彰敏，张家港市委副书记、副市长李炳龙，以及副市长翁羽人，凤凰镇党委书记王卫民，凤凰镇党委副书记、镇长田文华等出席活动。田文华围绕城市区位、园区发展、创新生态等方面作张家港韩国工业园投资环境推介。江苏现代威亚有限公司总经理赵又成、爱森斯（江苏）生物科技有限公司总经理崔刚作韩资企业在华投资案例分享。在华韩国创新中心（KIC中国）负责人金钟文、韩国风险投资中国办事处所长李彰敏分别作主题演讲，向与会嘉宾分享探讨基金扶持、股权投资等领域的前沿动态，展望在华投资的良好发展趋势。张家港韩国工业园与在华韩国创新中心（KIC中国）、韩国三和会计法人两家知名韩国机构建立长期战略合作关系。活动中，涉及生物医药、特色半导体、高端智能装备等产业领域的晶圆划片机、人工关节、智能胰岛素泵、便携式超声波诊断仪、除尘喷射器、车辆安全解决系统等17个项目进行现场签约。12月15日下午，由市政府主办、凤凰镇承办的“相知无远近，合作共发展”张家港（首尔）推介会在韩国首尔举行。副市长翁羽人在推介会上视频致辞，凤凰镇党委副书记季晓阳，以及韩国国际医药生命工程协会会长崔亨珍、爱森斯生物科技社长南学铉、韩国投资伙伴代表理事黄晚淳等70余名韩国企事业单位负责人参加活动。推介会上，涉及特色半导体、生物医药等行业的半导体研磨液设备、免疫细胞治疗剂、生物化妆品等3个产业项目签约，凤凰镇与3家合作机构签订战略合作协议，为凤凰镇招商引资注入更多源头活水。

（谢凤姣）

【美国陶氏公司有机硅下游产品扩建项目奠基】 6月21日，美国陶氏公司（以下简称陶氏）有机硅下游产品扩建项目奠基仪式在张家港保税区举行。市委书记韩卫，陶氏公司高性能材料和涂料业务全球运营总监柯寅励，陶氏亚太区制造运营副总裁凌向辉，陶氏公司大中华区总裁朱成怡，以及张家港市和保税区领导陆崇珉、翁羽人、刘东兴等出席仪式。陶氏是世界500强企业、全球大型的跨国化工企业之一，是有机硅、硅基技术和创新领域的全球领导者。陶氏张家港生产基地自2002年运营起，持续引进绿色投资，不断落地环境友好、引领转型的新材料项目。至2023年年末，陶氏张家港生产基地累计投资近30亿美元，成为一个世界级的高性能材料一体化基地。陶氏公司与保税区在2020年签订5年增资3亿美元的合作备忘录，此次扩建项目就属于该合作备忘录的一部分。该项目所生产的有机硅下游产品绿色、高

美国陶氏公司有机硅下游产品扩建项目奠基仪式举行　（保税区　提供）

端、附加值高，将用于电子、电力、汽车、新能源、包装和建筑等领域，为客户提供性能卓越、耐久可靠的原料，助力客户开发更具可持续发展意义的新型产品，同时进一步完善企业所在地区的有机硅产业链，为行业和市场提供创新动力，实现高质量、可持续的发展。 （蔡英杰）

进出口贸易

【概况】 2023年，全市完成对外及对港澳台进出口贸易总额403.56亿美元，比上年减13.5%。其中，进口总额221.93亿美元，比上年减15.5%；出口总额181.6亿美元，比上年减10.9%；贸易逆差40.4亿美元。一般贸易进出口仍占主导地位，累计2505.3亿元，比上年减8%，占全年进出口总额的88.4%。张家港保税区、张家港经济技术开发区、扬子江国际冶金工业园进出口额分别为203亿美元、87.48亿美元和59.65亿美元。

表12 2023年张家港市十大进出口企业一览表

出口前十强名单	进口前十强名单
江苏国泰国际集团股份有限公司	中粮四海丰（张家港）贸易有限公司
江苏沙钢集团有限公司	江苏沙钢集团有限公司
江苏永钢集团有限公司	江苏永钢集团有限公司
江苏一达通企业服务有限公司	东华能源股份有限公司
易高生物化工科技（张家港）有限公司	张家港孚宝仓储有限公司
张家港市易华润东新材料有限公司	张家港联合铜业有限公司
陶氏化学（张家港）有限公司	浦项（张家港）不锈钢股份有限公司
张家港市金隆裕国际贸易有限公司	陶氏化学（张家港）有限公司
江苏骏马集团有限责任公司	天宇羊毛工业（张家港保税区）有限公司
浦项（张家港）不锈钢股份有限公司	张家港保税区阳州国际贸易有限公司

（张祺欢）

表13 2023年张家港市进出口主要商品一览表

商品名称	出口（亿元）	比上年增长率（%）	商品名称	进口（亿元）	比上年增长率（%）
机电产品	331.20	8.20	大豆	635.10	-6.70
服装及衣着附件	182.70	-16.50	铁矿砂及其精矿	289.10	-18.50
钢材	212.50	0.50	基本有机化学品	89.20	-18.40
纺织纱线、织物及其制品	199.70	-5.50	机电产品	80.80	3.10
基本有机化学品	42.80	-37.00	纺织原料	79.30	24.60
塑料制品	57.70	-1.60	食用油	52.50	-11.10
食用油	31.70	0.90	未锻轧铜及铜材	36.50	-6.10
纺织原料	23.60	-0.80	初级形状的塑料	25.30	-26.40
未锻轧铝及铝材	11.00	-15.10	煤及褐煤	167.60	-33.10
橡胶轮胎	10.10	2.20	木及其制品	11.40	-16.60

表14 2023年张家港市进出口主要国家（地区）一览表

国家（地区）	出口（亿元）	比上年增长率（%）	进口（亿元）	比上年增长率（%）
RCEP成员国	463.50	-2.40	545.70	-10.60
其中：东盟	270.30	-0.40	137.10	-15.00
澳大利亚	25.20	-17.00	301.50	-10.10
韩国	97.30	1.60	61.30	-7.90
日本	68.40	-8.80	39.80	-5.10
新西兰	2.30	-15.60	6.00	19.00
巴西	2.10	-29.00	486.80	-7.80

续表14

国家（地区）	出口（亿元）	比上年增长率（%）	进口（亿元）	比上年增长率（%）
美国	13.30	-19.80	240.30	-4.90
欧盟（除英国）	15.70	-8.40	68.80	23.80
印度	3.80	16.20	9.50	1.50
加拿大	1.10	-29.70	29.80	-3.60
孟加拉国	2.20	-13.00	0.10	23.30

【货物贸易进出口】 2023年，据张家港海关统计，张家港市有进出口记录的企业4211家，其中进出口值超100亿元企业2家，在50亿元至100亿元区间的企业4家，在10亿元至50亿元区间的企业33家，超1亿元企业累计249家。从商品类别来看，出口量排名前五名的分别为机电产品，钢材，纺织纱线、织物及其制品，服装及衣着附件，塑料制品，出口额分别为331.2亿元、212.5亿元、199.7亿元、182.7亿元和57.7亿元，比上年分别增8.2%、增0.5%、减5.5%、减16.5%和减1.6%。进口量排名前五名的分别是大豆、铁矿砂及其精矿、煤及褐煤、基本有机化学品、机电产品，进口额分别为635.1亿元、289.1亿元、167.6亿元、89.2亿元和80.8亿元，比上年分别减6.7%、减18.5%、减33.1%、减18.4%、增3.1%。从进出口主要国家看，进出口排名前五名的国家或地区是巴西、东盟组织、美国、澳大利亚、欧盟组织（除英国），进出口额分别是507.7亿元、407.4亿元、403亿元、326.7亿元、274.6亿元，比上年分别减8.9%、减5.8%、减11.5%、减10.7%和减2%。对RCEP成员国进出口额1009.1亿元，比上年减7%。

对外及对港澳台经济技术合作

【概况】 2023年，张家港市完成实际对外投资额3.72亿美元，新增境外投资项目37项（商务部口径），比上年增58.33%；中方协议投资额5.13亿美元，比上年增539.69%。其中，"一带一路"共建国家投资项目20项，中方协议投资额3.5亿美元，占比68.2%。已落地项目建设和达产取得初步成效。蔚蓝锂芯马来西亚2.8亿美元锂电池项目达成土地出售要约，土地款陆续汇出；国泰华荣1.17亿美元波兰年产4万吨锂离子动力电池电解液项目投产，月产量500吨。熹联光芯德国项目增资2500万美元，快速实现在硅光领域的战略布局；爱丽家居美国4400万美元地板合资项目，进入小批量试产阶段，实现"走出去，走到客户身边去"的市场格局。易华润东3500万美元泰国项目、宏宝工具1000万美元泰国项目、骏马化纤6638万美元泰国项目、爱丽塑料3465万美元墨西哥项目等一批意向投资项目，陆续完成商务部和发展改革委备案，按计划进度有序推进。

表15　　2023年张家港市对外及对中国香港投资企业（项目）情况表

投资企业（项目）	投资目的地	行业	中方协议投资额（万美元）	投资主体
未来城品牌有限公司	美国	零售业	150.00	江苏国泰国贸实业有限公司
卡莱罗公司	美国	零售业	-50.00	江苏多维科技有限公司
华杰科技（墨西哥）有限公司	墨西哥	电子通信	1000.00	张家港华捷电子有限公司
飞腾复合（欧洲）有限公司	荷兰	批发业	87.51	张家港飞腾复合新材料股份有限公司
亚谷贝加尔农产品供应链有限责任公司	俄罗斯联邦	农副食品	277.00	张家港保税区亚谷国际贸易有限公司
三爱斯株式会社	韩国	电子通信	2214.00	进荣精机（张家港）有限公司
韩国安永株式会社	韩国	专用设备	83.33	张家港佳惠汽车配件有限公司
进荣（韩国）股份有限公司	韩国	电子通信	800.00	进荣精机（张家港）有限公司
鸿德商事株式会社	日本	零售	99.00	苏州金鸿顺汽车部件股份有限公司
华嘉铝业有限公司	埃塞俄比亚	金属制品	300.00	张家港市华嘉投资有限公司
埃塞回收塑料生产有限公司	埃塞	废旧回收	82.00	张家港市元豪贸易有限公司
埃及道瓦尔服饰有限公司	埃及	纺织服装	400.00	江苏国泰亿盛实业有限公司
华鸿（埃及）服装有限公司	埃及	服装纺织	396.00	江苏国泰国贸实业有限公司
市金红鹰纺织有限公司驻达卡市办事处	孟加拉国	商务服务	—	张家港市金红鹰纺织有限公司

续表15

投资企业（项目）	投资目的地	行业	中方协议投资额（万美元）	投资主体
天鹏电源（马来西亚）有限公司	马来西亚	电气机械	28000.00	江苏蔚蓝锂芯股份有限公司
骏马新材料（泰国）有限公司	泰国	纺织	4538.38	骏马化纤股份有限公司
宏宝国际有限公司	泰国	金属制品	1000.00	江苏宏宝工具有限公司
易达新材料（泰国）有限公司	泰国	橡胶制品	3500.00	张家港市易华润东新材料有限公司
骏马新材料（泰国）有限公司	泰国	特种化纤	2100.00	骏马化纤股份有限公司
吉盛多科技（泰国）有限公司	泰国	玻璃制品	85.00	张家港市明丰玻璃科技有限公司
鹿港（越南）科技有限公司	越南	纺织	3800.00	江苏鹿港科技有限公司
达米克运动服饰（张家港）有限公司驻胡志明市办事处	越南	商务服务	—	达米克运动服饰（张家港）有限公司
万佳国际有限公司	越南	批发业	400.00	江苏国泰汉帛实业发展有限公司
PT雅加达公司	印尼	轨道交通	100.00	张家港特锐机械制造有限公司
安瑞森电子材料（柬埔寨）有限公司	柬埔寨	工艺品	300.00	江苏安瑞森电子材料有限公司
鸿宸（柬埔寨）服装有限公司	柬埔寨	纺织服装	376.20	江苏国泰国贸实业有限公司
卡莱罗（新加坡）公司	新加坡	批发业	50.00	江苏多维科技有限公司
中亚环保科技有限公司	新加坡	零售业	7.15	张家港汇泰康源进出口贸易有限公司
东华新加坡国际贸易发展有限公司	新加坡	批发业	1800.00	东华能源股份有限公司
鸿源阀门（新加坡）有限公司	新加坡	批发业	300.00	张家港市鸿源机械锻造有限公司
新海（新加坡）有限公司	新加坡	批发业	60.00	张家港保税区广聚合国际贸易有限公司
爱丽（香港）贸易有限公司	中国香港	建筑材料	80.00	张家港爱丽塑料有限公司
永信科技材料（香港）有限公司	中国香港	批发业	—	江苏太辰国际物流有限公司
香港盛宏国际贸易投资有限公司	中国香港	批发业	300.00	江苏国泰国盛实业有限公司
香港罗尼克斯国际控股有限公司	中国香港	零售业	2.55	苏州罗尼克斯企业管理有限公司
联誉国际（香港）有限公司	中国香港	化工品	10.00	张家港思源化学有限公司
江苏国泰国盛实业（香港）有限公司	中国香港	批发业	300.00	江苏国泰国盛实业有限公司

（张祺欢）

【埃塞俄比亚东方工业园】 由江苏永元投资有限公司于2007年在商务部境外经贸合作区中标创建。2015年4月，埃塞俄比亚东方工业园通过商务部、财政部考核，成为江苏省第二个国家级境外经贸合作区。经过不断开发建设，工业园成为江苏乃至中国在埃塞俄比亚的标志性工程，中国企业走进非洲的良好平台，国内产业转移的优良载体。2023年，新增入园企业10家，完成产值2.77亿美元。园区二期开工建设，"四通一平"工作有序推进。至年末，埃塞俄比亚东方工业园累计完成基础设施投资2.8亿美元，建成40万平方米标准型厂房，1.85万平方米员工住宅楼，3000平方米综合办公及生活服务用房，12千米园区主干道、20万平方米绿化，每小时600吨供水系统、日处理1.3万吨污水站、25.2万千伏安总降站。累计有144家企业入驻，主要涉及建材、鞋帽、纺织服装、汽车组装和金属加工等行业。园区有员工总数约2万人，其中中方人员约1000人。

【国泰缅甸服装产业园】 由江苏国泰全资下属公司江苏国泰海外技术服务有限公司投资设立，2017年1月开工建设，园区定位为各类纺织服装的加工、生产和销售，产品主要出口欧洲、日本，一期占地8.33公顷，实际经营面积8.75万平方米。2018年8月，产业园二期批准设立，投资总额约3700万美元，计划建设各2万平方米的厂房8幢，约1万平方米的宿舍楼及相关生产、生活配套设备和设施。2023年，产业园一期项目区内9家企业正常运营，订单充足，产能恢复至疫前正常水平。二期项目建成6栋厂房12万平方米，1.2万平方米宿舍楼及相关生产、生活配套设施，入驻3家工厂，合计用工人数3000人。

（许柏宏）

江苏国泰国际集团

【概况】 2023年，江苏国泰国际集团拥有江苏国泰国际集团股份有限公司（股票名称"江苏国泰"，股票代码"002091"）和江苏瑞泰新能源材

国泰金融广场　　（新　泉　摄）

料股份有限公司(股票名称“瑞泰新材”,股票代码“301238”)2家上市公司,分别运营集团供应链服务和化工新能源两大业务板块。全年实现全口径营业收入约651亿元,全口径进出口总额53.2亿美元,其中出口48.1亿美元,张家港当地纳税13.4亿元。在“2023中国企业500强”中,国泰集团列323位;在“2023年《财富》中国500强排行榜”中,国泰集团位列329位。集团获第八届张家港慈善奖“最具爱心慈善捐赠企业”、市慈善捐赠先进企业等荣誉称号。

【国泰集团获评2022年度苏州市市长质量奖】 2023年1月,苏州市政府发布《关于表彰2022年度苏州市市长质量奖获奖组织的决定》,授予苏州市5个单位2022年度“市长质量奖”,江苏国泰国际集团股份有限公司名列其中。近三年,国泰集团坚持不懈走高质量可持续发展之路,逐步建立起符合未来发展的制度、流程、组织体系,不断完善公司治理,做到横向分工、纵向分层,最大限度地提升经营管理效能,打造合力与活力、统一与多元、传承与创新动态平衡的现代企业组织体系。同时,国泰集团勇于用创新推动发展,从信息化建设,到互联网思维,不断升级管理水平,大力提升产品和服务质量,提高核心竞争力,持续打造质量发展新优势。

【国泰集团入选中上协2023年公司治理最佳实践案例】 10月,中国上市公司协会开展公司治理最佳实践案例创建活动。集团以“完善公司治理,强化风险防控,实现高质量发展”为案例主题参评。集团立足实际,经过长期积累与经验总结,结合上市规则、监管要求及自身管理需求,构建有序规范的公司治理和内控运行机制,对子公司财务、人事、对外投资等领域实行强监管,各子公司设立单独的法务部和小董秘岗位,实行重大事项报备制度,通过财务、内审部门的垂直管理及各部门间的横向交流,织细织密一张较为完善的内控信息网,并建立定期联系机制,从源头上防范子公司失控、防范违规风险。公司在合规基础上充分激发子公司经营活力,行之有效地达成规范化管理的最终目的。经严格遴选和评审,集团案例入选中国上市公司协会开展的“2023年公司治理最佳实践案例”,并收录至协会编写发布的《中国上市公司治理报告》。

【国泰集团与上海交通大学合作签约】 3月21日,国泰集团与上海交通大学共同发起成立的“江苏国泰基金”和“新能源新材料联合研发中心”签约、揭牌仪式在上海交通大学闵行校区举行。上海交通大学党委常委、副校长张安胜,中国科学院院士、上海交通大学化学化工学院院长樊春海,张家港市委副书记、市长蔡剑峰,国泰集团董事长张子燕、联席总裁张斌,以及市政府相关部门、集团及瑞泰新材料公司领导共同参与此次签约、揭牌仪式。

【国泰华盛公司完成进出口总额10亿美元】 江苏国泰华盛实业有限公司是国泰集团的核心子公司之一,注册资本2.78亿元。公司下设26个分公司,有本部员工1300人,平均年龄32岁,本科学历以上占比80%;设计研发人员500人,国内外自建实体产业工人1万人。公司先后在英国、美国、中国香港、上海、南京和苏州等地设立机构,在国内和东南亚建立生产实体合计25家。通过高质量的国际化和实业化,围绕服装、纱线、面料、家纺、配饰、日用品等产品,为全球大中型服装品牌和零售商,提供集市场信息、设计研发、原材料采购、生产制造、质量管控和物流配送等一站式供应链管理服务。2023年,公司重视自主服装品牌建设,不断投入时尚女装“NOESE”、瑜伽服“NEW LOCKER”品牌的线下和线上运营;利用阿里、亚马逊平台推动家纺、服饰的跨境电商B2B和B2C业务。全年公司实现销售收入73亿元,进出口总额10亿美元,纳税1.85亿元。

【万泰国际公司一期项目开业】 万泰国际有限公司是江苏国泰国际集团股份有限公司在越南投资的一家集染整、高端纺纱于一体的综合产业基地,坐落于越南西宁省展鹏市成成功工业园区,项目计划总投资2亿美元,总占地面积7.5万平方米,总规划建筑面积20万平方米。11月8日,万泰国际有限公司一期开业暨二期奠基仪式在越南西宁省展鹏市成成功工业园举行。一期项目雇有员工700人,二期项目计划于2024年12月完工。

（展佳伟）

【编辑　黄宏庆】

民营经济

Private Economy

8月21日，协昌科技在深交所创业板上市　　（市地方金融监管局　提供）

综　　述

私营企业与个体工商户

资本市场

張家港年鑑(2024)

综　述

2023年，全市有规模以上民营企业3807家，完成总产值3525.86亿元，比上年降7.5%。其中，沙钢集团（本部）全年完成营业收入1119.13亿元，实现利税28.73亿元。沙钢集团以营业收入427.84亿美元、利润55750万美元的成绩连续15年入围世界500强榜单，位列第348位。9家企业入围中国民营企业500强，7家企业入围中国民营企业制造业500强，上榜企业数均位居苏州市第一。江苏国泰国际集团股份有限公司入围中国服务业民营企业100强，位列第40位。11月8日，工业和信息化部公布第五批专精特新"小巨人"企业名单，张家港市14家企业入围，分别是长华化学科技股份有限公司、江苏欣诺科催化剂股份有限公司、苏州聚晟太阳能科技股份有限公司、张家港长力机械有限公司、江苏东方四通科技股份有限公司、张家港友诚新能源科技股份有限公司、张家港海锅新能源装备股份有限公司、江苏智库智能科技有限公司、江苏广川超导科技有限公司、江苏瑞铁轨道装备股份有限公司、江苏维达机械有限公司、张家港市通达电梯装璜有限公司、江苏晋誉达半导体股份有限公司、张家港华裕有色金属材料有限公司，获评数创历史新高，累计创建国家级专精特新"小巨人"企业35家。全市新增省级专精特新中小企业86家，累计212家，新增数创历史新高。市工业和信息化局以政府购买服务方式，支持完善中小企业协会组织架构，加强自身发展和促进行业高质量发展。发挥市中小企业发展与服务联盟作用，整合优质资源，创新服务内容，为中小企业提供融资服务、法律咨询、财税指导等服务。注重发挥展会的渠道作用，组织企业参加广交会、西博会等国内知名展会场，并按照要求帮符合条件的企业申请展位费补助，为8家企业核发展会补贴29.16万元。

表16　2023年张家港市企业入围中国民营企业500强情况表

企业名称	营业收入（亿元）	排名
江苏沙钢集团有限公司	2864.65	18
永卓控股有限公司	1147.10	81
江苏国泰国际集团股份有限公司	725.01	139
攀华集团有限公司	491.74	245
华芳集团有限公司	308.65	431
联峰钢铁（张家港）有限公司	305.15	442
长江润发集团有限公司	302.13	455
澳洋集团有限公司	297.12	470
东华能源股份有限公司	291.90	483

表17　2023年张家港市企业入围中国民营企业制造业500强情况表

企业名称	营业收入（亿元）	排名
江苏沙钢集团有限公司	2864.65	14
永卓控股有限公司	1147.10	50
攀华集团有限公司	491.74	167
华芳集团有限公司	308.65	277
联峰钢铁（张家港）有限公司	305.15	284
长江润发集团有限公司	302.13	295
澳洋集团有限公司	297.12	305

表18　2023年张家港市国家级专精特新"小巨人"企业一览表

企业名称	所在区镇	所属行业	主要产品	入选年份
张家港保税区灿勤科技有限公司	保税区	计算机、通信和其他电子设备制造业	介质滤波器	2019
江苏海狮机械股份有限公司	乐余镇	专用设备制造业	智能工业洗涤装备	2019

续表18

企业名称	所在区镇	所属行业	主要产品	入选年份
江苏国富氢能技术装备有限公司	经开区	专用设备制造业	加氢装置	2020
苏州飞驰环保科技股份有限公司	乐余镇	专用设备制造业	全自动水面清洁船	2020
江苏华大离心机制造有限公司	经开区	通用设备制造业	PLD型平板式大翻盖拉袋卸料离心机	2020
江苏富淼科技股份有限公司	凤凰镇	化学原料和化学制品制造业	水溶性高分子聚合物及应用	2020
张家港广大特材股份有限公司	凤凰镇	金属制品业	新能源风电及高速轨道交通用高品质模铸齿轮钢材料	2021
江苏贝尔机械有限公司	经开区	专用设备制造业	单螺杆挤出机	2021
江苏华盛锂电材料股份有限公司	保税区	化学原料和化学制品制造业	碳酸亚乙烯酯	2022
江苏国泰超威新材料有限公司	保税区	化学原料和化学制品制造业	新型电解质锂盐	2022
苏州同大机械有限公司	凤凰镇	专用设备制造业	挤出中空吹塑成型机	2022
苏州锴威特半导体股份有限公司	经开区	计算机、通信和其他电子设备制造业	高压平面MOSFET（晶圆）	2022
苏州丰倍生物科技股份有限公司	保税区	废弃资源综合利用业	油酸甲酯	2022
江苏宏宝锻造股份有限公司	大新镇	汽车制造业	汽车用汽油发动机零件	2022
江苏长隆石化装备有限公司	经开区	专用设备制造业	卸车臂	2022
张家港中环海陆高端装备股份有限公司	冶金园	金属制品业	轴承锻件	2022
江苏金帆电源科技有限公司	经开区	电气机械和器材制造业	电池化成及测试设备	2022
江苏宏宝工具有限公司	大新镇	金属制品业	手动工具钳	2022
江苏薪泽奇机械股份有限公司	凤凰镇	专用设备制造业	雪尼尔机	2022
江苏银河数字技术有限公司	高新区	计算机、通信和其他电子设备制造业	电视接收机顶盒	2022
张家港威胜生物医药有限公司	保税区	医药制造业	青蒿素及其衍生物	2022
长华化学科技股份有限公司	保税区	化学原料和化学制品制造业	聚合物多元醇	2023
江苏欣诺科催化剂股份有限公司	保税区	化学原料和化学制品制造业	铂族金属均相催化剂	2023
苏州聚晟太阳能科技股份有限公司	高新区	电气机械和器材制造业	新型太阳能跟踪器的架体	2023
张家港长力机械有限公司	乐余镇	专用设备制造业	捣固焦炉机械	2023
江苏东方四通科技股份有限公司	经开区	电气机械和器材制造业	中高频感应电源	2023
张家港友诚新能源科技股份有限公司	高新区	电气机械和器材制造业	新能源汽车充电连接产品	2023
张家港海锅新能源装备股份有限公司	南丰镇	黑色金属冶炼和压延加工业	阀体、连接器、防喷器等	2023
江苏智库智能科技有限公司	高新区	通用设备制造业	智能四向穿梭车	2023
江苏广川超导科技有限公司	高新区	有色金属冶炼和压延加工业	铜包铝（合金）线材	2023
江苏瑞铁轨道装备股份有限公司	经开区	铁路、船舶、航空航天和其他运输设备制造业	车轮	2023
江苏维达机械有限公司	高新区	专用设备制造业	注吹中空成型机	2023
张家港市通达电梯装璜有限公司	凤凰镇	通用设备制造业	高性能T型空心电梯导轨	2023

续表18

企业名称	所在区镇	所属行业	主要产品	入选年份
江苏晋誉达半导体股份有限公司	经开区	计算机、通信和其他电子设备制造业	光刻机	2023
张家港华裕有色金属材料有限公司	经开区	有色金属冶炼和压延加工业	钛及钛合金无缝管	2023

【民营企业培育】 年内，市工业和信息化局组织金陵体育等80家企业赴苏州参加2023年国家级专精特新“小巨人”企业申报培训会议，组织100余家企业开展线上线下“专精特新”政策宣讲和国家级“小巨人”申报辅导，并组织专家对93家拟申报“小巨人”企业开展一对一辅导。推荐沙钢集团总工程师参加全省重点制造业企业高层次人才示范培训班，推荐飞驰环保总经理参加2023年全市高层次人才“爱国·奋斗·奉献”精神主题培训班；推荐华鹿纺织、广川超导和飞驰环保负责人参加高级职业经理人培训班。9月，组织35家专精特新“小巨人”企业参加由中央广播电视总台主办的“专精特新·制造强国”发展大会苏州专场，组织能华微电子等5家企业参加首场“专精特新”沙龙活动。（黄种灿）

【12家企业上榜江苏省民营企业200强】 9月26日，江苏省工商联在宿迁举办2023江苏民营企业百强发布活动。会上发布“2023江苏民营企业200强”“2023江苏民营企业制造业100强”“2023江苏民营企业社会责任领先企业”，并与省科学技术发展战略研究院联合发布“2023江苏民营企业创新100强”，与省生态环境厅联合发布“2023年度绿色发展领军企业”。2023江苏民营企业200强入围门槛达到75.7亿元，比上年增8.3亿元，三年间实现从50亿元到60亿元，再到70亿元的提升。此外，民营企业制造业100强入围门槛达到125.6亿元，比上年增29.4亿元。张家港市有12家企业入围“2023江苏民营企业200强”，入围企业数占比超苏州全市四分之一，位居苏州各县（市）之首。7家企业入围2023江苏民营企业制造业100强，2家企业入围2023江苏民营企业创新100强，2家企业入围2023年度绿色发展领军企业公示名单，4家企业入围2023江苏民营企业社会责任领先企业名单。（沈淳悦）

【长力机械公司获评国家级专精特新“小巨人”企业】 张家港长力机械有限公司始建于1956年，注册资本4000万元，是全国重型装备制造行业的重点骨干企业，重点聚力焦化和冶金、钢铁成套装备的研发制造，是国际知名冶金工程公司西马克、PW、达涅利等行业巨头长达20余年的紧密型核心合作伙伴。公司是江苏省高新技术企业，建有江苏省大容积捣固焦炉工程技术中心、江苏省企业技术中心等专业研发机构，具有EN 1090、ISO 3834体系认证。公司有国家授权专利30余项，部分产品被评为国家重点新产品，并列入国家火炬计划项目。公司生产的“CL-L-6.73型捣固装煤推焦一体机（6.73米SCP一体机）”入选2022年苏锡常首台（套）重大装备名单，标志着公司在世界焦化行业大型、绿色、高端、智能制造进程中走在行业前列。2023年11月，公司获评国家专精特新“小巨人”企业。公司全年实现销售3.24亿元，利税超2500万元。（陈　忠）

私营企业与个体工商户

【概况】 2023年，全市新注册登记私营企业8302家，比上年增16.7%。累计注册私营企业78855家，累计注册资本5025.49亿元。根据市行政审批局、保税区市场监督管理局统计结果，按照企业性质分类，全市有独资企业1951家，有合伙企业1295家，有有限责任公司66605家，有股份有限公司18家。按行业分类，从事农、林、牧、渔业232家，从事采矿业2家，从事制造业15691家，从事电力、热力、燃气及水生产和供应业59家，从事建筑业5402家，从事批发和零售业24149家，从事交通运输、仓储和邮政业2672家，从事住宿和餐饮业

长力机械公司厂景 （长力机械公司　提供）

258家，从事信息传输、软件和信息技术服务业832家，从事金融业194家，从事房地产业903家，从事租赁和商务服务业5995家，从事科学研究和技术服务业11144家，从事水利、环境和公共设施管理业140家，从事居民服务、修理和其他服务业959家，从事教育265家，从事卫生和社会工作222家，从事文化、体育和娱乐业730家。年内，全市新注册个体工商户16988户，比上年增5.54%；新增注册资本7.36亿元，比上年增4.24%。至年末，累计注册个体工商户171551户，累计注册资本210.61亿元。全市经市行政审批局、保税区市场监督管理局登记的个体工商户按行业分类，从事农、林、牧、渔业970户、注册资本3.62亿元，从事采矿业1户、注册资本5万元，从事制造业15987户、注册资本26.59亿元，从事电力、热力、燃气及水生产和供应业13户、注册资本80万元，从事建筑业5594户、注册资本12.4亿元，从事批发和零售业65905户、注册资本71.87亿元，从事交通运输、仓储和邮政业10854户、注册资本10.82亿元，从事住宿和餐饮业15935户、注册资本22.39亿元，从事信息传输、软件和信息技术服务业1341户、注册资本1.18亿元，从事金融业3户、注册资本70万元，从事房地产业625户、注册资本6287万元，从事租赁和商务服务业7455户、注册资本7.7亿元，从事科学研究和技术服务业1053户、注册资本1.52亿元，从事水利、环境和公共设施管理业130户、注册资本2005万元，从事居民服务、修理和其他服务业16599户、注册资本17.73亿元，从事教育565户、注册资本9466万元，从事卫生和社会工作163户、注册资本2655万元，从事文化、体育和娱乐业1991户、注册资本2.74亿元。

（朱敏雯　陈彬彬）

【市个私协会“惠企先锋”服务行动】 2023年，市个体私营协会围绕中国个协的“问情服务”、个体工商户“三送”（送政策、送指导、送服务）活动、第二届个体工商户服务月活动等，通过开展政策解惑服务、法规宣讲服务、融资搭桥服务、急难帮扶服务、信息推送服务等形式，全力抓好“惠企先锋”服务行动。筑好政策宣讲平台。通过各类民企招聘集市、学习雷锋服务现场、“3·15”消费者权益活动，以及各类党建指导站、服务驿站、咨询服务站（点），采取现场面对面咨询、各类问题解答、发放各类宣传手册等方式，做好《促进个体工商户发展条例》《江苏省优化营商环境条例》《江苏省政府支持民营企业发展实施意见》《苏州市促进个体工商户高质量发展的若干政策措施》等政策宣讲、传导，把各项惠企政策和措施推送到每一家私营个体企业。配合市场监管部门和上级协会做好《个体工商户发展情况和面临困难问题调查问卷》，问卷调查1620家，帮助解决经营困难204次。搭好普惠融资服务平台。市个私协会与农商行、江南银行等金融机构联合组织开展9场融资服务推介、咨询和对接服务，及时把扶持小微企业惠民利民融资政策推送给广大小微企业、个体工商户。组织金融单位深入小微企业，助力协调为英华材料、飞驰环保、华港包装等企业办理知识产权质押融资2000余万元，为江苏润桐数据服务有限公司数据知识产权融资贷款150万元。打造素质提升服务平台。市个私协会配合做好有关商事改革“放管服”协助工作。通过上门“问情服务”、会议座谈、组织培训等途径，做好鼓劲个私经济发展新形势、新政策、新法规的宣传传达。先后协助配合市场监管部门做好20家中小企业卓越成长入孵培育、培训工作；开展9次安全知识全市巡回宣传活动，协助做好餐饮行业“瓶改管、瓶改电”工作，提高全市小微企业、个体工商户的安全意识。组织30家生产型企业家开展“走进优秀企业研学”系列活动，提升企业家的经营管理能力。特邀南京中税通税务师事务所刘斌为小微企业、个体工商户进行《税收优惠助力企业发展》最新税收惠企政策解读。特邀市场监管专职干部为小微企业、个体工商户进行《知识产权与高质量发展扶持政策》解读，激活小微企业创新创造活力。打造“窗口”普惠服务平台。利用服务站点、商圈市场驿站，“小个专”党建指导站等“窗口”，做好小微企业、个体工商户年报填报服务、法规咨询服务，以及专利商标广告等知识产权服务。及时解决小微企业、个体工商户在经营和服务时遇到的相关问题，帮助企业尽量减少经营过程中由于不知法、不懂法、不理解法律法规可能产生的风险。4月26日，全市2023年支持扶持个体工商户“三送”活动在塘桥镇启动。基层个私协会党员骨干走进各商圈市场，开展以“送惠企政策、释经营法规、解创业难题”为主要内容的惠企服务活动。全年发放各类资料超3万余份，开展互联网宣传近1200次，覆盖小微企业、个体工商户近3万户，实地上门走访小微企业、个体工商户4466家。

（何建平）

【澳洋集团两大板块齐头并进】 2023年，澳洋集团澳洋健康和澳洋纺织两个板块实现盈利，集团整体实现平稳过渡。澳洋集团健康板块发挥“医疗医药一体化、总分院一体化”两大发展核心优势，大健康产业业绩实现新突破，完成营收38.15亿元（含材料公司），利润3025万元。在医疗产业方面，受DRG、集采政策、医保管控、外来人口不断减少等影响，发展压力加大。澳洋医院加强与公立医院、社区服务中心的紧密型医联体建设，推出夜门诊，调整病区，强化病人引流；影像科、呼吸内科分别首次获评苏州市、张家港市重点专科，胸痛中心获国家标准版认证；挂牌成为徐州医科大学教学医院、苏大附一院泌尿外科诊疗分中心；25人报名江苏大学澳洋在职研究生班，非编制人员企业年金办理87人，新增9人，提升员工获得感。全年完成营收6.99亿元，利润7368万元。港城康复医院推进南丰镇“残疾人之家”工作，首家“康养小屋”进驻范庄社区，入选国家级临床营养科建设试点单位，挂牌国家重点研发计划“医养结合示范基地建设单位”，康复医学科获评市重点专科，获长护险评估资质。全年完成营收9325万元，比上年增12%，利润872万元，比上年增99%。澳洋护理院认知症照护病区形成特色，获评“江苏省优质护理院”“江苏省老年友善医疗机构优秀单位”两项省级荣誉，全年完成营收2135万元。顺康医院提升运营质量，加强药品、耗材管控，全年完成营收3955万元，比上年增11%，利润191万元，完成年度目标。三兴分院面对艰难的发展环境，完成营收2868万元，实现盈亏平衡。健管公司将2023年确定为服务品质年，对检线进行优化和改善，加强客户管理，全年完成营收1.06亿元，利润629万元；唯恩公司开展各类营销活动，完成新媒体渠道初步建设，知名度得到提升，全年完成营收3410万元，利润369万元。整个医疗产业全年完成营收10.22亿元，首次突破10亿元关口，利润9131万元，利润率达到9%，在医疗行业内处于头部地位。在医药产业方面，加强内部管控，供应链各环节有效协同，整体发展稳健，运营质量明显提升。终端业务同比增长明显，加强龙头拓展，南通地区实现有效突破，苏北大区开发取得成效。医院业务苏州区域增长明显，客户开发成效显著。电商业务逐步构建京东、天猫、拼多多、美团多平台运营模式，启动代运营业务，单日发货负载能力达到8000单，销售额1670万元，超预期达成目标。医药产业全年完成营收16.09亿元，不含税首次突破16亿元，利润1372万元，取得历史性突破。在生物科技板块方面，整个板块（含数字公司）完成营收4047万元，实现盈亏平衡。拓展销售渠道，对政府、协会、企业、银行、酒店、商超等各渠道进行全面铺开，与中油泰富签订年度购销协议，新开曼巴特店运营良好，推出陈皮、鲜人参、袋泡茶等新品。中长线产品方面，高端益生菌产品顺利落地。供应链层面，深入一线原产地，从源头把控品质，进一步降低采购价格，拓宽产品线。数字公司全年完成营收1780万元，利润109万元。从智慧医疗和智能制造两大业务线向外开拓市场。年内，澳洋纺织产业板块创造历史佳绩，生态产业、康养产业稳定发展，投控公司实现初步转型。澳洋纺织扩充精纺厂和服装厂一线人员，人员紧缺问题得到缓解，

澳洋集团下属大健康产业　　（澳洋集团　提供）

对精纺厂印染设备、设施进行升级改造，运营质量有效提升。年度内新增碳中和体系和AAA级招投标企业资质认证；获“2023年制式服装十大品牌”和“售后服务行业十佳单位”称号；通过国家知识产权优势企业复核。2023年完成营收5.2亿元，比上年增29.73%，实现利润1744万元，比上年增47.3%；生产面料468.7万米，服装16万套，衬衫12.7万件，衬衫比上年增25%。澳洋环境公司加快资源整合，引进专业化人才队伍，完成徐州丰县护城河试点项目、环城水系项目的生态设计，做好杨舍镇善港村河道治理、塘桥镇生活污水达标区、杨舍镇河道整治等项目建设。全年完成研发项目6项，申报发明专利15项，取得发明专利3项，1项生态技术获2023年中国发明协会创业奖一等奖，全年完成营收2.13亿元，比上年增30%。澳洋康养公司全年养老产业营收3936万元。如意家院养老公寓获评江苏省五级养老机构，养老系统上线使用，完成南通护理院交接工作，做好营养餐厅建设与评审工作，推进“保单+康养”业务模式，与横琴人寿等保险单位开展战略合作。山参市场方面，年度总开集70次，单集客流量5000余人，比上年增25%，赶集人数是周边市场10倍以上，商铺入驻率达到90%。探索农文旅融合发展模式，完成与杨靖宇干部学院旅游线路的对接，全年累计接待1500余人次。集美江南康养项目方面，累计销售住宅154套、车库48间，累计总回款9423万元，其中2023年度回款6699万元。澳洋投控公司实现初步转型。如意通文化主营业务由原来的动漫制作转为AI智能营销服务、信息流代运营服务，实现跨越式的转变，与厦门企友通公司达成合作，组建专业的销售团队和运营团队，在新媒体业务的拓展和创新方面发力。海纳电商全面推进招商工作，B座在园企业数量119家，出租率81.16%，原大楼入驻企业40家，增加15家，实现销售收入10.33亿元，入库税金3086万元。承办张家港市创新创业大赛选拔赛，获“江苏省创业示范基地A级”“苏州市首批数字经济特色产业园”荣誉。项目投资方面，在风险把控的前提下，投控公司积极参与小额投资，参股的领微医疗项目发展形势良好，取得良好效果。

（何晓璞）

【海狮产品获“紫金奖·工业设计奖”】6月17日，江苏海狮机械股份有限公司的海狮牌SDX60-16工业用高效节能隧道式洗衣龙获2022“紫金奖·工业设计大赛”工业设计奖产品组优秀奖，实现张家港市“紫金奖·工业设计奖”零的突破。江苏海狮机械股份有限公司是国内规模最大、品种最全的洗涤机械专业生产企业，年生产能力达到1.2万台套，年销售额5亿元，

年出口1200万美元。获奖产品海狮牌SDX60-16工业用高效节能隧道式洗衣龙是集成自动控制技术计算机数据交换与处理技术的大型智能化洗涤设备,使洗衣行业实现集约化、规模化、工厂现代化的绿色洗涤。该产品创新设计下传输自动传送主笼结构及大跨度主笼连接密封技术,解决布草易堵卡以及链接密封不可靠、易老化、更换困难等技术难题;整体外观造型流畅,将各机组之间巧妙衔接,贯穿一体,紧凑多样化的产品组装方式,能够满足不同场景的安装和使用;采用可回收金属材料,并配套回用水处理设备,解决洗涤污水直接排放造成的浪费和污染问题,降低清水用量和洗涤剂用量,降低洗涤成本;采用水循环利用和过滤技术,极大降低水和蒸汽的消耗,与传统洗涤设备相比,节水70%、节能30%、节约洗涤剂消耗30%。 (陈 忠)

海狮机械公司洗衣龙产品车间 (海狮机械公司 提供)

资本市场

【概况】 2023年,全市新增上市企业4家,新增首发募集资金26.93亿元。至年末,全市有上市企业34家,募集资金总额832.29亿元。其中,保税区11家,上市股票名称为保税科技、东华能源、华昌化工、长江健康、天沃科技、海易森汽车、利柏特、灿勤科技、瑞泰新材、华盛锂电、长华化学;经开区(杨舍镇)11家,名称为江苏国泰、澳洋健康、蔚蓝锂芯、海陆重工、富瑞特装、新美星、张家港行、金鸿顺、苏州龙杰、新点软件、锴威特;冶金园(锦丰镇)6家,名称为沙钢股份、格兰奇、爱丽家居、江苏博云、中环海陆、保丽洁;凤凰镇3家,名称为广大特材、富淼科技、协昌科技;高新区(塘桥镇)1家,名称为银河电子;南丰镇2家,名称为金陵体育、海锅股份。年内,3家"新三板"挂牌企业完成融资,募集资金4823万元。至年末,全市"新三板"存量企业30家。其中,保税区9家,名称为物润船联、汉龙科技、江苏神农、浦士达、骏昌通讯、福吉佳、奥斯佳、中天行、信东股份;经开区(杨舍镇)10家,名称为远大信息、瑞铁股份、爱上网、如意通、丰亿港营、固耐特、宏基铝业、金新城、绿岩生态、朗信电气;冶金园(锦丰镇)1家,名称为荷普医疗;高新区(塘桥镇)2家,名称为索尔科技、友诚科技;凤凰镇4家,名称为先锋股份、华创特材、薪泽奇、天乐橡塑;乐余镇3家,名称为迪威高压、飞驰环保、富丽华;常阴沙现代农业示范园区1家,名称为赛康医疗。

表19 2023年张家港市企业在国内上市情况表

上市公司	证券代码	主行业归属	主营构成	上市时间	累计募资总额(亿元)	总股本(万股)	12月31日股价(元)	市值(亿元)
保税科技	600794	交通运输业	码头仓储业务、智慧物流电商平台和供应链金融服务	1999年6月	19.13	121215.22	4.08	49.46
沙钢股份	002075	黑色金属业	优特钢产品的生产与销售	2006年10月	24.84	219382.54	3.82	83.80
江苏国泰	002091	商业贸易业	外贸和化工新材料	2006年12月	127.51	162761.09	7.83	127.44
澳洋健康	002172	化工业	健康医疗	2007年9月	21.74	76573.24	3.79	29.02
东华能源	002221	化工业	生产、销售液化气并提供相关售后服务	2008年3月	77.66	157612.78	10.30	162.34
蔚蓝锂芯	002245	交通运输业	金属物流配送、LED芯片、新能源锂电	2008年6月	37.49	115204.65	8.52	98.15
海陆重工	002255	机械设备业	余热锅炉、大型及特种材质压力容器和核电产品的制造销售	2008年6月	29.11	84227.11	5.29	44.56

续表19

上市公司	证券代码	主行业归属	主营构成	上市时间	累计募资总额（亿元）	总股本（万股）	12月31日股价（元）	市值（亿元）
华昌化工	002274	化工业	化工原料、化工产品、化肥生产	2008年9月	18.98	95236.46	7.55	71.90
长江健康	002435	制造业	医药产品研发、生产和销售	2010年6月	48.12	123598.30	4.17	51.54
银河电子	002519	家用电器业	数字电视智能终端、智能机电设备和电动汽车关键部件	2010年12月	29.84	112643.09	6.17	69.50
天沃科技	002564	机械设备业	压力容器设备制造和电力工程EPC业务	2011年3月	37.81	85890.45	3.83	32.90
富瑞特装	300228	机械设备业	液化天然气（LNG）的液化、储存、运输及终端应用全产业链装备制造	2011年6月	16.95	57540.63	7.10	40.85
新美星	300509	机械设备	液态食品包装机械的研发、生产与销售	2016年4月	2.64	29640.00	7.23	21.43
张家港行	002839	金融业	公司、个人、金融市场业务	2017年1月	32.90	216965.02	3.88	84.18
金陵体育	300651	制造业	体育器材和场馆设施的研发、生产、销售及赛事服务	2017年5月	5.10	12874.89	19.98	25.72
金鸿顺	603922	制造业	汽车车身和底盘冲压零部件及其相关模具的开发、生产与销售	2017年10月	5.61	12800.00	26.42	33.82
苏州龙杰	603332	化学纤维制造业	化学纤维及化学纤维品制造	2018年12月	5.78	21634.72	11.46	24.79
广大特材	688186	金属制品业	特种材料的制造、加工、销售	2020年2月	35.80	21424.06	18.02	38.61
爱丽家居	603221	橡胶和塑料制品业	PVC塑料地板的研发、生产和销售	2020年3月	7.74	24000.00	9.94	23.86
富淼科技	688350	化学原料及化学制品制造业	功能性单体、水溶性高分子、水处理膜及膜应用的研发、生产和销售	2021年1月	4.15	12215.01	16.53	20.19
江苏博云	301003	橡胶和塑料制品业	改性塑料产品的研发、生产和销售	2021年6月	8.14	9905.33	24.96	24.72
利柏特	605167	机械设备	工业模块的设计和制造	2021年7月	5.43	44907.00	9.49	42.62
中环海陆	301040	通用设备	工业金属锻件研发、生产和销售	2021年8月	6.99	10000.04	18.97	18.97
海锅股份	301063	机械设备制造	大中型装备专用锻件的研发、生产和销售	2021年9月	8.66	10436.07	22.80	23.79
灿勤科技	688182	通信设备	微波介质陶瓷元器件的研发、生产和销售	2021年11月	10.50	40000.00	17.78	71.12
新点软件	688232	软件开发	软件开发、运营维护	2021年11月	40.00	33000.00	36.20	119.46
瑞泰新材	301238	电力设备	锂离子电池电解液、各类添加剂、新型锂盐生产和销售	2022年6月	35.16	73333.33	17.53	128.55
华盛锂电	688353	电力设备	锂离子电池电解液添加剂的研发、生产和销售	2022年7月	27.54	15950.00	27.40	43.70
保丽洁	832802	专用设备制造业	静电式油烟废气治理设备的研发、生产与销售	2023年2月	0.87	6308.33	12.25	7.73

续表19

上市公司	证券代码	主行业归属	主营构成	上市时间	累计募资总额（亿元）	总股本（万股）	12月31日股价（元）	市值（亿元）
长华化学	301518	化学制品	聚醚产品的研发、生产、销售	2023年8月	9.03	14017.82	23.40	32.80
锴威特	688693	半导体	功率半导体的设计、研发和销售，并提供相关技术服务	2023年8月	7.52	7368.42	44.43	32.74
协昌科技	301418	自动化设备	运动控制产品、功率芯片的研发、生产和销售	2023年8月	9.51	7333.33	51.61	37.85

表20 2023年张家港市“新三板”挂牌企业情况表

公司名称	证券简称	证券代码	主营业务	挂牌时间	总股本（万股）	营业收入（万元）
江苏物润船联网络股份有限公司	物润船联	831096	物流运输服务、在线船舶视频监控服务、撮合交易服务	2014年8月21日	4091.69	7388.89
江苏索尔新能源科技股份有限公司	索尔科技	831486	锂电池组件及管理系统的研发、生产和销售	2014年12月9日	10946.00	—
张家港汉龙新能源科技股份有限公司	汉龙科技	831521	太阳能铝合金边框的研发、生产和销售	2014年12月16日	3360.08	51691.35
张家港天乐橡塑科技股份有限公司	天乐橡塑	831555	汽车用橡胶、塑料产品的开发、生产和销售	2014年12月19日	5101.20	12650.19
苏州飞驰环保科技股份有限公司	飞驰环保	831846	水面清洁船及相关配件的研发、生产和销售	2015年1月21日	2639.72	13330.03
江苏远大信息股份有限公司	远大信息	831897	监控系统软件和数据采集设备的研发、生产和销售	2015年1月28日	2900.00	9243.03
江苏神农灭菌设备股份有限公司	江苏神农	832369	消毒灭菌设备产品的研发、生产及销售	2015年4月22日	1045.00	7134.21
江苏瑞铁轨道装备股份有限公司	瑞铁股份	833120	铁路轨道产品及装备的设计、制造、加工、销售和售后服务	2015年8月5日	5600.00	82709.26
江苏浦士达环保科技股份有限公司	浦士达	836440	净水用椰壳活性炭及其相关产品的研发、生产及销售	2016年4月14日	3500.00	21871.92
苏州爱上网络科技股份有限公司	爱上网	837312	网上广告发布业务、线下活动服务	2016年5月9日	100.00	353.66
江苏如意通文化产业股份有限公司	如意通	837083	动漫作品的制作与授权，动漫衍生品和衍生产业、动漫制作软件	2016年5月16日	5000.00	530.93
江苏迪威高压科技股份有限公司	迪威高压	837289	高档建筑五金件、水暖器材及五金件的研发、制造、销售	2016年5月18日	4743.83	14007.23
江苏荷普医疗科技股份有限公司	荷普医疗	839926	骨科医疗植入材料的研发、生产、销售	2016年11月14日	4800.00	3229.45
苏州丰亿港口运营股份有限公司	丰亿港营	839879	港口、码头运营管理及配套服务	2016年11月24日	2500.00	53545.52
苏州骏昌通讯科技股份有限公司	骏昌通讯	839982	连接器组件、手机天线等通信产品零配件的研发、生产与销售	2016年11月28日	2000.00	3902.42
江苏赛康医疗设备股份有限公司	赛康医疗	870098	医疗设备相关的设计、研发、制造、销售、服务	2016年12月16日	2480.00	20644.99

续表20

公司名称	证券简称	证券代码	主营业务	挂牌时间	总股本（万股）	营业收入（万元）
苏州华创特材股份有限公司	华创特材	870365	工业用冷拔无缝异型钢管制造、加工和销售	2016年12月29日	1858.62	14029.03
张家港福吉佳食品股份有限公司	福吉佳	871782	面包、蛋糕等西式烘焙类食品的生产及销售	2017年8月28日	3800.00	4533.11
江苏固耐特围栏系统股份有限公司	固耐特	872291	安防系统、周界围栏系统及应用材料的研发、生产及销售	2017年11月8日	2020.82	4960.19
江苏富丽华通用设备股份有限公司	富丽华	872473	空压机用风机、商用空调风机的设计、生产及销售	2017年12月19日	1000.00	8265.90
江苏奥斯佳材料科技股份有限公司	奥斯佳	872534	聚氨酯用改性有机硅、聚氨酯用催化剂、水性胶黏剂、纺织助剂、水性树脂等各类特种助剂的研发、生产和销售	2018年1月24日	4410.95	19527.87
江苏宏基铝业科技股份有限公司	宏基铝业	872588	铝制品的生产及销售	2018年1月24日	2580.00	54518.46
江苏金新城物业服务股份有限公司	金新城	873058	为住宅、商业物业等提供专业物业管理服务	2018年11月13日	2250.00	19089.46
江苏中天行汽车制造股份有限公司	中天行	873142	进口房车底盘、房车专用零配件的经销业务	2019年1月7日	3056.74	—
张家港友诚新能源科技股份有限公司	友诚科技	873087	新能源电动汽车充电连接装置、电源连接器的研发、生产及销售	2019年2月11日	8454.46	60816.09
信东仪器仪表（苏州）股份有限公司	信东股份	873137	流量仪表、液位仪表等测量仪器仪表及自动化控制系统产品的研发、制造、销售与综合服务	2019年2月25日	3542.44	4208.08
张家港先锋自动化机械设备股份有限公司	先锋股份	873529	一次性手套自动化机械设备及配件的研发、生产及销售	2020年12月1日	3138.00	3317.52
江苏薪泽奇机械股份有限公司	薪泽奇	873713	金属加工机械和纺织机械的研发、制造和销售	2022年6月1日	6900.00	35739.00
江苏绿岩生态技术股份有限公司	绿岩生态	874107	“山、水、林、田、湖、草、沙”恢复（修复）及“碳中和”等领域，具体包括矿山恢复，地质灾害防护治理，水环境治理等	2023年3月8日	2848.50	6053.49
江苏朗信电气股份有限公司	朗信电气	874326	电机总成、电子风扇、电子水泵、空调鼓风机等热管理电驱动零部件产品的研发、生产与销售	2023年11月10日	4713.72	103239.13

【企业上市培育】 2023年，全市新增上市企业4家，分别是保丽洁、长华化学、锴威特、协昌科技，新增境内上市企业数位列苏州大市第一，首发募资及再融资36.43亿元，为港城企业产业创新转型释放资本动能。2月，张家港市地方金融监督管理局组织在上海证券交易所发行全国县级市首单知识产权证券化产品“华泰—张家港金茂租赁知识产权1至5期资产支持专项计划”，融资规模1亿元，为全市具有创新能力、知识产权价值的科创人才企业开辟融资新路径。3月，召开“潮涌港城，乘‘市’而上”——加快企业上市·上市企业做优做强推进会，发布实施“十大行动”。6月，联合江苏股权交易中心开展“资本启航，直通港城”——张家港市中小企业江苏股权交易中心挂牌融资推介系列活动，筑牢港城资本市场塔基，2023年新增江苏股交中心板挂牌企业55家，提前一年实现挂牌数量倍增目标。8月，组织开展“‘金’彩八月，乘‘市’前行”——港城星耀资本系列活动，围绕加快企业上市、服务上市企业再融资，举办“同心同行‘上市通’，聚焦聚力新发展”——市领导与拟上市企业主要负责人早餐会、“走进上交所、相约科创板”“攀峰计划”企业及上市后备企业走访等多场专题活动，为推进港城企业高质量发展持续“加码”。9月，举办“合规发展，行稳致远”——服务港城上市企业高质量发展专题活动，引导上市公司提升合规经营意识和依法管理水平，构建上市企业合规管理体系。10月，联合中小企业协会，举办“星耀

3月9日，张家港上市公司募投项目“一点通”服务平台开通

（市地方金融监管局　提供）

启航，上市腾飞”企业上市战略研修活动，实现企业发展与资本战略同规划、同部署、同推动。11月，以张家港市政府办公室名义印发施行《港城上市公司募投项目“一点通”平台服务工作方案》《升级张家港市“港城上市通”服务工作方案》，持续推进“港城上市通”服务提档升级，嵌入暨阳明镜“链上监督”模块，优化企业申请流程，细化部门办件监管，2023年“港城上市通”平台累计办结38家次企业877项服务需求。全年持续深入开展“企业上市百企行”活动，累计走访企业41家次，企业上市诉求解决率达到100%。

【保丽洁在北交所上市】 2月6日，江苏保丽洁环境科技股份有限公司在北京证券交易所上市，证券简称“保丽洁”，股票代码“832802”，注册资本6308.33万元，此次IPO公开发行股份数量1098.33万股，发行后总股本为6165.07万股，发行价格每股7.95元，募集资金总额8731.72万元。保丽洁公司成立于2004年2月，主要从事商用油烟净化设备和工业油烟净化设备的研发、制造、销售，为客户提供全方位的油烟废气治理解决方案及专业服务。公司拥有23项国家发明专利和多项专有技术，在油烟废气细分行业中处于领先的位置，是张家港第一家“北交所”上市企业。

【长华化学在深交所创业板上市】 8月3日，长华化学科技股份有限公司在深圳证券交易所创业板挂牌上市，证券简称“长华化学”，股票代码“301518”，注册资本1.4亿元，募集资金总额9.02亿元，用于研发中心、信息系统等项目建设。该公司位于张家港保税区，专注于聚醚系列产品的研发、生产与销售，主营产品聚合物多元醇的市场占有率位居行业前列，拥有自主发明专利证书28个、实用新型专利证书22个。

【锴威特在上交所科创板上市】 8月18日，苏州锴威特半导体股份有限公司在上交所科创板挂牌上市，证券简称“锴威特”，股票代码“688693”，注册资本7368.42万元，募集资金总额7.52亿元，用于产品研发、工程建设等，是张家港市第6家科创板上市企业。公司成立于2015年，位于张家港经济技术开发区，以“自主创芯，助力核心芯片国产化”为发展理念，“服务零缺陷”为质量目标，聚焦功率半导体产业方向，采取功率器件与功率IC双轮驱动策略，将公司打造成高品质，高可靠的功率半导体供应商，产品广泛应用于消费电子、工业控制及高可靠领域，形成包括平面MOSFET、快恢复高压MOSFET（FRMOS）、SiC功率器件、智能功率IC等近700款产品。公司是国家高新技术企业、省“科技小巨人企业”、省“潜在独角兽企业”、省半导体行业协会理事单位，公司研发中心获“江苏省高可靠性功率器件工程技术研究中心”认证。

【协昌科技在深交所创业板上市】 8月21日，江苏协昌电子科技股份有限公司股票在深圳证券交易所创业板挂牌上市，证券简称“协昌科技”，股票代码“301518”，注册资本7333.33万元，募集资金总额9.51亿元，用于运动控制器、功率芯片的建设研发及补充流动资金。公司成立于2011年，专注于功率芯片的设计开发及其下游运动控制器的研发、生产和销售。公司建有运动控制系统、功率芯片设计、集成电路封测、表面贴装技术四大研发中心，通过江苏省专精特新“小巨人”、江苏省企业技术中心等认定，拥有有效知识产权300余件。　（徐张文）

3月9日，“潮涌港城，乘‘市’而上”——加快企业上市·上市企业做优做强推进会召开

（市地方金融监管局　提供）

【编辑　黄宏庆】

ZHANGJIAGANG · SUZHOU
苏州·张家港

农业

Agriculture

秋收 （常阴沙现代农业示范园区 提供）

综　　述

种 植 业

种　　业

养 殖 业

农产品质量建设

农业机械化

張家港年鑑(2024)

扫码欣赏

张家港市休闲农业发展巡礼

丰收

综 述

2023年，全市完成农、林、牧、渔业总产值57.43亿元，比上年增1.07%；实现农、林、牧、渔业增加值35.44亿元，比上年增2.02%。农、林、牧、渔业总产值中，农业产值36.36亿元，林业产值5.61亿元，牧业产值3.32亿元，渔业产值2.81亿元，农、林、牧、渔服务业产值9.32亿元。2023年，全市建设高标准农田1386.67公顷，永久基本农田建成高标准农田14720公顷。全市农机总动力30.43万千瓦，农作物耕种收综合机械化率96.1%，主要粮食作物耕种收机械化率99.65%，特色农业机械化率81.97%。提标改造规模以下畜禽养殖场24个。全市实施部级绿色种养循环农业试点项目，实现畜禽粪污综合利用率99.85%。推广使用配方肥和商品有机肥超2万吨，完成水稻秸秆离田1.3万吨，水稻秸秆离田率达到15%。全市建设省级农作物病虫绿色防控示范基地2个、省级稻麦草害综合治理示范区2个，常阴沙现代农业示范园区被评为全国农作物病虫害绿色防控技术示范推广基地。新增绿色优质农产品生产基地2500公顷，全市绿色优质农产品生产基地达到14940公顷，绿色优质农产品比重达到80%，常阴沙大米获评全国名特优新农产品。全市建成农产品质量安全村级服务站点49个，常阴沙现代农业示范园区农产品质量安全监督管理站获省五星级农产品质量安全监管认定。江苏善港生态农业科技有限公司获评国家级生态农场，锦丰镇获评江苏省铁皮石斛产业特色小镇，永联菜篮农业专业合作社获评江苏西甜瓜“十大好基地”，市七彩明珠农业科技专业合作社选送的葡萄获评2023江苏最美绿色优质农产品。沙洲优黄系列黄酒获江苏省“苏韵乡情，百优乡产”称号。全市新增国家级示范合作社2个、省级示范家庭农场1家。推动农业农村重大项目建设，13个项目列入省级项目库，完成农业农村重大项目投资超11亿元。全市基本完成农业农村信息系统一体化改造，累计建成苏州市智慧农村示范村28个、智慧农业示范应用场景10个。在常阴沙现代农业示范园区开展数字化创新引领智慧园区建设，落地国家重点研发高标准农田智慧监管项目。全市新增农业物联网数据115万余条，有效率90%以上，实现农业电商销售额21亿元。

农业基本建设　年内，全市打造“智慧农田、生态农田”示范区域，高效推进高标准农田数量、质量、生态一体化建设，完成高标准农田改造提升1386.67公顷。南丰镇、杨舍镇高标准农田建设项目被评为2023年度苏州市高标准农田优秀案例，南丰镇（永联村）高标准农田建设项目入选2023年度江苏省高标准农田建设项目典型案例。

农产品生产　年内，全市粮食种植面积3.15万公顷，每公顷产量7084.5千克，总产量22.3万吨，分别比上年增0.19%、0.53%、0.72%。粮食高产攻关田块小麦单产创新纪录，水稻每公顷产量历史上第三次突破15吨，油菜绿色示范方首次实现百亩连片轻简栽培每公顷产量突破3750千克。水稻集中育秧占比85.74%，机插秧率98.99%，控减水稻直播面积326.67公顷。

科教兴农　年内，全市毕业涉农专业成人大专新型职业农民11人，在读27人。新认定新型职业农民200人，累计认定2283人，其中45周岁及以下大专及以上学历占86.65%。获新型职业农民证书的人数占农林牧渔从业人员的16.1%。与扬州大学合作，委托培养“农林经济管理”专业大学生28人。全市举办农民培训21期，培训1724人次。实施农业科技示范主体培育项目，培育示范户320户，其中稻麦100户、蔬菜120户、果品50户、渔业50户。开展基层农技推广人员培训120人次。

奖农惠农　年内，全市落实村级组织运转保障经费补助，对113个村集体拨付市级补助资金1675.3万元。开展第二轮榜单激励奖励，奖补10个经济一般村200万元。按照“政府引导、国资运作、规范管理、防范风险”的原则，探索组建“经济一般村+市级国资”联合发展公司和“张家港市乡村振兴”基金。推动金融助农，全市63家新型农业经营主体累计贷款约10亿元。为8名符合条件的新型职业农民发放社保补贴9.96万元。全市发放稻谷实际生产者补贴2495.79万元，补贴面积1.66万公顷，惠及农户1783户。发放畜禽养殖户美丽牧园创建奖补资金120万元。发放绿色食品、有机农产品等质量认证补助金110万元。

【农业行政执法】 市农业综合行政执法大队全年立案查处各类违法案件290件，罚没款22.9万元。其中，涉渔违法违规案件186件，不按农药标签标注的使用范围使用农药等农产品质量案件30件，未取得拖拉机操作证件而操作拖拉机等农机监理类案件33件，将人用药品用于动物等畜牧兽医类案件23件，销售有效成分含量与登记批准内容不符的肥料等农业投入品案件17件，违反农业转基因生物安全标识管理规定案件1件。全年检查农资经营单位、畜禽养殖场（户）、兽药饲料生产经营企业、生鲜乳收购站、生猪定点屠宰企业、动物诊疗机构、水产养殖企业（户）690家次，执法抽检农业投入品和农产品746批次，其中农药90批次、肥料13批次、种子6批次、蔬菜390批次、水果73批次、稻谷12批次、饲料9批次、畜禽产品91批次、水产品56批次、绿色食品6批次。完成拖拉机年检614台、联合收割机年检326台，年检通过率92%。办理新增拖拉机注册登记41台、联合收割机注册登记24台，全年检查拖拉机、联合收割机等作业机具178台次，全力保障农业生产经营秩序。《程某红收获未达到安全间隔期的农产品案》《张家港市杨舍镇医加宠物诊所（朱某年）未按照规定处置诊疗废弃物案》《张家港市杨舍西城宠大师宠物沙龙（戴某丽）无动物诊疗许可证从事动物诊疗活动案》分获全国、江苏省、张家港市行政处罚优秀案卷。长江禁捕工作获省禁捕办通报表扬，连续两年获苏州市考核第一等次，乐余镇长江禁捕巡护队陈忠获评全国优秀护渔员，长江禁捕执法组获评“张家港市工人先锋号”。

【张家港市获评全国蔬菜绿色高产高效行动项目县(市)】 4月21日,张家港市被农业农村部确定为蔬菜绿色高产高效行动项目县(市)。6月14日,全省设施蔬菜绿色高产高效行动示范创建工作启动会暨连作障碍综合治理技术研讨对接会在张家港市召开。全国农业技术推广服务中心园艺处副处长冷杨、省农技推广总站站长杨洪建,浙江大学、扬州大学和省农业科学院相关专家教授,全省各设区市及相关县(市、区)蔬菜技术推广部门负责人等出席会议。与会人员现场观摩江苏善港生态农业科技有限公司、市沙洲绿农业科技发展有限公司、市蔬之园农产品有限公司、江苏常阴沙现代农业发展有限公司。全市蔬菜品种有白菜类、茄果类、瓜类、甘蓝类等,年播种面积8933公顷次,总产量26.3万吨,形成以常阴沙现代农业示范园区、乐余镇、南丰镇为中心的沿江优质蔬菜基地,以及经开区(杨舍镇)、冶金园(锦丰镇)等区镇为中心的城郊优质蔬菜基地。12月1日,在陕西西安举办的全国现代设施蔬菜建设及产能提升培训班上,张家港市做典型交流发言,介绍设施蔬菜连作障碍综合治理模式。年内,结合高产高效创建行动,市蔬菜技术指导站拍摄《主打一个"全自动"!来看机械化甘蓝移栽全过程》技术短视频,并在第三届全国绿色园艺新模式新技术新产品短视频学习交流活动中获最具推广价值奖。

【十大农业科普研学基地评选】 为贯彻落实乡村振兴战略工作机制,拓展新农人、实施乡村人才战略,发挥现代农业基地作为农业科普研学和劳动实践的主阵地功能,市农业农村局与市教育局、市关工委联合开展张家港市农业科普研学基地(新时代劳动教育实践基地)和张家港市校外教育辅导总站实践基地评选工作。经相关专家综合评价,俞氏生态果园、南新村"稻香人和"研学基地、常阴沙稻麦示范方、市农业试验站试验基地、永联菜篮农业专业合作社、梁丰生态牧业文化园、江苏善港生态农业科技有限公司、苏州三亩良铺农业科技有限公司、神园葡萄大世界、常阴沙现代农业发展有限公司获评张家港市第一批十大农业科普研学基地。基地覆盖瓜果、稻麦、蔬菜、养殖等多个行业,将科普研学和劳动教育相融合,为学生提供沉浸式研学互动体验。年内,各农业科普研学基地共组织研学活动146期,参与学生1.2万人次。

(孙玉会　孙畅慧　孙逸飞
唐　瑜　席利锋)

农业研学活动　　（市农业农村局　提供）

种　植　业

【概况】 全市主要种植的粮食作物有水稻、小麦和大豆,经济作物有油菜、蔬菜和果品。2023年,水稻种植面积16253公顷,主栽品种均为优良食味品种,包括南粳5055、南粳46、南粳3908、苏香粳100、宁香粳9号。小麦种植面积14053公顷,主栽品种为镇麦15、镇麦12号、扬麦23。果品以桃、梨、葡萄、柑橘、枇杷、草莓等为主,少量种植猕猴桃、无花果、莲雾、火龙果等,栽培方式以露地栽培为主,智能化设施栽培比例不断提高。

粮食作物　全年粮食呈现面积、单产、总产"三增"的良好局面。2023年,全市粮食作物播种面积31480公顷,比上年增加60公顷,增幅0.2%;总产量22.3万吨,比上年增加1597吨,增幅0.72%。水稻播种面积16253公顷,比上年增加13公顷,增幅0.08%;总产量14.78万吨,比上年增加828吨,增幅0.56%。小麦播种面积14053公顷,比上年增加43公顷,增幅0.31%;总产量7.13万吨,比上年增加725吨,增幅1.03%。大豆播种面积692公顷,比上年增加12公顷,增幅1.76%,总产量1800吨,比上年增加51吨,增幅2.92%。聚焦稻麦油等主要作物,开展粮油高产竞赛及攻关。经开区(杨舍镇)农义村水稻绿色高质高效创建超高产攻关示范基地种植的甬优系列杂交水稻攻关田每公顷产量达到15345.3千克(亩产1023.02千克),继2019年、2022年后第三次单季亩产突破吨粮。经开区(杨舍镇)南新村小麦高产攻关示范方种植的镇麦18每公顷产量达到9265.5千克(亩产617.7千克),创张家港地区稻麦两熟制条件下小麦单产新纪录。全市0.2公顷以上集中育秧点育秧面积147.6公顷,应用推广缓混侧深施肥3000公顷,发放财政奖补563.52万元。全年发布病虫情报21期,全市挽回粮食产量损失16.6万吨、蔬菜产量损失2.27万吨,折合经济效益价值4.8亿元。

经济作物　2023年,全市蔬菜播种面积8959公顷,常年菜地面积3120公顷,季节性菜地面积686.67公顷。全年蔬菜产量26.43万吨,总产值14.61亿元。累计建成"菜篮子"工程绿色蔬菜保供基地127个,面积1326.67公顷。创建苏州市"美丽菜园"4个、张家港市"美丽菜园"20个,实现高标准蔬菜基地全覆盖。更新完善废旧农膜回收站点23个,全市综合回收率98.94%。瓜果种植面积1072公顷，总产量36435吨，其中西瓜13715吨、桃5871吨、梨2900吨、葡萄3356吨。引进“梨兰会”休闲观光模式和梨园宽行综合种养模式先进技术2项，并继续推广梨园Y型棚架标准化修剪技术、生物质炭基肥料土壤改良技术、桃标准化大树形培养技术、果园自然生草栽培技术等新技术新模式。至年末，建成省级梨产业技术体系张家港市梨产业推广示范核心基地1个、省葡萄产业技术体系综合示范基地1个、省铁皮石斛产业特色小镇1个，创建苏州市“美丽果园”特色村5个，累计7个。年内，举办夏季系列果品品鉴会、“莓”好“橘”集冬令特色果品品鉴会，在全省和苏州市果品品鉴活动中获特等奖4项、金奖38项、银奖38项。

【“智慧稻作技术”现场观摩会举行】10月22日，由南京农业大学、苏州市农业农村局等单位组织的“智慧稻作技术”现场观摩会在张家港市举行。全国政协教科卫体委员会副主任、自然资源部原副部长、南京农业大学智慧研究院院长曹卫星，中国工程院院士、中国科学院南京土壤研究所研究员张佳宝和省农业农村厅、南京农业大学有关专家及全省种植条线120余名农技人员参加会议。智慧稻作技术是将北斗导航、现代农学、信息技术、农业工程等应用于水稻生产管理全过程，以数字稻田技术、稻情遥感监测技术、种肥水药智能决策技术、耕种管收精确作业技术和智慧稻作管理平台等为核心，以农田信息的数字化管理、长势指标的立体化监测、栽培处方的定量化设计、农田管理的精确化作业为目标，建立以“实时感知、定量决策、智能控制、精确投入、智慧服务”为技术内涵的现代化农业生产管理方式，实现水稻生产作业从粗犷到精确、从有人到无人方式的转变，并围绕智慧稻作技术、智慧农业发展等进行交流研讨。2021年起，张家港市基于江苏省现代农业稻麦产业体系项目在常阴沙常东社区开展智慧稻作技术示范，主要开展了基于无人机的水稻绿色智慧施肥技术和小麦长势监测诊断技术的示范，示范面积51.33公顷。

【锦丰镇入选江苏省铁皮石斛产业特色小镇】6月14日，农业农村部中药种植专题调研组组长张重义率领专家团队到张家港市调研铁皮石斛生态种植情况，调研组先后到昊盛健康生物产业集团、江苏福元高科石斛生态园实地调研铁皮石斛工厂化育苗、深加工和生态种植等情况，并就药食同源、产业多元化等问题进行交流。近年，锦丰镇通过“龙头企业+基地+农户”的模式，打造出规模化、绿色化、多元化中药特色产业，并入选2022年度江苏省特粮特经特色产业小镇推介——铁皮石斛特色产业小镇。2023年，全市铁皮石斛种植面积23.67公顷，年产量22吨，产值2080万元。其中，锦丰镇南港村、光明村铁皮石斛基地种植20.33公顷，建有联体大棚铁皮石斛种植区和仿野生铁皮石斛栽培区，铁皮石斛瓶苗超过60万瓶，生产铁皮石斛20吨，产值超2000万元。

【国家大宗蔬菜产业技术果菜类现场观摩会举行】6月9日，国家大宗蔬菜产业技术体系华东区果菜类新品种和栽培技术现场观摩会在张家港市举行。国家、省蔬菜体系的岗位专家、试验站站长，苏州各县级市（区）农业农村局、农业技术推广中心负责人和相关技术员、基地负责人等80余人参会。参会人员先后参观市樱尚农业发展有限公司、沙洲绿农业科技发展有限公司和现代农业示范园区3个果蔬基地，并与生产人员就新品种选育、生态栽培技术以及智能化设施设备应用进行交流。现场展示释放天敌、伴生、套种等多项生态栽培技术，全套智能化的设施设备，以及果菜类新品种90余种。

（赵彤　何丹　何芳）

种　业

【概况】年内，全市开展良种统供，淘汰扬麦16号等落后品种，水稻和小麦主栽品种选用南粳5055、南粳46、南粳3908、苏香粳100、宁香粳9号和镇麦15、镇麦12号、扬麦23。加强种质资源保护，年内，与高校、科研院所合作，在全市建立种质资源保护核心点1个、保护示范点4个，保护河阳血糯水稻、紫香糯水稻、鹿苑糯玉米、南丰盘香豇、山北香丝瓜、吴州小白豇、合兴菜苜蓿、沙洲香沙芋等28个具有张家港特色的地产农作物品种（品系），4个示范点示范总种植面积44公顷。为解决农户自留的品种普遍存在纯度不高的问题，对沙洲紫香糯水稻、鹿苑糯玉米、山北香丝瓜、南丰盘香豇等主要品种进行提纯复壮，并在海南进行扩繁。种质资源保护工作拓展到41个当地和周边地区优秀品系。举办全国第二届葡萄育种及知识产权保护研讨会，推动葡萄育种发展。推进鹿苑糯玉米提纯复壮与品种改良研究，“鹿苑糯玉米”获江苏省特色优质功能农产品推荐。

【水稻试验育种】年内，市农业试验站承担省种子站、省农科院、里下河农科所等单位各类水稻新品种（系）区域、生产试验11组，其中生产试验4组、区试及鉴定试验7组，试验示范新品种（系）180种。开展水稻自主育种试验，完成55个水稻中间材料的加代繁殖工作，与省农科院联合选育的新品系宁B9036参加省联合体区域试验。加强引进食用兼观赏型品种，如巨型稻、彩色稻、香稻、彩色油菜、特色蔬菜等适合创意农业、休闲农业、生态种养等模式的新优品种20余种，进行适应性种植，筛选适合当地种植的品种。

【稻麦良种补贴】年内，根据《苏州市稻麦良种补贴项目实施管理办法》规定，张家港市继续实施稻麦良种补贴项目，小麦补贴品种3种，分别为镇麦12号、镇麦15和扬麦23，落实补贴资金437.4万元，其中苏州市级财政资金220.5万元、张家港市级财政资金216.9万元。统一供应小麦良种1.62万公顷、3037吨。水稻补贴品种5种，分别为南粳5055、南粳3908、南粳46、宁香粳9号和苏香粳100，落实补贴资金292.9万元，其中苏州市级财政资金151.2万元、张家港市级财政资金141.7万元，统一供应水稻良种1.63万公顷、976吨。稻麦统供良种覆盖率98.4%，优良食味水稻品种覆盖率97%，超额完成苏州市下达的92%和75%的指标任务。稻麦良种补贴的实施，有力促进优质高产抗性品种的推广。2023年，小麦总产7.13万吨，为近10年中最高产量。

【鹿苑糯玉米获江苏省特色优质功能农产品推介】 2023年，江苏省农业技术推广协会、江苏省农业技术推广总站联合在全省开展特粮特经特色小镇、特色优质功能农产品推介活动。经有关单位推荐、专家委员会综合评审，张家港市农业试验站送样的"鹿苑糯玉米"产品获评特色优质功能农产品推荐。鹿苑糯玉米种植历史悠久，在张家港市有较高的知名度，产品有黄、白、红、紫、酱、黑等多色，鲜果穗种皮薄、糯软、微甜、爽口，腊熟期的老玉米黏性极好，煮透后的果穗外部黏稠，另有一番风味。市农业试验站在全市建立种质资源保护核心点1个、保护示范点4个，保护面积11.93公顷，并赴海南进行提纯复壮，有效保护了鹿苑糯玉米多个品系。

【农业外来入侵植物普查】 年内，为保障地区生态安全、生物安全和农业安全，根据省农业农村厅的统一部署，市农业农村局组织开展全市农业外来入侵植物首次普查。全市完成124个踏查点、54个普查样地的调查，制作标本69份。普查数据按农业农村部要求上传平台并全部通过审核。普查发现外来入侵植物69种，分布在23个科，其中菊科18种、苋科7种、玄参科7种、禾本科6种、茄科5种、豆科4种、旋花科3种，伞形科、柳叶菜科、酢浆草科各2种，另有其他13个科各1种。发现频率最高的农业外来入侵植物是空心莲子草，达到78.66%，小蓬草为41.49%，加拿大一枝黄花为33.81%，苏门白酒草为32.85%，钻叶紫菀为28.06%。年末，市种子管理站获评2023年度全省农业外来入侵植物普查工作先进集体。

【"聚新农人，育中国芯"第二届葡萄育种及知识产权保护研讨会举行】 8月7日，"聚新农人，育中国芯"第二届葡萄育种及知识产权保护研讨会在张家港市举行。全国葡萄种植行业200余位专家围绕国内外葡萄品种结构与发展趋势、品种保护政策及种子法解读等方面分享经验、探讨交流。各科研院校和育种单位现场展示最新的自育品种及品系45种。经过专家组评审，选出综合表现优异的品种24种。2023年，全国葡萄栽培面积80余万公顷，总产值超过1500亿元，连续多年保持世界鲜食葡萄种植面积第一。张家港市抓住种业这个核心，加强特色种质资源保护利用，涌现苏南种业、神园葡萄和扶摇种苗等一批种业企业，葡萄种业年产值超6亿元。其中神园葡萄已成为全国最大的民营葡萄资源圃，收集保存葡萄种质资源近2000份，拥有品种资源最为丰富的民间葡萄种质基因库，带动葡萄种植超1万户，并实现中国民间葡萄育种成果走出国门零的突破。

（韩 瑞 陶 笑 席利锋）

养殖业

【概况】 全市养殖的畜禽主要有外三元猪、黑白花荷斯坦奶牛、山羊、绵羊、鹿苑鸡、鹌鹑等，养殖的水产品有鱼、虾、蟹、甲鱼等。2023年，实现养殖业总产值6.13亿元，占农林牧渔总产值的10.7%。其中，畜牧业产值3.32亿元，占农、林、牧、渔业总产值的5.8%；渔业产值2.81亿元，占农、林、牧、渔业总产值的4.9 %。农林牧渔增加值35.44亿元，其中畜牧业增加值1.31亿元、渔业增加值1.41亿元，分别比上年下降2.1%和0.1%。

畜牧业 全年生猪出栏39560头，年末存栏42675头；羊出栏5100只，年末存栏6900只；家禽上市28.06万羽，年末存栏27.01万羽；奶牛存栏3514头。9月，梁丰食品集团有限公司机械化奶牛场通过省动物疫病预防控制中心现场评估验收，成为苏州首家省级结核病和布病双净化的养殖场。10月，市花盛生态养殖有限公司、德积街道朝阳养殖场建成苏州市级兽用抗菌药使用减量化达标场。

水产业 全年水产养殖总面积680公顷，水产品总产量9555吨，其中淡水养殖产量9260吨。淡水鱼主要养殖品种主要有青鱼、草鱼、鲢鱼、鳙鱼、鲫鱼、鳊鱼等，养殖模式多为混养；特种水产养殖品种主要有河蟹、青虾，一般采用套养模式，另有少量鳜鱼、鲈鱼、甲鱼等。至年末，全市有省级示范家庭农场2家，为市建科家庭农场、市长兴家庭农场；有苏州市高标准水产养殖示范基地2家，为市鸿屹水产养殖有限公司、市宏润水产科技有限公司。

【美丽牧园创建】 年内，为巩固地产"菜篮子"基地稳产保供能力，根据苏州市农业农村局的部署，张家港市开展美丽牧园标准化改造提标工作。市农业农村局确定江苏善港生态农业科技有限公司（善港猪场）等24个规模以下（生猪年存栏50头—199头、家禽年存栏200羽—9999羽、羊年存栏100头—499头）畜禽养殖户为创建单位。5月15日，市畜牧兽医站召开全市规模以下养殖户美丽牧园创建观摩会。各区镇动物防疫部门负责人参加。与会人员走访杨舍镇善港猪场、大新镇天源生态养殖有限公司，并围绕"污染管控、设施提档、管理规范、环境美化"等创建要求现场交流。7月，苏州市农业农村局对张家港市美丽牧园创建工作现场核查。全市24个规模以下畜禽养殖户全部通过验收。 （杨治风 李会峰）

农产品质量建设

【概况】 2023年，全市纳入江苏省农产品质量追溯管理平台生产主体2000家，实现规模生产主体日常监管、质量追溯、农残快检、承诺达标合格证使用全覆盖。全市开展农产品质量安全监管巡查9092次，完成农产品质量安全例行监测2470批次，农药残留快速检测11611批次，打印承诺达标合格证273.1万张。健全农产品质量安全监管体系，提升监管设备条件，创建省级五星级监管站和苏州市四星级监管站各1个，建成村级服务站点49个，为乡镇配备胶体金快检设备并开展"农安卫士"检测技能培训。建设省级病虫害绿色防控示范基地2个、苏州市级绿色示范片2个、水稻绿色示范点15个，示范区集成应用一套成熟的绿色防控技术模式，完成非化学防控措施应用覆盖率50%、化学农药减少20%以上的目标任务；重点建设省级稻麦草害综合治理区2个、苏州市稻麦草害综合治理片3个，示范区（片）推行"农业措施为基础、封闭处理为重点、茎叶喷雾为补充"为模式的稻麦田杂草周年综合治理技术措施，完成杂草综合防效95%以上目标任务。全市有有机食品15种，新增绿色食品16种、累计165种，绿色优质农产品比重为80.13%。

【农作物病虫害绿色防控】 2023年，全市以全国农作物病虫害绿色防控示范县建设为契机，在开展水稻、果蔬绿色防控技术集成研究的基础上，利用项目技术成果，加大病虫害绿色防控示范力度，重点建设水稻和桃树省级病虫害绿色防控示范基地各1个、水稻和蔬菜苏州市级病虫害绿色防控示范片各1个。新建水稻绿色防控示范基地（片、点）面积400公顷以上，辐射带动4000公顷以上；新建蔬菜、桃树等绿色防控示范基地（片）面积10余公顷，辐射带动100公顷以上。示范区内绿色防控产品使用面积均为100%，全市主要农作物病虫害绿色防控覆盖率为70.2%，其中水稻70.6%、桃69.0%、蔬菜67.8%。年末，张家港市获评全省植保植检工作先进单位。

【农业投入品监管】 年内，市农业农村局建立市场准入和监管名录，全面实行农药、兽药、饲料及饲料添加剂等农业投入品市场准入管理和生产经营主体监管名录制度，全市有投入品生产经营主体83家。规范投入品经营，落实农业投入品购买索证索票、经营台账制度，建立农药包装废弃物回收机制。2023年，回收农药包装586.4万件，回收率102.3%，发放财政补贴资金291.2万元；回收废旧地膜64.2吨，回收率99.8%，发放财政补贴资金103万元。全面落实高毒农药定点经营、实名购买制度，推行兽药良好生产和经营规范，对养殖环节自配料实施监管。完善投入品经营和配送网络，实施农药零差价集中配送，建成农药管理监管平台，农药销售与配送以及测土配方肥配送、农药废弃包装物和废弃农地膜回收纳入平台统一管理，农资统一集中配送比例达到90%以上。加强投入品质量监测，全年开展农药、兽药、饲料等监督抽检105批次。严格执行禁限用农兽药、饲料和饲料添加剂等有关规定，生产环节无非法添加行为。

【农业标准化生产】 年内，市农业农村局将所有规模基地产地环境纳入村庄保洁，开展产地环境和污染状况监测，实行清洁化生产。全市设立耕地质量长期定位监测点13个、耕地质量变更点50个、农产品产地环境监测点30个、土壤墒情自动监测点4个。推广绿色农技，修订32种主导农产品生产操作规程并推广入户，标准入户率达到100%。推行统防统治、绿色防控、配方施肥、健康养殖和高效低毒农兽药使用等技术。

【"国家农产品质量安全县"亮牌行动】 2017年，张家港市首批获评"国家农产品质量安全县"。2023年，为贯彻落实"四个最严"（最严谨的标准、最严格的监管、最严厉的处罚、最严肃的问责）的工作要求，全市组织开展"国家农产品质量安全县"亮牌行动。11月，市农业农村局下发《关于印发张家港市"国家农产品质量安全县"标识使用指南的通知》，授权符合条件的53个农产品生产主体使用国家农产品质量安全县称号。市农业农村局在塘市高速公路沿线设置"农产品质量安全县"高炮宣传栏，在步行街设置4个灯箱宣传栏。10家生产主体的12个产品包装印刷"国家农产品质量安全县出品"。

（吴 中 朱 慧）

农业机械化

【概况】 2023年，全市新增各类农机具869台（套），总投入1976.49万元。新增农机中，拖拉机45台、乘坐式高速插秧机145台（含侧深施肥插秧机134台）、联合收割机24台、自走式喷杆喷雾机25台、植保无人机33台、辅助驾驶（系统）设备231台。完成智能化传统农机改造325台（套），新建清洁热源烘干机12台，完成传统烘干机清洁化热源改造65台，全市清洁热源比例达到72.83%。侧深施肥插秧机占新增插秧机比例达到85.16%，万亩粮食播种面积智能农机装备保有量为13台，生态型犁耕深翻作业面积9340公顷。农作物耕种收综合机械化率96.1%，主要粮食作物耕种收机械化率99.65%，特色农业机械化率81.97%。年末，全市农机总动力30.43万千瓦。严格农机机务管理，常态化督导检查农机场库24家、镇级农机维修中心11家、烘干中心31家。提升信息化、数字化和智能化建设水平，全市烘干中心"温控+烟感"预警、农机库视频监管实现全覆盖，智能农机上网入云率95.6%。全市创建省级全程机械化示范园区（场）5个、苏州市高标准粮食生产"全程机械化+综合农事"服务中心2个、苏州市级高标准特色农业机械化示范基地1个、苏州市级粮食生产"无人化"农场5个、苏州市级农机农艺融合示范点5个，认定苏州市级农业生产"宜机化"设施总面积约476万平方米。成立南京农业大学工学院（张家港）专家工作站，完成张家港市农机信息化管理平台三期、农机智能化改造和智能农机上网入云项目建设。开展各类农机培训27期，培训994人次。其中，举办联合收割机、拖拉机驾驶技术培训4期，小麦机收减损暨农机安全生产警示教育培训10场，水稻机收减损技术培训班7场和农业生产全程全面机械化技术培训班、特色农业（设施蔬菜）全程全面机械化作业现场演示培训会、林果生产全程全面机械化培训暨现场演示会、植保无人机安全与操作技术培训班、农机合作组织带头人培训班、农机维修人才专项培训班各1期。组织举办农机作业现场演示会5场、农机推广田间日活动4次、农机科普进社区活动1次,展示展演各类新型农机具80台(套)。举办、承办农机技能竞赛2场,其中2023年"沙洲匠星"职工职业技能竞赛活动——张家港市农机维修工职业技能竞赛1场、2023年张家港市农用植保无人机"飞手"技能竞赛1场。组队参加省市农机竞赛3次,其中苏州市首届水稻机收减损技能大比武活动、第六届苏州技能状元大赛农业机械操作竞赛、首届江苏省农业行业职业技能竞赛(农机操作员)暨第九届全省农机行业职业技能竞赛各1次。全市农机志愿者队伍全年志愿服务600余次,出动志愿者1800余人次,发放宣传资料2400余份,维修保养各类农机具2000余台次。苏州市科技创新项目"稻麦'地面—航空'协同高效植保技术应用示范"通过验收,江苏省现代农机装备与技术示范推广应用项目"稻麦田间作业全程无人化智能装备与技术推广应用"完成结题。市农业机械技术推广站获第六届江苏省农学会技术推广奖一等奖,被评为2023年度江苏省农机推广工作先进单位、省农机推广信息宣传先进集体。全市有10人入选江苏省农机维修能人库、3人入选苏州市农机维修高技能人才交流研修队、2人入选苏州市智能化数字化农机技能人才队,蔡亮获评2023年"江苏省十佳文明职工"、江苏省五一劳动奖章,塘桥镇农机维修中心季志豪获评江苏省技术能手、江苏省农业技术能手、江苏省五一创新能手,获苏州市五一劳动奖章、首届江苏省农业行业职业技能竞赛(农机操作员)暨第九届全省农机行业职业技能竞赛个人第二名、第六届苏州技能状元大赛农业机械操作竞赛二等奖,市惠农物资有限公司吴磊获江苏省无人机展演三等奖,张家港市代表队获苏州市首届水稻机收减损技能大比武活动三等奖。

【机械化示范基地创建】 2023年,张家港市创建省级全程机械化示范园区(场)5家,认定苏州市级高标准粮食生产"全程机械化+综合农事"服务中心、高标准特色农业机械化示范基地、粮食生产"无人化"农场和农机农艺融合示范点等13家。其中,瑞康牧业(张家港)有限公司、江苏梁丰食品集团有限公司机械化奶牛场创建为江苏省畜禽养殖全程机械化示范场,江苏常阴沙现代农业发展有限公司创建为江苏省蔬菜生产全程机械化示范园区,市神园葡萄科技有限公司、市港诚生态农业有限公司创建为江苏省果茶桑生产全程机械化示范园区,塘桥镇金村农机服务专业合作社、塘桥镇鹿苑牛桥农机专业合作社创建为苏州市级高标准粮食生产"全程机械化+综合农事"服务中心,江苏善港生态农业科技有限公司创建为苏州市高标准特色农业机械化示范基地(水产养殖),江苏鱼米家农业科技发展有限公司、苏州苏垦现代农业发展有限公司、杨舍镇章卿村股份经济合作社、市永联米业有限公司、市华田家庭农场创建为苏州市级粮食生产"无人化"农场,塘桥镇花园村股份经济合作社、江苏善港生态农业科技有限公司、苏州苏垦现代农业发展有限公司、市兴田植保专业合作社、市莺富生态农业科技有限公司被认定为苏州市农机农艺融合示范点。

【"沙洲匠星"市农机维修工职业技能竞赛】 8月28日,由市农业农村局、市总工会主办,常阴沙现代农业示范园区管委会、市农业机械技术推广站承办的2023年"沙洲匠星"职工职业技能竞赛活动——张家港市农机维修工职业技能竞赛在常阴沙现代农业示范园区举行。各区镇(街道)农机维修中心、农机经销企业和农机技术推广管理人员等30名选手参加竞赛。塘桥镇农机维修中心季志豪获一等奖,杨舍镇农机维修中心孙敏、凤凰镇农机维修中心徐卫峰获二等奖,南丰镇建禾农机维修中心孟青峰、凤凰镇农机维修中心陶栋明、锦丰镇农机维修中心张晓清获三等奖。

【市植保无人机技能竞赛】 9月21日,由市农业农村局主办,乐余镇政府、市农业机械技术推广站承办的2023年张家港市植保无人机技能竞赛在乐余镇东林村举行。全市各区镇(街道)农机服务组织、粮食种植户、农机维修中心和农机经销企业等植保无人机飞手共24人参加比赛。乐余镇农机维修中心蔡良军获一等奖,塘桥镇滩里村张锡苑、德积街道福民村魏军东获二等奖,双山香山旅游度假区老圩村瞿鑫、耘垛智田农业服务(江苏)有限公司吴磊、锦丰镇耘垛农机作业服务中心王少霆获三等奖。

【苏州市农机质量月活动现场会在南丰镇举行】 3月15日,由苏州市农业农村局主办,苏州市农业机械技术推广站、张家港市农业农村局承办的2023年苏州市"农机质量月"暨"农机3·15"护航春耕备耕活动张家港现场会在南丰镇永联米业有限公司举行。省农业机械技术推广站站长陈新华为农机科技志愿者苏州服务支队、苏州各市(区)分队进行授旗;江苏省农业机械试验鉴定站副站长莫恭武为苏州市级农机质量投诉示范点授牌。农机行业主管部门发起"农机3·15"主题倡议和农机科技志愿服务倡议,并向农机服务组织赠送普法书籍和农机维修工具。农机经销企业、农机维修中心和农机作业服务组织代表承诺诚信服务。与会人员观摩张家港市永联米业"全程机械化+综合农事"服务中心建设情况,观摩大型拖拉机、收割机、插秧机、植保机械等农机具展演。活动现场设立政策法规咨询、农机安全监理咨询、农机化技术咨询、农机质量咨询、农机志愿服务咨询、大师义诊咨询6个咨询服务台,向一线农户发放各类宣传资料600余份。国家级、省级维修技能工匠现场讲解常见农机具典型故障、维修保养方法等。农机生产企业现场科普鉴别真假农机配件、油品等相关知识,切实维护农机消费者合法权益。

(赵占春 孙逸飞)

【编辑 陆正芳】

工业·建筑业

Industry & Construction Business

江苏沙钢集团行政大楼　（沙钢集团　提供）

综　　述
冶金工业
纺织工业
机电工业
化学工业
食品工业
其他工业
新兴产业
建 筑 业
江苏沙钢集团

張家港年鑑(2024)

扫码欣赏

虹筑之家

综 述

【概况】 2023年,张家港市工业经济发展稳中有进,加快推进产业链、创新链深度融合,不断跃升创新能级,持续优化产业结构,大力推行智改数转,深入推进绿色转型,全市工业经济发展再上新台阶。全市规模以上工业企业(全部国有及年主营业务收入500万元以上非国有企业,下同)1614家完成工业总产值5666.01亿元,比上年降4.9%,主营业务收入6670.41亿元,完成利税总额242.53亿元。规模以上工业企业按轻重工业分,轻工业企业632家,主营业务收入1201.47亿元;重工业企业982家,主营业务收入5468.94亿元。按企业规模分,大型企业17家,主营业务收入2766.04亿元;中型企业128家,主营业务收入1710.34亿元;小型、微型企业1469家,主营业务收入2194.03亿元。按登记注册类型分,集体企业2家,完成主营业务收入4.53亿元;股份合作制企业1家,完成主营业务收入2682万元;有限责任公司1261家,完成主营业务收入4397.73亿元;股份有限公司82家,完成主营业务收入394.97亿元;其他内资企业15家,完成主营业务收入7.02亿元;港澳台投资企业70家,完成主营业务收入455.3亿元;外商投资企业183家,完成主营业务收入1410.58亿元。全市工业用电量280.79亿千瓦小时,比上年降0.6%。全市有建筑业资质企业598家,167家总承包和专业承包建筑业企业完成建筑业总产值251.86亿元,比上年增4.1%,其中建筑、安装工程产值249亿元,比上年增2.93%。竣工产值215亿元,比上年增41.32%,竣工率84.7%。

表21 2023年张家港市十大集团一览表

序号	企业名称	所在地	序号	企业名称	所在地
1	江苏沙钢集团有限公司	冶金园	6	江苏华昌(集团)有限公司	保税区
2	永卓控股有限公司	南丰镇	7	浦项(张家港)不锈钢股份有限公司	冶金园
3	江苏国泰国际集团股份有限公司	经开区	8	华芳集团有限公司	高新区
4	中粮东海粮油工业(张家港)有限公司	保税区	9	骏马化纤股份有限公司	经开区
5	陶氏化学(张家港)有限公司	保税区	10	天齐锂业(江苏)有限公司	保税区

表22 2023年张家港市75家重点工业企业一览表

序号	企业名称	所在地	序号	企业名称	所在地
1	采埃孚汽车科技(张家港)有限公司	经开区	19	澳洋集团有限公司	经开区
2	佐敦涂料(张家港)有限公司	保税区	20	江苏金帆电气集团有限公司	经开区
3	张家港市国泰华荣化工新材料有限公司	保税区	21	张家港联合铜业有限公司	冶金园
4	东华能源(张家港)新材料有限公司(集团)	保税区	22	攀华集团有限公司	保税区
5	张家港沙洲电力有限公司	冶金园	23	江苏爱康实业集团有限公司	经开区
6	信义光伏(苏州)有限公司(集团)	冶金园	24	麦格纳电子(张家港)有限公司	经开区
7	江苏鹿港科技有限公司	高新区	25	张家港华兴电力有限公司	经开区
8	江苏长顺集团有限公司	保税区	26	江苏蔚蓝锂芯股份有限公司	经开区
9	霍尼韦尔特性材料和技术(中国)有限公司	保税区	27	张家港广大特材股份有限公司	凤凰镇
10	江苏张家港酿酒有限公司	保税区	28	丰田合成(张家港)科技有限公司	保税区
11	索尔维(张家港)精细化工有限公司	凤凰镇	29	天宇羊毛工业(张家港保税区)有限公司	保税区
12	张家港市易华润东新材料有限公司	经开区	30	张家港中集圣达因低温装备有限公司	保税区
13	张化机(苏州)重装有限公司	保税区	31	张家港富瑞特种装备股份有限公司	经开区
14	张家港市苏闽金属制品有限公司	冶金园	32	长江润发集团有限公司	保税区
15	瓦克化学(张家港)有限公司	保税区	33	华奇(中国)化工有限公司	保税区
16	PPG涂料(张家港)有限公司	保税区	34	科波西电子材料张家港有限公司	保税区
17	苏州海陆重工股份有限公司	经开区	35	光束汽车有限公司	经开区
18	泰柯棕化(张家港)有限公司	保税区	36	张家港扬子纺纱有限公司	经开区

续表22

序号	企业名称	所在地	序号	企业名称	所在地
37	江苏七洲绿色化工股份有限公司	乐余镇	57	苏州爱得科技发展股份有限公司	冶金园
38	易高生物化工科技(张家港)有限公司	保税区	58	张家港友诚新能源科技股份有限公司	高新区
39	盛禧奥聚合物(张家港)有限公司	保税区	59	华灿光电(苏州)有限公司	经开区
40	江苏东方四通科技股份有限公司	经开区	60	江苏沙印集团有限公司	冶金园
41	江苏协昌电子科技股份有限公司	凤凰镇	61	张家港恒进机电有限公司	经开区
42	润英联(中国)有限公司	保税区	62	液化空气(张家港)有限公司	冶金园
43	加特可(苏州)自动变速箱有限公司	经开区	63	苏州聚晟太阳能科技股份有限公司	高新区
44	苏州罗伦士汽车制造股份有限公司	保税区	64	江苏亚鑫精密科技股份有限公司	保税区
45	江苏新芳科技集团股份有限公司	大新镇	65	江苏宏宝集团有限公司	大新镇
46	双狮(张家港)精细化工有限公司	保税区	66	苏州龙杰特种纤维股份有限公司	经开区
47	江苏银河电子股份有限公司	高新区	67	美利肯纺织(张家港)有限公司	经开区
48	旭化成聚甲醛(张家港)有限公司	保税区	68	江苏赛宝龙石化有限公司	保税区
49	张家港迪爱生化工有限公司	保税区	69	江苏富森科技股份有限公司	凤凰镇
50	江苏利柏特股份有限公司	保税区	70	张家港海螺水泥有限公司	大新镇
51	江苏江锅智能装备股份有限公司	保税区	71	胜牌(张家港)润滑油有限公司	保税区
52	江苏梁丰食品集团有限公司	经开区	72	江苏现代威亚有限公司	凤凰镇
53	路易达孚(张家港)饲料蛋白有限公司	保税区	73	张家港海锅新能源装备股份有限公司	南丰镇
54	江苏华盛锂电材料股份有限公司	保税区	74	森田新能源材料(张家港)有限公司	保税区
55	江苏东渡纺织集团有限公司	经开区	75	江苏联宏纺织有限公司	高新区
56	力文特锂业(张家港)有限公司	保税区			

【产业投入】 2023年,张家港市完成固定资产投资547.22亿元。实施工业项目695项,完成工业投入工作量239.44亿元,比上年增11.8%。其中,制造业完成工业投入工作量222.42亿元,占全市工业投入总量的92.89%;电力、热力、燃气及水的生产和供应业完成投入工作量17.02亿元,占全市工业投入总量的7.11%。在建1亿元以上项目249项,完成投入工作量201.34亿元,占全市工业投入总量的84.1%;在建5亿元以上项目83项,完成投入工作量143.5亿元,占全市工业投入总量的59.9%。在建技术改造项目614项,计划总投资1352.7亿元,完成投资172亿元,占工业投资的71.9%;在建非技改类项目81项,完成投资67.4亿元。保税区、经开区、冶金园、高新区投资占全市投资的比重76.48%,其中工业投资185.18亿元,占全市投资的33.84%,新兴产业投资195.25亿元,占全市投资的35.68%。全年保税区、经开区、冶金园、高新区实施超1亿元项目204项,其中保税区67项、经开区80项、冶金园38项、高新区19项,占全市超1亿元项目总数的81.93%;完成投资额157.56亿元,其中保税区47.8亿元、经开区48.14亿元、冶金园52.63亿元、高新区8.99亿元,占全市超1亿元项目投资额的78.26%。

【转型升级】 2023年,全市制造业企业完成规模以上产值5449.67亿元,占规模以上工业总产值的96.18%,制造业增加值占地区生产总值比重的46.57%。冶金、纺织、机电、化工、食品五大行业合计完成规模以上产值5162.51亿元,占规模以上工业总产值的91.11%。其中,冶金行业完成规模以上产值2172.83亿元,比上年降13.48%,在五大行业中占比由上年的42.15%降为38.35%;纺织行业完成规模以上产值504.17亿元,比上年降0.44%;机电行业完成规模以上产值1260.59亿元,比上年增2.75%;化工行业完成规模以上产值829.16亿元,比上年降4.84%;食品行业完成规模以上产值395.75亿元,比上年增12%。年内,全市新引进投入超10亿元重要节点项目51项。增强技术创新能力,江苏沙钢集团有限公司"实施基于精益管理系统+MES系统平台的质量管控"入选工业和信息化质量提升典型案例,江苏永钢集团有限公司"基于'流程+数字化'的全流程质量智能管控实践"入选省质量标杆名单。28个项目列入2023年省重点技术创新目录导向计划。新增省关键核心技术(装备)攻关项目3项,4种企业产品入选苏锡常首台(套)重大装备认定名单,累计8种。张家港市新增省级企业技术中心19家,累计113家;新增省级工业设计中心1家,累计13家;新增省服务型制造示范企业(平台)2家,累计10家。新增苏州市企业技术中心11家,累计150家;新增苏州市工业设计中心1家,累计21家;新增苏州市服务型制造示范企业(平台)4家,累计9家。提升绿色集约水平,江苏沙钢集团获评国家级绿色工厂,江苏东渡纺织集团有限公司获评国家级绿色供应链企业，累计获评国家级绿色园区1家、绿色供应链企业2家、绿色工厂2家、绿色设计产品26种。新增省级绿色工厂9家，累计16家。完成15笔节能量交易，为11个项目提供用能保障，累计节能交易量14万余吨标煤。江苏扬子江国际化学工业园首批通过江苏省化工园区认定复核，飞翔医药产业园首个获评苏州医药产业园区（绿色制造），新联先进制造园、德积产业园获评苏州市"工业上楼"试点示范项目。

【智能制造】 2023年，全市分层分类推动制造业智能化改造、数字化转型、网络化联接，针对企业需求，全年量身打造各类智改数转对接活动超20场。新增智改数转项目786项，累计实施3697项，保持规模以上工业企业动态全覆盖。江苏永钢集团有限公司特种合金棒材智能制造示范工厂成为全市首家国家级智能制造示范工厂揭榜单位；全市新增工信部新一代信息技术与制造业融合发展示范名单2家，其中江苏沙钢集团有限公司获评全市首家"数字领航"企业，江苏沙钢高科信息技术有限公司获评特色专业型工业互联网平台；全市新增国家级工业互联网试点示范项目1项，累计2项；4家企业入选工信部5G工厂名录，累计4家。新增省级工业互联网标杆工厂2家，累计6家；新增省5G工厂1家，累计2家。新增省级智能制造示范工厂2家，累计5家；新增省级智能制造示范车间27家，累计124家。新增省星级上云企业76家，其中新增省五星级上云企业8家；累计获评省星级上云企业416家，其中省五星级上云企业23家。新增苏州市5G工厂5家，累计5家；新增苏州市智能制造示范车间16个，累计177个。张家港市落实贴息奖励政策，企业通过苏州综合金融服务平台获得放款金额54.1亿元。推动运营商与企业围绕智能工厂、智能车间、智慧码头、智慧服务等领域，开展场景应用探索，打造张家港中美超薄带科技有限公司5G工厂、永钢5G智慧工厂、联峰钢铁（张家港）有限公司固废循环利用5G工厂、江苏宏泰物流有限公司5G智慧码头等5G场景应用典型案例。

【首届市智能化改造数字化转型立功竞赛】 4月，为加强制造业企业数字化人才队伍建设，市工业和信息化局、市总工会举办首届市智能化改造数字化转型立功竞赛，考察企业在智能装备应用、生产物料配送、生产过程管控、生产信息追溯、能源消耗管控、安全环保管控、综合效益提升、内外联动协同等方面，对人工智能、大数据、5G 通信、数字孪生、物联网等技术的应用情况。经过初步评选，11月30日举行决赛，23家企业进行PPT路演，江苏沙钢集团有限公司、永卓控股有限公司、张家港市骏马钢帘线有限公司、江苏朗信电气有限公司等10家企业获奖。

【飞翔医药产业园获苏州市级认定】 2023年，苏州市政府公布苏州市医药产业园区认定名单，张家港市飞翔医药产业园（一期）获评苏州市首个医药产业园区（绿色制造）。该产业园前身为2007年成立的飞翔化工集中区，2021年4月获张家港市政府批准设立，一期规划面积130公顷。定位为重点发展高附加值原料药及其制剂项目，兼顾发展医疗器械、高端医用材料等产业。通过改造搬迁，园区建有安全环保智慧管理平台、大气河流段面监测系统、消防特勤站、年供热能力150万吨的自备热电厂、日处理能力2000立方米的污水处理站、年处理能力1.2万吨的危废处置中心等公共基础配套设施，实现区外500米防护距离内敏感目标清零以及封闭化、信息化、智能化管理。凤凰镇出台《促进生物医药产业发展的若干政策》，对落户该园区的生物医药及高端医疗器械企业，重点对高端人才引育、厂房租赁、投资建设及研发、生产、销售等环节加大扶持力度。至2023年年末，园区内有江苏飞翔化工股份有限公司、索尔维（张家港）精细化工有限公司、阿科玛（苏州）高分子材料有限公司、北方天普纤维素有限公司张家港分公司、江苏富森科技股份有限公司、江苏富淼膜科技股份有限公司、张家港市飞翔环保科技有限公司等7家企业，达到年产值50亿元的规模。

（郎子贤　赵学琳
沈淳悦　吴金阔　谢凤姣）

冶金工业

【概况】 2023年，张家港市规模以上冶金工业企业完成工业总产值2172.83亿元，占全市规模以上工业总产值的38.35%，比上年减13.48%。其中，黑色金属冶炼和压延加工企业68家，完成工业总产值1929.42亿元；有色金属冶炼和压延加工企业57家，完成工业总产值243.41亿元。全年销售收入超100亿元的冶金企业有4家。沙钢集团本部全年完成销售收入1119.13亿元，比上年减3.66%；实现利税28.73亿元，比上年减22.93%。永钢集团完成销售收入857.4亿元，比上年减40.96%；实现利税22.93亿元，比上年减46.36%。张家港浦项不锈钢有限公司完成销售收入182.28亿元，比上年减17.02%；实现利税-9.09亿元，比上年减239.67%。张家港联合铜业有限公司完成销售收入184.04亿元，比上年增8.08%；实现利税6.17亿元，比上年增2.76%。全年冶金工业累计完成投资54.51亿元，比上年增46.33%，投资额占全市工业投资的22.76%。

表23　2023年张家港市规模以上冶金工业企业主要产品产量情况表

产品名称	年产量（万吨）	比上年增长率（%）
钢材	3700.62	-4.20
其中：冷轧薄宽钢带	145.33	-0.90
线材（盘条）	772.91	0.80
钢筋	829.32	-17.20
铜材	0.32	-61.50
十种有色金属	29.17	6.30
铝材	8.32	-14.80

表24　　2023年张家港市冶金工业企业投入1亿元以上竣工项目情况表

企业名称	项目内容	项目类别	总投资（万元）	竣工时间
江苏永钢集团有限公司	轧钢事业部炼钢三厂扩建工程项目	内资技改	93876	11月
	连铸生产车间及配套设施用房扩建项目	内资技改	35704	12月
	连铸机项目	内资技改	34312	12月

【永卓控股特种合金棒材工厂获评国家级智能制造示范工厂】 2023年，永卓控股有限公司业务涵盖钢铁、新材料、金融贸易、建筑、物流等，旗下有江苏永钢集团有限公司、江苏永联精筑建设集团有限公司、江苏象石实业有限公司、上海永骁企业发展有限公司、山东永成新材料有限公司等实体公司10余家，员工1万余人。全年实现营业收入超1608亿元，比上年增11%。下属江苏永钢集团有限公司年生产钢产品1000万吨，国际市场覆盖113个国家和地区。公司列中国企业500强第180位，列中国民营企业500强第81位，列中国制造业民营企业500强第50位。获评全国就业与社会保障先进民营企业、全国民族团结进步示范企业及江苏省优秀企业、2023年度绿色发展领军企业。1月29日，“低碳发展、高精转型”项目开工，总投资52.9亿元，占地39.53公顷，总建筑面积25.5万平方米，项目包含炼钢三厂扩建、超高强度高韧性特殊钢生产研发、精品线材智能服务平台3个子项目。6月，永卓控股总部办公楼、永联运行中心项目开工。其中，永卓控股总部大楼占地3.6公顷，总建筑面积8.1万平方米；永联运行中心占地1.08公顷，总建筑面积2.2万平方米。10月7日，“DCMM数据管理成熟度建设赋能企业高质量发展”“基于业财融合的钢铁企业财务成本智能测算及管控”两项管理创新成果分获冶金企业管理现代化创新成果二等奖、三等奖。10月27日，“钢帘线用热轧盘条”获“江苏精品”认证。11月15日，江苏永钢集团有限公司在上海清算所发行第一期短期融资券（科创票据）。永钢集团此次发行的债券为全国首单县级市民营企业科创票据（CRMW），发行规模为1亿元，票面利率为3.5%。年内，永钢集团“特种合金棒材智能制造示范工厂项目”成为全市首个国家级智能制造示范工厂项目。该项目于2020年1月启动，预计2025年6月完成，总投入资金12亿元。项目旨在打造个性化定制、网络化协同、平台化设计、智能化制造、数字化管理的智能制造新模式、新业态在钢铁企业落地的优秀案例。项目涵盖23个场景，涉及质量管控、计划调度、生产作业、设备管理、能源管理、安全管理、环保管理等12个业务环节，其中11个场景为项目典型场景。项目集成AI模型、时空融合数字孪生模型、工艺及研发仿真模型、业务流程模型、机理模型、数据算法模型、边缘侧控制模型等工业模型414个，参与现场过程控制的计算与反馈。建设有全价值链运营及协同研发平台、网络协同可视化制造平台、制造全流程节能及安环管控平台。项目建成后，实现生产效率提高12%，运营成本降低4%，产品研制周期缩短38%，产品不良品率降低15%，能源利用率提高12%。

【联合铜业公司智能化改造】 11月3日，中国有色金属工业协会发布“2022年度再生有色金属企业营业收入20强”名单，张家港联合铜业有限公司以93.04亿元营业收入再次上榜。2023年，公司生产阴极铜29.17万吨，阳极泥含金877.96千克、含银55.54吨，粗硫酸镍1227.42吨；实现销售收入184.04亿元，利润5178万元，入库税金7143万元。公司被工信部首批列为公布的《铜冶炼行业规范条件》企业，是工信部第三批符合铜、铅、锌行业准入规范条件企业之一和有色冶炼安全标准化二级企业，也是江苏省唯一的有色冶金企业、苏州市最大的再生有色金属加工利用企业，被苏州市认定为“废杂铜综合利用工程技术研究中心”。为加快智能化升级改造，该公司开展技术交流和外出考察，先后邀请中南大学、江西理工大学、江苏科技大学等高校教授和铜陵有色设计研究院、中国瑞林工程技术股份有限公司专家，开展技术交流对接。2022年6月，电解一系统Ⅰ期、Ⅱ期智能化机组改造完成。2023年，智能化改造电解Ⅲ、Ⅳ、Ⅴ期工程启动，新增阳极整形机组1套、残极机组2套及始极片机组、电铜机组、导电棒机组各1套，预计2024年6月完成改造并投运。投产后可在人员减少40%情况下，年生产15万吨电铜量。“十四五”期间，公司预计投入智能化改造资金6750万元。

（何增丁　黄伟城
吴阳舒　杨学文）

纺 织 工 业

【概况】 2023年，张家港市规模以上纺织工业企业完成工业总产值504.17亿元，比上年减0.44%，占全市规模以上工业总量的8.9%。其中，棉纺织、毛纺织、丝织、印染等企业263家，完成工业总产值315.85亿元；纺织服装、服饰制造企业58家，完成工业总产值72.5亿元；化学纤维制造企业43家，完成工业总产值115.82亿元。全年销售收入超10亿元的纺织企业有8家，其中江苏骏马集团有限责任公司80.9亿元、天宇羊毛工业（张家港保税区）有限公司22.07亿元、江苏鹿港科技股份有限公司20.09亿元、苏州龙杰特种纤维股份有限公司15.99亿元、张家港扬子纺纱有限公司15.86亿元、张家港豪鼎服装有限公司12.52亿元、张家港市澳源毛条有限公司10.98亿元、张家港新东旭纺织印染有限公司10.24亿元。全年纺织行业累计完成投资6.76亿元，比上年增1.71%，投资额占全市工业投资的2.82%。年内，中国国际毛纺大会、全国毛纺织行业科技大会在张家港市举行。

表25　2023年张家港市规模以上纺织工业企业主要产品产量情况表

产品名称	单位	年产量	比上年增长率（%）
化学纤维	万吨	46.54	7.50
纱	万吨	34.20	12.60
布	万米	6401.00	−12.20
印染布	万米	22003.00	37.10
帘子布	万吨	7.43	−8.60
毛机织物（呢绒）	万米	6425.58	−0.40
服装	万件	11329.80	−34.20

【可隆科技特公司车间获评省智能制造示范车间】 12月，可隆科技特（张家港）特种纺织品有限公司汽车内饰材料自动化生产智能车间获评江苏省智能制造示范车间。该车间于2019年获评苏州市智能车间，通过购入研光机、面料有害物质热处理设备、复合检查机及蓄热式热氧化设备等智能设备，搭配企业SAP、MES系统，改变传统车间生产模式，从车间作业计划下达到最终产品完工检验入库全过程，实现实时控制和管理、实时数据采集、数据流程控制、数据统计分析，达到车间数据全面管理。可隆科技特公司成立于2004年，位于凤凰镇，由可隆科技特株式会社、北京可隆汽车部件有限公司和可隆（中国）投资有限公司共同投资设立，是一家外商投资企业。可隆科技特株式会社为韩国十大集团之一，专门从事面料的研发、生产、销售。公司主要生产工程用特种纺织品、塑料人造革、汽车安全气囊面料等产品，其中汽车内饰产品广泛应用于上汽、本田、起亚、通用、福特、马自达、特斯拉等高端车型。公司获得国际汽车质量管理体系颁发的ISO/TS-16949认证，通过ISO 14001等环保认证，2022年获评江苏省四星级上云企业。2023年营业收入3.58亿元，入库税收1438万元。

【3个纺织品牌获“苏州制造”品牌认证】 年末，第四批“苏州制造”品牌认证名单公布，张家港有5种企业产品入选榜单，其中3个为纺织企业品牌。江苏东渡纺织集团有限公司是以研发、品牌、制造、物流为主体，面料、服装及相关配套生产为主线，集织造、染色、绣花、印花、成衣一条龙服务，科技研发、工业生产、营销贸易为一体的大型纺织企业，先后获得国家级绿色工厂、国家级绿色产品、国家级绿色供应链管理企业等荣誉。获证产品为伊思贝得儿童针织圆领衫，其各项指标优于已定标准，面料采用绿色环保面料，注重吸湿性、透气性、柔软性、保暖性，符合欧盟生态纺织品标准。张家港扬子纺纱有限公司隶属于德国的南毛集团，是一家全球化精纺羊毛纱线企业。公司产品通过Oeko-Tex生态纺织品标准认证、GOTS全球有机纺织品标准等认证，获得江苏省高新技术企业、省跨国公司地区总部和功能性机构等认定称号。认证产品为纯羊毛圆机用精纺纱线色纱，拥有较强的透气性、吸湿性，且抑菌抗菌。江苏千里马袜业有限公司是一家有60余年历史的高科技织袜企业，建有江苏省工业设计中心、苏州市工程技术研究中心、苏州市智能车间，也是《多功能针织产品》国家标准的主要起草单位之一。认证产品舒跑系列袜满足运动、休闲、商务各场景，拥有相关发明专利6件，授权专利20件，畅销国内电商平台，与各头部带货主播合作销售。

【德积高端纺织产业园首期项目投产】 6月，德积高端纺织产业园首期项目竣工。项目位于德积街道长江东路南侧、北京路西侧、福民路北侧，于2021年11月启动建设，总占地30.4公顷，总建筑面积42万平方米，容积率2.0。项目分三期建设，其中首期用地面积6.72公顷，建筑面积13.49万平方米，总投资4.8亿元，包括生产车间10个、办公楼1幢及配电房、消防水池泵房等。首批入园的龙头企业有3家实现投产，分别是市华亿氨纶纱业有限公司、市恒韵纺织品有限公司、市周氏纺织有限公司。投产后容纳纱锭35万个，销售额达到10亿元，入库税金3000万元。年末，德积产业园项目获苏州市“工业上楼”示范项目认定。

（何增丁　黄伟城　谢凤姣
凌雨希　陈　洋）

机电工业

【概况】 2023年，张家港市规模以上机电工业企业完成工业总产值1260.59亿元，比上年增2.75%，占全市规模以上工业总量的22.25%。主要涉及化工压力容器、锅炉及锅炉附件、汽车及零部件、输变电设备、机床及精密机械、建筑机械、吊装机械、环保机械、洗涤及分离机械、纺织机械、医疗机械、电子类等众多门类。全市机电行业建有以保税区与经开区（杨舍镇）为中心的高端机械制造工业园，以乐余镇为中心的汽车及汽车零配件生产集群地，以冶金园（锦丰镇）三兴办事处为主的塑机、饮机生产集群地，以大新镇为中心的五金工具生产集群地和以高新区（塘桥镇）为中心的纺机生产集群地等。全年销售收入超10亿元的机电企业有15家，其中采埃孚汽车科技（张家港）有限公司73.27亿元、江苏联峰能源装备有限公司52.13亿元、张化机（苏州）重装有限公司29.59亿元、张家港广大特材股份有限公司27.93亿元、张家港中集圣达因低温装备有限公司24.26亿元、苏州海陆重工股份有限公司23.14亿元、丰田合成（张家港）科技有限公司19.93亿元、中鑫汽配（张家港）有限公司14.55亿元、张家港富瑞深冷科技有限公司14.18亿元、张家港海锅新能源装备股份有限公司12.58亿元、麦格纳电子（张家港）有限公司12.13亿元、长江润发（张家港）机械有限公司11.81亿元、江苏朗信电气股份有限公司10.7亿元、东熙汽车配件（张家港）有限公司10.15亿元、宝时得机械（张家港）有限公司10.13亿元。全年机电行业累计完成投资101.95亿元，比上年增3.37%，投资额占全市工业投资的42.58%。

表26　2023年张家港市规模以上机电工业企业主要产品产量情况表

产品名称	单位	年产量	比上年增长率（%）
金属集装箱	万立方米	6.72	-19.70
锂离子电池	万块	14173.19	-59.40
滚动轴承	万套	11380.70	2.80
医疗仪器设备及器械	万台	11.39	25.40

表27　2023年张家港市机电工业企业投入1亿元以上竣工项目情况表

企业名称	项目内容	项目类别	总投资（万元）	竣工时间
丰楚实业发展（苏州）有限公司	汽车零部件项目	外资技改	16428	4月
小谷（张家港）精密锻造有限公司	年产800万件汽车变速箱及传动系用零部件轴承等用锻件制品项目	外资技改	20240	10月
苏州莱士格车业有限公司	电动自行车及电动自行车驱动系统项目	内资技改	15118	11月
江苏多维科技有限公司	磁传感器芯片封装项目	外资技改	10500	11月
江苏广大鑫盛精密智造有限公司	大型高端装备用核心精密零部件项目一期	内资非技改	214178	12月
豪泰新能源科技（苏州）有限公司	新能源电动车生产项目	内资非技改	24630	12月
江苏申港特种装备有限公司	重型装备模块集成项目	内资技改	16351	12月
张家港海锅新能源装备股份有限公司	高品质锻造扩产及技术改造项目	内资技改	16000	12月

【广大鑫盛精密零部件智造项目投产】 9月19日，广大鑫盛精密零部件智造项目投产暨风电装备关键部件科研生产基地项目开工仪式在凤凰镇举行。江苏广大鑫盛精密智造有限公司一期项目总投资约22亿元，占地19.8公顷，自2021年8月动工起，有72台（套）进口高端设备投入生产，新建厂房18万平方米，实现年产用于海上风电、高速轨道交通等行业的行星销轴、行星齿轮、太阳轮等高精零部件8.18万件。二期风电装备关键部件科研生产基地项目计划投资20亿元，占地22.13公顷，联合产业链下游的中国高速传动设备集团有限公司、明阳新能源投资控股集团、江阴远景能源科技有限公司等组件生产商，预计年产风电主机配件5000台（套）。项目整体达产后，预计新增年销售收入55亿元，税收6.2亿元。

【华程制管公司航空特材打印项目开工】 7月13日，江苏华程工业制管股份有限公司新建航空特材（3D）打印及超高强度形性协同精密焊管项目开工奠基。江苏华程工业制管股份有限公司成立于1997年，是江苏省高新技术企业，获管理体系认证8项，取得发明专利15项、实用新型专利18项；获评省级重点企业研发机构1个、省工程技术研究中心1个，被认定为江苏省企业技术中心，并获省级新产品认定2项；主持起草国家标准2项、行业标准1项，参与起草国家标准3项、行业标准1项、在定国家标准1项；成立全国钢标准化技术委员会钢管分技术委员会汽车用管工作组。该新建项目利用3D打印、数字化制造技术和高性能复杂材料技术，结合华程公司传统精密焊接及制造技术，在实验室实现高效氢能系统和航空关键零件及相应配套设备的研发。项目总投资5.6亿元，占地面积2.63公顷，新增建筑面积4.1万平方米，年产高精密轴承材料5万吨和地质钻杆用高精密焊接材料2万吨。

【国内首台民用液氢罐车下线】 12月28日，国内首台民用液氢罐车下线，由张家港中集圣达因低温装备有限公司设计制造，并得到国家重点研发计划项目“液氢制取、储运与加注关键装备及安全性研究”的项目支持。液氢储运具有纯度高、运量大、远距离运输成本低和加注效率高等优点，但液氢沸点低、易汽化、易燃爆。中集圣达因公司科研团队攻克液氢超低温绝热、氢环境储运安全等难题，形成多层绝热、超低温系统匹配及智能化监测等关键核心技术，最终形成这款高安全、低损耗的液氢储运产品。一台液氢罐车的运量相当于10

华亿科教设备公司医教研博览馆 （乐余镇 提供）

辆传统氢气管束车，且在100%无损情况下，运输距离可以达到2000千米以上。近年，中集圣达因公司在液氢领域积累大量的设计、制造经验，助力《移动式真空绝热液氢压力容器专项技术要求》团体标准的发布，通过全国首个《移动式真空绝热液氢压力容器》企业标准及液氢罐车产品设计方案符合性审查。2023年，公司提供各类低温工程应用的总承包业务，全年销售收入24.26亿元，纳税6258万元。

【海陆重工公司入选“江苏精品”认证获证企业】 年末，2023年第二批“江苏精品”认证获证企业名单公布，苏州海陆重工股份有限公司入选，认证产品为硫磺制酸系统余热锅炉。该公司创建于1956年，是国内一流的节能环保设备的专业设计制造企业，已形成锅炉产品、大型压力容器、核电设备、低温产品、环保工程、光伏新能源共同发展的业务格局，并于2008年在深圳证券交易所上市。公司曾承担国家863计划、江苏省科技成果转化专项资金计划，曾获国家科技进步奖二等奖，产品拥有核心自主知识产权并取得专利200余项。该公司为国内余热锅炉行业龙头企业，拥有丰富的硫酸锅炉设计和工程经验。配套于硫磺制酸装置的高温高压余热回收系统（QC44.295/1050-25.97-9/410）同时入选2023年苏锡常首台（套）重大装备认定名单。包括火管锅炉、过热器、省煤器等模块，主要用于对硫磺制酸过程中产生的余热、废热进行回收和再利用。火管锅炉采用高强度低合金钢材质高压火管锅炉结构，在确保硫酸质量的同时提高发电效率；省煤器采用热套翅片管设计，避免露点腐蚀，延长锅炉使用寿命，同时可有效处理高温烟气的除尘，实现达标排放。2023年公司实现销售收入23.14亿元，利润3.08亿元。

【华亿科教设备公司开创医学教学行业多个“首例”】 张家港市华亿科教设备有限公司总部位于乐余镇，始创于1979年，主营业务包括医学教学设备、医学实验环境改善、人体生命科普和数字医学设备，是教育部首批教学仪器设备定点生产企业之一。在医学领域的实验人工智能设备、智慧环保系统、数字图像处理等应用与研发处于国内领先水平，创立的LABCARE品牌全国市场占有率超过70%。企业多次获得医学类科技奖，开创医学教学行业的多个“首例”，包括研发并生产国内首套基础医学离子空气净化系统和福尔马林污水处理设备。建立国内首个“数字人体”形态互动学习中心，参与起草并推动首个行业标准《解剖学实验室建设标准》，获得国家专利36项、软件著作权31项，被中国解剖学会授予重大贡献奖。近年，公司参与复旦大学、同济大学、南京大学、云南大学、香港中文大学等数十所知名高校实验室、生命科学馆等项目建设。2023年4月26日，公司举行医教研博览馆揭牌仪式。医教研博览馆总面积2500平方米，分为科研成果孵化展示基地、医教研科创实训基地、生命与健康科学馆三层。公司全年实现营业收入6000万元，税收近400万元。

（何增丁　黄伟城　凌雨希
蔡英杰　卢嘉辉　谢凤姣
陈　忠）

化学工业

【概况】 2023年，张家港市规模以上化学工业企业完成工业总产值829.16亿元，比上年减4.84%，占全市规模以上工业总量的14.63%。其中，石油、煤炭及其他燃料加工企业2家，完成工业总产值8.97亿元；化学原料和化学制品制造企业93家，完成工业总产值675.38亿元；橡胶和塑料制品企业92家，完成工业总产值134.41亿元；医药制造企业13家，完成工业总产值10.4亿元。全年销售收入超10亿元的化工企业有17家，其中东华能源（张家港）新材料有限公司52.31亿元、江苏华昌化工股份有限公司49.36亿元、佐敦涂料（张家港）有限公司39.69亿元、陶氏硅氧烷（张家港）有限公司36.41亿元、长华化学科技股份有限公司27.12亿元、陶氏有机硅（张家港）有限公司26.58亿元、索尔维（张家港）精细化工有限公司23.45亿元、瓦克化学（张家港）有限公司21.4亿元、陶氏化学（张家港）有限公司20.6亿元、泰柯棕化（张家港）有限公司20.38亿元、江苏七洲绿色化工股份有限公司18.56亿元、PPG涂料（张家港）有限公司17.9亿元、盛禧奥聚合物（张家港）有限公司17.84亿元、江苏赛宝龙石化有限公司15.25亿元、华奇（中国）化工有限公司14.74亿元、江苏富淼科技股份有限公司12.18亿元、润英联（中国）有限公司11.71亿元。全年化学工业累计完成投资40.23亿元，比上年增17.4%，投资额占全市工业投资的16.8%。

表28　　2023年张家港市规模以上化学工业企业主要产品产量情况表

产品名称	单位	年产量	比上年增长率（%）
硫酸（折100%）	万吨	127.86	-7.30
纯碱（碳酸钠）	万吨	68.46	-0.50
合成氨（无水氨）	万吨	59.47	2.70
农用氮、磷、钾化学肥料（折纯）	万吨	38.61	1.40
化学农药原药（折有效成分100%）	吨	0.70	-0.60
塑料制品	万吨	24.07	23.60
涂料	万吨	34.90	23.50
化学试剂	万吨	2.06	7.40

表29　　2023年张家港市化学工业企业投入1亿元以上竣工项目情况表

企业名称	项目内容	项目类别	总投资（万元）	竣工时间
苏州中吴绿能科技有限公司	高级润滑油及副产品项目	内资技改	27793	12月
张家港康源新材料有限公司	年产9万吨水溶性复合微生物有机肥项目	内资技改	24026	12月
张家港迪克汽车化学品有限公司	制动液防冻冷却液及太阳能低温热利用工质扩建项目	外资技改	23457	12月
庄信万丰（张家港）贵金属材料科技有限公司	贵金属化学品扩建项目	外资技改	18200	12月

【华昌集团加强氢能等技术创新】 2023年是江苏华昌（集团）有限公司成立30周年。集团全年实现销售收入149.68亿元，比上年减19.14%；外贸出口22.02亿元，比上年减43.37%；自营出口2.25亿美元，比上年减50.05%；实现利税15.49亿元，比上年减53.84%；利润12.32亿元，比上年减58.45%，入库税金5.28亿元。下属核心企业江苏华昌化工股份有限公司加快构建产学研协作新模式，12月20日，苏州华昌道特化学技术研发有限公司揭牌成立，研发中心集化工技术开发、化工工程放大、技术推广转让、催化剂评价、工艺包开发设计、现场技术服务于一体，为客户提供技术经济分析以及全流程工艺开发和工程放大解决方案；推进转型项目建设，年产30万吨丁辛醇、合成生产装置智能化技术改造（低压合成）和尿素装置节能降碳技术改造三大重点项目加快推进实施，计划2025年建成投产；1,3-丁二醇、聚酯树脂、异辛酸、正异丁酸等新材料项目建设稳步推进；公司氢能技术研发达到国内领先水平，下属苏州市华昌能源科技有限公司实现120千瓦氢燃料发动机的市场运用，完成国家重点专项100千瓦级测试平台的建造，填补国内空白；持续拓宽氢能重卡、绿色公交应用场景，建有氢气充装站、加氢站、氢燃料电池电堆、发动机、测试系统和测试服务等项目，实现氢能源全产业链。年内，公司获评国家科技型中小企业、省级智能制造示范工厂、省级专精特新中小企业、省级绿色工厂，授权新专利26件。下属江苏七洲绿色化工股份有限公司投资的山东亿盛实业股份有限公司年产2万吨草铵膦项目全面达产，精草铵膦项目试产顺利，草铵膦产业链进入全球第一梯队；七洲绿色化工（济宁）有限公司精草铵膦、丙硫菌唑项目基本完成建设和安装，进入调试阶段；内蒙古海泰科技有限公司粉唑醇中间体项目完成试车。年内，完成科技项目申报26项，江苏七洲绿色科技研究院开展新产品新技术开发项目16项，授权专利6件，其中发明专利5件，获批各级奖励资金289万元，获评江苏省双创博士1人、姑苏重点产业紧缺人才1人、高级工程师3人。下属索尔维—恒昌（张家港）精细化工有限公司立足已有工艺设施，年内进行71项固定资产改造。下属江苏恒盛药业有限公司加快推进项目创新转型，在建的生物医药活性成分项目完成试生产评审，扩建年产1100吨氟苯尼考及车间智能化提升改造项目完成立项备案、节能评估，年产30吨生物医药活性成分项目完成立项变更；通过江苏省高新技术企业复审，获批江苏省专精特新中小企业，获评张家港市级智能车间1个，申报专利5件，授权专利1件，获得各类科技奖励、人才补助约90万元。下属市华瑞危险废物处理中心有限公司全年处置各类危险废物43055.92吨，处置量在江苏省名列前茅；加快推进和青岛科技大学产学研项目，年内新申请通过发明专利初审3件，获得实用新型专利4件，首次获高新技

术企业奖励15万元，获医废无害化项目专项配套奖励资金10万元，入选2023年度苏州市瞪羚计划企业名单。下属苏州利玛特能源装备有限公司提升工业冷冻系统、船用设备等行业的设计和生产，满足全球企业客户需求。下属江苏江锅智能装备股份有限公司打造智能制造“样板”工程，扩展重装车间，年内申请专利10件，项目申报18项，获国家发展改革委备案技改项目1项，获项目奖励资金299.11万元。

【海虹老人涂料公司开业】 9月22日，张家港保税区2023年“金秋好丰景、奋进正当时”重大项目开竣工系列活动启动仪式暨海虹老人涂料（张家港）有限公司开业典礼举行。以海虹老人特性涂料项目为代表，总投资120.51亿元的15个项目集中开竣工。丹麦海虹老人集团成立于1915年，总部位于丹麦哥本哈根，业务涉及工业防护涂料、船舶涂料、集装箱涂料、建筑涂料、交通标线涂料等，全球拥有生产基地26个、研发中心17个，员工人数超7500人。海虹老人集团投资11.4亿元在扬子江国际化学工业园建设特性涂料项目，占地面积13.61公顷，员工人数150人。年产高性能涂料18万吨，其中高性能船舶涂料10.5万吨、高性能工业涂料7.5万吨，年产2万吨水性涂料，达产后可实现年营业收入25亿元。该基地是海虹老人集团全球最大的研发生产基地。

【杜邦张家港一体化生产基地开业】 9月27日，杜邦张家港一体化生产基地开业典礼在保税区举行。杜邦公司于2018年11月8日与张家港保税区签署项目投资合作协议。杜邦张家港一体化生产基地项目总投资10.5亿元，占地10公顷，主要生产胶粘剂产品，配备MES生产执行系统。产品被广泛用于汽车、电子产品和医疗市场等高新技术领域。其中，首期年产1.6万吨胶粘剂项目投资3.2亿元，占地3.33公顷，于2023年5月开始试生产（为期一年）。

【东华能源公司分布式综合能源利用项目开工】 11月15日，东华能源（张家港）新材料有限公司系统蒸汽梯级余热利用项目开工。该公司是东华能源集团全资子公司，于2011年11月成立，注册资本20.96亿元。利用进口的高纯度丙烷，采用美国UOP脱氢生产工艺和装置年产66万吨丙烯，并采用美国陶氏Unipol工艺年产40万吨聚丙烯。该项目利用东华能源公司厂区锅炉富余中压蒸汽以及背压式汽轮机机组发电技术，装机容量达到4.5兆瓦，是全国化工行业规模最大的蒸汽梯级利用余热发电项目。2024年建成投运后，年发电量预计达到1740万千瓦小时，厂区蒸汽利用率达到90%，可实现年节省电费1044万元，年节约标准煤5379吨，减少二氧化碳排放量12246吨。

（何增丁　黄伟城
陈饶忠　蔡英杰）

食品工业

【概况】 2023年，张家港市规模以上食品工业企业完成工业总产值395.75亿元，比上年增12%，占全市规模以上工业总量的6.98%；完成营业收入378.99亿元，比上年增1.88%，实现利税9.91亿元，利润7亿元。其中，规模以上农副食品加工企业13家，完成工业总产值379.16亿元；食品制造企业8家，完成工业总产值8.52亿元；酒、饮料和精制茶制造企业2家，完成工业总产值8.08亿元。全年营业收入超1亿元的食品企业有13家，其中超10亿元的企业5家。中粮东海粮油工业（张家港）有限公司营业收入233.95亿元，路易达孚（张家港）饲料蛋白有限公司营业收入58.3亿元，益江（张家港）粮油工业公司营业收入42.27亿元，阿胡斯卡尔斯油脂（张家港）有限公司营业收入10.38亿元，江苏梁丰食品集团有限公司营业收入11.19亿元。

表30　2023年张家港市规模以上食品工业企业主要产品产量情况表

产品名称	单位	年产量	比上年增长率（%）
精制食用植物油	万吨	213.82	35.00
小麦粉	万吨	22.01	-1.20
饲料	万吨	373.14	23.40
乳制品	万吨	5.60	45.10
饮料、酒	万千升	4.49	-10.00

表31　2023年张家港市食品工业企业投入1亿元以上竣工项目情况表

企业名称	项目内容	项目类别	总投资（万元）	竣工时间
中粮东海粮油工业（张家港）有限公司	菜籽压榨及配套粕库和污水处理项目	外资技改	43273	12月

【东海粮油公司成立30周年庆】 8月8日，中粮东海粮油工业（张家港）有限公司举行"而立之年再出发，奋楫笃行勇争先"庆祝活动，庆祝公司成立30周年。东海粮油公司成立于1993年，1997年8月全面投产，总投资50亿元，由中粮集团控股54%，是中粮集团从外贸型企业向实业化转型、国内全面引入国际先进粮油加工技术的第一家企业，是中粮集团下属最大的工厂和第一家产业园。公司主要从事大豆、小麦、大米加工以及油脂深加工项目。公司大豆日压榨能力1.7万吨，日精炼能力4900吨，小包装日灌装能力24万箱，油脂日深加工500吨；日加工小麦750吨，日处理稻谷300吨，日加工饲料800吨。拥有10万吨级和7万吨级对外开放码头各1座，1万吨级对外开放码头2座，建有58万吨筒仓、40.2万吨储油罐群和6.2万平方米成品仓库。2023年，榨油五厂获评江苏省智能制造示范车间，该厂拥有一条日产3000吨菜籽压榨、日产5000吨大豆压榨的双榨生产线，设备国产化率98%，引入火灾报警、火花探测灭火、仓储3D料位显示、豆粕在线检测等系统以及轴温检测、振动监测、温度、压力等1600余个传感器和监控设备，具有安全性能强、绿色环保等特点。新建菜籽压榨及配套粕库和污水处理项目，建设投资4.33亿元，占地面积11562.37平方米，菜粕年产能49.5万吨，大豆加工量98.01万吨，年增产值1.4亿元。公司全年销售各类产品431.39万吨，实现营业收入233.95亿元，利润总额1.21亿元，入库税金2.04亿元。

【江海粮油集团二期项目投产】 11月3日，江海粮油集团二期项目投产仪式在张家港保税区举行，张家港市委副书记、市长蔡剑峰，法国路易达孚集团（LDC）全球首席执行官高启，江苏省粮食集团党委书记、董事长王刚出席。项目总投资12亿元。法国路易达孚集团成立于1851年，是全球四大粮商之一、世界500强企业。2017年，路易达孚集团与江海粮油集团签署合作协议，租用江海粮油工厂，作为江海粮油集团一期项目，主要内容为加工进口大豆，生产销售饲料原料豆粕、脱胶毛豆油及相关副产品。2020年5月，路易达孚集团与江海粮油集团签订二期合作协议，由江海粮油集团为其定制建设二期工厂，完成后租给路易达孚集团使用。二期项目被列为市重大项目，包括2个子项，其中年产96万吨饲料蛋白及副产品项目于2021年6月开工，2023年8月竣工投入试产；植物油精炼项目于2022年7月开工，2023年11月竣工。2023年，路易达孚（张家港）饲料蛋白有限公司实现销售54.82亿元，纳税2320万元。

（张　佩　刘　琳　蔡英杰）

其他工业

【概况】 2023年，张家港市工业除冶金、纺织、机电、化学、食品行业外，有其他行业类别的规模型企业206家，全年完成工业总产值503.5亿元，占全市规模以上工业总量的8.89%。其中，皮革、毛皮、羽毛及其制品和制鞋企业4家，完成工业总产值2.17亿元；木材加工和木、竹、藤、棕、草制品企业2家，完成工业总产值4612万元；家具制造企业1家，完成工业总产值5867万元；造纸和纸制品企业8家，完成工业总产值14.59亿元；印刷和记录媒介复制企业38家，完成工业总产值37.5亿元；文教、工业美术、体育和娱乐用品制造企业17家，完成工业总产值25.33亿元；非金属矿物制品企业92家，完成工业总产值152.82亿元；废弃资源综合利用企业12家，完成工业总产值51.11亿元；电力、热力生产和供应企业12家，完成工业总产值122.77亿元；燃气生产和供应企业8家，完成工业总产值84.04亿元；水的生产和供应企业4家，完成工业总产值6.62亿元；金属制品、机械和设备修理企业3家，完成工业总产值2.92亿元；其他制造企业5家，完成工业总产值2.57亿元。全年其他工业累计完成投资32.33亿元，比上年减3.85%，投资额占全市投资的13.5%。

表32　　2023年张家港市其他工业企业投入1亿元以上竣工项目情况表

企业名称	项目内容	项目类别	总投资（万元）	竣工时间
爱丽家居科技股份有限公司	聚氯乙烯塑料地板生产基地建设项目	内资技改	52096	9月
	塑料地板深加工扩建项目	内资技改	26086	9月
张家港市润昌新材料有限公司	新型绿色环保装饰墙板项目	内资技改	21348	12月

【电力工业】 2023年，全市有省调电力生产企业2家，装机运行容量4918.48兆瓦；地方（热）电力生产企业13家，装机运行容量1208.3兆瓦；分布式光伏发电容量767.99兆瓦。运行的2家省调电力生产企业中，张家港沙洲电力有限公司2台630兆瓦机组完成发电量68.51亿千瓦小时，上网电量64.68亿千瓦小时，供电标准煤耗为每千瓦小时305.91克，2台1000兆瓦机组完成发电量116.83亿千瓦小时，上网电量111亿千瓦小时，供电标准煤耗为每千瓦小时285.5克，实现售电收入72.29亿元，利润1.59亿元，入库税金1.71亿元。张家港华兴电力有限公司2台390兆瓦燃气机组完成发电量9.57亿千瓦小时，上网电量9.39亿千瓦小时，实现售电收入10.06亿元，净利润8600万元，入库税金8900万元；2台439.24兆瓦燃气机组完成发电量26.92亿千瓦小时，上网电量26.43亿千瓦小时，实现营业收入19.64亿元，净利润1.06亿元，入库税金1.04亿元。全市地方热电生产企业拥有供热管网

312千米，供热量2889.97万吉焦，发电量54.77亿千瓦小时（含分布式光伏发电项目），其中上网电量8.54亿千瓦小时，自发自用电量40.67亿千瓦小时，综合厂用电量5.56亿千瓦小时。江苏永钢集团资源综合利用电厂增加1台80兆瓦发电机组，锅炉额定蒸发量每小时260立方米。6月22日，江苏沙钢集团有限公司首套180兆瓦燃气—蒸汽联合循环（CCPP）发电机组点火调试成功。7月18日，南沙工业园天然气分布式能源站项目并网发电。10月31日，信义光伏（苏州）有限公司余热发电并网。12月13日，张家港市印染厂2台燃煤热电机组关停。

表33　　2023年张家港市（热）电力企业基本情况表

序号	（热）电厂名称	发电机组			锅炉		
		单机功率（兆瓦）	台数	合计（兆瓦）	额定蒸发量（立方米/时）	台数	合计（立方米/时）
1	张家港沙洲电力有限公司	630.00	2	3260.00	1913.00	2	3826.00
		1000.00	2		3100.00	2	6200.00
2	张家港华兴电力有限公司	390.00	2	1658.48	364.00	2	728.00
		439.24	2		434.00	2	868.00
3	张家港保税区长源热电有限公司	35.00	2	70.00	220.00	4	1030.00
					75.00	2	
4	张家港永兴热电有限公司	15.00	2	30.00	100.00	3	300.00
5	张家港市印染厂	6.00	2	12.00	65.00	1	115.00
					50.00	1	
6	江苏沙钢集团有限公司	50.00	4	200.00	220.00	4	880.00
		50.00	4	200.00	78.00	4	312.00
		135.00	2	270.00	400.00	2	800.00
		16.20	2	32.40	120.00	2	240.00
7	江苏富淼科技股份有限公司	4.50	1	4.50	75.00	2	150.00
8	双狮（张家港）精细化工有限公司	50.00	2	103.00	165.00	2	330.00
		3.00	1				
9	江苏永钢集团资源综合利用电厂	80.00	2	160.00	265.00	2	525.00
					260.00		
10	江苏华昌化工股份有限公司热电厂	12.00	2	24.00	130.00	2	260.00
					260.00	2	520.00
11	北控环境再生能源（张家港）有限公司	30.00	2	60.00	76.30	3	228.90
12	江苏碧康环保能源有限公司	1.10	4	4.40	—	—	—
13	张家港博丰新能源科技有限公司	0.50	1	0.50	—	—	—
14	信义玻璃（江苏）有限公司	7.50	1	7.50	16.50	2	45.50
					12.50	1	
15	张家港丰港新能源有限公司	6.00	2	12.00	23.00	2	46.00
16	信义光伏（苏州）有限公司	9.00	2	18.00	20.10	6	120.60

【新型墙材生产】 2023年，全市有新型墙体材料生产企业6家，分别为江苏亿大新型墙体材料有限公司、张家港市华诚新型建筑材料有限公司、江苏德丰建设集团建筑科技有限公司、张家港市永茂住宅工业有限公司、苏州新城万斯达住宅工业有限公司、张家港市新乘建材制造有限公司。墙体材料年生产能力3.08亿块标砖，实际产量4.15亿块标砖，均为新型墙体材料。生产新型墙体材料与生产传统的烧结黏土砖相比，相当于节约土地45.67公顷，节约能源2.57万吨标煤，减少二氧化硫排放514.6吨。全市生产新型墙体材料利用工业固体废渣6.03万吨。全市城镇房屋使用新型墙体材料建筑竣工面积880.74万平方米，新型墙体材料建筑比例为100%。

【爱丽家居公司两项目投产】 年内，爱丽家居科技股份有限公司聚氯乙烯塑料地板生产基地、塑料地板深加工扩建项目竣工投产，总占地9.33公顷。爱丽家居科技股份有限公司成立于1999年，是国内最早从事PVC地板生产的企业之一，2020年在上海证券交易所上市，是《硬质聚氯乙烯地板》《半硬质聚氯乙烯块状地板》国家标准，以及《聚氯乙烯锁扣地板》《儿童活动场所用弹性地板》等行业标准的主要起草单位之一。公司“Eletile”牌半硬质聚氯乙烯块状地板产品被评为“江苏省名牌产品”，“Eletile”商标被评为江苏省著名商标。公司与国际知名地板用品贸易商、品牌商VERTEX建立合作关系，被纳入家得宝公司等全球知名家居建材超市的供应链体系。2021年，公司在美国建成生产基地并投产。2023年7月，在墨西哥新设子公司并投资3000万美元建厂。公司聚氯乙烯塑料地板生产基地于2019年开工，项目新建4号车间，建筑面积36874.97平方米，购置贴合线、自动打包机、机械手、中央空调等设备59台(套)，有紧型连续混炼机2套、自动混料设备1套、修边导角线2套以及日本多片锯开槽连线4套。建成后可年产500万平方米的悬浮地板、800万平方米的硬质锁扣地板、600万平方米的不背胶地板(商用地板)，新增年产值10.12亿元。塑料地板深加工扩建项目于2020年开工，项目新建3号车间，建筑面积32468.7平方米，购置淋幕回火一体、自动打包机、机械手、自动冲床等设备114台(套)。项目为塑料地板后道深加工，涉及PUR(湿气固化反应型聚氨酯)热熔胶、淋幕油和水性涂料等少量辅料。建成后形成年产622万平方米不背胶产品和935万平方米锁扣产品，新增年产值8.22亿元。2023年，公司完成营业收入11.47亿元，净利润7788.91万元，入库税金1367.24万元。

【东方雨虹建材基地一期投产】 11月，苏州东方雨虹绿色建材有限公司智能生产基地一期竣工投产，基地于2021年5月27日签约落户大新镇，项目一期于2021年11月开工，总投资10亿元，占地10.6公顷，建有改性沥青防水卷材生产线4条、砂浆生产线5条，年产5400万平方米改性沥青防水卷材、50万吨砂浆。2023年，完成产值7.5亿元。二期项目总投资6亿元，占地6.67公顷，2023年12月开工，新增建筑面积5.19万平方米，项目预计形成年产6.4亿平方米高分子防水卷材、31万吨防水高分子材料的生产能力，达产后预计新增年销售10亿元，税收5000万元。二期建成后，张家港基地规模列东方雨虹全国各基地前列。

(姜丽丽　徐　超　茅　华　钱芳瑜)

新 兴 产 业

【概况】 2023年，全市规模以上新兴产业投入253.21亿元，比上年增14.5%，占全市固定资产投资的46.27%，比上年提高5.68个百分点。全市聚焦冶金新材料、智能高端装备、先进(高分子)材料、高端纺织4条特色优势产业链，以及新能源、数字经济、生物医药及高端医疗器械、特色半导体4条新兴领域产业链。全年8条重点产业链实现营业收入5685.7亿元，比上年降10.3%；利税200.3亿元，比上年降40.5%。其中，4条传统优势产业链实现营业收入5167.6亿元，比上年降10%；利税186亿元，比上年降17.7%。4条新兴产业链实现营业收入518.1亿元，比上年降13%；利税14.3亿元，比上年降87.1%。冶金新材料、智能高端装备分别实现产值2269.4亿元、856.9亿元，4条新兴产业链合计实现产值471.2亿元。全市举办首届中国汽车隐形独角兽大会等活动，加快布局汽车创新全产业链。光束汽车有限公司通过工信部企业准入和产品准入，信义光伏(苏州)有限公司日产4000吨光伏压延玻璃建设项目获得工信部公告。

表34　2023年张家港市新兴产业分行业投资完成情况表

产业分类	投资额(亿元)	比上年增长率(%)
新材料	66.52	35.30
新能源	31.17	26.70
高端装备制造	66.05	22.90
智能电网及物联网	15.97	-15.40
生物和新医药	10.05	-6.40
新型平板显示	9.46	-39.30
软件和集成电路	20.96	23.90
节能环保	33.06	4.40

【天兵科技公司获评“中国独角兽企业”】 6月20日，在2023年中国（苏州）独角兽企业大会上，江苏天兵航天科技有限公司获评“中国独角兽企业”，实现张家港市零的突破。天兵科技公司成立于2019年，是中国商业航天领域首家开展液氧煤油火箭发动机及中大型液体运载火箭研制的国家级高新技术企业。先后获得融资近30亿元，累计申请专利200余项，授权专利77项。2021年4月，天兵科技公司投资40亿元在张家港经开区建设智能制造基地，一期项目占地6.67公顷，建筑面积6.12万平方米，主要分为箭体总装车间、发动机总装车间、装载区等区域，具备研发、预研和预生产条件。2023年4月2日，天龙二号液体运载火箭完成首飞，成为中国商业航天首款成功入轨的液体运载火箭。10月，天兵科技火箭总装厂迁移至张家港，形成张家港总部及智能生产基地、北京火箭研发中心、西安动力研发中心、郑州综合试验中心的产业布局。至年末，天兵科技公司与5家卫星用户签订近30亿元的发射服务采购协议，智能制造基地投入使用，投产后可年产30发液体运载火箭和300台火箭发动机。

【协鑫集团储能智造基地投产】 8月28日，协鑫集团张家港新型储能智造基地（张家港协鑫超能云动科技有限公司）年产20吉瓦小时储能系统项目在经开区投产。协鑫集团是一家以风光储氢、源网荷储一体化，新能源、清洁能源、移动能源产业新生态，硅材料、锂材料、碳材料、集成电路核心材料等关联产业协同发展的企业。旗下有协鑫科技、协鑫集成、协鑫能科以及协鑫新能源四大上市公司。张家港协鑫公司是协鑫集团储能产业链的核心载体、标杆工厂，向上承接协鑫集团“电力+储能+算力”一体化与材料科技应用。主要产品为储能系列产品和动力电池系列PACK、电池簇产品。定位于液冷PACK标准化单元、刀片式储能系统、储能液冷一体机、储能液冷集装箱、场站式超级储能电站、建筑一体化储能砖（储能单元）、光储充算一体化等高端储能产品的研发制造，适用于电源侧、电网侧和大基地、工商业分布式等场景，夯实协鑫集团电源端、电网端，各种负荷端，以及独立储能集群建模、智能协同控制的综合实力。

（赵学琳 凌雨希）

建筑业

【概况】 2023年，全市建筑业企业完成建筑业总产值251.86亿元，竣工产值215亿元。全市资质以上建筑业企业房屋施工面积1618.96万平方米，比上年减6.81%，其中新开工房屋建筑面积393.42万平方米，比上年减29.28%。江苏永联精筑建设集团有限公司获评“2022年度江苏省建筑业百强企业”。江苏德丰建设集团有限公司、齐力建设集团有限公司、江苏永联精筑建设集团有限公司入选“2022年度苏州市建筑业综合实力三十强企业”名单。映江花园、梁丰高级中学体艺楼、张家港高职园区中专（学）校、科创孵化中心、科创人才公寓、泗闸路（疏港高速—西二环路）改造工程6个工程入选2022年省级建筑产业现代化示范创建名单，张家港市第一人民医院科教综合用房工程获2022年度江苏省优质工程奖“扬子杯”。张地2022-B14、15号地块商业用房项目、金港街道香山小学新建等3个工程入选2023年度苏州市智能建造试点项目。张家港市39个项目获2023年度苏州市“姑苏杯”优质工程奖，其中房建类32个、装饰类7个，4个项目获2022年度“姑苏杯”优质工程奖金奖。51个项目获2023年度张家港市优质建筑工程奖（房建、安装等类），比上年增28%。至年末，全市有建筑业资质企业总数598家，比上年增18家。其中，具有施工总承包企业资质229家，具有专业承包企业资质406家，具有劳务分包企业资质194家，企业主、兼营（增项）涉及专业31个。全市有建设工程勘察甲级资质企业1家；有建筑设计资质企业甲级3家；有工程监理企业14家，包含甲级6家、乙级8家，监理从业人员1023人；有工程造价咨询企业15家，注册在市的一级造价师259人、二级造价师118人。全市建筑业企业从业人员6.3万人，其中专业技术人员1.44万人，有国家注册监理工程师335人，有国家一级注册结构师14人、一级注册建筑师17人、注册岩土工程师3人、注册设备工程师13人。

【建筑市场管理】 年内，市住建部门抓好工程建设项目审批制度改革、“互联网+政务服务”及监管工作落实，住建窗口全年办理各类事项2289件。创新推出“N项举措”，开辟审图、发包、竣工（消防）验收、档案归集等绿色通道，主动跟踪97个重大项目进展情况，对30余个项目开展面对面交流和现场指导，对45个重大项目提供预审服务，为12个重大项目提供桩基分段审查服务，审图时间压缩50%以上，65个项目完成分阶段主体验收，26个项目单位工程（单栋）完成竣工验收，为9个项目提供消防审验前置技术服务，为26个项目提前提供消防备案抽签服务，4个项目实现“竣工即交付”目标。加强对建设工程招标代理机构事中事后监管，全年有17家招标代理企业在市开展工作，其中对6家代理企业累计扣分7分，对3家代理企业的代理负责人进行约谈；建立建设工程评标专家回避复核机制，全年对2个项目的5个评标专家进行约谈。全年完成建筑工程发包365个标段，建筑面积396.1万平方米，总合同金额158.75亿元。其中，招标发包157个标段，建筑面积92.38万平方米，中标金额50.34亿元，价格平均下浮率12.25%；直接发包208个标段，建筑面积303.72万平方米，合同金额108.41亿元。完成建设工程合同归集核查318个。深化建筑行业诚信体系建设，发挥“张家港市建筑业从业人员实名制系统”线上监管作用，开展监理企业信用综合考评工作，审核加分奖励项31项，涉及企业5家；录入不良行为信息3条，涉及企业3家；录入监理项目检查分71条，涉及企业32家；先后16次规范做好被处罚企业信用信息的审验和修复审核工作。开展房地产经纪机构信用评价工作，参评机构共329家，其中A级2家、B级313家、C级2家、D级12家，并对评为D级的房地产经纪机构组织集中约谈。推进造价咨询行业信用体系建设，加大“双随机”监督检查力度，依法开展计价解释和争议调解，全年累计完成计价解释91起，争议调解12起，核定工程类别、定额工期、安措费率等项目1225项。全年发布材料信息价12期，发布人工工资指导价2期。强化源头治理，持续推行新开工项目交底管理，全年累计开展开工交底告知管理项目243项，发放合规指导清单680余份、标准化台账文本300余份，开展普法宣传、微课堂、专题培训等活动24次，开展合规指导4次。探索“动态负面清单—风险预警—合规整改建议”路径，治理政府投资项目欠薪隐患。年内，累计开展线上线下各类排查938项次，开具责令整改通知书58份，通报项目8项，约谈企业23家，不良行为记录记分5条，涉嫌存在违法违规行为移交调查处理项目28项。依法查处建筑领域违法违规建设行为，受理各类移交案件226起，立案194起，作出行政处罚决定198起，收缴罚没款723万余元。全年累计受理、调处清欠及纠纷投诉案928件，涉及农民工4286人，涉及金额1.48亿元。

【工程建设管理】 2023年，市建筑行业管理部门推进工程质量差异化管理，完善分类监管架构，全年在建监督项目745项，监督面积1403万平方米，其中市政工程110项，造价26.63亿元。新受理质量监督项目622项，面积465万平方米，其中市政工程56个，造价6.57亿元；累计开展质量监督抽查2456次，形成抽查记录2456份；签发质量问题整改通知289份，处理各类质量投诉784起，组织住宅工程专项监督巡查6次。开展主体结构实体抽测1034次，一次合格率89%，安装监督抽测165次，进行各类监督抽检217次；对497个桩基检测工程进行检测数据和行为的远程监控。全年受监房屋建筑（市政）项目511项。开展安全生产月活动，组织施工企业观看安全警示教育影片15场。开展安全生产专项整治，对144个超过一定规模的危险性较大分部分项工程进行专家论证，并在实施过程中跟踪管理。开展起重机械专项整治，会同第三方对在用建筑起重机械进行抽查，抽查工程项目136项，检查塔式起重机132台、施工升降机193台，开具责令改正违法行为通知书25份、责令暂时停止施工通知书4份。开展消防安全专项行动，加强对事故多发部位和环节的监督检查，全年累计巡查工程937次，开具责令暂时停止施工通知书40份、责令改正违法行为通知书381份、抽查记录通知书516份。加强建筑工地扬尘管控和环境整治工作，督促施工企业常态化落实工地扬尘防治措施。对违反相关法律、法规规定的行为，移送建设监察大队违法案件45起，其中安全类31起、扬尘类14起。加强市政工程现场文明施工管理，全市获评省级标准化文明示范工地13个、苏州市级标准化文明示范工地7个。开展监理人员专题培训4次，开展市监理企业资质动态核查，全市14家监理企业均符合要求。开展监理履职专项检查，全年检查项目319项次，责令整改33项次，通报项目4项，约谈企业6家，移交调查处罚4项次。推进建筑产业现代化，在土地出让环节明确建筑产业现代化相关要求，出具项目建设条件意见书12份，涉及建筑面积72.58万平方米。张家港市5个工程获评2023年度苏州市建筑信息模型技术应用示范项目。全年新开工装配式建筑面积106.89万平方米。新建民用建筑绿色建筑占比100%。

【建筑装饰装修】 2023年年末，全市在市场监管部门登记注册的装潢企业有500余家。市装饰装修行业协会（商会）有会员103个。会员企业中，装饰企业76家（其中公装42家、家装34家），装饰材料生产与经销商25家，室内环境检测单位1个、院校1家。当地会员施工企业中具有国家施工资质的43家，其中具有一级施工资质9家、二级施工资质34家。全年会员企业累计完成设计、施工产值16.45亿元，与上年基本持平。其中，公装13.35亿元（含幕墙），比上年增1.2%；家装3.1亿元，比上年减4%。建材生产经销商销售额约3亿元，比上年减40%。1月，市装修装饰行业协会（商会）举办以“引力场·见地”为主题的设计逻辑作品品鉴会。3月，组织张家港市“梁丰杯”优质（建筑、幕墙、景观）装饰工程奖和“家庭装饰示范”优质工程奖评选活动，20项工程获“梁丰杯”，13项工程获“家庭装饰示范”优质工程奖。5月，举办“2023·创优工程论坛”，80余人参加。9月，组织部分会员企业赴新疆维吾尔自治区考察并向巩留县“石榴籽关爱基金”捐赠5万元。10月，组织张家港市第十七届“菊花杯”室内外装饰优秀设计奖大赛，评出公装类一等奖2个、二等奖2个、三等奖2个、表扬奖1个，家装类一等奖2个、二等奖3个、三等奖6个、表扬奖8个。协会推荐的苏州金鼎建筑装饰工程有限公司、苏州国贸嘉和建筑工程有限公司等5家企业的7个装饰工程获2023年苏州市“姑苏杯”（装饰类）优质工程奖，会员企业深圳远鹏装饰集团有限公司承建的张地2015-A-07-B地块商务楼室内装饰工程，江苏豪斯建设工程有限公司承建的凤凰镇医院易地新建内装修工程（综合楼、后勤楼）及阳光锦程住宅楼3号、6号、9号、12号、18号室内装修工程，常熟市新苑地建筑装饰工程有限公司承建的凤凰镇社会福利服务中心装饰工程获2023—2024年度中国建筑工程装饰奖。

【张家港市入选省建设工程消防设计审查验收试点城市】 6月2日，江苏省住房和城乡建设厅发布《省住房和城乡建设厅关于开展建设工程消防设计审查验收试点工作的通知》，公布试点任务清单，张家港市成为全省15个试点地区之一，也是唯一的试点县级市。试点城市主要承接两项任务，即研究优化消防审验工作流程，推进规范化建设；建立消防审验技术服务机构、从业人员管理体系，规范消防审验技术服务行为。市住建局以试点工作为契机，开发制作建设工程消防验收现场评定软件，同时出台《关于加强建设工程消防检测机构服务行为的通知》，明确全市消防技术服务机构应登记管理，并在合同签订、方案编制、视频采集、情况反馈、技术文件、档案管理等6个方面规范服务行为。至年末，市住建局完成建设工程消防验收现场评定软件试用版本的制作。

【德丰建设集团入选苏州建筑业企业30强】 7月，江苏德丰建设集团有限公司入选"2022年度苏州市建筑业综合实力三十强企业"名单。该公司初创于20世纪60年代，经过重组改制，于2002年1月成立。公司为国家建筑工程施工总承包特级资质、建筑行业（建筑工程、人防工程）设计甲级资质企业。业务范围横跨建筑工程、市政公用工程和建筑机电安装、起重设备安装、地基与基础、建筑装修装饰、消防设施、钢结构等。公司形成以建筑施工为龙头，以混凝土、房产、砂浆、管桩、混凝土预制件、墙材等18家企业配套项目为支撑的建筑产业集团，外设15家区域公司。注册资本8亿元，总资产35亿元。2023年，实现总产值70亿元，入库税金1.8亿元。职工6000余人，其中中高级技术管理人才550余人。通过省、市级建筑业企业技术中心及省级研究生工作站建设，全年累计研发投入超1200万元，承建的大族激光华东区域总部基地一期项目（一标段）施工总承包工程首批获评省、苏州市智能建造示范项目，获省和苏州市级优质工程奖、标准化工地奖16项。新建苏州地标工程——国泰中心超高层、张家港北部医疗中心项目，全面启动张家港市首项国家优质工程创建。捐建德积乡村融合发展中心2000余万元，带动周边村级经济发展超1000万元。公司被评为江苏省守合同重信用企业、苏州市建筑业优秀企业。

（王俊南　秦亚琴）

江苏沙钢集团

【概况】 江苏沙钢集团成立于1975年，在江苏、辽宁、河南等地拥有5个生产基地，总资产3000亿元，职工4万余人，年产钢能力超4000万吨，为江苏省重点企业集团、国家特大型工业企业、国家创新型企业，已发展成为以钢铁为主，包括拥有资源能源、金属制品、贸易物流、金融投资、信息科技等板块在内的跨国企业集团。拥有江苏沙钢钢铁有限公司、淮钢特钢股份有限公司、东北特殊钢集团股份有限公司、抚顺特殊钢股份有限公司、安阳永兴特钢有限公司、江苏沙钢集团投资控股有限公司、江苏寰宇数据控股有限公司、江苏沙钢国际贸易有限公司、江苏沙钢物流运输管理有限公司、沙桐化学钢铁物流产业园、江苏沙钢高科信息技术有限公司、张家港市沙钢废钢加工供应有限公司、玖隆钢铁物流有限公司等成员企业。其中，沙钢集团本部江苏沙钢钢铁有限公司是全国最大的电炉钢生产基地，也是世界单体规模最大的钢铁企业；东北特钢集团是中国高科技领域所需高档特殊钢材料的研发、生产和供应基地。沙钢集团生产棒材、线材、宽厚板、热卷板、冷轧延伸加工等系列产品，涵盖普钢、优钢和特钢各大类产品，形成150余个系列1.4万个品种6000余个规格，广泛应用于基础建设、机械装备、汽车船舶、航空航天、国防军工核电、石油化工、轨道交通等领域。2023年，完成铁、钢、材产量分别为3238万吨、4054万吨、3708万吨，实现利税80亿元，效益实绩居国内同行前列。在美国《财富》杂志发布的2023年世界500强排行榜中，沙钢集团列第348位，连续15年入围世界500强。在世界钢铁协会发布的2023年世界钢铁统计数据中，沙钢集团以2022年4145万吨粗钢产量居世界钢企第5位，国内钢企第3位。在中国企业500强、中国民营企业500强排名中，沙钢集团分列第93位和第18位。在2023年中国钢铁企业竞争力评级报告中，沙钢集团继续保持在竞争力极强方阵，再次获评最高级"A+"级。在《中国500最具价值品牌》分析报告中，沙钢集团以707.59亿元的品牌价值列榜单第150位，连续16年入围该榜单，品牌价值较上年提升44.64亿元。在"中国品牌价值评价信息"中，沙钢集团以品牌强度900，品牌价值433.91亿元列冶金有色企业第3位，品牌价值较上年提升182.31亿元，沙钢获"2023年钢铁行业全球影响力品牌"称号，集团获第十二届"中华慈善奖"，被评为国家知识产权示范企业、国家级绿色工厂，取得"中国工业碳达峰'领跑者'"称号。

【沙钢集团本部研发新品60种】 年内，沙钢集团本部共开发60种新品，其中板带材19种、棒线材15种、冷轧17种、超薄带9种，其中40种产品已实现批量化生产。全年新品累计销售约330万吨，创造效益3.4亿元。5镍钢、95毫米厚EH47钢、LT-FH36低温钢等高端船板实现首次接单生产，海工钢新品API-2Y、API-2W通过美国石油协会（API）产品认证；500兆帕级桥梁钢生产技术攻关取得突破，实现8×3100毫米极薄极宽规格的批量生产；管线钢新品海底抗酸管线钢X60MOS开发成功，海底管线钢X60MO、35毫米厚X70MO等6种高端新品实现批量生产；直径7毫米、抗拉强度2100兆帕级（世界最高强度等级）的缆索用钢96硅实现批量生产，应用于巢马铁路马鞍山长江大桥等项目；基于电炉小方坯短流程的绿色骨架材料实现稳定生产，碳排放可降低40%以上；薄规格新能源汽车用无取向硅钢开发新品5种，厚度规格拓展至0.2毫米。沙钢集团申报国内发明专利450件、PCT国际专利14件，获得授权发明专利188件。"高端线材全流程数字化仿真及质量性能控制关键技术"项目获2023年度冶金科学技术奖二等奖，"海洋工程用铁素体贝氏体双相耐蚀钢筋及关键应用技术研究""铁前多级别复杂产线协同优化与稳定生产技术开发与应用"两项成果获2023年度冶金科学技术奖三等奖；"沙钢基于超短流程的低排放以热代冷用薄板”获2022年度中国钢铁工业产品开发市场开拓奖；“400兆帕级耐蚀钢筋及其生产方法”获首届江苏专利优秀奖；“基于创新驱动的‘观察—调整—决策—行动’循环高效工作法（OODA）探索与应用”获2023年冶金企业管理现代化创新成果一等奖；“新能源驱动电机用无取向硅钢”“基于薄带铸轧的低排放薄规格超高强热成形钢HR1500HS”等6项新产品经鉴定分别达到国际领先、国际先进水平；张家港中美超薄带科技有限公司获批“苏州市短流程低排放先进钢铁材料创新联合体”，张家港扬子江冷轧板有限公司获评苏州市工程技术研究中心，江苏省沙钢钢铁研究院有限公司和张家港中美超薄带科技有限公司通过省高新技术企业复评。产品应用于江阴靖江长江隧道工程、崇启公铁长江大桥、洪奇沥公铁大桥、池州长江公铁大桥、沙特阿拉伯国家石油公司海洋油气运输项目等国内外重特大工程。5月，全球最大级别24116箱超大型集装箱船系列3号船“地中海吉玛”号在中国船舶长兴造船基地交付，沙钢集团11.5万吨船板钢应用于该系列船只建造。7月，福建漳浦六鳌海上风电场全球首台16兆瓦海上风电机组成功并网发电，沙钢集团超5万吨风塔钢应用于该项目。

【全球最大的薄带铸轧生产基地建成】年内，沙钢集团产品结构调整超薄带二期项目2号、3号铸轧线相继投运，标志沙钢集团成为全球最大的薄带铸轧生产基地。沙钢集团大力发展超薄带技术，开发超低碳钢铁产品，通过引进并创新双辊薄带铸轧技术，于2019年建成国内第一条超薄高强度热轧宽带钢生产线。超薄带技术与传统热连轧工艺相比，省去加热炉并简化轧制道次，将传统数公里长的产线缩短至仅有50米，燃耗减少95%，水耗减少80%，综合能耗为传统流程的六分之一，每吨钢二氧化碳排放量是传统流程的四分之一。超薄带产品涵盖普碳钢、高强钢、超高强钢、耐候钢及绿钢等系列，主要应用于新能源汽车、3C设备、农机、集装箱、智能家电、太阳能设备制造等领域。同时，沙钢集团借助在薄带铸轧方面的技术积累，牵头承担“十四五”国家重点研发计划的重点专项“基于薄带铸轧的短流程制备先进高强钢关键技术研究与产品应用示范”任务，推动低碳排放短流程技术的行业推广和产品应用，服务国家重大战略。

【铸轧薄带高品质硅钢项目开工】10月8日，沙钢集团铸轧薄带高品质硅钢项目一期工程开工，该项目占地53.33公顷，规划建设产能为200万吨硅钢，分两期建设。其中，一期工程计划年产能为118万吨，全部为无取向硅钢，主要工艺设备包括1条年产118万吨冷轧硅钢酸洗连轧机组、4条硅钢连续退火机组及配套的重卷和包装机组、公辅设施等。该项目自主创新集成多项高端装备，并开发一体化运营集中智能管控体系。建成后，沙钢集团实现无取向硅钢产品的全覆盖，硅钢生产能力和装备水平跻身国内第一方阵。

【沙钢集团环保技改升级】年初，沙钢集团在全省率先开展“无废集团”试点建设，计划用3年时间将集团打造成“无废集团”建设样板。年内，完成焦炉的工业试验，开展烧结、转炉等设施在固体废物利用处置等方面试验和钢铁流程协同处置铝灰等危险废物可行性研究。6月1日，集团在江苏省首家通过中国钢铁工业协会全流程超低排放公示。年内，建成煤焦筒仓群，实现全公司所有原煤、焦炭输送与存储的全封闭管理；投用滩涂地防尘电子大棚，实现场地粉尘的源头抑制；建设超低排放集中控制系统，实现厂区各货运道路路口、环保设备、生产运行设备的全覆盖。其中，沙钢集团东区煤焦筒仓项目的投运，标志全亚洲储量最大的煤焦筒仓群建成。2009年起，沙钢集团投资6亿元在行业内率先兴建64个高54米、内径21米的大型贮配煤筒仓，后又分三期建设100余个煤焦筒仓，至2023年年末，共建有170余个煤焦筒仓，焦炭、煤总储量达到140余万吨。筒仓工艺解决露天堆放造成的粉尘污染、原料煤流失等问题，实现粉尘零排放、物料零损失，有效控制焦炭、煤的含水量，提高焦炭质量和产量。

【沙钢企业文化】2月，沙钢集团董事局主席沈文荣获评“苏州市优秀慈善家”。3月，沙钢集团组织三八妇女节系列活动，举办青年“婚恋课堂”培训讲座，开展“一线最美女工”评选，10人入选。5月，举行“逐梦百年、再立新功”年度集团劳动模范先进事迹宣讲活动，对11位获评2022年度沙钢集团劳动模范的先进人物进行宣讲，邀请3位年轻劳模分享成长经历，2000余名职工参加。6月，沙钢集团党委书记、董事长沈彬首次任全国工商联青年企业家委员会轮值主席。“七一”期间，举行“铭记光辉奋斗历程、弘扬伟大建党精神”庆祝中国共产党成立102周年主题活动、专题党课，组织优秀党员、先进党组织负责人代表赴延安开展“追忆红色故事、传承红色基因”专题学习，开展“优秀党小组巡礼”系列宣传活动。中秋、国庆、厂庆期间，举办首届“出彩沙钢人”全民健身主题活动，包括篮球赛、足球赛、拔河、集体跳绳、乒乓球、羽毛球等项目。9月，与冶金园（锦丰镇）联合举办第二届“锦工能匠”暨第九届“沙钢杯”职工职业技能竞赛，100余人参赛，50余人分获各类奖项。是月，沙钢集团有限公司获第十二届“中华慈善奖”。10月，沙钢集团党委书记、董事长沈彬获评“江苏省优秀企业家”。是月，央视《朝闻天下》“活力中国”第三季度经济观察栏目首次3条连播沙钢集团相关报道，以沙钢集团钢铁物流、生产研发、销售出口等发展实践透视中国经济发展。12月，组织职工代表走进张家港家风教育基地。年内，与冶金园（锦丰镇）社区教育中心联合打造“魅力金沙钢”工业游学项目，接待500人次参观。联合市总工会等部门组织“‘钢’好有你·缘定沙洲”——适婚青年婚恋服务项目，并举行“花语爱情、牵手你我”联谊交友活动。

（黄　超）

【编辑　沈立平】

服务业

Service Industry

青草巷农副产品批发市场　（市供销总社　提供）

综 述

商贸·市场

供 销

专营专卖

房地产

旅 游

張家港年鑑（2024）

扫码欣赏

“寻味沙洲，悦飨冬韵”冬日暖汤品鉴

凤凰水蜜桃，甜蜜共富路

综　述

2023年，全市全力推动新兴服务业发展，推进"两业融合"（先进制造业和现代服务业融合），服务业质效进一步提升。产业地位稳定提升，全年完成服务业增加值1653.36亿元，比上年增3.6%，服务业增加值占地区生产总值比重为49.1%，较上年提高1个百分点。全市规模以上服务业实现营业收入298.31亿元。完成服务业投资307.43亿元，占全市固定资产投资比重为56.18%。商品市场完成成交额3716.88亿元，其中有成交额超100亿元市场4家、超1亿元市场12家。产业结构持续优化，全市建立营利性服务业联席会议制度，形成优化提升营利性服务业的工作合力。贯彻落实新兴服务业高质量发展系列政策体系，推进《张家港市推动新兴服务业高质量发展2025行动计划》，全年新兴服务业营收突破1000亿元，达到1013.81亿元，比上年增29.2%。其中，物流服务增137.7%，绿色低碳服务增36.8%，现代商贸增31.4%，检验检测认证增18%，商务中介服务增12.9%，旅游康养增8%。强化政策引导，注重消费驱动，城乡商贸流通网络体系不断完善，县域商业发展水平不断提升，张家港市首批获评全国县域商业"领跑县"。重点指标回升向好，全市规模以上服务业核算行业营业收入181.87亿元，其中交通运输和仓储及邮政业、房地产业（不含房地产开发）、居民服务和修理及其他服务业、卫生和社会工作分别比上年增6.8%、5.6%、8.3%和6.5%。营业利润比上年增38.2%，其中租赁和商务服务业营业利润比上年增156.9%。应付职工薪酬与上年基本持平，其中居民服务、修理和其他服务业工资薪酬比上年增27%。生产税净额比上年增17.5%，其中装卸搬运和仓储业生产税净额比上年增29.7%。生活性服务业运行态势平稳，旅游游览和娱乐服务、健康服务、居民出行服务分别比上年增93.5%、6.8%和3.7%。全市规模以上服务业人均月薪酬比上年增11%，规模以上服务业营业利润率12.5%，比上年提高3.6个百分点。企业实力不断增强，年内入围全国服务业500强企业7家。张家港海力码头有限公司、张家港保税港区港务有限公司2家企业被评定为AAAA级物流企业，张家港中远海运金港化工物流有限公司被评定为AAA级物流企业。国泰新点软件股份有限公司、江苏新泰克软件有限公司、江苏澳洋顺昌科技材料有限公司、张家港港务集团有限公司4家企业通过省现代服务业高质量发展领军企业综合评价，江苏富淼科技股份有限公司第二批获评省现代服务业高质量发展领军企业，江苏沙钢高科信息技术有限公司、江苏远大信息股份有限公司首批获评苏州市新兴服务业领军企业。集聚效应逐步扩大，玖隆钢铁物流园、江苏化工品交易中心、张家港保税物流集聚区、张家港保税港区进口汽车物流园4个集聚区通过省现代服务业高质量发展集聚示范区综合评价，江苏张家港农村商业银行股份有限公司、攀华集团有限公司、江苏华盛锂电材料股份有限公司、江苏富淼科技股份有限公司、江苏物润船联网络股份有限公司等6家企业获苏州市总部企业认定，累计18家。玖隆大厦获评苏州市高产出楼宇，绿智科技中心（A幢）获评苏州市专业特色楼宇。深入推进"两业融合"区域试点工作，3月，张家港市获评江苏省"两业融合"发展标杆引领典型区域，并受邀参加全国"两业融合"工作现场交流会，市委主要领导出席会议并作交流发言，相关做法获国家发展改革委网站、新华网、《新华日报》《苏州日报》等多家媒体宣传报道。全市新增江苏富淼科技股份有限公司、苏州飞驰环保科技股份有限公司、江苏贝尔机械有限公司3家省"两业融合"试点企业，累计10家。江苏沙钢集团有限公司获评省"两业融合"标杆引领典型企业。

【服务业分行业情况】 市行政审批局数据显示，至2023年12月31日，交通运输、仓储、邮政业有在册企业（含个体工商户）10598家（数据均不含张家港保税区），比上年增176家，注册资金141.05亿元。信息传输、计算机服务业有在册企业（含个体工商户）1889家，比上年增206家，注册资金24.92亿元。批发和零售业有在册企业（含个体工商户）67465家，比上年增3453家，注册资金538.77亿元。住宿和餐饮业有在册企业（含个体工商户）13160家，比上年增1382家，注册资金31.39亿元。金融保险业有在册企业（含个体工商户）579家，比上年增79家，注册资金417.32亿元。房地产业有在册企业（含个体工商户）1655家，比上年增127家，注册资金439.24亿元。租赁和商务服务业有在册企业（含个体工商户）11222家，比上年增1499家，注册资金2084.38亿元。其他服务业有在册企业（含个体工商户）29059家，比上年增3234家，注册资金1126.86亿元。

【星级饭店和民宿】 2023年，全市有星级饭店8家，其中五星级3家、四星级3

凤凰花田美宿旅游民宿　　（市文体广旅局　提供）

家、三星级2家。有旅游民宿15家,分布于冶金园(锦丰镇)、凤凰镇、常阴沙现代农业示范园区、双山香山旅游度假区、金港街道和后塍街道。8家星级饭店全年接待宾客27.87万人次,比上年增26.25%;营业收入总额45319.59万元,比上年增15.01%;客房平均出租率47.34%,比上年增2.48%。栖嬉精品民宿获评全国丙级旅游民宿。

表35　　2023年张家港市星级饭店一览表

单位名称	类别	地址	总经理
国贸酒店	五星级	杨舍镇人民中路42号	孙岩纹
馨苑度假村		杨舍镇长安南路279号	金建亚
华芳金陵国际酒店		杨舍镇长安路388号	张　燕
沙洲宾馆	四星级	杨舍镇暨阳中路170号	许洪平
江南花园酒店		金港街道长江中路132号	毛惠成
长江国际大酒店		金港街道长江西路99号	陈秋霞
景海宾馆	三星级	杨舍镇海关路2号	陶卫军
汀悦酒店		金港街道江海北路5号	李俊达

表36　　2023年张家港市旅游民宿一览表

名称	地址	联系人
金沙洲壹号庄园	冶金园(锦丰镇)南港村	戴星云
棠果北府海棠	凤凰镇恬庄北弄15号	吴旭含
凤凰花田美宿旅游民宿	凤凰镇双塘村26组28号	肖建花
常阴沙现代农业示范园一苇轩民宿	常阴沙现代农业示范园区通江路3号	褚丽丽
常阴沙现代农业示范园二风亭民宿		
常阴沙现代农业示范园三江院民宿		
常阴沙现代农业示范园四和楼民宿		
常阴沙现代农业示范园五福苑民宿		
常阴沙现代农业示范园六顺阁民宿		
常阴沙现代农业示范园七陌轩民宿		
江来小筑	金港街道双山金岛路23号	徐佳成
山岛小筑	金港街道双山金岛路20-1号	
圃舍有光	双山香山旅游度假区双山岛乡伴理想村6号	李晓艨
从前慢	双山香山旅游度假区双山岛乡伴理想村36号	
栖嬉精品民宿	后塍街道李家巷4组122号	华丽娜

【7家企业位列中国服务业企业500强】 9月,由中国企业联合会、中国企业家协会按国际通行方式,经专家委员会审定后排出的2023年中国服务业企业500强公布,全市有7家服务业企业入选。分别为江苏国泰国际集团股份有限公司(第109位)、张家港市沃丰贸易有限公司(第192位)、东华能源股份有限公司(第226位)、江苏易汇聚软件科技有限公司(第404位)、玖隆钢铁物流有限公司(第417位)、苏州裕景泰控股有限公司(第453位)、江苏张家港农村商业银行股份有限公司(第469位)。

(于文龙　张祺欢　孙文仪)

商贸·市场

【概况】 2023年,全市商贸业呈现整体平稳发展态势,分布有万达广场、曼巴特购物广场、吾悦广场、金茂览秀城、购物公园、杨舍老街、中骏·世界城、五月花购物广场、凤凰生活广场和乐橙广场等集餐饮、购物、娱乐于一体的大型购物场所，有大润发、麦德龙、百信生活广场等大型超市，有香港城小商品市场、梁丰五金机电城、九洲家居装饰城、保意建材城、红星美凯龙、月星家居等专业类市场。建有覆盖城乡的各类农贸市场，商品种类丰富，满足居民消费需求。属全省50强商品交易市场的5家市场实现成交额5099亿元，比上年减6.6%。市技术市场全年认定备案技术合同534项，技术合同成交额192.69亿元，其中涉外159.51亿元。市房管交易中心办理存量房成交11622套，成交面积140.68万平方米，存量房实际成交均价每平方米1.09万元，市区存量房实际成交均价每平方米1.33万元。市人力资源市场全年举办人才集市203场，直播带岗63场，提供就业岗位20余万个。12月21日，业界极具专业性及影响力的雇主品牌活动“2023非凡盛典”在北京举行，市人力资源市场服务中心获评“2023年度非凡贡献奖”。以特色商业街区和商圈建设为带动，丰富夜经济新业态，拓展夜经济新场景，全市实现社会消费品零售总额836.3亿元，比上年增6%。年内，凤凰农贸市场等6个项目申请中央服务业资金专项资金（县域商业建设行动），获补助资金1260万元。11月30日，中德、庆丰、永新、合兴、镇中5个社区第二批获评“苏州市一刻钟便民生活圈”，5个社区有各类商业网点1万余个，辐射居民近7万人。12月5日，杨舍老街第二批获评苏州市品牌夜市。

表37　2023年张家港市列入全省50强商品交易市场成交额情况表

单位：万元

市场名称	2023年成交额	比上年增长额
玖隆钢铁物流园	20000000	−2500000
江苏化工品交易中心有限公司	9799998	−2332446
张家港保税区粮油交易市场有限公司	2525493	87193
张家港保税区纺织原料市场有限公司	14868764	734550
张家港保税区进口消费品展示交易中心有限公司	3791092	407292
合计	50985347	−3603412

【张家港市首批获评全国县域商业领跑县】 11月25日，商务部在杭州举办首届数字经济时代县域商业创新发展大会，会上公布123个首批全国县域商业“领跑县”名单，张家港市入选。近年，张家港市强化政策引导，注重消费驱动，完善城乡商贸流通网络体系，提升县域商业发展水平，初步形成“市级商业中心—区镇商业中心—社区一刻钟便民生活圈”的商业发展层次。至年末，全市有县域龙头商贸流通企业18家、县域综合商贸服务中心5家、镇域商贸中心19家，区镇覆盖率100%，村级商业网点覆盖率100%。另有三级物流节点282个，实现全市所有社区（建制村）100%覆盖。全市农村电商行政村覆盖率100%，县域内活跃网商（店）数量13794个；集贸（农贸）市场47家，完成标准化改造（含改造中）37家，改造率78.72%。

【餐饮行业品牌意识增强】 年内，市商务局坚持品牌引领，打造地方特色，继续擦亮“寻味沙洲”美食品牌，先后举办“寻味沙洲·时令菜”春夏篇推选、“寻味沙洲·悦飨冬韵”冬季暖汤推选等活动。经专家组评定，沙洲宾馆的新派腌笃鲜、春之韵，馨苑度假村的腐乳汁樱桃肉、艾草汁马蹄糕，国贸酒店的火山石河豚白、冰镇花雕龙虾等30道菜肴获评“寻味沙洲·时令菜”春夏季特色菜肴。中油泰富酒店的冬日滋补养生汤、汀悦酒店的广式羊膳汤、长江国际大酒店的泉水椰青炖花胶汤获评“寻味沙洲·冬日暖汤”最具人气奖。新京华酒楼的新派清汤三件子、馨苑度假村的羊肉鮰鱼狮子头、暨阳湖大酒店的陈年沙优炖五件获评“寻味沙洲·冬日暖汤”最具特色奖。金水源酒店的冬季滋补全牛煲、沙洲宾馆的虫草花鹿苑鸡煲猪肚、焰融合餐厅的赤肉功夫汤等8道菜品获评“寻味沙洲·冬日暖汤”。市商务局联合市烹饪技术协会、餐饮行业协会，引导餐饮企业健康发展，建立品牌意识，提升服务质量。年内，张家港双山宾馆有限公司、豪苑大酒店有限公司、杨舍东城和合人家老街菜馆、天天假日酒店、塘桥银泉宴会中心、苏州乐建味餐饮管理有限公司、凤凰镇凤栖梧酒楼、江苏永钢集团有限公司联峰宾馆、大新镇福华园酒店、常阴沙春保饭店10家企业获评“苏州光盘行动示范店”。

【7家品牌店入选苏州品牌首店】 首店经济是创新经济模式、满足消费者需求的经济形态，也是夺取消费新高地、提升城市品牌形象的催化剂。年内，全市各大商业综合体、商务楼宇运营商发挥首店招引“主阵地”作用，大力引进各类时尚消费业态和国内外知名商业品牌、服务品牌落户，为实体零售商业发展注入新动能，推动供给侧结构不断改善。5月16日，苏州首店经济发展大会公布2022年度苏州品牌首店，张家港市“Eleven Bloom”、写素男装、樱煦和牛寿喜烧、觥彧本炙、“BETTERSAY”、嘉味茶餐厅、趣佰全球等7家品牌店入选。沙洲优黄入选“2022年度苏州首店经济引领性本土品牌”。10月17日，全家张家港首家城市主题店开业，年内新设便利店6家。

【山姆会员商店云仓运营】 12月29日，全市首家山姆会员商店云仓开启运营，市民可以通过线上下单方式，购买千款优选商品，享受“一小时极速达”配送到家服务。市民只需下载山姆App注册成为会员即可享受云仓直购，首家云仓以经开区为中心，构建周边一小时配送圈，基本覆盖主城区。张家港云仓精选1000余种复购率高的商品，涵盖生鲜全品类以及母婴、个护、干货等日常商品入仓。至年末，山姆在全国25个城市开设门店47家，并通过数百个云仓，实现一小时极速达、全城配、全国配等多种线上配送服务，满足会员多层次、多场景需求。

【农贸市场改造】 年内，根据《苏州市农贸市场改造提升三年行动方案》和2023年苏州市级民生实事项目计划安排，张家港市全力推动农贸市场改造提升，完成8家农贸市场改造，其中凤凰市场、恬庄市场（新建）、鹿苑市场、新塍市场和福前市场5家改造升级，锦丰滨江菜场、悦来邻里中心菜场、栏杆桥市场3家农改超。按照“堵疏结合、确保安全”原则，改造农贸市场活禽交易区28个，拟定《农贸市场活禽交易规定》《活禽交易市场消毒指南》等上墙制度，督促市场加强日常管理，规范活禽交易市场秩序。开展市场管理攻坚行动，完善“一场一案一专班”制度，细化职责分工，常态化开展农贸市场文明创建活动，市第一集贸市场、市第二集贸市场、美邻集市、万红新区集贸市场、南丰集贸市场5家市场获评苏州文明菜场，市第二集贸市场获评苏州最美菜场。

（张祺欢　樊志君
龙宣好　吴鹏立）

供　销

【概况】 市供销合作总社有下属基层社9家。市新农合供销集团有限公司下辖市青草巷农副产品批发市场有限公司、市惠农物资有限公司、市新供鲜生鲜配送有限公司、市智捷管理服务有限公司、市智宏资产经营管理有限公司5家全资（控股）企业。2023年，全系统实现销售收入270.76亿元，实现利润总额2443.81万元，分别比上年增5.03%和1%。农副产品市场交易额76.23亿元，其中当地农产品市场交易额14.96亿元；生鲜配送销售额3162.56万元。市供销合作总社获评全省供销系统“二十强县级社”、苏州供销系统综合考核优胜单位。

常阴沙供销社农产品展示展销中心　　（市供销总社　提供）

【供销综合改革】 年内，市供销合作总社持续深化综合改革。其中，青草巷市场调整交易区经营结构，引入海鲜批发业务，年创收136万元，主营收入7554万元，实现净利润1640万元；惠农公司拓展非配送业务，以原药销售、缓释肥配送为突破点，创收75万元；生鲜配送公司采取降本增收对策，提升企业盈利能力，实现扭亏为盈，净利润34万元。供销系统还通过规范供销社财务管理制度、更换财务核算软件、资金管理平台建设、财务代理记账和委派财务负责人等举措，实现供销系统财务会计制度、财务核算软件、资金管理、财务负责人“四统一”管理目标。

【为农服务】 年内，市供销合作总社不断提升为农服务能力。打造全市首个镇级农产品展示展销中心，投入190万元在常阴沙会客厅建设440平方米常阴沙供销社农产品展示展销中心，带动常阴沙现代农业示范园区农文旅发展，转变基层供销社“无资产、无阵地、无人员”状况，项目被纳入省供销合作社基层社改造提升补贴项目。推进农产品产销对接，组织26家涉农企业参加省级、苏州市级各类农产品展示展销活动4次，为全市20余种特优农产品提供展示展销平台。完善农资配送服务能力，全年农资集中配送金额3996万元，非配送金额500万元，测土配方肥配送13056吨，农药包装废弃物回收586万件，废旧农膜回收195吨。全市农药配送率96%，农业包装废弃物回收率102%。

【青草巷农副产品供应】 年内，市青草巷农副产品批发市场持续助力农产品稳价保供，实现农副产品成交额76.23亿元，比上年增0.6%。其中，水产及冷冻品成交额22.33亿元，蔬菜鲜肉家禽成交额23.17亿元，粮油副食成交额20.68亿元，水果成交额7.38亿元，日用百货成交额1.95亿元，冷库成交额7143万元。市场实现收入7554万元，比上年增24.39%。完善食用农产品风险防控机制，制定食品安全风险管控清单，对进入青草巷市场的食用农产品全日管控、周排查、月调度，并将相关履职信息上传“苏食安”系统。全年青草巷市场完成农产品检测112419批。其中，仪器检测51995批，不合格12批，检测合格率99.98%；手工快速检测60424批，全部合格。累计销毁处置不合格农产品696千克。　（朱晓琳）

专营专卖

【烟草经营】 2023年，市烟草专卖局（苏州市烟草公司张家港分公司）致力于营销服务、市场监管、内部管理，获评市文明机关、"市十佳模范职工小家""纳税超五千万元明星企业"等荣誉。全年实现卷烟销售5.96万箱，比上年增1.05%，单箱销售额5万元，比上年增2.59%；实现销售收入29.8亿元，比上年增3.67%，上缴税收1.2亿元，与上年持平。严厉打击涉烟违法行为，查获涉烟违法案件309起，查获各类违法卷烟1344.85万支，总案值1661.97万元，其中假烟案件63起，查获假烟106.94万支，标值88.41万元。查获"3·14"特大电子烟违法经营案件，查证查实涉案金额583.6万元。全年查处50万元以上案件4起，100万元以上案件1起（电子烟）。行政拘留3人，取保候审5人，判刑5人。完成四级重大案件1起，上报三级重大案件1起。利用"12345"和"12313"平台，做好信息排查和收集工作，处理"12345"平台信息164条、"12313"平台信息323条，处理及时率、满意率均为100%。多网融合质效显著，全年与辖区网格员开展联合行动205次，参与行动920人次，网格员提报工单上报问题线索332条，查实问题191条，线索成案129起，成案转化率38.86%，比上年增138%。优化"放管服"，增强为民服务意识，完善便民服务措施，严格执行新的《苏州市烟草制品零售点布局管理规定》，全年核查新办申请778份，其中准予许可352份（包括电子烟许可证10份），不予许可56份。延续许可证1595份，不予许可16份，变更许可证202份。全年注销许可证587份，其中主动歇业394份、审批注销81份。许可证后续监管落实到位，清理中小学、幼儿园周边持证户40户，劝退"三无小户"121户。结合工作实际推行"311"市场检查工作法，取消违法大户卷烟经营资格34户。

（查怡婷）

【盐业经营】 年内，市盐业有限公司围绕国务院盐业体制改革方案，以食盐市场安全、食盐质量安全为重点，建立健全食盐安全消费网络，配合市市场监管局对大型企业食堂、农贸市场、餐饮公司开展巡查，对盐业违法案件进行打击。全年巡查集贸市场、餐饮店、熟食小作坊等2487家，其中零售商店1420家、餐饮店890家、食品加工用盐单位23个、小作坊130家、农贸市场24家，完成全市所有学校食堂用盐安全专项检查，配合市市场监管局查处食盐违法案件12起，劝退下架9家次。以市场为导向，创新营销战略，全年实现销售收入6064.47万元，实现利润350.12万元，销售食盐14466.25吨，销售工业盐19126.69吨。加大盐业普法宣传力度，开展KA商超（营业面积、客流量和发展潜力等方面都处于优势的大终端，通常指大型连锁超市、大卖场等）宣传96场、餐饮特通企事业单位24场、农贸菜场24场、社区24场。建立完善食盐社会储备体系，完善企业储备制度及应急预案，确保食盐市场安全稳定供应。库存社会责任储备盐400吨，每三个月做好储备盐轮换工作。8月24日，张家港地区出现市民抢购食用盐现象，盐业公司第一时间启动24小时应急保供机制，调动运力对全市商超、批发市场等持续供应，全力以赴满足市民需求，8月24日至26日，共发出小包装食盐650吨，接近平时一个半月的销量，迅速平息市场囤货风波。（缪雯炜）

【石油经营】 2023年，全市有中国石化销售股份有限公司江苏苏州张家港石油分公司、中石化壳牌（江苏）石油销售有限公司张家港经营部、中国石油天然气股份有限公司江苏苏州张家港分公司、江苏省中油泰富石油集团有限公司等成品油零售经营加油站（点）102个，其中加油站87个、水上加油站点15个，正常营业加油站81个、水上加油点7个，停业、歇业加油站点14个。中国石化销售股份有限公司江苏苏州张家港石油分公司和中石化壳牌（江苏）石油销售有限公司张家港经营部有加油站47家（其中2家歇业），其中自有经营站25家、社会租赁和轻资产合作经营加油站22家，全年实现成品油销售总量27.92万吨，比上年增8.89%，实现非油品销售总额11124万元，比上年增36.72%。中国石油天然气股份有限公司江苏苏州张家港分公司有加油站7个，其中租赁经营2个，实现成品油销售总量3.88万吨，比上年增22.3%，非油品经营收入1371万元，比上年增34%。江苏省中油泰富石油集团有限公司有加油站11个，其中合资经营1个，实现成品油销售总量4.59万吨，其中汽油3.42万吨、柴油1.17万吨；非油品经营收入1652万元，比上年减9.5%。

（张祺欢）

房地产

【概况】 2023年年末，全市有房地产开发企业179家，其中一级资质企业2家、二级资质企业177家。全市完成房地产开发投资161.82亿元，比上年增24.04%；商品房施工面积588.32万平方米，比上年降20.37%。新开工面积100.12万平方米，比上年增454.37%。竣工商品房面积230.38万平方米，比上年降6.64%。市区预销售面积57.97万平方米，比上年减33.51%。新核准预售商品房3696套、61.83万平方米，比上年降28.09%。新建商品房成交7846套、111.67万平方米，比上年降26.76%。

表38 2023年张家港市主要竣工楼盘情况表

区镇	楼盘	交付幢数	交付套数	交付面积（平方米）	开发企业
经开区（杨舍镇）	玖璟花园1至9幢及地下车库	9	450	52517	张家港盈捷房地产开发有限公司
	阳光春晓花园1至3幢、5至11幢及地下车库	10	688	121263	市金厦房地产开发有限公司

续表38

区镇	楼盘	交付幢数	交付套数	交付面积（平方米）	开发企业
经开区（杨舍镇）	依云兰庭3幢、9幢	2	40	5636	市广鑫汇房地产开发有限公司
	中凯城市之光花园8幢、30至33幢及C区地下车库	5	572	81944	张家港嘉凯城房地产开发有限公司
	湖悦天境花园（B地块）5幢、6幢、8幢、12幢、13幢、15幢、20幢、21幢、26幢、27幢、32幢、33幢、39幢、51幢	14	336	58089	张家港锦裕置地有限公司
	荟乐雅园1至3幢、5至9幢、11幢及地下车库，10幢	10	600	100150	张家港朗竣置业有限公司
	瑞城名苑1至7幢、9幢及地下汽车库	8	306	41906	市新宏房地产开发有限公司
	东棠春晓花园1至3幢、5至7幢、9至10幢、12至13幢、15至16幢、18至19幢	14	296	51147	张家港弘晖房地产开发有限公司
	阳光诚域花园1至3幢、5至10幢、12至13幢、15至21幢及地下车库	18	1042	151718	市金厦房地产开发有限公司
	滨河云璟花园11幢、17幢及地下车库	2	64	13800	张家港融辉房地产开发有限公司
	和樾花园10幢、P3幢	2	143	14618	张家港新城鸿泽房地产开发有限公司
	天璞花园1至3幢、5至7幢、12幢	7	633	65726	张家港湖珩置业有限公司
	文锦云庭2至16幢	15	990	113755	张家港东峻房地产开发有限公司
	和喜悦园7幢、12幢、22幢、28幢、32幢、33幢、35至37幢及地下车库	9	926	121226	张家港建禧房地产开发有限公司
	都会花园1幢	1	18	3965	张家港万鑫置业有限公司
保税区	观河锦园1至3幢、5至7幢，地下车库	6	408	57450	中铁城建张家港置业有限公司
	玉璟雅苑20至23幢、25至32幢、2号地下汽车库	12	1365	168413	张家港保税区鑫悦房地产有限公司
	云悦时光花园1至6幢及地下车库	6	427	50386	张家港新城恒泰房地产开发有限公司
	璟悦澜庭一号地下车库	—	—	7323	苏州骏凯房地产开发有限公司
	君港美好生活广场1至5幢、地下车库	5	164	14174	张家港保税区君地房地产开发有限公司
	映悦华庭1幢、2幢、6至12幢、15至18幢、20至23幢、25至27幢及地下车库	20	942	128848	张家港弘港房地产开发有限公司
冶金园（锦丰镇）	向阳三村9至13幢及9至15幢地库	5	230	28330	张家港玖隆房地产开发有限公司
	青藤源商业广场1幢	1	179	16594	江苏扬子江沙洲置业有限公司
	悦颂云庭1至13幢及地下汽车库	13	790	98898	张家港绿轩置业有限公司
	大南万悦商业广场2幢、3幢	2	200	13239	张家港坤达房地产开发有限公司
高新区（塘桥镇）	星未来花园2至15幢、17至20幢及A区、B区地下车库	18	1179	148823	张家港锐弘置业有限公司
	阳光锦上花园1至3幢、5至7幢、9至13幢、15至17幢及地下车库	14	1050	137849	市金厦房地产开发有限公司
	万和源花园1至3幢、6幢、7幢	5	309	29784	苏州远祺房地产开发有限公司
乐余镇	江悦风华花园1至6幢、8幢、S1幢、S2幢及地下车库	9	488	57176	张家港恒旭房地产开发有限公司
	皇冠花园1至8幢	8	44	15219	市金地房地产开发有限公司

续表38

区镇	楼盘	交付幢数	交付套数	交付面积（平方米）	开发企业
凤凰镇	翡丽东方花园1至11幢及地下车库，S1幢、S2幢	13	656	81852	张家港润丰房地产开发有限公司
南丰镇	南睿花园3至4幢、6至10幢、S2幢、S3幢	9	561	61386	张家港欣茂房地产开发有限公司
大新镇	新湖花园5幢、10幢、16幢、S1幢、S2幢	5	280	39387	张家港天润士林房地产开发有限公司
	星萃沄庭1至3幢、5至10幢、19幢、20幢	11	226	37132	星合置业（苏州）有限公司
	观湖名苑1至12幢、14幢、16至19幢及地下车库	17	357	57113	苏州悦鸿房地产开发有限公司

【房政管理】 年内，全市制定发布房地产十三条暖市措施，对包括购房契税、建安成本、开发报建、公积金贷款等13个方面完善政策支持，从供给端、需求端、市场端三方发力，增强房地产开发企业、购房者信心，改善房地产市场环境。政策实施后，受理契税补贴335户，审核通过262户。房地产开发企业上市速度加快，最快仅四个月就实现拿地上市。6月至10月，同步利用融媒体线上渠道，在苏州区域率先举办"云上房展会"，32个在建在售商品房项目给出购房优惠，吸引超15万人次观展，174人申领购房优惠券。坚持"保民生、保稳定、保交楼"原则，市委、市政府高频调度、专题研究保交楼有关事项，推动5244套延期交付房屋顺利交付。针对逾期赔付、民工欠薪、交付质量、阶段停工等矛盾隐患，实行分类处置、领导包案、闭环处置，推进矛盾化解，维护全市房地产市场稳定。扩大在苏州大市范围内率先推出定向房票政策试点范围，房票安置工作加快在各区镇（街道）铺开，并积极推进房票全市通兑、扩充房票安置可选房源等举措。全市累计发放房票1322张，兑付1270张，去化商品房889套，带动房地产销售超13亿元。

【物业管理】 2023年，市房管中心探索推进老旧小区物业管理全覆盖工作。经区镇、街道对辖区老旧小区进行摸底和确认，全市有城镇老旧小区363个，总面积1437.2万平方米。5月，出台《张家港市老旧小区物业管理全覆盖实施方案（2023—2025年）》。至年末，全市划分97个物业管理区域，实现老旧小区管理全覆盖，成立老旧小区业主自治组织85个（其中业委会4个、物管会81个），打造老旧小区物业管理示范项目13项。年内，组织开展属地物业管理工作专项培训，对实施方案进行解读，明确物业管理全覆盖实施步骤及物业管理工作中各部门职责。办理龙联家园、荟乐雅园等17个物业用房的产权明晰工作，项目建筑面积1714312.45平方米，物业用房面积13457.92平方米，配比均达到7‰以上。完成维修资金归集住宅2.04亿元、电梯4815万元；受理维修资金使用548起，使用维修资金2082.42万元，其中房改房维修9处、63183.5元。核实和办理皇冠花园、临江福苑一区商业楼11个前期物业管理协议招标项目，总面积57.91万平方米。预防受理建筑面积218.7万平方米，白蚁预防施工建筑面积236.33万平方米。受理物业投诉3718起（其中便民服务中心转投诉3520件、市民电话198件）并协调沟通处理，受理信访件70件、市便民服务中心任务单30件，市物业纠纷调解委员会受理案件130件。

【维修资金增值收益滚存使用】 年内，全市根据《住宅专项维修资金管理办法》规定，完善维修资金管理，通过公开招标选择专户银行，最大限度实现资金保值增值，形成较为可观的定期、活期利息收益。为确保公正严谨完成分配工作，依托信息建设和数据清理成果，专项开发增值收益分配模块，多次测试核对，按业主分户账的日积数计算法进行计算。业主可访问"张家港住建"微信公众号，通过"业务查询—智慧物业—维修资金"菜单及时查看自己维修资金账户明细，也可以在张家港农商银行手机银行App首页"维修资金查询"中查看，所有收支情况一目了然，分配周期为当年1月1日至12月31日。维修资金所实现的增值收益全部纳入业主账户并滚存使用，让商品房维修资金真正用在实处、惠及业主。

【购置新建商品房家庭实行契税补贴】 4月1日至12月31日，大专及以上学历人才购买新建商品房（含商品住宅、商业用房），并且为首次购房的，可享受50%的契税补贴（先交后补）。首次购房认定标准为申请人本人及家庭成员（含配偶及未成年子女）在张家港市无自有商品住房和购房记录，购房时间以商品房买卖合同网上备案时间为准。市民在4月1日至12月31日出售当地自有房产（含住宅、商业用房），并在此期间重新购置张家港市新建商品房（含商品住宅、商业用房）的，新房可享受50%的契税补贴（先交后补）。售房时间以不动产登记时间为准，购房时间以商品房买卖合同网上备案时间为准。在2022年6月1日至2023年12月31日期间，使用定向房票购买当地新建商品住房的，可享受50%契税补贴（先交后补）。购房时间以商品房买卖合同网上备案时间为准。年内，共受理契税补贴173户，审核通过141户，其中卖旧买新26户、定向房票购房3户、人才购房112户。

【既有建筑改造（装饰装修）违法违规行为有奖举报】 年内，《张家港市既有建筑改造（装饰装修）违法违规行为有奖举报处置办法》出台，明确市民参与既有建筑装饰装修违法违规行为举报经查证属实的可获100—

200元，甚至更高额度的奖励。接到举报后，相关工作人员第一时间赶往现场进行查勘，确认施工现场是否公示(挂牌)，是否拆改房屋的基础、墙、柱、主梁及屋架等主要承重构件，或者超过房屋原设计承载力增加荷载。经查证举报属实的，及时向第一位实名举报者兑现奖励。市民如举报发现既有建筑改造(装饰装修)行为存在未公示(挂牌)情况，经属地工作人员核实无误，对既有建筑改造(装饰装修)未公示(挂牌)的举报者奖励现金100元；对擅自拆改房屋的基础、墙、柱、主梁及屋架等主要承重构件，或者超过房屋原设计承载力增加荷载的举报者奖励现金200元；如存在重大安全隐患的，经相关主管部门核实，再追加奖励。（戴高乐）

旅　游

【概况】 年末，张家港市有国家A级景区6个，其中国家AAAA级旅游景区4个、国家AAA级旅游景区2个。国家、省级乡村旅游重点村3个，其中国家级乡村旅游重点村1个、省级乡村旅游重点村2个。省级旅游度假区1个，省级工业旅游区2个。年内，文旅融合成效显著，全市实现旅游总收入193.69亿元，接待国内外游客748.45万人次。创新开展“52周计划”，开发旅游线路、研学课程、采摘体验等文旅产品，策划推出“五一”FUN肆嗨、“以食为美——5·19中国旅游日”“秋天，来港城‘乡’见”等线上活动，线下举办“欢乐‘粽’动员、百人大战包粽子”、永联丰收集——长江流域乡村美食市集等活动，联动景区、酒店、旅行社等主体推出特惠文旅产品，拉动乡村文旅消费超500万元，促进乡村文创、乡村美食、民俗非遗、休闲农业等产业发展。沙洲优黄文化园获评国家工业旅游示范基地，南丰镇文化体育服务中心入选全民艺术普及专项基金2023年全国青少年美育示范基地推荐名单，“传承活态非遗，寻味美丽乡愁”创新体验产品入选江苏省乡村旅游业态创新示范产品名单，常北社区入选江苏省乡村旅游重点村培育单位。

表39　　2023年张家港市国家级旅游景区情况表

景区名称	景区级别	地址
凤凰山景区	国家AAAA级旅游景区	凤凰镇恬庄古街兴隆路北停车场
永联小镇景区	国家AAAA级旅游景区	南丰镇永联村
香山景区	国家AAAA级旅游景区	金港街道望江路1号
暨阳湖生态旅游区	国家AAAA级旅游景区	市金港大道
东渡苑景区	国家AAA级旅游景区	塘桥镇202县道与346国道交会处
沙洲优黄文化园	国家AAA级旅游景区、国家工业旅游示范基地	后塍街道塍东路
永联村	全国乡村旅游重点村	南丰镇永联村

【旅行社】 年内，全市新增9家国内旅行社。至年末，全市有旅行社55家，其中国际旅行社7家；在册导游255人，其中高级导游1人、中级导游18人。有星级旅行社6家，其中省四星级旅行社2家、省三星级旅行社4家。全年旅行社累计组团人数17.35万人次，比上年增441.33%；接待游客18.56万人次，比上年增407.1%；营业总收入15174.73万元，比上年增217.04%。纯玩品质团、亲子游、自由行等旅游产品受张家港市游客青睐。

表40　　2023年张家港市星级旅行社一览表

名称	星级	地址
张家港国泰国际旅行社有限公司	省四星级	市人民中路国泰时代广场底楼
张家港华泰旅行社有限公司		市人民中路50号恒隆大厦
苏州华辰国际旅行社有限公司	省三星级	市永安路996号
市亚博国际旅行社有限公司		市湾士岸1村一幢4号门202号
市永联旅行社有限公司		南丰镇永联村永联小镇北街永琪园7幢
张家港永安旅游有限公司		市沙洲宾馆有限公司宴杨楼7楼707室
张家港环宇旅行社有限公司		市港城大道150号

【凤凰山景区】 2023年，凤凰山景区“传承活态非遗、寻味美丽乡愁”线路入选江苏省乡村旅游业态创新示范产品，肖家巷双创中心入选全国最美乡村文化空间(案例类)，菊花酒酿造技艺入选第五批江苏省非物质文化遗产代表性项目名录，《一眼千年的故事(河阳山歌馆)》获评苏州市“十佳导游词”，景区被评为省放心消费创建示范区域。举办“我们的节日·春节”系列活动，推出新春灯谜会、非遗传承项目等互动体验。3月18日，“春

杨氏宅第 （市文广体旅局 提供）

遇好‘凤’光，花香溢港城”张家港文旅消费季启动仪式暨凤凰桃花节开幕式在凤凰湖畔举行，发布市文旅集团“52周计划”，上线“张家港文旅”小程序，推出文体旅促消费活动和精品农文旅线路，开设围绕非遗主题的文创市集。5月初，凤凰山景区举办“2023五一花朝雅集”，开展河阳美食、非遗体验、民乐演艺等活动；中旬，举办“苏新消费·张显魅力”五五购物节暨三月廿二上凤凰活动，设置美食、游乐、文旅等特色展区，日均游客量近2万人次。7月至8月，开办凤凰国防教育夏令营，举行喜迎八一双拥共建活动暨夏令营开营仪式，张家港、江阴等地333名青少年参与。8月中旬，举办凤凰镇首届“乡厨”职工技能大赛，推广凤凰美食。10月初，举办第五届江南风情节，锡剧、越剧、苏州评弹等好戏连台上演，首日点位游客流量1.67万人。联合深圳预见教育推出首个沉浸式剧本研学体验项目《恬庄状元榜》，赏析建筑巧思、探寻孝义家风、感受千年文脉。11月11日，举办“乡约”凤凰文商旅早餐会，30余家文商旅企业共谋文商旅融合发展新路径。

【双山香山旅游度假区】 2023年，双山香山旅游度假区聚焦重点项目，全国红色美丽村庄试点老圩红村投入运营，皓景温泉度假酒店完成土建，明珠灯塔主体完工，璟泊湾星空营地提档升级，丰谷精品酒店开工建设，荷塘月舍完善装修方案，风旅飞行中心完成项目及运土方案设计。新增高标准鱼池33.47公顷，形成连片高质量渔业养殖区。丰富旅游业态，深化“山岛之恋”文旅综合体建设，举办香山梅花节、樱花节、香山湖灯光艺术节、金秋潮流嗨玩嘉年华等特色文旅消费活动，开发“最香山”梅子酒、香山茶饼等特色文创产品，新增水上皮划艇团建项目，打造度假区“山雀训练营”研学品牌，增强文旅体验。优化旅游服务，推进智慧旅游建设，完善线上服务，推广应用“双山香山旅游”小程序。发挥政企合力，组织企业沙龙活动3次。高尔夫球场争创“全国十佳球场”，高水准承办CLPGA等全国性赛事。用好“慢岛双山”宣传窗口，编写旅游类原创文章67篇。做强短视频营销，发布视频35篇，与“遇见张家港”媒体平台联合策划节气系列专题视频宣传。与江阴、南通融媒合作，助推香山登上央视新闻。深化“山岛小纵队”旅游IP建设，设计各类专项IP场景20个。导入社会资本参与业态开发，洽谈项目30余项，其中高意向项目4项。盘活闲置资源，引入皓景精品民宿（群）项目，善港农业高标准鱼池一期等一批农副业项目落地。全年接待游客118.6万人次。

【永联小镇景区】 2023年，永联小镇景区形象和品牌影响力持续提升，接待游客162.68万人。春节期间，举办传统美食汇及传统习俗活动，在农家休闲区及萌宠乐园开展特色活动。国庆节期间，开展长江流域乡村美食市集活动，各地传统美食云集。年内，开展寓学于玩的亲子活动，在萌宠乐园给孩子们开展生命教育课和野生动物课。举办巨型稻草人王国等特色活动，国内数十位大地艺术家以长江流域的芦苇和稻草为原材料，构建人与自然和谐共生的巨型稻草人王国。南丰镇文化体育服务中心推出江南文化“六美”之旅，以全国乡村旅游重点村永联村为核心载体，立足南丰、辐射全市，推出五天四晚“六美合一、美美与共”研学旅行产品，引领青少年加深对江南乡村文化精神实质与时代价值的理解和认知，既有美育的高度，又具备可持续运营的实操性。12月8日，中国宋庆龄基金会发布全民艺术普及专项基金2023年全国青少年美育示范基地推荐名单，南丰镇文化体育服务中心入选，也是全国唯一入选的镇级文化站。

【暨阳湖生态旅游区】 年内，暨阳湖生态旅游区获评苏州市文明旅游示范单位、苏州市“美丽街区”，暨阳湖省级湿地公园获评苏州市三星级湿地。旅游区先后开展暨阳湖赏花季、梦幻热气球亲子文化节、机器人亲子嘉年华、“牙博士杯”市首届全民休闲皮划艇桨板夺宝大赛、市八运会育苗杯小学生皮划艇比赛、暨阳湖奇遇海洋啤酒狂欢节和“喜市游园会，潮动黄金周”等特色活动8次。配合文明创建工作，加大景区设备设施巡检力度，与世茂小学、环保协会、社会公益组织联合开展湿地宣教活动20次，常态化组织“暨阳湖天使”志愿服务活动，全年开展志愿活动121次、556小时。景区安全方面，组织开展业务技能培训，定期组织消防和设备故障处置应急演练，组织大型预防性检修3次、设备应急演练10次、消防演练2次，对海盗船设备进行延保，所有游乐设备均通过特检院检验。

【东渡苑景区】 年内，东渡苑景区配合市文体广旅局做好“5+2”馆校研学景区点位打卡活动，配合开展“走基地、看变化、聚力量”沉浸式主题活动，常规性开展“东渡环保行”系列志愿者活动。1月，举办东渡苑首届“国色天香、盛世中华”牡丹花展。3月，举办“花漾塘桥、美好相约”高新区（塘桥镇）2023年旅游季活动启动仪式。5月，举办“探新启程、美好相遇”张家港网络人士寻美高新暨高新区（塘桥镇）“东渡华裳”文旅创意短视频挑战赛启动仪式。10月，举办“我与祖国共庆生”活动、“弘扬东渡文化、共叙桑梓情深”“我们的节日·重阳”诗词品鉴大会等系列活动，进一步强化东渡文化品牌。

暨阳湖生态旅游区 （市文体广旅局 提供）

【沙洲优黄文化园】 年内，沙洲优黄文化园对员工进行安全、讲解、销售、餐饮等服务培训320人次。先后举办首届“沙洲喜事”非遗文化游园会和后塍三月十四庙会，黄酒T7峰会，泸州老窖、华润等企业高层论坛活动，与各大型旅行社、抖音，美团、携程及张家港文旅集团合作，拓宽门票线上和线下销售渠道，入园游客80万人次。10月12日，文化和旅游部公布2023年国家工业旅游示范基地名单，沙洲优黄文化园入选，成为苏州市首个国家工业旅游示范基地。12月2日，《中国文化报》发表《沙洲优黄文化园：多业融合探索工业旅游新路径》的专题报道。沙洲优黄文化园重视黄酒文化与工业旅游之间的相互融合，建有优黄博物馆、黄酒小镇、陈年酒库、传统酿造车间、水戏台、卡通园、黄酒研究院等28个功能区与景点，游客可以体验真实的酿酒场景，如拌酒药、搭窝、制曲、煮酒、封坛等，另外还有黄酒试饮、研学、非遗市集等活动，内容丰富有趣，参与性强。1月，文化园获美国IDA国际设计奖3项大奖；5月，获意大利A’设计奖。10月，沙洲优黄博物馆获中国建筑装饰行业科技创新工程奖一等奖，获评“轻工业五星博物馆”。园区全年吸引游客约80万人次，销售额约2600万元。

【公园管理】 年内，全市公园管理优化“公园+”模式，将体育竞技、运动健身、养生保健、娱乐休闲、观光旅游等多种服务融入公园自然景观，满足市民游客对公园服务日益增长的需求。完善无障碍设施建设，对照苏州市建设无障碍环境友好型城市规划要求，优化无障碍游览线路，完善无障碍标识和信息系统，提升专项服务水平。做好志愿服务，对接美湖志愿者和城管志愿者团队到园林服务站进行志愿服务。开展社会公益活动，梁丰生态园森林书屋和张家港公园童话书屋开展全民阅读等各项公益活动近200场，市梁丰体育公园获评省示范体育公园。公园管理处投入约250万元，用于公园设施的维护维修、场地提升等。梁丰生态园在林下空间增加14套儿童活动器材，北门房屋改造为便民园林服务站，时钟广场雾森林区域改造成休闲活动场所；张家港公园两座拱桥重新铺设路面，更新透水步道标线，维修改造竹林栈道；沙洲公园改造荷花池，将静观楼改造为园林服务站，对沧江书舍周边进行环境整治和无障碍改造，增加监控探头，新增监控全部联网到位，实现公园监控全覆盖，并于4月举行蕙兰展。

【第二十五届菊展举行】 10月20日至11月21日，“港城秋韵，菊彩华章”张家港市第二十五届菊花展览在梁丰生态园举行。菊展展出菊花220余种，菊花盆花4万余盆，菊花造型16种120余盆，各类草花1万余盆以及各种配景植物100余盆，塑造主题菊花场景，营造知识性、专业性、观赏性与互动性俱佳的菊展盛宴。菊展期间开展“茶菊飘香、识菊画菊、菊艺插花、咏菊诗会”系列活动，让市民游客在互动体验中品味菊花，感受自然之美和传统文化魅力。菊展累计接待游客45万人次。

【乡村旅游发展培育】 年内，全市坚持以文塑旅、以旅彰文，推动乡村文体旅事业高质量发展，促进农村一、二、三产业融合，为乡村振兴注入新动能。构建农文旅多元融合、主客共享新空间，打造文旅客厅、乡村文化展示馆、乡村振兴大讲堂、茶室及书屋等文旅融合空间，凤凰肖家巷双创中心入选全国最美乡村文化空间（创新案例类）。聚焦乡村旅游发展，实施乡村旅游精品工程，提升乡村旅游发展质量和综合效益，加强乡村旅游重点村培育和建设，支持有条件的村积极申报国家级、省级乡村旅游重点村，7月20日，常阴沙现代农业示范园区常北社区入选江苏省乡村旅游重点村培育单位，凤凰镇恬庄村、常阴沙现代农业示范园区常兴社区入选苏州市乡村旅游重点村建设单位名录。全市打造乡村旅游精品线路，擦亮乡村旅游品牌，助推乡村文旅消费提质升级，11月7日，“赏秋实、忆初心”农文旅融合精品线路入选苏州乡村旅游十大精品线路。

（胡 娟 童 惠）

【编辑 朱永平】

金融

Finance

3月31日，“港发通”专项金融服务方案首批授信项目签约仪式举行

（张家港农商银行　提供）

金融监管
银　　行
保　　险
证券·期货
其他金融机构

金融监管

【概况】 2023年，根据中共中央、国务院印发的《党和国家机构改革方案》文件，不再保留中国人民银行县（市）支行，相关职能上收至中国人民银行地（市）中心支行，撤销中国人民银行张家港市支行（简称市人民银行）与国家外汇管理局张家港市支局（简称市外汇管理局）。至年末，全市有张家港市地方金融监督管理局（简称市地方金融监管局）、中国银行保险监督管理委员会苏州监管分局张家港监管组（简称苏州监管分局张家港监管组）2家金融监管机构，有从业人员25人，其中市地方金融监管局22人、苏州监管分局张家港监管组3人。年内，各金融监管机构以更实举措引领金融服务实体经济提质增效。

【市地方金融监管局】 2023年，张家港市发行债券72笔339.87亿元，列苏州四县市第一。新增备案投资基金50只，基本规模105.21亿元；新增备案基金管理人2家。年内，市地方金融监管局举办全市金融工作会议暨“春之融”政银保企合作签约活动、张家港市首个银企战略合作女性专场发布会暨“金”帼先锋联盟成立大会等系列活动，促成255个项目签约落地，达成授信合作意向2038.7亿元。实施“港城金融服务万企百亿融通工程”，全年走访企业46412家，其中小微企业29465家、科技人才企业6081家，达成授信1695.98亿元。全市企业在苏州综合金融服务平台、苏州股权融资服务平台累计注册25977家，获得授信4379.74亿元，位列苏州各县市（区）第一。全年实现数字人民币对公交易量6161.64亿元，落地苏州市数字人民币应用创新场景7个。加快不良资产处置，年末银行机构不良率0.47%。出台全市金融突发事件应急预案，落实金融风险月排查月研判机制，在全省范围内先行探索县市—区镇—村（社区）三级无非法集资细胞组织建设管理机制，在苏州大市范围内创新推广非法金融风险治理

5月5日，2023年张家港市金融工作会议暨“春之融”政银保企合作签约活动举办（市地方金融监管局 提供）

“4431”工作法（即“四见面”——见法定代表人或企业实际负责人、公司从事经营活动的一切必备证照、公司产品合同和对外宣传相关资料、员工花名册和办公场所产权证明等相关资料；“四约谈”——约谈法人、实际经营人、财务人员、房东；“三必查”——查验工商登记资料注册所在地与实际经营地是否一致、公司实际经营项目的合规性、公司项目的真实性；“一建档”——为每家企业建立独立的档案），筑牢“多维度监测+苗头期处置”金融风险防范屏障。实现非法集资“0立案”，非法金融活动风险线索动态清零，高标准建设“无非法集资区镇”9个、“无非法集资村社区”128个。累计建设“金融惠民之家”示范点55家，服务覆盖群众超50万人。开展平安金融主题宣教860场次，建立起包括网格员、社区工作者、志愿者、热心群众等在内的金融风险监测举报“前哨”体系。持续发挥港城“融之汇”党建联盟凝聚力，提档升级“廉润金融”品牌，组建“金帼先锋”联盟，联合市总工会举办金融先锋“敢首创”金融服务综合技能大赛。2023年，市地方金融监管局获爱满港城慈善募捐“突出贡献奖”，“港城融之汇”团队获第八届“张家港慈善奖”最具爱心慈善行为楷模。

【苏州监管分局张家港监管组】 年内，苏州监管分局张家港监管组坚持控风险、稳秩序、促发展，持续推动辖内银行保险机构规范稳健经营。做好风险处置工作，持续监测渝农商村镇银行流动性风险，组织开展合规知识应知应会测试，督促机构提升合规管理能力和水平；稳妥处置大额风险贷款，联合市地方金融监管局召开张家港欣欣高纤股份有限公司企业债权人会议，协调处理土地分割转让相关事宜，保证企业稳定经营；参加苏州市中级人民法院组织的康德新抵押权事宜专项协调会，做好后续处置工作；稳控房地产领域风险，联合市住建局等部门下发文件，加强预售房资金监管，参加绿地项目风险化解工作专班，配合相关部门指导招商银行、建设银行等机构做好资金拨付、土地解押等工作；参加市融资平台公司经营性债务管理工作专班，协助做好塘桥镇两家镇级平台经营性债务处置化解工作。强化银行保险机构监管，对银行保险机构开展现场走访23次，联合公安部门开展第八轮银行业金融机构安全评估工作，检查网点50余家；对属地法人机构撤并或迁址的10个营业网点进行现场查验，对全市银行保险机构许可证情况进行现场抽查；开展高尔夫球场清理整顿回头看工作，对信贷资金进入高尔夫球场情况进行专项排查；对全市农业保险经营情况进行全面调研摸排，指导相关保险公司做好扩面快赔工作。切实保护金融消费者合法权益，制定下发《关于加

10月30日，沪苏数字产融发展会议暨保税科技集团清算通数字人民币清结算业务启动仪式举行　　（市地方金融监督管理局　提供）

强县域银行保险机构信访投诉工作的通知》，开展消保考核通报工作，处理提前还贷、购买理财产品造成损失等各类投诉18起；强化对消费者的宣传教育，参加张家港市2023年消费者权益保护日和扶持个体工商户发展等主题活动，指导张家港农商行开展金融知识普及大走访活动。提升金融服务质效，对全市新市民服务情况开展专题调研，通过发放问卷、实地走访、座谈交流等方式摸清当前新市民金融服务中存在的短板和弱项；开展商业银行普惠金融服务情况调研，推动保险机构对房地产工程领域开展风险减量工作。

【2项目入选省数字人民币试点优秀实践案例】 2023年江苏省数字人民币试点优秀实践案例公布，张家港市“数字人民币在重大能源项目的应用”“‘清算通’数字人民币清结算应用”2个创新示范场景入选“行业应用类”“地方特色类”优秀实践案例。国信沙洲清洁高效支撑性电源项目作为江苏省重点能源项目，率先引入数字人民币支付，推动政策性银行（中国农业发展银行）首次实现数字人民币应用，应用范围包括支付工程款、收入股东资本金以及支付土地交易费用等。“清算通”数字人民币清结算服务是将数字人民币引入大宗商品现货交割清结算环节，通过银行、上海清算所、苏交网系统连接，实现买卖双方数字钱包间的货款收付；同时，对接仓储机构，整合实现大宗商品现货市场的交易流、资金流、货物流“三流合一”。2023年，数币清结算服务结算金额超10亿元。

【沪苏数字产融发展会议举行】 10月30日，沪苏数字产融发展会议暨保税科技集团清算通数字人民币清结算业务启动仪式在苏州金鸡湖大酒店举行。苏州市委常委、常务副市长顾海东，上海清算所党委副书记、总经理汪洪波，张家港市委副书记、市长蔡剑峰出席活动。活动现场，清算通数字人民币业务战略合作协议签订、清算通生态伙伴签约，供应链金融数字人民币应用场景项目发布。至年末，保税科技集团清算通数字人民币清结算业务累计实现交割量25.54万吨，累计交割额10.21亿元。工商银行、农业银行、中国银行、建设银行、交通银行、浦发银行、兴业银行、华夏银行8家合作银行以及32家生态合作伙伴参与业务。

（路乾義　周　婕　蔡英杰）

银　　行

【概况】 至2023年年末，张家港市银行业本外币存款余额6138.71亿元、贷款余额4790.5亿元，分别比上年增17.92%和15.59%；本外币存贷款加权平均增速16.9%，位列苏州各县市（区）第一；金融业增加值369.68亿元，占GDP的10.98%，可比价增速14.2%，位列全市九大行业之首。保险机构保费收入80.29亿元，增速8.69%，位列苏州各县市（区）第二。至年末，全市银行机构助力企业周转贷款7674笔、603.72亿元，贷款平均利率降至3.67%。全市有银行业金融机构34家，其中政策性银行1家、国有商业银行6家、股份制商业银行12家、城市商业银行6家、农村商业银行4家、村镇银行1家、外资及中国港澳台资银行2家、财务公司2家。有银行业金融机构有营业网点284家，从业人员5172人。

表41　　2023年年末张家港市银行机构网点一览表

序号	名称	总行（家）	分行（家）	一级支行（家）	二级支行（家）	分理处（家）	储蓄所（家）	邮储营业所（家）	小微支行（家）	社区支行（家）	合计（家）	从业人员（人）
1	农发行	—	—	1	—	—	—	—	—	—	1	14
2	工商银行	—	1	—	23	—	—	—	—	—	24	434
3	农业银行	—	1	—	26	4	—	—	—	—	31	616
4	中国银行	—	1	—	20	—	—	—	—	—	21	444
5	建设银行	—	1	—	22	2	1	—	—	—	26	462
6	交通银行	—	1	—	8	—	—	—	—	—	9	135

续表41

序号	名称	总行（家）	分行（家）	一级支行（家）	二级支行（家）	分理处（家）	储蓄所（家）	邮储营业所（家）	小微支行（家）	社区支行（家）	合计（家）	从业人员（人）
7	邮储银行	—	—	1	6	—	—	32	—	—	39	336
8	中信银行	—	—	1	2	—	—	—	—	—	3	62
9	民生银行	—	—	1	1	—	—	—	—	2	4	71
10	招商银行	—	—	1	1	—	—	—	—	1	3	84
11	浦发银行	—	—	1	1	—	—	—	2	—	4	59
12	光大银行	—	—	1	—	—	—	—	—	2	3	37
13	华夏银行	—	—	1	1	—	—	—	—	—	2	47
14	兴业银行	—	—	1	—	—	—	—	—	—	1	32
15	恒丰银行	—	—	1	—	—	—	—	—	—	1	23
16	广发银行	—	—	1	—	—	—	—	—	—	1	17
17	平安银行	—	—	1	—	—	—	—	—	1	2	27
18	浙商银行	—	—	1	—	—	—	—	—	—	1	32
19	江苏银行	—	—	1	4	—	—	—	—	—	5	78
20	苏州银行	—	—	1	6	—	—	—	—	—	7	153
21	上海银行	—	—	1	—	—	—	—	—	—	1	27
22	南京银行	—	—	1	1	—	—	—	—	—	2	67
23	泰隆银行	—	—	1	2	—	—	—	1	—	4	94
24	宁波银行	—	—	1	1	—	—	—	—	—	2	90
25	江西银行	—	—	1	—	—	—	—	—	—	1	16
26	张家港农商行	1	—	25	—	50	—	—	—	—	76	1493
27	常熟农商行	—	—	1	—	2	—	—	—	—	3	90
28	无锡农商行	—	—	1	—	—	—	—	—	—	1	17
29	江南农商行	—	—	1	—	—	—	—	—	—	1	13
30	渝农商村镇银行	—	—	1	—	—	—	—	—	—	1	18
31	友利银行	—	—	1	—	—	—	—	—	—	1	13
32	汇丰银行	—	—	1	—	—	—	—	—	—	1	6
33	沙钢财务公司	—	—	1	—	—	—	—	—	—	1	41
34	国泰财务公司	—	—	1	—	—	—	—	—	—	1	24
	合计	1	5	53	125	58	1	32	3	6	284	5172

说明：表中张家港农商银行机构总数和从业人数总数均不包括异地机构及人员；各银行从业人员数含编内、劳务派遣、外包等多种类型。

表42　　2023年年末张家港市银行机构存款情况表

类别 单位	人民币存款		其中				外币存款	
			单位存款		个人存款			
	年末余额（万元）	比上年增长率（%）	年末余额（万元）	比上年增长率（%）	年末余额（万元）	比上年增长率（%）	年末余额（万美元）	比上年增长率（%）
农发行市支行	28450.00	-32.28	28450.00	-32.28	—	—	—	—
工行市分行	6900381.46	65.14	5352062.78	56.23	1548318.69	4.24	77982.76	4.96

续表42

类别 单位	人民币存款		其中				外币存款	
			单位存款		个人存款			
	年末余额（万元）	比上年增长率（%）	年末余额（万元）	比上年增长率（%）	年末余额（万元）	比上年增长率（%）	年末余额（万美元）	比上年增长率（%）
农行市分行	10061156.00	22.58	5521783.00	32.38	4539373.00	12.45	32004.00	4.50
中行市分行	4970360.32	27.04	2927259 .94	19.67	2043101.38	32.75	46039.66	-4.29
建行市分行	4906752.00	21.54	2626765.00	27.55	1982589.00	18.00	12591	-17.16
交行市分行	2102919.00	24.00	1349599.00	27.00	753320.00	19.00	8425	-48
中信银行张家港支行	1128299.62	-4.26	979598.49	-7.22	148701.13	21.31	5144.88	52.06
民生银行市支行	815585.00	-15.82	665926.00	-18.08	149659.00	-4.06	1787.00	26.46
招商银行市支行	752093.00	10.00	539197.00	2.00	212896.00	34.00	2568.00	-16
浦发银行市支行	1202514.00	-5.36	1034274.00	-2.15	167660.00	-21.13	689.00	-39.24
光大银行市支行	906078.11	-19.55	731808.37	-25.28	174269.74	18.65	340.70	-39.59
华夏银行市支行	1096997.48	33.07	852451.69	32.25	244545.79	36.12	288.08	-11.1
兴业银行市支行	552549.00	10.55	442860.00	5.32	109510.00	38.30	4952.00	-23.96
恒丰银行市支行	296246.74	-45.41	256621.64	-49.34	39625.10	9.94	45.95	54.77
广发银行市支行	173429.00	-12.70	144218.00	-11.30	29211.00	-18.80	282.00	394.70
平安银行市支行	447800.00	56.51	257700.00	53.66	190100.00	65.88	70.63	-0.10
浙商银行市支行	642427.00	19.70	432802.00	19.03	124199.00	31.03	793.00	-26.00
江苏银行市支行	1390365.26	31.86	1045845.43	30.06	344519.83	37.63	2885.59	186.93
苏州银行市支行	1028660.32	28.23	668501.85	20.17	360060.12	46.70	601.69	4914.08
上海银行市支行	28.61	5.42	27.16	4.14	1.45	36.79	0.05	-28.57
南京银行市支行	1096623.49	15.96	923778.63	9.03	172844.82	52.96	275.11	205.7
泰隆银行市支行	219548.88	47.02	112457.18	60.38	107091.70	35.19	973.38	-29.35
宁波银行市支行	1223503.48	34.09	998681.35	26.11	224822.13	86.47	8244.99	-59.55
江西银行市支行	118885.70	-15.01	60495.58	-34.93	58390.12	24.45	—	—
张家港农商银行	15175920.84	12.58	5622920.00	1.37	9037092.61	15.44	17270.92	-20.05
常熟农商银行	351750.46	37.18	154777.25	35.32	196973.21	38.67	—	—
无锡农商银行	135836.00	22.46	124218	23.06	11618.00	16.46	—	—
江南农商银行	87892.54	-15.07	60482.31	-31.20	27410.23	90.51	270.18	—
渝农商村镇银行	11448.42	24.21	1724.82	-10.80	9723.60	33.51	—	—
友利银行市支行	41930.85	38.82	33605.26	49.24	8329.01	8.34	1384.92	-27.25
汇丰银行市支行	26168.83	32.14	35315.73	29.00	—	—	1291.44	18.76
邮储银行市支行	1992472.35	11.60	297820.49	12.96	1694626.22	4.43	145.89	150.00
沙钢财务公司	1629300.73	35.50	1629300.73	35.50	—	—	32081.93	27.32
国泰财务公司	560314.71	-13.74	560314.71	-13.74	—	—	29615.77	104.33

表43　2023年年末张家港市银行机构贷款情况表

单位＼类别	人民币贷款		其中短期贷款		其中中长期贷款		外币贷款	
	年末余额（万元）	比上年增减（%）	年末余额（万元）	比上年增减（%）	年末余额（万元）	比上年增减（%）	年末余额（万美元）	比上年增减（%）
农发行市支行	1044974.00	35.39	540229.00	41.01	504745.00	29.85	—	—
工行市分行	5892035.59	21.51	1925741.33	87.12	3966294.26	3.84	472.81	18.64
农行市分行	6766018.00	18.33	2489065.00	33.43	2983202.00	1.33	1771.00	−70.66
中行市分行	5456442.14	24.38	1541049.27	42.44	3207388.22	3.35	812.33	−26.85
建行市分行	5495279.00	19.18	1218436.00	27.68	3689442.00	14.90	2060.00	−57.86
交行市分行	1426722.00	29.00	270700.00	−3.60	1051300.00	28.90	391.00	−34.00
中信银行张家港支行	1301382.59	10.86	516734.64	54.79	784647.95	−17.71	30899.97	−26.47
民生银行市支行	782264.00	20.95	299215.00	24.86	483049.00	18.64	—	—
招商银行市支行	945585	−1.00	567423.00	4.00	378162.00	−7.00	53.00	−55.00
浦发银行市支行	981900.00	15.22	296360.00	14.65	679927.00	14.52	44.00	−85.48
光大银行市支行	1102210.32	−10.13	672704.05	5.30	429506.27	−26.90	—	—
华夏银行市支行	803831.76	44.92	192328.00	87.26	607629.00	33.65	—	−100.00
兴业银行市支行	730202.00	24.42	475029.00	55.50	255173.00	−9.31	—	—
恒丰银行市支行	925055.26	28.04	208617.76	−19.75	716437.50	54.89	—	—
广发银行市支行	186504.00	−17.80	155004.00	−17.50	31500.00	−19.30	—	—
平安银行市支行	247400.00	105.00	7.75	56.56	16.99	142.36	—	—
浙商银行市支行	309114.00	23.24	174161.00	22.57	127309.00	24.48	—	—
江苏银行市支行	1107148.28	15.66	586375.28	41.55	520773.00	−4.10	327.00	−21.58
苏州银行市支行	1194401.36	35.81	508400.32	47.63	478718.62	12.01	825.07	63.06
上海银行市支行	47.56	21.30	14.73	98.52	32.83	3.27	—	—
南京银行市支行	618541.69	−4.50	412308.73	65.80	206232.96	−48.30	—	—
泰隆银行市支行	190255.22	3.29	165461.44	6.64	24008.98	−13.50	1165.77	−30.29
宁波银行市支行	457839.84	−18.93	186659.89	16.03	271179.95	−32.86	2288.26	−79.94
江西银行市支行	184341.85	19.35	137620.67	5.69	46721.18	120.25	—	—
张家港农商银行	12298187.50	10.41	5711262.72	9.54	5177844.18	7.57	11618.32	10.78
常熟农商银行	620956.46	12.29	359252.65	18.94	261703.81	4.29	—	—
无锡农商银行	201860.00	84.11	23232.00	71.68	79402	0.56	—	—
江南农商银行	48813.81	48.91	44498.03	46.59	4315.78	30.35	—	—
渝农商村镇银行	45236.11	8.58	34220.92	12.37	11015.19	−1.72	—	—
友利银行市支行	40618.83	−17.73	27705.85	0.73	12912.98	−40.94	—	−100.00
汇丰银行市支行	1781.34	−94.69	1781.34	−94.69	—	—	—	−100.00
邮储银行市支行	1566285.30	12.05	448503.19	4.84	1116772.11	15.13	—	—
沙钢财务公司	370000.00	—	366300.00	−0.20	3700.00	25.42	—	—
国泰财务公司	—	—	—	—	—	—	—	—

【政策性银行】 中国农业发展银行张家港市支行(简称市农发行)牢记“支农为国,立行为民”的使命担当,充分发挥“农发行是服务乡村振兴的银行”职能作用,创新发展思路,拓展支农领域。全年投放支农资金贷款137.1亿元,年末贷款余额104.5亿元,其中投放收储贷款5.63亿元,完成粮食储备18万吨;支持粮食市场化收购,投放贷款115亿元;支持城乡融合发展,投放城乡一体化建设贷款8.87亿元;提升乡村土地资源效能,投放农地贷款7亿元;支持乡村振兴与小微企业贷款0.6亿元;办理国际结算业务18.15亿美元。年内,市农发行获评农发行苏州市分行“先进集体”、江苏省分行“业绩进步行”。

(侯新亚)

【国有商业银行】 2023年,全市6家国有商业银行(工商银行、农业银行、中国银行、建设银行、交通银行、邮储银行)的分支机构有机构网点150家,从业人员2427人。

工商银行　中国工商银行股份有限公司张家港分行(简称市工行)聚焦“稳增长、调结构、增动能、防风险、开新局”战略目标,坚持服务实体经济,助力乡村振兴。至年末,本外币全部存款增量居四大国有银行首位。本外币各项贷款余额589.54亿元,比上年增21.38%,其中普惠贷款余额47.1亿元,涉农贷款余额389.41亿元,比上年增24.43%。年内,完成省级重点项目光束汽车首家银行首笔贷款投放;与经开区(杨舍镇)南新村开展“凝聚银村合力,共话乡村振兴”党建共建活动;深化数字化转型,协助沙钢集团完成全国首笔上亿元数字人民币电费缴纳。“智慧新塍”数字村务管理平台入选2023年“金融助力苏州高质量发展”优秀案例,获苏州市数字金融创新项目三等奖、张家港市2023年金融先锋“敢首创”金融服务综合技能大赛一等奖。搭建数字人民币大宗商品期货交割场景,获评2023年苏州市数字金融创新项目“TOP5优秀全国首创场景”。年内,市工行获总行、苏州市、张家港市“五一劳动奖状”、张家港市金融系统立功竞赛一等奖和张家港市金融系统突出贡献奖。

农业银行　中国农业银行股份有限公司张家港分行(简称市农行)全年市农行人民币各项存款、贷款余额分别为1006.12亿元、676.60亿元,总量均居四大国有银行首位。推广线上融资产品以及供应链融资模式,银保监口径普惠贷款余额77.88亿元,比上年增20.87亿元,总量、增量均居四大国有银行首位。年内,成功办理全国首个非银行App渠道数字人民币党费缴费场景、全省农行首笔“线上开立保证金”单证业务、苏州农行首笔“e推客”助残贷款。

中国银行　中国银行股份有限公司张家港分行(简称市中行)坚持“稳、进、好”的发展思路,坚守服务实体经济初心,全年民营企业贷款余额217.72亿元,比上年增75.75亿元;科技金融贷款余额97.26亿元,比上年增190.58%;绿色贷款余额129.7亿元,比上年增48.86亿元;普惠金融贷款余额61亿元,比上年增19.91亿元。持续推动养老金融发展,与市民政局深入开展合作,完成全市居家养老服务平台系统的对接开发工作。稳步推进数字人民币推广,为市第三人民医院、市人事考试中心提供数字支付服务。完成全市苏通智慧交通有限公司智慧交通PPP项目的银团组建以及首笔放款业务。2023年,成为全市首个“外汇管理银行直联网点”。年内,市中行践行金融企业脱贫攻坚担当,通过“公益中国”平台采购福利品等方式,向对口扶贫点——咸阳北四县落实27.7万元帮扶资金,帮助贫困地区解决农产品滞销问题。将“我为群众办实事”落到实处,向港城爱心社捐赠5万元;对张家港市15名贫困家庭学生进行慰问;开展“3·15”消费者权益保护日征信专题宣传活动和“警银联动,反诈宣传进商圈”活动。市中行获评市“先进文明单位”;市中行团委获评“市五四红旗团委”。

建设银行　中国建设银行股份有限公司张家港分行(简称市建行)秉承“金融为民”初心,服务支持地方建设有力有效。年内,成功对接一批市重点基础设施及招商引资项目,年内新开工产业项目授信覆盖率达到25.86%。全年制造业含贴贷款新增48.7亿元,制造业中长期贷款新增23亿元,绿色信贷新增50.5亿元,基础设施领域贷款新增39.77亿元。紧扣“三农”重点工作着力提升乡村振兴发展质效,与乐余镇签署党建共建暨“数字乡村”建设全覆盖协议。聚焦“乡村振兴+普惠”持续发力,实现城乡融合贷放款169户、8187万元。普惠金融数字化转型取得明显成效,普惠金融贷款余额(银保监口径)61.43亿元,贷款增速25.11%,高于一般贷款增速;普惠小微企业客户4277户、新增871户。与市烟草专卖局开展主题线上直播推广活动,实现烟草客群批量触达。深化与市市场监督管理局的合作联动,发放全省首笔“苏质贷+专利贷”组合贷款。发挥平台优势,多渠道推进数币试点工作,全年累计达成数币对公交易量658.63亿元,完成数币贷款38.95亿元。承办张家港2023年“苏新消费,张显魅力”五五购物节活动,拓展全市彩票收款点数字人民币运用场景166个。

交通银行　交通银行股份有限公司张家港分行(简称市交行)年内优化信贷服务,加大实体贷款投放,制造业贷款比上年增8.24亿元;支持张家港市基础设施建设,投放并购贷款6亿元,城市更新项目3亿元;优化线上服务,践行普惠金融,至年末,普惠“两增”贷款余额15.62亿元,比上年增4.13亿元,普惠“两增”客户785户,比上年增111户;服务乡村振兴,助力村级经济发展,涉农贷款余额比上年增21.27亿元。年内,市交行获评全国一星级青年文明号、张家港市文明单位、张家港市工人先锋号,获金融系统绩效考核综合贡献奖。

邮储银行　2023年,中国邮政储蓄银行股份有限公司张家港市支行持续在基础设施建设、产业结构战略调整、大中型企业等领域发力,重点关注授信占比较高、结算占比低的客户,“一对一”制定综合金融方案,助力小企业融资可持续发展。践行责任担当,扎根乡村振兴。持续开展对“邮农E贷”“产业贷”等优质产品的宣传推广,坚持走访新型农业主体,打造主动授信体系,以产品力提升触达率，精准服务农户、种养殖户、新型农业经营主体等。与市农业农村局联合举办2023年张家港市“邮”你更风采“邮储银行杯”农村创业创新大赛，将邮储银行金融服务送至乡村的最后一公里。积极履行社会责任，参与“洁美港城”同创共建行动、无偿献血活动、“爱满港城”慈善网络募捐活动。响应数字人民币试点推广工作要求，通过线上线下结合，建设特色创新场景、开展微能商城抢9元数币红包、“数币邮礼”活动商户等数币促销宣传活动，有效发挥数字人民币职能，实现数币应用场景再扩容。年内，获金融系统绩效考核2023年度综合贡献奖、市金融先锋“敢首创”金融服务综合技能大赛优秀奖，被评为市文明单位、市优秀拥军企业、2022年现金管理工作先进集体、金融知识宣传先进集体。

（储成飞　汪少波　侯均昊　黄　雯　戴雅平　许惠伟）

【股份制商业银行】 2023年，全市12家全国性股份制商业银行（中信银行、民生银行、招商银行、浦发银行、华夏银行、光大银行、兴业银行、恒丰银行、广发银行、平安银行、浙商银行、江西银行）的分支机构有机构网点26家，从业人员507人。

中信银行　中信银行股份有限公司张家港支行经营发展总体稳中有进，组建科创中心，以3个专业部门组成团队专攻科创、普惠企业的开发拓展。年末，支行发行债券市场占有率为24.07%，债券承销份额居全市首位。支行参与投资全国县级市首支知识产权证券化产品的发行，以知识产权未来预期收益为支撑，通过发行市场流通证券进行融资的创新融资方式，服务13家科创企业；加强科技创新，落地首笔批复项下专利质押项下普惠贷款，企业得到政府利息补助可达到1%；发挥集团协同优势，先后落地IPO募集资金、战略配售、大股东可转债配资、基金托管、投资款监管，助力科创企业全生命周期的金融服务；强化产品创新，发行苏州市首单权益出资型票据，发行全国首单县级市民营企业科创票据。

民生银行　中国民生银行股份有限公司张家港支行致力于服务实体企业，通过对上市、拟上市、专精特新、独角兽客户进行专项开发，“四大类价值客户开发率”系统内排名第一。年内，支行优化改革，线上产品先行先试，实现分行首笔出口E融；实现分行首笔全棉通供应链业务，规模量总行排名第一。通过“强化守法合规文化、防范金融风险、护航转型发展”合规巡讲，进一步提升全行员工的风险防控能力及履职能力。至年末，支行普惠金融贷款余额17.52亿元，比上年增3.48亿元。

招商银行　招商银行股份有限公司张家港支行支持实体经济小微和重点项目企业，助力张家港市经济高质量发展。年内，支行赞助张家港市首届咖啡节市集活动，与沙洲职业工学院开展“青春无悔，反诈有‘招’”反诈主题宣传周活动，携手亚马逊举办张家港地区跨境电商大会。至年末，支行实现普惠贷款余额12.59亿元，净增2.57亿元，增幅25.65%。普惠和小微户数1089户，比上年增245户。涉农贷款余额30.67亿元，比上年增31%；零售信贷余额31亿元，小微贷发放6.76亿元，比上年增2.58亿元，增量是上年同期的147%；消费贷发放3.96亿元，比上年增1.02亿元，增量是上年同期的179%；房贷发放1.75亿元。数字人民币对公交易量15.15亿元，数字人民币中小企业贷款3.38亿元。年内，市招行被招商银行苏州分行评为先进支行。

浦发银行　上海浦东发展银行股份有限公司张家港支行坚持服务实体经济，大力支持普惠金融、科创金融等领域。年内，支行不断提供金融创新产品支持地方经济发展，累计承销债务融资工具15.95亿元。持续开展“高企融资服务直通车”活动，至年末，共对接企业161家，授信获批69家，授信获批金额合计34.67亿元。小微企业贷款余额37.6亿元、科创企业贷款余额14.61亿元，普惠金融贷款余额9.5亿元。

华夏银行　华夏银行股份有限公司张家港支行致力于实现自身效益提升和服务地方经济建设的双重责任，不断完善金融产品创新和服务。年内，履行融资主渠道责任，把贷款投向真正需要融资的实体经济。支行定位“中小企业服务商”，走访民营和小微企业，深入了解客户融资需求。为降低企业融资成本，利用“互联网+”优势，运用房贷通、循环E贷、网络贷等贷款产品，提供“随借随还”的信贷服务。支行履行社会责任，组织开展金融知识进校园、进社区、进企业活动；利用电子显示屏等宣传阵地发布公益广告，提醒广大市民注意防范非法集资、金融诈骗等。至年末，实现制造业贷款余额27.04亿元，科技型企业贷款余额2.59亿元，普惠贷款余额5.28亿元，涉农贷款余额54.28亿元。年内，市支行获评华夏银行苏州分行先进单位、张家港市文明单位。

（蒋愫雯　赵鸣雷　杨福男　赵　璇　赵晓娟）

【城市商业银行】 2023年，全市6家城市商业银行（江苏银行、苏州银行、上海银行、南京银行、宁波银行、浙江泰隆商业银行）的分支机构有机构网点21家，从业人员509人。

江苏银行　年内，江苏银行股份有限公司张家港支行实现本外币存、贷款规模双提升，各项存款余额141.09亿元，比上年增34.95亿元，增幅32.93%；各项贷款余额110.95亿元，比上年增14.93亿元，增幅15.55%。“两强一新”领域资产投放持续加大，“两强一新”贷款、制造业贷款、绿色信贷分别比上年增15.25亿元、23.94亿元、2.36亿元。数币转型发展力度持续增强，全年累计投放数字人民币贷款31705万元。创新产品持续推进，落地近三年支行首笔理财直融业务。成功认购全国县级市首笔知识产权ABS业务1700万元。成为张家港“沙洲科创C基金”唯一投贷联动合作银行。落地全行首笔国内证福费廷“秒融宝”业务，为相关企业实现高效率资金支持。普惠服务力度持续增强，普惠贷款新增3.31亿元、大涉农新增10.1亿元，运用全行创新产品“沙链宝”“苏知贷”“孵化宝”等产品，为全市科创、人才企业发展注入金融活水。社会责任意识持续加强，全面推进“金融专员驻村社”活动，强化对乡镇企业、居民的金融服务力度。开展各类金融公益知识宣传活动450余次，组织全行员工上门开展反诈宣传工作。开展公益捐款活动，募集资金10984元。与共建社区携手开展扶贫助困、敬老爱幼活动，慰问社区困境儿童、独居老人。创新开展暑期“小小银行家”活动，关心关怀青少年身心健康。在2022年度银行业金融机构执行人民政策情况评价中获评A级，获2023年度市金融系统绩效考核综合贡献奖、存贷款增长先锋奖，并获评“智能制造最佳合伙人”。

苏州银行　苏州银行股份有限公司张家港支行坚持“以客户为中心”的一体化经营战略，在民生金融、科技金融、政府服务等领域不断发展，打造本土银行品牌形象。年内，作为张家港市第一批社保三代卡发卡银行之一，持续做好社保三代卡发卡业务，年度发卡完成率位列苏州银行全辖第二名；持续做好保障性安居工程、租赁住房等民生工程项目；持续招募康养俱乐部会员，助力养老金融服务；落地代收水费系统，丰富民生服务产品。持续强化创新驱动，落地全国县级市首单知识产权ABS业务、江苏省县级市首单数币归集募集资金债券业务、苏州市首笔“吴优数贷”业务、张家港市首笔“拨贷联动”业务、张家港市首单国企科技创新公司债券等，积极履行社会责任，开创业务发展新局面。强化市属国企全面合作，通过多渠道、多产品服务，持续强化地方合作；积极参与地方存量融资结构优化工作，助力地方经济发展；上线商品房预售资金监管系统，加强预售资金监管，强化银政合作。

（宋张婷　王　坤）

【农村商业银行】 2023年，全市4家农村商业银行（张家港农商银行、常熟农商银行、无锡农商银行、江南农商银行）及其分支机构有机构网点81家，从业人员1616人。

张家港农商银行　江苏张家港农村商业银行股份有限公司下辖3家分行，1家营业部，42家支行，51家分理处，机构网点总数97家（包括异地机构）。1月13日，存贷款规模超2500亿元。2月21日，与市妇联举行“助力乡村振兴，促进妇女发展”党建共建签约仪式。3月31日，发布“港发通”重大项目专项金融服务方案并举行首批授信项目签约仪式，该项目被列入2023年张家港重大项目“政企双通道”一揽子激励措施。5月15日，发行“张微融”2023年第一期微小企业贷款资产支持证券，是张家港农商银行首次以小微企业贷款为基础资产发行资产支持证券。5月17日，发行20亿元“三农”专项金融债，用于发放涉农贷款，提升农村金融服务质效。6月8日，联合市人社局举行“就近办”合作网点启动授牌仪式，实现40项社保业务下沉至25家支行网点。6月29日，召开2023年第一次临时股东大会，完成换届选举，产生新一届董事会、监事会、高级管理层成员。9月25日，由市公安局、市社会治理现代化指挥中心、市新市民事务中心牵头组织，张家港农商银行配合举办的“警网银联动走访，你我他携手反诈”反诈大走访主题活动启动大会召开。12月3日，独家冠名的“张家港行”2023年张家港东渡半程马拉松开跑。至年末，全行资产总额2071.27亿元，比上年增10.45%；本外币各项存款余额1565.51亿元，比上年增12.16%；本外币各项贷款余额1271亿元，比上年增10.49%；存贷款规模超2800亿元。其中，涉农贷款余额597.16亿元，比上年增6.14%。拨备覆盖率424.23%，不良贷款率0.94%。全年实现归母净利润17.87亿元，比上年增6.24%。在英国《银行家》杂志发布的2023年全球商业银行1000强中排名第524位，比上年上升2位。年内，张家港农商银行位列2023中国服务业企业500强第469位。

常熟农商银行　常熟农商银行股份有限公司张家港支行践行普惠金融服务理念，立足“三农”“两小”，以服务实体经济、小微企业、个体工商户为目标。年内，各项贷款余额62.1亿元，比上年增12.29%。其中，短期贷款35.93亿元，比上年增18.94%；中长期贷款26.17亿元，比上年增4.29%。中小微贷款24.86亿元，制造业贷款21.89亿元，科技型企业贷款7300万元。支行坚定“支农支小、做小做散”市场定位，优先服务乡村振兴和小微实体，通过创新服务产品兴农贷、富村贷等产品，共计投放1.21亿元，用于支持乡镇农业产业园、农田水利设施现代化改造。

（薛　芸　宋晓蕊）

【村镇银行】 2023年，江苏张家港渝农商村镇银行股份有限公司坚持金融服务实体经济，提升做好小微企业金融服务工作。年内，深入社区（村）、企业，为市民讲解反假币、反洗钱、防范电信诈骗等金融知识，宣讲支行涉农、惠企优惠政策，以及房快贷、无还本续贷等优势信贷产品，搭建金融服务“直通车”，现场受理业务，解答群众咨询。至年末，各项贷款余额45236万元，比上年增8.58%。其中，涉农贷款余额30422.72万元，占各项贷款余额的67.25%，涉农贷款占比较上年提升6.18个百分点；普惠口径小微贷款余额34408.71万元，占比76.06%，在贷款规模稳步增长的同时，贷款结构进一步趋于合理。

（李　丹）

【外资银行】 2023年，友利银行（中国）有限公司张家港支行加快推进本地化战略，年内落实服务实体经济、减费让利、防控风险等政策要求，为中国及韩国等企业、个人客户提供金融服务，定期对企业进行走访，开展存款保险及防范非法集资宣传活动。至年末，实现本外币时点存款规模51739.84万元，比上年增19%；本外币贷款规模40618.83万元。其中，制造业贷款余额27586.39万元；中小微企业贷款余额29251.53万元，全年共计发放中小微企业贷款54908.03万元用于支持企业生产经营。年内，友利银行获评外资银行风采奖。汇丰银行（中国）有限公司张家港支行致力于成为引领行业数字化变革的先行者，通过提供高质量的数字化解决方案惠企利民。4月，汇丰银行成为首家获税务总局批准数电发票试点纳税人资格的外资银行。

8月，成为首家正式向客户提供数电发票服务的外资银行，推动绿色可持续金融发展。至年末，支行各项贷款余额1781.34万元，其中制造业贷款余额1781.34万元（贸易融资余额为1369.68万元）。至年末，支行各项存款余额35315.7万元，全为单位存款余额，比上年增7938.52万元。表外业务项下，全年办理银承开票业务7笔，金额1689.33万元，未办理银承贴现业务、融资性备用信用证及保函业务。 （苏 南 史辰可）

【财务公司】 全市有财务公司2家。沙钢财务有限公司于2010年登记成立，注册资金10亿元，2023年年末本外币存款余额185.65亿元，本外币贷款余额37亿元。江苏国泰财务有限公司由江苏国泰国际集团有限公司和江苏国泰国际集团国贸股份有限公司共同出资成立，注册资金5亿元。年末本外币存款余额77.01亿元。

（路乾義）

保 险

【概况】 2023年，全市有保险公司45家。其中财险公司22家、寿险公司23家。年内，全市保险机构实现标准保费收入80.29亿元，比上年增8.69%。深化政保合作，结合数字人民币支付创新推出全省首个“线下七天无理由退货损失保险”项目——“吴优数险”；创新开发知识产权类保险，落地全省首单数据知识产权被侵权损失保险；围绕主粮作物保障提升，推动“苏安耘”创新保险方案落地。

【财产险公司】 全市有中国人民财产保险股份有限公司张家港中心支公司、中国太平洋财产保险股份有限公司张家港中心支公司、中国平安财产保险股份有限公司张家港支公司等财产险公司22家。

人保财险 2023年，中国人民财产保险股份有限公司张家港中心支公司下设锦丰、塘桥、乐余等7个营业部和15个营销服务部，从业人员203人。年内，新增商业秘密被侵权损失保险、数据知识产权被侵权损失保险、线下七天无理由退货损失保险3个险种，累计设险种10个大类200余种。全年完成保费收入89116万元，比上年增3.79%。其中，车险收入59970万元、非车险收入26614万元、农险收入2532万元。保险收入中，车险占比最大，为67.29%。全年累计处理赔案57.9万件，理赔支出56819万元，赔付率63.76%，其中车险理赔支出37162万元、非车险理赔支出18638万元、农险理赔支出1019万元。

太平洋产险 2023年，中国太平洋财产保险股份有限公司张家港中心支公司下设总经理室、综管部、财务部、团客发展部、个客发展部、个客共享作业服务中心、团客共享作业服务中心、业务部等部门，下辖1个支公司、8个营销服务部，从业人员249人。年内，公司中标张家港市政策性农业保险项目（二标段）；落地分公司首单农民工工资支付履约保证保险、社会应急救援力量责任险；开出电梯综合险、高端员福、水质无忧、灵活就业人员保险等项目；“房安保”项目、高标准农田IDI保险项目持续扩面。全年完成保费收入8.4亿元，比上年增9.98%。其中，非车险收入2.69亿元、机动车辆险收入5.71亿元。保费收入中，机动车辆险占比最大，为68.0%。全年累计处理赔案446992件，理赔支出44319万元，比上年增11.8%，赔付率52.9%。理赔支出中，非车险支出8241万元，机动车辆险支出36078万元，机动车辆险占比较大，为81.4%。公司市场占有率34.22%。2023年，公司获评张家港市先进文明单位，获张家港市金融机构“综合贡献奖”“普惠投放攻坚奖”“保费增长标兵奖”“税收贡献奖”。公司工会被评为2019—2022年度太平洋保险集团先进工会。

（汤洁羽 姜鹏程）

【人身险公司】 全市有中国人寿保险股份有限公司张家港支公司、中国太平洋人寿保险股份有限公司张家港中心支公司、中国平安人寿保险股份有限公司张家港支公司等人身险公司23家。

中国人寿 2023年，中国人寿保险股份有限公司张家港支公司下设营销发展部、收展发展部、个险培训部、团体业务部、银行保险部、综合部、客户服务中心7个部门，下辖4个营业部和7个营销服务部。有从业人员809人。全年完成保费收入121549.25万元，比上年增3.39%。处理赔案17872件，理赔支出7020.65万元，比上年增26.31%。

太平洋人寿 2023年，中国太平洋人寿保险股份有限公司张家港中心支公司持续推进可持续发展“五力”（牵引力、价值力、责任力、协同力、内驱力）建设，助力经济、社会、环境全面可持续发展，与客户、员工、合作方共同构建可持续发展新生态。有从业人员476人，全年完成保费收入86742.33万元，比上年增11.47%。全年处理赔案10440件，理赔支出5476.77万元。承保优生优育保险、大病保险、长护保险、农村人员意外伤害保险、新市民意外伤害保险、残疾人意外保险、灵活就业人员职业伤害保险等惠民保险项目。应对人口老龄化，着力推进“百岁居”居家养老服务项目，与太保家园品质养老相结合的养老解决方案。

（曹影珂 周 霞）

证券·期货

【概况】 全市有东吴证券股份有限公司张家港分公司及杨舍镇、锦丰镇、金港街道证券营业部，华泰证券股份有限公司张家港杨舍东街、金港街道长江中路证券营业部，国泰君安证券股份有限公司张家港人民东路证券营业部、东方证券股份有限公司张家港东环路证券营业部、中信建投证券股份有限公司张家港人民中路证券营业部等证券公司营业部25家。

【东吴证券】 2023年，东吴证券股份有限公司张家港分公司下设总经理室、综合部、财务部、信息技术部、机构业务部、零售业务部6个部门，下辖杨舍、金港、锦丰3个证券营业部。从业人员70人。分公司提供IPO、中小企业私募债、财务顾问、“新三板”等综合金融业务。各营业部开设沪深A股、B股、权证、期权、港股、期货、国债、企业债券、国债回购、封闭式基金等交易品种，提供融资融券、股票质押回购、小贷宝等融资服务，提供网上交易、手机炒股等交易方式，并与中国银行、农业银行、工商银行、建设银行、交通银行等13家银行建立客户保证金三方存管业务。营业部客服中心实行客户经理制，为客户提供一对一服务，并提供电话咨询、短信、盘中提醒等多种咨询服务，帮助投资者把握投资方向。全年完成交易额1740亿元。（肖　贝）

【华泰证券】 2023年，华泰证券股份有限公司有张家港杨舍东街、金港街道长江中路2个证券营业部。杨舍东街证券营业部有在职员工24人，开设A股、B股、债券、基金、权证、新三板、H股、融资融券、个股期权、港股通IB业务等交易品种，提供网上交易、电话委托、磁卡委托、手机炒股、网上页面委托等交易方式，与工商银行、农业银行、中国银行、建设银行、交通银行、浦发银行、招商银行、中信银行、农商行等多家银行建立三方存管业务。年内，华泰公司总部推出涨乐财富通App8.816版，营业部每日平均约有3.5万名客户使用该App交易，覆盖率98.83%。股基证券开户2546户，有效户533户，新增融资融券客户321户。全年实现交易额265.39亿元，理财产品销售额42.5亿元，其中私募基金销售占比提升110%。实现利润3399.4万元。营业部在全国1.2万家营业部中综合排名列第121位；在张家港市场占有率38%，市场份额排名第一。（夏良亮）

【南京证券】 2023年，南京证券股份有限公司张家港东环路证券营业部设有多媒体展示区、客户体验区、客户区及贵宾区、期货交易专区，有从业人员11人。营业部承揽A股、B股、港股通、沪伦通、债券、基金、“新三板”、北交所、创业板、科创板等传统通道业务以及期货IB、融资融券、股票质押式回购融资、专项融券业务、各类金融产品代销、股票期权、基金投顾等创新业务。提供现场开户、见证开户、网上开户、手机开户多种开户方式，以及现场交易、电话委托交易、网上交易、手机委托交易等交易方式，与工商银行、农业银行、中国银行、建设银行、交通银行等多家银行建立三方存管转账业务。营业部依托公司的“快乐阳光”网上营业厅、金罗盘掌厅、微信微厅等客户服务平台以及“95386”全国统一客服热线，为客户提供更便捷的服务。全年完成交易量275.09亿元，实现收入1014.39万元，实现利润总额700.31万元。（钱文娟）

【东华期货】 2023年，江苏东华期货有限公司张家港营业部有从业人员6人，均持有期货从业资格证书。公司业务范围包括商品期货、金融期货、资产管理等。至年末，拥有固定客户1164人，成交额354亿元，实现客户保证金规模7387万元。（陆丽华）

其他金融机构

【小额贷款公司】 全市有小额贷款公司13家，分别为张家港昌盛农村小额贷款有限公司、市华芳农村小额贷款有限公司、张家港保税区锦泰农村小额贷款有限公司、市国泰农村小额贷款有限公司、市广大农村小额贷款有限公司、市沙钢农村小额贷款有限公司、市南丰农村小额贷款有限公司、市亚泰农村小额贷款有限公司、市中昊农村小额贷款有限公司、市金生科技小额贷款有限公司、市长江农村小额贷款有限公司、市金城泰农村小额贷款有限公司、苏州港口张家港保税区科技小额贷款有限公司。年内累计发放贷款28.45亿元，融资余额8.42亿元，年末贷款余额31.99亿元。

【融资租赁公司】 全市有融资租赁公司4家，分别为江苏金茂融资租赁有限公司、华晟融资租赁股份有限公司、马尼托瓦克（中国）租赁有限公司、江苏万盈融资租赁有限公司。其中，江苏金茂融资租赁有限公司是由国有股东张家港市金茂集体资产经营管理中心控股，华晟融资租赁股份有限公司是境内法人及自然人出资成立的内资融资租赁公司，马尼托瓦克（中国）租赁有限公司为外国法人独资，江苏万盈融资租赁有限公司为香港企业独资。至年末，融资租赁资产总额27.21亿元，客户数100户。

【担保公司】 全市有融资性担保公司4家，分别为张家港市金港投融资担保有限公司、张家港市金港投融资担保有限公司科创分公司、张家港市农业融资担保有限公司（承担政府性融资担保公司职能）、苏州市住房置业融资担保有限公司张家港分公司，有再担保公司2家，分别为张家港市信用再担保有限公司和江苏省信用再担保集团有限公司张家港分公司。年内，融资性担保公司累计担保53.38亿元，担保户数895户。

【典当公司】 全市有典当公司9家，分别为江苏广聚源典当有限公司、张家港市锦泰典当有限公司、张家港市鸿笙典当有限公司、张家港保税区宝盛典当有限公司、张家港市铭达典当有限公司、苏州华富典当有限公司、苏州鼎丰典当有限公司、苏州东鑫典当有限公司、苏州亿通典当有限公司。年内，开展典当业务2407笔，累计典当额4.18亿元。

【拍卖公司】 全市有正常开展业务的拍卖机构6家，分别为苏州市富城拍卖有限公司、苏州泓泰拍卖有限公司、江苏广聚源拍卖有限公司、苏州天润拍卖有限公司、苏州正泰拍卖有限公司、苏州亿顺通拍卖有限公司。年内，共举办拍卖会269场，拍卖成交额71645.31万元，比上年降9.84%。

【保理公司】 全市有商业保理公司2家，分别为江苏金茂商业保理有限公司、江苏华程商业保理有限公司，资产总额7.05亿元。年内，2家商业保理公司发放保理融资款本金5.54亿元，客户数44户。

（路乾義　樊志君）

【编辑　陆雨亭】

综合经济管理

Comprehensive Economic Administration

9月，2023年苏州市“质量月”主题活动在张家港市举办

（市市场监管局　提供）

宏观经济管理

财　　政

税　　务

国有资产经营管理

市场监督管理

质量管理与检验检测

知识产权保护

审　　计

统　　计

张家港年鉴(2024)

扫码欣赏

“筷”快行动，
把我“袋”走

宏观经济管理

【概况】 2023年，市发改委全力稳增长、调结构、提信心、强主体，全市宏观经济管理取得较好成效。年内，全市地区生产总值3365.8亿元，比上年增3.7%，经济总量连续30年位列全国百强县第3。全社会固定资产投资547.22亿元，其中新兴产业投资253.21亿元，比上年增14.5%。全社会用电320.79亿千瓦时，其中工业用电280.79亿千瓦时。市发改委被评为苏州市“推动数字经济时代产业创新集群发展工作”先进集体。

规划编制与实施 全市统筹推进“十四五”规划实施，开展《张家港市国民经济和社会发展第十四个五年规划和2035年远景目标纲要》中期评估并形成报告，主要指标进展总体符合预期。出台《张家港市调高调轻调优产业结构三年行动计划（2023—2025年）》《张家港氢能产业发展事项清单（2023年）》《张家港市热电联产规划（2023—2025年）》等文件，推动产业绿色发展，培育发展未来产业。探索毗邻协同、多方合作，编制《江阴—张家港协作示范区空间协同规划》。开展专题调研并撰写《关于张家港市汽车产业发展情况的调研报告》和《氢能产业调研报告》，全年编发《发展改革专刊》16期、《发改资讯》50期。做好经济运行月度分析工作，聚焦工业、营利性服务业、外贸外资、批发、房地产等领域，加强经济形势分析研判，做到实时监测、尽早预警、深入分析、精准施策，保障经济平稳运行。

政策制定与推进 年内，张家港市出台《关于推动经济运行率先整体好转的若干政策措施》《张家港市产业集群高质量发展扶持政策》《张家港市重大项目“政企双通道”一揽子激励措施（试行）》《张家港市进一步加强政务诚信建设工作方案》等政策文件。推进江苏省首批生态产品价值实现机制试点，出台《关于全面落实长江经济带高质量发展战略任务的工作方案》《张家港市建立健全生态产品价值实现机制试点工作方案》。深化“证照分离”改革，创新“企业开办一窗融合登记平台”，推行企业开办“一窗融合”“4+3”（企业注册登记、公章刻制、银行开户、涉税事项申报+社保登记、医保登记、住房公积金缴存登记）全流程在0.5个工作日内办结服务模式，不断提升企业开办便利度。深化“一件事”“一平台”“一业一证”改革，依托江苏一体化政务服务平台，实现政务服务“一网通办”“全城通办”“省内通办”“跨省通办”，加强电子证照、电子签名、电子印章应用，推动“一件事”线上全流程办理，实现市、镇、村三级“同标准受理，无差别办理”。推进“两业融合”区域试点工作，张家港市获评江苏省“两业融合”发展标杆引领典型区域，经验做法入选全国典型案例。累计16家企业获评“中国服务业企业500强”，数量位居全省县市第一；累计28家企业获评全国AAAA级以上物流企业，9家企业获评省“两业融合”试点，4个集聚区获评省现代服务业高质量发展集聚示范区。严格落实生态环境问题整改工作，做好长江经济带生态环境问题举一反三工作，开展《长江经济带生态环境警示片》披露问题整改成效“回头看”行动。全面完成第二轮中央、省生态环境保护督察累计交办的59件信访问题整改。整体推进“4+1”（长江经济带城镇污水垃圾处理、化工污染治理、农业面源污染治理、船舶污染治理和尾矿库污染治理）工程，修复长江生态环境。“江苏省张家港市推动‘环境权益’变‘真金白银’”入选国家发展改革委编发的《关于建立健全生态产品价值实现机制的意见》。

服务深化与创新 全市规划实施225个三级重大项目，累计完成投资448.4亿元，投资完成率121.5%，97个计划新开工项目全部开工。其中，盛虹储能、广大鑫盛（二期）等6个省重大项目完成投资41.8亿元，投资完成率130.6%，4个计划新开工项目全部开工；新强联风电、沙钢硅钢、泰源汽车等42个苏州重点项目完成投资269.6亿元，投资完成率120.1%，11个计划新开工项目全部开工。市发改委创新实施重大项目项目管家“1+N”服务机制、“每周一现场、每旬一推动、每月一问效”常态化调研机制、分级分类项目问题动态清单机制等，为重大项目企业量身定制总额度50亿元的“港发通”专项金融服务方案。创新金融产品和服务，持续开展“港城金融服务万企百亿融通工程”和“港城普惠金融专员万企万户行”，推动重点领域普惠金融供给增量提质。加快“双随机、一公开”监管与企业信用风险分类管理有效结合，推行“温度执法”“沙盒监管”“触发式监管”等，在部分领域实施“柔性监管”“智慧监管”“首违不罚”制度。开展产业用地二级市场转让试点，优化工企评价结果运用，腾退整合低端低效工业用地，保障优质项目用地。印发《张家港市2023年民生实事项目》，高标准推进20个政府民生实事项目建设，完成年度投资17.39亿元。明确《张家港市推进基本公共服务均等化2023年重点任务》。落实富民增收举措，全市居民年人均可支配收入71883元，比上年增4.7%。加强城市信用建设，进一步提升城市信用水平，综合信用指数达到89.06。建立并完善张家港市信用信息三期平台，有序推进各类信用数据全面归集、规范报送、依法公开。

对上衔接与报批 国泰新点软件等4家企业获评省高质量发展领军企业；富淼科技公司获评省现代服务业领军企业，全市累计7家；沙钢高科、远大信息公司获评首批苏州市新兴服务业领军企业，全市累计2家；张家港农商银行等6家企业获评苏州市总部企业，全市累计18家；海力码头、保税港区港务公司获评全国AAAA级物流企业，全市累计28家。市发改委做好光束汽车项目建设报批和对上争取工作，光束汽车取得国内道路机动车辆生产企业准入许可。江苏省石油化工热塑输氢管道生产装备工程研究中心获评2023年省级工程研究中心；兑现市级服务业营收上台阶奖励、氢能产业补助、服务业技改投入补贴、苏州市总部企业奖励等各类奖补资金1776.06万元。市粮食产业发展有限公司获评“江苏省粮油科技创新先进企业”“江苏省粮食和物资储备行业科技创新优秀团队”。

【价格管理】 2023年，市发改委加强重要民生商品保供稳价，推进重点领域价格改革和重要价费管理，确保全市价格总水平在合理区间运行。坚持市政府领导下的价格调控目标责任制，列入价格调控的12种主要商品价格和服务收费水平低于预期目标，完成价格调控任务。贯彻落实上级部署的各项价费优惠措施，清理规范涉企收费，全年为企业减负2012.45万元。落实社会救助和保障标准与物价上涨挂钩联动机制，向困难群众发放一次性特别补贴及物价补贴82.75万元，惠及困难群众9069人次。

【粮食和物资储备】 2023年，全市粮食和物资储备系统严格执行国家和地方粮食收购政策，依质论价、优质优价，继续全面实施价外补贴粮食收购政策，全年政策性两季粮食收购总量17.7万吨，其中小麦9.1万吨、稻谷8.6万吨，收购量创近三年新高，并稳居苏州各县市（区）第一。全年储备粮轮换操作规范，储备粮食和物资承储企业保质保量、按时按规完成7.58万吨原粮、2506吨静态储备大米、2896吨动态储备米面油、600吨动态储备冻猪肉和17061件（套）应急救灾物资保管储备任务。全年开展粮食和物资监督检查40余次，全市储备粮油和物资数量真实、质量完好、管理规范、储存安全，资金补贴到位。

（董淑月　施燕雯　陆　海）

财　政

【概况】 2023年，全市财政部门紧扣“五围绕五着力”（围绕资金平衡，着力保障收支平稳运行；围绕债务管控，着力统筹协调发展安全；围绕战略保障，着力厚植转型升级优势；围绕改革深化，着力提升财政管理质效；围绕队伍建设，着力全面加强党的领导）工作主线，实施积极财政政策，财政管理工作再获省政府办公厅督查激励，财政重点工作绩效考核蝉联全省第一等次并进入前三名，预算绩效管理、政府采购监管、财会监督、法治建设、信息宣传等工作获省财政厅表彰。全年完成一般公共预算收入237.07亿元，比上年增8.2%，税收占比80.5%，收入增幅位列苏州各县市（区）第一。推进财源建设，建立财税信息联动工作机制，全年新增办理“缓、减、退”税约30亿元，兑现各类企业扶持资金约16亿元。争取到位政府债券资金26.17亿元。落实减费降负政策，公布政府性基金项目7项、行政事业性收费项目33项、考试考务费项目84项。配合市发改委发布《张家港市产业创新集群高质量发展扶持政策》，将此前各部门出台的136条产业扶持政策文件整合为营收贡献、产业投入、创新投入、金融支持、人才支持、荣誉激励6个大类97条措施，在全省率先推行政策兑现“积分制”管理方式，并于6月末完成首次赋分兑现，累计赋分4477.51分，拨付资金4.03亿元，惠及1621个申报主体，申报、审核、拨付等流程缩减至3个月，其中“免申即享”政策占比达到81.4%。瞄准“4+4”产业链，全年安排1.6亿元用于支持科技自立自强，培育以高新技术企业为主力军的科技型企业集群，以及科技招商、科技合作与成果转化等。注重财金联动，设立“沙洲科创C计划”基金，发挥“基金+基地”招引模式作用，一批优质科技招商项目落地本市。保障改善民生福祉，继续执行1%的失业保险总费率，减免失业保险费6.68亿元，发放稳岗返还资金1.14亿元，惠及27808家企业。开展各类补贴性培训，2万余人次参与，新增高技能人才9344人。

【政府采购管理】 年内，张家港市强化政府采购活动监督管理工作。明确采购人主体责任，提出采购方式和采购组织形式由采购人依法自行选取等要求。开展采购人主体责任落实情况专项检查，检查坚持规范形式、把握本质的原则，精心设计工作流程清单和审查项目清单，整合梳理采购前期准备、开评标记录材料、采购合同管理、质疑处理答复、档案归档装订五大责任，随机抽取检查项目，精准覆盖各类主体。加大采购代理机构监管力度，从严格从业准入、开展业务培训、建立考核机制三方面入手，培养一支专业严谨、公正廉洁的采购代理机构职业队伍。同时，拟定政府购买指导性目录，规范政府购买行为。年内，全市完成集中采购项目151项，预算金额100314.39万元，合同金额84454.32万元，节约资金15860.07万元，综合节约率15.81%；完成分散采购项目544项，预算金额161554.74万元，合同金额120717.32万元，节约资金40837.42万元，综合节约率25.28%。

【公共资源交易】 年内，苏州市公共资源交易中心张家港分中心交易项目898项，交易总额184.74亿元，节约国有资金12.51亿元，节减率6.34%。其中，工程建设项目254项，交易总额99.08亿元，节减资金11.14亿元，节减率10.11%；政府采购项目591项，中标金额20.46亿元，节减金额1.37亿元，节减率6.28%；产权交易项目1项，交易总额8500元；土地交易完成52宗，交易金额65.2亿元；不见面交易项目占比达到99.77%，节约综合交易成本2800余万元，服务高标准农田改造项目22项、污水改造相关项目13项，做好张家港市金港片区水质净化厂建设工程总承包（EPC）、农联科创园产业园工程等重大项目开评标服务工作。4月，完成2023年印刷服务框架协议采购项目入围评审，全市印刷服务小额零星采购首次实行框架协议采购，进一步规范多频次、小额度政府采购活动。8月，完成首例进场交易的能源基础设施类项目“张家港海进江LNG接收站项目”开评标工作，是同苏州探索完善“市县联动”开标及隔夜评标工作机制的首次实践。是月，参与苏州市首个集采机构竞争项目“网上借阅社区投递服务项目”，并获二等奖。9月，中心与苏州市公共资源交易中心等单位联合申报建设的“‘云智慧’公共资源交易数智化见证与监督实验舱”入选首批苏州市大数据创新应用实验室。7月至9月，中心面向区镇及交易各方主体开展公共资源交易业务条线工作专项调研和“进企业，听民声”走访活动，深入摸排问题，加强相关知识宣讲。10月至12月，向涉及教育、卫生、财政、资规等系统的14个采购单位宣传《张家港市政府采购正面清单》和《张家港市政府采购负面清单》等文件，强化采购主体的廉洁采购意识，确保采购活动依法依规开展。

【财政管理】 年内，市财政局对上争取再融资债券资金20.82亿元，新增专项债券24.28亿元。细化隐性债务化解方案，压实各级化债主体责任，完成“债务率不倒涨和债务风险等级不返色”目标，推动2个乡镇风险等级“消红”。下达经营性债务规模管控目标，制定融资平台公司资产负债率年度控制目标，落实融资平台公司债务规模和资产负债率“双管控”措施；分类制定市场化转型及整合、撤并方案，完成融资平台公司压降目标；从严控制新增债务融资成本上限，推动融资成本控降。建立“镇债县管”工作机制，防范化解镇级债务风险。将债务管理、债务化解、经营性债务管控、债务风险防范等情况纳入区镇绩效考核和各财政分局（财政所）年度考核内容。多次开展政府性债务风险提示及预警工作，对风险偏大的区镇和企业下发提示函，督促其落实风险防控措施。定期做好地方政府性债务管理、综合监管、监测平台3个债务系统填报和监测工作。至年末，有在建政府和社会资本合作项目4项，合同投资总额143.71亿元，主要投向交通运输、城镇综合开发、农业、生态建设和环境保护等领域。其中，“沪通铁路张家港站PPP项目”的沪通枢纽、东三环2个子项投入运营，“张家港市现代农业科技示范园项目”建成投运。全年发行专项债券4批，使用专项债券资金24.28亿元，并申报4批19个增发国债项目。依托“阳光E审”系统完成54个项目的概预算、标底、跟踪审计等工作，全年审减、节约财政资金约7600万元。探索开展部门自主绩效管理，试点乡镇财政运行情况综合评价；强化绩效评价结果应用，推动评价结果与预算安排、政策调整挂钩；进一步构建事前、事中、事后绩效管理闭环，提高财政资源配置效率和财政资金使用效益。在监督范围上涵盖财政业务、财务会计等多个方面；在监督方式上创新检查方法和监督模式，形成检查、整改、提升良性循环，达到严肃财经纪律、规范财经秩序目标。印发《张家港市进一步盘活行政事业性国有资产工作实施方案》，全面开展行政事业性国有资产专项清查及盘活工作，通过整合优化、调剂共享、规范处置、集中运营等举措，促进国有资产保值增值。出台《张家港市公物仓管理制度实施细则》，推动实物仓与虚拟仓双仓并行，并借助公物仓管理系统，引导闲置资产入网，实现调剂使用、共享共用。上线“张家港市国有资产数字化交易云平台”，采取网络平台公开拍卖形式，畅通国有资产处置出口，实行监管流程闭环管理。至年末，累计挂网54笔，成功拍卖51笔，总起拍价316.92万元，总成交价385.22万元，平均溢价率21.55%。市国库收付中心做好国库直接支付、财政专户支付等业务工作。持续深化国库集中支付改革，推行预算单位工资纳入省预算管理一体化平台发放，并建立工资类预算科目支出数据分析机制，挖掘数据价值、改进财政服务。加强财政资金监管，对20个预算单位的财务管理、内部控制等进行“财务体检”，定期组织支付业务核查，对管理较为薄弱的预算单位重点辅导。

表44　　2023年张家港市一般公共预算收入一览表

项目	收入（万元）	比上年增长额（万元）	增长率（%）
税务部门（不含保税区）	1480636.99	266277.36	21.93
财政部门（不含保税区）	436698.11	−78162.57	−15.18
保税区	453381.95	−8132.60	−1.76
合计	2370717.05	179982.19	8.22

表45　　2023年张家港市一般公共预算支出一览表

项目	支出（万元）	比上年增长额（万元）	增长率（%）
一、一般公共服务	208622	24499	13.31
二、国防	3861	493	14.64
三、公共安全	129992	12589	10.72
四、教育	423379	54086	14.65
五、科学技术	147468	−37020	−20.07
六、文化旅游体育与传媒	34595	338	0.99

续表45

项目	支出(万元)	比上年增长额(万元)	增长率(%)
七、社会保障和就业	272757	20377	8.07
八、卫生健康	171966	-32350	-15.83
九、节能环保	68294	-3954	-5.47
十、城乡社区	355643	-6643	-1.83
十一、农林水	188972	17619	10.28
十二、交通运输	64267	-11592	-15.28
十三、工业商业金融等事务	248986	3101	1.26
十四、债务付息、债务发行费用	24558	952	4.03
十五、其他支出	997	328	49.03
合计	2344357	42823	1.86

【会计管理】 年内,市财政局进一步深化会计管理"放管服"改革,推动会计代理记账机构设立行政许可服务"不见面"审批改革,不断强化会计代理记账机构资质抽查及年度备案等日常监督,全年办理代理记账许可7家、年度备案78家。完成2022年度全市372个行政事业单位内部控制报告编报汇总工作。加强会计人才队伍建设,开展会计人员信息采集,全市有21516名会计信息采集申请人,审核通过20442人;先后组织3724人和1884人参加全国会计初、中级资格考试,分别通过623人和288人;组织18人申报高级会计师职称,其中,11人获评(副)高级会计师、1人获评正高级会计师;开展会计人员网上继续教育,参训12490人次;举办企业财务管理能力提升培训班,110余名财务负责人参训;举办"会"聚沙洲,领航发展——江苏省会计领军人才走进张家港活动,现场签订《江苏省会计领军人才张家港市交流合作框架协议》,明确双方在业务指导、学术研讨、队伍建设等方面建立长期合作关系。

【财政惠民】 年内,市财政局根据《关于实施2023年张家港市生态补偿政策的通知》《张家港市2023年稻谷补贴政策实施方案》等文件,做实涉农资金保障工作;明确涉农资金整合框架、管理职责、使用原则、绩效要求,探索开展涉农资金整合相关工作;配合市有关部门做好长江干流禁捕退捕及稳定生猪生产保障市场供应工作。全年承担农业保险财政补贴2843.27万元,发放耕地地力保护、农机购置等惠民补贴9703.79万元。在保障粮食安全方面,安排储备粮贷款贴息、保管费、稻谷和小麦价外补贴及收购费等合计7432万元;落实耕地保护和粮食安全责任制考核,从严监管粮食风险资金,保证专款专用;投资9286万元建设的沙洲中心粮库三期正式启用,运用智慧化手段实现粮食保质保鲜。安排疫情防控资金3.24亿元,主要用于结算上一年度的核酸检测、疫苗接种等费用;提请市委办公室、市政府办公室印发《关于实施民生支出"清单式"管理的通知》,出台民生支出正面清单、负面清单和民生政策管理规程,促进民生政策与经济发展相协调、与财力状况相匹配,确保兜牢兜实民生底线;会同市卫生健康委员会出台《张家港市中医药事业发展专项资金管理意见(试行)》《张家港市"名院名医进港城"长三角医疗合作专项资金管理意见(试行)》《张家港市区域医共体建设专项资金管理意见(修订)》等文件;会同市民政局出台《张家港市民生微实事(社区党组织为民服务)项目专项经费使用管理办法》等文件。

8月12日,江苏省会计领军人才张家港市交流合作框架协议签约

(市财政局　提供)

【财政助推公共文化服务】 为深入实施文化惠民工程,丰富群众性文化活动,市财政安排公共文化服务体系建设经费4170万元。其中,长江文化节活动经费1533万元,公共文化服务体

系专项经费712万元，“村村演、周周演”补助经费319万元，公益电影、全民阅读经费221万元，图书馆、博物馆、文化馆、美术馆免费开放经费155万元，保利大剧院文化惠民经费1230万元。为破解文化企业融资难题，推进“文产贷”投放工作，引导入库企业158家，累计投放1420万元。

（朱郑琳　张甜甜）

税　务

【概况】 2023年，全市税务系统组织各项收入623.4亿元，增收43.5亿元，比上年增7.5%。其中，税收收入360.8亿元，比上年增12.9%；在税收收入中，增值税比上年增52.3%，主因是上年同期制造业中小微企业缓缴税款及留抵退税；企业所得税比上年降18.1%，反映出企业盈利能力减弱；个人所得税比上年降12.5%，主要集中于财产转让、利股红所得、限售股转让所得以及其他转让所得减收。非税收入124亿元，比上年降4.8%；社保费收入136.9亿元，比上年增6.6%。完成税收公共财政预算收入191.1亿元，比上年增14.7%，增幅列苏州各县市（区）第一。年内，市税务部门围绕服务市委、市政府重大决策部署发挥资政“智库”作用，与苏州市税务局联合开展课题研究并获苏州市委主要领导批示2次；撰写的147篇经济分析文章获各级领导批示24次，被省税务局内刊、地方政府采纳或推广5次。持续加强外部门、第三方数据交换工作，为全市各有关部门提供数据138批45.7万条。

表46　　2023年张家港市入库税收一览表

项目	金额（万元）	比上年增长率（%）
收入合计	6233778	7.51
一、税收收入	3608238	12.92
其中：增值税	1816202	52.34
企业所得税	927230	−18.05
个人所得税	287062	−12.46
其他各税	577744	6.25
二、社保、非税及其他收入	2625540	0.86
其中：社会保险费	1369409	6.57
教育费附加	47441	−2.41
地方教育附加	31634	−2.41
其他基金（费）	1177056	−4.86

【税务服务】 2023年，全市新增减税降费及退税缓费金额54.5亿元，其中新增减税降费35.3亿元、留抵退税19.2亿元。年内，市税务局发布全流程滴灌式宣传辅导、全链条立体式便捷办税、全方位管家式权益保障三大类19项服务清单，为企业提供“全生命周期”服务。累计调研走访重大项目112项，提供个性化服务126户次。创新推行“政府帮办、部门联办、集约统办”工作模式，实现登记缴税办证“最多跑一次”。为高新区（塘桥镇）居民小区安置房集中办证5800余笔，单笔业务办证平均时长由50分钟缩短至10分钟。快速上线一手房集成办理平台，畅通线上办理渠道，合理引导线上办理，不动产交易全流程线上办理率达到54.6%。在永卓控股有限公司开展精准宣传，4578名员工符合个人所得税专项附加扣除政策，享受个人所得税减免186万元。

【税收征管】 年内，市税务局多渠道辅导用人单位2.89万个，建立多部门争议联合处理机制，发挥107名网格员合力，完成社保费“统模式”后首月单位自行申报和自主缴款任务。成立税收监管运营中心，构建税费日常监管体系，完成日常税费管理、特定行业、重点税源等161张报表的开发固化。开展特色监管，推进各类监管任务处置。按照时间节点、推广名单推进全面数字化的电子发票改革，推广试点纳税人8.3万户，去“三专”（去专印纸质、去专用设备、去固定版式）率达到95%。落实土增税全流程管理机制，共审结36个项目，核增补税或减少退税2.43亿元，税种联动审核成效780万元。全系统风险应对取得入库成效8.52亿元，比上年增18%；总成效13.79亿元，比上年增50.55%。

【依法治税】 年内，市税务局准确把握税务执法的时、度、效，努力做到宽严相济、法理相融。落实长三角区域“首违不罚”清单，首违不罚数量达到2411件。探索涉企行政合规指导工作，成为苏州税务系统首批试点单位。在举办新办企业培训班时，安排税务合规事项培训内容。按季开展“一起来商量”专题活动，对重点企业进行有针对性的行政合规宣传。利用执法预警平台，运用大数据分析，精准防控企业涉税及税务干部执法风险，推动企业税务日常性、事务性合规。深入开展“八五”普法，获评市“谁执法谁普法”年度普法责任制评议优秀等次；报送的“以案释法”案例被苏州市法宣办评为优秀案例。

（陆媛媛）

国有资产经营管理

【概况】 2023年，市国资系统围绕国企产业布局优化和结构调整，推动新一轮国资国企改革，进一步完善国资监管制度。优化国资布局，制定《市属国有经济布局优化和结构调整总体方案（2023年度）》，构建产业发展、城市建设、城市运营、现代服务业、乡村振兴等五大业务板块，推动组建张创投集团、产业发展集团、农业发展集团、城镇发展集团、文商旅集团五大集团，形成“2+7+1”（2家国有资本投资运营公司、7家产业集团、1家市镇合资公司）的国企发展新格局。建立健全国有企业统一监管机制，研究制定《市属国有企业高质量发展三年行动方案》《关于加强国有企业统一监管的实施意见》，着力构建“责任有主体，行为有规范，问责有对象”的国资监管体制机制。推进43家国有企业改制扫尾工作，涉及资产总额13.17亿元，指导做好相关企业产权结构设置、公司治理安排、债权债务处理、职工安置等工作，防范国有资产流失风险。完善考核激励机制，出台《张家港市市属国有企业负责人经营业绩考核暂行办法》。支持国有企业布局海外，配合国泰集团做好在埃及、缅甸等地投资设立子公司审批工作。支持服务企业上市发展，做好江锅股份历史沿革审核及资产评估备案工作。加大创新投入，服务实体经济发展，做好张创投集团设立“母基金二期”、文旅集团及产业资本公司投资南京华映基金相关审核工作。持续完善国资监管制度体系，研究制定《关于市属国有企业跟投机制指导意见（试行）》《张家港市市属国有企业人力资源管理办法》《关于市级机关部门与所属行业国有企业构建高效协同关系的指导意见》等文件。切实加强市属国有企业债务管控，出台《张家港市市属国有企业资产负债率管控方案》，实行债务分级管控，防范经营风险。加强对区镇国有企业的监督指导，制定《对实行集团化发展的区镇国有企业加强监管的工作要点》，提升区镇国有企业防范化解重大风险能力。牵头开展区镇国有（集体）资产清产核资工作，督促各区镇加快推进资产管理纳入信息化监管平台。加强国有资本预算管理，加强市属国有企业收益收缴工作，首次将部门管理的国有企业纳入收益收缴范围，实现国有资本收益金额5.33亿元。至年末，全市有一级国资公司14家、二级国资公司57家。其中，一级国资公司总资产2889.66亿元、净资产1090.12亿元，实收资本297.73亿元，年营业收入443.94亿元，利润41.42亿元，净利润28.42亿元。

（徐雨丹）

表47 2023年张家港市一级国资公司主要经济指标一览表

单位：亿元

企业名称	资产总计期末余额	所有者权益	实收资本	营业总收入	营业利润	净利润
市国有资本投资集团有限公司	276.50	65.11	16.46	0.11	−1.02	−1.01
张家港创新投资集团有限公司	204.39	106.74	2.00	10.01	3.44	2.81
市金城投资发展有限公司	157.37	87.39	36.97	22.23	3.15	2.53
市城市投资发展集团有限公司	606.42	201.37	41.00	20.48	−0.16	−0.48
市水务环保集团有限公司	58.79	30.81	14.88	7.59	0.28	0.23
市酒店管理集团有限公司	21.08	17.12	2.00	3.56	0.05	0.06
市长江生态保护发展有限公司	53.23	13.09	7.20	0.13	−0.78	−0.03
江苏国泰国际贸易有限公司	479.47	220.55	8.00	333.50	26.44	20.63
江苏华昌（集团）有限公司	8.22	7.92	0.94	1.76	1.05	1.06
市交通控股有限公司	62.31	40.92	4.44	0.11	0.15	−2.14
市粮食产业发展有限公司	7.91	4.00	1.00	4.56	−0.10	0.01
经开区控股集团有限公司	293.00	89.71	84.00	0.85	−0.33	−0.34
市悦丰投资开发建设有限公司	58.71	20.21	20.35	8.67	−0.47	−0.44
张家港保税区金港资产经营有限公司	602.26	185.17	58.50	30.40	9.73	5.51

【城投集团完成城建投资约27亿元】 2023年，市城市投资发展集团有限公司（简称城投集团）完成投资约27亿元，入库税金超5000万元，实现融资120亿元，出让经营性用地9.6公顷；累计化解政府隐性债务14.47亿元，推动2家下属公司退出融资平台。年内，完成97户民宅及5家企业签约，涉及动迁面积8.25万平方米；按照“动迁一处、储备一处”原则，完成26.67公顷经营性用地储备工作；推进各类建设项目33项。其中，市北部医疗中心、金恒房地产项目等24个工程开工建设，蒋桥路、颐养公寓、高铁东站房等9个筹建项目前期工作稳步推进，泗闸路、阳光春晓、市一中东校区等14个项目顺利竣工。

（姚亚运）

【金城公司实现利税4.05亿元】 2023年，市金城投资发展有限公司（简称金城公司）新增投资2.45亿元，实现营业收入22.88亿元，利税总额4.05亿元，上缴国资收益8000万元。能源基石持续夯实，张家港海进江LNG项目具备进场条件，江苏国信沙洲2×1000兆瓦高效清洁燃煤发电项目开工。港华燃气全年完成居民用户配套2.8万户，签约工商业用户332户，实现销售6.16亿立方米；信义玻璃调压计量站高压燃气管道项目投产运行，常熟联络线项目主体工程建设进度超90%；餐饮场所"瓶改管"改造完成202户；民用燃气胶管清零攻坚行动启动实施。城市建设运营服务进一步深入，金城物联63个场点4646个停车泊位纳入平台收费管理，停车场点和泊位数量分别同比增加17%和30%，市区公共停车收费场点实现ETC无感支付应用全覆盖。金源环保全年处置污泥11.49万吨。金城永联全年收处建筑垃圾24.24万吨，与经开区（杨舍镇）、常阴沙现代农业示范园区达成建筑垃圾处置协议；完成生产线技术改造，新产品完成研发并投入量产。苏州颐和松茂居酒店落成开业。金城物联持续推进平台软件多种功能研发，港华燃气开发GIS综合管理系统及智慧燃气民用系统，实现燃气管网平台可视化监控。金城永联通过与高等院校合作，成功申报实用新型专利8个、发明专利2个；沙工东力公司获评"江苏省高新技术企业"。牵头做好沙洲电力、华兴电力及周口电厂应急监管工作。坚持保障发展和防范风险"两手抓"，退出融资平台公司行列，发行各类债券32.3亿元，融资成本进一步压降；承接市属国企代发债及委托贷款6亿元，新增融资担保3.8亿元；为双山香山旅游度假区管委会下属平台公司债务周转提供担保，至年末，担保余额29.29亿元。（钱　慧）

【水务集团更名为水务环保集团】2月，市水务集团有限公司更名为市水务环保集团有限公司（简称水务环保集团）。至年末，水务环保集团有总资产58.2亿元，净资产30.2亿元，资产负债率48.11%。全年固定资产投资总额2亿元，完成总收入7.64亿元，实现利税7345.07万元；完成供水量1.67亿立方米，自来水产销差率9.86%，水质综合合格率100%；处理污水1亿立方米，比上年增13%，尾水排放合格率100%；处理污泥8.3万立方米，比上年增19%，基本完成年初制定的经营目标和技经指标。1月，原隶属于环保系统的市远创科技咨询有限公司划入水务集团，聚焦环保咨询、综合咨询、环保工程、环保产业等业务；市第四水厂扩建工程入选2022年度中国城镇供水排水协会典型工程项目案例。11月，金港片区水质净化厂项目破土动工，总投资2亿元，待建成投运后，一期将达到每天2万立方米，总规模将达到每天4万立方米，出水水质达到苏州市特别排放限值标准。12月，由集团参与出资的苏州绿晟新能源有限公司一般工业固废处置和能源综合利用项目投产；集团党群活动中心建成投用，为打造具有水务环保特色的"水之源"党建品牌提供良好载体。（俞梦婷）

【酒店集团8家酒店营收3.35亿元】2023年，市酒店管理集团有限公司（简称酒店集团）8家酒店实现营业收入3.35亿元，比上年增12%；GOP（经营利润）4955万元，比上年增86%。集团旅游服务、物业管理、生态农副产品基地等板块协同发展，位于市职工文体中心的宴杨荟融合餐厅正式运营，物业公司签约市国投集团食堂管理项目，运营精神文明建设张家港研究与交流中心（鹿鸣酒店）。完成江洲饭店整体改造，沙洲湖酒店暨阳楼人才公寓维修改造，南园宾馆2号楼部分区域、金水源酒店主楼客房、暨阳湖大酒店客房阳台和阳光半岛酒店零点厅升级改造等12项基建工程项目建设，有序推进豪苑大酒店整体工程改造审批工作。完成长安路85号法拍房产权过户及相关不动产收购，持续完善沙洲宾馆二期改扩建工程设计方案，稳妥推进一干河西路和长泾路交界地块竞拍与项目投资建设。形成市场营运、人力资源管理、财务管理、集中采购供应链、办公自动化、财务与西软对接、资金统一管理等信息化平台新业态，推动集团系统内部流程再造。将党建"星"品牌创建与组织建设、经营发展、队伍建设等相结合，大力实施党建铸魂、强基、战略、人才、护航"五大工程"，实行"从严治党与经营互为系数"的深度融合考核办法，集团党委与冶金园（锦丰镇）南港村实施"农鲜直达"乡村振兴项目，与市残联签订"党建引领·爱残、扶残、助残"全面战略合作协议。选拔任用集团系统中层管理人员13人，与集团系统25名经理层成员签订聘任协议和经营业绩、任期责任书，深化公开招聘、全员绩效考核、竞争上岗等机制，坚持薪酬分配重点向关键岗位、基层一线岗位和紧缺急需人才倾斜，完善员工基本福利待遇。推进廉洁国企建设，探索构建"集团党委领导，纪委主抓，财务、监督检查协同联动"的"1+1+2"监督工作机制，开展预算制度执行、集采制度执行、工程建设合规性等5个年度专项督察，进一步深化"星火"廉洁文化品牌建设。（王梦超）

【张创投集团成立】2月，张家港创新投资集团有限公司（简称张创投集团）成立。张创投集团是一家以股权投资、招商引资、金融服务、园区载体建设运营等为主业的国资公

2月7日，张家港创新投资集团有限公司成立　　（张创投集团　提供）

司，下属全资、控股、管理企业30余家，注册资本100亿元，至年末总资产192.37亿元、净资产97.5亿元，实现利税6.31亿元，其中入库税收3.26亿元、净利润3.05亿元。年内，集团获市文明单位标兵、市“纳税超2亿元明星企业”、清科“2023年中国股权投资市场机构有限合伙人50强”、投资中国“2023年度最佳国资投资机构TOP100”、融资中国“2022—2023年度中国最佳母基金直投机构”等30余项荣誉。其党组织获评苏州市国资系统先锋基层党组织。

投资招引　产业基金一期完成5个项目退出；二期投资11个项目5.14亿元，年内完成4个项目投资决策。母基金一期投资11个项目16.89亿元；与苏州股权共同设立母基金二期，规模15亿元，完成5个项目投资决策，投资3.82亿元。引导基金二期投资5个项目3.85亿元。沙洲科创投资基金投资18个项目8140万元，年内完成12个项目投资决策，投资5690万元；人才企业母基金投资11个项目1.9亿元，年内完成5个直投项目和4个子基金项目投资决策，投资1.4亿元；自主设立“金创一号”基金，与苏科创联合设立创未来基金，进一步服务科技型企业发展。发起设立氢能基金，首期规模1亿元，认缴4000万元；完成毅鸣新材料基金投资决策，认缴2900万元；通过产投公司与母基金二期投资工业母机基金，认缴5000万元。完成跟投基金二期（暨阳基金）组建，总规模5亿元，完成4个项目投资决策，拟投1.03亿元；聚焦张家港“4+4”产业链规划，新增5个直投项目4250万元，其中新增人才企业投资1500万元，投资3个GGV三期基金等市场化基金项目，认缴8700万元。完成6个定增项目，投资1.7亿元。年内，先后吸引138家企业新设迁入，新增管理规模116亿元，新增备案基金35家83.7亿元。至年末，入驻企业368家，注册资本784亿元，管理基金超1100亿元。持续加大项目推荐力度，年内为区镇推荐项目38项，落地4项，拟投资总额超52亿元。举办张家港新能源行业推介会、航空航天产业论坛等活动，为氢能产业等举办实地路演25次，开展银企对接7次，为32个项目举行投融资对接。

金融服务　金港担保公司发生融资性担保业务341笔，担保金额22.89亿元。至年末，在保企业337户，在保余额29.01亿元，普惠金融占比超90%，公司获省金融监管局A类评级。租赁保理公司投放租赁保理业务50笔，投放金额20.29亿元，期末租赁保理资产余额30.62亿元，比上年增54.72%。支持帮助总规模5亿元的全国县级市首支知识产权证券化首期产品（1亿元）顺利发行。组织举办“融·易”金融产品发布会，会同苏州资管组建苏创资管公司推动困境资产盘活，推进普惠金融风险资金池运作，增强金融助推实体经济发展能力。年内，暨阳湖金融街区被认定为“江苏省创业投资集聚发展示范区”。

载体建设　张创投集团牵头启动暨阳湖科学城提升项目，与市城投集团、交通控股联合成立暨阳湖科学城公司，推进项目总体方案设计、产业谋划、空间规划等工作；会同市财政局、农业农村局，推动与60个经济一般村组建市村联合发展公司，探索依托科创载体建设带动乡村产业振兴新路径；与市城投集团联合组建城创公司，购置“金厦·阳光锦上花园”88套住宅，为打造高品质人才社区积累资产基础。（冯忆晨）

【农业发展集团成立】　9月23日，市农业发展集团在第六个中国农民丰收节成立。集团全面深化国资国企改革，整合全市长江生态保护、粮食产业、农业担保、农产品批发经营、集贸市场管理、农村产权交易等涉农资源资产，开启农业产业化新路径。农发集团受市国资中心监管，由市国资中心和国投集团出资，注册资本15亿元，总资产61.43亿元。农发集团下设现代农业板块、市场流通板块、乡村振兴板块11家子公司，还持有苏州农发集团有限公司相关股份。农发集团立足“三农”，服务“三农”发展和乡村振兴战略，致力将集团打造成农业产业链的综合服务商和安全优质农产品的供应商。年内，集团完成长江生态信息化管理平台建设，加强长江西水道1200公顷耕地、204公顷沿江绿化、2000公顷湿地、36千米江堤和水利设施、20千米长江岸线的管理，通洲沙江心岛生态修复项目获评“苏州市十佳湿地生态修复案例”。投资1200万元完成306.67公顷高标准农田建设，1200公顷西水道粮田收获稻麦9300余吨。扎口收购全市夏秋两季粮食17.7万吨，带动农户增收4767万元。市第一集贸市场等8家集贸市场年交易量7.5万吨，生鲜超市服务38.5万人次，总交易额16.8亿元。港城畜禽屠宰场年屠宰30余万头，承担全市60%生猪供应。集团向346国

9月23日，市农业发展集团成立　　（农业发展集团　提供）

道、张靖皋长江大桥、海进江LNG等项目提供土地指标137公顷，解决沪武高速扩建、苏南沿江铁路、通苏嘉甬铁路及西二环高架等重点工程林地指标67.89公顷，支持张家港经济发展和交通重点工程建设。为634家小微企业提供担保27.45亿元，节约融资成本近1600万元，支农支小比例达到99.09%。农村集体资产交易成交7200余笔、10.77亿元，“三资” 平台对接率100%。（詹舒惠）

市场监督管理

【概况】 2023年，市市场监督管理局坚守安全底线，突出民生保障，强化队伍建设，提升执法效能，全年审核案件1436件，完成重大法制审核41件。开展行政复议应诉案件统计分析、疑难法律问题研讨，编制《市监法治大风车专刊》5期，不断强化执法人员运用法治思维和法治方式解决行政争议疑难复杂问题的能力。全年发生行政复议28件，行政诉讼8件，依申请组织召开听证会5场。进一步推进市场监管系统行政合规指导工作，设计企业行政合规指导清单配套文书，全年开展合规指导241次，收集报送案例31件，其中1件在司法部微信公众号发布。年内，市市场监督管理局获2022年省政府办公厅督查激励，张家港市被评为2022年度苏州市质量工作先进地区和食品安全工作先进地区。

市场主体事中事后监管　推动企业落实主体责任，拓展年报宣传方式，2022年度企业年报公示率为97.5%，再创新高。年内，“双随机、一公开” 工作机制不断完善，全市33个部门参与 “双随机、一公开” 抽查工作，执行双随机任务415个，检查4633户，其中32个部门参与242个联合检查任务，检查1989户，覆盖江苏省 “双随机、一公开” 监管事项清单中适用联合检查的所有事项领域。全市 “双随机、一公开” 检查数降为2022年的42%。尽量减少对市场主体的干扰，做到进一次门查多项事，统筹制定检查年度计划，确保县级与省、市级无重复检查任务，从源头上避免重复检查，并全面推行汇总取重。对 “双随机” 系统中各层级各单位抽到的重复检查对象，进行内部整合或转为跨部门联合检查任务，累计整合任务92个，使159户市场主体免受重复检查。

网络交易及合同管理　依托省、苏州市两级网络交易监测中心系统，开展网络交易监测，及时发现互联网领域不正当竞争、侵权假冒、不履行信息公开义务等违法行为。部署开展商品和服务 “6·18” “双11” 网上集中促销期间专项监测行动，检查各类网站、网店、微信公众号、视频号11692个次，发现各类违法线索166条次。为解决社会消费热点、痛点问题，先后开展整治规范医疗美容行业秩序专项行动、“2023年清风行动” “铁拳” 行动、互联网销售危险化学品专项治理等专项整治行动，规范市场经营秩序。组织开展居民基本生活消费合同格式条款专项整治，对全市供水、供电、供气合同格式条款进行检查，规范企业合同行为，保障消费者合法权益。组织辖区企业申报苏州市守合同重信用企业，评审公示通过企业215家。

商标和广告管理　年内，新增国内商标申请5497件、商标注册3475件，马德里国际商标申请17件。加强广告监测，重点监测通过互联网和其他媒体等发布虚假、不实、变相、夸大效果等广告违法违规行为，监测互联网广告12119条、户外广告744条、媒体广告828条，立案查处各类广告违法案件188件。会同市广协、市融媒体中心等举办广告法律法规专题讲座3次，培训广告企业200余家次。开展大中型规模以上企业互联网广告合规指导工作，排查企业342家次，发放行政指导书28份，纠正问题46个。协调、指导广告企业参与苏州市广告项目激励申报，申报奖励项目5项。

【药品、医疗器械安全监管】 市市场监督管理局开展药品、医疗器械、化妆品经营使用环节质量安全监督检查，强化药品零售环节质量安全，检查零售药店665家次，重点检查零售药店涉疫药品的来源渠道、储存条件、销售记录等，严肃查处销售过期药品、无证经营药品、不按规定销售新冠抗病毒小分子药物、超范围经营等违法违规行为，严厉打击非法销售假劣药品等违法违规行为。检查医疗器械经营企业833家次，聚焦疫情防控医疗器械、无菌和植入性医疗器械、网络销售医疗器械等，重点查处无证、超范围、过期、失效、淘汰、虚假宣传等违法违规行为。组织医疗美容

12月，市市场监管局开展 “全国安全用药月” 科普宣传活动

（市市场监管局　提供）

行业专项整治“回头看”、口腔医疗机构药械使用(虚假广告)专项检查，督察医疗美容机构34家次、口腔医疗机构62家次，重点围绕是否存在从非法渠道购进药械、是否建立并执行药械相关质量管理制度、是否按规定储存药品、医疗器械等，督察医疗机构215家次。对疾控机构、疫苗接种单位进行全覆盖督察，督促落实疫苗储存和运输质量管理规范、疫苗追溯管理等要求，检查33家次。建立化妆品经营使用数据库，结合“双随机、一公开”，紧盯面膜类、美白祛斑、防晒类等特殊用途化妆品经营使用，检查42家次。开展药品、医疗器械、化妆品质量抽检，覆盖药品流通使用、医疗器械生产经营、化妆品经营使用等领域。其中，药品抽样80批，化妆品抽样20批，医疗器械抽检7批。加强药品、医疗器械、化妆品不良反应(事件)监测，完成药品不良反应上报初审2224例。持续推进家庭过期药品定点回收工作，调整优化回收点位，回收过期药品373公斤。年内，办理药品零售经营许可事项377件，其中换证11件；第三类医疗器械经营事项158件，其中延续24件；第二类医疗器械经营备案事项519件，医疗器械网络销售备案144件；办理医疗器械出口备案2种产品，一类生产备案68件，一类产品备案689件；办结“药店一件事”63件，占苏州市20.86%。实施药品零售经营许可全流程网办105件，推出同类业务“集中打包办”新模式，即对企业同一时间申请同类型业务，如连锁药店变更法定代表人、企业负责人等申请药品证、二类证及医疗器械网络销售备案变更，一类医疗器械生产企业变更名称、住所、生产地址等申请产品备案变更等，实行“首件指导、批量受理、同步审批”，与工商登记等相关部门衔接办理进度，缩短办理时间。年内，苏州健生源医药连锁有限公司和苏州开开心心大药房连锁有限公司采用该模式办理259件，8家一类医疗器械生产企业集中办理产品变更备案158件。

【食品安全监管】 2023年，市市场监督管理局强化重点领域监管，分类分级完成辖区1.3万个次食品生产经营单位监管责任。守牢校园食品安全防线，对201家学校食堂全覆盖开展春秋季校园食品安全专项检查，对16个学校食材配送单位规范建设和校园周边食品经营单位加强抽检。对88家食品生产企业开展食品安全信用风险分级，评出A级53家、B级33家、C级2家，“一企一档”建立食品安全信用档案，实施差异化动态风险分级监管。开展“生鲜灯”专项整治，排查农批市场蔬菜、猪肉生鲜摊位397家，超市、生鲜店、卤菜店187家，向584家商户发出行政提示书，对9家首次违法经营户给予“警告”行政处罚，并责令限期改正。依托区镇网格开展企业食堂、工地食堂整治，联合民政、卫健、市级机关事务管理等部门，对医院、养老机构、老年助餐服务机构、机关食堂等集中用餐单位开展食品安全联合检查，摸排单位2362个，督促问题单位及时闭环整改。开展网购餐饮专项检查，对260家网购餐饮企业线上监测1450家次、线下核查12批，查出未及时公示许可证、超范围经营等问题单位84个，均实施闭环处置。依托“你点我检”活动，组织开展“吾悦金街”“夏季龙虾店”“日韩料理店”“外卖排名前十餐饮店”等临时专项检查，检查各类网红店97家，整治相关问题210个。为保障“一老一小”食品安全，开展缓解体力疲劳保健食品风险排查、婴幼儿配方乳粉专项检查、保健食品行业专项清理整顿等，累计查处特殊食品问题隐患1491个。持续优化营商环境“六减”举措，以“来即办”推行“许可”改“备案”、“一次办”实施“证照联办”、“优化办”提供勘前指导、“云上办”试行远程视频核查，不断优化许可办理流程，提升食品主体准入准营便利度，共优化许可服务新增食品类市场主体7233家，相关举措入选苏州市局“市场主体优服年”创新服务举措。承办“味美江苏，纵享夏日好食光”江苏省名特优小作坊美食推介活动，为全省64家名特优小作坊搭建美食展示平台。承办苏州市食品加工小作坊连片区建设工作站现场推进会。助力2家小作坊转型升级为食品生产企业，帮扶提升举措获《市场监督管理》杂志报道。进一步实施食品安全高质量发展战略，指导13个食品经营单位创成2023年度苏州市级高质量发展单位，其中苏州市精品食品安全工作站2个、苏州市食品小作坊食品安全工作站1个、苏州市餐饮质量安全提升先进单位3个、苏州市食用农产品食品安全追溯先进单位2个、苏州市特殊食品诚信经营规范单位5个。开

12月28日，市市场监管局工作人员在塘桥一超市开展节日市场价格检查
（市市场监管局　提供）

展“食品生产企业食品安全风险隐患排查、评估和技术帮扶服务”“全市食品生产企业质量官培训考核”“张家港市食品生产行业检验工技能竞赛考核”“食品生产企业检测质量盲样测试考核”，对60家企业完成风险评估帮扶（检查）。推进食品安全社会共治，重点打造金茂览秀城餐饮集中示范区和“云上看后厨”食品安全工作站，集中区105家餐饮商户实现“互联网+明厨亮灶”全覆盖。会同市文明办、市食安办联合开展12项制止餐饮浪费主题活动；完成苏州市反食品浪费课题研究，其中商场超市、生鲜超市、社区以及学校食堂4个业态的临期食品优化利用指引，在苏州市范围内推广实施；“四个试行指引”案例被国家市场监督管理总局办媒体评为制止餐饮浪费典型案例；张家港市“云上+实体”临期食品发挥余热的做法经验，被国家市场监督管理总局办媒体评为2023年度“推进食品安全社会共治”优秀案例。

【市场执法与维权】 2023年，市市场监督管理局紧盯知识产权保护、反不正当竞争、食品药品安全、特种设备安全、产品质量、价格收费等重点领域，坚决守牢市场底线，全年查办各类案件1436件，罚没入库2007.16万元，移送公安机关涉嫌犯罪案件19件，22起案例入选国家总局、江苏省局、苏州市局典型案例，贵公子健康食品有限公司生产经营非法添加食品案、苏州何某等人生产假劣化妆品案分别为总局、省局挂牌督办案。开展电动自行车、燃气具专项执法，重点查处质量不合格、非法改装行为，查办违法案件59件。开展“两超一非”食品非法添加专项执法，强化行刑衔接，查办违法案件8件。开展涉疫物资集中整治，重点查处无证经营医疗器械行为，查办违法案件18件。开展打击整治刷单炒信专项执法，查办违法案件10件。开展打击整治“神医神药”专项执法，重点查处虚假宣传、违法广告行为，查办违法案件21件。开展反食品浪费专项执法，查处违法案件49件。开展集贸市场电子计价秤专项整治及“回头看”行动，检查经营主体881家，查办违法案件47件。开展保护知识产权执法，重点针对酒类产品、运动鞋服、机电产品、建筑材料等领域，查办商标侵权案件44件。部署互联网和平台经济领域虚假宣传专利、认证、高新企业专项整治，规范企业宣传行为，查办违法案件60件。全年受理咨询、投诉、举报18483件，为消费者挽回损失471万元。成立“市监蓝”消费维权工作室，处理投诉502件，为消费者挽回损失120万元。打造“吴优”服务品牌，持续开展数字人民币与线下购物无理由退货融合推广工作，至年末线下无理由退货商家突破1万户，“吴优数购”商户3383户，推出“吴优数贷”“吴优数险”，开展“吴优数旅”放心消费乡村旅游线路体验游活动，营造“放心消费吴优购”优质消费环境。

【价格监督检查】 2023年，市市场监督管理局开展春节等节日市场价格检查，累计出动检查人员1211人次，检查1603个单位，发放提醒函768份。办理人大建议事项，开展婚庆行业消费秩序专项整治，排查27家酒店、婚庆机构，与市民政局、融媒体中心联合召开规范婚庆服务行业消费秩序座谈会，与会企业签署《婚庆行业诚信经营倡议书》。查办物业违规收费案件2件，会同住建部门召开物业服务企业政策提醒会，物业服务企业签订“合法经营、规范收费”承诺书74份。开展教育收费专项检查，检查幼儿园、义务教育学校、高中和学科类培训机构等6家；配合教育等部门开展校外培训机构联合检查14家次。开展食盐市场价格突击检查，加强电动自行车销售价格政策宣传，开展电子缴费反向抹零专项检查，并要求医院自查自纠。开展殡葬行业服务收费专项检查，会同市民政部门开展公墓价格调研，发布殡葬服务价格政策提醒函，检查殡葬服务企业8家。联合市发改委开展粮食收购价格专项检查；联合市农业农村局开展规范宠物诊疗秩序专项整治行动，出动16人次，检查6家机构；联合市城管局等部门开展机动车停车场管理工作督察；联合市住建局开展房地产价格“双随机”检查；联合市文体广旅局开展旅行社价格“双随机”检查。规范水、电、气领域价格秩序，发放提醒函，要求相关企业自查自纠。规范转供电环节电价，开展转供电主体电费价格检查，召开转供电政策宣传会17场，发放提醒函117份，检查转供电主体54家，立案办结案件4件，罚没193.81万元，退还多收电费201.35万元。规范行政事业性收费，重点核查水土保持补偿费、水资源费、防空地下室易地建设费、部分特种设备定期检验和监督检验费，以及个体工商户委托的特种设备检验、产品质量检验、计量检测等收费项目减免政策落实情况。规范行业协会及中介机构收费，开展专项整治行动，对物业协会、汽车维修协会等3家行业协会、2家中介机构开展收费检查，联合市民政局开展行业协会商会收费“双随机”检查。

【特种设备安全监管】 2023年，市市场监督管理局开展特种设备现场监督检查和隐患排查治理，严格特种设备安全行政执法，扎实开展各类专项整治行动，推进企业主体责任落实。全年现场监察1811家，出动3680人次，实际检查在用特种设备8079台，整改闭环安全隐患961起。对逾期未整改安全隐患及使用未经检验特种设备的51家企业立案查处，罚没163.95万元。坚决落实隐患溯源“清零”，持续保持超期未检特种设备“动态清零”，延续特种设备事故起数、死亡人数“双为零”态势。电梯无纸化维保率97.6%，电梯安责险落地10656台，投保比例位列苏州市第一。推进电梯检验检测改革试点，检测电梯263台。对160台老旧电梯进行安全评估，发现问题并完成整改。推广智慧化服务平台，网上办理开工告知、使用登记、变更注销等业务，在线开展安全责任承诺、隐患自查自纠等工作，全市使用单位云平台开户6887户，开户率99.81%。推进智慧叉车实施，推广叉车物联网智慧监管终端安装运用，累计安装终端设备4339台，占在用叉车数的62.8%。强化特种设备安全码全量粘贴，持续开展新登记设备动态赋码，设备贴码率98%。加强气瓶充装单位安全监管，强化气瓶充装和报废环节安全监管要求，认真梳理气瓶追溯系统数据，清理冗余气瓶数据12万条，报废气瓶5685个，召回合规处理50千克“气液双相”气瓶591个，防范打击充装过期瓶、报废瓶等违法违规行为。办理特种设备作业人员资格许可5161人次，受理特种设备安装开工告知4826份，办理新增特种设备注册使用登记5346台。举办生产单位质量安全总监、安全员培训班1期，培训125人；开展使用单位“两个规定”宣传贯彻活动9场，培训相关人员1650人；通过工作群、上门指导等方式，协助企业运用江苏省特种设备企业服务云平台，落实单位安全总监、安全员任命，落实比例达到99.6%。

【反垄断调查和反不正当竞争】2023年，市市场监督管理局开展整治互联网虚假宣传专项执法，查办违法案件52件。开展“刷单炒信”专项执法，出动40余人次，分9个小组对18家主体开展检查，立案7起；发现涉嫌“刷单炒信”商品刷单量3.3万余笔，货值428万余元，刷单服务费46万余元。开展打击商业贿赂专项执法，制定《张家港市市场监督管理局关于加强市场领域商业贿赂专项治理的实施意见》，强化与司法机关、纪检监察机关沟通协调，立案4件，涉及建设工程、环保评价等领域。开展反垄断调查合规指导，给予燃气企业反垄断合规行政指导。办理引航企业发展诉求，对沙钢集团提出的部分企业在选择钢材供应商时设立短名单或指定使用进行调查。全面开展商业秘密保护工作，成立全市商业秘密保护创新试点工作领导小组，制定《张家港市申报省级商业秘密保护创新试点城市工作方案》，印发《关于加强商业秘密保护工作的指导意见》和《企业商业秘密保护行政指导制度（试行）》；运用多种方式加大商业秘密保护宣教，实地走访企业150余家，发布宣传视频14期，与律师事务机构合作成立商业秘密保护讲师团，开展专题培训7场，参训企业近200家；在4月26日世界知识产权日，发放商业秘密保护工作指导手册1500余份；推动“两点一基地”建设，苏高新科技（张家港）节能环保创新园在全省第一批商业秘密保护创新试点启动会上作交流发言；新建成商业秘密保护示范点29家，指导站3家，示范基地2家；创新商业秘密保护服务内容，促成欧电云信息科技、固耐特围栏系统两家公司与人保财险签订商业秘密被侵权损失保险，促成固耐特围栏系统公司通过“苏州存”在线存证平台，助力企业提高保护效率；建立健全商业秘密保护共治格局，牵头市公安局、检察院、法院、司法局、海关等八部门联合出台《关于建立张家港市知识产权（商业秘密）保护联动协作机制的意见》。建设统一大市场，深入开展公平竞争审查工作，建立健全关于公平竞争审查的约谈规定、过错责任追究办法、会审制度、抽查办法、举报处理办法和举报渠道等，做好国家市场监管总局对张家港市开展公平竞争审查的第三方评估工作，开展公平竞争审查“回头看”工作，落实五部门联合开展妨碍统一市场和公平竞争的政策措施清理工作，协调有关部门提供省市场监管局公平竞争审查交叉检查台账资料16份，参加苏州市市场监管系统公平竞争审查业务技能竞赛，1人获二等奖。继续引入第三方机构，开展公平竞争审查抽查工作。年内，评估审查市级政府部门和各区镇各类政策措施248件。其中，评估市级政府部门政策措施129件，涉及市场主体经济活动的40件，适用例外1件；评估各区镇政策措施119件，涉及市场主体经济活动的14件。评估清理2023年前市级政府部门政策措施710件，其中，涉及市场主体经济活动的139件，适用例外1件。弘扬公平竞争文化，开展竞争政策宣传周活动，将公平竞争审查培训纳入全市科级以上领导干部菜单式讲座课程，编印公平竞争审查典型案例并组织学习，“张家港多措并举积极营造公平竞争环境”被省交汇点新闻平台录用。开展“禁传（销）规直（销）”宣传、打击传销进学校等活动，强化与高校互动，发放宣传页5000余份，普及防范传销知识。

【市场监管“一网通办”】年内，市场监管部门66项政务服务事项中36项进驻政务服务中心，推进“一网通办”工作，网办率100%，即办率86%，承诺办理时限压缩比93.1%。优化许可准入管理1766件，惠及企业1856家。做好省定“一件事”工作，完成知识产权保护、药品、餐饮店、便利店等4个“一件事”，实现“一窗办、一次办”，办件119件。年内，窗口共完成政务服务事项办理工作15946件，提供咨询13883次，满意率100%。继续深化“证照分离”改革，发放“仅销售预包装食品”备案2994家，“小餐饮”备案1656家。做好优质外资项目落地工作，办理外资登记445起，为德裕（苏州）纳米科技有限公司、沣渠（苏州）射频技术有限公司等多家外资项目注册登记提供精准指导服务；办理增资21户、21676.3万美元，外方认缴13277.8万美元。7月，在第二届“全国个体工商户服务月”，走访个体工商户10228户，召开个体工商户专题调研座谈会，对收集到的问题分类整理、跟踪解决；市个私协会组织开展“中小商户数字化经营帮扶”“银企对接金融服务”等活动，帮助个体工商户解决难题；市有关部门通过党建联盟等帮助指导广大个体工商户了解、使用相关扶持政策，开展网上宣传1200次、线下宣传150余场，发放资料3万余份，覆盖个体工商户5万余户。（樊志君）

质量管理与检验检测

【概况】2023年，市市场监督管理局着力加强质量品牌建设，强化企业梯队培育建设，2023年苏州市“质量月”主题活动在张家港市举办，市海锅新能源装备股份有限公司等9家企业获评苏州市质量奖，9个产品获评“江苏精品”品牌认证，5个产品获评“苏州制造”品牌认证，1家企业通过“苏州制造”管理体系认证。发动企业参与省级企业质量信用AA级及以上等级核定，有6家企业获评AA级及以上等级，其中3家企业为AAA级，获评数位居苏州市第一。完成《张家港市市长质量奖评定管理办法》第二次修订工作，在全省率先将首席质量官纳入政府质量奖评价范畴，3名首席质量官获市长质量奖"首席质量官奖"，1名首席质量官获"张家港市技能状元"称号。围绕市"4+4"重点产业链，开展冶金、纺织、医疗器械产业质量提升行动，冶金行业质量提升项目首批获评"长三角质量提升示范"称号（全省6个），纺织行业质量提升项目入选第二批"长三角质量提升示范"试点建设，高端医疗器械产业小微企业质量管理体系认证提升项目入选省级区域试点。

【标准化工作】 2023年，市市场监督管理局指导完成沙钢集团"国家循环经济标准化试点"、冶金园（锦丰镇）南港村"数字乡村建设与管理标准化试点"等4项标准化试点项目申报工作，江苏新美星包装机械股份有限公司"食品饮料智能工厂高端装备制造标准化试点"获准立项。启动技术标准战略资助申报工作，全市企事业单位参与制修订国际标准1项、国家标准46项、行业标准45项、省地方标准1项，标准化战略资助575.1万元。强化标准监管服务职能，持续开展企业产品标准监督检查工作，以消费品生产企业标准为主，按照"双随机、一公开"原则，抽取120条标准开展监督检查，指导企业对不合标准的进行整改完善，不断提升全市企业标准化整体水平；精准服务企业标准化需求，指导江苏永钢集团申报的"企业标准质量分级实践，提升行业领跑者规则制定"标准化实践案例，成功入选苏州市标准化促进产业强链补链延链优秀实践成果案例。积极承办标准化相关活动，江苏省钢铁及金属新材料标准化技术委员会成立大会、全国钢标委钢管分委会汽车用钢管工作组年会在张家港召开。

【计量工作】 2023年，市市场监督管理局贯彻落实市政府《关于深入推进计量工作的实施意见》，指导全市计量保障和监管能力建设。完善量传溯源体系，完成23项社会公用计量标准、14项企业最高计量标准到期考核工作。在5月20日世界计量日开展"测量支撑全球粮食体系"主题活动，赴眼镜制配场所、加油站、集贸市场、商场等开展计量普法宣传。突出集贸市场等重点领域计量监管执法，将组织编印的常用计量法律法规手册发放至各集贸市场经营户，并要求商户签订诚信计量承诺书；设计制作"严厉打击使用具有作弊功能的电子计价秤的计量违法行为"和"提醒消费者购物后及时到公平秤复验"宣传海报，张贴在集贸市场显著位置；全年查处各类计量违法案件41起。开展计量精准监管服务，深入推进"计量服务中小企业行"活动，宣传计量法律法规和技术规范，引导企业提高计量意识、完善测量管理体系，指导企业新建企业最高计量标准9项，完成计量合格5家、计量保证3家，帮助企业解决计量难题8个。新建市计量科普馆，面向广大青少年普及计量科学知识。聘请5名计量文化宣传大使，开展计量文化科普宣传。

【检验检测】 2023年，市检验检测中心完成业务收入3500万元，承接政府部门委托质量强市抽检287批、食品安全抽检1738批、执法抽查144批、定量包装及过度包装监督抽检185批；对全市31家农贸市场的2041台"五统一"电子秤免费检定，完成强制检定4.3万余台（件）、企业委托检验检测14.5万台（批）、企业标准审查60份，为全市质量强市、食品安全、民生计量、强制检定、提升企业产品标准水平等工作提供技术支撑。中心围绕政府监管领域、重点产业和新兴产业，在计量惠企、技术指导、提升能力、民生计量等方面实施8项举措。开展面向产业集群领域的"一站式"惠企服务，完成张化机、华昌化工等6家企业20项企业最高计量标准现场考核，协助制定企业标准和食品许可证，为企业产品转型、标准建设提供政策咨询和技术指导。对全市个体工商户产品质量检验、计量检测实行减半收费，减免24户个体工商户检测费1.4万余元。持续推进"甲醛检测进万家，健康生活有保障"民生实事项目，为60余户家庭提供室内甲醛免费检测服务，满意率100%；在实验室开放日，让居民与科学实验室零距离接触，并开展家用血压计、眼镜验配仪器免费检定等活动。中心立足政府检测机构公益性定位，不断增强"红心e检测"党建品牌影响力，创建"红心e检测——安心充"党建服务子项目，对全市1100余台电动汽车充电桩进行强制检定，100%完成备案；推出"红心e检测——粮优检"党建服务子项目，为全市粮食收购、储藏、加工、销售提供计量和检测服务。年内，中心共完成力学、化学、医疗、长度、热工等领域37项社会公用计量标准复查考核，建立压力表（1.0级）检定装置、工作测振仪检定装置、生物安全柜校准装置等3项计量标准；完成CMA扩项评审共计89个参数，食品、化工、机械等领域能力验证30项；完成国家级计量比对1项，长三角地区、省、市级等各级实验室计量比对7项。2人代表苏州队参加长三角地区计量技能竞赛，中心获苏州市团体二等奖；新增二级注册计量师3人。

【产品质量监管】 2023年，市市场监督管理局对93种产品开展监督抽查644批次，发现不合格68批次，监督数量及覆盖面居全省县（市）前列。持续加大对生产领域、重点产品的监抽力度，生产领域监督抽查批次占到总批次的近40%。围绕保障群众人身、财产安全，组织开展重点工业产品质量安全排查整治、燃气用品专项检查、燃油摩托车专项整治等行动，检查各类机构、企业1410余家，发现问题72个，均完成整改。工业产品生产许可证获证企业实现全覆盖检查，推动全市416家工业产品生产销售单位落实"两个规定"。紧盯"灶管阀"等燃气用品这类突出风险产品，编制《"灶管阀"等燃气用品现场检查指南》，获苏州市市场监督管理局好评，并在苏州全市推广。2月，市市场监督管理局塘桥分局被国家市场监督管理总局评为产品质量安全监管保障贡献突出集体。

（樊志君　沈春瑛）

知识产权保护

【概况】 年内，全市新增专利授权9103件，其中，发明专利授权2385件，比上年增36.52%；有效发明专利拥有量12086件；万人发明专利拥有量83.49件，比上年增16.38件（按全市总人口144.76万人计，下同）；高价值发明专利拥有量4335件，比上年增29.33%，万人高价值发明专利拥有量29.95件。新增国内商标申请5497件，国内商标注册3475件。实施知识产权“育鹰”行动计划和苏州强企培育工程，新增知识产权“雄鹰”企业16家、“雏鹰”企业22家，知识产权强企培育工程成长型企业81家、优势型企业24家、引领型企业12家。新增知识产权贯标备案企业20家，通过贯标绩效评价及第三方认证企业5家。新增苏州市高价值专利培育、知识产权与标准融合计划等知识产权项目6项。新增中国专利奖2项，累计48项；新增首届江苏专利奖银奖、优秀奖、发明人奖各1项；新增苏州市优秀专利奖一等奖1项、累计35项，苏州市发明人奖1项。举办知识产权贯标业务、知识产权质押登记业务、专利快速预审等宣讲培训14场，参训1000余人次。出台《关于建立张家港市知识产权（商业秘密）保护联动协作机制的意见》，查处商标、专利违法案件84件，罚没款96.55万元。开展非正常专利申请核查整治工作4批，核查784件，撤回率95.41%。发布商标预警监测报告6期，发放提醒261份，惠及企业82家。指导帮助2家企业纳入苏州知识产权海外预警项目，7家企业被确定为2023年度江苏省“正版正货”承诺企业。5月，张家港市知识产权工作获省政府督查表彰。张家港市获评2023年度苏州市知识产权保护工作先进地区，高新区获批2023年度江苏省知识产权建设示范（园区）。获批建设苏州市知识产权保护中心张家港分中心，“乐创+”、高新区知识产权工作站首批入选全国“千企百城”商标品牌指导站。

表48 2023年张家港市专利授权及拥有情况表

单位：件

区镇	授权专利	授权发明专利	有效发明拥有量
保税区	1532	439	2831
经开区（杨舍镇）	2623	676	3805
冶金园（锦丰镇）	1386	341	1578
高新区（塘桥镇）	951	276	763
乐余镇	634	148	840
凤凰镇	851	226	878
南丰镇	514	150	911
大新镇	438	94	332
常阴沙现代农业示范园区	174	35	148
合计	9103	2385	12086

【商标专利质押融资项目和金额数均位列苏州县级第一】 年内，市市场监督管理局充分发挥知识产权的价值属性，不断拓展知识产权金融赋能，持续打出知识产权质押融资和保险“组合拳”。发行全国县级市首支知识产权证券化产品，发放全国首笔数字人民币知识产权质押贷款，落地全省首单数据知识产权被侵权损失险，发放苏州市首单数据知识产权质押贷，全年实现知识产权质押融资169笔，帮助145家中小企业和个体工商户获得知识产权质押融资金额39.78亿元，比上年增30%。其中，1000万元以下普惠性贷款占比80%，相关经验做法入选江苏省知识产权建设示范首批典型案例。

【灿勤科技公司获首届江苏专利奖银奖】 6月7日，省政府公布首届江苏专利奖获奖名单，江苏灿勤科技股份有限公司（简称灿勤科技公司）获银奖，系全市唯一银奖。获奖专利“高可靠性介质波导滤波器”是一种尺寸小、损耗低、可靠性高的5G介质波导滤波器，为5G基站射频端关键部件，具有微型化、低损耗、高可靠、低温漂等特点，解决了滤波器体积与性能难以两全的商业化应用难题，填补国内空白。灿勤科技公司长期致力于介质滤波器核心微波陶瓷材料领域研发，先后掌握150余种介质陶瓷粉体配方，其中60余种商业化批量应用，形成陶瓷粉体制备和元器件制造9大核心技术和92项已授权专利，参与制订6项行业标准，成功打破国外相关企业垄断。此外，灿勤科技公司还获评2022年新确定的国家知识产权优势企业，是全市唯一获此殊荣的企业。

【全国县级市首支知识产权证券化产品发行】 2月11日，全国县级市首支知识产权证券化产品在张家港市发行，市委副书记、市长蔡剑峰，市委副书记、副市长李炳龙等参加发行仪式。此次发行的是华泰—张家港金茂租赁知识产权1期至5期资产支持专项计划首期产品，专项计划储架规模5亿元，信用评级AAA级，首期发行1亿元，企业融资利率3.2%。江苏恒盛药业有限公司、江苏赛康医疗设备股份有限公司、江苏红人实业股份有限公司、江苏宏基铝业科技股份有限公司、苏州良辰生物医药科技有限公司、张家港海陆沙洲科技有限公司、江苏固耐特围栏系统股份有限公司、江苏扬新生物医药有限公司、江苏瑞铁轨道装备股份有限公司、张家港中天精密模塑有限公司、科堡科技（江苏）有限公司、苏州凯祥生物科技有限公司和张家港中孚达绒业科技有限公司13家企业111项专利入选此次证券化产品底层资产。相较于传统证

2月11日，全国县级市首支知识产权证券化产品在张家港市发行

（张创投集团　提供）

券化产品，其最大特点在于基础资产不再是实物资产，而是无形的知识产权，“知识”换成“资产”，“专利”变成“红利”，开辟全市运用金融创新盘活知识产权的新路径。

（樊志君　蔡英杰）

审　计

【概况】 2023年，市审计局开展审计计划项目17项，完成各级领导交办项目13项，审计发现问题332个，查出问题金额21.4亿元，提出审计建议105条，移送案件线索4件，促进被审计单位制定整改措施217条，建章立制47项。审计督促财政资金入库3939.88万元，节约政府工程建设资金6045万元。围绕政府购买服务、土地指标管理等专题，上报审计专报、专项调查报告等28篇，获市领导批示15篇次。年内，市审计局获评江苏省审计系统通联工作先进单位、苏州市审计系统考核优秀等次、苏州市信息宣传工作先进单位、2023年张家港市现代化建设先锋年先进集体，2个审计项目分别获评苏州市优秀审计项目和苏州市优秀大数据审计项目。

财政审计　年内，市审计局组织实施2022年度财政同级审，运用“数据分析+现场核查”的大数据审计模式，对市财政、保税区财政以及全市204个一级预算单位的预算编制、预算执行、资金支付、绩效管理等情况进行全覆盖审计，同时对政府购买第三方服务情况开展专项审计调查。通过审计监督，督促保税区财政非税收入入库1863万元，督促3个市级部门上交实体账户资金2.73亿元，依规纳入国库集中支付管理，其中2005.94万元存量资金作为财政收入上缴。政府购买服务专项审计调查期间，帮助建立2022年度全市政府购买服务合同数据明细台账，推动市政府加快研究制定政府购买服务指导性目录，相关审计成果获市委书记、市长批示3次。

经济责任审计　全市组织对塘桥镇、乐余镇、应急管理局、城市管理局、市委党校、金城公司等10个单位11名领导干部开展经济责任审计，对乐余镇党政主要领导实施自然资源资产审计，紧盯经济责任履行关键环节，结合单位职能和部门特点，对领导干部履职情况进行客观评价。审计反映各类问题170个，提出针对性改进建议48条，推动多个单位健全完善财务管理、物资采购、内部审计及网络安全管理等制度，督促相关企业对5名同志进行“第一种形态”谈话提醒，有效推动权力规范运行。

工程审计　年内，市审计局跟进政府投资项目和重大民生工程建设，对悦丰小学新建工程项目开展竣工决算审计，对社会中介机构跟踪审计的港华路拓宽工程、老旧小区改造工程、农村污水项目等346项工程造价进行复审，送审金额23.01亿元，复审核减金额6045万元。同时前移审计监督关口，制定印发《张家港市政府投资工程建设管理重点风险防范清单》，提炼出工程建设领域常见的19类风险点61种表现形式，列举典型案例和法律法规依据，并提出行之有效的预防措施，为相关单位正确履职、规范管理、防范风险提供参考，推动审计工作由“事后监督”向“事前预防”转变。

专项审计　年内，全市开展住宅专项维修资金管理使用情况专项审计调查，反映和揭示住宅专项维修资金缴存、管理、使用、专户银行管理及信息化系统建设等方面存在的问题，推动市房管中心健全完善5项制度办法，筑牢住宅维修资金安全屏障。市审计局围绕安置小区物业费、安置房维修资金等主题撰写2篇审计专报，获市委书记、市长批示4次。开展智慧城管信息系统审计，对垃圾分类平台开发、运行、管理、维护等进行全流程监督，促进提升城市管理水平，推动城市管理服务智能化、精细化。

【内审体系建设】 2023年，市审计局进一步完善内审工作机制，创新内审指导模式，不断提高全市内审工作质量。在国企内审方面，与市委组织部、市国资管理中心联合印发《关于加强市属国有企业内部审计组织体系建设的建议》，明确组织领导，完善机构建设，加强人员配备，推动全市14家市属国企配备专兼职内审人员34人。在区镇内审方面，组织开展村（社区）书记经济责任审计内审指导工作，统筹调配各区镇内审人员进行交叉互审。市审计局派出业务指导员，通过审前业务培训、审中驻点指导、审后质量考评等，实现全过程跟踪指导。

【两项审计文件出台】 7月10日，市委审计委员会召开第八次会议，审议通过《张家港市部门和单位内部管理领导干部经济责任审计办法》和《张家港市市属国有企业审计监督工作联席会议制度》。审计办法明确规定内管干部经济责任审计的审计对象、审计内容、审计实施、审计评价及结果

4月，市审计局工作人员在保税港务码头查看集装箱及货物吊装、运输等情况
（市审计局　提供）

运用等，从制度上建立起程序严密、措施完备、标准具体、责任明确的内管干部审计监督机制，为各部门、各单位开展内部管理领导干部经济责任审计工作提供有力支持。联席会议制度规定会议的召集人、成员单位、主要职责及召开机制，明确对市属国有企业审计监督工作加强组织领导。11月，市经济责任审计工作暨市属国有企业审计监督工作联席会议召开，推动加强各成员单位在信息沟通、业务协作、线索移交、成果共享等方面协作配合，进一步提升国企审计监督实效。（尚静怡）

统　计

【概况】2023年，市统计局认真落实上级决策部署，有序推进第五次全国经济普查，全面贯彻统计方法制度，开展统计调查工作，强化经济运行研判分析，夯实统计基层基础，拓展统计服务职能，不断提高统计数据质量和服务水平。

统计监测与分析　市统计局强化统计监测、预警、分析，从经济增长、结构调整、质量效益等方面加强对经济形势研究和探讨。参与市县联动的重点课题研究，围绕先进制造业和现代服务业融合发展以及氢能生产发展情况开展调研，并形成调研报告2篇。发挥统计部门优势，聚焦经济社会发展中的重点热点问题，如第五次全国经济普查、四大产业集群、增加值等，有针对性地开展重点行业、重点指标系列分析，为市委、市政府决策当好参谋助手。全年有100余篇统计信息、分析被上级统计信息网刊录。其中，贸易、投资、统计文化等14篇信息被国家统计局和省统计局采用，8篇分析报告、2篇统计快讯、1篇专报信息获市主要领导批示，《做好“人”的文章，积蓄“进”的力量——从近十年人口变化对比分析张家港高质量发展》和《规上工业承压见韧，发展后劲仍待增强——2023年一季度张家港市工业经济运行简析》两篇文章分别获苏州市统计局优秀统计分析报告一等奖和三等奖。

统计法治宣传和执法　年内，市统计局出台《张家港市统计局统计违纪违法案件移送制度》和《张家港市审计监督与统计监督贯通协同工作办法》，与市纪委监委、审计局建立工作沟通和信息交流机制，强化贯通协同，增强监督合力。深入开展专项治理行动，市镇联动全面摸排统计数据质量情况，开展自查自纠。组织开展两批统计“双随机”执法检查，对47家企业进行执法检查。在“中国统计开放日”“统计法颁布纪念日”等时段，开展统计普法宣传活动，宣传统计法律法规。开展统计法进党校活动，举办统计法治专题讲座，增强领导干部依法统计、依法治统的自觉性。

【统计基层基础建设】2023年，市统计局持续推进基层统计力量配备达标，全市有基层统计人员71人，比上年增22.4%，每个基层统计机构平均配备7.1人，超苏州市平均水平。加强对统计调查对象的业务培训，对“四上”企业和“四下”样本单位开展形式多样的统计培训，全年开展统计业务集中培训16场，参训800余人次。着力提高基层统计人员能力水平，常态化开展“统计课堂”系列活动，市镇两级统计干部轮流上台讲解业务知识，打造学习型、专业型、实干型统计干部队伍。加大培训交流力度，“请进来”和“走出去”相结合，邀请省统计局、苏州市统计局领导及其相关专业处室负责人做业务指导或培训，同时赴周边县市（区）研讨交流。优化“四上”企业绩效考核机制，进一步提高基层统计工作效能，提升企业统计数据上报时效和质量。

【第五次全国经济普查】年内，全市扎实推进第五次全国经济普查工作，完成273个普查区、1122个普查小区划分以及建筑物标绘，组织选聘和培训“两员”（普查指导员和普查员）1800余人，开展“两员”培训近30场。选取乐余镇乐余社区、南丰镇振兴社区作为全市综合试点地区，为正式普查积累实践经验。利用传统媒体、新媒体，开展全方位、多维度普查宣传，营造普查氛围，提升调查对象对经济普查单位清查工作的知晓度和配合度。开展“地毯式”单位清查，建立普查进度通报、领导挂钩联系点督导、质量抽查回访、关键错误审核退回等制度，有效提高单位清查数据质量，有序有效完成8万个法人单位、13万余户个体户的清查及行业编码等工作，为普查登记工作奠定良好基础。（贯鑫蔓）

【编辑　金善开】

科学技术

Science and Technology

张家港保税区泛半导体产业园　（市科技局　提供）

科技创新　　科技成果

科技载体　　气象科技

科技项目

張家港年鑑(2024)

扫码欣赏

创新决胜未来

科技创新

【概况】 2023年，张家港市聚焦科技体制改革，持续优化顶层设计，常态化运作市委创新委员会，召开创新委工作会议3次，出台市委创新委员会2023年度重点工作、《张家港市高新技术企业培育三年行动计划（2023—2025）》等文件。张家港市首创的“企业创新积分制”在7月国务院政策例行吹风会被重点介绍，以此为基础，探索实施“创新格次赋分机制”。举办苏州张家港（北京）科技招商推介活动、第八届中国创新挑战赛（张家港）等活动。全年引进科技招商项目1880项。市财政科技支出14.75亿元，占市级财政一般预算支出的6.29%。净增高新技术企业123家，高新技术产业产值占规模以上工业总产值比重达到39.4%。江苏天兵航天科技有限公司入选“中国独角兽企业”，实现全市该类企业零的突破；入库科技型中小企业1515家，入围苏州市“独角兽”培育企业6家，列入苏南国家自主创新示范区瞪羚企业20家，列入苏州市瞪羚计划企业80家。新增省级众创空间2家，新增省工程技术研究中心7家，新增苏州市工程技术研究中心44家。获省级科技企业孵化器考核评价“优秀”等次3家，获江苏省工程技术研究中心绩效考评“优秀”等次9家。新增自主培育国家级重大人才工程20人、江苏省高层次创新创业人才引进计划17人、姑苏创新创业领军人才计划39人。全年新增产学研合作项目245项，新增苏州市创新联合体2家。8月，第十五批科技镇长团结束挂职。挂职期间，累计走访企业739家次，挖掘企业有效技术需求175项，促成校企合作研发协议40项，帮助指导企业申报省级以上科技项目19项，举办、协办项目路演23场，先后推荐、辅导及申报各类人才计划项目135项，其中推荐26人申报国家级人才计划项目，13人获评江苏省高层次创新创业人才引进计划人才，58人获评姑苏创新创业领军人才，柔性引进科技副总27人。

【科技招商】 2023年，张家港市先后在上海、北京、深圳、西安等城市举行大型科技招商活动，举办创新创业大赛20余场。绘制“4+4”产业链图谱，为科技招商项目库建设提供参考。联合科技招商中介机构、张家港创新投资集团归集有效项目信息，实现市级垂直赋能、多板块协调、联合引导等工作机制，全年引进科技招商项目1880项。至年末，“张科贷”（张家港市科技企业贷款风险补偿）在库企业272家，累计80家次企业获批贷款2.7亿元。“苏科贷”（江苏省科技企业贷款风险补偿）完成放贷业务26笔，共计1.2亿元，惠及20家企业。科技招商直投基金——沙洲科创C计划基金立项26项，完成项目交割8项，涉及金额3400万元。

【高新技术企业】 2023年，张家港市新认定高新技术企业478家，净增高新技术企业123家。至年末，有效高新技术企业1078家。高新技术产业产值占全市规模以上工业总产值比重达到39.4%。全年新确认张家港中美超薄带科技有限公司、张家港扬子江冷轧板有限公司、张家港氢云新能源研究院有限公司、江苏省沙钢钢铁研究院有限公司、威士达半导体科技（张家港）有限公司、张家港市米家装修装饰工程有限公司、张家港市时创精密模具有限公司、张家港市西恩自动化设备有限公司、江苏隆特欧机械设备有限公司等省民营科技企业213家。江苏天兵航天科技有限公司入选江苏“独角兽”企业；苏州润邦半导体材料科技有限公司、江苏国富氢能技术装备股份有限公司、苏州熹联光芯微电子科技有限公司、苏州锴威特半导体股份有限公司、江苏普达迪泰科技有限公司、苏州凡赛特材料科技有限公司、苏州声芯电子科技有限公司7家企业入选江苏潜在“独角兽”企业；江苏天兵航天科技有限公司、苏州熹联光芯微电子科技有限公司、江苏国富氢能技术装备股份有限公司、苏州丰倍生物科技股份有限公司、江苏普达迪泰科技有限公司、苏州润邦半导体材料科技有限公司6家企业入选苏州市“独角兽”培育企业。组织1560家企业开展科技型中小企业备案，比上年增48%；入库1515家，比上年增46%；20家企业列入苏南国家自主创新示范区瞪羚企业名单，比上年增25%；80家企业列入苏州市瞪羚计划，比上年增70%。

【张家港（北京）科技招商推介活动】 3月26日，谱写“强富美高”新江苏现代化建设新篇章——2023年苏州张家港（北京）科技招商推介会在北京举行，500余名嘉宾参加，北京科技大学党委副书记孙景宏致辞，科技部原党组成员、中国科技体制改革研究会理事长、国际欧亚科学院院士张景安作题为《科技创新驱动高质量发展》的主题报告。总投资超217亿元的

3月26日，苏州张家港（北京）科技招商推介会举行 （市科技局 提供）

81个合作项目集中签约。会上为专家顾问颁发聘书，为4家优秀国家级科技企业孵化器颁奖，作张家港市经济社会发展环境推介，张家港产业专家创新资源平台首发。该平台围绕张家港“4+4”产业链发展格局，首期导入51541家企业，集结全国62213名专家和2621个创新平台，画像产业布局，检索专家需求，智能匹配创新资源，呈现产业生态及热力分布，实现企业需求和专家成果的对接。

【“企业创新积分制”全国首创推广】 7月27日，在国务院新闻办公室举行的国务院政策例行吹风会上，科技部副部长吴朝晖介绍，科技部与相关部门、银行合作构建符合科技型企业特点的信用评价体系，“企业创新积分制”取得初步成效。张家港市2015年在全国首创“企业创新积分制”，采用指标量化的办法对企业创新行为按类打分，并配套给予优惠政策，破解科技企业融资问题。至2023年年末，全市累计近8000家次企业获得创新积分超50万分，发放扶持经费超9亿元。2020年起，“企业创新积分制”被科技部火炬高技术产业开发中心采纳，已在25个省市、133个国家级及省级高新区全面推广，超过10万家企业纳入积分评估。“企业创新积分制”建立评估指标体系，有18个核心指标，分为企业的创新能力、发展潜力两类，包括企业研发投入强度、技术合同成交额、获得风投额度等。相关高新区建立园区内企业创新数据平台，包括科技数据、税收数据、政务数据等，精准画像、主动推送给金融机构。金融机构根据数据进行评估、分类支持，2022年全国7.13万家创新积分企业共获银行授信1178.6亿元。2023年，张家港市以“企业创新积分制”为基础，探索实施“创新格次赋分机制”，将评价主体从单一的企业扩容至科技企业、科创孵化载体、新型研发机构、科技招商项目、专家图谱和区镇等六大创新主体，依托格次赋分智能化管理系统，引导创新要素定向集聚，促成全市100%的大中型工业企业和规模以上高新技术企业建有研发机构，95%的规模以上高新技术企业开展产学研合作，95%以上的专利申请及授权出自企业，90%的科技人才企业有研发投入。

【张家港市连续三届承办中国创新挑战赛】 8月8日，“牵手秦创原，逐梦张家港”第八届中国创新挑战赛（张家港）西安推介会暨“科创未来营”科技招商西安城市赛在西安市举行。张家港市科技局与陕西高校技术转移联盟签署科技成果转化战略合作协议，现场签约人工智能3D视觉技术产业化等15个项目，发布45条张家港市“揭榜挂帅”重点需求。12月15日，第八届中国创新挑战赛（张家港）现场赛举行。针对3家企业“张榜”的技术需求，9家高校科研院所的挑战团队进行“揭榜”比拼，其中3个团队获最佳解决方案奖，6个团队获优秀挑战单位奖。2021年起，张家港市连续三届承办中国创新挑战赛，累计走访企业1139家，挖掘企业需求331条，通过“揭榜挂帅”征集解决方案，年均促成产学研合作项目240余项。

【中国科技“独角兽”企业（张家港）大会】 9月9日，2023年中国科技“独角兽”企业（张家港）大会暨留学人员产才发展交流会在张家港举行，100余家科技“独角兽”企业和“春晖杯”留学人才企业参加，获中央广播电视总台推广报道。活动现场，发布“智汇港城”引才合作全球伙伴计划，作张家港市创新创业环境推介，为张家港市“独角兽”（培育）企业进行荣誉授牌，颁发“张家港市全球引才顾问”专家学者聘书，开展“春晖杯”留学人员创新创业大赛合作城市签约、民间国际科技创新服务联盟—张家港市科技局战略合作签约、“独角兽”企业生态链合作签约等。同时，中国留学人员创新人才项目与资本对接会系列论坛举行，贴合张家港市主导产业，设置主题演讲、圆桌对话、优秀企业风采展示等环节，30余家科技“独角兽”企业参与互动对话。

（吴鹏立　王　丹　梁玉笛）

科技载体

【概况】 年内，全市新增省级众创空间2家，累计拥有苏州市级以上众创空间27家，其中国家级6家、省级20家、苏州市级1家。累计拥有省级以上科技企业孵化器11家，其中国家级5家、省级6家。张家港市高新技术创业服务中心、张家港保税区科技创业园、苏高新科技张家港节能环保创新园科技企业孵化器在省级科技企业孵化器考核评价中获评优秀，列苏南县（市）第一。累计建有省级科技企业加速器2家，省级企业研发平台

8月8日，第八届中国创新挑战赛（张家港）西安推介会举行

（市科技局　提供）

670家。新增省企业研究生工作站5家，累计350家。新增省工程技术研究中心7家，累计115家。江苏省液体包装工程技术研究中心、江苏省塑料废弃物利用机械工程技术研究中心、江苏省新型洗涤机械工程技术研究中心、江苏省新型体育器材工程技术研究中心、江苏省低温储运装备工程技术研究中心、江苏省农作物杀菌剂防护工程技术研究中心、江苏省船用LNG储存和供给装置工程技术研究中心、江苏省浮法玻璃机械设备工程技术研究中心、江苏省汽车高强钢管焊接成套装备工程技术研究中心获省工程技术研究中心绩效考评优秀。新增苏州市新型研发机构1家，累计13家。新增苏州市工程技术研究中心44家，累计314家。

表49　2023年张家港市新增科技载体平台一览表

类别	载体平台名称	承担单位
省级众创空间	张家港蒲公英创新中心	张家港创江湖数字创业服务有限公司
	张家港智汇港创新中心	张家港智汇港科技服务有限公司
江苏省工程技术研究中心	江苏省高品质不锈钢工程技术研究中心	浦项（张家港）不锈钢股份有限公司
	江苏省功能性化工新材料工程技术研究中心	张家港市华昌新材料科技有限公司
	江苏省氮化镓器件工程技术研究中心	江苏能华微电子科技发展有限公司
	江苏省特种微细金属材料工程技术研究中心	苏闽（张家港）新型金属材料科技有限公司
	江苏省汽车精密钢管工程技术研究中心	江苏立万精密制管有限公司
	江苏省高效节能特种变压器工程技术研究中心	江苏新特变科技股份有限公司
	江苏省数据通讯电缆工程技术研究中心	上海电气集团腾恩驰科技（苏州）有限公司
江苏省企业研究生工作站	江苏保丽洁环境科技股份有限公司研究生工作站	江苏保丽洁环境科技股份有限公司
	江苏联峰工业装备科技有限公司研究生工作站	江苏联峰工业装备科技有限公司
	江苏维达机械有限公司研究生工作站	江苏维达机械有限公司
	江苏飞鸽友联机械股份有限公司研究生工作站	江苏飞鸽友联机械股份有限公司
	张家港长城汽车研发有限公司研究生工作站	张家港长城汽车研发有限公司
苏州市新型研发机构	张家港长三角生物安全研究中心	张家港长三角生物安全研究中心
苏州市工程技术研究中心	苏州市光电高分子胶膜材料工程技术研究中心	苏州凡赛特材料科技有限公司
	苏州市高精度汽车用精密钢管工程技术研究中心	张家港保税区亚鑫精密制管有限公司
	苏州市环保型有机硅密封胶工程技术研究中心	江苏科幸新材料有限公司
	苏州市化工装备工程技术研究中心	张化机（苏州）重装有限公司
	苏州市深冷特种装备工程技术研究中心	张家港中集圣达因特种装备有限公司
	苏州市高端商务定制车工程技术研究中心	苏州罗伦士汽车制造股份有限公司
	长华化学新型多元醇工程技术研究中心	长华化学科技股份有限公司
	苏州市胶粘新材料工程技术研究中心	江苏晶华新材料科技有限公司
	苏州市汽车制动系统工程技术研究中心	采埃孚汽车科技（张家港）有限公司
	苏州市诺博科技汽车电子工程技术研究中心	诺博汽车科技有限公司
	苏州市高性能锂电池结构件工程技术研究中心	苏州橙柳电子精密有限公司
	苏州市装备防护结构工程技术研究中心	张家港市金帆箱柜有限公司
	汽车电磁阀线圈及壳体工程技术研究中心	张家港恒进机电有限公司
	苏州市变压器工程技术研究中心	上海电气集团（张家港）变压器有限公司
	苏州市表面波滤波器工程技术研究中心	苏州声芯电子科技有限公司
	苏州市血液净化体外循环管路工程技术研究中心	张家港市沙工医疗器械科技发展有限公司

续表49

类 别	载体平台名称	承担单位
苏州市工程技术研究中心	苏州市永茂预制装配式建筑工程技术研究中心	张家港市永茂住宅工业有限公司
	苏州市高性能电站锅炉工程技术研究中心	张家港德海锅炉有限公司
	苏州市纳米纤维新材料工程技术研究中心	张家港市宏裕新材料有限公司
	苏州市智能化吹灌旋多功能生产线工程技术研究中心	江苏辉河包装机械有限公司
	苏州市基于海水淡化合金铜管超声波全自动清洗工程技术研究中心	张家港市港威超声电子有限公司
	苏州市精密测量产业工程技术研究中心	江苏普达迪泰科技有限公司
	苏州市工业大气高效节能环保治理工程技术研究中心	张家港市艾尔环保工程有限公司
	苏州市新型储能锂离子电池工程技术研究中心	信义电源(苏州)有限公司
	苏州市特种电缆工程技术研究中心	优易电缆(张家港)有限公司
	苏州市高品质节能玻璃新材料工程技术研究中心	信义玻璃(江苏)有限公司
	苏州市冷轧板工程技术研究中心	张家港扬子江冷轧板有限公司
	苏州市差异化新型纱线面料工程技术研究中心	张家港普坤毛纺织染有限公司
	苏州市高精度定位传动模组工程技术研究中心	苏州上舜精密工业科技有限公司
	苏州市高效光电技术装备工程技术研究中心	苏州聚晟太阳能科技股份有限公司
	苏州市晶体硅太阳能电池片工程技术研究中心	张家港博佑光电科技有限公司
	苏州市全自动塑料管材生产线工程技术研究中心	江苏飞鸽友联机械股份有限公司
	苏州市多功能纸铝塑复合易拉盖工程技术研究中心	张家港永和包装印务有限公司
	苏州市超柔非织造布工程技术研究中心	苏州多瑈新材料科技有限公司
	苏州市细胞培养基工程技术研发中心	苏州沃美生物有限公司
	苏州市高性能塑料管道工程技术研究中心	江苏培达塑料有限公司
	苏州市废旧塑料无害化回收智能生产线工程技术研究中心	江苏艾斯瑞特机械有限公司
	苏州市富瑞能源低温工程技术研究中心	江苏富瑞能源服务有限公司
	苏州市太阳能光伏玻璃工程技术研究中心	信义光伏(苏州)有限公司
	苏州市高性能磁悬浮电机工程技术研究中心	苏州保邦电气有限公司
	苏州市氢能动力工程技术研究中心	苏州中车氢能动力技术有限公司
	苏州智能仓储机器人及系统应用工程技术研究中心	江苏智库智能科技有限公司
	苏州市氢能智能装备工程技术研究中心	苏州世椿新能源技术有限公司
	苏州市高性能防水材料工程技术研究中心	苏州东方雨虹建筑材料有限公司

【新型研发机构】 2023年,张家港市正常运营的新型研发机构有13家。其中,获评苏州市新型研发机构的9家,获评苏州市科技公共服务平台的2家,涵盖冶金新材料、智能装备、化工新材料、新能源、生物医药及高端医疗器械、先进特色半导体六大产业链。全市新型研发机构成为支撑产业转型升级的核心平台。如:中科纳米张家港化合物半导体研究所、张家港市集成电路产业促进中心成为全市集聚半导体产业的优势平台,南京工业大学张家港产业学院入围全省首批15家省级重点产业学院建设点之一,苏州市产业技术研究院绿色制造熔接技术研究所研发的高强度产品在徐工集团等工程机械企业实现大部分进口替代。

【张家港长三角生物安全研究中心获评苏州市新型研发机构】 12月20日,第一届长三角(张家港)生物安全发展大会举行。中国产学研合作促进会会长王建华,中国科学院院士李景虹、外籍院士王德平等参加。会上,张家港长三角生物安全研究中心被授予苏州市新型研发机构奖牌。中心于2021年注册成立,由张家港高新区和江苏苏净集团有限公司联合共建,中国科学院过程工程研究所提供科技支撑,以生物安全治理能力构建为核心指引，提供生物安全装备相关性能论证、效能评估、标准制定等服务。建有国内唯一的效能评估型高等级生物安全实验室，内嵌两对生物气溶胶模拟试验舱，是苏州市第一家防护水平达到P3+的生物安全实验室。主要从事生物危害因子“侦、采、检、消、防”五类装备（产品）及其应用环境的效能评估，新型生物检测监测技术（产品）的创新研发，生物技术产品、专业知识、特种装备相关的咨询培训和演练，特种设施、菌毒种和生物标准物质资源的共享。有职工34人，其中研发人员30人。自2022年运营起，已取得生物安全二级实验室备案证书、CMA认证证书、CNAS认可证书；申请发明专利15项，已授权5项，申请PCT5项；牵头制定团体标准6项，参与编制国家标准4项，已立项2项；发表学术论文2篇；参与实施国家重点研发项目1项；与能科科技股份有限公司、南方科技大学、东南大学医疗器械研究院、深圳大学等就生物安全装备研制和效能评估开展业务。

表50　　2023年张家港市新型研发机构一览表

序号	新型研发机构名称	获评情况
1	张家港智能电力研究院	苏州市新型研发机构
2	奥斯佳新材料技术研究院	苏州市新型研发机构
3	南京工业大学张家港产业学院	苏州市新型研发机构
4	张家港氢云新能源研究院	苏州市新型研发机构
5	苏州市氢能产业创新中心	苏州市新型研发机构
6	张家港市集成电路产业促进中心	苏州市科技公共服务平台
7	张家港市江苏科技大学产业技术研究院	—
8	苏州大学张家港工业技术研究院	—
9	苏州大学化学电源研究所	苏州市科技公共服务平台
10	江苏冶金技术研究院	苏州市新型研发机构
11	中科纳米张家港化合物半导体研究所	苏州市新型研发机构
12	苏州市产业技术研究院绿色制造熔接技术研究所	苏州市新型研发机构
13	张家港长三角生物安全研究中心	苏州市新型研发机构

【科创孵化载体】“十四五”期间，张家港聚焦“4+4”产业链，累计新开工科创孵化载体超260万平方米，总投入超200亿元。2023年，张家港投用省级以上科创孵化载体39家、面积276.37万平方米，在建科创孵化载体面积超170万平方米。根据《张家港市科创孵化载体建设三年行动计划》，市科技局围绕“四有”（有产业方向、有专业运营、有投资基金、有创新平台）标准，对科创孵化载体进行星级评定，有效认定星级科创孵化载体12家。

表51　　2023年张家港市省级以上科创孵化载体一览表

类别	级别	科创孵化载体名称	运营机构
科技企业孵化器	国家级	张家港保税区科创园	张家港保税区科技创业发展有限公司
		张家港沙洲湖科创园	张家港沙洲湖科创园发展有限公司
		张家港市高新技术创业服务中心	张家港市高新技术创业服务中心
		张家港锦丰科技创业园	张家港市锦丰科技创业发展有限公司
		张家港市凤凰科技创业园	张家港市凤凰科技开发有限公司
	省级	张家港东城科技创业园	张家港市东城科技创业发展有限公司
		苏高新科技张家港节能环保创新园科技企业孵化器	苏高新科技产业发展（张家港）有限公司
		张家港新大新科技创业园	张家港新大新科技投资发展有限公司
		张家港保税区梵创产业园孵化器	张家港保税区梵创产业发展有限公司
		南丰科技创新园	张家港裕隆科技创业投资有限公司

续表51

类别	级别	科创孵化载体名称	运营机构
科技企业孵化器	省级	张家港市互联网科技创业园	张家港市海纳电子商务产业园管理有限公司
科技企业加速器	省级	苏高新科技张家港创新园科技企业加速器	苏高新科技产业发展(张家港)有限公司
		张家港国家再制造产业示范基地科技企业加速器	张家港清研首创再制造科技有限公司
众创空间	国家级	今园1号	苏州今园科技创业孵化管理有限公司
		集成光电谷	千人计划(张家港)集成光电研究院有限公司
		海纳众创空间	张家港市海纳电子商务产业园管理有限公司
		澳洋蒲公英众创空间	张家港澳洋蒲公英孵化器管理有限公司
		清控科创(张家港)	张家港清控科创科技服务有限公司
		金丰众创空间	张家港市金丰生态农业发展有限公司
	省级	香樟树众创空间	张家港市香樟树众创空间服务中心
		南丰智慧中心	张家港市东大工业技术研究院
		德柏亚(张家港)众创空间	柏林亚太(张家港)企业孵化管理有限公司
		71号工坊	张家港柒壹工坊创业服务有限公司
		清研智能制造众创空间	张家港清研智能制造协同创新中心有限公司
		智电能源谷(智电研究院)	张家港智能电力研究院有限公司
		张家港酷立方众创空间	张家港酷立方众创空间管理有限公司
		哈工智造·筑梦空间	哈工大(张家港)智能装备及新材料技术产业化研究院有限公司
		北工4.0 space	西北工业大学(张家港)智能装备技术产业化研究院有限公司
		张家港市新光工场	张家港新大新科技投资发展有限公司
		张家港市联侨乐创空间	张家港市乐余科创园投资发展有限公司
		智慧氢谷众创空间	中科院大连化学物理研究所张家港产业技术研究院有限公司
		星火梦工场	张家港华政企业服务有限公司
		云企易站	苏州云企易站科技服务有限公司
		弘吴数字众创空间	苏州弘吴科技中介有限公司
		豆牛众创空间	张家港豆牛创业服务有限公司
		南岸创新社区众创空间	江苏扬子江国际冶金工业园投资发展有限公司
		ZJGICC众创空间	张家港市集成电路产业发展有限公司
		张家港蒲公英创新中心	张家港创江湖数字创业服务有限公司
		张家港智汇港创新中心	张家港智汇港科技服务有限公司

【劢迪医疗器械产业创新港开园】 3月29日,劢迪医疗器械产业创新港开园仪式在冶金工业园举行。中国工程院院士蒋昌俊,中国医药教育协会会长、联合国国际生态生命科学院院士黄正明等参加。现场发布张家港医疗器械高新产业园规划,12个项目签约落户创新港。劢迪医疗器械产业创新港是张家港医疗器械高新产业

园核心载体，总投资38亿元，占地9.1公顷，建筑面积约17万平方米。创新港以“产业链、人才链、创新链、生态链、资本链、服务链”为抓手，搭建“三中心、三平台”，即医疗器械创新研发中心、成果转化中心、检测中心以及公共实验平台、定制研发平台、投融资平台，培育全产业链融合发展新模式，搭建共享创新研发、检验检测、创新协调三大服务平台。创新港联合中国人体健康科技促进会建立医学转化中心科技成果转化基地，联合苏州大学附属张家港市第一人民医院临床研究创新转化中心建设动物实验中心、临床实验中心、临床研究创新转化中心，配套建设污水处理中心，推动区域医院临床和科研能力提升，集中力量打造集创新研发、成果转化、生产制造、创新展示等功能于一体的新医疗科创孵化基地。创新港聚焦高值耗材、医美器械、医疗设备、体外诊断高端医疗产业细分赛道打造“港城医疗智谷”特色名片。至年末，入驻科瑞迈吉（国家千人级专家主导心脏二尖瓣修复项目）、可帮基因（国内首创膀胱癌肿瘤溯源）、未名拾光（首创XVII型胶原蛋白）、咏蓝生物（香港瑞丽医美控股）、易岭生物（北大博士后领先口腔组织再生项目）等30个细分行业领域领先项目。

（张　颖　卢嘉辉　茅　华）

科技项目

【概况】 年内，张家港市19个项目列入省级科技计划，其中，省重点研发计划项目2项、省产学研合作项目15项、省科技成果转化专项资金项目2项。组织实施张家港市级科技计划项目173项，其中，产业链创新产品攻关计划立项10项、医疗卫生科技创新指导性项目立项63项（分为前补助和后补助）、产学研预研资金立项100项（分为预研阶段和后补助阶段）。

【菲镭泰克公司国家重点研发计划项目启动】 8月29日，由苏州菲镭泰克激光技术有限公司牵头的国家重点研发计划“增材制造与激光制造”重点专项“激光增材制造一体式打印头研发与产业化”项目启动会暨实施方案论证会在北京召开。菲镭泰克公司是中国最早独立进行工业激光动态聚焦系统研制和生产销售的公司，也是国内唯一一家拥有动态聚焦镜、光学设计和软件控制开发集于一体的动态聚焦系统开发主体，2023年实现销售收入4787万元。北京工业大学是中国最早开展激光先进制造技术研究的单位之一。双方于2016年起展开合作，依托双方共建的智能光子制造研究中心，开展“激光增材制造一体式打印头研发与产业化”项目。该项目于2022年12月13日获科技部立项，针对大幅面、高效激光选区熔化增材制造技术的需求，通过攻克关键技术，研制开发一体式四振镜阵列打印头，形成定型产品，填补国内空白，实现激光选区熔化增材制造关键核心部件的产业化发展。年内，公司的“精准焦斑连续可调的4D动态聚焦系统”获2023年中国激光金耀奖——“新产品”奖项。4D动态聚焦系统是可连续改变焦点光斑大小的4D动态聚焦振镜系统。它可通过软件控制激光器输出光束，使得扩束倍数和发散角协同变化，从而实现在同等焦距位置的焦点大小软件可调。在高端生物增材制造、配合飞秒激光器做半导体器件抛光等方面的工艺升级中，通过精准焦斑连续可调的4D动态聚焦系统，可实现在焦点位置的连续可变光斑。

【两项目列入省重点研发计划项目】 年内，张家港市2个项目列入省重点研发计划。其中，京东方华灿光电（苏州）有限公司的“面向增强现实（AR）的Micro-LED微型显示芯片关键技术研发”项目获省科技计划专项资金（重点研发计划产业前瞻与关键核心技术）——揭榜挂帅项目立项。该项目研究微型显示芯片面临的关键技术问题，解决微型显示芯片全彩色实现的难题，制备全彩色硅基Micro-LED显示屏，为实现Micro-LED显示技术的规模效应，以及形成完整的产业链和生态链做准备。市中医医院的“基于修复肠道屏障探讨调节AGEs（晚期糖基化终末产物）-RAGE（晚期糖基化终末产物受体）轴在肥胖型不孕症及PCOS（多囊卵巢综合征）‘异病同治’的作用机制及临床转化研究”项目获省科技计划专项资金（重点研发计划社会发展）立项。首次从分子生物学角度聚焦中医药“异病同治”科学内涵的挖掘，客观评估AGEs的蓄积情况及其对机体肠道屏障、炎症反应及糖脂代谢的相关性，明确补肾化痰方临床中调控AGEs修复肠道屏障从而改善IR（胰岛素抵抗）机制。

【两项目列入省科技成果转化专项资金项目】 年内，张家港市2家企业项目获省科技成果转化产业技术创新（B类）专项资金立项。其中，江苏永钢集团有限公司“超大规格高性能直接切削非调质钢关键技术研发及产业化”项目突破“复合微合金化设计与跨尺度析出相多级析出”“高纯净、窄成分、均质化冶炼连铸工艺与精细化夹杂物控制”“超大直径高强韧圆钢控轧控冷”“碳化物+含铜析出相+表面钝化膜协同抗氢脆”等关键技术，免除热锻和调质（淬火+高温回火）工序，直接切削加工成超大规格（截面直径160毫米至300毫米）热轧圆钢零部件。该产品为大规格半导体生产装备（如单晶硅生产炉导柱）、大功率能源动力设备（如风电销轴）、新能源汽车制造装备（如一体化成型推杆等）等工程装备用关键件。实施期内，累计销售目标产品13万吨，实现销售收入8.2亿元，缴税6700万元，净利润8300万元，创汇250万美元。张家港中集圣达因低温装备有限公司“新能源动力船舶用LNG（液化天然气）和LNH_3（液氨）智能供气系统成套装备研发及产业化”项目包括船用LNG供气系统、船用LNG或LNH_3供气系统、智能船联网管控系统及配套设备等，实现LNG和LNH_3存储、供气、应用等环节衔接，为船舶应用LNG和LNH_3新能源提供关键装备技术支撑和服务。实施期内，累计销售目标产品25台（套），实现销售收入2.4亿元，缴税1000万元，净利润2000万元，创汇3600万美元。

表52　　2023年张家港市新增省级科技计划项目一览表

项目类别	项目名称	承担单位
省重点研发计划项目	面向增强现实（AR）的Micro-LED微型显示芯片关键技术研发	京东方华灿光电（苏州）有限公司
	基于修复肠道屏障探讨调节AGEs-RAGE轴在肥胖型不孕症及PCOS“异病同治”的作用机制及临床转化研究	张家港市中医医院
省产学研合作项目	新能源汽车汽配件自动化生产控制关键技术研发及产业化	苏州吉润汽车零部件有限公司
	吨级超低温安全高效氢液化系统关键技术研发	江苏富瑞能源服务有限公司
	塑料固废深度回收再生高质发泡芯材成套装备关键技术研究	江苏贝尔机械有限公司
	高性能离心机设计与制造关键技术研发	江苏图胜离心机制造有限公司
	氮化碳光催化降解水杨醛生产废水技术开发	张家港市飞航科技有限公司
	有机光电显示材料的连续流微反应合成工艺研究	苏州欧谱科显示科技有限公司
	基于移动终端实时监测与控制的化学化工类实验室设备的开发	开密浦制泵（苏州）有限公司
	基于水产养殖水质监测系统研发	张家港骞翩互联网科技有限公司
	五金工具自动打磨装备关键技术研究	张家港市卓华金属科技有限公司
	基于物联网的植物工厂数据智能监测系统关键技术研发	苏州回文生物科技有限公司
	面向高压泵体的叶片智能检测关键技术研发	张家港市华泰泵阀制造有限公司
	基于物联网技术的高低压电气控制柜运行参数监控系统研发	江苏沙洲电气有限公司
	基于ARM的4轴同步电液控制器研发	苏州弈智微智能科技有限公司
	智能码垛包装及立体仓储平台开发	江苏兴业联合装备技术有限公司
	抗菌型防霉涂层材料的研发	苏州东杏新材料科技有限公司
省科技成果转化专项资金项目	超大规格高性能直接切削非调质钢关键技术研发及产业化	江苏永钢集团有限公司
	新能源动力船舶用LNG和LNH_3智能供气系统成套装备研发及产业化	张家港中集圣达因低温装备有限公司

（李　军　唐　伟　蔡英杰）

科技成果

【概况】 全年新增张家港市企业主持完成的江苏省科学技术奖1项，其中一等奖1项，累计获奖125项。参与完成的江苏省科学技术奖6项，其中一等奖1项、二等奖2项、三等奖3项。全年新增产学研合作项目245项。包括HRB650E高性能钢筋混凝土匹配性试验与抗震机理研究、乘用车胀断连杆用微合金高强度非调质钢应用技术研究、3D打印构件检测、转杯纺复合纱长丝装置及控制系统研发、高性能LED液体环氧胶的研究、燃料电池汽车远程售后维护终端设备软件开发等。

【沙钢集团参与项目获国家科技进步奖】 年内，江苏沙钢集团有限公司参与的“严酷服役条件下结构混凝土长寿命设计与多维性能提升关键技术”项目获2023年度国家科技进步奖二等奖。该项目解决钢筋在海洋高温、高湿、高氯盐、高辐射环境下耐蚀性不足难题，在国际上首次实现钢筋耐久性、力学性能、使用性能及工程成本的平衡。沙钢集团作为该项目参与单位，以严酷服役条件下钢筋耐蚀关键共性技术创新为突破口，以江苏省产学研联合创新政策为助力，联合东南大学等单位，研发出混凝土结构用高耐蚀钢筋及应用技术。该技术能够满足苛刻服役环境下钢筋混凝土结构百年服役需求。

【沙钢钢铁研究院主持项目获省科技奖一等奖】 年内，沙钢钢铁研究院主持的“耐超大焊接热输入的高端船板钢研发及应用”项目获省科技奖一等奖。该院联合江苏科技大学等单位提出全新的“钢板—焊材—焊接工艺”一体化技术。其中，镁氧化物调控技术实现钢板微观组织和宏观力学性能的精准调控；受控电弧摇动技术解决焊缝金属低温韧性差、焊接接头探伤不良率高的技术难题，从而推动工业应用。同时提出焊缝组织调控模型，并开发出配套的焊材。项目已获得授权发明专利50余项，先后应用于超大型集装箱船、海洋钻采平台等工程，累计供货超10万吨，实现经济效益超1亿元。

（许　洁　白佳胜）

表53　　2023年张家港市获省级科学技术奖励情况表

获奖等级	获奖项目名称	申报（参与）单位
江苏省科学技术奖一等奖	耐超大焊接热输入的高端船板钢研发及应用	江苏省沙钢钢铁研究院有限公司、江苏科技大学、广船国际有限公司、上海外高桥造船有限公司、江苏沙钢集团有限公司、张家港荣盛特钢有限公司
	新型高性能生物基聚氨酯及其关键制造技术	南京工业大学、中建安装集团有限公司、张家港市飞航科技有限公司、中国铁道科学研究院集团有限公司、三棵树涂料股份有限公司、张家港市顾乐仕生活家居科技有限公司、河北铁科翼辰新材科技有限公司、南京先进生物材料与过程装备研究院有限公司
江苏省科学技术奖二等奖	淀粉质健康食品精准加工关键技术创新与应用	江南大学、中国疾病预防控制中心营养与健康所、江苏省农业科学院、诸城兴贸玉米开发有限公司、佳禾（苏州）营养健康研究院有限公司、安徽省燕谷米食品科技有限公司、江苏梁丰食品集团有限公司
	粮食加工中真菌毒素风险防控及生物减损技术创新	江南大学、国家粮食和物资储备局科学研究院、中国农业科学院农产品加工研究所、江海粮油（张家港）产业有限公司、南京微测生物科技有限公司、张家港海关综合技术中心
江苏省科学技术奖三等奖	高速列车高可靠性大功率锻钢制动盘关键技术研发及应用	南京工程学院、南京中盛铁路车辆配件有限公司、江苏永钢集团有限公司、中车青岛四方车辆研究所有限公司
	食用植物油加工创新模式构建及其大型成套装备开发	江南大学、迈安德集团有限公司、河南工业大学、丰益（上海）生物技术研发中心有限公司、中粮东海粮油工业（张家港）有限公司
	骨质疏松条件下内植物松动防治关键技术创新及临床应用	苏州大学附属第一医院、江苏大学、中国科学院深圳先进技术研究院、张家港市中医医院、常州市第二人民医院

气象科技

【概况】 2023年，市气象局继续做好气象服务、防雷安全监管等工作，推进张家港X波段新一代天气雷达建设。根据《中国气象局关于公布国家气象观测站升级为国家基本气象站名录的通知》，1月1日起张家港国家气象站升级为国家基本气象站。2月28日，市气象局完成国家基本气象站主站湿度、气压传感器以及备站风向、风速、气温、湿度、气压传感器的更换。4月18日、10月16日分别对能见度仪器进行现场标校维护。5月，分别在经开区（杨舍镇）李巷村、东莱村，凤凰镇杏市村，高新区（塘桥镇）青龙村及冶金园（锦丰镇）耕余村新增5套自动区域气象站，并投入使用。6月，与如皋市气象局建立天气联防机制，全年累计开展天气联防24次。10月30日，地面综合观测业务软件升级为3.0.5.1018版本。年内，冬训视频《“敢”字为先，筑牢“第一道防线”》在“学习强国”张家港融媒号、苏州学习平台、江苏学习平台上宣传，《气象关乎民生，“救助”转向“预防”》课件入选“理响张家港”基层理论宣讲菜单。张家港市气象局获评2022年度省气象局观测网络业务先进集体，1人获评先进个人，1人获评2022年度江苏省优秀预报员。

【气象科普】 3月23日，市气象局开展世界气象日“天气气候水，代代向未来”主题活动，线下走进市梁丰小学六年级（2）班开展气象科普活动，线上通过微信公众号吸引市民参与学习气象知识有奖竞答。5月，在市社会治理现代化指挥中心的“张家港网格学院云平台”，为全市网格员进行线上气象防灾减灾知识培训。6月，在市馨苑度假村会议中心为全市应急灾害员进行气象灾害防御知识培训。7月，位于汤联社区新时代文明实践站的市民生科普体验馆开馆，新增气象科普阵地。全年气象科普宣传进学校1次，进企业1次，进社区5次，进机关2次，线上开展活动2项，发放科普宣传用品1000余份。市气象科普馆共接待参观25次，被市文明办、教育局、民政局联合授予“三色花开，苏童成长”未成年人社会实践示范基地，“探秘气象，快乐成长”项目获未成年人社会实践示范项目。

经开区（杨舍镇）李巷村自动区域气象站

（市气象局　提供）

【气象保障服务】 11月28日，市政府印发《张家港市推进气象保障服务高质量发展的实施意见》，意见提出到2025年基本建成监测精密、预报精准、服务精细的现代气象体系，到2035年实现以智慧气象为主要特征的气象现代化，气象与国民经济各领域深度融合。年内，市气象局坚持民生为本，推动气象公共服务优质均衡。全年累计制作发布春运天气服务41期，重要专题气象服务19期，专项气象服务48期，森林防火专报38期，为农气象服务31期，发布预警信号74次。外部启动终止应急响应2次，内部启动终止应急响应21次。开展梯次化递进式预报预警服务，完成“4·15”大风、“6·10”大风及梅雨期暴雨等灾害性天气预报预警及应急联动工作。完成第24届“贝贝杯”青少年12岁男子组足球赛、中日职业围棋对抗赛、国际男子职业网球挑战赛和“东渡杯”半程马拉松赛等体育赛事天气保障服务。

【防雷安全监管】 全年气象窗口受理办结雷电防护装置设计审核28件，雷电防护装置竣工验收36件，升放无人驾驶自由气球或者系留气球活动许可17件，气象灾害性质等级确认65件。气象综合窗口在市行政审批局业务技能考核题库编制及业务技能考核中，被评为“业务技能考核优胜单位”。对雷电防护重点单位分类监管检查，由苏州市气象局防雷安全“四合一”检查组带队，对全市23个重大风险单位及相应检测中介机构进行联合检查。市气象局联合市公安、应急、商务等部门开展“双随机、一公开”安全检查，对1家中介机构的违法行为做出行政处罚，并将涉事防雷检测公司纳入“双公示”平台管理，实施联合惩戒。全年检查防雷重点监管单位225个，开具防雷整改意见书62份，发现防雷安全隐患131条，全部完成闭环整改。（张育萍）

【编辑　沈立平】

教育

Education

10月21日，张家港市通过国家级县域义务教育优质均衡发展现场评估认定　（市教育局　提供）

综　　述
基础教育
职业教育
高等教育
社会教育
教师队伍

張家港年鑑(2024)

扫码欣赏

“沙洲教育”巡礼
《锦绣育丰·华奋楫新征程》

综 述

2023年，全市有各级各类学校184所，其中高等院校3所、普通高中10所（含完全中学2所）、职业院校5所（含开放大学）、初中35所（含国际学校1所、民办新市民子女学校4所）、小学41所（含民办新市民子女学校3所）、幼儿园89所、特殊教育学校1所。另有市级老年大学1所、社区教育中心9个。全市招收新生5.85万人，毕业学生5.81万人，年末在校学生（幼儿）22.72万人，比上年增1600人。在校学生（幼儿）中，中小学、幼儿园21.01万人（其中新市民子女学生10.83万人），高校1.71万人。2023年全市教育经费总收入59.25亿元，比上年增2.24亿元，增幅3.93%，包括国家财政性教育经费（一般公共预算安排的教育经费，政府性基金预算安排的教育经费）49.12亿元，比上年增1.92亿元，增幅4.07%。其中，一般公共预算教育经费40.35亿元，比上年增4.12亿元，增幅11.37%。年内，张家港市获评全国学前教育普及普惠县、全国学校家庭社会协同育人实验区、"央馆人工智能课程"规模化应用试点区，高标准通过全国义务教育优质均衡发展县（市、区）国家评估认定实地核查，梁丰高级中学入选首批立项建设的江苏省高品质示范高中。

教育体制改革 3月，市教育局、市委编办、市民政局、市行政审批局、市市场监管局联合印发《张家港市民办学校分类登记实施方案》，完成6所民办幼儿园"非转营"登记工作，进一步完善民办幼儿园分类管理机制。规范民办学校办学行为，实现义务教育阶段民办学校在校生比例控制在5%以内，8月，完成旭东学校终止办学工作流程。9月，市委、市政府印发《关于全面加强教育系统党的建设深化全市基础教育综合改革的意见》，全面加强基础教育系统党的建设水平，优化党组织领导下的教育管理体制。全面推进党组织领导的校长负责制，对党总支及以上学校实施书记、校长分设，党支部学校设立专职副书记，党组织领导的校长负责制覆盖率97.4%，在苏州各县市（区）领先。

优质资源配置 年内，全市加快实施《张家港市"十四五"教育设施布局专项规划》，云盘小学教育集团沙洲湖校区等5所新建学校9月投用，新增学位4320个，高职园区中专学校等22个新建和改扩建项目按时序推进，香山小学等8个项目的前期工作抓紧办理。全市完成教学设备、普教仪器、图书、教玩具、职教类实训设备和高职园区、市一中东校区、实验小学乘航校区的空调、厨房设备、家具、专用教室设施等32个项目的采购工作，采购项目经费11656万元。全市中小学、幼儿园新增微机2169台，新增和改造班级多媒体837套，新建云机房2间、未来教室11间，添置课桌椅1.35万套，新建改建实验室39间、其他专用教室93间，采购图书37.8万册。全市中小学、幼儿园教育技术装备投入总额1.7亿元。

"五育"并举 德育影响不断扩大，孵化省级品格提升工程项目3项、苏州市级项目7项。举办全国积极教育大会、苏州市"润心"行动现场会，召开市大中小学思政课一体化建设推进会、市第四届未成年人心理健康宣传月启动仪式、市青少年法治教育推进会、市关爱青少年生命健康联席会议、市家庭教育推进会等。智育能力不断提升，在苏州市义务教育学生学业质量监测中，张家港市学生累计增值水平位列前茅。2023年高考，4名学生录取清华、北大，463名学生录取211以上高校，600分以上优秀学生占比超过全省平均5个百分点。职业教育高考本科达线人数连续23年位居苏州市第一。9名学生获学科奥赛国家一等奖，2人获全国金奖，1人入选2023年国际地球科学奥林匹克竞赛中国国家代表队。在全国职业院校技能大赛中，6人获金牌，张家港中等专业学校被评为省职业院校教学管理30强。全市省市级优质幼儿园覆盖率为84.6%，全市新增省市级基础教育内涵建设项目11项，高质量承办省社会教育现场会。科技创新教育成果不断丰富，3名学生获评第十一届江苏省少年科学院院士，3所学校获评苏州市科学教育综合示范学校。在各级各类科技竞赛中，获得国家级奖励30余项、省级奖励1600余项、苏州市级奖励400余项。体育美育在省级及以上各类比赛中获37金14银17铜，其中团体18金9银13铜。在苏州市青少年阳光体育联赛中获73金68银85铜。5所学校获评苏州市艺术教育特色学校，1所学校获评江苏省艺术教育特色学校。劳动教育品质不断提高，1所学校获评全国新劳动实验学校，1所学校获评江苏省劳动教育与综合实践优秀基地，5所学校获评苏州市劳动教育特色学校，8个基地获评苏州市劳动教育实践基地，10个基地挂牌新时代劳动教育实践基地。

师资队伍建设 全年新招录教师446人，区镇学校补充新教师144人，完善公益性岗位人员管理机制。持续加大教育人才高地建设力度，有序推进"四有"好教师培育团队建设，组织第二批市级重点培育团队评选，开展多场团队建设推进活动。继续实施"港城教育人才5151计划"，新增引进人才3人，累计38人。加速本土人才培育，新评江苏省教学名师3人、正高级教师7人，新增第二批"港城教育人才"53人，其中教育名家3人、领军人才15人、青年拔尖人才35人。坚持党管干部原则，落实党组织领导的校长负责制实施方案，强化干部考察识别、监督管理，加快构建年轻干部"选育管用"全链条培养模式。

教育服务惠民 "双减"成效显著，"5+2"馆校研学项目上线"今日张家港"App，组织"职业梦想家"职场体验主题研学项目，在10所试点学校开展浸润式研学活动。不断提高课后服务质量，持续优化"学在港城·名师在线"课后辅导服务。实验小学首批获评苏州市"双减"示范创建学校，梁丰初级中学作为全省初中段唯一代表在省"双减"工作座谈会上作交流发言，并入选全省推广义务教育"双减"工作成效显著典型案例、全国基础教育管理监测平台地方经验案例。校家社协同育人更见成效，举办各类心理健康教育、家庭教育指导活动6802场，惠及18万家庭21万未成年学生。累计建成"幸福家长驿站"139

个，挂牌心理健康教育基地5个、青少年心理健康志愿服务团队7个，张家港高级中学获评江苏省心理健康教育特色学校。张家港市获评全国学校家庭社会协同育人实验区。规范学生资助管理，资助家庭经济困难中小学生、幼儿园儿童9917人次，资助总金额839.1万元。落实中等职业学校全日制正式学籍学生免除学费政策，累计免学费22951人次，补助金额2603万元。对普高建档立卡等家庭经济困难生免收学费725人次，免费金额59.88万元。推进“阳光午餐”工程，资助特困生1213人，资助金额233.2万元。

【全省首期教育家型校长创新培育计划培养对象办学思想研讨会在市召开】 5月17日，由省教师培训中心、江苏教育行政干部培训中心主办，苏州市教育局、苏州市教师发展学院协办的全省首期教育家型校长创新培育计划培养对象办学思想研讨会在市云盘小学教育集团悦丰校区举行。省内外近200名校长参加会议。会议介绍了首期教育家型校长创新培育计划的由来和实施过程。张家港市云盘小学教育集团总校长徐芳、苏州市彩香教育集团总校长朱晓芳、扬中市外国语小学教育集团总校长孙莹、镇江市江南学校校长袁广明分别作办学思想汇报，相关专家对各位校长的办学思想予以点评。

【张家港市通过国家级县域义务教育优质均衡发展现场评估认定】 10月19日至21日，教育部教育督导局组织实地核查专家组一行，对张家港市开展义务教育优质均衡发展国家评估认定实地核查。专家组听取张家港市关于义务教育优质均衡发展创建工作的情况汇报，就推进党组织领导的校长负责制、学生关爱体系建设、深化课程教学改革等问题，与市委组织部、市委编办、市发改委、市自然资源和规划局、市教育局、市财政局、市人社局等部门负责人进行交流，并查阅相关资料，实地核查港区初级中学、市一中、合兴小学、南丰小学、外国语学校和特殊教育学校等6所不同类型的义务教育阶段学校，召开校长、教师代表座谈会7场，深入课堂随堂听课30余节。专家组一致认为，张家港市基本达到县域义务教育优质均衡发展国家评估认定标准。

【18所学校参与苏州教育合作交流计划】 12月1日，由苏州海外联谊会、苏州市政府侨务办公室、苏州市教育局、苏州市侨联联合主办的苏州市海外华文教育工作推进会暨“百所华校云牵手”集中签约仪式在苏州幼儿师范高等专科学校举办。张家港市第二中学、市外国语学校、市第二职业高级中学分别与塞浦路斯、西班牙、法国和柬埔寨等国家华校签约结对，参与共建“一带一路”，助力海外华文教育。12月28日，“苏州—香港教育合作交流计划”苏港姊妹学校签约仪式在苏州市实验小学校举行。苏州市包括张家港市第一中学在内的15所学校，与中华基督教会方润华中学等16所学校签署姊妹学校结对协议，缔结友好合作关系。

（范启明　徐晓艳）

基础教育

【概况】 年内，全市新增基础教育类学校6所、撤销4所。至年末，全市有基础教育类学校176所（含特殊教育学校1所），比上年增2所。全市有全国国防教育示范学校1所、全国新劳动教育实验学校1所、全国科普教育基地1所、全国青少年校园足球特色学校37所、全国足球特色幼儿园7所、全国足球特色幼儿园示范园3所、全国青少年校园足球工作典型学校1所、全国青少年校园篮球特色学校4所、全国排球特色学校3所、全国青少年校园网球特色学校1所、全国手球体育传统项目学校3所、全国围棋特色学校1所、全国围棋特色幼儿园3所（新增1所）、全国营养与健康示范学校4所（新增2所）、中国书法（写字）特色学校1所、中美“千校携手”项目学校2所（新增1所）。有江苏省中小学思政育人特色学校3所、江苏省心理健康特色学校1所、江苏省优秀家长学校2所、江苏省品格提升工程精品项目学校1所、江苏省“十四五”基础教育职业教育对外合作交流重点建设项目学校5所、江苏省校园足球工作先进学校4所、江苏省足球后备人才示范学校4所、江苏省示范校体育传统项目学校1所、江苏省体育传统项目学校3所、江苏省体育特色学校7所、江苏省体育特色幼儿园2所、江苏省艺术教育特色学校5所（新增1所）、江苏省书香校园建设示范点2个（新增）、江苏省劳动教育特色学校1所、江苏省中小学生劳动教育与综合实践优秀基地1所（新增）、江苏省科技教育特色学校5所、江苏省绿色学校51所、江苏省规范汉字书写教育特色学校1所、江苏省棋类（国际象棋）特色学校1所、江苏省棋类（围棋）特色幼儿园2所。有苏州市德育先进学校68所、苏州市科技教育特色学校10所、苏州市科学教育综合示范学校12所（新增3所）、苏州市青少年数字公民培育计划项目学校13所、苏州市特色体育项目学校8所、苏州市体育传统（特色）项目学校（2023—2026年度）27所、苏州市艺术教育特色学校52所（新增5所）、苏州市艺术教育项目学校7所、苏州市劳动教育特色学校5所（新增）、苏州市劳动教育实践基地8个（新增）、苏州市绿色学校102所、苏州市中华经典诵读基地学校8所、苏州市中华经典诵写讲基地1个、苏州市语言文字推广基地2个（新增1个）、苏州市国际理解教育项目实验学校9所、区域国际理解教育校群共同体1个（新增）、苏州市健康单位18个（新增3个）、苏州市近视防控示范学校5所、苏州市公共机构生活垃圾分类示范点1个。年内，市教育局“‘12345’：‘大思政立交桥’一体化的张家港建设行动”项目获评江苏省大中小学思政课一体化建设区域综合示范项目、《张家港市义务教育阶段学“1151”综合素质评价改革》案例获评“江苏省基础教育评价改革十佳典型案例”。

【学前教育】 年内，全市新增文昌幼儿园、永盛幼儿园，实验幼儿园沙洲湖园区建成启用，乐融幼儿园、城北幼儿园斜桥分园撤销。年末，全市有幼儿园89所，在园幼儿366014人（含新市民子女17855人），比上年减4163人。其中，0周岁至3周岁婴幼儿入园（所）人数952人。适龄幼儿入园率100%。花园浜幼儿园东园区创建为江苏省优质幼儿园，梁丰幼儿园东园区、沙洲幼儿园、滨湖幼儿园创建为苏州市优质幼儿园，省和苏州市优质幼儿园分别为52所和80所，优质园在园幼儿占比84.55%。金港中心幼儿园的“儿童议事：赋能幼儿生长的生态课程实践”项目获评苏州市基础教育前瞻性教学改革实验项目。

【小学教育】 年内，全市新增文昌小学，云盘小学沙洲湖校区建成启用，城北小学斜桥分校撤销。年末，全市有小学41所（含村校1所），在校学生102719人（含新市民子女51750人），比上年增2157人。小学适龄儿童入学率、巩固率、跟踪毕业率、升学率均为100%。大新中心小学、实验小学西校区、实验小学东校区、实验小学南校区、常阴沙学校、梁丰小学、中兴小学、塘市小学获评全国项目式学习一等奖项目学校，暨阳实验小学立项省中小学课程基地与学校文化建设项目，中兴小学立项苏州市基础教育前瞻性教学改革实验项目，城北小学立项中小学品格提升工程项目，沙洲小学、新塍小学、东莱小学立项苏州市中小学课程基地和学校文化建设项目。在苏州市组织的2022年立项的省、苏州市级课程基地项目现场视导调研中，城南小学“‘儿童问学’小学科学课程基地建设”和世茂小学“‘绿野寻踪’湿地课程”获示范等第，暨阳实验小学“‘日记长跑333’工程：儿童创意写作实践课程基地”、白鹿小学“‘童化’课程的建构实践”获优秀等第。

【中学教育】 年内，市外国语学校本部义务教育阶段转公，成立市实验学校，旭东学校及旭东学校东校区撤销。年末，全市有中学45所，其中初中35所、普通高中10所（含完全中学2所）。在校学生61189人，其中初中生42035人（含新市民子女23247人）、高中生19154人（含新市民子女8366人）。开设班级1290个，其中初中班896个、高中班394个。初中生年度巩固率、毕业率和升学率均为100%。市一中“课程思政：至一少年‘向格’励品行动”立项苏州中小学品格提升工程项目，凤凰高级中学“高中‘问题情境’课程基地”立项为苏州市高中课程基地建设项目，沙洲中学“基于数学核心素养提升的‘阅读—思考—表达’学习模式建构”立项苏州基础教育前瞻性教学改革实验项目。在苏州市组织的2022年立项省、市级课程基地项目现场视导中，梁丰高级中学“学科融合+：‘长江文化’跨学科主题式融合教育探索”获示范等第，市外国语学校“张外K12一体化‘诗学诗美’课程基地”获优秀等第。

【特殊教育】 年末，全市有融合教育资源中心42个，实现各区镇（街道）、各学段融合教育资源中心全覆盖。市特殊教育学校有教职工63人，设班级18个，在校学生253人。全市义务教育适龄残疾儿童少年入学率100%。年内，特殊教育学校的“县域特殊学生个别化教育”和乐余中心小学的“融合教育背景下专属课程建设及实施”项目接受省特殊教育发展工程建设项目视导，获专家组好评。

【5所学校建成启用】 9月，云盘小学教育集团沙洲湖校区、文昌小学、文昌幼儿园、永盛幼儿园、实验幼儿园沙洲湖园区5所学校（幼儿园）建成启用。云盘小学教育集团沙洲湖校区位于杨舍镇通学路8号，占地面积3.78公顷，建筑面积2.67万平方米，其中地下停车场3500平方米，规模为6轨36班，学位1620个。文昌小学位于后塍街道健康路，占地面积2.67公顷，建筑面积2.9万平方米，其中地下停车场5000平方米，规模为5轨30班，学位1350个。文昌幼儿园位于后塍街道三角滩路99号，占地面积6667平方米，建筑面积5801.87平方米，规模为4轨12班，学位360个。永盛幼儿园位于锦丰镇合兴路2号，占地面积8867平方米，建筑面积7736.69平方米，规模为5轨15班，学位450个。实验幼儿园沙洲湖园区位于市区范泾路南侧、海关路西侧，占地面积8267平方米，建筑面积6300平方米，办学规模为6轨18班，学位540个。该5所学校均为公办性质。

【义务教育学校集团（联盟）化办学】 8月，市委教育工委印发《关于进一步深化义务教育学校集团（联盟）化办学实施方案》，成立云盘小学教育集团、梁丰初级中学教育集团，以集团（联盟）化办学为主要抓手，培育优质学校，做强优质教育品牌，整体提升全市义务教育学校办学水平，“十四五”期间，实现义务教育阶段集团（联盟）化办学覆盖面保持100%和品牌化建设覆盖面100%，形成区域义务教育学校优质办学新格局。年内，有序推进民办新市民子女学校专项治理工作，旭东学校8月完成终止办学全部流程；有序推进理顺市外国

新建成启用的文昌小学　　（市教育局　提供）

语学校(本部)义务教育阶段体制机制工作,该校8月转公为市实验学校并完成新学年招生工作。

【张家港市获评全国校家社协同育人实验区】 5月8日至9日,江苏省基础教育高质量发展张家港实验区暨项目研究推进会在江帆小学举行。张家港市承担的省教育科学"十四五"规划2021年度重大课题《家—校—社协同育人体系的建设研究》课题中期汇报获专家好评。12月,《江苏教育研究》2023年第24期刊发市教育局局长成家武所作的《应运而生和顺势而为:校家社一体化的张家港思考与表达》一文,介绍了张家港市的具体做法。实验期内,张家港市政府出台《张家港市儿童友好城市建设实施方案(2021—2025年)》,建立关爱青少年生命健康工作联席会议机制,在全省率先成立独立建制的教育局直属单位市家庭教育服务中心(成立于2017年)。市民政局、市教育局联合出台《关于推动事实无人抚养儿童等困境儿童教育保障工作高质量发展走在前列的通知》,市人民政府妇女儿童工作委员会办公室、市文明办等16个部门联合出台《张家港市推进家庭教育工作实施方案(2023—2025年)》等。资金方面,2023年投入"青少年儿童心理健康关爱行动"民生实事项目资金250万元;张家港慈善组织和相关企事业单位投入校家社协同育人专项基金每年195万元,并将在未来5年持续投入;市教育局每年投入350万元,用于教师、德育干部、志愿者及社区工作人员的培育,以及相关课程研发和资源建设。12月,张家港市获评全国校家社协同育人实验区。

【梁丰高中首批通过省高品质示范高中建设立项学校综合评价】 10月16日至18日,省教育评估院专家组一行7人,对梁丰高级中学进行省高品质示范高中建设立项学校综合评价现场考察。张家港市政府作支持学校创建和发展的工作报告,向考察专家组介绍相关政策、举措。梁丰高级中学作《品端成梁学粹至丰,培育有家国情怀和创新能力的时代新人》的创建工作主题报告。考察专家组还听取了学校相关负责人做的重点建设子规划报告,主持召开主题研讨会,现场考察校园,并通过个别访谈、小范围座谈等方式与师生进行随机交流。10月18日,专家组反馈考察意见,认为梁丰高级中学实现了学校创建的规划目标,达成高品质示范高中的建设要求,呈现出高品质示范高中的样态。

(杭　铁　吴一红　钱品红
缪　宏　陈晓芳　佟慧颖
蒋建峰　孙小松　肖　啸
宋凌涵)

职业教育

【概况】 2023年,全市有职业类学校5所,其中公办职业学校4所(开放大学、中等专业学校、市第二职业高级中学、市第三职业高级中学),民办职业学校1所(市舞蹈学校)。职业学校招收新生95个班4208人,毕业学生2793人。年末,全市在校中高职学生14420人,其中五年制高职(含高技)7386人,三年制中职(含中技)7034人。职业学校开设装备制造类、电子信息类、财经商贸类等11个大类53个专业。在校学生中,装备制造类专业学生4561人,轻工纺织类专业学生564人,交通运输类专业学生484人,电子信息类专业学生2565人,财经商贸类专业学生3329人,生物化工类专业学生502人,土木建筑类专业学生322人,旅游类专业学生677人,文化艺术类专业学生925人,教育体育类专业学生162人,新闻传播类专业学生329人。年内,电气、机电、机械、计算机、软件、服装、机器人、数控、会计、烹饪、物流等专业开展"3+3"中职高职衔接项目,项目学生1105人。新增苏州市职业教育优质专业群1个、苏州市职业教育优质专业2个、江苏省中等职业教育优质专业2个、苏州市中等职业教育专业3个、江苏省五年制高等职业教育专业2个、苏州市"双师型"教师培养培训基地2个、江苏省虚拟仿真实训基地1个、苏州市职业学校课程思政示范课程3个、苏州市职业学校课程思政优秀教学案例5个。在2023年江苏省职业院校师生技能大赛中,获一等奖12个、二等奖24个、三等奖19个。在2023年全国职业院校技能大赛中,获金牌4枚。在2023年江苏省、苏州市职业学校创新创业大赛中,获一等奖6个、二等奖20个、三等奖33个。在2023年江苏省职业院校教学能力大赛中获二等奖1个、三等奖2个。江苏省教师信息素养提升实践活动获一等奖1个。至年末,全市职业学校中,有省现代化示范学校1所、省级智慧校园1所、省级优质特色学校1所、省级现代化专业群7个、省级现代化实训基地4个、省示范性职业教育集团(联盟)培育单位1个。

【江苏城市职业学院张家港办学点】 江苏城市职业学院张家港办学点又名张家港开放大学。2023年开设36个专业,有各类学历教育班160个,其中全日制班50个。招收新生1638人,其中全日制新生456人。毕业学生1605人,其中全日制毕业生286人。年末有在籍生4156人。有教职工184人,其中专任教师154人,副教授、高级讲师、高级教师64人,讲师58人,申报认定"双师型教师"68人。年内,设立苏州科技大学校外教学点,新增专业5个,录取新生837人。走进"小哥"驿站、物流公司、邮政公司、公交运输集团,面向快递员、外卖配送员、货车司机、网约车司机等开设"小哥学院",为新业态新就业群体免费解决学历提升途径。全年开展社会培训4819人次,社区教育工作案例《县域社区教育项目化改革与实践》入选中国成人教育协会《新时代社区教育案例·百选》,《社区教育要素市场研究》获市社科应用研究立项课题、江苏省社科应用研究精品工程社会教育(社科普及)专项课题立项。学校首次承办苏州市职业院校英语教学能力大赛、苏州市职业院校教师基本功大赛、"江苏工匠"岗位练兵职业技能竞赛——江苏省物流服务师职业技能竞赛。组织3名青年教师参加市青年教师基本功比赛,获一等奖1个、二等奖1个;3名教师参加市语数英中年教师优质课评比,获二等奖

2个；2名教师参加苏州市职业学校青年教师教学基本功比赛，获一等奖1个、二等奖1个；1名教师参加江苏城市职业学院课程思政比赛，获一等奖第一名。在"学在港城·致敬课堂"第二十五届中小学、幼儿园课堂教学改革经验交流会中，2名教师参加名师展示，15名教师参加中青年及团体展示。学校与市昱星合金科技有限公司、梁丰食品集团、苏州国脉信息有限公司、金港镇社区教育中心联盟等单位合作，以电子商务、机电一体化技术为核心专业，申报商科、工科两大专业群，促进同类专业融合发展，优化专业结构、调整专业方向，推进课程、教材、教学模式创新，《新媒体营销》获评市职业学校首批活页式、工作手册式教材。机电专业校企合作单位市昱星合金科技有限公司获评市"双师型"教师培养培训基地，同年申报为苏州市职业学院"双师型"教师培养培训基地，校机电专业组获评张家港市"高水平双师型教师团队"。学校举办2次毕业生实习就业推荐洽谈会，为2023届、2024届共683名毕业生提供约2000个实习就业岗位。学校就业率96%以上，在全省办学系统排名第一。组织学生参加维修电工和车工职业技能认定，中级工合格率95%，高级工合格率90%。依托"开大讲堂"，邀请相城区电子商务协会秘书长、淘宝大学电子商务专家孙小莉做专业技能讲座，江苏永钢集团周毅海宣传劳模精神、劳动精神、工匠精神，光束汽车有限公司人力资源部负责人包冬进开展职业规划引领讲座，市政协委员沈昊旻做国学方面系列讲座，省特级教师李建红做学术讲座。开设社团29个，参加学生820余人，占在校生总数的40%，芳华舞蹈社获评苏州市优秀社团。学生在第十四届苏州文明风采大赛中获一等奖3个、二等奖9个、三等奖11个。在"市长杯"排球赛总决赛中，女子排球队获一等奖。全年学院发布志愿活动256次，参与活动2000人次，志愿服务时长超3000小时，1名学生获评张家港市"十佳青年志愿者"，校"四叶草青年志愿服务队"获评苏州市优秀青年志愿服务组织。学校获评高技能人才培养先进单位、张家港市先进文明单位。

【职业教育活动周】 5月15日，以"技能：让生活更美好"为主题的市职业教育活动周启动仪式在张家港中等专业学校举行。活动周期间，各职业学校开展系列多彩活动，如职教成果展示活动、最美职教人评选活动、多彩职业体验活动、劳模工匠宣讲活动、志愿服务系列活动、校企合作研讨活动、师生技能大赛活动等。活动周参与师生数2.2万人次，职业院校参与覆盖率100%，参与活动企业33家。

【"行行出状元"职业技能大赛】 9月9日，由市政府主办，市人社局、市教育局等单位承办的"行行出状元"全市第十一届职业技能（学生组）大赛在市开放大学、张家港中等专业学校、市第二职业高级中学、市第三职业高级中学4个赛点举行。大赛以新时代、新技能、新梦想为主题，设计算机绘图AutoCAD、车工、工业产品设计、会计技能、电子电路装调与应用等5个竞赛项目，全市4所职业院校的226名学生报名参赛，129名学生进入决赛。经评比，5人获一等奖，4人获二等奖，4人获三等奖。市开放大学、张家港中等专业学校、市第二职业高级中学被市政府授予高技能人才培养先进单位。

【职业教育人才培养】 年内，全市职业教育在人才培养质量上下功夫。2023年中职职教高考中，692名学生参加考试，391人达本科线，其中张家港中等专业学校156人、市第三职业高级中学113人、市第二职业高级中学101人，达线人数分别位于苏州第一、二、四位。全市总达线率56.5%，本科达线人数连续23年位居苏州市第一，22位学生总分列专业全省前30名，其中市第三职业高级中学机械专业包揽全省前三名。在2023年全国、省职业院校技能大赛中，全市获国赛金牌4块，省一等奖12个、二等奖24个、三等奖19个，连续五年获苏州市职业学校技能大赛团体一等奖，张家港中等专业学校连续五年获评苏州市职业学校技能大赛先进学校。在苏州市、江苏省创新创业大赛中，获一等奖6个、二等奖20个、三等奖33个，申请实用新型专利16项。

【开放大学技能双创新突破】 张家港开放大学坚持培技铸魂，优化创新人才培养模式，强化技能技术。年内，学校组织沙盘、无人机、机器人、工程算量、器乐等18个俱乐部近120名学生开展梯队培育技能训练工作，在省级技能大赛中7人次获奖，其中电商团队首次冲进国赛集训选拔。在苏州市级技能大赛中33人次获奖，其中一等奖3个。在张家港市级技能大赛中37人次获奖，其中一等奖9个。学校机器人、无人机俱乐部在江苏省青年人工智能竞赛创新挑战赛中包揽冠、亚、季军。在各级各类技能比赛中，18个技能俱乐部获一等奖26个、二等奖37个、三等奖43个，其中电商团队首次冲进国赛集训选拔。在江苏省大学生航空模型锦标赛中，11位参赛队员全部获奖，其中一等奖9人。在苏州市青少年天工节无人机比赛中，获6个一等奖和最佳组织奖。在苏州市职业学校创新创业大赛中，获1个一等奖、9个二等奖、8个三等奖，其中3个中职创业项目入围省赛网赛，获奖数量及入围省赛项目数创历史新高。在苏州市级及以上创新创业大赛中，获一等奖3个、二等奖10个、三等奖10个。在江苏省城市职业学院大学生"互联网+"创新创业大赛中获一等奖、三等奖各1个。在首次承办的"江苏工匠"岗位练兵职业技能竞赛——江苏省物流服务师职业技能竞赛中，获3个一等奖、2个二等奖。 （张 斌 钱玉红）

高等教育

【概况】 2023年，全市有沙洲职业工学院、江苏科技大学张家港校区（简称江科大张家港校区）、江苏科技大学苏州理工学院（简称江科大苏州理工学院）3所高校。其中，江科大张家港校区与江科大苏州理工学院实行统筹管理，即两块牌子、一套班子。年内，3所高校毕业本科学生4664人，招收本科学生5453人。年末，3所高校有教职工788人，其中教授23人、副教授194人。

【沙洲职业工学院】沙洲职业工学院设建筑工程与设计学院、纺织服装与材料学院、智能制造学院、数字化与微电子学院、经济管理学院、公共教育学院、马克思主义学院7个学院35个专业。2023年，学院报到新生2753人，毕业学生2167人，毕业生就业率超95%，其中在苏州大市就业近65%。年末，有在校普通专科生7158人、成教生2399人；教职工356人，其中专任教师293人，有正高职称15人、副高职称127人。年内，学校有4本教材首批入选"十四五"职业教育国家规划教材。新增江苏省产教融合型试点企业1家、苏州市职业教育教师企业实践基地1个。推进苏州冶金新材料联合体建设，与张家港市总工会共建"沙洲工匠学院"，与张家港保税区民营经济协会共建民营经济产教联合体。新增签约校企合作单位72个，现场工程师联合培养项目入选省首批现场工程师专项培养计划项目，"智能制造虚拟仿真实训基地"入选省示范性基地培育项目，"智能装备产学研合作服务基地"成为苏州市职业院校产学研合作示范基地。《为爱黔行——沙工"乐乎·公益在线"大学生文明实践志愿服务流动车》项目获第十八届全国"挑战杯"红色专项三等奖。职业技能鉴定中心新增工业机器人系统操作员、互联网营销师等9个工种的鉴定，可认定工种24个。年内，完成14批超3000人次的职业技能考证或考试活动。获省高职院校技能大赛一等奖1项、二等奖7项、三等奖9项。数学、英语、体育等竞赛中获省级以上一等奖16项、二等奖26项。学校成为全国土木工程双碳行业产教融合共同体副理事长单位，获评中国教育和科研网优秀会员单位。依托地方资源优势，打造"云上张家港思政大课堂"教学资源平台，形成"线上+线下"相融合的授课模式，赋能思政课实践教学，提升思政课吸引力，该项目获评市级社科应用研究优秀课题，被纳入全省大中小学思政课一体化建设高校领衔项目以及"12345""大思政立交桥"一体化的张家港建设行动省级区域综合示范项目。（陈　琛）

【江科大张家港校区、江科大苏州理工学院】江科大张家港校区、江科大苏州理工学院设电气与信息工程学院、船舶与建筑工程学院、冶金工程学院、商学院、公共教育学院、马克思主义学院7个二级学院。江科大张家港校区有冶金工程一级学科硕士点1个、材料与化工专业学位硕士点1个，本科专业13个；江科大苏州理工学院有本科专业23个。2023年，江科大张家港校区录取硕士研究生34人、本科新生885人、专转本483人；江科大苏州理工学院录取本科新生1200人、转段类98人。毕业学生2497人，其中江科大张家港校区本科毕业468人、硕士研究生毕业12人，就业率分别为96.04%、100%，苏州理工学院本科毕业2017人，就业率90.04%。年末，学校有教职工432人，其中教授8人、副教授67人、讲师146人、助教42人。在校学生10039人，江科大张家港校区本科生3730人、硕士研究生85人，苏州理工学院本科生6224人。年内，两院获省级一流课程、省级产教融合课程、江科大"专创融合"示范课程、江科大"课程思政"示范课程各1门。立项江苏省教育科学"十四五"规划课题2项、江科大高教研究课题7项。获批全国高校物流教研教改课题4项，获批江科大规划教材建设项目2项。入选省"青蓝工程"中青年学术带头人1人、优秀青年骨干教师2人。机械电子工程专业首批入选苏州市高等院校骨干专业。学生获全国数学建模大赛二等奖1项，全国大学生英语竞赛特等奖2项、一等奖7项。获第十三届"挑战杯"中国大学生创业计划竞赛铜奖1项。共获各类学科竞赛省级及以上奖励619项。1个团支部获评"全国活力团支部"。科研到款1405万元。立项国家自然科学基金面上项目1项、教育部人文社科基金1项、江苏省社科基金1项，首次获教育部春晖计划项目1项。立项纵向自然科学项目105项、纵向社科项目64项，立项镇江科协青年人才托举工程项目1项。授权发明专利28件，发表C类以上高质量论文39篇。参研获江苏省科学技术奖三等奖2项，获江苏省哲学社会科学界学术大会优秀成果二等奖等各类科研奖励7项。入选省科技副总4人。江科大苏州理工学院获江苏省高校系统网络安全责任制考核先进单位，苏理工马克思主义学院入选全国大中小学思政课一体化建设联盟。（张　航）

社会教育

【概况】2023年年末，全市有社区教育中心9家、市级老年大学1所、区镇（街道）老年大学26所、村（社区）老年大学办学点167个，社区教育工作形成行政和业务两条线，市、镇、村三级管理网络格局。行政的三级管理网络由分管市领导兼任主任的市终身教育促进委员会、由分管镇领导兼任主任的区（镇）终身教育促进委员会、村（社区）市民学校校务委员会组成。业务三级管理由市开放大学（市社区培训学院）、区（镇）社区教育中心、村（社区）市民学校组成。年内，全市统筹发展城乡社区教育，社区教育市级财政投入100万元，区（镇）配套投入637万元，有236个社区教育项目进入村（社区），开展社区教育活动的行政村（社区）覆盖率超56%，社区教育活动覆盖人口近48万人，居民社区教育活动参与率超35%，满意率超98%。保税区社区教育中心和经开区善港培训中心获评第四期联合国教科文组织乡村学习能力（CLC）建设项目实验点，保税区社区教育中心首批获评全国乡村振兴电商人才培育基地，保税区社区教育中心、经开区社区教育中心、冶金园社区教育中心、乐余镇社区教育中心创成中国成人教育协会首批"家校社协同育人"实验基地。经开区（杨舍镇）社区教育中心被评为江苏省社会教育先进集体，冶金园（锦丰镇）社区教育中心和乐余镇社区教育中心首批获评江苏省社区教育"非遗润民心共同体"单位，南丰镇社区教育中心获评江苏省社会教育百强单位。经开区澳洋优居壹佰和冶金园(锦丰镇)大南邻里中心获评江苏省级养教联动示范基地,经开区“暨阳七彩鸟”工作室被评为省名师工作室,乐余镇社区教育中心获评苏州市中小学生劳动教育实践基地,凤凰镇社区教育中心获评苏州市社区教育优秀集体。

【社区居民教育】 年内,全市持续推进“美在港城”游学定制项目、“心树林·社区行”家庭教育项目、“扬帆‘企’航”教育惠企项目及“乡村振兴·港城社教答卷”教育惠农项目等4个市级精品项目建设,开展家庭教育活动384场,惠及59399人次,开展惠农培训87场,惠及2985人次,开展技能培训、电商培训等活动惠及3671人次,开展游学活动166次,惠及21605人次。12月,聘请专家团队对各区镇社区教育项目进行评估,遴选出保税区伴你“童行”青少年公益服务项目、大新镇“智慧爱”传播正确家庭教育辅导项目、凤凰镇“乐道拾遗,传承古韵”非遗传承教育、杨舍镇企业礼仪口才秀等212个市级社区教育项目。保税区“徐玲公益书屋”享学读书会获评全国终身学习品牌项目,保税区“龙角堂”社教劳动实践基地获评江苏省优质项目化基地,经开区“暨阳学堂,德润少年”项目被评为省社区教育特色品牌培育项目,保税区“我和我的乡村”自然之旅、冶金园“魅力金沙钢”钢铁文化之旅立项为苏州市级第四批社区教育游学项目。凤凰镇社区教育视频课程《美丽乡村手机摄影秘笈》获江苏省二等奖,南丰镇《智慧助老,点亮银龄数字生活》课程获江苏省智慧助老教学成果微视频大赛二等奖,保税区《心灵氧吧稚慧谷——亲子早教系列公益课程之感统训练》、经开区《暨阳七彩鸟》、冶金园《“丝竹雅韵”葫芦丝简明教程》获评苏州市社区教育优秀课程。

【成人高考和自学考试】 2023年,全市报名参加全国成人高校招生考试4390人。其中,免试(含二学历、成绩互认、推荐考核、退役士兵)333人,占7.59%;统一考试人数4057人,占92.41%;专科起点升本科2521人,占57.43%;高中起点升本科8人,占0.18%;高中起点升专科1861人,占42.39%。全市设张家港中等专业学校、暨阳高级中学2个考点,共143个考场。全年报名参加江苏省高等教育自学考试社会考生6778人,毕业187人。毕业生中,专科毕业83人、本科毕业104人。全市参加全国计算机等级考试10715人,参加教师资格笔试3673人,参加教师资格面试1942人。

【青少年校外教育】 年内,全市贯彻落实教育部及省市级“双减”联席会议办公室文件精神,压实责任,完善工作机制,做好校外培训常态化监管工作,维护校外培训市场秩序。举行“双减”工作市级联席会议,印发《张家港市学科类隐形变异培训防范治理工作机制》,加强对校外学科类隐形变异培训防范治理的组织领导和统筹协调。市教育局完成对持有办学许可证的存量民办非学历教育机构的年度检查。参加江苏省校外培训监管工作培训会,提升执法工作能力和业务水平。联合市科技局、市文体广旅局完成对全市900余家校外培训机构的稽核工作。联合市税务局、市城管局、市消防大队等部门建立校外培训社会监督员队伍。联合市公安局、市市场监管局、市消防大队、市综合执法局等部门开展校外培训机构执法检查,并开展中小学生校外培训“安全守护”专项行动等,处理投诉268件,满意率100%;检查机构168个,出动检查人员356人次,处罚机构13个。

【老年教育】 年内,全市各类老年大学扩大老年教育资源供给,开设符合老年人需求的课程,共提供学位33857个,学员签到率超80%。建立首批老年教育师资库73人。各社区教育中心撰写老年教育案例,研究老年教育课题。经开区社区教育中心、南丰镇社区教育中心的江苏省社会教育立项资助老年教育课题和大新镇社区教育中心的苏州市社会教育立项老年教育课题结题,凤凰镇社区教育中心《“活力魏庄·与你同行”五治融合赋能》项目立项为苏州市第三批老年教育赋能项目。全年为老年人开展智能手机培训241场,惠及8898人次,覆盖各区镇(街道)。各社区教育中心举办全民终身学习活动周系列活动、老年教育艺术节活动,组织老年教育成果展示、健康义诊、摄影比赛、书画大赛、老年大学趣味运动会、“村村演”、送戏下乡、千场电影进社区、智能手机应用比赛、重阳节系列活动等259次,参与活动老年人超44万人次。立足老年教育优质均衡发展需要,申报21个苏州市“家门口的老年大学”项目点并通过验收,市老年大学、塘桥镇老年大学、乘航老年大学、保税区老年大学4个项目点为优秀项目点。经开区优居壹佰老年大学获评苏州市养老服务机构办学先进集体,乘航老年大学获评江苏省优质老年学校,保税区金港老年大学、南丰老年大学、锦丰老年大学复评为江苏省优质老年学校,市老年大学复评为江苏省示范性老年大学。

【保税区承办中国社区学习中心活动】 9月20日至23日,中国社区学习中心非物质文化遗产保护传承能力提升工作坊在保税区举行,活动由联合国教科文组织东亚多部门地区办事处、江苏省成人教育协会主办。全省职成教和社区从事非遗传承教育工作的30余位教师,围绕非物质文化遗产与可持续发展、非物质文化遗产及其供应链等九大主题进行专题学习培训。此次活动是联合国教科文组织“农村社区学习中心能力建设项目”相关活动之一,主题为“非物质文化遗产保护能力提升”,旨在加强机构能力,创建对话和交流平台,进一步巩固优质终身学习,提高社区学习中心教育工作者和教师的能力,促进非物质文化遗产的教育和传承在江苏开展。

【经开区乡村振兴项目入选联合国教科文组织实验点】 12月,第四期“农村社区学习中心(CLC)能力建设项目”实施单位中国成人教育协会、国家开放大学与联合国教科文组织国际农村教育研究与培训中心,共同在北京师范大学召开项目启动会,为项目点授牌,张家港善港培训中心选送的“促进乡村振兴与共同富裕”项目入选。张家港善港培训中心遵循以助力创业致富、助推乡村振兴、助燃基层党建为己任，着力培训乡村振兴产业带头人、新型职业农民、返乡创业青年等对象，培养经营型、技能型、创业型农民，打造最专业化的“新农人”培训平台，为乡村振兴与共同富裕提供实用的系统解决方案，积极实现巩固拓展脱贫攻坚成果同乡村振兴有效衔接，为全省乃至全国的乡村振兴工作提供张家港方案、苏州样板。至年末，中心共举办山东、青海、西藏、陕西、贵州、安徽等全国各地的培训班500余期，培训学员3万余人。

（季敏亚　张斌　王德忠）

11月29日，市“四有”好教师团队培育工作推进活动举行

（市教育局　提供）

教师队伍

【概况】2023年，全市新增事业编制教师369人、备案制教师86人，新增引进人才3人。年末，累计有事业编制教职员工11264人、备案制教师938人，其中普通高中1666人、职业学校1017人、初中2688人、小学4683人、幼儿园1895人、特殊教育学校51人、市少年宫及青少年社会实践基地等校外教育机构202人。新增正高级职称教师7人，累计40人；新增副高级职称教师146人，累计2462人；新增中级职称教师412人，累计5169人。年末，全市幼儿园专任教师大专及以上学历比例100%，小学、初中专任教师本科及以上学历比例分别为97.42%和100%，高中专任教师中具有研究生学历、教育硕士学位的比例为31%。年内，新增江苏省教学名师3人，累计5人；有特级教师29人，“江苏省人民教育家培养工程”培养对象3人，省“333高层次人才培养工程”培养对象10人，苏州市名教师38人、名校长5人，“姑苏教育人才”53人，苏州市学科带头人293人。港城教育人才113人，其中教育名家7人、领军人才36人、青年拔尖人才70人。张家港市教坛新秀、教学能手、学科教改带头人及以上骨干教师3763人，占在编教师总数的33.34%。职业类学校“双师型”教师占专业专任教师87.6%。

【名师建设】年内，市教育系统开展2022—2023年度名师工作室考核评审工作，有48个名师工作室参加考核，王毅名师工作室等15个工作室考核优秀，33个名师工作室考核合格。组织2023年张家港市级骨干教师复评，2658人通过复评考核，其中新评教坛（德育）新秀226人、教学（德育）能手1817人、学科带头人615人。新评中小学、幼儿园正高级职称7人、副高级职称130人、中级职称383人，新评职教副高级讲师15人、讲师29人。云盘小学徐芳入选江苏省“苏教名家”培养对象，获评苏州市“圣陶园丁奖”，沙洲中学罗建宇、白鹿小学夏常明、梁丰幼儿园张晓燕获评江苏省教学名师，实验幼儿园刘之韵等13名青年教师获评第七届苏州市中小学教师“教坛新苗”。组织开展第二批张家港市“四有”好教师重点培育团队评选，城南小学“儿童同学”好教师团队等10个教师团队入选。继续开展优质师范生、乡村教师定向师范生签约与培养工作，签约定向师范生20人，累计签约优质师范生150人、定向师范生73人。

【援疆援宿支教】年内，7名高中教师赴新疆巩留县高级中学支教，初中、小学教师各1人赴新疆巩留县教育局教研室支教，1名职业学校教师赴新疆巩留县职业技术学校支教，4名高中教师赴新疆阿图什支教，3名职业学校汽修专业教师在巩留县职业技术学校柔性援疆。做好宿豫区122名骨干教师和巩留县教育系统60名领导干部、骨干教师到张家港市跟岗学习工作，通过全流程“沉浸式”岗位体验，全面提升受援地干部、教师的教育管理能力与教学水平。

【“三优教师”评选】8月，全市开展2023年“三优教师”（优秀师徒、乡村优秀青年教师、名优班主任）评选表彰活动。通过学校初评推荐、专家评审等环节，全市选出“优秀师徒”10对，分别是沙洲中学孙群、鄢银银，乐余高级中学章立中、李明月，张家港中等专业学校叶绪娟、黄磊，云盘小学袁丹、姜以文，梁丰幼儿园张晓燕、叶倩含，中兴小学冯银娟、方俞晰，福前实验小学何渊、周薇娜，塘桥中心幼儿园胡芳、顾佳澄，凤凰中学周喜悦、陈书涵，南丰中学周满强、周萌；“乡村优秀青年教师”10人，分别是中兴小学沙静、港区小学郁留红、合兴初级中学顾烨、沙洲小学张晶晶、塘桥中心小学钱裕芳、妙桥小学张莉莉、乐余中心小学陈波、徐市小学范艳、凤凰中心幼儿园宋静燕、大新中心小学蔡萧楠；“名优班主任”10人，分别是梁丰高级中学崔绪造、实验小学邵慧娟、白鹿小学汤俊娟、金港中心小学刘亚明、乘航小学蔡琴芬、合兴小学杨秀娟、塘桥中心小学虞维英、兆丰学校严建香、港口学校陈建东、南丰小学王海红。（殳德明）

【编辑　朱永平】

文化·体育

Culture & Sports

ZHANGJIAGANG · SUZHOU
苏州·张家港

12月3日，“张家港行” 2023年张家港东渡半程马拉松赛在世纪广场起跑　（市文体广旅局　提供）

文化综述

文化场馆

媒　　体

全民健身

体育竞赛

文体产业

长江文化节

張家港年鑑（2024）

扫码欣赏

2023年全国秋季“村晚”展示活动暨冶金园（锦丰镇）“沙上风情”地方特色文艺展演

文化综述

2023年，市文体广旅系统推进业态创新和产业融合，在新一轮群众文化艺术创作“繁星奖”评奖中，张家港获7金12银11铜，位列苏州第一。全市作协会员在县市级以上报刊发表文学作品200余篇，其中在大市级以上报刊发表作品77篇（首、本），获各类奖项17项，出版书籍10部。张家港举办第20届长江文化节，线下观展超20万人次，全媒体点击量超3亿人次；承办全国全民健身公共服务体系现场会，举办张家港东渡马拉松赛。在杭州亚运会上，张家港籍运动员获3金1银1铜，取得历史性突破。“城南好市”“52周计划”等项目火爆出圈。全市累计建成24小时图书馆驿站56家，市图书馆总藏书量313.14万册，其中图书301.49万册；博物馆文物藏品5942件（套）。剧团演出3700场，其中锡剧190场、评弹3510场。群星艺术团等5个项目入选江苏省“优秀群众文化团队”“最美公共文化空间”打造名单；“长江文化节”和“肖家巷双创中心”分别入选首届中国群众文化品牌发展大会文化活动品牌（提名案例）、公共文化空间品牌（提名案例）。黄泗浦海丝特展、“全民健身的张家港经验”等获央视8次专题报道点赞，数字文化产业园、黄泗浦考古遗址保护项目稳步启动。沙洲优黄文化园获评国家工业旅游示范基地、南丰镇文体中心获评全国青少年美育示范基地，均为苏州唯一。市文体广旅局文旅产业获省政府督查激励，体育重点工作连续5次在全省各县市（区）夺冠，累计获省级以上荣誉204项。

【群众文化】 2023年，全市有专兼职群众文化工作人员300余人，业余创作骨干200余人，业余演出骨干600余人，曲艺、戏曲、舞蹈、声乐等各类群众文艺团队800余个。市爱乐合唱团、田汉剧社、沙洲琴社第三批入选省群众文化“百千万”工程优秀群众文化团队名单，杨舍镇群星艺术团、金沙洲艺术团、塘桥镇何桥村高歌戏曲艺术团入选2023年度省“优秀群众文化团队”培育对象。张家港市在第五届苏州市群众文化“繁星奖”比赛中舞台类获奖数在苏州市名列第一，“群星奖”获奖作品《打折》《生日聚会》参加文旅部、江苏省“大地情深”优秀群文作品巡演。全市组织开展公共图书馆文化馆服务宣传周、2023年度公共文化服务配送服务、2023年文化志愿服务项目、张家港市群众合唱大赛片区竞赛、2023年长江流域优秀群众文艺作品（群星奖）展演等活动70余项。创新启动群文小剧场院线制项目，印发《张家港市群文小剧场院线制实施方案》，培育小剧场演艺市场。各区镇（街道）举办“村晚”展示活动等各类文化活动共计3000余场，服务群众300余万人次。

【公共文化服务】 年内，市文体广旅系统完成“人均接受文化场馆服务次数”高质量绩效考核工作，连续四年位列苏州第一。金港文化中心美术馆、档案忆空间入选2023年度省“最美公共文化空间”打造对象名单，“加快服务升级，赋能乡村振兴，探索基层文旅融合高质量发展新路径”案例入围全省公共服务高质量发展优秀案例，南丰镇文化体育服务中心入选全国青少年美育示范基地。全年举办“村村演”90场、“周周演”67场，创新举办文化馆宣传周、“图文博美”四馆联动、“城南好市”等活动。

【物质文化遗产保护利用】 2023年，全市有黄泗浦遗址、杨氏宅第和东山村遗址3处全国重点文保单位，弘济桥、徐家湾新石器时代遗址和香山石室土墩群3处省级文保单位，沧江书舍、王家花园等45处市级文保单位，蔡悲鸿办公旧址等7处控保建筑，总数与上年相同。年内，市文化部门全力推进黄泗浦考古遗址公园启动区项目，完成周边环境整治工作，通过散乱污治理、散坟搬迁、新建道路、河道整治、绿化布置、田貌整治等方式，提升遗址周边环境质量。修改完善《黄泗浦遗址保护规划》《黄泗浦考古遗址公园总体规划》，完成遗址东部发掘区现场展示布置及遗址宣传片制作。为进一步做好黄泗浦遗址东部发掘区的本体保护工作，申报2024年度国保单位保护项目并获得国家文物局批复。配合省考古研究院开展东山村遗址新一轮发掘工作，发现一处大型红烧土堆积，另发现10余座崧泽时期大、中型墓葬，出土较多玉器、陶器。与考古队保持紧密联系，适时记录珍贵发掘资料，配合深挖东山村遗址文化内涵，推动该遗址发掘、研究工作，助力考古成果转化。同时，提升日常文物管理保护，印发《2023年张家港市文物建筑安全隐患排查整治工作方案》，对3处国保、3处省保、45处市保单位和7处控保建筑常态化开展安全检查和隐患整治工作，重点开展5轮文物安全巡查，

4月7日，市“文化相伴·文明同行”2023年“村村演”“周周演”公益文艺巡演暨乐余镇“报春花”群众文化阵地启动仪式举行

（市文体广旅局 提供）

先后出动430人次，累计排查并整改安全隐患71处。复核第三次全国文物普查登记点位，做好第四次全国文物普查前期准备工作，完善不可移动文物保护管理机制。委托专业机构编制国保单位杨氏宅第的安防、消防、防雷“三防”工程方案，推荐塘桥镇金村园茂里申报第九批省级文物保护单位，完成市保单位沧江书舍保养维护工程，开展部分文物古建白蚁防治复查。严格执行“先考古、后出让”制度，在城乡建设中加强地下文物保护，将文物工作融入经济社会发展整体部署。创新工作思路，鼓励省级以上开发区申报文物资源区域评估，年内完成2项文物资源区域评估工作并通过省文物局验收，勘探面积5.44平方千米；完成10宗地块考古调查勘探并通过验收、获得批复。

【非物质文化遗产保护利用】 年末，全市有非遗名录项目94项。其中，国家级4项，省级14项(不含已推荐成为国家级项目)，苏州市级13项(不含已推荐成为国家级、省级项目)。有非遗项目代表性传承人103人，其中去世15人、健在88人。年内，完成第五批省级非遗代表性项目申报相关工作，摸壁舞、施耐庵传说、手工弹棉絮技艺、中医诊疗法(顾氏内科)、撂石锁(香山石锁)、酿造酒酿造技艺(菊花酒酿造技艺)、古琴艺术7个项目入选省级非遗，新增数居苏州各县市(区)前列；开展第八批苏州市级非遗代表性项目申报，鉴真东渡的故事、三兴锣鼓、张家港缪氏内科、乐余水太太庙会、苏式糕点制作技艺(沙上沙酥制作技艺)、淡水珍珠加工工艺6个项目入选苏州市级非遗；认定首批张家港市非遗工坊6家，其中幸运金属工艺品非遗工坊、沙洲优黄非遗工坊首批入选苏州市级非遗工坊，前者还首批入选省级非遗工坊名单；做好2023年度苏州市非遗保护资金绩效考核、第四次苏州市非物质文化遗产代表性传承人评估；组织开展2023年金村庙会暨非遗宣传周活动及金村庙会论坛，在城南文体中心举办“沙洲故事”张家港市传统文化艺术展，开展2023年“文化和自然遗产日”张家港市非遗宣传展示活动，以及“港城绝技”非遗市集、“港城好物”直播带货、“乡遇非遗”新时代非遗助力乡村振兴典型案例交流研讨会等系列活动。新编河阳山歌《莳秧歌》参加“唱着情歌去大理——中国民歌展·大理情歌汇”展演，少儿宝卷讲唱《三十六只鸟》参加2023年省文艺大奖·民间文艺奖·优秀民间艺术表演并获奖。协助举办第二十一届苏州市民间艺术节系列活动，张家港市25位非遗传承人和民间手艺人的38件(套)作品入选民间工艺精品展，其中黄建良和姚士荣的金属抬凿錾刻作品《夏日荷韵》获评二类优秀作品。

表54　　2023年张家港市苏州市级以上非物质文化遗产代表性项目一览表

项目名称	类别	层级	保护单位
苏州评弹	曲艺	国家级	市评弹艺术传承中心
吴歌(河阳山歌)	民间文学	国家级	凤凰镇文化体育服务中心
宝卷(吴地宝卷)(河阳宝卷)	曲艺	国家级	凤凰镇文化体育服务中心
庙会(金村庙会)	民俗	国家级	塘桥镇文化体育服务中心
风筝制作技艺(沙洲风筝)	传统技艺	江苏省级	乐余镇文化体育服务中心
酿造酒酿造技艺(后塍黄酒酿造技艺)	传统技艺	江苏省级	江苏张家港酿酒有限公司
竹编(后塍竹编)	传统技艺	江苏省级	后塍街道封庄村村民委员会
传统棉纺织技艺(雷沟大布制作技艺)	传统技艺	江苏省级	市金陵纺织有限公司
儿科疗法(塘桥陆氏中医儿科)	传统医药	江苏省级	鹿苑医院
锡剧	传统戏剧	江苏省级	市锡剧艺术中心
宝卷(吴地宝卷)(沙上宝卷)	曲艺	江苏省级	锦丰镇文化体育服务中心
摸壁舞	传统舞蹈	江苏省级	乐余镇文化体育服务中心
施耐庵传说	民间文学	江苏省级	市民间文艺家协会
手工弹棉絮技艺	传统技艺	江苏省级	张家港东好床上用品厂
中医诊疗法(顾氏内科)	传统医药	江苏省级	市中医医院
撂石锁(香山石锁)	传统体育、游艺与杂技	江苏省级	金港街道东山村村民委员会
酿造酒酿造技艺(菊花酒酿造技艺)	传统技艺	江苏省级	凤凰文化旅游发展有限公司
古琴艺术	传统音乐	江苏省级	市文化馆
吴歌(沙上山歌)	民间文学	苏州市级	大新镇文体服务中心
金属抬凿錾刻	传统技艺	苏州市级	张家港幸运金属有限公司

续表54

项目名称	类别	层级	保护单位
苏州道教音乐（香山正一道教音乐）	传统音乐	苏州市级	金港街道占文村村民委员会
苏州剪（刻）纸（沙洲对称剪纸）	传统美术	苏州市级	杨舍镇文化体育服务中心
蒸菜烹饪技艺（塘桥蒸菜技艺）	传统技艺	苏州市级	塘桥镇文化体育服务中心
豆腐干制作技艺（高庄豆腐干制作技艺）	传统技艺	苏州市级	凤凰镇文化体育服务中心
苏式糕点制作技艺（后塍梅花糕制作技艺）	传统技艺	苏州市级	后塍街道后塍中心社区居民委员会
鉴真东渡的故事	民间文学	苏州市级	市东渡寺
三兴锣鼓	传统音乐	苏州市级	锦丰镇文化体育服务中心
张家港缪氏内科	传统医药	苏州市级	市中医医院
乐余水太太庙会	民俗	苏州市级	乐余镇文化体育服务中心
苏式糕点制作技艺（沙上沙酥制作技艺）	传统技艺	苏州市级	苏州沙上人家食品有限责任公司
淡水珍珠加工工艺	传统技艺	苏州市级	市大秦珠宝有限公司

表55　　2023年张家港市（县）级非遗项目代表性传承人一览表

批次	类别	项目名称	代表性传承人	公布时间
第一批	曲艺	塘桥唱春	陆永良	2009年4月29日
	传统技艺	沙洲哨口板式类风筝制作技艺	沈彩林	2009年4月29日
	传统技艺	高庄豆腐干制作工艺	谢建忠	2009年4月29日
	曲艺	苏州评弹	张国良	2009年4月29日
	民间文学	河阳宝卷	虞关保	2009年4月29日
	民间文学	河阳山歌	尹丽芬	2009年4月29日
第二批	民间文学	河阳山歌	王祥兴	2010年9月25日
	民间文学	河阳宝卷	胡正兴	2010年9月25日
	传统技艺	沙洲哨口板式类风筝制作技艺	冯太根	2010年9月25日
	传统技艺	后塍竹编	陶永飞	2010年9月25日
	传统技艺	后塍黄酒（沙洲优黄）制作工艺	黄庭明	2010年9月25日
	传统技艺	雷沟大布织染工艺	黄胜良	2010年9月25日
	传统技艺	鹿苑鸡育养技艺	蒋建明	2010年9月25日
	传统美术	沙洲对称剪纸	方国智	2010年9月25日
	传统技艺	芦苇编织技艺	施洪德	2010年9月25日
	民俗	香山庙会	瞿涌晨	2010年9月25日
	传统技艺	塘桥木雕技艺	钱掌林	2010年9月25日
	民间文学	沙上山歌	孙长富	2010年9月25日
第三批	传统戏剧	锡剧	高惠法	2012年3月19日
	传统戏剧	锡剧	董　红	2012年3月19日
	曲艺	苏州评弹	季静娟	2012年3月19日
	传统技艺	杨舍丁氏风筝制作技艺	丁浩清	2012年3月19日
	民间文学	河阳山歌	陈社珍	2012年3月19日
	民俗	金村庙会	邹正岳	2012年3月19日
	传统医药	塘桥陆氏中医儿科	陆义进	2012年3月19日
	传统医药	塘桥顾氏中医内科	顾仲道	2012年3月19日

续表55

批次	类别	项目名称	代表性传承人	公布时间
第三批	民间文学	沙上民间谚语	余玉红	2012年3月19日
	传统舞蹈	摸壁鬼	姜理新	2012年3月19日
	曲艺	沙上宝卷	杨美兰	2012年3月19日
	传统技艺	沙上农家草舍建筑工艺	施定相	2012年3月19日
	民间文学	张家港老沙语	苏其增	2012年3月19日
	传统体育、游艺与杂技	香山民间武术	瞿兴尧	2012年3月19日
	传统音乐	香山正一道教音乐	黄松春	2012年3月19日
第四批	传统技艺	杨舍拖炉饼制作技艺	唐培龙	2014年3月29日
	传统技艺	后塍手工弹棉絮技艺	黄翠萍	2014年3月29日
	民间文学	香山宝卷	瞿胜尧	2014年3月29日
	民俗	西旸辟尘道场	张　琪	2014年3月29日
	传统技艺	塘桥蒸菜技艺	庞金裕	2014年3月29日
	民间文学	金村宝卷	金正球	2014年3月29日
	传统音乐	三兴元宵锣鼓	施家兴	2014年3月29日
	传统技艺	河豚烹饪技艺	花小荣	2014年3月29日
	传统技艺	西施糕蒸制技艺	陈正明	2014年3月29日
	传统技艺	菊花酒酿制技艺	张福生	2014年3月29日
	传统技艺	沙洲木杆秤制作技艺	龚德宰	2014年3月29日
	传统技艺	沙洲哨口板式类风筝制作技艺	袁凤翔	2014年3月29日
	传统技艺	河豚烹饪技艺	陶卫军	2014年3月29日
	传统技艺	沙上虎头鞋制作技艺	孙玉芬	2014年3月29日
	传统技艺	沙上豆瓣酱制作技艺	沙玉凤	2014年3月29日
	传统技艺	沙上结绳技艺	张玉祖	2014年3月29日
	传统音乐	常阴沙号子	陆宝荣	2014年3月29日
	传统音乐	常阴沙号子	倪正明	2014年3月29日
第五批	传统技艺	金属抬凿錾刻工艺	黄建良	2018年2月9日
	传统技艺	金属抬凿錾刻工艺	蔡玉娟	2018年2月9日
	传统美术	沙洲对称剪纸	龚保文	2018年2月9日
	传统美术	沙洲对称剪纸	张国珍	2018年2月9日
	传统技艺	珍珠养殖与加工技艺	秦环虎	2018年2月9日
	传统音乐	香山正一道教音乐	顾熙鹏	2018年2月9日
	传统技艺	后塍梅花糕制作技艺	倪　明	2018年2月9日
	传统体育、游艺与杂技	香山民间武术	孙冰军	2018年2月9日
	民俗	金村庙会	钱颂扬	2018年2月9日
	传统技艺	欧桥羊毛衫棒针编织	朱雪琴	2018年2月9日
	传统技艺	欧桥羊毛衫棒针编织	张彩芳	2018年2月9日
	传统技艺	塘桥定胜糕制作技艺	高建芬	2018年2月9日
	曲艺	塘桥唱春	庞祖泉	2018年2月9日
	传统美术	塘桥木雕	李惠刚	2018年2月9日
	传统美术	河阳烙画	陈友忠	2018年2月9日

续表55

批次	类别	项目名称	代表性传承人	公布时间
第五批	曲艺	河阳宝卷	狄秋燕	2018年2月9日
	曲艺	河阳宝卷	蒋健梅	2018年2月9日
	曲艺	河阳宝卷	陈雪珍	2018年2月9日
	曲艺	河阳宝卷	夏根元	2018年2月9日
	传统美术	河阳纸马	金惠平	2018年2月9日
	传统音乐	斫竹歌	杜惠英	2018年2月9日
	民间文学	河阳山歌	骆小妹	2018年2月9日
	传统医药	缪氏中医药	缪南星	2018年2月9日
	民俗	河阳“谢洪”习俗	钱卫东	2018年2月9日
	传统技艺	菊花酒酿制技艺	张建明	2018年2月9日
	民俗	河阳庙会	蔡香妹	2018年2月9日
	传统技艺	沙上刀鱼馄饨制作技艺	花晟杰	2018年2月9日
	传统技艺	沙洲木杆秤制作技艺	龚德元	2018年2月9日
	传统技艺	乐余竹编	陈国芳	2018年2月9日
	传统技艺	乐余竹编	吴秀祥	2018年2月9日
	传统技艺	沙洲打油作坊技艺	刘志洪	2018年2月9日
	传统技艺	圆作技艺	陆照根	2018年2月9日
	传统技艺	芦苇编织技艺	施凤高	2018年2月9日
	曲艺	苏州评弹	金盛侠	2018年2月9日
	传统技艺	沙上蟛蜞豆腐制作技艺	魏永柱	2018年2月9日
	传统技艺	沙上蟛蜞豆腐制作技艺	李　刚	2018年2月9日
	传统音乐	吴派古琴艺术	孙海滨	2018年2月9日
第六批	民间文学	河阳山歌	蔡香妹	2021年6月30日
	民间文学	河阳山歌	龚晓东	2021年6月30日
	传统音乐	三兴元宵锣鼓	王蓉娟	2021年6月30日
	传统音乐	沙洲古文吟诵	周锦飞	2021年6月30日
	传统音乐	吴派古琴艺术	马先龙	2021年6月30日
	传统音乐	吴派古琴艺术	张品忠	2021年6月30日
	传统音乐	吴派古琴艺术	李　湘	2021年6月30日
	传统体育、游艺与杂技	香山石锁	卢亚荣	2021年6月30日
	传统技艺	沙上油馓子制作技艺	刘旦平	2021年6月30日
	传统技艺	沙上沙酥制作技艺	沙建华	2021年6月30日
	传统技艺	后塍手工弹棉絮技艺	蒋晓栋	2021年6月30日
	传统技艺	金属抬凿錾刻工艺	赵龙英	2021年6月30日
	传统技艺	菊花酒酿制技艺	王彩平	2021年6月30日
	传统医药	塘桥陆氏中医儿科	陆定宏	2021年6月30日
	传统医药	缪氏中医内科（肝胆脾胃）	缪志伟	2021年6月30日
	传统医药	塘桥顾氏中医内科	顾馨予	2021年6月30日

（张　硕　茅春辉　张　晶　许　菲）

【文化志愿服务】 2023年，全市有文化志愿者团队96个，注册文化志愿者7500余人。年内，先后实施“绽放在港城”公益艺术培训进校园、艺术云阅读等新时代文明实践文化文艺志愿服务项目610余项，开展活动1000余次，惠及群众10万余人。围绕传统节日、二十四节气、艺术展览、精彩活动回顾等内容，开设“各美其美”志愿服务公益短视频课堂48期。与新疆巩留县合作开展的音乐剧《蝶恋天山》创排、巡演，入选2023年“春雨工程”文化和旅游志愿服务边疆行计划。 （董诗芸）

【书香张家港】 年内，全市举办线上线下各类主题阅读活动2000余场，其中重点开展2023年度“全民读书月”活动、市农民读书节、“我们在阅读”微视频比赛、“榜样的力量·对话”全民阅读系列访谈活动、市第三届“摆渡船”阅读活动、第六届“童话英雄榜”张家港市阅读100挑战赛、市首届捐书大会等阅读活动。新增24小时图书馆驿站3家，累计56家。杨舍镇善港村农家书屋（麦畑花舍）入选第二届全民阅读大会“最美农家书屋”名单，“空间益读”计划入选2022年度省级公益阅读推广活动认证名单，城市益空间·竹林童话书屋通过省“最美公共文化空间”评估验收，金港街道柏林村农家书屋获评2021—2022年度江苏省五星级示范农家书屋，凤凰文化中心农家书屋管理员平莉获评2021—2022年度江苏省优秀农家书屋管理员。沙洲湖益空间·源书房入选2023年度苏州市“江南公共文化特色空间”名单。 （张　悦）

【“村晚”展示活动举办】 1月18日，2023年全国“村晚”示范展示点、“启航新征程，幸福中国年”2023年张家港市“村晚”展示活动暨“沙洲之春”乡镇群众文艺大展演汇报演出在乐余镇永利村举行，农民群众自编自导自演的锡剧、评弹、小品、歌舞等“村晚”节目精彩亮相。其中，歌曲《风筝》入围国家公共文化云与央视频共同评选的2023年我最喜爱的100个“村晚”节目及全民艺术普及资源总库。9月27日，“喜迎中秋·欢度国庆”全国秋季“村晚”展示活动暨冶金园（锦丰镇）“沙上风情”地方特色文艺展演在锦丰镇建设村举行。展演分序、“村”暖花开、情如春水、光耀沙洲、尾声五部分，表演鼓乐《龙腾虎跃》、情景舞蹈《我们的田野》、沙上号子《劳动号子》、“说合子”《喜上梁》、小品《幸运之星》等12个节目，江苏公共文化云平台直播，观众27042人次。 （陈　忠　茅　华）

1月18日，“村晚”在乐余镇永利村录制　（市文体广旅局　提供）

【第二十一届苏州市民间艺术节在保税区开幕】 10月20日下午，第二十一届苏州市民间艺术节暨张家港保税区“‘莲’通美好，‘艺’起有约”首届民间艺术节在金港文化中心开幕。艺术节活动主题为“赓续历史文脉、谱写当代华章”，内容包括江苏省民间艺术展演、苏州市民间工艺特邀作品展、苏州市民间艺术节民间工艺精品展、苏州市民间文艺精品（表演类）惠民演出、苏州灯谜大家猜、民间工艺品、民间特色小吃集市、非遗剪纸创新大奖赛等。张家港后塍竹编、新锐筷艺、闸上团子、梅花糕等11种非物质文化遗产项目传承人带着传统项目参加此次民间艺术节，全市约4万人次参与活动。 （蔡英杰）

文化场馆

【概况】 2023年，市文体广旅系统持续优化公共文化服务体系，稳步推进24小时图书馆驿站、“最美公共文化空间”等文化设施建设。市文化馆城南分馆对外开放，文旅客厅、美育课堂等一批文化共享空间、艺术体验空间凭借“美”“好”“新”空间特质火热出圈；金港文化中心上榜全国“2023年度最美乡村公共文化空间”。至年末，全市有文化馆、图书馆、美术馆等市级公共文化场馆8个，镇（办事处）级文化中心19个；村（社区）综合性文化服务中心248个，其标准化建设率达到100%。

【文化馆】 2023年，全市有1个市文化馆总馆，1个文体中心分馆、10个镇级分馆、14个镇办事处分馆、8个社会分馆、200余个村（社区）支馆和1015个文化网格服务点。年内，完成“村村演”演出47场，“周周演”演出27场；少儿公益艺术培训7800余课时，惠及学员4.8万人次；老年文化艺术大学公益授课600课时，受益学员800余人；打造市民文化艺术夜校，设春、秋季课程，受益学员230人；常态化打造服务项目“我们的文化馆”市民美育课堂，以社会大美育为主线，面向亲子家庭开课31次，惠及市民792人次；全年组织分馆长助理下基层辅导48次，惠及900余名文艺爱好者。小品《打折》获国家艺术基金2023年度资助项目立项；小品《打折》《守》获评中国剧协第九届“全国优秀小戏小品展演”优秀剧目；小剧场话剧《我要见市长》在紫金文化艺术节小剧场单元（第二届）获最佳表演奖、最佳舞美设计奖、最佳导演奖和优秀剧目奖；小品《今夜有雨》《这赞点不点》获首届省曲艺小品推优会演节目银奖；表演唱《放歌春江水》、民乐小合奏《奔腾》、小品《瓜》、广场舞《锦绣江南》获第五届苏州市群众文化“繁星奖”金奖；文化馆“群众文艺精品四季创作机制的探索与实践——以群星奖获奖作品《打折》为例”入选2022年度全省文化馆公共文化服务优秀项目（案例）并作交流。市文化馆被授牌“中国儿童青少年戏剧艺术普及推广中心张家港市推广中心”，并获评2023年度市文明单位标兵。

【博物馆】 2023年，张家港博物馆通过公安局移交、接受无偿捐赠的方式征集文物38件（套）。年末，博物馆有藏品5942件（套）。全年举办特色临展12场，承办国家级展览“‘江海奇幻游’——长江文明与海上丝绸之路开放式博物馆特展”，引进“清代官窑瓷器中的故事展”等巡回展览5场，特别推出“‘江海万里行’黄泗浦遗址精品文物展”等原创展览6场，开展“流动博物馆”送展活动15次。全年开展社教活动323次，受众人数20114人。其中，“我们的节日”系列活动49场，文博主题日活动12场，“七彩的假日”暑期研学活动9场，“5+2”馆校研学93场，展览配套活动7场，“小小历史讲解员”活动40次，志愿服务113次。年内，博物馆获评省科普教育基地、市现代化建设先锋年先进集体等荣誉，“考古里的长江文明”主题展览获第二届江苏省博物馆十大精品展览“精品奖”，“5+2——课后看展趣”获评省5·18（国际博物馆日）“博·学”社会教育体验系列项目，《考古里的长江文明：新时代·新发现》获第十四届江苏省优秀科普作品评选活动科普图书类三等奖。

【图书馆】 年末，全市有市级公共图书馆1家、市少年儿童图书馆1家，藏书313.14万册（含分馆）；有镇（镇办事处）图书馆分馆29家，村（社区）综合性文化服务中心服务点248家，24小时图书馆驿站56家。年内，市图书馆采购新书8.08万册，新办读者证2.21万张，与苏州全市共享读者证7.12万张，有效持证读者总数达到32.92万人，到馆读者251.24万人次。市图书馆和少儿图书馆举办各类读书活动645场，基层图书馆举办各类读书活动1558场；编印《决策参考》12期、《静观》4期；“科技工作者之家”为企事业单位提供科技查新服务251例；完成作品版权登记1012件；张家港图书馆“悦读先锋”文化志愿服务队和少年儿童图书馆志愿服务队开展志愿服务活动381场；开展图书流动车服务308次；完成2023年市民生实事项目——苏州市“城市阅读一卡通”基石工程；市图书馆、市少儿图书馆蝉联国家“一级图书馆”。市图书馆获“阅书香，绘梦想”第三届长三角亲子绘本插画创作大赛优秀组织奖，获评市文明单位标兵、三八红旗集体、模范职工之家等，与新疆巩留县共建的“石榴籽书屋”项目入选中宣部基层公共文化服务高质量发展典型案例项目。

市文体广电和旅游局与市教育局合作开展“5+2”馆校研学项目

（市文体广旅局 提供）

【锡剧艺术中心】 市锡剧艺术中心位于永安路18号，前身是始建于1964年的沙洲县锡剧团。近年，该中心的《厂长和他的妻子》等一批优秀作品，多次参加中国艺术节、中国戏剧节，先后获首届中国戏曲红梅奖金奖、上海白玉兰奖戏剧主角奖、中国戏剧梅花奖等。年内，中心重点创排原创小剧场锡剧《瞿独伊》和《金沙逐梦》、情景剧《渡江前奏曲》、锡剧小戏《理发三人转》《香樟树下文明花》、歌曲《云杉意浓，江水情长》、情景器乐《书香满港城》，打磨提升大型原创锡剧《雪宧绣谱》《云水谣》《追花》《东渡纪》和音乐剧《蝶恋天山》等文艺作品。其中，《瞿独伊》入选国家艺术基金2023年度大型舞台剧和作品创作资助项目；《雪宧绣谱》入选文旅部历史题材创作工程剧目、全国戏曲表演领军人才培养计划优秀展演剧目、江苏艺术基金大型舞台创作作品资助项目；《蝶恋天山》巡演入选江苏艺术基金2023年度传播交流推广资助项目，入选“春雨工程”——文化和旅游志愿服务边疆行计划；《云水谣》获省“五个一工程”奖，入选江苏艺术基金2023年度大型舞台剧和作品滚动资助项目；《金沙逐梦》入选2023年度苏州艺术基金舞台艺术扶持项目；《云杉意浓，江水情长》和《理发三人转》分别获第五届苏州市群众文化"繁星奖"戏剧类银奖、铜奖。音乐剧《向阳花开》和锡剧小戏《就想请你吃顿饭》，在苏州市第十五届小戏小品大赛中分别获金奖、银奖，后者在"2023年全国民间文艺展演（溧阳专场）"中获评"最佳节目"；市锡剧艺术中心承办省委宣传部、省教育厅主办的"江苏戏曲名作高校巡演"活动，《云水谣》及锡剧经典名段折子戏先后走进14所高校演出15场。在省国有文艺院团评估定级中，市锡剧艺术中心被认定为"江苏省一级院团"。

【评弹艺术传承中心】 市评弹艺术传承中心位于暨阳中路138号，承担组织协调评弹创作、传承、保护和人才培养工作，负责评弹艺术的研讨、收藏、陈列和推广普及。近年，该中心的《牵手》《焦裕禄》等一批优秀曲艺作品，多次参加中国苏州评弹艺术节、省曲艺节展演，并获中国曲艺牡丹奖、省曲艺芦花奖和文华大奖等多项荣誉。年内，中心先后创排、打磨中篇苏州评弹《傲梅吐芳》，微型弹词《张桂梅看病》《孝潜于忠》《寻恩人》，评弹表演唱《放歌春江水》和《清茶赞》等文艺作品。其中，《寻恩人》入选第七届"南山杯"全国曲艺新人新作展演，《张桂梅看病》入选第四届中国东部优秀曲艺节目展演和2023年度江苏艺术基金舞台艺术资助项目，《孝潜于忠》入选第五届"通州杯"全国曲艺小剧场新作研讨会、第七届"岳池杯"中国曲艺之乡曲艺展演。陈美东、祁晔分别获省文艺大奖·第十届曲艺奖表演奖、新人奖，苏州评弹《孝潜于忠》《清茶赞》《放歌春江水》《应明请愿》分别获第五届苏州市群众文化"繁星奖"曲艺类金奖、音乐类金奖、曲艺类铜奖，柳涛、忻文俊获省文艺大奖·第十届曲艺奖苏州选拔赛新人奖，苏州评弹《温柔的陷阱》获第二届"守住钱袋子·护好幸福家"防范非法集资作品（短视频）征集大赛三等奖。在省国有文艺院团评估定级中，市评弹艺术传承中心被认定为"江苏省二级院团"。

【美术馆】 市美术馆位于人民东路5号市文化中心内，2009年9月正式对外开放，建筑面积5000平方米，展厅面积2600平方米。年内，市美术馆开设展览17场，入馆参展15万余人次。其中，中国美术馆"为新时代人物塑像"作品系首次离京出展；青年策展人项目No.3"感知·瞬间·在场：重获诗意的生活境界"当代艺术展，为省文化和旅游厅2023年江苏省青年美术馆策展人扶持计划入选项目；"对话：海上丝绸之路与'未来非遗'"当代艺术展，是2023年长江文化节子项目之一。两个"当代艺术展"自10月21日起在市美术馆同时开展，期间举行"2023年未来非遗"研讨会，20余位国内知名策展人、教育家、公教人员参会。市美术馆全年开展"艺术家驻馆公教计划""5+2"馆校研学、"志愿者项目""艺术启智""移动美术馆公益行""像艺术家一样思考""传统节假日""邂逅美术馆之夜""艺术博物馆中的社会参与"专题讲座等活动90余场，1万余人次参与。项目"艺书云悦读"获评文化和旅游部艺术司颁发的"2022年度全国美术馆优秀公共教育提名项目"。此外，通过购买、捐赠等途径，收藏中国画、书法、版画、水彩画及珍贵文献资料等作品101件；编纂《桃坞镌印——苏州版画60年文献集（1961—2021）》（计18万余字），编印《张家港美术》2期。徐华翔艺术工作室作品入展、获奖18次，其中国家级2次、省级5次、苏州市级5次；该工作室成员杨月的作品《湖光潋滟晴方好》《藏原清音》，分别入展"时代—帼风"——中国女画家协会十周年庆典美术作品大展和2022年少儿美术教师作品展；市美术馆馆长温虹加入中国美协，馆党支部书记陈宇入选第九届全国青年书法创作骨干，当选为江苏省篆刻研究会古文字与篆书委员会委员、苏州市青年书法家协会副主席。

【新华书店】 2023年，市新华书店有中心门店1家，塘桥镇、乐余镇、金港街道、后塍街道网点4家，校园书店7家，联营书店1家。年营业收入1.53亿元、利润2408万元，均创历史新高。年内，发行重点理论读物7400册，理论读物进校园44314册，向83家单位征订图书4500册；举办"2023年政治理论读物图书展""中国好书、江苏好书图书展"等活动10余次，参展图书1300余种。致力服务教育，连续45年实现"课前到书"；邀请王开岭等知名儿童文学作家走进25所学校，为1万多名师生开展主题阅读讲座；助力"智慧校园"建设，做好251万元教育装备服务工作。推进全民阅读，先后组织"凤凰姐姐讲绘本"等主题阅读活动100余场，开展流动设摊近30次。在第十三届江苏书展期间，市新华书店分展场举办近30场主题阅读活动，进场读者约2万人次，出版物码洋152.15万元。新华书店"书香港城零售店"电商平台上线，为读者提供更加便捷的阅读购书渠道，年线上销售额192万元。探索"书店+"模式，先后与张家港农商银行、保利大剧院等合作，量身定制阅读空间和多元产品。开展退役军人优惠购书、志愿者积分兑换购书券、"你选书我买单"等公益活动。新华书店先后被评为市文明单位、第十三届江苏书展优秀分展场，并获2023年度优秀活动组织奖等。

【首个文化馆服务宣传周活动】 5月22日，以"开放、融合、创新"为主题的张家港首个文化馆服务宣传周活动启动，市文化馆城南分馆同步启用。活动现场，为群文小剧场联盟首批成员单位代表授牌，发布张家港市群文小剧场院线制项目，举行"致敬：人民与时代"2023年文化馆服务宣传周文艺精品展演。现场发布市文化馆城南分馆"新时代文化馆计划"，包括打造市民文化艺术夜校、定期开设艺术生活市集，开展展览、研学、文游、论坛等文化美育活动；依托"市民展厅"，策划市民艺术个展、联展等活动，培育有潜力的市民艺术家；邀请艺术家与文艺爱好者共同策划文化创意项目、孵化文创产品；扶持组建一批新型剧社，创作打磨精品剧目，并依托5G云剧场向全国推广等。市文化馆城南分馆位于城南文体中心内，设有市民展厅、百姓讲堂、文旅客厅、文创空间、群星剧场等，是集艺术性、观赏性、娱乐性、公益性为一体的文化载体新地标。在服务宣传周期间，城南文化馆开展“这，是人民的节日”“当我们走进枝繁叶茂的五月”“家园如此多娇”“为她幸福为她增光”“你会迎向最美的你”“看见奇迹的模样”“说不尽，无穷好”七大主题259场文化活动。其中，“沙洲故事”张家港市传统文化艺术展，通过播放《江韵千秋，江水流长》主题宣传视频，展陈叶雕、木雕、后塍竹编、雷沟大布、手工弹棉絮、沙洲哨口板式类风筝、金属抬凿錾刻等全市非遗和手工艺作品，向观众展示张家港市非物质文化遗产代表性项目和地方优秀传统文化。文化周期间，城南分馆日均接待市民超1万人次，“云探馆”网络直播在线观众突破3000人次。

（茅春辉　张　悦）

媒　　体

【概况】 2023年，市融媒体中心（传媒集团）利用“1+N”为主要渠道的立体化传播体系，围绕宣传党的创新理论，开设“学习贯彻党的二十大精神”“宣传阐释习近平新时代中国特色社会主义思想”“牢记嘱托，感恩奋进，走在前列——深入学习贯彻习近平总书记考察江苏重要讲话精神”等专题；围绕主题教育，推出“学思想、强党性、重实践、建新功，学习贯彻习近平新时代中国特色社会主义思想主题教育”专题；围绕市委、市政府中心工作，推出“‘敢’字当头，勇当先锋，谱写‘强富美高’新江苏现代化建设新篇章”“激活招商引资一池春水”“建设更高水平文明城市”等栏目，宣传全市现代化建设实践的主要做法及优秀典型。全年开展主题分别为“我是张闻明”“高质量发展‘企’航新征程”的融媒新闻行动，先后推出“@张小融”“主播说”“时光里的城”“港城老字号”等不同定位、特点鲜明的栏目。其中，民生服务类栏目“@张小融”发布140多期，超八成新闻线索来自市民热线，以新闻服务回应民生关切。此外，“我在村里等你”栏目从短视频系列延伸至助农服务平台，打造“短视频+服务”新场景；围绕“2023年张家港东渡半程马拉松”专题，策划发布新闻449条，总浏览量超2000万次，单条最高播放量超678万次，登上抖音苏州热榜。据统计，全年开设专题专栏100余个、发布报道超10万篇次、短视频5000余条。其中，中央级媒体累计录用新闻稿59条（含央视《新闻联播》录用5条）；省级以上“学习强国”学习平台录用320余条（含全国平台录用158条），在苏州市县市（区）名列第一。年内，中心（集团）有139件作品获苏州市级以上奖，“我在村里等你”栏目获评2023年度全省网络视听新媒体“十佳”栏目（节目），短视频《长江非遗文化也很“潮”》、非新闻类专栏“我在村里等你”入选全省网络视听项目库，中心（集团）成为全省唯一2件作品同时入选的县级融媒体单位；《打造“市民诉求中心”一站式服务平台以融合服务加持内容传播》，获评2022年度江苏省县级融媒体中心建设优秀案例。在2022年江苏省县级融媒体中心高质量发展综合评估中，市融媒体中心（传媒集团）以综合得分第二名获优秀等次，作品《潮起东方寻找百强“共富密码”》获中国新闻奖，作品《“村晚”演绎新生活，长江村里展笑颜》获江苏新闻奖。

【广播】 年内，市融媒体中心（传媒集团）广播平台重点开设“张广102新闻”“102顺风车”“有啥说啥”“时光里的城”“律师说法”等品牌节目15档。其中，早、晚高峰节目“102顺风车”“有啥说啥”“律师说法”等，在“今日张家港”App上视频直播，实现广播平台与“今日张家港”App平台融合播出。据统计，全年安全优质播出6300余小时；公益广告累计播出6900余分钟、20892条（次）。年内，广播平台获省级奖项3项，其中二等奖1个、三等奖2个；获苏州市级奖项9项，其中一等奖2个、二等奖3个、三等奖4个。此外，“‘健康翎距离’：健康科普零距离服务受众”获评2023年度健康苏州建设优秀案例，“律师说法”获评2022年度江苏省优秀法治广播栏目。

【电视】 年内，市融媒体中心（传媒集团）电视节目部共引进电视剧43部1683集，其中，《新居之约》《欢迎光临》《我们的日子》《他是谁》《去有风的地方》等多部电视剧紧跟各大卫视。全年下载省内容共享平台电视剧10部414集，外引动画片30部1386集，外引电视栏目4个。

【《张家港日报》】《张家港日报》全年出版301期，一般每期4个版面（1月至3月每周五8个版面），日均发行31160

7月13日，“高质量发展‘企’航新征程”融媒新闻行动启动

（市融媒体中心　提供）

份。重点打造“学习贯彻党的二十大精神”“牢记嘱托，感恩奋进，走在前列——深入学习贯彻习近平总书记考察江苏重要讲话精神”“‘敢’字当头，勇当先锋——谱写‘强富美高’新江苏现代化建设新篇章”“大美长江”“高质量发展‘企’航新征程”“我在村里等你”“‘我是张闻明’融媒新闻行动”等栏目28个，发稿560余篇。年内，报纸平台获全国性奖项18项，其中一等奖2个、二等奖3个、三等奖13个；省级奖项9项，其中一等奖1个、二等奖2个、三等奖4个，好作品1个、优秀案例1个；苏州市级奖项8项，其中一等奖1个、二等奖3个、三等奖4个。

【电影】 年内，全市新增南丰镇永联村蓝海影城和大新镇中影时代国际影城2家影院。年末，全市有加盟全国11家院线的影院28家、影厅167个、座位22004个，平均每10万人拥有屏幕数11.6块、座位1470.9个。全年放映25.9万场，观众213.3万人次；实现票房收入8675.46万元，比上年增74.1%；发放省级以上电影事业发展专项资金补贴171.02万元。持续开展“千场优秀电影进基层”公益放映活动，在248个村（社区）、74所中小学校、9个乡镇文化中心及敬老院等免费放映公益电影4082场，观影21.1万人次。

【网络新媒体】 2023年，市融媒体中心（传媒集团）持续建强融媒矩阵，一体推进微信号、视频号、抖音号平台运作。进一步打响“偶俚张家港”品牌，微信号开设“偶俚观察”“挖藕来了”子栏目；视频号年浏览量超10万次的作品有40余条，其中《“圆月弯刀”张家港袁琦琦好样的！》浏览量超1300万次。“遇见张家港”发力微信号、视频号、小红书号运营，打造既有互通性又有差异化的“遇见”全媒体IP，探索“轻量化”微直播，先后推出“江南探春”系列、“塘高，我回来了”“走！去通运路”等微直播45场。抖音号落实专业化运营机制，9条短视频播放超500万次。网络新媒体平台开展“全城送‘甜’计划”“遇见四周年，千杯咖啡全城送”“‘偶俚张家港’7周年宠粉节”等线上线下融媒体创意互动活动10余场。加大新媒体矩阵打造，新开“张家港健康生活”视频号、“偶俚小细娘”抖音号、“今啊吃点啥”抖音号，推出“一把手访谈”“老字号焕新”“唯恩时间”等新品，探索运营垂直类账号，发展流量经济。加大“今日张家港”App平台融合开发，升级金融地图、今日商城、消费帮扶等特色专区，上线“云上房展会”“友邦选房”小程序，深化便民信息服务及分销市场合作。改造老街直播基地，设立“融媒优选全家超市”，开展“双11”“双12”电商直播节。新推出“多彩夜沙洲”融媒区镇巡展、融媒金秋生活节活动品牌，开展融媒网上年货节、车展、农博会、巩留风情节等活动40余场，完成市两会、江湾招牌菜、八运会马拉松、中粮集团东海粮油质量奖线上评审等各类直播120余场，其中“融媒优选，全民带货”常态化直播超100场。年内，“今日张家港”客户端下载量突破100万次，在全省影响力指数排名进入前五位；“偶俚张家港”微信号稳居全国同类微信号排名前十位，“偶俚张家港”抖音号用户超60万个。

表56　　2023年张家港市融媒体中心（传媒集团）主要获奖作品一览表

作品名称	荣誉名称	颁发机构	主创人员
张家港赴欧招商小分队，出发！	2022年度中国县市区域报新闻奖一等奖	中国县市报研究会	黄佳媛　彭　婷　包　宏　陶啸天　胡冯浩　葛　寒
“网红书记”的乡土情	2022年度中国县市区域报新闻奖一等奖	中国县市报研究会	徐学渊　虞东平　王宇春　李　丽
一个坚守了半个多世纪的秘密	2022年度中国县市区域报新闻奖一等奖	中国县市报研究会	周晓艳
7新闻（栏目）	2022年度城市党报媒体融合奖新媒体品牌栏目	中国报业协会党报分会	任黎明　杨　洁　刘　征　余继峰　包丽芬　单佳伟
全省首笔“苏质贷”花落张家港	2022年度城市党报新闻奖消息类一等奖	中国报业协会党报分会	李　燕　曹益珠　陆　健
2022年7月22日5版	2022年度全国报纸副刊优秀版面	中国报纸副刊研究会	钱超新　周晓艳
“村晚”演绎新生活，长江村里展笑颜	江苏新闻奖	江苏省记协	集　体（参与制作）
打造“市民诉求中心”一站式服务平台以融合服务加持内容传播	2022年度江苏省县级融媒体中心建设优秀案例（核心传播平台运维）	江苏省委宣传部、江苏省记协县融专委会	集　体
“今日张家港”App“市民诉求中心”一站式服务平台：市民诉求的“高速路”服务群众的“连心桥”——县级融媒体中心助力提升基层社会治理效能	2022年度江苏省县级融媒好新闻一等奖（应用创新）	江苏省委宣传部、江苏省记协县融专委会	任黎明　赵一蓉　周锁峰　陈　超　李语馨　王　锋　张敬刘　胡　彦

续表56

作品名称	荣誉名称	颁发机构	主创人员
“献礼张家港建县（市）60年”特别策划——度量港城	2022年度全省新闻媒体践行“四力”、深化“走转改”优秀新闻作品评选一等奖	江苏省记协	顾珊珊 李 燕 吴 克 周锁峰 徐 苗 郁雨婷 缪宇欢
我在村里等你	2023年度全省网络视听新媒体“十佳”栏目（节目）	江苏省广播电视局	集 体
律师说法	江苏省广播电视优秀法治节目（栏目）	江苏省广播电视局、江苏省司法厅	顾春燕
打造“市民诉求中心”一站式服务平台以融合服务加持内容传播	2022—2023年全省报业融合创新项目区县融媒体创新发展奖	江苏省报业协会	集 体
一个坚守了半个多世纪的秘密	江苏省第33届报纸副刊好作品	江苏省报纸副刊编辑协会	周晓艳

（沈邱怡 卢本胜）

全 民 健 身

【概况】 年内，市文体广旅系统全面总结全国全民运动健身模范县（市、区）创建成效，认真实施《张家港市全民健身计划（2021—2025年）》，出台《张家港市构建更高水平的全民健身公共服务体系实施方案》《张家港市推进运动促进健康机构试点工作实施意见》。完成沙洲湖7.1千米塑胶健身步道改造，新建健身步道30千米、七人制足球场3片，新建和更新室外健身路径1693件，维修健身器材384件；城南文体中心建成并投入使用。全市累计建成文体活动中心12个、体育公园20个、全民健身站点1050个、健身步道685.51千米、体育场地5664个，实现基层“两室一场一路径”全覆盖，体育场地总面积826.03万平方米，人均体育场地面积5.73平方米，万人拥有健身设施数92.29件。建设市、镇（街道）、村（社区）三级运动促进健康机构，为2000余名市民提供运动促进健康服务；完成2023年国民体质监测（国家样本）和1.2万名市民的体质测试工作，达标率96.3%。1月11日，省体育局公布《关于2022年度全省县级体育重点工作督查情况的通报》，张家港市再次夺得全省县级体育重点工作督查第一名，荣膺“五连冠”。考核结果显示，“全民健身”“青少年体育”“体育产业”“体育竞赛”“综合因素”等五项一级指标，张家港均位列第一，总得分99.165分，高出第二名3.525分，领先优势明显。9月21日，全省公共体育场馆负责人座谈会在张家港召开，市文体广旅局在会上交流公共体育场馆建设运营经验。11月12—14日，全国全民健身公共服务体系建设现场会在张家港召开，张家港市作为先进代表在会上做交流发言。

【群众体育】 年内，全市新增市级体育社团3个，累计35个；民办非企业俱乐部3个，累计56个；区镇（街道）级单项体育协会115个。参加体育协会、体育社团、俱乐部等体育组织的人口占全市总人口的六分之一。新增社会体育指导员460人，累计6030人，每万人拥有量41.8人。市文体广旅局先后承办第十四届全国舞龙舞狮锦标赛、全国城市拔河联赛总决赛、中国围棋甲级联赛、第二十二届全国拔河锦标赛暨2024年世界室内拔河锦标赛选拔赛、全国啦啦操联赛（张家港站）、“塘桥镇杯”2023年全国和美乡村广场舞大赛（江苏站）、长三角一体化城市轮滑联赛（张家港站）、江苏省体育舞蹈俱乐部联赛、江苏省第二届“红石榴杯”少数民族传统体育运动会、江苏省小篮球联赛暨中国小篮球系列活动（张家港赛区），以及“永卓杯”珍珠球、陀螺比赛等省级以上赛事活动10余项；做好市第八届体育运动会开幕式和2018—2021年张家港市群众体育“双先”表彰工作，组织举办“向雷锋同志学习”题词60

11月13日，全国全民健身公共服务体系建设推进会召开

（市文体广旅局 提供）

周年"幸福江苏"全民健身志愿服务系列活动、张家港市迎"五一"广场舞大展演、健身气功·八段锦网络公开赛等市级体育赛事30余项;围绕红红火火过大年、激情劳动节、欢乐端午等节日主题,组织各体育协会开展群众性体育赛事活动80余项;继续启动张家港市全民健身大联赛(5月至10月)。举办"海棠花儿红,文明加速度"张家港市长江马拉松联赛——亲子马拉松赛、"张家港行"2023年张家港东渡半程马拉松赛等大型赛事活动;打造智慧共享赛道4.3千米。

(钱　强)

【2023年全国和美乡村广场舞大赛(江苏站)在市举办】 5月10日,农业农村部农村社会事业促进司、国家体育总局群众体育司指导,中国农民体育协会、省农业农村厅、省体育局、省农民体育协会、省广场健身舞运动协会、张家港市政府主办的"塘桥镇杯"2023年全国和美乡村广场舞大赛(江苏站)在高新区(塘桥镇)金村村举办,高新区(塘桥镇)LOVE舞团、金港街道阳光健身队等全省13个设区市的14支广场舞队共168人参赛。各参赛队根据"建设和美乡村·舞动健康生活"比赛主题,精选曲目、编排舞蹈。根据动作编排、音乐与服装、舞感与表现力等评分标准,评出特等奖4名、一等奖5名、二等奖5名及体育道德风尚奖等奖项,高新区(塘桥镇)代表队获优秀组织奖一等奖、最佳人气奖、团体总分一等奖。

(卢嘉辉)

【2023年"中国农民丰收节"江苏省农民趣味运动会举办】 11月10日,乐余镇举办"庆丰收,促和美"2023年"中国农民丰收节"江苏省农民趣味运动会暨乐余镇乡村振兴片区规划发布会。活动由省农民体育协会主办,市农业农村局、市文体广旅局、市体育总会、乐余镇政府共同承办。此届运动会突出农业元素、农村特点、农民特色,设置多个趣味比赛项目,全市各区镇300余名运动员参赛。其中,乐余镇在泥地拔河、收稻谷、独轮车运粮三个项目中获胜,德积街道在巧搓玉米、接力运鱼两个项目中获胜,双山香山旅游度假区在瓜果套圈项目中获第一名。

(陈　忠　孙雁群　袁　钢)

【第十四届全国舞龙舞狮锦标赛在市举行】 4月18日,第十四届全国舞龙舞狮锦标赛在张家港举行。此次赛事由国家体育总局社会体育指导中心支持,中国龙狮运动协会和张家港市政府主办。比赛采取线上参赛、线下评审的形式进行,设舞龙、南狮、北狮、健身龙舞、创意龙舞5个大项30个小项。全国25个省(自治区、直辖市)近210支队伍参赛,既有高校的竞技队伍,也有乡镇的特色风采队伍,其中不乏获得国际、国内重大龙狮赛事奖项的优秀队伍。线上参赛运动员超过3000人。全国舞龙舞狮锦标赛已连续举办十四届,是广大龙狮运动爱好者展示自我、切磋技艺、交流经验的良好平台。

【"永联杯"全国拔河城市联赛总决赛在市举行】 4月21日至22日,"永联杯"全国拔河城市联赛总决赛在张家港市举行。此次比赛设女子500千克级、540千克级,男子600千克级、640千克级,混合580千克级5个组别,全国各地的13支队伍244名运动员、领队、教练员参加比赛。

【市第八届体育运动会】 4月15日,市第八届体育运动会开幕式暨市"双先"表彰活动在市体育馆举行,省和苏州市体育局有关领导及市四套班子主要领导出席并会见2018—2021年度全市体育工作先进单位和先进个人代表。市第八届体育运动会历时半年,区镇、机关、企业、学校等的3万余名运动员组成180余个代表队参赛,角逐7个大组别、33个大项的1124枚金牌和其他奖牌。除传统项目外,还有龙舟、三人篮球、街舞等群众喜闻乐见的比赛项目。

【张家港市长江马拉松联赛——亲子马拉松赛】 6月2日,"海棠花儿红,文明加速度"2023年张家港市长江马拉松联赛——亲子马拉松赛在金港街道金香社区举行,有65个家庭195名大小运动员参赛。比赛全长约2.8千米,途经金香社区广场(起点)—南区绕圈—北区绕圈—南区绕圈—金香社区广场(终点)。长江马拉松联赛是贯穿全年的城市特色路跑赛事,年内此赛事还有常阴沙田园风情四分马精英赛、长江四分马系列赛(保税区站)和万达双子楼垂马·H登顶挑战赛。

【"张家港行"2023年张家港东渡半程马拉松赛】 12月3日,由中国田径协会技术认证,省田径运动协会和市政府主办的"张家港行"2023年张家港东渡半程马拉松赛在世纪广场(起点)—沙洲湖广场(终点)等举办,国内22个省(市、区)和肯尼亚等12个国家的1.2万名跑步爱好者参赛。其中,6000人参加半程马拉松(21.0975千米),3000人参加健身跑(10千米),3000人参加亲子跑(5千米)。最终,苏州选手孙明涛和南京选手宋金婷分别夺得半程马拉松赛男子组和女子组冠军。此次赛事是张家港市继2017年"张家港行"张家港国际马拉松后举办的又一次城市马拉松。

(钱　强　张　硕)

体育竞赛

【概况】 年内,市文体广旅局先后举办中网巡回赛(CTA200)、全国女排冠军赛(张家港站)、中国三人篮球赛(张家港站)、大运河小铁人三项赛(张家港站)、第24届"贝贝杯"青少年男子(12岁组)足球赛、全国青少年壁球锦标赛、中日职业围棋对抗赛、ATP国际男子职业网球挑战赛、长三角友好城市网球团体赛等9场全国性赛事。在第二十届省运会青少年部的比赛中,张家港籍运动员共获65金35银31铜,创历史最好成绩。在3月7日举行的苏州市代表团参加第二十届省运会总结暨备战第二十一届省运会动员大会上,张家港市获县市(区)优秀组织奖和人才输送奖,暨阳湖实验学校、江帆小学、南沙中学、凤凰中心小学被苏州市体育局、苏州市教育局联合授予“参加江苏省第二十届运动会突出贡献奖”，付强、徐晓华、朱海贤、王禹澎4人被苏州市人力资源和社会保障局、苏州市体育局给予记功奖励。4月，张家港市被中网协授予2022年中国网球巡回赛优秀赛区；5月，被中篮协授予“2022赛季中国三人篮球联赛优秀赛区”。6月17日至19日，2023赛季中国三人篮球联赛（张家港赛区）在市体育馆举行，这是继2022赛季后第二次在张家港举行此赛，28支队伍（超三队20支、卫星队8支）约260人参赛。张家港籍运动员袁琦琦获亚洲田径锦标赛女子4×100米冠军，陈锦丰获亚洲U20田径锦标赛男子200米金牌，盛李豪获国际射联世界杯印度站10米气步枪混团冠军、第15届亚洲射击锦标赛男子10米气步枪冠军、全国射击锦标赛男子10米气步枪冠军和全国射击冠军赛男子50米步枪三姿、男子10米气步枪、10米气步枪混团三枚金牌；在第一届全国学生（青年）运动会上，张家港承担任务及输送的运动员获3金3银1铜。

【青少年体育比赛】 年内，市文体广旅局先后举办苏州市中小学生举重赛、桥牌赛、无线电测向赛，省少儿网球排名赛（第一站）、省青少年男子举重锦标赛、省县组田径赛、省第二届国际象棋特色学校赛等青少年体育赛事，张家港有264人次参加田径、羽毛球、网球、游泳等10个项目省级赛。在省青少年县组游泳赛中，张家港以6金9银5铜获团体总分第一名；在省青少年县组羽毛球赛中，以3金1铜、总分128分获金牌、奖牌、团体总分3项第一名。贺思瑶入选国家U16女篮集训队，马永瀚签约上海久事篮球俱乐部，吴诗豪入选全国青少年霹雳舞精英训练营，徐晓棠、陈佳仪、王海欣入选全国U13女足精英梯队共建训练营；向省优秀运动队输送正式运动员1人、试训运动员3人，向省体校输送正式运动员9人，向苏州市优秀运动队输送运动员74人。

7月，第二十四届“贝贝杯”青少年足球赛举办 （市文体广旅局 提供）

【盛李豪勇夺全国射击赛三金】 2023年全国射击冠军赛于2月2日至8日在西安举行，张家港籍运动员盛李豪代表江苏队参加三个项目的比赛。5日，在男子50米步枪3种姿势决赛中，盛李豪战胜该项目东京奥运会冠军张常鸿，名列第一。6日，在男子10米气步枪决赛中，盛李豪和福建选手朱晓忠一决高下，以17∶5的大比分夺冠。7日，盛李豪与颜金婧组成的江苏一队获10米气步枪混团金牌。

【张家港籍运动员在亚运会取得佳绩】 在9月23日至10月8日举行的杭州第十九届亚运会上，盛李豪、袁琦琦、俞元泰等张家港籍运动员获3金1银1铜好成绩，参赛人数和项目及获奖数均破历史。9月25日，盛李豪以253.3环夺得男子10米气步枪个人赛金牌，并创该届亚运会中国队首个世界纪录；次日，盛李豪与黄雨婷勇夺男女10米气步枪混合团体赛金牌；此外，盛李豪还与余浩楠、杜林澍联手出战男子10米气步枪团体赛，以1888.2环的总成绩为中国队增添一枚铜牌。10月3日，袁琦琦与梁小静、韦永丽、葛曼棋在女子4×100米接力赛中，以43秒39的成绩夺得金牌。9月26日，俞元泰助力中国男排摘得银牌，这是中国男排时隔17年后再登亚运会领奖台。

【第二十四届“贝贝杯”青少年足球赛在市举行】 7月8日至12日，2023年中国足球协会第二十四届“贝贝杯”青少年（12岁男子组）足球赛在凤凰中心小学（贝贝足球学校）举行，288名运动员和16支队伍的领队及教练员参赛。其中，全国重点城市足球比赛前8名的队伍、恒大足校、浙能绿城、新疆宋庆龄足校等国内知名队伍悉数参加，是2016年恢复12岁年龄段比赛以后参赛队伍水平最高的一届。经过6轮48场激烈比赛，大连足协队、浙能绿城队、张家港贝贝队分获冠军、亚军、季军，浙能绿城队运动员郭润东和教练员须田敏男分获最佳球员和最佳教练员称号，张家港贝贝队运动员朱俊杰获最佳射手称号，大连足协队运动员赵鑫泽获最佳门将称号。

【2023年全国排球冠军赛女排总决赛在市举行】 4月27日，国家体育总局排球运动管理中心主办、市政府与省体育竞赛管理中心承办的2023年全国排球冠军赛女排总决赛在市体育馆开赛。8支球队经7站60场近一个月激烈争夺，江苏中天钢铁队获得冠军，上海光明优倍、天津渤海银行和福建安溪铁观音队分获二、三、四名，山东日照钢铁、北京汽车、浙江嘉善西塘古镇和河南双汇队并列第五名，

市文体广旅局、市文旅集团和为此次比赛冠名的江苏华昌（集团）有限公司获“杰出贡献奖”。

【国际男子职业网球挑战赛张家港站赛事】 8月27日，2023年国际男子职业网球挑战赛张家港站赛事在中国网球学院张家港分院开赛，澳大利亚、法国、美国、意大利等17个国家和地区的51名职业选手参赛。该赛设单打预选24签位、单打正选32签位、双打正选16签位，奖金为8万美元，赛期8天。这是时隔4年后张家港市再次举办该赛事，也是张家港第4次承办该项赛事。（管新蕾）

文体产业

【概况】 年内，全市新增许可和备案登记文体广旅经营单位37个，其中，新增娱乐场所经营单位14个、高危险性体育项目经营单位8个、旅行社9家、文化艺术类校培机构5家、体育类校培机构1家；审批内地营业性演出124件。年末，经市文体广旅局许可或备案登记的文化市场、体育、旅游经营单位有441个，其中，互联网上网服务营业场所66家、歌舞娱乐场所94家、游艺娱乐场所16家、文艺表演团体13个、演出经纪机构7家、演出场所经营单位1个、艺术品经营单位21个、高危险性体育项目经营场所34家，旅行社55家、分社及门市部105家，星级旅游饭店8家（其中五星级3家、四星级3家、三星级2家）。55家旅行社中，国际旅行社7家，星级旅行社6家（其中省四星级旅行社2家、省三星级旅行社4家）。旅游民宿15家，文化艺术类校培机构5家，体育类校培机构1家。全市有持证导游255人，其中中级导游18人、高级导游1人。按照管行业必须管安全、管业务必须管安全、管生产经营必须管安全的“三管三必须”要求，市文体广旅局牵头开展各类安全检查12轮次，查出安全隐患456处，均实现闭环管理；先后开展“安全生产月”“消防宣传月”等活动，联合开展应急演练2次，拍摄安全生产短片1个，活动宣传视频1个，推送安全信息30余条次，超2万人次阅读。5月20日，在省政府办公厅《关于对2022年落实有关重大政策措施真抓实干成效明显地方予以督查激励的通报》中，张家港市文化产业和旅游产业工作受到通报表彰，将在建设国家文化与金融合作示范区、国家文化和旅游消费示范城市、省级文化和旅游产业融合发展示范区等方面获得优先支持。

【文化产业】 年末，全市有上市文化企业3家，规模以上文化及相关产业单位121家，文化产业实现增加值152.8亿元，占全市生产总值的4.54%，比上年提升0.07个百分点。年内，全市组织召开文化产业工作会议及招商交流活动，参展第十二届中国苏州文化创意设计产业交易博览会。加强推广“文产贷”等普惠性金融产品，实现资金投放1420万元，《信用托底“文产贷”破解企业融资难》被评为第五届“新华信用杯”全国优秀信用案例。市常果文旅融合运营项目获2023年省文化旅游发展和文物保护利用专项资金（第二批）支持，长江文化走廊·张家港湾文旅产业融合提升项目被评为2023年省级重点文化和旅游产业项目，稻兴科技8K超高清视频产业基地、箭牌京东直播基地等7个项目入选2023年苏州市重点文化产业项目，江南田园艺文空间获评2023年度苏州市夜间文化和旅游消费示范项目（艺文空间）并获奖励经费，箭牌文化产业园获评2023年度苏州市文化产业示范园区，《“城南好事”文旅嘉年华——第十二届苏州文博会张家港分会场》在第十二届中国苏州文化创意设计产业交易博览会分会场考核中获三等奖，国泰新点软件股份有限公司在首届文化产业“东吴奖”中入围“领军型文化企业”十强。

【体育产业】 2022年，全市人均体育消费3154.6元，体育产业实现总产出224.94亿元，比上年增3.1%；体育产业创造增加值58.82亿元，比上年增3.3%；体育产业主体1134家，比上年增2.5%。2023年，江苏金陵体育器材股份有限公司智慧篮球架生产车间获评体育企业智能车间，永联文体馆获评智慧体育场馆示范项目，金陵蚂蚁球馆无人值守智慧运动场景和双山香山旅游度假区体旅融合场景等4个案例分别获评2023年江苏省体育消费场景精品案例和典型案例，江苏金陵体育器材股份有限公司获2023年江苏省体育产业发展专项资金项目支持，江苏金陵体育器材股份有限公司、张家港市金桥塑胶有限公司通过复核被认定为苏州市体育产业示范基地，凤凰镇“贝贝足球”特色基地、3×3篮球嘉年华系列赛获评2023年苏州市体育旅游精品项目。

（李卢雪　言雪依）

“多彩夜沙洲，体育嘉年华”活动　　（市文体广旅局　提供）

【体彩销售】 2023年，市体彩中心优化网点考核机制，出台《张家港市传统网点销售网点考核办法》《张家港市体育彩票竞彩销售网点考核办法》《全市体彩销售网点年底考核评优办法》，申请14万余元专项资金对优秀网点实施奖励。结合日常工作，制定《网点新建、移机、退机管理规定》等内部管理制度，修订《张家港市体育彩票管理中心管理制度汇编》，调整人员分工。对实体店开展集中培训或“一对一”驻店培训，全年组织培训15场，印发“预防非理性投注行为提示”“网点销售员销售须知”“一本读懂体育彩票”等宣传品1万余册，在全市实体网点设立“公益体彩”宣传专区。创新开展“体彩+”工作，按要求落实“卯兔”等三款体彩新春主题票、“超级加倍Ⅱ”系列即开新票上市，落实7位数销售与开奖时间调整、多期票功能调整，大乐透、7星彩四款游戏止售与开奖时间延后培训宣传工作，开展“7位数3000万元派奖”“大乐透10亿元派奖”宣传及营销工作。通过“女足世界杯”“男篮世界杯”等吸引竞彩新彩民，开展“乐小星爱意满满”“6·16江苏彩民节”等各类主题活动，寻求即开销售新的突破口。在2023年“张家港市东渡半程马拉松赛”中，体彩中心在赛事完赛包中随机投放包括即开票及电脑票在内的3000张体育彩票，在比赛终点市集设立体彩销售专区，让选手在享受完赛喜悦时多一份期待与惊喜。全年体彩销量总计6.76亿元，比上年增26.67%，销量居全省第七位、苏州市第三位。其中，乐透型玩法销量1.33亿元，竞猜型玩法销量4.7亿元；即开型玩法销量7300万元。筹集公益金4720余万元，兑奖1503万元，代缴个人中奖偶得税253万元。新建沙洲湖“乐小星”智慧健身步道，与市少儿图书馆共建“乐小星”主题绘本馆等项目，定制“乐小星”公交车专线，成立“体彩微光行动小队”，将“公益体彩暖冬季、助学季、关爱季”系列活动落到实处，组织开展“走进阳光残疾人之家”“走进儿童福利院”“为家庭困难学生送关爱”“送体育器材进校园”等活动，同时与金香社区结对帮扶。按照《江苏体彩门店规范》要求，为全市实体销售网点统一更换室内走势图，同时更新50家网点老旧门头，中心专管员对全市体彩销售终端机进行三级维护保养。推进罗森、天猫、美宜佳等零售小微渠道和中体彩展示体验中心建设。全年优化调整传统网点18家，完成竞彩主题网点升级改造2家，新建便民服务店30家，足球、篮球体育主题店4家，新建杨舍老街综合体验中心；在金茂览秀城试点首家自然人代销者展示体验中心，实现全市大型综合体体彩销售全覆盖。至年末，全市有体彩网点296家，其中传统网点201家、便利连锁网点90家、展示体验中心5家。

【文旅集团】 2023年，市文旅集团统筹推进市级数字文化产业园规划建设，参与后塍街道“蓝数字文化产业园”项目，完成扬子江化工实训基地项目相关配套及改造施工的招投标工作，开展“城南好市”艺术生活市集、张东马半程马拉松、“52周”计划乡村周末游、黄泗浦开放式展览等一批文体旅活动。鹿鸣酒店规范运营，精神文明建设张家港研究与交流中心的餐饮和住宿服务知名度及口碑进一步提升，自有“源”咖啡品牌与沙洲优黄黄酒联名破圈，源书房阅读节推动全民阅读深化发展。开展“五彩少年”“小铁人”成长训练营、文旅飓风篮球等自主IP培训；组织暨阳安全生产培训，专业度处于全市同行业领先地位。年末，文旅集团资产总额6.15亿元，比上年增9.43%；资产负债率7.72%；年营业收入7000万元，比上年增204%。

（李卢雪）

【文化市场管理】 市文体广旅局落实上级条线主管部门“先锋”系列行动部署，深入推进“利剑”“提优”“突破”“守护”行动，净化文化市场环境，获评2022年度江苏省境外卫星电视传播秩序专项整治工作成绩突出单位，市文化市场综合执法大队获评2021—2022年和2022—2023年全省文化市场综合执法重大案件办案单位、苏州市文化市场综合执法“护航”专项行动先进集体，查办的某影视文化有限公司制造虚假交易、虚报瞒报销售收入、扰乱电影市场秩序案获评2022—2023年度全省文化市场综合执法优秀案卷，查办的高某未经许可经营旅行社业务案入选全省第四批旅游市场行政执法指导案例，1个案例获评第四届长三角地区广播电视行政执法优秀案例一等奖，2个案例入选苏州市文化和旅游市场“十大典型案例”，2份案卷获评2022年度苏州市文化市场综合执法评查“十大案卷”、1份获评“优秀案卷”。

（言雪依）

【张家港湾文旅产业融合提升项目入选省重点文旅产业项目】 3月9日，长江文化走廊·张家港湾文旅产业融合提升项目入选省文化和旅游厅发布的“2023年江苏省重点文化和旅游产业项目名录”。该项目坐落于德积街道永兴村，占地66.67公顷，总投资3.2亿元，以“生态文旅产业融合”为主题，依托“张家港湾”生态公园和永兴生态园文旅资源，重点打造“一核、双环、三街、四区”文旅产业格局，其中，“一核”是指永兴生态园，“双环”为田园徒步和江村水乡两条水陆观光线，“三街”是现代文创街、民俗美食街和沿江老街，“四区”为江湾风情区、红色革命区、乡愁文化区和精品民宿区。年内，重点推进江景客栈和江南长江文化走廊建设及村埭改造。

（李卢雪）

长江文化节

【概况】 10月20日至12月8日，长江文化节连续20年举办。自2004年张家港举办“长江文化艺术展示周”起，20年始终坚持跨区域融合，累计联动沿江13省（区、市）的戏剧团、艺术团、文化馆等200余个单位同台献艺，线下参与总人数近160万人，线上线下共吸引5亿余人次参与，先后获评第二届文化和旅游部“创新奖”、中国优秀民族节庆“最具国际影响力节庆”、全国群众文化活动品牌计划“区域联动品牌活动”等。2023年长江文化节由中国文联指导，省委宣传部、省文化和旅游厅、苏州市政府主办，苏州市委宣传部、苏州市文化广电和旅游局、张家港市政府承办，以“融合·弘扬·共享”为主题，先后开展“文物长江”“非遗长江”“艺韵长江”“行走长江”“开放长江”五大板块22项活动，20余万名市民参与，获40余家主流媒体报道160余篇(次)，其中国家级媒体报道65篇(次)，全平台点击量3亿余次，400余万人次观看国家、省、苏州市等各级各类平台对“曲唱新时代”2023年长江文化节开幕式暨长江流域曲唱类非遗项目展示活动的直播。12月8日，长江文化节闭幕式在城南文体中心举行，中国文物学会会长、故宫博物院学术委员会主任单霁翔在闭幕式上做《文化的力量：让文化遗产资源活起来》主旨演讲。年内，“长江文化品牌建设和长江文化节”入选第一批全国“一县一品”特色文化艺术典型案例，在首届中国群众文化品牌发展大会上入选群众文化活动品牌(提名案例)；“长江文化节扛起弘扬长江文化大旗”入选首批“长三角人文经济典型案例”。

【“长江文明与海上丝绸之路”展】 10月20日，“江海奇幻游——长江文明与海上丝绸之路”开放式展览及“折叠黄泗浦”元宇宙启动仪式在黄泗浦生态公园举行。活动以长江文明与海上丝绸之路为核心元素，融入红豆树、凤凰山、鉴真东渡等张家港地方文化元素，举办“江海奇幻游”开放式博物馆特展、“折叠黄泗浦”考古新发现元宇宙沉浸式体验及考古互动和大唐国际港沉浸式体验系列活动，吸引广大市民踊跃参与，长江文化节期间累计8万余人次前往打卡。

【“守望长江”民俗文化市集】 10月19日至22日，“守望长江”民俗文化市集在城南文体中心举行，市集以“江河异彩”“风物大江”“以乐为民”“江天万里”为设计单元，集传统非遗、国风演艺、烟火美食、运动游艺等于一体，展示长江流域各地人文风情。市集举办期间，客流量近6.5万人次，媒体点击量超800万次，江浙沪地区多家知名自媒体现场打卡，全网点击量1000万余次。

【海上丝绸之路与“未来非遗”当代艺术展】 10月21日至12月15日，2023年长江文化节子项目“对话：海上丝绸之路与‘未来非遗’当代艺术展”在市美术馆举行，2万余名市民观展。展览以“辐射：从东方驶出”“交融：陆地与海洋”“想象：未来共同体”3个单元谋篇布展，全面呈现海上丝绸之路沿途的当代艺术，来自中国、新加坡、印度尼西亚、泰国、日本等国家的近40位当代艺术家参与其中。该展上的近80件作品，涵盖绘画、影像、综合材料、互动装置等多种艺术形式，采用跨学科方式或跨媒介手段，开启传统与当代的全新“对话”。

【长江流域小剧场艺术季、“群星奖”优秀节目展演】 10月21日，“艺韵流芳”长江流域小剧场艺术季暨江南小剧场金秋曲艺演出季在城南文体中心群星剧场开幕。同日，在塘桥文体中心举行女声小合唱《喊月亮》、口琴重奏《爱上这座城》、小品《打折》等长江流域“群星奖”优秀节目展演，演出上座率超95%。开幕式后，长江流域戏曲名家、演出团体组织小剧场锡剧《瞿独伊》、汉剧《苏东坡的坡》、昆剧《林冲》等精品曲艺节目，先后在苏州市域范围各江南小剧场交流演出近100场，惠及近5万人次。

【孙晓云长江主题书法手稿特展】 10月23日至11月2日，“大美长江——孙晓云长江主题书法手稿特展”在江苏省美术馆举行，展出由莫砺锋遴选、孙晓云书写的89件长江主题古典诗词书法作品。该展览共分“一泻千里，东奔入海”“五湖九派，气象万千”“人文景观，流光溢彩”“江声万里，歌咏千秋”“大哉长江，与天同休”五个篇章，表现出不同时代、不同风格的长江之美。 (张 晶)

10月20日，2023年长江文化节开幕 (市文体广旅局 提供)

【编辑 金善开】

卫生健康

Health

市第一人民医院互联网医院服务中心 （市卫健委 提供）

综　述　妇幼健康

医疗卫生　卫生监督

疾病防控　爱国卫生

張家港年鑑(2024)

综　述

2023年，市卫生健康系统聚焦让群众“少生病、方便看病、看得好病”三项重点任务，推进卫生健康事业发展。年内，市疾病预防控制局成立，张家港市高标准通过全国基层中医药工作示范县评审，“深化医改和公立医院综合改革”再获省政府办公厅督查激励表彰，“智医助理”赋能基层诊疗经验在全省推广，市第一人民医院、市中医医院入选省公立医院高质量发展试点医院。全系统获批国家自然科学基金项目6项，数量位列全国县级市第一。新增苏州市普惠性托育机构4家，建成省基层儿童早期发展基地1家、苏州市示范性托育机构1家。

医药卫生体制改革　优化顶层设计，市卫健委出台《张家港市医疗机构设置规划（2021—2025年）》《张家港市推进公立医院高质量发展实施方案》等文件。2022年市第一人民医院考核成绩为754分，在国家三级公立医院绩效考核中列第305名，国考成绩提升181位，晋级B++等级；市中医医院考核成绩为800.58分，列第76名，蝉联A等级，位列全省县级中医医院第一。扩容医疗资源，市急诊医学中心建成投用，北部医疗中心开工建设，市第一人民医院1号楼病房改造、市第六人民医院住院综合楼等项目有序推进，“社区卫生服务机构标准化建设”列入市政府民生实事项目。推进医共体建设，增强基层医疗卫生服务能力，建立医共体建设专项资金保障机制，出台基层首诊、市级医院下转疾病目录、医师晋升职称下基层等系列配套文件，推动医疗资源下沉和双向转诊。强化“三医联动”（医保体制改革、卫生体制改革与药品流通体制改革联动），深入推进DRG（按疾病诊断相关分组）支付方式改革、药品耗材集中采购、门诊统筹等改革措施，出院患者均次费用比上年降4.6%。

社区卫生　年内，全省基层卫生重点工作推进会在张家港市召开。开展全市社区卫生服务体系调研，举办以社区卫生服务能力提升为主题的市委双月座谈会和市人大专题询问。全市基本公共卫生服务项目人均补助标准保持100元，在2023年度苏州市基本公共卫生服务项目满意度测评中获第一名。按时序推进2023年市政府民生实事项目——社区卫生服务机构标准化建设。北城社区卫生服务中心建设启动。凤凰镇社区卫生服务中心医疗部完成改造并投入使用，预防保健部完成主体结构施工，开展内部装修及消防配套工程施工。经开区（杨舍镇）社区卫生服务中心预防接种门诊，以及全市棋杆、城西、邵巷、扬帆、瑞丰、红星、联丰、香山、双山、欧桥、新港、永新等社区卫生服务站改扩建工程完成。高新区（塘桥镇）实施第二轮市第三人民医院托管塘桥镇社区卫生服务中心计划。全市签订社区卫技人员定向培养协议45人，公开发布卫技人员招聘计划48人（编内14人、编外34人），录用33人（编内12人、编外21人），招录率68.8%。60名社区医生骨干分4批到市级医院重点科室参加为期1个月的脱产培训，462名社区卫技人员分批到市健康促进中心参加为期3天的全科知识培训，合格率均为100%。组织开展“技能展风采，医心护健康”2023年全市社区卫技人员业务技能大比武，组队参加苏州市“吴地工匠”职业技能系列竞赛——苏州市2023年家庭医生团队职业技能竞赛，获团体二等奖、苏州市“十佳”家庭医生服务团队和优秀组织奖。市社区医疗质量管理控制中心开展四轮医疗质量督察与指导，随机抽查社区卫生服务机构139家次。对51家社区卫生服务站“6S”精益化管理进行验收，其中优秀26家、合格25家。市东城、锦丰镇、凤凰镇社区卫生服务中心通过国家“优质服务基层行”基本标准审核，全市达到“优质服务基层行”基本标准的基层医疗机构比例为100%，其中达到推荐标准的比例为43.75%。河北、七里庙、南新、镇山、十一圩港、巨桥、扶海、常丰、金谷、清水、新东、民乐12家社区卫生服务站创成江苏省甲级村卫生室。金港社区卫生服务中心中医馆创成苏州市四级中医馆。全市13个临床科室被评为“苏州市基层医疗卫生机构特色科室”，1个临床科室被评为“苏州市基层医疗卫生机构特色科室建设单位”。

科教兴卫　加强全市各级各类医疗机构医学专科建设、人才队伍培养、科技创新。全市新增江苏省级重点专科5个，苏州市级重点专科15个，苏州市级以上重点专科建设、培育单位10个。新增张家港市级重点专科（含建设单位）18个，原建设单位升级建成单位13个。申报国家、省级科研项目100余项，立项12项，其中国家自然科学基金项目6项、省科技厅项目1项、省卫健委项目2项、省

11月15日，全国基层中医药工作示范县评审反馈会召开

（市卫健委　提供）

中医药管理局项目3项。苏州市级项目立项42项，其中苏州市科技局项目31项、苏州市卫生健康委项目11项。张家港市科技计划项目立项63项，张家港市卫生健康青年项目立项54项。获江苏省科技进步奖二等奖1项，获苏州市级医学新技术引进奖4项。立项苏州市青年骨干人才“全国导师制”项目2项。全年发表SCI论文39篇，发表中国科技核心论文78篇，获专利授权37项。全市举办省级及以上继续教育项目27项（其中国家级继续教育项目3项）。市中医医院挂牌“江苏省中医临床研究院张家港分院”，进一步加强医院科研创新能力。

公共卫生　年内，全市加强疾病预防控制体系建设，提升公共卫生应急处置能力，加强重大传染病防控，落实新冠病毒感染“乙类乙管”防控措施。加强传染病预警监测，规范处置学校结核病、流感等传染病疫情。持续扩大HIV（艾滋病病毒）筛查覆盖面，全年筛查总覆盖率33.11%。开展慢性病及社会影响因素调查，2013—2017年恶性肿瘤发病与随访数据被世界卫生组织（WHO）国际癌症研究机构（IARC）出版的《五大洲癌症发病率》（简称CI5）第XII卷收录，成为张家港市首次、苏州市首批入选县级市，并获“五大洲发病率第XII卷贡献奖”。做好地方扩大免疫接种工作，全年完成适龄儿童水痘疫苗免费接种2.42万剂次，初中学生麻腮风疫苗免费接种1.11万人。精防工作提质增效，精神专科“前移门诊”实现区镇全覆盖。实施“全民健康，有你有我”健康素养提升行动，居民健康素养水平为41.34%。

4月6日，市卫生健康系统基层党建“五聚力五争先”行动启动仪式举行
（市卫健委　提供）

【“医先锋·卫健康”品牌建设】　年内，市卫健委举办全系统学习贯彻中共二十大精神知识竞赛，开展“强国复兴有我”群众性主题宣传教育活动40场。组织“医言益语”理论宣教36场，获评“理响张家港”理论宣教示范项目。开设“370”先锋直播77场，获评市深化网络文明建设优秀项目。出台《卫生健康系统基层党建“五聚力五争先”行动计划（2023—2026年）》，提炼推广“三融合三促进”工作法被“学习强国”平台报道。发布“医先锋·卫健康”综合性党建品牌，实施18个“揭榜挂帅”书记项目，党建引领公立医院高质量发展项目获评苏州市卫生健康系统“优秀基层党建书记项目”。组织“健康益起来”党员志愿服务集市19场，该志愿服务项目获评全国卫生健康思想政治工作特色品牌。深化清廉文化强基工程，开展清廉文化月活动，拍摄宣传教育片4条，征集廉洁文创作品103件，选树“身边榜样”28人，获评“带‘敢’青年，清风开放麦”青廉脱口秀优秀组织奖。强化新闻宣传引导，“健康张家港”微信公众号全年发布信息近800条，在苏州市级以上主流媒体平台发稿100余篇。在护士节、医师节开展主题宣传活动，弘扬新时代医疗卫生职业精神。实施“文明健康，有你有我”全民健康促进行动，播出《健康翎距离》栏目198期、“370”先锋直播70场，开展“健康大讲坛”195场，惠及市民超10万人次。该项目获评“人人都是张闻明”市民文明实践修身行动重点项目。

【医疗长三角一体化工程推进】　10月，市卫健委出台《张家港市“名院名医进港城”长三角医疗合作专项资金管理意见》，开展民生实事项目“名院名医进港城”。定期公示专家排班，每月组织近100名上级专家到市开展诊疗活动。11月，在市中医医院举办公立医院高质量发展专题管理培训，全市公立医院和一级及以上民营医院分管院长，医务科、质管办、门诊部相关负责人等近200人参加培训。张家港儿童医学中心完成升级改造，7个“长三角高级专家诊疗中心”实现常态化运行。推动“府—校、府—院”合作共建，长三角高级专家（包括张家港儿童医学中心）全年共诊疗24.6万人次，住院7000人次，会诊手术2167台。依托信息平台，开展“远程联合门诊”服务260人次，指导市公立医院开展三四级手术3.5万人次，比上年增28.1%。

【区域医共体建设】　市第一人民医院和市中医医院两大医共体常态化运行，定期派专家至成员单位进行帮扶，持续加强基层医院医疗服务能力和专科建设水平。年内，建设医共体“共享中药房”和“云会诊”平台并投入使用。市中医医院牵头实施“共享中药房”，累计处理处方3908张。市第一人民医院、市中医医院为区镇医院提供医务人员下沉服务，下沉专业技术人员3653人次，其中主治医师209人次、副主任医师1193人次、主任医师2216人次、学术主任35人次；为全市医院提供心电、影像远程服务，并开展远程影像会诊53665例。推进胸痛、卒中和血栓防治联盟工作，建成国家级静脉血栓防治中心优秀单位3个，全市胸痛联盟会诊2294人次，转诊400人次，急诊PCI手术342人次；市卒中联盟会诊3462人次，转诊262人次，急诊溶栓451人，急诊取栓手术108人次，有效促进基层医疗单位医疗服务能力和专科建设水平提升。

【市第六人民医院住院综合楼开工】 4月，市第六人民医院住院综合楼开工新建。项目占地1.33公顷，建筑面积2.48万平方米，其中地上建筑面积1.9万平方米、地下建筑面积5800平方米，同步建设室外道路、绿化、场地、停车位、给排水、电力等设施。住院综合楼共设5层，一层为体检中心、收费处、中心药房、静脉配置、供应室；二层为心内科、内分泌科、呼吸老年科病区；三层为消化内科、骨科、普外科病区；四层为神经外科、神经内科、康复科、ICU、脑ICU病区；五层为妇产科病区、手术室。项目总投资2.48亿元，由市建筑工务处代建，预计2024年12月完工。至年末，完成主体结构竣工验收。

（郭红伟　葛　婷　陆元基
季　蓉　蔡志锋　王夏冬
丁　玲　蒋志涛）

医 疗 卫 生

【概况】 年末，全市有医疗卫生机构537个，比上年增29个。其中，医院37家（综合医院20家、中医医院1家、中西医结合医院1家、专科医院10家、护理院5家），基层医疗卫生机构488个（镇公立医院7个、社区卫生服务机构186个、门诊部32个，卫生室、诊所、护理站263个），专业公共卫生机构5个（卫生监督所、疾病预防控制中心、妇幼保健所、健康促进中心、红十字血站），其他卫生机构7个（卫生发展服务中心、医事联络服务中心、“120”急救指挥中心、健康体检中心和医学检验所3个）。全市医疗机构核定床位9753张，常住人口千人床位数6.74张。2023年，全市医疗机构总诊疗量1082.89万人次，比上年增68.2万人次，增长6.72%，其中门急诊1014.97万人次。全市医疗机构出院人数29.89万人次，比上年增3.66万人次，增长13.95%。医院住院手术8.66万人次，比上年增长8.94%。病床使用率为76.68%，其中市级医院病床使用率为77.62%、镇公立医院为72.27%。全市医疗机构出院患者平均住院日9.05天，其中市级医院出院患者平均住院日9.68天、镇公立医院为6.84天。全市医院门诊病人次均诊疗费用309.7元，比上年增18.3元，增长6.28%；住院病人人均住院费用9692.4元，比上年减758.9元，下降7.26%。

医疗队伍　年末，全市医疗卫生机构人员在岗职工总数14877人，比上年增加900人，增长6.44%。其中，卫生技术人员12234人，占82.23%。卫生技术人员中，执业（助理）医师5004人、注册护士5218人、药师（士）643人、技师（士）732人。按常住人口计算，每千人卫生技术人员数8.45人、执业（助理）医师3.46人、注册护士3.6人。年内，新增江苏省“双创”博士1人，苏州市“姑苏卫生人才”特聘D类人才1人。坚持实施“1+2”江苏省、苏州市两级医学生定向培养政策，全年签约定向培养77人。

医疗设施设备　2月，市第一人民医院病房改造项目开工，共涉及25个病区，面积3.8万平方米，包括内部装修、电气工程、给排水改建、空调工程、智能化工程和消防工程等，总投资7800万元。至年末，10个病区完成改造升级并投入使用。年内，全市招标采购医疗设备18台，其中B超13台、CT机2台、DR机3台，总金额2802.38万元。年末，全市共有医用直线加速器、PET/CT、陀螺刀等大型乙类医用设备6台，其中PET/CT1台、陀螺刀1台、直线加速器4台。

重点学专科　年内，市中医医院妇科、骨科、脾胃病科、康复科、耳鼻咽喉科5个专科创成江苏省中医重点专科建设单位；市第一人民医院药剂科、产科、重症医学科、儿科，市中医医院肿瘤科、医学影像科、内分泌科，澳洋医院医学影像科，市第二人民医院脾胃病科，市第三人民医院神经外科，市第四人民医院精神科，市第五人民医院内分泌科12个专科创成苏州市临床重点专科；市中医医院脾胃病科护理创成苏州市中医护理重点专科，肺病科护理创成苏州市中医护理重点专科建设单位，广和中西医结合医院脾胃病科护理创成苏州市中医护理重点专科培育单位；市第二人民医院麻醉科、心血管内科、医学影像科，市第三人民医院普外科、消化内科、临床护理、呼吸内科，市第五人民医院骨科，市第六人民医院神经内科、心血管内科，广和中西医结合医院内分泌科，健华医院普外科，港城康复医院康复医学科，凤凰镇人民医院呼吸内科、消化内科，大新镇人民医院骨科，南丰镇人民医院内分泌科，玉蕙口腔医院口腔种植科18个新申报专科创成张家港市级临床重点专科（含建设单位）。至年末，全市有各级重点专科108个，其中国家级1个、省级12个、苏州市级32个、张家港市级63个；重点学科28个，其中苏州市级9个（重点扶持学科4个）、张家港市级19个。

行业监管　年内，张家港市调整医疗质量控制中心组织架构，成立市级质控中心28个，组织市级质控专家开展各项质控培训和督察。委托苏州市医疗质量控制中心专家开展半年度、年终第三方医疗质量专项督察。在进行日常“三合理”（合理检查、合理治疗、合理用药）督察的同时，配合医保DRG支付改革，首次对全市DRG严重亏损病例开展专项督察，联合医保监管数据，进一步加强医疗质量监管力度，规范诊疗行为。针对群众关注度高的“大处方”、抗肿瘤药物合理使用等情况，开展专项督察，并对责任单位及医师进行通报、记分等处理。持续开展全市医疗机构麻醉精神类药品和抗菌药物合理使用专题培训，强化合理用药和重点管控麻醉精神类药品规范使用宣传。落实国家基本药物制度，每双月对公立医院基本药物配备使用情况进行监测通报。根据《全市医院医疗费用不合理增长三年行动计划实施意见（2021—2023）》要求，每季度印发医疗费用监测通报，督促医院强化内控制度，严控医疗费用不合理增长。开展医疗美容行业专项治理行动，行政处罚7户次，罚没款22.25万元。对7名相关医务人员进行行政处罚，罚没款22.6万元。6月，向社会公布2022年度个体诊所依法执业诚信服务信用等级评估结果，其中A级10家、B级89家、C级14家。

【中医药服务】 年内，全市启动新一轮全国基层中医药工作示范县创建工作。6月，市政府成立创建工作领导小组，建立中医药跨部门协调机制。市卫健委、市发改委、市财政局联合制定全市"十四五"中医药事业发展规划、中医药事业发展专项资金管理意见等政策文件。11月13日至15日，张家港市高标准通过全国基层中医药工作示范县创建的现场评审。年内，全市新增省级中医重点专科建设单位5个，遴选推荐9名中医参评苏州市名中医，组织全市15名骨干参加苏州市中青年中医药临床优秀人才研修项目。创新打造"杏林·远志"中医学校，组织230名基层医疗卫生机构人员开展中医适宜技术培训。张家港市在江苏省卫生健康系统中药调剂职业技能竞赛苏州选拔赛中获团体三等奖，在苏州市中医经典技能竞赛中获团体一等奖，在苏州市家庭药师职业技能竞赛中获团体三等奖。大新镇人民医院获评江苏省五级中医馆建设单位，市第二人民医院、市第五人民医院、市第六人民医院、凤凰镇人民医院、金港社区卫生服务中心创建为苏州市四级中医馆，市第六人民医院、凤凰镇人民医院被纳入苏州市第三批吴门医派名老中医药专家传承工作室建设单位。市中医医院与江苏张家港酿酒有限公司合作设立"中药养生黄酒研发中心"，推动中医药养生文化与中国黄酒文化相融合。市红十字血站创新建设富有中医药文化特色的街头"无偿献血屋"。

【家庭医生签约服务】 年内，全市继续实施家庭医生签约服务工作，老年人、0至6周岁儿童、孕产妇、高血压、糖尿病、结核病、严重精神障碍患者等重点人群签约率为86.76%，大病困难群众、计生特殊困难家庭签约率为99.76%，白血病儿童、重疾劳动模范与居家离休干部自愿签约率100%，直接减免签约群众门诊医疗费用274万元。"点单式"签约服务全面实施，签约11217人。社区医生开展家庭访视29045户次，提供健康咨询服务38657人次，提供常见病多发病诊断指导34315人次，发放健康科普读物21185份，提供常规检查16970项次，提供转诊服务45人次。二级以上医院专科医生提供面对面服务8069人次，提供健康咨询7928人次，开具个性化健康处方4278张；优先预约就诊3996人次，检查1812人次，住院108人次。

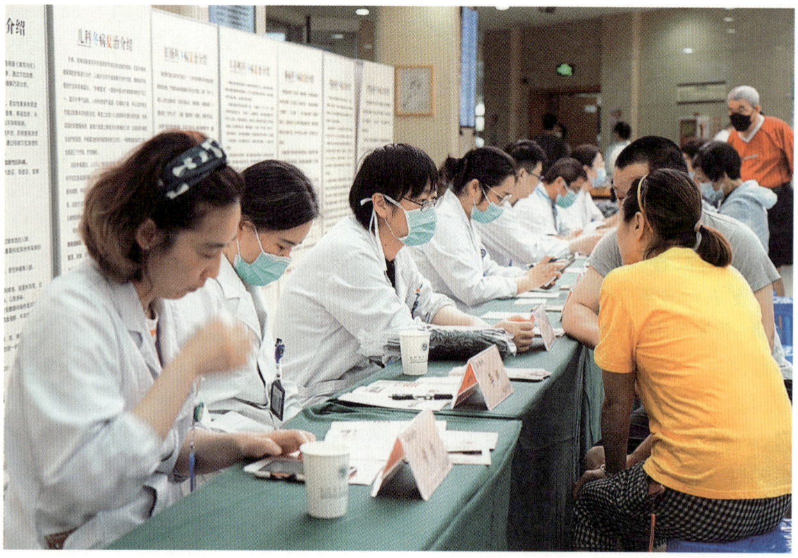

市中医医院冬病夏治便民服务 （市卫健委 提供）

【中医药"九个一"惠民活动】 6月至9月，为贯彻落实国家卫生健康委员会、国家中医药管理局《关于开展改善就医感受提升患者体验主题活动的通知》，普及中医药健康知识，开展中医药健康教育，全市中医医疗机构以夏季中医养生保健、慢病防治等为重点内容，推出夏季中医药特色便民惠民服务"九个一"（一杯中医降暑茶饮、一个中药保健香囊、一项冬病夏治技术、一次中医体质辨识、一套八段锦健身操、一个中药咨询窗口、一张中医健康处方、一次中医健康义诊、一场中医健康讲座）活动，服务近2万人次，开展社区讲座14场、乡村讲座9场、校园讲座8场、企业讲座6场，发放科普资料2.15万份、宣传材料1.24万份。

（丁 政 陆小娜 蔡志锋 蒋志涛）

疾病防控

【概况】 5月31日，市疾病预防控制局正式挂牌。2023年，全市人均期望寿命82.75岁，甲、乙类传染病总发病率（除新冠感染外）122.59/10万人。开展65周岁及以上老年人健康体检17.49万人，高血压健康管理14.7万人，糖尿病健康管理5.01万人。扩大免疫规划疫苗免费接种20.67万人次，组织全市中小学校开展学生体检15.1万人。开展孕产妇抑郁筛查21503人次，干预73人次。开展65周岁及以上老年人痴呆筛查2345人次，干预50人次。

疾病预防控制 全市全年报告乙、丙类传染病（除新冠感染外）23350例，发现活动性肺结核338例，报告伤害监测病例49634例，肿瘤7368例，心脑血管、慢阻肺、糖尿病等慢性病44544例，死亡9831例。完成100181名40周岁及以上常住居民慢阻肺规范化筛查。组建慢性病患者自我管理小组60个，开展慢性病及社会影响因素状况调查，完成有效问卷10684份。组织开展中国居民慢性病及危险因素监测工作，涉及全市4个区镇8个村（社区），完成问卷758份。

5月31日，市疾病预防控制局挂牌　　（市卫健委　提供）

完成2006年至2022年177例职业病病例、4例职业病死亡病例的调查，无根本死因为尘肺、间皮瘤和肝血管肉瘤的病例。完成179例尘肺病例的随访，其中4例为新增病例。完成第三产业23个用人单位1238人的职业健康素养问卷调查，其中有效问卷1224份，职业健康素养水平48.12%。对保税区辖区内1000余家企业和近100名网格员开展职业健康管理专题培训。开展生活饮用水采样监测，全年检测生活饮用水水样306份、10096项次，水样检测合格率100%。组织开展张家港市中小学生“环境健康杯”征文绘画比赛，收集优秀作品1192份。开展消毒质量监测，监测医院37家，合格率95.9%；监测托幼机构16家，合格率93.64%。开展食品污染物有害因素监测，累计完成食品污染及食品中的有害因素监测70份。开展食源性疾病主动监测，全市16家哨点医疗机构共完成采样1000份，其中阳性363份，阳性率36.3%。处置食源性疾病暴发事件1起，原因查明率100%。组织各区镇开展社区居民食物暴露谱调查，完成问卷调查1974人次。组织全市中小学校开展学生体检15.1万人，实施儿童口腔疾病干预项目，完成三年级学生口腔检查14217人，窝沟封闭牙齿32713颗。开展HIV抗体检测47.4万人次，覆盖常住人口33.11%。重组预防艾滋病宣讲团，开展宣教活动51场，覆盖9995人。拓展“互联网+”宣教干预手段，建设“张晓艾”在线平台，提供宣教知识、风险评估、预约检测、结果查询和快递检测包等服务项目。利用“携手医访”平台开展艾滋病性病健康教育，全年面向就诊人群发放“艾滋病性病电子干预服务包”1513人次。完成20.3万人次梅毒筛查工作。全年报告丙肝38例，核酸检测率97.37%；全市丙肝病人治疗率89.19%；完成疗程11例，治愈率100%。排查重点区域5.19万平方米，未发现钉螺；开展血吸虫查病2033人次，未发现阳性；组织医疗单位开展“三热病人”（疟疾病人、疑似疟疾病人、不明原因发热病人）血检787人次，发现恶性疟疾2例、卵形疟疾1例，均为境外输入性疟疾病例。按东、南、西、北、中五个方位，在常阴沙现代农业示范园区、高新区（塘桥镇）、经开区（杨舍镇）、大新镇、南丰镇开展碘营养监测，每个区镇各抽取40名8至10周岁学生进行监测，儿童触诊甲状腺肿大率为0，尿碘中位数每升207.5微克，居正常范围；每个区镇各抽取20名孕妇进行监测，孕妇补碘率97%，尿碘中位数每升123.5微克，居正常范围。

健康教育　全市开展健康教育“五进”（进社区、进机关、进企业、进农村、进学校）巡讲活动195场，发放健康教育宣传资料140种，播放健康教育视频5.5万次，开展公众咨询活动176场，举办健康知识讲座1239次，开展《健康“翎”距离》专题直播198期。开展“文明健康，有你有我”全民健康素养促进行动，举办首届健康脱口秀比赛、卫生健康系统篮球比赛、健康“益”起来暨世界无烟日党员志愿服务集市活动、健康养身操比赛、高校学生健康促进技能竞赛等活动。开展居民健康素养与烟草流行入户监测，共调查9个区镇25个村（社区）1126户。其中，经开区（杨舍镇）、冶金园（锦丰镇）、大新镇3个区镇作为国家监测点，完成健康素养监测271户。实施健康素养网上学习评估参与8.9万人次。

【常见肿瘤综合筛查】 承担肿瘤筛查项目的市中医医院为临床筛查开设绿色通道，通过一站式服务中心指导患者就诊，及时解决肿瘤筛查患者遇到的就诊问题。年内，以社区为单位，完成肿瘤登记随访25782人，通过流行病学问卷调查，对胃幽门螺旋杆菌、乙肝表面抗原、粪便隐血等相关标志物联合检测，对一般人群进行风险评估，筛选出肿瘤高危人群，分别通过低剂量螺旋CT、结肠镜、胃镜、腹部彩超以及指示性活检病理检查，进行肺癌、结直肠癌、食管癌、胃癌、肝癌的免费筛查，提高癌症的早发现、早诊断、早治疗比例和效率。全年完成问卷调查及高危人群评估3295人，其中肺癌高危1812人、上消化道癌高危1320人、肝癌高危498人、结直肠癌高危1396人。分病种进一步筛查，发现肺癌或疑似肺癌15人，胃癌1人、癌前病变1人，结直肠癌3人、癌前病变9人，疑似肝癌1人、肝内占位性病变5人。

【精神卫生综合管理】 2023年，全市登记在册严重精神障碍患者6758人，报告患病率4.71‰，规范管理率97.19%。对全市在册严重精神障碍患者等开展面对面随访，共走访6455人，发现病情不稳定10人。加强严重精神障碍患者信息管理，上报确诊患者信息556例、出院信息405例、应急医疗处置145例。落实贫困精神障碍患者家庭医生免费签约服务政策，惠及189人。落实严重精神障碍患者免费体检3834人。面访严重精神障碍患者28781人次，对严重精神障碍患者开展危险性评估249例。市第四人民医院开通24小时心理热线，累计服务100余人次。推进心理健康促进项目，举办健康讲座50余场，开展孕产妇抑郁筛查21503人次，心理辅导1333人次，干预73人次；65周岁及以上老年人痴呆筛查2345人，干预50人，提供康复指导16次；儿童青少年心理健康状况测评55人次，干预39人次；居家精神病人开展家属课堂5场，情景模拟训练11场，培养社区精神障碍辅导员10人，组织同伴活动35场。

【扩大免疫规划实施】 2023年，全市完成扩大免疫规划疫苗免费接种20.67万人次，接种率99.63%。其中，适龄儿童水痘疫苗接种24230剂次，初中学生麻腮风疫苗接种11108人，65周岁及以上户籍老年人肺炎疫苗接种4318人，成人流感疫苗接种34068剂次，儿童流感疫苗接种3430剂次。初一女生HPV（人乳头瘤病毒）疫苗首剂接种5952人，其中二价HPV疫苗接种2270人、九价HPV疫苗接种3682人，首剂接种率91.03%。

（王夏冬　陆嘉慧　卢　悦）

妇幼健康

【概况】 2023年，全市出生人口5883人，比上年减少922人，下降13.55%。其中户籍人口出生3495人，出生率3.78‰，人口自然增长率-6.54‰。未发生孕产妇死亡，婴儿死亡率2.21‰。实施“妇幼健康惠民工程”“出生缺陷综合防治民生实事项目”等惠民政策，深入推进母婴安全行动计划，加强高危重点人群管理服务，开展消除“艾梅乙”母婴传播行动，落实消除宫颈癌计划，规范0至6周岁儿童保健工作，试点开展儿童孤独症筛查，加快“托幼一体化建设”和普惠托育提质扩面。启动国家“助力乡村振兴战略——基层儿童早期发展项目”，开展儿童友好医院创建。印发《〈张家港市关于进一步完善和落实积极生育支持措施的指导意见〉任务分工方案》，实施积极生育政策及配套支持举措，提倡适龄婚育、优生优育，实行生育登记服务制度，开展出生人口分析，推动新生儿出生“一件事”事项联办。切实维护计生家庭合法权益，执行计划生育各项奖扶政策，加强财政资金保障，落实信息核查长效机制，深入开展计划生育特殊家庭“暖心行动”，持续做好计划生育特殊家庭“三个全覆盖”专项行动。

母婴安全　年内，全市加强妇幼健康服务行业监管，强化母婴危急重症多学科联合救治，实施孕产妇和新生儿危急重症救治能力建设。落实母婴安全五项制度，规范孕产妇高危因素筛查和分类管理，加强妇幼保健三级网络协同配合，登记发现高危妊娠7348人，所有高危孕妇均随访专案管理，未发生孕产妇不良事件。开展危重孕产妇和围产儿死亡案例评审2次，实施全市妇幼保健质量控制督导4次，组织开展全市首届正常分娩接产大赛、年度妇幼健康技能竞赛。组队参加苏州市妇幼健康职业技能竞赛，获得团体优秀奖、优秀组织奖。

妇幼保健　年内，全市开展新一轮适龄妇女“两癌”筛查项目，推动“两癌”常态化门诊建设（已建8家），完成妇女“两癌”筛查5.4万人，确诊宫颈癌12例、乳腺癌47例，发现宫颈癌前病变184例，促进早诊早治。建立孕产妇心理“筛查—诊断—干预—随访”的闭环管理模式，重点推进孕产妇心理筛查项目，在原孕期筛查3次的基础上增至5次。落实0至6周岁儿童全程13次眼保健和视力检查服务，建立学龄前儿童视力健康电子档案41199份，建档率98.45%。印发《张家港市0—6岁儿童孤独症筛查干预工作方案》，开展孤独症筛查，规范转诊流程。开展避孕药具与基本公共卫生服务、高校青春健康教育宣传互联互动，整合社区卫生服务中心基层药具管理职能，打造覆盖全市的网格化发放体系。全市共设置199个发放点、109台发放机，形成全市“15分钟免费避孕药具服务圈”。深度融合“两癌”筛查、流产后关爱项目等各环节，保护女性生殖健康。全年完成避孕药具不良反应监测上报662例，达国家优秀标准。

【出生缺陷综合防治】 2023年，全市持续规范开展新生儿各类疾病筛查工作，做好筛查阳性儿童的转诊和随访，确保项目工作效果，提高出生人口素质。开展预防出生缺陷防治为主题的“健康‘益’起来”大型义诊集市，现场专家提供关于出生缺陷综合防治的指导。全市各项疾病筛查率98%以上，无重大出生缺陷疾病发生。全年完成血清学免费筛查4757例，发现高风险311人次。开展新生儿代谢性疾病筛查5958例，免费筛查3056人，补助筛查2300人，确诊异常7例；免费先天性心脏病筛查新生儿6077人，确诊“先心病”106人；新生儿听

市公共卫生服务中心暑托班　（市卫健委　提供）

力筛查6030人，确诊听力异常30人。为全市5178名新生儿进行耳聋基因检测，其中补助筛查2829人，发现先天性耳聋3例，GJB2基因纯合、复合杂合突变23例，新生儿携带药物性耳聋基因12例，新生儿携带其他耳聋基因721例，分别对筛查阳性新生儿父母做好宣教指导。持续实施优生优育疾病保险制度，投入19万元为3800名符合条件的育龄群众投保优生优育疾病保险，目标人群覆盖率100%。

【基层儿童早期发展项目启动】 年内，张家港市被国家卫健委妇幼司、国务院妇儿工委办、国家乡村振兴局政策法规司列为“助力乡村振兴战略——基层儿童早期发展项目”试点地区，成为苏州市唯一入选的县市（区）。10月，项目启动。市卫健委先后制定《张家港市促进儿童早期发展实施方案》《张家港市0—3岁儿童早期发展项目实施细则》，从儿童的需求出发，注重服务体验，将儿童保健与婴幼儿照护服务融合发展，为3周岁以下婴幼儿提供良好的健康、充足的营养、回应性照护、早期学习机会、安全与保障等内容服务。12月，市妇幼保健院在北庄幼儿园举办第一期项目师资培训班，全市近100名儿童保健医生、托幼托育机构的幼教老师参加培训。

（吴亚红　杨增芳　薛　峰　陈妍青　甘培元）

卫生监督

【概况】 2023年，全市卫生健康领域完成行政审批（备案）3113件次，实施行政处罚252户次、罚没款179.02万元。市卫生监督所紧紧围绕全市卫生健康工作总体要求，全力打造“健康港城·蓝盾护航”卫生监督品牌，组织“蓝盾”专项执法行动12次、临时性检查40次、“双随机”抽查521个，监督检查7675户次，处置投诉举报119起，移送区镇案件或线索172个，向法院申请行政强制执行3起，裁定准予执行3起，结案2起，吊销3家医疗美容机构的医疗机构执业许可证，全年无行政复议和行政诉讼败诉案件。推行不良执业行为“双记分”制度，医疗机构记分31户次、128分，医务人员不良执业行为记分38人次、168分。市卫生监督所获评苏州市卫生监督案件查办先进集体、“健康苏州杯”卫生健康综合监督技能竞赛“团体二等奖”，查办的“某美容主诊医师出租医师执业证书案”获评全省打击非法医疗美容优秀典型案例，制作的视频《食品安全标准之正确认识食品添加剂》获评省卫生监督所食品安全标准优秀宣传作品（视频类）三等奖，3个案例获评苏州市卫生健康系统优秀案例。市行政审批服务中心卫生监督窗口在全市18个部门入驻窗口中唯一获评2次季度“红旗窗口”，并作为罚没票据电子化改革试点开出全市首笔电子罚没票据，率先实现行政相对人“零跑腿”缴纳罚没款。落实涉企免罚清单，免罚企业2家次。

医疗卫生监管　年内，张家港市出台《小型医疗机构依法执业诚信服务差异化监管制度》，在备案诊所全面试行风险分类监管制度，动态调整风险类别。对高风险诊所落实书面抄告、警示约谈和加大监管频次等综合措施。根据评估情况，5家机构上调至低风险，3家机构上调至中风险，1家机构上调至高风险。推行备案诊所运行首月“五个一”（一次业务专家带教、一次诚信服务指导、一次法律书籍赠送、一次法律法规宣讲、一次A级诊所现场观摩）现场服务制度，全年为47家首次备案诊所和107家许可转备案诊所提供“五个一”现场服务。

职业卫生监管　年内，全市实施中小微企业帮扶行动，为用人单位职业健康管理人员开展线下企业合规指导培训13次，覆盖企业1000余家。开展健康“益”起来——职业病防治法宣传周专场志愿服务集市活动，发布职业健康“益”企直通车服务清单，通过成立“益”企工作室、提供一对一“管家服务”等方式，保护劳动者职业健康权益。累计对甲类（风险最高）用人单位监督845个次，责令整改459个次、1806项，对上级挂牌督办风险隐患用人单位7个、市卫健委交办风险隐患用人单位37个进行风险隐患排查化解。

公共场所监管　年内，全市推进全国文明城市常态长效管理，统筹调度执法力量，累计巡查“四小”（小理发美容店、小旅店、小浴室、小歌舞厅）行业3925家次，移送违法案件150起，发放禁烟标识522份、消毒记录登记表1981份，“两证”（卫生许可证、健康证）持证率分别提升至96.1%和87.3%。

【医疗美容市场专项整顿】 年内，为整治美容行业乱象，保障人民群众的身体健康和生命安全，进一步规范医疗美容机构执业行为，市卫生监督所组织开展全市医疗美容市场专项整顿。依托“苏州市卫生健康综合监管平台”发布自查任务，严格按照自查任务时间节点督促各医疗机构开展依法执业自查，及时上传自查报告，并且督促整改。开展医疗质量安全、机构及人员资质、诊疗规范执行情况等医疗美容机构专项检查工作3次，对32家医疗美容机构进行全覆盖检查。采用错时执法，夜间突击检查等形式对医疗美容机构实施常态化监管，重点聚焦超范围诊疗、医师挂证等监管难点。加强医疗美容知识的宣传，通过电台、微信公众号等发布医疗美容市场专项整顿行动进展情况、典型案例查处、就医消费警示等，开展“蓝盾小课堂”系列科普宣传活动，制作视频《医美那些事儿》普及医疗美容知识，并在苏州市卫生监督机构微视频征集中获优秀奖。全年立案查处医疗美容案件13起，罚没款43.85万元。

（葛柯健）

爱国卫生

【概况】 2023年，市城乡环境卫生指导中心紧扣全市“现代化建设先锋年”工作主题，丰富延伸爱国卫生工作内涵，高质量推进健康城市建设。6月，张家港市承办全国“爱卫新征程，健康中国行”主题活动，新华网、央视网、《中国家庭报》等同步直播，全网实时观看量超过900万人次，被《健康报》等十余家媒体报道。7月，张家港市健康县市建设入选2022年度全国健康县区建设优秀案例。12月，张家港市作为全国唯一的县级市代表，受邀参加“爱卫新征程，健康中国行”2023年度全国爱国卫生运动主场活动。组织选送的“张家港市城乡环境卫生清理整治工作”获评全国优秀案例。经测评，张家港市2022年居民健康素养水平达到41.34%，创历史新高。

卫生城镇创建　4月，市城乡环境卫生指导中心会同市文明办、城管局等部门，联合开展以“宜居靓家园，健康新生活”为主题的第35个爱国卫生月活动，围绕城乡环境卫生整治重点难点，持续开展以“洁美港城，扮靓家园”为主题的城乡环境卫生集中整洁行动，深化推进“洁美港城”同创共建系列活动。全市累计出动工作人员9300余人次，开展环境卫生综合整治3150次，清除卫生死角6000余处，清理各类垃圾（含建筑垃圾）2000余吨。加强宣教科普，新增市区主干道户外广告牌23块，发放各类宣传资料3.6万份，刊发新闻媒体宣传报道25条。组织开展国家卫生城镇群众满意度网上测评活动，6000余人参与调查，基本满意比例超过93%。5月，在江苏省爱卫办组织的全省国家卫生城市（县）新一轮暗访评估中，张家港市得分率为79.7%，被通报表扬。8月，在苏州市的暗访评估中，张家港市得分率为82.1%，位列苏州县市（区）第一。

健康城市建设　2023年，市城乡环境卫生指导中心会同市卫健委、市教育局、市级机关事务管理中心等部门，深入推进健康教育活动，召集83名医务人员组建健康教育与健康促进讲师团，采用菜单式点单形式，开展健康宣讲活动。健康“家”服务项目有序开展，其中41个村（社区）健康“管”家项目稳步推进，36名管理师结对服务村（社区）开展专业化健康管理服务。启动第四期健康“益”家项目，其中市级重点培育项目4项、镇级培育项目5项。高新区（塘桥镇）滩里村、乐余镇向群村、后塍街道袁家桥村等试点开展“乡医有约”项目，将健康教育和健康促进有效融入预防、医疗、康复等医疗卫生服务过程。强化公共场所控烟，无烟医院、无烟学校、无烟党政机关比例达到100%，成人吸烟率19.86%。高标准推动健康镇村建设，经开区（杨舍镇）徐丰村、花园浜社区、悦盛社区、七里庙社区，锦丰镇郁桥村、新港村、十一圩港村、永新社区、沙洲社区，乐余镇向群村，凤凰镇恬庄村、魏庄村，南丰镇东港村，常阴沙现代农业示范园区常沙社区，后塍街道学田村15个村（社区）建成江苏省健康村（社区）。市市场监管局、后塍街道、市医疗保障局3个单位建成省健康机关，经开区（杨舍镇）双鹿村等24个村（社区）建成苏州市健康村（社区），乘航小学、沙洲小学、金港中心幼儿园3个单位建成苏州市健康单位，经开区（杨舍镇）李巷村等26个村（社区）建成张家港市健康村（社区）。年内，建成苏州市健康教育与健康促进基地6个，重新确认苏州市健康教育与健康促进基地6个，累计建成苏州市健康教育与健康促进基地21个。

病媒生物防制　围绕病媒规范化管理，新改建陶瓷、水泥等各类毒饵站约900座，全市社区等外环境基本实现毒饵站定投，落实“四要素”（告知书、警示贴、编号贴、毒饵站）管理，试点推进鼠药回收等安全管理新机制。实施新一轮区镇街级“健康进万家”公益灭蟑扩面试点，举办市级公益灭蟑科普技能赛，发放灭蟑套装5000余份，惠及24个老旧小区，群众满意率94.2%。开展春冬季灭鼠、“健康港城”灭蚊行动等专项活动，投放溴鼠灵、溴敌隆5.6吨，投放菊酯类药剂1.5吨，悬挂捕蝇笼、捕蝇袋8000余个，张贴告知书6000余份，完善编号贴2万余张。推进区镇级病媒生物监测评估工作，发布蚊密度参考信息6期，下发业务指导书3例。完成2家病媒生物预防控制服务机构备案登记。加强病媒应急队伍建设，组织病媒生物防制业务系列专题培训，各区镇（街道）42名工作骨干通过省中级有害生物防制员职业技能鉴定。

【全国健康细胞建设主题推进活动在市举行】 6月30日，全国“爱卫新征程，健康中国行”健康细胞建设主题推进活动在高新区（塘桥镇）举行。活动通过“展·爱卫风采”“创·健康细胞”“启·健康未来”3个篇章，展示新时代爱国卫生运动和“健康中国行”取得的成效，广泛动员全社会参与爱国卫生运动。江苏省、河南省南阳市、陕西省宝鸡市、四川省成都市等，从文化理念、政策机制、管理服务、环境营造等方面，分享健康细胞、健康城市建设典型经验。高新区（塘桥镇）介绍塘桥镇首批入选国家卫生镇并实现国家卫生镇“九连冠”的实践经验。与会人员考察了南丰镇永合社区、市社会心理服务指导中心、张家港公园、经开区（杨舍镇）福前村等“健康细胞”。（吴　燕）

6月30日，全国“爱卫新征程，健康中国行”健康细胞建设主题推进活动在高新区（塘桥镇）举行　（市卫健委　提供）

【编辑　陆正芳】

人力资源管理

Human Resource Management

市人社局建成省内唯一就业护航基地　（市人社局　提供）

人事人才

劳动就业

劳动维权

張家港年鑑(2024)

人事人才

【概况】 2023年，市人社局、市人才办开展人事管理、人力资源管理、人才服务等工作，为全市发展提供人才保障和智力支撑。开展年度事业单位招录工作，开展各级各类职称评定、专业技术人员管理和人才企业服务等工作。发布全国首个企业技能发展科学评价体系——“技能张家港”企业发展指数指标体系。承办第十五届苏州国际精英创业周张家港分会场活动。举办“赢在苏州·创赢未来”国际创客大赛（张家港市海外直通赛），征集高层次人才创新创业项目53项，15个项目参加决赛路演，其中6项获奖，张家港市人社局获优秀组织奖。

【人事管理】 2023年，市人社局组织开展普通事业单位招聘、专业化青年人才定岗特选、青年党政人才选调、海外留学回国人员选调等各类招聘，其中普通事业单位招聘76人、定岗特选8人，选调青年党政人才75人、海外留学回国人员20人。指导教育、卫健、文广系统及沙洲职业工学院开展专场招聘，配合组织部门开展专项招聘，录用工作人员914人。其中，教育系统录用445人（事业编制359人、备案制86人），卫健系统录用245人（事业编制101人、编外合同制卫技人员144人），文广系统录用3人，沙洲职业工学院录用30人；配合省委组织部、省人社厅组织新疆专项招聘2人，配合市委组织部面向村、社区优秀党组织书记选聘事业人员10人，入职所在区镇事业单位。持续健全公益性岗位（编外）人员“进、管、出”全流程管理制度，加强指标总量调控，建立动态调整机制，指导用工单位主管部门统筹使用系统内用工指标；推进公益性岗位（编外）用工指标分类管理，会同教育系统、卫健系统研究自主招聘编外指标使用规则，科学确定不同行业系统编外指标总量；完善公益性岗位（编外）人员选聘管理，印发《张家港市机关、事业单位公益性岗位人员公开招聘岗位分类目录》，精确指引用人单位规范设置招聘条件，促进公平公正。顺应基层经济发达镇改革需要，优化调整区镇事业单位岗位设置政策口径，有效缓解区镇事业人员混岗任职岗位聘用受限问题。年内，3名专业技术人员通过省人社厅评审确认具备专业技术二级岗位的聘用资格，全市正高级专技人员占专技高级岗位聘用人员比例为8.8%。根据省创建达标评比表彰工作协调小组办公室对张家港市2023年度表彰奖励项目实施方案的批复，市人社局规范组织开展“现代化建设先锋年”表彰奖励活动，评选先进集体100个、先进个人200人。

【职称评定】 2023年，全市评定各级各类职称5111人，其中初级职称2634人、中级职称1719人、高级职称758人（其中正高级职称97人），累计有初级职称198213人、中级职称78547人、高级职称16438人。年内核发技能等级证书14598份，其中核定特级技师3人、高级技师229人、技师824人、高级工7006人、中级工4777人、初级工1759人。全市有管理类人员和专业技术人员558636人，其中研究生27026人、本科生208755人、大专生217165人、中专和高中及以下人员105690人。

【科技人才】 年内，张家港市组织3批市领军型创新创业人才项目评审、1批半导体人才项目专项评审，组织第六届苏州·张家港全球创新创业大赛综合赛，第七届苏州·张家港全球创新创业大赛一阶段常规赛，引进人才项目112项，累计1304项。全市新增自主培育国家级重大人才工程20人，累计54人；新增江苏省高层次创新创业人才引进计划17人，累计201人；新增姑苏创新创业领军人才计划39人，累计390人。至年末，全市领军人才企业实现销售107.9亿元，纳税3.74亿元，销售收入超1000万元的领军人才企业139家，销售收入超1亿元企业22家。年内，张家港市获评江苏省“友谊奖”，为苏州市唯一。

【博士后与留学回国人才】 年内，全市博士后工作站及实践基地新增进站博士后11人，完成率275%，累计进站博士后122人。5家企业入选2023年度江苏省博士后创新实践基地；10月，亿创氢能源科技（张家港）有限公司洪绍景博士团队、苏州超锐涂层科技有限公司鞠洪博博士团队项目入围第二届全国博士后创新创业大赛总决赛。12月，张家港凤凰科创园获评江苏省留学回国人员创新创业园，为苏州大市范围内唯一入选的留创载体；江苏能华微电子科技发展有限公司朱廷刚获评2023年度“江苏留学回国先进个人奖”。

【人才服务】 2023年，市人社局为高层次人才提供政策咨询、政策兑现等服务，落实高层次人才生活待遇。全年服务高层次人才13691人次，新认定礼遇人才1433人，兑现安居补贴、引才补贴、薪酬补贴、个税奖励等各类人才奖励5259.43万元，办理人才公寓租赁手续277人次，落实高层次人才生日关怀132人次、健康体检113人次，子女入学45人次。开展“苏才相伴·春夏秋冬”惠企助才政策宣讲8场，参会人才近5000人；开展新落户人才项目“互学互访”活动，常态化走进人才企业、骨干企业宣讲人才政策，走访调研企业146家次；开展“人社直播间”高层次人才政策解读专场活动4场，参训人员近6000人。围绕“引才、育才、留才”工作重点，发布《张家港市企业创新类博士引才补贴实施细则》。开展各类节令活动、“苏苏有礼”等交流活动、“人才企业赋能课”服务活动24次，促进人才间交流互动。通过一系列人才政策发放及行业交流活动，为企业创新发展提供智力支撑，建立健全涵盖4家上市辅导期、12家重点培育、20家后备力量的人才企业“上市梯队”，助力5家人才企业上市。开展各类补贴性职业技能培训2万余人次，新增技能人才自主评价备案企业30家，新增高技能人才9344人。在全省首批开展特级技师评审试点，突破技能人才发展“天花板”，全市有5名技能人才获评特级技师，1名获评首席技师。

【苏州国际精英创业周张家港专场】7月11日,2023年(第十五届)苏州国际精英创业周张家港分会场活动——张家港市"投创共融"发展大会开幕。会上发布基金投融资集群、人才项目"拨投联动"机制,颁发2022年张家港市社会化招才引智突出贡献奖、优质荐才奖,启动2023年度"资本直通月班车"。中国科学院院士周其凤、外籍院士米勒库古洛夫·阿列克谢受邀参加开幕式。创业周期间,张家港市围绕"金融赋能""产才融合""人才服务"等主题,开展30余场品牌活动,推动创新链、资金链、人才链深度融合。

【国际创客大赛(张家港市海外直通赛)】5月25日,2023年"赢在苏州·创赢未来"国际创客大赛(张家港市海外直通赛)举行。大赛聚焦张家港市"4+4"主导产业,向全球引才。共征集海外优质创业创新项目53项,覆盖全球主要创新资源集聚地区,通过选拔,筛选出15个项目现场对决,最终6个项目获奖,分别为固晶焊线自动化检测设备项目、点"秸"成"金"——绿色新材料工艺的拓路者项目、分布式储能功能模块与智慧能源芯片的产业化项目、智能轮式机器人运动解决方案项目、高效制氢复合碳纳米管纤维催化电极研究应用及产业化项目和多功能瑕疵识别智能相机系统研发与产业化项目。获奖项目在获得姑苏领军人才"直通车"基础上,可直接认定为张家港市领军人才并享受项目资助,从而贯通苏州、张家港两级人才政策,缩短人才认定周期,促进项目落地。

【全国首个企业技能发展科学评价体系发布】经张家港市人社局与中国劳动和社会保障科学研究院历时一年的课题研究,2月16日,"技能张家港"企业发展指数指标体系发布,为全国首个企业技能发展科学评价体系。该指标体系从技能生态、技能投入、技能载体、技能提升、技能评价、技能激励、技能引领7个维度,设置47个具体指标,可全面评价企业技能发展情况,引领骨干企业加强职业技能建设,推动高质量发展。同时,市人社局自主研发"技能张家港"企业发展水平监测"云"平台,将企业发展指数指标体系动态化展示,为开展技能人才自主评价的重点企业提供参考,引导企业针对薄弱环节补齐短板。

(龙宣好 黄 健)

表57 2023年张家港市新增姑苏创新创业领军人才计划一览表

姓 名	公 司 名 称	姓 名	公 司 名 称
张树玉	江苏鎏溪光学科技有限公司	尹一戈	苏州纳薇科技有限公司
李丹丹	芊惠半导体科技(苏州)有限公司	乔 栋	苏州艾拉托斯测量技术有限公司
佟伟平	华清平耐磨科技(苏州)有限公司	刘 治	不器智能科技(苏州)有限公司
张立强	苏州德普润新材料科技有限公司	蒋志成	苏州海合智能科技有限公司
谭建宇	苏州精衡科技有限公司	陈峥佑	苏州御象信息科技有限公司
黄爱军	苏州博创熠鑫智造科技有限责任公司	侯立果	至正长信自动化工程(苏州)有限公司
杨 凡	科瑞迈吉(苏州)医疗科技有限公司	耿沛文	苏州英孚思科技有限公司
严正龙	苏州双泇生物科技有限公司	李承浩	苏州同冠微电子有限公司
黄 震	苏州硒瑞恩生物科技有限公司	杨 莉	苏州熹联光芯微电子科技有限公司
王 任	苏州神能无线科技有限公司	叶其斌	江苏省沙钢钢铁研究院有限公司
秦俊男	江苏聚恩科技有限公司	侯 鲲	江苏富淼科技股份有限公司
袁亚飞	苏州艾秒科技有限公司	曹树卫	江苏永钢集团有限公司
栾美洁	勃宁海洋工程装备(苏州)有限公司	李世健	苏州思萃熔接技术研究所有限公司
唐茂玉	江苏万事预复合材料科技有限公司	周义博	苏州凡应捷新材料科技有限公司
李思奇	苏州卡方能源科技有限公司	朱晓琪	微源光子(张家港)科技有限公司
王 奇	江苏复祯环保科技有限公司	吴 建	苏州深研科技有限公司
蔡传玉	江苏智库智能科技有限公司	刘智勇	中科见微智能装备(苏州)有限公司
王文举	苏州普钠新能源科技有限公司	刘 勃	苏州锐之芯半导体技术有限公司
刘 鹏	江苏航智嘉信息科技有限公司	洪俊雄	苏州成汉芯业科技有限公司
剧亚东	苏州翰微材料科技有限公司		

劳动就业

【概况】 2023年，全市城镇新增就业22853人，高校毕业生就业率99.75%，其中特困家庭毕业生就业率100%。全市新增创业4047人，就业困难人员实现就业3170人。年内发放稳岗返还补贴1.14亿元，发放失业保险（补助）金8697.26万元，支付在领失业金人员医疗保险费1451.01万元。落实就业创业扶持政策，向用人单位发放吸纳就业困难人员社保补贴514.18万元，发放灵活就业补贴1.06亿元、创业社会保险补贴973.98万元、公益性岗位社保补贴225.6万元、公益性岗位补贴169.92万元、一次性扩岗补贴384.3万元、职工技能提升补贴533.97万元、一次性就业见习补贴387.95万元。

【毕业生就业服务】 年内，市人社局对5978名张家港市籍应届高校毕业生实行实名制管理，动态掌握毕业生就业创业情况。依托毕业生就业岗位信息采集机制，定期通过人才网、微信公众号等渠道发布适合毕业生的就业岗位38844个。开展青年就业服务攻坚行动，举办15场各类型高校毕业生就业双选会，581个单位提供岗位10949个。全年发布2438个就业见习岗位，组织近1000名青年（含高校毕业生）参加就业见习。实施校园引才计划，携2.78万个岗位赴120余所高校开展校园引才活动，并创新开启冶金产业专线招聘活动；围绕市重点产业，组织58个单位参加2023年“校园苏州日”走进东北大学系列活动，深化校地战略合作。举办市应用技术人才培养校政企联盟合作大会，成立应用技术人才培养校政企联盟，为60余所省内外院校与张家港市128家企业、10115个应用技术人才岗位建立就业联系；举办“菁英归巢，智汇港城”留学回国人员张家港市就业岗位发布仪式，留学回国人员张家港会客厅揭牌，61个用人单位发布1532个留学回国人员就业岗位。开展“莘莘学子看港城”暨“名校进名企”活动，组织45所院校193名师生代表参加，加深省内外高校与张家港市企业交流合作；举办2023年春季大型人才交流会，开展“就业援助月”“春风行动”“民营企业招聘月”等各类主题招聘活动，全年举办线上线下招聘会203场，提供就业岗位20.1万个次。

【就业基地建设】 年内，市人社局开展“暖心就业、乐业港城”就业服务专项行动，针对建设服务阵地、创新服务形式、拓宽引才路径等方面发布10项就业服务专项行动举措，组建“一企一策”人社服务专班，成立张家港市用工保障服务联盟，打造“全链条、全方位、全时段”暖心就业服务。举办“技动港城、能创未来”2023年张家港市应用技术人才培养校政企联盟合作大会，与江苏省交通技师学院、云南国土资源职业学院、西安铁路职业技术学院等10所院校合作成立张家港市技能人才培养基地；与南京科技职业学院、河南职业技术学院、云南锡业职业技术学院等10所院校合作成立张家港市应用人才培养基地；认定光束汽车有限公司、采埃孚汽车科技（张家港）有限公司、国泰新点软件股份有限公司等10家就业见习基地。新开辟湖北孝感、麻城，甘肃定西，安徽临泉，云南大理、楚雄，贵州遵义7个劳务基地，赴安徽、湖南、云南、宁夏、甘肃等地开展人力资源交流协作，签订劳务合作协议。

【人才落户服务】 年内，市人社局赴江苏科技大学、苏州大学、西安理工大学等10余所高校开展“人才落户直通车”活动，举办2024届毕业生校园招聘活动，发放政策宣传材料；赴永钢集团、港务集团，对新招录2023届毕业生开展人才政策宣讲；走访江苏东方四通科技股份有限公司、澳洋医院、陶氏化学张家港有限公司、美利肯纺织（张家港）有限公司等单位，开展重点企业人才落户政策宣传。实施“档案港湾”计划，联合市教育局开展苏州市高中阶段留学人员学生档案托管文件解读说明会，为张家港籍高中毕业生去海外留学的学生接收个人学籍档案10份。全年办理人才落户、毕业生落户292人，新增人事代理单位54个，接收科技人才档案、职工档案6640份，转出档案4276份。

【“燃情创业，汇聚港城”大学生创业大赛】 1月至4月，市人社局举办“燃情创业，汇聚港城”2023年度张家港大学生创业大赛暨第六届“创响江苏”大学生创业大赛苏州市赛张家港选拔赛。比赛征集20个参赛项目，围绕创新引领性、带动就业、项目团队、发展现状及前景，综合评选出10个项目进入决赛。4月27日，决赛评出一等奖1个、二等奖2个、三等奖3个、优秀奖4个。其中，张家港企业参赛的项目“基于液态高分子低黏附原理的抗污新材料的应用和产业化”晋级“中国·苏州”大学生创业创新大赛总决赛并获二等奖，“纳米光栅波导显示光学器件批量制备技术”“精密半导体器件温控激光焊接系统研发与产业化”2个项目获苏州市青年赛三等奖。2名参赛选手获评苏州市“青年创业标兵”，其中1人获省级标兵赛二等奖。

劳动维权

【概况】 2023年，市人社局书面审查用人单位6815个，“双随机”（随机抽取检查对象、随机选派执法检查人员）抽查用人单位1676个。受理各类投诉、举报5183件，其中工资纠纷4901件，占比94.56%，立案查处216家违法企业，行政处理处罚19件，追发拖欠工资2197.21万元，涉及职工3614人，向公安机关移送欠薪类案件6起。发布劳动关系预警简报12期，其中红色预警企业14家、黄色预警企业3家。全市有A级劳动保障诚信企业987家、AA级47家、AAA级26家、AAAA级6家、AAAAA级7家。

【和谐劳动关系构建】 2023年，市人社局贯彻落实省和苏州市《推进新时代和谐劳动关系创建活动实施方案》，劳动关系“和谐同行”能力提升三年行动、省级深化构建和谐劳动关系综合配套改革试点建设收官，阶段性目标任务全部完成。探索提升基层劳动关系公共服务能力，推广冶金园（锦丰镇)劳动关系公共服务试点经验,研究制定《劳动关系公共服务中心(站)建设与管理规范》,为基层劳动关系公共服务站建设和管理提供指引。加强劳动关系队伍能力建设,通过培训、比武等形式提升劳动关系协调员队伍能力素质,3人获评2023年江苏省金牌劳动关系协调员,10人获评2023年苏州市金牌劳动关系协调员;冶金园(锦丰镇)获评江苏省首批优秀劳动关系和谐乡镇,南丰镇获评苏州市优秀劳动关系和谐乡镇,797家企业获评省、市级"劳动关系和谐企业",累计选树70家"和谐劳动关系示范企业"。

【劳动人事争议化解】 2023年,市劳动人事争议仲裁院接到劳动争议案件3210起,立案前达成调解1202起,立案处理2008起,总调解率85%。其中,集体争议案件10起,比上年增11.11%,涉及劳动者196人。上半年,深化"调裁审执"劳动保障维权一体化服务中心建设,在原有架构上新增府院联动工作室和就业服务工作室,设置重大案件领导报请制度、复杂事项通报会商制度、联席会议制度等,畅通人社、法院及检察院的沟通衔接机制;新增就业服务工作室,在维权阶段即为到访群众提供一站式就业服务,帮助劳动者解决离职后的再就业难题。下半年,推出"小宣说法,和谐护航"劳动法律法规巡回公益课堂,并获评市社科普及创新引导扶持二类项目,相关普法视频被"学习强国"等平台刊登。年内,张家港保税区劳动人事争议联合调解服务中心获评江苏省金牌劳动人事争议调解组织,市人力资源服务行业劳动争议调解委员会、江苏东渡纺织集团有限公司劳动争议调解委员会、大新镇劳动争议调解委员会、后塍街道劳动人事争议调解中心4个单位获评苏州市金牌劳动人事争议调解组织。网上调解平台服务能力持续提升,张家港市调解专家团队蝉联调解平台质效考评全省第一,实现四连冠。年末,张家港保税区仲裁庭、冶金工业园(锦丰镇)仲裁庭获评苏州市2023年"劳动人事争议示范巡回仲裁庭"。

【农民工工资支付保障】 年内,市人社局发挥市根治拖欠农民工工资工作领导小组办公室牵头作用,印发《全市工程建设领域农民工工资月结月清提质增效年行动实施方案》,协调各成员单位共同开展欠薪治理工作。联合市检察院、市司法局、市工商联等部门加强企业合规用工指导,完善《企业行政合规指导清单》。组织相关部门持续推进项目开工交底告知管理,全年累计开展交底项目241项;发放农民工工资支付保障制度应知应会手册650余份,推行并发放用工管理台账标准化参考文本800余份,发布工资指导价。联合行业主管部门,加大对房产项目和政府投资项目等重点领域监管力度,全年开展项目工地排查713次,开具隐患整改通知单59份,涉嫌建设行为和保障农民工工资支付制度落实不规范移交建设监察查处项目15项,通报项目8项,约谈企业23家。实施全市2022年度保障农民工工资支付工作专项考核,明确属地责任,督促整改问题。开展全国平台欠薪线索核处工作,接收欠薪线索2450条,办结率95.91%。强化行政执法与刑事司法衔接工作机制,与市法院联合组织企业现场观摩拒不支付劳动报酬案件庭审过程,全年以涉嫌构成拒不支付劳动报酬罪向公安机关移送案件6起。全年未发生50人以上的群体性事件或有重大影响的个人极端事件。

劳动保障监察人员向农民工普及维权知识 (市人社局 提供)

【农民工工资保证金管理系统上线】 11月,张家港市农民工工资保证金管理系统在苏州市内率先上线。该系统可实现工程项目开工档案、农民工实名制管理信息、欠薪线索等多项数据串联,浮动调整保证金存储比率,有效保障农民工工资权益。该系统为农民工工资保证金业务办理方式增加"线上"模式,办理周期由4至5个工作日压缩至1至2个工作日。至12月末,系统注册企业用户38家,政府及乡镇用户15家,金融机构用户13家,有14个项目完成核定申请和存储备案,涉及金额419.8万元,2个项目完成免缴申请和备案。12月25日,该举措获苏州市委书记批示肯定。

【全国首家仲裁庭审直播平台开通】 年内,张家港市探索"互联网+仲裁"形式,在苏州市率先启动"智能仲裁","劳动人事争议智能仲裁院建设"项目被列为2023年度政府民生实事项目。"智能仲裁"建设以办案"数字化"为方向,从传统庭审方式向智慧庭审方式转变,智能化升级庭审室,引入语音实时转录系统,庭审时间缩短约20%—30%;探索互联网庭审操作方法,将庭审模式从"面对面"升级为"屏对屏",实现争议不见面调处。全年开展线上沟通、调解、庭审300余次。同时,开通全国首家仲裁庭审直播平台,打造"张仲在线"直播品牌,在线接受公众监督,全年直播2159次,该工作受到省人社厅肯定,被交汇点新闻等多家媒体宣传推广。12月11日,张家港市劳动人事争议仲裁院首批获评全省劳动人事争议智能仲裁院。 (龙宣好)

【编辑 陆文琰】

居民生活

Resident Affairs

5月20日，“爱载暨阳”户外集体婚礼和公益市集举办　（市民政局　提供）

居民收入与消费

人口与家庭服务

养老服务

新市民服务

居民收入与消费

【概况】 2023年，全市有城镇非私营单位从业人员20.59万人，其中制造业从业人员96353人，占比最大。从业人员平均工资13.05万元。按行业分，金融业从业人员平均工资最高，为21.69万元；公共管理、社会保障和社会组织从业人员其次，为19.29万元，居民服务、维修等行业收入最低，为4.32万元。

【居民可支配收入】 2023年，城镇居民人均可支配总收入83812元，比上年增4.1%。其中，工资性收入53980元、经营净收入7818元、财产净收入9890元、转移净收入12124元，分别比上年增4.66%、2.91%、0.37%、5.58%。农村居民人均可支配总收入47032元，比上年增6.3%。其中，工资性收入26623元、经营净收入8453元、财产净收入4623元、转移净收入7333元，分别比上年增6.96%、4.42%、1.12%、9.68%。

【居民生活消费支出】 2023年，城镇居民人均消费支出48116元，比上年增7.11%。其中，食品烟酒支出12752元、衣着支出2502元、居住支出10222元、生活用品及服务支出2494元、交通通信支出10214元、教育文化娱乐支出6566元、医疗保健支出2055元，分别比上年增6.11%、6.24%、3.07%、4.97%、10.41%、10.54%、10.07%。农村居民人均消费支出31799元，比上年增10.47%。其中，食品烟酒支出8455元、衣着支出1609元、居住支出6209元、生活用品及服务支出1985元、交通通信支出5613元、教育文化娱乐支出4460元、医疗保健支出2561元，分别比上年增9.04%、5.72%、6.67%、6.89%、16.57%、13.26%、12.52%。

【居民耐用消费品拥有量】 2023年，每百户居民拥有家用汽车82辆，其中城镇居民拥有85辆、农村居民拥有76辆。拥有电冰箱（柜）115台，其中城镇居民拥有113台、农村居民拥有120台。拥有洗衣机108台，其中城镇居民拥有110台、农村居民拥有103台。拥有空调283台，其中城镇居民拥有297台、农村居民拥有250台。拥有彩色电视机163台，其中城镇居民拥有169台、农村居民拥有149台。拥有移动电话266台，其中城镇居民拥有264台、农村居民拥有268台。拥有空气净化器（含新风系统）15台（套），其中城镇居民拥有15台（套）、农村居民拥有13台（套）。

（统计局）

人口与家庭服务

【概况】 2023年，全市有居民314691户，比上年减0.3%；户籍总人口924261人，比上年减0.3%。其中，有女性474796人，60周岁及以上老年人285340人，持证残疾人21708人。有常住人口144.02万人，其中城镇人口108.16万人。全市户籍人口出生3495人，出生率3.78‰，人口自然增长率-6.54‰。年内，户籍人口死亡9557人，死亡率10.32‰。疾病死亡人口中，脑血管病占比最高，为29.74%，其次为恶性肿瘤，占比24.47%。平均期望寿命82.75岁，其中男性80.3岁、女性85.24岁。

【婚姻登记服务】 市民政局婚姻登记处全年办理结婚登记4715对、离婚登记1720对，补发婚姻登记证890对，查档服务1250件，全年登记合格率100%。开展婚姻家庭辅导介入108对，有效调解70对，劝和率64.8%。3月，市民政局制定并以市委办、市政府办名义印发《关于进一步推进张家港市婚俗改革实验区建设工作的通知》，推进移风易俗，倡导现代文明简约的婚礼仪式和中华优秀婚姻家庭文化，构建健康文明的婚姻价值观。根据文件提出的“试点先行、示范引路、全面实施”路径，确定婚俗改革试点单位和结婚颁证基地各5处，建成大新镇“稻花乡俚”婚姻文化教育基地、乐余镇永利村婚姻家庭教育实践基地等点位。6月1日起，张家港市婚姻登记实现“跨省通办”，当事人可选择在一方经常居住地申请办理婚姻登记，全年办理“跨省、跨市、跨区”婚姻登记业务1714件。开展常态化婚礼式颁证服务，聘请道德模范、金婚夫妇等作为特邀颁证员，全年开展常态化颁证9场、服务新人122对。深化“结婚吧”慈善空间建设，设计慈善文创产品13类，接收533对新人爱心捐赠，募得善款19505.25元，赠送慈善文创产品和捐赠证书187份。由第三方社会组织及公益红娘团组织开展婚姻家庭辅导特色课程17场，受益397人；开展公益相亲交友活动4场，服务未婚青年107人；开展“港城良缘大家谈”家庭教育活动8场，用真实案例讲述婚姻家庭生活技巧，受益188人。“520”期间，举办“爱载暨阳”户外集体婚礼和婚恋公益市集活动，16对新人参与巡游活动和集体婚礼，11家婚恋产业商家参与公益市集。七夕节期间，联合市新时代文明实践工作指导中心等推出“浓情七夕，爱载暨阳”幸福瞬间照片征集和七夕特辑暨新场馆启用周年纪念活动，七夕当日开展集体颁证活动4场，37对新人捐款1647.66元。重阳节期间，联合高新区（塘桥镇）青龙村党委开展“爱载暨阳，情暖重阳”主题党日，为青龙村8对金婚、宝石婚夫妇举办集体婚礼，为群众提供婚姻法律知识、婚姻登记办事流程、婚姻家庭辅导及家风家训等咨询服务，举办“青春同路，缘来是你”“相约秋意，心动青春”2期相亲交友活动，并邀请专业心理咨询师开展婚恋指导。

【生育服务】 年内，市卫健委持续深化“放管服”改革，规范赋权区镇生育登记服务事项，做好优生优育全程指导。全市村（社区）生育登记服务网络全覆盖，通过“苏服办”App平台实行全城通办，全年完成生育登记服务7363例，其中网上办理6596件，网办率90%。协同市医保局完善生育保险待遇结算信息反馈机制，做好产假期间企业社会保险补贴的女职工生育情况审核。推行新生儿“出生一件事”事项联办，实现出生医学证明、户口登记等集成化办理，年内有174例符合线上申领条件人员完成申领。常态化维护人口信息平台，年度全员人口库常住人口覆盖率和主要数据项准确率90%以上，出生信息和怀孕信息核对率95%以上。加强人口监测基层网络建设，张家港市作为江苏省四个“国家人口监测点”之一，年内完成试点地区关于“产前检查成本监测”调查上报。会同市发改委研究出台《张家港市贯彻落实〈关于进一步完善和落实积极生育支持措施的指导意见〉任务分工方案》，出台16个方面79条措施，着力降低生育养育成本，营造生育友好社会环境。维护计划生育家庭合法权益，全年发放农村部分计划生育家庭奖励扶助金1702.76万元、持证企业退休人员一次性奖励金4335.48万元、计划生育特别扶助金3262.57万元、生育关怀基金345.23万元，受益36526人，奖励扶助政策兑现率100%。依托市委宣传部“千场优秀电影进社区”活动，开展卫生健康、生育政策、优生优育等知识宣传。优化家庭健康服务阵地建设，在金港街道、高新区（塘桥镇）建有家庭健康服务中心阵地2家，其中高新区（塘桥镇）家庭健康服务中心位于胡同社区，年内被确立为省级项目点，并申报国家级计生家庭维权项目和省级新型文化示范点项目。开展“连心家园”阵地建设，凤凰湖滨社区“连心家园”和南丰东港社区“连心家园”分别创成省级和苏州市级示范点。组织帮扶助困暖心行动，开展针对计划生育特别扶助家庭的心理团体辅导、针对生殖健康的青春健康校企行等项目。年内，市计划生育协会获省家庭健康保险工作三等奖、苏州市创新发展奖。

【托育服务】 市卫健委建立健全托育服务体系，规范托育机构服务管理，开展托育机构调研和托育服务问卷调查，组织“托育服务宣传月”活动，加强托育从业人员培训，提升托育服务水平。牵头制定出台《张家港市关于促进托育服务高质量发展的实施意见》，健全托育服务体系建设发展支持政策。联合市教育局、行政审批局、市场监管局等部门印发《张家港市托育机构专项治理方案》，牵头召开专项治理动员会议，部署落实专项治理工作。按照“属地管理、部门协同、分类治理”原则，对全市托育机构开展分类治理，组织督导检查10余次，开展专题托育机构整治多部门会商3次，联合检查托育机构26家，提出整改意见114条。治理托育机构127家，引导关停或转型31家，完成托育机构审核备案32家。实施普惠托育提质扩面，协同市教育局、机关事务中心和辖区政府等优先支持公办幼儿园开办托班，盘活空余学前学位资源，年内全市开设托班的幼儿园有59家，占幼儿园总数的56.2%，其中新增托班的幼儿园29家。开展示范机构创建工作，年内创成省级示范性托育机构1家，苏州市级示范性托育机构1家；做好普惠托育机构评审，切实增加普惠托育供给总量，新增张家港市级普惠托育机构11家，完成普惠托位490个的年度目标。年末，全市有各类托育机构100家，备案托育机构65家，可提供托位数5551个，常住人口每千人拥有3周岁以下婴幼儿托位数3.8个。

【家庭发展】 2023年，张家港市推进“家家幸福安康”工程，从家庭文明创建、家庭教育支持、家庭服务提升等方面推动家庭发展。3月至12月，市妇联组织开展《习近平走进百姓家》“六进”活动，即进机关、进学校、进企业、进村（社区）、进家庭、进社会组织，包括学习研讨、赠书活动、主题宣讲、开设专栏、专题分享、征集展示等内容。3月，市家庭教育协会第三次会员大会召开。5月，举办“文以化人，家和业兴”市家庭文化节，举办市儿童友好城市建设工作推进会，发布《张家港市推进家庭教育工作实施方案（2023—2025年）》，下发《关于举办2023年张家港市家庭教育宣传周系列活动的通知》。6月，举办“斑斓童心绘健康”儿童绘画比赛。7月，张家港市11篇征文被苏州《我家的喜讯，捎给总书记》优秀征文选集收录。8月，举办市儿童友好社区建设推进会暨“社会妈妈”伴童成长行动启动仪式，开展“石榴籽·张巩一家亲”最美家庭交往交流交融活动。9月至11月，组织开展2023年“传家训、立家规、扬家风”宣讲活动50余场。11月，省级专项督导组到张家港市开展《江苏省家庭教育促进条例》落实情况调研督导。年内，面向全市挖掘培育各级最美家庭，获评省“最美家庭”2户，苏州市“最美家庭”10户、健康家庭20户，张家港市“文明家庭（标兵）”50户、“优秀书香之家”10户。谢恺烈士故居获评苏州市新时代家教家风实践基地，15个社区（村）首批获评苏州市级“三全”（社区全域、父母全程、家庭全类型）家庭教育指导服务示范点。

【未成年人保护】 全市建有区镇、街道未成年人保护工作站（儿童“关爱之家”）11个。年内，市民政局发放市级儿童“关爱之家”补助金39万元，南丰镇未成年人保护工作站创成省级示范性未成年人保护工作站（关爱之家）。市民政局常态化开展困境儿童个案管理分级服务，完成分级评估605例，提供专业服务3850人次。实施突发困境未成年人干预保护，接收转介个案29例，提供专业服务291人次。实施未成年人保护专业能力提升项目，开展主题培训8场、个案督导培训10场、儿童主任轮训14场。9月，成立张家港市未成年人关爱保护志愿者协会，制定未成年人保护专业领域志愿服务指导手册。12月，建成未成年人保护综合服务平台，设置未成年人基础信息、工单管理、个案服务、服务阵地、人才队伍、宣传教育等功能模块，开发“未成年人保护”小程序，设立全生命周期管理的未成年人保护数据库，实现对未成年人有关信息的主动发现、动态管理、精准画像，对个案管理服务的过程和成效进行实时监测和长效跟踪。

【殡葬管理】 3月，市殡葬改革领导小组印发《关于做好2023年全市清明祭扫工作的通知》，与市文明办共同发布《祭扫倡议书》。清明节期间，全市组织各类工作人员1.4万人次，累计接待群众128万人次，祭扫车辆21.5万辆次，骨灰安放（葬）587次，未发生安全事故及群众投诉。推进殡葬设施建设，南丰镇完成静安园二期扩建，塘桥镇完成滩里福善堂二期主体扩建及新建殡仪服务中心，乐余镇完成吉安园环保型焚烧炉安装，常阴沙现代农业示范园区完成常安园骨灰堂外墙及室内部分修复，后塍街道完成殡仪服务站停车场改造。11月，由市民政局制定并以市委办、市政府办名义印发《关于进一步推进丧葬礼俗改革的实施意见》，以市政府办名义印发《关于进一步优化完善殡仪服务中心建设的意见》，持续推进丧葬礼俗改革，倡导殡葬领域移风易俗。市民政局牵头成立丧葬礼俗专家库，分4个片区开展丧葬领域民俗调研，听取群众意见，编印发布全国首个殡、葬、祭礼仪规范指引《张家港市白事通》，系统梳理群众“身后一件事”办理的政策规定，为文明办丧提供操作指南。开展殡葬业价格秩序、公益性安葬设施建设经营专项整治、巩固和深化“活人墓”等突出问题整治规范工作，根据苏州市《殡葬服务单位“双随机”抽查工作实施方案》，开展“双随机”检查24场。全年集中文明办丧1165例，市、镇两级财政补贴233万元。市财政补贴各地殡葬改革资金216.09万元，免除基本殡葬服务费1177.57万元，惠及9047人。推进“互联网+殡葬”服务，将自然人“身后一件事”一网通办项目和殡仪馆火化预约平台接入“今日张家港”App，年内网上火化预约5393件，“身后一件事”办理1058件；“思亲网”网上祭扫累计访问量562万人次，实景祭扫访问量25万人次。

6月2日，市民政局赴经开区（杨舍镇）召开市丧葬礼俗调研座谈会

（市民政局　提供）

【市家庭文化节开幕】 5月10日，由市文明办、市妇联、市教育局、市民政局、市卫健委、市新时代文明实践工作指导中心及大新镇联合举办的“文以化人，家和业兴”2023年张家港市家庭文化节开幕。市委常委、宣传部部长陈卫兵出席活动。开幕式上发布《张家港市推进家庭教育工作实施方案（2023—2025年）》，方案从“践行立德树人根本任务、丰富家庭教育服务供给、加大家庭教育专业支持、优化家庭教育精准服务”4个大类13个方面推动建设“全域覆盖、全时服务、全民共享”的家庭教育指导服务网络；活动现场为《习近平走进百姓家》主题征文获奖者颁奖，为责令未成年人监护人接受家庭教育指导服务工作“优秀指导师”颁奖，为“好家风好家训”宣讲团成员及大新镇“金银杏”家庭教育指导师颁发聘书，开展家庭文明建设主题展演并举办“家和美，家风倡”公益集市。

【市农村移风易俗主题宣传月活动启动】 9月7日，“成风化俗，以德润城”张家港市农村移风易俗主题宣传月活动暨大新镇十佳道德模范与十佳和美家庭授奖仪式在大新镇新时代文明实践所举行。市委常委、宣传部部长陈卫兵出席活动。活动现场发布《张家港市村（社区）道德评议会工作指南》《张家港市村（社区）红白理事会工作指南》，为大新镇移风易俗理论宣讲志愿服务队授旗，为大新镇十佳道德模范、十佳和美家庭颁奖。宣传月期间，全市通过“我宣讲”“话文明”“进万家”“唱新风”4个大类30项重点活动宣传移风易俗政策和举措，促进乡村文明。

（黄　娟　吴亚红
周菊花　茅雅香）

5月10日，2023年张家港市家庭文化节开幕　（市妇联　提供）

养老服务

【概况】 至年末，全市户籍人口中有60周岁及以上老年人285340人，比上年增12868人，占全市户籍总人口的30.87%。其中，70周岁及以上老年人151695人，比上年增4796人，占全市老年人口的53.16%；80周岁及以上老年人44675人，比上年减283人，占全市老年人口的15.66%；90周岁及以上老年人6168人，比上年减202人，占全市老年人口的2.16%；全市有100周岁及以上老人123人，比上年减21人。年内，市卫健委等七部门联合开展老年人运用智能技术专项普及培训，培训8655人次。市老年协会加强区镇和村、社区老年协会建设，重点

培育20个示范点，经开区（杨舍镇）老年协会创成AAA等级社会组织，市老年协会撰写的《张家港市“老年人助餐现状”调查及建议》为市政府及有关职能部门调整老年人助餐服务政策提供依据。市卫健委、市老龄办推进全国示范性老年友好型社区创建，金港街道马桥社区获评2023年全国示范性老年友好型社区，高新区（塘桥镇）胡同社区、经开区（杨舍镇）李巷村获评江苏省2023年示范性老年友好型社区建设单位。市老龄办开展老龄工作优秀案例评选，市卫健委《以高质量医养保障助力幸福生活县域典范》、市民政局《居家适老化“小改造”承载老年人“大幸福”》等10个案例获评市老龄工作十佳优秀案例，市卫健委《推进“幸福港城惠老保险”，筑牢意外伤害保护屏障》、经开区（杨舍镇）《构建“三四五”教育模式，打造“脑健康”社区样板》等10个案例获评市老龄工作优秀案例，《推进“幸福港城惠老保险”，筑牢意外伤害保护屏障》获评苏州市老龄工作十佳案例，《居家适老化“小改造”承载老年人“大幸福”》《以高质量医养保障助力幸福生活县域典范》获评苏州市老龄工作优秀案例；经开区（杨舍镇）缪永高、大新镇陈玉芳、后塍街道茅永良获评苏州市老龄工作先进典型。

【养老服务体系建设】 全市年末有各类养老床位13912张，每千名老人拥有各类养老床位数48.8张；有养老机构41个，护理型床位9502张。年内，张家港保税区区域性养老服务中心建成投运。2023年市级民生实事项目“社区养老服务能力提升项目”实施，全年新建综合养老服务中心3家，老年人助餐点10家；累计建成城区综合性老年人活动中心4家，区镇、街道综合型养老服务中心11家，老年人助餐点40家；有居家养老服务中心（点）255家，居家养老服务中心（点）实现村（社区）全覆盖，社会化运营率100%。市、镇两级联合验收新建住宅区配套建设养老服务用房17处，总面积5366.84平方米。全市新建住宅区配套建设养老服务用房累计备案总数123处，总面积2.94万平方米；累计联合验收86处，总面积2.35万平方米。全市有接受上门服务的居家老年人50783人，占比17.8%；市亲情（虚拟）养老院总服务1570万人次，综合满意度99.59%。张家港澳洋优居壹佰如意家院养老公寓获评第二批江苏省五级养老机构。

【养老服务保障】 年内，全市每月向符合条件的65周岁及以上张家港市户籍老年人发放尊老金，惠及216889人，发放总金额14813.35万元。由苏州市统一招标，张家港市、镇两级承担保费支出458.41万元，为张家港市户籍60周岁及以上老年人投保“苏州市老年人人身意外伤害保险”，年内理赔3676起，赔付金额553.44万元。市养老志愿者协会继续开展养老志愿服务培训，孵化专业团队和优秀项目。持续实施银龄互助志愿服务项目，至年末，该项目有2433名服务对象，1429名低龄老年志愿者和97个志愿服务团队参与，完成志愿服务82822次，累计志愿服务服务时长69345个小时。银龄互助志愿服务项目获评第七届江苏志愿服务展示交流会——文明实践志愿服务项目大赛银奖、列入2022年度全国学雷锋志愿服务“四个100”先进典型名单。市民政局继续免费组织全市养老护理员培训，全年培训初级持证护理员196人，自2010年起，累计免费培训初、中、高级养老护理员2937人次。根据《张家港市养老从业人员入职奖励管理细则（试行）》，向符合条件的54名养老服务从业人员发放奖励共74.55万元。全年向养老机构发放各类疫情纾困补贴222.72万元。

【老年健康服务体系建设】 年内，市卫健委继续推进全市老年健康服务体系建设。全市二级及以上综合性公立医院设置老年医学科的比例为100%，设置康复医学科的比例为83%。市第一人民医院老年医学科获评江苏省老年营养病房建设单位，市中医医院“多模式CT评估优化老年急性缺血性脑中再灌注治疗”获批2023年度省老年健康科研项目。组织494名医护人员参加医养结合、安宁疗护、老年人健康管理等业务培训。市第一人民医院、澳洋护理院、锦丰镇社区卫生服务中心等医疗机构完成苏州安宁疗护试点基线调查。持续推进老年友善医疗机构建设，老年友善医疗机构创建全覆盖，市第一人民医院、市中医医院、市第五人民医院、市东城社区卫生服务中心等9家单位创成老年友善医疗机构优秀单位，优秀率为20%。开展优质护理院建设，澳洋护理院获评2023年江苏省优质护理院。开展老年健康促进行动，全年开展老年口腔健康、老年营养改善、老年康复健身等知识培训51场次，老年健康义诊50场次。

金都社区助餐点　（金港街道　提供）

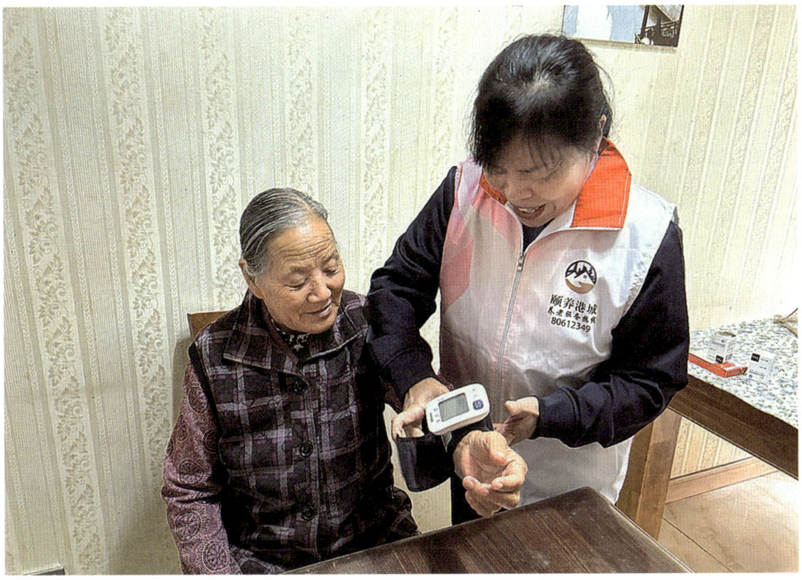

养老志愿者为老年人服务 （市民政局 提供）

【孝老敬老活动】 敬老月期间，各老龄委成员单位和区镇（街道）筹措资金开展走访慰问，市领导和各相关部门负责人分别带队慰问百岁老人。全市投入资金1373万元，发放物品151546件，62360人参与走访慰问和为老服务志愿活动。10月23日，由市老龄委主办、市卫健委（市老龄办）、市民政局、市老年协会承办的第36个老年节庆祝活动在沙洲大厦举行，活动中对2023年度“敬老之星”“老有所为之星”“老年健康达人”和银龄互助志愿服务优秀志愿者、优秀护理员进行表彰，并进行老年人文艺演出。市法院开展反诈知识有奖竞猜活动，市委统战部开展“侨缘高新，同心向党，银辉聚力乡村振兴”“心连心，扬美德，一家亲”等活动，市委老干部局开展老干部门球邀请赛，市民政局开展“爱哉重阳·乐哉夕阳”“情暖金秋，爱在重阳”等活动，市人社局开展“浓情重阳，久久相伴”敬老活动，市总工会开展“凝心铸魂，银发生辉”活动，市妇联开展“我爱我家”女性营养公益课堂。各区镇（街道）均开展健康知识讲座、文娱演出、趣味运动会、法律咨询、送戏下乡、义诊、重阳茶话会、集体生日会、知识竞赛等活动。市卫健委开展“科学健身助力老年健康”老年健康宣传周活动、健康“益”起来——敬老爱老主题志愿服务集市等活动30余场，开展以“实施积极应对人口老龄化国家战略，推进无障碍环境共建共享”为主题的敬老月系列活动，“第十二届重阳健康养生文化节”主题活动、《女驸马》《雪宧绣谱》老年人戏剧专场、大型健康义诊等老年人体育和文化交流活动；与市老年协会联合举办老年人维权讲座、老年防诈维权宣传百村巡展、“健康杯”门球赛、“爱在重阳，福满金秋”邀请老年人进城看戏等活动60余场，与市退休教师协会联合举办老园丁门球比赛、乒乓球比赛、趣味运动会，与市老年体协联合举办“老龄杯”健康老人大联欢、健身秧歌大赛、返老还童草根项目运动会，与市老年公寓联合举办敬老月主题活动，与市融媒体中心开展“快乐香山”登高比赛、健康养生大讲堂、“中国梦我的梦——重阳圆梦微心愿”活动、“凤凰湖慢步跑”活动。28家医院、200余家基层医疗机构电子显示屏滚动播放健康宣传标语、老年健康科普视频3000余次。

（蔡志锋 李卫军 沈晓文）

新市民服务

【概况】 年末，全市登记出租房屋8.12万户，流动人口（新市民）70.49万人，其中就业人数44.1万人，流动党员705人。年内新增登记流动人口15.68万人，变更58.5万人次，注销76.39万人次。2月至6月，市新市民事务中心联合市保利大剧院开展“剧”有意思——新市民公益观剧系列活动，100余名新市民观看剧目。2月至7月，联合市空竹运动协会举办“竹舞飞扬，传承非遗”新市民空竹训练班，在冶金园（锦丰镇）永新社区、星火村、书院社区及经开区（杨舍镇）锦绣社区、农鹿社区、江帆社区开展活动6期，300余名新市民参与。3月至9月，联合市融媒体中心开展“书香少年，阅见美好”新市民子女法治教育阅读项目，在塘市小学、蓝天学校、斜桥小学、沙洲小学、金城学校举办法治专题讲座。3月至10月，联合市融媒体中心开展“心连新”新市民融入共建工程系列活动，组织新市民亲子代表、流动党员代表、新市民大学生代表等150人，开展参观公安消防基地、红色革命基地，举办传统文化体验活动等。4月至11月，制作“法护青春”新市民青少年法治与道德有声系列读物10期，持续在“张家港市新市民事务中心”微信公众号发布。7月至8月，举办“七彩的夏日”新市民子女暑期安全教育系列活动，围绕未成年人法治安全教育、防溺水安全教育、消防安全教育、交通安全教育、网络安全教育、心理健康教育等内容，以现场教学、专题讲座、情景模拟、互动交流等方式开展活动100余场。11月10日，举办“弘扬‘四敢’精神，争当实干先锋”网格员业务竞赛。年内，4747名新市民子女获积分入学准入资格。继续发挥特困新市民临时救助政策和新市民意外保险作用，救助特困新市民11人，发放救助金9.44万元；新市民意外保险成功理赔30例、赔付60.38万元。实施“心暖‘新’护青苗”——特困新市民家庭困境儿童关爱服务项目，为5名困境儿童提供心理关爱服务。组织2023年度新市民服务管理研究课题申报工作，经审核评选，经开区（杨舍镇）“探索二房东规范化管理”、冶金园（锦丰镇）“探索大型企业流动人口服务管理‘新’格局”、大新镇“‘以房管人’助推新市民服务管理工作再上新台阶”等评为年度优秀研究课题。

表58　　2023年张家港市流动人口分布情况表

单位：人

区镇名	流动人口登记数	16周岁及以上男性登记数	16周岁及以上女性登记数	未满16周岁人数	就业总人数	第一产业人数	第二产业人数	第三产业人数	投资经商人数	无业人员数
保税区（含金港、后塍、德积街道）	148538	74795	51398	22345	91763	467	59477	26327	5492	3080
经开区（杨舍镇）	257361	125459	96378	35524	155764	538	81927	65546	7753	1672
冶金园（锦丰镇）	78524	41475	24935	12114	55301	998	38793	12843	2667	3920
塘桥镇	74979	36044	27696	11239	49899	533	36400	11747	1219	1061
乐余镇	21913	10717	7314	3882	11220	911	7222	2567	520	532
凤凰镇	53330	26272	19315	7743	33848	418	26592	5634	1204	159
南丰镇	30165	16428	8874	4863	20913	417	16457	3524	515	492
大新镇	36352	18179	12312	5861	19134	310	14006	3881	937	658
常阴沙现代农业示范园区	3719	1953	1224	542	3177	193	2463	430	91	—
合计	704881	351322	249446	104113	441019	4785	283337	132499	20398	11574

【第十届新市民法律法规知识竞赛】 11月至12月，市新市民事务中心与市司法局、市卫健委、市总工会、市消防安全专项治理机制领导小组办公室联合举办张家港市第十届新市民法律法规知识竞赛。11月22日，在张家港市新市民事务中心微信公众号上开展线上答题，浏览量25万余次。12月19日，知识竞赛决赛在沙洲湖会议中心举行。决赛围绕宪法、民法典、安全生产法、消防法、人口与计划生育法、职业病防治法、工会法和《居住证暂行条例》《江苏省出租房管理条例》等相关法律法规，以现场竞答形式开展，题型包括小组共答题、是非题、抢答题、观众互动题和风险题。保税区代表队获一等奖，经开区（杨舍镇）代表队和高新区（塘桥镇）代表队获二等奖，南丰镇代表队、乐余镇代表队、凤凰镇代表队获三等奖。

12月19日，第十届新市民法律法规知识竞赛决赛举行

（市新市民事务中心　提供）

【流动人口数据深度应用平台建立】 年内，市新市民事务中心对原流动人口信息系统和新市民积分管理信息系统进行优化，建立流动人口数据深度应用平台，包含应用系统、人口分析、房屋分析、风险分析、质态分析、积分分析、综合分析等模块。其中，应用系统有新市民积分、流动人口管理、人事管理、信息报送、流动党员、大数据、GIS、微网格等系统，出租房屋GIS地图功能是此次优化平台的新举措，利用图形、图像处理，计算机视觉优化等，实现全市出租房屋、流动人口数据的可视化。该应用平台可综合呈现全市流动人口的年龄段、从业状况、政治面貌、分布情况、文化程度等信息，并通过对流动人口数据进行综合分析研判，实现人房情况可视化、网格员工作质态分析、网格员工作风险点预警等功能，为政府部门决策、基层治理、隐患整治、政策制定、人口监测、网格员队伍管理提供数据支撑。

（王　依）

【编辑　陆文琰】

社会保障

Social Security

4月21日，市医保局走进锦丰镇福利村开展政策宣讲　（市医保局　提供）

社会保险　　社会福利

社会救助　　住房保障

社会保险

【概况】年内，市人社局通过阶段性降低失业保险费率为企业减负6.7亿元；完成市机关事业单位养老保险改革试点参保改制人员企业年金筹建工作。做好退捕渔民参保动态信息跟踪，引导退捕渔民持续缴费、长期缴费；常态化维护退捕渔民安置保障实名制动态帮扶信息系统，动态关注退捕渔民就业意愿、就业情况变化及到龄退休情况，涉及禁捕退捕渔船26条，退捕渔民63人，发放灵活就业社保补贴83081.15元。年内，市医保局围绕提升待遇保障、深化重点改革、创新基金监管、优化公共服务等方面发展医保事业。开展户籍人口参保扩面行动，基本医保参保人数比上年增2.78%。发挥医保基金监管联席会议牵头单位作用，检查两定（定点医疗机构、定点零售药店）机构4900余家次，覆盖率100%。开展医保支付方式改革、医疗服务价格改革、药品耗材招采改革，30家医院实行DRG（按疾病诊断相关分组）付费，改革精神类、康复类疾病付费模式，推动公立医院医疗服务价格按等级分级定价，开展口腔种植医疗服务和耗材价格专项治理。建成250个村（社区）医保公共服务点，17家定点医院开展"先诊疗后付费"，优化"慢病患者用药进社区"药品目录，下沉药品200余个。发布"医保家圆"党建品牌，建立"医保百科""医保监管""同创共建"3个行动支部，开展政策宣讲1000余场，"港城市民'医保百科'普及项目"入选苏州市社科普及惠民扶持项目，DRG付费监管研究成果在《中国医疗保险》《中国卫生》《中国健康报》等国家级刊物发表。"高倩委员工作室"开展协商议事、学习调研等活动44次，收集社情民意184条，被苏州市政协授予"优秀委员工作室"称号。张家港市医保管理服务工作获省政府办公厅2022年度督查激励。张家港市在全省首批获评"15分钟医保服务圈"示范县（市、区），塘桥镇、凤凰镇便民服务中心获评"15分钟医保服务圈"省级示范点，张家港保税区、常阴沙现代农业示范园区等地4家便民服务中心获评苏州市级示范点。

表59　　2023年张家港市社会保险情况表

项　目	参保单位数（个）	参保人数（人）	人员参保率（%）	基金收缴率（%）	保险支付情况（万元）
机关事业单位养老保险	564	24168	100.00	100.00	144143.00
企业养老保险	45443	525077	98.75	99.91	837085.00
工伤保险	53306	610603	100.00	100.00	36280.00
失业保险	40947	467449	99.80	100.00	30725.38
职工基本医疗保险	41786	812474	—	99.61	395512.00
居民基本医疗保险	—	355294	—	100.00	75493.00
生育保险	41785	479529	—	99.61	19607.00

【养老保险】2023年，市人社局为企业退休人员、城乡居民保险参保人员、机关事业单位退休人员、被征地农民等类别共38.97万人调整待遇。1月1日起，为28.65万名企业退休人员调整养老金，调整后人均养老金水平为每月2266.59元；完成1.17万名机关事业单位退休人员基本养老金调整，平均每人增资216元，合计补发1773.98万元；为5.16万名城乡居保待遇领取人员调整基础养老金，调整后人均待遇水平为每月551元；为3.64万名征地保养金领取人员调整征地保养金，调整后人均待遇水平为每月584元；为870名征地补助金领取人员调整征地养老补助金，调整后的标准按满70周岁、75周岁、80周岁分别为每月1010元、1015元、1020元，与省定最低基础养老金合计为每月1218元、1223元、1228元，如75周岁以下、75周岁及以上不到80周岁、80周岁及以上征地保养金领取人员待遇调整后，征地保养金和其他养老待遇的合计数低于每月1218元、1223元、1228元的，补足至以上金额。

【工伤保险】2023年，市人社局完成工伤认定4343人次，组织劳动能力鉴定33场4463人次，有157人次完成工伤康复，5327人次享受工伤保险待遇。年内继续联合市应急局、市卫健委、市总工会，开展工伤预防宣传培训"同安行动"，全年完成60家企业、1个重点镇的工伤预防宣传培训改善项目，辅导10家企业创建"安全生产标准化"企业，培训职工6245人次。继续推进省内唯一工伤保险差别化费率试点工作，建立完善工伤保险费率惩戒和激励机制，推动企业加大工伤预防投入力度。至年末，全市工伤保险参保单位53306个，参保人数610603人。

【失业保险】2023年，张家港市继续执行1%的失业保险总费率，为企业减免失业保险费6.7亿元，新增审核失业保险待遇4992人，发放失业保险（补助）金8697.26万元，支付在领失业金人员医疗保险费1451.01万元。全年采用"免申即享"的经办模式发放失业保险稳岗返还资金1.14亿元。

【医疗保障】年内，市医保局开展户籍人口参保扩面排查专项行动，推动学生、新业态劳动者、灵活就业人员等参加基本医疗保险。至年末，全市参保人数116.78万人，其中职工

81.25万人，居民35.53万人，分别比上年增3.16万人、2.02万人。全市职工基本医疗保险、居民基本医疗保险、生育保险参保率均保持在99%以上。贯彻《江苏省医疗保障条例》，实施门诊共济等新政，落实待遇清单制度，调整5项医疗救助政策，保障制度更加规范。年内大病补偿支出1.63亿元，医疗救助支出2978.55万元；职工和居民医保住院费用政策范围内报销比例为89.8%和78.3%，高于全省平均水平。深化实施长期护理保险，利用“医保智慧眼”综合监管平台，筛选2019年以来因脑部疾病就医未享受长护险的参保群众3130人，通过电话核实、实地探访、收集信息，匹配筛选潜在保障对象922人，帮助其中299人办理长护险。年内有5383人享受长护险待遇，长护险待遇支出4430.78万元，累计有9615人享受长护险待遇。在苏州率先开通长护险住院专区绿色通道，年内有10名失能失智人员享受住院专区服务，74名失能失智人员享受居家护理服务，失能失智待遇支出48.69万元。宣传推广商业补充医疗保险，“江苏医惠保1号”投保12.78万人，位居苏州第一。阶段性降低职工基本医保缴费费率，为企业及灵活就业人员减负3.4亿元。贯彻落实“乙类乙管”政策，支付新冠病毒患者医疗费用1043.49万元，争取4733万元医疗保障风险准备金用于购买危急重症救治设备和药品。

4月19日，“医保家圆”党建品牌发布暨医保基金监管集中宣传月启动仪式举行
（市医保局 提供）

【医保基金监管】 年内，市医保局针对“门诊统筹基金使用”“检查检验”“康复理疗”“工伤、意外伤害第三方责任使用医保基金”等重点领域，开展专项检查和追偿。全年约谈定点医药机构407家次，暂停医保服务64家，终止协议6家，行政处罚7例，追回违规金额922.5万元；约谈参保人员并暂停医保卡实时划卡结算26人，追回个人违规金额99.11万元。结合DRG付费改革，建立以“服务人头点值”为核心的医疗费用预决算管理办法，强化基金规范使用和动态控费意识。针对DRG付费可能出现的“降低入院标准”“虚增并发症/合并症”等违规行为，在苏州大市先行试点DRG付费监管新模式，完善“医保智慧眼”监测监管功能，组织专家对遴选病例开展“两级审核”（临床审核专家初审、DRG监管专家复审），追回违规费用1059.72万元。开展门诊慢特病、国谈药“双通道”认定专项检查，约谈医保医师3人，取消5例不符合办理条件的病种待遇，追回医保基金不合理支出21.26万元。宣传贯彻《医疗保障基金使用监督管理条例》《江苏省医疗保障条例》，针对苏州市医疗保障基金监督负面清单所涉及对象，落实“负面清单”制度，引导医药机构通过自查自纠，主动上缴违规金额103.51万元。公开曝光定点医疗机构违法违规典型案例195例，跟进督导3家失信企业及时完成信用修复。

【医保三项改革】 年内，市医保局组织开展医保支付方式、医疗服务价格改革、药品耗材招采三项改革。在支付方式改革方面，30家符合条件的定点医疗机构全部纳入DRG付费管理，结算总病例数21.91万例，基金支付18.3亿元，医院结余率17.2%，月住院总人次、住院均次费用分别下降5.87%、5.16%。在苏州市率先试点精神类、康复类疾病按床日付费模式，完善总额控制下多元复合式医保支付体系，将精神类疾病按床日付费分为精神障碍组及心境障碍组，试点病种数量836个。将脑损伤（非昏迷）类作为康复类疾病医保支付试点病种，确定100个康复类疾病住院医疗费用按床日结算定额标准。在医疗服务价格改革方面，年内新增43项、完善37项医疗服务项目，新增10项可收费医用材料。参与苏州医疗服务价格改革试点，推进首轮100项医疗服务项目价格调整；推动公立医院医疗服务价格按机构级别分级定价。实施口腔种植医疗服务收费、种植体集中带量采购、牙冠竞价挂网“三位一体”综合措施，减轻群众负担。建立常用药品信息监测机制，发布三期258个药品价格信息，引导医药机构合理定价，方便群众比价购药。在药品耗材招采改革方面，加强药品耗材采购使用监测分析，公立医疗机构药品、耗材网采率分别为99.8%、98.9%，居全省前列。开展招采子系统与医院采购管理系统接口改造，实现医院采购的信息进入招采子系统。组织医疗机构参与国家、省、苏州市41批次药品耗材集中采购，落实资金预付、结余留用等政策，引导医疗机构优先使用中选产品。全年推进465个品规药品、24类耗材集采，节省采购资金2.1亿元。指导医疗器械企业参与省际联盟第八批耗材集中采购，12家企业涉及3000余个品种中选。梳理在用未进医保库医用耗材，上报建议54个耗材增补医保目录。

【医保公共服务优化】 年内，市医保局在苏州县级市中率先开通“58812393”

综合服务热线平台，全口径答复参保群众关切的各类医保政策待遇、经办服务类咨询。根据医保服务大厅现场办事人员等待情况，动态开放潮汐窗口，方便群众办理业务。落实大厅值班主任、大堂经理、志愿服务等专职负责制，增强大厅接待力量。零星报销办结时限由原来的不超过10个工作日、特殊情况不超20个工作日缩短至平均3个工作日，最快20小时到账。畅通线上渠道，实现33项业务在“江苏政务服务网”可办。推广使用医保电子凭证，全年结算522.21万人次，涉及医疗总费用9.92亿元。拓宽支付途径，9家医疗机构上线移动支付功能，894家医药机构开通数字人民币钱包，17家定点医院上线“先诊疗后付费”项目，群众就医更便捷。

【“工伤预防评价体系”发布】 6月29日，国内首个“工伤预防评价体系”发布，该评价体系由市人社局与中国劳动和社会保障科学研究院合作研究制定，利用工伤预防评价专用软件对企业、区镇、行业三类责任主体的工伤风险状态开展量化评估，评价时主要考察工伤发生情况和趋势、企业规范管理情况等。评价体系有效打通部门信息壁垒，自动生成并实时推送评价结果，为相关部门及时排查隐患提供依据，企业也可通过风险警示及时整改。（龙宣好　陈歆玺）

1月17日，市委书记韩卫走访慰问困难群众　（市民政局　提供）

社 会 救 助

【概况】 2023年，市民政局持续构建“弱有强扶”社会救助格局，为各类困难群众、低保对象发放救助款和生活补贴；继续推进低收入人口认定和动态监测工作，落实城乡低保和特困供养标准自然增长机制；做好困难群众救助工作，加强特殊群体关爱保障，提升关爱保障水平。市民政局组织春节慰问19个大类近12万户（人）困难群众，发放慰问金1.2亿元；在劳动节、国庆节前，为5607人次困难对象按每人100元标准发放节日慰问金56.07万元。配合市委组织部对2925户低保对象、分散特困对象、低保边缘重病困难对象、孤儿等困难群体发放党员关爱基金304万元。

市人社局开展工伤预防评价体系调研走访　（市人社局　提供）

【困难救助】 年末，全市有在册低保对象1526户2121人，特困对象355户355人，低保边缘家庭349户745人，其他困难家庭211户527人，低保边缘重病困难对象275户322人。全年发放低保（含低保边缘重病困难对象、特困人员）生活救助金3495.1万元，为临时救助对象160户330人发放临时救助金72.1万元。为低保对象发放水电气电视补助150.7万元。4月，市民政局、市卫健委、市医保局、市慈善总会联合制定的《张家港市医疗专项救助慈善基金实施方案（修订）》印发，修订后的方案更有利于发挥慈善第三次分配作用，缓解因病致贫、因病返贫问题，提升重大疾病保障水平。5月，市委组织部、市民政局联合制定的《关于推进党建引领社会救助工作的实施方案》印发，探索“搭建一张网络、强化一支队伍、探索一种模式、优化一项机制、开展一批项目”的五个一“海棠益助”党建引领社会救助工作新体系；是月，张家港市民政局入选省民政厅2023年度社会救助领域“慈善救助与政府救助有效衔接探索”创新实践试点单位。6月，配合省级试点工作，市民政局制

6月17日,市书画慈善拍卖会举行　　（市民政局　提供）

定印发《关于加强政府救助与慈善帮扶衔接的实施方案》,打造"政府救助+慈善帮扶"格局。7月,张家港市最低生活保障标准由每月1095元提高到1115元,特困人员基本生活标准由每月1533元提高到1600元;是月,全市"安居助困"行动工作部署会召开。年内,市民政局社会救助服务中心核查新增(在册)低保、低保边缘、特困人员、重残、特残、廉租房等各类救助申请13750户17606人,产生预警988户,预警率7.19%;市社会救助管理平台对13类基本生活高风险监测人群发出预警41人次,发放医疗支出型生活补贴5万元。继续实施困难群众安居工程,为全市24户困难家庭补助安居资金88万元。对口帮扶新疆巩留县、宿迁市宿豫区、锦丰镇西界港村80万元。推动社会力量参与社会救助关爱援助项目,第五期52个关爱援助项目由13家社会组织承接,累计投入309.07万元,受益对象1.5万人次。

【慈善事业】 年内,全市继续开展"爱满港城"慈善募捐活动,全年累计募捐资金和款物1.02亿元,其中"99公益日"活动募捐总额1573.64万元,35.09万人次参与,位列苏州第一。市慈善总会年内支出善款7247.51万元,其中,"爱满港城"支出2432.29万元;定向捐赠支出2286.82万元,包含江苏七洲绿色化工100万元用于乐余镇村(居)民医疗互助项目、苏州同大机械100万元用于助老救助帮困;为全市开展"村级医疗互助"的经济一般村发放补助金155.77万元。医疗专项救助慈善基金年内帮扶5人,支出3.2万元。6月,第二届"爱满港城"张家港市书画慈善拍卖会举办,筹得善款19.44万元。8月,市民政局制定印发《全面推进社区慈善基金的通知》,推动各区镇(街道)开展社区慈善基金、社区慈善基金捐助点(站)建设,推进社区慈善事业健康发展。11月,市慈善总会五届二次理事会暨市慈善基金会三届二次理事会召开。12月,张家港市"云上+实体"慈善超市全域启用暨"暨时救"上线发布会举行。年内,杨舍镇暖杨杨慈善超市、塘桥镇益新空间社工站、南丰镇一米暖阳残疾人之家等38个单位被苏州市民政局认定为慈善空间和慈善实体。张家港市慈善总会获评2022年全省慈善网络慈善先进单位最佳组织奖(社会组织),徐光、陈玉忠获评江苏省"慈善之星"(爱心人士),江苏永钢集团有限公司、江苏张家港农村商业银行股份有限公司、江苏沙印集团有限公司、张家港市新宏房地产开发有限公司获评江苏省"慈善之星"(爱心企业)。

【"港好助你"社会救助综合服务项目】 年内,张家港市"港好助你"社会救助综合服务项目进行全面升级,该项目深化"物质+服务+发展"的温情救助模式,建立以复旦大学社会工作学系教授领衔的社会救助专家智库,发布社会救助关爱项目操作规范,形成涵盖综合服务、志愿服务、个案服务3个大类及精神关爱、环境改善、能力提升、健康促进4个维度的社会救助关爱项目库,构建"弱有强扶"大救助体系。年内开展"独享暖阳""以爱为邻""心晴有家""椅路相伴""爱心膳递""七彩羽翼"等52个项目,为低收入家庭的独居长者、精神障碍患者、失独老人等提供专业服务。至年末,社会救助关爱项目累计开展5期187个项目,受益35万余人。

（黄　娟）

社会福利

【概况】 年内,市民政局加强特殊群体关爱保障,健全未成年人关爱保护机制,建成未成年人保护综合服务平台,完善儿童福利和残疾人福利保障政策。落实困境儿童基本生活保障标准、残疾人两项补贴保障标准动态调整机制。市未成年人关爱保护中心入选民政部"护童成长"项目"牵手+"计划示范基地,成为江苏省唯一入选机构。

【福利发放】 2023年,全市有在册困境儿童706人,其中机构孤儿30人、社会散居孤儿10人、事实无人抚养儿童126人、重病重残儿童438人、贫困家庭儿童102人。按照机构孤儿、社会散居孤儿、事实无人抚养儿童基本生活费每人每月3000元,重病重残儿童基本生活费每人每月1500元的标准,全年发放困境儿童基本生活费补贴1074.77万元。实施"明天计划"项目,为66名困境儿童进行免费体检,为2名困境儿童提供医疗资助金3万元。落实"福彩圆梦·孤儿助学工程",为6名孤儿发放助学金6万元。全年办理收养登记17例。全市有在册享受困难残疾人生活补贴对象4791人,享受重度残疾人护理补贴对象9300人。全年发放残疾人两项补贴6679.42万元，其中，发放困难残疾人生活补贴5117.85万元，发放重度残疾人护理补贴1561.57万元。

【福彩建设】 2023年，全市福利彩票销售额3.09亿元，完成苏州下达年度目标任务的134.7%，筹集本级福彩公益金5784.1万元。市福彩中心连续5年开展“以奖代补”扶持站点发展，对单机电脑票销量在综合绩差线以上的站点每季度发放奖励性补贴900元，全年发放61.74万元。年内开设全市首家福彩综合体验中心；探索“福彩+”营销新模式，在全市各大型商业综合体中心先后设置8家福彩专柜，提升销量和品牌形象；开展即开票自主营销、电脑票派奖、快乐8幸运抽奖活动等，推动销量增长；组织多场户外营销宣传活动，销售即开票，发放刮刮乐红包和宣传品，赠送吉祥号电脑票，开展福彩公益文化宣传。调研走访全市240余家站点，了解经营状况，听取困难及建议；常态化开展站点销售行为督察、安全检查等工作。年内，按照上级福彩中心要求，升级改造福彩销售站点门头、背景墙、销售桌、走势图等，亮化福彩形象，建成30家省级福彩销售示范点，累计建成36家；参与全省福彩系统“百日竞赛活动”，张家港市福利彩票管理中心获评全省福彩系统百日竞赛活动先进集体。

【全市首家福彩综合体验中心开设】 2月，市福彩中心在市区河西路玉水世家7—1号开设全市首家福彩综合体验中心，中心一楼设有电脑票和刮刮乐销售区、游戏体验区、公益文化展示区、阅览室及便民休息区，二楼设有会议室、交流培训室，形成集票种体验、福彩公益宣传、销售员培训和彩民沟通交流为一体的综合平台。年内举办多场支部书记上党课、站点交流座谈会等活动，市福彩中心党员群众、站点销售员代表参加；开展站点销售员上岗培训，学习玩法规则，在投注机上实操训练，提升站点服务软实力。至年末，福彩综合体验中心彩票销售额12.86万元。

（黄　娟）

全市首家福彩综合体验中心 （市民政局　提供）

住房保障

【概况】 年内，市房管中心继续推进以公租房、保障性租赁住房和共有产权住房为主体的住房保障体系建设，保障性住房各项目标完成率均为100%以上。完成维修资金归集25179万元，其中住宅20364万元、电梯4815万元；受理维修资金使用548起，使用资金2082.42万元，其中房改房维修9起63183.5元。开展白蚁防治工作，预防受理建筑面积218.7万平方米，白蚁预防施工建筑面积236.33万平方米。年内，苏州市住房公积金管理中心张家港分中心（简称市住房公积金中心）稳步推进住房公积金缴存扩面，高效办理“商转公”贷款业务，推进灵活就业人员参加公积金制度试点工作，实施住房公积金贷款系列调整政策等。至年末，住房公积金缴存人数比上年增2.66%，住房公积金归集余额比上年增12.67%；住房公积金年内提取金额比上年增15.49%，发放贷款金额比上年增72.07%。

【保障性住房管理】 2023年，全市棚户区改造新开工目标任务2000套，实际开工3341套，完成率167%；棚户区改造建成目标任务1400套，实际建成1892套，完成率135%。城镇住房保障家庭租赁补贴发放目标任务100户，实际发放140户，完成率140%。保障性租赁住房新开工目标任务4000套，实际开工4271套，完成率106%；保障性租赁住房基本建成目标任务3340套，实际基本建成4243套，完成率127%。上半年，市房管中心对住房保障申请工作开展政策宣传、收入标准调整工作，6月1日启动住房保障申请审核工作。全年收到164户初审合格的申请家庭材料，其中申请购房补贴13户（包括部队申请购房补贴3户），申请租房补贴151户（包括2022年度住房保障租房补贴家庭参加年审户数）；发放各类住房保障资金229万元，其中购房补贴发放7户、168万元，租赁补贴发放140户、61万余元。

沙洲湖人才公寓　　（市房管中心　提供）

【住房公积金管理】 2023年,全市新增住房公积金开户4.91万人,新增实缴单位2021家,净增1.07万人,年末缴存人数34.33万人。全年归集住房公积金59.45亿元,年度住房公积金基数调整率70.86%,通过基数调整增加月缴存额2526万元,年末住房公积金归集余额158.85亿元。年内,住房公积金净增人数首次纳入张家港市高质量发展考核指标体系,市住房公积金中心在各区镇、街道以村(社区)为单位推进小微企业网格化扩面试点工作;根据7月1日新颁布的苏州灵活就业人员参加住房公积金制度试点实施细则,整合人社、银行等多方力量,借助各区镇、街道相关优惠政策,一体化推进灵活就业人员参保及公积金开户工作,全年新增灵活就业人员实缴8290人,新增人数居苏州市首位。向张家港市上缴公租房建设补充资金1.15亿元,支持保障性住房项目建设。为应对贷款业务高峰,市住房公积金中心与市不动产登记中心联动实现“商转公”抵押线上登记,发放“商转公”贷款14.08亿元。全年提取住房公积金41.52亿元,历年职工累计提取336.3亿元。全年发放公积金贷款30.99亿元,历年累计发放贷款260.1亿元,累计支持购房面积947.17万平方米,年末住房公积金贷款余额141.06亿元。根据上级政策调整住房公积金租房提取额度,加大在租房消费层面的住房公积金支持力度,办理租房提取4528人,提取金额5208.29万元。落实积极生育住房公积金支持政策,发放多子女政策贷款204笔2.16亿元。实施住房公积金“筑梦苏城”工程,发放“筑梦苏城”青年人才政策贷款165笔1.93亿元。实现数字人民币在公积金缴存、提取、贷款、转移四类场景应用全覆盖,发放数字人民币公积金贷款329笔1.88亿元,办理数字人民币缴存3.73亿元。推进全国一体化公积金服务平台应用,办理全国范围内跨地区业务250笔,发放异地贷款281笔1.92亿元。

【住房公积金重点政策调整施行】 年内,市住房公积金中心根据上级部署,调整各项住房公积金政策,重点施行“商转公”贷款政策、灵活就业人员参加住房公积金制度试点、调整住房公积金贷款比例等相关政策。自5月1日起,施行商转公贷款政策,符合苏州市(不含工业园区)住房公积金个人住房贷款条件的借款申请人(含共同借款申请人)无住房公积金贷款记录或仅有一次已结清的住房公积金贷款记录,经原商业贷款银行同意后,可将个人已办理且尚未结清的本市商业性个人住房贷款全部或部分转为住房公积金个人住房贷款。8月15日起,新增“商转公”贷款“以贷冲贷”类型,商转公(组合)贷款经审批后,发放至相应的银行专用账户,用于冲抵原商业性个人住房贷款。自7月1日起,苏州灵活就业人员参加住房公积金制度试点实施细则正式实施,缴存住房公积金的灵活就业人员可享受低息贷款、支付利息、缴存补贴、租房支持、流动人口积分和税收优惠“六大利好”,有效期两年。自10月10日起,调整住房公积金贷款首付比例、调整可贷额度计算方式、调整贷款最长年限及最高限额、调整中小套型房屋贷款政策、调整高层次人才贷款政策等;施行青年群体住房公积金“筑梦苏城”工程;施行住房公积金提取用于自住住房、公有住房、产权房加装电梯等相关政策。

（戴高乐　田相琪）

6月30日,市住房公积金中心获赠致谢锦旗

（市住房公积金中心　提供）

【编辑　陆文琰】

社会治理

Social Governance

12月3日，“数字张家港驾驶舱”护航“张东马”

（市社会治理现代化指挥中心　提供）

社会治理现代化建设
社会调解服务
应急管理
社区治理
消　　防

張家港年鑑(2024)

扫码欣赏

精网微格治理
新路径

社会治理现代化建设

【概况】 年内，市社会治理现代化指挥中心打造高效社会治理现代化集成指挥体系，制定《市社会治理现代化指挥平台沉积工单动态清零联动工作机制》，明确建立“法定”“商定”“指定”三项工作机制，推动疑难工单更高效解决。高标准促进“精网微格”工程建设，依托小区、楼栋、村民小组、街边商铺等，以50户至100户为基本单位，进一步划细划小网格治理单元，细分“微网格”4592个。依托老党员、楼道长、村（居）民小组长等“海棠先锋”力量，配备微网格联络员6000余人。在主流媒体宣传报道60余篇，其中江苏长安网1篇、江苏政法微博1篇、苏州长安网1篇、苏州政法1篇。“联动张家港”公众号发布268期706篇推文，“联动张家港”视频号发布122部短视频作品，获得20万余观看量、1.2万点赞量、8000余次转发量。在市委政法委组织的2023年平安张家港“三微”比赛暨优秀政法文化作品征集活动中，市指挥中心视频类及摄影类各获2个二等奖。市社会治理现代化指挥中心获评“2023年度‘12345’政务服务便民热线实践典范”。

【网格员队伍建设】 年内，市社会治理现代化指挥中心创新基层网格化治理，制定实施《关于进一步加强专职网格员队伍专业化建设的实施方案》，拓展集成指挥功能，强化网格员队伍建设，建立专职网格员“三岗十八级”岗位等级和薪酬管理制度；围绕网格工作主责主业，精简确定专职网格员工作职责任务清单30项；建立网格员廉政风险排查机制，完善网格员岗位廉政风险点清单。至年末，全市有1038个综合网格，配备专职网格员1382人，配备率100%；根据群众投诉举报网格员情况，编发提醒通报1期，督促落实教育惩罚措施。开发应用“网格学院云平台”，收集制作各类课程30期。揭牌成立全市首批3家“张家港网格学院实训基地”，创新建立“一季度一主题一培训”工作机制，组织开展4期网格员专题培训。开设“一网清纷”网格调解能手先锋营，举办专题业务培训3次，组织跟岗锻炼300余人次。举办专职网格员技能大比武，南丰镇专职网格员林毅峰获评“张家港市五一劳动奖章”。开展2022—2023年度全市“先锋网格员、最美网格员、优秀网格员”评选表彰活动，表彰先锋网格员14人、最美网格员30人、优秀网格员100人。提高张家港市社会综合治理网格化联动机制“一案一奖”奖励标准，评选市级“一案一奖”典型案例119个，其中13个获评苏州市“一案一奖”典型案例。

【网格学院实训基地】 7月，乐余镇“网格先锋实训基地”与高新区（塘桥镇）“东渡网格学堂”和南丰镇“丰习荟智实训基地”被市委政法委员会、市社会治理现代化指挥中心命名为全市首批“张家港网格学院实训基地”，是全市网格员队伍教育培训现场教学点。乐余镇“网格先锋实训基地”位于乐余镇永利村，其主题是“‘微网精治’党建引领基础治理”，融合“党史学习教育基地”“文化四合院”“档案忆空间”“文明实践站”等阵地，深化党建网、治理网、服务网，响应研学“热潮”，与苏州村政学院、永联干部学院等机构及单位进行合作共建，科学设置“理论知识+网格实操+X”的特色课程体系，制定政策宣传、红色教育、矛盾调解、应急处突等标准化培训流程。基地设有300平方米的培训会场，可容纳180人集中培训，为网格学员“充电赋能”，培育网格红色先锋，夯实网格治理主心骨。

（陈　忠　孙雁群　袁　钢）

【“数字张家港驾驶舱”首次实战应用】 为服务保障好“张家港行”2023年张家港东渡半程马拉松，12月3日上午，市社会治理现代化指挥中心在“数字张家港驾驶舱”指挥大厅开展指挥平台实战应用活动。市社会治理现代化指挥中心围绕“实地、实景、实战”要求，利用沿途45路高清监控，对赛事进行全程跟踪，重点监控，并选派70名区域内优秀网格员作为辅助力量，在现场维持秩序，与指挥大厅的指挥大屏实时视频连接，第一时间将现场情况传回中心。市社会治理现代化指挥中心将预警监测平台设置在3楼指挥大厅，并安排6个马拉松专席，专门受理相关诉求，及时与各部门对接，处理投诉事项。比赛期间，累计受理马拉松相关诉求近300件。

【“长江大保护”指挥平台上线】 年内，市社会治理现代化指挥中心围绕实施好长江十年禁渔战略部署，联合

10月25日，“张家港网格学院”网格员实务能力提升培训班开班

（市社会治理现代化指挥中心　提供）

市农业农村局开发“长江大保护”指挥平台，于4月上线。通过建设长江禁捕智能技防系统，构建“人防+技防+智防”三道监管防线，进一步强化长江沿线监控场景分析能力，为渔政执法部门提供实时高效的预警提示和执法支持。通过AI算力分流，实现违规垂钓事件捕获预警，即时传输视频和图片至指挥平台，由工作人员转派工单至各区镇、街道的护渔专班现场处置，实现整体事件的闭环。至年末，累计查获长江禁渔事件885起，立案131起。9月，长江航运公安局苏州分局通过“长江大保护”指挥平台监控发现并破获2起非法捕捞水产品案，现场查获非法捕捞人员3人，借助数字化监管，有效打击违法捕鱼、违法采砂、破坏航道安全等违法犯罪行为。

【“12345”便民服务热线】 “12345”热线是代表市委、市政府为群众提供政策咨询、监督投诉、市民求助的非紧急类政务服务热线。年内，累计受理市民电话（含网络邮件）等各类求助205.7万件，帮助市民解决各类咨询、生活求助168.8万件，协调各部门、各单位处理群众投诉建议10.5万件，办结率为99.99%，综合回访满意率99.99%。全面落实省纪委监委“监督护航·助企敢干”专项行动，累计受理“一企来”相关企业服务诉求35021件，办结率100%，满意率99.99%。制定《张家港市“12345”政务服务便民热线联动处置工作方案》，建立与市委政法委联席会议、市信访局信访联席会议、市城管局城管委联席会议的协同联动处置工作机制，累计协调解决包括环境保护、劳资纠纷等40余件沉积疑难工单。出台《张家港市“12345”政务服务便民热线与“110”报警服务台高效对接联动实施方案》，建立“‘110+12345’+公益诉讼”社会治理新模式，在“110”报警台推送至“12345”的警单中，由“12345”热线根据部门工作标准筛选、标记出涉及生态环境、食药安全、未成年人保护等属于公益诉讼问题清单的工单。至年末，“12345”向“110”推送紧急报警求助80件，按时处置率100%，群众满意率100%。

【平安张家港建设】 2023年，市社会治理现代化指挥中心围绕市委政法工作主线，开展平安建设宣传、政法全媒体传播体系建设等，推动政法基层社会治理工作开展。市社会治理现代化指挥中心把工作着力点放在源头预防和前端化解上，开办张家港市“一网清纷”网格调解能手先锋营，累计共举办专题业务培训3次，组织跟岗锻炼300余人次，参与解决各类群众诉求、化解矛盾纠纷20余件。依托“联动张家港”公众号，着力营造法治化营商环境，通过时事热点、典型案例，拍摄普法短视频，如《全民反诈（孤注一掷版）》，增加普法趣味性和实用性，增强普法效果。通过“12345”热线提供在线普法宣传服务，开通“12345”律师专席、建立网格居民自治微信群，推动形成“全方位”“一站式”“智能化”网络普法新模式。至年末，“12345”律师专席累计受理解答群众涉法类求助3000余件，建立网格员微信自治群1200余个，帮助解决问题3万余件。为打击电信网络诈骗，市社会治理现代化指挥中心与市公安局、市新市民事务中心、张家港农商银行在全市开展反诈“大走访”活动，组建“一格三员”（1名社区民警、1名专职网格员及1名反诈金融卫士）反诈宣传队伍，年内实现全市范围全覆盖。充分发挥网格精细化服务管理及“12345”政务服务便民热线“听民意、汇民智、解民忧、聚民心”优势，加大社情民意收集及矛盾隐患排查，并与市委政法委、市委网信办、各区镇（街道）、有关部门做好舆情信息共享及工单快速处置工作。年内，报送市委、市政府社情民意分析研判专报7期，其中市委、市政府主要领导直接批示3期，推动违法建设、预付费消费纠纷等热点难点问题以及疑难沉积工单的解决。组织全市1382名网格员集中开展“千村万企、千家万户”大走访工作，扎实开展全市“见人见牌见服务”网格知晓率扩面增效专项行动、“警网银联动走访，你我他携手反诈”、全市“反诈大走访”活动，加强“多元”协同参与，实现矛盾纠纷源头稳控、及早化解，做到百姓反映的问题“事事有回应，件件有着落”。

（陈萧怡）

【消防安全专项治理机制建设】 3月10日，根据《市政府办公室关于张家港市消防安全“331”治理机制领导小组及办公室更名的通知》要求，张家港市消防安全“331”治理机制领导小组、张家港市消防安全“331”治理机制领导小组办公室（简称张家港市“331”机制办）更名为张家港市消防安全专项治理机制领导小组及张家港市消防安全专项治理机制领导小组办公室（简称张家港市消防安全专项机制办）。年内，围绕出租房（群租房）、电动自行车、“三合一”和小餐饮场所四大领域，全市累计排查出租房26.35万家次，发现隐患并整改4.8万处；发现并整改电动自行车隐患2.1万处；排查小餐饮场所1.95万家次，发现并整改隐患3559处；排查疑似“三合一”场所2137家次，发现并整改隐患57处。推进小餐饮场所“瓶改管、瓶改电”工作，至年末，全市“无罐”小餐饮场所占比超70%。对全市45处安全风险高、整治难度大的重点区域实施挂牌督办，制定问题、责任、措施、时限“四清单”，倒排时序、挂图作战，推进重点隐患治理。查处出租房屋租赁、消防，电动自行车“两类主体”和个人违规停放充电，小餐饮违规储存使用燃气等6类违法案件565起。新建电动自行车充电头1.2万个、提档升级1.18万个，回收电动自行车4115辆，建成AI识别科技设备“物防技防楼道”365处，满足群众停放充电需求，防范电动自行车及蓄电池进楼入户。建设老旧小区、商业街区、村（社区）三类示范点17处。加快治理机制物防、技防、智慧防建设，智能AI模型、小区自采集电动自行车充电棚模型数据2项数据模型与苏州机制办大平台成功对接。根据四大领域特点，围绕场所消防警示、设施放置提示、疏散通道指示等方面，制定17项消防安全统一标识，在出租房（群租房）、小餐饮、电动自行车停放充电等场所关键部位规范张贴13万余张。利用新市民事务中心微信公众号、小区电子屏、农村“小喇叭”、社区宣传栏等载体，采取“线上+线下”相结合的方式，开展消防安全宣传活动，发放宣传资料19万余份，发送短信提示20万余条。 （王 依）

应急管理

【概况】 2023年，市应急管理局紧扣事故压降根本目标，推进重点领域专项整治，夯实安全生产基层基础，全市安全形势持续平稳向好。年内，市应急管理局获评江苏省应急管理行政执法工作先进集体、苏州市五一劳动奖状、苏州市安全生产先进集体、苏州市“安全生产月”活动先进单位、苏州市防震减灾工作先进单位、苏州市应急管理系统创建模范机关先进单位、张家港市“优秀文明机关”、突发事件应急处置先进集体、张家港市“文明单位标兵”。

【安全监察】 年内，市应急管理局推进精准执法。聚焦重点环节，集中开展“生命通道”“有限空间”、工伤事故“回头看”及起重吊装作业等专项执法检查，全年开展各类执法检查1925次，事前立案635起，罚款金额1396.94万元。推进“创蓝行动”，依托信息化平台实现分级分类精准监管，年内对企业赋红码1487家次，赋黄码4574家次，向企业主要负责人发送警示提醒短信8000余条。在危化领域，开展两轮重大危险源企业专项督导检查，查改隐患问题1419条。对34家高危细分领域企业、10家液化烃储罐企业开展专家指导服务，查改问题隐患166项。推动全市4家涉及放热反应、格氏反应非高危工艺企业开展全流程自动化控制改造。实行化工企业积分管理制度，从安全事故、行政处罚、依法履职等7个方面对企业动态赋分，视得分情况进行分类监管。在冶金领域，推动沙钢扬子江冷轧单元创成一级标准化。推动51家金属冶炼企业完成“二道门”建设；对冶金企业委外作业开展“三标三同”管理，推动沙钢在所有班组实行“小班化”管理模式。开展炼钢专题研修培训和“双对标”学习，培育钢铁冶金专家力量。在一般工贸领域，开展“四个一批”（关闭退出一批、升级改造一批、严格治理一批、规范达标一批）行动，推动16家工矿重点企业关闭退出、6家升级改造。持续推进镇村工业集中区及出租厂房安全生产规范化管理，编制《工贸企业安全生产主体责任建设指南》。高标准治理工业集中区155个、企业2972家。成立工贸行业使用危化品企业安全联盟，对306个危化品中间库、335个危化品储存柜开展合规划改造。推动331家有限空间企业完成“上锁设柜”，对141家粉尘涉爆企业主要负责人开展专题培训。在综合监管领域，制定《张家港市委常委会成员、市政府领导班子成员2023年安全生产重点工作清单》以及各区镇（街道）、重点部门安全生产重点工作清单，明确安全工作责任。修订《张家港市安全生产委员会工作规则》，制定安委会成员单位季度监测细则，推动各板块和重点部门各项重点工作落实。在原有15个专委会的基础上，增设“宗教活动场所”“商场”“农贸市场”“长江水上交通”等8个安全生产专业委员会，落实制定工作方案、建立工作机制，建立市政府常务会议定期听取专委会汇报制度，全年累计听取19个专委会汇报。运用安全工作职责分工协调办法，明确小型游乐设施和游乐设备等安全监管责任，消除监管盲区。推进“零亡人”区镇、“零伤害”企业建设。优化服务企业举措，将企业工伤保险费率与安全生产水平挂钩，累计118家企业享受费率下降优惠。全面推行“不安全不生产”理念，强化“十条红线”举措落实。开展督导督查，做好上级督导反馈问题整改，累计整改省、苏州督导反馈问题63条，全市8个综合督导组和15个专委会督导组督导反馈问题1567条。

【安全宣传教育】 年内，市应急管理局组织各乡镇、街道基层安全监管业务骨干参加全市基层安全监管人员业务骨干培训班，累计培训200人。拍摄《安全生产行政执法规范》指导视频，推进执法人员规范化执法。开展“安全生产月”活动，加强安全教育培训，推动全市企业广泛开展“一季一课”（企业每季度开展一次全员安全培训，授课人为企业主要负责人和其他分管负责人）和“班前班后五分钟”安全培训，累计68.08万人次接受培训，面向社会公众开展培训500余场，培训26万余人次。建设“应急先锋驿”应急管理综合服务阵地，打造全市应急志愿服务中枢和集中宣传展示平台。

【应急救援和防灾减灾】 年内，市应急管理局修编完成市、镇、村、企四级应急预案1113项，制定15个大类应急预案简本，推进应急预案数字化。健全自然灾害会商研判机制，累计组织灾情会商23次，发布各类警示提示14份。组织全市基层灾害信息员业务能力提升培训，累计培训270人。开发应急管理专家库信息管理系统，入库专家142人。推进自然灾害综合风险普查、森林防灭火、防汛防台等工作，扎实推进综合减灾示范社区创建，实施民生保险项目，年内赔付900笔，挽回经济损失461.7万元。发挥森林防灭火指挥部办公室综合协调职能，牵头组成专项督导检查组，清明、“两会”期间共派出督导检查组5次、安排无人机飞行检查7次。强化防灾减灾救灾宣传，开展“5·12”线上宣传系列活动，在塘桥镇应急物资保障基地开展全市“5·12”防灾减灾日宣传暨市、镇两级应急救援志愿联盟授牌授旗仪式。

【安全生产专项整治】 年内，市应急管理局开展重点行业领域安全生产风险专项整治巩固提升年和基础建设强化推进年行动，针对危险化学品、冶金等工贸企业、城镇燃气、自建房等既有建筑、建筑施工、道路运输、消防、森林防火、文旅场所、实验室（学校和科研院所）、渔业、水上交通、特种设备、城市地下管网15个方面23项重点整治内容，查改问题隐患

12204个。围绕重点时段安全防范，在全国两会前，组织推动全市10459家生产经营单位查改问题隐患6890个，组织414个检查组抽查生产经营单位2635个次，督促整改问题隐患5026个，实施行政处罚209起，罚款金额299.67万元，警示约谈单位负责人27人次。围绕事故压降工作目标，开展亡人事故和工伤事故“回头看”，组织开展“一带一帽”“安全培训走过场”四项执法行动，检查生产经营单位16638家，发现隐患7644条，累计立案处罚172起，罚款395.18万元。实施重大隐患专项排查整治和动态清零行动，累计排查整治重大事故隐患301个。

【市首届城市安全定向挑战赛举行】 5月27日，“城市安全，美好生活”2023年安全生产月启动仪式暨城市安全定向挑战赛在市沙洲湖畔举行。挑战赛由市应急管理局、市新时代文明实践工作指导中心主办，全市1000余名市民、200余名志愿者参加。以沙洲湖核心区域为“赛场”，融合“安全+运动”模式，在全程3千米的路线上，设置主会场互动区、应急救护互动学习区、防溺水科普宣传区、日常生活安全互动区、消防水枪出水实操区、安全生产与应急技能学习区、消防安全互动学习区和道路交通安全互动区等8个任务点位，每支参赛队伍根据任务地图提示，打卡完成沿线所设的安全互动点标任务，即为完成挑战。此次城市安全定向挑战赛将城市安全宣传与定向趣味跑进行结合，着力加强应急救援知识的科普与传播，建起“人人讲安全、个个会应急”的全民应急模式。在安全生产月启动仪式上，“‘救’在身边”全民应急能力提升行动暨主题海报发布，为应急管理技术检查员代表、应急管理社会监督员代表以及城市应急救援代言人颁发聘书。

（娄连琴）

5月27日，市首届城市安全定向挑战赛举行　　（市应急管理局　提供）

消　防

【概况】 2023年，市消防救援大队精准防范化解重大安全风险、有力应对处置各类灾害事故、保障队伍正规化专业化职业化建设水平，实现火灾形势、队伍管理“双稳定”。全市消防救援队伍处置火灾1666起，直接财产损失1611.6万元，事故死亡4人，抢险救援736起，社会救助496起，联合演练19起。火灾起数比上年上升12.94%，直接财产损失比上年下降31.65%。年内，大队完成各类大型活动、节假日期间前置备勤及其他消防安保工作40余次。2023年，大队被江苏省消防总队评为“2023年基层建设先进大队”，被苏州市消防救援支队评为“2023年度大队级党委好班子”，被张家港市委、市政府评为处置事件应急处置先进集体，被张家港市文明委评为市先进文明单位；沙洲鸥吻巾帼服务队被市妇联评为“2023年度巾帼志愿服务十佳组织”；国家队消防员王少鹏获国家职业技能竞赛个人单项第七的成绩，政府专职队代表大队获苏州支队比武竞赛团体第三的成绩。

【消防安全保障】 2023年，市消防救援大队固化发展多种形式消防救援力量，推动市领导开展消防站规划建设专题调研，市政府办公室专门就步行街消防站建设召开协调会2次。步行街消防站基本完工，利用原水利站用房改建的常阴沙消防站完工，化工专业消防站内装修基本完工，战勤保障中队整体入驻，开展北二环路消防站施工建设，推动沙洲新城消防站选址工作。组织下辖消防站对全市市政消火栓进行普查，推动属地政府维修市政消火栓515个，总体维修完成率73.3%。配备柔性堵漏工具、水面遥控救援机器人、水下生命探测仪、雷达生命探测仪等器材装备5960件套，对上争取防化侦检洗消消防车1辆，全市累计消防执勤车辆89辆。谋划烟热训练设施、AI智能体能考核系统建设，应急救援装备进一步提质升级。探索建立“大队、消防站”双层级训练体系，根据队站辖区产业结构特点和灭火救援实际，针对性开展高层、地下、化工、大型商业综合体等类型火灾研训。成功处置塘市加油站“8・14”汽油泄漏事故。统筹推进大队级化工、水域、地震三支专业队伍和队站攻坚班组建设，调整充实化工专业编队车辆、器材、装备和人员，形成30分钟救援圈作战态势，常态化开展重点单位熟悉、联合演练训练、拉动集结、预案制作，保障实战能力生成。

【消防安全整治】 年内，市消防救援大队以全省“生命至上，隐患必除”消防安全专项行动为主线，部署开

5月，市消防救援大队开展“5·12”防灾减灾日宣传活动

（市消防救援大队 提供）

展全市“乡村振兴，消防伴行”主题行动、城镇燃气消防安全专项整治，推动全市排查农村自建房电气线路隐患7000余处，出租房安装独立式烟感5.5万余个。攻坚推进5家政府挂牌督办重大火灾隐患单位整改，及时做好“一对一”技术服务和业务指导。强化“九小场所”防消联勤工作机制，深入开展沿街商铺“走街除患”，防范化解“九小场所”消防安全突出风险。发动板块、公安派出所开展“九小场所”监督检查、强化专兼职消防安全员配备管理、加强常态化培训，提高自防自救能力。全面实行公众聚集场所投入使用、营业前消防安全检查告知承诺管理，强化事中事后监管，累计受理承诺制办件61件。通过制作指南、发布通告等形式，做好政策宣传解读，扩大告知承诺管理知晓度。及时引导、督促相关企业在规定时限内依法依规提交信用修复申请，帮助企业完成信用修复71处。联合市司法局、市住房和城乡建设局、市市场监督管理局等部门印发《企业行政合规指导清单》，累计对50家企业进行行政合规指导上门服务，并同步对企业开展“体检式”隐患排查。结合“双随机、一公开”检查模式，提高单次检查的质量和效率。

【消防主题宣传】 年内，市消防救援大队利用主题影厅、主题广场、消防体验馆以及消防救援站等科普阵地开展活动171场次，发动市民参与“沉浸式”体验活动，参与人数2.2万人。依托应急广播、户外电子屏、消防宣传车、全民消防学习云平台等载体，加大安全提示音视频、流动字幕播放力度，提高群众参与消防的积极性，累计播放安全提示音视频13.5万条次、流动字幕10.4万条次。深入开展暑期消防安全教育专项行动，组织辖区68家学校10万余名师生观看中小学消防安全网络公开课，上好春秋季开学“消防安全第一课”112场，配发《中小学消防安全教育手册》3000册。深入开展“五进”宣传活动1096次，组织开展消防培训讲座618场、消防安全逃生演练518场，发放宣传材料9万份，受教人数14万余人，组织“千名消防讲师进万家”宣传大培训160场，全市居民小区宣传覆盖率达到92%，发动13.05万户村居民签订防火公约。依托王府广场志愿服务站，发动火灾单位员工充当消防宣传志愿者，开展“面对面”宣传服务。开辟消防主题公交专线5路车，在车内醒目位置设置家庭火灾防范等方面的消防主题插图和各类宣传提示标语，利用车载电视滚动播放消防安全公益广告与到站消防语音提示播报，让乘客潜移默化地接受消防安全主题教育，同时定期组织消防宣传员和消防志愿者开展随车宣传，打造老百姓身边的流动宣传线。邀请亚运健儿盛李豪参与录制“消防公益说”，在苏州消防微信公众平台播出，向公众科普消防安全知识。

（陆炜佳）

社会调解服务

【概况】 2023年，市社会矛盾纠纷调处化解中心全年接待群众集访53批731人次，受理事项2189件。其中，接待群众到访760批1683人次，处置人民调解31批66人次，接待法律咨询728批890人次，处置法律援助670批811人次。

【工伤纠纷事项调解】 12月8日，杨舍镇金鹰纺织厂职工马某家属20余人到市集访，反映11月25日马某在厂浴室洗澡时摔倒后，被送至医院抢救，家属和企业方就医药费垫付问题出现分歧。该事项属地街道前期已调解过一次，企业方表示愿意先行垫付医药费，但要求家属出具借条，而家属只肯出收条，双方因诉求差异过大未能达成一致。家属到市集访后，市信访局第一时间协调相关属事属地部门共同接待调处，倾听双方诉求，从法理和情理两方面做通双方工作，达成先由厂方打5万元至医院账户上用于治疗使用，至于后续赔偿问题再作协商。12月12日，市信访局针对此事再次会办，明确化解方向。12月21日，伤者家属与企业达成一致，该矛盾事项调解完毕。

（胡士家）

【老钱工作室】 4月，杨舍镇联谊社区以辖区民警钱学峰名字命名的志愿服务工作室——“老钱工作室”启用。“老钱工作室”位于社区党群服务中心前广场东侧，由原来的核酸采样小屋改建，有成员16人，其中党员6人、居民志愿者10人。每周一至周五上午8：30—11：30，由志愿者轮流值班，收集民情民意，提供反诈宣传，开展矛盾纠纷调解。老钱发挥社区民警的特长优势，走访辖区被诈骗居民2人，了解被诈骗人员的心理历程，分析诈骗分子如何利用人性弱点吸引关注、骗取信任、实施诈骗，结合大量电信网络诈骗实例，制作“一眼断骗”系列视频课程，以身边典型案例开展反诈骗宣传。年内，“老钱工作室”收集民情民意15条，收集居民急难愁盼问题5个；组织“防诈骗座谈会”6次，破解电信诈骗、保健品诈骗10起，挽回经济损失近10万元，化解“广场舞扰民”“房屋维修基金使用”等矛盾5起。

（高丽萍）

社区治理

【概况】 1月，杨舍镇成立沙洲湖社区、金田社区、徐丰社区，撤销东莱社区、徐丰村；3月，金港街道设立金康社区；3月30日，南丰镇设立泗兴社区；7月，塘桥镇设立和鑫社区、裕庄社区、金庭社区；10月，乐余镇永乐村与庙港村合并为永乐村，同时撤销庙港村；11月，乐余镇设立乐丰社区。至年末，全市有村委会142个，比上年减2个；社区居委会129个，比上年增8个。年内，市民政局探索职工集宿区社区化管理模式，对全市389个职工集宿区整体情况开展调研并纳入社区网格化管理，完成相关调研报告《关于加强张家港市职工集宿区社区化管理的思考与建议》，集宿区社区化管理体系初步形成。整治加重村级组织负担突出问题，建立《张家港市村级组织民生综合台账指导目录》，涵盖村（社）情概况、当地企事业单位信息、综合治理、为民服务、资产设施5部分共18项，目录外的民生台账一律取消。调整落实村级组织“三张清单”有关内容，明确6类村级组织主体责任，3类村级组织协助办理事项，9类村级组织履职负面事项。印发《关于做好村规民约（居民公约）规范修订和宣传推广工作的通知》，完成首次全市村规民约（居民公约）汇编及下发工作。紧扣“健全城乡社区治理体系的行动方案”要求，不断深化城乡社区治理和服务创新，全面提升基层社会治理水平，金港街道长江村获评第三批全国乡村治理示范村镇，南丰镇永合社区获评江苏智慧社区建设特色应用试点。南丰镇永联村党委委员、永合社区党委书记、居委会主任秦欢，锦丰镇南港村党总支书记任浩，杨舍镇李巷村党委副书记、兴村特岗书记徐琼成为苏州全市首批基层数字治理带头人。《大新镇——党建引领社区区域一体化治理》《凤凰镇支山村——“美丽菜园”擦亮特色田园乡村底色》获评2022—2023年度苏州市城乡社区治理创新案例。

【党建引领基层治理大新实践】 年内，大新镇细分“海棠网格”232个，选优配强海棠先锋232人，基本形成“镇党委—村（社区）党组织—网格党支部—海棠网格党小组—海棠先锋”五级组织体系。开设“海棠先锋日”，开展“海棠新业·在职党员在行动”主题活动，每月组织11个机关站所党支部和在职党员干部到社区报到，联系服务群众、推动社区治理。深化党建引领社区区域一体化治理，发挥4个社区“大党委”轴心作用，建立政务资源、辖区资源、共建资源、市场资源、居民资源库。《大新镇中山村党总支：“支书带你看乡村”》入选全市党建引领强村富民创新案例，大新镇桥头村“桥家小院”入选市级“海棠花红”先锋阵地；大新镇中山村党总支书记刘钧获评2022年姑苏乡土人才（乡村治理类）新时代优秀村党组织带头人，“‘支书带你看乡村’数字乡村品牌打造”项目入选第二批姑苏乡土人才（乡村治理类）项目；大新社区、新东社区、长新社区3个治理案例被收录在全市党建引领基层精细化治理“双引双融，海棠36计”。全镇“党建引领基层治理”做法经验在苏州市级以上媒体宣传报道41篇次，其中《张家港大新镇社区“区域一体化”治理显成效：攥指成拳，聚起基层治理合力》在《新华日报》发表、《张家港市大新镇：“党建+”构筑宜商宜居幸福家园》在“引力播”发表、《党建赋能“一四五”，蹚出基层善治“新路”》在“苏州先锋”微信公众号上发表。

（茅雅香）

【农鹿社区“能人服务站”五色花志愿服务】 杨舍镇农鹿社区“能人服务站”成立于2022年8月，由农鹿社区党支部牵头，以“能人力量惠众人、众人聚力成能人”为宗旨，招募辖区有一技之长的“行业能人”。编制社

大新镇桥头村“桥家小院”　　（大新镇　提供）

区治理和服务指导手册，为小区能人提供工作指导，引导参与社区治理。2023年，"能人服务站" 聚焦居民群众急难愁盼问题，组建 "红色先锋" "绿色生活" "蓝色守护" "橙色寄托" "粉色力量" 五色花志愿服务团队。其中，"红色先锋" 服务队开展 "文明祭扫，平安清明" 移风易俗宣传活动、"扫黄打非·护苗2023——绿书签行动" 等活动，为辖区居民提供党建精神文明、文体宣教服务；"绿色生活" 服务队开展 "绿色家园，文明共创" "垃圾分类从我做起" 等主题活动，为辖区居民提供环境整治、垃圾分类宣传服务；"蓝色守护" 服务队开展 "社会救助政策" "文明交通伴我行" 等宣教活动，为辖区居民提供法律援助、交通秩序维护服务；"橙色寄托" 服务队开展 "银色关爱，'粽' 享端午" "银色先锋、暖心慰问" 等主题活动，为辖区居民提供关爱老人、爱心帮扶服务；"粉色力量" 服务队开展 "关爱老年人，义诊暖人心" "健康义诊，元气满满" 等活动，为辖区居民提供便民助民、健康义诊服务。全年提供服务120余次，惠及群众6000余人次，服务站能人数量从成立之初的19人发展到78人。 （高丽萍）

【社工队伍建设】 年内，全市有400人通过全国社会工作者职业水平考试。至年末，全市有持证社会工作者4093人。市民政局、市社区发展基金会开展社会组织公益创投活动，项目总投入180万元，分为 "邻里益+"、社区主人翁、创新服务、培育扶持四类，包括隔代家庭教育、大病患者陪医关爱、社区居民安全意识提升等主题。开展 "蓄能行动" 社会工作大讲堂，面向社会组织中从事社会工作的未持证人员、入职不满1年、入职1年至3年以及入职3年以上的社工开展分类培训，针对性帮助全市从业时间不同的社工掌握学习社会工作理论与技巧，拓宽社工视野，增进业内交流。推进基层社工站（室）建设运营，年内11个社工站持续服务运营，建设社工室271个，实现区镇（街道）社工站、村（社区）社工室全覆盖。2家社工站入选苏州市优秀 "红色社工站"，1家入选苏州市 "红色社工站"，3家社工站党建品牌获评苏州市社工站优秀党建品牌案例；17名社工入选苏州市 "红色社工"；3名社工分别获评第三届 "苏州市社工专业人才奖" "先锋代表" "领域标兵" 和 "明日之星"。举办庆祝 "国际社工日" 暨社会工作和社会组织发展宣传交流活动，成立社会组织廉洁合规与社工站建设专家智库，举行张家港市社会工作首届 "匠心杯" 表彰仪式，设立张家港市社会工作者关爱基金，进一步厚植社工人才沃土，展示社工服务成效。与市总工会、共青团张家港市委员会联合举办首届张家港市社会工作者职业技能大赛，全市近200名社会工作者报名参赛，经角逐，决出优秀社会工作者10名。依托基层 "互联网+政务服务" 平台，构建完善 "全员全科、综合服务、一口受理" 社区政务服务模式。全市每万名城镇常住人口拥有社区工作者人数23.18人，为苏州各县市（区）第一。

【"全员全科" 社工服务模式推广】 "全科社工" 是综合掌握人社、卫健、民政等政务服务事项办理要求，严格按照既定受理事项和办理流程，负责集中接待群众咨询和办（受）理各类社区政务服务事项的城乡社区工作者。为提升全市社区治理和服务能力现代化水平，年内，市民政局在前期实现 "全科社工" 机制城乡社区全覆盖的基础上，进一步推行 "全员全科社工" 服务模式。9月，市民政局举办2023年度 "全员全科社工" 业务培训班，全市共279个村（社区）设分会场收听观看，各乡镇（街道）社区办以及全体村（社区）工作者共4000余人参加。至年末，全市通过上岗考试累计产生全科社工2833人，在村（社区）工作人员中的占比超过50%。

【社会组织管理】 2023年，全市新增社会组织24家，其中社会团体10家，民办非企业单位14家；注销社会组织53家，其中社会团体13家，民办非企业单位40家。至年末，全市有登记注册社会组织866家，其中社会团体472家（行业性社团68家，学术性社团36家，联合性社团23家，志愿服务组织11家，专业性社团334家，行业性社团中包括苏州市下放登记管理权限的2家异地商会），民办非企业单位393家（教育类49家，卫生类7家，文化类8家，科技类7家，体育类47家，劳动类21家，社区服务类93家，社区社会组织类20家，其他类141家），基金会1个（在市民政局登记），异地商会3个。全市有备案的社区社会组织2249个，有等级社会组织767家，等级社会组织数占应评总数的88.6%；有认定慈善组织17家。年内，市民政局在全国率先出台《社会组织廉洁合规建设 "三张清单"》。5月，《民政部简报》（第46期）专题印发《江苏张家港统筹政治功能与法定职责，以廉洁合规建设推动社会组织高质量发展》，全面展示张家港市做法并向全国推广。督促指导市公益组织培育中心申报江苏省社会组织党建工作示范点，指导塘桥镇社工站、锦丰镇社工站、后塍街道社工站积极参加苏州市社会组织 "双创双红" 活动，申报苏州市级红色社工站。做好行业协会商会涉企收费整治工作，严格落实行业协会商会涉企收费 "五个严禁" 规定要求。至6月末，各行业协会商会共减收、免收会员会费205.8万元，惠及722家企业和相关市场主体。举办 "陪伴共成长·情暖大学生" 社会组织助力就业招聘会，12个行业领域近80家社会组织及会员单位参与招聘，提供岗位668个，达成意向236人。开展 "党建引领千社联万家" 行动，18个社会组织结对挂钩5个重点帮促村，认领需求项目6项，匹配239个困难家庭服务需求。年内，全市875支志愿服务团队开展志愿服务活动2600余场，志愿服务时长达52.9万小时，参与人数21.8万人次。市养老志愿者协会 "银龄互助志愿服务项目" 获评2022年度全国学雷锋最佳志愿服务项目，也是全省民政系统中唯一获奖项目。

表60　　2023年张家港市新核准登记社会团体一览表

社会团体名称	法定代表人	业务主管部门	登记日期
市劳模之家公益协会	高　锋	市总工会	4月13日
市文艺评论家协会	安昌礼	市文联	4月24日
市外商投资企业协会	胡晓东	市商务局	4月27日
市警察协会	陈洪泉	市公安局	8月11日
市皮划艇运动协会	秦　峰	市体育总会	9月11日
市未成年人关爱保护志愿者协会	卢　珠	市民政局	9月28日
市党的建设学会	陈晓东	市委组织部	10月16日
市电动自行车摩托车行业商会	张晓华	市工商联	11月3日
市美容美发协会	王胜东	市商务局（业务指导）	12月8日
市兰花协会	陈　伟	市文体广电和旅游局	12月28日

表61　　2023年张家港市新核准登记民办非企业单位一览表

单位名称	法定代表人	业务主管部门	登记日期
市金港街道广美社会服务社	顾秀锋	金港街道	1月4日
市婚姻家庭辅导服务中心	杨　玭	市民政局	2月13日
市爱启社会工作服务中心	陆　英	后塍街道	4月12日
市乐龄关爱服务管理中心	肖金裔	市民政局	4月27日
市外国语学校	许永华	市教育局	6月20日
市新起点职业培训学校	姜　勇	市人社局	7月21日
市塘桥镇高新美公益服务社	须丹霞	塘桥镇人民政府	7月28日
市满天星公益发展中心	张哲琦	市残联	8月1日
市柏思幼儿园	徐宏志	市教育局	8月7日
市长江高层次人才国情研修院	陈华斌	市委组织部	8月28日
市优博特教育培训学校	凌　健	市教育局	11月6日
市馨光社会工作服务中心	殷雯洁	市民政局	11月13日
市七彩新生活社会服务社	孙晓强	市民政局	11月17日
市益启爱社会服务中心	陈春红	市民政局	12月19日

【663个“民生微实事”项目实施】 2023年，全市“民生微实事”项目与社区党组织为民服务项目实现整合，制定《张家港市民生微实事（社区党组织为民服务）项目专项经费使用管理办法》，6月，召开专场政策解读会，60余人参加会议。11个区镇（街道）各城市社区征集项目建议706项，产生项目663项，包括工程类项目308项、服务类项目355项，资金预算3769.97万元，社区覆盖率100%，项目数量比上年增87%。年内，市民生微实事部门联席会议成员单位对“民生微实事（社区党组织为民服务）”项目进行实地抽查。市民政局委托专业审计公司，随机抽取35个2022年度“民生微实事”项目进行审计，抽查比例达到10%，总体情况良好。面向居民群众开展2023年度“民生微实事（社区党组织为民服务）”项目满意度调研，群众满意度达到97.76%。

（黄　娟）

【编辑　宋佳辰】

区镇（街道）

Zones and Towns (Streets)

凤凰湖　（钱佳翼　摄）

保税区

经开区（杨舍镇）

冶金园（锦丰镇）

高新区（塘桥镇）

乐余镇

凤凰镇

南丰镇

大新镇

常阴沙现代农业示范园区

双山香山旅游度假区

金港街道

后塍街道

德积街道

張家港年鑑（2024）

扫码欣赏

张家港高新区：新主场，创未来

乐余镇《等风来》

南丰镇：乐动江南，丰华正茂

保 税 区

【概况】 张家港保税区含保税港区、扬子江化工园、扬子江装备园、环保新材料产业园等多元载体。2022年起，按照“区街一体”模式代管金港、后塍、德积3个街道，总管理面积131.6平方千米。至2023年年末，有户籍63642户、户籍人口177035人，另有外来暂住人口148538人（含金港、后塍、德积街道）。全年管辖区域实现地区生产总值977.25亿元、比上年增6.4%，在全市占比29%；一、二、三产业增加值分别为3.67亿元、464.65亿元、508.92亿元。完成全口径财政收入114.7亿元，其中公共财政预算收入60.51亿元，比上年增0.4%，在全市占比25%以上。完成固定资产投资99.38亿元，其中，工业投资59.37亿元，比上年增21%，在全市占比25%，服务业投资40.01亿元；新兴产业投资63.44亿元；社会消费品零售总额80.54亿元。

经济建设 全区有企业18056家，其中工业企业2619家。443家规模以上工业企业全年实现总产值1610.4亿元，比上年降1.9%，在全市占比28.5%，实现营业收入1841.37亿元，利润总额33.05亿元。有全年纳税超2000万元企业80家、比上年增11家，超5000万元企业48家、比上年增4家，其中超1亿元企业16家、5亿元企业2家，纳税超5000万元企业在全市占比37%，规模以上工业企业在全市占比50%；“四上”企业新增入库308家，在全市占比50.1%，增量、增幅均列全市第一；新增上市企业1家，累计11家。3家企业入围“2023年中国民营企业500强”，2家企业入围“2023年中国制造业民营企业500强”。全区进出口总额203亿美元，在全市占比50%以上，其中进口总额163.54亿美元、出口总额39.46亿美元。注册外资及港澳台资2.67亿美元，实际利用外资及港澳台资1.1亿美元，在全市占比24.3%。在全市率先开展招商体制改革，突出“四新”（新能源、新材料、新装备、新经济）产业方向，持续拓展项目渠道，引进天齐锂业超30亿元项目，新签约超1亿元项目25项。全年完成科技招商项目408项，获评国家级人才工程7项，总数在全市位列第一；新增江苏省高层次创新创业人才4人，姑苏创新创业领军人才5人。全年新增认定高新技术企业104家，比上年增86%；新增国家级专精特新“小巨人”企业2家，省级专精特新中小企业23家，省潜在“独角兽”企业2家，省级智能示范车间9个，规模以上工业企业研发经费投入超28亿元。菲镭泰克公司牵头实施国家重点研发计划，灿勤科技公司获评江苏专利奖，均为全市唯一。深入实施重大项目并联审批和“245”统筹推进机制，编制重大项目开竣工指南，新建重大项目开工平均用时压减至163天，杜邦、海虹老人等36个项目竣工，瓦克、百胜等35个项目开工建设，大族激光项目一期主体封顶、二期加快清场交地，华盛锂电、国恒等项目实现“五证齐发”，22个列入三级重大计划新开工项目在三季度全部开工，项目数和年度总投资列全市第一。扬子江化工园首批通过全省复核认定，首批入选全省“无废园区”建设试点，获批启动扬子江高端装备产业园建设，泛半导体产业园全面投用，科创园三期完成主体建设，南科大联合创新中心揭牌，化工中试基地启动报建。3家企业入围国家二手车出口试点，全年完成出口916辆，出口量居苏州之首。完成供地72.69公顷，整治提升产业用地20.27公顷。全区实现农、林、牧、渔业总产值8.52亿元，粮食、油菜籽和水产品总产量分别为19558.8吨、263.54吨、1340吨。

社会事业 年内，文昌小学、文昌幼儿园、南沙小学新教学楼投入使用，增加学位2580个；香山小学、后塍学校综合楼开工建设。实施“131”卓越教师培养工程，有江苏省特级教师3人，正高级教师3人，姑苏教育人才5人，港城教育人才12人，公办教师中市级以上骨干教师470人（其中2023学年新增74人）。深化区域医共体合作，金港社区卫生服务中心中医馆通过苏州市四级中医馆评审，为张家港市唯一。有序推进7个安置房项目建设，全年完成安置房办证7075套。推进房票安置，发行房票100张。新增“口袋公园”6个。完成第二轮中央、省环保督察反馈问题整改销号。金港片区水质净化厂开工建设。各级考核断面水质优Ⅲ比例均达到100%，$PM_{2.5}$平均浓度实现五连降。推进重大事故隐患专项排查整治工作，完成15项重大事故隐患整改管控，辖区企业自查率100%，累计检查近300家次，排查隐患约450项，全面完成目标任务。先后承办张家港市第八届体育运动会马拉松赛暨2023年张家港长江四分马系列赛、第二十一届苏州市民间艺术节暨张家港保税区“‘莲’通美好，‘艺’起有约”首届民间艺术节开幕式及相关系列活动、长江文化节系列活动等惠民文化活动1300余场，服务周边群众50余万人次。沙洲优黄文化园获评“国家工业旅游示范基地”，为苏州市唯一获评单位。

管理创新 年内，全区持续推进村级经济五年倍增计划，德积高端纺织产业园一期投用，村均集体经营性收入1346万元、比上年增8.6%。启动实施后塍中北街地块城市更新。创新推出“1+6+N”（1个中央库+6个户外远程开启微型应急柜+N个周边城市联动调配站点）应急物资调度模式，打造区街10分钟救援圈。持续深化“放管服”改革，第三代社保卡“免申即享”换卡服务、“区镇互督互访”及“第三方测评”督察管理机制在全市复制推广。启动“红链锋范”工程，建立6个产业链联合党委，开展“问需寻计”产业链党建调研。新建“红运海棠”司机之家、德黎仕流动党员驿站，深化“归巢、暖流、共进”三大行动，将暖心服务延伸至新业态就业群体和流动党员。在全市率先实施“廉洁开发区”建设，维护风清气正的政治生态。

【天齐锂业氢氧化锂生产基地项目签约】 2月21日，天齐锂业股份有限公司（简称“天齐锂业”）氢氧化锂生产基地项目签约仪式举行。天齐锂业总裁夏浚诚，张家港市和保税区领导蔡剑峰、陆崇珉、顾卫彬、沈琳、刘东兴等出席活动。天齐锂业是中国和全球领先、以锂为核心的新能源材料企业，为深圳证券交易所和香港联合交易所两地上市公司，公司业务涵盖锂产业链的关键阶段，包括硬岩型锂矿资源的开发、锂精矿加工销售以及锂化工产品的生产销售。天齐锂业与保税区签订氢氧化锂生产基地项目，为张家港"打造全生命周期、全产业链发展的锂电新能源集群"提供重要支撑。该项目总投资18.5亿元，用地13.33公顷，年产3万吨电池级单水氢氧化锂（或2.6万吨电池级碳酸锂）及6万吨无水硫酸钠，预计达产后年产值75亿元，税收4.2亿元。

【三金锂电一期工程竣工】 7月28日，江苏三金锂电科技有限公司年产5万吨高镍三元前驱体一期工程竣工仪式暨超级爆品全球首发活动在张家港保税区举行。张家港市委副书记、市长蔡剑峰，江苏龙蟠科技股份有限公司董事长石俊峰，以及张家港市和保税区领导陆崇珉、刘东兴、黄晓伟、沈琳参加活动。项目由江苏龙蟠科技股份有限公司投资建设，总占地面积12.4公顷，规划建设5万吨高镍三元前驱体产能。得益于张家港优良的营商环境和务实高效的政务服务，项目从开工到一期工程建成投产仅用8个月时间，创造了项目建设的"张家港速度"。该项目总投资15亿元，用地10公顷，年产5万吨高镍三元前驱体锂电池材料、9万吨硫酸钠（副产品）项目，规划23条产线，其中5000吨产能的3条产线于2023年6月竣工投产，产品主要供下游客户进行生产实验；剩余45000吨产能生产厂房完成桩基工程，视客户需求情况预计2024年下半年开工建设。

【瓦克化学有机硅乳液和硅油产品扩建项目开工】 9月26日，瓦克化学有机硅乳液和硅油产品扩建项目开工。张家港市和保税区领导蔡剑峰、陆崇珉、刘东兴、顾卫彬、陈雪明，瓦克化学中国总裁胡文涛等出席开工

10月27日，大塚化学张家港基地产能扩建项目竣工仪式举行

（保税区　提供）

仪式。瓦克化学创立于1914年，总部位于德国慕尼黑，是一家有百余年历史的全球运营的化工集团，位列全球化工企业50强。瓦克化学张家港生产基地是瓦克化学规模最大的生产基地之一，自2004年入驻江苏扬子江国际化学工业园起，公司发展稳中向好。此次开工的有机硅乳液和硅油产品扩建项目，总投资11亿元，年产100100吨有机硅乳液和硅油产品，是瓦克化学张家港生产基地单笔投资最大项目。项目计划于2025年3月竣工。项目达产后预计新增年销售29亿元。

【大塚化学张家港基地产能扩建项目竣工】 10月27日，大塚化学张家港基地产能扩建项目竣工仪式举行。张家港大塚化学有限公司于2004年10月成立，主要从事非石棉非纤维状的新型摩擦材料钛拉塞斯（TERRACESS）、高耐久改性剂（TOPWIZ），复合工程塑料博替钢（POTICON）的生产与销售以及化工产品的贸易等。此次竣工项目总投资1.05亿元，扩建3000吨摩擦材料，240吨聚氟乙烯粉碎加工，并对原有生产线进行技术改造。项目达产后，预计年产值1.8亿元。

【泛半导体产业园全面投用】 由张家港保税区半导体产业发展有限公司投资建设的专业化科创载体，总投资10亿元，占地8.73公顷、建筑面积约12万平方米，2012年启动，分四期建设，2023年12月全面投用。泛半导体产业园致力于引进培育半导体、显示、光伏、LED等泛半导体行业的"卡脖子"功能材料，包括光刻胶、电子胶黏剂、功能膜、化合物半导体等产品，与扬子江国际化学工业园半导体材料创新中心、半导体材料产业园协同发展，加快构筑"孵化—加速（中试）—产业化"新材料全链条孵化体系，全面打造具有国内知名度的半导体材料产业集聚区。产业园已入驻项目9项，均为半导体材料及器件相关产业，其中包括张家港重大人才项目（团队）以及苏州、江苏、国家级人才项目。（蔡英杰）

经开区（杨舍镇）

【概况】 经开区（杨舍镇）位于市域西南部，是市委、市政府所在地。总面积153.08平方千米，其中城区面积46.49平方千米，耕地面积2627公顷。1月，杨舍镇成立沙洲湖社区、金田社区、徐丰社区，撤销东莱社区、徐丰村。年末，辖5个城郊办事处和4个城区街道办事处，22个行政村、53个社区。有常住人口57.73万人，其中户籍9.75万户、户籍人口28.52万人。年内，区（镇）聚焦"汽车及零部件、

新能源、化合物半导体”等新兴产业，引进盛虹储能电池超级工厂和新能源电池研究院、协鑫储能、爱汽新能源汽车电驱系统核心零部件、东久国际产业园等16个超1亿元项目。全年实现地区生产总值1001.37亿元。一、二、三产业增加值分别为3.99亿元、322.55亿元和674.82亿元。完成全口径财政收入96.91亿元，一般公共预算收入50.55亿元，入库税收94.39亿元。完成全社会固定资产投资176.93亿元。其中，工业投资57.86亿元、服务业投资119.06亿元，新兴产业投资59.6亿元。社会消费品零售总额530.38亿元。杨舍镇连续3年列全国千强镇第2位。

经济建设　年末，区（镇）有企业2.76万家，388家规模以上工业企业全年实现工业总产值949.65亿元，营业收入1008.48亿元，利润30.37亿元。有销售收入超1亿元企业165家，其中10亿元至50亿元企业23家、50亿元至100亿元企业1家。完成进出口总额87.48亿美元，其中出口总额77.79亿美元。新批外资及港澳台资企业30家，注册外资及港澳台资1.59亿美元，实际利用外资及港澳台资1.03亿美元。区（镇）全年GDP可比价增速0.8%。做好第五次全国经济普查，新增“四上”企业178家。举办经济高质量发展激励大会，累计兑现企业奖励超6100万元。建立“一企一档”服务机制，规模以上工业企业实现全覆盖。聚焦科技招商“一号工程”，全年招引科技项目405项，其中潜力类项目250项，数量位居全市前列。总投资539亿元的47个三级重大项目加速推进，安迈工程机械、潞能光伏等29个项目竣工投产。锴威特登陆科创板，绿岩生态、朗信电气挂牌新三板。9家企业挂牌江苏股权交易中心，数量全市第一。国泰集团、澳洋集团跻身“中国民营企业500强”，2家企业入围“江苏民营企业200强”。全年获批国家科技型中小企业365家、高新技术企业140家、瞪羚企业29家，均创历史新高。获评国家级专精特新“小巨人”企业4家、省级专精特新中小企业24家。新增省星级上云企业20家、省级示范智能车间10个、省级绿色工厂5家、省级企业研发机构3个、省级以上科技项目2项，获评苏州市级以上人才项目17项，获评张家港市级以上高层次人才超50人，其中国家级人才4人。东渡纺织集团入围国家级绿色供应链管理企业，华大离心机的“一种用于离心机内腔的气体保护方法”专利入选中国专利优秀奖，华灿光电获省产业前瞻与关键核心技术项目立项，新美星公司获评省服务型制造示范企业，海陆重工、上海电气公司等入围“苏锡常首台（套）重大装备认定名单”，天兵科技公司获评全市首家“中国独角兽企业”，有国家级和省级独角兽、潜在独角兽企业7家。经开区被授予苏州国家新一代人工智能创新发展试验区特色半导体产业集聚区。首发全国县级市国有企业科创债，完成经开国投和经开控股AA+、悦丰金创AA外部评级，经开国投资管业务、投资业务全年收入均突破2亿元。区（镇）建设高标准农田218.47公顷，全年种植小麦964公顷、水稻1180公顷，蔬菜播种面积982.24公顷，农产品“绿优比”为87.11%，梁丰食品奶牛场、神园葡萄科技有限公司获评省级全程机械化智能化示范场（园区）。实现农、林、牧、渔业总产值5.53亿元。杨舍镇持续位列苏州市高水平率先基本实现农业农村现代化第一方阵。

社会事业　年末，有镇管学校40所49个校区，其中普通高中1所，初中8所（含9年一贯制学校2所）11个校区，小学9所13个校区，幼儿园22所（含民办幼儿园5所）24个校区。在校学生及幼儿43988人，其中新市民子女学生23772人，在校教师数2957人。“暨阳学堂”开展教学活动1076场，惠及群众3万余人。全年教育经费总投入9.16亿元。全区（镇）建有67个体育休闲广场，280个晨（晚）练健身站点，有江苏省示范体育公园1个，室外篮球场54片，门球场1片，网球场5片，健身路径302套，健身步道44千米，影院10家，图书阅览室68个，书场11个，24小时图书馆驿站11个。打造“轻骑文艺益演”“杨舍故事汇”“戏曲大舞台”等特色文化品牌活动，年人均接受公共文化服务20次，杨舍镇连续多年被评为张家港市文化工作先进镇。广场舞《锦绣江南》、小品《呼气吸气憋住》分别获苏州市第五届“繁星奖”金奖、银奖，杨舍镇“群星艺术团”获苏州市第十三届广场舞大赛总决赛金奖并获评“江苏省优秀群众文艺团队”称号。善港村“麦畑花舍”农家书屋入选第二届全民阅读大会“全国最美”农家书屋，为苏州唯一。区（镇）全年完成版权登记作品4700余件，苏州市磐石卡通有限公司获评“江苏省版权示范单位”。有国家级版权示范单位2家，中国版权最佳版权实践奖2项，江苏省版权示范园区1个，江苏省版权示范单位6家。有镇管社区卫生服务中心1个、社区卫生服务站35个、全科医生工作室4个，社区卫生服务中心、社区卫生服务站、全科医生工作室有工作人员172人，其中具有国家执业（助理）医师以上资质人员136人。社区卫生服务诊疗量452044人次。新建居民健康档案85977人，累计建档520439人，建档率90.10%。实施家庭医生签约服务工作，常住人口签约178127人。全年孕产妇健康管理2516人，新生儿2542人，早孕建册2388人，早孕建册率93.94%。为适龄儿童接种免疫规划疫苗48202剂次、非免疫规划疫苗26611剂次，接种初二学生麻腮风疫苗2700剂次、65周岁及以上老年人肺炎疫苗1312剂次、初一女生HPV疫苗3934剂次，累计接种各类疫苗84088剂次。在苏州率先开启“集体合同审查秒批秒办”模式，审批部门精简30%、环节压缩57%、时限压缩99%。在全市首推大众创业“一件事一次办”改革，完成办件222件。完成重大执法决定法制审核126件，处理政府信息公开申请43件。区（镇）挂牌镇级社会矛盾纠纷调处化解中心1家、分中心9家，三级社会矛盾纠纷调处化解中心（工作站）全覆盖，化解信访积案12起，化解率全市第一。在全省率先打造镇、村两级互联网“融诉驿站”，建成“金融惠民之家”点位总量居全市首位。建立安全、消防联合行动机制,累计排查重点行业领域点位1.1万家次,查治隐患1万余处,推进燃气等重点行业领域专项整治,推动餐饮场所"瓶改管""瓶改电",各类安全生产责任事故实现"双下降"。完成整治交通安全隐患600余处,交通事故数比上年降10%—20%。超额化解年度隐债任务,完成5家平台公司清退。建成园区污染物总量储备库,中央、省环保督察交办件全部销号清零,全年空气优良天数比例84.8%。完成16条幸福河湖创建,省考断面优Ⅲ比率100%。深化"两违"治理,拆除违建超25万平方米。办理人大代表意见建议22件,办结满意率100%;处办市大联动平台工单12万件、"12345"市民热线工单1.3万件,群众满意率99%。持续推动"八大工程",打造"幸福杨舍,悦享美好夜"新时代文明实践工作品牌,建成苏州市"美丽街区"2个、"净美街巷"4条、"席地而坐"城市客厅示范点8个。推动"网格化管理"与"门前三包""三色管理"制度落实,机械化保洁道路城区达到100%、城郊达到90%以上,建成垃圾分类四星级以上小区8个。出台实施农村规范化管理工作指南、负面清单,老旧小区物业管理组织实现全覆盖。杨舍老街创成江苏省户外广告和店招标牌设施设置"特色街区",君临新城获评"党建引领物业管理服务工作省级示范点",晨南村、暨阳社区等4个单位入选省级健康村(社区)。

福民工程　年内,区(镇)村均经营性收入2675万元,竣工投运7个村联项目,入选张家港数字乡村建设典型案例7个。16个村股份经济合作社获评江苏"百强股份经济合作社",农联村居首位,总体数量位列全省第一。善港村获评"国家农民合作社示范社"。百家桥村建成省级特色田园乡村,获评苏州市特色康居乡村3个。编制区(镇)生态文明建设三年(2023—2025)行动规划、"江南富庶地、环上新暨阳"片区化发展规划方案,南新村、晨南村获评省级生态文明建设示范村,福前村获评全国"宜居宜业和美乡村创建示范基地"。泗港花苑一期开工建设,振兴花苑三期、勤星苑二期等5个安置小区竣工交付,完成分房工作。东莱小学、晨阳学校改扩建工程竣工投用,塘市小学首批获评全国健康学校建设单位。完成镇社区卫生服务中心预防接种门诊改扩建工程,棋杆社区卫生服务站建成启用。完成适老化改造510户,居家养老上门服务覆盖率100%。推进"银龄互助志愿服务"项目,完成志愿服务8872次。全年亲情(虚拟)养老院服务52.63万人次,投入资金636.68万元,综合满意度99.95%。向65周岁及以上老年人发放尊老金3685.92万元,惠及54292人。区(镇)新增社工59人,累计355人。开发就业困难人员公益性岗位34个,开展"'就'在杨舍"专项行动,举办招聘会13场,开展高校毕业生就业帮扶,应届高校毕业生就业率99.91%。晨阳社区就业服务站建成全市首个基础型"家门口"就业服务站。新增高技能人才3450人。完成企业退休人员免费健康体检76373人。实施民生微实事项目461项。新增社保扩面22658人、住房公积金扩面净增2479人。居民基本医疗保险参保97668人。全年发放各类救助金3112万元,实施群体帮扶慈善项目24项,年内募集慈善捐款927万元。区(镇)有烈士遗属21人,退役军人就业安置率达到100%。发放国家定期抚恤补助、优抚对象定期抚恤补助、有线电视和水电气补贴、义务兵家庭优待金、大学生参军奖励金等,开展走访慰问和拥军活动。打造全市首个美邻"双拥广场",征兵数量、大学毕业生征集率在全市各区镇排名第一。全年开展新时代文明实践志愿服务5399场,服务时长14.22万小时。发放各类惠农补贴约2380万元,耕地地力保护补贴面积1595.39公顷。年末,有在册低保对象119户151人,特困对象31户31人,低保边缘家庭37户43人,其他困难家庭8户14人,困难残疾人生活补贴847人,享受重度残疾人护理补贴1978人,全年发放补贴1592.5万元。对84名残疾学生和4名困难残疾人家庭子女发放助学金5.01万元。经开区(杨舍镇)康复驿站被评为省级精神障碍社区康复服务示范点。

表62　2023年张家港经济技术开发区(杨舍镇)办事处和街道办事处基本情况表

名称	所在办事处(街道)面积(平方千米)	党工委书记	办事处主任	党工委副书记	办事处副主任
塘市办事处	22.73	张耀军	钱　华(女,2月任)	钱　华(女,5月任) 陈　云 陈韵红(女) 钱得栋(12月任)	王同海 查　英(女,4月免)
乘航办事处	20.31	唐　宏	李迎辉(5月任)	毛建芳(女) 李雪东	季浩锋　唐厉兵
东莱办事处	29.55	邓衍子	—	—	谢建彪(4月免) 沈　波　季利本
泗港办事处	19.75	钱海峰	—	徐　一	程　亚(女)　徐　平

续表62

名称	所在办事处（街道）面积（平方千米）	党工委书记	办事处主任	党工委副书记	办事处副主任
晨阳办事处	14.28	惠　荣	吕　浪（2月任）	吕　浪（5月任） 黄　琴（女）	卢向华　罗　华
城东街道办事处	7.85	沈　敏（女）	展亚东（5月任）	杨荣华 钱得栋（12月免）	张晓红（女）　葛春峰
城南街道办事处	14.96	邹丽萍（女）	成　凯（2月任）	成　凯（5月任） 徐海栋 孙春霞（女）	郭新辉
城西街道办事处	5.77	金　忠	虞宁漪（女）	虞宁漪（女） 蔡　健（兼）	丁伟民　黄　英（女）
城北街道办事处	17.91	施　律	张　浩（5月任）	陆　豪	陈丽萍（女，12月免） 任建刚　朱　军

表63　　2023年张家港经济技术开发区（杨舍镇）村（社区）基本情况表

村（社区）	面积（平方千米）	户数（户）	人口数（人）	集体经济总收入（万元）	经营性收入（万元）	总资产（万元）	村（社区）党组织书记	村（社区）主任
李巷村	6.88	1755	6449	6171	4230	23888	陈　云	陈　云
河北村	4.16	1428	4497	1902	1882	10877	孙　滟（女）	孙　滟（女）
棋杆社区	2.90	761	2219	1988	1978	13912	陈　勇（9月免）	陈　勇（9月辞） 陈　霞（女，12月任）
河南社区	2.00	345	1194	1199	1193	8257	徐岳云	徐岳云
南庄社区	3.00	909	2916	1752	1750	10685	戴　宇	戴　宇
汤联社区	2.50	895	3168	1488	1482	6850	蔡文娅（女）	蔡文娅（女）
塘市社区	0.74	556	1545	—	—	—	陈瑞虎	陈瑞虎
芦庄社区	0.55	857	3137	—	—	—	葛蒙娜（女）	葛蒙娜（女）
蒋桥村	2.20	596	1479	3131	2881	54307	支益明	支益明
民丰村	2.00	810	2428	2770	2756	35735	陈卫佳	陈卫佳
庆安村	3.70	1356	4131	3696	3549	24023	李雪东	李雪东
新民村	3.10	910	3100	1850	1754	14759	季浩锋	季浩锋
双鹿村	2.70	675	2008	1087	992	5642	陈海江	陈海江
农义村	2.50	450	1458	1133	1062	13807	—	虞伟平
乘航社区	1.34	829	2146	—	—	—	钱　红（女）	钱　红（女）
江南社区	1.37	835	2821	—	—	—	徐宇洲（女）	徐宇洲（女）
农鹿社区	1.40	609	2241	—	—	—	李文涛	—
农联村	1.26	1641	5160	12397	12372	162896	赵建军	赵建军
福前村	6.35	1767	5192	3446	3378	25135	赵国忠	赵国忠
东莱村	8.37	2143	6495	3274	2954	24017	刘　兵	刘　兵
西闸村	2.55	1117	3462	1486	1237	7665	戴晓华	戴晓华
黎明村	3.57	1308	4007	1914	1690	20184	支佳天	支佳天

续表63

村(社区)	面积(平方千米)	户数(户)	人口数(人)	集体经济总收入(万元)	经营性收入(万元)	总资产(万元)	村(社区)党组织书记	村(社区)主任
徐丰社区	1.16	1405	3599	1673	1655	13931	—	季海滨(12月任)
江帆社区	2.04	1220	3465	—	—	—	许　春	许　春(12月辞)
福新苑社区	1.35	490	1651	—	—	—	黄海峰	黄海峰
青草巷社区	2.90	805	1997	—	—	—	周　超(9月免) 孙陈洁(女,9月任)	周　超(9月辞)
善港村	7.07	2119	6672	5135	4353	20732	葛剑锋	葛剑锋
闸上村	2.41	807	2645	2633	2482	11618	王建军	王建军
章卿村	3.84	1420	4848	3847	3572	18465	吴　坚	吴　坚
百家桥村	0.68	343	882	2660	2656	15070	徐　平	徐　平(11月任)
七里庙社区	1.05	1501	4504	2621	2612	42144	杨爱华	杨爱华
通桥社区	2.70	825	3099	—	—	—	李春燕(女)	李春燕(女)
泗港社区	2.00	396	1255	—	—	—	潘　黎(女)	潘　黎(女)
晨新村	3.94	1298	3611	1595	1588	21607	卢向华	卢向华
南新村	5.44	1829	5363	2014	1667	8974	王幽兰(女)	王幽兰(女)
晨南村	4.10	1255	3718	1598	1458	10942	朱永安	朱永安
晨阳社区	0.80	556	1360	—	—	—	丁　静(女)	丁　静(女)
城东社区	1.20	3846	10494	3505	3505	27758	郭新贤	郭新贤
前溪社区	1.09	3581	10244	646	620	16956	葛春峰	葛春峰
花园浜社区	1.12	3199	8361	—	—	—	许品洁(女)	许品洁(女)
勤丰社区	0.63	1149	3184	—	—	—	钱雪峰	钱雪峰
老宅社区	1.30	1507	4433	—	—	—	任　丹(女)	任　丹(女)
景溪社区	0.90	1210	3465	—	—	—	潘艳丽(女)	潘艳丽(女)
锦程社区	1.10	551	2303	—	—	—	马　洁(女)	马　洁(女,12月辞) 赵海萍(女,12月任)
南杨社区	0.51	276	647	—	—	—	赵　晓(女)	赵　晓(女)
城南社区	0.86	2692	7457	4056	4041	52490	宋　涛	宋　涛
旺西社区	2.20	885	2889	2238	2234	29732	顾剑平	顾剑平
赵庄社区	3.00	1903	5653	1673	1671	23583	徐金宝	徐金宝
小城市社区	1.50	2847	8216	1798	1789	8988	常　磊	常　磊
包基社区	1.72	401	1302	984	971	11232	惠　扬	惠　扬
南苑社区	0.85	2402	6563	—	—	—	曹　荣	曹　荣
暨阳湖社区	1.52	1682	4814	—	—	—	徐　敏(女)	徐　敏(女)
永安社区	1.50	1536	4277	—	—	—	许　娟(女)	许　娟(女)
白鹿社区	0.68	1464	4147	—	—	—	陈红静(女)	陈红静(女)
联谊社区	0.50	607	1607	—	—	—	徐　炜(女)	徐　炜(女)
邻湖社区	0.63	419	1009	—	—	—	张　健	张　健

续表63

村（社区）	面积（平方千米）	户数（户）	人口数（人）	集体经济总收入（万元）	经营性收入（万元）	总资产（万元）	村（社区）党组织书记	村（社区）主任
城西社区	0.36	1700	4714	9281	9254	77873	蔡　健	蔡　健
万红社区	0.87	2676	7918	1341	1331	9928	匡卫祥	匡卫祥
景巷社区	1.35	2309	6254	—	—	—	徐　敏（女）	徐　敏（女）
西门社区	0.46	1147	3116	—	—	—	陈　亮（女）	陈　亮（女）
暨阳社区	0.33	1768	4956	—	—	—	路　敏（女）	路　敏（女）
庆丰社区	0.43	1169	3454	—	—	—	王雅芳（女）	王雅芳（女）
钱塘社区	0.72	917	2406	—	—	—	周　科（女）	周　科（女）
云盘社区	0.48	1806	5039	—	—	—	陈　果	陈　果
悦盛社区	0.77	704	1889	—	—	—	黄　燕（女）	黄　燕（女）
田垛里村	5.65	1598	4735	7740	7698	46327	郭建锋	郭建锋
斜桥村	1.80	1621	4663	2530	2509	11217	戴德祥	戴德祥
横河社区	1.33	2098	5947	1661	1655	8163	陈文晓	陈文晓
范庄社区	1.38	1904	5190	1460	1459	7333	许春芳	许春芳
城北社区	1.40	1792	4626	1031	1025	13527	任建刚	任建刚
仓基社区	2.10	356	1120	791	748	13616	孙　斌	孙　斌
锦绣社区	1.17	1259	3636	—	—	—	许颂艳（女）	许颂艳（女）
陈东庄社区	1.10	1309	3635	—	—	—	陆　豪	陆　豪
沙洲湖社区	1.35	118	354	—	—	—	—	周　鹭（女，12月任）
金田社区	0.63	248	605	—	—	—	—	钱泽好（女，12月任）

说明：徐丰社区由东莱社区部分区域和徐丰村合并成立；勤丰社区资产并入城东社区管理；陈霞、季海滨、赵海萍、周鹭、钱泽好为社区负责人。

表64　　2023年张家港经济技术开发区（杨舍镇）投资1亿元以上项目情况表

单位名称	项目名称	总投资额（万元）
盛虹控股集团	储能电池超级工厂和新能源电池研究院项目	3060000
张家港协鑫超能云动科技有限公司	移动储能系统项目	150000
张家港奥莱德实业发展有限公司	东久（张家港）国际产业园项目	105000
江苏东方四通科技股份有限公司	高精度控制电源生产基地项目	80000
爱汽科技（苏州）有限公司	新能源汽车驱动系统核心部件项目	35000
张家港市超声电气有限公司	泛半导体湿法清洗设备项目	31200
张家港德泰储能装备有限公司	全钒液流电池产业化项目	30000
江苏晋誉达半导体股份有限公司	半导体高端设备研发及生产基地项目	30000
德裕（苏州）纳米科技有限公司	纳米纤维膜以及纳米纤维过滤材料项目	30000
科莱沃洁净容器（张家港）有限公司	光刻胶洁净容器项目	30000

续表64

单位名称	项目名称	总投资额（万元）
康明斯传动科技（苏州）有限公司	半导体导轨组件及轴承项目	20000
苏州深研科技有限公司	先进智能切割装备及第四代半导体设备项目	20000
苏州黑冕光电科技有限公司	钙钛矿太阳能电池模组	20000
张家港扬子纺纱有限公司	智能化改造增资项目	15000
苏州海陆重工股份有限公司	第四代核级容器扩建项目	12000
苏州良辰生物医药科技有限公司	苏州良辰生物医药创新中心暨上市总部项目	10000

【盛虹控股集团储能电池超级工厂和新能源电池研究院项目签约】 1月31日，盛虹控股集团储能电池超级工厂和新能源电池研究院项目签约仪式举行，省委常委、苏州市委书记曹路宝，盛虹控股集团有限公司董事长缪汉根等参加活动。项目总投资306亿元，是张家港市招商引资史上单体投资最大的项目。项目将在经开区（杨舍镇）建设60吉瓦时储能电池超级工厂和新能源电池研究院。产品广泛应用于新能源汽车、船用动力、电动特种车、数据中心储能等领域。其中，首期24吉瓦时项目和独立主体的新能源电池研究院，总投资140亿元，计划三年内建成投产，全部达产后年营收预计240亿元。项目于3月16日完成立项备案，7月18日开工建设，至年末，项目生产区处于土建施工中。

【经开区成立30周年主题活动】 11月28日，“三十而立再出发，奋楫扬帆启新程”张家港经开区成立30周年主题活动在市城南文体中心举行。活动现场，举行经开区2023年度三级重大项目竣工投产仪式，对经开区做出突出贡献的东方四通、光束汽车、骏马集团等39家企业进行表彰，张家港经开区创投合伙人联盟成立，采埃孚、那智不二越、澳洋集团等总投资106.6亿元的43个项目集中签约。经贸活动结束后，举行“火炬之光”文艺报告会，分为“火红年代，最美这方，奋楫远航”3个篇章，展现经开区砥砺奋进、蓬勃向上的发展局面。张家港经开区于1993年获批设立，2011年升格为国家级经开区。30年间，张家港经开区从4.62平方千米发展到153平方千米，累计引进培育世界500强企业28家、上市企业11家、规模以上工业企业382家，规模以上工业总产值接近1000亿元，GDP突破1000亿元，综合评价跻身全省开发区前8名，杨舍镇位居全国千强镇第2位，居民人均收入增长超20倍，获评各类“国字号”荣誉20余项。

11月28日，经开区开展成立30周年主题活动 ［经开区（杨舍镇） 提供］

【市首个建筑央企子公司总部揭牌】 5月15日，中铁城建集团华东建设有限公司在张家港经开区成立，是张家港市首家建筑类央企子公司总部。中铁城建集团党委书记、董事长申景涛，张家港市委书记韩卫等参加活动。中铁城建集团隶属排名世界500强第39位的中国铁建，是专业从事城市建设的大型建筑企业集团，拥有建筑特级、市政一级、铁路一级等施工总承包和专业承包资质60余项。华东建设公司以打造“专精特新”企业为目标，围绕房建和市政工程，拓展江苏、浙江、福建、上海等市场。双方将在城市更新、园区建设、基础配套、民生建设等领域合作。7月，中铁城建集团房地产开发有限公司以7.62亿元竞得经开区国泰中路西侧、人民西路南侧地块，面积4.48万平方米，楼面价每平方米7560元。

【经开区16家股份经济合作社入选江苏百强】 9月，2022年江苏“百强股份经济合作社”名单公布，苏州有70家入选，其中张家港有29家上榜，经开区（杨舍镇）有16家上榜，占比全省第一。区（镇）的农联村股份经济合作社、城西村股份经济合作社位居榜单第一、第二名。此次“百强股份经济合作社”评选，主要从集体资产总体实力、集体经济运营能力、集体经济服务能力、集体经济发展潜力四个维度，在全省完成农村集体产权制度改革的股份经济合作社的综合评定中产生。近年，经开区（杨舍镇）各村聚焦富民增收，以抱团、多元发展等方式推动村级经济发展，千方百计拓宽增收渠道，促进农民持续增收，41个村股份经济合作社历年分红福利累计总额达到20亿元，2023年实现村均集体经营性收入2675万元。

冶金园（锦丰镇）

【概况】 冶金园（锦丰镇）位于市域北部，与南通如皋市、通州区隔江相望。有沿江岸线13.8千米，是以钢铁冶炼为核心，加工、贸易、仓储、物流全面发展的江苏省首家特色产业园区，拥有新兴产业园、玖隆物流园、医疗器械产业园等产业载体。总面积114.58平方千米，耕地面积4129公顷。2023年年末，辖2个办事处，23个行政村、11个社区（其中4个为“村社合一”体制，分别为大南、悦来、天福、联兴社区）。有户籍40107户，户籍人口113988人，另有外来暂住人口78638人。全年实现地区生产总值676.69亿元。按户籍人口计算，人均生产总值59.37万元。一、二、三产业增加值分别为4.42亿元、495.77亿元、176.5亿元。完成全口径财政收入51.22亿元，其中公共财政预算收入28.96亿元，入库税金49.4亿元。完成全社会固定资产投资80.92亿元。其中，工业投资55.4亿元、服务业投资25.38亿元，新兴产业投资56.32亿元。社会消费品零售总额50.56亿元。锦丰镇在中国综合实力千强镇排名中位列第8位，比2022年上升1位。获评省生态文明建设示范乡镇，农村人居环境整治提升工作在全市位列第一等次。

经济建设 年末，园（镇）有企业5869家，其中工业企业1921家。164家规模以上工业企业全年实现总产值1779.11亿元，比上年降10.9%；营业收入2099.79亿元，利润总额34.23亿元。有营业收入超1亿元企业55家，其中10亿元至50亿元企业6家，50亿元至100亿元企业2家，100亿元以上企业4家。新增日新过敏原检测设备项目、保丽洁油烟净化设备项目等超5000万元重大项目14项，总投资167.45亿元。其中，新增超1亿元项目9项，总投资163.98亿元。信义光能太阳能装备用轻质高透面板项目、扬子江新医疗创新园、中环海陆高端环锻件扩建项目、琳科森芯片封装制程专用保护膜项目、港邻花苑安置房项目等12个项目竣工投用。园（镇）进出口总额59.65亿美元，其中进口总额31.24亿美元、出口总额28.41亿美元。注册外资及港澳台资5.12亿美元，实际利用外资及港澳台资8977万美元，完成时序进度的47.2%。新注册登记私营企业884家，注册资本74.84亿元；新增个体工商户1671户，注册资本2.16亿元。玖隆物流园新引进企业136家，累计2800余家，实现开票销售2002.17亿元，入库税金8.01亿元。园（镇）全年申报高新技术企业111家，其中53家企业获批，累计119家。有省研究生工作站43个，有效发明专利净增量354件。获批张家港市级以上科技项目14项，浦项（张家港）不锈钢股份有限公司、苏闽（张家港）新型金属材料科技有限公司、上海电气集团腾恩驰科技（苏州）有限公司入选省工程技术研究中心，张家港扬子江冷轧板有限公司、江苏普达迪泰科技有限公司、优易电缆（张家港）有限公司、张家港市艾尔环保工程有限公司、信义电源（苏州）有限公司、信义光伏（苏州）有限公司、信义玻璃（江苏）有限公司入选苏州市工程技术研究中心，江苏沙钢钢铁研究院有限公司获首届江苏专利奖优秀奖1项。净增规模以上工业企业6家，沙钢集团获评国家“数字领航”企业、国家级绿色工厂，江苏沙钢高科信息技术有限公司获评国家级特色专业型工业互联网平台、江苏省智能制造领军服务机构，张家港中美超薄带科技有限公司获评江苏省5G工厂、江苏省智能制造示范工厂，江苏保丽洁环境科技股份有限公司在北京证券交易所上市，为园（镇）第6家上市企业，全年在江苏股权交易中心新增挂牌企业11家。园（镇）获评市领军型创新创业人才项目12项、苏州市“姑苏计划”人才项目6项、省“双创计划”人才项目1项、国家级人才项目2项。扬子江低碳产业园、扬子江新材料创新园办公楼、扬子江智造产业园和扬子江新医疗创新园建成并投入使用；扬子江智能装备园完成建设任务55%。年内，建设分布式光伏电站48个，总装机容量33.08兆瓦，完成并网发电项目30项，总计21.77兆瓦。铁皮石斛特色产业小镇获评2022年度江苏省特粮特经特色产业小镇。全年水稻种植2379.27公顷，小麦种植2141.73公顷，秸秆综合利用率100%，机械化还田面积100%。实现农、林、牧、渔业总产值10.34亿元，粮食、油菜籽和水产品总产量分别为33223吨、311吨、1050吨，粮食总产能完成度列全市第一。

社会事业 年末，园（镇）有中小学校、幼儿园14所，其中初中2所、民办十二年一贯制学校1所、九年一贯制学校1所、小学3所、民办小学1所（附设1所幼儿园）、幼儿园5所、民办幼儿园1所，在校学生18979人。有专任教师1339人，其中骨干教师234人、省特级教师1人、苏州市学科带头人7人。年内，永盛幼儿园、锦丰中心小学东校区（食堂）建成使用，锦丰学校（一期）和沙洲初级中学（一期）工程建设按时序推进。全镇1293名考生（含外校北区）参加中考，高中录取768人，普高录取率59.43%。园（镇）有体育场馆2座，公园6个，健身广场4片，新增建设村笼式篮球场1片，累计室外球场14片。晨、晚健身点136个，健身步道77.22千米，书场3个，24小时图书驿站6家。建成江苏省美丽乡村健身公园1个，苏州市美丽乡村健身公园3个，苏州市农民体育基地2个，有文体团队近50个，社会体育指导员约700人。全年举办线上线下阅读活动461场，参加人数超过2万人次。推进省数字农家书屋建设，园（镇）农家书屋线上平台用户数3.5万户，使用总次数3557.8万次。全年完成一般作品登记量1900件，有10家企业注册版权，每家完成版权作品登记25件以上。结合“我们的节日”、农民读书节等主题，开展“适意沙洲，岁月有声”经典诵读会暨书香企业阅读节、“时代说——我和锦丰”故事创作大赛、“金沙洲艺术团”文化志愿行、2023年全国秋季“村晚”展示活动(张家港市锦丰镇建设村会场)暨冶金工业园(锦丰镇)“沙上风情”地方特色文艺展演等富有沙上地域特色的文体惠民品牌活动近60场。围绕“新时代乡村阅读季”主题,以农家书屋为平台,开展“书采计划”新时代乡村阅读季主题活动20余场。“三兴元宵锣鼓”申报苏州市第八批非遗项目,“刺绣”“风筝”申报张家港第七批非遗项目,全年开展各类非遗活动60余次。高质量发展考核指标“人均接受文化场馆服务人次”完成137.78万次,人均9.16人次。围绕冶金工业园成立20周年、沙上地方特色文化等主题创排歌舞《忆江南》《踏歌起舞庆丰收》、现代诗《年轻的城》等文艺作品近60件。其中,快板《丰碑颂》获江苏省第三届优秀快板作品征集评比三等奖;与张家港市文化馆共同选送民乐合奏《奔腾》获第五届苏州市群众文化“繁星奖”音乐类金奖;小品《能快点吗?》获张家港市第九届小戏小品大赛银奖;相声《黑白者也》获苏州市“青春担使命,青年‘爱廉说’”现场决选活动一等奖、张家港市青廉脱口秀活动一等奖,冶金园(锦丰镇)获优秀组织奖。园(镇)有医疗卫生机构57个,其中医院4所、基层医疗卫生机构26个(社区卫生服务中心1个、社区卫生服务站25个)、家庭医生工作室3个、医疗护理机构2个、其他医疗卫生机构22个(口腔门诊部3家、口腔诊所8家、中医诊所9家、学校医务室1家、锦虹老年医务室1家)。有执业(助理)医师353人,核定床位1022张。深化镇社区卫生服务中心与市第六人民医院医共体建设,在全市率先开展“医院—社区—家庭”三位一体的区域化糖尿病管理项目,镇社区卫生服务中心新开设“糖尿病社区管理门诊”,以控制整体发病率,提升园(镇)糖尿病规范管理率、血糖控制达标率。组团式运营社区卫生服务站,提升社区卫生服务站公卫工作力量。组织“锦医系列”能力提升活动,提升基层站点能力。镇社区卫生服务中心达到国家优质服务基层行基本标准,获评张家港市艾滋病防治工作先进单位、精神卫生综合管理先进集体、老龄宣传工作先进单位。十一圩港社区卫生服务站获评苏州市推荐标准村卫生室(甲级村卫生室)。全年园(镇)完成西港集市乱象、青草巷周边秩序治安重点地区和突出问题整治。投入30万元对辖区长江岸线实现技防设施、警示标识全覆盖,联动处置“小三亚”网红打卡点常态化安全巡护。完善公共安全联动监管,对列管的21家企业160辆重点车辆全部安装安防系统。深入推进矛盾纠纷排查化解,累计开展各类矛盾纠纷排查340余次,调解矛盾纠纷1841件次。深入开展消防安全大排查大整治,累计整改出租房(群租房)、“九小场所”(含小餐饮)各类隐患5242处,对全镇54家中小旅馆完成消防安全整改。依托“一村一品”平安创建项目评比,精选培育优秀项目12项。打造十一圩港村全市一流平安前哨工作站。分片区分段推进集镇区技防提升工程,启动永盛花苑智慧小区试点建设。细化巡防网格,开展组团式巡防100余次。完善“重点人员分色管理”功能、出租屋“分级分色”动态预警监管机制。在全市率先建立社会矛盾纠纷调处化解中心实体化运行机制,对外公布职能科室轮驻信息表,做到一站受理、分类交办、联合处置。深入推进“信访代理人”制度,依托30个村、社区聘请的57名兼职代理人,定期开展矛盾排摸。以网格为单位,建设“邻聚里”议事坊,全面接收问题建议。严格执行重大行政决策,完成永盛幼儿园招生决策事项。规范政府购买合同,制发政府购买服务合同合法性审核意见书。建立行政争议会商研判机制。制定依法治园(镇)工作要点,持续开展领导班子法治讲座。修改法律服务工作办法,提升法律事务工作规范化水平。建成苏州市首家乡镇行政执法监督工作室,创新行政处罚案卷法制审核办法,开展换位式执法监督,“情牵沙洲”微信公众号“行政执法监督”专栏开通。开设“非诉在线”云端调解平台,打造人民调解室示范点6个。实施“百名调解人才”培养计划,提升非诉讼纠纷化解专业化水平。开展十大金牌人民调解员评选表彰。围绕“八五”普法,全面落实“谁执法谁普法”普法责任制,深入开展“法润长江”“法润锦丰·情暖民工”“法润春芽”“法治风帆”等专项法治宣传活动。征集“辉煌建园二十年·法治护航新跨越”法治文化作品。深入推进法治文化阵地建设,注重“法律明白人”培育,持续打造“法润锦丰·德行沙土”法治宣传品牌,建成南港村“法治文化田园”、新港村“长江保护”等主题法治文化阵地,12个村(社区)全部通过省级民主法治示范村复核,培育民主法治优秀项目案例10件、“法律明白人”292人。依托镇人社服务中心法律援助站,实行援助律师定期值班制度,配合市法律援助中心办理法律援助案件13件,惠及困难群众16人。编撰村(社区)法律顾问服务案例,印发《法律服务工作办法》,强化村(社区)法律顾问考核评定。取缔重点区域占道摆摊商贩,承办全市停车共享实事项目现场推进会。加强“城警联动”,将广泰路打造成为停车秩序管理示范路。开展沿街商户“三色评价”管理。重点推进三类大型户外广告存量拆除工作,规范户外广告审批,实施一网通办,率先实施网上签章模式。常态化开展建筑垃圾(工程渣土)夜查、部门联合检查行动,查处相关案件223起。在元宝街、沙钢新村小区东门、大南花苑等区域设置便民临时疏导点和自产自销点,为流动摊贩安新家。完成市违法建设治理挂牌督办项目建设村河东路隐患车库拆除工作。以“锦e求精”城市服务品牌创建为抓手,开展“锦e求精·静夏护考”等主题行动,提升行政执法人员素质,新设实务案例“你讲我评”专栏,实施队列训练和常态化纠察工作。镇二十一届人民代表大会二次会议期间,收到代表意见和建议33件,办复率、满意率100%。推出锦丰镇民生实事工程4项。政务服务中心持续践行“锦快办”品牌理念,先后获评江苏省级“15分钟医保服务圈”示范点、苏州市工会“妈妈驿站”示范点、张家港市“巾帼文明岗”等。以“党建+”模式,启动政务服务“红色引擎”，围绕“萤火亮，政务燃”主题，开展“委员授课”“书记领学”等活动。加强“勤廉先锋示范岗”建设，充实镇村一体“勤政务廉”行政审批网络。在全市首推政务管理“云沟通”二维码，率先聘请“政务服务体验官”，多次开展“政务服务开放日”。延伸“沙周到”政务服务帮代办触角，扩大“五分钟政务惠民圈”“营商政策速递员”活动覆盖范围，开展社保卡“免申即享”试点行动。年内，为辖区企业群众提供各类帮代办、上门办服务1113件。深化“审批服务一窗口”模式，联动市市场监督管理局锦丰分局建成“质量赋能站”“知识产权工作站”。聚焦“一次办好一件事”，高效施行“餐饮店、便利店一件事”“新生儿出生一件事”“企业开办一件事”等“专属套餐”式服务。全年受理各类行政审批（公共服务）事项97514件，“好差评”线上线下评价22848条，服务测评满意度保持在99.9%以上，实现全年“零投诉”。全年疏浚镇村组河道45条，建成“污水处理提质增效达标区”2个，完成二干河支流锦西河、常通港镇级河道整治，创建幸福河道18条。关停“散乱污”企业（作坊）4家、整治提升7家，完成挥发性有机物综合治理企业26家。空气质量优良天数比例为87.7%，$PM_{2.5}$年均浓度为每立方米28微克，指标均位居全市前列。

福民工程　年末，园（镇）村级集体总资产561593.52万元，净资产149674.29万元。全年村集体经营性收入2.32亿元（不含镇北社区，下同），村均1010万元。常态化完善“三资”专项治理。完成农村集体资产监管提质增效、2023年度村级集体资产清查等工作。开展16位村书记任期审计，促进农村基层干部廉洁自律。结合农村集体“三资”精细化管理，锦丰镇承接市农业农村局村集体经济组织与村集体企业合并报表试点工作任务。新增苏州示范家庭农场3家，张家港市级示范合作社农民示范合作社6家、“头雁”家庭农场2家。全年发放涉农资金3144.8万元。其中，水稻生态补偿面积2409.17公顷，每公顷补贴6300元，补贴金额1517.78万元，年内发放第一批补贴资金1373.6万元；耕地地力保护补贴面积3620.38公顷，每公顷补贴1800元，补贴金额651.67万元；规模稻谷生产者补贴面积2314.59公顷，每公顷补贴1500元，补贴金额347.18万元。稻谷和小麦价外补贴数量分别为1367.64万千克、1015.37万千克，每千克补贴0.2元，补贴金额476.6万元。秸秆还田水稻和小麦补贴面积分别为1536.8公顷、2441.8公顷，每公顷补贴300元，累计补贴金额118.77万元，犁耕深翻补贴面积为546.5公顷，每公顷补贴600元，补贴金额32.8万元。完成新增社会保险扩面人数5135人，居民基本医疗保险参保38498人，住房公积金扩面净增1254人。开展“迎新春送温暖，稳岗留工”专项行动，做好“稳就业，保就业”工作，为企业和求职者提供免费信息发布渠道，全年提供就业岗位9600余个，开发公益性岗位52个。社会化培训机构开展培训服务群众3100余人次。开展企业内技能人才自主评价工作，培训人员1655人，其中培训高级工及以上高技能人才1397人。年内，锦丰镇居民基本医疗保险参保36435人，村（社区）居民医疗互助实现全覆盖，全年筹集资金696.99万元，惠及群众6.97万人。理赔638.04万元12416人。深化失独家庭关爱行动，惠及计生特困家庭357户565人，向1701名持独生子女父母光荣证企业退休人员发放一次性奖励612.36万元。完成815名严重精神障碍患者“以奖代补”发放，覆盖率97%。园（镇）有养老床位1530张，千名老人床位数39张。投入514.41万元购买虚拟养老服务，为361485人发放尊老金2096.56万元。投入4亿元实施民生实事工程15项、民生微实事项目67项，其中民生微实事项目350.75万元。有持证社会工作者489人，其中社工师125人、助理社工师364人。投入22.69万元，完成安居工程5户、亮居工程改造2户。有低保户295户401人，低保边缘重病困难对象46户51人，特困人员64人，重残救助对象490人，贫困学生111人，全年发放保障金、救助金等1220.92万元。发放春节慰问金1008.96万元，惠及困难群众3.74万户。　（茅　华）

9月27日，“喜迎中秋·欢度国庆”全国秋季“村晚”展示活动暨冶金园（锦丰镇）“沙上风情”地方特色文艺展演活动在锦丰镇建设村举行　［冶金园（锦丰镇）　提供］

表65　2023年江苏扬子江国际冶金工业园（锦丰镇）办事处基本情况表

名称	所在集镇面积（平方千米）	党工委书记	主任	党工委副书记	副主任	党工委委员
三兴办事处	2.24	惠正刚	陆海燕（女）	陆海燕（女，兼）	李　刚（9月任）	徐　捷（5月任） 吴　刚（5月任） 徐　萍（女，9月免） 戴　峰（9月免） 邢　杰（5月免） 倪海洋 朱亚军
合兴办事处	4.38	张　涛	李　春	—	施尧平（5月免） 徐　星（女）	徐　星（女） 钱李军 张永明 倪　宏（女，12月免） 缪志毅（5月免） 曹广宇（5月任） 茅惠慧（女，5月任） 何新凯（5月任）

表66　2023年江苏扬子江国际冶金工业园（锦丰镇）村（社区）基本情况表

村（社区）	面积（平方千米）	户数（户）	人口数（人）	集体经济总收入（万元）	经营性收入（万元）	总资产（万元）	村（社区）党组织书记	村委（社区）主任
联兴村	10.36	2868	4636	1821.51	2056.63	34929.56	沈晓燕（女）	沈晓燕（女）
店岸村	5.86	2052	7102	1760.96	1331.49	38741.34	翟卫华	翟卫华
向阳村	3.48	1071	2873	1130.74	1208.48	29416.24	季卫星	丁　浩（9月免） 季卫星（9月任，主持工作）
建设村	5.02	1345	4941	2994.83	2386.16	42807.04	黄桂华	黄桂华
西港村	3.97	1168	3668	1040.01	742.43	27203.00	许天明	许天明
协仁村	4.31	1347	3863	805.56	691.74	17766.96	黄　飞（9月免） 樊　波（9月任）	姜义祥（9月免） 樊　波（9月任，主持工作）
交通村	5.08	1372	3989	1644.90	896.60	18890.39	陆亚勇	陆亚勇
郁桥村	2.31	602	1843	1116.72	957.83	24746.66	钱跃平	钱跃平
十一圩港村	8.21	2823	8984	2448.38	1869.15	33876.36	陆　军	陆　军
新港村	4.18	1231	4061	1245.09	920.81	21486.91	毛　伟	毛　伟
西界港村	3.67	1245	3769	790.34	937.78	24981.71	朱海峰	朱海峰
登瀛村	4.47	1472	4361	881.79	699.16	15595.08	王　飞	王　飞
鼎盛村	4.94	1527	4447	1001.20	812.19	17121.40	姚兴兵	姚兴兵
耕余村	3.45	1050	2948	1198.56	886.47	32520.29	孙晓平	孙晓平（12月免）
乐杨村	5.01	1446	4333	1210.28	752.67	15692.19	黄　波	黄　波
星火村	5.97	1817	4920	1889.35	1158.04	34581.11	毛　虎（12月免）	毛　虎（12月免）
洪桥村	4.06	1098	3296	1047.70	695.20	18245.69	聂恩峰（9月免） 黄　飞（9月任）	聂恩峰（9月免） 黄　飞（9月任，主持工作）

续表66

村（社区）	面积（平方千米）	户数（户）	人口数（人）	集体经济总收入（万元）	经营性收入（万元）	总资产（万元）	村（社区）党组织书记	村委（社区）主任
洪福村	5.20	1621	4761	1514.61	932.18	38372.17	张永明	张永明
悦来村	3.37	1477	4431	691.88	583.60	7736.39	徐　萍（女）	徐　萍（女）
光明村	3.56	620	2813	824.83	590.97	14589.24	陈　立	陈　立
南港村	4.36	1183	3569	883.96	639.75	12107.53	任　浩	任　浩
常家村	4.48	1360	3835	1255.94	1042.11	25282.99	钱　萍（女）	钱　萍（女）
福利村	5.73	1268	4677	641.93	431.17	12349.61	肖正才	肖正才
镇北社区	1.30	2190	5223	497.61	170.31	2553.48	樊　红（女）	樊　红（女）
滨江社区	0.80	2188	4359	—	—	—	樊　波（9月免） 李　颖（女，9月任）	樊　波（9月免） 李　颖（女，9月任，主持工作）
永新社区	2.00	467	1354	—	—	—	钱　艺（女）	钱　艺（女）
三兴社区	1.53	938	2421	—	—	—	徐　亮	徐　亮
合兴社区	0.70	1912	4723	—	—	—	钱海霞（女，9月免） 黄　玲（女，9月任）	钱海霞（女，9月免） 黄　玲（女，9月任，主持工作）
书院社区	0.75	954	3132	—	—	—	朱珊珊（女）	朱珊珊（女）
沙洲社区	1.84	462	1063	—	—	—	孙陈洁（女，9月免） 钱海霞（女，9月任）	孙陈洁（女，9月免） 钱海霞（女，9月任，主持工作）
联兴社区	—	—	—	—	—	—	李　颖（女，9月免） 张　蕾（女，9月任）	李　颖（女，9月免） 张　蕾（女，9月任，主持工作）
大南社区	—	—	—	—	—	—	袁建惠（女）	袁建惠（女）
天福社区	—	—	—	—	—	—	陈晓敏（女）	陈晓敏（女）

说明：表中面积数据由市自然资源和规划局锦丰自然资源所提供。村面积为行政区划面积，社区面积为管理面积。

表67　　2023年江苏扬子江国际冶金工业园（锦丰镇）投资1亿元以上开工项目情况表

投资企业名称	项目名称	总投资额（万元）
江苏国信沙洲发电有限公司	国信沙洲高效清洁燃煤发电项目	824000
江苏沙钢集团有限公司	沙钢铸轧薄带高品质硅钢项目	600000
张家港业晟新材料科技有限公司	业晟绿色环保新材料（WPC、SPC地板）制造基地项目	50000
江苏日新医疗设备股份有限公司	日新过敏原检测设备项目	50000
苏州市康易健医疗科技有限公司	康易健精准微创医疗器械生产基地及研发中心项目	32000
锦丰镇人民政府	锦丰学校	25000
张家港市龙潭湾工业企业管理有限公司	龙潭湾星火智造园项目	21000
市卫健委、锦丰镇人民政府	市第六人民医院（锦丰医院）新建住院综合楼项目	24800
江苏保丽洁环境科技股份有限公司	保丽洁油烟净化设备项目	13000

【冶金园发展大会暨建园20周年活动举行】 6月26日，冶金园发展大会暨建园20周年活动在沙洲大厦举行。信义玻璃控股有限公司董事局主席、信义光能控股有限公司董事局主席李贤义，古生物学家、鱼类演化生物学家、中国科学院院士朱敏，中国人民解放军后勤行政指挥学院原政委、中国研究型医院学会会长何振喜，南京军区原装备部副部长、少将徐红，民政部社会事务司一级巡视员徐建中，江苏省委原副秘书长、省委研究室原主任黄健，冶金工业园首任党工委书记、江苏省人大常委会原环境资源城乡建设委员会主任秦景安等100余人参加。活动分为“波澜盛岁欣回首”“敢为人先奋楫争”“创新转型正当时”3个篇章，回顾了冶金园20年的奋斗发展历程。朱敏和黄健作为乡贤代表发言。市委书记韩卫，冶金园党工委书记、锦丰镇党委书记沙立平分别致辞。秦景安和张家港市政协原副主席、党组副书记景惠新视频寄语讲话。现场为获得最美奋斗者、卓越功勋奖、突出贡献奖、创新突破奖、发展先锋奖、深耕有为奖等奖项的企业和个人颁奖。冶金园管委会原主任杜永飞，沙钢集团党委常务副书记、董事局常务执行董事、副总裁陈晓东分别讲述园（镇）、沙钢集团发展历程。会上，“沙洲共创”乡贤工程启动、中国研究型医院学会（张家港）创新成果转化中心揭牌、产业公共服务平台启动，为助学兴教“讲师团”、建言献策“智囊团”、送医便民“医卫团”、公益慈善“志愿团”、产业扶持“创富团”的团长颁发聘书，3+N产业签约仪式举行。以视频展示园（镇）慈善成果，发布“大爱沙洲，锦善添花”公益慈善品牌。

【锐华科技项目投资超100亿元】 5月29日，锐华新能源汽车智能座舱、医疗智能床及精密结构件项目签约，项目投资15亿美元，在冶金园（锦丰镇）建设新能源汽车智能座舱、医疗智能床及精密结构件生产基地项目，是张家港年内签约落地的第二个100亿元级旗舰型项目。苏州市委副书记、市长吴庆文，市委常委、副市长唐晓东，市政府秘书长俞愉，敏华控股有限公司董事局主席黄敏利等参加活动。锐迈科技股份有限公司成立于2011年4月，是全球家居细分领域——人体工程学精密结构件中的龙头企业，设有三大研发中心、五大生产基地，市场占有率全球第一。锐华科技项目新能源板块——汽车智能座舱项目与国内头部车企达成意向合作协议，推动张家港市新能源汽车迈向千亿级产业集群；新医疗板块——医疗智能床项目在深睡监测管理、生命体征检测、智能化控制等方面突破创新，加速构建张家港生命健康产业新高地；新材料板块——精密智能结构件项目将大规模采用沙钢集团优质钢材，助推市冶金新材料向本地应用延展。预计2030年可实现营业收入100亿元。

【冶金园（锦丰镇）与南丰镇区域协作签约】 3月20日，“锦绣江南话丰联”——冶金工业园（锦丰镇）、南丰镇区域协作签约仪式举行。冶金园（锦丰镇）与南丰镇按照市委关于区域联动发展的部署，推动两地构建“共建共享共赢”的高质量发展新格局。两地产业基础、特色优势相近，发展机遇、创业氛围相近，乡风文明、农村发展相近。双方合作领域坚实、广泛。冶金园党工委书记、锦丰镇党委书记沙立平表示，冶金园（锦丰镇）和南丰镇同属市沿江区镇重要板块，希望两地在产业创新、富民强村、社会治理等方面交流经验，推动合作项目更加多元、合作领域更加宽广。南丰镇党委书记陈稳表示，南丰镇与冶金工业园（锦丰镇）持续深入的合作交流，必将在求同存异、取长补短中实现“双赢”。希望两地通过信息共享、赋能共建、协作共赢，积极在重点产业、招商引资、港口物流、乡村振兴等领域探索出更多发展新路径。会上，冶金园党工委副书记、锦丰镇党委副书记、镇长李刚强介绍区域联动发展情况。永卓控股、沙钢集团代表分别发言。现场进行重点产业链、招商引资协同发展、港口物流协同发展、乡村振兴协同发展签约。双方将围绕重点产业、招商引资、港口物流、乡村振兴4个方面，通过技改协同、研发协同、产业协同等15条举措，在优势互补、良性互动中实现“双提升”，在求同存异、取长补短中实现“双赢”。

【南岸创新社区人才会客厅获评苏州人才会客厅】 1月10日，苏州市高品质人才社区建设现场推进会召开。会上，园（镇）南岸创新社区人才会客厅被授予“人才会客厅示范点”称号，同时被命名为“苏州人才会客厅”，为张家港唯一。“苏州人才会客厅”是苏州市以高标准、高质量打造的一批兼具政治引领、政策服务、活动路演、项目洽谈、休闲交流等功能的“人才会客厅”示范点位，首批共有10个点位获评，是苏州市深化建设“苏创湾”高品质人才社区的重要举措。南岸创新社区人才会客厅坐落于张家港高端智造产业基地核心地带、冶金工业园（锦丰镇）长顺创谷智慧产业园内，建筑面积1000平方米。场馆于2021年7月正式投入使用，内设创业活力港、创业会客厅、创业能量站和开放式办公集群四大主题空间，为人才提供完善的功能配套服务。南岸创新社区人才会客厅依托产业园区核心区域优势，不断提高政企服务能力。通过联合园（镇）相关职能部门，建立科技人才企业党建联盟，成立“沙洲金服”先锋团队，全面打响“锦快办”“沙周到”等政务服务品牌。推出“初心百分百·惠企面对面”“人才大咖座谈会”等多种公益服务活动，累计开展公益服务直播6次，获益群众1000余人。推出菁英优培、乡村振兴、人才专员等专业培训课程，提升干部履职、服务人才的能力，打造本领过硬的精英服务团队，助力人才企业成长发展。

（茅　华）

高新区（塘桥镇）

【概况】 高新区（塘桥镇）位于市域东南部，与常熟市海虞镇交界，设有张家港高铁枢纽站，建设中的通苏嘉城际、沿江城际铁路交会于此。区（镇）总面积94.29平方千米，耕地面积3730公顷。7月，塘桥镇设立和鑫社区、裕庄社区、金庭社区。年末，辖14个行政村、10个社区（其中4个为“村居合一”社区，分别是周巷、青龙、和鑫、金庭社区），有户籍27685户，户籍人口93210人，另有外来人口74979人。全年完成地区生产总值198.4亿元。按户籍人口计算，人均生产总值21.3万元。一、二、三产业增加值分别为3.29亿元、82.43亿元、112.68亿元。完成全口径财政收入21.19亿元，其中入库税金20.56亿元，比上年增25.14%。完成一般公共预算收入12.19亿元，比上年增23.66%。完成全社会固定资产投资61.3亿元，比上年增10.1%。其中，工业投资12.55亿元、服务业投资48.75亿元，新兴产业投资15.89亿元。社会消费品零售总额44.81亿元。年内，高新区（塘桥镇）获评江苏省公共机构节能低碳示范单位、江苏省耕地保护激励单位、苏州市“生态环境保护工作”先进集体、苏州市养老服务工作先进集体、苏州市重点中心镇、苏州市美丽宜居镇、张家港市文明区镇、张家港市征兵工作先进单位、张家港市数字人民币先进单位。

经济建设　年末，区（镇）有企业5427家。161家规模以上工业企业全年实现总产值211.99亿元，营业收入213.86亿元，利润总额8.38亿元。2023年区（镇）完成进出口总额7.36亿美元，其中出口总额6.71亿美元。新批外资及港澳台资企业10家，注册外资及港澳台资9288万美元，到账外资及港澳台资5947万美元。新增市场主体2687家。其中，新设私营企业648家，比上年增17.39%；新设个体工商户2039户，比上年增13.37%。华芳、鹿港、新东旭、钰润、聚晟、友诚、普坤、华程、联宏、华鹿等骨干企业营业收入超过5亿元。华程工业、友诚科技等58个技改项目落地，新增苏州聚晟太阳能科技股份有限公司、张家港友诚新能源科技股份有限公司、江苏智库智能科技有限公司、江苏广川超导科技有限公司、江苏维达机械有限公司5家国家级专精特新“小巨人”企业，新增张家港鸿盛电子科技股份有限公司、张家港市博格机械有限公司、张家港普坤毛纺织染有限公司、江苏佰瑞普智能科技有限公司、江苏民扬塑胶科技有限公司、张家港市欧凯医疗器械有限公司、苏州爱玛特生物科技有限公司、张家港市德仁科教仪器设备有限公司8家省级专精特新中小企业；新增江苏广川超导科技有限公司、苏州骐骥焊接材料有限公司2家省级示范智能车间；新增张家港市普坤纺织实业有限公司、江苏广川超导科技有限公司2家绿色工厂；区（镇）规模以上工业企业智能诊断全覆盖。持续推进总投资165.84亿元、年度投资29.61亿元的22个重大项目落地见效，其中泰源汽车零配件及500万件电池包项目（二期）、华程高精密轴承及航空增材搬扩建项目、聚晟太阳能跟踪支架研发生产基地总部项目、友诚充电枪、充电座、高压连接总成和超级充电项目等12个重大项目为新开工项目，精准服务国泰中心、正创新零售长三角数字产业基地、东渡国际人才创业街区（一期）等在建项目。区（镇）出台全市首个镇级人才计划《张家港东渡人才计划实施意见》，成立两支总规模1亿元的东渡人才天使基金；引进乌克兰国家工程院院士团队，挂牌成立全市首个外籍院士工作站，新增国家级人才4人，实现国家级人才“零的突破”；培育姑苏领军人才11人、江苏省双创人才6人，培育引进苏州市级以上人才占全市近三分之一（位列全市第一）。发明专利763件，比上年增55.4%。完成高新技术企业申报数114个，完成度102.7%（全市第一），认定51家，完成度104.08%，年内有效高企突破100家，达到111家；实施“东渡强基”工程，区（镇）获评省知识产权建设示范园区，德仁科教获中国专利奖。与上海交通大学合作共建张家港增材制造联合研究中心，长三角生物安全平台获评苏州市新型研发机构（全市唯一）；在全省率先启动“规模以上工业企业创新能力评价”工作，成立“东渡创新创业联盟”；打造高品质人才社区，全球遴选招募“东渡人才创业街区”载体运营机构，获批增材制造（3D打印）特色专业园区试点建设。各房地产公司累计在区（镇）投资26.09亿元。重点商业企业大润发塘桥零售店零售总额1.47亿元，华芳金陵国际酒店营业收入8463万元。发展现代农业，全年新建高标准农田387.4公顷，按照田美、水美、村美的总体要求，增加道路绿化、生态退水系统等农田配套设施。首次引入低压管道智能灌溉系统，建设智能灌溉农田面积8.53公顷。全镇规模鱼塘全部完成标准化改造。拥有2010公顷绿色优质水稻生产基地，绿色食品15种，绿色农产品种植面积10.1公顷，绿色优质农产品占总农产品比重达到86.7%，全镇重点基地产品追溯率100%。苏州华承食品有限公司、港城肉类食品（苏州）有限公司获评张家港市级农业产业化龙头企业。区（镇）粮食、蔬菜、水产品总产量分别为31713.2吨、23109.91吨、903.2吨。全镇完成农、林、牧、渔业总产值4.87亿元。土地适度规模经营比例100%。

社会事业　区（镇）有中小学校及幼儿园19所。其中，教育局直属高中1所，镇属公办九年一贯制学校1所，镇属中小学7所，镇属公办幼儿园4所，民办小学3所，民办幼儿园3所。镇属公办中小学、幼儿园在职在编教师775人，备案制48人，占编不进编1人，优质师范生2人，代课教师114人，民办小学、幼儿园自聘教师216人。区（镇）义务教育阶段学生及在校幼儿16740人。其中，张家港市籍学生6779人，非张家港市籍学生9961人（在公办学校就读7880人），非张家港市籍学生占学生比例的59.5%。农村义务教育专任教师本科及以上学历比例95.84%。张家港市级以上骨干教师292人，其中省特级教师1人、苏州市学科带头人7人、张家港市教育青年拔尖人才1人。年内，江苏省梁丰高级中学高新区实验学校小学部招生实现全年级覆盖，塘桥中心小学大校额生源完成分流。妙桥中学综合楼启用。鹿苑中学食堂改扩建工程开工建设。妙桥小学、塘桥中心小学被命名为第二批“中央电化教育馆人工智能课程”规模化应用试点学校，江苏省梁丰高级中学高新区实验学校、妙桥中学、鹿苑小学被命名为第二批“中央电化教育馆人工智能课程”规模化应用培育学校，塘桥初级中学被第二批命名为全国学校急救教育试点学校，妙桥幼儿园获评全国围棋特色学校，鹿苑幼儿园获评国家营养与健康示范幼儿园，新塘幼儿园获评江苏省示范性托育机构。区（镇）全年开展各类群众文化体育活动100余场，举办2023年国家级非遗金村庙会暨非遗宣传周启动仪式、“联宏杯”高新区（塘桥镇）第七届全民运动会、“高新共筑梦，书香润新城”全民阅读系列活动、全民健身球类运动会、老年门球友谊赛、“活力高新区，魅力新塘桥”新时代文明实践公益巡演、“花漾塘桥，美好相约”2023年旅游季活动启动仪式、“东渡华裳”文旅创意短视频挑战赛、“体育嘉年华，五一乐翻天”亲子假日体育活动等，承办全国农民体协广场舞大赛（江苏站）、2023年“塘桥杯”中日职业围棋对抗赛暨高新区（塘桥镇）第十六届围棋文化节、“我们的节日·端午”张家港市第六届划菱桶精英赛、“群星璀璨”2023年长江流域优秀群众文艺作品（群星奖）展演活动。组织参加第五届苏州市群众文化“繁星奖”，表演唱《放歌春江水》获音乐类比赛金奖、广场舞《奔跑吧，新时代》获广场舞比赛铜奖、舞蹈《织·梦》获舞蹈类比赛铜奖。投入140万元提档升级三干河健身步道和塘桥文化中心体育馆，更新健身路径、器材10余套。开展“扫黄打非”和版权保护进校园、进企业、进社区活动30余场，开展文旅市场、文物巡察25次，持续开展中小学“护苗”工作站建设，组织开展公益电影播放近400场。年内，“顾氏中医内科”被列入江苏省级非遗保护名录。区（镇）有医院3家、社区卫生服务中心1家、社区卫生服务站14家、家庭医生工作室4家，有执业（助理）医师321人。原塘桥镇社区卫生服务中心与妙桥社区卫生服务中心合并，塘桥镇社区卫生服务中心连续四年通过国家优质服务基层行基本标准，获评国家基层糖尿病规范化管理中心一星门诊；塘桥镇计生协会创成省级“家庭健康服务中心”项目点；妙桥幼儿园创成张家港普惠性托育机构；巨桥社区卫生服务站创成江苏省甲级村卫生室。深化国家PCCM呼吸疾病防诊治体系筛查项目、省糖筛工作站、苏州市成人三高代谢性疾病防治站、苏州市儿童肥胖防治站、老年友善机构等项目建设。3月，塘桥卫生服务中心的康养中心运行，为患者提供康复服务。6月，异地新建的欧桥社区卫生服务站投用。市第三人民医院通过国家优质服务基层行推荐标准，通过国家基层版胸痛中心再次认证，创成江苏省健康促进医院，入选江苏省首批医疗卫生机构管理干部培训基地、苏州市儿童青少年近视防治基地建设单位，增列江苏大学实习医院，获“苏州市消费者满意单位”称号；鹿苑医院获“中国医师协会内镜保胆培训基地”资质。区（镇）全年预防接种工作新建卡1195人，完成免疫规划疫苗接种17887针次、非免疫规划疫苗接种3547人次，完成江苏省民生实事项目水痘疫苗接种2708针次，初一女生HPV疫苗接种1109针次，完成苏州群体性预防接种项目老年人肺炎疫苗接种420人次，初中学生麻腮风疫苗接种920人次。辖区0至6周岁儿童健康管理6421人，儿童健康管理率99.84%。完成“两癌”筛查6174人。完成65周岁及以上老年人体检18326人，体检率77.89%。组织开展卫生知识讲座125场，受益群众7713人次。开展健康义诊35场，受益群众3369人次。完善各类人群电子档案14.37万份，建档率96.38%；管理高血压患者18347人，管理糖尿病患者5415人。开展科学育儿主题活动2场，体验服务857人次。落实计生特殊对象双岗联系人制度，帮扶平台信息完善率100%，实现全覆盖；特扶对象住院护工保险随机抽查7户，理赔率100%；计生特扶对象健康体检25人；纳入虚拟养老对象17人。开展“三节”（春节、端午、中秋）走访慰问活动，发放慰问物资20.77万元，受益221户351人。年末，周期内重点人群家医签约服务率达到97.1%，大病困难群众、计生特殊困难家庭、白血病患者、重疾劳模签约率99.68%，服务率100%。医防融合推进家庭医生签约新模式，2023年推行健康管理综合服务包（包括糖尿病并发症筛查包、高血压、中医药服务包），签约1315人，持续开展履约服务。常住人口符合政策生育率99.4%。落实计生奖扶政策，计生奖励扶助政策兑现率100%。投入24.04万元，向0至16周岁计生家庭赠送计生家庭健康险。推进13个在建安置房工程，累计建筑面积156万平方米，总投资额81.25亿元。游客中心及展示中心、黄金湾产业园、妙桥中学综合馆、滩里福善堂二期、高新区创新创业服务中心5个公建项目建成投运，新建九年一贯制学校、鹿苑医院综合楼工程获苏州市“姑苏杯”优质工程奖。总长5千米的韶华路、青龙路、书径路等8条市政道路竣工通车，智能产业园区周边路网启动建设，黄泗浦遗址周边道路建成通车，黄泗浦东区路网全面开通。实施黄泗浦东区区域、安泰路、吹鼓路等主要道路周边绿化工程，绿化种植面积4.3万平方米，完成成片造林面积4.33公顷。投入1500万元，新建污水管网20千米，完成金村、何桥7个村庄、300余户农村生活污水的治理工作，治理自然村覆盖率97%，治理农户覆盖率96%。区（镇）开展重大事故隐患排查等整治行动，实施重大隐患动态挂牌机制，全年累计销号重大挂牌隐患3处；召开安委办相关工作会议9次，约谈相关企业单位36家次。完成辖区1067家工业企业安全生产风险定期报告，指导督促企业完成重大隐患自查及“创蓝行动”；完成5家企业二级标准化创建和27家企业三级标准化评审。深入推进镇村工业集中区规范化管理工作，完成17个镇村工业集中区建设和何桥金谷路工业集中区样板点建设。组织专家开展危化品、粉尘涉爆、金属冶炼等重点领域专项行动，累计检查312家次，消除隐患3596处。利用应急救援基地，开展工业企业专题培训及各类消防安全培训43场，受众2300余人次。围绕“一库一馆一中心”建设理念，完成区（镇）应急消防体验馆建设，挂牌成立高新区（塘桥镇）安全学校。组织开展全市“5·12防灾减灾周”启动仪式，组建“高新蓝焰”应急志愿服务队。办理行政处罚案件种类涉及5个条线16730余起，查处与整改安全生产隐患600余处，行政处罚94.28万元，追发劳动者工资1000余万元。开展垃圾分类、流动摊贩、占道经营、建筑垃圾等专项整治120余次，拆除不规范户外广告140余处。拆除违章搭建面积18万平方米，治理南沿江铁路沿线违建点位77处。治理劣V类河道15条，疏浚河道49条，拆坝建桥（涵）10座，建设生态美丽河道13条，完成黄泗浦遗址周边2千米河道整治提升。空气优良率达到83.8%。区（镇）提供各类优质服务16万次，开展各类帮办代办服务1019次，完成重大项目帮办代办5家，投资总额19.88亿元。办理各类“一件事”122件。健全“全科”窗口，实行一窗无差别综合受理。打造“东渡网格”品牌，网格队伍135人，发现违法违规事件482起，好人好事418件，处置群众诉求356件，管理流动人口74886人。

福民工程　年末，区（镇）村级总资产56.44亿元，比上年降6.04%。村集体经济总收入3.45亿元，比上年降5.22%。经营性收入2.5亿元。村级惠民支出4075.95万元，比上年增19.4%。青龙村、韩山村和周巷村联合投资9200万元收购苏高新创新园经营性厂房1.8万平方米，新增年租金513万元。年内，办理企业社会保险登记230家，增员586人，办理企业职工基本养老保险退休申请917人，企业社会保险费延缴申请116人，企业离退休人员遗属待遇申请368人，灵活就业参保登记1060人，灵活就业停保登记1094人。新增缴存公积金开户职工1983人，净增缴存职工496人，缴存人数累计2432人。全年认定就业困难人员430人，405人享受保险补贴，举办各类线上线下招聘会12场，累计270家企业提供招聘岗位5810个，组织失业人员、高校毕业生等134人参加创业、月嫂、3D打印等免费技能培训。9家企业529人参加稳岗惠企送温暖“留港优技”项目培训，申请补贴15.87万元；组织辖区内企业参加“行行出状元”技能大赛。做好1026人（其中精准扶贫166人）城乡居民基本养老保险年度征收。居民基本医疗保险参保35436人，其中免征缴1062人；医保个人基金缴纳1432.8万元，市、镇两级财政补贴1661.03万元。发放各类困境家庭补助1000余万元。发放低保低边特困补助272.38万元。春节各类慰问资金1240.17万元，惠及群众5000余人。新建花园村居家养老服务中心及花满园助餐点，新建滩里村居家养老服务站，完成适老化家庭改造255户。村级医疗互助惠及67583人，筹集资金671.16万元。开展“爱满港城”慈善募捐活动，筹集善款400万余元。施行助老、助困、社区发展等七大类36个慈善项目，投入资金260万余元。镇级殡仪服务中心集中文明办丧18户。征集到32个民生微实事项目，通过30个项目，总预算资金210万元。

表68　2023年张家港高新技术产业开发区（塘桥镇）村（社区）基本情况表

村（社区）	面积（平方千米）	户数（户）	人口数（人）	集体经济总收入（万元）	经营性收入（万元）	总资产（万元）	村（社区）党组织书记	村（社区）主任
周巷村	6.90	2266	8689	2258.59	1937.76	51048.88	王晓峰（4月任）	王晓峰（6月任）
何桥村	7.28	1495	7112	4156.20	3638.30	35503.65	何　军（4月任）	何　军（6月任）
青龙村	4.30	1318	4695	1685.09	1410.92	33692.71	须丹萍（女）	须丹萍（女）
韩山村	4.50	1361	5190	3242.44	2534.38	70405.09	钱纪东	黄　伟
顾家村	4.46	1086	3352	1845.75	911.36	28423.16	杨　平	杨　平（6月任）
横泾村	8.90	1795	7297	2794.12	1597.37	20445.39	陆学军	陆学军
金村村	10.20	1978	7899	2008.12	1451.64	49365.24	朱建江	朱建江（4月任）
欧桥村	7.00	1526	5871	1187.18	757.58	31679.89	陆余丰	陆余丰
蒋家村	5.60	1250	4595	852.88	402.42	21490.71	邵　锋（4月任）	仇建宇
花园村	5.59	1301	5396	3167.17	2831.46	59620.94	钱再飞	钱再飞
滩里村	7.80	1580	5880	3739.87	3009.13	28141.81	郑卫兵	郑卫兵
牛桥村	6.20	1455	4749	1326.55	770.22	16658.63	侯宇峰	侯宇峰
巨桥村	6.80	1609	5551	2793.40	2061.59	37625.01	王爱国	王爱国
刘村村	3.60	405	3782	945.88	515.24	29478.63	周　洁	周　洁（4月任）
镇中社区	4.60	7500	20000	672.00	537.87	8106.00	张　弛	张　弛
妙桥社区	3.10	1108	3881	923.84	483.74	33015.39	杨　斌	杨　斌

续表68

村(社区)	面积(平方千米)	户数(户)	人口数(人)	集体经济总收入(万元)	经营性收入(万元)	总资产(万元)	村(社区)党组织书记	村(社区)主任
鹿苑社区	1.80	1667	3495	884.44	361.84	9733.96	钱震杰	钱震杰
胡同社区	0.36	268	1050	—	—	—	许秋帆(女)	许秋帆(女)
馨塘社区	1.00	4210	12850	—	—	—	王伟芳(女)	王伟芳(女)
裕庄社区	0.60	151	508	—	—	—	陆　韵(女,8月任)	—
和鑫社区	0.41	1549	4115	—	—	—	陆礼彬(8月任)	—
金庭社区	0.31	1492	5577	—	—	—	黄　超(8月任)	—

表69　2023年张家港高新技术产业开发区(塘桥镇)投资1亿元以上开工项目情况表

投资企业名称	项目名称	投资额(万元)
信义(江苏)科技有限公司	信义双链+智能制造项目	324500
张家港市高铁投资发展有限公司	高新区(塘桥镇)安置房项目	238500
张家港沪铁城市开发建设有限公司	东渡国际人才创业街区项目(一期)	127800
江苏国泰集团	国泰中心项目	100000
张家港泰源汽车冲压技术有限公司	泰源汽车零部件及500万件电池包项目(二期)	100000
张家港沪铁城市开发建设有限公司	智汇谷项目(原高新区商务中心)	94500
张家港爱得健康有限公司	爱得骨科医疗器械项目	80000
东部新城投资发展有限公司	妙桥羊毛衫市场安置房项目(二期)	80000
正创(张家港)供应链管理有限公司	正创新零售长三角数字产业基地项目	72000
江苏华程制管股份有限公司	华程高精密轴承及航空增材搬扩建项目	56000
张家港泰源汽车冲压技术有限公司	泰源汽车零配件张家港生产基地项目(一期)	50000
江苏国嘉导体技术科技有限公司	国嘉新能源用柔性铝合金导体及线束集成项目	50000
张家港市众成科技发展有限公司	高新区产业孵化加速器项目	48800
杰赛斯(苏州)智能科技有限公司	杰赛斯电助力车项目	47800
苏州聚晟太阳能科技股份有限公司	聚晟太阳能跟踪支架研发生产基地总部项目	35000
江苏维达机械有限公司	维达高端智能塑料加工专用装备项目	30000
张家港市高铁新城开发有限公司	黄泗浦家立方邻里中心项目	30000
张家港市博格机械有限公司	博格新能源汽车铝合金轻量化零部件项目	25000
张家港友诚新能源科技股份有限公司	友诚充电枪、充电座、高压连接总成和超级充电项目(一期)	20600
苏州先瑞药业有限公司	先瑞医药仓储物流项目	17900
张家港南源光电科技有限公司	南源高端陶瓷化聚烯烃超柔性防火线缆项目	15000
江苏新维康医疗科技有限公司	新维康植入性医疗器械研发生产项目	15000

【第七届全国毛纺织行业科技大会】 11月28日,由中国毛纺织行业协会和市人民政府共同主办,高新区管委会、市工信局共同承办的第七届全国毛纺织行业科技大会在张家港市召开。全国超100家纺织企业和行业专家参会,中国工程院院士、武汉纺织大学校长徐卫林,中国纺织工业联合会副会长杨兆华,中国毛纺织行业协会会长刘家强,副市长刘东兴,市科技镇长团团长姜辉,高新区党工委副书记、镇党委书记黄祥亮,市工业

和信息化局局长周荣兴等出席会议。现场，高新区（塘桥镇）与中国毛纺织行业协会签订战略合作协议，双方将在产业升级、科技创新、专家服务、人才培养等方面开展深入合作，助推区（镇）毛纺织产业高质量发展。会上，进行“中国毛纺织行业优秀发明专利推荐”项目、“2023年度中国毛纺织行业智能制造典型范例推荐”项目、“毛纺织行业数字化设计创新中心”认定、“中国毛纺织行业技术研发中心”认定颁奖和授牌。其中，高新区（塘桥镇）企业——江苏联宏纺织有限公司的一种粗纺花式色彩纱的生产方法，获评“中国毛纺织行业优秀发明专利推荐”提名专利项目；江苏联宏纺织有限公司获评“中国毛纺织功能性纺纱技术研发中心”。作为“中国精纺·毛衫名镇”，纺织产业是区（镇）的支柱产业，形成包括棉纺、毛精纺、化纤、印染、服装、纺织机械等在内的多品种、宽领域产业发展格局。至年末，区（镇）有纺织行业企业1700余家。其中规模以上企业75家，实现规模以上纺织企业产值110.6亿元，占规模以上工业总产值的53.4%。

【金村村入选中国传统村落】 3月19日，住房和城乡建设部公布第六批中国传统村落的1336个村落名单，张家港市高新区（塘桥镇）金村村入选，成为张家港市首次入选的村落。金村村是苏州千年文化古村，旧称慈乌村，有着1500余年的历史。明代，金村设有私塾颐乐堂。辛亥革命后，进步知识分子周鼎在金村创办慈妙乡第二国民学校。金村走出进士、举人、南社社员、黄埔军校生以及海内外英才100余人。金村园茂里枈籴米行是1926年中共金村特别支部的活动地，诞生了张家港市早期的党支部。金村文化底蕴丰厚，文史工作者挖掘整理出钱谦益、吴宽、翁同龢、吴梅等描写金村的诗文2300余篇，编印反映600余年家族史的《金氏家乘》，并出版《金村文存》丛书和全国首部全媒体村志《金村志》。2011年，金村庙会被列入省非物质文化遗产名录，2014年又被列为国家级非物质文化遗产代表性项目扩展项目。近年，金村村先后获评江苏最美乡村、省三星级康居乡村、省生态村、省文明村、省健康村、省生态文明建设示范村、江苏水美乡村等。

【高新区（塘桥镇）第十六届围棋文化节】 8月11日，2023“塘桥杯”中日职业围棋对抗赛暨张家港高新区（塘桥镇）第十六届围棋文化节启动。副市长梁曦等出席启动仪式。8月12日至14日，5名中国江苏棋院选手和5名日本关西棋院选手展开三轮对弈，决出冠军。经过三轮对抗，最终中国江苏棋院3∶0胜出，获优胜奖；日本关西棋院获拼搏奖。CCTV5、《新华日报》、新浪体育等20余家媒体报道比赛，现场直播30余场。围棋文化节期间，区（镇）举办“全国围棋之乡”交流赛、市第八届体育运动会（老年组）围棋赛、校园围棋团体赛等赛事，邀请围棋名家进行现场指导。

金村庙会　　　　［高新区（塘桥镇）　提供］

【东渡创新创业联盟成立】 7月29日，张家港高新区规模以上工业企业创新能力评价结果发布暨“东渡创新创业联盟”成立大会举行。活动上，“东渡创新创业联盟”成立。该联盟旨在有效整合政府、高校院所、科研机构、创新企业和科技服务机构等方面创新资源，服务企业创新主体，为张家港高新区科技创新和高质量发展提供有力支撑。现场为联盟副理事长以上单位颁发证书，发布“东渡创新创业联盟”LOGO，发布“东渡创新创业联盟”2023年十大活动计划，省生产力促进中心与张家港高新区管委会进行新一轮战略合作签约。

（卢嘉辉）

乐 余 镇

【概况】 乐余镇位于市域东北部，隔长江与南通相望，有全市唯一的民国老街。总面积78.65平方千米，沿江岸线17.84千米，耕地面积3827公顷。10月，永乐村与庙港村合并为永乐村；11月，新设立乐丰社区。年末，辖1个办事处，18个行政村、7个社区。有户籍24193户，户籍人口72985人。另有外来暂住人口21794人。全年完成地区生产总值69.42亿元，按可比价计算比上年增7.1%。按户籍人口计算，人均生产总值9.4万元。一、二、三产业增加值分别为3亿元、33.81亿元、32.61亿元。完成全口径财政收入9.57亿元，其中公共预算收入5.3亿元，比上年增60%；入库税金9.25亿元，比上年增67.27%。完成全社会固定资产投资21.2亿元，其中，工业投资3.44亿元，服务业投资17.73亿元，比上年降12.8%。另有新兴产业投资8.76亿元。完成社会消费品零售总额41.1亿元，比上年增16.3%。年内，乐余镇获评省生态文明建设示范镇、省“扫黄打非”先进集体、省基层党员冬训工作示范镇、苏州市第一批法治政府建设示范地区、苏州市宜居宜业和美镇。永利村获评2023年江苏省乡村振兴示范村，向群村获评省健康村，乐西村获评苏州市宜居宜业和美村，东林村、常丰村创成苏州市智慧农村。永利村、扶海村、乐余村、闸西村获评2022年度张家港市文明村标兵，乐海社区、乐余社区获评2022年度张家港市文明社区标兵，市级文明村（社区）占比70%以上。

经济建设　年末，116家规模以上工业企业全年实现总产值88.1亿元，营业收入91.78亿元，利润3.39亿元。全镇完成进出口总额2.7亿美元，其中出口总额2.66亿美元。实际利用外资完成度146.4%，注册外资及港澳台资119万美元，到账外资及港澳台资732万美元。新增私营企业414家，注册资本13.32亿元；新增个体工商户803户，注册资本1.28亿元。全年高技术制造业投资8935万元，高技术服务业投资2.96亿元。乐余镇聚焦两大主导产业，实施“双十双百”（招引10个超1亿元项目、引培10家省级以上专精特新企业、引培100家规模以上工业企业、引培100家高新技术企业）行动，签约超10亿元项目1项，签约纳可新材料等超1亿元项目10项，认定科技招商项目超120项，其中潜力类项目占比在全市领先。落地院士领衔产业化项目3项。落实“红黄绿”重大项目推进机制，推动总投资125.1亿元的京东长三角智能产业基地、港城云联大数据产业园等12个三级重大项目建设，新项目上半年100%开工，恒迪机械、迪威高压等7个项目竣工。乐余镇发布《产业创新集群高质量发展扶持方案》，成立“乐创＋”知识产权工作站，获评国家首批“千企百城”价值提升行动商标品牌指导站。有效申报国家级人才计划项目10项，新增市领军人才计划及以上项目13项。长力机械公司获评国家级专精特新“小巨人”企业，七洲化工、华为电子公司等8家企业获评省级专精特新中小企业，飞驰环保装备公司入选苏锡常首台（套）重大装备，哈德五金和勇乐不锈钢车间上榜苏州市级示范智能车间，双盈纺织公司等6家企业被认定为星级上云企业。新增科技型中小企业143家、高新技术企业51家。新增产学研合作项目25项，净增发明专利132件。规模以上工业企业研发支出3.3亿元，比上年增15%。港城云联获中国IDC产业创新发展奖，竑昌兴业公司技术中心入选苏州市企业技术中心。新增“四上”企业19家。新增张家港德祺先进印染有限公司、张家港市华亿科教设备有限公司、苏州竹隐修网络科技有限公司3家文化企业，至年末，有文化企业17家，文化企业增加值为8386.32万元。签约全市首个新型产业用地（M0）项目，上线运行“乐创智谷”载体数字化管理平台。优化整治镇村工业集中区，年内腾挪土地15.74公顷。围绕全市“长江之境”乡村振兴“4+N”示范片区建设，发布“锦绣鱼米乡·临江幸福地”乐余镇乡村振兴示范片区规划，突出万亩圩田、风筝之乡、都市农园三大核心特质，覆盖区域面积76.8平方千米、18个行政村、320个自然村落、14645户农户。改造高标准农田200公顷。建成全国首家“乐渔”全循环智慧对虾工厂，并入选省级农业农村重大项目。稳定5044公顷粮食、560.28公顷蔬菜生产，全年实现农、林、牧、渔业总产值7.49亿元，粮食、油菜籽、蔬菜、水产品总产量分别为3557吨、519吨、57424吨、567吨。结合高标准农田提升改造项目的实施，完成智能灌溉系统、农田配套基础设施及智慧农场演示平台等工程内容建设，与苏州大域无疆航空科技有限公司共同打造完成13.34公顷智慧农业生产示范场景。永利村经济合作社获评江苏“百强股份经济合作社”。

社会事业　年末，全镇有中小学校和幼儿园7所、成教中心（老年大学）2所、“家门口的老年大学”1所，其中市教育局直属高级中学1所、镇属公办九年一贯制学校1所、镇属公办初级中学1所、镇属公办小学1所、镇属公办幼儿园3所。有在编在职教师473人，备案制教师51人，镇聘合同制代课教师152人。在校中小学学生6253人，其中非张家港籍学生3720人；在园幼儿1250人，其中非张家港市籍幼儿618人。义务教育阶段专任教师本科及以上学历比例97%，张家港市级及以上骨干教师159人，其中苏州市级及以上骨干教师4人。投入202万元完成崇实初中标准化考场建设、乐余中心幼儿园专用教室改造、兆丰学校多媒体升级改造工程，实现苏州市智慧校园发展水平四星级学校全覆盖。兆丰学校学生陆艾获评“第十一届江苏省少年科学院院士”，乐余实验幼儿园通过苏州市优秀幼儿园验收。“家教乐无忧”项目获评2023年张家港市“十佳社区教育品牌”项目，乐海社区老年大学获评苏州市第一批“家门口的老年大学”，“择邻处”家庭教育项目获评全国校家社协同育人实验基地，镇社区教育中心被中国成人教育协会授予“家校社协同育人（实验）基地”。推进家庭教育指导服务三年行动，线上线下开展“巾帼心向党，奋进新征程”学习教育活动55场，参与人数1.2万余人次。永利村首批获评苏州市级“三全”家庭教育指导服务示范点。“童心童行·乐享乐余”项目作为全国唯一乡镇项目入选全国首届儿童友好博览会权利保障友好案例，永利开心农场获批省级“苏童成长”社会践习基地。开展“欢乐闹元宵，春风润兵心”“弘扬八一精神、勇担时代使命”“全民国防教育日”等活动20余次。开展生活技能培训、就业技能培训、心理疏导等活动108场，受益1.45万人次。“乐羽翼”康复驿站获批省级精神障碍社区康复服务示范点。全镇有医疗卫生机构26个，其中医院3所、社区卫生服务中心1个、社区卫生服务站14个、中医诊所2个、口腔诊所6个，核定床位487个，医院及社区卫生服务门诊量43.8万人次。有执业（助理）医师220人，其中全科医生68人。全年计划免疫新建卡448人，完成免疫规划疫苗接种9631针次，非免疫规划疫苗接种3960针次，完成适龄儿童水痘疫苗接种和适龄女生HPV疫苗接种任务。高血压、糖尿病等慢性病重点人群签约覆盖率79.9%，孕产妇和0至6周岁儿童签约服务率分别为97.1%和90.5%，大病困难群众和计生特殊困难家庭签约253户，签约覆盖率100%。开展健康促进系列活动，社区康复技术指导48次，开展心理健康教育活动18次，举办健康大讲坛22次，公众咨询活动15次。永乐、庆丰、联丰、红闸、红星5家社区卫生服务站创成张家港市6S管理社区卫生服务机构，常丰社区卫生服务站、扶海社区卫生服务站创成江苏省2023年度甲级村卫生室。启用镇社会矛盾纠纷调处化解中心，在全市率先实现镇村两级矛调中心（站）全覆盖，调处各类矛盾纠纷2903件，双桥村人民调解委员会被评为苏州市人民调解工作先进集体。提档升级“15分钟政务服务圈”，完善“1+25+N”镇村两级政务服务体系，落实政务服务“好差评”制度，增设城管微型服务站2处、便民服务点1个、流动摊疏导点1个，受理办结群众诉求2795件，群众满意率99%。在全市率先设立网格学院实训基地，推动“综合网格”与“微网格”紧密衔接，上报工单1.79万余件，办结率100%。全年办理“一网通办”公共服务业务2.4万次，镇社工站获评苏州市优秀红色社工站，乐海社区获评苏州市最美志愿服务社区。优化“乐余·净谷”田园新天地布局，建成江豚湾生态乐园、乐利开心农场、时光飞驰文化馆、俞氏研学农庄等农文旅项目。全镇有体育场馆4个，公园（广场）等健身场所3片，影剧院1个，网吧4家，村（社区）篮球场17片，门球场4片。承办2023年“中国农民丰收节”江苏省农民趣味运动会，承办2023年全国“村晚”活动，原创歌曲《风筝》入选“我最喜爱的村晚”节目，永利村上榜全国“村晚”示范展示点。启用“报春花”群众文化阵地，首批获评张家港群众小剧场；打造“爸爸的书房”特色阅读空间，市图书馆乐余分馆获评张家港市优秀图书馆驿站。承办“乐余镇”杯张家港市第十三届全民健身大联赛门球联赛和气排球联赛启动仪式，举办乐余镇第二十九届全民运动会。编印幼儿园、小学、初中梯度式江苏省非物质文化遗产“沙洲哨口板式类风筝”地方课程教材。“摸壁舞”入选省级非遗项目名录，“水太太庙会”“沙上沙酥”入选苏州市级非遗项目公示名录。村镇建设档案室通过省特级复查验收，永利村“档案忆空间”获评省最美公共文化空间，镇新时代文明实践所获评苏州市民族团结进步创建示范基地。8月，竣工交付临江福苑安置房5164套，完成扶海花苑一期等3个小区1104套安置房不动产登记颁证、常丰花苑176套土地证补办工作。投资2000万元解决兆丰泵站进厂污水主管外水入侵问题，修补沿线20余处通河渗漏点位。新建1290米雨污水管网，修复3个污水井，维修更换1个市政污水泵站。改建、新建排涝站2座、改建涵闸1座、新建节制闸1座、新建桥涵3座。疏浚镇村河道68条，整治劣V类河道10条，建成省级生态河道3条、幸福河湖10条，绩效断面Ⅲ类水达标率100%。完成191家餐饮企业“瓶改管”“瓶改电”工作。推进绿化“微更新”提升工程，更新乐余广场、镇政府机关大院、乐园路、乐富路、乐余广场、商贸街、乐坤路等地绿化面积360平方米，新增绿化造林面积3.62万平方米。新增公共停车位164个，实现非机动车停车框改造全覆盖。改造农村道路38千米，永乐路、永兴路建成通车，振兴路通过苏州市美丽农村路评估验收。新建全市首个地埋式垃圾中转站，全市第一个镇域垃圾分类宣教馆落成开馆并入选苏州市生活垃圾分类宣教基地。

福民工程　2023年，乐余镇持续实施村级经济发展“3550”工程，年内村均经营性收入985万元，比上年增23%，增量和增幅居全市第一位，有超1000万元村10个。实施“和美乡村提质行动”，投入1000余万元建设“六美（庭院美、菜园美、河道美、村道美、村埭美、村庄美）村庄”12个，红联村“特色康居乡村”及175个“特色宜居乡村”通过验收。永利村创成江苏省特色田园乡村，乐西村获评张家港市级“美丽菜园”示范村。全年发放涉农资金3397.9万元。其中，耕地地力保护补贴面积3581公顷，每公顷补贴1799.1元，补贴金额644.26万元；规模稻谷生产者补贴面积2549.09公顷，补贴金额382.17万元；稻谷和小麦价外补贴数量分别为16584吨和10993.3吨，补贴金额551.55万元；水稻生态补偿面积2502.43公顷，补贴金额1576.53万元；稻谷和小麦价外补贴数量分别为13122.9吨、9395.6吨，补贴金额450.37万元；秸秆还田水稻和小麦补贴面积分别为1528.6公顷、2565.31公顷，补贴金额45.86万元、76.96万元；犁耕深翻补贴面积为726.68公顷，补贴金额43.6万元。完成住房公积金扩面671人，社保扩面1622人，居民基本医疗保险参保23945人。筹集资金672.42万元，实施2023年村（居）民医疗互助项目，67242人参与。举办“春风行动”等招聘活动13场，提供就业岗位4735个，应届高校毕业生就业率和特困家庭毕业生就业率均为100%。组织开展残疾人职业技能培训，新增残疾人实名制就业33人，全镇残疾人辅助性就业46人。实施“乐匠育才”职工师徒结对行动，开展技能培训10场，参训职工400余人次。提供“职业指导+技能培训+岗位推荐+创业扶持”全链条服务，搭建镇村两级联动招聘平台，打造全市首个人社乐龄四季课堂展示点，建成永利村、乐江社区2个“家门口”就业服务站，提供临时性、辅助性岗位85个。全年培育新型职业农民243人，新增高技能人才450人。改造永利村、常丰村居家养老服务中心2家，新增常丰居家养老助餐点，全镇养老助餐点位4个，实现社区居家养老助餐全覆盖，居家养老援助服务4380人次。完成老年人家庭适老化改造188户、残疾人家庭无障碍改造34户、幸福亮居改造工程1户，辅具适配192人次。开展“爱满港城”慈善募捐活动，筹集善款257.1万元。发放残疾人两项生活补贴805.23万元。至年末，有在册城市低保6户、农村低保254户、低保边缘31户、特困33人，发放社会救助金额468.02万元。全年发放各类社会救助、生活补助资金1438.35万元，惠及困难群众2.7万人次。7月，乐余退役军人服务站为部分“三属”（在乡烈士遗属、因公牺牲军人遗属、病故军人遗属）及优抚对象进行常规体检，组织重点优抚对象参加年度短期疗养。年内，开展退役士兵返乡“五关爱”工作，组织退役军人参加适应性培训和专场招聘会，当年退役军人就业率100%。全年按时按规发放退役军人自主就业补助金、参战参试退役人员生活补助金、残疾军人残疾抚恤金、“三属”定期抚恤金、老复员军人生活补助金以及春节慰问金。

表70 2023年乐余镇办事处基本情况表

名称	所在集镇面积（平方千米）	党工委书记	主任	党工委副书记	副主任
兆丰办事处	31.25	吴永兵	王　忠	—	—

表71 2023年乐余镇村(社区)基本情况表

村(社区)	面积（平方千米）	户数（户）	户籍人口数（人）	集体经济总收入（万元）	经营性收入（万元）	总资产（万元）	村(社区)党组织书记、主任	村(社区)小组(个)
乐余村	4.33	1523	4959	1347.00	1046.00	10912.40	陈　锋	28
乐西村	1.70	778	2414	899.00	749.00	6874.00	唐志刚	16
永利村	3.02	979	3196	4619.00	4008.00	24612.00	许文生	21
永乐村	2.19	701	2223	1887.67	1135.00	9080.11	杨冠华	18
庙港村	2.24	725	2340	514.40	446.55	3445.54	周　峰	18
扶海村	3.44	1110	3392	931.47	1031.33	6422.06	曹亚忠	18
向群村	2.63	789	2468	1220.45	1006.14	12389.02	张永清	19
双桥村	5.53	1314	5158	986.00	758.00	5813.00	刘亚飞	41
闸西村	3.31	955	2920	880.00	639.00	4596.00	马　泉	26
登全村	2.14	727	2246	794.00	576.00	4479.00	胡凯琳(副书记主持工作)	18
东兴村	5.09	1450	4610	990.67	1019.00	6289.87	朱建中	29
齐心村	9.60	1953	5795	1334.12	1042.10	9732.53	司　健	42
常丰村	4.37	1462	4467	1954.02	1361.28	23967.55	张　勇	26
庆丰村	3.61	1185	3342	742.17	506.00	3829.97	钱耀华(9月免) 陆建芳(女,9月任)	24
联丰村	3.97	1173	3592	726.02	460.88	5070.84	刘　辉	24
红闸村	3.36	1010	3067	861.49	536.00	8062.36	张　涛	21
红星村	4.60	1360	4200	1154.70	1030.00	6372.08	胡志明(9月免) 江　湧(9月任)	28
红联村	4.78	1502	4550	1006.00	699.00	5696.00	闻　彬	30
东林村	4.79	1368	4222	896.12	544.87	4328.83	俞　萍(女,3月免) 茅福祥(3月任)	34
稻麦场社区	1.22	243	870	487.00	450.00	2895.00	周小卫(女)	6
畜禽场社区	0.49	63	168	749.17	721.92	2221.29	张一庆	1
乐余社区	3.00	1470	3325	—	—	—	汤　琼(女)	25
兆丰社区	1.80	762	1941	—	—	—	王丽娟(女)	17
乐江社区	0.50	298	1083	—	—	—	李　玥(女)	19
乐海社区	1.00	164	510	—	—	—	黄锦贤(女)	11

说明：庙港村12月并入乐余村，暂无统计数据。闸西村、登全村、东兴村、齐心村四村动迁并入乐丰社区，暂未有乐丰社区数据。

表72　　2023年乐余镇投资1亿元以上开工项目情况表

投资企业名称	项目名称	总投资额（万元）
乐余镇城乡投资有限公司	临江福苑一区安置房项目	54000
可纺新材料科技（苏州）有限公司	德祺高端印染扩建项目	50000
乐智装备科技（张家港）有限公司	乐智智能检测设备项目	10000

【永利开心农场入选省级“苏童成长”社会践习基地示范点】 10月11日，江苏省未成年人保护工作领导小组办公室发布《关于命名江苏省“苏童成长”社会践习基地示范点的通知》，乐余镇永利开心农场入选江苏省“苏童成长”社会践习基地示范点。永利开心农场位于乐余镇永利村，围绕“团建拓展、亲子互动、红色研学”主题，以“四季果蔬园”为基础，运行“学校+基地”“社会组织+基地”“假期托管班+基地”等模式，打造富有乐余特色的“苏童成长”社会践习基地。设置档案忆空间、党史小故事、运粮小道体验等项目，开展形式多样的党史学习教育、文明礼仪教育，带领未成年人追寻红色记忆，引导未成年人传承红色基因、赓续红色血脉。以体验社会角色为主，以课堂教学延伸为辅，精准对接未成年人成长需求，提供钓摸龙虾、插秧体验、亲自采摘等有针对性的全过程劳动教育实践体验，培养未成年人崇尚劳动的良好习惯，实现课内课外、校内校外良性互动。以“专业社会组织+基地”模式，引入专业社会组织开展未成年人健康普及、急救知识、运动训练、团队建设等活动，帮助未成年人提升身心健康素质，提高减压能力。年内接待8万余人。

【27个项目集中开竣工和签约】 10月8日，乐余镇2023年“冲刺四季度，奋力勇争先”项目集中开竣工活动举行。市委书记韩卫等参加活动。此次开竣工和签约项目27项，总投资55.2亿元。其中开工项目9项，包括乐余净谷智造园项目、迪威工业高压管件项目、昕烨日化生产扩建项目、澳普托机器人末端技术生产基地项目、恒迪防水专用设备生产项目、奥佳瑞精密制造项目、智慧港创新能源线材设备生产项目、明昇锂电自行车项目、临江福苑安置房项目，总投资16.7亿元；竣工项目9项，包括纳可新材料项目、新意科新能源系统项目、宇宏材料科技项目、木野新能源项目、沃尔特精密机械项目、易可纺高端纺织品扩建项目、乐悦轩项目、临江福苑商业项目、向群活力街项目，总投资34.2亿元；签约项目9项，包括中科绿氢项目、金属模具智能化研发项目、水常清环保项目、银劢智能科技项目、东铝科技项目、翰微材料科技项目、苏州海邦新能创业投资合伙企业（有限合伙）、三少传媒科技项目，总投资4.3亿元。项目涉及产业转型、民生保障、乡村振兴、文化产业等领域。此次集中开竣工和签约活动携手国内头部咨询机构，探索IP招商新模式，构建开放共享型游学交流平台。活动现场，“乐创有你+君为资本”长三角百家上市企业游学计划启动。

【“楹联文化园”开园】 6月14日，乐余镇牵手江苏中外运有限公司张家港公司，举行“楹联文化园”揭牌仪式暨“乐文明”文化志愿集市。开园仪式结束后，居民群众参与体验楹联书写、非遗文化等活动，“乐小宣”志愿者进行现场文明宣讲。乐余楹联文化园位于乐悦广场。至年末，完成一期建设，主体阵地以乐余百年老街为代表的民国建筑群为依托，创作悬挂11副对联，宣传乐余人艰苦奋斗、争分夺秒、知行合一、争创辉煌的文化传统，并倡导诚信有为、创新发展，积极建设民悦景美的“书香乐余”。楹联文化园作为楹联文化的展示平台，为楹联爱好者提供学习、交流、传承和弘扬中华优秀传统文化的场所。年内，文化园先后联合乐余镇文联、张家港诗词学会、苏州诗词学会举办送春联等活动3场，接待群众交流参观5万余人次。

【“报春花”群众文化阵地启动】 4月7日，张家港市“文化相伴，文明同行”2023年“村村演”“周周演”公益文艺巡演暨乐余镇“报春花”群众文化阵地启动仪式在乐余镇新时代文明实践所举行。阵地位于乐余镇新时代文明实践所一楼，占地面积300余平方米，围绕“以农养文，文艺之苗落地生根”“以民为乐，文化之风浸润大地”“以文育民，文化之花遍地盛开”3个方面，建有乐余印象、报春花小剧场、听吧、报春花创客空间——董红工作室、“乐余知多少”互动答题等区

乐余镇楹联文化园开园　　（乐余镇　提供）

域。活动当天,乐余镇还与市文化馆、市图书馆、市锡剧艺术中心、市评弹艺术传承中心、市舞蹈学校等单位开展合作共建项目,推动优质公共文化服务下沉基层。年内,"报春花"群众文化阵地获评张家港首批群众小剧场。

(陈　忠　孙雁群　袁　钢)

凤凰镇

【概况】 凤凰镇位于市域南部,总面积78.8平方千米,耕地面积2588公顷。辖15个行政村、5个社区。年末,有户籍19864户,户籍人口66267人,另有外来暂住人口53330人。全年实现地区生产总值154.9亿元,比上年增5.5%。一、二、三产业增加值分别为4.18亿元、91.02亿元、59.7亿元,比上年增4.1%、增1.1%、减12.6%。按户籍人口计算,人均生产总值23.4万元,比上年增2.9%。完成全口径财政收入18.86亿元,其中公共财政预算收入10.29亿元,比上年增34.9%。入库税金18.24亿元,比上年增36.1%。完成全社会固定资产投资39.4亿元,比上年增13%。其中,工业投资20.65亿元,比上年增10%;服务业投资18.55亿元,比上年增16.7%;新兴产业投资19.48亿元,比上年减2.7%。社会消费品零售总额32.86亿元。年内,凤凰镇获评苏州市生态环境保护工作先进集体、苏州市美丽宜居镇、苏州市特色小城镇。

经济建设　年末,全镇有企业2500家,其中工业企业1700家。202家规模以上工业企业完成产值334.68亿元,比上年减3.8%,营业收入330.51亿元,实现利润10.44亿元。全镇注册外资及港澳台资3411万美元,实际利用外资及港澳台资3483万美元、比上年增25%。进出口总额16.68亿美元、比上年增3.5%,其中出口总额11.95亿美元。镇政府更新出台《凤凰镇产业集群高质量发展扶持措施》等系列政策,为属地企业科技化转型发展提供政策支持。全年认定苏州市科技招商项目27项,新增苏州市工程技术研究中心6家,认定苏州市级研发机构6家,规模以上工业企业有效发明专利净增量200件,新增国家级人才计划2人、省双创人才2人、姑苏领军人才4人、张家港市领军人才3人,人才企业销售突破27亿元。世椿氢能、蓝慧新能源、手脑科技、兰甲医疗、罗辅医药、可安可机器人等项目签约落地。总投资33.99亿元的8个三级重大项目开工,总投资54.57亿元的7个结转项目有序推进,广大鑫盛(一期)、徐市印象花园三期、富淼科技、垠坤等4个重大项目竣工。载体建设不断提升,飞翔医药产业园获批苏州市医药产业园(绿色制造),凤凰科创园获评2023年度江苏省留学回国人员创新创业园,并首批获评苏州市数字经济特色产业园。凤凰·小马(上海)国际创新中心项目运营。金凤凰微纳产业园项目获评苏州市镇村工业集中区优化整治提升示范项目。全镇获评国家级专精特新企业1家,省级专精特新中小企业10家、省级智能制造示范车间1个、省级企业技术中心2家、省级核心关键技术攻关产业化项目1项、省级绿色制造系统解决方案服务商1家、省级瞪羚企业2家,苏州市总部企业1家、苏州市5G全连接工厂1家、"苏州制造"品牌登峰企业1家、苏州市级企业技术中心2家、苏州市级瞪羚企业3家。全年有效认定高新技术企业50家,协昌科技登陆创业板。全镇建有高标准农田119.9公顷,累计改造高标准池塘91.6公顷。拥有"二品一标"食品23种,绿色食品种植面积1064.1公顷,绿色优质农产品生产基地1433.3公顷,绿色优质农产品占总农产品比重达到82%,400公顷凤凰水蜜桃基地申报省绿色优质农产品生产基地。主要农作物耕种收综合机械化率超99.5%。全年实现农、林、牧、渔业总产值6.99亿元。创成市农业生产全程全面机械化示范镇。

社会事业　凤凰镇有公办中小学校6所(含高中1所)、幼儿园5所(含分园2所)、新市民子女学校1所(含普惠民办幼儿园1所)。年末,有在校学生8936人(小学5025人、初中2378人、高中1533人),在园幼儿1918人,其中新市民子女学生占比68.1%,公办学校吸纳率96%。农村义务教育专任教师本科及以上学历比例达到94.58%,有张家港市级以上骨干教师159人、苏州市学科带头人6人。全镇教育设施建设投入超1亿元,投资2980万元的凤凰中学体艺楼项目于9月投入使用,投资7500万元新建凤凰实验幼儿园。凤凰高级中学高一扩增2个班。徐市小学获张家港市教育高质量考评金奖,港口学校初中部、凤凰中学获市教育高质量考评银奖,凤凰中心小学获市教育高质量考评铜奖并获评全国营养与健康示范学校,港口幼儿园恬庄分园获评江苏省优质幼儿园,镇社区教育中心获张家港市2023年度综合考评敬业奉献奖。7月,凤凰中心小学协办第24届全国"贝贝杯"少儿足球联赛,凤凰中学承办苏州市"市长杯"初中女子组足球联赛,凤凰高级中学承办苏州市"市长杯"高中组足球联赛,凤凰镇各学段足球队均获名次,凤凰中学女足队获全国第一届学生(青年)运动会女足冠军。推进与华东师范大学教育学系合作,围绕学科研修、教师发展、心理调适等主题,分批组织优秀教师赴上海跟岗学习,开展线上交流、线下讲座50余次,凤凰高级中学组织优秀学子名校游学3次。"肖家巷双创中心"获评全国乡村公共文化设计展示活动"最美乡村公共文化空间"、首届中国群众文化品牌发展大会公共文化空间品牌提名案例,凤凰镇"贝贝足球"特色基地获评苏州市体育旅游示范基地,凤凰文化中心24小时图书馆驿站获评张家港市优秀图书馆驿站,寻曼手工豆腐坊、坊基酒肆菊花酒生产工坊首批获评张家港市非遗工坊。施耐庵传说、酿造酒酿造技艺(菊花酒酿造技艺)入选第五批省级非物质文化遗产代表性项目名录扩展项目名录。凤凰镇先后承办2023年"文化和自然遗产日"张家港市非遗宣传展示活动暨第五届张家港市凤凰镇非遗文化季启动仪式、2023年度张家港市农民读书节暨"书香美凤凰"第二届晒书节启动仪式、"我们的生活充满阳光"张家港市农民画培训·凤凰镇第三届农民画培训班、"扛起新使命,奋进新征程"党的二十大报告金句书法作品展、"大美长江”张家港法制主题书法美术摄影作品展等市级文化活动。“传世芳华，魅力凤凰”非遗文化季社科普及系列活动入选2023年度苏州市社科普及惠民扶持项目，安庆村“童心‘悦’传统亲子读书汇”获评苏州市优秀阅读推广组织。《莳秧歌》参加中国民间文学大系出版工程社会宣传推广活动“唱着情歌去大理——中国民歌展演·大理情歌汇”,《十里河塘十里歌》参加文旅部第三届“运河情·江南韵”大运河民族民间文化交流展示周展演，表演唱《喜庆河阳》参加“水韵江苏·为荷而来”首届大运河流域（江苏段）民歌会演。河阳宝卷少儿讲唱《三十六只鸟》获江苏省文艺大奖·民间文艺奖·优秀民间艺术表演奖，《非遗赛歌会》获第六届“巴城杯”长三角民歌邀请赛“最佳表演奖”，《采下那一片翠绿》获第五届苏州市群众文化“繁星奖”音乐类铜奖。江苏省情系列影像志《吴歌之乡，甜蜜凤凰》拍摄制作完成，11月28日，凤凰镇在省广播电视总台参加开播仪式并作为第一批省情影像志制作单位被授牌。凤凰镇文化体育服务中心获评第六届金画眉儿童戏剧展“优秀组织机构”“梅兰芳”少儿京剧大赛优秀组织奖。全镇拥有健身路径104套，体育场馆5个，标准11人制天然草足球场5片，篮球架21副、乒乓球桌12台，镇级健身步道18条，村（社区）级健身步道29条，其中二星级健身步道2条、一星级健身步道1条。承办“金凤凰城发杯”2023年大运河小铁人三项系列赛（张家港站）、2023年中国足协第二十四届“贝贝杯”青少年（12岁男子组）足球赛、张家港市第八届体育运动会（老年组）掼蛋比赛、张家港市第十三届全民健身大联赛门球联赛（凤凰赛区）等市级以上体育赛事。参加张家港市第八届体育运动会区镇街道组、老年组比赛，张家港市第十三届全民健身大联赛门球、气排球比赛，2023年全国百城千村健身气功交流展示系列活动暨张家港市第九届全民健身大展示（健身气功八段锦）比赛，2023年“中国农民丰收节”江苏省农民趣味运动会，2023年张家港长江马拉松联赛亲子马拉松赛，国家体育锻炼标准达标赛，第六届沙上体育运动会，第十届全民健身大展示（体育舞蹈）比赛等群体性赛事15项，开展各类小规模群众性体育活动40余场。全镇有医院3家，社区卫生服务中心1家、分中心3家，社区卫生服务站9家，床位215张，卫技人员341人。凤凰人民医院开设长三角诊疗中心，由南京医科大学附属逸夫医院专家团队定期开设专家门诊。凤凰镇社区卫生服务中心整体搬迁至凤凰街道，撤并凤凰社区卫生服务站和凤凰花苑社区卫生服务站，成立中心医疗部并通过“优质服务基层行”基本标准。金谷社区卫生服务站和清水社区卫生服务站通过苏州市甲级卫生室验收。全镇年门急诊459957人次，住院5798人次，建预防接种证4218人，建证率100%，全年0至6周岁儿童预防接种11539人次。建立电子健康档案96907份，建档率98.87%，有产妇307人，新生儿307人，早孕建卡率96.09%。为15553名老年人开展健康评估。家庭医生签约65116人，大病困难群众和计生特殊家庭家庭医生签约率100%。徐市印象花园二期（944套）、安庆4幢安置房（120套）、凤凰农贸市场、恬庄农贸市场、凤凰中学体艺楼、社区卫生服务中心南楼改造等民生项目按时交付。新开工建设新凤社区青少年活动中心，社区卫生服务中心北楼新建工程、内部员工食堂改建项目。实施西张幼儿园南楼、凤凰镇综合养老服务中心、恬庄菜场周边建筑、凤凰殡仪服务中心等改造项目。围绕重点区域开展违规停车、店外经营、流动设摊等专项整治60余次，规范户外广告42处，增设机动车停车位120个，漆画非机动车停车位1300米。查处违法建设，拆除存量违章建筑195处，拆除新增违建29处，拆除面积12.5万平方米。持续推进垃圾分类工作，建成首个24小时无人值守生活垃圾分类智能收集亭。继续推广VOCs驻点管家服务，深入开展大气污染防治工程项目，$PM_{2.5}$年均浓度每立方米29.1微克，改善率位列全市第二，空气优良天数比率83.6%，比上年改善0.9%。持续深化河长制改革工作，全面排查整治劣Ⅴ类水体，9条劣Ⅴ类河道全部销号。疏浚镇、村河道117条，建设省级农村生态河道7条，评定县级及以上幸福河湖14条。建成6个苏州市特色康居乡村点位、10个张家港市特色宜居乡村点位。凤凰镇创成江苏省生态宜居美丽示范乡镇，杏市村、魏庄村创成江苏省生态宜居美丽示范村。推进餐饮液化气“瓶改”工作，完成“去瓶”餐饮290家，“瓶改管”“瓶改电”餐饮260家，占总数的87.5%，位列全市第一，获市级奖补资金110余万元。完成老年过渡房“瓶改电”400户，安置小区汽车库、自行车库“去瓶”1030户。采取“原地翻建+组团新建+集中归建”方式，加快农村住房条件改善进程，完成原地翻建100户，完善基础设施配套。恬庄村小王堂、双龙村吴家宕等组团翻建点经验在全市推广。新启动动迁项目5项，累计签约农户198户、企业18家。完成安置房网签备案11.2万平方米，发放房票51张。

福民工程　全镇村级总资产17.95亿元，比上年增14.7%。村集体经济总收入2.49亿元。村均集体经营性收入1200万元，比上年增11%。发放涉农资金1132.27万元。和合人家家庭农场被认定为省级示范家庭农场，飞翔土地股份合作社获评省级示范合作社。全镇村集体和联合抱团发展平台完成投资3.3亿元。总投资6000万元的安庆村厂房、总投资2000万元的魏庄村废旧物资回收物流中心启动建设，总投资8000万元的大一汽配项目完成收购，村级租赁收入迈上1亿元大关。成立安置房补充办证工作专班，完成双龙花园、凤凰花苑、恬庄花苑、安庆花苑、凤翔新村等5092套安置房补办证工作，全镇所有已建安置房均具备办证条件。新增社保参缴人员3410人，公积金扩面净增1298人。完成全镇居民医保参保23175人的费用收缴，基本医疗保险覆盖77383人。举办凤凰镇2023年“春风行动”现场招聘会，收集汇总镇区79家企业2100余个招聘岗位信息。开展就业帮扶暖心活动专项行动、“金秋招聘月”主题活动。发放各类慰问金、尊老金、捐助、救济金、补贴3000余万元。“爱满港城”筹集善款330.81万元。开展民生微实事项目19项，完成适老化改造255户。退役军人服务站进一步提升“军人全生命周期服务保障体系”建设水平，完成江苏省退役军人事务厅人教处的三个季度蹲点调研。持续推进智慧社区、老旧小区技防改造和雪亮工程建设，新增治安监控668处。提升网格治理水平，推进“精网微格”建设，完善集成指挥中心联席会议、提醒督办、会商会办、联动督查等工作制度，推动平台高效运行。完成镇级矛盾调解中心建设。推进“八五”普法，全年组织各类普法宣传活动80余次。办理“12345”政务服务热线转件3103件，按期处置率达到100%。实施“一项目一清单”审批管理机制，多部门全流程协同联动，实现新办企业项目高效落地，完成政府投资项目立项6项、企业投资项目85项。推行便民服务“一网通办、跨省通办、全城通办”，办结“跨省通办”事项93项、“全城通办”事项120项。全年办理各类行政审批服务事项超29万件。

表73　2023年凤凰镇村(社区)基本情况表

村(社区)	面积(平方千米)	户数(户)	人口数(人)	集体经济总收入(万元)	经营性收入(万元)	总资产(万元)	村(社区)党组织书记、主任
双龙村	8.41	1466	4795	2907	2658	26406	许建江(3月免) 钱仲刚(3月任)
安庆村	4.42	1179	3925	1707	1022	13385	徐　卫(9月免) 李晓燕(女,9月任)
金谷村	6.29	1247	4119	1555	1133	8578	吉　伟(9月免) 徐　卫(9月任)
魏庄村	4.31	818	2810	1876	1601	11474	彭仲贤
西参村	3.28	758	2706	1443	1216	5322	钱仲刚(3月免) 朱　立(3月任)
程墩村	5.06	978	3352	2122	1710	19019	吕亚平
恬庄村	5.15	1114	3912	1738	1071	8142	陈利新
双塘村	5.52	1130	4041	2114	1333	16863	罗　斌
清水村	6.61	1193	4048	1721	1134	12280	钱春云
杏市村	2.13	436	1574	595	500	7499	张志强
凤凰村	5.43	1089	3340	2173	1991	11241	陆建东
支山村	6.06	1027	3295	1454	698	7779	肖　安
杨家桥村	5.82	885	2897	1166	642	6840	唐月忠
高庄村	7.34	1345	4593	1471	628	11366	钱恒丹
夏市村	2.96	621	2082	933	658	13391	张国平
西张社区	—	1300	4141	—	—	—	李晓燕(女,9月免) 吉　伟(9月任)
凤凰社区	—	576	1580	—	—	—	肖　军
港口社区	—	1254	3417	—	—	—	谢钰君(女)
湖滨社区	—	735	2796	—	—	—	张新亚(女,9月免) 彭一舟(9月任)
桃源社区	—	693	2788	—	—	—	孙丽萍(女)

表74　2023年凤凰镇投资1亿元以上开工项目情况表

投资企业名称	项目名称	投资额(万元)
江苏广大鑫盛精密智造有限公司	新能源风电等装备用关键部件科研生产基地项目	200000
张家港牧羊人服饰有限公司	高端功能性服装研发及生产项目	30000

续表74

投资企业名称	项目名称	投资额（万元）
苏州绿晟新能源有限公司	苏州绿晟新能源有限公司一般工业固废处置和能源综合利用项目	29900
苏州卓兴热力科技有限公司	绿晟供气管网建设项目	20000
长风科技装备制造（苏州）有限公司	新建航天科研试验装备研发制造基地一期项目	20000
张家港贝顺橡胶制品有限公司	贝贝生活广场项目	15000
苏州矩阵光电有限公司	新建基于化合物半导体的集成式磁传感芯片项目	15000
张家港华夏交通科技有限公司	高速公路与桥梁的特殊护栏量产基地建设项目	10000

【凤凰发展大会举行】 3月31日，凤凰镇举行凤凰发展大会暨省经济发达镇行政管理体制改革10周年活动。中国工程院院士刘玠，中国科学院院士褚君浩，苏州原市委常委、政法委书记曹福龙，苏州市委编办副主任曹继军，苏州市工信局副局长孙洪，张家港市委书记韩卫，市委副书记、政法委书记邵军民等出席活动。凤凰镇聘任中国工程院院士刘玠、中国科学院院士褚君浩、中国科学院院士樊春海、国家生化工程技术研究中心（上海）主任庄英萍、《光明日报》江苏记者站苏南站站长苏雁为凤凰镇发展顾问。现场发布“体改十年·凤凰镇十大影响力事件”，发布凤凰镇行政管理体制改革品牌“江南美凤凰”和“文明凤凰”基金，发布金凤凰企业联盟基金。苏州市医药产业园（绿色制造）同步揭牌。举行招商项目签约仪式和社会事业合作项目签约仪式。活动期间，乡贤和特邀嘉宾代表实地参观万亩桃园、恬庄古街、河阳山歌馆、凤凰高级中学、凤凰人民医院、行政审批大厅等。

【第六届苏州·张家港全球创新创业大赛凤凰专场举行】 3月22日，凤凰·小马（上海）国际创新中心启用仪式暨第六届苏州·张家港全球创新创业大赛凤凰专场于上海举行。中国科学院院士、上海市科协副主席褚君浩，张家港市委副书记、副市长李炳龙，副市长张庆，凤凰镇以及张家港市有关部门负责人、相关人才企业代表、风创投机构代表、创新创业大赛项目代表等出席活动。李炳龙、张庆、王卫民与小马创业村董事长马俊杰共同启动凤凰·小马（上海）国际创新中心。苏州矩阵光电有限公司董事长、博士朱忻作为首批入驻创新中心的企业代表，分享在凤凰镇的创新创业经历。镇党委副书记季晓阳、小马创业村董事长马俊杰进行凤凰·小马（上海）国际创新中心运营签约。镇党委委员邓敏为第六届苏州·张家港全球创新大赛凤凰专场选拔赛获奖项目颁奖，并给予上海创新中心项目入驻免租奖励。凤凰·小马（上海）国际创新中心坐落于上海虹桥枢纽，总面积2520.75平方米，有工位301个，聚焦先进特色半导体、智能高端装备、生物医药和高端医疗器械等领域，至年末，有入驻企业18个、待入驻企业3个，已使用工位184个，入驻率60%以上。

【肖家巷双创中心入选最美乡村文化空间】 5月8日，文化和旅游部全国公共文化发展中心、中国群众文化学会、中国建筑装饰协会、成都市人民政府、新华网联合举办2022年乡村公共文化空间设计展示活动，凤凰镇肖家巷双创中心入选最美乡村文化空间（创新案例类）。肖家巷双创中心总投资1000万元、总建筑面积1088平方米，2021年4月对外开放。肖家巷双创中心是农村人返乡“创新”和“创业”基地，也是河阳非遗文化的传播地、乡村业态经营阵地。中心以“农文旅多元融合，主客共享新空间”为主题，打造文旅客厅、“河阳河恬”风物店、乡村文化展示馆、乡村振兴大讲堂、茶室及书屋等文旅融合空间，构建特色非遗文化、打造多元融合业态，形成依山傍水、茶田相依、河阳文化悠久的“山水食茶文”特色。中心还获评江苏省2022年度“最美公共文化空间”打造对象。近年，凤凰镇充分利用河阳山歌等非遗文化资源，创新工作机制、丰富活动载体，将农家乐、凤凰山花海、斫竹大舞台、乡村“双创”中心、非遗豆腐坊等串珠成链，着力打造一个“美”“好”“新”的乡村公共文化空间，推动乡村公共文化服务高质量发展。

（谢凤姣）

南丰镇

【概况】 南丰镇位于市域东部，有精密机电产业园、货运北站物流园、冶金工业园、高新区江南智能制造产业园、静脉科技产业园、东沙物流园等八大产业园区。总面积62.44平方千米，耕地面积2542公顷。3月，新设立泗兴社区。年末，辖1个办事处，12个行政村、6个社区。有户籍20795户，人口57269人，另有外来暂住人口30012人。2023年，全镇实现地区生产总值216.3亿元。一、二、三产业增加值分别为3.84亿元、149.65亿元、63.81亿元。按户籍人口计算，人均生产总值37.76万元。全口径财政收入14.36亿元，其中一般公共财政预算收入7.9亿元，比上年减少28.38%。完成入库税金13.99亿元，比上年减少35.02%。完成全社会固定资产投资34.83亿元，比上年增27.13%，其中工业投资27.66亿元，服务业投资7.17亿元。完成新兴产业投资27.26亿元。社会消费品零售总额30.44亿元。南丰镇在2023年度全国综合实力千强镇排名第49位，获评江苏省红十字会基层组织工作先进集体、江苏省公共机构节能低碳示范单位等荣誉。东沙化工区关停转型案例被点名为全省“五个美丽故事”之一，镇村工业集中区建设管理经验作为唯一乡镇代表在全省中小型企业规范化提升推进会上作交流发言。社会治理一体化综合指挥平台入选全国政法智能化建设创新案例。

经济建设　年末，全镇有企业1750家，其中工业企业850家。44家规模以上企业全年实现总产值587.24亿元，营业收入977.87亿元，实现利润20.7亿元。有销售收入超1亿元的工业企业15家。全镇完成进出口总额23.04亿美元，其中出口总额11.55亿美元。新批办外资企业3家，注册资本10803万美元，实际利用外资4165万美元。实行“大招商”工作机制，一体推进产业招商、科技人才招商、基金新业态招商、新材料物贸招商、税源经济招商等工作，举办招商推介会7次，签约超1亿元项目5项，其中超10亿元项目1项。完成科技招商项目137项，其中潜力类项目104项、重点类项目15项。落实重大项目“项目管家1+N机制”，推进总投资超226亿元的21个三级重大项目建设，9个新项目开工率100%，LNG接收站项目开工建设，重大项目年度投资完成率124.23%。永钢80兆瓦发电项目、海锅高品质锻件扩建项目等5个项目竣工投产，纳统超1亿元项目7项。《东沙物流园控规调整》《西部新镇区控规调整》《南丰镇乡村道路网规划修编》获市政府批复，启动《镇村布局规划修编》《四干河沿线景观设计》，编制《西部新镇区成片开发方案》。启动第五次全国经济普查。开展镇领导班子成员挂钩企业项目“集中走访服务”活动，制定实施《南丰镇产业创新高质量发展扶持办法（试行）》《南丰镇优化法治化营商环境十项具体举措》。优化法人全生命周期事项简办、快办服务，启用东沙企业管理服务中心，在全市率先打造“审管一体”平台。成立全市首家“律管家”服务驿站，构建亲清政商关系。深化与大院大所对接合作，加快推进“产学研用”深度融合。举办创新创业大赛、领军人才选拔赛等活动5场，引进落户人才项目23项。申报国家级人才12人，入选国家级重大人才工程1人，获评姑苏领军人才5人、张家港市领军人才12人。推进企业智能化改造、数字化转型、绿色化发展，实施智能制造项目12项，入选国家5G工厂名录3家、国家智能制造示范工厂1家、省智能制造示范车间2个，新增认定创新型中小企业6家。认定科技中小型企业79家、高新技术企业23家。全年完成规模以上工业企业研发经费支出36.13亿元、有效发明专利增量超150件、技术合同成交额4.25亿元。永钢集团获评2023年“钢铁绿色发展标杆企业”称号。紧扣“两大片区、八大园区”发展规划，加快园区载体平台建设，提档升级中试基地厂房、金陵体育产业园丰帆创新中心，丰云智谷产业园一期B地块2.6万平方米厂房投用，光电产业园项目建设进入招标阶段，丰帆创新中心入驻领军人才企业9家。抓好“三农”工作，改造提升高标准农田137.7公顷。成立新型农业经营主体联合发展中心。年内种植小麦1832.33公顷，总产量6664吨。种植水稻1590.27公顷，总产量14572吨。种植油菜90.53公顷，总产量308.3吨。水产品养殖面积18.53公顷，总产量190吨。全年生产蔬菜31824.7吨。全镇实现农、林、牧、渔业总产值6.36亿元，绿色优质农产品比重达到80.38%。年末，全镇有大中型拖拉机58台、收割机24台、播种机械66台（套）、插秧机98台（套）、植保机械37台、灌溉机械（泵房）58台、配套机具251台，南丰镇获评张家港市农业生产全程全面机械化“引领型”示范镇。创建苏州市级规下美丽牧园6家，实现镇域美丽牧园全覆盖。

社会事业　年末，全镇有学校5所，其中中小学校2所、幼儿园2所、成人教育中心校1所。有公办教师346人，合同制教师64人，在校学生4352人，幼儿1294人。举办“三名”（挂钩名校、结对名师、聘请名家）教育工程实施10周年成果展示大会，启动“三名”教育2.0工程，成立“三名”学院，实施教育人才引进计划，提升教育教学质量。开展新时代文明实践站长项目“群星计划”，打造“一村一品”文明实践项目品牌。提档升级公共文体基础设施，新增永丰村滨水步道、瑞丰社区二期步行道、东港村彩虹道2千米和振兴社区健身路径1套，永合社区健身步道扩建5千米。镇文化体育服务中心作为全国唯一的乡镇文化馆入选全国青少年美育基地推荐名单。永联文体中心开馆运行。组织优秀戏曲送赏13场，各类送影、送展等活动400余场。承办全国百城千村健身气功交流展示系列活动（江苏张家港站）暨张家港市第九届全民健身大展示活动、第十三届全民健身大联赛气排球联赛活动。小品《如此催生》获苏州市第五届群众文化“繁星奖”银奖，新编舞蹈13个并参加市星级团队PK赛，7个群众文艺团队获评市三星级荣誉。完成苏州市非物质文化遗产代表性项目（虎头鞋）申报。“书香润南、丰味满家”——南丰镇书香进家庭系列活动获评苏州市全民阅读优秀活动奖。推进精神文明建设，实施建设更高水平文明城市“八大攻坚行动”，评选表彰南丰镇第七届道德模范，选树“江苏好人”1人。全镇有卫生医疗机构14个，其中医院2所、社区卫生服务中心1个、社区卫生服务站11个，有医务工作人员205人，其中执业（助理）医师69人。南丰医院有床位74张，万元以上医疗设备115件，床位使用率82%，设备利用率95%。医院及社区卫生服务门诊量327835人次。新增预防接种证254份，全年0至6周岁儿童预防接种8721人次。强化免疫167人。新建居民电子健康档案44份，累计57768份。全镇有产妇248人，新生儿250人，早孕建卡率94.8%。持续打造15分钟医保服务圈，开展“家庭医生点单式签约”服务，家庭医生签约28572人，困难群众家庭医生签约率达100%。全镇11个村免费服药全覆盖，提供的药物品种有高血压21种、糖尿病6种，服务高血压患者3557人、糖尿病患者223人、两病人群624人，免费金额1014.8万元，其中医保支付541.1万元、政府报销473.7万元。年内，瑞丰社区、民乐社区2个卫生服务站完成建设并投用。

新丰社区、东港社区2个卫生服务站同步打造中医特色服务站。镇社区卫生服务中心获评江苏省家庭医生服务模式创新单位。永丰社区卫生服务站创建成为“国家家庭医生临床服务能力建设示范单位”。《永联农贸市场成片开发方案》获苏州批复。镇集贸市场获评苏州市文明菜场，永联小镇获评苏州市美丽街区。年丰新村安置房三期高层区域完成房建施工，小高层区域完成主体结构施工。泗兴佳苑五期完成房屋主体结构施工。静安园二期、社会治理综合服务中心等实事工程竣工验收。加强人居环境整治，建农村、新德村获评江苏省生态宜居美丽示范村，永联村人居环境案例获评2023年度苏州市农村人居环境“十佳”典型案例。兴丰路南延项目竣工投用。完成农村地区道路安装护栏4.54千米，警示桩1385个，标志标牌279处，道路交叉口预警系统3套。完成民丰四期、南山公寓等区域雨污分流改造。铺设新德、建农两个村直径400毫米主管9500米，道路恢复1500米，接户完成600户，建成农污泵站6座。疏浚河道20条，将民乐村、东港村等10条河道建成幸福河道。对镇级河道泗兴支港（民乐村段）实施综合整治。抓好生态文明建设，大气监测$PM_{2.5}$每立方米浓度保持在29.4微克，空气质量优良天数占比86.8%，地表水达到或好于Ⅲ类水体比例100%。压紧压实安全生产责任，持续开展委外作业“三同管理”，加快镇村工业集中区规范化建设。深入推进重大事故隐患专项排查整治行动，完成市级挂牌督办重大隐患整治4起，立案查处安全生产违法行为32起，排查整治消防安全隐患超500处。

福民工程　2023年，南丰镇扶持壮大村级集体经济，组织8个镇经济一般村成立市裕丰农业发展有限公司。全年村均集体经营性收入3416万元。举办乡村振兴示范片区规划发布会，永联村纳入省首批“乡村振兴示范村”创建名单。完成丰云智谷二期、6个经济一般村厂房和民丰商务楼建设，新增厂房面积3.5万平方米、办公用房5000平方米、商业用房6000平方米。建成全市首个镇级社会治理综合服务中心、首个“警网融合”联动指挥中心。“一体化议事”“警网融合”“丰安指数”等工作机制获上级肯定。推进“大综窗”改革和“一件事一次办”集成改革，打造“1+1+14+N”政务服务体系，在全市率先推行“信用+承诺+容缺”证照联办、“1+N”证照注销套餐等服务，至年末，办结事项239件。落实班子成员“千村万企、千家万户”大走访工作及党员“双报到、双服务”工作机制，走访慰问全镇82家重点企业和480户困难家庭。开展“海棠解忧、益企前行”党建惠企专项提升行动，发布组织赋能企业敢“干”十大礼包，挂牌成立“和丰工匠”实训基地。推进“为民益企1235”基层监督项目，实施“人大+纪委”联合监督6次，开展民生早市5场，线上线下解决企业、群众诉求519个。开设“春风行动”“夜市招聘”等线上线下各类招聘会9场，提供就业岗位3200余个，开发公益性岗位30个，新安置就业困难公益性岗位28个，录用就业困难人员39人，帮助229名就业困难人员申报灵活就业人员社保补贴，办理征地安置社会保险待遇审核301人，新增社保缴纳人数1785人。公积金净增300人。居民基本医疗保险参保21523人。全镇推进总投资158万元的28个民生微实事项目，累计发放各类救助帮扶资金超1000万元。落实困难群众“安居工程”，实施困难家庭临时救助，试点推行“云上+实体”慈善超市项目，加强养老服务中心、托育机构建设。继续实施“福村宝”村级医疗互助项目，全镇“福村宝”项目参与率88.71%，全年报销314.35万元。组织15416名退休人员进行免费健康体检。严格执行退役军人各项优抚政策，发放优抚对象定期抚恤相关补助，做好有线电视及水电气补贴、优抚对象遗属定期补助、义务兵家庭优待金、大学生参军奖励金、2023年自主就业退役士兵经济补助金等发放工作。年内，全镇有低保户140户196人，低保边缘、重病户30户50人，累计发放救助金1021.76万元。全年发放慰问金及物资224.17万元，惠及3985人。发放尊老金1034.16万元，惠及14975人。对12户急难型、支出型困难家庭，发放临时救助金7.45万元。为重点残疾人发放护理补贴134.2万元。年内，募集慈善捐款412.17万元。

表75　　2023年南丰镇办事处基本情况表

名称	所在集镇面积（平方千米）	党工委书记	主任	副主任
东沙办事处	0.70	陈　立（5月免） 王昕昊（5月任）	倪春峰	沈美华（女）

表76　　2023年南丰镇村（社区）基本情况表

村（社区）	面积（平方千米）	户数（户）	人口数（人）	集体经济总收入（万元）	经营性收入（万元）	总资产（万元）	村（社区）党组织书记	村（社区）主任
民乐村	3.01	1077	3029	922	562	9273	曹　娟（女）	曹　娟（女）
南丰村	4.97	1692	4724	1230	765	10940	叶伏林（9月免） 顾乔松（9月任）	叶伏林（9月免） 顾乔松（9月任）

续表76

村（社区）	面积（平方千米）	户数（户）	人口数（人）	集体经济总收入（万元）	经营性收入（万元）	总资产（万元）	村（社区）党组织书记	村（社区）主任
民联村	3.02	1020	2965	785	465	5776	蔡东平	蔡东平
东港村	4.38	1641	4705	1053	583	8770	曹　红（女）	曹　红（女）
海坝村	3.75	1460	4074	833	608	7433	陈海燕（女，9月任）	陈海燕（女，9月任）
建农村	3.20	873	2547	1481	1279	8942	王　舰	王　舰
和平村	6.39	2118	6105	1219	757	8476	庞　浒	庞　浒
永丰村	5.02	1512	4374	1112	708	6475	陈　健	陈　健
新德村	3.71	1357	3818	912	604	6590	陆　军	陆　军
永联村	10.50	2842	6395	33825	33545	295540	吴惠芳	—
东风村	7.06	1575	4489	848	639	9090	江　湧（9月免） 倪　浩（9月任）	江　湧（9月免） 倪　浩（9月任）
东联村	2.63	679	2020	609	476	4122	张　琪	张　琪
振兴社区	2.50	768	1520	—	—	—	姚　军	姚　军
新丰社区	0.51	190	502	—	—	—	严　芸（女）	严　芸（女）
永合社区	—	1533	4866	—	—	—	秦　欢	秦　欢
东沙社区	0.70	152	344	—	—	—	陈　燕（女）	陈　燕（女）
瑞丰社区	0.27	15	35	—	—	—	茅庆花（女）	茅庆花（女）
泗兴社区	0.33	21	46	—	—	—	张爱峰（9月任）	张爱峰（9月任）

表77　　2023年南丰镇投资1亿元以上新开工项目情况表

投资企业名称	项目名称	计划总投资（万元）
江苏永钢集团有限公司	永钢炼钢三厂扩建项目	316000
	永钢线材六厂双高线项目	173600
	永钢精品线材智能服务平台	50000
永卓控股有限公司	永卓总部办公园区项目	117000
张家港海锅新能源装备股份有限公司	海锅新能源风电齿轮箱锻件自动化专用线项目	41000
苏州东方克洛托光电技术有限公司	东方克洛托光电产业研发及产业化项目	32400
吉泰车辆技术（苏州）有限公司	吉泰汽车增程系统及智能模块产品研发制造项目	10000

【永钢集团多个高质量发展项目运行】 1月29日，张家港市2023年重大项目"开门红"现场推进会在南丰镇举行。总投资597.2亿元的100个一季度开竣工项目集中推进。活动现场，永钢集团"低碳发展，高精转型"项目开工。该项目总投资52.9亿元，计划于2024年2月竣工投产。项目全程采用新工艺、新技术和节能环保新设备，建成后将用于推出高端化、绿色化的产品。达产后，可年产180万吨钢坯、115万吨优特钢线材，产品附加值提升20%。10月，工信部公示2023年度智能制造示范工厂揭榜单位，永钢集团"特种合金棒材智能制造示范工厂"项目上榜智能制造示范工厂名单，实现张家港市国家级智能工厂"零"的突破。永钢智能工厂项目于2020年1月启动，到2025年6月预计投入12亿元。项目涉及质量管控、计划调度、生产作业、设备管理、能源管理、安全管理、环保管理等12个业务环节的40余个场景，集成时空融合数字孪生、工艺及研发仿真、业务流程、数据算法等414个工业模型，建设全价值链运营及协同研发平台、网络协同可视化制造平台、打造全流

永钢集团厂区　　（南丰镇　提供）

程节能及安环管控平台。该项目实现生产过程全流程一体化管控，进一步推动钢铁产业向高端化、智能化、绿色化转型发展。项目整体建成后，预计生产效率提高超12%，运营成本降低4.5%，产品研制周期缩短近40%，产品不良品率降低15.7%，能源利用率提高超12%，全流程降碳3%，参编12项智能制造类标准和23项其他专业管理的国行标。

【社会治理一体化综合指挥平台入选全国政法智能化建设创新案例】 7月10日至11日，由法治日报社主办的“2023政法智能化建设技术装备及成果展”、政法智能化建设经验分享会在北京举办。南丰镇社会治理一体化综合指挥平台成为苏州唯一入选2023年度政法智能化建设创新案例。该平台构建快速流畅的指挥联动体系，连通上级条线、横向部门数据，将全镇“人、地、物、事、组织”等要素全部纳入平台管理，实现治理的数据赋能、精准判断、多维协同，推动基层治理向更广范围、更深程度、更高水平发展。平台有效整合市、镇两级业务系统26个、视频监控3500余个、智能传感设施600余处，对接市大数据中心数据超1亿条，汇总生成全镇基础信息库，日常调用超800万条。在全市范围内率先集成社会治理、人房管理、防洪防汛、安全生产等26个特色模块或应用场景。年均处置各类事项超4万件，解决群众诉求超2000件，处置率100%。

【东沙化工区关停转型案例被点名为全省“五个美丽故事”之一】 9月13日，江苏省召开生态环境保护大会，对“美丽江苏”建设进行部署。省委书记信长星讲到五个“美丽故事”，其中之一就是东沙化工区关停转型案例。2017年12月，东沙化工园区实现整体关停并转型为江南智能制造产业园，成为江苏省首个整建制关停的化工园区，生态环境实现根本好转，产业结构发生质的跃升，百姓生活得到全面改善。产业园实施“港产联动，绿色发展”战略，大力发展智能制造、新兴材料等产业。腾出工业用地160公顷，新入驻的企业相比于原化工企业，亩均投资增长约4倍、亩均销售增长约7倍、亩均税收增长约12倍。每年可减排二氧化硫1500余吨、氮氧化物550余吨，减少危废产生量2000余吨，节约标煤15万吨。

（徐永方）

大　新　镇

【概况】 大新镇位于市域北部江滨，与南通如皋市隔江相望，有长江岸线8千米。总面积40.64平方千米，耕地面积1491公顷。2023年，辖8个行政村、4个社区。年末，有户籍13671户，户籍人口38556人，另有外来暂住人口36352人。全年实现地区生产总值57.81亿元，按户籍人口计算，人均生产总值14.99万元。一、二、三产业增加值分别为1.99亿元、33.78亿元、22.04亿元。完成全口径财政收入7.23亿元，其中公共财政预算收入4.06亿元，入库税金6.96亿元。完成全社会固定资产投资10.49亿元。其中，工业投资2.04亿元、服务业投资8.45亿元，新兴产业投资1.98亿元。社会消费品零售总额16.12亿元。

经济建设　年末，全镇有企业2526家。68家规模以上工业企业全年实现总产值83.04亿元，营业收入84.93亿元，利润3.56亿元；有销售收入超1亿元工业企业21家，税收超5000万元企业1家（新芳集团）。全镇实现进出口总额2.97亿美元，其中出口总额2.47亿美元。新增私营企业235家，新增个体工商户607户。2023年，天宇精梳公司获评江苏省专精特新中小企业，累计有国家级专精特新“小巨人”企业2家，江苏省专精特新中小企业7家。东方雨虹、新芳进出口、大新毛纺、今日精锻4家企业获评江苏省星级上云企业；今日精锻、友恒橡塑、敏佳管业、奥特威自动化设备、新正重工、安博雷德五金、美安金属7家企业获评江苏省创新型中小企业。宏宝优特管业公司技术中心获评江苏省企业技术中心；苏州东方雨虹公司车间和技术中心获评江苏省智能制造示范车间、苏州市工程技术研究中心；新增国家级人才项目1项，3人通过张家港市领军人才评审。宏宝锻造和宏宝电力公司获评苏州市瞪羚企业，全镇有高新技术企业45家，有效发明专利332件。新置各类农机具62套，粮食生产达到全程机械化。有各类农业基地12个，绿色优质农产品比重达到70%。规模经营面积935公顷。全年建设高标准农田131公顷，全镇实现粮食、蔬菜总产量66453.32吨、10944.98吨，农、林、牧、渔业总产值2.8亿元。

社会事业　年末，有学校5所，专任教师466人，在校学生7216人。其中，中小学校2所，在校学生5796人；幼儿园3所，在校幼儿1453人。年内，大新中心小学获评国际StarT项目式学习共同体“2023年度最佳实验学校”、苏州市智慧校园发展水平四星级学校；新南幼儿园获评苏州市总工会“苏州市康乃馨驿站”；童星幼儿园获评全国啦啦操二星级示范学校、全国校园大课间活动啦啦操推广实施单位，获评苏州市智慧校园发展水平三星级学校。全镇有公共文体设施42万平方米，图书馆1座、体育场馆1座、剧场1座，依托文化阵地，开展“双杏书院”阅读活动、“我们的中国梦·文化进万家”广场舞培训班、“大地欢歌”2023年张家港市星级团队PK赛、沙上非遗文化展览等各类文化活动200余场，约60万人次受益。女子群舞《江河之畔》获第五届苏州市群众文化“繁星奖”舞台艺术类银奖；小品《见招拆招》获张家港市第九届小戏小品大赛金奖。全镇有医疗机构10个，其中医院1所、社区卫生服务中心1个、社区卫生服务站8个，执业医师79人。大新医院创成“国家胸痛救治单元”，通过“优质服务基层行”国家推荐标准复审，获评“江苏省老年友善医疗机构”，骨科、妇产科建成“苏州市基层医疗卫生机构特色科室”、中医馆创成江苏省基层医疗卫生机构五级中医馆建设单位。全镇有江苏省示范村卫生室5家，有江苏省甲级卫生室2家，江苏省星级家庭医生工作室1家，社区卫生服务中心“优质服务基层行”通过国家基本标准考核。完成朝东圩港村六圩埭、万年三圩埭，桥头村头圩埭、东小埭4个康居乡村建设。新凯村获评“苏州市宜居宜业和美村”，桥头村获评“江苏省生态文明建设示范村”。北横套幸福河湖创建项目入选苏州市“消劣争优”行动典型案例。全年网格事件按期处置率超99%，结案率100%。

福民工程　年内，全镇村均可支配收入1129万元，比上年增12.6%。发放涉农补贴和奖农资金1693万元，惠及农户7194户。提供就业岗位2154个，开发公益性岗位20个。应届高校毕业生就业率99.16%。新增就业困难人员灵活就业补贴171人，社保扩面1406人，住房公积金扩面596人，参加居民基本医疗保险15555人。新市民积分入学申请327人，成功232人。有低保户105户156人、低保边缘重病户26户30人、特困户17户17人、贫困学生47人。为低保户、低保边缘户、贫困学生等困难群体发放各类救济救助金1055万元；完善社会救助体系，募集善款194.05万元。农业保险投保总保费177.94万元。有养老床位583张，每千名老人拥有床位数46张。完成2家村（社区）级居家养老服务中心建设，完成老年人家庭适老化改造75户，新建2家老年人辅助型助餐点，为24户独居孤寡老年人安装智能烟感报警装置，全年为2113位高龄老人提供居家养老上门服务。为9656名65周岁及以上老人发放尊老金649.74万元。为126名困难残疾人发放镇级关爱工程补贴17.31万元。为29名重残和三、四级智力精神灵活就业对象发放社保补贴11.03万元。为10名残疾学生和4名贫困残疾人家庭子女申请助学金7500元。大新敬老院启动社会化运营，完成护理型床位改造，获得医疗机构资质批复。8个村开展村级医疗互助，实现全覆盖，受益群众3720人，发放补助265.27万元。为义务兵发放优待奖励金，为退役士兵发放自主就业一次性经济补助金，按时发放各类优抚对象经费，退役军人就业安置率100%。通过居民议事会商议、镇审核确定的民生微实事项目39项，其中工程类28项、服务类11项，涉及金额约120万元，覆盖全镇所有社区。

表78　　2023年大新镇村（社区）基本情况表

村（社区）	面积（平方千米）	户数（户）	人口数（人）	集体经济总收入（万元）	经营性收入（万元）	总资产（万元）	村（社区）党组织书记	村委（社区）主任
新凯村	3.10	1051	3250	887.76	736.75	11823.86	孙一波（女）	孙一波（女）
长丰村	4.00	1455	4642	1220.78	961.80	15197.13	李忠华	李忠华
桥头村	3.24	1196	3434	1016.75	779.14	9093.16	孙浩明	孙浩明
朝东圩港村	8.25	2422	6877	1851.12	1351.00	17978.73	徐海芳（女）	徐海芳（女）
新闸村	3.60	576	2108	1160.61	766.40	8839.51	陈礼霞（女）	陈礼霞（女）
新海坝村	6.10	2310	6239	2680.82	2292.04	29705.76	王晓勇	王晓勇
中山村	4.89	1467	4474	1286.56	839.90	14706.56	刘　钧	刘　钧
龙潭村	4.87	1315	4262	1799.15	1094.00	12174.98	周　超	张庆华
大新社区	1.30	1295	2540	—	—	—	张玉丽（女）	张玉丽（女）
新东社区	0.30	231	642	—	—	—	孙　涛	孙　涛

续表78

村（社区）	面积（平方千米）	户数（户）	人口数（人）	集体经济总收入（万元）	经营性收入（万元）	总资产（万元）	村（社区）党组织书记	村委（社区）主任
新南社区	1.60	1378	7623	—	—	—	黄　健	黄　健
长新社区	0.60	891	2385	—	—	—	刘文斌	刘文斌（6月补选）

表79　　2023年大新镇投资1亿元以上开工项目情况表

投资企业名称	项目名称	投资额（万元）
张家港市大新镇村镇建设综合开发服务公司	新润安置房项目（二期）	20100
苏州东方雨虹建筑材料有限公司	东方雨虹张家港绿色建材智能生产基地项目（二期）	10000
新强联（江苏）重工科技有限责任公司	新强联风电高端装备项目	10000

【首届张家港“稻花乡俚”稻米文化节庆祝活动】 9月23日，“庆丰收，促和美”苏州市2023年中国农民丰收节主会场活动暨首届张家港“稻花乡俚”稻米文化节庆祝活动在大新镇举行。苏州市委副书记、政法委书记黄爱军，江苏省农业农村厅二级巡视员王昭，张家港市委书记韩卫等参加活动。总面积2000平方米的张家港“稻花乡俚”稻米文化园开园，稻米文化园运用低温循环烘干模式，生产的胚芽米留胚率达到90%、发芽率达到80%，有“稻花乡俚”“港城味稻”“乡博士”等品牌，开园后将建设“中小学生研学基地”“大学生实践基地”“新型职业农民综合培训服务中心”“田间学校”等平台，吸引新型职业农民、农业科技人才就业。现场还发布“锦绣鱼米乡，和美新田园”大新镇乡村振兴示范片区规划。丰收节期间，大新镇开设“乐学成才之旅”“青年研学之旅”“文化寻根之旅”三条精品乡村休闲游线路，推出“春耕——万物复苏”“夏耘—蓬勃茁壮”“秋收——丰收喜悦”“冬藏——银装来年”系列活动，并组织多个丰收节特色活动，展现农民风采。

【小品《瓜》和群舞《江河之畔》获苏州市群众文化“繁星奖”】 11月27日，由大新镇文体服务中心和市文化馆共同打造的小品《瓜》获第五届苏州市群众文化“繁星奖”戏剧类金奖；镇文体服务中心打造的群舞《江河之畔》获第五届苏州市群众文化“繁星奖”舞蹈类银奖。小品《瓜》创作于2023年，讲述瓜摊前发生一场车祸后，卖瓜人把受伤阿姨送到医院，一老人主动帮忙守摊，面对各路“吃瓜群众”的无尽猜疑，老人不厌其烦地叙述事情经过。此作品意在致敬向上的社会、有能量的时代。节目在大新春节联欢会表演，观看群众300人；群舞《江河之畔》创作于2022年，以对长江“赞美”“依恋”与江河和谐共存的真挚感情作主线，通过现代舞形式展现人们在长江边嬉戏、打闹、玩耍场景，还有“江豚”畅游长江的情形，呼吁人们尊重自然、顺应自然、保护自然。

小品《瓜》　　（大新镇　提供）

【新强联风电高端装备项目奠基】 新强联风电高端装备项目总投资30亿元，占地面积8公顷，主要生产用于海上大型风电及配套海工装备、盾构机装备的大型轴承。项目达产后，将年产12万吨风电高端装备。3月项目签约，依据《重大项目“政企双通道”一揽子激励措施》，大新镇立即成立项目管家服务先锋队，为该项目配备“一对一”项目管家定制化服务，制定作战流程图，排定项目推进的时间表、责任人，形成推进合力。每周调度项目进展，第一时间协调解决项目推进中的难点问题。11月9日，新强联风电高端装备项目培土奠基。至年末，现场桩基工作基本完成。

（茅雅香）

常阴沙现代农业示范园区

【概况】 常阴沙现代农业示范园区位于市域东南部，东临长江，与南通市隔江相望。有沿江岸线9.7千米。总面积37.5平方千米，其中耕地面积2140公顷。辖7个社区、1个居委会。年末,有户籍7271户,户籍人口19764人,另有外来暂住人口3719人。全年实现地区生产总值13.67亿元。一、二、三产业增加值分别为2.71亿元、7.68亿元、3.28亿元。完成全社会固定资产投资5198万元,其中工业投资4768万元、服务业投资430万元,新兴产业投资4768万元,社会消费品零售总额9.49亿元。园区获评全国农作物病虫害绿色防控技术示范推广基地,常阴沙全流域创成全市首家省级生态清洁型小流域,常阴沙农产品质量监督管理站获评全市首家省级五星级农产品质量安全监管站。常阴沙大米获评全国名特优新农产品,入选苏州市2023年度地理标志品牌培育计划项目。联农农产品专业合作社获评国家级农民合作社示范社。常北社区年代记忆村庄创成江苏省特色田园乡村,常兴社区金桔园通过苏州市级特色精品乡村验收。常沙社区获评江苏省健康社区,常东社区获评苏州市农村人居环境长效管护先行村。常阴沙学校获评江苏省公共机构节能低碳示范单位、江苏省“双减”示范学校、国际StarT项目式学习共同体2023年度最佳实验学校。

经济建设　年末,园区有企业772家,其中有销售收入超1亿元企业7家。28家规模以上工业企业实现总产值21.8亿元,营业收入21.81亿元,实现利润9520万元。新批私营企业81家,注册资本3.2亿元;新批个体工商户122户,注册资本1474万元。总投资1.6亿元的“苏州吉润新能源汽车部件制造”项目开工建设,总投资3500万元的4个“智改数转”项目完工,获评省级专精特新中小企业1家。园区完成进出口总额6653万美元,其中出口总额6254万美元。完成产业用地更新面积3.33公顷。年内授权发明专利32件,完成产学研合作项目13项。获评高新技术企业12家。获评苏州市科技发展计划项目1项、张家港市科技计划项目7项。引进稻麦新品种20种,推广水稻机插缓混一次施肥技术530.4公顷,添置侧深施肥装置9套,施用水稻缓混肥397.8吨。新增农机具91台(套),农业全程机械化总投入361.24万元。全年实现农、林、牧、渔业总产值4.52亿元,粮食、蔬菜瓜果、油菜籽、水产品总产量分别为26718吨、20905吨、500吨、77.23吨。

社会事业　年末,园区有九年一贯制学校1所,教师64人,在校学生613人,其中新市民子女407人。义务教育学龄人口入学率100%,初中升学率100%。有幼儿园1所,幼儿教师及保育人员35人,在园幼儿189人,其中新市民子女90人。组织各社区(居委会)、机关各科室、企事业单位开展“张家港学习在线”活动,年新增注册人数120人。开展六大社区教育重点项目品牌,分别为“田园牧歌传乡音”——农耕文化演变记、“乐龄有伴,守护桑榆”“识五谷,知时节”“文化之美,童享乐趣”“爱阅读,益起读——小常姐姐读书会”“文明润童心,礼仪伴我行”,推进“耕读田园”“书香常阴沙”品牌。园区老年大学继续依托“乐龄学堂”实现大数据管理,开设秋季班8门课程。组织老年大学合唱团成员参加“张闻明”之歌——张家港市群众合唱大赛,组织老年大学广场舞队伍参加市社区教育成果展示汇报,组织老年大学舞蹈队成员参加苏康杯“家门口”的老年大学成果比赛。持续组织常阴沙幼儿园、常阴沙学校的社教志愿者开展“探寻传统,动手有益”“悦读,阅美”亲子共读项目。园区有医疗卫生机构8个,其中民营医院1家、社区卫生服务站7个,有执业(助理)医师44人。新建预防接种卡44份,接种一类疫苗1378针次。建立居民健康档案18267份,65周岁及以上老年人中医体质辨识服务4641人次,覆盖率88.8%。园区纳入妇幼保健管理产妇38人,孕妇早孕建卡率100%,住院分娩率100%,儿童建卡率94.7%。开展35周岁至64周岁育龄妇女“两癌”筛查,服务1019人次。社区卫生服务站全年诊疗2.43万人次,其中中医诊疗1.32万人次。排查纠纷223起,调解成功率100%。受理“12345”政务服务热线591件,全部按期办结。网格员全年上报事件9981件。组织开展法律早市、校园“开学第一课”、民法典宣讲、“警网银”反诈宣传等法治安全宣传教育活动50余次,发放各类宣传资料4万余份,为500余名群众提供法律帮助。新增、改造治安监控38个。完成企业VOCs综合治理工作6家。做好秸秆禁烧工作,实现上级督查“零火点”目标。投用高扬尘雾炮车1辆,改善空气子站周边微环境。开展走马塘省考断面支流每月采样,做到水质异常及时处置。完成8个太湖排污口采样、监测、整治工作并通过现场验收。对通江支流沿线涉水企业开展巡查,确保水质稳定达标。开展机械加工行业专项执法检查、“两治一提升”专项行动、表面涂装企业专项检查,累计检查企业130余家次,完成隐患整改20处。完成“散乱污”企业(作坊)专项整治“回头看”189家,新增“散乱污”关停取缔2家、整治提升4家。累计处置涉及水、气、声方面环境信访30起。开展消防安全生产专项整治行动,检查各类生产经营单位1960个次,排查整改隐患561处。新建电动自行车充电桩50个。完成小餐饮“瓶改气”“瓶改电”专项整治40家、消防镇级挂牌隐患整改2处、心防社区建设2处。签订各级《安全生产目标管理责任书》256份,累计完成辖区工业企业安全生产风险定期报告265家,核销企业11家,总计上报风险596条。持续开展创蓝行动,累计完成工业企业创蓝系统填报183家,创建率100%,其中“蓝码”企业182家、占比99.46%。7家企业获评三级标准化达标企业。深化提升工业集中区和出租厂房规范化管理,规范化企业数102家,规范企业占比率77.27%,规范集中区8家,占比72.73%。与常熟理工学院合作共建,挂牌成立基层安全学校。开展“安全生产月”“百团进百万企业千万员工”“一季一课”等安全生产宣讲活动。严格隐患治理及监督执法,完成市级挂牌重大隐患整改3处,实施行政处罚6起,罚款17.87万元。开设消防安全培训会24次,举办各类应急演练18次,印制并下发各类宣传折页2.3万份。完成红旗东路非机动车道改造6600平方米。疏浚镇村河道45条。垃圾日产日清,垃圾处理率100%。“三定一督”居民小区厨余垃圾精准分出率稳定保持在35%以上，厨余垃圾分类收集处理量占比稳定保持在30%以上，有害垃圾收处占比不低于0.1‰，生活垃圾回收利用率稳定保持在40%以上，生活垃圾资源化利用率稳定保持在80%以上。园区环卫所获评张家港市生活垃圾分类优秀单位。

福民工程　年内，各社区经营性总收入4046万元，平均经营性收入578万元，比上年增0.77%。园区发放农机购置补贴109.83万元。农业保险粮油、高效设施农业参保率均达100%，出险定损理赔2448661元。发放稻谷和小麦收购价外补贴、耕地地力保护补贴、规模稻谷生产者补贴、实际种粮农民一次性补贴等惠农补贴1007.51万元。推广"常乡伴"综合民生服务品牌，落实落细就业创业，深化均衡公共服务，关心关爱困难群体，推动片区内民生保障体系全覆盖。城镇职工养老保险参保7726人，居民基本医疗保险参保2903人，社会保险覆盖率99.6%。住房公积金扩面123人。提供就业岗位1000个，年度免费职业技能培训56人次，新增自主创业38人，创业带动就业45人。居民医疗互助项目筹集资金166.85万元，参加人数16684人，参加率85.29%，理赔986人次，发放互助金90.37万元。开展大病困难群众、计生特殊家庭、白血病儿童、重疾劳模签约91户199人，重点人群"基本公共卫生签约服务包"12271人。为持"独生子女父母光荣证"退休人员308人发放一次性奖励金110.88万元。落实农村计划生育家庭奖励、独生子女伤残死亡家庭帮扶1064人次，发放各类补助192.13万元。完成34个单位职业病体检、28家企业作业场所检测。1294名80周岁及以上老人和49名60周岁及以上特扶家庭老人，分别享受由政府提供的80元每户每月和225元每人每月的上门居家养老服务，年服务13391人次。发放尊老金409.64万元。配套支出66.94万元，实现常态化居家养老服务2万人次。101名困难高龄老人、50名低龄志愿者纳入养老服务"时间银行"项目，全年服务工单989单。为低保户、低保边缘户、贫困学生等发放各类补助金111.92万元。发放慰问金115.86万元，惠及1467户困难群众。有84家爱心企业及机关、社区600余名爱心人士参与慈善募捐，筹集善款32.95万元。未成年人保护工作站定期开展家庭教育指导，受益509人次。开展"关爱项目为主、暖心课程为辅"未成年人教育帮扶服务行动，帮扶困境儿童20余人。发放困境儿童生活补贴42.44万元，对12名困境儿童实施个案分级服务管理。投入3.8万元对辖区1户低收入家庭开展"幸福亮居"工程，投入3万元完成低收入家庭危房改造1户。发放重度残疾人生活补贴和护理补贴170.04万元。"爱心助残驿站"自提点——"邮益小栈"快递站持续运营，"残疾人之家"辅助性就业对象22人，人均每月增收750元。社工站建成运行，开展政策法规宣传8次，受益260余人次。做好重点优抚对象抚恤金发放工作，退役军人稳定就业率100%。常阴沙"兵稻人家——优秀退役军人志愿服务项目"获评市2023年度优秀退役军人志愿服务项目。

表80　2023年常阴沙现代农业示范园区社区（居委会）基本情况表

社区（居委）	面积（平方千米）	户数（户）	人口数（人）	集体经济总收入（万元）	经营性收入（万元）	总资产（万元）	社区（居委会）党总支书记	社区（居委会）党总支副书记
常东社区	5.35	810	2220	756	574	4604	刘青松	盛振清
常南社区	6.50	1288	3591	807	692	3785	李金海	吴海平
常西社区	4.39	795	2185	621	458	3402	陈　东	刘　燕（女）
常北社区	5.07	1035	2896	1258	560	4668	徐卫华	顾靖霞（女）
常红社区	5.24	1063	2927	634	569	4892	沈维良（9月免） 盛蕾云（女，9月任）	陈坚强（1月免） 王　伟（12月任）
常兴社区	5.13	697	1939	619	492	3141	陆　磊	陈坚强（1月任）
常沙社区	5.75	1121	3016	753	701	3650	李　平	吴　瑞
集镇居委会	—	462	990	—	—	—	孙惠祥	孙建国

说明：表格中数据为农村调查数。

【市第六届现代农业招才引智推介交流会举行】　7月28日，2023年张家港市第六届现代农业招才引智推介交流会暨张家港市现代农业创新服务中心启用仪式在常阴沙现代农业示范园区闲心公社举行。江苏省科技资源统筹服务中心党委书记、主任戴力新，扬州大学党委副书记周如军，江苏省农业科学院副院长还红华，苏州农业职业技术学院党委书记傅兵，常熟理工学院副校长王继元，苏州市农业发展集团有限公司党委书记、董事长俞颂家，苏州市农业农村局副局长何建华和农业领域的专家人才等130位嘉宾应邀到会。作为全市现代农业发展的主战场，常阴沙现代农业示范园区持续推动农业转型升级，先后创成江苏省现代农业产业示范园、江苏省"味稻小镇"、绿色优质稻麦基地，引进培育农业企业30余家，并与扬州大学、江苏省农科院等多所高校院所建立长期合作关系，常阴沙农产品品牌影响力不断增强。活动现场，进行常阴沙科技人才企业服务联盟授牌仪式、常阴沙区域发展顾问聘任仪式、绿港研究院（张家港分院）共建仪式、农业技术转移人才实训合作基地授牌仪式、农业农村部耕地质量监测与评价重点实验室张家港试验示范基地挂牌仪式、张家港市现代农业创新服务中心启用仪式以及农业农村重大项目、农业科技人才项目、校地合作签约等。至年末，园区新增高层次人才项目注册落户5项，完成国家级人才计划1项、张家港市领军人才计划3项，完成产学研合作项目13项，获评苏州市科技发展计划项目1项、张家港市科技计划项目7项。

【“赛康杯”田园风情四分马精英赛开赛】 4月2日，2023年常阴沙春季文明旅游启动暨“赛康杯”田园风情四分马精英赛在常阴沙花海广场鸣枪开赛，参赛选手2000人。张家港市副市长梁曦，市人大常委会党组成员、总工会党组书记、主席夏立新，市文体广旅局党委书记、局长周颖，江苏赛康医疗设备股份有限公司董事长蔡悦恺等参加启动仪式。选手们途经花海广场、沿江公路、通江路、迎宾路、常红路、拥军路、五棵松路等特色风光带，在奔跑中体验常阴沙独特的田园风情。冒华杰、沈斌、荣正帅分别以29分51秒、31分16秒、31分42秒的成绩获男子组前三名，杨广月、杜安平、高芳分别以36分34秒、37分45秒、38分26秒的成绩获女子组前三名。

【常阴沙“吴优数旅”金秋乡村欢乐游】 9月27日，2023年常阴沙“吴优数旅”金秋乡村欢乐游启动暨“江畔沙洲，希望田野”乡村振兴示范片区规划发布活动在常阴沙会客厅举行。市政府副市长梁曦等参加活动。现场，常阴沙现代农业示范园区与市教育局、开放大学、江苏省梁丰高级中学、市第一中学、市实验小学教育集团、常阴沙学校签订“劳动教育”合作协议，启用常阴沙会客厅（常阴沙供销社农产品展销中心）、启动2023年常阴沙“吴优数旅”金秋乡村欢乐游，同时发布“江畔沙洲，希望田野”乡村振兴示范片区规划。规划涉及面积37.57平方千米，总投资8671万元，重点实施林里小坐、林间学舍、稻田之眼、江畔田园垂钓园等23个项目，整体形成“1厅1核1带1环4区”（1个常阴沙会客厅、1个常阴沙综合服务中心、1条沿江公路发展带、1串示范区主要绿廊和高效农业片区、综合服务镇区、休闲农业片区、科技农业片区4单元）的总体空间结构，打造“锦绣鱼米乡，江圩常满仓”的美好愿景。至年末，园区接待旅游总人数约16万人次，比上年增8.7%，实现旅游总收入约1400万元。

（徐丽春）

双山香山旅游度假区

【概况】 双山香山旅游度假区规划面积23.32平方千米，分两个片区，其中双山岛片区20平方千米、香山片区3.32平方千米。双山岛片区地处张家港作业航道与长江主航道之间，是长江中下游地区“生态岛”之一。岛内堤坝外滩涂湿地面积约4平方千米，环岛岸线长16.8千米，适度规模经营面积260.5公顷，耕地地力保护面积725.8公顷，辖4个行政村、1个社区。香山片区位于金港街道辖区内，东西长2.3千米，南北长1.9千米，最高海拔136.6米（张家港制高点），为国家AAAA级旅游景区、江苏省首家“文明旅游示范景区”，有采香径、梅花堂、桃花涧等古景和香山梅岭、竹境、樱花园等新景，其中香山梅岭占地20公顷，种植1万余株梅花树，在长三角地区具有较高知名度。度假区2023年接待游客118.6万人次，创历史新高。其中，梅花节期间，香山景区最高日接待量超4万人；劳动节、国庆节期间，双山岛最高日入岛人员破1万人、车辆破1000辆。年内，香山历史文化展示馆入选江苏省史志馆联盟苏州系列馆，山岛奇遇研学独立营获评“江苏省十佳优秀研学产品”，香山樱海、双山岛湿地等3处入选“水韵江苏·长江百景”。

经济建设 年内，全区粮食、水产品产量分别为4155吨、700吨。全国红色美丽村庄试点老圩红村投入运营，皓景温泉度假酒店完成土建工程，明珠灯塔主体完工，璟泊湾星空营地提档升级，丰谷精品酒店开工建设。新增高标准池塘33.47公顷。导入社会资本参与业态开发，盘活闲置资源，双山蓝湾文旅街区项目落地，皓景精品民宿（群）达成合作共识。农文旅项目轮渡优惠通行办法、农副业发展扶持办法出台，为项目落地岛内提供便利。度假区持续深化“山岛之恋”文旅综合体建设，举办香山梅花节、樱花节、香山湖灯光艺术节、金秋潮流嗨玩嘉年华等特色文旅消费活动，开发“最香山”梅子酒、香山茶饼等特色文创产品，新增水上皮划艇团建项目，打造“山雀训练营”研学品牌。至年末，渡口村建成光伏发电站，增收38万元，双中、老圩、新圩村联合开发重装码头配套项目，增收41.67万元。

社会事业 年末，全区有社区卫生服务站1所，面积380平方米，有医护人员5人，家庭医生签约60户。启动村庄规划编制工作。枫林营地、海棠湾配套服务用房全面完工。灯塔路改扩建工程主体完工。实质化推进4户危房解危工作。落实香山景区栈道修整，香山景区3条森林步道入选“苏州首批山地森林步道”，望江路步道获“2023年苏州市最受欢迎山地森林步道”称号。度假区抓好安全生产工作，成立燃气安全专项整治工作专班及办公室委员会。推动重点场所“瓶改电”工作，完成社区微型消防站建设。聚焦消防安全，在双山区域全覆盖巡查四轮20余次，排查整治各类隐患200余处。编制《双山岛大环境网格化管理事项》《双山岛内重点水域禁捕长效管理机制》等，整治各类隐患128件、清理丝网268条，创建“幸福河湖”1条。做好临时用房归并工作。优化码头交通，划定江堤临时停车位176个。统筹商户外摆，开展“靓丽庭院”建设评选活动。

福民工程 年内，各村平均经营性收入674万元。有以村为经营主体的土地股份合作社4家，全区土地规模经营率100%。发放养殖池塘生态化改造项目奖补资金191万元，财政农机购置补贴21.6万元，耕地地力保护补贴130.6万元，稻谷生产者补贴44.8万元，稻谷收购价外补贴35.67万元，秸秆还田补贴21.52万元，水稻田生态补偿186.66万元，小麦收购价外补贴30.54万元，湿地村生态补偿55万元。完成安置房分房878套，完成率89%。虚拟养老服务499人，60周岁及以上居民医疗保险参保1526人，辖区内购买"港城惠民"意外重疾险37.54万元，为岛内居民购买村级医疗互助120万元，发放困难慰问等其他补贴232万元。

表81　　2023年双山香山旅游度假区村（社区）基本情况表

村（社区）	面积（平方千米）	户数（户）	户籍人口数（人）	集体经济总收入（万元）	经营性收入（万元）	总资产（万元）	村（社区）党组织书记、主任
渡口村	2.08	767	1890	1171	1157	12029.79	杜国平
双中村	3.73	938	2634	563	549	11558.00	蔡亦忠
老圩村	3.69	879	2889	571	506	6560.19	陆　婷（女，10月免） 陈　勇（10月任）
新圩村	3.02	863	2472	497	483	8108.00	陈　忠
渡口社区	0.04	228	638	—	—	—	林　源

【双山高尔夫俱乐部获评"中国十佳高尔夫度假村"】 12月22日，在《高尔夫大师》杂志、新浪高尔夫共同主办的"2022—2023年中国百佳球场评选"活动中，张家港双山高尔夫俱乐部被评为"中国十佳高尔夫度假村"。双山高尔夫俱乐部位于双山岛东北角，于2001年投资建设，2003年投入运营，占地面积148.67公顷，球道总长11002码，有一座27洞锦标赛型高尔夫球场及休闲配套项目，是国内少有的岛屿型高尔夫球场。俱乐部、球场每年均举办国际、国家型赛事，先后获评"中高协优秀竞赛组织单位""中高协优秀承办球场""苏州市工人先锋号"等。2023年，俱乐部举办女子中巡（CLPGA）、第七届业余高尔夫超级联赛全国预选赛华东赛区江苏张家港双山站（超级联赛）、苏州市青少年高尔夫球巡回赛。与黄山松柏、庐山国际两家球场签约球场联盟，与另3家球场进入合约商议阶段。引进知名室内高尔夫模拟器制造商"GOLFZON"、中介航母"铁马高尔夫"品牌。启用"山哥儿"IP形象打造双山高尔夫周边文创，开发全新Tee-mark、球杆等产品。至年末，登记会员近1000人。

【央视《新闻联播》聚焦双山岛丰收景象】 5月25日，中央电视台《新闻联播》播出双山岛333.33公顷小麦丰收景象，双山岛绿色清洁粮食烘干技术备受关注。双山岛绿色化粮食烘干中心占地3700平方米，总投资250万元，建有8台地源热泵粮食烘干设备，通过应用地源热泵绿色烘干工艺，日粮食烘干能力达到96吨，烘干成本每吨由240元降低至60元，这也是江苏省首个地源热泵粮食烘干项目。年内，度假区扎实推进农业农村现代化建设，新增高标准鱼池33.47公顷，形成成片高质量渔业养殖区，综合农事服务中心通过验收。围绕"旅游+农业"，重点打造双山大米、江岛鲜鱼等有机农产品系列品牌，申报有机认证面积133.33公顷，申请认证产量430吨，马兰、茭白、鱼3项有机产品取得认证证书，其中有机鱼产品证书为张家港首张鱼类有机证书。

【双山蓝湾文旅街区项目签约】 11月27日，双山蓝湾文旅街区项目签约。该项目由江苏中元控股集团及江苏蓝园文化产业有限公司打造，占地3.13公顷，建筑面积1.8万平方米，总投资约5000万元。项目利用蓝园丰富的文化产业园区改造及运营经验，整体盘活双山岛振兴路两侧民房、国有及集体闲置资产。围绕"精品民宿""数字文创""体育产业"及"康养理疗"四大核心，在保留传统建筑特色的同时，通过"微改造"模式，打造现代文旅消费集聚区，助力双山岛打造成长三角极具魅力的"微度假"目的地。至年末，项目完成初步方案设计，计划于2024年3月启动建设。

（杨嘉卉）

金港街道

【概况】 金港街道位于市域西北部，西与江阴长山镇接壤，北与靖江隔江相望。境内拥有天然良港——张家港港，是张家港保税区所在地。总面积89.59平方千米，耕地面积969.5公顷。辖10个行政村，23个社区（其中9个为"村社合一"体制，分别为长江、巫山、安利、金桥、滩上、镇山、香山、马桥、长欣社区，金康社区于3月21日经市人民政府批复设立）。年末，有户籍67760户，户籍人口168812人，常住人口21.3万人。境内东山村遗址是太湖流域乃至长江中下游地区，发现的最早的新石器时代的文化遗址之一。南沙举重学校入选"江苏省举重训练基地""举重国家级体育后备人才基地"。年内，金港街道获苏州市美丽城镇建设"重点中心镇"、张家港市文明区镇称号。长江村获评全国乡村治理示范村，"长江长治"被中组部列为全国村党组织书记（主任）培训案例。

经济建设　年末，街道有规模以上企业200家。其中规模以上工业企业87家，实现工业总产值201.32亿元，营业收入293.45亿元，利税2.83亿元。有销售收入超5000万元企业40家，超1亿元企业24家，其中超20亿元企业4家，10亿元至20亿元企业7家。街道有苏州丰倍生物科技股份有限公司、威胜生物医药(苏州)有限公司2家国家级专精特新"小巨人"企业。工业总产值202.38亿元,南沙工业集中区载体更新完成规划设计,长欣科创园提档升级分期推进改造,禾福、聚艺鸿等高科技企业入驻投产。中央广场二期主体封顶,香山农副产品批发市场项目按计划推进。年内,种植大豆面积21.5公顷,油菜秋播面积15.17公顷,有高标准农田面积25.8公顷。鼓励并扶持家庭农场的发展,高峰茶厂获评苏州市级农产品初加工企业,鹿液茶在江苏省品茶会上获第一名;长山香名扬家庭农场种植草莓新品种黑珍珠、建得红,番茄新品种豫艺优5号、豫艺酸甜果3.33公顷。新增江苏省龙头企业3家、苏州市龙头企业5家、张家港市龙头企业3家。年末,有绿色食品3种,有机食品1种,苏州市级以上名牌农产品2种。

社会事业　年末,街道有中小学校7所,幼儿园4所,其中中学3所,小学4所。民办新市民学校(蓝天学校)1所,民办高端学校(苏州外国语学校)1所。公办中小学、幼儿园在职在编教师831人,聘用教师434人,民办小学、幼儿园自聘教师143人。在校中小学生15659人(含蓝天学校),在校幼儿2891人(含蓝天幼儿园),累计18550人,其中张家港市籍6304人、非张家港市籍12246人,占学生总数的66%。公办学校义务教育阶段专任教师本科及以上学历比例87.8%,有市级以上骨干教师252人,其中省特级教师1人、苏州市级骨干11人。在2023年张家港市中小学生"市长杯"校园足球联赛中,中兴小学分别获男子甲组和女子甲组一等奖,代表张家港市出征苏州市中小学足球比赛,被上级球队选用队员1人。南沙中学举重队在江苏省青少年举重(县组)锦标赛中,获4金2银3铜,并获体育道德风尚奖,蝉联苏州市体育传统(举重特色)项目学校。张家港市金港中心小学获江苏省国防教育先进学校称号。85名教师获张家港市级及以上荣誉称号。以"金文明"六百工程为抓手,累计开展文明实践志愿服务活动3000场次。深化"爱在长山,长恋金港"婚俗改革示范点建设,长山结婚颁证基地落地启用。长江国际大酒店餐饮部获评全国巾帼文明岗。郁敏芳联合工作室获评省三八红旗手示范工作室。马桥社区获评省"在你身边"文明实践巾帼志愿阳光站。街道有体育场馆1座、健身广场38片、健身房23个,村、社区有篮球场15片。年内,社区新增图书馆5个,口袋公园3个,标准门球场1个。围绕"我们的节日"等主题,陆续开展"文化送福,猜灯谜闹元宵""感受经典,传承文明"张家港市清明诗词品鉴大会、"品味民俗话端午,传承文明送家风""书式金港""文艺巡演"等活动,举行阅读推介会2次、系列阅读项目11次、"TTT"讲师孵化计划6次、说课比赛4次、拓训团建1次,参与人数近1万人次;文艺活动407场次(包括村社区),参与人数近40万人次;举办各种展览108场次,服务70万人次;举行戏曲会15场,观众3万余人次。小品《楼道,家》、歌曲《金港——乘风向前》等深受群众喜欢。成功举办长三角全民健身大联动传统体育项目展示暨"金港杯"石锁邀请赛、长江马拉松亲子赛、第三届民俗运动会等。香山石锁、大秦珠宝淡水珍珠加工工艺分别入选省、苏州市非物质文化遗产代表性项目名录。街道有医疗卫生机构19家。其中,医院2家,社区卫生服务中心1家,社区卫生服务站14家。有执业医师243人,执业助理医师51人,全科医师36人。强化平安建设,发放安全宣传手册100余份,签订安全生产责任书33份。开展危化品使用安全专项整治,发现并整改隐患274处;推进燃气使用情况专项检查,加速"瓶改管""瓶改电"工作,排查工矿企业、餐饮企业、学校等使用燃气1023家,发现隐患116处,均完成整改;组织娱乐场所消防安全自查自纠,并通过街道验收;年内,街道各小区新建电动自行车充电点位386个。融入全市乡村振兴"4+N"示范片区规划,跨村域实施金港湾示范片区建设,新建高标准农田12.13公顷,长阳路、东山南路完成改造提升。长欣路获评苏州市美丽农村路。突出"强村美居"品牌,街道获苏州市农村人居环境整治提升典型案例提名奖。超额完成农房更新年度任务,中苑张大圩岸、长山朝东岸组团翻建做法得到全市推广。长山村实施茶香故里特色田园乡村建设,获评省生态宜居美丽示范村,冯家埭、六圩里获评苏州市特色康居乡村。东山村月里湖公园获评苏州市"十佳"美丽乡村健身公园。

福民工程　村均经营性收入2300万元,比上年增16.94%。其中长山村7636.94万元、巫山村3607.83万元、山北村2806.78万元、柏林村2719.41万元。有序实施"五经普"清查、村集体审计等工作任务。医保扩面新增174613人,社保扩面9400人,公积金扩面净增2100人,协助企业培训高技能人才1692人,组织"春风行动""人才夜市""智汇金港"等现场招聘会4场,提供就业岗位4076个,建成多功能"家门口的就业服务站"。新增高技能人才1198人。8家企业申报劳动关系和谐企业、40家企业复审劳动保障A级信誉单位。常态化做好辖区内劳资纠纷调解工作,全年累计日常接待到电访1243人次,劳资纠纷登记194起,成功调解181起。10月,街道被确定为江苏省唯一国家级"中国计生协2023年计生家庭维权项目点执行单位",获中国计生协支持项目点经费10万元。项目依托长山村"甜蜜里·捂心会客厅"服务阵地,创新开展"良缘金'育'"新型婚育文化系列服务项目。为计生特殊家庭发放特扶金234.89万元、特扶人数251人。落实农村计划生育奖励1144人,发放奖励扶助金119.34万元。为161户222人困难群众发放救助资金219.11万元,"爱满港城"慈善募捐346.8万元。推进养老事业发展,为11名百岁老人和19494名70周岁及以上老人发放尊老金1150.12万元;建设具有日间照料、助浴、助餐等功能的示范性综合养老服务中心1个;完成适老化改造148户。以南沙、中兴、港区为区域片区,打造"3+X"老年人就餐服务圈,实现街道助餐服务网络全域覆盖,中德社区助餐点、长江村"爱心餐厅"、金都社区"银发餐厅"投运,服务老人就餐35335人次。

为低保残疾64人、重残救助218人、重度残疾人护理补贴664人、特殊困难残疾人补助10人，发放补助473.08万元，残疾人“两项补贴”精准发放率100%。对街道1668名就业年龄段残疾人实行动态管理，实时更新就失业等信息，健全残疾人基础人才信息库。给57名困境儿童发放生活补贴100.63万元，困境儿童应保尽保，发放慈善助学金15.35万元，困难学生学习用品发放59份。开办青少年暑托班19个，实施“育见心世界”心困未成年人保护项目，街道未保站建成省级示范点、张家港市级儿童关爱之家示范点。征集民微项目113项，通过联席评审项目98项，项目合同金额757.43万元；完成最终审计并申请付款项目95项，拨付金额436.31万元。成立金港街道社工站党支部，并申报苏州市社会工作站优秀党建品牌案例及苏州市红色社工站；组织参加首届张家港市社会工作者职业技能大赛，街道获评“优秀组织奖”，1人获“个人优秀奖”。康复驿站建成省级精神障碍社区康复服务示范点。90个民生微实事（社区党组织为民服务）项目落地，镇山社区获评苏州市老年人家庭适老化改造先进集体，“小楼道大变身——服务惠民新通道”项目获评全市十佳优秀民微项目；马桥社区获评全国示范性老年友好型社区，中德社区获评苏州“一刻钟便民生活圈”、张家港市优秀社会工作室。

表82 2023年金港街道村（社区）基本情况表

村（社区）	面积（平方千米）	户数（户）	人口数（人）	集体经济总收入（万元）	经营性收入（万元）	总资产（万元）	党组织书记	村（社区）主任
长江村	5.20	1983	7346	5323.73	2541.75	23439.86	郁霞秋（女）	刘建华（11月免） 承协龙（11月任）
长山村	5.80	2184	8020	7637.00	7636.94	125884.00	陈　强	陈　强
巫山村	1.62	1912	5953	3667.00	3607.83	27109.00	申小芳（女）	申小芳
山北村	5.80	3585	12564	3915.49	2806.78	12895.52	庞建华	庞建华
柏林村	4.70	2166	7481	2771.00	2719.41	27735.00	殷品龙	殷品龙
张家港村	1.38	2649	11826	431.80	245.19	−750.10	施忠法	施忠法
滩上村	4.15	1622	13290	200.00	245.38	1000.00	李永奇	李永奇
占文村	2.41	1034	4177	2744.44	2489.44	17870.59	顾凯洪	顾凯洪
港西村	2.60	1090	3558	1370.00	1550.00	8736.00	王海荣	王海荣
东山村	3.21	975	3308	1159.75	957.09	5729.27	宋国芳	宋国芳
中德社区	0.18	1743	5128	585.93	263.78	3835.29	李　兰（女）	李　兰（女）
中港社区	0.14	1260	3862	299.59	165.06	768.08	朱建龙（9月免） 周金良（9月任）	朱建龙（9月免） 周金良（9月任）
中南社区	0.15	1548	4350	326.65	338.98	2169.00	许　珂	许　珂
中苑社区	2.10	1873	9023	528.21	436.07	2147.03	葛海卫（11月免） 高　凯（11月任）	葛海卫（11月免） 高　凯（11月任）
中兴社区	0.10	849	2879	360.00	253.84	1475.98	居正平	居正平
安定社区	0.08	1018	3173	453.60	298.81	1260.42	黄建忠	黄建忠
中圩社区	0.40	1815	5158	549.44	202.11	4625.93	何晓东	何晓东
南沙社区	0.80	1542	5228	—	—	—	张丽琴（女，9月免） 陆　婷（女，9月任）	张丽琴（女，9月免） 陆　婷（女，9月任）
海港社区	0.58	1366	3487	—	—	—	陈　云	陈　云
金润社区	0.41	4427	6120	—	—	—	周金良（9月免） 庄丽娜（女，9月任）	周金良（9月免） 庄丽娜（女，9月任）
金都社区	0.43	6924	15484	—	—	—	周梓豪	周梓豪
金香社区	0.33	5564	12000	—	—	—	李　萍（女）	李　萍（女）
金康社区	0.34	3883	7361	—	—	—	徐建国（9月任）	徐建国（9月任）
廊桥社区	1.42	14748	8036	—	—	—	张庐彦	张庐彦

【金港街道承办2023年“长三角”全民健身大联动传统体育项目展示暨“金港杯”石锁邀请赛】 10月27日，2023年“长三角”全民健身大联动传统体育项目展示暨“金港杯”石锁邀请赛在张家港市香山湖畔举行。此届邀请赛是张家港市金港街道连续承办的第六届邀请赛，共设石锁花样、石锁功力等12个项目，吸引长三角区域16个代表队150余名运动员参赛。上午举行开幕式，并由金港街道展示太极扇、莲湘棒、空竹、秧歌等传统体育项目。下午举行石锁比赛，石锁在“大力士”们的手中被高高抛起、翻滚自如，霸王举鼎、翻锁上拳等动作精彩纷呈，不断赢得观众喝彩。沈菊兰分获女子石锁花样、石锁功力一等奖；沈海广获男子架肘（+75千克）一等奖；罗明程获男子架肘（−75千克）一等奖；诸葛勤获男子石锁技巧一等奖；王云获男子石锁花样一等奖；李波获霸王举鼎（+75千克）一等奖，孙强获霸王举鼎（−75千克）一等奖；马晓东获男子石锁上拳一等奖；杨照兵、沈会俊分别获男子石锁推砻（+、−75千克）一等奖。

【香山小学开工建设】 12月2日，总投资2.56亿元的香山小学举行开工典礼。香山小学项目位于金港街道山北村镇山路南侧、邱家港路西侧，占地面积38501.95平方米，规划建设8轨48个班，可提供2160个学位。学校设计理念引入“共享”“智慧”“活力”“绿色”四大元素，建筑总面积40574.7平方米，其中地上建筑面积32421.65平方米，主要建设教学楼、综合楼、报告厅、体育馆、食堂、附属用房等。地下建筑面积8153.05平方米，包含配套人防工程及停车场。新建300米标准塑胶跑道1个、操场1个、篮球场4片、排球场3片、室内乒乓球场、健身房等运动场地。项目采用预制装配工程建设模式，预计2025年8月香山小学投入使用。

【市诗词品鉴大会暨金港街道“金文明六百工程”启动】 4月2日晚，2023年张家港市诗词品鉴大会暨金港街道“金文明六百工程”启动仪式在金港街道长欣社区举行。活动中，金港街道“金文明”六百工程正式启动，“金文明”六百工程通过寻访100名“乡风文明带头人”、打造100个“金港典范楼道”、培育100个“金港最美庭院”、拓展100个“同创共建伙伴单位”、推进100项“美丽金港攻坚行动”、做亮100个“金文明”特色品牌，以文明乡风扮靓美丽金港，为全市创建工作成效的持续提升贡献“金港力量”。长山村党委书记陈强发布长山村“文明提升”五大行动并授旗。长山村通过大力推进美丽村埭建设行动、示范楼道创评行动、村风民风倡导行动、乡村治理提质行动、文明实践志愿行动等“文明提升”五大行动，打通村民参与渠道，激发村民创建热情，形成上下联动、条线配合、各方参与的文明创建工作格局。

（金　良　丁桂兴）

后塍街道

【概况】 后塍街道位于市域西部，辖区总面积38.92平方千米，耕地面积978公顷。年末，下辖8个行政村（新塍村、高桥村、袁家桥村、晨阳村、朱家宕村、学田村、封庄村、三角滩村）、3个社区（后塍中心社区、塍德社区、塍丰社区）和3个村代管社区（金丰社区、文昌社区、善政社区）。年末，有户籍18859户，户籍人口51912人。街道党工委下辖党组织32个，其中机关单位党组织1个、村社区党组织11个、市镇单位党组织5个、企业党组织15个。有党员2518人，年内发展党员18人。年内，后塍街道办事处获评江苏省健康机关和苏州市健康单位，学田村获评省级健康村，晨阳村、袁家桥村、善政社区获评苏州市健康村和健康社区。高桥村获评苏州市宜居宜业和美村，三角滩村文星桥、高桥村腰沟埭、高桥村朝东埭3个自然村获评张家港市特色宜居乡村。

经济建设　街道有企业1866家，其中工业企业683家。72家规模以上工业企业全年实现总产值85.35亿元，营业收入86.86亿元，利润11.4亿元。有销售收入超1亿元企业23家，其中超10亿元企业1家（国泰华荣）。粮食种植面积1126.8公顷，其中水稻518.67公顷、小麦532.13公顷、其他粮食作物76公顷（含大豆种植面积30.27公顷）。另有油菜播种面积44.27公顷。推广商品有机肥300吨，粮食果蔬农药配送率达到95%以上，农药包装废弃物回收率100%。用好水稻绿色防控技术，新增农业机械20台（套）。江苏张家港酿酒有限公司复评2023年农业产业化国家重点龙头企业，街道获评农业生产全程全面机械化示范镇，晨阳村获评2023年张家港市“美丽菜园”示范村。

社会事业　年末，街道有中小学校4所，幼儿园7所，教师495人。其中，公办在校中小学生6003人、在校幼儿1556人。沙洲优黄文化园获评国家工业旅游示范基地，栖嬉民宿获评全国丙级民宿、苏州市十大精品民宿，后塍街道博雅文体队获评2023年江苏省优秀民间健身团队。街道有健身房1个，村、社区篮球场18片。有医疗卫生机构11家，其中医院1家、社区卫生中心9家，有执业（助理）医师160人。年内办理一孩生育登记144人、二孩生育登记109人、三孩生育登记43人，“办理独生子女父母光荣证”31张，办理持“独生子女父母光荣证”企业退休人员一次性奖励585人。计划生育免费服务及奖励政策兑现率100%，群众满意率98%以上。开展农贸市场、背街小巷等专项整治行动50余次。查纠店外占道经营61家，清理各类乱张贴1000余处，办结一般程序案件251起，处罚金额94730元；简易程序类案件1588起，处罚金额55170元，拖移非机动车606辆；违停贴单1079起，查处乱扔垃圾682起；拆除大型封窗广告41块、面积2177.5平方米；完成辖区主要路段两侧3万余平方米的外立面修复；对主次干道沿线961个空调外机加装围挡；增设停车隔离栏420米，增设机动车停车泊位460个，机动车停车区域162处。全年治理各类违章搭建24.6万平方米，排查消防重点单位16个、中小旅馆17家、高层住宅建筑144幢、老年过渡安置房181间、企业340家、出租房（群租房）3621家、小餐饮单位232个、“九小场所”1080家，整治各类消防安全隐患7380处，拆除企业消防通道违建1.5万平方米。辖区新建标准化充电桩74个，智能充电头数量652个。晨阳村获评张家港市消防安全专项治理机制示范村（社区），高桥村、新塍村、袁家桥村获评张家港市消防安全专项治理机制心防村（社区）。持续开展既有建筑隐患排查和整治，10幢危房完成解危，其中西墩新村21幢危房恢复性重建项目，被列为张家港城市更新试点项目，也是苏州首个居民自筹资金危房恢复性重建试点项目。完成嘉鹏路道路改造、袁塍路西段（长江明珠路—张家港河）道路维修、文星路道路黑色化改造及双朱路—巷头桥沥青路面改造工程；文昌小区篮球场、塍德社区垃圾中转站、文星新村游乐场、金成三期新建停车位、塍丰小区地下室地面维修及塍德小区道路拓宽工程等民生工程建成投用。达标区内198家“小散乱”门店污水管网改造完成。推进餐饮场所“瓶改管”“瓶改电”工作，177户完成改造并验收使用。肖封港、朱家宕村18号河、袁家桥村82号河完成劣V销号，学田河、晨西河创成生态河道。后塍街道《四链串珠成片，构画醉美香村》入围2023年度苏州市农村人居环境整治提升镇级案例，新塍村“‘小数字’撬动‘大环境’，村庄蝶变‘焕新颜’”、晨阳村“齐心共绘绿美乡村新画卷”入围2023年度张家港市农村人居环境整治提升村级案例。

福民工程　全年村级经营性收入1.5亿元，村均1661.45万元。街道完成社保扩面新增1114人，公积金扩面新增241人。开展5场“春风行动”线上招聘会和1场现场招聘会，累计报名企业103家，提供岗位2469个，收到简历2493份，达成就业意愿412人；精准创业扶持，创业带动就业99人；开展就业援助“暖心活动”和“131”服务（对有就业意愿的未就业毕业生，免费提供1次职业指导、3次岗位推荐、1次职业培训或就业见习机会），为失业人员及高校毕业生开展集中就业帮扶，应届毕业生就业率99%；居民医保征收187人；办理城镇保险退休审批269人次，办理居民医保退休审批119人次。完成866名退管人员重阳慰问发放。完成退管重病、亡故慰问238人次。完成14330名退休工人体检。调解劳动争议纠纷225起，开展大型工伤预防及劳动法律法规培训会2次。居民基本医疗保险参保14946人。医保事后结报860人次，报销金额320万元。完成11个江苏省村（社区）医保公共服务点建设工作并通过市级考核。春节慰问2700余户，发放慰问金182.33万元。有低保户101户140人，低保边缘重病8户9人，特困人员18人，享受重残补贴179人，低保内残疾人生活补贴60人，护理补贴对象436人，特殊困难残疾人3户6人，无业精神（智力）三四级残疾人39人，困境儿童27人，低收入家庭12户，发放补贴620万元。向16户困难户发放临时救济金4.6万元。“共享阳光”慈善助学19人，发放助学补助金8.9万元。有居家养老服务中心8家、居家养老服务点7家、老年人助餐点4家。有享受尊老金对象1.2万人，发放尊老金775万元。享受政府援助虚拟养老服务对象2030人，智慧养老对象9人，对122户老年人家庭开展家庭适老化改造。辖区有残疾人1001人，其中视力残疾98人、听力残疾77人、言语残疾9人、肢体残疾496人、智力残疾147人、精神残疾128人、多重残疾46人。4月，街道残疾人之家启用。街道实施“椅路相伴”——轮椅残疾人关爱项目、“七彩羽翼”——残障人群精神文化建设服务项目和“为爱减负”——因病致贫家庭照料者提供心理疏导和照护技能培训项目。为困境儿童提供个性化服务166次，帮助5例突发个案完成应急协调、心理疏导和个案转介等工作。链接10次村（社区）活动资源，促进困境儿童与村（社区）青少年互动互助互融，开展活动66次，受益2787人次。开展民生微实事项目，累计投入资金184.6万元，实施项目27项。成立社会组织联合会，开展“爱满港城”慈善募捐活动，募集善款290.89万元。11月，街道社会治理综合服务中心揭牌启用。开展“警网银联动走访，你我他携手反诈”入户宣传走访活动，发放宣传资料3万余份，辖区内走访率100%。开展“青年志愿者普法”活动。开展第三个“民法典宣传月”活动，邀请村、社区法律顾问开展现场法治讲座40余场。建成规范化司法所、公共法律服务中心，建成后塍建筑工程有限公司人民调解委员会，三角滩村“三叶草”家事调解工作室建成全市标杆家事调解社区工作室，街、村两级调委会共开展矛盾纠纷排查化解560余次、化解纠纷250余件，其中工亡等重大矛盾纠纷4起、动迁安置分家析产调解114起。至年末，街道电信网络诈骗发案率在全市降幅第一，街道拍摄的“全民反诈”短视频被“学习强国”学习平台录用。发放光荣牌和优待证1743件。排查困难退役军人并上门慰问，对优抚对象开展免费体检。

表83　　2023年后塍街道村（社区）基本情况表

村（社区）	面积（平方千米）	户数（户）	人口数（人）	集体经济总收入（万元）	经营性收入（万元）	总资产（万元）	村（社区）党组织书记	村（社区）主任
新塍村	3.01	1521	4468	1005.90	914.00	10809.69	奚　涛（11月免） 方建良（12月任）	奚　涛（11月免） 方建良（12月任）
高桥村	4.80	2166	6299	2346.78	1717.59	16298.25	向　一	向　一

续表83

村(社区)	面积(平方千米)	户数(户)	人口数(人)	集体经济总收入(万元)	经营性收入(万元)	总资产(万元)	村(社区)党组织书记	村(社区)主任
袁家桥村	3.50	1749	5229	2129.97	929.50	5552.93	曹　俊	曹　俊
晨阳村	8.54	3567	8482	3120.08	2697.71	26127.32	高燕晓	高燕晓
朱家宕村	2.50	1110	3250	2769.67	2205.01	8865.15	高　峰	高　峰
封庄村	3.86	1501	4675	1016.00	484.00	8143.00	张丽芳(女)	张丽芳(女)
三角滩村	4.50	2550	6965	1414.00	1130.00	15262.00	张　海	张　海
学田村	3.68	2420	5107	1488.72	1250.00	11354.00	唐向阳	唐向阳
后塍中心社区	4.00	3111	7975	717.00	556.00	1744.00	奚　洋(女)	奚　洋(女)
塍德社区	0.50	4274	10382	—	—	—	沈　辰(女)	沈　辰(女)
塍丰社区	0.32	2724	8256	—	—	—	黄　轩(9月免) 缪海平(9月任)	黄　轩(9月辞)

【"沙洲喜市"非遗文化游园会】 5月1日,"沙洲喜市"非遗文化游园会暨2023年后塍"三月十四庙会"在沙洲优黄文化园举办。市委常委、宣传部部长陈卫兵,副市长梁曦、蒋新峰,后塍地区老干部代表、乡贤代表等参加活动。农历三月十四,是传统后塍集场的日子。2023年度"三月十四庙会"为近10年首次。集场重开象征着市场勃兴、物阜民丰,成为展示后塍地域特色、人文风物的新窗口。活动现场,推出民俗文艺巡演,开设非遗文化市集,设置80余个摊位,现场展示黄酒制作工艺,后塍竹编、后塍梅花糕等非遗技艺作品,庙会吸引游客近12万人次。

【首届后塍街道社区文化节】 11月25日,2023年度张家港市文明楼道展示交流暨首届后塍街道社区文化节启动仪式在金港文化中心举行。市委常委、保税区党工委副书记、管委会副主任陆崇珉,市委常委、市委宣传部部长陈卫兵,后塍街道社区居民代表等参加活动。活动现场,为2023年度张家港市11个美丽楼道代表进行颁奖;为江苏张家港酿酒有限公司等慈善企业代表颁发荣誉奖牌;对2023年度后塍街道优秀社区文化志愿者、优秀民生微实事项目和最美社工进行表彰。后塍街道文昌社区等部分市级文明楼道创建单位进行交流。至11月末,首届后塍街道社区文化节结束。文化节期间,开展"美塍家园"社区民生市集活动、"塍心惠民,文化下乡"文艺巡演6场,举办"童画家园"社区儿童美术创作展,展出作品40余幅。

【后塍街道社会治理综合服务中心启用】 11月28日,后塍街道社会治理综合服务中心揭牌启用。中心位于塍南路11号,面积约200平方米,内设7个办公(功能)室。矛调中心、综治、信访、司法、网格化、交通警务条线入驻中心集中办公,"一站式"工作平台为辖区群众提供矛盾调解、信访接待、法律援助、交通警务等服务。年内,街道调解劳动争议纠纷225起,办理信访件80余件、市长信箱37件、重复信访专项治理1件、接待群众到访73批183人次,政务便民热线电话转办件1900余件。群众安全感满意率100%、网格满意率100%、矛盾纠纷解决率100%。 (邱晓华)

德积街道

【概况】 德积街道位于市域北部,东与大新镇交界,南与后塍街道为邻,西接金港街道,北临长江。拥有江海交汇第一湾——张家港湾12千米长江岸线,是中国包芯纱名城。街道总面积35平方千米,耕地面积846.67公顷。辖8个行政村、3个社区。年末有户籍13987户、38558人。另有外来暂住人口28528人。有党组织112个,其中党委5个、党总支8个、党支部99个,党员1656人。张家港湾特色精品示范区高分通过苏州评审验收,创成苏州市特色田园乡村4个、张家港市级特色宜居乡村9个。

经济建设　街道有企业1000余家,其中工贸企业425家。87家规模以上工业企业全年实现总产值71.56亿元,营业收入76.03亿元,利润-1.22亿元,税金1.3亿元。有销售收入超1亿元企业24家,其中机械冶金行业占16.7%、化工行业占4.2%、纺织化纤行业占79.1%。有税收超500万元企业6家。高端纺织产业园配套工程完成收尾,首批入驻6家龙头企业,其中有3家实现投产。乡村融合发展中心项目完成主体工程。启动实施德积街道"工业上楼"企业自主更新三年行动前期规划,推动福民路沿线企业试点先行。辖区包芯纱企业技改项目16项,完成工业投资9.72亿元。张家港市凯利雅特种纺织纱线有限公司、张家港市绿色中药饮片有限公司、张家港欣欣高纤股份有限公司、张家港宏羿球墨铸铁有限公司、张家港华福日新染业有限公司等9家重点企业入选高新技术企业名单,金红鹰、恒美纺织公司成为保税区纺织业新样板,瑞天再生资源获评江苏省废旧纺织品综合利用示范基地,并参与国家标准制定。全年完成科技招商目标任务10家。依托江湾江村联盟体系探索打造"长江之境"片区化联动发展模式,围绕张靖皋大桥展厅、朝南村、太字圩港闸、永兴村、张家港湾等特色点位，串点成线打造江海交汇第一湾东线精品线路。永兴村建成投运夷雅安耘酒店、42套江景民宿、江楠院子特色餐饮等项目，全年被国家级媒体报道7次，接待游客超2万人，旅游收入300万元，获评“苏州市乡村休闲旅游农业精品村”“苏州市传统村落”“中国乡村振兴服务优秀单位”。北荫村引入善港农业公司合作，启动洋汰港农业设施用房建设、做优生态休闲农业、搭建稻田画景观平台，打造江湾农文旅样板，村级经济连续五年实现两位数增长。新增高标准农田25公顷，改造提升高标准农田63.33公顷，秸秆综合利用率100%，新置各类农机具36台（套），农业生产实现全程机械化。有各类农业生产基地6个，苏州市农业龙头企业1家，张家港市农业龙头企业1家，规模经营面积833公顷，农业电商交易额600万元。

社会事业　年末，有中学1所、小学2所、幼儿园4所，教师337人。中学、小学在校学生分别为1152人、2713人，幼儿园在园幼儿901人。有医疗卫生机构9家，其中医院1家、社区卫生服务站8家，有卫生技术人员28人，执业（助理）医师20人。有健身广场25片，村、社区有篮球场5片。全年街道累计开展各类文体活动540场，服务56.6万人次。推进文明创建九大提升行动，整改1320余处，整改率95%。举办“志愿有我，德善同行”志愿服务活动98场，开展新时代文明实践“夜模式”八大系列活动20场，开展文化惠民560余场，建成文明示范楼道55个。举办街道首届全民运动会，参与群众近1200人。推出“江边红船故事”特色研学课程，开展“强国复兴有我”纪念沙洲虎将陈泾主题活动。策划“党音民声·典亮德积”学习接力活动12次、开展各类理论宣讲近300场，2万人次参与，入围苏州市优秀推荐项目。组建专兼职队伍及义务监督员，全年开展巡察10次，开展“知识产权日”“德阅·乡间书集”读书会、“护苗·绿书签”“扫黄打非·护苗”等扫黄打非专题活动和宣讲50余场，德积街道获评苏州市“扫黄打非”进基层优秀站点。永兴村朱家埭、沙泥圩获评省级绿美村庄。朝南村连续三年举办“乡园文化节”，获评苏州市和美乡村、苏州市特色康居乡村。北荫村学前社区获评健康苏州建设典型案例。德丰社区获评苏州市级健康社区。启动大环境“365整治提升行动”，累计归整乱堆乱放983处，清理河道垃圾超143吨，在一季度村庄环境测评中位列苏州第一。推进污染防治，对924家“散乱污”企业（作坊）进行“回头看”，出动500余人次突击检查企业154家，检查覆盖率、问题整改率、举报办结率均达到100%。启动环境综合整治“百日提升”七大行动，查处不按规定分类投放生活垃圾案件540起，查处占道经营、无证无照经营案件197起，清理违规流动摊位893处。深化综合执法效能“1111”工程，开展小微联动执法91次，整改门店243家。每月开展渣土夜查整治3次，全年查处建筑垃圾类案件60起。开展氨纶纱行业火灾隐患整治和消防知识培训及大演练，专项整治中小企业302家，打通“生命通道”87处，排查隐患1588处，整改率100%。组织企业“一季一课”培训717家次、1.1万人次。成立德积消防救援站，举行“乡村振兴，消防伴行”活动，检查（群）租房、“九小场所”4539户，完成燃气瓶改172家，整改隐患1000余个，消除火灾隐患719个。治理违法建设50余处，累计拆除面积8.8万平方米。打好蓝天碧水净土“三大保卫战”，大气环境质量优良天数比例83%，省考断面水质优Ⅲ比例100%，4条村组河道被命名为市级幸福河湖，严子港获评省级县乡生态河道。开展“4·15”全民国家安全教育日和宪法、民法典、长江大保护条例等主题宣传普法活动30余次。持续开展普法扫黑、禁毒反诈、援法议事活动，元丰、德丰社区建成市级公共法律服务站示范点，辖区36个网格“法律明白人”配备到位。调处各类纠纷50余起，提供法律援助指引145件，完成率位列全市第一，冯晓峰被评为苏州市人民调解工作先进个人。

福民工程　全年新增村级经营性收入超2000万元村1个（新套村）、超1000万元村2个（小明沙村、德积村），累计有超1000万元村6个，全年村均可用财力首次突破1200万元，连续两年实现两位数增长。建立壮大“3+N”村级集体经济项目库，乡村发展公司联合投资5000万元参投暨阳创投基金，年化净收益不低于6%。德积村敦行基金项目完成二期注资，小明沙村明方环境承接产业园物业管理，朝南村张靖皋大桥展示馆建成投用，永兴村朱家埭12户村民租金收入实现三倍增长。实施总投资4721万元的2023年度城建项目和实事工程，市民广场、德积幼儿园外立面改造、老菜场雨污分流改造工程、学前路拓宽工程等民生工程建成投用，江湾花苑建设完成总工程量的70%，完成农房翻建11户。12月28日，响应群众需求开通的串联三街道公交专线试运营。完成民生微实事项目15项，建成域内“15分钟便民服务圈”。依托街道社会工

江畔风光　　（德积街道　提供）

作站和未保站联动机制，开展儿童“关爱之家”各类活动300余次、居家养老服务1.7万余次。常态化开展下沉“六个一线”活动，街道领导班子累计走访86次，解决各类问题诉求44个，年度群众获得感幸福感安全感调查满意率92.3%。举办“春风行动”专场招聘会，提供岗位700个，达成就业意向200人。开展线上招聘会，帮助11家企业发布用工岗位300个。优化就业创业服务，全年帮助84名就业困难人员申报社保补贴，推荐12人参加免费职业技能培训，指导失业人员自主创业，落实相关创业补贴。社保扩面1112人。灵活就业人员职业伤害保险扩面884人。新增高技能人才197人，住房公积金扩面501人。组织1.3万人免费健康体检，发放各类弱势群体补贴2092万元，惠及困难群众11万余人次。街道城乡居民基本医疗保险参保1.4万人，收缴率99.9%，市、镇二级补助合作医疗经费1185万元。年内实有低保户101户、低保边缘户28户、特困人员7人、享受残疾人两项补贴618人、困境儿童28人，全年累计发放生活救助金572万元，发放春节、“五一”“十一”节日慰问金3199人次、164万元。为65周岁及以上老年人发放尊老金11万人次、622.2万元。虚拟养老服务对象2014人，智慧养老对象3人，适老化改造73户。发布军人军属优待礼遇办法，接收安置退役士兵，并发放一次性经济补助。

表84　　2023年德积街道村(社区)基本情况表

村(社区)	面积(平方千米)	户数(户)	人口数(人)	集体经济总收入(万元)	经营性收入(万元)	总资产(万元)	村(社区)党委(组织)书记、主任
福民村	5.24	1725	5187	2450.92	1783.40	19004.76	赵新浩(9月任) 陈品峰(9月免)
小明沙村	4.50	1323	5565	1343.00	1237.00	9649.00	孙　清
朝南村	5.64	1749	5937	2770.36	1826.15	9515.41	陈国平
新套村	3.50	1207	3068	2083.90	2007.40	16115.51	李云才
德积村	3.24	1454	3668	1230.00	1164.00	13382.00	陆晓锋
永兴村	2.92	1296	3466	1100.00	900.00	6912.00	郭海宁(9月任) 黄学贤(9月免)
双丰村	4.50	1233	4081	1186.00	942.00	8250.00	陈永法
北荫村	6.18	2631	6664	1520.70	1253.90	12202.00	王建军
元丰社区	0.30	2195	9682	523.47	210.53	4265.58	方鸿宇
德丰社区	0.33	4033	12000	—	—	—	张　华

说明：村(社区)主任全部由书记兼任。

【“中国式现代化县域实践大调研”直播打卡德积】 12月10日，中央广播电视总台央视新闻联合中央广播电视总台江苏总站推出《约定“苏”城，“县”在出发》“中国式现代化县域实践大调研”苏州篇接力直播，央视新闻主播朱广权打卡张家港，现场连线德积街道永兴村进行近40分钟的直播，看绿色发展助力长江大保护。此次《约定“苏”城，“县”在出发》直播，在中央电视台新闻客户端和新闻微博、抖音、快手、视频号、B站、今日头条、百度、腾讯、优酷等平台同时进行。永兴村坚持文旅强村，主动融入“长江之境”片区化联动发展，年内创成江苏省绿美村庄、苏州市特色精品乡村，获评全国乡村振兴服务优秀单位。

【德积街道首届全民运动会】 10月14日，2023年“我家住在长江边”德积街道首届全民运动会开幕式在德积小学举行。此次比赛设置传统体育类与趣味运动类两大类，涵盖田径、篮球(三人制)、羽毛球、乒乓球、沙包投壶、稻米接力、齐心协力、喜提丰收、稳向定点、乡村徒步等19个项目，近1200名群众参加。其中，特色乡土项目“稻米接力”，由三人组队接力完成急速剥玉米、蒙眼喂香蕉和挑担运粮食；“喜提丰收”项目，让参赛选手从起点一堆农产品中自行选择装入箩筐，并送至终点，时长最短、重量最接近10千克者获胜。这些乡土项目以丰收为主题，体现田园特色。28日运动会闭幕，对参加运动会的获奖个人及团队进行颁奖。朝南村、护漕港中学和福民村分获团体一、二、三等奖。

【江畔研习社】 9月19日，德积街道“江畔研习社”开办。36名学员由街道机关和各村(社区)年轻干部组成，分为文明创建、社会事业、乡村振兴、安全治理4个专业研习社，每个专业研习社各有3个调研小组。调研主题涵盖沿街门店“五治融合”、楼道“文明微治理”、农业产业结构新模式、产业融合、氨纶纱安全等多个领域。研习社课程分为公共课程和自主课程两部分。公共课程包括公文写作、党性锤炼、“三学三亮”业务提升等专题课程，以及团队素质拓展、趣味运动会、红色剧本杀、书籍研读分享、演讲比赛等特色活动。自主课程主要围绕调研课题，通过专题讲座、行家沙龙、分组研讨、实地调研以及外出考察等多种形式进行。研习社学员撰写调研报告12篇，评选优秀学员5人。

(陈　洋)

【编辑　陈佩蕾】

人物·先进集体

Personages & Advanced Collectives

1月，市公安局法制大队获评全国“公安楷模”　（市公安局　提供）

新闻人物　　先进个人

逝世人物　　先进集体

張家港年鑑(2024)

新闻人物

吴晓玲

1981年3月生，四川省内江市资中县人，大学本科学历，中共党员。市总工会组织和基层工作部部长。全国工会系统先进工作者。

2004年8月参加工作，先后任市总工会办公室办事员，民主管理合同部科员、副部长，办公室副主任，组织和基层工作部部长。自从事工会工作起，吴晓玲始终以当好职工“娘家人”为己任，坚持推进基层工会组织扩面提质增量，构建“横向到边、竖向到底、条块结合、覆盖全市”的镇村企“小三级”工会组织网络。持续开展规模以上、100人以上企业，社会组织和新业态劳动者等建会入会专项行动。起草制定各项工作制度文件和工作实务操作指南，从组织建设、制度机制、经费支持等方面保障基层工会开展工作，指导和帮助基层工会规范运行、有效履职。吴晓玲先后被评为张家港市优秀共产党员、张家港市妇女儿童工作先进个人，并获苏州市五一劳动奖章。2023年9月，吴晓玲被人力资源和社会保障部、中华全国总工会评为全国工会系统先进工作者。（吴　吉）

孙建华

1974年9月生，张家港市大新镇人，本科学历，中共党员。市自然资源和规划局党委书记、局长兼市林业局局长。全国自然资源系统先进个人。

1995年8月参加工作。1995年8月至2003年7月，任市国土资源局大新国土资源所办事员；2003年7月至2008年6月先后任市国土资源局晨阳国土资源所副所长（市国土资源局大新国土资源所副所长）、市国土资源局南丰国土资源所所长；2008年7月至2010年3月，任市国土资源局杨舍分局局长；2010年3月至2021年8月历任市国土资源局副局长、市自然资源和规划局副局长、市自然资源和规划局张家港经济技术开发区分局局长（市自然资源和规划局张家港经济技术开发区自然资源所所长）；2021年8月起任市自然资源和规划局党委书记、局长兼市林业局局长。

孙建华在任职市国土资源局、市自然资源和规划局领导期间，要求落实最严格的耕地保护制度，在“三区三线”划定中，审核每一块图斑，确保25620公顷耕地保护目标和23160公顷永久基本农田“实至名归”。他推进山水林田湖草沙一体化保护和系统治理，使全市林木覆盖率、自然湿地保护率分别提升至20.36%、76.3%。面对每年近200个重大项目保障任务，谋划“一地一策”实施方案，做到涉及指标“尽保快保”。狠抓资源节约集约利用工作，开展全域土地综合整治，2017年至2023年，全市累计复垦各类建设用地2000公顷，完成产业用地原地更新666.67公顷。拉抬新增产业项目准入下限，70分以下项目原则上不再供地。他支持对上申报各类试点，努力创造可复制、可推广的制度成果。推进长江经济带国土空间用途管制和纠错机制试点，形成国土空间纠错“张家港经验”。领导开展国土空间生态修复试点，新增117.73公顷生态用地。依托农村集体土地入市试点，完成入市土地85宗57.13公顷。深化“林长制”改革试点，努力以“林长制”促进“林长治”。创新土地混合利用方式，形成科创产业用地（M0）供应方案。推动审批手续简化、办结时长缩短，光速汽车项目成为新土地管理法实施后全省首个获征地批复的项目。张家港市自然资源和规划局多次在地方绩效考核及上级条线综合评价中获评“第一等次”，不动产登记营商环境评价实现全省“三连冠”，节约集约工作获国务院、省政府督查激励“全满贯”，林长制工作也获省政府督查激励。张家港市自然资源和规划局被省人社厅、省自然资源厅表彰为全省自然资源系统先进集体。张家港市获评全国自然资源节约集约示范市、省土地执法模范市、省级耕地保护激励单位等。2024年1月，孙建华被人力资源和社会保障部、自然资源部评为全国自然资源系统先进个人。

（钱　利）

黄　强

1982年1月生，张家港市杨舍镇东莱人，大专学历，中共党员，高级工程师、特级技师。张家港港务集团有限公司港埠分公司起重操作部“黄强组”组长、门机司机。“中国好人”。

2000年8月，黄强从上海港湾学校毕业后至张家港港务局港埠公司电机队任门机司机。2003年12月至2007年3月，任张家港港务集团有限公司港埠分公司电机队门机三组组长、门机

司机。2007年3月至2019年11月，任张家港港务集团有限公司港埠分公司起重操作部"黄强组"组长、门机司机。2019年11月起，任江苏省港口集团第一届工会联合会兼职副主席、张家港港务集团有限公司港埠分公司起重操作部"黄强组"组长、门机司机。作为港口产业工人的杰出代表，黄强坚持"一生一事、一事一生"的信念，以精湛技艺打造装卸作业品牌，独创以"稳、准、快，一钩准、无声响"为精髓的《黄强门机操作法》。2012年8月，张家港港务集团有限公司成立以黄强名字命名的"黄强工作室"。黄强带领工作室团队累计开展工艺革新和技术创新60余项，获国家实用新型专利17项、国家软件著作权9项，为企业创造效益近1000万元，推动传统件杂货码头向数字化、无人化、智能化转变，率先实现件杂货门机远程操控。他感恩企业，热心公益，积极参加志愿服务，向慈善总会捐款捐物、捐资助学，用实际行动践行自己的入党誓言。黄强曾获评全国优秀共产党员、全国劳动模范、全国第十一届金锚奖、"全国最美港口人"、全国交通技术能手、全国交通建设工匠、江苏省劳动模范、江苏工匠、江苏省交通工匠、江苏省交通技术能手、"江苏省最美交通人"、江苏省企业首席技师、江苏省有突出贡献的中青年专家，被授予江苏省五一劳动奖章，2022年当选党的二十大代表。2023年6月，被中央文明办授予"中国好人"称号。

（倪彬彬）

陈希云

1970年3月生，张家港市锦丰镇人，大专学历。江苏沙钢钢铁有限公司转炉炼钢厂设备科第一副科长。全国五一劳动奖章获得者。

1992年5月，陈希云进入江苏沙钢集团有限公司工作，先后任沙钢集团有限公司转炉炼钢厂电工组长、班长、设备科科长助理等。2021年4月起，任江苏沙钢钢铁有限公司转炉炼钢厂设备科第一副科长。陈希云坚持"实践是提高技术水平的有效途径"的理念，扎根基层，不断学习，练就过硬技能，从一名普通的电工成长为钢铁行业电气工种的佼佼者，多次代表企业参加行业级、省市级职业技能大赛，先后获"全国钢铁行业技术能手""江苏省技术能手"等称号。因出色工作表现，被授予"江苏省劳动模范""江苏工匠""全国设备大工匠"等荣誉。以陈希云名字命名的"江苏工匠工作室"每年完成的技术改造、小改小革以及课题攻关活动项目数10项，年可创经济效益约1000万元。2023年度他牵头组织的提高转炉煤气回收总热量课题攻关项目，创年效益2360万元；他总结提炼的方便独特的PLC编程方法不仅减轻电气编程人员的工作量，使编程效率提高一倍以上，且减少了编程出错概率。工作室每年为公司培养一大批技能人才，其中多人在行业、省市各级技能比武中斩获奖项，获评各级技术能手称号。2023年4月，陈希云被中华全国总工会授予全国五一劳动奖章。

（黄　超）

吴惠芳

1960年10月生，张家港市南丰镇人，研究生学历，中共党员。南丰镇永联村党委书记，永卓控股有限公司董事局副主席。第十四届全国人大代表。

1980年考入南京炮兵学院学习，1984年参加边境反击战，1998年率部队赴九江抗洪抢险。从军25年，吴惠芳不忘初心，在保家卫国的战场上镌刻忠诚。2005年从驻浙某师政治部主任岗位上，自主择业投身新农村建设。回村18年，吴惠芳初心不改，在永联村乡村振兴路上再立新功，通过建设永联小镇、改革乡村治理机制、深化乡风文明建设、发展壮大集体经济等，探索形成农村城镇化、城乡公共服务均等化、农业现代化的永联共同富裕之路，打造了乡村振兴的永联样本。在他的带领下，永联村连续六届获评全国文明村，先后获评全国民主法治示范村、全国乡村治理示范村、全国乡村旅游重点村。永联村党委被评为全国先进基层党组织。吴惠芳先后被评为全国优秀共产党员、全国最美退役军人、全国乡村旅游致富带头人、江苏省优秀共产党员、江苏省劳动模范，获第七届全国道德模范提名奖。2023年1月，吴惠芳当选第十四届全国人大代表。

（张　峰）

沈 彬

1979年9月生，张家港市锦丰镇人，硕士研究生学历，中共党员。沙钢集团公司党委书记、董事长。江苏省优秀企业家。

2007年1月参加工作，先后任沙钢国贸公司总经理助理、财务处处长、第一副总经理、副董事长、沙钢南亚贸易公司经理，沙钢集团总裁助理、总会计师、董事局常务执行董事、第一副总裁，沙钢集团有限公司董事长、党委书记、第一副总经理，沙钢财务公司董事长。2023年起，任沙钢集团公司党委书记、董事长。

沈彬自担任沙钢集团党委书记起，坚持“认真做事、领先一步、创新思维”企业核心价值，引领沙钢成长为具有强大品牌影响力、一流指标竞争力、高度创新活力和强烈社会责任感的世界知名钢铁企业。沈彬创新实施“136党建绩效管理制度”，把党建工作落实到企业发展的方方面面，打造具有国际竞争力的现代钢铁产业链生态圈，抓好自主品牌与自主创新能力建设，带领沙钢走出一条依靠科技勇攀高峰的强企之路。沈彬先后任中国钢铁工业协会副会长、轮值会长，全国青年联合会常委、长三角企业家联盟副主席、中华全国工商业联合会第十三届执行委员会副主席、江苏省青年企业家联合会会长等社会职务。并获评江苏省有突出贡献中青年专家、第六届江苏省非公有制经济人士优秀中国特色社会主义事业建设者、“江苏省十大卓越经营管理者”、江苏省创先争优·科学发展争一流优秀共产党员、江苏省企业文化建设突出贡献人物，获江苏省五一劳动奖章。2023年7月，沈彬被中共江苏省委、江苏省人民政府评为江苏省优秀企业家。 （黄 超）

王进法

1972年5月生，张家港市金港街道人，本科学历，中共党员。市第七中学党支部书记、校长，正高级教师。第十批省市优秀援疆干部人才。

1996年8月参加工作，1996年8月至2021年7月，先后任张家港市崇真中学（后塍高级中学）课程中心德育副主任、课程中心主任、副校长。2021年8月至2023年6月，赴新疆巩留县援疆支教，担任张家港市援疆教师领队，挂职巩留县高级中学副校长。其间，2021年12月，他成功申报“王进法”校长工作室。2022年1月4日，工作室挂牌成立。4月20日，工作室组织援疆教师开展送教下乡活动。2023年8月起，王进法任张家港市第七中学党支部书记、校长。他坚持“全员发展、全面发展、特色发展”的育人理念，推动课程校本化改革和创新实践，先后开设各级展示课、专题讲座15次，主持或参与省级、市级规划课题4项，在《江苏教育》等省级以上刊物发表论文6篇。援疆期间，他带领团队传帮带、抓落实，2022、2023届张家港班二本上线率均为100%，助推巩留县高级中学再创佳绩。王进法担任巩留县王进法校长工作室领衔人，抓骨干教师培养，促学校结对交流，有效推动张家港和巩留两地教育交流交往。

王进法先后被评为伊犁州优秀援疆教师、苏州市优秀教育工作者、巩留县优秀专家人才工作室领衔人、巩留县“四有”好老师和“张家港市十佳班主任”等。2023年4月，王进法被中共新疆维吾尔自治区委员会、新疆维吾尔自治区人民政府评为第十批省市优秀援疆干部人才，并记功一次。 （徐晓艳）

王 浩

1967年11月生，张家港市凤凰镇人，本科学历。市第一人民医院普外科（胃肠疝）医生。第十批省市优秀援疆干部人才。

1992年8月参加工作。2011年7月至12月，赴陕西省榆林市子洲县人民医院支医，担任医疗队领队，挂职院长助理。2018年7月至8月，赴青海省海南藏族自治州贵德县人民医院支医，挂职普外科副主任。2020年1月至2021年6月，赴新疆伊犁州巩留县人民医院支医，担任医疗队领队，挂职副院长。援疆期间，王浩主动克服困难，带领医院队员利用每个周末休息时间开展“送医下乡村村行”活动，及时确诊并成功抢救1名“肺栓塞”病人；带教2名普外科年轻医生，手把手教学；开展临床新技术（腹腔镜下腹膜前腹股沟疝修补术），并进行手术操作示范；为全县乡村医生开展医学讲座，提高当地医生的医学理论水平；参与伊犁州普外科学组的线上会诊，为疑难危重病例的诊治提出新的观点和思路，获得伊犁州普外科同事的称赞；在县医院开展VTE项目，主动联系张家港市第一人民医院援助医疗设备，组织当地医生开展VTE知识培训，并主导申报成功“VTE防治项目”课题，为自治区首例县级医院成功申报课题。王浩先后被中共子洲县委、子洲县人民医院评为支医先进工作者，被榆林市卫生局评为先进个人，被苏州市文明办、共青团苏州市委员会、苏州市青年志愿者协会评为苏州市优秀青年志愿者，被张家港市委、张家港市人民政府评为医疗卫生工作先进个人。2023年4月，王浩被中共新疆维吾尔自治区委员会、新疆维吾尔自治区人民政府评为第十批省市优秀援疆干部人才，并记功一次。（苏彦溶）

施剑锋

1975年9月生，张家港市南丰镇人，中共党员。解放军某部队飞行员。部队二等功获得者。

1993年9月入伍。施剑锋军事过硬，潜心钻研，苦练打赢本领，注重在深入研究对手中创新战术战法，着力提升履行使命执行任务能力。安全飞行时间达到4000余小时，多次参加航空兵出岛链远海巡逻、中外联演联训等重大演训任务。先后荣立个人二等功2次、三等功5次，并被授予海军飞行人员金质荣誉奖章。2022年12月，因其工作成绩突出，经解放军某部队批准荣立二等功。（张　敏）

王　进

1989年4月生，张家港市德积街道人，大专学历，中共党员。西藏军区某部一级上士。部队二等功获得者。

2008年12月入伍，王进多次出色完成急难任务，先后在各类重大演训、比武竞赛等活动中取得成绩，在全军区范围内掀起学习热潮。连续多年获评“四有”优秀士官，获团嘉奖，2015年荣立个人三等功。2023年11月，因其在工作中表现突出，经所在部队上一级党委批准荣立二等功。（张　敏）

逝世人物

顾秉钧

1928年10月生，张家港市德积街道人。1949年2月加入中国共产党。张家港市政协原主席。

1949年2月参加革命工作，至1963年，历任中共江阴县委晨阳区组织干事、晨阳区丰亭乡政治指导员、江阴县农会组织部部长、江阴县花山区区委书记、青阳区区委书记、江阴县人民委员会副县长、北涸乡党委书记、共青团江阴县委书记。1963年至1981年援藏，历任西藏自治区“五反”“四清”办公室干事、工作队队长、马查拉煤矿党委书记兼矿长、昌都发电厂党委书记兼厂长、昌都地区工业局局长、党组书记。1981年回沙洲县工作，1981年至1990年，历任沙洲县革委会副主任、沙洲县副县长和沙洲县（张家港市）政协第三、四、五届主席，1990年离休。

顾秉钧对党忠诚，敢于担当。中华人民共和国成立前，他出生入死，先后秘密开展抗日宣传发动、党的地下革命、组织“抗丁、抗粮、抗税、抗捐”、帮助受压迫群众等工作。援藏18年，其中7年在海拔5千米以上的矿场工作，所在煤矿、发电厂均获评西藏先进单位。到政协工作后，他克己奉公、尽心尽职，围绕全市（县）中心工作，积极建言献策，为全市经济社会各项事业发展发挥积极作用，并为促进地方政协各项工作的规范化、制度化开展做出了突出贡献。离休后，他积极参加党的各项组织活动，努力为全市经济社会发展献计献策；坚持学习研究，热心公益事业，毕生积蓄基本都用于慈善捐款、扶贫助学，曾多次获评江苏省离退休干部先进个人、苏州市最美老干部。2022年8月，顾秉钧决定将个人藏书3500余册以及珍贵手稿、工作物品，捐赠给张家港市政协。2023年2月17日，张家港市政协书房·顾秉钧藏书室揭牌启用。2月28日，顾秉钧因病去世。（谭　晔）

先 进 个 人

表85

2023年张家港市获国家条线表彰的先进个人一览表

姓　名	荣誉名称	授予单位	工作单位
吴晓玲	全国工会系统先进工作者	人力资源社会保障部、中华全国总工会	市总工会
孙建华	全国自然资源系统先进个人	人力资源社会保障部、自然资源部	市自然资源和规划局
黄　强	中国好人	中央精神文明建设办公室	张家港港务集团
陈希云	全国五一劳动奖章	中华全国总工会	江苏沙钢集团有限公司转炉炼钢厂
印　武	全国“人社知识通”	人力资源社会保障部	市人社局
匡慧娟	2022年度全国优秀少先队辅导员	共青团中央、教育部、全国少工委	张家港少先队
刘丽娟	2022年打击治理洗钱违法犯罪工作成绩突出个人	中国人民银行、公安部、最高人民法院、最高人民检察院、国家安全部、海关总署、国家税务总局、金融监管总局、中国证监会、国家外汇局	市人民法院
朱亚东	2022年“十大最美货车司机”	交通运输部、公安部、中华全国总工会	乐余通达货运配载部
卞惠刚	2020—2021年度全国无偿献血奉献奖金奖	国家卫生健康委员会、中国红十字会总会、中央军委后勤保障部卫生局	张家港市税务局
邵茂松	2020—2021年度全国无偿献血奉献奖银奖	国家卫生健康委员会、中国红十字会总会、中央军委后勤保障部卫生局	市人民检察院
陈丹旎	2020—2021年度全国无偿献血奉献奖铜奖	国家卫生健康委员会、中国红十字会总会、中央军委后勤保障部卫生局	东城社区卫生服务中心
蒋晓舟	2020—2021年度全国无偿献血奉献奖铜奖	国家卫生健康委员会、中国红十字会总站、中央军委后勤保障部卫生局	市公安局城南派出所
翟卫华	2020—2021年度全国无偿献血奉献奖铜奖	国家卫生健康委员会、中国红十字会总站、中央军委后勤保障部卫生局	锦丰镇店岸村
丁晓利	2022年度舆情信息工作优秀个人	中央宣传部办公厅	市委宣传部（网信办）
秦　欢	2023年度全国退役军人服务中心（站）“百名优秀主任（站长）”	退役军人事务部办公厅	南丰镇永联村（永合社区）
洪　飞	2023年交通运输部系统优秀共产党员	交通运输部办公厅	张家港海事局
	直属海事系统优秀共产党员	中共交通运输部海事局党组	张家港海事局
沈　瑜	全国海事系统十佳政务服务之星	交通运输部海事局	张家港海事局
孙家朋	全国海事调查工作先进个人	交通运输部海事局	张家港海事局
黄凌峰	2023中国家庭健康守门人	国家卫生健康委能力建设和继续教育中心	南丰镇社会治理和社会事业局
焦亚芹	2022年度全国避孕药具不良反应监测工作先进个人	国家卫生健康委计划生育药具不良反应监测中心	市妇幼保健所
陈　忠	2022年度长江流域渔政协助巡护优秀队员	农业农村部长江流域渔政监督管理办公室	乐余镇长江禁捕巡护队

表86

2023年张家港市获省级和省条线表彰的先进个人一览表

姓　名	荣誉名称	授予单位	工作单位
沈　彬	江苏省优秀企业家	中共江苏省委、江苏省人民政府	沙钢集团
	江苏省五一劳动奖章	江苏省总工会	
王进法	第十批省市优秀援疆干部人才	中共新疆维吾尔自治区委员会、新疆维吾尔自治区人民政府	市第七中学
	记功	中共新疆维吾尔自治区委员会、新疆维吾尔自治区人民政府	市第七中学
王　浩	第十批省市优秀援疆干部人才	中共新疆维吾尔自治区委员会、新疆维吾尔自治区人民政府	市第一人民医院
	记功	中共新疆维吾尔自治区委员会、新疆维吾尔自治区人民政府	
王　林	2023年度全省政务信息工作先进个人	江苏省人民政府办公厅	市人民政府办公室
陆家成	2023年度全省政务信息工作先进个人	江苏省人民政府办公厅	市人民政府办公室
黄　强	江苏最美工匠	中共江苏省委宣传部、江苏省人力资源和社会保障厅、江苏省总工会	张家港港务集团有限公司
	首届“长三角大工匠”	上海市总工会、江苏省总工会、浙江省总工会、安徽省总工会	
季健炜	江苏省技术能手	江苏省人力资源和社会保障厅	市林业站
卢华中	江苏省技术能手	江苏省人力资源和社会保障厅	江海粮油（张家港）产业有限公司
张奇峰	江苏省技术能手	江苏省人力资源和社会保障厅	张家港海事局
潘晓丽	江苏省技术能手	江苏省人力资源和社会保障厅	张家港港务集团有限公司
申凌星	江苏省技术能手	江苏省人力资源和社会保障厅	张家港港务集团有限公司
潘　蕾	江苏省技术能手	江苏省人力资源和社会保障厅	张家港港务集团有限公司
蔡晓峰	江苏省技术能手	江苏省人力资源和社会保障厅	张家港小蝉到家家政管理有限公司
储　伟	江苏省技术能手	江苏省人力资源和社会保障厅	张家港友恒二手车销售中心
祖海青	江苏省技术能手	江苏省人力资源和社会保障厅	张家港国泰精品二手车经营公司
魏乾坤	江苏省技术能手	江苏省人力资源和社会保障厅	张家港友恒二手车销售中心
符素兰	江苏省技术能手	江苏省人力资源和社会保障厅	市樟园楼
潘道干	江苏省技术能手	江苏省人力资源和社会保障厅	市劳动监察塘桥中队
印　武	江苏省技术能手	江苏省人力资源和社会保障厅、江苏省总工会	市人社局
沈　佳	江苏省“人社岗位练兵明星”	江苏省人力资源和社会保障厅、江苏省总工会	市人社局
薛　毅	江苏省“人社岗位练兵明星”	江苏省人力资源和社会保障厅、江苏省总工会	市人社局
任宪锋	江苏省技术能手	江苏省交通运输厅、江苏省人力资源和社会保障厅、江苏省总工会、共青团江苏省委、江苏省妇女联合会、江苏省综合交通运输学会	张家港港务集团有限公司
郑　莉	全省检察机关先进工作者	江苏省人力资源和社会保障厅、江苏省人民检察院	市人民检察院
林操场	全省法院系统先进工作者	江苏省人力资源和社会保障厅、江苏省高级人民法院	市人民法院

续表86

姓　名	荣誉名称	授予单位	工作单位
叶　玉	全省法院办案标兵	江苏省高级人民法院、江苏省人力资源和社会保障厅	市人民法院
杨一平	江苏省五一创新能手	江苏省交通运输厅、江苏省人力资源和社会保障厅、江苏省总工会、共青团江苏省委、江苏省妇女联合会、江苏省综合交通运输学会	张家港港务集团有限公司
卞鹏然	2023年度“江苏省优秀少先队员”	共青团江苏省委、江苏省教育厅、江苏省人力资源和社会保障厅、江苏省少工委	白鹿小学
顾芯尘	2023年度“江苏省优秀少先队员”	共青团江苏省委、江苏省教育厅、江苏省人力资源和社会保障厅、江苏省少工委	市常青藤实验学校
曾梓萱	2023年度“江苏省优秀少先队员”	共青团江苏省委、江苏省教育厅、江苏省人力资源和社会保障厅、江苏省少工委	徐市小学
严成芳	2023年度“江苏省优秀少先队辅导员”	共青团江苏省委、江苏省教育厅、江苏省人力资源和社会保障厅、江苏省少工委	合兴小学
盛文婷	2023年度“江苏省优秀少先队辅导员”	共青团江苏省委、江苏省教育厅、江苏省人力资源和社会保障厅、江苏省少工委	云盘小学
缪　丹	2023年度“江苏省优秀少先队辅导员”	共青团江苏省委、江苏省教育厅、江苏省人力资源和社会保障厅、江苏省少工委	青龙小学
邹　毅	江苏省第三批群众文化“百千万”工程——优秀群文骨干	中共江苏省委宣传部、江苏省文明办、江苏省文化和旅游厅、江苏省文学艺术界联合会	市文化馆
贾　健	江苏省第三批群众文化“百千万”工程——优秀群文骨干	中共江苏省委宣传部、江苏省文明办、江苏省文化和旅游厅、江苏省文学艺术界联合会	市文化馆
满佳鑫	江苏省第三批群众文化“百千万”工程——优秀群文骨干	中共江苏省委宣传部、江苏省文明办、江苏省文化和旅游厅、江苏省文学艺术界联合会	市文化馆
刘　琨	江苏省第三批群众文化“百千万”工程——优秀群文骨干	中共江苏省委宣传部、江苏省文明办、江苏省文化和旅游厅、江苏省文学艺术界联合会	市文化馆
徐乐涛	江苏省群众文化“百千万”工程优秀文艺骨干	中共江苏省委宣传部、江苏省文明办、江苏省文化和旅游厅、江苏省文学 艺术界联合会	锦丰镇文体服务中心
周毅海	江苏好人	江苏省文明办	江苏永钢集团有限公司
	江苏省五一劳动奖章	江苏省总工会	
蔡　亮	江苏省五一劳动奖章	江苏省总工会	市农业机械技术推广站
	江苏省十佳文明职工	中共江苏省委宣传部、江苏省文明办、江苏省总工会	
何敏波	江苏省文明职工	中共江苏省委宣传部、江苏省文明办、江苏省总工会	中国邮政集团有限公司江苏省张家港市分公司
李丽娟	2022年度反映社情民意信息工作先进个人	民革江苏省委员会	东城社区卫生服务中心
蒋丽华	2022年度组织工作先进个人	民革江苏省委员会	文化市场综合执法大队
朱敏娟	民盟江苏省2022—2023年度宣传工作先进个人	民盟江苏省委会	民盟市委会
	2022年度反映社情民意信息工作先进个人	江苏省政协办公厅	
丁学东	民盟江苏省2022—2023年度宣传工作先进个人	民盟江苏省委会	市人大常委会

续表86

姓　名	荣誉名称	授予单位	工作单位
黄　鹏	民盟江苏省2022—2023年度反映信息工作先进个人	民盟江苏省委会	江苏科技大学（张家港校区）
王志向	民盟江苏省2022—2023年度反映信息工作先进个人	民盟江苏省委会	保税区
闫素红	民盟江苏省2022—2023年度反映信息工作先进个人	民盟江苏省委会	市应急管理局
陈　丽	民盟江苏省2022—2023年度反映信息工作先进个人	民盟江苏省委会	市卫健委
孟博学	民盟江苏省2022—2023年度盟史与理论研究工作先进个人	民盟江苏省委会	双山香山旅游度假区
赵永刚	民盟江苏省2022—2023年度社会服务工作先进个人	民盟江苏省委会	市第一人民医院
严红艳	2023年度先进个人	九三学社江苏省委员会	市税务局
刘　涛	江苏省优秀工会工作者	江苏省总工会	中粮东海粮油工业（张家港）有限公司
葛　艳	江苏省优秀工会工作者	江苏省总工会	经开区（杨舍镇）
王玲玲	江苏省优秀工会工作者	江苏省总工会	玖隆钢铁物流有限公司
吴培松	江苏省优秀工会工作者	江苏省总工会	苏州飞驰环保科技股份有限公司
蒋　娟	江苏省优秀工会工作者	江苏省总工会	凤凰镇程墩村
仲　浩	江苏省五一劳动奖章	江苏省总工会	市第一人民医院
方　琴	江苏省五一劳动奖章	江苏省总工会	江苏省张家港中等专业学校
魏　冉	江苏省五一创新能手	江苏省文化和旅游厅、中共江苏省委宣传部、江苏省司法厅、江苏省广播电视局、江苏省总工会、共青团江苏省委、江苏省妇联	市文化市场综合执法大队
	全省文化市场综合执法“护航”专项行动有功个人	江苏省文化和旅游厅	
岳　宇	江苏省五一创新能手	江苏省总工会	市公安局刑警大队
顾天缘	2023年全省特种设备安全监察人员技能竞赛起重机械安全监察技能竞赛三等奖	江苏省市场监督管理局、中共江苏省委省级机关工作委员会、江苏省总工会、共青团江苏省委员会	保税区市场监督管理局
张云峰	2023年度江苏省“我们身边的好青年”（爱岗敬业类）	共青团江苏省委、江苏省文明办、江苏省青年联合会	市公安局城西派出所
王浩宇	2022年度江苏省“我们身边的好青年”（创新创业类）	共青团江苏省委、江苏省文明办、江苏省青年联合会	张家港海事局
李一青	2022年度江苏省“我们身边的好青年”（创新创业类）	共青团江苏省委、江苏省文明办、江苏省青年联合会	长江润发集团
张旅城	2022年度江苏省“我们身边的好青年”（乡村振兴类）	共青团江苏省委、江苏省文明办、江苏省青年联合会	经开区（杨舍镇）
翟梓均	2022年度全省共青团工作先进工作者	共青团江苏省委	团市委
	2023年度江苏新疆西藏青海少年儿童“手拉手”活动先进个人	共青团江苏省委、江苏省少工委	
吴关明	江苏省优秀共青团干部	共青团江苏省委	第八中学
蔡　李	江苏省优秀共青团员	共青团江苏省委	梁丰高级中学
黄佳怡	江苏省优秀共青团员	共青团江苏省委	经开区（杨舍镇）新时代文明实践所
顾陆峰	江苏省优秀共青团员	共青团江苏省委	乐余镇净谷开发有限公司

续表86

姓　名	荣誉名称	授予单位	工作单位
王晓鑫	江苏省优秀共青团员	共青团江苏省委	市疾病预防控制中心
郭　俊	江苏省优秀共青团干部	共青团江苏省委	常阴沙现代农业示范园区团工委
蒋李灵	江苏省优秀共青团干部——团支部书记专项	共青团江苏省委	经开区（杨舍镇）城南街道邻湖社区
孔冰娴	2023年度全省团属报刊宣传工作先进个人	共青团江苏省委	团市委
瞿玉艳	首届“江苏省乡村振兴青年先锋”	共青团江苏省委、江苏省农业农村厅、江苏省乡村振兴局	市文华家庭农场、市东莱米业有限公司
黄柳妍	最美中学生	共青团江苏省委、江苏省教育厅	市港口学校
黄煜冉	最美中学生	共青团江苏省委、江苏省教育厅	市暨阳湖实验学校
祁　妙	最美中学生	共青团江苏省委、江苏省教育厅	第二中学
彭行健	最美中学生	共青团江苏省委、江苏省教育厅	梁丰高级中学
杨凯雯	最美中学生	共青团江苏省委、江苏省教育厅	市外国语学校
唐蕊蕊	最美中学生	共青团江苏省委、江苏省教育厅	市外国语学校
全明毅	最美中学生	共青团江苏省委、江苏省教育厅	港区初级中学
曹兴华	最美职校生	共青团江苏省委、江苏省教育厅	沙洲职业工学院
龚珍庆	最美职校生	共青团江苏省委、江苏省教育厅	第二职业高级中学
王　昊	最美职校生	共青团江苏省委、江苏省教育厅	江苏省张家港中等专业学校
丁　天	2022年度江苏新疆西藏青海少年儿童“手拉手”活动先进个人	共青团江苏省委、少先队江苏省工作委员会	团市委
常怡欣	2022年度江苏新疆西藏青海少年儿童“手拉手”活动先进个人	共青团江苏省委、少先队江苏省工作委员会	团市委
周秋萍	2022年度江苏新疆西藏青海少年儿童“手拉手”活动先进个人	共青团江苏省委、少先队江苏省工作委员会	白鹿小学
陈宇峰	2023年度江苏新疆西藏青海少年儿童“手拉手”活动先进个人	共青团江苏省委、江苏省少工委	团市委
钱　漫	2023年度江苏新疆西藏青海少年儿童“手拉手”活动先进个人	共青团江苏省委、江苏省少工委	团市委
朱玉莲家庭	2022年度江苏省最美家庭	江苏省妇女联合会	东渡实验学校
陈伟家庭	2022年度江苏省最美家庭	江苏省妇女联合会	江苏长江安全科技有限公司
刘佳娟	2023年度江苏省优秀妇女工作通讯员	江苏省妇女联合会	市妇女联合会
张钰燕	第二届江苏省“十大妇女议事能手”	江苏省妇女联合会	经开区（杨舍镇）晨南村
倪芬琴	2022年度“99公益爱心传递大使”	江苏省妇女儿童福利基金会	市港鹰实业有限公司
张丽钰	2022年度“99公益爱心传递大使”	江苏省妇女儿童福利基金会	经开区（杨舍镇）
张晓燕	江苏省教学名师	江苏省教育厅	梁丰幼儿园
夏常明	江苏省教学名师	江苏省教育厅	白鹿小学
罗建宇	江苏省教学名师	江苏省教育厅	沙洲中学
徐　芳	“苏教名家”培养工程培养对象	江苏省教育厅	云盘小学
陆正霞	2023年度体育彩票先进个人	江苏省体育局	市体育彩票管理中心
刘振强	个人三等功	江苏省公安厅	市公安局交警大队
莫钰峰	个人嘉奖	江苏省公安厅	市公安局督察大队

续表86

姓　名	荣誉名称	授予单位	工作单位
李　鹤	个人嘉奖	江苏省公安厅	市公安局塘桥派出所
苏雅拉图	2022年度全省公安机关命案积案攻坚行动成绩突出个人	江苏省公安厅	市公安局刑警大队
赵向东	2023年度空军招收飞行学员政治考核工作先进个人	东部战区空军政治工作部、江苏省公安厅	市公安局内保大队
王立涛	全省公调对接工作成绩突出个人	江苏省司法厅、江苏省公安厅	塘桥镇人民调解委员会
常洪江	全省公调对接工作成绩突出个人	江苏省司法厅、江苏省公安厅	杨舍镇人民调解委员会
杨　勇	“法律明白人”培育工作成绩突出个人	江苏省司法厅	市司法局锦丰司法所
毛叶舟	全省检察机关信息工作先进个人	江苏省人民检察院	市人民检察院
葛丹琼	2022年度全省检察机关优秀法治巡讲员	江苏省人民检察院	市人民检察院
许　月	第一届全省检察机关检务督察业务竞赛标兵	江苏省人民检察院	市人民检察院
黄　猛	全省法院“优化法治化营商环境执行年”1+4专项行动先进个人	江苏省高级人民法院	市人民法院
刘　安	全省法院立案信访工作先进个人	江苏省高级人民法院	市人民法院
林　爽	全省法院打击整治养老诈骗专项行动先进个人	江苏省高级人民法院	市人民法院
黄彬彬	全省法院司法警察工作先进个人	江苏省高级人民法院	市人民法院
狄丽娜	全省法院金融审判工作先进个人	江苏省高级人民法院	市人民法院
冯永清	2023年度空军招收飞行学员工作先进个人	东部战区空军政治工作部、江苏省高等学校招生委员会	暨阳高级中学
夏美娟	2023年度空军招收飞行学员工作先进个人	东部战区空军政治工作部、江苏省高等学校招生委员会	市实验学校
俞　峥	江苏省建设档案管理工作先进工作者	江苏省住房和城乡建设厅	冶金工业园管理委员会
李　军	江苏省退役军人服务中心(站)“百名优秀主任(站长)”	江苏省退役军人事务厅	锦丰镇人武部
邹昊阳	2022年度江苏省行政执法工作先进个人	江苏省应急管理厅	市应急管理综合行政执法大队
李亚东	2023年度江苏省应急管理综合行政执法工作先进个人	江苏省应急管理厅	市应急管理综合行政执法大队
顾瑞峰	2023年度全省应急管理综合行政执法工作先进个人	江苏省应急管理厅	市应急管理综合行政执法大队
朱　莉	江苏省“最美社工”	江苏省民政厅	市至诚社会组织评估中心
初　蕾	2023年省级“暖心之星”工作者	江苏省卫生健康委员会、江苏省计划生育协会	金港街道
王宗才	江苏海事局2022年度先进工作者	中共江苏海事局党组、江苏海事局	张家港海事局
洪　飞	江苏海事局2022年度先进工作者	中共江苏海事局党组、江苏海事局	张家港海事局
朱　祥	江苏海事局2022年度先进工作者	中共江苏海事局党组、江苏海事局	张家港海事局
贾永康	江苏海事局2022年度先进工作者	中共江苏海事局党组、江苏海事局	张家港海事局
吕忠伟	江苏海事局2022年度先进工作者	中共江苏海事局党组、江苏海事局	张家港海事局
金俊伟	江苏海事局2022年度先进工作者	中共江苏海事局党组、江苏海事局	张家港海事局

续表86

姓　名	荣誉名称	授予单位	工作单位
胡　斌	江苏海事局2022年度先进工作者	中共江苏海事局党组、江苏海事局	张家港海事局
李　艳	江苏省红十字示范学校创建先进个人	江苏省红十字会	中兴小学
宋　博	江苏省优秀红十字志愿者	江苏省红十字会	不二制油(张家港)有限公司
郑　燕	江苏省优秀红十字志愿者	江苏省红十字会	退休
高晓璐	江苏省红十字会基层组织工作先进个人	江苏省红十字会	锦丰镇社区卫生服务中心
潘　芳	民族体育优秀工作者	江苏省民族宗教事务委员会、江苏省体育局	市委统战部(市民族宗教服务站)
罗洪浩	全省市场监管系统"铁拳"行动成绩突出个人	江苏省市场监督管理局	市市场监督管理局南丰分局
刘　斌	全省市场监管系统"铁拳"行动成绩突出个人	江苏省市场监督管理局	保税区市场监督管理局综合执法大队
陆晓筠	全省调查队系统"业务尖兵"	国家统计局江苏调查总队	国家统计局张家港调查队
李　嵩	三等功	国家税务总局江苏省税务局	市税务局
张　超	三等功	国家税务总局江苏省税务局	市税务局
杨钰羚	嘉奖	国家税务总局江苏省税务局	张家港保税区税务局
陆晓晔	嘉奖	国家税务总局江苏省税务局	张家港保税区税务局
巫敏磊	2022年度江苏省地方金融组织统计先进个人	中国人民银行南京分行、江苏省地方金融监管局	市农业融资担保有限公司
张育萍	2022年度江苏省优秀预报员	江苏省气象局	市气象局
王彩霞	2022年度江苏省气象局观测网络业务先进个人	江苏省气象局	市气象局
王丽萍	2023年度全省12322优秀灾情速报员	江苏省地震局	市住房和城乡建设局
谢凤姣	2023年度《江苏省情影像志》优秀个人	江苏省地方志编纂委员会办公室	凤凰镇
陈　靓	优秀民情观察员	国家统计局江苏调查总队	德积街道元丰社区
缪海军	长江海事系统先进工作者	长江海事局党委、长江海事局、长江海事局工会	长江引航中心张家港引航站
	交通运输部系统优秀党务工作者	交通运输部党建工作领导小组	长江引航中心张家港引航站
汤荣干	2021—2022年度长江海事系统优秀工会工作者	中国海员建设工会长江海事局委员会	长江引航中心张家港引航站
	全国优秀引航员	中国引航协会	长江引航中心张家港引航站
李晓晴	2022年度引航安全生产工作班组先进个人	长江引航中心	长江引航中心张家港引航站
蔡文鹏	直属海事系统优秀共产党员	中共交通运输部海事局党组	长江引航中心张家港引航站
王　韧	2021—2023年度优秀共产党员	中共长江海事局委员会	长江引航中心张家港引航站
戴先礼	省级机关优秀共产党员	中共江苏省委省级机关工作委员会	金港海关
黄　喆	2022年度优秀通讯员	中国自然资源报社	市自然资源和规划局
聂　达	2021—2023年度江苏省水上搜救先进个人	江苏省水上搜救中心	张家港海事局
薛允涛	省属企业优秀共产党员	省国资委党委	张家港港务集团有限公司
李芳芳	江苏省爱国卫生运动70周年表现突出个人	江苏省爱国卫生运动委员会	市城乡环境卫生指导中心

续表86

姓　名	荣誉名称	授予单位	工作单位
孟倩宇	2022年江苏省居民健康素养监测工作先进工作者	江苏省健康教育协会	市健康促进中心
	2022年度江苏省健康科普先进工作者	江苏省健康教育协会	
缪娅萍	2022年江苏省居民健康素养监测工作先进工作者	江苏省健康教育协会	杨舍镇社区卫生服务中心
李君临	2022年江苏省居民健康素养监测工作先进工作者	江苏省健康教育协会	杨舍镇城北社区卫生服务站
张　磊	2022年江苏省居民健康素养监测工作先进工作者	江苏省健康教育协会	金港社区卫生服务中心
孙佩均	2022年江苏省居民健康素养监测工作先进工作者	江苏省健康教育协会	金港街道山北社区卫生服务站
黄佳敏	2022年江苏省居民健康素养监测工作先进工作者	江苏省健康教育协会	乐余镇扶海社区卫生服务站
张网杰	2022年江苏省居民健康素养监测工作先进工作者	江苏省健康教育协会	乐余镇常丰社区卫生服务站
何丽江	2022年度江苏大学生志愿服务乡村振兴计划优秀志愿者	江苏省青年志愿者协会、江苏大学生志愿服务乡村振兴计划省项目管理办公室	经开区（杨舍镇）农联村
赵姿锐	2022年度江苏大学生志愿服务乡村振兴计划优秀志愿者	江苏省青年志愿者协会、江苏大学生志愿服务乡村振兴计划省项目管理办公室	高新区（塘桥镇）青龙村
夏　琳	2022年度江苏大学生志愿服务乡村振兴计划优秀志愿者	江苏省青年志愿者协会、江苏大学生志愿服务乡村振兴计划省项目管理办公室	冶金园（锦丰镇）星火村
何丹丹	2023年“爱心暑托班”省域优秀志愿者	江苏省希望工程办公室、江苏省青少年发展基金会	经开区（杨舍镇）新时代文明实践所
周俊利	2023年“爱心暑托班”省域优秀志愿者	江苏省希望工程办公室、江苏省青少年发展基金会	暨阳湖幼儿园
张美红	2023年“爱心暑托班”省域优秀志愿者	江苏省希望工程办公室、江苏省青少年发展基金会	南丰小学
孔令菲	2023年“爱心暑托班”省域优秀志愿者	江苏省希望工程办公室、江苏省青少年发展基金会	市鸿宇社会工作服务中心
冯佳妮	2023年“爱心暑托班”省域优秀志愿者	江苏省希望工程办公室、江苏省青少年发展基金会	后塍街道晨阳村
顾敏晖	2022年度江苏省医学剂量工作先进个人	江苏省计量测试学会、医学计量专业委员会	市中医医院
江小红	2023年度南京中医药大学附属医院教学联盟思政育人先进个人	南京中医药大学中医学部	市中医医院
龚正华	2023年度南京中医药大学附属医院教学联盟优秀青年骨干教师	南京中医药大学中医学部	市中医医院
王亚萍	2023年度南京中医药大学附属医院教学联盟优秀青年骨干教师	南京中医药大学中医学部	市中医医院
陆　逊	2022—2023学年优秀带教老师	南通大学教务处	市疾控中心
方　治	2021-2022年度江苏省粮食行业优秀企业家	江苏省粮食行业协会	市粮食产业发展有限公司
许文生	江苏省百名示范村（社区）书记	中共江苏省委组织部	乐余镇永利村
朱亚东	第四届（2021—2022年度）全省交通运输行业诚信个人	江苏省交通运输厅	乐余通达货运配载部

续表86

姓　名	荣誉名称	授予单位	工作单位
王　巍	2022年退役军人权益维护工作先进个人	江苏省退役军人事务厅	乐余镇人民政府
蒋卫娟	优秀青少年科技教育校长	江苏省教育厅、江苏省科学技术协会、江苏省精神文明指导委员会办公室、江苏省科学技术厅、江苏省中小学生金钥匙科技竞赛组委会	乐余高级中学
徐卫星	青少年科技教育先进个人	江苏省教育厅、江苏省科学技术协会、江苏省精神文明指导委员会办公室、江苏省科学技术厅、江苏省中小学生金钥匙科技竞赛组委会	乐余中心小学
孙晓瑜	2023年江苏省耕地质量与农业环境保护工作先进个人	江苏省耕地质量与农业环境保护站	市耕地质量保护站
邓亚坤	2023年度江苏省农机推广信息宣传先进个人	江苏省农业机械技术推广站	市农业机械技术推广站
孙朋朋	2023年度江苏省农机科技优秀志愿者	江苏省农业机械技术推广站、江苏省农机科技志愿者服务总队	市农业机械技术推广站
赵　烁	全省农作物外来入侵病虫害普查先进个人	江苏省农作物外来入侵病虫害普查办公室	市植保植检站
张　超	2023年度深入打好污染防治攻坚战宣传工作先进个人	江苏省深入打好污染防治攻坚战指挥部办公室	市农业农村局
殷　茵	2022年江苏省青年岗位能手	共青团江苏省委、江苏省人力资源和社会保障厅	市蔬菜技术指导站
韦屹东	2023年度先进个人	江苏省节能监察中心	市节能管理中心
徐　光	江苏省慈善之星	江苏省慈善总会	市水务局

表87

2023年张家港市获苏州市级表彰的先进个人一览表

姓　名	荣誉名称	授予单位	工作单位
王进法	第十批援疆工作优秀个人	中共伊犁哈萨克自治州委员会、伊犁哈萨克自治州人民政府	第七中学
沈　彬	苏州市优秀民营企业家（2021—2022年度）	中共苏州市委、苏州市人民政府	江苏沙钢集团
徐炳言	2022年度苏州市“生态环境保护工作”先进个人	中共苏州市委、苏州市人民政府	市改革发展研究中心
王晋浩	2022年度苏州市“生态环境保护工作”先进个人	中共苏州市委、苏州市人民政府	市人民政府办公室
徐道娟	2022年度苏州市“生态环境保护工作”先进个人	中共苏州市委、苏州市人民政府	市发展和改革委员会
何增丁	2022年度苏州市“生态环境保护工作”先进个人	中共苏州市委、苏州市人民政府	市工业和信息化局
顾竹江	2022年度苏州市“生态环境保护工作”先进个人	中共苏州市委、苏州市人民政府	市住房和城乡建设局
杜　凯	2022年度苏州市“生态环境保护工作”先进个人	中共苏州市委、苏州市人民政府	市市容管理处
陈　浩	2022年度苏州市“生态环境保护工作”先进个人	中共苏州市委、苏州市人民政府	市交通运输局
张　超	2022年度苏州市“生态环境保护工作”先进个人	中共苏州市委、苏州市人民政府	市农业农村局
邹建忠	2022年度苏州市“生态环境保护工作”先进个人	中共苏州市委、苏州市人民政府	张家港生态环境局
黄　坚	2022年度苏州市“生态环境保护工作”先进个人	中共苏州市委、苏州市人民政府	张家港生态环境局
于　涛	2022年度苏州市“生态环境保护工作”先进个人	中共苏州市委、苏州市人民政府	乐余镇人民政府环保办
张灵波	2022年度苏州市“生态环境保护工作”先进个人	中共苏州市委、苏州市人民政府	南丰镇人民政府综合行政执法局
谢　玲	2022年度苏州市“生态环境保护工作”先进个人	中共苏州市委、苏州市人民政府	大新镇人民政府

续表87

姓　名	荣誉名称	授予单位	工作单位
沈维良	2022年度苏州市“生态环境保护工作”先进个人	中共苏州市委、苏州市人民政府	常阴沙现代农业示范园区常红社区
钱　博	2022年度苏州市“生态环境保护工作”先进个人	中共苏州市委、苏州市人民政府	金港街道综合行政执法局
郑　远	2022年度全市“推动数字经济时代产业创新集群发展工作”先进个人	中共苏州市委、苏州市人民政府	市发展和改革委员会
袁小琳	2022年度全市“推动数字经济时代产业创新集群发展工作”先进个人	中共苏州市委、苏州市人民政府	中共张家港市委组织部
许　珂	2022年度全市“推动数字经济时代产业创新集群发展工作”先进个人	中共苏州市委、苏州市人民政府	市行政审批局
张祝萌	2022年度全市“推动数字经济时代产业创新集群发展工作”先进个人	中共苏州市委、苏州市人民政府	市统计局
朱鹤鸣	2022年度全市“推动数字经济时代产业创新集群发展工作”先进个人	中共苏州市委、苏州市人民政府	江苏腾瑞智联数字科技有限公司
李金伟	2022年度全市“推动数字经济时代产业创新集群发展工作”先进个人	中共苏州市委、苏州市人民政府	张家港保税区长江国际港务有限公司
吴　毅	2022年度全市“推动数字经济时代产业创新集群发展工作”先进个人	中共苏州市委、苏州市人民政府	永卓控股有限公司
蔡依凝	2022年度全市“推动数字经济时代产业创新集群发展工作”先进个人	中共苏州市委、苏州市人民政府	市华昌新材料科技有限公司
丁宏翔	2022年度全市“推动数字经济时代产业创新集群发展工作”先进个人	中共苏州市委、苏州市人民政府	苏州方兴信息技术有限公司
伊正阳	2022年度全市“推动数字经济时代产业创新集群发展工作”先进个人	中共苏州市委、苏州市人民政府	江苏优鼎医疗科技有限公司
郭宏毅	2022年度全市“推动数字经济时代产业创新集群发展工作”先进个人	中共苏州市委、苏州市人民政府	市集成电路产业发展有限公司
赵国宾	2022年度全市“推动数字经济时代产业创新集群发展工作”先进个人	中共苏州市委、苏州市人民政府	恒创数字科技（江苏）有限公司
高　强	2022年度全市“推动数字经济时代产业创新集群发展工作”先进个人	中共苏州市委、苏州市人民政府	苏州何熠智能科技有限公司
蔡悦恺	2022年度全市“推动数字经济时代产业创新集群发展工作”先进个人	中共苏州市委、苏州市人民政府	江苏赛康医疗设备股份有限公司
薛松生	2022年度全市“推动数字经济时代产业创新集群发展工作”先进个人	中共苏州市委、苏州市人民政府	江苏多维科技有限公司

先进集体

表88

2023年张家港市获国家条线表彰的先进集体一览表

获奖单位	荣誉名称	授予单位
张家港市	全国县域商业“领跑县”	商务部
	绿色高产高效行动项目县	农业农村部
	学前教育普及普惠县	教育部办公厅
	“央馆人工智能课程”规模化应用试点区（第二批）	教育部教育技术与资源发展中心（中央电化教育馆）

续表88

获奖单位	荣誉名称	授予单位
市新时代文明实践工作指导中心	2023—2024年度全国维护青少年权益岗创建单位	中央宣传部、中央政法委、全国妇联、教育部等
金港街道长江村	第三批全国乡村治理示范村	农业农村部、中央宣传部、司法部
江苏沙钢集团有限公司	第十二届“中华慈善奖”	民政部
	国家知识产权示范企业	国家知识产权局
张家港港务集团港盛分公司设备保障部机械铁军组	一星级全国青年文明号	共青团中央
	2022年度全国青年安全生产示范岗集体	共青团中央、应急管理部
合兴小学四（5）中队	2022年度全国优秀少先队集体	共青团中央、教育部、全国少工委
江苏沙钢集团超薄带铸轧岗位	2022年度全国青年安全生产示范岗	共青团中央办公厅、应急管理部办公厅
长江国际大酒店餐饮部	全国巾帼文明岗	全国妇联
市侨联	全国侨联系统先进组织	中华全国归国华侨联合会
市公安局法制大队	公安楷模	公安部
锦丰镇人民调解委员会	全国模范人民调解委员会	司法部
杨舍镇善港农民专业合作社	2022年国家农民合作社示范社	农业农村部、国家发展改革委、水利部、税务总局、市场监管总局、国家林草局、供销合作总社
现代农业示范园区联农农产品专业合作社	2022年国家农民合作社示范社	农业农村部、国家发展改革委、水利部、税务总局、市场监管总局、国家林草局、供销合作总社
金港街道马桥社区	2023年全国示范性老年友好型社区	国家卫生健康委员会、全国老龄工作委员会办公室
沙洲优黄文化园	2023年国家工业旅游示范基地	文化和旅游部
市图书馆	国家一级公共图书馆	文化和旅游部
市少年儿童图书馆	国家一级公共图书馆	文化和旅游部
市市场监督管理局塘桥分局	产品质量安全监管保障贡献突出集体	国家市场监督管理总局
市体育总会	“奋进新征程，运动促健康”活力体育组织	国家体育总局群体司
市公安局食药环侦大队	2022年打击危险废物环境违法犯罪和重点排污单位自动检测数据弄虚作假违法犯罪专项行动表现突出集体	生态环境部办公厅、最高人民检察院办公厅、公安部办公厅
塘市小学	首批全国健康学校建设单位	教育部办公厅
云盘小学	首批全国健康学校建设单位	教育部办公厅
梁丰初级中学	首批全国健康学校建设单位	教育部办公厅
塘桥初级中学	第二批全国学校急救教育试点学校	教育部办公厅
金港中心小学六（1）中队（刘胡兰中队）	2023年度全国红领巾中队	全国少工委
合兴小学四（2）中队（星火中队）	2023年度全国红领巾中队	全国少工委
鹿苑小学六（5）中队（紫玉兰中队）	2023年度全国红领巾中队	全国少工委
金港街道长山村少先队长风中队	2023年度全国红领巾中队	全国少工委
暨阳实验小学五（4）中队（小蜜蜂中队）	2023年度全国红领巾中队	全国少工委
梁丰小学六（3）中队（扬帆中队）	2023年度全国红领巾中队	全国少工委
市青年志愿者协会	2022年度全国学雷锋志愿服务“四个100”先进典型最佳志愿服务组织	全国学雷锋志愿服务“四个100”先进典型宣传推选活动组委会

续表88

获奖单位	荣誉名称	授予单位
塘桥中心小学	“央馆人工智能课程”规模化应用试点校(第二批)	教育部教育技术与资源发展中心(中央电化教育馆)
妙桥小学	“央馆人工智能课程”规模化应用试点校(第二批)	教育部教育技术与资源发展中心(中央电化教育馆)
锦丰中心小学	“央馆人工智能课程”规模化应用试点校(第二批)	教育部教育技术与资源发展中心(中央电化教育馆)
市第一中学	“央馆人工智能课程”规模化应用试点校(第二批)	教育部教育技术与资源发展中心(中央电化教育馆)
市第二中学	“央馆人工智能课程”规模化应用试点校(第二批)	教育部教育技术与资源发展中心(中央电化教育馆)
梁丰高级中学	“央馆人工智能课程”规模化应用试点校(第二批)	教育部教育技术与资源发展中心(中央电化教育馆)
鹿苑幼儿园	全国营养与健康示范学校	中国学生营养与健康促进会
凤凰中心小学	全国营养与健康示范学校	中国学生营养与健康促进会
梁丰幼儿园	全国“家校(园)共育”数字化示范幼儿园	全国家校(园)共育数字化项目办公室
长江引航中心张家港引航站	2023年综合运输春运成绩突出集体	交通运输部、中华全国总工会、国家铁路局、中国民用航空局、国家邮政局
交通银行股份有限公司张家港分行	交通银行五一劳动奖状	中共交通银行委员会

表89

2023年张家港市获省条线表彰的先进集体一览表

获奖单位	荣誉名称	授予单位
张家港市	2022年度全省基层党员冬训工作示范县(市、区)	中共江苏省委宣传部、中共江苏省委组织部
	2022年度财政重点工作绩效考核先进市县一等奖	江苏省财政厅
	2022年度农村河道长效管护第一等次	江苏省水利厅、江苏省财政厅
	江苏省先进制造业和现代服务业融合发展标杆引领典型	江苏省发展和改革委员会
	2022年度全省县级体育重点工作督查第一名	江苏省体育局
	2022年度智慧广电乡村工程建设成效突出地区	江苏省广播电视局
	2022—2025年度江苏省科普示范市	江苏省科协
	2023年全省信访工作先进县(市、区、开放区)	江苏省信访工作联席会议
市人民政府办公室	2023年度全省政务信息工作十佳先进单位	江苏省人民政府办公厅
市人力资源管理服务中心	全省人力资源社会保障系统2023年重点工作成效明显集体	江苏省人力资源和社会保障厅
江苏沙钢集团有限公司	全省十大优秀职业技能评价机构	江苏省人力资源和社会保障厅
	2023年度绿色发展领军企业	江苏省生态环境厅、江苏省工商业联合会
	江苏省先进制造业和现代服务业融合发展标杆引领典型	江苏省发展和改革委员会
市幸运金属工艺品非遗工坊	江苏省首批省级非遗工坊	江苏省文化和旅游厅、江苏省人力资源和社会保障厅、江苏省乡村振兴局

续表89

获奖单位	荣誉名称	授予单位
市委宣传部	江苏省宣传思想工作先进集体	中共江苏省委宣传部、江苏省人力资源和社会保障厅
国家统计局张家港调查队	江苏省统计系统先进集体	江苏省人力资源和社会保障厅、江苏省统计局、国家统计局江苏调查总队
市交通运输局	江苏省交通运输系统先进集体	江苏省交通运输厅、江苏省人力资源和社会保障厅
市爱乐合唱团	江苏省群众文化“百千万”工程——优秀群文团队	中共江苏省委宣传部、江苏省文明办、江苏省文化和旅游厅、江苏省文联
市田汉剧社	江苏省群众文化“百千万”工程——优秀群文团队	中共江苏省委宣传部、江苏省文明办、江苏省文化和旅游厅、江苏省文联
市沙洲琴社	江苏省群众文化“百千万”工程——优秀群文团队	中共江苏省委宣传部、江苏省文明办、江苏省文化和旅游厅、江苏省文联
市东方艺术团	江苏省群众文化“百千万”工程——优秀群文团队	中共江苏省委宣传部、江苏省文明办、江苏省文化和旅游厅、江苏省文联
市委党史地方志办公室	2023年度江苏省地方志系统政务信息报送优秀单位	江苏省地方志办公室
	2023年度全省方志文化宣传优秀组织单位	
张家港保税区劳动人事争议联合调解服务中心	江苏省2023年“金牌劳动人事争议调解组织”	江苏省人力资源和社会保障厅、江苏省总工会、江苏省企业联合会/企业家协会、江苏省工商业联合会
张家港富瑞特种装备股份有限公司	江苏省优秀劳动关系和谐企业	江苏省人力资源和社会保障厅、江苏省总工会、江苏省工业和信息化厅、江苏省企业联合会/企业家协会、江苏省工商业联合会
苏州飞驰环保科技股份有限公司	江苏省优秀劳动关系和谐企业	江苏省人力资源和社会保障厅、江苏省总工会、江苏省工业和信息化厅、江苏省企业联合会/企业家协会、江苏省工商业联合会
市永联惠民服务中心永合社区工作站	省级巾帼家政服务社区示范工作站	江苏省妇女联合会、江苏省发展和改革委员会、江苏省商务厅、江苏省民政厅、江苏省人力资源和社会保障厅、江苏省住房和城乡建设厅
市妇女联合会	江苏省妇联系统先进集体	江苏省人力资源和社会保障厅、江苏省妇女联合会
万红小学少先队大队	2023年度“江苏省优秀少先队集体”	共青团江苏省委、江苏省教育厅、江苏省人力资源和社会保障厅、江苏省少工委
	2023年度江苏省“红领巾奖章”集体四星章	江苏省少工委办公室
鹿苑小学六（5）中队	2023年度“江苏省优秀少先队集体”	共青团江苏省委、江苏省教育厅、江苏省人力资源和社会保障厅、江苏省少工委
暨阳实验小学五（2）中队	2023年度“江苏省优秀少先队集体”	共青团江苏省委、江苏省教育厅、江苏省人力资源和社会保障厅、江苏省少工委
乘航小学四（5）中队	2023年度“江苏省优秀少先队集体”	共青团江苏省委、江苏省教育厅、江苏省人力资源和社会保障厅、江苏省少工委
市民族宗教事务局	全省民族宗教系统先进集体	江苏省人力资源和社会保障厅、江苏省民族宗教事务委员会
市劳动人事争议仲裁院	2023年江苏省劳动人事争议智能仲裁院	江苏省人力资源和社会保障厅办公室
九三学社张家港市基层委员会	2023年度先进集体	九三学社江苏省委员会
市百家桥村法治文化园	省级法治文化建设示范点（第十批）	中共江苏省委宣传部、中共江苏省委全面依法治省委员会办公室、江苏省法治宣传教育工作领导小组办公室、江苏省司法厅、江苏省文化和旅游厅、江苏省广播电视局
江苏长顺集团有限公司	2023年江苏省五一劳动奖	江苏省总工会

续表89

获奖单位	荣誉名称	授予单位
张家港港务集团有限公司	2023年江苏省五一劳动奖	江苏省总工会
	江苏省高质量发展领军企业	江苏省发展和改革委员会
	江苏省交通运输行业诚信单位	江苏省交通运输厅
江苏沙钢集团有限公司转炉炼钢厂一车间乙班	2023年江苏省工人先锋号	江苏省总工会
张家港友诚新能源科技股份有限公司EV直流充电插座生产二线	2023年江苏省工人先锋号	江苏省总工会
江苏富丽华通用设备股份有限公司技术部	2023年江苏省工人先锋号	江苏省总工会
长江润发(张家港)浦钢有限公司轧钢车间甲班	2023年江苏省工人先锋号	江苏省总工会
市建筑工务处项目二部	2023年江苏省工人先锋号	江苏省总工会
江海粮油(张家港)产业有限公司仓储管理部	2023年江苏省工人先锋号	江苏省总工会
张家港保税科技(集团)股份有限公司工会委员会	江苏省模范职工之家	江苏省总工会
张家港恩斯克精密机械有限公司工会委员会	江苏省模范职工之家	江苏省总工会
江苏永联精筑建设集团有限公司工会委员会	江苏省模范职工之家	江苏省总工会
江苏宏宝集团有限公司工会委员会	江苏省模范职工之家	江苏省总工会
市第一人民医院工会委员会	江苏省模范职工之家	江苏省总工会
江苏联宏纺织有限公司针织车间生产管理部工会小组	江苏省模范职工小家	江苏省总工会
张家港永兴热电有限公司机务检修班工会小组	江苏省模范职工小家	江苏省总工会
江苏港城汽运集团张家港市港城公共交通有限公司一公司工会小组	江苏省模范职工小家	江苏省总工会
中国邮政集团张家港市邮政局西张支局工会小组	江苏省模范职工小家	江苏省总工会
张家港港务集团有限公司港盛分公司工会	江苏省模范职工小家	江苏省总工会
公积金中心张家港分中心服务大厅	江苏省住房城乡建设系统模范职工小家	江苏省建设工会工作委员会
团市委	2022年度全省共青团工作先进单位	共青团江苏省委
	2022年度全省共青团工作争先进位奖	
	2023年度全省团属报刊宣传工作先进单位	
梁丰高级中学团委	江苏省五四红旗团委	共青团江苏省委
张家港保税科技(集团)股份有限公司团委	江苏省五四红旗团委	共青团江苏省委
张家港海螺水泥有限公司团支部	江苏省五四红旗团支部	共青团江苏省委
合兴小学“黄德仁中队”	2023年江苏省少先队英雄中队	共青团江苏省委、江苏省教育厅、江苏省文明办、江苏省少工委

续表89

获奖单位	荣誉名称	授予单位
江苏城市职业学院张家港办学点机电工程系2020级机械制造与自动化班	江苏省先进班集体	江苏省教育厅、共青团江苏省委
市第三职业高级中学电气运行与控制三年级机电2022班	江苏省先进班集体	江苏省教育厅、共青团江苏省委
市第三职业高级中学机械加工技术三年级机械2022班	江苏省先进班集体	江苏省教育厅、共青团江苏省委
中兴小学	2022年度江苏新疆西藏青海少年儿童“手拉手”活动贡献奖	共青团江苏省委、江苏省少工委
	第八批江苏省红十字示范学校	江苏省红十字会、江苏省教育厅
云盘小学	2022年度江苏新疆西藏青海少年儿童“手拉手”活动贡献奖	共青团江苏省委、江苏省少工委
	2023年度江苏新疆西藏青海少年儿童“手拉手”活动贡献奖	共青团江苏省委、江苏省少工委
市少工委	2022年度江苏新疆西藏青海少年儿童“手拉手”活动优秀组织奖	共青团江苏省委、江苏省少工委
市青年志愿者协会	2023年度江苏新疆西藏青海少年儿童“手拉手”活动贡献奖	共青团江苏省委、江苏省少工委
市青年商会	2023年度江苏新疆西藏青海少年儿童“手拉手”活动贡献奖	共青团江苏省委、江苏省少工委
外国语学校	2023年度江苏新疆西藏青海少年儿童“手拉手”活动贡献奖	共青团江苏省委、江苏省少工委
	空军青少年航空学校招生先进单位	东部战区空军政治工作部
江帆小学	2023年度江苏新疆西藏青海少年儿童“手拉手”活动贡献奖	共青团江苏省委、江苏省少工委
张家港海事局保税区海巡执法大队	2021—2022年度江苏省省级机关青年文明号	共青团江苏省省级机关工作委员会
全国三八红旗手徐彩萍工作室	江苏省三八红旗手（集体）示范工作室	江苏省妇女联合会
市科协	2023年度县级科协创新发展能力提升计划项目优秀单位	江苏省科协
民盟张家港市委会	2022—2023年度新媒体建设先进集体一等奖	民盟江苏省委会
	2022—2023年度宣传工作先进集体一等奖	民盟江苏省委会
	江苏民盟县（市、区）组织优秀集体	民盟江苏省委会
塘市小学“红石榴家园”	江苏省“红石榴家园”精品单位	江苏省民族宗教事务委员会
梁丰初级中学	第七批江苏省中小学艺术教育特色学校	江苏省教育厅
港口幼儿园恬庄分园	2022年下半年江苏省优质幼儿园	江苏省教育厅
北庄幼儿园阳光锦城园区	2022年下半年江苏省优质幼儿园	江苏省教育厅
花园浜幼儿园东园区	2023年上半年江苏省优质幼儿园	江苏省教育厅
悦丰幼儿园	省级节水型学校	江苏省水利厅、江苏省教育厅、江苏省机关事务管理局
闸上小学	2022年江苏省智慧校园	江苏省教育厅、江苏省工业和信息化厅
实验小学	江苏省红十字示范学校（第八批）	江苏省红十字会、江苏省教育厅
	江苏省师德师风建设宣传基地校（第二批）	江苏省教育厅办公室

续表89

获奖单位	荣誉名称	授予单位
金港中心小学	江苏省青少年科技教育先进学校	江苏省教育厅、江苏省科学技术协会、江苏省精神文明建设指导委员会办公室、江苏省科学技术厅、江苏省中小学生金钥匙科技竞赛组委会
常青藤实验学校	江苏省青少年科技教育先进学校	江苏省教育厅、江苏省科学技术协会、江苏省精神文明建设指导委员会办公室、江苏省科学技术厅、江苏省中小学生金钥匙科技竞赛组委会
梁丰小学	江苏省青少年科技教育先进学校	江苏省教育厅、江苏省科学技术协会、江苏省精神文明建设指导委员会办公室、江苏省科学技术厅、江苏省中小学生金钥匙科技竞赛组委会
市人民检察院	2022年度全省检察机关信息工作先进单位	江苏省人民检察院
	江苏省示范档案室	江苏省档案局、江苏省档案馆
市公安局法制大队	江苏最美基层警队	江苏省公安厅
市公安局城南派出所	全省公安机关考试安保维稳工作成绩突出集体	江苏省公安厅
市公安局情报指挥中心	全省公安机关系列安保维稳工作成绩突出集体	江苏省公安厅
市司法局	“法律明白人”培育工作成绩突出集体	江苏省司法厅
市城建档案馆	江苏省建设档案管理工作先进单位	江苏省住房和城乡建设厅
	江苏省示范城建档案馆	江苏省住房和城乡建设厅
市梁丰体育公园	江苏省示范体育公园	江苏省体育局、江苏省发展和改革委员会、江苏省住房和城乡建设厅
勤丰社区(君临新城)	2022年度党建引领物业管理服务工作省级示范点	中共江苏省委组织部、中共江苏省委非公有制企业和社会组织工作委员会、中共江苏省住房和城乡建设厅党组、中共江苏省住房和城乡建设行业委员会
市教育局	2023年度江苏省公共机构节能低碳示范单位	江苏省机关事务管理局、江苏省发展和改革委员会、江苏省工业和信息化厅、江苏省财政厅、江苏省生态环境厅
张家港高新技术产业开发区管理委员会	2023年度江苏省公共机构节能低碳示范单位	江苏省机关事务管理局、江苏省发展和改革委员会、江苏省工业和信息化厅、江苏省财政厅、江苏省生态环境厅
市新时代文明实践工作指导中心	公共机构节能低碳示范单位	江苏省机关事务管理局、江苏省发展和改革委员会、江苏省工业和信息化厅、江苏省财政厅、江苏省生态环境厅
华昌新材料科技有限公司	2023年江苏省智能制造示范工厂	江苏省工业和信息化厅
张家港中美超薄带科技有限公司	2023年江苏省智能制造示范工厂	江苏省工业和信息化厅
江苏沙钢高科信息技术有限公司	江苏省智能制造领军服务机构	江苏省工业和信息化厅
市公安局	江苏省示范档案室	江苏省档案局、江苏省档案馆
张家港税务局	江苏省示范档案室	江苏省档案局、江苏省档案馆
市市场监督管理局东城分局	四星市场监督管理分局	江苏省市场监督管理局
永兴村朱家埭	江苏省绿美村庄	江苏省林业局
永兴村沙泥圩	江苏省绿美村庄	江苏省林业局
市应急管理局	2022年度江苏省行政执法工作先进集体	江苏省应急管理厅
江苏沙钢集团有限公司科学技术协会	江苏省示范企业科协	江苏省科学技术协会

续表89

获奖单位	荣誉名称	授予单位
市住房和城乡建设局	2023年度全省市县防震减灾工作县级先进单位	江苏省地震局
张家港澳洋护理院	2023年江苏省优质护理院	江苏省卫生健康委员会
张家港澳洋护理院	2023年江苏省老年友善医疗机构优秀单位	江苏省卫生健康委员会、江苏省中医药管理局
市气象局	2022年度江苏省气象局观测网络业务先进集体	江苏省气象局
金港中心小学少年军校	2022—2023年度“少年军校”工作先进单位	江苏省少工委办公室、江苏省少年儿童研究会
合兴小学“合合少年军校”	2022—2023年度“少年军校”工作先进单位	江苏省少工委办公室、江苏省少年儿童研究会
金港中心小学少先队大队	2023年度江苏省“红领巾奖章”集体四星章	江苏省少工委办公室
合兴小学少先队大队	2023年度江苏省“红领巾奖章”集体四星章	江苏省少工委办公室
金港中心小学五（3）中队	2023年度江苏省“红领巾奖章”集体四星章	江苏省少工委办公室
合兴小学四（9）中队	2023年度江苏省“红领巾奖章”集体四星章	江苏省少工委办公室
暨阳实验小学四（2）中队	2023年度江苏省“红领巾奖章”集体四星章	江苏省少工委办公室
云盘小学教育集团云盘校区四（1）中队	2023年度江苏省“红领巾奖章”集体四星章	江苏省少工委办公室
鹿苑小学六（5）中队	2023年度江苏省“红领巾奖章”集体四星章	江苏省少工委办公室
梁丰小学六（3）中队	2023年度江苏省“红领巾奖章”集体四星章	江苏省少工委办公室
市评弹艺术传承中心	江苏省二级院团	江苏省文化和旅游厅
市锡剧艺术中心	江苏省一级院团	江苏省文化和旅游厅
常阴沙现代农业示范园区常北社区	2023年省级乡村旅游重点村培育单位	江苏省文化和旅游厅
市梁丰体育公园	江苏省示范体育公园	江苏省体育局、江苏省发展和改革委员会、江苏省住房和城乡建设厅
后塍街道博雅文体队	2023年江苏省优秀民间健身团队	江苏省体育总会
张家港博物馆	江苏省518“博·学”社会教育体验获奖单位	江苏省文物局
市城市管理局	2022年度全省城市管理宣传工作先进单位	江苏省城市管理与行政执法学会
市交通运输局党委	全省交通运输行业先进基层党组织	江苏省交通运输行业党委
长江引航中心张家港引航站	长江海事系统2022年度文明集体	中共长江海事局委员会、中华人民共和国长江海事局、中国海员工会长江海事局委员会
长江引航中心张家港引航站“逐梦引航”青年理论学习小组	2021—2022年度长江海事局青年学习示范小组	中共长江海事局委员会
长江引航中心张家港引航站支工会	模范职工小家	中国海员工会长江航务委员会

续表89

获奖单位	荣誉名称	授予单位
长江引航中心张家港引航站党支部	直属海事系统先进基层党组织	中共交通运输部海事局党组
	长江海事局第二届十大模范党支部	中共长江海事局委员会
	长江海事局先进基层党组织	中共长江海事局委员会
市城乡环境卫生指导中心	江苏省爱国卫生运动70周年表现突出集体	江苏省爱国卫生运动委员会
市市场监督管理局	健康机关	江苏省爱国卫生运动委员会办公室
市医疗保障局	健康机关	江苏省爱国卫生运动委员会办公室
永卓控股有限公司“欢乐假期”爱心托管班	2023年度江苏工会爱心托管班	江苏省总工会办公室、江苏省卫生健康委员会办公室
永卓控股股份有限公司	2023年“爱心暑托班”省域优秀支持单位	江苏省希望工程办公室
张家港港务集团有限公司船务分公司	2021—2023年度江苏省水上搜救先进集体	江苏省水上搜救中心
张家港港务集团有限公司港盛分公司仓储业务部计量组	省部属企业2022年度“五一巾帼标兵岗”	江苏省省部属企事业工会
张家港港务集团有限公司港埠分公司装载操作部司机二组	江苏省交通运输行业青年建功标兵团队	江苏省交通运输行业党委
市中医医院	2023年江苏省老年友善医疗机构优秀单位	江苏省卫生健康委员会、江苏省中医药管理局
市第五人民医院	2023年江苏省老年友善医疗机构优秀单位	江苏省卫生健康委员会、江苏省中医药管理局
市疾病预防控制中心	江苏省重点职业病监测先进单位	江苏省疾病预防控制中心
张家港澳洋医院	江苏省重点职业病监测先进单位	江苏省疾病预防控制中心
市疾病预防控制中心	疟疾和重点寄生虫病监测工作先进集体	江苏省血吸虫病防治研究所
市妇幼保健所	2022年度全省药具工作创新创优评选活动优秀奖	江苏省健康委员会药品药具管理中心
市第三人民医院	江苏省健康促进医院	江苏省卫生健康委员会办公室
江苏张家港农村商业银行股份有限公司	2022年度江苏省青年志愿服务事业贡献奖	江苏省青年志愿者协会
市体育彩票管理中心	2023年度体育彩票销售工作成绩突出单位	江苏省体育局
	2023年度体彩机构工作评估表现突出单位	江苏省体育彩票管理中心
市福利彩票管理中心	全省福彩系统百日竞赛活动先进集体优胜县(市、区)	江苏省福利彩票发行中心
张家港海事局	江苏海事局2022年度先进单位	中共江苏海事局党组、江苏海事局
	2022—2023年度江苏海事局高质量党建示范单位	中共江苏海事局党组
张家港海事局政务中心	江苏海事局2022年度先进集体	中共江苏海事局党组、江苏海事局
张家港海事局海巡执法支队	2021—2023年度江苏省水上搜救先进集体	江苏省水上搜救中心
市国防动员办公室	2023年度江苏省国防动员工作先进单位	江苏省国防动员办公室
新塘幼儿园	2023年江苏省示范性托育机构	江苏省卫生健康委员会办公室
杨舍镇南新村	江苏省生态文明建设示范村(第五批)	江苏省生态环境厅
杨舍镇晨南村	江苏省生态文明建设示范村(第五批)	江苏省生态环境厅

续表89

获奖单位	荣誉名称	授予单位
杨舍镇善港村	2023年江苏省乡村振兴示范村	江苏省农业农村厅、江苏省乡村振兴局
杨舍镇福前村	2022年度江苏省生态宜居美丽示范村	中共江苏省委农村工作领导小组
	2022年度江苏省放心消费创建示范区域	江苏省放心消费创建活动办公室、江苏省市场监督管理局
杨舍镇百家桥村	2022年度江苏省生态宜居美丽示范村	中共江苏省委农村工作领导小组
杨舍镇徐丰村	2023年江苏省健康村	江苏省爱国卫生运动委员会办公室、江苏省健康江苏建设领导小组办公室
杨舍镇花园浜社区	2023年江苏省健康社区	江苏省爱国卫生运动委员会办公室、江苏省健康江苏建设领导小组办公室
杨舍镇花园浜社区博爱家园	2023年度优秀博爱家园	江苏省红十字会
杨舍镇悦盛社区	2023年江苏省健康社区	江苏省爱国卫生运动委员会办公室、江苏省健康江苏建设领导小组办公室
经开区（杨舍镇）悦盛社区青少年暑托班	2023年“爱心暑托班”省域突出单位优秀示范点	江苏省希望工程办公室、江苏省青少年发展基金会
杨舍镇七里庙社区	2023年江苏省健康社区	江苏省爱国卫生运动委员会办公室、江苏省健康江苏建设领导小组办公室
经开区（杨舍镇）社区教育中心	2023年江苏省社会教育先进集体	江苏省社会教育服务指导中心
经开区（杨舍镇）李巷村	2023年度老年友好型社区	江苏省老龄工作委员会办公室
杨舍实验学校	2022年江苏省智慧校园	江苏省教育厅、江苏省工业和信息化厅
锦丰镇	2023年江苏省乡村振兴示范乡镇	江苏省农业农村厅、江苏省乡村振兴局
	江苏省生态文明建设示范乡镇（第五批）	江苏省生态环境厅
	江苏省优秀劳动关系和谐乡镇	江苏省人力资源和社会保障厅、江苏省总工会、江苏省工业和信息化厅、江苏省企业联合会/企业家协会、江苏省工商业联合会
锦丰镇康复驿站	省级精神障碍社区康复服务示范点	江苏省民政厅
锦丰镇政务服务中心	2022年度“15分钟医保服务圈”省级示范点	江苏省医疗保障局
冶金园（锦丰镇）永新社区博爱家园	2023年度优秀博爱家园	江苏省红十字会
锦丰镇建设村	2022年度江苏省生态宜居美丽示范村	中共江苏省委农村工作领导小组
锦丰镇郁桥村	2023年江苏省健康村	江苏省爱国卫生运动委员会办公室、江苏省健康江苏建设领导小组办公室
锦丰镇新港村	2023年江苏省健康村	江苏省爱国卫生运动委员会办公室、江苏省健康江苏建设领导小组办公室
锦丰镇十一圩港村	2023年江苏省健康村	江苏省爱国卫生运动委员会办公室、江苏省健康江苏建设领导小组办公室
锦丰镇永新社区	2023年江苏省健康社区	江苏省爱国卫生运动委员会办公室、江苏省健康江苏建设领导小组办公室
锦丰镇沙洲社区	2023年江苏省健康社区	江苏省爱国卫生运动委员会办公室、江苏省健康江苏建设领导小组办公室
冶金园（锦丰镇）洪桥村（爱丽家居）青少年暑托班	2023年“爱心暑托班”省域突出单位优秀示范点	江苏省希望工程办公室、江苏省青少年发展基金会
张家港锦丰海事处	江苏海事局2022年度先进集体	中共江苏海事局党组、江苏海事局
冶金园档案室	江苏省示范档案室	江苏省档案馆

续表89

获奖单位	荣誉名称	授予单位
锦丰后续照管服务站	省级贯标示范点（优秀等次）	江苏省戒毒管理局
塘桥镇	2023年省级耕地保护激励单位	江苏省自然资源厅
市市场监督管理局塘桥分局	四星市场监督管理分局	江苏省市场监督管理局
高新区（塘桥镇）馨塘社区青少年暑托班	2023年“爱心暑托班”省域突出单位优秀示范点	江苏省希望工程办公室、江苏省青少年发展基金会
高新区（塘桥镇）胡同社区	2023年度老年友好型社区	江苏省老龄工作委员会办公室
塘桥镇人民来访接待中心	2022年度“人民满意窗口”建设质量提升工程先进单位	江苏省政府信访局
乐余镇	2022年度全省基层党员冬训工作示范镇	中共江苏省委宣传部、中共江苏省委组织部
	江苏省生态文明建设示范乡镇（第五批）	江苏省生态环境厅
乐余镇永利村	2023年江苏省乡村振兴示范村	江苏省农业农村厅、江苏省乡村振兴局
乐余镇向群村	2023年江苏省健康村	江苏省爱国卫生运动委员会办公室、江苏省健康江苏建设领导小组办公室
乐余镇村镇建设档案室	省特级村镇建设档案室	江苏省住房和城乡建设厅
乐余镇永利村团总支	江苏省五四红旗团支部（团总支）	共青团江苏省委
乐余镇康复驿站	省级精神障碍社区康复服务示范点	江苏省民政厅
乐余镇为民服务中心	2022年度“15分钟医保服务圈”省级示范点	江苏省医疗保障局
乐余中心小学	江苏省青少年科技教育先进学校	江苏省教育厅、江苏省科学技术协会、江苏省精神文明建设指导委员会办公室、江苏省科学技术厅、江苏省中小学生金钥匙科技竞赛组委会
凤凰镇	2022年度生态宜居美丽示范乡镇	中共江苏省委农村工作领导小组
凤凰镇双塘村	2023年江苏省乡村振兴示范村	江苏省农业农村厅、江苏省乡村振兴局
张家港凤凰山景区	2023年度江苏省放心消费创建示范区域	江苏省放心消费创建活动办公室、江苏省市场监督管理局、江苏省文化和旅游厅
凤凰镇暖心家园	2023年省级“暖心家园示范点”	江苏省卫生健康委员会、江苏省计划生育协会
凤凰镇杏市村	2022年度江苏省生态宜居美丽示范村	中共江苏省委农村工作领导小组
凤凰镇魏庄村	2022年度江苏省生态宜居美丽示范村	中共江苏省委农村工作领导小组
	2023年江苏省健康村	江苏省爱国卫生运动委员会办公室、江苏省健康江苏建设领导小组办公室
凤凰镇恬庄村	2023年江苏省健康村	江苏省爱国卫生运动委员会办公室、江苏省健康江苏建设领导小组办公室
南丰镇	江苏省红十字会基层组织工作先进集体	江苏省红十字会
南丰镇永联村	2023年江苏省乡村振兴示范村	江苏省农业农村厅、江苏省乡村振兴局
南丰镇退役军人志愿服务分队	2023年度江苏省“优秀退役军人志愿服务队”	江苏省退役军人事务厅
南丰实验幼儿园	2022年下半年江苏省优质幼儿园	江苏省教育厅
南丰镇康复驿站	省级精神障碍社区康复服务示范点	江苏省民政厅
南丰镇村镇建设档案室	江苏省建设档案管理工作先进单位	江苏省住房和城乡建设厅
南丰镇行政审批局	2022年度“15分钟医保服务圈”省级示范点	江苏省医疗保障局

续表89

获奖单位	荣誉名称	授予单位
市市场监督管理局南丰分局	四星市场监督管理分局	江苏省市场监督管理局
南丰镇建农村	2022年度江苏省生态宜居美丽示范村	中共江苏省委农村工作领导小组
南丰镇新德村	2022年度江苏省生态宜居美丽示范村	中共江苏省委农村工作领导小组
南丰镇东港村	2023年江苏省健康村	江苏省爱国卫生运动委员会办公室、江苏省健康江苏建设领导小组办公室
南丰镇“禾丰书院”青少年暑托班	2023年“爱心暑托班”省域突出单位优秀示范点	江苏省希望工程办公室、江苏省青少年发展基金会
大新镇为民服务中心	2022年度“15分钟医保服务圈”省级示范点	江苏省医疗保障局
大新镇桥头村	江苏省生态文明建设示范村（第五批）	江苏省生态环境厅
常阴沙现代农业示范园区农产品质量监督管理站	五星级乡镇农产品质量安全监管机构（第三批）	江苏省农业农村厅
常阴沙学校	江苏省公共机构节能低碳示范单位	江苏省机关事务管理局、江苏省发展和改革委员会、江苏省工业和信息化厅、江苏省财政厅、江苏省生态环境厅
常阴沙常东社区	2022年度江苏省生态宜居美丽示范村	中共江苏省委农村工作领导小组
常阴沙常北社区	2022年度江苏省生态宜居美丽示范村	中共江苏省委农村工作领导小组
常阴沙常沙社区	2023年江苏省健康社区	江苏省爱国卫生运动委员会办公室、江苏省健康江苏建设领导小组办公室
常阴沙现代农业示范园区常北社区	2022年度江苏省放心消费创建示范区域	江苏省放心消费创建活动办公室、江苏省市场监督管理局
金港街道马桥社区文明实践巾帼志愿阳光站	江苏省“在你身边”文明实践巾帼志愿阳光站	江苏省妇女联合会、江苏省精神文明建设指导委员会办公室
金港街道长江村	2023年江苏省乡村振兴示范村	江苏省农业农村厅、江苏省乡村振兴局
金港街道康复驿站	省级精神障碍社区康复服务示范点	江苏省民政厅
金港街道长山村	2022年度江苏省生态宜居美丽示范村	中共江苏省委农村工作领导小组
金港街道柏林村农家书屋	江苏省2021—2022年度五星级示范农家书屋	江苏省新闻出版局
金港街道“‘金’彩一夏与‘星’成长”青少年暑托班	2023年“爱心暑托班”省域突出单位优秀示范点	江苏省希望工程办公室、江苏省青少年发展基金会
金港街道马桥社区	2022年度老年友好型社区建设单位	江苏省老龄工作委员会办公室
后塍街道朱家宕村	2022年度江苏省生态宜居美丽示范村	中共江苏省委农村工作领导小组
后塍街道学田村	2023年江苏省健康村	江苏省爱国卫生运动委员会办公室、江苏省健康江苏建设领导小组办公室
后塍街道办事处	健康机关	江苏省爱国卫生运动委员会办公室
市农业机械技术推广站	2023年度江苏省农机推广工作先进单位	江苏省农业机械技术推广站
	2023年度江苏省农机推广信息宣传先进集体	江苏省农业机械技术推广站
市作物栽培技术指导站	2023年度苗情监测及产业技术集成推广工作先进单位	江苏省农业技术推广总站
市植保植检站	2023年全省植保植检工作先进单位	江苏省植物保护植物检疫站
市种子管理站	全省农业外来入侵植物普查先进集体	江苏省农业外来入侵植物普查办公室
市文体广电和旅游局	2022年度江苏省境外卫星电视传播秩序专项整治工作成绩突出单位	江苏省广播电视局

表90

2023年张家港市获苏州市级表彰的先进集体一览表

获奖单位	荣誉名称	授予单位
张家港市	2022年度苏州市质量工作先进地区	苏州市人民政府
	2022年度苏州市食品安全工作先进地区	苏州市人民政府
	2023年度全市知识产权保护工作先进地区	苏州市人民政府
中共张家港市纪律检查委员会机关	2022年度苏州市“生态环境保护工作”先进集体	中共苏州市委、苏州市人民政府
市财政局	2022年度苏州市“生态环境保护工作”先进集体	中共苏州市委、苏州市人民政府
市公安局食品药品和环境犯罪侦查大队	2022年度苏州市“生态环境保护工作”先进集体	中共苏州市委、苏州市人民政府
市人民检察院第五检察部	2022年度苏州市“生态环境保护工作”先进集体	中共苏州市委、苏州市人民政府
市自然资源和规划局	2022年度苏州市“生态环境保护工作”先进集体	中共苏州市委、苏州市人民政府
市水务局	2022年度苏州市“生态环境保护工作”先进集体	中共苏州市委、苏州市人民政府
张家港生态环境局	2022年度苏州市“生态环境保护工作”先进集体	中共苏州市委、苏州市人民政府
市融媒体中心	2022年度苏州市“生态环境保护工作”先进集体	中共苏州市委、苏州市人民政府
张家港保税区安全环保局	2022年度苏州市“生态环境保护工作”先进集体	中共苏州市委、苏州市人民政府
张家港经济技术开发区安全环保局	2022年度苏州市“生态环境保护工作”先进集体	中共苏州市委、苏州市人民政府
锦丰镇人民政府	2022年度苏州市“生态环境保护工作”先进集体	中共苏州市委、苏州市人民政府
塘桥镇人民政府	2022年度苏州市“生态环境保护工作”先进集体	中共苏州市委、苏州市人民政府
凤凰镇人民政府	2022年度苏州市“生态环境保护工作”先进集体	中共苏州市委、苏州市人民政府
市发展和改革委员会	2022年度全市“推动数字经济时代产业创新集群发展工作”先进集体	中共苏州市委、苏州市人民政府
市科学技术局	2022年度全市“推动数字经济时代产业创新集群发展工作”先进集体	中共苏州市委、苏州市人民政府
市工业和信息化局	2022年度全市“推动数字经济时代产业创新集群发展工作”先进集体	中共苏州市委、苏州市人民政府
玖隆钢铁物流有限公司	2022年度全市“推动数字经济时代产业创新集群发展工作”先进集体	中共苏州市委、苏州市人民政府
国泰新点软件股份有限公司	2022年度全市“推动数字经济时代产业创新集群发展工作”先进集体	中共苏州市委、苏州市人民政府
江苏沙钢集团有限公司	2022年度全市“推动数字经济时代产业创新集群发展工作”先进集体	中共苏州市委、苏州市人民政府
江苏腾瑞智联数字科技有限公司	2022年度全市“推动数字经济时代产业创新集群发展工作”先进集体	中共苏州市委、苏州市人民政府
江苏协昌电子科技股份有限公司	2022年度全市“推动数字经济时代产业创新集群发展工作”先进集体	中共苏州市委、苏州市人民政府
江苏灿勤科技股份有限公司	2022年度全市“推动数字经济时代产业创新集群发展工作”先进集体	中共苏州市委、苏州市人民政府
江苏联峰金盾智能科技有限公司	2022年度全市“推动数字经济时代产业创新集群发展工作”先进集体	中共苏州市委、苏州市人民政府
江苏思萃熔接技术研究所有限公司	2022年度全市“推动数字经济时代产业创新集群发展工作”先进集体	中共苏州市委、苏州市人民政府
永兴村朱家埭	苏州市传统村落	苏州市人民政府
江苏华昌（集团）有限公司	民兵工作先进单位	苏州市人民政府、苏州军分区

【编辑　陆雨亭】

媒体聚焦

Media Focus

ZHANGJIAGANG · SUZHOU
苏州 · 张家港

恬庄古街　（徐惠峰　摄）

牢牢把握“首要任务”，勇当新征程上探路先锋

聚沙成塔——张家港城市气质素描

“张家港精神”引领港城迈向新征程

永联的村与企

打卡长江文化，何以张家港？

只此青绿张家港

提升执法质效，优化营商环境

張家港年鑑(2024)

牢牢把握“首要任务” 勇当新征程上探路先锋

韩 卫

在贯彻落实党的二十大精神开局之年，在阔步中国式现代化国家新征程的关键时刻，2023年全国两会期间，习近平总书记亲临江苏代表团参加审议并发表重要讲话，要求江苏“在高质量发展上继续走在前列”，提出“四个必须”明确要求和“四个走在前”重大任务。

省委明确提出，要深入学习贯彻习近平总书记重要讲话和全国两会精神，牢牢把握新征程上江苏工作的总要求、总目标、总蓝图，以当表率、做示范、走在前的果敢担当，上下一心、真抓实干、奋发进取，扎实推动高质量发展走在前列、更好“扛起新使命、谱写新篇章”，不断为强国建设、民族复兴伟业添砖加瓦、增光添彩。

殷殷嘱托记心间，感恩奋进正当时。张家港将深入贯彻党的二十大精神和全国两会精神，坚持以习近平新时代中国特色社会主义思想为指导，紧紧围绕张家港“现代化建设先锋年”工作主题，以“探路者”的姿态和“挑大梁”的自觉，真抓实干、奋勇争先，推进“强富美高”新江苏现代化建设张家港实践，为全省发展大局做出新的更大贡献。

坚持创新驱动发展 在实现高水平科技自立自强上展现新作为

习近平总书记强调，加快实现高水平科技自立自强，是推动高质量发展的必由之路。

近年，张家港坚定不移走科技创新引领产业转型之路，在全国率先发布创新驱动发展（张家港）指数，企业创新积分制获科技部肯定推广，获评全国首批创新型县（市）。新时代新征程，张家港将持续打响“创新张家港”品牌，同步发力科技招商、产业招商、人才招引，打造创新驱动高质量发展的全国县域典范。

建设高能级的科创载体。加速布局“龙头企业拉动、科创平台牵动、高校院所驱动”的创新联合体，建好中科纳米张家港化合物半导体研究所、集成电路产业促进中心等创新平台，融入苏州实验室建设，构筑市域联动的载体圈层，确保到2025年科创孵化载体面积突破400万平方米。

培育高质量的创新主体。推进创新链产业链资金链人才链深度融合，确保3年招引5000个科技招商项目。实施高新技术企业培育“小升高”行动，扩容高企培育“蓄水池”，力争有效高企到2025年突破2000家。建设国家创新人才培养示范基地，施行“产学研预研资金”政策，提升“科技创新研修院”品牌影响力，完善具有全国影响力的产业人才图谱，确保3年新增苏州市级及以上人才（团队）超300个。

营造高水平的创新生态。探索实施“县域创新格次赋分法”，培育更多具有辨识度的创新标杆。深化“厅市会商”“局市会商”工作成效，力争成为科技部全域创新“实验田”。探索多元化科技金融供给体系，深化省科技创新券苏南自创区（张家港）联动试点建设，为科技型企业全周期发展注入“金融活水”，让城市的创新浓度充分彰显。

提升产业发展质效 在服务构建新发展格局上展现新作为

习近平总书记强调，加快构建新发展格局，是推动高质量发展的战略基点。

作为全省重要的滨江工业城市，近年，张家港大力发展实体经济，工业经济发展位居全国县域前三。新时代新征程，张家港将完整准确全面贯彻新发展理念，加快调高、调轻、调优产业结构，推动产业实现质的有效提升和量的合理增长，打造更具竞争力的沿江产业创新集群。

招引优质产业项目。树牢“项目为王”理念，加快222个三级重大项目建设。紧扣招商引资“一号工程”，聚焦8条重点产业链，紧盯世界500强、央企国企、行业头部企业，在建链强链补链延链上重点发力，不断创新产业链招商、市场化招商等模式，确保今年引投超1亿元项目200项以上，超10亿元产业链重要节点项目50项，在50亿元、100亿元级重特大项目招引上实现新突破。

壮大先进制造业集群。抢抓苏州“产业在沿江转型”机遇，推动冶金、化工、纺织等产业向新材料方向转型，促进行业高端化、智能化、绿色化发展。深入推进智能化改造、数字化转型，创建一批综合效益显著的示范智能车间和智能工厂。力争到2025年形成5个1000亿元级、若干个100亿元级产业集群，新能源、智能高端装备、特色半导体、先进材料4个产业创新集群总营收突破7000亿元。

促进区域协调发展。放大“苏锡通”几何中心的区位优势，探索建立跨区域多领域合作联动机制，深度融入长三角一体化发展和长江经济带发展，自觉融入苏州市域一体化发展，打造跨江融合“桥头堡”、苏锡联动“先行军”。加快推动内部板块之间的联动发展，提升城市能级和发展竞争力。

打造乡村振兴样板 在推进农业现代化上展现新作为

习近平总书记指出，农业强国是社会主义现代化强国的根基，推进农业现代化是实现高质量发展的必然要求。

近年，张家港全面推进乡村振兴，完成“率先基本实现农业农村现代化三年行动”，村均可支配收入达1687万元。

新时代新征程，张家港将深刻把握“强国根基”战略定位，主动扛起“三农”工作的港城担当，聚焦乡村振兴重点任务，打造“锦绣江南鱼米乡”的港城样板。

打造都市现代农业高地。严格落实粮食安全责任制，优先保障乡村产业发展、乡村建设用地，加快“三高一美”示范基地建设，改造提升高标准农田，确保粮食播种面积稳定增长。实施绿色种养循环农业试点项目，确保绿色优质农产品比重持续提升。推动金融服务乡村振兴示范区建设，引导工商资本参与农业农村现代化，争创“国家农村产业融合发展示范区”。

建设宜居宜业和美乡村。坚持“形神兼备”“内外兼修”，科学编制“多规合一”实用性村庄规划，实施农村住房改善五年行动，推动农村公共基础设施持续提档升级。片区化推进乡村振兴工作，深化县（市）、区镇（街道）、村（社区）三级联动发展，争创“省农村人居环境整治提升示范县”。点面结合打造特色亮点，争取实现长江沿线美丽宜居乡村建设全覆盖，充分展现乡村的和谐之美、人文之美。

绘就强村富民幸福画卷。健全农民增收长效机制，加强对低收入村集体帮扶举措的市级统筹，组建镇级股份经济合作联社，加快镇村产业转型，培育一批村级经济高质量发展典型，发展壮大村级集体经济，加强新型农业经营主体和职业农民培育，力争到2025年村均可支配收入超2000万元。

奋进新征程，建功新时代。张家港将始终坚持以习近平新时代中国特色社会主义思想定向领航，牢记习近平总书记的殷殷嘱托，深入贯彻落实上级部署要求，与时俱进大力弘扬张家港精神，加快推进“强富美高”新江苏现代化建设张家港实践，在推进中国式现代化的生动实践中先行示范、勇当先锋。

夜色中的长江张家港水域码头运输繁忙

（施柏荣　摄）

（摘自2023年3月31日新华日报社“北京西路瞭望”微信公众号）

聚沙成塔
——张家港城市气质素描

刘　亢　凌军辉　杨绍功　王恒志

这里书写人与自然的和谐共生。从青藏高原奔腾而下，长江一路浩荡万里，奔流入海前在这里拐了最后一个弯；江水千万年冲积，沙洲连片成陆，人们抟土治水，滩涂沙地终成鱼米之乡。

这里演绎白手起家的城市逆袭。1962年，常熟、江阴的24个公社（场）合并成立沙洲县，1986年撤县建市以境内天然良港命名。61年来，从“全县只有一部柴油发电机”到连续30年位列全国百强县前三，张家港以占全国万分之一的国土创造千分之三的GDP，苏南“边角料”蝶变全国“明星城”。

这里垒筑享誉华夏的精神高地。全国文明城市“六连冠”、首批“国家生态市”、中国率先全面建成小康社会范例城市……200多项国家级荣誉背后，江南隽秀和长江豪迈激荡融合，孕育出“团结拼搏、负重奋进、自加压力、敢于争先”的张家港精神。

万众一心，聚沙成塔。物理聚合变化学凝合，万千沙粒构筑令人向往的一生之城；彼此支撑又相互成就，物质文明与精神文明如同DNA双螺旋结构，融入发展基因，塑造张家港非凡的城市气质。

极致·包容

连接张家港保税区到港区的长江中路，车水马龙、厂区林立。从沙土路到碎石路，再到水泥路、柏油路，这条2公里多长的路见证张家港人白手起家、因港而兴的奋斗历程。

30多年前，这里一片荒滩，本没有路。为迎检争取保税区，张家港人苦干一个月，眼看碎石路即将铺好，却被一场倾盆大雨冲得坑坑洼洼。第二天就要投用，300多名干部群众连夜支援铺洒沙石，天亮后，来检查的上级领导看到平整路面，惊叹不已！

穷奔沙滩富奔城，沙上人家最勤奋。连夜赶工，将手电筒绑在测量杆上照明；1个多月动迁1284户居民，5个多月建成万吨化工码头，9个多月保税区封关运行……1992年，全国首家内河港型保税区建成，"张家港速度"轰动全国。

轮廓形似树叶的张家港，是由几块江南"边角料"拼凑而来——南边是常熟、江阴划过来的几个乡镇，北面是长江沙洲围垦而来的土地。唯有张家港港，常年不冻、水深优越，但最早也只是个淤塞的运河古渡。

拼出来的地方，只能拼命向前。西承奔腾而来的滔滔江水，东抵涨落起伏的滚滚海潮，张家港人骨子里的冲劲被改革开放之火点燃。

20世纪七八十年代，张家港建港开埠，率先在江苏实现村组公路全覆盖，为乡村经济崛起奠定基础；

20世纪90年代，对标周边最强县市后发赶超，张家港叫响"三超一争"，即工业超常熟、外贸超吴江、城建超昆山、样样工作争第一；

进入新世纪，张家港以总分第一成为首批"全国文明城市"，率先基本达到江苏省和苏州市现代化指标体系总体要求；

……

面对机遇，白手起家的张家港总是抢先一步、多做一点，往往把不可能变成可能。"别人条件都比我们好，我们能做的就是'先下手为强'。"时任张家港市委书记秦振华忆及当年感奋不已，后发赶超千难万难，没有争第一的气、创唯一的劲怎么可能成功?

双向6车道，宽得"像机场跑道"；投资3亿元，超过全年财政收入……1992年，张家港自筹资金开工建设全国县级市第一条高等级公路张杨公路，预计工期3年，实际只用1年半。2023年9月，仅用1个工作日，土地成交、企业拿地、多证齐发，广大鑫盛风电装备关键部件科研生产基地落地。张家港速度如时光列车，呼啸向前。

追求极致，聚沙成塔。如今的张家港，9家企业入围"中国民营企业500强"，培育营收超百亿元企业12家，地区生产总值超过3300亿元，每天创造的GDP相当于建县时全年的9.6倍。

上善若水，大浪淘沙。水与沙相融共生造就张家港人开放包容、久久为功的独特气质。

长江流到张家港，江面豁然变宽，天赐优良江港，赋予张家港人放眼世界的胸怀。张家港港务集团码头，进口原木堆垛如山，年轮圈转犹如沙土层叠，标注开放高度：40年前，这里迎来新中国成立后第一艘进入长江的外轮；2021、2022年外贸进出口总额连续突破400亿、450亿美元大关，创历史新高，获评国家进口贸易促进创新示范区。

以"城"相待，成就未来。15年前，河南人高要鑫到张家港做保安，如今他不仅买了房，还通过志愿服务日益融入这座城市，把父母亲人都带了过来；13年前，海归博士朱廷刚将氮化镓材料项目落户张家港，在政策、资金等全方位支持下，这个填补国内空白的新技术迅速投产……"来了就不想走"，各类人才到张家港，总能找到施展才华的舞台。

外地人仅凭一部手机，就能享受图书借阅、青年公寓等优质服务；客户远道而来错过工作时间，保税区从接待窗口到作业码头，全链条主动加班；张家港人参加正式会议，口音再重也坚持讲普通话……身心皆安处，他乡胜故乡。推行新市民积分服务、设立新市民救助基金、推出新市民意外保险项目……市民化待遇、亲情化服务，新市民不断涌入，为这座"移民城市"持续注入活力。

"包容四方又追求极致是这座城市最鲜明的精神脉动，万千沙粒在张家港精神的聚合下终成万丈高塔。"张家港市委书记韩卫说，61年城市发展史，是奋斗逆袭史，也是精神成长史。极致是指路灯、包容是黏合剂，两者完美融合，共同构建物质精神双子塔。

土生土长的东渡纺织集团，总部在张家港，贸易中心在新加坡，制造基地遍布海内外。每建一家工厂，企业都把"张家港精神"展示在显著位置。集团董事长徐卫民把这16个字称为张家港人的"魂"，"走到哪里都不能丢、不会丢"。

匠心·创新

丰沛的水资源赋予张家港人如水的性格，灵动随和，但只要认准目标，又执着专注。

沙钢集团创始人沈文荣曾押上全部家当，从英国引进一条75吨超高功率电炉炼钢、连铸、连轧螺纹钢生产线，对于这套当时代表先进水平、投入巨大的生产线，很多大钢厂都望而却步。面对质疑，沈文荣决心坚定："假如这个电炉项目引进失败，就把它作为展览品，我去卖门票！"

淘尽黄沙始见金。建成亚洲第一座竖式电炉；打造研究院延揽全球顶尖人才，年产优质钢材超2000万吨；投入2亿美元上马50万吨双辊铸轧产线，超薄带产量约占全球一半……从小作坊起家，沙钢一步步成长为中国最大民营钢铁企业，连续15年位列世界500强。

匠心成就过去，创新引领未来。转型升级冶金、机电、化工、纺织四大传统产业，精准培育新材料、新能源、半导体、智能装备四大新兴产业，张家港加快形成新质生产力，发展动能焕新如沙洲生长，韧性十足。

沙钢智造车间，新产品厚度仅0.8毫米，每平方厘米可承受上万公斤重量；"张家港号"液体运载火箭成功发射，天兵科技40亿元打造的运载火箭智能生产基地，将港城发展空间引向苍穹宇宙……

凛凛江风、滚滚江潮塑造张家港人不畏艰险、永争一流的性格。

仅用8年，专注研发功率半导体芯片，从4个人的小工坊成长为拥有38项发明专利的科创板"小巨人"，锴威特半导体董事长丁国华说："在张家港创业，每一天都在'高考'。"

一个月内上市3家企业——2023年8月，长华化学、锴威特、协昌科技三家科技型企业接连上市，登顶全国县级市单月上市数量最高峰。张家港境内外上市企业34家，其中科创板上市6家，彰显这个县级市竞逐科创新赛道的雄心。

让创新成为各行各业通行证，张家港在全国首创企业创新积分制——企业创新成果、专利技术折算相应积分，可以兑换财政资助、人才礼遇等优惠。近年，累计有8000余家（次）企业获得50余万分，政府据此发放扶持经费超9亿元。

有求必应，无事不扰，说到做到。盛虹集团董事长缪汉根感慨，在张家港，政府与企业双向奔赴，优良营商环境就像空气、水一样自然。精确到天、落实到人、专班推进——2023年1月份签约、7月份开工，张家港以最快速度推动总投资306亿元的盛虹储能项目开工建设。2023年以来，张家港已有1600余家企业享受各类政策优惠，其中免申即享的就有1200余家。

1998年以来，陶氏化学累计投资30亿美元，打造高新材料一体化基地；采埃孚平均每15个月就投资一个新项目，建成亚太区最大生产基地，被誉为“采埃孚全球灯塔工厂”……41家世界500强外资企业在张家港投资67个项目，见证营商环境不断改善。

不仅培育产业精益求精，治理城市也独具匠心，毫末之间最见功夫。20多年前，修建高速集中取土留下千亩深坑。张家港人别出心裁，堆土成山、蓄水成湖，以古地名“暨阳”命名。如今，这个水波潋滟、绿意盎然的国家4A级景区早已融入市民生活，成为城市双修典范。

破解“城市病”，贵在匠心，要在创新。连续3年新增停车位近2万个，潮汐停车、共享停车、短时停车、智能停车等让“夜泊港城”轻松写意。遇电动车乱停乱放，执法者不是简单拖走罚款，而是千方百计联系车主、耐心说服。硬约束变软劝导，社会治理润物无声。

人与城双向奔赴，共治共享生根开花。钱塘社区依托靠前服务和居民议事制度，把物业、共建单位、党员业委会代表等各方拢在一起，探索“幸福合伙人”治理模式——事事有人管、处处见公益、人人齐参与。

积铢累寸，日就月将。初到张家港，人们多惊叹其干净整洁、产业发达；时间久了，则感慨其精致舒适，匠心创造俯拾皆是……

“我们不仅要有精气神，还要干精细活儿。”张家港市委副书记、市长蔡剑峰说，以匠心致创新，小城市有大格局；以创新显匠心，小环境见大气象。传承匠心、矢志创新，张家港永远在路上。

共生·融合

“暨阳城北皆洪流，尚是江尾已海头。”在张家港，“沙”“圩”“埭”等地名遍布全域，尽是天工与人力的印记。《张家港市土地志》记载，自宋代开始沙洲围垦，当地实际围出的“沙上”土地，约占如今陆地总面积的三分之二。

改革开放初期，这座从长江中长出来的城市“村村点火、户户冒烟”，“靠江吃江”致小码头林立、养殖场臭气熏天。

人与自然的千万年竞合，而今在求解“为什么发展”“怎么发展”中，找到新答案。

曾遍布养殖场的双山岛“整岛保护”后化为世外秘境，因采石“伤痕”累累的香山恢复绿意花香，张家港湾生态修复提升后成为网红打卡地……翻阅港城摄影师范品才横跨40余年的数十万张照片，宛如穿越时空，窥见这方水土生态优先、绿色发展巨变。

以人与自然和谐共生为“导航仪”，张家港全地域保护、全过程防控、全形态治理，2016年以来累计排查整治“散乱污”企业8629家，长江张家港段生态岸线稳定保持在50%以上……

站在张家港湾观景台远眺，西南，工业园与港口作业区日夜繁忙；东向，鸟飞鱼跃、游人如织，见证大江东去、进退变迁。

生态惠及民生。家住市中心的老街坊们惊喜发现，曾被商住楼覆盖、变成脏兮兮“地下河”的小城河重现绿波荡漾，沿河蔷薇满架、绿树成荫，健身设施点缀其间，成为市民散步首选。

环境创造财富。2017年底，张家港将开票销售收入28亿元、入库税收2.58亿元的东沙化工园区全面关停，成为江苏首个整建制关停的化工园区。

抱着“宁可减少财政收入，也不要黑色GDP”的决心，腾出环境容量指标的东沙化工园蝶变江南智能制造产业园，吸引总投资超50亿元的优质项目。走进变形积木（江苏）新材料科技有限公司，机械臂自动抓取龙骨架，经过加热、固化、合模等，一个个集成卫浴复合底盘快速下线。负责人马余辉说：“吸引我们的不仅是免费的过渡厂房、人才公寓，更是碧水蓝天、务实高效的自然人文环境。”

新园区向东一河之隔，是张家港农业资源和田园风光富集区——常阴沙现代农业示范园区。生态好了，主业更值钱，“常阴沙大米”不久前上榜第二批全国名特优新农产品名录；“副业”同样潜力巨大，昔日国营农场变身国家生态环境科普基地，建成“江畔田园”乡村生态旅游集群。

探路中国式现代化，不仅要消解发展和生态的张力，更要弥补城市与乡村的鸿沟。

社区住宅高楼林立、柏油道路宽阔平整、公共服务优质高效……初到张家港的人难免会迷惑：看地名是乡村，街容巷貌却不逊城镇。

“农业解决根本问题，工业化解决小康问题，城市化与工业化同步推进解决富裕问题。”翻开农联村党委书记赵建军27年的《民情日记》，可以探寻张家港城乡差距极小的秘诀。2022年农联村可用财力突破1亿元，较2004年增长18倍，村民人均收入突破6.3万元。

农联村并非孤例。在张家港174个村中，每年经营性收入超千万元的达到84个，2022年村均集体经营性收入达到1583万元，城乡居民收入比缩小到1.82∶1，是全国城乡差距最小的区域之一。

江南特色的秀美农房小院，出门15分钟内能到公园、菜场、超市，老人可以在村卫生院针灸推拿，孩子放学后有托管辅导，年轻人家门口就业创业……张家港农村的普遍模样，令人向往。

始终把城和乡作为整体谋划，以工哺农、以城带乡、以乡促城，让全体人民共建共享发展成果，城乡一体化在这里有了新表达。

在永联村，共同富裕的新注脚令城里人羡慕。社区卫生院拥有CT等大型检测设备、专家定期坐诊、每个村民都有数字健康档案，率先试点数字人民币消费、5G全域覆盖，文体馆运动健身一百元包年，农村家庭信用体系让农民享受低息贷款、打折消费……

“高水平生活背后是高水平共享。”永联村党委书记吴惠芳说，20世纪末村办企业改制大潮中，永联村党委将永钢集团25%的股份留给村集体，每年分红超亿元。

共享发展成果不仅体现在农村。穿行张家港城区，很难从外观上分清安置房和商品房。一直以来，当地高标准、大规模建设安置房，和商品房供应量总体相当，与农民、市民共享土地经营收益，奠定城市和谐发展之基。

沙藏万象，滋养万物。重塑人与自然关系、打破城乡发展隔阂，融合共生正成为城市发展催化剂，万千沙粒由物理聚合变为化学凝合，最终构筑一座面向所有人的未来之城。

景致·境界

海拔136.6米的香山是张家港最高峰，再向上64.8米，从城市制高点聆风塔眺望，天高云阔，水清河畅，满目皆绿。

漫步街巷，触摸肌理，“极致干净”是这座城市给人的最直观印象。1992年，张家港人人动手上街，“80万把扫帚”扫出首批“国家卫生城市”；如今人人自觉维护，全面、全域、全民、全时保洁，让休闲广场、街角公园等“城市客厅”随处可坐，“最干净”成为张家港“金口碑”。

不仅可远观细品，还能开门见绿、随处赏景。建县时绿地面积不足1公顷的张家港，如今绿化覆盖率43.11%、人均公园绿地面积18.03平方米。“300米见绿、500米见园”，大大小小的公园错落有致、连点成片，城园融合，不分彼此。

营造好风景，陶冶好心情。到独立咨询室打开“心房”，去心理小剧场找寻答案，玩小游戏宣泄情绪……走进暨阳湖畔的社会心理服务指导中心，仿佛来到开心驿站。一墙之隔就是婚姻登记处，刚领结婚证的小张夫妻受益匪浅，“了解很多管控情绪的知识，对呵护健康心理、健康婚姻很有帮助”。

2022年5月，张家港发布的全国县级市首个社会心态报告显示，居民对幸福感、获得感、公平感等评价趋高，呈现较好的社会情感状态。

健心也要健身，身心愉悦才是幸福。40年前诞生于凤凰镇的“贝贝杯”少儿足球赛，至今仍是很多国人最美好的足球记忆；城区5分钟、区镇10分钟体育健身圈日益完善，健身智能步道随处可见。

阅读是城市最美风景。2014年申请实用新型专利的24小时图书馆驿站，如今已有56家；图书馆总分馆体系覆盖全域，每年读书活动超2000场……张家港打造处处、时时、人人可读的全民阅读推广服务体系，2022年居民综合阅读率95.51%，六成居民每天阅读一小时以上。

于沙洲湖源书房凭栏诵诗、在梁丰生态园跑步踢球、到竹林童话书屋感受童趣、沿恬庄古街感受优良家风……将城市C位留给公共空间，是这座公园城市给人们的最好礼物。

城景、心景、文景彼此融合、交相辉映，催生另一种无形风景。

一台公益冰柜，引来八方“上货”。炎炎夏日，张家港爱心店主姚登磊发现“水越取越多”，于是在冰柜旁竖起一面白板，请来添水的爱心市民留下姓名。白板上有车牌号、班级名、社区名，唯独没有一个真姓名。这一切，像极了当年那个“张闻明”。

“张闻明”不是一个人，这个取自“张家港文明”的化名曾捐助西部教育事业，一度引发全城寻人。如今，张家港30万志愿者服务总时长超1000万小时，去年服务200小时以上的志愿者超6000人，每五个张家港人就有一名志愿者。

一个“人”，带动一群人，重塑一座城。“阳光叔叔”朱钱明近20年捐款200多万元，资助上百名山区孩子；退休公务员郑燕8年累计志愿服务2.7万余小时，平均每天7个多小时……

志愿服务丈量文明厚度，文化“两创”垒筑文明高度。凤凰山下，吟唱千年的河阳山歌经过全新演绎，进京展演、登上“国家公共文化云”平台；博物馆里，非遗手工、观展夜游、国风音乐会等体验式活动，让文物活起来、火起来……传统文化灌溉新生活，现代文明有了新表达。

地处江尾海头，张家港与长江缘分天定。曲艺表演、非遗展示、论坛研讨、文学创作……长江文化、江南文化深度交融，孕育连续举办20年、不断推陈出新的长江文化节，线上线下吸引超5亿人次参与，江边小城与万里长江碰撞出璀璨文明火花。

市图书馆一楼综合借阅室 （褚珊珊 摄）

“水积之厚，浮大舟有力。”张家港市委书记韩卫说，相互交融、彼此支撑、不断重塑，物质与精神就是城市基因的双螺旋结构，不仅创造奋斗崛起的甲子辉煌，也必将绽放更加幸福美好的港城芳华。

1200多年前，唐代高僧鉴真六次东渡，从张家港黄泗浦出发最终成功，谱写一段文明传播壮丽史诗。如今，物质文明和精神文明协调并进的张家港勇立船头、高擎风帆。

（摘自2023年10月31日《新华每日电讯》）

探路物质文明和精神文明协调发展的现代化

“张家港精神”引领港城迈向新征程

李仲勋　徐瑞雅

7月18日，苏州市重大产业项目现场推进会在张家港举行。现场，盛虹控股集团储能电池超级工厂和新能源电池研究院项目正式开工。1月31日项目签约、3月16日立项备案、5月29日取得能评批复、6月19日取得环评批复……翻看这个总投资306亿元的项目“进度表”，全流程服务，把项目推进的时间精确到天、责任明确到人，彰显出张家港人分秒必争的激情、敢为善为的姿态。

无论何时，来到张家港总能感受到一股火热的干劲、敢闯的精神，在全面贯彻党的二十大精神的开局之年更是如此。

这股历久弥坚的精神力量，从筚路蓝缕的历程中砥砺而出，在连续六届荣获“全国文明城市”中淬炼升华，于巩固提升百强县“前三名”位次的进程中激情迸发，至今仍引领着张家港迈向新的征程。这就是“张家港精神”！

“过往的实践证明，唯有精神上立得住、站得稳，才能无惧环境形势的变化，应对化解各类风险挑战，阔步高质量发展新征程，在推进中国式现代化中走在前、做示范。”张家港市委书记韩卫表示，张家港与时俱进大力弘扬“张家港精神”，敢为先锋、担当作为，走稳走好物质文明和精神文明协调发展的特色之路。

实体经济强是张家港的看家本领，也是高质量发展的底气。围绕冶金新材料、先进（高分子）材料、智能高端装备、高端纺织4条特色优势产业链，以及新能源、特色半导体、生物医药及高端医疗器械、数字经济4条新兴领域产业链，张家港不断强链补链延链，全力构建以先进制造业为骨干的现代化产业体系。

6月21日，美国陶氏公司有机硅下游产品扩建项目在张家港保税区奠基，加上之前落地的多个环境友好、引领转型的新材料项目，目前陶氏张家港生产基地已累计投资30亿美元。就在一路之隔，霍尼韦尔高性能材料亚太区总部项目也即将投运，与特性材料和技术一体化生产基地、UOP中国研发及工程技术中心等项目共同形成企业在张家港的战略布局。

产业链强链补链延链，既要开放支撑，更要创新驱动。炎炎夏日，来到天兵科技运载火箭及发动机智能生产基地，只见施工云梯缓缓升起，运输车辆往来穿梭，施工人员加足马力，赶工期、抢进度。项目主体已全部竣工，投产后预计可年产30枚液体运载火箭和300台火箭发动机。

2023年，张家港把科技招商作为产业创新突破的发力点，北上京城、南下深圳、飞赴海外，招揽创新合伙人，朝着“3年招引5000个科技招商项目”的目标迈进。上半年，张家港重大项目累计完成投资199.8亿元、投资完成率54.4%。

阳地钢装配式建筑（张家港）有限公司　（李卓旭　摄）

对于张家港来说，开启新征程，走在高质量发展前列，既要有雄厚的物质基础，也要有强大的精神文明。

“逆锋起笔、笔尖画圆、顿笔不动，蓄力向后自然划去，这就是篆书的一横。”在张家港市永联村，4月份揭牌成立的暨阳书画社，成为村民们茶余饭后的好去处。成立以来，书画社邀请书画家前来授课，让传统书画艺术植根乡土，以文化浸润百姓生活。村里的书画社成为村民文化生活不断提升的缩影。

锚定城乡一体文明这个最大特色，张家港创新城乡文明融合发展新路径，推动文明向更高层次迈进。

张家港市委副书记、市长蔡剑峰表示，张家港深入开展文明攻坚“十大行动”，持续推进更高水平文明城市建设，不断提高社会现代文明程度，在建设中华民族现代文明上探索新经验。

更高水平的文明，呼唤更有效的治理。自从多了一个“平安高新”特派委员的新身份后，张家港市公安局塘桥派出所民警庞宏亮不定期与网格员一道进村入户，进行人口管理、排查安全隐患、开展反诈宣传、调解矛盾纠纷等，及时化解村民的“急难愁盼”。

2023年3月，张家港启动全国党建引领乡村治理试点，借助高质量党建引领基层治理现代化“根系工程”，打造共同富裕、幸福生活的县域典范。

盛夏时节，行走港城，不仅领略到高质量发展的气象万千，更真切体会到“张家港精神”所焕发出的时代伟力。在这种强大精神力量的指引激励下，张家港一定能够展现新作为，绣好更具魅力的物质文明和精神文明“双面绣”！

（摘自2023年7月23日《新华日报》）

永联的村与企

何　方　武伟宸等

昔日长江边，一个围垦而成的滩涂村，却成为“华夏第一钢村”。无米之炊，无源之水，曾是人们对这里最客观的评价。在“乡镇企业”纷纷转制的时候，他却一意孤行，给村里留下了25%的股份。跌跌撞撞一路走来，他们经历过怎样的至暗时刻？永联村村子与企业，几十年间如何共生共长？一起来了解永联村从“长江滩涂”到“传奇村庄”的故事。

江苏省张家港市南丰镇永联村，区域面积10.5平方公里，常住人口已超过23000人。而就在半个世纪之前，地图上还没有永联村这个名字，这里还只是长江边上的一片滩涂。但就是从这里，诞生了一家全国500强的企业——永卓控股有限公司。不仅如此，永联村几乎凭借着自身力量，让一座现代化小镇拔地而起。

在全国近70万个行政村中，论资源、论地理位置，永联村并不突出，究竟是什么成就了永联村的今天？

1978年，永联村的第一任书记吴栋材来到这里时，村里人均年收入68元，但村集体的负债却高达6万多元。这个十年九涝，不长庄稼只长芦苇的村子，要怎么办才能摘掉贫困的帽子呢？

——从“以粮为纲”到“以钢为粮”！敢破敢立，白手起家淘得第一桶金

——敢想敢为，上马炼钢项目，往产业链的上游寻找突破，杀出一条血路

——“乡镇企业”集体退潮，要做逆流而上的“独苗”，给村里留下25%股份

永联村“以钢而兴”，然而近年有分析认为：中国钢铁消费下滑明显，预计未来几年中国粗钢消费量将呈现震荡下降趋势。这一次，企业和村庄这对命运共同体，要如何共渡难关，这条属于永联的村企联合发展之路，又会通向何方呢？

——实施产品普转优、优转特战略，在钢铁行业的颓势中逆流而上

——不忘承诺，人民才是基础，没有根基，就没有发展的余地

——从“授人以鱼”到“授人以渔”，由工业化带动的产业跃迁

永联村有村民11000人，适龄劳动力5000余人。而随着集中居住，村民们结束了白天田间地头，晚上扛着锄头上楼的生活，大部分人选择将土地流转出来。这些从土地上解放出来的劳动力要如何安置？农民千百年来形成的活到老干到老的生活方式，又是否会被改变呢？

——乡村振兴为什么普遍要搞旅游？不光要算经济账

——在钢铁板块之外，再发展其他产业，篮子里不止是一个鸡蛋

——让老百姓享受到现代化的生活环境很好，同时也要转变村民的思想观念

江苏省张家港市永联村党委书记吴惠芳：我们永联这些年来，乡村振兴的过程，也是共建共享的过程，现在回过头来看永联，钢厂不可复制，但是我们以钢厂为主体的集体经济发展路径、机制是可复制的。永联小镇不可复制，但是

永联小镇一景　（黄智强　摄）

永联乡村治理的机制、体制、模式是可复制的。农村要从小到大，从弱到强，从穷到富，不是眼睛一眨，老母鸡变鸭的过程，要一茬一茬接着干，一点一点积累，持续奋斗。

（摘自2023年12月16日中央广播电视总台《新闻调查》）

打卡长江文化 何以张家港？

倪 伟

国家博物馆“鉴往知远——新时代考古成果展”正在展出一件特别的瓷器。这只短流的青黄釉执壶身上，贴塑着植物型的浮雕纹饰。令人惊讶的是这种纹饰——椰枣纹，并不是中国常见的树种，而是一种阿拉伯地区常见的高大乔木。

多年以前，人们发现过极为相似的另一只执壶，出水于印度尼西亚海底的“黑石号”沉船。“黑石号”上的绝大多数瓷器都产自长沙窑，从中国东南沿海经东南亚，通过海运销往西亚、北非。这条航线就是海上丝绸之路。

由此可以推测，国博展出的这件执壶，很可能也是长沙窑烧制的。这只壶出土于江苏省苏州张家港市的黄泗浦遗址。在海上丝绸之路初兴的唐朝，黄泗浦是沿江一处港口，距离长江入海口也很近，是连接长江与海上丝绸之路的一个重要节点。很多内地货物沿着长江运到黄泗浦，在此地“小船换大船”，踏上海运之路。

纵然千年沧海变桑田，张家港特殊的地理位置与执壶烧制的年代相比仍没有太大改变。今天，张家港依旧是长江入海前最后一道湾，变换视角来看，也是江海交汇第一湾。

张家港市是长江边的重要港口城市。从经济到人文，长江这条母亲河，不断地滋养着这片“古老又年轻”的土地。1968年在一片滩涂和芦苇荡中开工建设的张家港港，1983年迎来新中国成立后首艘进入长江的万吨外轮——巴拿马籍“日本商人”，2006年成为全国县域口岸第一个亿吨大港，“以港兴市”逐步把张家港建成现代化港口城市。

与此同时，近20年来，这座长江尾上的港口城市，还拥有了另一个标签：长江文化的汇聚之地。

接续推进文明典范城市创建

黄泗浦遗址就像一个中国唐宋瓷器博物馆。当考古人员揭开古河道的泥土时，河道底部密密麻麻的瓷器令人眼花缭乱。细看这些瓷器，景德镇窑、龙泉窑、磁州窑、建窑、越窑、长沙窑……一共来自近半个中国的20余个窑口。如今在张家港博物馆，这些修复后的瓷器一一排列，依稀可以领略海上丝绸之路兴盛时期的繁华。

参与过黄泗浦遗址发掘的张家港市文物保护管理中心工作人员董强对《中国新闻周刊》说，黄泗浦如今距离长江约14公里，而一千年间东部沿海的地貌发生过很大变化，正是因为海岸线和长江的变迁，使得江海之畔的黄泗浦变成陆地，留在河底的遗物才得以被发现。黄泗浦还有一项独特的历史意义——在《唐大和上东征传》里，明确记载鉴真成功东渡日本，就是从黄泗浦登船启航的。2019年，黄泗浦遗址入选“2018年度全国十大考古新发现”。

由此可见，当时黄泗浦也是长江流域一个极为重要的中转港口，承载着千年以来的长江文化。10月20日下午，黄泗浦遗址生态公园的步道两侧，迎来了十余件复制的著名文物，有成都平原三星堆遗址的青铜立人、湖南的人面纹方鼎、浙江的良渚玉琮……这些文物形态各异，却有一个共同出身：来自长江流域。十余件文物串联起长江全流域的古代文明，呈现出一幅千姿百态的长江文化图景。

这个“江海奇幻游——长江文明与海上丝绸之路”开放式博物馆特展，是2023年长江文化节的一部分。当天，长江文化节在张家港开幕。

2023年已经是张家港连续20年举办长江文化节。2004年，长江文化节刚起步时，被誉为“县级市扛起了弘扬长江文化的大旗”，这句话贴切地反映了张家港办长江文化节时的形势，以及当时长江沿线城市对张家港的态度。

已经退休十余年的徐洪高，曾担任张家港市文广局副局长，是创办长江文化节的元老之一。他向《中国新闻周刊》回忆，20世纪末，大连国际服装节、青岛国际啤酒节、潍坊国际风筝节等一系列节庆活动在全国兴起，带来轰动效应，张家港能否办个长江文化艺术节呢？经过精心筹备，2004年秋天，首届长江文化艺术展示周在张家港隆重开幕，2008年更名为长江文化艺术节。

“那时候网络也不发达，查不到什么东西，怎么办长江文化节、长江文化有什么内容，全都是一片空白。”徐洪高回忆道。但张家港人的决心很坚定。开始的两届，长江文化节就迅速打出名气，演出不仅在舞台上演，也走到街头乡间、百姓身边。江西的傩舞、重庆铜梁的龙灯舞动在街头，引来十万群众，围得水泄不通，那画面让徐洪高至今想来仍然感动不已。

从筹办初的茫然，到如今的羽翼丰满，长江文化节20年发掘和展示的长江文化，到底是一种什么样的文化呢？这个问题难住了徐洪高。他思忖了片刻说，无法归纳或许是对的，长江文化就是一种千姿百态、百花齐放的文化。

如张家港市委书记韩卫所说，张家港每年举办长江文化主题节庆活动，拓展了沿江流域“协同融通”的广阔空间，彰显了长江文化“兼容并包”的独特底蕴。

长江文化塑造一座城

10月20日晚上，2023年长江文化节开幕式在张家港保利剧院举行，一台演出汇聚了青海玉树的草原歌舞、云南的小调、扬州的清音、苏州的评弹……20年来，沿江13个省份的地方剧团、民间文艺表演团体、文化馆（群艺馆）等200余个单位在张家港登台献艺，开展各类大型公益文化活动180余项，线上线下共吸引超5亿人参与。

长江文化节的举办，像一台引擎，带动了张家港市文化的整体发展。长江文化节促进了张家港公共文化设施的提升，不仅有城市里的各种文化场馆，乡镇也建起了一批文化中心。硬件的进步只是硬币的一面，另一面是整座城市文化氛围和格调的日渐提升。

在文化的融合共享中，张家港城市文化软实力持续提升。如今，张家港文艺精品层出不穷，荣获1个文华奖、6个群星奖、5个省文华奖、32个省"五星工程奖"；荣获1个中国戏剧梅花表演奖、3个中国曲艺牡丹奖，张家港也成了全国唯一齐获梅花奖、牡丹奖的县级市。

20年前，长江文化还并非一个受到广泛重视的概念。20年之后，当长江沿线纷纷重视和发掘长江文化之时，江尾的张家港已经一步一个脚印耕耘了许久。

2020年，全面推动长江经济带发展座谈会指出，要把长江文化保护好、传承好、弘扬好，延续历史文脉，坚定文化自信；2022年，国家文化公园建设工作领导小组部署启动长江国家文化公园建设，江苏段被列入重点建设区；2023年，三部委联合印发《长江文化保护传承弘扬规划》，推动长江文化成为文化强国建设和长江经济带高质量发展的重要支撑。如今，保护和发扬长江文化上升为国家行动，而张家港的长江文化节已经联动起长江全流域的文化，留下了丰富的经验和成果。

近两年，张家港多了一个新的热门打卡地：张家港湾。站在张家港湾"鱼篓"造型的观景台上，整个港湾尽收眼底。长江在眼前弯折成一个巨大的锐角，拐弯之后，向上海方向的入海口奔流而去。如今，12公里的张家港湾长江岸线被赏心悦目的绿化填满，江鸥在湿地和滩涂上空翱翔，平坦的步道贯穿树林与江岸。而仅仅数年之前，这里还被建材码头、堆场、畜禽养殖场和违建满满占据着。

2019年，张家港湾实施"五大整治提升工程"，生产岸线调整为生态岸线，全面清退占据江岸的建筑和业态，生态保护的行动让张家港收获了一段美丽的长江。张家港与相邻的常熟、太仓沿江三市，共有158千米长江岸线，为做好长江国家文化公园苏州段建设，苏州已经编制了《长江国家文化公园苏州段建设保护实施规划》，重点打造张家港湾——双山岛、黄泗浦等核心展示园。黄泗浦考古遗址公园也已入选长江国家文化公园张家港段先导示范工程。

长江对张家港有着不一般的意义。20年来，不论是长江大保护观念的增强，还是生态的治理提升，这座城市对长江的呵护，背后的"逻辑"，与长江文化节从无到有一脉相承。

从1994年提出争创全国文明城市，到2020年连续六届高分蝉联，"全国文明城市"是张家港最大的IP。张家港也一直在思考能否再增加一个新的IP。什么样的IP"最张家港"？长江。时间给出最好的答案，持续举办20年的长江文化节，已经成为一个新的IP。

如今，长江文化节由中国文学艺术界联合会指导，江苏省委宣传部、江苏省文化和旅游厅、苏州市人民政府共同主办，成为苏州全域、江苏全域、长江全域的文化盛会。江苏致力于将长江文化节打造成为保护传承弘扬长江文化的平台、长江国家文化公园江苏段建设的重要项目和国内外有重要影响的中华文化品牌，更好助力长江文化创造性转化、创新性发展。

长江文化节不仅成为一个IP，坚持从无到有举办20年的历程，也凝聚成某种内在的精神气质。在这股精神的激励下，张家港这座1962年建县、1986年设市的年轻城市，创造过一个又一个里程碑，常年位居全国县域百强榜前三。

"当年我们是一座角落里的小城，小石头推动大石头，几乎不可能，"徐洪高说，"但是我们坚持下来了。这就是江海汇流、敢为人先的气质，就是我们团结拼搏、负重奋进、自加压力、敢于争先的张家港精神。"

（摘自2023年10月25日《中国新闻周刊》）

把"绿水青山就是金山银山"写入发展基因，打造"美丽中国"县域新样板——

只此青绿张家港

杨　溢　陈梦娇　戴　艳

这是张家港交出的一份优美环境答卷——

2022年，张家港水环境质量位列全省第二，连续5年当选"优等生"，空气质量优良率大幅改善，自然湿地保护率提至80%。蓝天白云成为常态，绿水青山触目可及，一个山清水秀的美丽港城向我们走来。

良好生态环境是最大的公共产品，是最普惠的民生福祉。

5年来，“美丽港城”图景充分展现，“环境美”的色彩更加绚丽。张家港牢固树立和践行“绿水青山就是金山银山”理念，以生态文明建设促进高质量发展，全力打造“美丽中国”县域新样板。

以绿为底
厚植生态基因

2月的张家港，一江碧水风光旖旎。漫行于张家港湾，到处生机勃勃，草木丰茂，白鹭翩跹，移步皆是景。

眼前的景象勾起了当地村民方金付的回忆，他说，自己在江边生活了70余年，亲身经历了它从“锈带”到“秀带”的全过程，“这里以前分布着20家大小企业，杂乱无章，现在工业码头、造船厂已经拆除，成了绿色生态带。”

2019年，“张家港湾”生态提升工程启动，将9千米生产岸线调整为12千米生态岸线，构筑140万平方米滨江亲水景观带，倾力打造最美“江海交汇第一湾”。

一场生态修复如火如荼开展，如今，“水中大熊猫”江豚不时来“打卡”，“鸟中大熊猫”震旦鸦雀常来“安家”，近100种鱼类、230余种鸟类成为港城“居民”。

一以贯之的绿色发展理念，让张家港的生态变革力量，落脚在每一户、每一村、整座城。

近5年，张家港扎实开展环境质量“对标进位”“提质增优”专项行动，启动“污染防治攻坚战”“蓝天碧水净土保卫战”、土地治理、危废绿岛建设等工作，实施“堤坡覆绿、还滩于江、植树造林”三大工程……在持之以恒的创新实践中，张家港逐步构建起源头严防、过程严管、后果严惩的生态文明治理体系。

“推窗见绿，出门见景”是张家港人的日常。近年，张家港通过利用城市“边角余料地块”和“巴掌地块”，“见缝插绿”建设“口袋公园”。结合各类道路、河道建设项目，开展绿化工程，增绿面积133.33公顷。

双山岛大伯墩湿地　（双山香山旅游度假区　提供）

在此过程中，张家港走出“生态环境治理+大数据”深度融合的新路子。去年，“张家港市智慧生态平台”上线，同步开发“三联动一执法”和“排污许可证全生命周期管理”等应用功能，为守护一方碧水蓝天插上“智慧翅膀”。

坚持一天一天努力，一微克一微克争取，绿水蓝天成常态。该市水环境质量状况位列全省第二，连续5年实现“三个百分百”，即13个国省考断面优Ⅲ比例达100%、19条通江支流优Ⅲ比例达100%、饮用水源地水质达标率达100%；空气质量持续改善，2017年空气质量优良率68.8%、$PM_{2.5}$浓度为每立方米43.1微克，2022年空气质量优良率82.5%、$PM_{2.5}$浓度为每立方米29微克。

创新转型
迸发“绿色动能”

走进张家港江南智能制造产业园，绿普新材料、建华建材等新材料企业正加足马力生产，产业园内绿意盎然、生机勃勃。

就在几年前，它的名字还是东沙化工园。园内37家化工企业年开票销售收入28亿元、入库税收2.58亿元，曾是张家港经济发展的“主力军”。但化工园区产业层次不够高、影响沿江周边环境等现实问题，也掣肘了高质量发展。

2013年，张家港启动东沙化工园的关停转型工作，2017年正式实现整体关停，成为全省第一个整建制关闭的化工园。

“腾笼换鸟”，实现华丽转身。“十三五”以来，张家港共关停淘汰低端低效企业1323家，摸排整治“散乱污”企业8568家，整治腾出土地5822亩。

从“低散乱”到“高轻新”，张家港用产业“含绿量”提升发展“含金量”。

近年，张家港立足产业优势，以绿色化、高端化、智能化为发展方向，加速推动产业结构调高、调轻、调优，让绿色成为港城高质量发展的标尺。一方面，更大力度推进冶金、化工、纺织等传统产业加快转型升级，实施智造提升、融合发展、绿色转型，向高附加值产业链拓展；另一方面，重点发展高科技、高效益、低污染、低能耗产业，培育壮大新兴产业集群，做强优特钢、半导体、高端装备、化工新材料、汽车及再制造等产业，着力打造一批新兴产业集聚区和产业链。

在沙钢集团5800立方米高炉下方，一列载着铁水包的“电动火车”缓缓驶来。为切实降低能源消耗，减少碳排放，沙钢集团对铁水调度机车进行从“油”到“电”的全面升级，单车年均减少二氧化碳排放380余吨。

“老字号”企业积极唱响“绿色变奏曲”的同时，新能源、新材料、智能高端装备、特色半导体等产业创新集群在张家港加速形成，中车氢能产业园成为港城氢能产业有力的强链项目，天兵科技、大族激光、中鑫汽配等一批优质项目签约投产……实现了绿色产业的全“链”提升，工业经济迸发出强劲的“绿色活力”。

生态自觉
共享绿色生活

每到周末，张家港长江岸边总是会出现一群“绿色身影”，他们或开展生态多样性调查，或忙于净化江滩，或向周围居民宣传环保知识。“保护好长江是每个张家港人的使命，这几年，越来越多的人积极投身到长江大保护的行动中来，江边的生态环境也越来越好。”张家港市环保志愿者曹文千说。

曹文千是张家港市环保志愿者协会的一员。该协会成立于2018年，已有9608名志愿者，组建了“党员先锋队”“绿色倡导者”“环境守护者”“生态践行者”“环保服务者”五支志愿服务队伍，定期开展“自然读书会”“垃圾分类我先行”“环保科普”“笔记自然”“长江大保护”等38个项目，已开展环保志愿服务活动990场，参与志愿者10962人次，总服务时长25553.5小时，受众172233人次。

绿色不仅是一座城市的发展理念，更成为港城人的一种生活方式。“生态自觉”已经成为张家港的一种普遍现象，生动的实践场景随处可见。

“生态环境80、90宣讲团”开展送“课”入企活动，制定了环保信用评价、执法典型案例、固废规范化管理等13个宣讲主题，以此送“课”入企，为企业发展注入绿色动能。

南丰镇建农村将环保岗列为“和美乡风志愿岗”首批试点，村民用可回收物可以兑换酱油、醋、纸巾等生活用品，鼓励引导村民养成垃圾分类的良好习惯，受到了广大村民的一致好评。

乘航小学持续开展“绿种子”成长课程，通过实践、研究、探索等项目活动，让孩子们探种子之美、品种子之格、寻种子之力，真正成为守护港城环境的“生态小公民”。

张家港还大力开展节约型机关、生态文明建设示范镇村等创建活动，推广“光盘行动”“旧物新生”等环保公益行动，一场场深入人心的环保行动，汇聚起“全民参与”的磅礴力量。

入选国家典型地区再生水利用配置试点城市、全省首批生态产品价值实现机制试点城市，张家港经开区获评国家生态文明建设示范区（生态工业园区），江苏扬子江国际化学工业园被列入“绿色化工园区名录（2022年）”……一个又一个含金量极高的荣誉成为张家港坚持“生态优先、绿色发展”理念的最好见证。

（摘自2023年2月25日《苏州日报》）

江苏张家港市推动县域行政执法规范化建设——

提升执法质效　优化营商环境

王伟健

党的二十大报告提出：“深化行政执法体制改革，全面推进严格规范公正文明执法”，“完善行政执法程序，健全行政裁量基准。强化行政执法监督机制和能力建设”。

近年，江苏省张家港市多措并举，深入推进县域行政执法规范化建设，通过建立一系列配套制度体系，提供清晰的执法实务操作指引，为基层执法人员减轻负担，执法质效不断提升，营商环境得到优化。

在江苏省张家港市南丰镇综合行政执法局“一站式”执法办案管理中心，案件办理的各个环节浓缩在一张可视化流程图里——从询问到处理各环节一目了然，案情、人员、物品、卷宗等执法要素得到全面规范。在这个200多平方米的办案管理中心里，各执法环节有效衔接。得益于规范化流程的运用，案件办结周期从最初的15个工作日缩短至最快7个工作日。

南丰镇综合行政执法局“一站式”执法办案管理中心建成运行，是张家港市大力推动行政执法规范化建设的缩影。近年，张家港市从程序规范、智能支撑、合规指导等方面入手，大力推动县域行政执法规范化建设。全市行政执法的复议、诉讼纠错率逐年下降，2022年行政执法实现诉讼零败诉、复议零纠错。

建立配套制度体系
为基层行政执法定规立矩

陈唯是张家港市凤凰镇综合行政执法局综合科（法规督查科）科长，参加工作多年，她仍记得此前执法时面临的重重困难。2018年，局里执法人员到辖区某企业开展执法检查，现场进行采样，检测结果显示水样中化学需氧量超标，拟作出行政处罚。告知后，涉事企业便申请听证，提出“采样人员选取的采样点不符合规定，检测报告不能作为认定违法事实的依据”。最终，由于采样确有“瑕疵”，对企业依法不予行政处罚。

凤凰镇作为江苏省第一批经济发达镇行政管理体制

改革试点，其综合行政执法局成立于2012年，是张家港市第一个以镇政府名义行使行政执法权限的执法机构，先后4次承接行使了市级层面下放的城市管理、安全生产、环境保护等领域的1916项行政执法权限。而作为江苏省首批试点单位，刚成立时，该执法局缺乏专业人才和系统的执法制度文件。“在行政处罚法之外，有的条线没有出台操作层面的程序规定，有的条线虽然有程序但在某些环节缺少详细规定，这给基层执法带来了一定困难。”张家港市司法局副局长王雪松说。为了进一步提升行政执法规范化水平，2021年，张家港市探索编制了县域行政执法工作规范化标准——《张家港市行政执法工作规范（行政处罚）》，以标准为引领，建立权责明确、设置科学、程序严密、制约有效的执法运行机制，为基层执法提供清晰、具体的实务操作指引。

同时，针对过去执法人员言行欠规范，行政处罚证据规定层次不一、体系不全且较为分散等实际情况，张家港市还进一步出台了行政执法规范用语指引、行政处罚证据管理指导规范、关于进一步加强基层行政执法监督职能的实施意见等行政执法规范文件。

凤凰镇综合行政执法局局长王乾介绍，执法前，执法人员必须现场发放写有执法人员姓名和执法证件号的“监督卡”，让执法对象全程参与监督。此外，依照《张家港市行政处罚证据管理指导规范》，凤凰镇综合行政执法局推出了“五级审核”机制，每一项证据都得经承办员、法制员、中队负责人、法制科室、合议小组严格把关。

“随着一系列文件的出台，张家港市逐渐形成了完备的行政执法制度体系，让各条线、各领域的行政执法工作有规可依、有章可循。”张家港市司法局党委书记、局长曹徐说。

搭建数字执法平台
为一线执法人员减轻负担

张家港市辖区流动人口多、工业企业多，行政执法工作量大面广，不少执法单位常年处在高负荷状态，搭建数字平台成为改善这一情况的有力抓手。王雪松说：“让数据‘多跑路’，减少执法人员负担，也给当事人提供了便捷高效的执法服务。”

不久前，家住金港街道某社区的张先生与他人发生了冲突。当晚10点，当事人都被带到辖区派出所接受处理，虽然案情轻微，但当事人张先生却非常焦急。原来，他第二天一早要赶飞机参加一个重要的商务谈判。

“事情虽小，但放在过去，走完全部流程少说也得十几个小时。”港区派出所综合指挥室主任、法制员陈林说。考虑到张先生的情况，在其表示认错认罚后，执法人员启动快办程序。张先生随即被带到一台白色的行政案件智能快办一体机旁，根据系统提示，通过事先设定的询问模板，张先生进行自助录入，不到40分钟，一体机就自动生成了卷宗。与此同时，值班民警在线实时审核，晚上11点半不到，就履行完了全部程序，张先生等人也获准离开。

在推动行政执法规范化过程中，张家港市不断深化数字技术在行政执法领域的应用，构建智慧执法新模式，打造智能高效执法平台，优化办案流程，为一线执法人员减负。

塘桥镇是老牌工业重镇，全镇有工业企业1500多家。塘桥镇应急管理局工作人员卢宇佳介绍，局里面监管人员和执法人员加起来只有30余人。按要求，每年都要对区域内企业进行两轮全覆盖式检查，工作人员经常要加班加点。

针对这一情况，2022年，塘桥镇应急管理局推出了可视化安全监管信息平台，设置有“一企一档”“隐患处理”等模块，并将监控视频数据接入平台。卢宇佳说：“在平台上，可以查看区域内所有企业的位置、经营类型等信息，通过‘一张图’就能对区域内工贸企业进行实时监管。”

兼顾执法力度与温度
推动企业知法守法、高效发展

“在执法过程中，我们坚持宽严相济。”张家港市委依法治市办副主任徐健说。2022年7月起，张家港市应急管理局正式施行《关于在安全生产领域推行首次违法行为不予行政处罚的实施意见》，建立行政执法“首违不罚”机制，主动为企业发展提供“容错支持”。

2022年8月，南丰镇综合行政执法局执法二中队副中队长蔡爱民进入辖区内某企业检查时发现，在该企业驻场施工的某外协单位工人没有上岗培训记录，违反了安全生产法相关规定。蔡爱民将违法线索及时移送至市应急管理局。应急管理局受理案件后，进一步调查时发现，该外协单位对涉案工人已依法进行教育和培训但未做好记录，属初次违法未造成危害后果，并已及时改正，符合“首违不罚”要素清单条件，于是依法不予行政处罚。

曹徐表示：“行政执法不能‘以罚代管’‘一罚了之’，必须坚持行政处罚与教育引导相结合。”为此，张家港市将事后处罚向事前指导延伸，推出了企业行政合规指导清单制度，聚焦高频多发违法行为，编发应急、住建、市监等18个热点领域278项合规指导事项，让企业知晓“什么是违法行为、违了什么法、怎么不违法”。

江苏永联精筑建设集团有限公司每年在张家港市建设项目上百个，由于项目分散，管理难度大。为帮助该公司开展行政合规建设，张家港市住建局建设监察大队大队长蒋蔚多次上门进行指导，围绕企业行政合规指导清单，对公司存在的“风险点”进行梳理。“执法人员用我们能看得懂、学得会、用得着的方式，提供全程指导。”公司总经理申晓东说：“在执法人员指导下，工地管理水平大大提升，2022年公司在江苏省范围内没有受到过行政处罚。”

蒋蔚有着十几年的一线执法经历，这几年来，她明显感觉到执法氛围越来越好。过去，去企业开展执法检查时，企业往往都不愿意配合；但现在，企业不仅配合度高了，还经常主动邀请执法人员上门指导。发现问题后，双方还会坐在一起，面对面商讨解决方案。

（摘自2023年2月16日《人民日报》）

【编辑　陆文琰】

附录

Appendices

经开区（杨舍镇）善港村“善见花海” ［经开区（杨舍镇） 提供］

2023 年经济和社会发展统计

社会调查

报告和文件选录

组织机构及其负责人名录

张家港年鉴(2024)

2023年经济和社会发展统计

表91

2023年张家港市行政区划、面积、人口一览表

项目	单位	数值	项目	单位	数值
一、行政区划			全市户籍人口当年出生数	人	3495
镇人民政府	个	7	户籍人口出生率	‰	3.78
街道办事处	个	3	全市户籍人口当年死亡数	人	9557
常阴沙现代农业示范园区	个	1	户籍人口死亡率	‰	10.32
双山香山旅游度假区	个	1	户籍人口自然增长率	‰	-6.54
村民委员会	个	142	年内迁入人口	人	4676
社区居民委员会	个	129	其中：省内迁入	人	1700
二、全市总面积	平方千米	986.73	省外迁入	人	2976
不含长江水域面积	平方千米	791.52	年内迁出人口	人	1452
三、全市总户数	万户	31.47	其中：迁往省内	人	475
全市户籍总人口	万人	92.43	迁往省外	人	977

表92

2023年张家港市地区生产总值一览表

单位：亿元

项　目	2023年数值	按可比价计算比上年增长率（%）	项　目	2023年数值	按可比价计算比上年增长率（%）
地区生产总值（当年价）	3365.80	3.70	工　业	1568.77	3.40
一、按产业分			建筑业	113.85	6.90
第一产业	31.09	5.60	批发和零售业	311.53	-4.80
第二产业	1681.35	3.60	交通运输、仓储和邮政业	108.17	5.90
第三产业	1653.36	3.60	住宿和餐饮业	35.62	10.70
二、按行业分			金融业	369.68	14.20
农、林、牧、渔业	35.44	3.80	房地产业	168.62	1.80

表93

2023年张家港市平均每日数据表

项　目	单　位	数　值	项　目	单　位	数　值
一、每天创造的财富			规模以上工业总产值	万元	155233
地区生产总值（当年价）	万元	92214	农业总产值	万元	1573

续表93

项目	单位	数值	项目	单位	数值
公共财政预算收入	万元	6495	农用化肥	吨	1058
社会消费品零售总额	万元	22913	食用油	吨	5858
进出口总额	万美元	11056	乳制品	吨	153
其中:出口总额	万美元	4976	饮料酒	千升	123
全社会用电	万千瓦小时	8789	粮食	吨	611
其中:城乡居民人均生活用电	千瓦小时	3.48	水产品	吨	26
固定资产投资完成额	万元	14992	出栏生猪	头	108
商品房销售面积	平方米	6201	出栏家禽	羽	769
二、每天主要产品产出			三、每天人口变动		
钢材	吨	101387	出生人数	人	10
电力	万千瓦小时	8002	死亡人数	人	26
铜材	吨	9	迁入人数	人	13
水泥	吨	8432	迁出人数	人	4

表94

2023年张家港市农、林、牧、渔业总产值和增加值一览表

单位：万元

项目	总产值	增加值	项目	总产值	增加值
合计	574280	354357	其中:水果	138039	—
一、农业	363561	253299	二、林业	56138	30299
谷物及其他作物	70874	—	三、牧业	33226	13145
其中:谷物	64300	—	其中:猪饲养	9279	—
豆类	1300	—	其他牲畜饲养	19213	—
油料	1602	—	家禽饲养	4200	—
棉花	—	—	四、渔业	28117	14109
蔬菜园艺作物	153848	—	鱼类	22564	—
其中:蔬菜	148066	—	甲壳类	5059	—
水果、茶作物	138439	—	五、农、林、牧、渔服务业	93238	43505

表95

2023年张家港市农作物播种面积和产量一览表

作物名称	面积（千公顷）	总产量（吨）	作物名称	面积（千公顷）	总产量（吨）
农作物总播种面积			二、经济作物	10.60	—
一、粮食作物	31.48	223026	棉花	—	—
夏收粮食	14.20	71659	油料	0.92	2390.10
其中：小麦	14.05	71335	其中：花生	0.08	191.60
蚕豌豆	0.15	324	油菜籽	0.82	2183.50
秋收粮食	17.28	151367	甘蔗	—	—
其中：稻谷	16.25	147840	药材	0.03	—
薯类	0.08	542	蔬菜	8.96	264347
豆类	0.70	1817	瓜果	0.69	22230
玉米	0.24	1168	三、其他作物	1.87	—

表96

2023年张家港市工业总产值一览表

单位：万元

项 目	数 值	项 目	数 值
规模以上工业	56660145	股份合作制企业	2676
一、按轻重工业分		联营企业	—
轻工业	11786744	有限责任公司	34861478
重工业	44873401	股份有限公司	4029715
二、按登记注册类型		其他内资企业	65611
内资企业	39001425	港澳台投资企业	4309714
国有企业	—	外商投资企业	13349007
集体企业	41945		

表97

2023年张家港市规模以上工业企业主要产品产量一览表

产品名称	单 位	数 值	产品名称	单 位	数 值
发电量	亿千瓦小时	292.07	服装	万件	11329.80
小麦粉	万吨	22.01	农用氮、磷、钾化学肥料（折纯）	万吨	38.61
大米	万吨	5.14	化学农药原药（折有效成分100%）	万吨	0.70
饲料	万吨	373.14	化学纤维	万吨	46.54
精制食用植物油	万吨	213.82	橡胶轮胎外胎	万条	451.77
乳制品	万吨	5.60	水泥	万吨	307.77

续表97

产品名称	单　位	数　值	产品名称	单　位	数　值
饮料酒	万千升	4.49	钢化玻璃	万平方米	186.95
纱	万吨	34.20	钢材	万吨	3700.62
布	万米	6401.00	锂离子电池	万块	14173.19
印染布	万米	22003	自来水生产量	万立方米	16739

表98

2023年张家港市规模以上工业企业分行业能源消耗情况表

单位：吨标准煤

行业名称	综合能源消费量	行业名称	综合能源消费量
总 计	26606359	非金属矿物制品业	522586
农副食品加工业	134400	黑色金属冶炼和压延加工业	18619021
食品制造业	5707	有色金属冶炼和压延加工业	57814
酒、饮料和精制茶制造业	4589	金属制品业	180419
纺织业	333205	通用设备制造业	43191
纺织服装、服饰业	19235	专用设备制造业	29346
皮革、毛皮、羽毛及其制品和制鞋业	1690	汽车制造业	48832
木材加工和木、竹、藤、棕、草制品业	1097	铁路、船舶、航空航天和其他运输设备制造业	3892
家具制造业	411	电气机械和器材制造业	41825
造纸和纸制品业	45841	计算机、通信和其他电子设备制造业	88055
印刷和记录媒介复制业	21391	仪器仪表制造业	2175
文教、工美、体育和娱乐用品制造业	11450	其他制造业	1784
石油、煤炭及其他燃料加工业	920	废弃资源综合利用业	24933
化学原料和化学制品制造业	2264829	电力、热力生产和供应业	3638702
医药制造业	7996	燃气生产和供应业	855
化学纤维制造业	263063	水的生产和供应业	8836

表99

2023年张家港市外向型经济主要指标一览表

项　目	单　位	数　值	项　目	单　位	数　值
一、进出口总额(海关数)	万美元	4035583	四、注册外资	万美元	117401
其中:三资企业	万元	6642000	其中:保税区	万美元	26655
保税区	万美元	2029977	五、到账外资	万美元	45220
二、出口总额	万美元	1816263	其中:保税区	万美元	11005
其中:三资企业	万美元	—	六、新批境外项目投资数	个	38
保税区	万美元	394590	七、中方协议投资额	万美元	51328
三、新批三资企业	家	76	八、完成实际投资额	万美元	37245
其中:保税区	家	17			

表100

2023年张家港市社会消费品零售总额分布情况表

单位：万元

区镇	社会消费品零售总额	占比（%）	区镇	社会消费品零售总额	占比（%）
合计	8363096	100.00	乐余镇	411036	4.90
保税区（金港、后塍、德积街道）	805413	9.60	凤凰镇	328610	3.90
经开区（杨舍镇）	5303770	63.40	南丰镇	304396	3.60
冶金园（锦丰镇）	505597	6.00	大新镇	161241	1.90
高新区（塘桥镇）	448120	5.40	常阴沙现代农业示范园区	94913	1.10

表101

2023年张家港市全社会固定资产投资完成情况表

单位：万元

项目	合计	项目投资	房地产
总　计	5472240	3416334	2055906
一、按产业性质分			
第一产业	3543	3543	—
第二产业	2394416	2394416	—
第三产业	3074281	1018375	2055906
二、按建设性质分			
新建	3496756	1440850	2055906
扩建	852788	852788	—
改建	1063965	1063965	—
其他	58731	58731	—
三、按工程构成分			
建筑安装工程	2997682	1889806	1107876
设备工器具购置	1075342	1074851	491
其他	1399216	451677	947539

表102

2023年张家港市交通、邮电基本情况表

项　目	单　位	数　值	项　目	单　位	数　值
一、交通基本情况			省道	千米	106
公路总里程	千米	1600	县道	千米	265
其中：高速公路	千米	72	公路桥梁	座/米	751/59687
一级公路	千米	247	航道通航里程	千米	525
二级公路	千米	728	张家港口岸吞吐量	万吨	25174
其中：国道	千米	68	其中：外贸货物吞吐量	万吨	7043

续表102

项　目	单　位	数　值	项　目	单　位	数　值
港口集装箱运量	万标箱	101	其中：设在农村的局所	处	22
机动车总计	辆	535520	邮路总条数	条	46
其中：汽车	辆	521909	邮路总长度（单程）	千米	1337
摩托车	辆	8563	农村投递路线（单程）	千米	8980
二、邮政、电信基本情况			邮政业务总量	万元	36979
邮政局所总数	处	34	邮电业务总收入	亿元	38.70

表103

2023年张家港市预算内财政收入、支出情况表

单位：万元

项　目	数　值	项　目	数　值
一、财政收入合计	5116716	（12）专项收入	86926
1.一般公共预算收入	2370717	（13）国有资源有偿使用收入	245037
（1）增值税（50%部分）	905165	（14）行政性收费收入	28660
（2）企业所得税（40%部分）	369077	（15）其他收入	73193
（3）个人所得税（40%部分）	114824	2.基金收入	1092435
（4）城市维护建设税	100656	3.中央级收入	1653564
（5）房产税	101585	（1）国内消费税	19611
（6）印花税	103931	（2）增值税（50%部分）	908101
（7）城镇土地使用税	28407	（3）企业所得税（60%部分）	553616
（8）土地增值税	11257	（4）个人所得税（60%部分）	172236
（9）车船税	19720	二、财政支出合计	3711513
（10）耕、契两税	140268	1.一般公共预算支出	2344357
其中：耕地占用税	10032	2.政府性基金支出	1367156
（11）罚没收入	28566		

表104

2023年张家港市金融机构人民币信贷收支情况表

单位：万元

项　目	数　值	项　目	数　值
一、各项存款	59352737	（2）定期及其他存款	19114664
（一）境内存款	59194847	2.非金融企业存款	26038486
1.住户存款	24195080	（1）活期存款	5036609
（1）活期存款	5080416	（2）定期及其他存款	21001877

续表104

项　目	数　值	项　目	数　值
3.机关团体存款	3905324	（2）中长期贷款	8318471
4.财政性存款	28126	其中：消费贷款	7157870
5.非银行业金融机构存款	5027858	经营贷款	1160601
（二）境外存款	157862	2.企（事）业单位贷款	36581857
二、各项贷款	47534645	（1）短期贷款	14579425
（一）境内贷款	47532213	（2）中长期贷款	17144761
1.住户贷款	10950356	（3）票据融资	4857452
（1）短期贷款	2631885	（4）各项垫款	220
其中：消费贷款	1160836	3.非银行业金融机构贷款	—
经营贷款	1471049	（二）境外贷款	2431

表105

2023年张家港市保险业务情况表

单位：万元

项　目	数　值	项　目	数　值
一、保费收入	802860	二、赔款和给付	245310
财产险	238842	财产险	142404
其中：企业财产险	12047	其中：企业财产险	3795
机动车辆险	162518	机动车辆险	105197
货物运输险	2148	货物运输险	426
家庭财产险	7261	家庭财产险	252
人身险	564018	人身险	102906
其中：寿险	441440	其中：寿险	68899

表106

2023年张家港市科技基本情况表

项　目	单　位	数　值	项　目	单　位	数　值
一、科技经费			科学技术奖获奖情况		
科学技术支出	亿元	14.75	省科学技术奖	项	7
占财政支出比重	%	6.30	专利情况		
二、高新技术			有效发明专利拥有量	件	12086
高新技术企业	家	1078	当年有效发明专利授权量	件	2385
当年净增高新技术企业	家	103	四、技术贸易		
高新技术产业产值占规模以上工业总产值比重	%	39.40	签订各类技术合同	项	498
三、科研成果			技术合同成交额	亿元	192.69

表107

2023年张家港市公务员人事情况表

单位：人

项　目	数　值	项　目	数　值
公务员总数	5140	（2）本科	3872
公务员年龄结构		（3）大专	415
（1）35周岁以下	1454	（4）中专	7
（2）36至45周岁	1682	（5）高中及以下	11
（3）46至54周岁	1472	在总数中：	
（4）55周岁及以上	532	（1）女性	1437
公务员文化结构		（2）少数民族	50
（1）研究生	835	（3）中共党员	4123

表108

2023年张家港市电影事业、艺术表演团体基本情况表

项　目	单　位	数　值	项　目	单　位	数　值
一、电影发行放映管理机构	个	1	电影院放映收入	万元	8675
二、电影放映单位	个	32	公益电影放映场次	场	4082
电影院	个	28	公益电影放映观众人次	千人次	182
公益电影放映单位	个	4	四、剧团数	个	2
三、电影放映情况			其中：锡剧艺术中心	个	1
电影院座席数	个	22004	评弹艺术传承中心	个	1
电影院放映场次	场	259000	演职员工数	人	85
电影院放映观众人次	千人次	2133	当年新上演节目	台	14

表109

2023年张家港市群众文化、广播电视、体育事业基本情况表

项　目	单　位	数　值	项　目	单　位	数　值
一、文化馆			馆办文艺团体	个	3
机构数	个	1	其中：演出场次	场	142
分馆数量	个	32	观众人次	人次	17230
实际使用房屋建筑面积	平方米	28630	二、广播电视		
群众业余文艺团队	个	138	电视覆盖率	%	100
群众业余团队人数	个	2070	电视节目	套	1
举办公益培训班人数	人次	47842	有线电视用户	万户	31.37
馆办老年大学	个	1	无线电视每周播出时间	小时	126

续表109

项　目	单　位	数　值	项　目	单　位	数　值
广播电台	座	1	其中：国家队	人	—
广播节目	套	1	省队、省体校	人	13
广播覆盖率	%	100	苏州市级训练单位	人	74
三、体育事业			在全国比赛中获得金牌	枚	10
体育系统从业人员	人	78	在省级比赛中获得金牌	枚	40
举办省级以上比赛	次	16	在苏州市级比赛中获得金牌	枚	73
年内输送运动员	人	87	体育社会组织总数	个	96

表110

2023年张家港市卫生机构基本情况表

项　目	单　位	数　值	项　目	单　位	数　值
一、卫生机构数	个	537	执业助理医师	人	657
1.医院	个	37	（2）注册护士	人	5218
其中：综合医院	个	20	（3）药师	人	643
中医医院	个	1	（4）技师	人	732
中西医结合医院	个	1	其中：检验师	人	455
专科医院	个	10	（5）其他	人	581
护理院	个	5	三、卫生机构床位数	张	9753
2.基层医疗卫生机构	个	488	1.医院	张	8059
3.专业公共卫生机构	个	5	其中：综合医院	张	4619
4.其他卫生机构	个	7	中医医院	张	912
二、卫生机构人员数	人	14877	中西医结合医院	张	700
其中：卫生技术人员	人	12234	专科医院	张	1000
（1）医生	人	5004	护理院	张	828
其中：执业医师	人	4347	2.基层医疗卫生机构	张	1694

表111

2023年张家港市前十位疾病死因以及比重一览表

位　次	合　计		男　性		女　性	
	死　因	构成比（%）	死　因	构成比（%）	死　因	构成比（%）
1	脑血管病	29.74	恶性肿瘤	29.40	脑血管病	33.66
2	恶性肿瘤	24.47	脑血管病	26.40	恶性肿瘤	18.69
3	呼吸系统疾病	12.82	呼吸系统疾病	15.35	心脏病	12.48
4	心脏病	10.62	心脏病	9.04	呼吸系统疾病	9.83
5	伤害	8.15	伤害	7.27	伤害	9.17
6	内分泌、营养和代谢疾病	6.36	内分泌、营养和代谢疾病	5.29	内分泌营养和代谢疾病	7.61

续表111

位次	合计		男性		女性	
	死因	构成比(%)	死因	构成比(%)	死因	构成比(%)
7	神经系统疾病	1.78	消化系统疾病	1.40	神经系统疾病	2.4
8	消化系统疾病	1.42	神经系统疾病	1.25	消化系统疾病	1.44
9	精神和行为障碍	0.66	泌尿生殖系统疾病	0.88	精神和行为障碍	0.93
10	泌尿生殖系统疾病	0.66	精神和行为障碍	0.44	肌肉骨骼和结缔组织疾病	0.51

注:平均期望寿命81.75岁,男性80.3岁,女性85.24岁。

表112

2023年张家港市城镇非私营单位从业人员平均工资情况表

行业	平均工资(元/人)	行业	平均工资(元/人)
总计	130505	10.金融业	216893
1.农、林、牧、渔业	137471	11.房地产业	79655
2.采矿业	—	12.租赁和商务服务业	88011
3.制造业	121665	13.科学研究、技术服务业	153549
4.电力、燃气及水的生产和供应业	149405	14.水利、环境和公共设施管理业	114583
5.建筑业	89638	15.居民服务、修理和其他服务业	43192
6.批发和零售业	157157	16.教育	153537
7.交通运输、仓储及邮政业	107595	17.卫生和社会工作	173326
8.住宿和餐饮业	68945	18.文化、体育和娱乐业	135927
9.信息传输、软件和信息技术服务业	148343	19.公共管理、社会保障和社会组织	192941

表113

2023年张家港市居民人均可支配收入情况表

单位:元

项目	全体居民	城镇居民	农村居民
人均可支配收入合计	71883	83812	47032
一、工资性收入	45108	53980	26623
1.工资	43046	51753	24907
2.实物福利	587	576	610
3.其他	1475	1651	1106
二、经营净收入	8023	7818	8453
1.第一产业净收入	1463	1183	2047
2.第二产业净收入	2864	2804	2992
3.第三产业净收入	3696	3831	3414
三、财产净收入	8182	9890	4623
其中:利息净收入	1099	1201	886
红利收入	1669	2110	751
转让承包土地经营权租金净收入	259	77	637
出租房屋净收入	2046	2003	2136
自有住房折算净租金	2714	4017	—
四、转移净收入	10570	12124	7333

社 会 调 查

乡村振兴背景下张家港农村居民收支SWOT分析

2023年，张家港市委、市政府继续扎实推动乡村产业、人才、文化、生态、组织振兴，发展乡村特色产业，在不断深化"村村联合""村企联建"的同时更加注重农民就业水平和民生保障能力提升，多渠道助力农民增收。从SWOT的角度来分析，张家港市农村居民的稳步增收具有现状水平优、融合发展好、村级财力强、政府投入足等优势，但也存在老龄化程度高、城乡收入差距绝对量扩大等迟滞增收的劣势。

一、农村居民收入概况

2023年张家港农村居民人均可支配收入47032元，比上年增2787元，增长6.3%；分季度看，第一、二、三、四季度收入增速同比分别为5.1%、6.2%、6.1%和6.3%，总体呈回暖上升趋势；从收入来源看，工资性收入26623元、经营性收入8453元、财产性收入4623元、转移性收入7334元，比上年分别增长7.0%、4.4%、1.1%和9.7%。

二、农村居民收支SWOT分析

（一）优势（Strengths）

1.现状水平优

从全省农村居民人均可支配收入总额看，2023年，张家港农村居民人均可支配收入位居全省县级市第三，仅次于江阴市（47846元）和昆山市（47115元），位次较上年上升一位；从增幅情况看，张家港农村居民人均可支配收入的增幅水平在苏州大市范围内排名第二，仅次于吴江区，与太仓并列，且连续两年增速超苏州平均水平。

表114　2023年苏州市农村居民收入情况表

单位：元

地区	2022年	2023年	比上年增	增幅%
苏州市	43785	46385	2600	5.9
苏州市辖区	43349	45934	2585	6.0
其中：吴中区	—	46709	—	—
吴江区	43551	46408	2857	6.6
常熟市	44308	46816	2508	5.7
张家港市	44245	47032	2787	6.3
昆山市	44583	47115	2532	5.7
太仓市	43725	46462	2737	6.3

2.融合发展好

张家港市一方面夯实农业生产基础能力，确保粮肉菜的稳定生产和供给，全年实现粮食稳定度1.037，较上年提升0.047，排名位居苏州前列；另一方面张家港着力培育新型农业经营主体，依托滨江资源和农业特色产业，大力发展休闲观光农业，打造有影响力的休闲农业品牌，促进物联网、旅游、文化、休闲等融合发展，推动"长江之境"张家港市乡村振兴4+N示范片区建设，编制《张家港市农文旅融合高质量发展规划与三年行动计划》，深化农业一、二、三产融合发展，全年实现农产品电子商务销售额占农业生产总值比重达到35%，较上年提高2.6个百分点，劳均休闲农业接待人次也实现了快速提升，由上年同期的616人次提升至966人次，增幅达到56.8%。

3.村级财力强

村级集体经济是农民群众的"贴肉布衫"。村级集体经济发展得好不好，事关农民群众的切实利益，也是群众关注的热点和焦点。近年，张家港市通过鼓励村集体参与公共服务业建设，支持村集体通过对亏损或倒闭企业的厂房土地等资产进行收购或直接投资优质企业，镇村、村村、村企联合参股发展等多元手段，盘活闲置资源，释放资金活力，为村级经济财力稳步增长提供持续保障。2023年，全市共174个村级集体经济组织，经营性收入总额29.7亿元，村均1708万元，比上年增125万元，增长7.9%。经营性收入超1000万元村有103个，占59.2%。其中，超5000万元的村有5个，集体经济强村占比100%。张家港是全省最大的强村群体之一。

4.政府投入足

张家港一方面注重重大项目投资，鼓励村集体做大做强再发展，2023年全市农业农村重大项目总投资24.34亿元，开工项目13项，已完成投资10.29亿元；全市规划在建村级经济新增经营性项目83项，总投资66.8亿元，同时落实村级组织运转保障经费市级补助1675.31万元，榜单激励奖励200万元，充分激发村集体创新性和主动性，为农业农村高质量发展和乡村振兴培育新的经济增长点提供良好的资金和政策配套。另一方面坚持"城市支持农村，工业反哺农业""多予少取放活"方针，落实强农惠农政策，全年发放种粮农民一次性补贴496.21万元，耕地地力保护补贴政策4077.58万元，农机奖补资金1229.71万元，用足用好财政资金，重点扶持发展绿色生态，不断提升稳粮增效水平，为农民增收奠定良好基础条件。

（二）劣势（Weaknesses）

1.城乡收入差距绝对量扩大

随着乡村振兴工作的持续推进，张家港农村居民收入增速虽连续多年快于城镇，城乡居民收入比一直处于缩小趋势，但从城乡居民收入差距绝对量来看，除去2020年受疫情影响较大的特殊年份，其余年份仍在继续扩大。

2013—2023年张家港城乡绝对量差距图

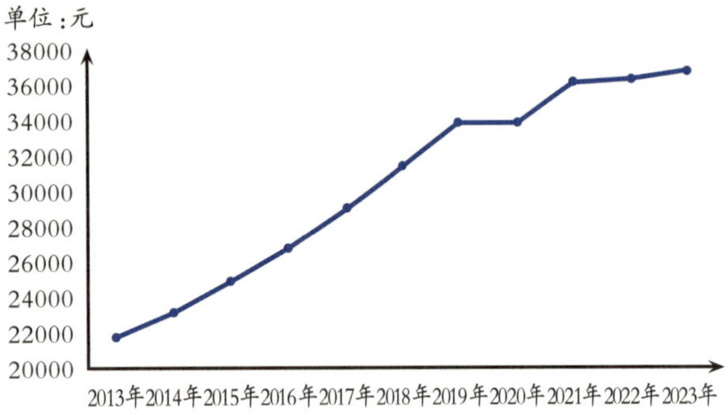

2.人口老龄化问题更为突出

农村"空心化""老龄化"问题较城镇点突出，随着生活条件更优渥，"80后""90后"年轻人为给其孩子提供更好教育条件，普遍在市区或乡镇街道租房、购房，转为城镇常住人口，而"留守驻村"的多为年龄较大、劳动困难人口，且受教育程度相对较低，收入来源主要是退休金或者"卖苦力"的打工收入，收入来源相对单一，增长空间较为狭窄。一体化住户调查数据显示，张家港农村平均年龄高出城镇平均年龄5.16岁，农村点60周岁及以上人口占比28.5%，高出城镇4.9个百分点。

（三）机遇（Opportunities）

1.政策机遇

一方面党的十九大作出了实施乡村振兴战略的科学决策，提出农业农村优先发展，建立健全城乡融合发展体制机制和政策体系，加快推进农业农村现代化的总要求，这是党中央对"三农"工作做出的新的重大战略部署，体现了党中央始终把解决好"三农"问题作为全党工作重中之重的治国方略，为"三农"工作注入了强大动力；另一方面张家港市农业农村部门根据市委、市政府关于编制"十四五"规划的总体部署，衔接与落实《张家港市乡村振兴战略实施规划》和《张家港市探索率先基本实现农业农村现代化三年行动计划》等文件精神，编制《张家港市农业农村发展"十四五"规划》，以指导"十四五"张家港农业农村高质量发展，为全面推进乡村振兴，带动富民增收提供了良好机遇。

2.人才机遇

乡村振兴离不开人才，而张家港市始终坚持党管人才原则，突出创新引领和人才支撑，不断开辟新时代人才工作新境界，一方面重视农业农村人才队伍建设，委托扬州大学等高校培育培养"农村区域发展""农林经济管理"专业管理人才；另一方面注重农民学历和职业技能提升，至11月末，全市共举办高素质农民、新型职业农民培训班18期，培训农民1532人次，对参加涉农类学历提升的11名新型职业农民给予学费补贴26250元，给予1名新型职业农民学历提升一次性奖励资金6000元，此外2023年共有7人获评第二批姑苏乡土人才，为乡村振兴强化了人才支撑。

（四）威胁（Threats）

1.宏观经济发展受阻碍

国内外形势错综复杂，全球通胀高烧不退、"俄乌战争"、国内需求不足等诸多变数带来更多不确定性。全球经济形势日趋严峻，资本市场和实体经济避险情绪进一步上升，外部对中国商品的需求转弱，对后期的经济行稳致远带来了较大的阻力。从GDP核算结果看，上半年张家港实现地区生产总值3365.8亿元，比上年同期增长3.7%，增速低于苏州0.9个百分点，在五县市中，低于太仓（5.3%）、昆山（5.0%）、吴江（4.2%），略高于常熟（3.6%）；从行业内部结构看，工业转型升级承压，规模以上高新技术产业产值同比增速由上年同期+1.7%回落至−2.9%；外贸外资持续低迷，2023年全市进出口总额达2835.1亿元，比上年下降8.5%，实际利用外资5.8亿美元，比上年减少16.7%。

2.粮食农户增收遇瓶颈

张家港市坚决扛稳粮食安全重任，牢牢守住耕地保护红线，持续提升粮食生产能力，2023年张家港市全年粮食的面积、单产、总产实现"三增"，为3.15万公顷、每公顷31.64千克、1.5万吨，分别比上年增0.2%、0.5%和0.7%，但面临着农户增产不增收困难。从成本端看，2023年复合肥和尿素价格呈现高位回落趋势，但农药、用工等种植成本整体处于高位，加上秸秆还田滋生草害，且杂草抗药性、耐药性不断增强，农药成本费用较上年同期明显增加。粮食中间消耗调查数据显示，全年主要粮食（水稻、小麦）除肥料、土地费的亩均成本小幅下降外，用种、农药、机械燃料、保险、人工等成本均呈两位数增长；从收入端来看，2023年虽然小麦单产较上年有所微增，但小麦收购指导价格下调，小麦出售毛收入明显缩水，粮食中间消耗数据显示，小麦平均出售价格每千克2.53元，比上年减少0.37元，比上年降12.7%。综合看，全年粮食总体收益并未增加，粮食农户的增收遇到瓶颈。

三、促进农村居民增收几点建议

（一）缓解农村居民经营压力，拉动经济较快回暖升温。一是要继续落实好减税降费政策，减轻中小型企业及个体工商户成本负担，激发群众创业热情；二是针对成品油等国际大宗商品价格上涨，出台相关保供稳价的政策，降低农业生产成本，缓减经营户经营压力；三是持续打造产业融合高质量精品，丰富农村消费业态，提升农村消费品质，用好抖音直播、美团、小红书等互联网这个"广播站"，把先进经验"请进来"，让具有张家港特色的文旅产品"走出去"，为全面推进张家港市乡村振兴工作、实现城乡居民共同富裕增添活力与色彩。

（二）夯实农村居民增收基础，强化新模式新业态就业。一方面夯实农村居民增收基础，支持多渠道灵活就业，强化新模式新业态就业吸纳力，通过出台适应新就业特点的用工和社保制度等手段实现更高的就业质量，促进农村居民增收。另一方面加大民生投入，加快公共服务行业发展，建立健全完备的医疗和养老保险等社会保障制度，多渠道增加住房供给，降低居民医疗、养老、住房等生活成本，解除农村居民的养老等后顾之忧，从而提振居民收入、消费信心。

（2023年12月，国家统计局张家港调查队）

2023年上半年张家港居民收支平稳向好

持续增收需破解经营效益受限等难题

2023年上半年，张家港市经济运行总体平稳，民生板块呈现居民收入稳步增长、消费回暖升温态势，但也存在宏观经济增长不确定性、经营者盈利空间受到挤压、打工人工资收入增长受限等问题，仍需持续加力优化产业结构、激活消费潜能来缓压破阻促进居民持续增收。

一、居民收支呈现“稳增长”

（一）收入水平位次靠“前”

从全体居民人均可支配收入总额来看，上半年，张家港全体居民人均可支配收入36914元，绝对量位居全省县级市第三，仅次于昆山市（37852元）和江阴市（38231元）；从增幅情况看，张家港全体居民人均可支配收入的增幅水平在苏州大市范围内排名第二，仅次于昆山市。

（二）城乡收入差距更“小”

上半年，张家港市城镇居民人均可支配收入43090元，比上年增长4.4%；农村居民人均可支配收入24159元，比上年同期增长6.2%。农村居民增速高于城镇居民1.8个百分点，城乡居民人均收入比由上年同期的1.8144∶1缩小至本年的1.7836∶1，城乡居民收入比差距进一步缩小。

（三）四项收入齐头并“增”

上半年，张家港市全体居民四项收入全面增长，工资性收入、经营性净收入、财产性净收入、转移性净收入分别较上年同期增长5.4%、2.9%、2.2%和6.6%；对收入增长的贡献率分别为65.7%、5.9%、6.1%和22.4%；分别拉动收入增长3.2个、0.3个、0.3个和1.1个百分点；占可支配收入的比重分别为60.2%、9.7%、13.2%和16.8%。

（四）消费潜力释放更“猛”

上半年，张家港市居民人均消费支出21098元，较上年同期增加1912元，同比增长10.0%，增幅高出苏州市平均水平0.6个百分点，增速位于苏州10个板块前列。其中，城镇居民人均生活消费支出24549元，比上年同期增9.2%；农村居民人均生活消费支出13969元，比上年同期增12.3%。

表115　　2023年上半年苏州市居民人均可支配收入一览表

单位：元

地区	全体居民			城镇居民			农村居民		
	2023年	2022年	增幅（%）	2023年	2022年	增幅（%）	2023年	2022年	增幅（%）
苏州市	38576	36785	4.9	43358	41475	4.5	23748	22437	5.8
苏州市辖区	40000	38148	4.9	43746	41827	4.6	23650	22343	5.9
常熟市	36377	34776	4.6	42534	40820	4.2	23616	22362	5.6
张家港市	36914	35195	4.9	43090	41274	4.4	24159	22748	6.2
昆山市	37851	36030	5.1	43167	41174	4.8	24018	22708	5.8
太仓市	36119	34491	4.7	42502	40750	4.3	23397	22102	5.9
吴江区	36234	34602	4.7	42151	40452	4.2	23648	22276	6.2

二、多措并举拓宽“共富路”

（一）稳岗惠企举措助推工资收入稳定增长。张家港市以“稳就业”工作为主线，有序开展各类线上线下就业招聘会70余场，累计提供岗位8.8万个。同时，市人社部门全面启动2023年应届毕业生的就业见习和生源动态管理工作，对毕业生提供有效就业指导服务，对吸纳高校毕业生的小微企业进行社保、见习、扩岗等各类补贴90.15万元；确保张家港市应届毕业就业率达到九成以上，为居民的工资性收入稳步增长注入不竭动力。

（二）营商环境优化助力经营收入回暖升温。一方面，张家港市继续执行降低养老保险费率政策（由19%降至16%），至5月末，为张家港市企业减负3.5亿元，切实减轻企业运行压力，同时下调贷款利率，通过实施“港城金融服务万企百亿融通工程”，助力企业周转贷款2606笔，周转资金165.19亿元，贷款平均利率由原来的3.89%降至3.79%；另一方面简化经营审批流程，及时破解企业投资生产经营等全生命周期中的“堵点”“痛点”“难点”，推动企业开办线上“全链通”和线下“一窗式”融合发展。上半年，张家港市“一窗融合”线上办理率达92%，全流程0.5天办结率居苏州县级市板块前列，良好的营商环境为实现经营性收入稳步增长提供有力保障。

（三）住户存款攀升带动财产性收入持续增长。至5月，张家港市金融机构住户存款余额2305.13亿元，较上年同期增加422.77亿元，增长22.5%。住户存款余额持续增加给居民财产性收入增长注入动力。

（四）社会兜底政策保障转移性收入较快增长。一是离退休养老金提高，人社局部门数据显示，至5月末，企业退休养老金月平均水平2198元，每月比上年增加87元，比上年同期增长4.2%；二是低保及低边兜底救助工作落实到位，至5月末，张家港市对低保户和低保边缘户共发放基本生活救助金853.97万元；三是教育困难补助发放到位，上半年张家港市累计资助家庭经济困难学生7087人次，资助金额637.675万元。

三、持续增收仍存“艰难道”

（一）宏观经济发展存在不确定性

一方面，上半年张家港宏观经济发展面临严峻考验，虽然二、三产业亮点频现，但地区生产总值增速仍居苏州平均水平之下。从规模以上企业调查结果看，工业产值增加值增速趋势性好转，占新结构持续性改善，新材料等新型企业为经济平稳运行提供了显著支撑；社会消费品零售总额增幅较一季度继续提高。从GDP核算结果看，上半年张家港实现地区生产总值1476.42亿元，比上年同期增长3.1%，增速低于苏州1.6个百分点，在五县市中，低于太仓（6%）、昆山（5.6%）、吴江（3.6%），与常熟（3.1%）并列；另一方面，国内外形势错综复杂，全球通胀高烧不退、俄乌冲突、国内需求不足等诸多变数带来更多不确定性。全球经济形势日趋严峻，资本市场和实体经济避险情绪进一步上升，外部对中国商品的需求转弱，对后期的经济行稳致远带来了较大的阻力。

（二）经营者利润空间挤压

第一产业方面，2023年，从已经完成生产和销售链条的种养品种看，农业生产总体投入成本上升、产品单价下降，单位产出效益下滑，以种植业的小麦为例，农业部门典型田块效益调查数据显示，2023年小麦亩产值为1017.91元，较上年减少140.75元，加上政府补贴，扣除投入肥料、农药、人工等成本，亩均效益仅316.61元，较上年减少67.52元；同样畜牧业养殖也正在经受考验，以生猪养殖为例，生猪出栏单价较上年同期继续下降，现仅约每千克14元，已跌破成本价，据养殖户反映，每头生猪养殖亏本200元左右。第二产业方面，市场预期转弱，订单下滑，二季度规模以上工业景气抽样调查数据显示，超五成的企业因受到中美经贸摩擦的直接或间接影响，出现订单利润下降、订单下滑产能闲置现状，企业家综合信心指数也从一季度的120.29回落至二季度的114.75；此外，以冶金、化工为重点行业的生产需求不旺盛，其下游产业复苏缓慢，市场供给相对过剩，价格仍然处于下行阶段，加之原材料成本、用工成本、能耗成本居高不下，盈利空间受到不同程度挤压。景气调查数据显示，仅不足2成（17.1%）企业反映二季度盈利，其余均存在不同程度的下降。

（三）打工人工资收入增长受限

企业经营状况不佳，效益削减，直接受损者即为企业“打工人”，裁员减薪不可避免。劳动工资数据显示，二季度，张家港市“四上”企业从业人员期末人数在2022年“静默期”停产的基础上继续下降0.3%。走访调研中了解到，一方面虽然就业单位正常生产或者营业，但是单位订单量明显下降致使单位的效益下降，在岗人员奖金收入也明显下降；另一方面有部分居民的收入是按照“多劳多得”计算薪酬，因订单量下滑、出勤天数、时长均有不同程度的减少，故工资性收入增长将会存在一定阻力。

四、缓压克阻仍需“破难题”

（一）优化产业结构，力促经济发展质量更高。经济发展与改善民生生活相辅相成、相互促进，经济发展是前提，改善民生是最终目的，只有将蛋糕做大做强，居民才能享受到经济发展带来的红利和福祉，因此建议更加优化产业结构，合理产业布局，大力推动战略性新兴产业高质量发展，开辟高新技术新赛道，促进冶金、化工等产业进一步转型升级，以发展绿色经济、循环经济为目标，加强第一、二、三产业与互联网、电子商务等新兴业态融合，力促张家港经济高质量发展。

大新镇便民服务中心完成“首批政务服务事项‘全城通办’事项清单”首单办理

（市行政审批局　提供）

（二）提振消费信心，激发消费潜能释放更快。消费是拉动经济增长的“三驾马车”之一，是畅通国内大循环的关键环节，因此建议：一是更加完善社会保障制度，减少就医养老后顾之忧，从而改变消费观念，提振消费信心，为扩大内需提供有力支撑；二是引导本地实体企业更多开发数字化产品和服务，鼓励实体商业加快直播电子商务、社交营销等新模式的运用和发展，促进品牌消费、品质消费，拓展线上渠道，提升消费体验，促进消费提质扩容；三是聚焦汽车、电子产品等重点领域，紧扣关键时点，依托各类线上线下活动，发放消费券，投入真金白银激活消费新动能。

（说明：部分数据因四舍五入，存在总计与分项合计不等的情况。）

（2023年7月，国家统计局张家港调查队）

报告和文件选录

政府工作报告

——2024年1月8日在市十五届人大三次会议上

市长　蔡剑峰

一、2023年工作回顾

刚刚过去的2023年，是全面贯彻党的二十大精神的开局之年，是三年新冠疫情防控转段后经济恢复发展的一年。我们在中共张家港市委的坚强领导下，坚持以习近平新时代中国特色社会主义思想为指导，深入学习贯彻习近平总书记对江苏、苏州工作重要讲话重要指示精神，始终紧扣“现代化建设先锋年”工作主题，与时俱进大力弘扬张家港精神，科学应对各种困难和挑战，全力推动经济运行率先整体好转，较好完成“123”年度目标任务。连续五年获评苏州高质量考核第一等次，8项工作获省政府办公厅督查激励通报表扬，总数位列苏州第一。

一年来，面对复杂严峻的发展环境和超出预期的风险挑战，我们保持“咬定青山不放松”的定力，激发“越是艰险越向前”的干劲，有力有序有效推进各项工作，努力以自身工作的确定性应对形势变化的不确定性。全年地区生产总值预计增长4%，一般公共预算收入达237.1亿元、增长8.2%。

——今天的投入是明天的产出，我们坚持项目为王，大抓项目、抓大项目。制定出台重大产业项目全生命周期管理机制，建成用好用能权、排污权、用水指标“集中池”，把最稀缺的资源配置给最优质的项目，一批100亿级、50亿级重大项目相继落地，工业投资逆势增长10%。

——企业稳则经济稳，我们坚持政策赋能，集成优化产业创新集群高质量发展扶持政策体系。超八成政策条款实现“免申即享”，共3232家市场主体获得扶持资金7.8亿元，“真金白银”为企业稳产增产、创新发展强底气提信心。

——改革是发展的根本动力，我们坚持深化改革，以全局思维优化国资布局。构建产业发展、城市建设、城市运营、现代服务业、乡村振兴等五大业务板块，组建成立张创投集团、产业发展集团、农业发展集团、城镇发展集团，“一业一企”格局基本形成。

——交通是现代城市的血脉，我们坚持外联内通，持续完善现代综合交通运输体系。加快推进铁路、过江通道、城区快速路等重点交通工程建设，城市交通路网不断畅通，“三铁交会”格局加速成型，张家港高铁站成为全国县（市）级车站中始发辐射范围最广的站点之一，“苏锡通”几何中心的区位优势逐步彰显。

——人民幸福安康是推动高质量发展的最终目的，我们坚持为民初心，把发展成果不断转化为生活品质。探索实施民生支出“清单式”管理，在教育、医疗、养老等民生关切领域精准发力，不断实现人民对美好生活的向往。预计居民人均可支配收入达到7.2万元，增长4.8%。

主要做了以下工作：

（一）全力抓项目、稳增长，向好态势更加稳固。面对经济下行压力，有力统筹扩投资、稳增长、增后劲各项工作，经济运行呈现加速回升、稳定向好态势。经济发展稳中有进。细化落实各级各类稳经济、促发展一揽子政策，出台推动经济运行率先整体好转55条政策措施，新增“缓、减、退”税超30亿元，发放稳岗返还资金1.1亿元。本外币存贷款加权平均增速超17%，其中实体经济贷款占比超70%。山姆会员商店张家港云仓上线运营。举办“五五购物节”等促消费活动，首批获评全国县域商业“领跑县”，完成社会消费品零售总额836.31亿元、增长6%。沙钢集团连续15年入围世界500强，3家企业入围中国企业500强，9家企业入围中国民营企业500强，7家企业入围中国服务业企业500强、总数列全省县（市）第一。新增上市企业4家，累计34家。“五经普”有序推进，“四上”企业新增入库610家、列苏州第一。招商引资掀起热潮。聚焦欧美日韩等重点区域和北上广深等一线城市，小分队开展境外招商28批，高效务实举办系列招商推介会，引进盛虹储能、锐华科技2个超100亿级项目，安普瑞斯、博腾股份2个50亿级项目，新签约超亿元项目106项、总投资超900亿元。鼓励外企增资扩能、利润再投资，利用外资质量持续提升。支持存量企业加码布局、深耕发展，新增项目近600项、新增投资约160亿元。深化招商体制改革，2个国家级开发区率先完成招商架构重组。重大项目推进有力。发布重大项目“政企双通道”激励措施，实施重大项目“项目管家1+N”机制，盛虹储能签约5个月即开工，广大鑫盛（二期）、新强联风电等项目实现“五证两书齐发”，沙钢硅钢、泰源汽车等项目开工建设，大族激光、采埃孚等项目有序推进，信义光能、杉金光电等项目竣工投产。用地方政府专项债等政策性开发性金融工具，有力保障重点基础设施建设项目资金需求。

（二）聚力强创新、促转型，发展动能更加强劲。坚持创新在现代化建设全局中的核心地位，产业结构调整和动能转换步伐持续加快。创新能级不断跃升。在全国首发产业专家创新资源平台，完成科技招商项目1800项，有效高新技术企业达到1078家。新开工科创孵化载体超62万平方米。新增国家级专精特新“小巨人”企业14家。天兵科技获评“中国独角兽企业”，实现“零的突破”。7个项目获省科学技术奖，新增省关键核心技术（装备）攻关项目3项。发行全国县级市首单知识产权类资产证券化产品。新投用高品质人才公寓超2000套。落地全省首家中国江苏人才创新创业大赛基地。新增国家级人才计划20人，再创历史新高。17人入选省“双创计划”，创业类数量列苏州县市第一。产业结构持续优化。编制发布《张家港市调高调轻调优产业结构三年行动计划（2023—2025年）》，加快推动制造业高端化、智能化、绿色化发展，“4+4”产业链现代化水平持续提升。入选国家智能制造示范工厂揭榜单位1家，新增省级智能制造示范车间27个，技改投资占工业投资比重达68.5%、提高11个百分点。光束汽车取得国内道路机动车辆生产企业准入许可，励迪医疗器械产业创新港开园运行，飞翔医药产业园获评苏州首个医药产业园区（绿色制造），保税区泛半导体产业园建成投运。张家港市直播电商集聚示范区揭牌启用，前海（苏州）跨境电商产业园正式开园。获评省“两业融合”发展标杆引领典型区域。改革开放纵深拓展。更深层次融入长三角一体化，与上海临港新片区、虹桥商务区等对接合作不断深化。组建成立苏州港张家港港区管委会及管理办公室，成功运行张家港—上海港联盟航线。3家企业获全国二手车出口资质，超800辆二手车顺利出海。全年完成口岸货物吞吐量2.5亿吨，其中外贸货物吞吐量7043万吨，集装箱吞吐量突破100万标箱。实现进出口总额403.56亿美元。推进“审管执信”闭环管理，超220个政务服务事项在省内外182个城市“跨城通办”。获评“2023年国际化营商环境建设标杆县（市）”。

（三）合力锻长板、提品质，城乡面貌更加靓丽。坚持以高标准规划引领高水平建设，综合立体交通体系加快构建，新型城镇化与乡村振兴协同发展。重点工程加速推进。沪宁沿江高铁开通运营，通苏嘉甬铁路建设稳步推进。张家港站始发列车增至8列，可直达全国22个省（自治区、直辖市）、126个地级市、270个站点。张靖皋长江大桥加快建设。城区快速路网体系加速构建，346国道张家港绕城段主线贯通，东二环全速推进，南二环开工建设，西二环完成前期工作。太字圩港闸站改建工程、十一圩港河道整治工程顺利完工。城市品质不断提升。完成城市体检，编制城市更新规划，启动城市更新项目67项，试点推进解危更新。完成老旧小区改造5个，探索推进物业管理全覆盖。利用桥下空间打造主干道街角公园、运动营地，累计建成“席地而坐”城市客厅示范区28处。新增“口袋公园”4个。入选省首批城市公园绿地开放共享试点城市。启动全市排水设施建设与运维管护一体化改革，新增城镇污水处理提质增效达标区17个，城市生活污水集中收集处理率较上年提升8个百分点。新增停车位3000余个。标准化改造农贸市场5家。生活垃圾资源化利用率超80%。完成餐饮行业“瓶改管”“瓶改电”4994户。深入推进房票安置，累计发放房票1341张。全面完成已建成安置房不动产登记颁证。调整优化房地产政策，房地产市场总体运行平稳。乡村发展日新月

光束汽车生产基地 （市政府办 提供）

异。顺利办结市十五届人大二次会议关于《加快农房翻建进程，打造港城特色和美乡村》的代表议案，完成农房改善3222户，其中农房翻建541户。发布江海第一湾乡村振兴片区发展规划，推进乡村振兴“4+N”示范片区建设。肖家巷双创中心入选全国最美乡村文化空间（创新案例类）。新增省特色田园乡村3个，一般类村庄全部建成特色宜居乡村。建设高标准农田1400公顷。“常阴沙大米”获评全国名特优新农产品。组建市村联合发展公司。29家股份经济合作社上榜全省首届“百强股份经济合作社”，数量全省第一。全市村均集体经营性收入达1708万元。

（四）着力抓治理、促低碳，生态环境更加优化。一体推进降碳、减污、扩绿、增长，张家港高质量发展的“含绿量”越来越高。污染防治有力有效。稳步推进第二轮中央、省生态环境保护督察反馈问题整改。沙钢、永钢、浦项全部完成超低排放改造。$PM_{2.5}$年均浓度每立方米31.9微克，空气优良天数比例达82.5%。治理劣Ⅴ类水体71个，国省考断面、通江骨干河道水质优Ⅲ比例达到100%，地表水环境质量位列全省县（市、区）第一。重点建设用地安全利用率100%，土壤环境质量总体保持稳定。生态屏障不断筑牢。坚持把共抓大保护摆在第一位，张家港湾成为践行长江大保护的生动实践，香山樱海、双山岛湿地等6个景观入选“长江百景”。新增受保护湿地面积2600公顷，长江张家港段生态岸线占比突破55%。坚定不移推进长江十年禁渔，水生生物资源恢复趋势向好。绿色发展底色更足。关停退出热电企业1家。新增国家级绿色工厂1家、绿色供应链管理企业1家。扬子江化工园首批通过省化工园区认定复核。单位地区生产总值能耗水平持续下降。国家典型地区再生水利用配置试点通过中期评估，2家企业获评钢铁行业国家级水效领跑者。盘活存量空间273.33公顷，完成产业用地更新166.67公顷。首批获评全国自然资源节约集约示范县（市）。

（五）倾力办实事、增福祉，人民生活更加幸福。聚焦民生关切，坚持细处着手、实处发力，公共服务供给水平稳步提升。社会保障体系不断健全。城镇新增就业2.3万人，本市籍应届高校毕业生就业率超98%，特困家庭毕业生就业率100%，减免企业失业保险费6.7亿元。启用全国首个“24365”零工驿站。发布全国首个工伤预防评价体系、全国首个企业技能发展科学评价体系，提升省内唯一工伤保险差别化费率改革成效。新增高技能人才9344人。阶段性降低职工基本医保缴费费率，为企业减负3.4亿元。改造3家镇级综合养老服务中心，新建10家老年人助餐点，推动14家标准型助餐点向社会开放。市未成年人关爱保护中心入选民政部“护童成长”项目。新增普惠托育机构11家，公办幼儿园提供托位1715个，每千名常住人口拥有3周岁以下婴幼儿托位数3.7个。公共服务供给不断优化。20个民生实事高效推进。云盘小学沙洲湖校区等5所新建学校投入使用，新增学位4320个。高标准通过全国义务教育优质均衡发展县（市、区）、全国学前教育普及普惠县（市、区）国家评估认定实地核查，梁丰高中顺利通过首批立项建设的省高品质示范高中现场验收。“5+2”馆社研学项目入选文旅部基层公共文化服务高质量发展典型案例。南丰镇文化体育服务中心获评全国青少年美育示范基地。全面落实职工医保门诊共济保障政策，职工和居民医保住院政策范围内报销比例分别达89.5%、77.8%。市第一人民医院急诊医学中心建成投用，北部医疗中心正式开工。市第一人民医院、市中医医院入选公立医院高质量发展省级试点。健康张家港建设获评全国优秀案例。上榜首批全省“15分钟医保服务圈”省级示范县（市、区）。文明善治品牌不断擦亮。发布全国首个县级市《文明实践志愿服务蓝皮书》，市青年志愿者协会、银龄互助服务项目入选全国学雷锋志愿服务“四个100”先进典型，新增“中国好人”1人。“戎耀沙洲”退役军人志愿服务大队入选国家级“退役军人关爱青少年志愿服务队”。张家港籍运动健儿在杭州第19届亚运会上斩获3金1银1铜，参赛人数、项目数、奖牌数均创历史新高。高质量承办全国全民健身公共服务体系建设推进会，成功举办东渡半程马拉松、市第八届体育运动会等赛事。“长江文化品牌建设和长江文化节”入选首批全国“一县一品”特色文化艺术典型案例“文旅融合类”名单。黄泗浦考古遗址公园启动区建设稳步推进。沙洲优黄文化园获评国家工业旅游示范基地。“永联的村与企”获央视《新闻调查》报道肯定。开展全行业领域重大安全生产事故隐患动态清零行动，梳理优化市级专项应急预案，修编完成市、镇、村、企四级应急预案1113项。市、镇、村三级矛调中心（站）基本建成。国防动员体制改革落地实施。

各位代表，过去一年，我们深入开展学习贯彻习近平新时代中国特色社会主义思想主题教育，持之以恒加强政府自身建设，干事创业精气神进一步提振。坚持厉行节约，带头过紧日子，从严控制“三公”经费和非重点、非刚性支出，政府性债务管理持续加强。自觉接受人大、政协和社会各界监督，办复人大代表议案1件、建议121件，政协提案188件。与此同时，对口帮扶与援建、对台、侨务、民族宗教、兵役、人民武装、气象、外事、档案、地方志、供销、妇女、科协、残疾人、红十字会和关心下一代等工作都取得了新的进步。

各位代表，积力所举无不胜，众智所为无不成。这些成绩的取得，是市委总揽全局、正确领导的结果，是市人大、市政协和社会各界有力监督、鼎力支持的结果，是全市干部群众团结拼搏、开拓进取的结果。在此，我谨代表市人民政府，向全市人民，向人大代表、政协委员，向离退休老领导、老同志，向各民主党派、工商联和无党派人士，向各人民团体、垂直部门和涉外单位，向驻军指战员、武警官兵、公安民警、消防指战员，向所有关心支持张家港建设发展的海内外朋友，致以衷心的感谢和崇高的敬意！

同时，我们也清醒看到，经济社会发展中还存在一些问题和挑战，主要表现在：一是外部环境不稳定不确定因素较多，部分中小微企业生产经营还面临不少困难，经济运行依然承压；二是传统产业层次不高、新兴产业规模偏小的问题依然存在，做大总量、做优质效仍需加力；三是城市反哺产业、集聚人才、吸引投资等功能还不够健全，城市能级和品质有待提升；四是公共服务供给的精准性、协调性还不高，基层治理还存在薄弱环节，安全生产、生态环境等领域风险隐患不容忽视；五是政府系统干部应对复杂局面的能力还有不足，政府行政效能还需进一步提升。对此，我们将直面挑战，采取有力措施，系统加以解决。

二、2024年工作安排

各位代表，2024年是新中国成立75周年，也是实施“十四五”规划的关键一年。尽管我们面临的形势依然复杂严峻，但综合来看，发展的有利条件强于不利因素。国家宏观调控组合政策将持续加码，全市一批优质产业项目将陆续放量，支撑张家港高质量发展的要素条件不断集聚增多。特别是，经济下行期往往是长期投资、前瞻布局的窗口期，不少新兴产业和优秀企业都是在此期间诞生并发展壮大的。我们要增强信心和底气，广大企业要坚持扎根张家港、向上生长，共同在转方式、调结构、提质量、增效益上积极进取，不断推动经济结构持续向优、增长动能持续增强、发展态势持续向好。根据市委部署安排，今年政府工作的总体要求是：坚持以习近平新时代中国特色社会主义思想为指导，深入学习贯彻党的二十大、二十届二中全会精神和习近平总书记对江苏、苏州工作重要讲话重要指示精神，坚持稳中求进工作总基调，完整准确全面贯彻新发展理念，按照上级和市委决策部署，牢牢把握“稳中求进、以进促稳、先立后破”的鲜明导向，与时俱进大力弘扬张家港精神，紧扣“高质量发展突破年”工作主题，聚力“135”年度目标任务，努力实现质的有效提升和量的合理增长，加快推进“强富美高”新江苏现代化建设张家港实践，打造“物质文明和精神文明相协调”的中国式现代化县域先行区。

建议2024年经济社会发展的主要预期目标是：地区生产总值增长5%以上；制造业增加值占地区生产总值比重稳中有升；一般公共预算收入同口径增长4%以上；规模以上工业总产值增长3.6%；固定资产投资保持平稳，工业投资增长6.1%；社会消费品零售总额增长6%；实际利用外资稳中提质；居民人均可支配收入与经济增长基本同步。重点抓好八个方面：

（一）扩大有效需求，推动经济稳健运行

坚持投资、消费、出口协同发力，全力巩固和增强经济回升向好态势。

扩大有效投资。坚持投产抓达产、竣工抓投产、开工抓进度、拟开抓保障、签约抓落地、招商抓储备，规划实施三级重大项目218项，产业项目占比较上年提升4个百分点，全力推动锐华科技、天齐锂业等签约项目加快开工，大族激光、国信沙洲等续建项目持续放量，采埃孚、默克半导体等建成项目达产达效。围绕“4+4”产业链，聚焦主流技术方向、确定性发展机遇，全力招引一批技术含量高、带动作用强的增量项目，力争在100亿级、50亿级重大项目招引上再结硕果。扎实推进涉企服务一体化平台（二期）建设，加快实现签约项目及产业用地项目全生命周期管理服务。持续开展镇村工业集中区优化整治，加快推进13.33公顷以上的连片存量产业用地更新。积极推广“用地清单制”等土地供应新模式，完善产业用地二级市场。高效运作“融·易”创新金融系列产品，扩面推行“项目融”“周转融”。用足用好专项债券政策，高质量保障重大项目资金需求。新增社会融资总量超1000亿元。

释放消费潜力。积极推进商业网点布局规划编制，持续打造“一刻钟便民生活圈”。大力发展首店经济、直播电商，精准招引仓储式会员店、24小时便利店，加快丰富商贸业态。不断打响“金秋生活节”“双十二购物节”等消费节品牌，稳定和扩大传统消费，提振新能源汽车、电子产品等大宗消费，加快培育数字消费、绿色消费、健康消费。充分激发文体旅促消费潜能，继续办好东渡半程马拉松、“贝贝杯”青少年足球赛等精品赛事。动态完善房地产市场政策工具箱，支持刚性和改善性住房需求，促进房地产市场平稳健康发展。

优化外贸结构。用好各级各类稳外贸政策措施，“一企一策”为外贸企业纾困解难。支持企业参加广交会、进博会等各类展会，助力企业在“一带一路”共建国家（地区）开辟市场，全力稳住外贸基本盘。巩固提升国家进口贸易促进创新示范区建设成效，扩大先进技术、重要设备、关键零部件、优质消费品等进口，深挖外贸“新三样”出口潜力，壮大外贸高质量发展新动能。高效运营前海（苏州）跨境电商产业园，全力推动跨境电商B2B直接出口提速放量。全年进出口总额稳中提质。

（二）强化创新驱动，提升产业发展能级

以2026年“工业超万亿”为牵引，坚持实体经济为本、科技创新引领，加快推进新型工业化，努力让张家港产业体量更大、筋骨更壮、韧性更强。

推动产业提质增效。一视同仁推动存量优化与增量培育，兑现落实新一轮产业扶持政策。筑强传统产业“顶梁柱”，支持冶金、化工、纺织等传统产业企业深化“智改数转网联”，生产更多适销对路、高附加值产品。推动扬子江化工园壮大体量、提升质量。培育新兴产业“增长点”，围绕汽车及零部件、新能源、特色半导体、生物医药及高端医疗器械等领域，加大核心环节项目引育力度，推动产业加速集聚成势。服务保障光束汽车、协鑫储能等新增长点项目产能爬坡、加速放量，形成更多产值增量。做强现代服务业“新引擎”，聚焦软件和信息技术服务、科学研究和技术服务、交通运输等领域，大力发展数字物流、科技服务、检验检测认证等服务业态，培育发展现代商贸、数字产业等特色楼宇，扶持龙头企业稳规模、中小企业快成长，全年营利性服务业营收增长4%。争创全国“两业融合”全域试点标杆示范城市。

建强科创载体平台。以“初创在孵化器、跃升在加速器、壮大在产业基地”为导向，构建全链条创新孵化体系，建成投用“东渡国际人才创业街区”一期，开工建设集成电路先进材料创新中心，建强用好省氢能技术创新中心、中科纳米张家港化合物半导体研究所、集成电路产业促进中心、思萃熔接技术研究所等载体平台，积极推动与南京工业大学共建材料化学工程全国重点实验室。深化与中国科学院等大院大所合作，新增产学研合作项目240项以上、国际科技合作项目30项以上，研发支出占地区生产总值比重达到3.8%。加快苏州市知识产权保护中心张家港分中心建设。推动高新技术企业、上市企业拥有发明专利全覆盖。挂牌成立省科协院士服务中心工作站。

壮大优质创新主体。健全完善“科技招商—科技型中小—高新技术—瞪羚—独角兽—上市”科技企业梯次培育链条，高效运作人才企业母基金、沙洲科创C计划基金、“4+4”产业链基金，加大投早投小投科创力度，新增科技招商项目2000项、实现“3年招引5000个”的既定目标，有效高企达到1200家。动态完善上市企业后备资源库，深入实施“攀峰计划2.0”，新增上市企业2至3家。制定出台青年人才专项政策，试点打造特色产业人才集聚区2至3个，新增苏州市级以上人才计划80人，力争姑苏重大创新团队实现“零的突破”。

（三）深化改革开放，增强发展动力活力

扩大高水平对外开放，扎实推进重点领域改革任务，持续增创区域竞合新优势。

提升开放水平。编制出台新一轮融入长三角区域一体化三年行动方案，积极参与上海大都市圈建设，深度融入苏州市域一体化发展，进一步加强产业发展、科技创新、基础设施、公共服务等方面合作，有效承接长三角优质资源要素。用好外资总部、利润再投资等政策，支持企业申报跨国公司地区总部和功能性机构，引导既有外企向研发中心、投资性总部开展再投资。探索设立QFLP基金，拓展利用外资新渠道。强化企业“走出去”指导服务，动态跟踪重点境外投资项目，推动境外合作产业园稳健发展。

重塑港口优势。配合争取《苏州港总体规划》尽快落地，研究编制港口高质量发展行动方案，引导各作业区找准定位、协同发展。做好福南水道-12.5米进港航道、公用锚地常态化维护，加快海力码头、港务集团、东海粮油、港新码头等8个泊位升等改造，开工建设江海粮油内港池码头、张家港海进江LNG接收站配套码头。新增锂电池、储能设备等作业货种。完善口岸整车出口配套服务，推动更多整车在家门口“登船出海”。加强与上海港、宁波舟山港、深圳盐田港等对接合作，深化进口大宗散货“联合鉴定、一体监管”模式应用，提高特色货种“水水中转”效率。积极发展航运金融、航运保险、航运结算、信息咨询等高端服务业态，做大做强江苏一达通、易棉购等平台，推动临港产业高端化、数字化、绿色化转型。

加大改革力度。稳妥有序推进新一轮政府机构改革。推动市级政务信息化项目统一规划、统一建设、统一运营，规范政务新媒体建设管理。深入实施国有企业改革深化提升行动，深化城投集团、张创投集团、文商旅集团资产整合重组，持续优化国资布局，提升国企核心竞争力。以市场主体和群众需求为导向，深化“一件事”改革。增强企业动态感知能力，健全企业诉求清单化管理、闭环式解决机制。积极营造尊重和激励企业家干事创业的良好环境，让广大企业家在张家港放心投资、安心经营、顺心办事。

（四）聚焦功能品质，提升城市承载能力

坚持规划先行、建管并重，以工匠精神、绣花功夫统筹抓好城市形态优化与内涵提升，不断提升城市承载力和吸引力。

坚持高水平规划。立足Ⅱ型大城市定位，按照“一城、一港、四片区”市域空间格局，完成市级国土空间总体规划报批，开展镇级总规编制，提升中心城区首位度。高效统筹产城融合、职住平衡、公共配套等空间要素，推进城镇开发边界内详细规划全覆盖。实施镇村布局规划更新，推动“多规合一”村庄规划全覆盖，促进城乡资源优势互补、双向流动。强化规划管控和用途管制，“一张蓝图”编好城市地下空间、林保、湿地等专项规划。

坚持高品质建设。稳步推进通苏嘉甬铁路、张靖皋长江大桥建设，启动张家港站东站房、沪武高速改扩建工程建设，做好苏通第二过江通道、苏张高速等前期工作。提速推进城区快速路建设，确保346国道张家港绕城段建成通车，东二环、南二环有序推进，西二环开工建设。建成投运十一圩江边枢纽、走马塘江边泵站。制定城市更新政策清单，丰富城市更新试点类型，强化城市更新基金运营管理。

坚持精细化管理。优化城市道路、健身步道等市政配套设施管养机制，提升老旧小区精细化规范化管理水平，推动基本建设项目、民生实事项目向“建管并重”转变。用好垃圾分类智慧监测系统，巩固提升生活垃圾分类成效，确保居民小区厨余垃圾精准分出率超35%。推动“港城夜泊”停车共享服务向区镇延伸，新增停车位2000个。稳妥推进城市生命线工程，提升城市安全管理水平。争创全省首批城市管理示范市（县）。

（五）突出强农惠农，加快乡村振兴步伐

聚焦高水平率先基本实现农业农村现代化，更大力度推进乡村全面振兴，促进农业高质高效、乡村宜居宜业、农民富裕富足。

壮大乡村产业实力。落实最严格的耕地保护制度，新建高标准农田1000公顷，坚决稳住粮食生产基本盘。有效

全国文明村——福前村　　　　［经开区（杨舍镇） 提供］

发挥农发集团服务“三农”作用，做好“土特产”文章，打造农产品区域公用品牌，绿色优质农产品比重达到85%。完善农产品流通体系建设，深化农贸市场改造，并逐步推动向商业综合体、城市文化街区等方向转型。争创省农业现代化先行区，创成省级农业生产全程全面机械化示范县。

扮靓美丽乡村风貌。深入学习“千万工程”先进经验，片区化推进乡村振兴，更大力度推进农房翻建，加快建设宜居宜业和美乡村。高水平推进“农垦江南一枝花——常阴沙”特色精品示范区、“长江沿线”跨域示范区建设，新增苏州市特色康居示范区1个、苏州市特色康居乡村45个。充分调动村民自治的积极性、主动性，持续提高农村人居环境舒适度。

加大富民增收力度。完成省级农村宅基地改革“两项试点”任务，探索宅基地盘活利用机制。促进农文旅融合发展，推动20个农文旅精品示范村建设，新增苏州市乡村休闲旅游农业精品村1个。加强新型农业经营主体和职业农民培育，新增苏州市级以上农业龙头企业2家，累计培育示范家庭农场400家以上、农民专业合作社示范社90家以上。开展强村富民帮促行动，创新村级集体经营模式，加强农村集体“三资”监管，严控非生产性开支，力争村均集体经营性收入超1800万元。

（六）厚植生态优势，筑牢绿色发展根基

巩固提升省生态文明建设示范区创建成果，深入打好污染防治攻坚战，让张家港大地青山常在、绿水长流、空气常新。

改善生态环境质量。加快推进县级工业污水中长期规划试点，全面推进污水管网建管运一体化改革，建成投运金港片区水质净化厂（一期），力争城市生活污水集中收集处理率再提升10个百分点。突出水岸共治，确保国省考断面、通江骨干河道水质优III比例继续保持100%。强化大气污染工业源、生活源、移动源协同治理，加大化工、喷涂等重点行业VOCs治理力度，持续推进柴油叉车清洁能源替代，空气优良天数比例达83%。深化土壤污染风险管控，确保重点建设用地安全利用率达100%。实施锂电池资源化综合利用等固废危废处置重点工程，加快“无废城市”建设。

加强生态保护修复。扎实推进长江大保护，深入实施生态修复工程，划定长江及重要河道、省级重要湿地等5类生态保护和修复重点区域。继续抓好十年禁渔重点任务。“一山一策”推进5座山体保护利用。持续开展长江沿岸造林绿化，新增造林面积26.66公顷、省级绿美村庄2个。新建幸福河道70条。加快开展生物多样性本底调查，加强生物多样性保护。

推动绿色低碳转型。以“低碳”“零碳”发展为导向，推进钢铁、化工等重点行业节能降碳技术改造，支持重点区域、园区和企业积极开展碳达峰碳中和试点示范，研究加强企业碳足迹评估。深化国家典型地区再生水利用配置试点，加快污水厂再生水利用工程建设。推进省首批生态产品价值实现机制试点建设，拓宽绿水青山转化为金山银山的路径。

（七）办好民生实事，增进人民群众福祉

坚持尽力而为、量力而行，积极回应群众急难愁盼，在高质量发展中创造人民群众高品质生活。

完善社会保障体系。制定人口高质量发展专项政策，推动人口与经济社会发展良性互动。打造民生政策一体化平台，让群众充分便捷享受相关政策。高标准实施20个民生实事，扩大“民生微实事”覆盖面。贯彻落实稳岗支持和扩岗激励措施，向高校毕业生发布岗位超3.5万个，本市籍应届高校毕业生就业率稳定在98%以上，特困家庭毕业生就业率100%。持续推进公积金扩面，新增缴存人数2万人。推进基本医保全民参保工作，扩大普惠型商业补充医疗保险覆盖面，深化村级医疗互助，构建多层次医疗保障体系。确保实现全国双拥模范城“八连冠”。

倾力守护“一老一小”。完成家庭适老化改造1800户，新建、改造老年人助餐点10家。推动物业服务企业、志愿服务组织常态化参与居家社区养老服务。落实积极生育支持政策，改善优生优育全程服务。以公办幼儿园托幼一体化布局为主体，统筹优化托育服务供给，不断提升托位使用率。用好未成年人保护综合服务平台，完善未成年人关爱保护体系。高标准通过全国青年发展型县域试点终期考核验收。

提升教育医疗水平。优化教育资源布局，扩大优质教育资源受益面，投用实验小学乘航校区、市一中东校区等6所新建学校，提升义务教育阶段集团（联盟）化办学水平。深化省首批

雅农生态园俯瞰 [高新区（塘桥镇） 提供]

“推动基础教育高质量发展先行区”建设，提高课堂教学质量，强化体育和心理健康教育，巩固“双减”工作成果。推动普通高中多元特色发展，整体提升全市普通高中办学水平。深化校企合作，提升职业教育与地方经济发展的耦合度。加快北部医疗中心、市妇幼保健所“所转院”、市六院住院综合楼等建设。扩面建设药事服务驿站。深入推进紧密型医共体建设，完善社区卫生服务运行机制。优化实施“长三角名医点单”服务，持续提升苏大附属儿童医院张家港医学中心运行质效。引培结合加大名医、名科建设力度，新增省级重点学（专）科2个以上，引进长三角地区知名专家团队3个以上。

（八）加强社会治理，巩固和谐稳定环境

统筹高质量发展和高水平安全，聚力建设更高水平全国文明城市，不断提升基层治理体系和治理能力现代化水平。

强化文化文明引领。高分夺取全国文明城市“七连冠”。高质量运行精神文明建设张家港研究与交流中心，加快打造“全国性精神文明建设研究与培训基地”。实施新时代文明实践“出圈”工程，争创省级新时代文明实践示范中心。统筹打造长江国家文化公园和长江文化节，讲好“江海交汇入海门户、长江下游文明起源”的张家港故事。研究加强东山村遗址保护，强化本土优秀传统文化保护传承。启动市数字文化产业园建设，培育优质本土文化企业。

提升社会治理水平。坚持和发展新时代“枫桥经验”，推进“一站式”矛盾纠纷调解中心规范化建设，全面提升解纷能力。实施网格治理提升行动，网格化工作群众满意率保持全省前列。围绕“六个不发生”目标，强化危化品、冶金、消防、建筑施工等重点行业领域安全监管，确保不发生较大及以上生产安全事故。积极防范应对中小金融机构、政府性债务、房地产等领域风险隐患。常态化推进扫黑除恶、打击治理电信网络诈骗犯罪行动，群众安全感保持在99%以上。深入推进“八五”普法，优化公共法律服务体系，确保村（社区）法律援助联络点覆盖率达到90%。

同时，我们将持续推进政府作风转变和效能提升，树牢为民务实清廉政府形象。强化政治引领。巩固拓展学习贯彻习近平新时代中国特色社会主义思想主题教育成效，深刻领悟“两个确立”的决定性意义，坚定不移把“四个意识”融入血脉、“四个自信”植入灵魂、“两个维护”化为行动，不折不扣贯彻落实中央、省、苏州及市委决策部署，始终把党的全面领导贯穿政府工作各领域全过程。提高行政效能。牢固树立和践行正确政绩观，紧盯“135”年度目标任务，弘扬“马上就办、真抓实干”的工作作风，保持“分秒必争、满弓紧弦”的工作状态，激励广大干部在招商引资等重大任务一线打头阵、挑大梁，推动评先评优向敢担当善作为的干部倾斜，全面凝聚只争朝夕促发展的强大合力。严格履行重大行政决策法定程序，推动重大行政决策提质增效。持续深化涉企行政合规全过程指导服务。探索实施“综合查一次”改革，推动对企执法监管“无事不扰”“无处不在”。涵养清廉之风。严格落实全面从严治党主体责任，突出重点领域、重要部门、关键岗位廉政风险防控，强化审计监督，营造风清气正干事创业的良好政治生态。认真贯彻落实中央八项规定及其实施细则精神，持续为基层松绑减负，驰而不息纠治“四风”。坚持过紧日子，严控“三公”经费和一般性支出，压降行政运行成本，推进厉行节约工作长效化、制度化。

各位代表，风正时济，自当破浪前行；任重道远，更需快马加鞭。让我们紧密团结在以习近平同志为核心的党中央周围，在市委的正确领导下，与时俱进大力弘扬张家港精神，砥砺奋进、勇往直前，为加快推进“强富美高”新江苏现代化建设张家港实践，打造“物质文明和精神文明相协调”的中国式现代化县域先行区不懈奋斗！

有关用语说明：

1.重大项目“政企双通道”激励措施：从政府端和企业端两个层面，对各重大项目企业和服务重大项目的干部实行一系列激励措施。

2.重大项目“项目管家1+N”机制：为每个重大项目指派1名项目管家，并同时配备注册、用地、用能、用水、审图、验收、金融、税务等N项专员的定制化管家服务先锋队。

3.“五证两书齐发”：项目在签订国有建设用地使用权出让地块成交确认书、国有建设用地使用权出让合同后，第一时间完成缴费，当日即拿到建设用地规划许可证、不动产权证书、建设工程规划许可证、施工图审查合格书、建筑工程施工许可证，也意味着项目可以实现“成交即拿地、拿地即发证、发证即开工”。

4.张家港—上海港联盟航线：上港集团联合船公司、张家港集装箱码头打破以往支线船公司自行运营航线的惯例，由中外运、远洋、集海等8家支线船公司共同投入船舶组成运力，按照对外公布的固定班期（每周20班）往返于张家港与上海港之间，其舱位向社会开放共享，码头给予联盟航线优先作业及靠泊政策，提升张家港口岸集装箱运转效率。

5.“审管执信”：依托市政务服务管理平台、市“互联网+监管”平台、市政务大数据平台以及市公共信用信息数据库和共享平台，为全市各职能单位提供审批、监管、执法、信用数据交换共享以及业务联动协同的信息化支撑，逐步实现审批、监管、执法、信用管理的闭环协同。

6.“24365”零工驿站：坚持网上网下结合，为新业态新就业群体提供24小时、365天全天候服务。

7.“5+2”馆社研学：依托全市各级各类场馆和文旅点位（如图书馆、博物馆、文化馆、红色主题教育阵地、科普活动展厅等），在时间上对接“5+2”课后服务、寒暑假，在空间上充分利用社会资源，从文化熏陶、知识学习、技能锻炼、社会实践四个维度设计构建的特色文化实践课程体系。

8.“用地清单制”：在土地出让前完成相关评估和普查，明确用地要求和技术要点，形成拟出让地块的“用地清单”，在土地供应时交付用地单位，并作为项目审批管理、技术审查的主要依据。

9. “项目融”“周转融”：“项目融”指为纳入市重大项目名录的企业提供用于固定资产项目建设、开发、改造及相应配套设施建设的项目贷款；“周转融”指针对项目企业日常经营生产，提供各类流动性资金支持的特色贷款产品。

10. “一刻钟便民生活圈”：以社区居民为服务对象，在居民步行15分钟左右的范围内，以满足居民日常生活基本消费和品质消费为目标，形成多业态集聚的社区商圈。

11.跨境电商B2B直接出口：境内企业通过跨境电商平台与境外企业达成交易后，通过跨境物流将货物直接出口至境外企业，并向海关传输相关电子数据。其海关监管方式代码为“9710”。

12. “智改数转网联”：推动制造业企业智能化改造、数字化转型、网络化联接。其中，“智改”“数转”指聚焦硬件智能化改造和软件集成化应用，通过组织更新、流程再造和数字化导入等方式，全面提升企业智能化水平；“网联”指依托工业互联网实现产业链上下游企业、制造业企业与数字服务企业高效联接，打破信息孤岛，进一步优化资源要素配置。

13. “攀峰计划2.0”：将一批有形态、有市场、有潜力的人才企业纳入“攀峰计划”培育库，在上市募资、研发、金融、引才等方面，“一企一策”给予集成支持，加快推动人才企业上市攀峰。

14.QFLP基金：合格境外有限合伙人（Qualified Foreign Limited Partner）基金，指境外投资者通过资格审批和外汇资金的监管后，将境外资本兑换为人民币资金，投资于境内股权投资基金，在获取收益之后，通过托管账户将所得人民币兑换为美元退出。

15.进口大宗散货“联合鉴定、一体监管”模式：各口岸海关通过信息共享、业务协同，对进口大宗散货开展联合鉴定查验、一体化监管，以提高通关效率，便于进口企业统一对外贸易结算。

16. “水水中转”：通过中转码头、港口实现集装箱、商品在不同水域或航线的中转，能有效提高物流的时效性和经济性。

17. “一件事”改革：围绕企业从开办到注销、个人从出生到身后的重要阶段，按照不同应用场景、业务情形，将多个相关联的“单事项”合理归集，科学设计办理流程，梳理形成政务服务“一件事一次办”事项清单，提供主题式、套餐式服务。

18.Ⅱ型大城市：根据国务院于2014年下发的《关于调整城市规模划分标准的通知》，Ⅱ型大城市指城区常住人口100万人以上300万人以下的城市。

19. “一城、一港、四片区”：“一城”即杨舍—塘桥主中心，“一港”即保税区市域副中心，“四片区”为锦丰沿江制造片区、乐余田园风光片区、南丰特色产业片区、凤凰历史文化片区。

20.药事服务驿站：以经营管理规范、信用等级较高的优质零售药店为建设主体，按照统一标识、统一标准、统一项目等要求，建立规章制度、服务清单，为群众提供用药用械指导、送药上门、回收过期药品、科普安全用药知识等药事服务的“一站式”平台。

21.紧密型医共体：由市级医院牵头，联合区镇医院、社区卫生服务中心（站）等基层医疗卫生机构组建的“管理统一、服务同质、责任共担、利益共享”联合组织，主要目的是提升医疗服务体系的整体效能，更好实施分级诊疗和满足群众健康需求。

22.新时代文明实践“出圈”工程：根据省委新时代文明实践“十百千”示范工程工作部署，结合张家港工作实际，遴选树立一批示范分中心、所、站、点，全面提升全市新时代文明实践中心建设水平和运行质效。

23. “六个不发生”目标：坚决不能发生政治性事件；坚决不能发生重大群体性事件；坚决不能发生较大以上的安全生产事故；坚决不能发生影响恶劣的重大治安案件；坚决不能发生因重大自然灾害应对不力造成群死群伤；坚决不能发生重大的舆情事件。

24. “综合查一次”：多个行政机关同一时间、针对同一执法对象开展联合检查、调查。

关于深化质量强市建设的实施方案

一、指导思想

以习近平新时代中国特色社会主义思想为指导，深入贯彻党的二十大精神，认真落实国家、省、苏州市关于质量工作的决策部署，牢固树立以人民为中心的发展思想，紧抓“一带一路”、长江经济带、长三角区域发展一体化建设机遇，积极应对发展环境变化的各种挑战，立足新发展阶段，贯彻新发展理念，构建新发展格局，大力推进质量强市建设，加快建立现代产业体系，提高企业质量竞争力，让质量发展成果更好地惠及人民群众，为基本建成社会主义现代化新港城提供有力支撑。

二、工作目标

到2025年，质量整体水平进一步提高，品牌影响力显著提升，人民群众质量获得感、满意度明显增强，质量对张家港经济社会发展支撑作用大幅跃升，质量强市建设取得显著成效。

经济发展质量效益明显提升。转变经济发展方式取得明显成效，经济结构更加优化，全社会研发投入占地区生产总值比重达到4%，战略性新兴产业产值占比达到48%，每万人口高价值发明专利拥有量达到34件，单位规模以上工业增加值能源消耗较2020年下降17%。

质量供给水平全面提升。制造业产品质量合格率达到97%以上，消费品质量合格率达到97%以上，食品抽检合格率达到98.5%以上，地产农产品质量安全例行监测合格率达到98%以上。工程质量抽检合格率逐年提高，住宅、交通、水利竣工工程质量一次验收合格率达到100%，装配式建筑占新建筑比例达到40%。服务业规模化、标准化、品牌化发展，中国服务业500强企业达到10家，服务业公众满意度达到85%。生态文明建设水平全面提升，空气优良天数比例达到85%，地表水优于Ⅲ类比例达到100%。

质量竞争能力再创新高。鼓励和指导企业推进各级各类品牌建设，苏州制造品牌认证15家，江苏精品品牌认证15家。

质量技术支撑明显增强。规模以上工业企业、中小微企业首席质量官覆盖率分别达到100%、90%，新建社会公用计量标准10项，国际标准制修订数量1项。质量管理体系认证企业数达到2000家，规模以上检验检测机构数量达到10家，累计建成省级以上科创孵化载体60个。

到2035年，基本实现质量治理体系和治理能力现代化，全民质量意识和素养显著提高，质量文化软实力显著增强。产业链质量效益和现代化水平大幅提高，全市质量供给和质量需求实现更高水平均衡协调，人民生活更幸福更美好。质量对经济社会发展的支撑作用大幅跃升，建成高水平质量强市。

三、增加优质产品供给

（一）加大优质农产品供给。科学制定全市农产品质量安全监测方案，围绕监测问题较多、风险较大、群众关注度较高的农产品，加大风险监测和监督抽查力度，提高监测的时效性和覆盖面。提高农产品生产主体规范化追溯比例，推进农产品生产主体入网管理，落实追溯“四挂钩”机制，推动入网生产主体规范化追溯。加大培训宣贯力度，指导督促生产主体全面使用承诺达标合格证。深入实施食用农产品“治违禁、控药残、促提升”三年行动。全面推进乡镇农产品质量安全网格化管理，实施“三定一考核”“网格化+精准监管”工程，全面推进乡镇农产品质量安全网格化管理，突出重点区域、重点产品、重点环节、重点时段，重点发力，精准监管。大力发展绿色、有机和地理标志农产品，加强省、市级绿色优质农产品基地和现代农业全产业链标准化基地建设。（责任部门：市农业农村局、市市场监管局、保税区市场监管局等）

（二）严格保障食品药品安全。严格落实食品安全“四个最严”要求，督促企业落实食品安全主体责任，不断提高食品安全保障水平。完善食品安全社会共治体系，持续推进食品安全“智慧工程”，打造“港城食博士”食安品牌，不断提升群众食品安全满意度。适应人民群众对用药安全的期盼，严防严控药品安全风险，扎实推进民生药事服务站建设工作，着力提升流通环节重点领域风险管控效能、药品零售安全专项整治效能及医疗器械经营分级监管效能，不断提高群众用药安全感。强化食品药品质量安全抽检监测，夯实基层监管工作基础，确保食品药品质量监管保持全省一流水平。（责任部门：市市场监管局、保税区市场监管局等）

（三）推动工业品质量创优。围绕全市冶金新材料、智能高端装备、先进（高分子）材料、高端纺织4条特色优势产业链，以及新能源、数字经济、生物医药及高端医疗器械、特色半导体4条新兴产业链，开展重点产业质量提升行动，推动传统产业转型升级、新兴产业做大做强。鼓励企业利用物联网、大数据、云计算等技术，实现智能化改造和数字化转型。持续建设省、市示范智能车间、智能工厂。推动冶金、纺织等传统产业开展工艺优化和关键核心指标质量攻关，不断增强主导产业及产品的区域影响力、竞争力。（责任部门：市工信局、市发改委、市市场监管局、保税区市场监管局等）

（四）开展消费品质量提升。加大消费品监督抽检力度，提升消费品质量合格率。推动消费品企业产品和服务标准自我声明公开，开展消费品质量管理体系认证和高端品质认证，服务消费品升级。围绕民生需求，发展“互联网+消费品”模式，丰富消费品供给品类。适应老年人、未成年人、残疾人等特殊人群产品需求，增强产品安全性、功能适配性和使用便利性。聚焦高端纺织、新能源汽车等重点消费品产业高附加值环节，加快消费品迭代创新。（责任部门：市工信局、市卫健委、市市场监管局、保税区市场监管局等）

四、提升建设工程质量水平

（五）强化工程质量责任落实。深化落实工程参建各方主体质量责任，不断完善工程建设质量安全责任终身追究机制，确保重点、重大工程建设质量。完善智慧工地管理系统，提高工程项目信息化管理水平，严格落实工程质量管理标准，促进文明工地打造和工程质量创优。加强工程质量检测管理，推行建设工程质量检测综合报告制度，进一步提高重点水利工程、道路交通工程、城市景观工程、标志性建筑工程等质量水平，确保工程质量达到国家标准或规范要求。（责任部门：市住建局、市交通运输局、市水务局、市市场监管局、保税区市场监管局等）

（六）提高建筑材料质量水平。严格按照碳达峰、碳中和要求，倡导建筑材料行业绿色低碳安全发展。进一步推广绿色建材产品认证制度，鼓励绿色建筑、装配式建筑和政府投资工程优先采用绿色建材产品。落实建材生产和供应单位终身责任，加强建材使用环节质量管理。加强对混凝土、钢筋等重点建筑材料质量检测、监督抽查工作，开展检测能力提升行动，实施缺陷建材响应处理和质量追溯。加大对生产、销售建筑材料假冒伪劣产品等违法行为执法检查力度。（责任部门：市工信局、市住建局、市交通运输局、市水务局、市市场监管局、保税区市场监管局等）

（七）推动工程品牌创优建设。积极推动智能建造与建筑工业化协同发展，推动工程建设新技术、新工艺、新装备、新材料的推广应用。推动装配式建造技术在相关领域的试点示范和应用。深入落实工程质量安全手册制度，完善工程建设质量管理标准，全面推动行业管理和质量控制标准化发展。加强先进质量管理模式和方法普及推广，强化“平安百年品质工程”理念，提升“十年路面百年桥”品牌优势。组织开展各级工程质量品牌创优建设活动，积极争创鲁班奖、大禹奖、国家优质工程奖、省“扬子杯”优质工程奖等，力争张家港市企业主申报获奖数量保持全省前列。(责任部门：市住建局、市交通运输局、市水务局等)

五、加快服务质量提档升级

(八)推动生产服务专业化发展。深入贯彻苏州市促进知识产权、检验检测认证服务业发展三年行动计划，围绕全市重点产业链，推动建设公共服务平台，提升检验检测、知识产权等科技服务水平。加强生产性服务企业标准化工作，提高数字化服务、科创服务、金融服务、检验检测服务等创新能力。促进现代物流和先进制造的高效融合，形成现代服务业新增长极。提升冷链物流、应急物流、电商物流等物流业服务水平，积极推广先进物流组织和运输方式，提高口岸通关便利化程度。(责任部门：市发改委、市科技局、市交通运输局、市市场监管局、保税区市场监管局，张家港海关、金港海关等)

(九)推动生活服务提质升级。引导生活性服务企业完善质量体系，增加文化旅游、教育医疗、应急救援等公共服务供给，不断提高专业服务质量水平。加快推进快速路网建设，逐步完善“公铁水联运、江海河直达”的现代综合交通运输网络，完善市区、市郊、乡镇和城际线布局，确保出行畅达化、换乘便捷化、物流快速化。加强托育服务体系建设，完善老年人、未成年人和残疾人等服务设施，营造出行、居家等无障碍环境。推进全域旅游与产业融合发展，打响做实长江文化展示体验品牌，扩大长江文化节在国内外的影响力，形成张家港独有的全域旅游发展格局。(责任部门：市发改委、市教育局、市民政局、市交通运输局、市文体广旅局等)

(十)推动公共服务质效提升。推进基层政务服务向智慧化、网络化方向发展，推进政务服务联动审批、一网通办、跨地区通办、优化服务平台功能。开展社会管理和公共服务标准化建设，提高专业化、精准化服务能力。加强基层综合性文化服务中心标准化建设，增加人均拥有公共文化和体育设施面积，提高群众性文体活动水平。加强与上海等地教育机构的优质资源合作，促进中小学教育均衡化。加强长三角卫生医疗合作，打造一批区域性医疗优势学科、重点专科，实现“资源共享、技术同城、服务同质”。(责任部门：市发改委、市教育局、市人社局、市交通运输局、市文体广旅局、市卫健委、市行政审批局、市市场监管局、保税区市场监管局等)

六、优化人居环境质量

(十一)完善城市配套设施。确立“美丽绿色宜居、生活幸福美好”的城市发展新理念，提升城市配套功能和公共服务标准，持续改善城镇居住条件，加快城中村、老旧小区等更新改造，推动多层住宅加装电梯。完善市民广场、活动绿地等配套设施，扩大公益性健身中心面积，满足不同年龄群体健身需求。加强水资源保护和循环利用，结合更高水平文明城市创建、特色田园乡村建设，开展幸福河湖建设工程，到2025年，力争全市城市建成区河湖基本建成幸福河湖。加强生态保护修复，加快建设一批生态工业园区、绿色社区。推进一般工业固废减量资源化和生活垃圾分类处理，加快低碳经济、循环经济发展。(责任部门：市住建局、市城管局、市文体广电和旅游局、张家港生态环境局等)

(十二)深化环境污染综合治理。推进生态环境治理，继续降低大气污染物排放总量，推动重点行业碳达峰工作，完成对重金属行业企业的排查整治，不断降低$PM_{2.5}$浓度，持续提高优良天数比率。到2025年，$PM_{2.5}$年均浓度控制在29微克每立方米以下、优良天数比率达85%以上。开展钢铁行业超低排放、挥发性有机物(VOCs)深度治理等工作，应用VOC溯源系统有针对性地改善环境质量，降低环境污染危害。加强水环境综合治理，长江干流张家港段水质持续保持或优于Ⅱ类，13个国省考断面及19条通江支流平均水质优Ⅲ比例继续保持双100%，集中式饮用水水源地水质达到或优于Ⅲ类比例达100%，20个省级水功能区达标率100%。重拳打击突出环境违法行为，力促环境监管效能取得新突破。(责任部门：张家港生态环境局等)

七、提升企业质量和品牌发展能力

(十三)深化质量技术创新应用。以质量创新为关键培育新动能，推动全市“4+4”主导产业向产业链两端延伸、向价值链高端攀升。深入实施“质量赋能伙伴计划”，支持企业牵头组建质量技术创新联合体，加强研发平台(研究中心、技术中心、试验室、孵化器等)建设，实施质量共性技术联合攻关。加大政府对冶金、纺织等优势产业质量提升和核心技术攻关的支持力度，强化企业创新主体地位，促进资源市场配置向优势企业集聚，推动质量技术创新成果转化。积极培育省级专精特新“小巨人”企业、“单项冠军”企业、“隐形冠军”企业，增强产业链发展配套能力。统筹推动中小企业卓越成长计划项目，带动全市更多企业走高质量发展道路。(责任部门：市科技局、市发改委、市工信局、市市场监管局、保税区市场监管局等)

(十四)完善质量信用体系。健全信用信息系统，加强质量信息采集、数据分析评价、信用等级管理，实行多部门信用正向激励和反向督促联动。优化质量信用等级认定制度，积极培育孵化质量信用A级、AA级、AAA级企业。加强行业信用自律建设，做好质量安全信息披露工作，及时、客观、公正地向社会传递质量信息；采用质量信用预警方式对企业进行有效约束。健全以互联互通的信用资料数据库为基础的公共信息服务平台，方便公众实时查询，不断改善质量诚信生态。积极推动“苏质贷”金融产品推广应用，加大对企业质量创新的金融扶持力度。(责任部门：市发改委、市市场监管局、市地方金融监管局、保税区市场监管局等)

(十五)强化质量品牌建设。建立品牌培育管理体系，切实提高品牌建设水平。推荐拥有自主知识产权数量较多、高端产品市场占有率较高的企业参与“江苏精品”认证，全力打造“苏州制造”品牌，到2025年建成“苏州制造”品牌认证产品15种，“江苏精品”15种。加强老字号原址保护，加快培育一批特色鲜明、优势突出、质量竞争力强的区域品牌。引导激励企业追求卓越，积极争创中国质量奖、江苏省省长质量奖等奖项。全面落实和完善现有质量激励政策。深入实施商标品牌战略，构建商标注册和质量、标准、专利、文化融合发展的品牌塑造体系。完善地理标志培育机制，打造一批特色农业品牌和特色产品。加强对企业品牌的保护，加大对品牌侵权行为治理，进一步激发各类企业建设品牌的积极性。（责任部门：市市场监管局、市发改委、市工信局、市公安局、市住建局、市交通运输局、市水务局、市农业农村局、市商务局、保税区市场监管局等）

（十六）抓好质量管理数字化转型。积极推进智能制造项目建设，并嵌入质量管理数字化功能，实现质量技术与信息技术、质量性能与生产功能的全面融合。加大沙钢、永钢、华昌等江苏省智能制造示范车间建设力度，在技术标准、生产工艺、质量管理、制造服务、可靠性工程等方面取得新突破，对主导产业数字化转型起到示范引领作用。促进“互联网+质量”应用场景拓展，提高腾讯云（张家港）工业云平台的企业上线率，推动企业按照全样本、全过程、全生命周期、全生产要素、全产业链的数字化模型进行质量攻关与改进、产品服务创新与提升。鼓励企业将质量控制重心前移，采用先进测量技术，实施在线、在机的检测应用，实现设计、制造和消费等环节的数据共享。培育质量管理数字转型标杆企业，推动质量数据收集、分析与评估，利用大数据指导质量提升，提高安全风险控制能力。（责任部门：市工信局、市发改委、市科技局、市财政局、市市场监管局、保税区市场监管局等）

（十七）建设高素质的质量人才队伍。全面落实企业首席质量官制度，按照“统一要求、统一教材、统一师资”的标准，完善张家港市首席质量官基础培训机制。积极构建全市首席质量官交流平台，传播有益经验、加强社会监督。2025年实现规模以上企业首席质量官全覆盖，中小微企业实施比例达到90%以上。建立首席质量官制度建设评价体系，在职级待遇、选树典型等方面加大激励力度，培育首席质量官制度建设标杆企业和一批优秀首席质量官。推进“互联网+质量”教育模式，建立健全服务企业质量提升的培训网络，满足中小企业员工质量培训需求。以工匠和各类技能人才为骨干，大力培养计量、标准、检测、专利等专业人才，解决质量管理人才短板问题，为企业质量提升、品牌打造、知识产权保护等提供有力支撑。（责任部门：市市场监管局、市工信局、市人社局、保税区市场监管局、总工会等）

八、增强产业和区域质量竞争力

（十八）培育先进制造业质量优势。推动工业化和信息化、先进制造业和现代服务业深度融合发展，提升冶金新材料、智能高端装备、先进（高分子）材料、高端纺织四大主导产业优势，加大产业研发和质量管理投入，推动关键技术领域的质量创新与持续改进，促进制造业服务化和发展服务型制造业。深化科产城港融合，加快新能源、数字经济、生物医药及高端医疗器械、特色半导体四大新兴产业成长，组织重点产品质量攻关，解决“卡脖子”难题，推广数字化制造，打造卓越产业链和先进制造业集群，提高与上海等中心城市的产业配套水平，扩大“港城制造”影响力。（责任部门：市发改委、市科技局、市工信局、市市场监管局、保税区市场监管局等）

（十九）树立产业和区域质量标杆。根据“4+4”现代产业体系发展目标，完善质量标杆企业梯度培育模式，推动重点企业导入先进质量管理模式，引导企业加快技改扩能，实现优化升级。抓好“孵化、培优、示范”三部曲，不断厚植质量品牌建设土壤。充分发挥各级质量奖获奖企业和质量标杆企业的示范引领作用，引导本市各行各业学习先进质量管理模式，培育先进产业集群。积极争创质量强国标杆城市、国家质量创新先导区、全国质量品牌提升示范区。（责任部门：市市场监管局、市发改委、市工信局、保税区市场监管局等）

（二十）提高质量发展区域协同水平。深度融入“一带一路”建设、长江经济带发展和长三角区域一体化发展等国家重大战略，促进质量领域资源共享、联动发展。积极开展长三角质量提升示范试点建设，牵头开展冶金行业提升试点，积极融入长三角高端纺织、新能源汽车、光电产品等试点项目，增强区域产业影响力、竞争力，不断完善沿江高速、沪苏通铁路区域质量协同工作机制。加强质量基础设施一体化建设，推动公共服务平台互联共享，把张家港建设成为具有国际竞争力的高端制造强市、国内领先的创新驱动标杆城市。（责任部门：市市场监管局、市发改委、市工信局、市住建局、市交通运输局、市水务局、市农业农村局、市商务局、保税区市场监管局等）

九、促进经济质量效益型发展

（二十一）推进质量发展创新驱动。进一步创新质量提升活动载体，引导企业加大质量创新投入，实施质量攻关、质量比对、质量合格率提升三大工程，着力解决质量关键技术，推进产学研深度融合，加快科技成果转化与产品迭代升级。强化质量管理体系建设，加强对全面质量管理（TQM）、卓越绩效模式、六西格玛、精益制造、可靠性工程等质量管理方法组合应用的指导，推动获证企业认证升级换版，提高认证覆盖面和有效率。加强对能源节约激励与新能源推广政策引导，鼓励企业采用新技术、新装备，积极推动能源管理等新型管理体系认证，加大节能减排力度。（责任部门：市科技局、市工信局、市财政局、市市场监管局、市税务局、保税区市场监管局等）

（二十二）树立质量发展绿色导向。推进绿色设计、绿色制造、绿色建造，鼓励企业积极参与绿色产品标准、认证、标识体系建设。完善资源循环利用、清洁生产、生态循环农业等相关标准，推动绿色金融、绿色建筑等领域标准深入实施。推动企业获取节能、低碳、绿色产品等认证证书。积极参与碳达峰、碳中和标准计量体系建设。倡导绿色低碳社会风尚，探索建立绿色产品消费促进制度，推广绿色生活方式。（责任部门：市工信局、市发改委、市住建局、市交通运输局、市水务局、市农业农村局、市商务局、市市场监管局、张家港生态环境局、保税区市场监管局等）

（二十三）强化质量发展利民惠民。坚持新发展理念，开展质量惠民行动，运用“质量共享空间”“绿色蒲公英”“港城车大夫”“虹筑之家”等质量服务平台，为广大群众提供便捷、优质的质量公益服务。支持企业加快产品创新、服务升级、质量提升，促进智能、时尚、定制、体验等新兴消费提质扩容。鼓励企业投保产品、工程、服务质量相关保险，建立健全质量保证金制度，推动消费争议先行赔付，加强消费者合法权益保护，营造安全放心消费环境。（责任部门：市市场监管局、市住建局、市交通运输局、张家港生态环境局、保税区市场监管局等）

十、提升质量基础设施建设水平

（二十四）优化质量基础设施管理。加强计量检定机构、社会公用计量标准建设，完善量值传递溯源体系，结合张家港“4+4”产业链发展实际，推动发展特色产业计量技术。强化标准战略引领，推进标准制修订、整合、转化等制度性建设。健全战略性新兴产业、先进制造业、现代服务业等重点领域的标准体系，增强企业国家标准、行业标准的制修订能力，增加团体标准的供给数量，确保标准化整体水平位于苏州市前列。加大对强制性认证产品、自愿性认证产品检查力度，督促企业落实质量责任，不断提高企业自管自控能力和产品安全性、可追溯性。（责任部门：市市场监管局、保税区市场监管局等）

（二十五）强化质量基础设施建设。构建检验检测技术保障体系，加强国家级和省级质检中心建设，促进检验检测机构做大做强，增强服务能力。推进张家港市医疗器械检验检测与研发孵化中心建设，力争到2025年打造成为国内有较高影响力和知名度的第三方平台。积极开发高端品质认证和新型检测项目，开拓“互联网+检测认证”服务，推进数字信息化基础建设，扩大优质检验检测认证服务供给。加强检验检测认证国际交流合作，支持检验检测认证机构取得更多境外资质认可，助推重点企业和产业集群扩大国际贸易。（责任部门：市市场监管局、市发改委、市财政局、市住建局、市农业农村局、保税区市场监管局等）

（二十六）提高质量基础设施服务效能。推进质量基础设施“一站式”服务站点建设，以计量、标准、认证认可、检验检测、质量管理等为核心，以知识产权、品牌培育为延伸，强化协调服务，支撑全过程、全生命周期的质量服务需求，服务站点实现省级以上开发区全覆盖。推动质量基础设施集成服务与产业链深度融合，开展质量基础设施服务效能评估，促进资源整合与布局优化，完善服务体系，精准服务企业质量提升和产业转型升级。（责任部门：市市场监管局、保税区市场监管局等）

十一、提高质量治理能力

（二十七）完善质量监管模式。推动跨行业跨区域监管执法合作，推进行政执法与刑事司法衔接。加强质量法治宣传教育，营造依法治质良好氛围。加强质量状况监测分析，为政府部门评估风险、制定计划、实施精准监管提供有力支撑。（责任部门：市市场监管局，市委宣传部，市检察院，市公安局、市司法局、保税区市场监管局等）

（二十八）提升质量监管效能。健全以“双随机、一公开”为基本手段，以重点监管为补充，以信用监管为基础的新型监管机制，加大对食品、消费品等产品的监管抽查力度，精准惩治制售伪劣药品和化妆品，坚持对特种设备安全质量检查全覆盖，依法监督管理体系和产品认证工作，提高事中事后监管能力与水平。强化网络平台销售商品质量监管，开展缺陷消费品召回工作。严格进出口商品质量安全检验监管。加强共性技术研究和产品缺陷风险预判分析，严格产品标准，提升质量安全风险防控能力。建立重大质量问题约谈机制，明确质量责任追溯要求，严厉查处质量违法行为。（责任部门：市市场监管局、市发改委、保税区市场监管局，张家港海关、金港海关等）

（二十九）强化质量多元合作共治。探索质量社会治理联动机制，推动网格化质量监管全覆盖。发挥行业协会、专业社团、研究机构、新闻媒体、消费者共同参与作用，构建质量社会共治新模式。在行业协会、电商平台、检验检测机构等建立质量风险信息监测点，构建风险信息分析“大网络”，找准质量安全监管“发力点”。加强以质量专家、企业首席质量官、质量机构从业者、社区志愿者组成的质量志愿者团队建设，促进质量监督保障机制向商圈和社区拓展。围绕长江经济带发展、长三角一体化发展等重大战略和重大决策，积极参与长三角质量提升示范点建设，深化质量合作。（责任部门：市市场监管局，市委宣传部，市发改委、市工信局、保税区市场监管局等）

十二、加强组织保障

（三十）加强党的领导。坚持党对质量工作的全面领导，把党的领导贯彻到质量工作各领域各方面各环节。充分发挥市质量发展委员会统筹协调作用，扎实有序推进质量强市建设实施，研究解决和协调处理重大质量问题。进一步优化组织领导机制，推动实现区镇级质量发展委员会全覆盖。（责任部门：各区镇、街道，市市场监管局等）

（三十一）强化工作落实。推动将质量强市建设纳入国民经济和社会发展规划、专项规划，确保党中央、国务院、省委、省政府决策部署和市委、市政府工作要求落到实处。强化重点工作推进，定期检查工作完成进度和指标情况，重视与企业需求、民生需求对接，解决实际问题。加强多部门工作协调，整合服务资源，开展联合检查，推动信息共享，保障各项任务落地见效。（责任部门：各区镇、街道，市有关部门）

（三十二）加大宣传力度。深入学习贯彻习近平总书记关于质量工作的重要论述，广泛宣传党和国家质量工作方针政策。广泛开展“世界计量日”“世界标准日”“世界认可日”“中国品牌日”“质量月”等活动，深入宣传先进质量文化，积极宣传“文明塑港、质量铸城”的城市质量精神，开展质量科普、共享空间、三色花开等主题系列活动，着力营造“政府重视质量、企业追求质量、社会崇尚质量、人人关心质量”的浓厚氛围。（责任部门：市委宣传部，市发改委、市市场监管局等）

（三十三）加强考核评价。强化政府质量工作考核，将区镇落实质量规划情况纳入年度绩效考核。建立张家港质量发展评价指数，指导重点领域质量提升工作。建立健全党委质量督察工作机制，抓好典型示范，督促消除短板，解决质量发展中的关键问题。对推进质量工作成效突出的相关单位和人员，按规定予以推荐上报各级激励。（责任部门：市绩效办、市市场监管局等）

——摘自《中共张家港市委、张家港市人民政府印发〈关于深化质量强市建设的实施方案〉的通知》（张委发〔2023〕18号）

张家港市乡村建设行动实施方案

一、总体要求

（一）指导思想。以习近平新时代中国特色社会主义思想为指导，深入贯彻落实党的二十大精神，紧紧围绕乡村振兴战略总要求和高水平率先基本实现农业农村现代化总目标，聚焦农民群众美好生活需要，坚持尊重规律、规划先行，坚持因地制宜、分类施策，坚持注重保护、体现特色，坚持节约资源、绿色发展，坚持政府引导、多方参与，坚持建管并重、常态长效，以功能性、普惠性和基础性民生建设为重点，以片区化推进为引领，全面建设生态美、环境美、业态美、人文美、常态美，绿色发展好、生活品质好、产业融合好、乡风治理好、长效管护好的“五美五好”宜居宜业和美乡村，高水平成片推动农村基础设施优化，更大力度推动基础设施和公共服务城乡并轨发展，促进农村有机更新、全面进步、全域优美、特色发展，努力走出一条具有张家港特点、体现先锋水平、城乡融合发展的乡村建设之路。

（二）目标任务。到2025年，农村人居环境实现高质量提升，长效管护机制全面建立，宜居宜业和美乡村建设成效显著，农村基础设施建设更加完备、基本公共服务更加便利、文化生活更加繁荣，农村基本具备现代生活条件成为普遍现实，农民群众获得感、幸福感、认同感和安全感持续增强，“乡村更美好”成为新时代鱼米之乡县域先行区的鲜明特征。全面融入苏州市长江沿线跨域示范片区发展，把全市144个行政村全部纳入片区化建设，建成乡村振兴跨镇域示范片区3个至5个，跨村域示范片区10个左右，打造“锦绣江南鱼米乡”的张家港样板。

二、重点任务

（三）加强乡村规划建设管理。坚持规划引领，加强全域规划统筹，依据“三区三线”等各类空间管控边界，优化乡村生活空间布局，严格保护农业生产空间和乡村生态空间，牢牢守住耕地红线。执行现行镇村布局规划确定的村庄分类，并视情进行动态更新，推进村庄规划建设。有序推进“多规合一”实用性村庄规划编制，全域全要素统筹安排各类设施和用地布局，严格落实土地用途管制，合理规划村庄布局和功能定位。推广实施《苏州乡村设计导则》，加强村庄建筑特色、风格、色调引导，突出乡土特色和地域特点，不搞千村一面，不搞大拆大建。依法依规做好乡村建设规划许可核发工作、乡村建设工程质量安全监督管理指导工作，规范乡村建设行为。规划发展村庄基本做到“多规合一”实用性村庄规划全覆盖，一般性村庄做到应编尽编。（市资规局牵头，市住建局、市农业农村局等按职责分工负责）

（四）实施农村公路提档升级专项。在实现行政村双车道四级公路全覆盖基础上，推动农村公路建设项目更多向进村入户倾斜，进一步提升农村公路通达深度、技术等级和安全保障水平。加强自然村（组）内部道路建设和桥梁改造，加强村庄道路与农村公路高效衔接，加强农村公路与国省干线公路互联互通，加强区域间、城际、省际间公路的连接。全面打造安全放心路，事故多发和安全隐患路段整改率100%。全面推进城乡公交一体化建设，推进城市公交和镇村公交线网深度融合，实现城乡公交一体化运营。加强农村客运安全监管，提升农村公路安全运营水平。到2025年，基本实现全市规划发展村庄等级公路通达，农村公路县道MQI（公路技术状况指数）达到92，乡村道MQI（公路技术状况指数）达到88。（市交通运输局牵头，市公安局、市农业农村局、市应急管理局等按职责分工负责）

（五）实施农村防汛抗旱和供水保障专项。充分发挥水利工程防灾减灾作用，扎实推进农村防汛抗旱基础设施建设。推进中小河流治理，加强农村河道疏浚整治和生态河道建设，加大水土保持监管力度，严格控制水土流失，保护农村河网水系，提高河道引排能力。加强农村圩区建设管理，完成农村圩区治理规划，推进圩区达标建设，提高农村圩区防洪除涝能力。加快农村供水老旧管网改造，增强农村供水保障能力，提高城乡供水一体化水平，实现城乡供水“同网、同质、同价、同服务”。到2025年，新建农村圩区排涝站3座、治理圩堤约5千米，农村供水保证率100%。完善农村地区自动气象监测站网建设，开展农业气象灾害风险普查，健全农业气象灾害预警信息发布体系。全市主要粮食作物（水稻、小麦）气象灾害风险评估覆盖率100%，灾害性天气预警信息覆盖率98%。（市水务局牵头，市发改委、市农业农村局、市应急管理局、市水务环保集团、市气象局等按职责分工负责）

（六）实施乡村清洁能源建设专项。推进农网维修改造、新型电力系统建设等工作，提高农网供电可靠率及安全运行水平，持续提升农村电网供电保障能力，满足大规模分布式新能源接入和乡村生产生活电气化需要。发展太阳能、风能、地热能、生物质能等清洁能源，在有条件的地区探索建设多能互补的分布式低碳综合能源网络。鼓励开展适合农村实际的节能农房建设，支持农民利用自有建筑屋顶建设户用光伏。因地制宜实施农村“瓶改管”“瓶改电”。积极推广粮食电烘干等农业生产设备电气化和低碳节能技术。（市发改委牵头，市住建局、市农业农村局、国网江苏电力张家港分公司、张家港港华燃气公司等按职责分工负责）

（七）实施农产品仓储保鲜冷链物流设施建设工程。加快农产品仓储保鲜冷链物流设施建设，发展产地冷藏保鲜，提高农产品供给质量和流通效率。优化农产品现代流通方式，利用大数据、云计算等技术推动农产品物流高效运转。加强农副产品批发市场、农产品物流骨干网络和冷链物流体系建设，支持各类主体参与农副产品零售市场体系建设，支持节能型农副产品仓储设施建设。引导电商下乡布局，完善农产品冷链物流服务体系，支持国有资本通过新建、回购或参股等方式参与农副产品零售市场体系建设。加快农村智慧物流快线建设，构建“市—镇—村”三级物流网络。推动实施“县域商业建设行动”，完善农村商业体系，推动品牌化连锁化发展。整合电商、邮政、快递、运输等行业在农村的工作网点，利用村内现有公共设施，建设“多点合一、一点多能”的村级寄递物流综合服务站，实现统仓统配、集约配送。到2025年，行政村快递服务覆盖率保持100%。（市农业农村局、市商务局牵头，市交通运输局、市供销总社等按职责分工负责）

（八）实施数字乡村建设发展工程。持续推动数字乡村试点，实施“光网乡村”工程，加大农村信息基础设施投入，培育“5G+智慧乡村”应用示范，到2025年实现全市乡村光纤到户全面接入，5G网络全面覆盖。建立健全农业农村大数据体系，深化基础数据专题库的应用服务。推进智慧农业新技术、新装备、新模式在张家港市率先落地试用，打造一批智慧园区、智慧农场（大田、菜园、果园、渔场、牧场等）。推进“互联网+”农产品出村进城和“数商兴农”工程，开发农业气象服务智慧平台。提升乡村管理数字化效能和治理水平，推进农村集体“三资”监管、农房建设管理、农村人居环境监测等数字化管理，推动公共领域数字化应用向乡村广泛延伸。发展农业农村“云服务”，推广专业化服务系统，打造“智慧农村”示范村，乡村数据资源平台实现共建共享。推进农村“雪亮工程”建设。（市委网信办、市农业农村局牵头，市委政法委、市科技局、市工信局、市公安局、市民政局、市住建局、市商务局、市文体广旅局、市应急管理局、市大数据管理局、市社会治理现代化指挥中心、市气象局等按职责分工负责）

（九）实施村级综合服务设施提升行动。完善村级综合服务站点布局建设，支持党建服务、基本公共服务和公共事业服务就近或线上办理。完善村级综合服务设施建设，到2025年，全市村级综合服务设施面积达标率达100%。深入实施先锋阵地融合赋能行动，持续推动规划建设、政治功能、服务内容、设施配置、管理运行、基本保障“六个规范化”建设。加强农村全民健身场地设施建设、管理与维护。推进公共照明设施与村内道路、公共场所、建设场地一体规划建设，加强行政村村内主干道路灯建设。健全村庄应急管理体系，按需优化应急广播终端配置，因地制宜建设农村应急避难场所，开展农村公共服务设施无障碍建设和改造。（市民政局牵头，市委组织部、市委宣传部、市交通运输局、市住建局、市农业农村局、市应急管理局、市文体广旅局、市医保局、市供销总社、市残联、市邮政公司等按职责分工负责）

（十）实施农村住房条件改善及特色田园乡村建设行动。聚焦农房改善，在尊重农民意愿的基础上，加快“多规合一”村庄规划编制，增强政策支持力度，市镇同步制定出台农房翻建政策，各区镇（街道）至少建设一个农房示范点。突出抓好农房安全和品质提升，重点推进1980年及以前所建农房的改造改善，支持鼓励1981年至2000年所建农房改善。2022年到2026年改善全市农村住房1.5万户，其中2023年到2026年改善全市农村住房1.2万户。建立农房设计和风貌管控机制，加强技术服务指导，鼓励农民按照政府提供的方案图集建设农房。鼓励开展适宜节能技术试点，因地制宜推广装配式建筑等新型建造方式。加强农村生活污水接纳处置，落实好污水管道“老房断、新房联”的管理，严禁乱接或直排河道。加快行政村集体土地上的农村危房整治，按照“谁拥有、谁负责”原则，落实产权人（使用人）主体责任，切实消除安全隐患。推动农村低收入群体危房改造，逐步健全农村低收入群体住房安全保障长效机制。推广使用农村宅基地信息系统，实现常态化农村房屋建设管理和农村宅基地、农村房屋安全巡查监管以及信息共享，规范农村房屋改扩建和用作经营等变更用途行为，探索建立农村房屋定期体检和质量保险等制度。以农村房屋及其配套设施建设为主体，完善农村工程建设项目管理制度，统筹建立从用地、规划、建设到使用的一体化农房建设管理制度，按照“谁审批、谁监管”要求落实安全监管责任。持续推进“三特一古”特色田园乡村建设，加强乡村基础设施和公共服务配套。鼓励通过“微设计”“微改造”“微提升”改善村容村貌。深入推进“长江沿线”特色田园乡村跨域示范区、特色精品（康居）示范区建设，打造具有一定规模与影响力的张家港优质美丽乡村集群，建成一批彰显江南水乡人居典范的标志性建筑和景观线路。到2025年，累计培育31个特色精品乡村、2个至3个特色精品示范区，累计建成680个特色康居乡村和25个特色康居示范区。（市住建局牵头，市资规局、市水务局、市农业农村局、市文体广旅局、市应急管理局、市行政审批局、市市场监管局、市水务环保集团等按职责分工负责）

（十一）实施农村人居环境整治提升行动。以“五美五好”为引领，高质量提升农村人居环境。巩固提升农村厕所革命成果，因地制宜建设公共厕所，合理配建乡村旅游厕所。开展农村生活污水治理提升行动，实施城乡污水处理提质增效精准攻坚“333”（三消除、三整治、三提升）行动，推进幸福河湖和农村生态河道建设，全面消除劣V类水体。到2025年，全市累计建成农村公厕超150座、乡村旅游厕所4座，无害化卫生户厕普及率保持100%，行政村生活污水治理率达100%，建成幸福河湖400条，农村生态河道覆盖率达75%。持续开展河道长效管护工作。持续推进农村生活垃圾治理，完善城乡再生资源回收利用网络。到2025年，全市开展农村生活垃圾分类和资源化利用的涉农村（社区）实现全覆盖，行政村生活垃圾集中收运占比100%、生活垃圾分类处理占比100%、生活垃圾分类达标率100%。深入开展常态化村庄清洁行动。依法有序推进公共空间治理。加强农村电力、通信、广播电视“三电”线路整理，推动线路整齐有序治理，解决“空中蜘蛛网”问题，排除安全隐患。深入实施乡村绿化美化行动，加强村庄片林、道路林网、水系林网、农田林网建设，推动村庄绿化建设，建成省级绿美村庄3个以上，村庄绿化覆盖率达到32.5%。实施“暨阳玫瑰美家美院”庭院提升行动，每年至少打造1个市级以上美丽庭院示范村、200个市级以上美丽庭院，发动广大妇女和家庭积极参与美丽庭院提靓活动，构建市、镇、村三级美丽庭院建设体系。深化青年“青春四进建功乡村”“手绘乡村”等活动，继续实施乡村振兴青年行动。（市农业农村局牵头，市资规局、市城管局、市水务局、市文体广旅局、张家港生态环境局、团市委、市妇联、市水务环保集团、市城乡环境卫生指导中心、国网江苏电力张家港分公司、江苏有线张家港分公司、中国电信张家港分公司、中国移动张家港分公司、中国联通张家港分公司按职责分工负责）

（十二）实施乡村文化传承保护行动。保护古镇老街古村，保护传统水乡肌理，保留江南水乡格局。采用“微改造”的“绣花”功夫，保护提升古镇风貌，保留传承老街古村，深入挖掘古镇老街古村的历史文化内涵，文旅融合串联各古镇老街古村。活态保护文物古迹，不断探索文物古建活化手段，加强历史文化梳理、展示、传承，讲好江南文化永续流传的故事，留住乡村记忆。推动农业文化遗产保护与发展，开展重要农业文化遗产保护利用工程。深化“乡村网红”发掘培育，推进乡村非遗旅游体验基地、非遗工坊建设，打造非遗艺术乡村。通过非遗集市、非遗主题演出等形式，举办沉浸式、体验式、场景化的传统节日和民俗活动，传承魅力非遗。加强传统村落保护利用与发展提升，支持传统村落建设特色田园乡村，推进市级传统村落挂牌保护，建立“一村落一档案”，健全动态管理机制。到2025年，有效保护3个左右市级传统村落和9个左右村镇传统建筑（组群）。（市文体广旅局牵头，市资规局、市住建局、市农业农村局等按职责分工负责）

（十三）推进城乡基本公共服务均等化。发挥镇域内城乡融合发展支撑作用，推进重点中心镇和特色小城镇特色化高质量发展，强化镇域内综合服务能力，提高农村居民享受公共服务的可及性、便利性。推动城乡学校“集团（联盟）化办学”，到2025年，农村义务教育学校集团（联盟）化办学覆盖率100%，农村义务教育学校专任教师本科以上学历达到95%。完善覆盖城乡就业服务体系，持续推进创业带动就业服务工作城乡一体化，到2025年，累计扶持农民创业1000人。持续完善乡村医疗卫生体系，开展乡村公益医疗互助试点，推进医保公共服务市镇村全覆盖。落实乡村医生待遇，加强村卫生室基础设施建设和服务内涵提升，到2025年，全市新增9家甲级村卫生室。完善农村养老服务设施，鼓励乡镇敬老院提档升级，改（扩）建为区域性养老服务中心，到2025年，全市乡镇区域性养老服务中心覆盖率100%，全市农村（社区）养老服务设施覆盖率100%。促进婴幼儿托育服务高质量发展，逐步形成覆盖城乡的托育服务体系，到2025年，每千名常住人口拥有3周岁以下婴幼儿托位数达到4.5个。加大农村残疾人服务设施的建设力度，加强农村残疾人各类托养服务质量提升，到2025年，全市农村残疾人托养服务率不低于25%。加强农村全民健身场地设施建设与管理，引导农村健身场地建设科学化、合理化，将体育健身与公共服务、生态环保、人文历史、健身休闲相结合，每年推出一批可看、可学、可用的健身公园，发挥典型示范作用，建设江苏省最美乡村健身公园，到2025年，全市建成12个美丽乡村健身公园、12个乡村文化基地和12个农民体育基地。（市教育局、市民政局、市卫健委牵头，市发改委、市人社局、市住建局、市农业农村局、市医保局、市残联等按职责分工负责）

乡村雾晓 （张建平 摄）

(十四)加强农村基层组织建设。实施新时代加强村、社区党组织书记队伍建设五年行动计划,持续优化村党组织带头人队伍结构,深化村干部专业化管理。落实"三层五柱"基层管理体制改革要求,持续下沉市镇资源服务,提升乡村基层组织治理能力。全面实施"新时代美美乡村新接力"农村党建专项提升计划,深化"双引双融"党建引领基层治理路径,不断完善村党组织领导乡村治理的体制机制,建强自然村党组织,在片区化建设、农村水环境整治、生活垃圾治理、乡村绿化美化等工作一线建立"行动支部",将组织优势转化为治理效能。强化乡镇、村党组织引领作用,推行村村联建、村企联建和上下联建,有力助推强村富民,高质量完成红色村组织振兴建设红色美丽村庄试点工作。加强农村"海棠花红"先锋阵地建设,围绕构建完善"十五分钟服务圈"摸排空白点位,优化建设一批党群服务中心,推广"家门口的海棠花"党群服务点,2023年实现"十五分钟服务圈"全覆盖,到2025年,具备条件的自然村全面配备党群服务点。健全党组织领导的村民自治机制,村级重大事项决策实行"四议两公开",充分运用"一事一议"民主决策等制度,引导各类主体参与乡村建设相关规划、建设、运营和管理。加强农村人民调解组织建设,完善矛盾纠纷多元预防调处化解综合机制。围绕"无讼、无访、无案、无黑、无毒"的"五无"主要目标,全面推进"枫桥式村(社区)"建设。深化平安法治乡村建设,加强农村社会治安突出问题治理,大力培育乡村"法律明白人"和村法律顾问,依法严厉打击非法宗教、邪教活动以及农村黄赌毒、侵害农村妇女儿童人身权利等各种违法犯罪行为,切实维护农村社会和谐稳定。(市委组织部牵头,市委政法委、市公安局、市司法局、市民政局、市农业农村局按职责分工负责)

(十五)深入推进农村精神文明建设。深入开展习近平新时代中国特色社会主义思想学习教育,广泛开展中国特色社会主义和中国梦宣传教育,建好用好乡村"复兴少年宫",加强思想政治引领。弘扬和践行社会主义核心价值观,推动融入农村发展和农民生活,大力选树宣传时代楷模、道德模范、身边好人、最美人物等先进典型。建好用好新时代文明实践中心、所、站,广泛开展文明实践志愿服务。推进乡村文化体育设施建设,因地制宜建设乡村文化基地、文化广场、乡村戏台、非遗传习场所等主题功能空间。深化党建引领,促进自治法治德治智治融合,推动村级集体经济充分发展,加强民主法治示范村建设和管理,提升乡村治理能力。开展"治理高额彩礼,减轻人情负担,推进移风易俗"行动,健全道德评议会、红白理事会、村规民约等机制,推广积分制、清单制、数字化等做法,促进形成文明乡风、良好家风、淳朴民风,焕发乡村文明新气象。深入开展农民丰收节活动。(市委宣传部牵头,市司法局、市民政局、市农业农村局、市文体广旅局、市新时代文明实践工作指导中心、市妇联、市科协按职责分工负责)

三、政策保障

(十六)加强支农投入。积极争取上级政策、资金扶持,持续做好资金保障工作。要将乡村建设作为各部门、区镇(街道)支出的重点领域,合理安排资金投入。土地出让收入用于农业农村部分适当向乡村建设倾斜。对片区化协同发展项目和经济相对薄弱村倾斜支持。按规定统筹使用相关资金推进乡村建设。积极搭建乡村投资建设工作平台,按市场化原则实体化运作,推动国有资本、集体资本在乡村建设中发挥带头作用。(市发改委、市财政局、市住建局、市农业农村局等按职责分工负责)

(十七)创新金融服务。做强做优乡村振兴基金,强化支小支农融资担保业务,鼓励引导政策性、开发性、商业性金融机构参与乡村基础设施、公用事业及产业发展等方面建设。鼓励发挥财政杠杆作用,建立多元投入机制,因地制宜吸引金融资本和社会资本规范、有序、适度参与建设,增强自身造血能力,形成可持续发展的动力机制,并严格控制债务。鼓励开发银行和政策性银行加大转贷资金对乡村建设的投入力度。鼓励商业银行在依法合规前提下量身定制乡村建设金融产品和服务,稳妥拓宽有效抵质押物范围。积极探索保险资金参与乡村振兴基础设施建设。加快推进农村信用体系建设,建立健全农村信用信息共享、分析评价和服务应用机制。(市财政局、市农业农村局、市地方金融监管局、人民银行张家港市支行、银保监会张家港监管组等按职责分工负责)

(十八)强化用地保障。在符合规划的前提下,鼓励引导各地优先使用存量用地盘活指标,加强年度新增用地计划和存量建设用地盘活利用规模的统筹,多渠道保障乡村建设用地。全市每年单列不少于5%的新增建设用地计划用于农村一、二、三产融合发展和乡村振兴项目用地。稳慎推进农村集体经营性建设用地入市制度,统筹开展国土空间全域综合整治,整体推进农用地整理、建设用地整理、生态保护修复和公共空间治理等,推进低效用地再开发,腾挪空间用于支持乡村建设。(市资规局牵头,市农业农村局按职责分工负责)

(十九)强化人才支撑。实施乡土人才培养集聚行动,因地制宜推广驻村规划师、设计师、工程师"一村三师"制度,选派"美村规划师",多措并举提升乡村规划、设计和建设管理水平。支持符合条件的乡村建设人才申报职称和有关人才项目,探索建立乡村工匠培养和管理制度,支持熟悉乡村的专业技术人才参与乡村项目设计和项目建设,统筹推进城乡基础设施建管人才互通共享。支持企业、科研机构等开展乡村建设领域新技术新产品研发。分类制定乡村基础设施、基本公共服务设施建设技术导则,健全完善建设、运行维护、监管、服务等标准。(市农业农村局牵头,市委组织部、市科技局、市人社局、市资规局、市住建局等按职责分工负责)

(二十)引导多方参与。健全完善党组织领导的村民自治机制,探索共享共治的乡村建设群众参与体系,完善执行"四议两公开"制度,引导农民群众成为乡村建设行动的参与者、建设者和监督者。扎实开展"万企兴万村"行动,引导和鼓励社会力量投入乡村建设。对经营性建设项目,规范有序推广政府和社会资本合作模式,切实发挥运营企业作用。引导个人、企业、社会组织等通过捐资捐物、结对帮扶等形式支持乡村建设。探索鼓励村级集体经济组织承建中小型乡村建设项目。（市城管局、市农业农村局牵头，市民政局、市财政局、市工商联按职责分工负责）

（二十一）抓好长效管护。扎实做好农村公共基础设施管理养护工作，以清单式明确村庄公共基础设施管护主体、责任、方式和经费来源等，健全“六有”长效管护机制。鼓励行政村以劳务合作社等组织形式，自主开展农村人居环境运行管护。有条件的可实行市场化运行管护。将农村人居环境管护作为公共服务产品，探索建立村级组织统筹、政府适当补助的运行管护经费保障制度。常态化开展“洁美港城”义务劳动、人居环境“四季战役”，持续开展环境卫生红黑榜、责任制、积分制等工作。（市城管局牵头，市发改委、市农业农村局按职责分工负责）

四、组织保障

（二十二）强化组织领导。坚持党对农村工作的全面领导，强化“五级书记抓乡村振兴”责任，完善党政领导挂钩联系乡村振兴工作制度，建立健全乡村建设组织领导体系和工作推进机制。市委农村工作领导小组统筹组织实施乡村建设行动，建立专项推进机制，协调推进重点任务。市资规局、市住建局、市交通运输局、市水务局等积极发挥重要作用，强化协同推进。充分发挥市委农村工作领导小组作用，推动相关职能部门进一步细化具体措施，支持国资平台开展乡村建设，引导社会资本参与乡村振兴，确保各项建设任务落地见效。各区镇、街道切实担负责任，建立相应的工作机制，明确专人负责，结合乡村振兴示范片区、农文旅融合高质量发展等规划，统筹开展宜居宜业和美乡村建设。（市委农办〈市农业农村局〉牵头，市委组织部、市资规局、市住建局、市交通运输局、市水务局等按职责分工负责）

（二十三）强化片区协同。推动片区资源整合，对于跨区镇、街道的项目，由市级有关部门统一谋划，在规划建设协同、产业发展协同、富民增收协同、乡村治理协同、改革创新协同方面发力，加强指导服务，统筹多方力量推进片区建设取得进展。加强上下联动配合，建立会商会办机制，开展常态化合作交流，及时研究解决工作推进中遇到的重点难点问题。（市委农办〈市农业农村局〉牵头，市资规局、市住建局、市交通运输局、市水务局、市文体广旅局等按职责分工负责）

（二十四）强化清单管理。各相关部门和区镇、街道要科学制定任务清单，建立远粗近细、分步建设台账。按照村申报、镇审核、市审定原则，建立乡村建设项目库，优先纳入群众需求强烈、兼顾农业生产和农民生活条件改善项目。安排乡村建设资金，原则上须从项目库中选择项目。各相关部门和区镇、街道要加强统筹协调，完善项目库管理制度，推动共建共管共享。强化项目日常管理，落实“一项目、一方案”推进机制。（市委农办〈市农业农村局〉牵头）

（二十五）强化监测考核。把乡村建设行动实施情况和片区化建设成效作为乡村振兴（农业农村现代化）实绩考核重要内容，将重点任务分解为可评估指标，开展统计监测，定期通报工作进展情况。积极引入第三方评估、群众满意度调查等方式，加强建设成效评估和成果应用，确保各项工作全面落实。（市委农办〈市农业农村局〉、市住建局按职责分工负责）

（二十六）加强宣传引导。加强正面宣传和舆论引导。运用传统媒体和新兴媒体，采取多种形式全面宣传推广乡村建设行动。及时总结推广成功经验，推介创新做法，发挥示范带动作用。开展形式多样、生动活泼的宣传教育活动，形成全社会关心、支持和监督乡村建设行动的良好氛围。（市委宣传部、市农业农村局等按职责分工负责）

——摘自《关于印发〈张家港市乡村建设行动实施方案〉的通知》（张委办发〔2023〕8号）

2023年中共张家港市委部分文件目录

1月27日	张委发〔2023〕1号	中共张家港市委员会在全市干部群众中开展“干部敢为、地方敢闯、企业敢干、群众敢首创”大讨论大走访大落实主题活动的实施意见
2月1日	张委发〔2023〕2号	中共张家港市委、张家港市人民政府关于公布“创新转型加速年”先进个人（市级）名单的通知
2月24日	张委发〔2023〕8号	中共张家港市委员会关于转发《政协张家港市第十三届委员会常务委员会2023年度工作要点》的通知
2月24日	张委发〔2023〕9号	中共张家港市委员会关于转发《张家港市人大常委会2023年度工作要点》的通知
3月27日	张委发〔2023〕10号	中共张家港市委、张家港市人民政府关于印发《张家港市全面推进乡村振兴探索高水平率先基本实现农业农村现代化行动方案（2023—2025年）》的通知
6月26日	张委发〔2023〕16号	中共张家港市委关于印发《张家港市村（社区）干部受处分处理薪酬调整工作办法（试行）》的通知

7月26日	张委发〔2023〕18号	中共张家港市委、张家港市人民政府印发《关于深化质量强市建设的实施方案》的通知
8月1日	张委发〔2023〕17号	中共张家港市委关于深入学习贯彻习近平总书记对江苏工作重要讲话精神在推进中国式现代化中走在前做示范推进"强富美高"新江苏现代化建设张家港实践的决定
9月19日	张委发〔2023〕21号	中共张家港市委印发《关于深入开展学习贯彻习近平新时代中国特色社会主义思想主题教育的实施方案》的通知
9月20日	张委发〔2023〕22号	中共张家港市委、张家港市人民政府关于印发《张家港市扎实开展城乡精神文明创建打造更高水平全国文明城市的实施意见》的通知
12月20日	张委发〔2023〕24号	中共张家港市委、张家港市人民政府关于印发《张家港市产业集群高质量发展扶持政策》的通知

2023年张家港市人民政府部分文件目录

1月10日	张政发〔2023〕1号	关于印发市政府2023年工作目标任务的通知
1月13日	张政发〔2023〕2号	张家港市人民政府关于国有土地上房屋征收的决定
1月30日	张政发〔2023〕5号	市政府关于印发《张家港市加快推进政务服务标准化规范化便利化的实施方案》的通知
2月15日	张政发〔2023〕6号	市政府关于建立张家港市镇级新增项目审核机制的通知
3月3日	张政发〔2023〕11号	市政府关于2022年度征兵工作先进单位和个人的通报
3月7日	张政发〔2023〕12号	市政府关于印发《张家港市十五届人大二次会议代表议案办理实施方案》的通知
3月24日	张政发〔2023〕20号	张家港市人民政府关于创建江苏省城市管理示范市工作情况的报告
3月24日	张政发〔2023〕21号	市政府关于印发《张家港市2023年度国有建设用地供应计划》的通知
4月8日	张政发〔2023〕27号	市政府关于做好张家港市第五次全国经济普查工作的通知
4月20日	张政发〔2023〕31号	市政府关于印发《张家港市创建江苏省城市管理示范市的实施方案》的通知
5月9日	张政发〔2023〕37号	市政府关于责成各镇政府、街道办事处对违法建设采取查封现场、强制拆除等措施的通知
5月13日	张政发〔2023〕41号	市政府关于深入推进计量工作的实施意见
5月30日	张政发〔2023〕46号	市政府关于印发《张家港市安全生产委员会工作规则（修订）》的通知
5月30日	张政发〔2023〕47号	市政府关于成立苏州港张家港港区管理委员会的通知
7月12日	张政发〔2023〕59号	市政府关于公布张家港市定点活禽交易市场名录的通知
9月14日	张政发〔2023〕85号	市政府关于授予2023年度张家港市市长质量奖的决定
9月21日	张政发〔2023〕88号	张家港市人民政府关于国有土地上房屋征收的决定（杨锦公路—东二环快速化改造项目）
9月21日	张政发〔2023〕89号	张家港市人民政府关于国有土地上房屋征收的决定（无锡至南通过江通道南接线工程项目）
11月11日	张政发〔2023〕110号	市政府关于成立2023张家港东渡半程马拉松组委会及工作组的通知
11月28日	张政发〔2023〕125号	市政府关于印发《张家港市推进气象保障服务高质量发展的实施意见》的通知
12月9日	张政发〔2023〕140号	市政府关于公布张家港市行政规范性文件制定主体清单的通知

【编辑　宋佳辰】

组织机构及其负责人名录

市级领导机构

中共张家港市第十二届委员会

书　记　韩　卫
副书记　蔡剑峰　邵军民
　　　　李炳龙（挂职）
常　委　王永学　张志明
　　　　朱　艳（女，12月免）　陆崇珉
　　　　常　征　陈卫兵　任伏军
委　员（按姓氏笔画为序）
　　　　丁　峰　王卫民　王卫国
　　　　王亚方　卞东方　成家武
　　　　孙惠芳（女）　吴惠芳
　　　　何　剑　沙立平　沈晓波
　　　　张莉莎（女）　陈雪明
　　　　季　冬　赵　瑜（女）
　　　　赵志凯　秦真智（女）
　　　　夏立新　钱晓锋　钱锦东
　　　　徐溪椿　翁羽人（女）
　　　　曹鹰飞　梁　曦
候补委员（按得票多少为序）
　　　　张　平　奚卫明
　　　　季晓阳　糜　正

张家港市第十五届人民代表大会常务委员会

主　任　王亚方
副主任　黄亚平　王松石
　　　　丁学东　杨志刚（1月任）
委　员（按姓氏笔画为序）
　　　　丁萍芬（女）　王卫国
　　　　刘红照　汤卫华
　　　　孙惠芳（女，1月任）
　　　　邹　铜　沙卫军　张　平
　　　　张成兵　张满兴　陆一珉
　　　　陈观龙（1月任）
　　　　陈　霞（女）　赵建军
　　　　赵琦萍（女）
　　　　夏立新（1月任）
　　　　顾彩萍（女）　钱　耿
　　　　钱云华　徐文虎　徐龙斌
　　　　徐　刚　徐建龙
　　　　徐　敏（女）　高　翔
　　　　唐利刚　彭　炜　彭　烨
　　　　蒋卫军　蒋　锋　蓬　元
　　　　翟梓均（女，1月任）　戴　俭
　　　　戴　艳（女，1月任）
党组书记　王亚方
党组副书记　黄亚平　王松石
党组成员　杨志刚　钱云华
　　　　　夏立新　彭　炜

张家港市人民政府

市　长　蔡剑峰
副市长　李炳龙（挂职）　常　征
　　　　梁　曦　翁羽人（女）
　　　　蒋　鹏　钱　飞　蒋新峰
　　　　何　剑　刘东兴（5月任）
　　　　张　庆（挂职，9月免）
党组书记　蔡剑峰
党组副书记　常　征　李炳龙（挂职）
党组成员　梁　曦　翁羽人（女）
　　　　　蒋　鹏　钱　飞
　　　　　何　剑　刘东兴（5月任）
　　　　　江伟男（12月免）　钱晓锋

政协张家港市第十三届委员会

主　席　赵建明（1月任）
副主席　陈世海　顾　放　徐平观
　　　　徐　江　王文伟
秘书长　陈　飞
常务委员（按姓氏笔画为序）
　　　　丁　天（女，1月任）
　　　　马　福
　　　　王世芳（女，12月免）
　　　　尹　洁（女）　匡雄华
　　　　朱长明　朱田中　朱亚军
　　　　朱廷刚　朱茂华（女）
　　　　刘玉梅（女）　孙礼江
　　　　孙丽萍（女）　孙利婵（女）
　　　　严佳栋　苏　勇　苏国兴
　　　　杜思梅（女，12月免）
　　　　李　峰　李笑梅（女）
　　　　何一雷　余爱华（女）
　　　　沈雪健　张　舟
　　　　张　烨（女）　张　萍（女）
　　　　陆学清（12月免）
　　　　陈卫芳（女）　陈永泽
　　　　陈剑浩　季春晨（女）
　　　　金　涌　庞　涛（1月任）
　　　　周卫君　孟凡珍（女）
　　　　孟伟言　秦国平
　　　　夏　敏（女）　钱王平
　　　　钱晓东　钱毅群（女）
　　　　徐　虹（女）
　　　　徐高峰（1月任）
　　　　黄　蓉（女）　黄冰青（女）
　　　　黄美华（女）　曹丽华（女）
　　　　龚　萍（女）　寂　忍
　　　　董红军　蒋　伦
　　　　蒋丽华（女）　童先峰
　　　　谢国锋　解志荣（12月免）
　　　　蔡克荣　缪闻鼎　瞿刘华
党组书记　赵建明
党组副书记　朱　艳（女，兼）
　　　　　　陈世海
党组成员　王文伟　陈　飞

市纪委监委

中共张家港市第十二届纪律检查委员会

书　记　王永学
副书记　李维兵
　　　　徐卫杰（12月免）
常　委　袁胜华　张　勇　周天鹏
　　　　徐培科（8月免）
委　员（按姓氏笔画为序）
　　　　马建新　吴卫中（4月免）
　　　　张　婷（女）　陆定峰
　　　　陆建忠　周　颖（女）
　　　　赵品锋　钱晓东
　　　　徐向前　曹　徐

市监察委员会

主　任　王永学
副主任　李维兵　徐卫杰（12月免）
委　员　张　勇　徐培科（8月免）
　　　　赵品锋　倪建鑫

市纪委监委派驻纪检监察组

市纪委监委派驻市委办公室纪检监察组组长　殷仕俊（2月任）
市纪委监委派驻市委组织部纪检监察组组长　曹　平
市纪委监委派驻市委宣传部纪检监察组组长　陆　骏（5月免）
　　　　　龚伟专（女，5月任）
市纪委监委派驻市委统战部纪检监察组组长　钱艳虹（女）
市纪委监委派驻市委政法委员会纪检监察组组长　薛建华
市纪委监委派驻市政府办公室纪检监察组组长　丁中群（女）
市纪委监委派驻市发展和改革委员会纪检监察组组长　钱　刚

市纪委监委派驻市交通运输局纪检监察组组长　樊益斌(7月免)
杨敬波(7月任)
市纪委监委派驻市财政局纪检监察组组长　陈子兵
市纪委监委派驻市人力资源和社会保障局纪检监察组组长　郭　璟(女)
市纪委监委派驻市住房和城乡建设局纪检监察组组长　向家林
市纪委监委派驻市教育局纪检监察组组长　黄明祥
市纪委监委派驻市卫生健康委员会纪检监察组组长　盛建东
市纪委监委派驻市农业农村局纪检监察组组长　陈　丽(女,7月免)
王修亮(7月任)
市纪委监委派驻市市场监督管理局纪检监察组组长　柳　燕(女)
市纪委监委派驻市公安局纪检监察组组长　张静东
市纪委监委派驻市城市管理局纪检监察组组长　王　慧(女,5月免)
陈　丽(女,7月任)

市委巡察工作办公室

主　任　袁胜华(兼)
副主任　唐爱斌(兼,7月免)
葛永平　王　辉(女,9月免)

市委巡察组

组　长　瞿医蕾(女)　张　勇
黄永平　徐　丹(5月免)
赵学刚(9月任)
副组长　王修亮(7月免)
刘　丹(女,5月免)
杨志刚(9月免)　张玉海
王　辉(女,9月任)
杨敬波(7月免)　林　臻
刘东健　张秋岳(2月任)
陶健博(5月任)
陆　骏(5月任)
樊益斌(7月任)

保税区、经开区、冶金园、高新区工作机构

保税区

中共张家港保税区工作委员会

书　记　韩　卫
副书记　蔡剑峰(8月任)　陆崇琨
委　员　季　冬　季　峰　顾卫彬
黄晓伟(4月任)
沈　琳(9月免)
刘东兴(5月免)
陆定峰　陈雪明

张家港保税区管理委员会

主　任　蔡剑峰(8月任)
副主任　陆崇琨　季　冬　季　峰
顾卫彬　黄晓伟
沈　琳(9月免)
刘东兴(5月免)
陈雪明　沈晓波

张家港保税区党政办公室
(宣传文明办公室)

主　任　金　鑫(11月免)
肖　锋(11月任)
副主任　仇治君　徐卫凤(女)
严海燕(女)　翟　宁

张家港保税区外事办公室

主　任　张卫星

张家港保税区组织人事局

局　长　肖　锋(11月免)
副局长　李　云

张家港保税区机关党委

书　记　肖　锋(11月免)

张家港保税区非公企业党工委

书　记　仇治君(2月免)
李　云(2月任)

张家港保税区纪工委(监察工委)

书　记(主　任)　陆定峰
副书记(副主任)　孙朝枫

张家港保税区发展改革局
(重大项目办公室)

局　长　刘忠华
副局长　陆炜炜(女,5月免)
封　皎(女)　谢　海
严正斌　薛　雪

张家港保税区招商局

局　长　张奎军(5月免)
缪　飞(5月任)

张家港保税区科技人才局

局　长　宓灏文
副局长　沙　建　花　放

张家港保税区物流贸易局
(服务业办公室)

局　长　缪　飞(5月免)
张　俊(7月任)
副局长　任　琰(女)
倪　军(11月免)

张家港保税区财政局

局　长　施　靖(女)
副局长　吴晓春
张祖宇(9月免)
叶浩翔(9月任)
孙广磊(11月任)

张家港保税区规划建设局

局　长　孟伟言
副局长　秦　瑜　黄国华
王一澄　周冠宇

张家港保税区安全环保局

局　长　王卫东
副局长　徐　舟　叶　楠(11月免)
刘　畅

江苏扬子江化学工业园管理办公室

主　任　邵　浒(10月免)
邱仲生(11月任)
副主任　殷益敏　徐　吉

市自然资源和规划局保税区自然资源所

所　长　闻　炯
副所长　朱勇俊
黄伟慧(女,12月免)
吴丽萍(女,12月任)

张家港保税区企业服务管理局

局　长　龚锦乾(2月任)
副局长　宋　波(女)　唐建岳

张家港保税区投资服务中心

主　任　张　俊
副主任　陈　洋(7月任)
李闻笛(女,9月任)

张家港保税区城乡发展局

局　长　袁达新
副局长　陆　剑　李群慧
周　峰(9月免)
毛东兴(9月任)

张家港保税区政法和社会管理办公室

主　任　沈　军(2月免)
陆银佳(2月任)
副主任　张国良　仲爱军　徐卫峰

张家港保税区行政审批局
(政务服务中心)

局　长　周国新
副局长　樊立锋(5月任)
惠　涛　王子硕(5月免)

张家港保税区市场监督管理局

局　长　谷晓晖
副局长　王　敏　陆　钧　高　攀

张家港港区管理办公室

主　任　沙豫华(9月任)

副主任 瞿 伟（9月任）

张家港保税区税务局

局 长 段 兵（5月免）
谭 军（10月任）

副局长 何晓宇 侯建峰
康青卿（10月任）
陈 茸（10月任）

张家港保税区金港资产经营有限公司

董事长 丁 琪

张家港保税区产业发展集团有限公司

总经理 孟菁菁（女）

副总经理 陈亚宏 袁 建 毕 亮
杨晓虎 高 峰（9月任）
陈 强（11月任）

经开区

中共张家港经济技术开发区工作委员会

书 记 张志明

委 员 张 雷（1月免） 赵志凯
陆忠理（10月免）
吴卫中（3月免） 袁政国
杨立清 潘 健（3月任）

张家港经济技术开发区管理委员会

主 任 张志明

副主任 张 雷（1月免）
赵志凯 陆忠理（10月免）
袁政国 杨立清

张家港经济技术开发区
纪律检查工作委员会

书 记 吴卫中（3月免）
潘 健（3月任）

副书记 周国忠（9月免）
陈 强（9月任）

张家港经济技术开发区监察工作委员会

主 任 吴卫中（5月免）
潘 健（5月任）

副主任 周国忠（11月免）
陈 强（11月任）

张家港经济技术开发区党政办公室

主 任 陈 昕（7月免）

副主任 朱洪春（5月免）
顾 琪（土家族）
张 徐（女，5月任）

张家港经济技术开发区招商局

局 长 卞新峰（7月任）

副局长 卞新峰（7月免）
钱 华（女，2月免）
苏 斌（2月任）
马 洁（女，7月任）

张家港经济技术开发区商贸局

局 长 徐 宏（10月免）

副局长 吕 浪（2月免）
郭一沁（女）

张家港经济技术开发区发展改革局

局 长 施林峰（7月免）
徐道娟（女，7月任）

副局长 张 浩（5月免） 钱 莉（女）

张家港经济技术开发区科技人才局

局 长 邱树立

副局长 丁国秋（7月免）
徐 徽（女，5月免）

张家港经济技术开发区安全环保局

局 长 石 勇

副局长 魏 立 陈银峰 沈品忠

张家港经济技术开发区建设局

局 长 钱 斌

副局长 马海兵 朱 尧（7月免）
马志宇

张家港经济技术开发区
财政与资产管理局

局 长 卢丹清（2月免）
许向英（女，2月任）

副局长 王丽华（女） 沈 兵
杨 玺（9月任）

张家港经济技术开发区党群工作局
（宣传文明办公室）

局长（主任） 陈海文（7月免）
陈 昕（7月任）

副局长（副主任） 秦建忠

张家港经济技术开发区社会事业局

局 长 邱晶嘉（女）

副局长 陆晓刚

张家港经济技术开发区农业农村局

局 长 蒋 炜

副局长 郭广益 郭建锋
李迎辉（5月免）

张家港经济技术开发区政法和
社会管理办公室

主 任 殷沪飞

副主任 郁 彬 成 凯（2月免）
魏天明（5月任）

张家港经济技术开发区行政审批局
（政务服务管理办公室）

主 任 施林峰（7月任）

副主任 徐松林（9月免）
缪俐琳（女）

杨舍镇综合行政执法局

负责人 石 勇

副负责人 朱 尧（7月免）
吕 浪（9月任） 陆晓刚

张家港经济技术开发区（杨舍镇）
机关党委

书 记 陈海文（兼，7月免）
陈 昕（兼，7月任）

副书记 袁 琦（女，兼）

张家港市高新技术创业服务中心

主 任 尹钰达

副主任 贺 妍（女）

张家港经济技术开发区机关服务中心

主 任 朱 峰

张家港经开区国有资本投资
运营集团有限公司

总经理 高 彦（2月任）

副总经理 席国平（9月免） 李晓峰
卢 平 王 鹏（2月任）
陈 云（5月任）

市自然资源和规划局张家港
经济技术开发区自然资源所

所 长 张峰鹰

副所长 朱建军 宋伟丰

冶金园

中共江苏扬子江国际冶金工业园
工作委员会

书 记 沙立平

副书记 马春青 李刚强

委 员 唐晓东 许海峰
张 婷（女）

江苏扬子江国际冶金工业园管理委员会

主 任 马春青

江苏扬子江国际冶金工业园党政办公
室（宣传文明办公室）

主 任 连丽丹（女，5月免）
林 源（5月任）

副主任 陈 宇（5月任） 赵宏斌

江苏扬子江国际冶金工业园组织人事局

局 长 丁建东

副局长 方 洁（女）

江苏扬子江国际冶金工业园
科技招商局（发展改革局）

局 长 金今花（女，朝鲜族）

副局长 陈 龙（蒙古族）
龚伟专（女，5月免）
徐 徽（女，5月任）

江苏扬子江国际冶金工业园经济服务局

局 长 黄建浩

副局长 朱俊杰

钱庆华(5月免) 邬理伟

江苏扬子江国际冶金工业园安全环保局

局　长　余耀明

副局长　钱　军　陈凌霄

江苏扬子江国际冶金工业园规划建设局

局　长　许晓明

副局长　孙耀辉(7月任)　徐　峰

江苏扬子江国际冶金工业园财政和资产管理局

局　长　许　佳(女)

副局长　李建兴　高　雯(女)
魏天明(5月免)
钱庆华(5月任)

江苏扬子江国际冶金工业园社会事业局(农村工作局)

局　长　张艳丽(女,12月免)

副局长　李卫忠(7月免)
叶海平　巩谆贤(5月任)
张　涛(7月任)　季　东
沈晓燕(女,10月任)

江苏扬子江国际冶金工业园政法和社会管理办公室

主　任　朱礼斌

副主任　钱国浩　吴　铃(女)
夏永刚(5月免)
巩谆贤(5月免)

中共江苏扬子江国际冶金工业园纪律检查工作委员会

书　记　张　婷(女)

副书记　黄　炜

江苏扬子江国际冶金工业园城市发展集团有限公司

副总经理　严卫军　陈海琼
朱海峰(9月免)
宋　凯(12月任)

高新区

中共张家港高新技术产业开发区工作委员会

书　记　严亚明

副书记　黄祥亮　陶彦斌

委　员　郭文谦　吴红波　朱栋裕
肖　军(5月任)
唐爱斌(7月任)
金　雳(7月免)
薛　奇(挂职)

张家港高新技术产业开发区管理委员会

主　任　严亚明

副主任　陶彦斌　肖　军(5月任)
薛　奇(挂职)

中共张家港高新技术产业开发区纪律检查工作委员会

书　记　金　雳(7月免)
唐爱斌(7月任)

张家港高新技术产业开发区党政办公室(宣传文明办公室)

主　任　吴红波

副主任　葛　霞(女,12月任)
潘晓忠　袁　辉
肖春峰(7月任)
谢丹丹(女,12月免)

张家港高新技术产业开发区党群工作部

部　长　张左平

副部长　沈礼强

张家港高新技术产业开发区创新发展部(科技人才部)

部　长　王　恒

副部长　彭　程　袁　梦(女,9月免)
石　燕(女,11月任)

张家港高新技术产业开发区招商部

部　长　卞　震

副部长　王金萍(女)　季春晨(女)

张家港高新技术产业开发区建设管理部(规划部)

部　长　郭文谦

副部长　许建东　许燕忠
李定廪　肖春峰(7月免)
何正澄(7月任)

张家港高新技术产业开发区财务资产部

部　长　肖　军

副部长　胡　伟　杨　悦(7月免)
郭宇皓(11月任)

张家港高新技术产业开发区经济服务部

部　长　庞天舒(女)

副部长　何红晓　张颖哲

高铁投资发展(集团)有限公司

副总经理　蔡　晖(11月任)
赵海峰　李志新

各区镇(街道)领导机构

杨舍镇

中共杨舍镇委员会

书　记　张志明

副书记　卞春生　施　律
徐　科　殷沪飞(兼)

委　员　丁国秋(7月任)
陈　强(9月免)
苏　斌(2月免)
宋永乾(9月任)　邓衍子
袁　琦(女)　王文华(女)
王　伟(5月任)　季　刚
张　徐(女,5月免)

纪委书记　陈　强(9月免)
宋永乾(9月任)

杨舍镇人民代表大会

主　席　赵琦萍(女)

副主席　卢丹清(2月任)

杨舍镇人民政府

镇　长　卞春生

副镇长　许志贤　陶文华
展亚东(5月免)
马　洁(女,7月免)
陈　忠　虞宁漪(女)
周小超(兼,9月任)

市政协杨舍镇工作委员会

主　任　施　律

副主任　王文华(女)

杨舍镇经济服务中心(招商服务中心)

主　任　许文虎

锦丰镇

中共锦丰镇委员会

书　记　沙立平

副书记　李刚强　俞鹏科
朱礼斌(兼)
陈卫菊(女,7月免)

委　员　黄　宏(女)　惠正刚
陈　宇(5月免)
陆　兵　万仁松
朱伟力(女)　王皓琼(女)
夏永刚(5月任)
钱江流(9月任)

纪委书记　陆　兵

纪委副书记　叶江峰

锦丰镇人民代表大会

主　席　蒋卫军

副主席　褚　辉

锦丰镇人民政府

镇　长　李刚强

副镇长　李卫忠(7月任)
王　振　张金岱(回族)
张　涛(7月免)

邹明霞（女）　赵志浩

市政协锦丰镇工作委员会

主　任　陈卫菊（女，兼，8月免）
副主任　王皓琼（女，兼）

锦丰镇经济服务中心（招商服务中心）

主　任　陈银洲

塘桥镇

中共塘桥镇委员会

书　记　黄祥亮
副书记　范一明　庞天舒（女）
鞠江平（兼，9月免）
张　溢（9月免）
委　员　张左平　卞　震
肖　军（5月免）
殷　焕　丁　浩（5月任）
许建东（9月任）
张秀兰（女，5月任）
谢丹丹（女，11月免）
葛　霞（女，11月任）
王春明（兼，9月任）
王昕昊（5月免）
沈礼强（9月免）
纪委书记　殷　焕
纪委副书记　朱志良（9月免）
龚健飞（9月任）

塘桥镇人民代表大会

主　席　王卫国
副主席　沈礼强（9月免）
张左平（9月任）

塘桥镇人民政府

镇　长　范一明
副镇长　王　恒　王晓冬
郑启伟　季春晨（女）
袁　梦（女，9月免）
梅思楠

市政协塘桥镇工作委员会

主　任　张　溢（11月免）
副主任　谢丹丹（女，12月免）
葛　霞（女，12月任）

塘桥镇综合服务中心

主　任　陶　科

乐余镇

中共乐余镇委员会

书　记　张莉莎（女）
副书记　薛盘芳　石建军
张贵林（9月免）
黄　珮（11月任）
柯显信（挂职，9月免）
委　员　季　忠　刘晓霞（女，5月任）
黄利明　王　巍
陶静华（女）
葛　霞（女，11月免）
范颖飞（5月免）　黄　疆
韩冰青（女，11月任）
施惠明（兼）
纪委书记　黄　疆

乐余镇人民代表大会

主　席　邹　铜
副主席　范颖飞（5月免）
刘晓霞（女，5月任）

乐余镇人民政府

镇　长　薛盘芳
副镇长　陈　洪　闻忠贤　蒋　皓
季君理（7月免）
钱　辉　方向明

市政协乐余镇工作委员会

主　任　石建军
副主任　葛　霞（女，12月免）
韩冰青（女，12月任）

乐余镇经济服务中心（招商服务中心）

主　任　钱　峰

凤凰镇

中共凤凰镇委员会

书　记　王卫民
副书记　田文华　季晓阳　李　松
委　员　邓　敏（女）　黄旭东
魏新阳（5月免）　钱晓波
邹丽花（女）　黄博文
刘梦甜（女）
郭志浩（兼，2月免）
缪卫峰（兼，2月任）
纪委书记　邹丽花（女）
纪委副书记　周丽群（女）

凤凰镇人民代表大会

主　席　张　平
副主席　马宏鹏

凤凰镇人民政府

镇　长　田文华
副镇长　徐丹芸（女）　周　忠
朱镕博　黄晓刚　殷立华
许　忠（7月任）

市政协凤凰镇工作委员会

主　任　李　松（兼）
副主任　刘梦甜（女，兼）

凤凰镇经济服务中心（招商服务中心）

主　任　庞晓畅

南丰镇

中共南丰镇委员会

书　记　陈　稳
副书记　王　希　陈　立（5月免）
王昕昊（5月任）
委　员　方荣胜　严　武
陆静亚（女）　钱海东
杨　明（12月免）
丁益宇（12月任）
高　蕾（女，11月免）
艾学涛（兼，9月任）
纪委书记　钱海东
纪委副书记　尤江峰（女）

南丰镇人民代表大会

主　席　戴　俭
副主席　杨　明（12月免）
丁益宇（12月任）

南丰镇人民政府

镇　长　王　希
副镇长　徐　晋　沈　兰（女）
邵　帅　陶晓峰

市政协南丰镇工作委员会

主　任　陈　立（兼，5月免）
王昕昊（兼，5月任）
副主任　高　蕾（女，兼，12月免）

南丰镇经济服务中心（招商服务中心）

主　任　徐美珠（女）

大新镇

中共大新镇委员会

书　记　赵　瑜（女）
副书记　沈海峰（10月免）
金　鑫（11月任）
朱文骁（女）　胡增荣（挂职）
委　员　肖　斌　秦燕军
谢　玲（女）　孟令剑
朱　江　张晨悦（女，5月免）
王志清　高　勇（兼，9月任）
纪委书记　王志清

大新镇人民代表大会

主　席　汤卫华

大新镇人民政府

镇　长　沈海峰（10月免）

金　鑫（11月任）
副镇长　孙耀辉（7月免）
朱　尧（7月任）　严志萍
任亚超　朱磊燕（女）

市政协大新镇工作委员会

主　任　朱文骁（女，兼）
副主任　朱　江

大新镇经济服务中心（招商服务中心）

主　任　石　燕（女，5月免）
叶伏林（5月任）

常阴沙现代农业示范园区

中共常阴沙现代农业示范园区工作委员会

书　记　丁　峰（9月免）
沈海峰（10月任）
副书记　牛　楠（女）　张　进
杨卫兴
委　员　吴振宇　陆　燕（女）
丁益宇（12月免）
管陈浩　朱甲波
纪工委书记　朱甲波

常阴沙现代农业示范园区管委会

主　任　牛　楠（女）
副主任　陆　燕（女）
徐巡军　黄　华
陶　凯（7月任）

市人大常委会常阴沙现代农业示范园区工作委员会

主　任　张　进（兼）

市政协常阴沙现代农业示范园区工作委员会

主　任　杨卫兴（兼）
副主任　管陈浩（兼）

双山香山旅游度假区

中共双山香山旅游度假区工作委员会

书　记　张毓鸿
副书记　卞振磊　朱浩锋
刘　兰（女）
委　员　高品强　丁忠良
王贤美（土家族）
张　赟（女）
纪工委书记　丁忠良

双山香山旅游度假区管委会

主　任　卞振磊
副主任　曹建峰

金港街道

中共张家港市金港街道工作委员会

书　记　奚卫明
副书记　杜锁军　张惠锋
何兴娟（女）
委　员　包金华　曹　军
袁金良　包建兵
柏　杨（女）　钱小潇
蒋铭明（兼，9月任）

市人大常委会金港街道工作委员会

主　任　彭　烨
副主任　张惠锋（12月任）

市政府金港街道办事处

主　任　杜锁军
副主任　单松萍（女）　谭晓维

市政协金港街道工作委员会

主　任　张惠锋（兼）
副主任　柏　杨（女，兼）

金港街道综合服务中心

主　任　黄　卉（女，9月任）

后塍街道

中共张家港市后塍街道工作委员会

书　记　糜　正
副书记　王金武（3月去世）
陈　立（5月任）
程艳杰（女）
杨　彬（11月免）
张　平（11月任）
委　员　毛东兴（9月免）
周　峰（9月任）
倪　军（11月任）
徐　红（女）　黄　超（5月免）
周凯燕（女，5月任）
杨　旭（兼，9月任）

市人大常委会后塍街道工作委员会

主　任　沙卫军
副主任　徐　红（女，兼，12月任）

市政府后塍街道办事处

主　任　王金武（3月去世）
陈　立（5月任）
副主任　孟　伟（11月任）
李杏珍（女）
奚　涛（9月免）
叶浩翔（9月免）
侯立涛（11月任）

市政协后塍街道工作委员会

主　任　程艳杰（女，兼）
副主任　倪　军（兼，12月任）

后塍街道综合服务中心

主　任　陈　立（兼，8月任）

德积街道

中共张家港市德积街道工作委员会

书　记　王苏嘉
副书记　孙　亮　陆云松
委　员　廖祚根　黄晓旻　戴志钊
王　湞（女）　李　杰
缪　峰（兼，9月任）

市人大常委会德积街道工作委员会

主　任　丁萍芬（女）
副主任　黄晓旻（兼，12月任）

市政府德积街道办事处

主　任　孙　亮
副主任　孟　伟（11月免）　谭　涛
叶　楠（11月任）　赵新浩

市政协德积街道工作委员会

主　任　陆云松（兼）
副主任　王　湞（女，兼）

法院、检察院

市人民法院

院　长　朱劼纯（5月免）
副院长、代理院长　孙一鸣（5月任）
党组书记　朱劼纯（4月免）
孙一鸣（4月任）
党组副书记　陆建忠（9月免）
副院长　陆建忠（9月免）
马建新　吴　丹　洪　春
党组成员　马建新　顾　博
朱　伟（女）　吴　丹
蒋　晓

市人民检察院

党组书记、检察长　周晓东
副检察长　余爱华（女）　李清泉
韩广强
党组成员　刘　霞（女）
王友艳（女）　董树海
寇建坤

市委工作机构

市委办公室

主　任　孙建忠
副主任　杨小冬　周文超　曹志云
张晓莉　徐国庆

市委研究室

副主任　杨方勇

市委机要局

副局长　周　斌

市委组织部

部　长　朱　艳（女）
副部长　刘　俭（兼，9月免）
　　　　徐敏娟（女，兼）　庞　涛
　　　　陈　楠（女，5月任）
　　　　陈观龙

市公务员局

局　长　陈观龙（9月任）
副局长　缪　静（女，9月任）

市委非公有制企业和社会组织工作委员会（与市委组织部合署办公）

副书记　王　维

市委党的建设工作领导小组办公室

主　任　陈　楠（女，5月任）
副主任　陶纪元

市人才创新创业发展中心（市委组织部下属事业单位）

副主任　赵　霞（女，9月任）

市委老干部局

局　长　徐敏娟（女）
副局长　朱光华（女）　苏新雅（女）

市委宣传部

部　长　陈卫兵
副部长　钱晓东　黄卫琼（女）
　　　　李忠影（女，蒙古族）
部务委员　蔡　磊（9月任）

市精神文明建设指导委员会办公室（在市委宣传部挂牌）

主　任　钱晓东
副主任　王海燕（女）　蔡　磊

市新时代文明实践工作指导中心

主　任　钱晓东（兼）
副主任　王　飞　张　烨　张　炜

市政府新闻办公室（在市委宣传部挂牌）

主　任　（缺）

市新闻出版局（市版权局，在市委宣传部挂牌）

局　长　李忠影（女，蒙古族）
副局长　陈东平

市互联网信息办公室

主　任　黄卫琼（女）

市委网络安全和信息化委员会办公室

副主任　季凌超

市委统一战线工作部

部　长　朱　艳（女，兼）
副部长　尹　洁（女）　解志荣（7月免）
　　　　丁　峰（兼，9月任）
　　　　金俊龙　周晓敏

市民族宗教事务局（在市委统战部挂牌）

局　长　金俊龙
副局长　王舒凤（女）

市委台湾工作办公室（市政府台湾事务办公室，在市委统战部挂牌）

主　任　张耀清

市政府侨务办公室（在市委统战部挂牌）

副主任　周晓敏（兼，2月任）

市委政法委员会

书　记　邵军民（兼）
副书记　钱　飞（兼）
　　　　朱劼纯（兼，4月免）
　　　　徐高峰　沙雪松（回族）
　　　　徐昀宇　唐　蔚
政治处主任　赵永宁
委　员　孙一鸣（兼，5月任）
　　　　周晓东（兼，5月任）
　　　　曹志云（兼，5月任）
　　　　邱仲生（兼，5月任）
　　　　曹　徐（兼）
　　　　林　骏（兼，5月任）
　　　　王亚洲（兼，5月任）
　　　　何　健（兼，5月任）
　　　　邢　琛（兼，10月任）

市委机构编制委员会

主　任　韩　卫
副主任　蔡剑峰　邵军民
　　　　朱　艳（女）　常　征
委　员　孙建忠　钱晓锋　庞　涛
　　　　刘　俭（9月免）
　　　　金　雳（9月任）
　　　　徐溪椿　张　毅

市委机构编制委员会办公室

主　任　刘　俭（9月免）
　　　　金　雳（9月任）
副主任　陈　楠（女，5月免）
　　　　唐爱斌（7月免）
　　　　高　蕾（女，11月任）
　　　　周林生（5月任）

市人大、市政协工作机构

市人大社会建设委员会

副主任委员　曹跃飞（12月任）
　　　　张艳丽（女，12月任）
　　　　高　翔（兼）

市人大常委会办公室

主　任　彭　炜
副主任　张成兵　徐龙斌
　　　　何开元（5月任）
　　　　周凯燕（女，5月免）

市人大常委会研究室

主　任　李建刚（11月任）
副主任　徐龙斌

市人大常委会人事代表联络工作委员会

主　任　徐　敏（女）
副主任　陆　洲（7月任）
　　　　张天若　李锦华（7月免）

市人大常委会监察和司法工作委员会

主　任　陈　霞（女）
副主任　陈晓锋

市人大常委会财政经济工作委员会

主　任　陆一珉
副主任　陈志勇　陆　洲（7月免）

市人大常委会城建环保工作委员会

主　任　徐文虎
副主任　董雪明　孙晓萍（女，7月任）

市人大常委会教科文卫（外事民宗侨台）工作委员会

主　任　高　翔
副主任　瞿秋霞（女）　翟海燕（女）

市人大常委会农业农村工作委员会

主　任　顾彩萍（女）
副主任　蓬　元

市人大常委会机关党组

书　记　彭　炜（7月任）
成　员　李建刚（9月任）
　　　　张成兵（7月任）
　　　　徐龙斌（7月任）

市政协

秘书长　陈　飞
副秘书长　陈永泽（9月任）
　　　　周小军　张　曲　蔡克荣

市政协办公室（研究室）

主　任　陈　飞（7月免）
　　　　陈永泽（9月任，研究室主任）
　　　　周小军（7月任）
副主任　周小军（7月免）
　　　　张　曲　蔡克荣
　　　　焦频频（女）

市政协提案委员会

主　任　匡雄华
副主任　朱文焰　张亚萍（女）

周文超(兼)
邱仲生(兼,12月免)
顾　毅(兼,12月任)

市政协经济科技和农业农村委员会

主　任　李笑梅(女)
副主任　袁　俊(11月任)
张　萍(女)
解志荣(兼,8月免)
李　刚(兼)
孙利婵(女,兼)
吴建国(兼)
苏　健(兼)
张　玲(女,兼)
丁　峰(兼,11月任)

市政协社会事业委员会

主　任　陈剑浩
副主任　张　澄(女)　钱晓东(兼)
钱洁雅(女,兼)
徐牡丹(女,兼)
蔡　贤(女,兼)
徐高峰(兼)

市政协城乡建设委员会

主　任　张　舟
副主任　李建华　秦国平(兼)
顾竹江(兼)

市政协港澳台侨(民族宗教)委员会

主　任　黄　蓉(女)
副主任　黄冰青(女)
尹　洁(女,兼)
金俊龙(兼)　张耀清(兼)
王世芳(女,兼,5月免)
庞　涛(兼)

市政协文化文史委员会

主　任　陈永泽(11月免)
曹丽华(女,11月任)
副主任　陈　丽(女)
汪丽菁(女,兼)
孙丽萍(女,兼)

市政协机关党组

书　记　陈　飞(7月任)
副书记　周小军(7月任)
成　员　张　曲(7月任)
焦频频(女,7月任)

市政府工作部门

市政府办公室

党组书记、主任　钱晓锋
副主任　马耀博　林　源(5月免)
邱仲生(12月免)　赵中华
杨　明(12月任)
顾汝斌(7月任)　顾　毅
黄耀平(挂职)
党组成员　马学锋(女,1月免)
叶　新(1月任)
顾雪峰　丁中群(女)
马耀博　林　源(5月免)
邱仲生(11月免)
赵中华
杨　明(12月任)
陈俊杰(5月免)
王　林(女,5月免)
顾　毅(5月免)

市大数据管理中心
(市信息资源管理中心)

主　任　陈俊杰

市政府研究室

副主任　王　林(女,5月免)

市政府外事办公室
(在市政府办公室挂牌)

主　任　马学锋(女,2月免)
叶　新(2月任)

市发展和改革委员会

党委书记、主任　曹鹰飞
党委副书记　黄晓东
副主任　黄晓东　曹　阳(11月免)
王　强(2月任)　马正阳
刘恒然　纪　峰
徐道娟(女,7月免)
党委委员　曹　阳(11月免)
王　强(2月任)
马正阳　刘恒然
陆炜炜(女,5月任)
纪　峰
徐道娟(女,5月免)
严景阳(女)　钱　刚
总工程师　郑　远(7月任)

市粮食和物资储备局
(在市发改委挂牌)

局　长　黄晓东(兼)
副局长　严景阳(女)

市重大项目推进中心

主　任　沙美秀(女,2月免)
陆炜炜(女,5月任)

市教育局
(挂市政府教育督导室牌子)

市委教育工委书记、市教育局局长、
市政府教育督导室主任　成家武
副局长　朱治国　高冰峰
徐　健　张钟玉(女)
市委教育工委委员　钱洁雅(女)
朱治国
连丽丹(女,5月任)
黄明祥
谈雅琴(女)
徐　健
张钟玉(女)
市政府教育督导室副主任
连丽丹(女,5月任)

市科学技术局

党组书记、局长　薛　奇
副局长　俞　萍(女)
朱晨阳(9月免)　项　伟
孙东亮　李雯倩(女)
党组成员　俞　萍(女)
朱晨阳(9月免)
项　伟　李雯倩(女)

市工业和信息化局

党委书记、局长　周荣兴
副局长　张奎军(5月任)
赵学刚(9月免)
袁　俊(11月免)
侯　忠
朱敏燕(女,5月免)
袁　梦(女,9月任)
苏　健
徐目圣(11月任)
党委委员　赵学刚(9月免)
袁　俊(11月免)
侯　忠
朱敏燕(女,5月免)
苏　健
徐目圣(11月任)

市公安局

党委书记、局长、督察长　钱　飞
党委副书记、政委　徐向前
党委副书记　殷沪飞
副政委　李本清
政治处主任　沈　军(2月任)
副局长　赵剑锋　陆　斌
张旦忠　戴冷松(2月任)
陈立峰(2月免)
唐新荣(5月免)
陆银佳(2月免)
鞠江平(9月任)
党委委员　赵剑锋　李本清　陆　斌
张旦忠　戴冷松

陈立峰（2月免） 沈　军
张静东　唐新荣（5月免）
鞠江平　陆银佳
季国锋（2月任）

市民政局

党委书记、局长　何　俊
党委委员、副局长　陶广成
马筱宇（女）
汤伟刚　黄　健
党委委员　朱管军

市司法局

党委书记、局长　曹　徐
副局长　孙　海　周炳芳
张金龙　王雪松
党委委员　孙　海　周炳芳　徐　健
张金龙　桂　林（女）

市财政局
（挂市政府国有资产监督管理办公室牌子）

党委书记、局长　徐溪椿
党委副书记　何胜旗
副局长　许向英（女，2月免）
赵　达（2月任）
蔡　玫（女） 陈　齐
沈　文（女，5月任）
党委委员　陈子兵　周明明
许向英（女，2月免）
赵　达（2月任）
蔡　玫（女） 陈　齐

市委国有企业工作委员会

党委书记　徐溪椿
党委副书记　何胜旗　周明明

市人力资源和社会保障局

党委书记、局长　张　毅
副局长　朱志斌　陈晓烽（5月免）
张远勇　薛　蕾（女）
党委委员　朱志斌　陈晓烽（5月免）
张远勇　薛　蕾（女）
盛宇红（女）
郭　璟（女）
周林生（5月免）

市自然资源和规划局
（挂市林业局牌子）

党委书记、局长　孙建华
副局长　文清泽　张爱民
黄　宇　钱　刚
党委委员　施文军　闻　炯　张峰鹰
张爱民　张宏斌　黄　宇
钱　刚
总规划师　张宏斌

市土地储备中心
（为市自然资源和规划局下属事业单位）

主　任　施文军
副主任　倪晓峰（11月免）
包峥华　朱　炯
黄伟慧（女，12月任）

市住房和城乡建设局

党委书记、局长　张宇洲
党委副书记　詹亚军
副局长　顾竹江　邹　伟（2月任）
陈　英（女）
顾汝斌（7月免）
赵　敏（5月免，11月任）
党委委员　朱子平　王　强（2月免）
杨　枫（女） 顾竹江
邹　伟
秦　芳（女，5月免）
袁寨平（5月免）
余　雷（5月免）
顾汝斌（5月免）
向家林　赵　敏（5月免）

市房产管理中心
（为市住房和城乡建设局下属正科级单位）

主　任　詹亚军
副主任　朱子平　杨　枫（女）
秦　芳（女）

市城市管理局
（挂市综合行政执法局牌子）

党委书记、局长　黄　晟
党委副书记、副局长　沈洪源（5月任）
党委委员、派驻纪检监察组组长
王　慧（女，5月免）
陈　丽（女，7月任）
党委委员、副局长　惠海宁　刘新德
袁英凯　高　明

市交通运输局

党委书记、局长　李　星
副局长　张　辉　徐　德
瞿　伟　张　宇
总工程师　仲斐斐（5月任）
党委委员　张　辉　沙豫华（9月免）
樊益斌（7月免） 徐　德
瞿　伟　杨敬波（7月任）
张　宇　仲斐斐（5月免）

市水务局

局　长　翟二生
党委书记　严栋兴（2月免）
陈海文（7月任）
副局长　严栋兴（2月免）
陈海文（7月任）
何继军　徐　红
曹小红（女，5月免）
总工程师　曹小红（女，5月任）
党委委员　何继军　徐　红
曹小红（女）
王　鹏（女，7月任）

市农业农村局
（挂市乡村振兴局牌子）

党委书记　沈　浩
局　长　沈晓波（5月免）
沈　浩（5月任）
党委副书记　沈晓波（5月免）
副局长　李　刚　孟凡珍（女）
朱新华　孙晓霞（女，5月免）
蔡东林（5月免）
王秀芹（女，5月免）
党委委员　李　刚
陈　丽（女，7月免）
王修亮（7月任）
朱新华　戴玉胜
孙晓霞（女） 蔡东林
王秀芹（女，5月免）
市委农工办副主任
孙晓霞（女，5月任）
市乡村振兴局副局长
蔡东林（5月任）
总畜牧兽医师　王秀芹（女，5月任）

市商务局
（挂市口岸办牌子）

党委书记、局长（主任） 周晓成
党委委员　张愫阳　吴　昊　张　敏
黄　珮（11月免）
邵　玲（女）
吴春晖　张　玲（女）
副局长　张愫阳　吴　昊　张　敏
黄　珮（11月免）
吴春晖　张　玲（女）

市外商投资服务中心
（为市商务局下属事业单位）

主　任　邵　玲（女）

市文体广电和旅游局
（挂市文物局牌子）

党委书记、局长　周　颖（女）
党委委员　李　彬　杜文献（7月免）
孙天华（11月免）
钱　凯　徐牡丹（女）
赵　宇（5月任）

钱秋松(7月任)
金建国(11月任)
副局长 李彬 李峰
杜文献(7月免)
孙天华(12月免) 钱凯
徐牡丹(女,7月任)
金建国(12月任)

市卫生健康委员会

党委书记、主任 於海良
党委副书记 阳曦
党委委员 丁浩(5月免)
蔡贤(女)
党委委员、副主任 黄卫星 朱长春
王群刚
李浩(9月任)
党委委员、派驻纪检监察组组长
盛建东
副主任 何一雷(11月免)
高振宇(7月任)

市疾病预防控制局

局长 王群刚(兼,9月任)

市城乡环境卫生指导中心
(市卫生健康委员会下属事业单位)

主任 阳曦
副主任 冯庆华 陆海涛
李宏燕(女,5月任)

市退役军人事务局

党组书记 周钧(9月免)
李军强(9月任)
局长 李军强
副局长 周钧(9月免)
党组成员、副局长 朱锦华
党组成员 刘飞(8月任)

市应急管理局

党委书记 陈国庆(10月免)
邵浒(10月任)
局长 陈国庆(11月免)
邵浒(11月任)
副局长 管长兴 林学军 翟涛
陶健 祁俊龙
党委委员 管长兴 林学军 杨顺
翟涛 陶健 黄宁
张伟(5月免)
祁俊龙(满族)

市审计局

党组书记、局长 陆小玲(女)
副局长 周卫君 李春洪
陆嶙(女)
徐培科(8月任)
陆维江 戴文辉
党组成员 李春洪 陆嶙(女)
徐培科(8月任) 陆维江
戴文辉 吴昊

市行政审批局
(挂市政务服务管理办公室牌子)

党组书记、局长(主任) 屈荣杰
副局长 顾一武(5月免)
徐宏(9月任)
宋永乾(9月免)
陆吟远(女)
袁瑞燕(女,5月免)
崇爱华(5月免)
郭娜(女,5月免)
王子硕(5月任)
总工程师 崇爱华(5月任)
总规划师 郭娜(女,5月任)
党组成员 顾一武(5月免)
徐宏(9月任)
宋永乾(9月免)
陆吟远(女)
袁瑞燕(女)
王子硕(5月任)
崇爱华 郭娜(女)

市市场监督管理局
(挂市知识产权局牌子)

党委书记、局长 樊建兵
副局长 黄敏东(9月免)
周建江(9月任)
苏伟刚(5月免)
陆翠珍(女)
朱爽秋(7月免)
郑大勇 田晓燕(女)
何华(7月任)
魏新阳(5月任)
党委委员 黄敏东(9月免)
孙跃忠 周建江(9月任)
苏伟刚(5月免)
朱爽秋(7月免)
郑大勇 田晓燕(女)
何华 魏新阳(5月任)
钱洋(女,5月免)
柳燕(女)

市统计局

党组书记、局长 巫刚
党组成员、副局长 朱新 瞿海丰
陈莉(女,5月免)
党组成员、总统计师 陈莉(女,5月任)

市医疗保障局

党组书记 秦真智(女)
党组副书记 陈晓烽(5月任)
党组成员 沈斌 吴军
赵达(2月免)
局长 秦真智(女,12月免)
何一雷(12月任)
副局长 秦真智(女,12月任)
陈晓烽(5月任)
沈斌 赵达(2月免)

市信访局
(挂市委信访局牌子)

党组书记、局长 黄耀平
党组成员、副局长 陈珍(女)
李磊
党组成员、信访督查专员 贾吉喆

市社会矛盾纠纷调处化解中心
(市人民来访接待中心)

主任 沈静(女,7月任)

市地方金融监督管理局
(挂市政府金融工作办公室牌子)

党组书记、局长 李秋菊(女)
党组成员、副局长 宋国华 张君华
党组成员 徐昇

苏州市公共资源交易中心张家港分中心

主任 顾一武(兼,5月免)
袁瑞燕(女,5月任)

民主党派、社会团体

中国国民党革命委员会
张家港市基层委员会

主委 张满兴
副主委 蔡克荣 何一雷
蒋丽华(女)

中国民主同盟张家港市委员会

主委 高冰峰
副主委 周卫君 刘玉梅(女)
严飞 童先峰

中国民主建国会张家港市基层委员会

主委 孟伟言
副主委 徐建龙 张萍(女)

中国民主促进会张家港市基层委员会

主委 李峰
副主委 李晓华 蒋恒(2月任)

中国农工民主党张家港市委员会

主委 翟二生
副主委 杜思梅(女,3月免)
蒋锋 苏国兴

马　挺（7月任）

中国致公党张家港市基层委员会

主　委　蓬　元（6月任）
副主委　王雪松（6月任）
　　　　黄美华（女，6月任）

九三学社张家港市基层委员会

主　委　徐平观
副主委　秦国平　郭宏杰（女）
　　　　严红艳（女）

市无党派人士联谊会

会　长　徐　江
副会长　余爱华（女）　陆鹏程
　　　　钱　耿　沈雪健
　　　　孙东亮　严佳栋

市工商业联合会（总商会）

党组书记　解志荣（7月免）
　　　　　丁　峰（9月任）
主席（会长）　钱　耿
副主席（副会长）　解志荣（7月免）
　　　　丁　峰（9月任）
　　　　许海萍（女，9月免）
　　　　徐松林（9月任）
　　　　彭　嫣（女，2月任）
　　　　沈　彬（兼）
　　　　吴　毅（兼）
　　　　沈学如（兼）
　　　　郁霞秋（女，兼）
　　　　黄庭明（兼）
　　　　吴建明（兼）
　　　　李兴华（兼）
　　　　孙永华（兼）
　　　　黄和芳（兼）
副会长　唐朱发（兼）
　　　　钟瑞麟（兼）
　　　　徐　蓉（女，兼）
　　　　季　颖（兼，12月免）
　　　　孙　伟（兼，12月任）
　　　　张云法（兼）　许培新（兼）
　　　　徐卫明（兼）　曹立斌（兼）
　　　　朱田中（兼）　吴银河（兼）
　　　　熊益新（兼）
　　　　徐彩君（女，兼）
　　　　唐利刚（兼）　黄刻松（兼）
　　　　李　刚（兼）　缪向阳（兼）
　　　　金双龙（兼，2月任）
　　　　查小刚（兼，2月任）
　　　　詹兴望（兼，2月任）
党组成员　许海萍（女，9月免）
　　　　　徐松林（9月任）
　　　　　彭　嫣（女）
　　　　　马为军（兼，8月免）

市总工会

党组书记、主席　夏立新
副主席　金　涌　谭德宝
　　　　孙卫忠（7月免）
　　　　张秀兰（女，5月免）
　　　　黄　慧（女）
　　　　范颖飞（5月任）
　　　　朱志斌（兼）
　　　　雷爱斌（兼，女，瑶族，7月免）
　　　　李锦华（兼，7月任）
　　　　泮延镇（兼，12月任）
　　　　张　婷（女，挂职，11月免）
　　　　唐诗意（女，挂职，11月任）
党组成员　金　涌　谭德宝
　　　　　孙卫忠（7月免）
　　　　　黄　慧（女）
　　　　　范颖飞（5月任）

共青团张家港市委员会

书　记　翟梓均（女）
副书记　季君理（7月任）
　　　　丁　天（女）　陈思雨（女）
　　　　丁韦嘉（挂职）

市青年联合会

主　席　翟梓均（女）
副主席　丁　天（女）　刘　琨
　　　　杨海青　吴　毅　奚　涛
　　　　高　蕾（女）

市妇女联合会

党组书记、主席　孙惠芳（女）
党组成员、副主席　曹丽华（女，9月免）
　　　　刘晓霞（女，5月免）
　　　　张晨悦（女，5月任）
　　　　刘笑菱（女）
副主席　钱洁雅（女，兼）
　　　　郁敏芳（女，兼）
　　　　蔡　贤（女，兼）
　　　　郭　敏（女，挂职，11月免）
　　　　孙　洋（女，挂职，11月任）

市文学艺术界联合会

党组书记、主席　钱梁斌
党组成员、副主席　董　红（女，11月免）
　　　　杨　彬（11月任）
　　　　孙丽萍（女）

市科学技术协会

党组书记、主席　戴　艳（女）
党组成员、副主席　孙利婵（女）
　　　　陶晓峰
副主席　孟凡珍（女，兼）
　　　　谈雅琴（女，兼）
　　　　施一新（兼）
　　　　高　嵘（兼）

市归国华侨联合会

党组书记、主席　王世芳（女，2月免）
党组副书记、副主席　周晓敏（2月任）
党组成员、副主席　黄　霞（女）
　　　　熊晓建
副主席　陈　刚（兼）
　　　　赵永立（女，挂职，11月免）
　　　　陈小雪（女，挂职，11月任）

市残疾人联合会

党组书记、理事长　曹跃飞（12月免）
党组成员、副理事长　王新法
　　　　姚红梅（女）
副理事长　曹　嵘（兼）
　　　　韩冰青（女，挂职，11月免）

市哲学社会科学界联合会

主　席　陈　刚
副主席　丁洪斌
　　　　余亦维（女）

市红十字会

会　长　何　剑（兼）
常务副会长　丁　浩（5月免）
　　　　蔡　贤（女，5月任）

中国国际贸易促进委员会张家港支会

会　长　周晓成（兼）

直属事业单位

中共张家港市委党校
（挂张家港市行政学校牌子）

校　长　邵军民
常务副校长　吴彦刚
副校长　余　涛
　　　　雷　莹（女，5月免）
　　　　张宝珠（11月免）
　　　　张耀明
　　　　倪盟蛟（11月任）

市委党校校务委员会

委　员　吴彦刚　余　涛
　　　　雷　莹（女，5月免）
　　　　张宝珠（11月免）
　　　　张耀明
　　　　倪盟蛟（11月任）

市委党史地方志办公室

主　任　毛建锋
副主任　汪丽菁（女）　陆文琰（女）

市档案馆

党组书记、馆长　施建彬
副馆长、党组成员　孙　静（女，5月免）
刘　丹（女，5月任）
徐立恩
谢丹丹（女，11月任）

市合作交流服务中心

主　任　吴彦飞
副主任　汪彦廷（女）
常　铨（5月任）
胡晓红（女，7月任）

市融媒体中心（传媒集团）

党委书记、主任、董事长　陶　惠
党委副书记、总编辑　任黎明
党委副书记、副董事长、总经理
郭晓红（女，9月免）
张贵林（9月任）
党委委员、副主任
钱　萍（女，7月免）
杜文献（7月任）
党委委员、纪委书记
陈　红（女，7月免）
朱爽秋（7月任）
党委委员、副主任　曹　嵘
副总经理　李云雷（5月免）
党委委员、副总经理　杨　洁（女）
党委委员、副主任　李　敏（女）
党委委员、副总经理　朱晓敏（2月任）
党委委员、副主任　刘　征

市级机关事务管理中心

党委书记、主任　江建胜
党委委员、副主任　王云良　毛信东
张卫中　王惠忠

市新市民事务中心

主　任　戴冷松（2月免）
郭志浩（2月任）
副主任　许　忠　李锦华（7月任）
陈　强　张功志
雷爱斌（女，瑶族，7月免）

市社会治理现代化指挥中心
（市网格化联动中心、市便民服务中心）

主　任　李建刚（9月免）
张　溢（9月任）
副主任　孙屹东　罗云飞
刘庆雅（女）　卫　玮

市供销合作总社

党委书记、主任　陶　雷
党委副书记、副主任　穆　军（5月免）
理事会副主任　陈　波　戴国强
李　晶
季向红（女，7月任）
监事会主任　刘伟芳（女）
党委委员　陈　波　戴国强
刘伟芳（女）　李　晶
季向红（女，7月任）

市检验检测中心

党组书记、主任　周建江（9月免）
黄敏东（9月任）
党组成员、副主任　王　刚（7月免）
李　刚
薛　平

市城市建设基金管理中心

主　任　张满兴
副主任　张海峰（5月免）
冯　春　王俊峰
徐敏生（7月任）

沙洲职业工学院

党委书记　钱锦东
党委副书记、院长　章　雯（女）
党委委员　易顺明（3月免）
陈海英（女）　袁　勋
刘　俭（7月任）
倪春锋　张　峰
副院长　易顺明（3月免）
陈海英（女）
刘　俭（8月任）
纪委书记　袁　勋
纪委副书记　项丽霞（女）

张家港开放大学

党委书记、校长　钱洁雅（女）
党委副书记　陆盘忠（7月免）
党委委员　黄黎燕（女）
孙慧霞（女）
杨志刚（9月任）
陈　勇
副校长　黄黎燕（女）
孙慧霞（女）　孙　贤
陈　勇
纪委书记　陆盘忠（7月免）
杨志刚（9月任）

江苏省梁丰高级中学

党委书记、校长　谈雅琴（女）
党委副书记　朱治国（5月任）

市属企业

市城市投资发展集团有限公司

党委书记、董事长　邵建芳（2月免）
孙国兵（2月任）
党委副书记、副董事长、总经理
宋华东
党委委员　李　军（5月免）
王向军（5月任）
邱月花（女，5月任）
季敏峰　曹　兴
樊毓峰　陈　余（5月任）
副总经理　王向军（5月任）
徐东晖　季敏峰
曹　兴　樊毓峰
陈　余（5月任）
纪委书记　李　军（5月免）
邱月花（女，5月任）

市金城投资发展有限公司

党委书记、董事长　赵　晖
副总经理　王向军（5月免）
李云雷（5月任）
费晓锋　黄　超（5月任）
朱　燕（女，2月任）
陆　一（5月任）
曹网云（女，12月任）
党委委员　王向军（5月免）
李云雷（5月任）
邱月花（女，5月免）
费晓锋　黄　超（5月任）
姚志豪（5月任）
朱　燕（女，2月任）
陆　一（5月任）
曹网云（女，12月任）
纪委书记　邱月花（女，5月免）
姚志豪（5月任）

张家港创新投资集团有限公司
（2月成立）

党委书记、董事长　朱龙友（2月任）
党委副书记、副董事长、副总经理
宋一兵（2月任）
党委委员、副总经理　陆文朝（2月任）
张利斌（2月任）
张玉芳（2月任）
邵振峰（2月任）
赵永立（女，2月任）
党委委员、总会计师　赵　珏（女，5月任）
党委委员、工会主席　朱海鹰（女，5月任）
党委委员、办公室主任　许晓东（5月任）
专　务　朱亚玲（女，5月任）

市水务环保集团有限公司
（2月更名）
党委书记、董事长 罗晓骏（5月免）
党委副书记、副董事长、总经理
卢东亮（5月任）
党委委员 刘 峰（5月免）
姜圣韬（5月任）
副总经理 刘 峰（5月免）
姜圣韬（5月任）
周 广
党委委员、纪委书记 蔡晓峰
高级专务 罗晓骏（5月任）

市农业发展集团有限公司
（9月成立）
党委书记、董事长 陆江山（9月任）
党委委员、副总经理 刘 峰（9月任）
张祖宇（9月任）
张鲁平（9月任）
奚 涛（9月任）
王海荣（9月任）
党委委员、纪委书记 俞 强（9月任）

市酒店管理集团有限公司
党委书记、董事长 王义东
党委委员、副总经理 茅卫忠
杨冬梅（女）
党委委员、纪委书记 王 海
副总经理 吴可嘉（女，10月任）

江苏沙钢集团有限公司
党委书记 沈 彬
党委第一副书记 龚 盛
党委常务副书记 陈晓东
党委副书记 季永新
党委常委 何春生 施一新 马 毅
黄永林 杨龙胜
雷学民（女，瑶族）
王 科
纪委书记 陈晓东

江苏国泰国际集团股份有限公司
党委书记、董事长 张子燕
党委副书记 陈晓东 张 斌
金志江（8月任）
纪委书记 张 健

江苏华昌（集团）有限公司
党委书记、董事长、总经理 张光耀
党委副书记 贺小伟 周 辉
副总经理 谭 旋
纪委书记 陈饶忠

张家港沙洲电力有限公司
党委书记 眭 斌
董事长 张铨平
总经理 凌晓定（9月免）
方 力（9月任）
党委副书记 张铨平
巩家富（9月免）
赵 凯（9月任）
党委委员 刘俊伟 凌晓定
方 力（9月任）
赵 祥
副总经理 鲁玉强 朱世春
赵 兵
纪委书记 刘俊伟

江苏有线网络发展有限责任公司
张家港分公司
党委书记、总经理 陈 浩
党委委员、纪委书记 徐颂雅（女）
党委委员、副总经理 钱文斌
唐 浩

条线管理部门、涉外单位

国家税务总局张家港市税务局
党委书记、局长 叶卫康
党委委员、副局长 唐建国
黄 越（8月免）
陆兴华（11月任）
杨保红
陈 葺（8月任，11月免）
党委委员、纪检组组长 李 嵩（7月免）
罗晓红（女，7月任）

苏州市张家港生态环境局
党组书记、局长 张 明
副局长 邹建忠 秦国平 黄利忠
陈 贤 张文波
党组成员 邹建忠 陈 浩
黄利忠 陈 贤
张文波 黄 骏
机关党委书记 陈 浩

中国人民银行张家港市支行
党组书记、行长 吴建国
党组成员、副行长、纪检组组长
童 琳（女）

张家港海关
党委书记、关长 黄 毅
副关长 顾泳洪
钱学铭（12月免）
陈小俊 周明华
党委委员 林 骏 顾泳洪
钱学铭（12月免）
陈小俊 周明华

金港海关
党委书记、关长 李建新（12月免）
高振兴（12月任）
党委委员、副关长 程 郁 陆晓飞

张家港海事局
党委书记、局长 宋儒卿（3月免）
顾立刚（3月任）
政委、党委副书记、纪委书记
彭慧敏（3月免）
周卫东（3月任）
党委委员、副局长 陆 义（3月免）
丁 波
陈宇俊
邵万兵（6月任）

张家港出入境边防检查站
站 长 王亚洲
政 委 蔡慧江
副站长 吴旭光 王锡华（6月免）
胡保森（8月任）

苏州市住房公积金管理中心
张家港分中心
主 任 顾 斌
副主任 陈 健（9月任）
苏虹瑛（女，5月免）
徐鑫纯（5月任）

长江航运公安局苏州分局
党委书记、局 长 蒋 健（4月免）
党委委员、副局长 何 健 徐裕华
党委委员、政治处主任 葛 峰

张家港引航站
站 长 葛剑平
党支部书记 缪海军
副站长 高志华

市气象局
局 长 谢 洁（女，9月任）
副局长 谢 洁（女，9月免）
陈 彦（女，10月免）
龚纪峰（10月任）

市消防救援大队
党委副书记、大队长 温广东
党委书记、政治教导员 崔庆华
党委委员、副大队长 周 彬
陈 俊（6月免）
孙朗彤（12月任）
党委委员 孙 渊（7月任）

中国电信股份有限公司张家港分公司

党委书记、总经理　张　好
党委副书记、副总经理　常建栋(7月免)
党委委员、副总经理　祁振华(3月任)
　　邵建锋
纪委书记、副总经理　宋郁峰
党委委员、副总经理　柳　翔

中国移动通信集团江苏有限公司张家港分公司

总经理　徐若海
副总经理　朱洪斌　潘江峰　夏宏春

中国联合网络通信有限公司张家港市分公司

总经理　阮文伟
副总经理　张军辉(7月免)
　　刘晓峰(5月任)
　　孙爱琴(女)

中国邮政集团公司江苏省张家港市分公司

党委书记、总经理　刘　潜(3月任)
副总经理、纪委书记　王　俊(10月免)
　　张　开(女,10月任)
副总经理　吴梅燕(女,5月免)

国网江苏省电力有限公司张家港市供电分公司

总经理、党委副书记　司小庆
党委书记、副总经理　高建新
纪委书记　刘亚辉
副总经理　朱永元(10月免)
　　孙　旗　吴　晔
　　沈　嵘

市烟草专卖局

局　长　徐黎明
副局长　邱　峰(4月免)
　　高　琪(4月任)
副经理　凌　吉

市盐业有限公司

经　理　邓　逾
副经理　唐艳红(女)
　　章晓磊(5月任)

中国农业发展银行张家港市支行

行　长　王　寅
副行长　孙亮珍　韦屹芳(女)

中国工商银行股份有限公司张家港分行

行　长　张　烨
副行长　许　雷(1月免)
　　陈　敏(女)
　　李华慧(女)　惠宇杰
纪委书记　宗亚冰

中国农业银行股份有限公司张家港分行

行　长　张曾博
副行长　吴　伟(2月免)
　　徐　峰(5月任)
　　盛晓颖(女)　王　健
党委委员　周美富(11月任)
纪委书记　王志明

中国银行股份有限公司张家港分行

行　长　钱向军
副行长　朱义忠　顾惠红(女)
　　张惠娟(女)　陈　凯
派驻纪检组组长　顾　勇

中国建设银行股份有限公司张家港分行

行　长　詹　伟
副行长　胡　环(女)　陈　平
　　臧智军　宋丽娇(女)

交通银行股份有限公司张家港分行

行　长　秦晓红(女)
副行长　陈小茹(女)　杜艳营
　　丁晓峰(3月免)
　　丁莉红(女,8月任)
　　查　敏

中国邮政储蓄银行张家港市支行

行　长　张晓俊
副行长　程　罡　濮　伟

中信银行股份有限公司张家港支行

行　长　李建东

中国民生银行股份有限公司张家港支行

行　长　华心赟

招商银行股份有限公司张家港支行

行　长　陈晓军

上海浦东发展银行股份有限公司张家港支行

行　长　张晓红(女,10月免)
　　徐辑磊(10月任)
副行长　苏东贤　王小舟

华夏银行股份有限公司张家港支行

副行长　李　嘉(主持工作)
　　吴　彬　章仪慧(女)
　　蔡一尘

江苏银行股份有限公司张家港支行

行　长　陆　群

苏州银行股份有限公司张家港支行

行　长　陶　华(女)
副行长　童　炜　张　毅

江苏张家港农村商业银行股份有限公司

党委书记、董事长　季　颖(5月免)
　　孙　伟(5月任)
党委副书记、行长　吴　开
党委副书记　马春青(12月任)
纪委书记、监事长　顾晓菲(女,5月免)
　　丁　娅(女,回族,5月任)
党委委员、副行长　郭卫东(5月免)
　　孙　瑜(女,5月免)
　　陆亚明(5月免)
　　陈金龙
　　陶　怡(女)
　　王　辉
　　朱宇峰(11月任)
党委委员　吴明园(11月任)

江苏常熟农村商业银行股份有限公司张家港支行

行　长　周　童

江苏张家港渝农商村镇银行股份有限公司

行　长　马天明(11月免)
　　李如成(11月任)

中国人民财产保险股份有限公司张家港中心支公司

总经理　金　华(8月免)
　　汤　伟(8月任)
副总经理　许　洁(女)
　　陆敏忠(8月免)
　　卜英杰

中国人寿保险股份有限公司张家港支公司

总经理　喻惠惠(女)
副总经理　蔡　伟

中国太平洋财产保险股份有限公司张家港中心支公司

党委书记、总经理　朱　霞(女,3月任)
党委委员、副总经理　张　明
副总经理　邵伟强(4月任)

中国太平洋人寿保险股份有限公司张家港中心支公司

总经理　张　恒(8月免)
　　周　峰(8月任)
副总经理　范苏仁　尹晓强

中国石化销售股份有限公司江苏苏州张家港石油分公司

副经理、党支部书记　张　涛(4月任)

【编辑　金善开】

索引

Indexes

凤凰镇肖家巷　（苏奇　摄）

条目索引

表格索引

随文图片索引

张家港年鉴(2024)

说 明

一、索引采用主题分析法编制，大部分选用关键词。

二、索引设有条目索引、表格索引、随文图片索引三个分目，按标引词首字的汉语拼音音序排列，首字相同按第二字音序排列，以此类推。

三、由类目、分目提取的索引用黑体字标明。标引词后的阿拉伯数字表示内容所在的页码，数字后面的a、b、c分别表示从左至右第一、二、三栏。标引词后第二个页码起，表示该索引参见内容所在位置。

四、为便于读者检索，张家港市的企事业单位以及在张家港市发生的事件名称，除易产生歧义者外，省略“张家港市”或“张家港”。

条目索引

A

爱国卫生 335c
爱丽家居 240a 214b
“爱满港城”慈善募捐 356a
“爱心翼站” 192c
安全监察 363a
安全生产 76b
安全生产监督 86a
安全生产整治 363b
安全宣传 363c
安置帮教 118b
案件执行 117c
澳洋集团 212c
澳洋健康 214b

B

八运会 322b
拔河全国城市赛 322b
版权管理 34c
帮教治本六步工作法 84b
薄带铸轧生产基地 244b
保理公司 268c
保丽洁 217a 214b
保税港务 148c
保税科技 214a
保税区 371a
保税物流园区 183b
保险 267a
保险机构保费收入 267a
保障性住房管理 357c
“报春花”群众文化阵地 393c
北尔旗物流公司 184a
北京科技招商推介 289c
“贝贝杯”足球赛 323c
本外币存款余额 260c
本外币贷款余额 260c
毕业生就业服务 341a
边防检查 152a
标准化工作 283a
殡葬管理 346c
兵役工作 120a
“兵支书”培训班 139c
病媒生物防制 336c
博士后工作站 339c
博物馆 317a
不动产登记改革 159c

C

财产险公司 267a
财务公司 267a
财政 272a
财政管理 273a
财政惠民 274b
财政审计 285a
财政收入 23a
财政助推公共文化服务 274c
材料创新 77a
参政议政
九三学社 95a
民革 91a
民建 92b
民进 93a
民盟 91c
农工党 94a
致公党 94b
餐饮行业品牌 249b
残疾人救助 108a
残疾人就业服务 108b
残疾人康复 108a
残疾人文体活动 108c
残疾人之家 108b
残联 107c
灿勤公司 284c 214a
曹口城中村治理案例 139b
产改立功竞赛 100a
产品质量监管 283c
产业链党建 33c
产业投入 230a
产业园用地 160a
长航公安 152b
长华化学 214b
长江大保护 163b 361c
长江国际 148b
长江国家文化公园 163b
长江航道管理 143c
长江健康 214a
长江禁渔 163c
长江生态保护 163a
长江水文勘测 186c
长江文化节 325c
长江信息化管理平台 163a

长江引航 153a
长江引航本质安全基础年 153a
长力机械公司 211b
长三角生物安全研发中心 292b
常熟农商银行 266b
常阴沙现代农业示范园区 403c
常阴沙现代农业示范园区建设 172a
场站枢纽建设 180a
陈希云 418a
成人高考 307a
城管执法 175b
城市安全定向挑战赛 364a
城市测量 167c
城市更新 169a
城市管理 175a
城市规划 167a
城市建设 168b
城市商业银行 265c
城投集团 276a
城乡协同发展 23c
城镇建设 165
城镇新增就业 341a
“出港越洋、侨见世界”主题活动 106a
出生缺陷防治 334c
船舶污染防治 164a
船载危险货物安全监管 151b
创新挑战赛 290b
慈善超市 197c
慈善事业 356a
村(社区)巡察 87b
村级工程专项监督 86a
“村晚”展示活动 316a
村镇银行 266c

D

打击和预防犯罪 115a
打击走私 149b
大气污染防治 161a
大事记 7
大新镇 401b
大新镇基层治理 366b
大新镇建设 172a
大学生创业大赛 341c
大塚化学产能扩建项目 372b
代表工作 56c
代表建议与检察建议衔接转化 47c
带“敢”青年 101a
担保公司 268c
档案 44a
档案保管利用 44b
档案监督指导 44c
档案信息化 44c
档案征集编研 44b
党风廉政责任制 84a
党建引领振兴善治行动 135c
党史 43a
党外知识分子 37b
党校 42a
党员队伍 32c
党政领导考察 30b
党政通 196b
道德模范 126c
道路交通安全 116a
“稻花乡俚”稻米文化节 403a
稻麦良种补贴 223c
德丰建设集团 243a
德积高端纺织产业园 233b
德积街道 412b
德积街道建设 172c
德积街道全民运动会 414a
低保救助金发放 355c
地层 15a
地理位置 15a
地貌 15b
地名勘界 16b
地区生产总值 23a
地震地质 15a
地质地貌 15a
第六人民医院 331a
典当公司 268c
电力工程 175a
电力工业 238a
电商经济 63c
电商直播节 196a
电视 319c
电信 192a
电信网络诈骗 116a
电信助力数字化转型 191c
电影 320a
电子口岸 153b
电子商务 195a
电子商务产业园 195b
定岗特选 339a
东渡半程马拉松赛 322c
东渡创新创业联盟 389c
东渡苑 255c
东方工业园 205a
东方雨虹建材基地 240b
东海粮油公司 238a
东华能源 237b 214a
东华期货 268b
东沙化工区 401b
东沙物流园 184a
东吴证券 267c
“独角兽”企业 241a
杜邦一体化生产基地 237b
对港澳台经济技术合作 204b
对韩招商 202a
对口帮扶 69a
对口地区交流 69a
对上衔接报批 271c
对外经济技术合作 204b

F

法官和检察官履职评议 52c
法律监督 50
　财政运行 51a
　代表议案、建议办理 52b
　国有资产 51b
　环境保护 51a
　社区卫生服务体系 52a
　物业管理 51c
法律援助 119a
法院 117c
“法正商安”五庭协同案例 118a
法治 111
法治综述 113a
反不正当竞争 282a
反腐倡廉 84a
反垄断调查 282a
泛半导体产业园 372b
方言 20b

防范和处置非法集资　259b
防洪治涝工程　185c
防雷安全监管　298c
防污“三项创新”　161c
“防污攻坚战”三套机制　161b
防汛抗旱　187c
防汛排涝视察　55b
防灾减灾　363c
房地产　251c
房政管理　253a
纺织工业　232c
飞翔医药产业园　231b
非法捕捞水产品案　152c
非物质文化遗产保护利用　312a
非遗文化游园会　412a
菲镭泰克公司　295a
枫桥式边检警务室　152b
凤凰发展大会　397a
凤凰山景区　254a
凤凰镇　394a
凤凰镇建设　171b
服务深化创新　271b
服务业　245
服务业分行业　247c
服务业概况　247a
服务业企业500强　248a
福彩建设　357a
福彩综合体验中心　357b
福利发放　356c
福民工程
　常阴沙现代农业示范园区　405a
　大新镇　402b
　德积街道　413c
　凤凰镇　395c
　高新区（塘桥镇）　387b
　后塍街道　411a
　金港街道　408c
　经开区（杨舍镇）　374b
　乐余镇　391b
　南丰镇　399b
　双山香山旅游度假区　406c
　冶金园（锦丰镇）　381c
妇儿民生服务　104b
妇儿权益维护　104a
妇联　103a
妇女第十二次代表大会　104c
妇幼保健　334b
妇幼健康　334a
附录　457
富淼科技　214b
富民强村　135a
富瑞特装　214b

G

改革深化　23b
干部队伍建设　32b
干部学习培训　30a
港澳台工作　36b
港城云联　194b
港航建设　179c
“港好助你”社会救助项目　356b
港口管理　185a
港口航运　143a
港口配套服务　153b
港口智慧中心　146c
港务集团　146a
港新重装码头　148b
高等教育　305c
高素质农民培育实训基地　139b
高校毕业生就业率　341a
高校毕业生就业双选会　341a
高新技术企业　289b
高新区　384c
革命传统纪念地 21c
格兰奇　214b
个体工商户　211c
跟踪督办机制　87b
耕地资源　159b
工程地质　15b
工程建设管理　242a
工程建设项目审批　66c
工程审计　285b
工会第十三次代表大会　100b
工伤保险　353b
工伤纠纷调解　365c
“工伤预防评价体系”发布　355a
工商联　89　95b
工商联会员服务　95c
工商银行　264a
工业　227
工业超万亿　30a
工业固废污染防治　161b
公安　115a
公安“放管服”改革　115c
公共场所监管　335c
公共法律服务　118c
公共机构节能　70b
公共卫生　330a
公共文化服务　311b
公共资源交易　272c
公路货运　181c
公路建设　179b
公路客运　181a
公司治理　206b
公务用车　70b
公物仓　70c
公益广告作品征集赛　125c
公益诉讼检察　117a
公益性岗位管理　339a
公用事业　173a
公寓房恢复性重建　169a
公园管理　256a
躬耕计划　102c
供电　173a
供气　173c
供水　173c
供销　250a
供销社改革调研　54c
供销综合改革　250b
古代经济　22b
股份制商业银行　265a
固定资产投资 23a
顾秉钧　420b
关心下一代工作　40c
官僚主义纠治　85b
贯彻法律援助法座谈会　119a
光影新播课　129b
光照　15c
广播　319c
广大特材　214b
广大鑫盛　234a
广电　192b
广告管理　279b
规范性文件　113c

规划编制实施　271a
规划服务　167b
规划管理　167b
贵州毕节培训班　132c
国防动员　120c
国际创客大赛　340a
国际男子网球赛　324a
国家级智能制造示范工厂　232a
国家科技进步奖　296b
国泰华盛公司　206c
国泰缅甸服装产业园　205b
国有商业银行　264a
国有资产经营管理　275c
果菜类现场观摩会　223b

H

海关服务地方经济　150b
海关稽查　150b
海关企业管理　150b
海关优化营商环境　149c
海锅股份　214b
海虹老人涂料公司　237a
海力码头　147c
海陆重工公司　235a
214b
“海上丝绸之路”展　326a
326b
海狮公司　213c
海事　150c
海事服务临港产业　151b
海易森汽车　214a
“行行出状元”技能赛
305b
合同管理　279b
和美乡村建设　138c
和谐劳动关系构建　341c
河道管理　187a
河湖长制　187c
核与辐射安全　162b
恒创数科　194c
“衡镜”系统　84a
红链直播间　191b
红色智库平台　42b
红十字博爱周　109b
红十字会　109a
红十字救护　109a
宏观经济管理　271a
后塍街道　410b
后塍街道建设　172b
后塍社会治理综合服务中心
412b
后塍社区文化节　412a
沪宁沿江高铁　180a
沪苏数字产融发展　260b
华昌集团　236a　214a
华程制管公司　234b
华盛锂电　214b
华泰证券　268a
华夏银行　265b
华亿科教设备公司　235b
化学工业　235c
环保宣传　162b
环保专项执法行动　162c
环境监测　162a
环境监管　162a
环境质量　158a
黄强　417b
黄泗浦公园开发　77c
汇丰银行　266c
婚姻登记服务　345b
货物贸易　204a

J

机电工业　233c
机构编制管理　37c
机构编制资源管理　38a
机关事务管理　70a
基层保洁一体化监督　86b
基层党组织　32c
基层儿童早期发展项目　335a
基层社区治理　76a
基层综合治理　114b
基础教育　302b
基础教育调研　55a
激浊扬清赋能行动　83a
疾病防控　332c
集成电路产业促进中心　194a
集约用地　159b
集镇建设　169c
给排水管理　187a
计量工作　283a
计量检测行业专项监督　86c
绩效管理　38b
暨阳湖生态旅游区　255c
暨阳玫瑰　103b
家风教育基地　85a
家庭发展　346b
家庭文化节　347a
家庭医生签约服务　332b
价格管理　272a
价格监督检查　281b
驾驶员培训　182a
监督治理效能　87c
检察　116c
检验检测　283b
建设工程质量监督　86c
建设银行　264b
建置区划　16a
建置沿革　16a
建筑市场管理　241c
建筑央企子公司总部　378c
建筑业　227　241b
建筑装饰装修　242b
健康城市建设　336a
健康教育　333b
健康细胞建设主题活动　336c
江海粮油集团　238b
《江河张家港》　74a
《江河之畔》歌舞　403b
江科大苏州理工学院　306b
江科大张家港校区　306b
江畔研习社　414b
江苏百强合作社　378c
江苏博云　214b
江苏城职院张家港办学点
304c
江苏国泰国际集团　205c
214b
“江苏精品”认证　235a
江苏沙钢集团　243b　296b
江苏文学评论奖颁奖　107b
江苏银行　265c
奖农惠农　221b
降水　15c
交通　177
交通工程质量安全管理　184b

交通管理 184b
交通建设 179a
交通事故 115a
交通银行 264c
交通运输 180c
教师队伍 308a
教育 299
教育服务 301c
教育活动 31a
教育体制改革 301a
教育系统招聘 339a
教育综述 301a
接访下访 68c
街道 369
节点型交通枢纽城市 56a
洁美港城同创共建 176c
“今日张家港”App 196c
金城公司 276c
金村 389a
金港海关 150a
金港街道 407c
金港街道建设 172a
金港物流中心 183b
金鸿顺 214b
金陵体育 214b
金秋乡村欢乐游 406a
金融 257
“金融+快递” 184a
金融监管 259a
金融监管局 259a
金融业增加值 260c
“金文明六百工程” 410a
锦丰镇 379a 223b
锦丰镇建设 170a
进出口贸易 203b
近代经济 22b
经常性纪律教育 84c
经济发展 22b
经济合作社 135b
经济和社会发展统计 459
经济建设
  保税区 371a
  常阴沙现代农业示范园区 404a
  大新镇 401c
  德积街道 412c
  凤凰镇 394a
  高新区(塘桥镇) 385a
  后塍街道 410b
  金港街道 407c
  经开区(杨舍镇) 373a
  乐余镇 390a
  南丰镇 398a
  双山香山旅游度假区 406b
  冶金园(锦丰镇) 379a
经济普查 286c
经济责任审计 285b
经济作物 222c
经开区 372c
经开区成立30周年 378a
经开区乡村振兴项目 307c
精密零部件智造项目 234a
精神卫生管理 333c
精神文明研究与交流 131b
九三学社 95a
玖隆钢铁物流园 183c
酒店集团 277b
就业基地建设 341b
居民可支配收入 345a
居民耐用消费品拥有量 345a
居民生活 343
居民生活消费支出 345a
居民收入与消费 345a
菊展 256b
军地合作共建 120c
军事 111
军休工作 122b

K

开发区招商 201a
开放大学 305c
开放型经济 199
锴威特 214b 217b
科创孵化载体 293a
科技成果 296a
科技成果转化专项 295c
科技创新 289a
科技独角兽企业大会 290b
科技活动 31a
科技人才 339b
科技项目 295a
科技载体 290c
科技招商 289b
科教兴农 221b
科教兴卫 329c
科协 104c
科学技术 287
可隆科技特公司 233a
空气质量 158a
口岸安全管控 152a
口岸监管 149a
会计管理 274a
矿产资源 16c
困境儿童补贴 356c
困难救助 355c

L

垃圾分类 176a
垃圾分类领域专项监督 86b
垃圾分类宣教馆 176c
蓝湾文旅街区项目 407b
劳动竞赛 99a
劳动就业 341a
劳动人事争议化解 342a
劳动维权 341c
劳模工匠主题公园 100b
劳模管理 99b
老干部服务 39c
老干部工作 38c
老年健康服务体系建设 348c
老年教育 307b
老年友善医疗机构建设 348c
老钱工作室 365c
“老少心向党,奋斗新征程”主题教育 41b
乐余镇 389c
乐余镇建设 170c
离退休干部党建 39a
离退休干部文体活动 40b
理论武装 34a
利柏特 214a
利企便民 67b
联合铜业公司 232b
联宏星选 195c
联通 192b
廉创空间 85a

廉洁单元扩面行动　83a
廉洁公益广告　84c
廉洁文化空间　85a
廉洁乡村沉浸式教育馆　85a
廉洁乡村建设　87c
廉洁张家港　88b
“廉居共筑”主题活动　84c
廉勤红广播　88b
廉勤监督队伍　86b
廉政思想教育　84c
“链上监督”数字化治理　88c
梁丰高级中学　304a
粮食物资储备　272a
粮食作物　222b
两岸美丽乡村交流中心　37b
两项审计文件　285c
“两院”工作视察　55c
劣V类水体治理视察　55b
烈士陵园　122b
林长制　164c
领导班子建设　32b
“领头雁”训练营　103b
留学回国人才　339c
流动人口　349b
流动人口数据应用平台　350c
鹿鸣酒店　131c
鹿苑糯玉米　224a
路灯管理　173c
路政管理　185a
旅游　254b
绿化工程　164b
绿化行业管理　175b
绿化美化　164b
绿化养护　164b
绿色发展　23c
码头泊位　143 b
励迪医疗器械产业创新港　294a

M

媒体　319a
媒体聚焦　443
美丽牧园　224c
美术馆　318b
民革　91a
民建　92a
民进　93a
民盟　91b
民商事审判　117c
民生福祉　24b
民生科普体验馆　105b
民生实事项目　56b　62a
民生实事项目满意度　58a
民生微实事　368a
民生银行　265a
民事检察　116c
民俗文化市集　326b
民宿　247c
民营经济　207
民营经济综述　209a
民营企业培育　211a
民用液氢罐车　234c
民主党派　35b
民主党派 89
民主管理　99c
民主监督　78a
民族事务　36a
民族团结进步行动计划　64b
名人　20c
名胜古迹　21a
名师建设　308b
母婴安全　334b

N

南岸创新社区　384c
南丰社会治理指挥平台　400a
南丰镇　397c
南丰镇建设　171b
南丰镇区域协作　384b
南京证券　268a
南苑社区　139b
内河航政管理　185a
内河水上交通安全管理　185b
内审体系建设　285c
能人服务站　366c
年度现代化建设实践　23a
年鉴工作　43b
农产品生产　221b
农产品质量建设　224c
农村创业创新大赛　138a
农村集体经济审计　136b
农村集体资产提质增效　136b
农村人居环境整治　139a
农村商业银行　266a
农村移风易俗　127b　347b
农村资产管理　136a
农房翻建激励措施　64b
农工党　93c
农机维修工职业技能竞赛　226b
农机质量月　226c
农贸市场　250a
农民工工资保障　342a　342b
农民趣味运动会　322a
农业　219
农业标准化生产　225b
农业发展集团　278c
农业发展银行　264a
农业行政执法　221c
农业机械化　225c
农业机械化示范基地　226b
农业基本建设　221b
农业科普研学基地　222a
农业农村领域重大项目　137b
农业农村现代化行动　29a
农业投入品监管　225a
农业银行　264b
农作物病虫害绿色防控　225a
女性创业创新　103c
女性思想引领　103b

P

拍卖公司　268c
排水设施改革　188a
派驻政治监督　83a
平安张家港　362b
“平安长江”行动　152c
评弹艺术传承中心　318a
浦发银行　265b
葡萄育种研讨会　224b

Q

期货　267c
其他工业　238c
其他金融机构　268b
企业创新积分制　290a

企业登记 67a
企业技能发展评价体系 340c
企业家精神培育 96a
企业上市 217a
气候 15c
气温 15c
气象保障服务 298c
气象科技 298a
气象科普 298b
汽修 182a
前海跨境电商产业园 195b
侨联 105c
侨务 37a
亲清政商前哨行动 83a
亲子马拉松赛 322b
青草巷农副产品 250c
青年创新创业 101b
青年大学习 101a
青年发展型县域试点 102c
青年干部培养 101b
青年联系服务 101a
青年思想引领 100c
青年志愿者 101c
青少年法治教育 41c
青少年权益维护 101c
青少年体育 323a
青少年校外教育 307b
清风行动 85c
求是读书汇 129a
区域协作执法 185b
区域医共体 330c
区镇 369
全国毛纺织行业科技大会 388a
全国模范人民调解委员会 119b
全国女排总决赛 323c
全国文明城市打造 29c
全国县域商业领跑县 249a
全国乡村广场舞赛 322a
全民健身 321a
“全民健心”全国优秀案例 130c
全球创新创业大赛 397a
全省科普示范市 105a
全域科普 105a
“全员全科”模式 367b
群众体育 321b
群众团体 97
群众文化 311a
群众文化“繁星奖” 403b
群众杂志社张家港基地 132a

R

人保财险 267a
人才服务 339c
人才落户服务 341b
人大 45
人大代表 47a
人大会议
　十五届常委会会议 49a
　十五届常委会主任会议 49c
　十五届二次会议 49a
人大机构 47a
人大建设 47b
人大任免 47b
人防工程建设 121a
人防宣传 121a
人口 20a
人口与家庭服务 345b
人力资源管理 337
人民调解 118c
人民武装 119c
人身险公司 267b
人事管理 339a
人事人才 339a
人文风情 20a
人武宣传教育 120b
人物 415
戎耀沙洲 122c
融资租赁公司 268b
锐华科技项目 384a
瑞泰新材 214b

S

“331”机制 362c
346国道张家港绕城段 180b
三金锂电一期工程 372a
“三献”工作 109b
“三优教师”评选 308c
扫黑除恶 114c
沙钢钢铁研究院 296c
沙钢股份 214b
沙钢环保技改 244b
沙钢集团 209a 297a 297b
沙钢企业文化 244c
沙钢新品 243c
“沙洲喜市”游园会 412a
沙洲优黄文化园 256a
沙洲职业工学院 306a
山姆会员商店云仓 249c
陕西省党政干部研讨班 139c
善港农业 193b
商标管理 279b
商标专利质押融资 284a
商贸 248c
商品房契税补贴 253c
上海交通大学 206b
少先队 102a
奢靡之风整治 85c
社工队伍 367a
社会保险 353a
社会保障 351
社会服务
　九三学社 95b
　民革 91a
　民建 92c
　民进 93b
　民盟 92a
　农工党 94a
　致公党 94c
社会福利 356c
社会教育 306c
社会救助 355b
社会救助关爱援助项目 356a
社会矛盾纠纷调处中心 68c
社会事业
　保税区 371b
　常阴沙现代农业示范园区 404b
　大新镇 402a
　德积街道 413a
　凤凰镇 394b
　高新区（塘桥镇） 385c
　后塍街道 410c
　金港街道 408a
　经开区（杨舍镇） 373b
　乐余镇 390b
　南丰镇 398b

双山香山旅游度假区　406c
冶金园（锦丰镇）　379c
社会调查　469
社会调解服务　365c
社会消费品零售总额　23a
社会治理　359
社会治理法治化　77b
社会治理现代化建设　361a
社会助残　108c
社会组织　367b
社会组织廉洁合规建设　29b
社科联　109c
社科普及　110a
社科研究　110b
社情民意　79a
社区矫正　118b
社区居民教育　307a
社区卫生　329a
社区治理　366a
涉企服务一体化平台　196b
深化改革　32a
沈彬　419a
“审管执信”闭环管理　196c
审计　285a
审判监督　117c
生态河道建设　185c
生态环境　155
生态环境保护全民行动　162c
生态基础建设　157a
生态空间管控　157a
生态细胞创建　157b
生物多样性　158b
生物多样性观测站　158c
生育服务　345c
声环境质量　158b
省建设工程消防验收　242c
省教育家型校长培育研讨会
302a
省科学技术奖　296c
省民营企业200强　211a
省生态文明建设示范乡镇　157c
盛虹控股签约　378a
盛李豪夺全国赛三金　323b
失业保险　353c
失业保险金发放　341a
施剑锋　420a
湿地保护　164a
湿地生态修复案例　163a
十一圩港　186b
石锁邀请赛　410a
石油经营　251b
食品安全监管　280a
食品工业　237c
史志　43a
史志馆联盟　43c
史志文化进万家　43c
世界急救日　109c
市场　248c
市场监督管理　279a
市场监管一网通办　282c
市场执法维权　281a
市场主体监管　279a
市纪委监委　81
市容管理　175b
市委　25
市委经济工作会议　28a
市委全会　28a
市委十二届六次全体会议　28a
市委十二届五次全体会议　28a
市委综述　27a
市长质量奖　206a
市政府　59
市政府常务会议　62b
市政管理　174a
市政养护　174a
事业单位招聘　339a
视察调研54c
“室组地”联动机制　86c
逝世人物　420b
书法篆刻作品展　107a
书香张家港　316a
“数治”检察　117b
数智口岸　153b
数字产业　193b
数字城市　197c
数字工业　193c
数字家庭建设试点经验　198a
数字农业　193b
数字农业农村省级基地　193b
数字人民币试点优秀案例
260a
数字社会　197a
数字通信　191c
数字乡村　198b
数字乡村研究院　198b
数字营商环境　191b
数字张家港　189
数字张家港驾驶舱　361c
数字政府　196a
双山岛丰收　407a
双山高尔夫俱乐部　407a
双山香山旅游度假区　406b
255a
双拥工作　121c
水产业　224c
水稻试验育种　223c
水行政执法　187b
水环境质量　158a
水环境治理　185c
水利工程管理　186c
水路货运　181c
水路客运　181a
水上交通安全监管　150c
水上搜救　151a
水土保持　187b
水污染防治　160c
水务　177
水务管理　186b
水务环保集团　277a
水务建设　185b
水资源　17a
税收征管　275b
税务　275a
税务服务　275a
司法规范化　114b
司法行政　118b
司法助企服务中心　118a
私营企业　211c
“4431”工作法　259b
四分马精英赛　406a
“四敢”主题活动　27c
四好商会　95c
四联监督　87c
四同监督　87c
“苏童成长”社会践习基地　393a
苏州村政学院　140a
苏州国际精英创业周　340a
苏州建筑业企业30强　243a

苏州教育合作交流计划 302b
苏州龙杰 214b
苏州品牌首店 249c
苏州市民间艺术节 316b
苏州银行 266a
“苏州制造”品牌认证 233a
孙建华 417a
孙晓云长江主题书法展 326c

T

太平洋产险 267b
太平洋人寿 267c
塘桥镇 384c
塘桥镇建设 170b
陶氏公司 202c
特产 17b
特色产业人才集聚区 33c
特殊教育 303b
特种设备安全监管 281c
提案办理 78b
体彩销售 325a
体育 309
体育产业 324c
体育活动 31a
体育竞赛 322c
体制机制改革 38b
天兵科技公司 241a
天齐锂业项目 371c
天沃科技 214a
调查研究 31b
调研监督保障行动 83a
铁路建设 179a
铁路客运 180c
铁路张家港站 116b
铁皮石斛小镇 223b
统计 286a
统计法治宣传 286b
统计基层基础 286c
统计监测分析 286a
统计执法 286b
“统一接待日”活动 57b
统战工作 35a
头雁领航护航行动 83a
图书馆 317b
土地承包管理 136a
土地储备交易 159b
土地资源 16c
土壤污染防治 161b
团结协作 74c
团市委第十七次代表大会 102c
团委 100c
推动经济整体好转政策 63c
退役军人事务 121b
退役军人移交安置 122b
托育服务 64a 346a

W

瓦克化学扩建项目 372a
外代公司 154a
外来入侵植物普查 224a
外事工作 68a
外资银行 266c
“万企兴万村”行动 96c
万泰国际公司 206c
王浩 419b
王进 420a
王进法 419a
网格学院实训基地 361b
网格员 361a
网络和数据安全 191a
网络交易管理 279b
网络新媒体 35a 320b
旺西社区 37c
为农服务 250b
围棋文化节 389b
维修资金增值收益 253b
委员工作室 80b
委员之家 80a
卫健系统招聘 339a
卫生城镇创建 336a
卫生监督 335a
卫生健康 327
卫生健康工作评议 80a
未成年人案件检察 117a
未成年人保护 346c
蔚蓝锂芯 214b
“温暖秋冬，志愿同行”项目 131a
文广系统招聘 339a
文化 309
文化产业 76c 324b
文化场馆 316c
文化馆 316c
文化馆服务宣传周 318c
文化活动 31a
文化润疆 69c
文化市场管理 325b
文化志愿服务 316a
文件选录 473
文联 106b
文旅集团 325b
文明菜场 126a
文明城市创建培训班 132b
文明创建 125a
文明创建现场会 125b
文明攻坚“十大行动” 125a
文明楼道 126a
文明培育 126b
文明实践现场会 125b
文明实践与志愿服务 128c
文明实践志愿服务“蓝皮书” 129a
文明张家港 123
文体产业 324a
文艺创作 107a
文艺活动 106b
文艺思政课 129c
稳岗返还补贴发放 341a
问题线索会商机制 87a
污染防治 160b
污水处理 173c
无党派人士 35b
无障碍环境 108c
吴惠芳 418b
吴晓玲 417a
“吴优数旅”乡村游 406a
“520”工作机制 87c
“五统一”机制 159b
“五星级”绿色港口 146a
“五育”并举 301b
武警 120b
武警与地方双拥共建 120a
舞龙舞狮全国赛 322b
物流 182b
物业管理 253a
物质文化遗产保护利用 311c

X

西水道圩区　163a
"希望之光"助学工程　102b
锡剧艺术中心　317c
习近平新时代中国特色社会主义思想主题教育　5　33a
先进个人　421
先进集体　430
现代化建设先锋年　62b
现代经济　22c
现代农业创新服务中心　138b
现代农业科技示范园　193c
现代农业招才引智交流会　405a
宪法和人民代表大会制度教育基地　42b
乡村产业　136c
乡村旅游　256c
乡村休闲旅游农业推荐　137c
乡村振兴　133
乡村振兴返乡人才研修班　139c
乡村振兴培训班　140c
香山小学开工　410a
享乐主义整治　85c
项目奠基　30c
项目集中开竣工　393a
项目竣工　30c
项目开业　30c
项目签约　30c
项目驱动产业优化　23a
肖家巷双创中心　397b
消防　364b
消防安全保障　364c
消防安全整治　364c
消防主题宣传　365b
消亡自然村　16b
小额贷款公司　268b
"小哥银行"　184a
小巨人企业　209a
小剧场优秀节目展演　326c
小品《瓜》　403b
"小微权力"腐败治理　85b
小学教育　303a
孝老敬老活动　349a
校家社协同育人实验区　304a
校外教育辅导站　41b
协昌科技　214b　217c
协商议政　76a
协同联动　117b
协鑫集团储能智造基地　241a
新的社会阶层人士　37b
新点软件　214b
新点政务办　194c
新华书店　318b
新建学校　303b
新疆巩留培训班　132b
新美星　214b
新强联风电装备项目 403c
新区建设　169b
新时代好少年　127a
《新时代社会主义精神文明建设概论》　131c
新市民法律法规知识竞赛　350a
新市民服务　349b
新市民子女积分入学　349c
新闻人物　417
新型墙材生产　240a
新型研发机构　292a
新兴产业　240c
新一代企业家培养　96b
信访工作　68b
信息基础设施　191a
星级饭店　247c
刑事检察　116c
刑事审判　117c
形式主义纠治　85b
行政复议　114a
行政检察　117a
行政区划　16b
行政审判　117c
行政执法监督　114a
畜牧业　224b
宣传工作　34a
选调海外留学回国人员　339a
选调青年党政人才　339a
学雷锋主题活动　129c
学前教育　302c
学术交流　105a
"寻访张闻明"行动　130c
巡察综合监督平台　87a
巡察整改和成果运用机制　87b
巡视巡察　86c

Y

亚运会佳绩　323b
烟草　250c
沿江岸线　15b
盐业　251b
央视直播打卡　414a
扬子江诗学奖颁奖　107b
阳光惠民　136b
杨舍镇　372c
养老保险　353a
养老床位　348a
养老服务　347c
养老服务保障　348b
养老服务体系建设　348a
养殖业　224b
药品安全监管　279c
药品耗材招采改革　354b
冶金工业　231c
冶金园　379a
冶金园20周年活动　384a
野生动植物资源　17a
"1+5"制度体系　85b
"110"接处警　115c
"12345"热线　362a
一企一策　99b
一人一委一网　86a
"一山一策"保护利用规划　167c
一网通办　66a
"一校一法官"项目　118a
"一站式"轻罪治理　117b
一镇一品　99a
医保公共服务优化　354c
医保基金监管　354a
医保支付方式改革　354b
医疗保障　353c
医疗队伍　331b
医疗服务价格改革　354b
医疗行业监管　331c
医疗美容市场整顿　335c
医疗器械安全监管　279c
医疗设施设备　331b
医疗卫生　331a
医疗卫生监管　335b
医疗信息化　197b

医疗长三角一体化 330c
医疗重点学科 331c
医疗重点专科 331c
“医先锋·卫健康”品牌 330a
医药卫生体制改革 329a
依法治市 113a
依法治税 275c
移动 192a
以案促改 84b
以案促改正风行动 83a
以案明纪促廉行动 83a
义务教育学校集团化办学 303c
义务教育优质均衡发展 302a
疫苗接种 334a
意识形态责任制 87a
银行 260c
银河电子 214b
银龄行动 40a
引航“绿色通道” 153a
引进人才举措 33b
楹联文化园 393b
应急管理 363a
应急救援 363c
营商环境护航 83a
永安社区 128b
永钢集团 400a
永钢5G专网建设 192c
永嘉码头 147a
永利开心农场 393a
永联村数字积分 198c
永联培训中心 139b
永联停车区 180b
永联小镇 255b
永卓控股 232a
永卓物流 147c
优抚工作 122a
邮储银行 264c
邮政服务 183a
邮政管理 184b
“友爱港城”智慧云平台 129b
友利银行 266c
有机硅 202c
“有事好商量”品牌 80c
“渔水驿站” 180b
渝农商村镇银行 266c
“袁·盟”项目 92a
援藏援疆 69b
院士(专家)服务中心 105b
“悦享美好夜”活动 130a
“云沟通”二维码 67c
运政管理 184c

Z

灾害性天气 16a
再生水利用 188c
在册低保对象 355c
战备训练 119c
张创投集团 277c
张家港概览 13
张家港港 141
张家港海关 149a
张家港行 214b
张家港监管组 259b
张家港精神 22a
张家港农商银行 266a
《张家港日报》 319c
“张家港她说”宣传品牌 103b
张家港湾水利风景区 188b
张家港湾文旅项目 325c
张家港宿豫工业园区 69b
“张闻明”品牌形成与发展 3
“张闻明”之歌 128a
招商银行 265b
招商引资 201a
镇招商 202a
正风肃纪 85b
证券 267c
政策性银行 264a
政策制定推进 271a
政法智能化建设案例 401a
政府采购管理 272b
政府工作报告 473
政府工作评议 53a
政府施政 63c
政企互通 96a
政企廉通暖心行动 83a
政务服务 66a
政务平台异地接件 197a
政协 71
政协会议
　十三届常委会议 74b
　十三届二次会议 74a
　十三届主席会议 74c
政协机构 73a
政协建设 74b
政协委员 73a
政治监督 83a
支教 308b
知识产权保护 284a
知识产权证券化产品 284c
“知我家乡,爱我港城”文明实践 131b
执法检查
　“八五”普法规划 53c
　科学技术进步法 54a
　科学技术进步条例 54a
　农村集体资产管理条例 54a
　社区矫正法 53c
　住宅区物业管理条例 54b
职称评定 339b
职工帮扶 99c
职工维权 99b
职工宣教 99a
职业教育 304b
职业教育活动周 305b
职业教育人才培养 305b
职业卫生监管 335b
植保无人机技能竞赛 226c
志书编纂 43b
制售非法减肥食品案 116a
质量管理与检验检测 282c
治安管理 115b
致公党 94b
智改数转竞赛 231b
“智慧稻作技术”观摩会 223a
智慧城管 175c
智慧广电 193a
智慧纪委监委 88c
智慧监管助企行动 83a
“智慧李巷”工分制 198c
智慧金村建设 193a
智慧沙钢 194a
智慧养老 197a
智能制造 231a
中国人寿 267c
中国式现代化县域实践 414a
中国银行 264b

中国志愿服务研究分中心揭牌　132a
中环海陆　214b
中理理货公司　154b
中联理货公司　154c
中青班　42c
中日(苏州)地方合作　68a
中外运公司　153c
中信银行　265a
中学教育　303a
中央文明办调研　125c
中医药发展视察　56a
中医药服务　332a
中医药惠民活动　332c
肿瘤筛查　333c
种业　223b
种植业　222b
仲裁庭审直播平台　342c
重大产业项目周期管理　29b
重点建议督办　57c
重点研发计划　295b
重要活动　30a
重要会议　62a
重要决策　29a
“竹林童话”悦读品牌　128b
“主任接待日”活动　57b
主题宣传　34b
住房保障　357c
住房公积金管理　358a
住房公积金政策调整　358b
驻村第一书记培训班　140b
铸轧薄带高品质硅钢项目　244a
专记　1
专题调研　31b
专项监督　85c
专项审计　285c
专业技术人员评审　339b
专业研习社　33b
专营专卖　250c
转型升级　230c
“追梦学堂”宣讲项目　129b
资本市场　214a
资源物产　16c
自然环境　15a
自然资源保护　159a
自然资源节约集约示范县(市)　160b
自学考试　307a
宗教事务　36a
综合经济管理　269
综合实力列全国县市前三　3
总工会　99a
总商会　95b
走马塘江边泵站　186a
组织工作　32b
组织机构及其负责人名录
　保税区　492a
　常阴沙现代农业示范园区　496a
　大新镇　495c
　德积街道　496c
　法院　496c
　凤凰镇　495b
　高新区　494a
　后塍街道　496b
　检察院　496c
　金港街道　496b
　锦丰镇　494c
　经开区　493a
　乐余镇　495a
　民主党派　500c
　南丰镇　495c
　人大机关　497b
　社会团体　501a
　涉外单位　503b
　市级领导机构　491a
　市纪委监委　491c
　市属企业　502b
　市委工作机构　496c
　双山香山旅游度假区　496a
　塘桥镇　495a
　条线管理部门　503b
　杨舍镇　494b
　冶金园　493c
　镇(区、街道)领导机构　494b
　政府工作部门　498a
　政协机关　497c
　直属事业单位　501c
最美乡村文化空间　397b
尊老金发放　348b
作风建设亮剑行动　83a

表格索引

B

保险　465

C

财政收入　464
财政支出　464
常阴沙现代农业示范园区社区(居委会)　405
城区部分重点工程建设情况　168

D

大新镇村(社区)　402
大新镇开工项目　403
德积街道村(社区)　414
地区生产总值　459
电力企业　239
电影事业　466
对外及对港澳台投资企业情况　204

F

纺织工业企业产品产量　233
凤凰镇村(社区)　396
凤凰镇开工项目　396

G

高新区(塘桥镇)村(社区)　387
高新区(塘桥镇)开工项目　388
工业总产值　461
公务员　466
姑苏创新创业领军人才　340
固定资产投资　463
广播电视　466
规模以上工业企业分行业能源消耗　462
规模以上工业企业主要产品产量　461
国家级旅游景区　254

国家级专精特新“小巨人” 209
国家条线表彰先进个人 421
国家条线表彰先进集体 430
国资公司经济指标 276

H

后塍街道村(社区) 411
化学工业企业产品产量 236
化学工业企业竣工项目 236
机电工业企业产品产量 234
机电工业企业竣工项目 234

J

交通 463
金港街道村(社区) 409
金融机构信贷收支 464
经开区(杨舍镇)办事处和街道办事处 374
经开区(杨舍镇)村(社区) 375
经开区(杨舍镇)开工项目 377

K

科创孵化载体 293
科技 465
科技计划 296
科技载体平台 291
科学技术奖励 297
口岸码头泊位 143
快递企业 182

L

乐余镇办事处 392
乐余镇村(社区) 392
乐余镇开工项目 393
流动人口分布情况 350
旅游民宿 248

M

面积 459
民生实事票决项目满意度测评 58
民生实事项目 64

N

南丰镇办事处 399
南丰镇村(社区) 400
南丰镇开工项目 400
农、林、牧、渔业增加值 460
农、林、牧、渔业总产值 460
农村居民收入情况 469
农作物播种面积 461
农作物产量 461

P

平均工资 468

Q

其他工业企业竣工项目 238
企业在“新三板”挂牌情况 216
企业在国内上市情况 214
前十位疾病死因及比重 467
全省50强商品交易市场成交额 249
群众文化 466

R

人大常委会任免 48
人均可支配收入 468
人口 459
融媒体中心获奖作品 320
入库税收 275
入围中国民营企业500强企业 209
入围中国民营企业制造业500强企业 209

S

上半年人均可支配收入 471
社会保险参保情况 353
社会消费品零售总额 463
省级和省条线表彰先进个人 422
省条线表彰先进集体 432
十大集团 229
十大进出口企业 203
食品工业企业产品产量 237
食品工业企业竣工项目 237
市级非遗项目传承人 313
双山香山旅游度假区村(社区) 407
苏州市级表彰先进个人 429
苏州市级表彰先进集体 442
苏州市级以上非遗项目 312

T

体育事业 466

W

外向型经济 462
卫生机构 467

X

新核准登记民办非企业单位 368
新核准登记社会团体 368
新设外资及中国香港地区项目 201
新型研发机构 293
新兴产业分行业投资 240
星级饭店 248
星级旅行社 254
行政区划 459

Y

冶金工业企业产品产量 231
冶金工业企业竣工项目 232
冶金园(锦丰镇)办事处 382
冶金园(锦丰镇)村(社区) 382
冶金园(锦丰镇)开工项目 383
一般公共预算收入 273
一般公共预算支出 273
艺术表演团体 466
银行机构存款 261
银行机构贷款 263
银行机构网点 260
优秀人大代表建议 57
邮电 463

Z

张家港每日数据　459
张家港站可达站点　180
政协人事任免　75
政协优秀提案　79
重点工业企业　229
主要进出口国家情况　203
主要进出口商品情况　203
主要竣工楼盘　251
专利情况　284

随文图片索引

A

安全用药宣传　279
澳洋集团下属大健康产业　213

B

百桥垃圾中转站　176
保税区泛半导体产业园　287
北京科技招商推介会　289
“贝贝杯” 足球赛　323

C

“才聚香江，逐梦港城” 交流活动　25
产业工人队伍建设改革联席会议　100
长江文化节开幕　326
长江张家港水域码头　446
长力机械公司　211
常阴沙供销社农产品　250
陈希云　418
城管开放日活动　175
城市安全定向挑战赛　364
创新挑战赛　290
“村晚” 在永利村录制　316

D

大塚化学扩建项目　372
代表建议与检察建议衔接转化　47
代表议案、建议办理情况　52
道德模范与身边好人事迹分享会　127
稻田画　24
德积街道江景民宿　173
东渡半程马拉松比赛安保　115
东渡半程马拉松赛　309
冬病夏治便民服务　332

F

法律援助　119
方言区位图　20
防灾减灾日宣传　365
凤凰湖　369
凤凰花田美宿旅游民宿　247
凤凰水蜜桃　18
凤凰新城　171
凤凰镇　13
福彩综合体验中心　357
福前村　133　477

G

港新重装码头货物监管基地　151
高职园区中专学校新建工程　165
工伤预防评价体系调研　355
公安法制大队　415
公益广告作品征集赛　126
公益文艺巡演启动　311
共享城市绿地分布图　174
顾秉钧　420
光束汽车生产基地　474
国泰金融广场　206

H

海关关员现场监管　149
海狮机械公司　214
红旗渠精神影像展　94
红色智库平台启动仪式　42
互联网医院　327
户外集体婚礼　343
沪苏数字产融发展会议　260
华亿公司医教研博览馆　235
黄强　418
黄泗浦生态公园　155
弘吴大道　179

J

疾病预防控制局　333
暨阳湖生态旅游区　256
加快企业上市推进会　218
家庭文化节开幕　347
健康细胞建设　336
鉴园　84
江畔风光　413
江苏文学评论奖颁奖仪式　107
金村庙会　389
金都社区助餐点　348
金秋经贸周　201
金融服务方案授信项目签约　257
经开区成立30周年主题活动　378
就业护航基地　337
菊花酒　19

K

“科技馆奇妙夜” 活动　130
昆澄张新时代民营企业家培养计划　96

L

李巷村自动区域气象站　298
联宏星选直播基地　195
廉洁乡村建设工作会　88
链上监督　88
鹿鸣酒店　123
鹿苑皇室叫花鸡　17
鹿苑钱氏名人馆　21

M

民生实事项目　56　78
民主监督与法律监督联动机制启动　77
民主评议卫生健康工作　79

N

南极科考队保障轮　141
农村移风易俗主题文艺巡演　127
农发集团成立　278
农联家园　135

农业创新服务中心　138
农业研学　222

P

普及劳动保障维权知识　342

Q

前海（苏州）跨境电商产业园　189
桥头村“桥家小院”　366
青草巷农副产品批发市场　245
秋收　219
“全城通办”首单办理472
全国全民健身推进会　321
群众合唱大赛成果展演　128

R

人大代表讲坛　50
人民代表大会制度讲座　50
融媒新闻行动启动　319

S

“三联日记”征文大赛颁奖仪式　73
“三铁”交会　177
丧葬礼俗调研座谈会　347
沙钢集团行政大楼　227
沙洲湖人才公寓　358
沙洲优黄文化园　7
善港村“善见花海”　457
沈彬　419
审计人员现场查看　286
生态环境局检查钢管厂　162
省会计领军人才签约　274
省派驻村第一书记培训班　140
施剑锋　420
市场价格检查　280
市妇联第十二次代表大会　97
市社会矛盾纠纷调处化解中心　111
市十五届人大二次会议　45
市纪委十二届三次全会　81
市委十二届五次全体会议　28
市政协十三届二次会议　71
书画慈善拍卖会　356
暑托班　334
数字人民币清结算业务启动　260
数字张家港驾驶舱　359
双山岛大伯墩湿地　454
“四有”好教师团队培育　308
苏州市“廉居共筑”主题活动　85
苏州市“质量月”　269
孙建华　417

T

塘桥镇和鑫花园动迁安置房　170
陶氏公司有机硅产品扩建项目　202
“体育嘉年华”活动　324
田野巡察折页发放　87
恬庄古街　443
“同心读书荟”专题活动　35
图书馆综合借阅室　449
团市委第十七次代表大会　102
退休市管干部欢迎仪式　39

W

王浩　419
王进　420
王进法　419
网格员能力提升培训班　361
文昌小学　303
吴惠芳　418
吴晓玲　417
“5+2”馆校研学　317
520（我爱廉）主题宣教月　84
“五聚力五争先”行动　330

X

西墩新村恢复性重建项目　169
县域义务教育优质均衡发展评估　299
现役军人父母关爱行动　121
乡村雾晓　487
乡村休闲旅游　137
项目审批服务行动支部　59
小品《瓜》　403
协昌科技在深交所上市　207
新市民法律知识决赛　350
新提拔领导干部集体廉政谈话　83
行政机关法治工作人员旁听庭审　113
学雷锋主题活动　130

Y

雅农生态园　478
“延安精神，永放光芒”图片展　44
扬子江诗学奖颁奖仪式　107
阳地钢装配式建筑公司　450
“阳光坐班”廉勤监督活动　86
杨氏宅第　255
养老志愿者为老年人服务　349
冶金园全国秋季“村晚”　381
“一点通”服务平台　218
“医保家圆”党建品牌发布　354
医保政策宣讲　351
医疗器械高新产业园　30
楹联文化园　393
永钢集团厂区　401
永联小镇　451

Z

张创投集团成立　277
张家港（深圳）创新发展投资说明会　199
张家港湾水利风景区　188
“张闻明”爱心献血巴士　1
张闻明乡村学校少年宫　4
赵海荣委员工作室　80
震旦鸦雀　158
政企恳谈会　89
政银保企合作签约　259
知识产权证券化产品　285
志愿服务研究中心　132
鸷山宕　186
中日（苏州）地方发展合作　68
“中外运张家港”轮交船仪式　154
中医药示范县评审　329
住房公积金中心获赠锦旗　358
“住宅区物业管理”询问会　51
走访慰问困难群众　355

【编辑　陆文琰】

主审人员名单

（按姓氏笔画排序）

丁亚娟	丁洪斌	马　挺	马正阳	马筱宇	王　林	王　渍
王　海	王　斌	王海燕	王新法	王群刚	韦屹芳	车　溢
牛建平	毛信东	石　祥	叶　新	朱　江	朱　新	朱　霞
朱长春	朱光华	朱先法	朱志斌	朱晓敏	朱海云	朱锦华
任宪锋	邬明霞	刘　俭	刘　骁	刘玉梅	汤　伟	祁俊龙
许晓东	阮文伟	孙丽萍	孙朗彤	纪　峰	严红艳	杜文献
杜艳营	李　刚	李　彬	李　嘉	李汉忠	李宏燕	李秋菊
李瑞亮	杨　枫	杨方勇	杨金东	肖　贝	肖春峰	吴　坚
吴旭光	何　健	余　涛	汪丽菁	沈　斌	宋世亮	宋立娟
张　扬	张　庆	张　萍	张　蓉	张　溢	张　璇	张　赟
张功志	张成兵	张奎军	张钟玉	张晓俊	张晨悦	陆仲欢
陆建荣	陆晓飞	陆维江	陈　忠	陈　珍	陈　健	陈　浩
陈　强	陈小俊	陈小雪	陈东平	陈宇俊	陈饶忠	陈晓军
陈爱锋	陈海文	邵　玲	邵建锋	范天煜	季向红	季君理
金　涌	周　正	周　峰	周文超	周林生	周晓敏	郑大勇
赵　伟	赵鸣雷	赵胜宏	胡　环	柏　杨	侯　忠	俞　萍
俞　强	施金莲	姜圣韬	袁　梦	桂　林	贾　翰	顾　斌
顾欣晨	顾雪峰	钱向军	钱晓东	钱淑贞	倪　军	倪建鑫
徐　昇	徐　德	徐卫凤	高梦婷	唐　蔚	唐建国	陶　华
黄　宇	黄　莺	黄　慧	黄卫星	黄敏东	曹　阳	曹网云
戚飞燕	龚纪峰	崇爱华	彭　嫣	葛永平	蒋　恒	蒋　晓
韩冰青	谢丹丹	蓬　元	鲍　峰	窦义成	蔡克荣	管陈浩
缪　江	樊毓峰	潘江峰				

庆祝中华人民共和国成立75周年

名优企业形象展示

中华人民共和国成立以来，张家港人由农到工，治穷致富；兴业腾飞，争作示范，实现了沙洲之崛起。在其发展和崛起历程中，有这样一群人，他们走在工业化进程的前列，走遍千山万水闯市场，吃尽千辛万苦办工厂，说尽千言万语拉客户，历经千难万险谋发展，把所在企业逐步发展壮大为国内同行业中的佼佼者。沈文荣等一代沙钢人，致力实现“钢铁强国梦”，把一个 45 万元建办的“草根”轧钢厂办成“世界 500 强”；吴栋材等一代永钢人，坚信富不是天生、穷不会生根，坚持走强企富民之路，终于建成“华夏第一钢村”；江苏华昌（集团）有限公司、江苏张家港酿酒有限公司、苏州海陆重工股份有限公司、江苏梁丰食品集团有限公司、江苏东渡纺织集团、江苏宏宝集团等名优企业的广大员工，发扬“张家港精神”，敢为人先，接力拼搏，勇毅前行，为张家港高质量发展强基固本、增光添彩。

江苏沙钢集团有限公司

江苏沙钢集团始建于 1975 年。至 2023 年年末，有总资产 3000 亿元，职工 4 万余人，年产钢能力超 4000 万吨，位居国内钢企第四位、全球钢企第六位。已发展成以钢铁为主，包括资源能源、金属制品、贸易物流、金融投资、信息科技等多元发展的跨国企业集团，连续 15 年入围世界 500 强企业。拥有五大生产基地，分布在江苏、辽宁、河南等地。主导产品涵盖普钢、优钢和特钢各大门类，广泛应用于航空航天、石油管线、核电风电、海洋工程、轨道交通、汽车家电等领域，远销至全球 100 余个国家和地区。沙钢先后获“改革开放 40 年功勋企业”“全国用户满意企业”“国家创新型企业”“中国环境保护示范单位”“中华慈善奖企业”等称号。

1991年6月1日，75吨电炉成功冶炼第一炉钢，炼钢、连铸、连轧首次在中国全线贯通，被赞誉为“中国钢铁工业第三次革命的样板”（1991年　摄）

沙钢高品质螺纹钢出口发运（2015年　摄）

江苏梁丰食品集团有限公司

江苏梁丰食品集团有限公司创办于1968年。至2023年年末，公司自有牧场占地16公顷、存栏优质奶牛3500余头，可年产生鲜牛奶2.18万吨。集奶牛养殖、乳品深加工、巧克力制造于一体的综合性企业集团。梁丰奶牛场被认定为“学生奶奶源升级计划奶源示范基地”“奶牛标准化示范场”“江苏省出口食品（乳制品）原料生产示范基地”，产品畅销全国，出口欧美、日韩等30余个国家和地区。先后被认定为“全国轻工业优质产品”“中国名牌产品”“中国绿色食品”。“梁丰”“金莎”商标为“江苏省著名商标”，“梁丰”商标被认定为“中国驰名商标”。

张家港市乳品一厂（20世纪90年代初　摄）

金莎巧克力生产流水线（2017年　摄）

江苏宏宝集团

江苏宏宝集团创建于1958年。至2023年年末，公司有员工1500余人，是国内最大的五金工具生产企业和重要的汽配、钢管、锻造基地。集团下设10余个子公司，主要产品有各类钢管、工具钳类、刀剪、汽车零部件锻件、大型重装精密机械及电力工程、光伏电站等。拥有2家国家级专精特新“小巨人”企业、1家省级专精特新中小企业，先后建立江苏省工程技术研究中心、江苏省企业技术中心、江苏省工业设计中心、江苏省研究生工作站等研发机构，是工具钳类国家标准的主要起草单位和国际标准参与单位。

宏宝工具工业级钳制造中心（2022年　摄）

宏宝锻造高速锻车间（2023年　摄）

江苏华昌（集团）有限公司

江苏华昌（集团）有限公司始建于 1970 年，前身为沙洲县化肥厂，是经江苏省政府批准设立的国有独资公司，是一家以化工为主体的国有大型二类企业，为“中国化工百强企业”“张家港市十大重点骨干集团”。至 2023 年年末，集团有成员企业 20 余家，分布在江苏扬子江国际化学工业园、临江产业园、苏州工业园、涟水化工园、连云港化工园及湖北洪泽化工区等地，形成基础化工、精细化工、石油化工、生物医药化工、农药、兽药、化工新材料、氢能源、固体危险废物处理、装备制造、特种电机制造、进出口贸易、建筑和宾馆服务等多领域协同发展的格局。

江苏华昌（集团）有限公司前身为沙洲化肥厂，始建于1970年，1979年更名为“国营沙洲化肥厂”（20世纪70年代　摄）

江苏华昌（集团）有限公司（2020年　摄）

苏州海陆重工股份有限公司

苏州海陆重工股份有限公司创建于 1956 年。至 2023 年年末，注册资本 84227.1 万元，占地面积近 50 公顷，是国内一流节能环保设备的专业设计制造企业，形成锅炉产品、大型压力容器、核电设备、低温产品、环保工程共同发展的业务格局。公司下设多个控股子公司和一家余热锅炉研究所，在瑞士、北京、武汉、南京、上海、杭州、广州等地设有子公司。公司曾获国家科技进步二等奖，拥有核心自主知识产权并拥有专利近 200 项。拥有 A 级锅炉制造许可证，A1、A2、A3 级压力容器设计和制造许可证，取得民用核承压设备制造资格许可证、美国机械工程师学会 (ASME)“S”“U”钢印，通过 ISO 9001 质量管理体系、ISO 14000 环境管理体系和职业健康管理体系认证。

沙洲船用锅炉厂老厂区（20世纪80年代　摄）

苏州海陆重工股份有限公司成立60周年（2017年　摄）

江苏东渡纺织集团

江苏东渡纺织集团前身为1958年10月建立的杨舍镇人工布厂，1964年更名为沙洲县杨舍针织社，1966年更名为沙洲县针织内衣厂，1986年更名为张家港市针织总厂。1996年11月，市针织总厂与市丝绸服装厂实行合并，组建“江苏东渡服装有限公司”。2005年3月，江苏东渡服装有限公司改组成江苏东渡纺织集团有限公司。至2023年，东渡集团已发展成为以研发、品牌、制造、物流为主体，面料、服装及相关配套生产为主线，集织造、染色、绣花、印花、成衣一条龙服务，科、工、贸为一体的纺织企业。

江苏东渡纺织集团原址（1996年　摄）

江苏东渡纺织集团新总部智能车间流水线（2018年　摄）

江苏张家港酿酒有限公司

清光绪十二年（1886年），汤锦涛在后塍南街开办汤恒元酒店，清末民初，改名为“汤恒元槽坊”。中华人民共和国成立后，汤恒元槽坊与其他6家槽坊合并为“后塍联营处”。1953年，与后塍地区其他5个联营处合并为“五新槽坊”。1956年，企业取名“后塍澄新酒厂”。1962年，酒厂更名为“国营沙洲县后塍酒厂”。1976年更名为“国营沙洲酒厂”。1986年撤县建市后，改名为“国营张家港市酒厂”。1989年，更名为“张家港市酿酒总厂”。1999年，更名为“江苏张家港酿酒有限公司”。至2023年年末，公司占地面积25公顷，净资产15亿元，黄酒年生产能力12万吨，黄酒储备逾22万吨。是年销售额9.5亿元、利税超3.8亿元。“沙洲优黄”是江苏张家港酿酒有限公司旗下品牌。公司作为中国酒业协会副理事长单位，参与起草中国黄酒标准。先后获得国家免检产品、中华老字号、中国名牌、中国驰名商标、中国绿色食品、中国酒业“仪狄奖”等国家级荣誉称号。

国营张家港市酒厂封坛（1986年　摄）

沙洲优黄生产线（2013年　摄）